U0947118

现代法学标准教科书

Normal Textbook of Modern Law Science

Criminal Law

刑法学

（第二版）

冯军 王志祥 主编

清華大学出版社

北京

内容简介

本书由绪论和上、下两编共三个部分构成，共计31章。上编为刑法总论，共20章，分别对刑法、犯罪和刑事责任的基本知识、基本理论和基本学说进行了阐释；下编为刑法各论，共11章，分别对刑法分则一般原理和刑法分则规定的各类犯罪的概念、构成要件、认定和处罚等问题进行了系统阐述。

本书具有以下特点：一、全面性。本书全面反映我国刑事立法、司法实践和刑法理论研究的成果，覆盖了刑法理论的基本范畴和全部知识点。二、新颖性，本书不仅包括最新刑法修正案的内容，而且参考了截至2018年4月的最新司法解释。三、实用性。本书尽量避免学术争论，减少学生因知识点繁多而导致的无所适从，也便于教师讲授。全书体系完整，结构合理，说理清晰，内容丰富，深入浅出。本书既可以作为法律院校的教材也可以作为刑事司法工作者的参考书。

图书在版编目(CIP)数据

刑法学/冯军，王志祥主编. —2版. —北京：清华大学出版社，2019
(现代法学标准教科书)
ISBN 978-7-302-52813-5

Ⅰ. ①刑…　Ⅱ. ①冯…　②王…　Ⅲ. ①刑法－法的理论－中国－高等学校－教材
Ⅳ. ①D924.01

中国版本图书馆CIP数据核字(2019)第081743号

责任编辑：朱玉霞
封面设计：傅瑞学
责任校对：宋玉莲
责任印制：宋　林

出版发行：清华大学出版社
网　　址：http://www.tup.com.cn，http://www.wqbook.com
地　　址：北京清华大学学研大厦A座　　**邮　　编**：100084
社 总 机：010-62770175　　**邮　　购**：010-62786544
投稿与读者服务：010-62776969，c-service@tup.tsinghua.edu.cn
质量反馈：010-62772015，zhiliang@tup.tsinghua.edu.cn
印 装 者：三河市君旺印务有限公司
经　　销：全国新华书店
开　　本：170mm×240mm　　**印　　张**：53.5　　**字　　数**：841千字
版　　次：2013年6月第1版　2019年7月第2版　　**印　　次**：2019年7月第1次印刷
定　　价：99.00元

产品编号：073517-01

前　言

刑法学是我国普通高等教育课程体系中的一门核心课程，各高校法学学科一般都比较重视对刑法学教材的编写工作。近十几年来，随着我国刑法学理论研究水平的不断提高，国内刑法学教材编写形成了诸多不同的风格，每种风格又体现了不同研究旨趣。尽管如此，各位编者的目的都是一致的，即促进刑法理论研究发展和丰富刑法学教学内容。

河北大学刑法学科一直坚持“以教学促科研、以科研促教学”的理念，在潜心研究刑法学理论的同时，努力促进刑法学教学体系的完善和教学内容的更新。2013 年，在清华大学出版社的支持下，由冯军（河北大学教授、博士生导师）、王志祥（北京师范大学教授、博士生导师，曾在河北大学任教）、苏永生（河北大学教授、博士生导师）、宋伟卫（河北大学副教授、法学博士）编著的“新世纪高等院校法学专业系列教材”之《刑法学》顺利出版。此后，最高立法机关分别于 2015 年和 2017 年对我国刑法进行了第九次、第十次修正，并通过了《刑法修正案（九）》和《刑法修正案（十）》；在此期间，最高司法机关也陆续发布了若干重要的司法解释。为了保持本书内容的完整性，并体现刑法学知识的与时俱进，河北大学刑法学科专门组织人员对本书进行了系统修订，主要的修订内容有三：一是对上述两个刑法修正案的内容进行了全面的吸纳和阐释；二是对 2011 年 2 月（原版所参考司法解释的截止日期）至 2018 年 4 月出台的相关司法解释进行了合理的吸收和说明；三是对近年来较新的刑法学研究成果进行了必要的引入和介绍。

本书的修订版依然保持了原版的写作特点和风格。就整体而言，本书具有如下特色：

（1）全面性。本书立足于我国刑事立法、司法实践和刑法理论研究的成果，在内容上覆盖了刑法学理论的基本范畴和全部知识点，对犯罪论、刑事责任论、刑罚论以及分则各个罪名进行了全面、系统的阐释。

（2）新颖性。在本书编写过程中，我们参考了我国刑法理论研究的最新成果，并提出了一些新的观点，如主张犯罪构成要件按照犯罪客观方面、犯罪主体、犯罪主观方面、犯罪客体的顺序进行排列，并进行了详细的论证。此外，本书不仅包含了最新刑法修正案的内容，而且参考了截止到2018年4月的最新司法解释；在罪名表述上，也根据最高人民法院和最高人民检察院的最新规定进行了规范。

(3) 实用性。本书虽然参考了大量的理论研究成果，但是，在论述中尽可能避免学术争论，减少学生因知识点繁多而导致的茫然和无所适从，有利于学生对知识点的理解和掌握，也便于教师讲授。同时，本书对分则罪名的论述顺序与刑法法条的顺序基本一致，便于学生结合刑法规范的条文顺序来理解和掌握刑法理论。

本书(原版)在编写过程中的分工如下：冯军撰写绪论和第一、二、三、十、十六、十七、十八、十九、二十、二十一章；王志祥撰写第四、五、六、七、八、九、十一、十二、十三、十四、十五、二十二、二十四、二十五、二十六、二十七、二十九、三十章，其中第四章至第十五章系与苏永生合作撰写；宋伟卫撰写第二十三、二十八、三十一章。

本书的修订版由冯军和王志祥担任主编，除原来的编写人员外，河北大学刑法学科的冯惠敏(河北大学副教授)、敦宁(河北大学副教授、法学博士)和田旭(河北大学讲师、法学博士)三位教师也参与了修订工作。具体的工作分工如下：冯军、王志祥、苏永生合作修订绪论及刑法总论各章(第一至二十章)；宋伟卫修订刑法各论第二十一、二十三、二十五章；冯惠敏修订刑法各论第二十二、二十八、三十、三十一章；敦宁修订刑法各论第二十四、二十六章；田旭修订刑法各论第二十七、二十九章。

本书修订版的编写和出版同样得到了清华大学出版社的大力支持，责任编辑等工作人员也付出了辛勤的劳动，在此表示衷心的感谢！

编　者

2018年12月

目　　录

绪论 …… 1
本章小结 …… 6
习题 …… 6

上编　刑法总论

第一章　刑法概说 …… 9
第一节　刑法的概念、特征与机能 …… 9
第二节　刑法解释 …… 13
第三节　刑法的目的和任务 …… 17
本章小结 …… 19
习题 …… 19

第二章　刑法的基本原则 …… 20
第一节　罪刑法定原则 …… 20
第二节　适用刑法平等原则 …… 25
第三节　罪责刑相适应原则 …… 26
本章小结 …… 28
习题 …… 29

第三章　刑法的效力范围 …… 30
第一节　刑法的空间效力 …… 30
第二节　刑法的时间效力 …… 34
本章小结 …… 36
习题 …… 37

第四章　犯罪概述 …… 38
第一节　犯罪的概念 …… 38

第二节　犯罪的分类 …… 42
本章小结 …… 45
习题 …… 45

第五章　犯罪构成 …… 46
第一节　犯罪构成概述 …… 46
第二节　犯罪构成的认识层次和分类 …… 49
第三节　犯罪构成要件 …… 52
本章小结 …… 57
习题 …… 57

第六章　犯罪客观方面 …… 58
第一节　犯罪客观方面概述 …… 58
第二节　危害行为 …… 62
第三节　危害结果 …… 69
第四节　因果关系 …… 74
第五节　犯罪客观方面的其他要素 …… 78
本章小结 …… 79
习题 …… 80

第七章　犯罪主体 …… 81
第一节　犯罪主体概述 …… 81
第二节　自然人犯罪主体 …… 83
第三节　单位犯罪主体 …… 94
本章小结 …… 98
习题 …… 99

第八章　犯罪主观方面 …… 100
第一节　犯罪主观方面概述 …… 100
第二节　故意 …… 104
第三节　过失 …… 109
第四节　犯罪目的与动机 …… 116
第五节　认识错误 …… 120

本章小结 …… 125
习题 …… 126
第九章　犯罪客体 …… 127
第一节　犯罪客体概述 …… 127
第二节　犯罪客体的层次 …… 129
第三节　犯罪客体与犯罪对象的关系 …… 131
本章小结 …… 133
习题 …… 134
第十章　正当行为 …… 135
第一节　正当行为概述 …… 135
第二节　正当防卫 …… 136
第三节　紧急避险 …… 144
第四节　其他正当行为 …… 148
本章小结 …… 150
习题 …… 151
第十一章　故意犯罪的停止形态 …… 152
第一节　故意犯罪的停止形态概述 …… 152
第二节　犯罪既遂 …… 156
第三节　犯罪预备 …… 159
第四节　犯罪未遂 …… 162
第五节　犯罪中止 …… 168
本章小结 …… 172
习题 …… 173
第十二章　共同犯罪 …… 174
第一节　共同犯罪的概念和构成要件 …… 174
第二节　共同犯罪的认定 …… 177
第三节　共同犯罪的形式 …… 180
第四节　共同犯罪人的种类及其刑事责任 …… 185
第五节　共同犯罪与身份 …… 191

本章小结 …… 193
习题 …… 194
第十三章　罪数形态 …… 196
第一节　罪数形态概述 …… 196
第二节　实质的一罪 …… 200
第三节　法定的一罪 …… 213
第四节　处断的一罪 …… 217
第五节　数罪的认定 …… 227
本章小结 …… 228
习题 …… 228
第十四章　定罪 …… 229
第一节　定罪概述 …… 229
第二节　定罪的内容和原则 …… 232
第三节　定罪情节 …… 236
本章小结 …… 240
习题 …… 241
第十五章　刑事责任 …… 242
第一节　刑事责任概述 …… 242
第二节　刑事责任的根据 …… 247
第三节　刑事责任的发展阶段 …… 251
第四节　刑事责任的解决方式 …… 255
本章小结 …… 256
习题 …… 257
第十六章　刑罚概述 …… 258
第一节　刑罚与刑罚权 …… 258
第二节　刑罚的根据 …… 261
第三节　刑罚的目的 …… 264
第四节　刑罚的功能 …… 267
本章小结 …… 270

习题 …… 271

第十七章 刑罚的体系和种类 …… 272

第一节 刑罚的体系和种类概述 …… 272

第二节 主刑 …… 274

第三节 附加刑 …… 284

第四节 非刑罚处罚方法 …… 293

本章小结 …… 296

习题 …… 296

第十八章 刑罚裁量制度 …… 297

第一节 量刑概述 …… 297

第二节 累犯 …… 304

第三节 自首和立功 …… 307

第四节 数罪并罚 …… 313

第五节 缓刑 …… 320

本章小结 …… 325

习题 …… 326

第十九章 刑罚执行制度 …… 327

第一节 刑罚执行概述 …… 327

第二节 减刑 …… 329

第三节 假释 …… 333

本章小结 …… 337

习题 …… 337

第二十章 刑罚消灭制度 …… 338

第一节 刑罚消灭概述 …… 338

第二节 时效 …… 339

第三节 赦免 …… 342

本章小结 …… 343

习题 …… 344

下编　刑法各论

第二十一章　刑法各论概述 …… 347
第一节　刑法分则体系 …… 347
第二节　罪状和罪名 …… 349
第三节　法定刑 …… 353
第四节　法条竞合 …… 355
本章小结 …… 359
习题 …… 360

第二十二章　危害国家安全罪 …… 361
第一节　危害国家安全罪概述 …… 361
第二节　本章重点罪名 …… 363
第三节　本章其他罪名 …… 380
本章小结 …… 381
习题 …… 382

第二十三章　危害公共安全罪 …… 383
第一节　危害公共安全罪概述 …… 383
第二节　本章重点罪名 …… 387
第三节　本章其他罪名 …… 408
本章小结 …… 418
习题 …… 418

第二十四章　破坏社会主义市场经济秩序罪 …… 419
第一节　破坏社会主义市场经济秩序罪概述 …… 419
第二节　本章重点罪名 …… 423
第三节　本章其他罪名 …… 490
本章小结 …… 518
习题 …… 518

第二十五章　侵犯公民人身权利、民主权利罪 …… 520
第一节　侵犯公民人身权利、民主权利罪概述 …… 520

第二节　本章重点罪名 …… 522
第三节　本章其他罪名 …… 577
本章小结 …… 582
习题 …… 583

第二十六章　侵犯财产罪 …… 584
第一节　侵犯财产罪概述 …… 584
第二节　本章重点罪名 …… 587
第三节　本章其他罪名 …… 627
本章小结 …… 630
习题 …… 630

第二十七章　妨害社会管理秩序罪 …… 632
第一节　妨害社会管理秩序罪概述 …… 632
第二节　本章重点罪名 …… 636
第三节　本章其他罪名 …… 716
本章小结 …… 753
习题 …… 754

第二十八章　危害国防利益罪 …… 755
第一节　危害国防利益罪概述 …… 755
第二节　本章重点罪名 …… 756
第三节　本章其他罪名 …… 760
本章小结 …… 764
习题 …… 765

第二十九章　贪污贿赂罪 …… 766
第一节　贪污贿赂罪概述 …… 766
第二节　本章重点罪名 …… 768
第三节　本章其他罪名 …… 794
本章小结 …… 796
习题 …… 797

第三十章　渎职罪 …………………………………………………… 798
　第一节　渎职罪概述 ………………………………………………… 798
　第二节　本章重点罪名 ……………………………………………… 804
　第三节　本章其他罪名 ……………………………………………… 821
　本章小结 ……………………………………………………………… 828
　习题 …………………………………………………………………… 829

第三十一章　军人违反职责罪 ……………………………………… 830
　第一节　军人违反职责罪概述 ……………………………………… 830
　第二节　本章重点罪名 ……………………………………………… 832
　第三节　本章其他罪名 ……………………………………………… 834
　本章小结 ……………………………………………………………… 840
　习题 …………………………………………………………………… 840

参考文献 …………………………………………………………… 841

绪 论

【本章导读】

刑法学是以刑法为研究对象的学科，与犯罪学、刑事诉讼法学、性质政策学、刑事执行法学、刑事侦查学等学科既有联系，又有区别。刑法学主要是指刑法解释学，同时包括部分刑法哲学、比较刑法学和刑法史学的内容。刑法学分为总论和各论两部分，总论主要研究刑法总则所规定的犯罪、刑事责任和刑罚问题；各论主要研究刑法分则规定的具体犯罪的概念、构成要件、认定及处罚等。刑法学的研究方法包括解释的方法、历史研究法、比较研究法以及实证研究法等。

【学习重点】

- 刑法学的概念
- 刑法学的体系

一、刑法学的概念与研究对象

（一）刑法学的概念

刑法学的概念可以从最广义、广义和狭义三个角度去理解。最广义的刑法学是指研究与犯罪、刑事责任相关的一切学科，包括实体刑法学、刑事诉讼法学、监狱学、犯罪学等；广义的刑法学包括刑法解释学、刑法哲学、比较刑法学和刑法史学；狭义的刑法学仅指刑法解释学。当前刑法学主要是对刑法解释学的研究，但在理论基础和研究方法上，又包括部分刑法哲学、比较刑法学和刑法史学的内容。

刑法解释学是指以现行刑法为研究对象，主要采取注释方法揭示法条的内容，并加以评注的学科。刑法解释学的意义是在对司法实践进行批判性检验、比较和总结的基础上，对现行法律进行解释，以便于法院适当地、逐渐翻新地适用刑法，从而实现刑法公正。

刑法哲学是研究蕴含在法律规范背后并对法律规范起支撑作用的法理或

哲理依据的学科。刑法哲学是刑法解释学的理论基础,没有刑法哲学的理论支撑,刑法解释就会缺乏说服力,刑法研究也就难以深入发展。而刑法哲学也离不开刑法解释学,没有对具体刑法规范的分析,刑法哲学就会陷入“空泛论述”的境地。

比较刑法学是研究各国刑法,探求其立法思想和原理,从而比较中外以及不同法系之间刑事法律制度之异同的学科。比较刑法学实际上是对刑法问题的一种横向研究,如就犯罪成立条件而言,它研究中国与日本之间有何差异,以及产生这种差异的原因是什么。

刑法史学是研究刑事法律及相关制度之发展历史的学科,其内容不仅包括刑事法律本身的演进,而且包括刑事法律本身之外的刑事法律制度在各个社会阶段的运行情况。刑法史学是对相关刑事法律问题的一种纵向研究,属于刑事法律制度的沿袭问题。

(二)刑法学的研究对象

在刑法学的发展过程中,不同时期的刑法学者对刑法学的研究对象有着不同的认识。以往,我国刑法理论的通说认为,刑法学是法学的一个重要部门,它是以刑法为研究对象的学科。刑法是掌握政权的统治阶级为了维护本阶级的利益和统治秩序,以国家名义颁布的关于什么行为是犯罪和如何惩罚犯罪的法律。因此,刑法学就是对犯罪和刑罚的规律、刑事立法和司法实践进行理论概括的科学,亦即刑法学的研究对象是犯罪和刑罚。后来,随着刑法理论研究的发展,刑事责任理论逐渐引起学界的重视并被纳入刑法学的研究对象。我国现今的学说大多以此为基础,认为刑法学是研究刑法及其所规定的犯罪、刑事责任和刑罚的学科。

研究对象的不同,使刑法学与其他相邻学科,如犯罪学、刑事诉讼法学、刑事政策学、刑事执行法学、刑事侦查学等区分开来。

1. 刑法学与犯罪学

犯罪学是通过对犯罪现象的分析,研究犯罪发生的规律及其原因,从而寻求有效的犯罪对策的学科。虽然刑法学与犯罪学都研究犯罪,但二者研究的角度不同,刑法学研究的是规范层面的犯罪,而犯罪学研究的是事实层面的犯罪。二者之间的联系在于:犯罪学的研究会推动刑法学的研究。从犯罪学发展历程来看,每一次犯罪学领域的重大变革必然会引起刑法学理论的一些变化,而刑法学则为犯罪学提供了更为符合实践要求的研究方向。

2. 刑法学与刑事诉讼法学

刑法学是实体法学，刑事诉讼法学是程序法学，尽管二者都研究犯罪，但刑法学关注的是犯罪的成立条件及法律后果，而刑事诉讼法学关注的则是追诉和认定犯罪的程序。刑法所规定的犯罪必须经过刑事诉讼程序来确认；没有刑事程序法的存在，刑法所规定的内容难以得到实现，只有两者紧密衔接，才能正确地认定犯罪。

3. 刑法学与刑事政策学

刑事政策学是研究预防、惩治和控制犯罪的对策及策略的学科。与刑法学一样，刑事政策学的研究对象也涉及犯罪和刑罚，但刑法学对犯罪和刑罚的研究是一种规范研究，即研究罪刑规范的确立和适用问题，而刑事政策学对犯罪和刑罚的研究是一种事实研究，侧重于对犯罪特点、发展趋势和刑罚调控手段或其他调控手段之效果的研究。

4. 刑法学与刑事执行法学

刑事执行法学是刑事法学的重要组成部分，是研究刑罚执行问题的学科。刑法学与刑事执行法学尽管都研究刑罚问题，但刑法学注重对刑罚的规范研究，即对刑罚基本理论、刑罚体系和刑罚执行制度的研究，而刑事执行法学侧重于对具体刑罚执行问题的研究。

5. 刑法学与刑事侦查学

刑事侦查学是研究犯罪分子实施犯罪活动的规律、特点，研究揭露、预防、证实犯罪的策略和方法的学科。刑事侦查学的研究对象主要是犯罪侦查的策略、原则和措施，不涉及罪刑规范，但对罪刑规范的适用提供了前提和基础。

二、刑法学的体系与研究方法

（一）刑法学的体系

刑法学的体系，即刑法理论的结构形式。根据刑法典的结构，刑法学分为总论和各论两部分，总论部分主要研究刑法总则所规定的犯罪、刑事责任和刑罚问题；各论部分主要研究刑法分则规定的具体各罪的构成要件、认定和法定刑。在我国刑法学研究中，刑法学各论体系基本上是一致的，即按照分则规定的逻辑顺序进行排列。

对刑法学体系的理论分歧主要集中在刑法学总论体系结构上，目前刑法理论界主要存在以下几种观点：(1)传统的刑法学总论体系。我国传统刑法学理论体系的设计主要以社会危害性为主线，围绕着犯罪论、刑事责任论、刑罚论这三部分内容展开。根据对刑法学研究内容各个部分之间关系认识的不同，又分为三种思路：一是“犯罪—刑罚”的体系；二是“犯罪—刑事责任—刑罚”的体系；三是“犯罪—刑事责任”的体系。(2)“刑法基础论——犯罪论——法律后果论”的体系。该理论体系借鉴了以德日为代表的大陆法系犯罪构成理论，其内容主要包括刑法基础论、犯罪论、法律后果论三部分。刑法基础论研究刑法的概念、性质、地位、目的、原则与适用范围等问题；犯罪论研究犯罪概念、犯罪构成、客观构成要件符合性(含违法阻却事由)、主观构成要件符合性(含责任阻却事由)、犯罪的特殊形态、共同犯罪、罪数等问题；法律后果论研究刑罚的概念、根据、目的、体系种类、适用以及非刑罚的法律后果等。(3)“刑法绪论—犯罪的成立及其认定—刑事责任及其实现—刑法适用”的体系。该理论体系以犯罪与刑事责任及其相互间的辩证关系与规律作为主线来建构刑法学理论体系，其主要内容包括刑法绪论、犯罪的成立及其认定、刑事责任及其实现、刑法适用四个部分。(4)“绪论—犯罪本体论—刑罚本体论—罪刑关系论”的体系。该体系是以罪刑关系的基本原理为指导而建立的刑法学体系。

本教材的内容体系沿袭传统的刑法总论体系，分为导论和上下两编。上编为刑法总论，分为20章，依次为：刑法概述、刑法的基本原则、刑法的效力范围、犯罪概述、犯罪构成、犯罪客观方面、犯罪主体、犯罪主观方面、犯罪客体、正当行为、故意犯罪的停止形态、共同犯罪、罪数形态、定罪、刑事责任、刑罚概述、刑罚的体系和种类、刑罚裁量制度、刑罚执行制度和消灭制度。下编为刑法各论，分为11章，依次为：刑法各论概述、危害国家安全罪，危害公共安全罪，破坏社会主义市场经济秩序罪，侵犯公民人身权利、民主权利罪，侵犯财产罪，妨害社会管理秩序罪，危害国防利益罪，贪污贿赂罪，渎职罪和军人违反职责罪。

(二) 刑法学的研究方法

刑法学研究的具体方法多种多样，其中辩证唯物主义的研究方法和历史唯物主义的研究方法是根本的研究方法。以此为基础，在刑法学研究中应当运用解释的方法、历史研究法、比较研究法和实证分析法。

1. 解释的方法

解释的方法是指对刑法规范进行文理、语义上的分析、注解，以阐明刑法规范的含义，探求刑法规范的精神。刑法规范具有概括性，因此，要理解和实施刑法，就必须对刑法规范进行解释。刑法学研究在很大程度上就是对现行刑法规范进行解释，解释的方法应当以马克思主义哲学为指导，符合刑法规范的目的。

2. 历史研究法

历史研究法是对刑法思想、刑事法律制度的产生、发展和演变进行系统的研究，弄清刑法规范的来龙去脉，了解刑法规范发展趋向的方法。刑法具有明显的继承性，因此，研究历史上刑法的相关规定，了解制定刑法的背景，有利于把握现行刑法的立法精神。

3. 比较研究法

比较研究法是对不同国家的刑法规范和本国不同历史时期的刑法规范进行比较研究，剖析优劣，评述利弊，从而吸取精华的研究方法。不同国家的刑法，虽然性质与内容不完全相同，但在许多规定上有相同或相似之处，对它们进行比较研究，可以发现外国刑法规定的共同之处及其发展趋势，有利于我国刑法理论的发展和刑法立法的完善。而对本国不同时期的刑法规定进行比较研究，分析不同时期刑法规定的异同及其原因，有助于加深对现行刑法规定合理性的认知。

4. 实证分析法

实证分析法是刑法学研究的一种基本方法，它通过对经验事实的观察和分析来检验刑法学理论命题的正当性。对于刑法学的实证研究而言，经验事实包括与刑法制定和实施有关的一切社会事实，也包括刑法文本中的词语、句法和逻辑结构等事实因素。〔1〕以实证分析法来研究刑法，必须注意把犯罪行为、犯罪人，尤其是刑法规范的适用效果等因素结合起来进行研究。

需要说明的是，上述各种具体研究方法各有利弊。在刑法学研究中，要综合运用多种研究方法。只有这样，才能兼顾刑法的历史与现实、国内与国外、动态与静态、理论与实践，使刑法学的研究更为具体、全面、深入。

---

〔1〕 张文显：《法理学》，40页，北京，高等教育出版社、北京大学出版社，1999。

本章小结

当前的刑法学主要是对现行刑法进行解释而形成的学科,但在理论基础和研究方法上又包括刑法哲学、比较刑法学和刑法史学的内容。刑法学的研究对象是刑法及其所规定的犯罪、刑事责任和刑罚。这使得刑法学与犯罪学、刑事诉讼法学、刑事政策学、刑事执行法学、刑事侦查学等学科之间既有联系,又有区别。

刑法学由总论与各论两部分组成。前者主要研究刑法总则所规定犯罪、刑事责任和刑罚问题;后者主要研究刑法分则规定的具体犯罪的概念、构成要件、认定及处罚等问题。在刑法学研究中,应当坚持解释的方法、历史研究法、比较研究法以及实证分析法等研究方法。

习　题

1. 如何理解刑法学?
2. 刑法学有哪些研究方法?

上编　刑法总论

第一章　刑法概说

【本章导读】

刑法是规定犯罪、刑事责任和刑罚的法律规范的总称。与其他法律部门相比，刑法具有立法的谦抑性、保护范围的广泛性、制裁手段的严厉性、调控层次的后置性等特征。刑法的机能包括规制机能与社会机能两个层次。前者是指刑法所具有的规范和约束人的行为的机能，后者是指刑法对社会的效用，二者之间是对立统一关系。刑法解释不能否定立法原意的存在，但是解释又必须与社会发展保持适度的联系，关注社会现实。刑法的目的在于惩罚犯罪、保护人民。

【学习重点】

- 刑法的特征
- 刑法的机能
- 刑法的解释

第一节　刑法的概念、特征与机能

一、刑法的概念

刑法是国家基于维护国家、社会和公民个人利益的需要，通过法定程序制定并以国家名义颁布实施的，规定犯罪、刑事责任和刑罚的法律规范的总称。刑法有广义和狭义之分。广义的刑法是指一切规定犯罪、刑事责任和刑罚的法律规范的总称；而狭义的刑法是指系统规定犯罪、刑事责任和刑罚的基本法律，即刑法典。

广义刑法由以下五个部分组成。

1. 刑法典

刑法典是国家以“刑法”的名称颁布的、系统规定犯罪及其刑事责任的基本法律，在我国即指《中华人民共和国刑法》。刑法典具有普遍的效力，通常不会因为时间、空间、人、事等特殊因素发生改变，在刑法体系中居于核心地位，最具有权威性,因而被称为普通刑法。

2. 单行刑法

单行刑法是国家以“决定”“补充规定”“条例”等名称颁布的仅规定特定种类犯罪及其刑事责任的实体性单行刑事法律。我国1979年通过刑法典后,全国人大常委会先后通过了23部单行刑法。这些单行刑法弥补了1979年刑法典存在的内容简单、前瞻性较差等方面的立法缺陷。后来,在1979年刑法被修订以后,这些单行刑法的规定全部被纳入新修订的刑法典中。1998年12月29日,全国人民代表大会常务委员会颁布了《关于惩治骗购外汇、逃汇和非法买卖外汇犯罪的决定》,对新修订的刑法典的相关内容又进行了补充,它是现行有效的单行刑法。

3. 刑法修正案

刑法修正案是国家最高立法机关制定颁布的、对刑法典的特定条款直接进行修改或补充,并自动替换原条文的规范性法律文件的总称。自1999年12月25日通过施行第一个刑法修正案以来,全国人大常委会先后颁布了10个刑法修正案。目前,颁布刑法修正案已经成为我国刑法规范修改和完善的主要途径。

4. 附属刑法

附属刑法即非刑事法律中的刑法规范,是指附带规定于民法、经济法、行政法等非刑事法律中的罪刑规范。在非刑事法律中,由于这些罪刑规范不具有主体性地位,处于一种附属性地位,因此称为附属刑法。

5. 民族自治地方所制定的刑法的变通或补充规定

我国《中华人民共和国刑法》第90条规定:“民族自治地方不能全部适用本法规定的,可以由自治区或者省的人民代表大会根据当地民族的政治、经济、文化的特点和本法规定的基本原则,制定变通或者补充的规定,报请全国人民代表大会常务委员会批准施行。”对刑法典的变通或补充规定也是我国刑法的渊源之一。

二、刑法的特征

一国的法律体系是由不同的法律所构成的有机整体,刑法只是国家法律体系中的一个组成部分,与其他法律相比,刑法具有以下特征。

(一) 立法的谦抑性

刑法立法的谦抑性,也即刑法的谦抑性,是指立法者应当力求以最小的支出——少用甚至不用刑罚（而用其他刑罚替代措施），获取最大的社会效益——有效地预防和控制犯罪。一般而言，以下情况没有设置刑事立法的必要：其一，刑罚无效果。如果把某种行为设定为犯罪行为后，仍然不能达到预防与控制该行为的效果，则该项立法无可行性。其二，刑罚无必要。如果某种行为可以用民事、商事、经济、行政处罚手段来有效控制和防范，则没必要将该行为规定为犯罪。其三，刑罚无效益。如果将某种行为规定为犯罪，使立法、司法与执法的成本大于收益，则不应当将该行为规定为犯罪。

（二）保护范围的广泛性

一般部门法只保护某一方面的社会关系。例如，民法保护财产关系以及部分与财产有关的人身关系；婚姻法保护婚姻家庭关系；经济法保护由国家宏观调控的经济关系；行政法保护行政关系。而刑法所保护的社会关系相当广泛，上述财产关系、人身关系、婚姻家庭关系、经济关系、行政关系都是法的调控对象。在此意义上，一切部门法所保护的社会关系，刑法都要进行保护。

（三）制裁手段的严厉性

不同的法律在制裁手段上具有较大差异。例如，民法的制裁手段主要包括停止侵害、赔偿损失、恢复原状、消除影响、赔礼道歉等；行政法的制裁手段主要包括警告、罚款、没收违法所得、没收非法财物、责令停产停业、暂扣或吊销许可证、暂扣或吊销执照、行政拘留等。相对于其他法律，刑法的制裁主要表现为刑罚，包括管制、拘役、有期徒刑、无期徒刑、死刑以及罚金、没收财产和剥夺政治权利，其严厉性是其他法律不可比拟的。

（四）调控层次的后置性

法律对社会关系的调控分为两个层次。第一个层次是民法、行政法、经济法等诸如此类的法律调控，刑法调控处于第二个层次。在以商品经济为导向的现代社会中，人们对经济利益最大化的追求往往会突破第一层次的法律所设定的义务性规范或禁止性规范，而相应的法律责任实现机制的制裁程度较为轻缓，使得其调控效果只能停留在一定的范围内，对于严重侵害社会秩序的行为就无能为力了。这样，在第一个层次的法律调控失效时，必然诉诸第二个层次的调控——通过认定犯罪和适用刑罚来恢复被破坏的社会秩序。这就使得刑法调控在调控顺序上具有后置性的特点；而作为一种最后的调控手段，刑法调控也就成为非刑法调控的补充和保障。

三、刑法的机能

(一) 规制机能

规制机能,即行为规制机能,是指刑法所具有的规范和约束人们行为的功能。规制机能包括两个方面:一是对一般社会成员的行为所具有的规制机能,即通过惩罚已然的犯罪人和警戒未然的犯罪人,来实现刑法的行为规制机能。二是对司法人员的行为所具有的规制机能,即通过对司法人员的行为的规制,使其在刑法规定的范围内适用刑法。行为规制机能包括两个层次:第一层次是评价机能,即通过刑法规范可以判断自己或他人的行为是否为刑法所禁止;第二层次是决定机能,即通过刑法规范的评价作用来决定是否实施某种行为。

(二) 社会机能

1. 社会保护机能

刑法的社会保护机能,是指刑法所具有的能够通过对犯罪的否定性评价和适用刑罚来保障国家、社会和个人利益的功能。刑法的社会保护机能包括保护各种利益不被犯罪侵害和利益被犯罪侵害后能够及时通过适用刑罚手段予以修复两个方面。前者是一种预防性保护,通过犯罪预防来实现;后者是一种救济性保护,通过惩罚犯罪来实现。社会保护机能的核心是对利益的保护。利益可以划分为国家利益、社会利益和个人利益三类。相应地,刑法规定的犯罪也分为三类:侵害国家利益的犯罪、侵害社会利益的犯罪和侵害个人利益的犯罪。

2. 人权保障机能

刑法的人权保障机能,即通过对国家刑罚权的限制来保障个人权利。这里的人权包括对一般人的人权和对被告人的人权。限制国家刑罚权是刑法存在的依据之一。由于刑法对犯罪和刑罚作出了明确规定,就使刑罚权的发动受到了严格限制。一方面,对没有犯罪的人,绝不能定罪处刑,因此,刑法是善良人的“大宪章”;另一方面,即便对被告人追究刑事责任,也必须严格限定在刑法规定的范围内,不能任意定罪和处刑。

3. 社会保护机能与人权保障机能的冲突和协调

刑法的社会保护机能和人权保障机能之间存在一定的矛盾和冲突。如果刑法过分偏重于社会保护机能,就会使国民的自由受到限制,从而无法更好地保障人权;如果过分追求人权保障机能,就会招致犯罪的增加,从而导致社会的不稳定。尽管对权利和自由的充分保障是人类社会最高的价值追求，但是安全和秩序是权利和自由的保障。因而，既不能通过牺牲社会公众的权利和自由来寻求对社会的保护，也不能为了追求刑法对权利和自由的保障而弱化对社会整体利益的保护。刑法作为一种社会关系的调控手段，重视或凸显哪一种机能，应当根据不同社会现实状况下社会治理的需要来予以合理选择。

第二节　刑法解释

刑法解释是对刑法规范含义的阐明。刑法规范具有抽象性、滞后性、用语的模糊性等局限；同时，刑法规范不可避免地存在缺陷。因而，只有合理地解释刑法，才能使刑法得到正确适用。

一、刑法解释的原则

刑法解释的原则，即解释刑法时必须遵循的准则。对刑法进行解释时应当遵循合法性原则、合理性原则以及人权保障优先的原则。

（一）合法性原则

罪刑法定原则是法治原则在刑法领域的集中体现，因而刑法解释的合法性原则是指解释刑法时必须遵循罪刑法定原则。根据罪刑法定原则的基本要求，解释刑法时不能超出刑法用语可能具有的含义。我国刑法解释以司法解释为主体，具有抽象性和普遍适用性特点，而不是单纯针对个案所单独作出的解释，如果稍有不慎势必造成难以弥补的损失。因此，司法解释必须以法律明文规定的内容为解释对象，而绝不能超越法律的规定去修改、补充现行刑法的内容，更不能像其他国家那样允许“法官造法”，创造新的罪刑规范。

（二）合理性原则

合理性原则要求刑法解释应以人类社会的伦理道德要求和刑法法理为限度，解释结论应符合刑法的基本价值，具体表现为刑法社会保护机能与人权保障机能的统一、协调。社会保护的刑法价值观要求解释刑法时应当以刑法目的为指导，解释结论必须满足刑法保护法益的基本要求。保障人权的价值观要求解释刑法规范时必须符合可预测性原理，应当符合人之常理，解释结论对于普通公民而言都不应感到意外，在感情上是可以接受的。换言之，解释结论必须是普通公民根据一般语言习惯和伦理规范都可能预料到的。

(三)人权保障优先原则

在我国,长达几千年的权力本位传统造成了个体观念和权利保障意识极为薄弱,国家权力基本上不受任何限制。即使在中华人民共和国成立以后,由于受计划经济体制集中模式的影响,权利观念的发展速度也极为缓慢。在社会主义市场经济体制建立后,这一体制在对原有的观念造成巨大冲击的同时,也迫切要求一种与市民社会、市场经济相适应的个体权利发展观。在个人与社会之间的关系上适当向个人倾斜,突出对人权价值的保障是我国刑事法治建设的重要任务。因而,在解释刑法时,坚持人权保障优先原则显得极为必要。

二、刑法解释的种类

按照解释的效力不同,可将刑法解释分为有权解释和无权解释。前者是指由被授权的国家机关在其职权范围内所作出的刑法解释,包括立法解释和司法解释;后者是指未经国家授权的机关、团体、社会组织、学术机构以及公民个人对刑法所作的解释,也称学理解释。

(一)立法解释

立法解释,是立法机关对刑法规范的含义所作的解释。立法解释对于弥补刑法规范的缺陷,使刑法规范适应复杂多变的社会现实,具有重要作用。一般认为,刑法立法解释包括三种情况:(1)在刑法典中通过刑法条文对有关刑法术语所作的解释。例如,《刑法》第 91 条至第 102 条对“公共财产”“公民私人所有的财产”“国家工作人员”“司法工作人员”“重伤”“违反国家规定”的含义和范围所作的解释;再如,《刑法》第 357 条、第 367 条分别对“毒品”“淫秽物品”的含义所作的解释。(2)在法律的起草说明中所作的解释。如 1997 年 3 月 6 日全国人大常委会副委员长王汉斌所作的《关于〈中华人民共和国刑法〉(修订草案)的说明》中所作的解释。(3)刑法在施行中如发生歧义,由全国人大常委会所作的解释。1997 年刑法典施行之后,全国人大常委会发布了多个立法解释,对“其他依照法律从事公务的人员”“违反土地管理法规,非法批准征用、占用土地”“黑社会性质的组织”“挪用公款归个人使用”“人民法院的判决、裁定”“渎职罪主体的范围”“信用卡”和“出口退税、抵扣税款的其他发票”等问题进行了解释。这属于典型意义上的立法解释。在对刑法规范的各种解释中,立法解释具有最高的约束力。

（二）司法解释

司法解释，是指由国家司法机关对刑法作出的解释。1981 年 6 月 10 日全国人大常委会《关于加强法律解释工作的决议》第 2 条规定："凡属于法院审判工作中具体应用法律、法令的问题，由最高人民法院进行解释。凡属于检察院检察工作中具体应用法律、法令的问题，由最高人民检察院进行解释。"可见，根据最高权力机关的授权，最高人民法院和最高人民检察院可以对刑法规范的适用问题作出有约束力的解释。我国的司法解释模式属于"二元一级抽象式"的解释模式。其中，"二元"是指有权进行刑法司法解释的机关是审判机关和检察机关；"一级"是指司法解释的主体只包括最高司法机关，地方各级司法机关无权对刑法作出解释；"抽象式"，即司法解释一般不是在裁判案件的过程中通过判决理由的说明来表现司法者对法律的解释，而是通过发布专门的司法解释文件，或通过对下级法院提出的应用法律问题的请示进行批复的方式，对刑法进行解释。〔1〕

（三）学理解释

学理解释，是由国家宣传机构、社会组织、教学科研单位或专家学者等从学理上对刑法含义所作的解释，如刑法教科书、论著、案例分析中对刑法规范的含义所作的解释。学理解释虽然不具有法律约束力，但对正确理解和适用刑法具有较高的参考价值。

三、刑法解释的方法

刑法解释的方法一般分为文理解释和论理解释。论理解释又分为扩大解释、限制解释、当然解释、历史解释等。

（一）文理解释

文理解释，是依据刑法运用的通常含义、语法及标点等，对法律规范的含义从文理上所作的解释。其主要特点是严格按照刑法条文的字面含义进行解释，既不扩大，也不缩小。刑法是通过语言文字来表达的，语言文字一般具有确切含义，不容易引起人们的歧义。但有些语言是容易引起歧义的，因而需要进行文理解释。文理解释是首选的刑法解释方法。在一般情况下，如果能通过文理解释获得对于刑法条文的正确理解，就不必再使用其他解释方法。

---

〔1〕 参见李洁：《中国刑法有权司法解释模式评判》，载《当代法学》，2004(1)。

(二)论理解释

论理解释，是按照立法精神及刑法原理，联系历史和现实的具体情况，以逻辑推理的方法，对刑法规范的含义所作的解释。其主要特点是从条文的内部结构关系及条与条之间的相互联系上，探求立法意图，阐明立法精神。

1. 扩大解释

扩大解释又称扩张解释，是指根据刑法的立法精神，将刑法用语作出宽于其字面含义的解释。例如，将《刑法》第116条中的"汽车"解释为包括作为交通工具的大型拖拉机，就是一种扩张解释。扩大解释在刑事政策上主要是基于犯罪化的考虑，以强化刑法的社会保护机能。当然，扩张解释不能超出刑法用语可能具有的含义，否则就违背了罪刑法定原则。

2. 限制解释

限制解释又称缩小解释，是指根据刑法的立法精神，将刑法用语作出窄于其字面含义的解释。例如，伤害就其程度而言包括重伤害、轻伤害和轻微伤害，而在刑法对故意伤害罪的规定中，伤害仅指重伤害和轻伤害，不包括轻微伤害，这就是一种限制解释。限制解释在刑事政策上主要是基于非犯罪化的考虑，保障刑法规范适用的合理性。

3. 当然解释

当然解释又称自然解释，是指刑法虽未明文规定某一事项，但依形式逻辑推理或者事物本身属性的当然道理，作出将该事项包括在该规定适用范围之内的解释。以形式逻辑进行的当然解释，一般是指刑法条文规定的概念与需要被解释的概念之间具有属种关系，如故意杀人罪中的"人"是一个属概念，而男人和女人是属于"人"这一属概念的种概念，因而不管是故意杀害男人，还是故意杀害女人，都构成故意杀人罪。以事物本身的属性进行的当然解释，一般是指刑法虽然没有明文规定，但是该事项与刑法规定的事项具有同样的属性或程度(较之重者更重，轻者更轻)时，应当按照刑法的规定作出同样的处理。这就是所谓的"入罪，则举轻以明重；出罪，则举重以明轻"。

4. 历史解释

历史解释是指根据刑法制定或修订的时代背景，阐明刑法用语的真实含义。当然，历史解释并不意味着要按照过去的观念解释现行刑法，而是应注重刑法变更的历史原因。例如，1979年刑法典规定了投机倒把罪，把长途贩运、囤积居奇等严重破坏计划经济体制的行为规定为犯罪，但随着市场经济体制的建立，1997年修订后的刑法典取消了投机倒把罪，对于严重破坏市场经济秩序的行为按照非法经营罪处理。这样，以往以投机倒把罪所调控的行为一般就不能以非法经营罪处理了。

第三节　刑法的目的和任务

一、刑法的目的

我国《刑法》第 1 条规定："为了惩罚犯罪，保护人民，根据宪法，结合我国同犯罪做斗争的具体经验和实际情况，制定本法。"根据这一规定，刑法的目的就在于惩罚犯罪，保护人民。惩罚犯罪与保护人民是制定刑法的目的的两个方面，这两个方面是密切联系、有机统一的。所谓"惩罚犯罪"，就是指对任何触犯我国刑法，实施犯罪行为的犯罪分子，都要依照刑法的规定追究其刑事责任，使其受到应有的惩罚。所谓"保护人民"，就是指保护人民的各种利益，既包括代表人民根本利益和长远利益的国家政权、社会主义的政治、经济制度，也包括人民的当前利益和具体切身利益，如公民的人身权利、民主权利、财产权利、劳动权利、婚姻家庭权利等。总之，刑法的目的就是为惩罚犯罪提供法律武器，通过惩罚犯罪来保护人民的利益。

二、刑法的任务

我国《刑法》第 2 条规定："中华人民共和国刑法的任务，是用刑罚同一切犯罪行为做斗争，以保卫国家安全，保卫人民民主专政的政权和社会主义制度，保护国有财产和劳动群众集体所有的财产，保护公民私人所有的财产，保护公民的人身权利、民主权利和其他权利，维护社会秩序、经济秩序，保障社会主义建设事业的顺利进行。"根据这一规定，我国刑法的任务包括以下四个方面。

（一）保卫国家安全，保卫人民民主专政的政权和社会主义制度

这是我国刑法的首要任务。国家安全是国家生存和发展的根本前提。人民民主专政的政权和社会主义制度是我国人民在中国共产党领导下经过长期的革命斗争而取得的胜利成果，是我国人民根本利益的集中体现。没有巩固的人民民

主专政的政权和社会主义制度,就没有中华民族的振兴,就没有人民的一切。为此,我国刑法将危害国家安全的犯罪行为置于各类犯罪之首,规定于刑法分则第一章,对其规定了严厉的刑罚。这些规定都为有力打击危害国家安全的行为提供了法律依据。

(二)保护社会主义的经济基础

经济基础决定上层建筑,经济基础是上层建筑的重要支撑,上层建筑为经济基础服务,没有完善的上层建筑就难以保障经济基础的稳固。我国刑法是社会主义上层建筑的一个重要组成部分,必然承担起保护社会主义经济基础的任务。只有保护社会主义的经济基础,才能最终保卫国家安全和社会主义制度。在当今中国,保护社会主义经济基础就是要保护以公有制为主体的多种所有制并存的社会主义市场经济制度。为此,我国刑法设立了"破坏社会主义市场经济秩序罪"和"侵犯财产罪",在对国有财产、劳动群众集体所有的财产及公民私人所有的财产进行保护的同时,对社会主义经济赖以运行和发展的各种经济运行与管理制度也予以有效保障。

(三)保护公民的人身权利、民主权利和其他权利

在任何社会,只要存在法律秩序,公民个人的生命、自由、安全和财产等基本权利都是受到保护的。只有公民的基本权利受到法律保护,公民才能参与正常的社会活动。我国人民民主专政的社会主义国家性质决定了保护公民的人身权利、民主权利和其他权利,是我国刑法的重要任务。刑法通过认定和惩罚犯罪,直接保护每个公民的权利。我国刑法在分则第四章专门规定了侵犯人身权利、民主权利和其他权利的犯罪,并对这些犯罪规定了相应的刑罚,为有效保护公民的人身权利、民主权利和其他权利提供了强有力的法律武器。

(四)维护社会秩序,保障社会主义建设事业的顺利进行

社会秩序包括生产秩序、工作秩序、生活秩序等,社会秩序的稳定是保障社会主义建设事业顺利进行的重要保障。任何社会都是在一定的秩序轨迹下运行的,人类需要秩序,亦即需要一个有秩序的、安全的、有组织的、可预见性的世界。社会秩序与每个人的日常工作、生活息息相关,关系到每一个公民的切身利益。我国刑法分则中规定的危害公共安全罪、妨害社会管理秩序罪等,都是为了维护正常的社会秩序。

本章小结

刑法是规定犯罪、刑事责任和刑罚的法律规范的总称。广义的刑法包括刑法典、单行刑法、刑法修正案、附属刑法和民族自治地方所制定的刑法的变通或补充规定；狭义的刑法仅指刑法典。与其他法律相比，刑法具有立法的谦抑性、保护范围的广泛性、制裁手段的严厉性、调控层次的后置性等特征。刑法的机能包括规制机能与社会机能两个层次。规制机能包括评价机能和决定机能；社会机能包括社会保护机能与人权保障机能，两者之间是对立统一关系。刑法解释是对刑法规范含义的阐明。

刑法解释应当遵循合法性原则、合理性原则和人权保障优先原则；刑法解释的种类包括立法解释、司法解释和学理解释，解释方法主要包括文理解释和论理解释。其中，论理解释中又包括扩大解释、限制解释、当然解释、历史解释等解释方法。

刑法的目的在于惩罚犯罪，保护人民；刑法的任务在于保卫国家安全，保卫人民民主专政的政权和社会主义制度，保护社会主义的经济基础，保护公民的人身权利、民主权利和其他权利，维护社会秩序，保障社会主义建设事业的顺利进行。

习　题

1. 刑法具有哪些特征？
2. 刑法具有哪些机能？
3. 如何理解刑法解释的目标和原则？
4. 刑法解释的方法有哪些？

第二章　刑法的基本原则

【本章导读】

罪刑法定原则、适用刑法平等原则和罪责刑相适应原则是我国刑法的三大原则。罪刑法定原则的基本含义是“法无明文规定不为罪,法无明文规定不处罚”。现代罪刑法定原则的思想基础是民主主义和人权思想,并通过其基本内容体现出来。适用刑法平等原则是法律面前人人平等的宪法原则在刑法领域的具体体现。现代罪责刑相适应原则结合了古典学派和近代学派的观点,强调刑罚既要与犯罪的社会危害程度相适应,也要与犯罪人的人身危险性相适应。

【学习重点】

- 罪刑法定原则的理论基础
- 罪刑法定原则的派生原则
- 罪责刑相适应原则的内容
- 罪责刑相适应原则的司法适用

第一节　罪刑法定原则

一、罪刑法定原则的法律渊源

罪刑法定原则的基本含义是“法无明文规定不为罪,法无明文规定不处罚”。我国现行《刑法》第 3 条规定:“法律明文规定为犯罪行为的,依照法律定罪处刑;法律没有明文规定为犯罪行为的,不得定罪处刑。”其中,后半句就是对罪刑法定原则的规定。

罪刑法定原则的渊源最早可追溯到 1215 年英王约翰签署的《大宪章》第 39 条。该条规定:“凡自由民除经其贵族依法判决或遵照国内法律之规定外,不得加以扣留、监禁、没收其财产、剥夺其法律保护权,或加以放逐、伤害、搜索或逮捕。”这一规定奠定了“正当法律程序”的基本思想,一般认为它是罪刑法定原则最早的法律渊源。英国1628年的《权利请愿书》和1688年的《人身保护法》进一步强调了罪刑法定主义的思想。法国1789年的《人权宣言》第8条明确规定了罪刑法定原则，即："法律只应规定确实需要和显然不可少的刑罚，而且除非根据在犯罪前已制定和公布的且系依法施行的法律，不得处罚任何人。"在这一规定的指导下，1810年《法国刑法典》第4条首次以刑事立法的形式规定了罪刑法定原则。后来，随着尊重人权观念的深入人心，罪刑法定原则逐渐在世界范围内被接受。时至今日，罪刑法定原则已经成为各国刑法最根本的原则，甚至在某些国家，这一原则已经上升为宪法原则和法治原则。

二、罪刑法定原则的思想基础

一般认为，罪刑法定原则的思想基础包括沿革意义上的思想基础和现代意义上的思想基础。三权分立学说和心理强制说是罪刑法定原则严格意义上的思想基础，而民主主义和人权思想则被认为是罪刑法定原则现代意义上的思想基础。

（一）罪刑法定原则沿革意义上的思想基础

1. 三权分立学说

三权分立学说为孟德斯鸠等启蒙思想家所倡导。该学说认为："如果同一批人同时拥有判定和执行法律的权力，这就会给人们的弱点以强大诱惑，使他们动辄要攫取权力，借以使他们自己免于服从他们所制定的法律，并且在制定和执行法律时，使法律适合于他们自己的私人利益。"[1]所以，为了保障公民的自由不受国家权力的肆意侵害，有必要把立法、司法和行政权分开，使三者之间相互监督与制约。具体而言，刑法由立法机关制定，法官只能依据立法机关所制定的刑法来定罪判刑，行政机关只依据法官的判决来执行刑罚。

2. 心理强制说

心理强制说为德国刑法学家费尔巴哈所倡导。该学说认为，人有趋利避害的本能，在实施任何行为的时候，都会权衡利弊，两利相衡取其大，两害相衡取其小；同样，犯罪人在实施犯罪之前会对犯罪所带来的快乐与痛苦进行权衡。因而，为了有效遏制犯罪，就应当告诉人们实施犯罪的后果是什么，把犯罪及其后果明确化、量化，使他实际感受到如果这么做，承受的痛苦有多大。通过这种方法，在行

〔1〕［英］洛克：《政府论（下卷）》，叶启芳等译，89页，北京，商务印书馆，1981。

为人实施犯罪前,给他施加心理压力,使其不敢犯罪。

(二) 罪刑法定原则现代意义上的思想基础

1. 民主主义

民主主义认为,人民是国家的主人,国家的一切重大事项应当由人民自己来决定。犯罪和刑法属于国家的重大事项,因而,哪些行为应当规定为犯罪,应当规定什么样的刑罚,都应当由人民自己来决定。然而,人民不可能全部参与立法,这就需要通过民选产生的专门立法机关来进行立法。为了使体现人民意志的刑法得到遵循,司法机关就应当严格按照刑法的规定来定罪判刑。

2. 人权思想

为了保障人权,不至于妨害到人们的行动自由,就要使人们事先能够预测自己行为的性质和后果。因而,对什么是犯罪,对犯罪应给予什么样的处罚,必须事先明文规定。国家不得针对法律没有明文规定为犯罪的行为发动刑罚权,从而避免司法权力对国民自由的肆意侵害。人权思想要求刑法不仅要保障一般公民的人权,而且要保障犯罪人的人权。

三、罪刑法定原则的基本内容

(一) 排斥习惯法

习惯法是社会在发展的过程中所形成的在特定区域内有一定程度约束力的某种习俗。在古代社会中,习惯法曾经是刑法的重要渊源。现代社会中,习惯法在民事法领域发挥着重要作用,但是在刑事法领域习惯法是受到排斥的。某一行为是否构成犯罪以及应当受到什么样的刑罚处罚,必须由法律明文规定,也即是必须根据成文法的规定对犯罪人进行定罪量刑,而不能根据习惯法对行为人的行为定罪处刑。

(二) 禁止类推

类推是对刑法没有明文规定为犯罪的行为,比照分则中同它最相类似的条文定罪判刑的制度。罪刑法定原则最基本的内涵是法无明文规定不为罪、法无明文规定不处罚。而类推是对刑法没有规定为犯罪的行为,依照与它最相类似的条文定罪和判刑。这显然是不符合罪刑法定的,所以贯彻罪刑法定原则就要禁止类推制度。应当强调的是,在实质意义的罪刑法定原则之下,只是禁止不利于被告人的类推解释,而根据罪刑法定原则保障人权的宗旨和为了实现刑法的实质正义,有利于被告人的类推解释应当被允许，即容许阻却犯罪成立事由和减轻、免除刑罚事由等的类推解释。

（三）禁止溯及既往

禁止溯及既往是指刑法只能对其实施以后的犯罪行为予以适用，对实施以前的行为不能追溯适用。但是，根据有利于被告人的原则，不溯及既往原则应该有例外情形，即行为时旧法认为某种行为是犯罪，新法不认为是犯罪，或者虽然新法也认为是犯罪，但新法规定的刑罚比旧法轻时，则适用新法。

（四）禁止绝对不确定刑

绝对不确定刑是指法律仅仅规定了对某种行为需要追究行为人的刑事责任，但没有规定特定的刑种和刑度。例如，刑法规定强奸罪应当追究行为人的刑事责任，就属于绝对不确定刑。对于实施了强奸行为构成犯罪的，是应该剥夺行为人的生命还是自由或财产。仅规定“应当追究行为人的刑事责任”会导致司法机关没有适用刑罚的标准，从而导致事实上无法追究行为人的刑事责任。但是，对刑罚的规定也不能绝对确定。刑法规定绝对确定的法定刑，虽然有利于防止司法官员滥用职权和保障人权，但是，任何一种具体的犯罪都可能具有不同的情节、不同的危害程度，绝对确定的法定刑不可能把这些情况都包括进来。因此，当今各国刑法一般都规定了相对确定的法定刑。

（五）明确性

明确性是指规定犯罪的法律条文必须清楚明确，使人能确实了解违法行为的内容，准确地确定犯罪行为与非犯罪行为的范围，以保障该规范中没有明文规定的行为不会成为该规范适用的对象。〔2〕明确性原则要求刑法对犯罪与刑罚的规定必须具体、明确，以便预先告知人们成为可罚对象的行为有哪些，使人们能够预测自己的行动，并限制法官适用刑法的恣意性。

（六）实体适当原则

刑法处罚的根据应该是行为对法律所保护的法益的侵害程度以及侵犯的法益的重要程度。首先，从处罚的范围上讲，不是任何对社会有危害的行为都应该纳入刑事处罚的范围；其次，从处罚的程度上讲，刑罚处罚的程度应该与犯罪侵害法益的程度相适应。

---

〔2〕［意］杜里奥・帕多瓦尼：《意大利刑法学原理》，陈忠林译，24页，北京，法律出版社，1998。

上述内容实际上反映出罪刑法定原则的根本价值取向是突出对被告人权利的保障,而保障的途径主要有两个方面:一是通过刑法法定化和刑法明确化对刑法立法权本身进行限制;二是通过将刑事追诉和裁判等司法权力严格限定在刑事立法的框架内,避免刑事追诉和裁判的任意性,保障追诉和裁判活动的正当性。

四、罪刑法定原则的司法适用

我国《刑法》第3条明确规定:"法律明文规定为犯罪行为的,依照法律定罪处罚;法律没有明文规定为犯罪行为的,不得定罪处罚。"这一规定表明我国在刑事立法上已经确立了罪刑法定原则,但罪刑法定原则的付诸实现,还有赖于司法实践。在司法实践中贯彻罪刑法定原则,应该注意以下几个方面。

(一) 确立人权保障的观念

罪刑法定原则是法治原则在刑法领域的集中体现。在法治社会,对公民包括犯罪人权利的保障是罪刑法定原则的精神实质。因而,应当把保障公民权利作为刑事司法的首要价值目标。如果刑法未明确规定某一行为是犯罪,即使该行为具有严重的社会危害性,也不得对其定罪处刑。

(二) 依法认定犯罪

在定罪过程中,司法机关必须以事实为根据,以法律为准绳,严格依照法律的规定认定犯罪。刑法规定的犯罪构成是司法人员认定犯罪的唯一标准,只能将符合法律所规定的犯罪构成要件的行为认定为犯罪;同时,要准确区分此罪与彼罪,做到定性准确。

(三) 准确量刑

司法机关在量刑时,必须严格遵循刑法的相关规定。在量刑过程中,刑法规范的抽象性与社会生活的复杂性之间存在矛盾,因而,在对具体犯罪决定刑罚时,必须赋予法官一定的自由裁量权。但法官的自由裁量权是有界限的,即必须在罪刑法定原则下依据犯罪行为的社会危害程度以及犯罪人的具体情况裁量刑罚。

(四) 合理解释刑法

刑法的适用过程实质上就是一个刑法的解释过程。特别是对于存在分歧的法律条文,需要由司法机关进行解释,指导具体的定罪量刑活动。但司法解释不能超越其应有的权限,不能超出刑法用语可能具有的含义范围;无论是扩张解释,还是限制解释,都不能违反罪刑法定原则,更不能以司法解释代替刑事立法。

第二节　适用刑法平等原则

一、适用刑法平等原则的含义

法律面前人人平等是我国宪法确立的一项基本原则，所有法律的适用都应体现这一原则。由于刑法的适用关系到公民的生命、自由、财产、资格等，因而这一宪法原则在刑法领域必须得到严格遵循。我国《刑法》第 4 条规定："对任何人犯罪，在适用法律上一律平等。不允许任何人有超越法律的特权。"这就是适用刑法平等原则，其基本含义是：任何人犯罪，不论其家庭出身、社会地位、职业性质、财产状况、政治面貌、业绩贡献如何，都应追究刑事责任，一律平等地适用刑法，依法定罪、量刑和行刑，不允许任何人有超越法律的特权。

二、适用刑法平等原则的具体体现

适用刑法平等原则具体体现在定罪、量刑和行刑三个方面。

（一）定罪上的平等

犯罪人的身份、地位、财产等因素不能成为定罪的标准。任何人犯罪，无论其身份、地位高低、财产多寡，都应当平等对待。不能因为行为人的地位高、财产多就对其不予定罪或从轻定罪，也不能因为行为人的地位低或财产少，就对其定罪或定重罪。总之，刑法所规定的犯罪成立要件是定罪的唯一标准；在这一标准面前，任何人都是平等的。

（二）量刑上的平等

对于社会危害程度、情节相当的犯罪行为，应当给予相当的处罚。对社会危害程度、情节相当的犯罪，不能因为被告人的身份、地位、财产状况不同而作出截然不同的处罚。《刑法》第 61 条关于量刑原则的规定，体现了"以事实为根据，以法律为准绳"的精神，也包含着对一切犯罪人都应当公正、平等地依法判刑的内容。

（三）行刑上的平等

在具体执行刑罚时，对于所有的受刑人都应当平等对待。凡罪名和法定刑相同且人身危险性相当的，在刑罚处遇上也应相同，不能搞特殊。对于判处刑罚的人,应当严格依照刑法规定平等地执行。特别是在减刑、假释等方面,应以犯罪人的悔改立功表现以及刑法规定为依据,而不能根据其他非相关因素决定减刑与假释。

第三节　罪责刑相适应原则

一、罪责刑相适应原则的含义

罪责刑相适应原则的含义是,犯多大的罪,就应承担多大的刑事责任,法院也应判处其相应轻重的刑罚,做到重罪重罚,轻罪轻罚,罪刑相称,罚当其罪。我国《刑法》第5条规定:“刑罚的轻重,应当与犯罪分子所犯罪行和承担的刑事责任相适应。”这就是对罪责刑相适应原则的规定。

“以血还血,以牙还牙”是罪责刑相适应原则最原始的表现。罪责刑相适应原则是资产阶级启蒙思想家所倡导的。在自由、平等、人权思想的影响下,一大批启蒙思想家和刑法学家为了反对封建重刑主义,极力倡导这一原则。在启蒙思想家的推动下,罪责刑相适应原则逐渐被各国刑法典所采用。传统的罪责刑相适应原则以刑罚报应主义为基础,机械地强调刑罚与犯罪的客观危害性相适应。随着刑法学新派的崛起,传统的罪责刑相适应原则受到了严峻挑战。刑法学新派认为,为了实现特殊预防,刑罚应当与行为人的人身危险性相适应。在这种思想影响下,罪责刑相适应原则的内容发生了变化,即刑罚不但应当与犯罪行为的社会危害程度相适应,而且应当与犯罪人的人身危险性相适应。

二、罪责刑相适应原则的内容及其立法体现

(一)罪责刑相适应原则的内容

罪责刑相适应原则包括两方面的内容:一是刑罚的轻重与犯罪行为的社会危害性相适应;二是刑罚的轻重与犯罪人的人身危险性相适应。

1. 刑罚的轻重与犯罪行为的社会危害性相适应

社会危害性是犯罪对法益的侵害及其程度,其大小是由行为的客观危害程度和行为人的主观恶性程度所决定的。如果没有主观恶性,即使行为的客观危害很大,也不能认为其具有社会危害性;同样,如果行为没有客观危害,即使主观恶性

很大，也不能认为其具有社会危害性。在量刑时考虑与犯罪行为的社会危害性程度相适应，体现的是刑罚对已然之罪的回顾，满足的是报应的需要。

2. 刑罚的轻重与犯罪人的人身危险性相适应

影响刑罚轻重的因素除了社会危害性之外，还包括犯罪人的人身危险性。人身危险性是指犯罪人再次犯罪的可能性。在行为的社会危害性程度相当的情况下，如果犯罪人的人身危险性大，对其所判处的刑罚就重；反之，对其所判处的刑罚就轻。在量刑时考虑与犯罪人的人身危险性大小相适应，体现的是刑罚对未然之罪的前瞻，满足的是预防的需要。

（二）罪责刑相适应原则的立法体现

在我国刑事立法中，罪责刑相适应原则得到了充分体现，具体表现为以下几个方面。

1. 确立了科学严密的刑罚体系

我国刑法规定了科学的刑罚体系，包括主刑和附加刑。其中，主刑包括管制、拘役、有期徒刑、无期徒刑和死刑；附加刑包括罚金、没收财产、剥夺政治权利以及适用于外国人犯罪的驱逐出境。各种刑罚方法的严厉程度不同，相互区别又相互衔接，能够根据犯罪的社会危害性和犯罪人的人身危险性的大小而灵活适用，充分体现了罪责刑相适应原则。

2. 规定了个别化的处罚原则

我国刑法规定了轻重有别的个别化处罚原则。例如，对于未成年人犯罪，应当从轻或者减轻处罚；对于聋哑人或者盲人犯罪，可以从轻、减轻或者免除处罚；对于预备犯，可以比照既遂犯从轻、减轻或者免除处罚；对于未遂犯，可以比照既遂犯从轻或者减轻处罚；等等。此外，刑法还规定了刑罚裁量与刑罚执行制度，如累犯制度、自首制度、立功制度、缓刑、减刑和假释制度等，以适应刑罚个别化的需要。这些针对不同情形所规定的不同处罚，是罪责刑相适应原则的重要体现。

3. 规定了适当的量刑幅度

我国刑法分则根据犯罪的性质和危害程度，为各种具体犯罪规定了可以分割、能够伸缩、幅度较大的法定刑。例如，《刑法》第 232 条规定：“故意杀人的，处死刑、无期徒刑或者十年以上有期徒刑；情节较轻的，处三年以上十年以下有期徒刑。”可见，同样是故意杀人的行为，法定刑跨越了从 3 年有期徒刑到死刑这样一个幅度。在这样的量刑幅度内，法官可以根据不同案件的具体情况，适用相应的法定刑,做到重罪重罚,轻罪轻罚,罚当其罪。

三、罪责刑相适应原则的司法适用

(一)重视量刑的地位

我国刑事审判实践普遍重视定罪,甚至把定罪准确作为检验刑事审判工作质量的重要标准。而在这种情况下,量刑的重要性却被广大司法工作人员所忽视。例如,在处理上诉、申诉案件时,确属定性错误或量刑畸轻畸重的才予以改判,而对于量刑偏轻偏重的情况一般维持原判,与罪责刑相适应原则的要求相悖。可见,为了贯彻罪责刑相适应原则,必须提高司法工作人员对量刑工作之重要性的认识,把定性准确和量刑适当作为衡量刑事审判工作的两个重要标准,以此来检验刑事审判工作的好坏。

(二)纠正重刑主义

由于历史和现实的原因,重刑主义在我国仍然有着深远的影响。一方面,普通民众对犯罪具有强烈的报复情绪,在恶性案件中表现得尤为明显。另一方面,司法工作人员在司法审判中对一些不该动用刑罚的案件动用了刑罚,对该适用轻刑的案件适用了重刑,认为刑罚越重越能有效遏制犯罪。特别是在社会治安不好的时期,重刑主义观念表现得尤为突出。重刑主义是一种野蛮落后的刑罚思想,是与罪责刑相适应原则直接对立的刑罚观念。因而,贯彻罪责刑相适应原则,必须纠正重刑主义,切实做到罚当其罪。

(三)完善行刑制度

刑罚执行是定罪与量刑的延续,是落实罪责刑相适应原则的重要阶段,而适用行刑制度的前提是准确把握犯罪人的人身危险性。然而,由于我国刑法理论对人身危险性问题重视不够,致使我国的行刑制度存在缺陷,影响了罪责刑相适应原则的实现。可见,只有完善了行刑制度,罪责刑相适应原则才能得到真正实现。

本章小结

罪刑法定原则的基本含义是“法无明文规定不为罪,法无明文规定不处罚”。罪刑法定原则最早的法律渊源是 1215 年英王约翰签署的《大宪章》,之后,随着尊重人权观念的深入人心,罪刑法定原则逐渐在世界范围内被广泛接受,在某些国家现已上升为宪法原则和法治原则。罪刑法定原则沿革意义上的思想基础包括三权分立学说和心理强制说；现在一般认为，罪刑法定原则的思想基础是民主主义和人权思想。罪刑法定原则的基本内容包括排斥习惯法、禁止类推、禁止溯及既往、禁止绝对不确定刑、明确性和实体适当原则。罪刑法定原则的贯彻实施要求在司法中确立人权保障的观念、依法认定犯罪、准确量刑、合理解释刑法。

适用刑法平等原则是指任何人犯罪，不论其家庭出身、社会地位、职业性质、财产状况、政治面貌、业绩贡献如何，都应追究刑事责任，一律平等地适用刑法，依法定罪、量刑和行刑，不允许任何人有超越法律的特权。适用刑法平等原则具体表现为定罪上的平等、量刑上的平等和行刑上的平等。

罪责刑相适应原则是指，犯多大的罪，就应承担多大的刑事责任，法院也应判处其相应轻重的刑罚，做到重罪重罚，轻罪轻罚，罪刑相称，罚当其罪。罪责刑相适应原则不仅要求刑罚的轻重与犯罪行为的社会危害性相适应，而且要求刑罚的轻重与犯罪人的人身危险性相适应。我国刑法所规定的科学严密的刑罚体系、个别化的处罚原则以及适当的量刑幅度，均是罪责刑相适应原则的立法体现。在刑事司法中，罪责刑相适应原则要求重视量刑的地位、纠正重刑主义和完善行刑制度。

习　题

1. 罪刑法定原则的思想基础是什么？
2. 如何理解罪刑法定原则的内容及其适用？
3. 如何理解适用刑法平等原则的实现路径？
4. 如何理解罪责刑相适应原则的实现路径？

第三章　刑法的效力范围

【本章导读】

刑法的适用效力包括空间效力与实践效力。我国刑法在空间效力上采用“属地原则为主,其他原则为补充”的立法例。在刑法的溯及力问题上,我国刑法采取从旧兼从轻原则,即新法原则上不具有溯及力,但新法不认为是犯罪或者处罚较轻的,则依新法处理。

【学习重点】

- 刑法的空间效力
- 刑法的溯及力

第一节　刑法的空间效力

一、刑法的空间效力概述

刑法的空间效力,是指刑法在什么地域对什么人具有效力。刑法的空间效力所要解决的是刑事管辖权的问题。刑事管辖权,是指国家根据主权原则所享有的对其主权范围内所发生的一切犯罪进行起诉、审判和处罚的权力。由于刑法的空间效力涉及一国刑事管辖权的范围,所以,各国出于维护国家主权的需要,一般在刑法典中确立了以属地管辖为主,兼采属人管辖、保护管辖和普遍管辖的管辖原则。

(一) 属地管辖原则

属地管辖原则,亦称领土管辖原则,即以地域为标准,凡在本国领域内犯罪的,不论犯罪人与被害人是本国人还是外国人或无国籍人,都适用本国刑法。对于“在本国领域内犯罪的”,学界又存在一些不同的看法,主要包括:第一,行为地说,即犯罪行为发生在本国领域内才认为是在本国领域内犯罪。第二,结果地说,即犯罪结果发生在本国领域内才认为是在本国领域内犯罪。第三,择一说,即犯罪行为地与结果发生地都是犯罪地，行为或结果有一项发生在本国领域内，就适用本国刑法。属地管辖原则所确立的刑事管辖范围与国家主权范围具有一致性，能够直接维护领土主权，因此被各国刑法所普遍采用。

（二）属人管辖原则

属人管辖原则，亦称国籍管辖原则，即以犯罪人的国籍为标准，凡是本国人犯罪，不论犯罪发生在本国领域内还是在本国领域外，都适用本国刑法。属人管辖原则突出了对具有本国国籍的犯罪人的保护，因为本国国民在外国接受追诉和审判可能受到不公正的待遇，另外，不同国家的刑罚制度存在一定的差异，本国国民在国内接受裁判更有利于保护本国公民的权利。

（三）保护管辖原则

保护管辖原则，亦称自卫原则，即以保护本国利益为标准，凡侵害本国国家或国民利益的，不论犯罪人是否为本国人，也不论犯罪地在本国领域内还是在本国领域外，都适用本国刑法。这一原则的实质是国家运用刑法手段使本国国家和国民利益免受外来侵害。这种原则可以全面保护本国国家和国民的利益，但由于涉及国家之间刑事管辖权的冲突，因此实践中贯彻执行的难度较大。

（四）普遍管辖原则

普遍管辖原则，亦称世界主义，即以保护各国共同利益为标准，凡发生国际条约所规定的侵害各国共同利益的国际犯罪时，不论犯罪人是本国人还是外国人，也不论犯罪地在本国领域内还是本国领域外，如果发现犯罪分子的国家在条约规定的义务范围内，则或引渡给要求审判的国家，或依照本国刑法进行追诉和审判。普遍管辖原则是适应国际社会惩治危害国际公共安全的国际犯罪的需要而产生的，具有非常重要的现实意义。

二、我国刑法的空间效力问题

我国刑法在空间效力上采取了以属地管辖为主，兼采属人管辖、保护管辖和普遍管辖的管辖原则。

（一）属地管辖原则

《刑法》第 6 条第 1 款规定："凡在中华人民共和国领域内犯罪的，除法律有特别规定的以外，都适用本法。"第 2 款规定："凡在中华人民共和国船舶或者航空器内犯罪的，也适用本法。"这是我国刑法关于刑法空间效力的基本规定，其包

含以下两方面的内容:

1. 凡是在中国领域内犯罪的,原则上都适用我国刑法

所谓我国领域,一方面是指我国固有的领域,包括领陆、领水和领空;另一方面是指流动的领域,包括在我国登记注册、悬挂我国国旗、国徽或军徽而航行或停泊在外国领域、公海或公海上空的船舶和航空器。因此,在我国船舶或航空器内犯罪的,也应当适用我国刑法。与属地管辖原则相联系的是犯罪地的确定问题。对此,我国《刑法》第 6 条第 3 款规定:“犯罪的行为或者结果有一项发生在中华人民共和国领域内的,就认为是在中华人民共和国领域内犯罪。”可见,在犯罪地的确定上,我国刑法采取的是择一原则。

2. 如果法律有特别规定的,不适用我国刑法

根据我国刑法和其他法律的规定,所谓法律有特别规定而不适用我国刑法的情形,主要包括以下几个方面。

第一,我国《刑法》第 11 条规定:“享有外交特权和豁免权的外国人的刑事责任问题,通过外交途径解决。”所谓外交特权和豁免权,是指一个国家为保证驻在本国的外交代表机构及其工作人员正常执行职务而给予的一种特殊权利和待遇。对于享有外交特权和豁免权的外国人在我国犯罪的,应通过外交途径予以解决,而不适用我国刑法。

第二,我国《刑法》第 90 条规定:“民族自治地方不能全部适用本法规定的,可以由自治区或者省的人民代表大会根据当地民族的政治、经济、文化的特点和本法规定的基本原则,制定变通或者补充的规定,报请全国人民代表大会常务委员会批准施行。”据此,如果某一民族自治地方的自治区或省的人民代表大会制定了刑法的变通或补充规定,并报请全国人民代表大会常务委员会批准施行了,那么,发生在该民族自治地方且属于该民族自治地方的刑法的变通或补充规定所规定的犯罪,就不适用我国刑法典的相关规定。

第三,根据《香港特别行政区基本法》和《澳门特别行政区基本法》的规定,我国刑法典在香港和澳门地区没有适用效力。例如,《香港特别行政区基本法》第 18 条规定:“在香港特别行政区实行的法律为本法以及本法第 8 条规定的香港原有法律和香港特别行政区立法机关制定的法律。全国性法律除列于本法附件三者外,不在香港特别行政区实施。”而《刑法》不在《香港特别行政区基本法》附件三所列的法律中。《澳门特别行政区基本法》也有类似规定。

（二）属人管辖原则

我国《刑法》第 7 条第 1 款规定："中华人民共和国公民在中华人民共和国领域外犯本法规定之罪的，适用本法，但是按本法规定的最高刑为三年以下有期徒刑的，可以不予追究。"据此，我国公民在国外犯我国刑法规定之罪的，一律适用我国刑法，但按我国《刑法》规定最高刑为 3 年以下有期徒刑的，可以不予以追究。《刑法》第 7 条第 2 款规定："中华人民共和国国家工作人员和军人在中华人民共和国领域外犯本法规定之罪的，适用本法。"可见，我国刑法对国家工作人员和军人犯罪采取了比普通公民较为严格的原则，即国家工作人员和军人在国外犯罪，无论触犯何种罪名，也不管法定刑如何，一律适用我国《刑法》。

另外，根据《刑法》第 10 条规定："凡在中华人民共和国领域外犯罪，依照本法应当负刑事责任的，虽然经过外国审判，仍然可以依照本法追究，但是在外国已经受过刑罚处罚的，可以免除或者减轻处罚。"这表明，基于主权的独立性，我国不承认外国刑事判决的效力，但从实际情况及国际合作的角度出发，尤其是为使被告人免受双重处罚，对于在外国已经受过刑罚处罚的，可以免除或者减轻处罚。

（三）保护管辖原则

我国《刑法》第 8 条规定："外国人在中华人民共和国领域外对中华人民共和国国家或者公民犯罪，而按本法规定的最低刑为三年以上有期徒刑的，可以适用本法，但是按照犯罪地的法律不受处罚的除外。"这是我国刑法关于保护管辖的规定。根据该规定，外国人在我国领域外对我国国家或者公民犯罪，我国刑法有权管辖，以保护我国国家和公民的利益，但有以下限制：(1)外国人所犯之罪必须侵犯了我国国家或公民利益；(2)外国人所犯之罪按照我国《刑法》规定最低刑须为 3 年以上有期徒刑；(3)外国人所犯之罪按照犯罪地法律也应受刑罚处罚。

（四）普遍管辖原则

我国《刑法》第 9 条规定："对于中华人民共和国缔结或者参加的国际条约所规定的罪行，中华人民共和国在所承担条约义务的范围内行使刑事管辖权的，适用本法。"据此，凡是我国缔结或者参加的国际条约中规定的罪行，不论犯罪人是中国人还是外国人，也不论其罪行是否发生在我国领域内以及是否侵害我国国家或公民的利益，只要在我国领域内发现了犯罪人，我国都有权力行使刑事管辖权，并依据我国《刑法》对犯罪人予以惩处。

第二节 刑法的时间效力

刑法的时间效力,是指刑法的生效时间、失效时间以及刑法对其生效前的行为是否具有溯及力。

一、刑法的生效时间和失效时间

刑法的生效时间是指刑法从什么时间开始发生法律效力。刑法的生效时间分为两种情形:一是自公布之日起生效。如《关于禁毒的决定》第16条规定:“本决定自公布之日起施行。”二是公布后间隔一段时间才生效。如旧刑法典于1979年7月1日通过,同年7月6日公布,1980年1月1日起生效;新刑法典于1997年3月14日通过并公布,同年10月1日起生效。这样做,一方面有利于人们了解刑法规范的内容;另一方面有利于司法工作人员学习和理解刑法规范,保障刑事司法的正当性。

刑法的失效时间,即刑法终止效力的时间。在我国,刑法的失效时间有两种情形:一是由国家立法机关明文宣布失效。例如,全国六届人大第二十三次会议曾通过宣布1978年年底以前颁布的111件法律失效,其中就有一些刑事单行条例。再如,《刑法》第452条第2款规定,附件一所列的15个单行刑法自1997年10月1日起予以废止。二是自然失效,即新法施行后代替了同类内容的旧法,或者由于原来特殊的立法条件已经消失,使旧法自行废止。

二、刑法的溯及力

(一)刑法溯及力的界定及其立法例

刑法的溯及力,是指刑法生效后,对于其生效以前未经审判或者判决尚未确定的行为是否适用的问题。如果适用,则有溯及力;如果不适用,则没有溯及力。

有关刑法的溯及力问题,各国刑法采取不同的立法例,大致有以下几种:(1)从旧原则,即对新法(裁判时法)生效以前发生的未经审判或判决尚未确定的行为一律适用旧法(行为时法),新法没有溯及力。(2)从新原则,即对新法生效以前发生的未经审判或判决尚未确定的行为一律适用新法,新法具有溯及力。(3)从新兼从轻原则,即对新法生效前未经审判或判决尚未确定的行为,原则上适用新法。但是，当旧法不认为是犯罪或者处刑较轻时，则适用旧法。(4)从旧兼从轻原则，即新法原则上不具有溯及力，但新法不认为是犯罪或者处刑较轻时，则依新法处理。

(二) 我国刑法的溯及力

我国刑法在溯及力问题上采用了从旧兼从轻原则。《刑法》第 12 条第 1 款规定："中华人民共和国成立以后本法施行以前的行为，如果当时的法律不认为是犯罪的，适用当时的法律；如果当时的法律认为是犯罪的，依照本法总则第四章第八节的规定应当追诉的，按照当时的法律追究刑事责任，但是如果本法不认为是犯罪或者处刑较轻的，适用本法。"第 2 款规定："本法施行以前，依照当时的法律已经作出的生效判决，继续有效。"

根据上述规定，对于 1949 年 10 月 1 日中华人民共和国成立后到 1997 年 10 月 1 日修订刑法生效前实施的行为，应按以下情形分别处理：(1)行为时的法律不认为是犯罪，现行刑法认为是犯罪的，只能适用行为时的法律，现行刑法不具有溯及力。(2)行为时的法律认为是犯罪，但现行刑法不认为是犯罪的，只要这种行为未经审判或者判决尚未确定，则应适用现行刑法。(3)行为时的法律和现行刑法都认为是犯罪，并且按照现行刑法的规定应当追诉的，原则上按行为时的法律追究刑事责任，现行刑法不具有溯及力。但是，如果现行刑法比行为时刑法处刑较轻的，则适用现行刑法定罪量刑。(4)如果根据当时的法律已经作出了生效判决，该判决继续有效。刑法的溯及适用，只限于未经审判或者虽经审判但尚未作出生效判决的情形，对于已经生效的判决，不应根据刑法的规定加以改变，以维护人民法院生效判决的权威性。

(三)"处刑较轻"的理解与适用

新刑法颁布后，如何理解"处刑较轻"，在实践中存在诸多争议。为了统一法律的适用，最高人民法院于 1998 年 1 月 13 日公布施行的《关于适用刑法第十二条几个问题的解释》规定：(1)"处刑较轻"具体是指刑法对某种犯罪规定的刑罚即法定刑比修订前刑法轻，法定刑较轻是指法定最高刑较轻；如果法定最高刑相同，则指法定最低较轻。(2)如果刑法规定的某一犯罪只有一个法定刑幅度，法定最高刑或者最低刑是指该法定刑幅度的最高刑或者最低刑；如果刑法规定的某一犯罪有两个以上的法定刑幅度，法定最高刑或者最低刑是指具体犯罪行为应当适用的法定刑幅度的最高刑或者最低刑。(3)1997 年 10 月 1 日以后审理 1997 年 9

月30日以前发生的刑事案件,如果刑法规定的定罪处刑标准、法定刑与修订前刑法相同的,应当适用修订前的刑法。

(四) 跨越新旧刑法的继续、连续行为的刑法适用问题

在贯彻从旧兼从轻原则时,还涉及对跨越新旧刑法的继续、连续行为如何适用刑法的问题。对此,1998年12月2日最高人民检察院《关于对跨越修订刑法施行日期的继续犯罪、连续犯罪以及其他同种数罪应如何具体适用刑法问题的批复》指出:对于开始于1997年9月30日以前,继续或者连续到1997年10月1日以后的行为,以及在1997年10月1日前后分别实施的同种类数罪,如果原刑法和修订刑法都认为是犯罪并且应当追诉,按照下列原则决定如何适用法律:(1)对于开始于1997年9月30日以前,继续到1997年10月1日以后终了的继续犯罪,应当适用修订刑法典一并进行追诉。(2)对于开始于1997年9月30日以前,继续到1997年10月1日以后终了的连续犯罪,或者在1997年10月1日前后分别实施的同种类数罪,其中罪名、构成要件、情节以及法定刑均没有变化的,应当适用修订刑法,一并进行追诉;罪名、构成要件、情节以及法定刑已经变化的,也应当适用修订刑法,一并进行追诉,但是修订刑法比原刑法所规定的构成要件和情节较为严格,或者法定刑较重的,在提起公诉时应当提出酌情从轻处理意见。

本章小结

刑法的空间效力,即刑法对地和对人的效力,其适用原则包括属地管辖原则、属人管辖原则、保护管辖原则和普遍管辖原则。各国出于维护国家主权的需要,一般在刑法典中确立了以属地管辖为主,兼采属人管辖、保护管辖和普遍管辖的管辖原则,我国亦如此。

刑法的时间效力,是指刑法的生效时间、失效时间以及刑法对其生效前的行为是否具有溯及力。刑法的生效时间是指刑法从什么时间开始发生法律效力,包括自公布之日起生效和公布后间隔一段时间才生效两种情形;刑法的失效时间,即刑法终止效力的时间,在我国包括由国家立法机关明文宣布失效和自然失效两种情形;刑法的溯及力,是指刑法生效后,对于其生效以前未经审判或者判决尚未确定的行为是否适用的问题。有关刑法的溯及力问题,有从旧原则、从新原则、从

新兼从轻原则和从旧兼从轻原则四种立法例，现代各国一般采用的是从旧兼从轻原则，我国亦如此。

习　题

1. 如何理解我国刑法的空间效力？
2. 如何理解保护管辖原则的适用限制？
3. 如何理解我国刑法的溯及力？

第四章　犯罪概述

【本章导读】

犯罪概念包括三种类型,即犯罪的形式概念、犯罪的实质概念以及犯罪的形式与实质相统一的概念。我国刑法从形式与实质统一的角度对犯罪概念作出了科学的界定,即犯罪是具有严重社会危害性、刑事违法性和应受刑罚惩罚的行为。严重的社会危害性是犯罪的最基本的属性;刑事违法性是犯罪的法律特征;应受刑罚惩罚性揭示了犯罪的法律后果。我国《刑法》第 13 条中"但书"规定的基本精神在于通过将定罪因素引入犯罪概念之中,限制刑法的处罚范围,从而把大量仅具有轻微社会危害性的行为排除在刑法的处罚范围之外。犯罪概念是划分罪与非罪的总标准。对于犯罪,按照不同的标准,可以进行不同的分类。

【学习重点】

- 犯罪的基本特征及其相互关系
- 《刑法》第 13 条"但书"的含义及其意义

第一节　犯罪的概念

一、犯罪概念的类型

从当今世界各国刑法的相关规定来看,大致存在以下三种类型的犯罪概念。

(一) 犯罪的形式概念

犯罪的形式概念,是指仅从犯罪的法律特征上给犯罪下定义,而没有涉及犯罪的本质特征。犯罪的形式概念多见于西方国家的刑法。例如,1810 年《法国刑法典》第 1 条规定:"法律以违警刑所处罚之犯罪,称为违警罪;法律以惩治刑所处罚之犯罪,称为轻罪;法律以身体刑所处罚之犯罪,称为重罪。"1937 年《瑞士刑法典》第 1 条规定:"凡是用刑罚威胁所确实禁止的行为,就是犯罪行为。"在以德、日为代表的大陆法系刑法理论中,犯罪的形式概念往往被表述为:犯罪是符合构成要件的、违法的、有责的行为。犯罪的形式概念注重行为的刑事违法性，从刑事法律规范的意义上界定了犯罪的外延，确定了国家刑罚权的界限，从而为认定犯罪提供了法律标准，对于保障人权具有极为重要的意义，但因其没有揭示犯罪的实质危害，因而不全面。

(二) 犯罪的实质概念

犯罪的实质概念是从犯罪的本质特征上给犯罪下定义，而不涉及犯罪的法律特征。犯罪的实质概念不是将犯罪当作一种单纯的法律现象，而是将它视为一种社会现象，在与社会的关联性上揭示犯罪的本质。在刑事立法上规定犯罪的实质概念，并且以犯罪的阶级性作为犯罪的实质内容的，是"十月革命"以后苏联的刑事立法。1922 年《苏俄刑法典》第 6 条规定："威胁苏维埃制度基础及工农政权在向共产主义过渡时期所建立的法律秩序的一切危害社会的作为或不作为，都被认为是犯罪。"1926 年《苏俄刑法典》也规定："目的在于反对苏维埃制度或者破坏工农政权在向共产主义过渡时期所建立的法律秩序的一切作为或不作为，都认为是危害社会的行为。对于形式上虽然符合本法分则任何条文所规定的要件，但因为显著轻微，并且缺乏损害结果，而失去危害社会的性质的行为，不认为是犯罪。"苏联 20 世纪 20 年代的主要刑法教科书，大都对犯罪的实质概念予以了详尽分析，而不涉及犯罪的形式。犯罪的实质概念表明了犯罪的阶级性，而且说明了法律将某种行为规定为犯罪的根据和理由，但没有揭示出犯罪的法律特征，没有限定犯罪的法律界限，与罪刑法定原则的精神存在抵触，容易导致法律虚无主义。

(三) 形式与实质相统一的犯罪概念

犯罪的形式与实质相统一的概念，是指从犯罪的本质特征和法律特征两个角度来界定犯罪。这种界定方法，至少在方法论上克服了仅从形式或仅从实质上界定犯罪的片面性，既阐明了犯罪的社会危害本质，又限定了犯罪的法律界限，有利于真正揭示犯罪的内涵和外延，完整概括犯罪的特征。例如，1960 年《苏俄刑法典》第 7 条规定："凡本法典分则所规定的侵害苏维埃的社会制度和国家制度，侵害社会主义经济体系和社会主义所有制，侵害公民的人身权、政治权、劳动权、财产权以及其他权利的危害社会行为(作为或不作为)，以及本法典分则所规定的其他各种侵害社会主义法律秩序的危害社会行为，都认为是犯罪。"苏联关于犯罪的形式与实质相统一的概念的刑事立法，被其他社会主义国家的刑事立法所效仿。

二、我国刑法中的犯罪概念

我国刑法从形式与实质两方面对犯罪概念作出了科学的界定。《刑法》第13条规定:"一切危害国家主权、领土完整和安全,分裂国家、颠覆人民民主专政的政权和推翻社会主义制度,破坏社会秩序和经济秩序,侵犯国有财产或者劳动群众集体所有的财产,侵犯公民私人所有的财产,侵犯公民的人身权利、民主权利和其他权利,以及其他危害社会的行为,依照法律应当受刑罚处罚的,都是犯罪,但是情节显著轻微危害不大的,不认为是犯罪。"这一定义是对我国各种犯罪现象的高度科学概括,它不仅揭示了犯罪的法律特征——刑事违法性,而且阐明了犯罪的实质内容——社会危害性,是认定犯罪的基本依据。根据《刑法》第13条的规定,犯罪是具有严重的社会危害性、刑事违法性和应受刑罚惩罚性的行为。

(一)犯罪具有严重的社会危害性

严重的社会危害性是犯罪的基本特征,也是犯罪的本质属性。所谓社会危害性,是指行为对刑法所保护的社会关系造成或可能造成损害的特性。社会危害性是一切违法行为(包括犯罪行为)的共同特征,是区分违法行为与合法行为的重要标准。如果某种行为根本不可能给社会造成危害,刑法便没必要把这种行为规定为犯罪。犯罪与一般违法行为的区别在于社会危害性程度的不同,即犯罪行为是具有严重社会危害性的行为,而一般违法行为的社会危害性尚没有达到这样严重的程度。换言之,如果某种行为的社会危害性没有达到严重的程度,刑法就不应当将其规定为犯罪。从我国刑法的规定来看,将严重的社会危害性作为犯罪的本质特征,也是有充足根据的。《刑法》第13条规定:"……以及其他危害社会的行为,依照法律应当受刑罚处罚的,都是犯罪,但是情节显著轻微危害不大的,不认为是犯罪。"这里明确指出危害不大的,不是犯罪,这就意味着只有危害严重的行为,才能认为是犯罪。从我国刑法分则条文的规定来看,许多条文都明确规定要以"数额较大""造成严重后果""造成重大损失""情节严重""情节恶劣"等为犯罪构成要件要素。这也表明,严重的社会危害性是犯罪的本质特征。

从我国刑法的规定来看,可将社会危害性的基本内容概括为以下几个方面:(1)对于社会主义的国体、政体和国家安全的危害;(2)对于社会公共安全的危害;(3)对于社会主义市场经济秩序的危害;(4)对于公民人身权利、民主权利的危害;(5)对于社会主义制度下各种财产权利的危害;(6)对于社会秩序的危害;

(7)对于国防利益、军事利益的危害;(8)对于国家机关行政、司法秩序及公务活动的廉洁性的危害。

(二) 犯罪具有刑事违法性

犯罪是触犯刑事法律的行为,即具有刑事违法性。所谓刑事违法性,即违反刑法规范。刑事违法性是罪刑法定原则在犯罪概念中的体现。行为的严重社会危害性是刑事违法性的基础,而刑事违法性则是严重的社会危害性在法律上的体现。只有当行为不仅具有社会危害性,而且具有刑事违法性时,才能被认定为犯罪。反之,某种行为虽然具有严重的社会危害性,但如果没有刑事违法性,就不应当认定为犯罪。

刑事违法性与社会危害性是统一的。认定犯罪时只讲社会危害性而不讲刑事违法性,就会导致罪刑擅断主义;反之,认定犯罪时只讲刑事违法性而不讲社会危害性,也会掩盖犯罪的社会政治本质,陷入法律形式主义之中。只有当一个行为既具有严重的社会危害性,同时也违反刑法规范,符合刑法规定的犯罪构成,具有刑事违法性时,才能被认定为犯罪。

(三) 犯罪具有应受刑罚惩罚性

应受刑罚惩罚性也是犯罪的基本特征之一,是指犯罪是应当受到刑罚惩罚的行为。如果某种行为不应当受到刑罚惩罚,则立法机关就不应当把该行为规定为犯罪,司法机关也不得将该行为认定为犯罪并给予刑罚处罚。应受刑罚惩罚性以行为的严重社会危害性和刑事违法性为前提,如果某种行为没有严重的社会危害性和刑事违法性,自然不应受刑罚处罚;同时,应受刑罚惩罚性是对严重的社会危害性和刑事违法性的评价。

应当注意的是,应受刑罚惩罚性并非指一切犯罪都要受到实际的刑罚惩罚。这与刑法中的定罪免刑并不矛盾。应受刑罚惩罚性,是指行为具有应当受到刑罚惩罚的性质,这是对行为的评价,属于应然的范畴;而定罪免刑是对行为人免予刑罚处罚,是客观事实,属于实然的范畴。但免除刑罚处罚是以具有应受刑罚惩罚性为前提的,行为不应受刑罚处罚即意味着行为根本不构成犯罪,当然也就谈不上“免除处罚”的问题了。

三、“但书”规定的意义

《刑法》第 13 条中的“但是情节显著轻微危害不大的,不认为是犯罪”,即该条文中的“但书”规定。“但书”规定表明,刑法所禁止的行为不包括情节显著轻微危害不大的行为。这就更进一步地表明刑法只是将危害严重的行为规定为犯罪。其中的“情节”是指影响行为的法益侵犯性与行为人主观恶性的各种情况,如客体的性质、行为的方法、行为的后果、行为人的罪过形式、动机与目的等,但不应包括行为前后的表现。至于情节是否显著轻微,则应根据案件的具体情况,综合考虑。其中,“危害不大”应是一种整体性的评价结论,即没有达到应受刑罚处罚的程度;“不认为是犯罪”,即立法者不认为是犯罪,所以司法机关也不得以犯罪论处。如果说《刑法》第 13 条“但书”前的内容从正面规定了什么是犯罪,那么“但书”则从反面说明了什么不是犯罪;正反两个方面的结合,使人们能够更加准确地理解犯罪的概念。

《刑法》第 13 条“但书”规定的基本精神在于通过将定量因素引入犯罪概念之中,限制我国刑法的处罚范围,从而把大量仅具有轻微社会危害性的行为排除在刑法的处罚范围之外。“但书”规定是对犯罪行为之社会危害性程度的补充说明,其表明只有社会危害性达到严重程度的行为才能认定为犯罪。可见,如果可以认为某一行为的社会危害性尚未达到使该行为应当追究刑事责任的程度,那么,就应当将该行为排除在犯罪的范围之外。换言之,只有某一行为的社会危害性超出了“情节显著轻微危害不大”的程度时,才能将该行为认定为犯罪。例如,对于未成年人以轻微暴力抢劫少量财物的行为,考虑到行为的社会危害性尚未达到应当追究刑事责任的程度,因而,理论上一般不认为其构成犯罪,司法实践中也不会作为犯罪处理。

第二节　犯罪的分类

依据不同的标准可以将犯罪分为不同的类型。如依据行为的表现形式可以将犯罪分为作为犯与不作为犯,依据主观罪过形式可以将犯罪分为故意犯与过失犯等。这里只对以后章节中没有涉及的一些犯罪分类作些简要介绍。

一、重罪与轻罪

在所有的犯罪分类中,重罪与轻罪的分类是最为经典的。这种分类方法不仅盛行于大陆法系国家,而且也为英美法系国家所认可。重罪与轻罪的划分,主要是以犯罪的轻重程度为标准。犯罪的轻重之别是一个客观存在的事实;根据犯罪轻重而区别对待,也是各国刑法的通例。就实体上而言,重罪与轻罪的划分在犯罪的认定与刑罚的适用上具有一定的意义。例如,缓刑一般只能适用于轻罪,不能适用于重罪。1994年《法国刑法典》第121-4条规定,"实施重罪未遂,或者在法律有规定之场合,实施轻罪未遂"是犯罪。这表明对重罪的未遂一般都要给予刑罚处罚,而对轻罪的未遂只是在法律有规定的情况下才给予刑罚处罚。就程序上而言,重罪与轻罪的划分对于诉讼程序的选择和管辖级别具有一定意义。如对于轻罪一般适用简易程序,对于重罪一般只能适用普通程序。再如,重罪一般由级别较高的法院管辖,轻罪由级别较低的法院管辖。

我国刑法中没有明确的重罪与轻罪之区分,但《刑法》第67条规定:"对于自首的犯罪分子,……犯罪较轻的,可以免除处罚。"我国刑事诉讼法第174条也规定:"对于依法可能判处三年以下有期徒刑、拘役、管制、单处罚金的公诉案件,可以适用简易程序。"这些规定意味着可以从理论上将犯罪区分为重罪和轻罪,即法定最低刑为3年以上有期徒刑的犯罪属于重罪,法定最高刑不满3年有期徒刑的犯罪属于轻罪。

二、自然犯与法定犯

以犯罪对伦理道德的违反程度,可以将犯罪分为自然犯与法定犯。所谓自然犯,是指在侵害或者威胁法益的同时明显违反伦理道德的传统型犯罪,又称刑事犯。对于自然犯,由于其行为本身是一种自体恶,所以即使刑罚法规没有规定,也会受到社会伦理的非难,如强奸、故意杀人行为等。所谓法定犯,是指侵害或者威胁法益但没有明显违反伦理道德的现代型犯罪,又称行政犯。对于行政犯,由于刑罚法规的内容与社会伦理规范之间有时存在不一致之处,对于行为的犯罪性质,只有根据刑罚法规的规定才能加以确定并进行非难,如逃税行为等。一般来说,自然犯的社会危害性的变易性较小,而法定犯的社会危害性的变易性较大;自然犯的违法性容易为一般人认识,而法定犯的违法性则难以为一般人认识;自然犯的范围在不同国别的刑法中差异不大,而法定犯的范围则有较大的差异。自然犯与法定犯的区分是相对的,相互之间是可以转化的。这种区分对于解决法律认识错误、违法性认识等问题具有一定意义。

三、亲告罪与非亲告罪

依据告诉权行使主体的不同,可以将犯罪分为亲告罪与非亲告罪。所谓亲告罪,即告诉才处理的犯罪。根据我国《刑法》第 98 条规定:“本法所称告诉才处理,是指被害人告诉才处理。如果被害人因受强制、威吓无法告诉的,人民检察院和被害人的近亲属也可以告诉。”所谓非亲告罪,是指侦查、起诉、审判程序由国家司法机关直接推动,起诉权由检察机关享有,是否进行追诉不取决于被害人意志的犯罪。亲告罪必须有刑法的明文规定,刑法没有明文规定为亲告的犯罪,均属于非亲告罪,即不问被害人是否告诉、是否同意,人民检察院均应提起公诉。

在我国刑法中,绝大部分犯罪都属于非亲告罪,只有一般情节的侮辱、诽谤罪、暴力干涉婚姻自由、虐待罪以及侵占罪属于亲告罪。我国刑法之所以将这些犯罪规定为亲告罪,主要是因为这些犯罪比较轻微,往往发生在亲属、邻居、同事之间,被害人与行为人之间一般存在较为密切的关系,而且任意提起诉讼有可能损害被害人的名誉。

四、国事犯罪与普通犯罪

以犯罪侵害的法益为标准,可以把犯罪分为国事犯罪与普通犯罪。所谓国事犯罪,是指直接危害国家统治秩序的犯罪,如我国刑法分则第一章所规定的“危害国家安全罪”。由于这类犯罪所侵害的法益具有特别的重要性,所以刑法将该类犯罪规定为最为严重的犯罪,从而给予较其他犯罪更为严厉的刑罚处罚。国事犯罪之外的犯罪均为普通犯罪。这类犯罪类型较广,轻重程度不同,对其处罚的方法也存在较大的差别。

五、国内犯罪与国际犯罪

以犯罪违反的是国内法还是国际法为标准,可将犯罪分为国内犯罪与国际犯罪。所谓国内犯罪,是指违反国内刑法,应给予刑罚惩罚的行为。因此,根据各国国内刑法可以确定国内犯罪的范围。国际犯罪,是指严重危害国际社会共同利益的犯罪。由于对国际刑法存在理解上的差异,因而国际刑法的范围和种类并不像国内刑法那样具有确定性。通常认为,犯罪最初都是国内刑法上的犯罪,国际犯罪是从涉外犯罪、跨国犯罪中发展起来的。相对于国内犯罪而言,国际犯罪既有独立性又有依从性。国际犯罪的独立性，是指国际犯罪作为一种危害国际社会利益的犯罪，其不仅违反了国内刑法，而且违反了国际社会通过缔结国际公约的形式制定的国际刑法规范。由于目前国际刑法的适用基本上采取间接执行模式，即通过各个国内刑法和国内刑事司法系统把国际刑法的制裁性规范适用于国际犯罪人。因而，国际刑法只有通过国内刑法才能适用，国际犯罪也需要在国内刑法中得以确认，这就是所谓国际犯罪国内化。在这个意义上，国际犯罪又具有对国内犯罪的依从性。

本章小结

犯罪的概念包括形式的犯罪概念、实质的犯罪概念和形式与实质相统一的犯罪概念。我国刑法中的犯罪概念属于形式与实质相统一的犯罪概念，即犯罪是具有社会危害性、刑事违法性和应受刑罚惩罚性的行为。我国《刑法》第 13 条的“但书”规定的基本精神在于通过将定量因素引入犯罪概念之中，目的在于限制刑法的处罚范围。

对犯罪可依据不同标准进行分类。依据法定刑的轻重为标准，可以将犯罪分为重罪与轻罪；依据犯罪对伦理道德的违反程度，可以把犯罪划分为自然法与法定犯；依据告诉权行使主体的不同，可以将犯罪分为亲告罪与非亲告罪；以犯罪侵害的法益为标准，可以把犯罪分为国事犯罪与普通犯罪；以犯罪违反的是国内法还是国际法为标准，可将犯罪分为国内犯罪与国际犯罪。

习　题

1. 如何理解犯罪的概念？
2. 如何理解犯罪的基本特征及其相互关系？
3. 如何理解《刑法》第 13 条“但书”的含义及其意义？

第五章 犯罪构成

【本章导读】

犯罪构成是犯罪概念的具体化。从认识论的角度来看,犯罪构成包括具体犯罪构成与一般的犯罪构成两个层次。依据不同的标准,可把犯罪构成分为不同的种类。犯罪构成的要件包括共同要件与综合性要件两种。前者是指任何犯罪的成立都必须具备的构成要件,包括犯罪客体、犯罪客观方面、犯罪主体和犯罪主观方面,而且应当按照"犯罪客观方面—犯罪主体—犯罪主观方面—犯罪客体"的顺序进行排列;后者是指刑法规定的"情节严重""情节恶劣"等罪量要素。

【学习重点】

- 犯罪构成的概念及特征
- 犯罪构成的排列顺序
- 基本的犯罪构成与修正的犯罪构成

第一节 犯罪构成概述

一、犯罪构成的概念

(一) 犯罪构成与犯罪概念的关系

这里所讲的犯罪构成的概念,是犯罪构成的一般概念,它与《刑法》第 13 条规定的犯罪概念是相呼应的。犯罪构成与犯罪概念既有密切联系又有明显区别。犯罪概念是犯罪构成的基础,犯罪构成是犯罪概念的具体化。犯罪概念回答的是什么是犯罪、犯罪有哪些基本属性的问题,从总体上划清罪与非罪的界限,是确定犯罪的总标准,是对犯罪基本特征的高度概括。犯罪构成则是进一步回答犯罪是怎样成立的、其成立需要具备哪些法定要件,其所要解决的是成立犯罪的具体标准、规格问题,是划清罪与非罪、此罪与彼罪、完成罪与未完成罪、普通罪与派生罪、一罪与数罪的具体标准。犯罪概念作为对各种犯罪现象的本质特征和法律特征的科学抽象与概括,它本身并不能直接解决司法实践中所必需的认定犯罪的具体标准问题,它所具有的对罪与非罪的界定作用只有通过犯罪构成才能发挥。离开犯罪构成,犯罪的基本特征就会成为空洞和抽象的东西。而犯罪构成只有在犯罪概念的指导下才成为区分罪与非罪、此罪与彼罪、完成罪与未完成罪、普通罪与派生罪、一罪与数罪的标准;具备犯罪构成的行为,同时也就具备了严重的社会危害性、刑事违法性、应受刑罚惩罚性的特征。总之,犯罪概念与犯罪构成相互联系而又相互区别,相辅相成,共同为正确认定犯罪服务。

(二) 犯罪构成的特征

所谓犯罪构成,就是指根据我国《刑法》的规定,决定某一具体行为的社会危害性及其程度而为该行为构成犯罪所必需的一切客观要件和主观要件的有机统一。它具有三个特征。

第一,犯罪构成是一系列客观要件和主观要件的有机统一。这是主客观相统一的原则在犯罪构成中的体现。任何一个犯罪构成都包括许多要件,这些要件有表明犯罪客体和犯罪客观方面的,也有表明犯罪主体和犯罪主观方面的,它们的有机统一形成了犯罪构成。所谓客观要件,是指形成犯罪构成内容的、表现于外界的、离开行为者的意识而独立的、能够认识其在外部存在的要件,如犯罪客体、犯罪对象、危害行为、危害结果以及特定的时间、地点、方法等。所谓主观要件,是指形成犯罪构成内容的、说明实施犯罪的行为人的和行为人内部心理的要件,如犯罪主体资格所要求的刑事责任能力、特殊身份、犯罪故意、犯罪过失、犯罪目的等。所谓“有机统一”,是指犯罪构成并非成立犯罪所需的各个要件的简单相加,而是由各个要件按照犯罪构成的要求相互联系、相互作用,共同组成一个说明犯罪规格与标准的有机整体。

第二,犯罪构成是决定某一具体行为的社会危害性及程度而为该行为构成犯罪所必须具备的一切要件的整体。任何一种犯罪都可以由许多事实特征来说明,但并非每一个事实特征都是犯罪构成的要件,只有对行为的社会危害性及其程度具有决定意义而为该行为成立犯罪所必需的要件,才是犯罪构成的要件。

第三,组成犯罪构成的要件是由刑法规定的。犯罪构成的法定性与行为的刑事违法性是完全一致的,这也是罪刑法定原则的应有之义。所谓罪刑法定中的“罪”的法定,主要是指犯罪的构成要件的法定。只有具备某一犯罪构成的全部构成要件,行为才具有刑事违法性。应当指出,刑法对犯罪构成的规定是通过总则和分则共同规定的。刑法总则规定犯罪成立的共同要件,刑法分则规定具体犯罪成立的特别要件。因而,在根据刑法分则认定具体犯罪的时候,应当结合刑法总则的规定,只有把刑法总则规定的犯罪的共同要件与分则规定的各种具体犯罪的特别构成要件密切结合起来,才能全面把握犯罪构成要件。

(三)犯罪构成与犯罪构成事实的关系

犯罪构成是认定犯罪的法定标准,对犯罪构成与犯罪构成事实不应混为一谈。犯罪构成体现为法律规定的抽象的行为类型,而犯罪构成事实则是具体事实。换言之,犯罪构成与犯罪构成事实隶属两个不同的范畴。前者属于法律范畴,后者属于事实范畴。仅有犯罪构成还不能追究任何人的刑事责任,只有在具体事实符合犯罪构成即存在犯罪构成事实时才能追究行为人的刑事责任。从司法的角度来看,作为事实范畴的犯罪构成事实只能作为法律标准的评价对象而并非法律标准本身。因此,在对犯罪构成与犯罪构成事实加以严格区分的同时,也不能割裂二者之间的联系。应当看到,犯罪构成事实无非是具体事实与法定的犯罪构成这种抽象的犯罪行为类型相符合而形成的,犯罪构成事实不同而犯罪构成相同的现象是不可能存在的。

二、研究犯罪构成的意义

开展对犯罪构成的研究,具有重要的理论和现实意义。

首先,研究犯罪构成对丰富刑法理论具有重要意义。犯罪构成是刑法理论的基石,在刑法理论体系中居于核心地位。具体而言:其一,整个犯罪论体系是围绕着犯罪构成建立起来的。在我国的犯罪论体系中,除了犯罪构成概述及四要件之外,还包括犯罪的概念、正当行为、故意犯罪的停止形态、共同犯罪以及罪数形态等问题,而这些问题往往与犯罪构成之间具有不可分割的联系。其二,在刑罚论中,犯罪构成虽然不像在犯罪论中那样重要,但是刑罚运用中的诸多问题(如量刑、累犯、数罪并罚等)均与犯罪构成具有密切联系。其三,刑法各论对具体犯罪的分析研究中,也主要是研究各种具体犯罪的犯罪构成,在此基础上才研究处罚问题。可见,开展对犯罪构成的研究,对丰富刑法理论具有重要意义。

其次,研究犯罪构成对罪刑法定原则的实现具有重要的现实意义。犯罪构成是罪刑法定原则的产物。罪刑法定原则是法治原则在刑法领域的集中体现,其基本要求是“法无明文规定不为罪,法无明文规定不处罚”,其价值取向在于通过刑法的明文规定来限制国家刑罚权，进而实现对刑事被告人和一般人权利的保障。罪刑法定原则必须借助于犯罪构成这一技术来实现，要求刑法明确规定各种犯罪的成立条件和法律后果，而犯罪构成实质上就是犯罪成立的条件。可见，犯罪构成为准确、合法认定、惩罚犯罪提供了前提和基础，在保护国家利益、社会利益和个人利益的同时，为保障刑事被告人及一般人的合法权益免受不应有的侵犯提供了法律界限。因而，研究犯罪构成对罪刑法定原则的实现具有重要的现实意义。

最后，研究犯罪构成对刑事司法实践具有特别重要的意义。具体表现为：(1)犯罪构成为区分罪与非罪提供了法律标准。行为符合犯罪构成就意味着成立犯罪，否则就不成立犯罪。(2)犯罪构成为区分此罪与彼罪提供了法律依据。行为符合此罪的犯罪构成就意味着成立此罪，行为符合彼罪的犯罪构成就意味着成立彼罪。(3)犯罪构成为区分一罪与数罪提供了法律依据。行为符合一个犯罪构成的，就成立一罪；行为符合数个犯罪构成的，就成立数罪。(4)犯罪构成为区分完成罪与未完成罪、单独犯罪与共同犯罪提供了依据。行为符合基本的犯罪构成的，就意味着成立单独的完成罪；行为符合修正的犯罪构成的，就意味着成立未完成罪或共同犯罪。(5)对犯罪人所判刑罚的轻重，依赖于对犯罪分子所实施行为的准确定罪。准确定罪是正确量刑的前提和基础；只有定性准确，才能给予犯罪分子适当的刑罚处罚。

第二节　犯罪构成的认识层次和分类

一、犯罪构成的认识层次

从认识论的角度对犯罪构成进行理解得出的相对抽象与具体形态的犯罪构成次序，就是犯罪构成的认识层次。犯罪构成层次的内容，包括具体的犯罪构成和一般的犯罪构成。所谓具体的犯罪构成，是指刑法分则规定的成立某一具体犯罪所必需的主客观要件的有机统一体。具体的犯罪构成是认定某一具体犯罪的规格或标准。一般的犯罪构成，是指对不同具体犯罪构成的特征进行高度概括和抽象后归纳出来的各种具体犯罪所共同必需的主客观要件的有机统一体。

具体犯罪构成仅限于各种具体的犯罪构成形态，它是犯罪构成的个体，仅仅体现了单个的犯罪构成的规范性，未能揭示各种犯罪构成的共同本质和普遍属性;一般的犯罪构成对各种具体犯罪构成进行概括,它撇开了具体犯罪构成的具体结构的差别,抽象出它们的共同本质和普遍属性——法定性。所以,犯罪构成的层次与犯罪构成的分类是有所不同的。[1] 一般的犯罪构成与具体的犯罪构成是共性与个性、一般与个别、抽象与具体的关系。一般的犯罪构成寓于具体的犯罪构成之中,依附于具体的犯罪构成而存在。

二、犯罪构成的分类

犯罪构成的分类,是指通过对刑法规定的各种具体的犯罪构成的分析、综合,找出其中内在的、共同的特征和规律,并根据一定的标准对各种具体构成进行的概括和归类。根据各种犯罪构成的不同性质和特点,依据不同的标准,可以把犯罪构成大致分为以下几类。

(一) 基本的犯罪构成与修正的犯罪构成

按照犯罪构成类型所依赖的犯罪形态是否典型,可以将犯罪构成分为基本的犯罪构成与修正的犯罪构成。基本的犯罪构成,是指刑法分则条文就单独的既遂犯所规定的犯罪构成;修正的犯罪构成,是指在刑法总则中以基本的犯罪构成为前提,适应故意犯罪的停止形态或共同犯罪形态而分别对基本的犯罪构成进行某些修改变更后的犯罪构成。根据这种分类,刑法分则条文大多是以单独的既遂犯为标准规定某一具体犯罪的犯罪构成的。因此,单独的既遂犯的犯罪构成就属于基本的犯罪构成。以此为前提,预备犯、未遂犯和中止犯等未完成形态的犯罪构成以及组织犯、教唆犯、帮助犯等非实行犯的犯罪构成都属于修正的犯罪构成。由于犯罪未完成形态和共犯的内容都在刑法总则中加以规定,所以,在确定修正的犯罪构成时要以刑法分则条文规定的基本犯罪构成为基础,结合总则中关于修正的犯罪构成的规定予以认定。

(二) 封闭的犯罪构成与开放的犯罪构成

以刑法条文是否完整地规定了构成要件为标准,可以将犯罪构成分为封闭的犯罪构成(又称完结的犯罪构成)与开放的犯罪构成(又称待补充的犯罪构成)。前者是指刑法条文完整地规定了所有构成要件的犯罪构成;后者是指刑法条文规定了部分构成要件或者仅对犯罪行为作了一般特征的描述,其他要件需要法官进

---

〔1〕 参见高铭暄主编:《刑法专论》(上卷),124 页,高等教育出版社,2002。

行必要补充的犯罪构成。当刑法条文规定了封闭的犯罪构成时，法官只须严格依照刑法条文的规定适用刑法，不得附加或减少要件，即无须另外加以补充；当刑法规定了开放的犯罪构成时，法官必须对抽象的或者概括的规定依照法律的相关规定给予补充。总之，封闭的犯罪构成具有犯罪构成本身的自足性，不需要补充，我国刑法规定的犯罪构成多数属于这种类型。而开放的犯罪构成则不具有犯罪构成本身的自足性，其犯罪构成处于一种待补充状态，因而为司法裁量留下了充分的余地。在我国刑法中，由情节严重等抽象性规定所形成的犯罪构成即为开放的犯罪构成。

（三）简单的犯罪构成与复杂的犯罪构成

以犯罪构成要件组成的繁简程度为标准，可以将犯罪构成分为简单的犯罪构成与复杂的犯罪构成。简单的犯罪构成，也称单一的犯罪构成，是指刑法条文规定的犯罪构成要件均属单一的犯罪构成；复杂的犯罪构成，是指刑法条文规定的犯罪构成的诸要件具有复合或择一性质的犯罪构成。复杂的犯罪构成又包括复合的犯罪构成和择一的犯罪构成。复合的犯罪构成中的复合包括行为复合、罪过复合、行为对象复合以及犯罪方法的复合等。例如，我国《刑法》第 263 条规定的抢劫罪的行为就具有复合性，须同时具有暴力、胁迫或者其他方法的行为和劫取财物行为。在复合的犯罪构成的场合，具体事实同时符合刑法规定时，犯罪才能成立。择一的犯罪构成，是指刑法条文规定的犯罪构成诸要件中有可供选择余地的犯罪构成。根据选择对象的不同，犯罪构成要件可分为手段及方法的选择、对象的选择、结果的选择、主体的选择、目的的选择以及时间、地点的选择等。例如，我国《刑法》第 107 条规定的资助危害国家安全犯罪活动罪，其行为主体可以是境内外机构、组织或者个人，行为对象可以是境内组织或个人，所资助的犯罪行为可以是背叛祖国罪、分裂国家罪、煽动分裂国家罪、武装叛乱、暴乱罪、颠覆国家政权罪或煽动颠覆国家政权罪。在选择的犯罪构成的场合，只要具体事实符合其中之一，就成立犯罪。

（四）普通的犯罪构成、加重的犯罪构成与减轻的犯罪构成

以犯罪行为之危害程度的大小为标准，犯罪构成可以分为普通的犯罪构成、加重的犯罪构成与减轻的犯罪构成。普通的犯罪构成，又称独立的犯罪构成，是指刑法条文对具有通常社会危害程度的行为所规定的犯罪构成。加重的犯罪构成，是指以普通的犯罪构成为基础，针对较重的社会危害性程度而从普通的犯罪

构成中衍生出来的犯罪构成。加重构成的形态包括结果加重、情节加重、数额加重、身份加重、对象加重、时间加重、地点加重等。减轻的犯罪构成,是指以普通的犯罪构成为基础,针对较轻的社会危害性程度而从普通的犯罪构成中衍生出来的犯罪构成。减轻构成的形态包括情节减轻、数额减轻、身份减轻等。加重的犯罪构成与减轻的犯罪构成合称为派生的犯罪构成。

(五) 积极的犯罪构成与消极的犯罪构成

以刑法条文的规定是积极揭示行为的犯罪性还是消极否定行为的犯罪性为标准,可以将犯罪构成划分为积极的犯罪构成与消极的犯罪构成。积极的犯罪构成,是指刑法条文规定的各个构成要件都是积极地揭示了行为的犯罪性的犯罪构成;消极的犯罪构成,是指刑法条文所规定的一定类型的要件旨在否定某种行为的犯罪性的犯罪构成。我国刑法通常是积极地表明成立犯罪所需要符合的要件,因此,构成要件的设定以积极的犯罪构成为原则,以消极的犯罪构成为例外。《刑法》第 13 条“但是情节严重轻微危害不大的,不认为是犯罪”的规定、第 243 条第 3 款“不是有意诬告,而是错告,或者检举失实的,不适用前两款的规定”的规定以及第 306 条第 2 款“辩护人、诉讼代理人提供、出示、引用的证人证言或者其他证据失实,不是有意伪造的,不属于伪造证据”的规定等均体现的是消极的犯罪构成。

第三节　犯罪构成要件

犯罪构成的要件,是指组成犯罪构成内容的、成立犯罪的条件。其包括犯罪构成的共同性要件和综合性要件两种。

一、犯罪构成的共同性要件

(一) 犯罪构成共同性要件的内容

犯罪构成的共同性要件,也称犯罪的共同构成要件,是指任何犯罪的成立都必须具备的构成要件。根据我国刑法的规定,任何一种犯罪的成立必须具备四个要件,即犯罪客体、犯罪客观方面、犯罪主体和犯罪主观方面。这是因为,要追究任何一种犯罪的刑事责任,司法机关均要回答“该犯罪侵犯了什么”“是如何侵犯的”“是谁侵犯的”以及“是基于何种心理态度侵犯的”四个问题。由上述四个要件所形成的犯罪构成要件理论被称为“四要件说”,这是我国目前刑法学界的通说。

需要说明的是，关于犯罪构成要件的内容，我国刑法理论上尚未达成共识，还存在“二要件说”“三要件说”“五要件说”等不同观点。其中，“二要件说”认为犯罪构成只包括两个要件，但有两种不同的主张：有的主张认为分行为要件和行为主体要件，也有的主张认为分主观要件和客观要件。“三要件说”认为犯罪构成应包括三个要件，但有三种不同的主张：有的认为犯罪构成应包括主体、危害社会的行为、客体三个要件；有的认为犯罪客体不是犯罪构成的要件，犯罪构成包括犯罪主体、犯罪客观方面和犯罪主观方面三个要件；有的认为犯罪主体不是犯罪构成的要件，犯罪构成要件包括犯罪客体、犯罪客观方面和犯罪主观方面三个要件。“五要件说”认为，犯罪构成的要件包括危害社会的行为、危害行为的客体、危害社会的严重后果以及它同危害行为之间的因果关系、危害行为的主体条件和危害行为人的主观罪过。

上述各种观点不同程度地对我国传统的犯罪构成四要件体系进行了修正，对于加深犯罪构成要件体系的研究起到了一定的推动作用。但从总体上看，这些观点大多只是对四要件及其具体要素的不同组合而已，可以说没有多大的新意，并没有对四要件体系进行实质性的、脱胎换骨的变革，因而未能从根本上推翻我国传统的犯罪构成要件体系。另外，近年来，有些学者片面地鼓吹德日的由构成要件符合性、违法性、有责性三大部分组成的依次递进进行判断的犯罪成立模式，彻底地否定我国的四要件平行模式。这并不是一种科学的态度。我国的四要件平行模式有其存在的深厚的理论基础和实践生命力，从当前的基本情况来看，还是很难推翻的。基于此，本书仍然采用传统的“四要件说”。犯罪是具体的，因而犯罪构成也是具体的。在这一意义上，各种具体犯罪的构成要件都是各不相同的；但所有具体要件，经过概括和抽象，都可归结为犯罪客体、犯罪客观方面、犯罪主体和犯罪主观方面四个要件。

（二）犯罪构成共同性要件的排列顺序

一直以来，对于犯罪构成要件是否应该按照一定的顺序进行排列的问题，在我国刑法理论研究中并没有引起足够的重视。对犯罪构成要件按照“犯罪客体—犯罪客观方面—犯罪主体—犯罪主观方面”这样的顺序进行排列一直是我国刑法学界的通说。近年来，随着我国刑法学研究的不断深入，犯罪构成要件的排列应遵循一定的逻辑规律，逐渐成为刑法理论界的共识。在这种背景下，传统犯罪构成理论认为，对犯罪构成要件按照“犯罪客体—犯罪客观方面—犯罪主体—犯罪主观方面”的顺序进行排列，是从认定犯罪的角度出发进行的安排。更多的学者则对传统犯罪构成理论中犯罪构成要件的排列顺序提出了质疑。如有学者认为，犯罪构成要件的排列顺序应该是“犯罪主体—犯罪客体—犯罪主观方面—犯罪客观方面”。其理由是，在犯罪构成的最高级层次结构中，犯罪主体是整个犯罪活动的发动者、驾驭者和控制者。犯罪主体和犯罪客体是犯罪构成这个系统结构的两级，客体的性质和特点决定了满足主体需求和欲望的范围和程度；而主体和客体是通过联结它们的中介即犯罪活动的主观方面和客观方面的相互联系、相互作用而完成的。〔2〕也有学者认为，犯罪构成要件的排列顺序应该是“犯罪主体—犯罪主观方面—犯罪客观方面—犯罪客体”。其理由是，犯罪构成共同要件在实际犯罪中发生作用而决定犯罪成立的逻辑顺序是这样的：符合犯罪主体要件的人，在其犯罪心理态度的支配下，实施一定的犯罪行为，危害一定的客体即社会主义的社会关系。〔3〕也有学者认为，犯罪构成共同要件的排列顺序应该是“客观方面要件—客体要件—主观方面要件—主体要件”。其理由是，这种排列顺序可以发挥犯罪构成理论和实践的双重功能。〔4〕还有学者认为，以认定与处理犯罪的过程为标准，犯罪构成要件的排列顺序应该是“犯罪客观要件—犯罪主体要件—犯罪主观要件—犯罪客体要件”；以行为自身形成过程与发展规律为依据，犯罪构成要件的排列顺序应该是“犯罪主体要件—犯罪主观要件—犯罪客观要件—犯罪客体要件”。这两种排列顺序基于不同的标准，从不同的方面揭示了犯罪构成各要件之间的逻辑顺序，不能彼此代替。〔5〕

本书认为，在我国刑法理论中，对犯罪构成要件应该按照“犯罪客观方面—犯罪主体—犯罪主观方面—犯罪客体”这样的顺序进行排列。因为犯罪构成要件不仅是对已然犯罪的特征的描述，更为重要的是对在司法实践中认定犯罪时犯罪成立必须满足什么样条件的回应。在此意义上，犯罪构成要件也就是犯罪成立必须具备的条件，所以犯罪构成要件的排列顺序应当符合司法实践中认定犯罪的认识规律。就一般意义而言，人对事物的认识遵循从客观到主观、从具体到抽象的认

---

〔2〕参见何秉松：《犯罪构成系统论》，112—117页，北京，中国法制出版社，1993。

〔3〕参见赵秉志、吴振兴主编：《刑法学通论》，84—85页，北京，高等教育出版社，1993。

〔4〕参见王充：《从理论向实践的回归——论我国犯罪构成要件的排列顺序》，载《法制与社会发展》，2003(3)。

〔5〕参见赵秉志：《犯罪构成要件的逻辑顺序》，载《政法论坛》，2003(6)。

知逻辑，在认定犯罪时也无例外。具体而言，在司法实践中认定犯罪时，首先进入司法人员视野的是已经发生并客观存在的事实（行为及结果），司法人员会考虑该行为（或结果）是否具有危害性。其次，进入司法人员思维过程的是该行为是什么样的主体来实施的。如果行为是无法承担刑事责任的主体或一种自然力所导致，因为没有追究刑事责任的必要，刑事追诉程序便到此为止；如果行为是能够承担刑事责任的主体实施的，刑事追诉程序继续进行。再次，司法工作人员就会进行更深层次的认知和判断，即该主体是基于什么样的心态来实施行为，并造成危害结果的。最后，司法工作人员会对上述因素进行综合的评价和判断。一方面，要分析该行为侵害的法益是什么；另一方面，要根据刑法谦抑性的要求评判是否需要对该行为进行刑罚调控。

不仅如此，按照"犯罪客观方面—犯罪主体—犯罪主观方面—犯罪客体"这样的顺序对犯罪构成要件进行排列，更具实践意义。一方面，按照这样的顺序排列犯罪构成要件，符合现代刑事诉讼理念的要求。在现代刑事诉讼中，为了充分保障人权，刑事追诉及其审判是以"事"为中心而非以"人"为中心展开的，如证据的收集是以物证为中心而非以人证为中心的。如此，就可以最大限度地避免基于对人的错误认知和判断而导致错误的追诉。另一方面，对犯罪构成要件按照"犯罪客观方面—犯罪主体—犯罪主观方面—犯罪客体"这样的顺序进行排列，有利于引导司法人员确立正确的刑事诉讼理念，合理、审慎地进行刑事追诉和审判，保障刑事诉讼的合理性，促进社会公众对刑事追诉和裁判结果的认同和服从。

二、犯罪构成的综合性要件

我国《刑法》第 13 条关于犯罪概念的规定中的"但书"，将"情节显著轻微危害不大"违法行为排除在犯罪的范围之外。这表明，"但书"的基本精神在于对犯罪的成立提出定量上的要求。在刑法分则中，为了体现这一基本精神，对于经济犯罪和财产犯罪，由于一定的数额（数量）能够集中反映行为的社会危害性程度，因而立法者往往在其犯罪构成中规定一定的数额（数量）；而对于某些犯罪，很难通过强调犯罪构成的某一方面的具体内容来实现将社会危害性尚未达到应受刑罚处罚程度的行为排除在犯罪圈之外的目的，于是立法者就在犯罪构成的基本要件之外，规定"情节严重""情节恶劣"这样的综合性要件。在刑法理论上，刑法明文规定的以一定的经济价值量或者行为对象的物理量作为犯罪构成要件的犯罪形态,称为数额犯;刑法明文规定以情节严重或者情节恶劣作为犯罪构成要件的犯罪,称为情节犯。数额犯和情节犯是基于我国刑法在犯罪成立上的定量要求而设立的;数额犯和情节犯概念中的定量因素,“是总则一般犯罪概念中定量因素即但书的体现,将这些定量因素作为具体犯罪概念的一部分,在认定犯罪时便体现了但书的照应功能”。〔6〕我国有学者将数额和情节视为犯罪构成的罪量要素。所谓罪量,是指在具备犯罪构成的本体要件的前提下,表明行为对法益侵犯程度的数量要件。〔7〕罪量要素不是指特定的某一方面的情节,而是指任何一个方面的情节;只要某一方面的情节严重或恶劣,使得行为的社会危害性达到了刑事可罚的程度,就应将行为认定为犯罪。因而,“情节严重”“情节恶劣”等罪量要素属于犯罪的综合性要件。

除了情节犯以外,我国《刑法》分则条文还规定了情节减轻犯和情节加重犯。情节减轻犯是指以情节较轻作为减轻罪质的事由而构成的犯罪;情节加重犯是指以情节较重作为加重罪质的事由而构成的犯罪。情节减轻犯和情节加重犯之所谓减轻或加重情节,是以主观和客观相统一的形式体现一定犯罪的严重性程度,以决定减轻或加重其刑罚的综合性指标。有学者指出,减轻或加重情节不属于构成要件,而仅仅属于法定刑升格的条件。其理由是,刑法分则将情节作为区分同一犯罪中重罪与轻罪的标准时,该情节当然不是构成要件。〔8〕本书认为,同一性质的犯罪,往往基于其罪量被分割为不同层次,相应地存在多个犯罪构成形式。例如,由于影响法定刑升格或降格的情节的存在,某一犯罪有了基本犯与情节加重犯或情节减轻犯的形态之分。前者的犯罪构成是普通的犯罪构成,即基本构成,后者的犯罪构成是加重或减轻的犯罪构成,即社会危害性较大或较小的构成。影响法定刑升格或降格的情节当然不是普通的犯罪构成的要件,但确实是加重的犯罪构成或减轻的犯罪构成的要件,因此应当被认为是构成要件。

---

〔6〕储槐植、张永红:《善待社会危害性观念——从我国〈刑法〉第13条但书说起》,载《法学研究》,2002(3)。

〔7〕参见陈兴良:《规范刑法学》(上册),191页,北京,中国人民大学出版社,2008。

〔8〕参见张明楷:《刑法学》,141页,北京,法律出版社,2003。

本章小结

犯罪概念是犯罪构成的基础，犯罪构成是犯罪概念的具体化。所谓犯罪构成，是指根据我国刑法的规定，决定某一具体行为的社会危害性及其程度而为该行为构成犯罪所必需的一切客观要件和主观要件的有机统一。犯罪构成不同于犯罪构成事实。前者属于法律范畴；而后者属于事实范畴。研究犯罪构成，对丰富刑法理论、实现罪刑法定原则以及指导刑事司法实践均具有特别重要的意义。

从认识论的角度来看，犯罪构成包括具体的犯罪构成与一般的犯罪构成两个层次。前者是指刑法分则规定的成立某一具体犯罪所必需的主客观要件的有机统一体；后者是指对不同具体犯罪构成的特征进行高度概括和抽象后形成的各具体犯罪所共同必需的主客观要件的有机统一体。按照犯罪构成类型所依赖的犯罪形态是否典型，可以将犯罪构成分为基本的犯罪构成与修正的犯罪构成；以刑法条文是否完整地规定了构成要件为标准，可以将犯罪构成分为封闭的犯罪构成与开放的犯罪构成；以犯罪构成要件组成的繁简程度为标准，可以将犯罪构成分为简单的犯罪构成与复杂的犯罪构成；以犯罪行为之危害程度的大小为标准，犯罪构成可以分为普通的犯罪构成、加重的犯罪构成与减轻的犯罪构成；以刑法条文的规定是积极揭示行为的犯罪性还是消极否定行为的犯罪性为标准，可以将犯罪构成划分为积极的犯罪构成与消极的犯罪构成。

犯罪构成的要件，是指组成犯罪构成内容的、成立犯罪的条件，包括犯罪构成的共同要件和综合性要件两种。前者是指任何犯罪的成立都必须具备的构成要件，包括犯罪客体、犯罪客观方面、犯罪主体和犯罪主观方面，而且应当按照“犯罪客观方面—犯罪主体—犯罪主观方面—犯罪客体”的顺序进行排列；后者是指刑法规定的情节严重、情节恶劣等罪量要素。

习　题

1. 如何理解犯罪构成的概念？
2. 如何理解犯罪构成与犯罪概念的关系？
3. 犯罪构成的共同要件包括哪些内容？
4. 如何理解犯罪构成四个要件的排列顺序？

第六章　犯罪客观方面

【本章导读】

犯罪客观方面，是指刑法规定的，说明行为对刑法所保护的社会关系的侵害而为构成犯罪所必须具备的客观事实条件，包括危害行为、危害结果以及犯罪的时间、地点、方法等。其中，危害行为是任何犯罪成立所必须具备的要素；而危害结果或犯罪的时间、地点、方法属于部分犯罪成立所必须具备的要素。危害行为是指受意识、意志支配的违反刑法规范的危害社会的身体动静，具有主体的特定性、有体性、有意性、有害性、违反刑法规范性等特征。危害行为的基本形式包括作为与不作为。前者是指以积极的身体活动实施刑法禁止的危害社会的行为；后者是指行为人负有实施某种积极行为的特定法律义务，并且能够履行而不履行的行为。危害结果是指危害行为对犯罪客体所造成的现实损害及具体危险，其表现形式多种多样，可以依据不同的标准进行分类。刑法中的因果关系，是指危害行为与危害结果之间所具有的引起与被引起的关系，主要包括必然因果关系和偶然因果关系。

【学习重点】

- 不作为中特定作为义务的来源
- 刑法中持有的属性
- 构成要件结果和非构成要件结果
- 物质性结果与非物质性结果
- 必然因果关系与偶然因果关系

第一节　犯罪客观方面概述

一、犯罪客观方面的概念

犯罪客观方面，也称为犯罪客观要件，是指刑法规定的，说明行为对刑法所保护的社会关系的侵害而为构成犯罪所必须具备的客观事实条件。它具有以下几个特点。

首先，犯罪客观方面具有客观性，即不为人的意志为转移的客观存在性。犯罪的客观方面是犯罪活动的客观外在表现，具有能够为人们所直接感知的性质。犯罪事实包括主观事实和客观事实两大部分。犯罪主观方面属于主观事实，犯罪客观方面是犯罪故意、犯罪过失等主观内容的外化、客观表现。作为犯罪客观方面内容的危害行为、危害结果、危害行为与危害结果之间的因果关系、犯罪方法、犯罪时间、犯罪地点等都属于客观的犯罪事实。

其次，犯罪客观方面具有法定性。根据罪刑法定原则的要求，作为犯罪构成要件之一的犯罪客观方面，必须由刑法加以规定。一方面，我国刑法对于犯罪客观方面采取分则规定为主、总则规定为辅的立法模式。刑法分则关于具体犯罪罪状的描述主要是围绕该种犯罪的客观方面而展开的；作为罪状的主要内容，刑法分则条文所规定的犯罪客观方面尽管有详略之分，但却是不可或缺的，而其他要件则不一定在刑法分则中都予以规定。当然，刑法没有明确规定的客观因素，未必不属于犯罪客观方面的内容。例如，就故意杀人罪中的死亡结果而言，鉴于该危害结果十分明显，在条文中予以明确规定，反而有画蛇添足之嫌，因而无须在《刑法》第 232 条中予以明示。另一方面，刑法分则中的具体犯罪构成是以实行行为为标准予以规定的。犯罪预备、预备阶段的犯罪中止以及共同犯罪中的非实行犯的犯罪构成的客观方面所包含的行为要素(预备行为、组织行为、教唆行为、帮助行为)不符合分则中实行行为的规定，因而需要在刑法总则中予以规定。此外，刑法总则在对犯罪的故意、过失等范畴作规定时，也涉及犯罪客观方面的内容。

再次，犯罪客观方面具有复杂多样性。在犯罪构成的各个要件中，犯罪客观要件的内容最为复杂多样。我国刑法分则所规定的 400 多种犯罪的客观方面均有其特殊性。在这 400 多种犯罪中，任何两种犯罪的客观方面都是有所区别的，在刑法分则中不可能将客观方面完全相同的情形规定为不同的犯罪。据此，可以将此罪与彼罪有效地加以区分。了解犯罪客观要件的复杂多样性，对于全面把握各种犯罪的特殊性具有重要意义。

最后，犯罪客观方面能够说明行为对犯罪客体的侵犯性。犯罪客观方面是犯罪活动的客观外在表现，但并非犯罪活动中任何外在的、客观的事实都能够成为犯罪客观方面的内容。例如，任何杀人行为都是在一定的时间、空间内实施的，但刑法并未将犯罪的时间、地点规定为故意杀人罪犯罪客观方面的构成因素。从实质上看,只有对揭示刑法保护的社会关系所遭受的侵犯具有决定意义的客观事实因素,才应当被确定为犯罪客观方面的内容。

二、犯罪客观方面的内容

犯罪客观方面是通过对刑法分则规定的各种具体犯罪的客观事实特征而提炼出来的一个范畴,为犯罪构成的共同要件之一。犯罪客观方面的内容,是指刑法分则规定的各种具体犯罪在客观方面应当具备的因素。犯罪客观方面的内容具体包括危害行为、危害结果、危害行为与危害结果之间的因果关系以及犯罪的时间、地点、方法等。

在刑法理论中,以犯罪客观方面的内容是否为任一犯罪的成立所必须具备为标准,通常将犯罪客观方面的内容划分为必要的客观因素和选择的客观因素。必要的客观因素,是指成立任何犯罪都必须具备的客观方面的因素;选择的客观因素,是指并非为每一个犯罪的成立所必须具备的,而是构成一部分犯罪所要求具备的客观方面的因素。危害行为是必要的客观因素,即任何犯罪的成立都必须具备刑法规定的危害行为。危害行为既可以是实行行为,也可以是预备行为,还可以是组织行为、教唆行为和帮助行为等非实行行为。危害结果、危害行为与危害结果之间的因果关系以及犯罪的时间、地点、方法等属于选择的客观因素。

需要指出的是,选择的客观因素是针对所有犯罪的成立而言的,其并非可有可无;在决定具体犯罪是否成立时,它是不可缺少的。例如,在故意杀人罪中,尽管死亡结果这一客观因素仅仅存在于其既遂形态的犯罪构成中,因而属于选择的客观因素,但其对于故意杀人罪既遂的成立而言,则是不可或缺的条件。

三、犯罪客观方面的意义

在犯罪构成的四个共同要件中,犯罪客观方面处于核心地位。因为犯罪是一种危害社会的行为,“无行为则无犯罪”。不仅如此,危害行为是犯罪构成的其他要件所依附的本体性因素。犯罪客体是危害行为所侵犯而为刑法所保护的社会关系;犯罪主体是实施了严重危害社会行为的自然人和单位;犯罪主观方面也必须通过危害行为得以体现和说明;不具备犯罪客观方面,刑法所保护的社会关系就不可能受到侵犯,就谈不上犯罪客体的存在。因而,犯罪客观方面具有十分重要的意义，具体表现为以下几个方面。

首先，犯罪客观方面是区分罪与非罪的重要依据。不具备犯罪客观方面，就失去了构成犯罪和承担刑事责任的客观基础，也就谈不上符合其他构成要件，犯罪的成立更是无从谈起。具体而言，根据我国刑法的规定，成立任何犯罪，都必须存在危害行为。此外，对于某些犯罪来说，危害结果乃至犯罪的时间、地点和方法也是客观方面的要素；不具备这些要素，犯罪就不可能成立。

其次，犯罪客观方面是区分此罪与彼罪的重要标准。我国刑法规定的许多犯罪在犯罪主体和主观方面是相同的，刑法之所以将它们规定为不同的犯罪，主要是基于犯罪客观方面的不同。例如，侵犯财产罪中的盗窃罪、抢夺罪、诈骗罪三种犯罪的区别，就是如此。要区分这些犯罪，就必须把握犯罪客观方面的差异：第一，危害行为是区分此罪与彼罪界限的主要标准，这也是刑法分则设置不同犯罪的主要依据。第二，危害结果通常不具有区分此罪与彼罪的界限功能，但在想象竞合犯的场合可能会对此罪与彼罪的区分产生重要影响。例如，妨害公务行为是否导致被害人重伤或者死亡，是区分妨害公务罪和故意伤害罪、故意杀人罪的关键。第三，在某些犯罪中，犯罪方法具有区分此罪与彼罪的界限功能。例如，在侵犯财产罪中，抢劫罪与抢夺罪的主要区别就在于犯罪方法的不同；盗窃罪、诈骗罪、抢夺罪、聚众哄抢罪、敲诈勒索罪之间的主要区别也是犯罪手段不同。第四，犯罪时间和犯罪地点通常不具有区分此罪与彼罪的界限功能。

再次，犯罪客观方面是正确分析和认定犯罪主观方面的客观依据。主观心理态度是成立犯罪的重要条件之一，但主观心理态度是人的内心活动，是看不见、摸不着的，只有通过犯罪客观方面才能展现出来；而脱离犯罪客观方面，则无法认定存在于行为人内心的主观心理态度。

又次，犯罪客观方面是区分犯罪完成形态与未完成形态的重要标准。在犯罪的完成形态与未完成形态的区分中，犯罪客观方面往往扮演着重要角色。在行为犯中，区分完成形态与未完成形态的标准是危害行为是否实施完毕；在结果犯中，完成形态与未完成形态的区分标准是法定的危害结果是否发生；在危险犯中，完成形态与未完成形态的区分标准是危害行为是否已经造成法定的危险状态；在举动犯中，完成形态与未完成形态的区分标准是行为人是否已经着手实行犯罪。

最后，犯罪客观方面是影响刑罚轻重的重要因素。犯罪客观方面不同，所反映的社会危害性也就不同。就不同性质的犯罪而言，刑法之所以规定轻重不同的法定刑,主要是基于犯罪客观方面不同进而影响到社会危害性程度不同。就同一性质的犯罪而言,刑法往往把是否发生某种危害结果作为法定刑升格的根据。例如,《刑法》第 260 条第 1 款规定了虐待罪的普通犯罪构成,第 2 款规定了虐待罪的加重犯罪构成。加重的条件是“致使被害人重伤、死亡”。从司法实践来看,犯罪客观方面是量刑的重要依据,如在盗窃罪中,盗窃数额的多少是裁量刑罚的重要依据。

第二节 危害行为

一、危害行为的概念和特征

从我国刑事立法和刑法理论来看,“行为”一词的含义是多种多样的,可以从四种意义上来理解:其一,最广义的行为,即一般意义上的行为,泛指人的一切自然意义上的行为,不论是否构成犯罪、是否应当追究刑事责任。这种意义上的行为具体包括以下几类:(1)合法行为,如《刑法》第 20 条规定的正当防卫行为;(2)旧刑法认为是犯罪而新刑法不认为是犯罪的行为,如《刑法》第 12 条规定的“中华人民共和国成立以后本法施行以前的行为”中的行为;(3)完全无责任能力的精神病人的行为;(4)缺乏主观罪过的行为,如《刑法》第 16 条规定的导致意外事件发生的行为;(5)一般违法行为,如《刑法》第 86 条第 3 款规定的被假释的犯罪分子实施的“违反法律、行政法规或者国务院有关部门关于假释的监督管理规定”的行为。其二,广义的行为,即犯罪行为,是指符合犯罪构成要件的行为。例如,我国《刑法》第 13 条关于犯罪定义的规定中使用的“行为”一词以及刑法分则使用的“行为”一词大多是在此意义上使用的。其三,狭义的行为,即犯罪客观方面的行为,包括危害行为及其他客观方面的因素。这种行为概念将危害结果也纳入其中,在刑法立法上较少采用,但在刑法理论上非常普遍。我国刑法理论在研究刑法分则表述犯罪客观方面要件时,都在这种意义上使用“行为”一词的。其四,最狭义的行为,即专指犯罪客观方面中与危害结果相对应的危害行为。例如,《刑法》第 14 条规定:“明知自己的行为会发生危害社会的结果,并且希望或者放任这种结果发生,因而构成犯罪的,是故意犯罪。”其中的“行为”就是指与危害结果相对应的危害行为。最狭义的行为概念是本节的研究对象。

我国刑法中的危害行为，即犯罪客观要件中的行为，是指受意识、意志支配的违反刑法规范的危害社会的身体动静。危害行为具有以下基本特征。

第一，主体的特定性。刑法中的危害行为的主体只能是人，包括自然人和单位。能够纳入刑法处罚范围的行为，只能是自然人或单位实施的危害行为。动物的活动或自然界的变动，即使造成了有害于社会的结果，也不具有刑法中危害行为的性质。

第二，有体性，即从外在表现上看，危害行为是人的身体活动。人的身体活动既可以表现为积极的身体动作，也可以表现为消极的身体的相对静止。这一特征使危害行为与人的思想区别开来。我国刑法否认“思想犯罪”的存在。因为人的思想活动如果不同自己的行为发生联系，就不可能对社会产生任何实际的影响；人的行为是客观、外在的现象，人的思想只有通过其行为才能影响或者改变外部世界。而思想是主观的、内在的东西，单纯的思想活动不具有行为的功能。例如，一个人产生了杀人的想法，在其没有围绕自己这种想法采取任何行动的情况下，便不认为其构成故意杀人罪，因为他的有害思想并没有对外界产生影响。在通常情况下，危害行为与有害思想的界限比较明显，容易区分。值得讨论的是，人的有害言论是否属于危害行为。一般认为，作为思维的形式，思想的外壳，言论本身并不是行为。但是，通过口头或书面的方式来发表言论，则属于外在的身体活动。如果发表言论同时符合危害行为的其他特征，则其就可以成为刑法上的危害行为。例如，煽动群众以暴力抗拒国家法律、行政法规实施的，就属于危害行为。

第三，有意性，即危害行为受人的意识、意志的支配。这是危害行为的内在特征，也是刑法上危害行为得以存在的主观条件。仅仅具备有体性而不具备有意性的行为，可能在客观上也会造成有害于社会的结果，但其不能成为刑法上的危害行为。人的无意识和无意志的身体动静，即使客观上造成损害，也不是刑法意义上的危害行为，不能认定这样的人构成犯罪并追究其刑事责任。人的无意识和无意志的身体动静主要有：人体的本能反射运动；在睡梦中或精神错乱状态下的举动；人在不可抗力作用下的举动；人在身体受强制而丧失意志自由情况下的举动等。需要强调的是，人在受到精神强制时实施某种损害社会行为的情况下，除了符合紧急避险条件的属于合法行为的以外，其他不符合紧急避险条件而达到触犯刑法程度的，都应当认定为犯罪并追究其刑事责任，因为这时行为人并未完全丧失意志自由，其行为仍然具备有意性特征。

第四,有害性,即危害行为必须是对社会有危害的身体动静。这是危害行为的价值评价特征,也称为危害行为的社会性特征。在人的意识或意志支配下实施的身体动静,只是说明了人类有意行为的一般意义,不能把违法行为与合法行为区分开来,也不能把个人行为与社会联系起来。只有那些对社会有害的行为才可能成为刑法上的危害行为,才能够进入刑法否定评价的视野。根据对社会影响的不同,可以将人类行为分为有害于社会的行为和无害于社会的行为两大类。无害于社会的行为,尤其是其中有益于社会的行为,正是法律要予以保护的行为,当然不是我国刑法所惩罚的对象。只有有害于社会的行为,才可能成为我国刑法所惩罚的对象,才可能视为我国刑法中犯罪客观方面的内容。据此,形式上具有危害行为的外部特征而实质上不具有有害性的行为,如正当防卫行为、紧急避险行为,便不可能成为刑法上的危害行为。

第五,违反刑法规范性,即危害行为必须具有违反刑法规范的性质。所谓违反刑法规范,既包括违反禁止性规范,也包括违反命令性规范。这是危害行为的法律特征,是刑法上的危害行为区别于一般的危害行为的主要标志。如通奸行为、随地大小便行为不具备违反刑法规范的性质,不可能成为刑法上的危害行为。

二、危害行为的基本表现形式

危害行为的表现形式多种多样。把形形色色的危害行为加以抽象和概括,其基本形式不外乎两种,即作为与不作为。

(一) 作为

1. 作为的概念

作为,是指以积极的身体活动实施刑法禁止的危害社会的行为。以作为的方式实施的犯罪就是作为犯。我国刑法中规定的绝大多数具体犯罪,都可以由作为实施,其中不少犯罪甚至只能以作为形式实施,如抢劫罪、抢夺罪、强奸罪等。作为除具备危害行为的基本特征之外,还具有如下特殊性:(1)作为的外在表现只能是身体的积极活动,身体的相对静止不可能构成作为。(2)作为常常表现为一系列积极的举动,而不是指个别动作环节,如开枪杀人的行为就包括举起枪支、对准目标、开始射击等。(3)作为违反的是刑法的禁止性规范,即“不当为而为之”。

2. 作为的具体实施方式

从司法实践来看,作为的具体实施方式主要有以下五类。(1)利用自己身体器官直接实施的作为。这是作为的常见形式之一。身体器官活动主要表现为四肢的活动，但也可以是其他身体器官的活动，如五官的活动。前者如拳打脚踢的杀人、伤人；后者如以言语的方式进行的诽谤。(2)利用物质性工具实施的作为。这也是作为最常见的实施方式。这种作为形式的特点是，在人的身体器官活动与犯罪对象之间存在犯罪工具这一中介，即利用犯罪工具的某种属性作用于犯罪对象并造成对象的某种物理、化学、生理等的变化而得以侵害或威胁法益。(3)利用他人实施的作为，即把他人作为工具加以利用而实施的作为。这在刑法理论中被称为间接实行犯。其特点在于由他人的身体活动直接侵害或威胁法益，而他人的活动则是由行为人的身体活动引起的。在间接实行犯的场合，被利用的他人与利用者不存在共犯关系，因而利用者对通过其中介实施的犯罪完全承担刑事责任。(4)利用动物实施的作为，即行为人以身体活动对动物直接施加一定的影响，以驱使动物实施刑法所禁止的行为，如利用疯狗或毒蛇伤害、杀死他人。利用动物实施的作为必须通过行为人对动物施加一定的影响才能构成；如果由于行为人对动物看管不严而造成危害结果，则属于不作为。(5)利用自然力实施的作为。自然力是指刮风、下雨、打雷、闪电、潮汐等自然现象。利用自然力实施的作为与利用物质性工具实施的作为在性质上基本相同，所不同的只是，前者利用的对象为自然形式，后者利用的是人工制造的工具。

(二) 不作为

1. 不作为的概念

不作为，是指行为人负有实施某种积极行为的特定法律义务，并且能够履行而不履行的行为。与作为相比，不作为的特殊性体现在：(1)不作为的外在表现既可以是身体的相对静止，也可以是积极的身体动作。例如，遗弃是典型的不作为，即应当履行法定的抚养义务而没有履行。但是，行为人为了达到遗弃的目的往往会作出一系列积极的身体动作，如将小孩抱到保育院的门口后予以丢弃。不作为并非身体的完全静止，而是行为人未实施法律秩序期待的特定行动，至于是否实施其他行动则在所不问。(2)不作为违反刑法规范中的命令性规范，即刑法命令负有特定义务的人应当作出一定的行为，而行为人却不作出该行为，即“当为而不为之”。由此可见，不作为与作为区别并不在于“静”与“动”、“消极”与“积极”，而在于是否与履行特定的法律义务相联系。

2. 不作为的成立条件

构成刑法中的不作为,必须具备以下条件:第一,行为人负有实施某种积极行为的特定法律义务。这是成立不作为的前提。这里的法律义务是相对于纯粹的道德义务而言的。不履行纯粹的道德义务,不会产生法律上的责任,而犯罪是应当负刑事责任的行为。因此,不作为的成立需要行为人负有某种特定法律义务。例如,普通公民在发现他人落水的情况下,有能力救助而不予救助,以致落水者被淹死的,就不构成刑法中的不作为,因为我国法律并未规定普通公民具有见危救助的义务。第二,行为人没有履行作为义务。没有履行作为义务是不作为成立的事实根据;在已经履行作为义务的场合,不存在不作为的问题。在认定是否履行作为义务时,不能简单地以行为人的身体动静为标准,而应以作为义务所指向的积极行为是否实施为标准。第三,行为人有能力履行作为义务。没有履行作为义务是以行为人能够履行作为义务为前提的。行为人虽然具有实施某种积极行为的义务,但由于种种原因使其不能够履行该项义务的,则不构成不作为。例如,由于丧失劳动能力而不能赡养父母的,便不属于不作为。所谓"有能力履行作为义务",是指行为人具备履行作为义务的主观能力和客观条件。

3. 不作为中特定作为义务的来源(根据或种类)

行为人负有特定作为义务,是成立不作为的前提条件。因而,特定作为义务的来源,是不作为犯罪理论中的一个核心问题。科学地界定特定作为义务的来源,是正确认定不作为犯罪的关键。一般认为,特定作为义务的来源包括以下四个方面。

其一,法律明文规定的作为义务。所谓法律明文规定的义务,并不限于刑法明文规定的义务,还包括民法、经济法、婚姻法、诉讼法、行政法等法律、法规明文规定的义务。非刑事法律明文规定的义务只有经刑法认可时,才能成为不作为的特定义务。因此,法律明文规定的义务,是指法律、法规所规定并经刑法认可或要求的作为义务。法律明文规定的特定义务是特定作为义务的主要来源。

其二,职务上或业务上要求的作为义务。即一定的主体由于担任某项职务或从事某些业务而依法要求履行的某种作为义务。如游泳场的救生员有抢救落水人的义务;保育员有保护幼儿生命、健康安全的义务;负责急救的医生有抢救病人的义务;消防队员有灭火的义务;铁路扳道工有按时扳道岔的义务等。由于社会管理活动日益复杂化和社会分工日益精细化,我国的职业或业务种类越来越多,因而，职务或业务上要求的义务的范围也越来越广泛。

其三，法律行为引起的作为义务。法律行为是指在法律上能够产生一定权利义务的行为。若一定的法律行为产生某种特定的积极义务，行为人不履行该义务，致使刑法所保护的社会关系受到侵害或威胁，就可能成立刑法上的不作为。例如，以签订合同的形式受雇为他人照顾小孩的保姆，就负有看护小孩使其免受意外伤害的义务。如果保姆疏于看护，致使小孩被摔成重伤，就应当承担相应的刑事责任。司法实践中，法律行为引起的义务，大多数情况下是指合同行为引起的义务；但实际上，行为人自愿承担某种义务或防止损害结果发生的，都会引起相应的作为义务。合同行为引起的作为义务所涉及的问题非常复杂，关键在于如何划分刑法与民法等非刑事法律的调整界限。例如，因房主不修缮有倒塌危险且久经租户催促修缮的房屋致使该房屋倒塌压死租户的行为、受害人对于寄托物不妥善保管致寄托物损坏的行为，能否认定为刑法上的不作为？应具体判断。

其四，先行行为引起的作为义务。由于行为人先前实施的行为（简称先行行为）致使法律所保护的某种合法权益处于遭受严重损害的危险状态时，行为人就负有采取有效措施排除危险或防止实际损害发生的义务，此即先行行为引起的作为义务。例如，成年人带小孩去深山打猎，他就负有保护孩子生命和健康的义务；若不履行这种义务，就可能构成刑法中的不作为。在刑法理论上，对于先行行为是否仅限于违法行为、有责行为、作为以及犯罪行为能否引起作为义务，存在争论。我们认为，先行行为并不限于违法行为和有责行为，也不限于作为；但合法行为、正当行为以及不作为行为能否引起作为义务，又不可一概而论。犯罪行为能否引起作为义务？刑法理论上存在肯定说与否定说两种主张。本书认为，基于罪刑均衡原则的基本要求，应以行为人所放任的危害结果能否为前罪的犯罪构成（包括加重构成）包括为标准来判断犯罪行为能否成为先行行为。换言之，行为人所放任的危害结果能够为前罪的犯罪构成包括的，前罪不应当属于先行行为；行为人所放任的危害结果不能够为前罪的犯罪构成包括的，前罪应当属于先行行为。

4. 不作为犯罪的分类

在不作为犯罪中，只能以不作为形式实施的犯罪，为纯正不作为犯（亦称真正不作为犯），如《刑法》第 261 条规定的遗弃罪；以不作为形式实施的通常由作为形式构成的犯罪，为不纯正不作为犯（亦称不真正不作为犯），如以不作为形式实施的《刑法》第232条所规定的故意杀人罪,便属于不纯正不作为犯。纯正不作为犯中的作为义务是由法律明文规定的,通过刑法的明文规定就可以确定纯正不作为犯的范围。因而,在前述四种特定作为义务的来源中,能够适用于纯正不作为犯的只能是第一种。与纯正不作为犯不同,刑法没有无明确规定不纯正不作为犯。因而,为防止不当扩大不纯正不作为犯的处罚范围,应注重考察不作为与作为是否具有等价性,即不作为与实施一定的作为之间是否具有同样的社会危害性。

(三)持有的地位问题

刑法中的持有,是指行为人对于特定物品事实上或法律上的控制。这里的"控制"包括直接控制、利用他人控制和利用他物控制三种情形。以持有为行为方式的犯罪,就是持有犯。我国刑法规定了一些持有犯,如非法持有、私藏枪支、弹药罪,持有假币罪,非法持有国家绝密、机密文件、资料、物品罪,非法持有毒品罪等。在认定持有犯时,应注意查明所持有的特定物品的来源和去向。如果行为人所持有的特定物品是通过实施犯罪而获得的,那么持有该物品的行为不具有独立的评价意义;如果行为人持有特定物品是为了实施其他更为严重的犯罪,那么持有该物品亦不具有独立的评价意义。然而,在特定物品的来源和去向无法或难以查明的情况下,只能对持有该物品的行为予以独立评价。另外,某些犯罪的客观方面包含了持有的行为方式,如妨害信用卡管理罪包含了持有伪造的信用卡、持有伪造的空白信用卡、非法持有他人信用卡的行为;某些犯罪的客观方面含有持有的要素,如由"携带凶器抢夺"转化而成的抢劫罪以及由持枪抢劫所构成的抢劫罪的客观方面便包含持有的要素。对这里的持有行为,亦不应当进行独立的评价。

关于持有的行为属性,理论上存在争议。作为说认为,持有违反的是刑法的禁止性规范,因而属于作为;不作为说认为,持有违反的是刑法的命令性规范,属于不作为;行为类型说认为,持有属于一种与作为和不作为并列的、独立的第三种危害行为。本书认为,相对而言,作为说更为可取。主要理由是:一方面,持有违反的是刑法的禁止性规范,即不应当持有而持有,完全符合作为所具有的"不应为而为之"的基本特征;另一方面,持有不属于不作为。(1)刑法将持有特定物品的行为犯罪化的主要理由,并不在于行为人没有履行上缴特定物品的义务,而是基于特定物品具有极大的社会危险性,将单纯持有特定物品的行为规定为犯罪。(2)即使持有人履行了上缴特定物品的义务,也不影响犯罪的成立,上缴行为至多只属于自首行为，只对量刑产生影响。(3)对于作为持有对象的特定物品，刑法并未要求持有人必须上缴，而是禁止其持有，至于持有人采取何种方式放弃持有(如抛弃、销毁、上缴等)，则不为刑法所关注。由此看来，持有行为并不符合不作为之“应为而不为之”的基本特征，因而不属于不作为。

第三节　危害结果

一、危害结果的概念和特征

一般意义上的结果，是指由于某种现象引起了客观世界的变化，如火灾造成人员伤亡、财产损失，地震引起房屋倒塌等。刑法中的危害结果，特指危害行为对刑法所保护的社会关系所造成的现实损害及危险。

刑法意义上的危害结果有广义和狭义之分。广义的危害结果，是指由危害行为所造成的具有刑法意义的现实损害及危险，包括作为定罪依据的结果(当然也是量刑的基本依据)和仅作为量刑依据的结果。例如，甲杀死了乙，乙的妻子不堪承受精神上的巨大压力而精神失常。乙死亡的结果和乙的妻子精神失常的结果均属于甲的行为所造成的危害结果。其中，乙死亡的结果对定罪和量刑均具有影响；而乙的妻子精神失常的结果只对量刑具有影响。狭义的危害结果，专指作为定罪依据的危害结果。如在上例中，乙的死亡结果是定罪的基本依据(当然对量刑也具有影响)，因而属于狭义的危害结果；而乙的妻子精神失常的结果仅对量刑具有意义，因而不属于狭义的危害结果。危害结果具有以下特征。

其一，危害结果具有客观性。所谓危害结果的客观性，是指危害结果一旦发生，就作为一种客观事实而存在，具有不以人的意志为转移的客观属性。从哲学上讲，结果是由一种现象引起的另一种现象。无论这种现象以什么形式出现，它都具有客观性。正因如此，人们才能通过自己的主观能动性对危害结果予以认识。刑法上的危害结果尽管有其特定内涵，但符合哲学上结果的基本原理；哲学上的结果具有一般性，而刑法上的危害结果具有特殊性，二者之间具有一般与特殊的关系。因而，刑法上的危害结果必然具有结果的一切特征，也只能是一种客观存在。

其二,危害结果具有因果性。并非一切具有客观性的结果都是刑法中的危害结果,只有危害行为引起的结果,才可称为刑法上的危害结果。危害行为能够造成危害结果发生,绝非偶然所致,而是由于其内部蕴含着促使危害结果发生的因素。因此,任何客观存在的结果,只要不是危害行为所引起的,就不是危害结果;没有危害行为,就谈不上危害结果。在司法实践中,应注意查清危害结果发生的原因,把由行为人之外的他人行为或者自然原因等导致的结果排除在危害结果的范围之外。

其三,危害结果具有侵犯性。刑法中的危害结果是表明刑法所保护的合法权益遭受侵犯的事实。其中,实害结果是危害行为对客体所造成的现实损害事实,直观地表现了危害结果的侵犯性这一特征;危险是危害行为对客体造成的现实危险事实,表明危害行为对客体的性质和面貌的改变尚处于一种可能性阶段,虽然不具有直观性,但绝不可否认其侵犯性。正因如此,立法者将危险状态这一标志客体由正常状态向被改变状态发展过程中的情况,作为一种独立的结果形态设定于危险犯的构成要件中。

其四,危害结果具有多样性。刑法上的危害结果的存在方式多种多样。财产损失、名誉受损害、性权利受侵害、社会管理秩序的混乱等各种不利结果,不论表现形式如何,都可以成为危害结果。在我国刑法理论中,否定非物质性结果属于危害结果的观点还有一定的影响。按照这种观点,有资格成为刑法上的危害结果的,只有物质性危害结果。实际上,刑法所保护的社会关系具有范围上的广泛性特点,涵盖了社会关系的方方面面,既有通过一定的物质形式表现出来的物质性社会关系,也有通过抽象的、观念的形式表现出来的非物质性社会关系。因而,对前者加以侵犯所形成的事实表现为物质性危害结果,对后者加以侵犯所形成的事实表现为非物质性危害结果。可见,非物质性结果的存在正是危害结果多样性的生动体现。

二、危害结果的类型

对危害结果可以从不同的角度进行分类,下面仅介绍几种常见的分类法。

(一) 构成要件结果与非构成要件结果

以危害结果是否属于构成要件要素为标准,可以将危害结果分为构成要件结果和非构成要件结果。构成要件结果,也称定罪结果,是指成立某一犯罪所必须具备的危害结果。根据构成要件结果在定罪过程中的功能，可以将其进一步分为以下几类。(1)区分罪与非罪的构成要件结果。例如，违反交通运输法规，发生重大事故，致人重伤、死亡或者使公私财产遭受重大损失的，才可构成交通肇事罪。在此，如果没有发生重大事故，即使行为人违反了交通运输法规，也不能构成交通肇事罪。(2)区分基本犯与结果加重犯的构成要件结果。我国刑法对结果加重犯并未另立新罪，但这并不影响结果加重犯具有不同于基本犯的独立的犯罪构成，其中加重的结果就是结果加重犯区别于基本犯的犯罪构成要件要素。例如，成立基本的抢劫罪，不要求发生致人重伤、死亡的结果；但如若缺少了致人重伤、死亡的结果，便不可能成立抢劫罪的结果加重犯。(3)区分此罪与彼罪的构成要件结果。我国刑法规定了一些转化犯。例如，《刑法》第 292 条规定，聚众斗殴，致人重伤、死亡的，依照故意伤害罪、故意杀人罪的规定定罪处罚。据此，在聚众斗殴中，如果发生致人重伤、死亡的结果的，就转化为故意伤害罪或故意杀人罪。在此，致人重伤、死亡结果就是区分聚众斗殴罪与故意伤害罪或故意杀人罪的构成要件结果。(4)区分犯罪完成形态与未完成形态的构成要件结果。例如，在故意杀人的情况下，如果杀人行为导致被害人死亡，则成立故意杀人罪的既遂；如果未造成被害人死亡，则不成立故意杀人罪的既遂，而成立故意杀人罪的未完成形态。非构成要件结果，也称量刑结果，是指不影响定罪而影响量刑的危害结果。例如，未遂犯和中止犯所造成的损害结果虽然不属于构成要件结果，却能够表明犯罪的危害程度，因而对于量刑轻重有一定影响。对于中止犯，没有造成损害的，应当免除处罚；造成损害的，应当减轻处罚。这里所说的“损害”就是非构成要件结果，对量刑存在直接的影响。

将危害结果区分为构成要件结果与非构成要件结果，对正确理解危害结果在具体犯罪构成中所处的地位，进而正确认定犯罪，具有重要意义。

(二) 直接结果与间接结果

根据危害行为与危害结果之间的联系形式，可以将危害结果分为直接结果与间接结果。直接结果，是指危害行为所直接造成的危害结果。例如，甲开枪击中乙的头部，致乙死亡。乙死亡的结果就是甲杀人行为的直接结果。间接结果，是指危害行为间接造成的危害结果。例如，甲盗窃了乙供结婚用的 10 万元现金，使乙对生活失去了希望而自杀。乙的自杀就是甲的盗窃行为的间接结果。

直接结果既可以是构成要件结果，也可以是非构成要件结果。例如，甲欲杀死乙,由于乙的反抗致使甲未得逞,但乙在反抗时受了重伤。这里的重伤结果属于直接结果,但并非故意杀人罪的构成要件结果,而是非构成要件结果。一般而言,间接结果属于非构成要件结果,但在某些情况下也可以成为构成要件结果。例如,甲以暴力干涉乙的婚姻自由,引起乙自杀。其中,乙自杀这一间接结果便可以成为"暴力干涉婚姻自由致人死亡"这一结果加重犯的构成要件结果。

(三) 物质性结果与非物质性结果

根据危害结果的外在形态不同,可以将危害结果分为物质性结果与非物质性结果。物质性结果,是指现象形态表现为物质性变化的危害结果。致人死亡、重伤,将珍贵野生动物杀害,公私财产被盗等,均属于物质性结果。物质性结果的直观性、可感性强,鲜明地体现了在危害行为所施加的影响下犯罪客体的性质和面貌发生现实改变的状况,容易量化,因而较易为人们理解和把握。非物质性结果,是指现象形态表现为非物质性变化的危害结果。对于个人来说,非物质性结果主要表现为危害行为对个人的心理造成影响,留下痕迹,如对人格、名誉的精神损害;对于社会的组织来说,则表现为使其正常的状态、名誉、信用受到影响。非物质性结果往往是无形的,难以具体认定和测量。

(四) 实害结果与危险结果

根据危害行为对犯罪客体的侵害程度,可以将危害结果划分为实害结果与危险结果。实害结果,是指危害行为对犯罪客体所造成的实际损害,如财产损失、人员伤亡、社会秩序遭到破坏等。危险结果,即危险犯中的危险状态,是指危害行为对犯罪客体所造成的威胁。如《刑法》第116条规定的破坏交通工具罪的普通构成要件所要求的危害结果就是危险结果,即足以使火车、汽车、电车、船只、航空器发生倾覆、毁坏的危险。

三、危害结果的作用

(一) 危害结果对定罪的作用

1. 危害结果是区分罪与非罪的重要标准

在某些场合,如果行为人的危害行为没有造成法定的危害结果,就不成立犯罪,如过失犯罪和间接故意犯罪。在这种情况下,是否具有危害结果,是区分罪与非罪的重要标准。

2. 危害结果是区分此罪与彼罪的标准

法定的危害结果是否发生，在某些情况下是区分此罪与彼罪界限的客观标准。例如，是否发生犯罪嫌疑人、被告人伤残、死亡的结果，就是区分刑讯逼供罪与故意伤害罪、故意杀人罪界限的客观标准。

3. 危害结果是区分犯罪形态的客观标准

在结果犯中，完成形态通常以发生特定实害结果为客观标志，而未完成形态以没有发生特定实害结果为条件；在危险犯中，完成形态以发生法定的危险为客观标准，而未完成形态以未发生特定的危险为条件。

4. 危害结果是区分基本犯罪与加重犯罪的客观标准

在结果加重犯的场合，加重结果是否发生对结果加重犯的成立有重要影响。例如，在故意伤害的场合，如果未出现致人死亡的结果，故意伤害罪的结果加重犯就无从成立。

(二) 危害结果对量刑的作用

1. 危害结果是选择法定刑幅度的重要根据

在刑法裁量活动中，危害结果往往是选择法定刑幅度的重要根据。例如，《刑法》第 234 条规定的故意伤害罪以伤害行为造成的结果不同，规定了三个量刑幅度。对故意伤害他人造成轻伤的，处 3 年以下有期徒刑或者拘役；造成重伤的，处 3 年以上 10 年以下有期徒刑；造成死亡的，处 10 年以上有期徒刑、无期徒刑或者死刑。

2. 危害结果是确立法定量刑情节的重要依据

在刑法裁量活动中，危害结果也是确立法定量刑情节的重要依据。例如，《刑法》第 24 条第 2 款规定："对于中止犯，没有造成损害的，应当免除处罚；造成损害的，应当减轻处罚。"可见，刑法将是否造成损害作为对中止犯减轻或免除刑罚的重要依据。

3. 危害结果是适用酌定量刑情节的依据

当刑法没有具体将危害结果的不同作为选择法定刑幅度的根据，或者没有将危害结果作为法定量刑情节予以明确规定时，危害结果的情况便是酌定的量刑情节。

第四节 因果关系

一、因果关系的概念与特征

因果关系是哲学上的一个重要范畴,是指一种现象与另一种现象之间引起与被引起的关系。其中,引起其他现象的现象是原因,被引起的现象是结果。与此相对应,刑法中的因果关系,是指危害行为与危害结果之间引起与被引起的关系。刑法中的因果关系与哲学上的因果关系是个性与共性、特殊与一般的关系。但应当注意的是,刑法中的因果关系在研究目的、对象、范围等方面有其特殊性。刑法中的因果关系具有以下特征。

(一)因果关系的客观性

因果关系作为客观事物间普遍联系和相互作用的一种形式,是不以人的意志为转移而客观存在的。换言之,因果关系不是逻辑推理中的各种思维联系,而是客观实在中的联系。因果关系的客观性表明,在认识具体案件的因果关系时应当从实际出发,客观地加以判断和认定。例如,甲、乙两人因为工作上的矛盾发生争吵,甲一气之下朝乙胸部打了一拳,乙被打倒在地昏迷不醒,后被送至医院,经抢救无效死亡。经鉴定得知,乙患有严重的先天性心脏病。在此,乙死亡的结果与甲的行为之间就存在因果关系,不能以甲不知道乙患有先天性心脏病为由来否认这种因果关系的存在。

(二)因果关系的相对性

根据哲学原理,各种客观现象是相互制约和普遍联系的,由此形成了无数的因果链条。一种现象相对于被它引起的结果而言是原因,而它本身又是被某种现象所引起而成为后者的结果。换言之,在普遍联系的整个链条中,原因与结果的区别是相对的。因果关系的相对性表明,在认定因果关系时,应通过采用“孤立”“简化”的方法确定哪个现象是原因、哪个现象是结果,将其从客观现象普遍联系的整个链条中抽出来。

(三)因果关系的时间序列性

所谓时间序列性,就是从发生时间上看,原因在先,结果在后,两者的时间顺序不能颠倒。因此,在司法实践中,司法人员只能从危害结果发生以前的行为中去查找原因。如果查明行为人的行为是在危害结果发生之后实施的，那么该行为与这一危害结果之间没有因果关系。当然，先于危害结果出现的危害行为并不一定就是该结果的原因；换言之，先于危害结果出现的行为只有对危害结果发生起了引起作用的，才能成为危害结果发生的原因。相应地，后于危害行为出现的危害结果也不一定就是危害行为的结果；换言之，只有某一危害行为所引起的危害结果才是该危害行为的结果。

（四）因果关系的具体性

因果关系只能在一定的条件下存在。其中，作为原因的现象只有在一定的具体条件下才可能引起某种结果。因此，同一行为在一般场合下实施，可能不会引起某种危害结果的发生，但在特殊的条件下就会合乎规律地导致某种危害结果的发生。据此，在查明因果关系时，应当从实施危害行为时的具体情况出发来判断。其中的具体情况，既可能是当时当地的具体环境，也可能是被害人自身的特殊体质等因素，还可能是二者兼而有之。例如，在判断放火行为是否足以造成危及公共安全的危险状态时，不能脱离具体的环境；再如，打他人一拳的行为一般不会导致伤亡结果，但如果被害人具备先天性脾脏过大等特殊体质，就可能发生脾脏破裂出血，进而导致死亡。

（五）因果关系的复杂性

因果关系的复杂性具体表现为一因一果、一因多果、多因一果、多因多果、同因异果、异因同果等。刑法中因果关系的复杂性主要表现为两种情况：(1)一因多果，即一个危害行为同时引起多种危害结果的情况。例如，甲使用暴力强奸乙，既造成乙的性自主权利受到侵犯，也使乙受重伤，还造成了乙的精神失常。在一个行为引起多种危害结果的案件中，应当分清主要结果与次要结果、直接结果与间接结果，这对于定罪量刑具有重要意义。(2)多因一果，即多个危害行为同时造成一个危害结果的情况。例如，在责任事故犯罪中，导致事故发生的原因往往是多方面的，涉及许多主体的过失行为；再如，在共同犯罪中，各个共同犯罪人的危害行为都与危害结果存在因果关系。

二、因果关系的类型

（一）必然因果关系与偶然因果关系

以危害行为是否包含产生危害结果的内在根据为标准，可将因果关系分为必然因果关系与偶然因果关系。所谓必然因果关系,是指当危害行为包含着危害结果产生的根据,并合乎规律地产生了危害结果时,危害行为与危害结果之间的联系就是必然因果联系。这是因果关系基本的和主要的表现形式,通常也只有这种因果关系,才能使行为人对其行为引起的结果承担相应的责任。

所谓偶然因果关系,是指当危害行为本身并不包含产生某种危害结果的根据,但在其发展过程中,偶然介入其他因素,并由介入因素合乎规律地引起危害结果时,危害行为与危害结果之间的联系就是偶然因果联系。例如,甲深夜藏在胡同预谋拦路强奸下夜班回家路过的女工。妇女乙下夜班经过此处时,甲突然跳出,持刀逼迫乙,迫使乙脱衣服。乙一边脱衣服一边寻机逃跑,甲见乙已脱得只剩裤头,以为乙已就范,就把刀子放在一边也开始脱衣服。乙乘机用力将正在脱裤子的甲推倒在地,转身就跑。甲爬起来持刀紧追不舍。追过一条小街,到一个十字路口时,一辆卡车正常行驶路过,乙因只顾逃跑,躲避不及,卡车司机丙发现乙时即紧急刹车,但因距离过近,刹不住车,将乙当场轧死。在本案中,甲的行为与乙的死亡结果之间的因果关系就是偶然因果关系,因为甲的行为不包含使乙死亡的内在根据,只是偶然与丙的行为相结合才导致了乙死亡的结果。

偶然因果关系通常只对量刑有意义。例如,在上例中,甲的行为与乙的死亡结果之间存在偶然的因果关系,不能说甲只应负强奸犯罪的刑事责任,而对乙的死亡不应负任何责任,也不意味着甲要负故意杀人罪的刑事责任。换言之,对甲应定强奸罪,同时在量刑上应适当考虑其行为导致乙死亡的情况。偶然因果关系有时对定罪也有一定的影响。例如,在以"情节严重"或"情节恶劣"为构成要件的情节犯中,偶然因果关系可能会对罪与非罪的认定产生影响。具体地说,如果行为人所实施的危害行为与某危害结果之间存在偶然因果关系,则有可能据此认定其行为已达到情节严重或情节恶劣的程度。

(二)直接因果关系与间接因果关系

以危害行为对危害结果的引起是否有中间环节的介入为标准,可以将因果关系分为直接因果关系与间接因果关系。所谓直接因果关系,是指危害行为不通过中间环节而直接引起危害结果的因果关系。例如,甲向乙的头部开枪致乙死亡,在枪击与死亡之间便没有介入中间环节,这就是一种直接的因果关系。所谓间接因果关系,是指在危害行为与危害结果之间存在中间环节的因果关系。这里的"中间环节",既可以是人的行为,也可以是自然因素或其他因素。在间接因果关系的场合,危害行为并不直接作用于客体和对象,而是通过中间环节间接发生作用。

必然因果关系与偶然因果关系、直接因果关系与间接因果关系是依据不同标准对因果关系所作的划分,不能将这两种分类混为一谈。不能认为必然因果关系都是直接因果关系,也不能在偶然因果关系与间接因果关系之间画等号。

三、不作为犯罪的因果关系

关于不作为犯罪中不作为与危害结果之间是否具有因果关系,理论上一直存在争议。有人完全否认不作为犯罪中存在因果关系,认为不作为就是没有行动,无不能生有;但大多数人认为,在不作为犯罪中存在因果关系。本书认为,不作为犯罪中因果关系是客观存在的。作为与不作为是危害行为的两种不同表现形式,都是人的意志的外在表现,都是一种客观存在,都会造成一定的危害结果。不作为并不是单纯的"无",而是没有实施法律所期待的行为,在社会意义上仍然是一种客观存在。不作为的原因力,就在于其应该阻止而没有阻止事物向危险方向发展,以至于引起危害结果的发生。例如,由于铁路扳道工不按时扳道岔而引起列车出轨或相撞;由于锅炉工不按时加水而致使锅炉爆炸;由于保育员疏忽大意而致使幼儿从楼上掉下去摔死等。这些负有特定作为义务的行为人的不作为与危害结果之间都存在客观的引起与被引起的关系,这种因果关系是不以人的意志为转移而客观存在的。不作为犯罪的因果关系的特殊性只在于,它要以行为人负有特定的义务为前提。除此以外,其因果关系应与作为犯罪没有太大区别。例如,一个母亲以扼杀女婴的作为形式致使女婴死亡与以不喂食物的不作为方式致使女婴死亡之间,不存在质的差异,在因果关系上具有等价性。

四、因果关系与刑事责任

在认定危害行为与危害结果之间存在刑法上因果关系的情况下,只是解决了行为人对危害结果承担刑事责任的客观基础问题,并不等于解决了整个刑事责任问题。因为我国刑法中的犯罪构成是主客观诸要件的统一,具备主客观相统一的犯罪构成才构成犯罪,才能追究刑事责任。那种把因果关系与刑事责任混为一谈,认为有因果关系就应负刑事责任的看法是错误的,是客观归罪。要使行为人对自己的行为造成的危害结果负刑事责任,行为人还必须达到刑事责任年龄、具有刑事责任能力,同时在主观上要有故意或过失。

第五节 犯罪客观方面的其他要素

犯罪客观方面的其他要素,是指刑法规定的构成某些犯罪必须具备的特定时间、地点、方法(手段)等客观因素。任何犯罪都是在一定的时间、地点并采取一定的方法(手段)实施的。犯罪的时间、地点是犯罪的存在形式,不存在没有时间、地点的犯罪;犯罪方法是危害行为的具体表现,行为人总是通过一定的方法实施犯罪。从这个意义上讲,任何犯罪都离不开时间、地点和方法。但是,这里研究的不是一般意义上的时间、地点和方法,而是对定罪量刑有影响的时间、地点和方法。

一、犯罪的时间、地点和方法对定罪的意义

当刑法将特定的时间、地点和方法明文规定为某些犯罪的构成要件要素时,这些要素就具有了定罪意义,主要表现为三个方面:(1)区分罪与非罪。有些犯罪以发生在特定的时间、特定的地点或以特定的方法实施为成立犯罪的必备因素。在这种情况下,危害行为是否在特定时间、特定地点或采取特定方法实施,就成为区分罪与非罪的重要标准。(2)区分此罪与彼罪。犯罪时间和犯罪地点通常不具有区分此罪与彼罪的意义,但犯罪方法在很多情况下对区分此罪与彼罪具有重要意义。例如,我国《刑法》规定的抢劫罪、盗窃罪、诈骗罪、抢夺罪、敲诈勒索罪等侵犯财产罪之间的主要差异就在于犯罪方法的不同。(3)区分基本犯与加重犯。有的犯罪明确将特定方法、地点作为法定刑升格的条件。在这种情况下,危害行为是否采取特定方法或在特定地点实施,就成为区分这些犯罪之基本犯与加重犯的重要标准。例如,依据《刑法》第237条规定,是否聚众或在公共场所当众强制猥亵、侮辱妇女,是区分强制猥亵、侮辱妇女罪的基本犯与加重犯的重要依据。

二、犯罪的时间、地点和方法对量刑的意义

对于绝大多数犯罪而言,犯罪的时间、地点、方法等要素并非犯罪成立的必备因素,但是,这些因素往往会影响到犯罪行为的社会危害性程度,因而在量刑时应予以适当考虑。就故意杀人罪而言,犯罪的时间、地点和方法并不影响犯罪的成

立，但是，故意杀人行为是否在社会治安状况严峻时实施、是否在公共场所实施、是否采用残酷手段实施，对杀人行为的社会危害性程度显然有影响，进而会影响量刑。

本章小结

犯罪客观方面，是指刑法规定的，说明行为对刑法所保护的社会关系的侵害，而为构成犯罪所必须具备的客观事实条件。犯罪客观方面具有客观性、法定性、复杂多样性、对客体的侵犯性等特征，包括危害行为、危害结果以及犯罪的时间、地点、方法等要素。在犯罪客观方面的要素中，危害行为是所有犯罪成立必须具备的客观因素，危害结果、犯罪的时间、地点、方法是部分犯罪成立必须具备的要素。研究犯罪客观方面，对于正确定罪和量刑具有重要意义。

危害行为，是指受意识和意志支配的违反刑法规范的危害社会的身体动静。危害行为具有主体的特定性、有体性、有意性、有害性、违反刑法规范性等特征，其基本表现形式有作为与不作为两种。作为是指以积极的身体活动实施刑法禁止的危害社会的行为；不作为是指行为人负有实施某种积极行为的特定法律义务，并且能够履行而不履行的行为。在不作为犯中，特定作为义务的来源包括法律明文规定的义务、职务上或业务上要求履行的义务、法律行为引起的义务、先行行为引起的义务等。

危害结果，是指危害行为对犯罪客体所造成的现实损害及具体危险，具有客观性、因果性、侵犯性、多样性等特征。以危害结果是否属于构成要件要素为标准，可将危害结果分为构成要件结果和非构成要件结果；根据危害行为与危害结果之间的联系形式，可将危害结果分为直接结果与间接结果；根据危害结果的外在形态不同，可以将危害结果分为物质性结果与非物质性结果；根据危害行为对犯罪客体的侵害程度，可将危害结果划分为实害结果与危险结果。研究危害结果，对于正确定罪和量刑具有重要意义。

刑法中的因果关系，是指危害行为与危害结果之间所具有的引起与被引起的关系。因果关系具有客观性、相对性、时间序列性、具体性、复杂性等特征。以危害行为是否包含产生危害结果的内在根据为标准，可将因果关系分为必然因果关系与偶然因果关系；以危害行为对危害结果的引起是否有中间环节的介入为标准,可将因果关系分为直接因果关系与间接因果关系。不作为犯中的因果关系与作为犯中的因果关系没有太大区别。

在特定情况下,犯罪的时间、地点及方法对定罪和量刑也具有重要影响。

习　题

1. 犯罪客观方面包括哪些内容?
2. 如何理解作为与不作为的区分标准?
3. 成立刑法中的不作为需要具备哪些条件?
4. 如何理解不纯正不作为犯与罪刑法定原则之间的关系?
5. 如何理解不作为中特定作为义务的来源?
6. 构成要件结果包括哪些类型?
7. 如何理解刑法中的必然因果关系与偶然因果关系?
8. 如何理解刑法中因果关系与刑事责任之间的联系?

第七章　犯 罪 主 体

【本章导读】

我国刑法中的犯罪主体，是指实施危害社会的行为并且依法应当承担刑事责任的自然人和单位。自然人犯罪主体是我国刑法中最基本的、具有普遍意义的犯罪主体。在自然人犯罪主体的内部结构中，刑事责任能力居于核心地位。影响自然人刑事责任能力的因素包括年龄、精神状况以及重要器官的生理功能状况。除刑事责任能力以外，自然人特殊主体的内部结构中还存在特殊身份这一要素。单位作为犯罪主体在我国刑法中不具有普遍意义，应以刑法分则有特殊规定为限。对单位犯罪，原则上实行双罚制，即同时处罚犯罪的单位和该单位直接负责的主管人员和其他直接责任人员。

【学习重点】

- 刑事责任能力
- 影响刑事责任能力的因素
- 特殊身份的刑法意义
- 单位犯罪的主体范围

第一节　犯罪主体概述

一、犯罪主体的概念

根据我国刑法的相关规定和刑法理论，犯罪主体是指实施危害社会的行为并且依法应当承担刑事责任的自然人和单位。从犯罪主体的法律性质上看，犯罪主体包括自然人犯罪主体和单位犯罪主体。自然人犯罪主体是指具备刑事责任能力，实施危害社会的行为并且依法应当承担刑事责任的自然人。自然人犯罪主体是我国刑法中最基本的、具有普遍意义的犯罪主体。自然人犯罪主体可以分为一般主体与特殊主体。只要求具备刑事责任能力的自然人即可构成的犯罪，其主体属于一般主体;除了具备刑事责任能力之外,还要求具有特定的身份的人才能构成的犯罪,其主体属于特殊主体。单位犯罪主体在我国刑法中不具有普遍意义,以刑法分则有特殊规定为限。单位犯罪主体也可以分为两种:一是没有特别限定的单位犯罪主体;二是具有特别限定的单位犯罪主体。前者对单位没有特殊的要求,后者对单位有特殊要求,即只有符合某些特定条件的单位才可能成为某些犯罪的主体。特定条件主要包括特定的所有制性质、特定的职能、特定的义务等。

犯罪主体是否属于犯罪构成要件,在我国刑法学界存在争论。众所周知,在刑法理论的演进过程中,刑事古典学派所提倡的行为中心主义和刑事实证学派所倡导的行为人中心主义都有失偏颇。在这种情况下,行为中心主义和行为人中心主义从对立走向调和,早已成为当代刑法理论发展的主流。这一发展趋势在犯罪构成理论中也得到了体现,行为和行为人都属于犯罪构成不可或缺的要件。行为人的刑事责任年龄、刑事责任能力、特定的身份等特征是区分罪与非罪、此罪与彼罪、罪轻与罪重的重要根据,是必不可少的犯罪构成要件。同时应当注意,犯罪主体也是不能被犯罪主观方面要件包含的。例如,在一个已满14周岁不满16周岁的行为人多次实施盗窃的案件中,行为人对盗窃行为可能完全符合犯罪故意的要求,此时如果不考虑主体要件的话,就无法区分罪与非罪。再如,是否具有国家工作人员身份,是区分挪用公款罪和挪用资金罪的重要依据,如果只考虑行为人主观方面,就无法将两罪区分开来。

二、犯罪主体的意义

犯罪主体对定罪具有重要意义。其一,犯罪主体对正确区分罪与非罪具有重要意义。任何犯罪都有主体,离开了犯罪主体就不存在犯罪,也不会发生刑事责任问题。而且,犯罪主体需要有一定的条件,只有具备了法律所要求的犯罪主体条件的人,才能构成犯罪并应承担刑事责任;不符合犯罪主体条件的人,即使实施了刑法所禁止的危害社会的行为,也不负刑事责任。例如,行为时不满14周岁的人,对其实施的任何危害社会的行为均不负刑事责任,因此,不满14周岁的人在任何情况下均不能成为犯罪主体。其二,犯罪主体对正确区分此罪与彼罪具有重要意义。在犯罪客体、客观方面以及主观方面都相同的情况下,犯罪主体对于区分此罪与彼罪提供了重要标准。例如,国家工作人员利用职务上的便利将本单位财物非法占为己有的,构成贪污罪;不具有此种身份的人实施上述行为的,构成职务侵占罪。

犯罪主体对量刑具有重要意义。一方面，由于犯罪主体影响定罪，而量刑以定罪为前提，因而犯罪主体对定罪的影响必然影响到量刑；另一方面，犯罪主体要件的具体情况不同又会对量刑产生影响。例如，我国刑法对未成年人、尚未完全丧失辨认或者控制自己行为能力的精神病人、又聋又哑的人和盲人犯罪都设置了不同于其他犯罪人的处罚规定。这些都说明了犯罪主体的不同情况对量刑的重要影响。因而，深入立法与司法实践中有关犯罪主体的问题，对于实践中正确量刑无疑是十分重要的。

第二节　自然人犯罪主体

自然人犯罪主体，是指具备刑事责任能力、实施了严重危害社会的行为且依法应负刑事责任的自然人。在自然人犯罪主体中，刑事责任能力居于核心地位；除此之外，特殊身份也是自然人犯罪主体的重要内容。

一、刑事责任能力的概念和内容

（一）刑事责任能力的概念

刑事责任能力，是指行为人辨认和控制自己行为的能力。刑事责任能力是犯罪能力与承担刑事责任的能力的统一。一般来说，当人达到一定的年龄之后，智力发育正常，就自然具备了这种能力。当然，这种能力也可能因年龄或精神状况、生理功能缺陷等原因而不具备、丧失或者减弱。具备刑事责任能力者，可以成为犯罪主体并被追究刑事责任；不具备刑事责任能力者，即使实施了客观上危害社会的行为，也不能成为犯罪主体，不能被追究刑事责任；刑事责任能力减弱者，其刑事责任也相应地适当减轻。刑事责任能力作为犯罪主体的核心和关键要件，对于正确定罪量刑具有至关重要的意义和作用。

（二）刑事责任能力的内容

刑事责任能力的内容，包括辨认能力和控制能力。其中，辨认能力是指行为人所具备的对自己的行为在刑法上的意义、性质、作用、后果的分辨认识能力，亦即行为人能不能认识到自己的行为为刑法所禁止、谴责和制裁。例如，行为人在实施杀人行为时，如果能认识到杀人行为被刑法所禁止，就具备了认识能力；否则就没有认识能力。控制能力是指行为人所具备的支配自己实施或者不实施特定行为的能力。例如,在杀人的场合,行为人能够选择自己实施杀人行为或不实施杀人行为的,就具备了控制能力;否则就没有控制能力。

辨认能力与控制能力之间存在有机联系。一方面,辨认能力是控制能力的前提和基础。只有对自己的行为在刑法上的意义有认识,才谈得上凭借这种认识能力而自觉有效地选择和决定自己是否实施某种行为。换言之,不可能存在仅有控制能力而没有辨认能力的情况。只要确认行为人没有辨认能力,就可以断定其没有控制能力,从而不存在刑事责任能力。另一方面,只要具有控制能力,就一定具有辨认能力。但是,具有辨认能力并不一定具有控制能力。有辨认能力而无控制能力,进而致使无刑事责任能力的情况大量存在。例如,铁路扳道员在身体受到强制的情况下即使未能履行自己的职务行为,从而造成严重危害的,亦不能追究其刑事责任。因为在这种情况下,行为人虽然具有辨认能力,但无控制能力,因而无刑事责任能力。可见,仅有辨认能力而没有控制能力,就没有了选择和决定自己行为的能力,因而就没有刑事责任能力。

二、刑事责任能力的程度

一般而言,影响和决定自然人刑事责任能力程度的因素有两个方面:一是人的知识和智力成熟程度;二是人的精神(大脑功能)正常与否的状况。前者受年龄因素的制约;后者受是否患精神疾病及精神疾病的种类、程度和特点的影响。此外,重要器官生理功能的缺失或丧失对刑事责任能力的程度也会有一定的影响。我国刑法根据自然人的年龄、精神状况、生理功能状况等因素,将刑事责任能力程度分为以下几种情况。

(一) 完全刑事责任能力

完全刑事责任能力,是指行为人完全具备了刑法意义上的辨认和控制能力的情况。从外延上看,凡不属刑法规定的无责任能力人及限定责任能力的人,皆属完全刑事责任能力人。《刑法》第 17 条第 1 款规定:“已满十六周岁的人,应当负刑事责任。”据此,在我国,凡年满 16 周岁、精神正常及生理功能健全的人,都是完全刑事责任能力人。完全刑事责任能力人实施了犯罪行为的,都应当依法负刑事责任。

（二）完全无刑事责任能力

完全无刑事责任能力，简称完全无责任能力或无责任能力，是指行为人没有刑法意义上的辨认和控制自己行为的能力。我国刑法规定了两类完全无刑事责任能力人：一是不满 14 周岁的人；二是行为时完全丧失辨认和控制能力的精神病人。根据《刑法》第 17 条规定，不满 14 周岁的人，对自己实施的任何危害社会的行为，均不负刑事责任。《刑法》第 18 条第 1 款规定："精神病人在不能辨认或者不能控制自己行为的时候造成危害结果，经法定程序鉴定确认的，不负刑事责任，但是应当责令他的家属或者监护人严加看管和医疗；在必要的时候，由政府强制医疗。"据此，不满 14 周岁的人和行为时完全丧失辨认和控制能力的精神病人，属于完全无刑事责任能力人。

（三）相对无刑事责任能力

相对无刑事责任能力，也称相对有刑事责任能力，是指行为人仅限于对刑法所明确规定的某些严重犯罪具有刑事责任能力，而对其他危害行为无刑事责任能力的情况。《刑法》第 17 条第 2 款规定："已满十四周岁不满十六周岁的人，犯故意杀人、故意伤害致人重伤或者死亡、强奸、抢劫、贩卖毒品、放火、爆炸、投放危险物质罪的，应当负刑事责任。"据此，已满 14 周岁不满 16 周岁的人只对故意杀人、故意伤害致人重伤或者死亡、强奸、抢劫、贩卖毒品、放火、爆炸及投放危险物质行为具有刑事责任能力，对其他危害行为无刑事责任能力。

（四）减轻刑事责任能力

减轻刑事责任能力，又称限制刑事责任能力、限定刑事责任能力或部分刑事责任能力，是介于完全刑事责任能力与完全无刑事责任能力的中间状态，是指因年龄、精神状况、生理功能缺陷等原因，而当行为人实施刑法所禁止的危害行为时，虽然具有责任能力，但其辨认或控制自己行为的能力较完全责任能力有一定程度的减弱或降低的情况。减轻刑事责任能力只影响量刑而不影响定罪。依据我国刑法规定，已满 14 周岁不满 18 周岁的未成年人的刑事责任能力、尚未完全丧失辨认或者控制自己行为能力的精神病人的刑事责任能力、又聋又哑的人的刑事责任能力、盲人的刑事责任能力以及已满 75 周岁的老年人的刑事责任能力，均属于减轻刑事责任能力。

三、决定和影响刑事责任能力的因素

决定和影响刑事责任能力的因素,包括人的年龄、精神状况以及重要的生理功能状况等。

(一) 年龄状况

1. 刑事责任年龄的概念

年龄与刑事责任能力有着直接关系。因为人的辨认和控制自己行为的责任能力,不是与生俱来的,而是随着年龄的增长、智力的逐步发育成熟而获得的。为此,刑事立法根据人的年龄状况确立了刑事责任年龄制度。刑事责任年龄,是指法律所规定的行为人对自己实施的刑法所禁止的危害社会的行为负刑事责任所必须达到的年龄。达到刑事责任年龄,是自然人具备刑事责任能力进而作为犯罪主体的前提条件。

2. 刑事责任年龄阶段

现代各国刑法一般根据本国少年儿童的智力发育状况及同犯罪做斗争的实际需要,把刑事责任年龄划分为几个阶段。我国刑法根据我国的基本国情,借鉴、参考古今中外关于刑事责任年龄的规定,把刑事责任年龄划分为以下三个阶段。

其一,完全不负刑事责任年龄阶段。根据《刑法》第 17 条规定,不满 14 周岁是完全不负刑事责任年龄阶段。一般地说,不满 14 周岁的人尚处于幼年时期,身心发育还不成熟,他们对自己行为的性质、后果和意义还缺乏明确的认识,又很难控制自己的行为,因而不具备辨认和控制自己行为的能力。据此,对不满 14 周岁的人所实施的危害社会的行为,一概不追究刑事责任。

其二,相对负刑事责任年龄阶段。根据《刑法》第 17 条第 2 款规定,已满 14 周岁不满 16 周岁是相对负刑事责任年龄阶段,也称相对无刑事责任年龄阶段。达到该年龄段的人,已经具备了一定的辨别大是大非和控制自己重大行为的能力。因此,刑法要求他们对自己实施的严重危害社会的故意杀人、故意伤害致人重伤或者死亡、强奸、抢劫、贩卖毒品、放火、爆炸、投放危险物质罪负刑事责任。刑法对相对刑事责任年龄的人负担刑事责任的范围作出这样的限定,是同时基于对犯罪的严重性和常发性的考虑。因而,有些犯罪或许重于刑法明文列举的 8 种犯罪,但考虑到相对负刑事责任年龄阶段的人不可能实施或者很少实施而未列入应负刑事责任的范围。但对已满 14 周岁不满 16 周岁的人实施的危害行为也不

是放任不管。根据《刑法》第 17 条第 4 款规定，因不满 16 周岁不予刑事处罚的，责令其家长或监护人加以管教；在必要的时候，也可以由政府收容教养。

其三，完全负刑事责任年龄阶段。《刑法》第 17 条第 1 款规定："已满十六周岁的人犯罪，应当负刑事责任。"据此，已满 16 周岁就属于完全负刑事责任年龄阶段。在我国，已满 16 周岁的人，智力和体力已有相当的发展，具有了一定的社会知识，具备了相当的是非观念和法制观念，一般能够根据国家法律和社会道德规范的要求来约束自己的行为，因而他们已经具备了基本的刑法意义上的辨认和控制自己行为的能力。为此，已满 16 周岁的人对自己实施的所有犯罪，都应当负刑事责任。

3. 未成年人犯罪的处理原则

我国刑法对刑事责任年龄所作的上述规定，解决的是认定犯罪方面的问题。但由于生理和心理的特点，未成年人既有容易被影响、被引诱走上犯罪道路的一面，又有可塑性大，容易接受教育和改造的一面。因此，从我国适用刑罚的根本目的出发，并针对未成年犯罪人的特点，我国刑法对未成年犯罪人规定了以下两个特殊的处理原则。

一是从宽处理的原则。《刑法》第 17 条第 3 款规定："已满十四周岁不满十八周岁的人犯罪，应当从轻或者减轻处罚。"据此，对已满 14 周岁不满 18 周岁的人犯罪，在量刑时应当予以从宽处理。至于是从轻处罚还是减轻处罚，以及从轻处罚或减轻处罚的幅度，则由司法机关根据具体案件来确定。

二是不适用死刑的原则。《刑法》第 49 条规定："犯罪的时候不满十八周岁的人和审判的时候怀孕的妇女，不适用死刑。"据此，犯罪的时候不满 18 周岁的人不适用死刑。这里的"不适用死刑"是指不允许判处死刑（包括死刑缓期二年执行和死刑立即执行），而不是"不执行死刑"，也不意味着等到年满 18 周岁后再判决和执行死刑。

4. 与刑事责任年龄有关的几个问题

实践中，需要解决好以下几个与刑事责任年龄相关的问题。

（1）刑事责任年龄的计算。刑事责任年龄是指实足年龄即周岁，而不是虚岁。实足年龄以日计算，而且按公历的年、月、日计算。已满 14 周岁，是指过了 14 周岁生日，从第二天起，才是已满 14 周岁。如行为人于 1985 年 7 月 5 日出生，至 1999 年 7 月 6 日为已满 14 周岁，至 2001 年 7 月 6 日为已满 16 周岁，至 2003

年7月6日为已满18周岁。因此,对行为人于14周岁生日当天实施的危害行为,不能追究刑事责任;对行为人于16周岁生日当天实施的危害行为,只能令其对法定的8种犯罪行为负刑事责任;对行为人于18周岁生日当天犯罪的,应从轻或者减轻处罚,而且不适用死刑。

(2) 刑事责任年龄的确定。刑事责任能力是指行为人在行为当时的辨认和控制自己行为的能力,因而在行为与结果没有同时发生的场合,应以行为当时的实际年龄为标准确定刑事责任年龄。如果行为出现了连续或者继续状态的,则应当依照行为状态结束时行为人的实际年龄来确定刑事责任能力。在司法实践中,犯罪嫌疑人不讲真实姓名、住址,年龄不明的,可以委托进行骨龄鉴定或其他科学鉴定。经审查,鉴定结论能够准确确定犯罪嫌疑人实施犯罪行为时的年龄的,可以作为判断犯罪嫌疑人年龄的证据使用;如果鉴定结论不能准确确定犯罪嫌疑人实施犯罪行为时的年龄,而且鉴定结论又表明犯罪嫌疑人年龄在刑法规定的应负刑事责任年龄上下的,应当依法慎重处理。[1] 另外,对于没有充分证据证明被告人实施犯罪行为时已经达到法定刑事责任年龄且确实无法查明的,应当推定其没有达到相应法定刑事责任年龄;相关证据足以证明被告人实施犯罪行为时已经达到法定刑事责任年龄,但无法准确查明被告人具体出生日期的,应当认定其已达到相应法定刑事责任年龄。

(3) 跨年龄段的危害行为的刑事责任。对此,应区别不同的年龄段,分别予以认定。行为人在已满14周岁未满16周岁期间实施的危害行为,并延续到已满16周岁之后的,应具体分析。如果行为人在已满14周岁不满16周岁期间所实施的是《刑法》第17条第2款规定的危害行为,并延续到已满16周岁以后的,应一并追究刑事责任;如果行为人在已满14周岁不满16周岁期间所实施的不是《刑法》第17条第2款规定的危害行为,并延续到已满16周岁以后的,只能对已满16周岁之后的行为予以追究。

(二) 精神状况

一般而言,只要行为人达到了法定刑事责任年龄,就具备了刑法意义上的辨认和控制能力;但在有些情况下,由于精神障碍的存在,使得已达到刑事责任年龄

[1] 参见2000年2月21日最高人民检察院《关于"骨龄鉴定"能否作为确定刑事责任年龄证据使用的批复》。

的人的刑事责任能力受到影响。因而,在判断刑事责任能力时,还需要考虑行为人的精神状况。

根据《刑法》第 18 条的规定以及精神病的不同情况,可以将精神病人的刑事责任能力分为三种情况。

第一,完全无刑事责任能力的精神病人。《刑法》第 18 条第 1 款规定:“精神病人在不能辨认或者不能控制自己行为的时候造成危害结果,经法定程序鉴定确认的,不负刑事责任,但是应当责令他的家属或者监护人严加看管和医疗;在必要的时候,由政府强制医疗。”据此,确认精神病人为无刑事责任能力人,有两个标准:一是医学标准(生物学标准),即行为人在行为时处于精神病状态。二是心理学标准(法学标准),即由于精神病理的作用使行为人行为时丧失了辨认或控制能力。所谓丧失辨认能力,是指行为人由于精神病理的作用,在行为时不能正确地认识自己行为危害社会的性质、意义、后果;所谓丧失控制能力,是指行为人由于精神病理的作用,不能根据自己的意志自由地选择实施或不实施危害行为,往往表现为不能根据自己的意志选择和控制危害行为实施的时间、地点、方式与程度。

上述两个标准之间是并列关系,即只有将前后两个标准结合起来,才能认定实施刑法所禁止的危害行为的精神障碍人属于无刑事责任能力人。因此,在确认实施危害行为的精神障碍人有无刑事责任能力时,需要首先判断行为人是否患有精神病,其次判断是否因患有精神病而于行为时丧失了辨认或者控制自己行为的能力。前者由精神病医学专家依法定程序鉴定。在司法实践中,一般可由行为人的监护人或者亲属提出鉴定申请,也可以由司法工作人员作出予以鉴定的决定,然后交由省级以上人民政府指定的医院予以鉴定。后者由司法工作人员予以确认。司法工作人员对精神病的确认,必须建立在精神病医学专家的鉴定基础之上。具体而言:(1)如果精神病医学专家的鉴定结论是行为人没有患精神病,司法工作人员就必须肯定行为人具有刑事责任能力。当然,司法工作人员在对鉴定结论有合理怀疑的情况下,可以按照规定再次送请鉴定。(2)如果精神病医学专家的结论是行为人患有精神病,司法工作人员就应在此基础上进一步判断行为人在行为时是否由于精神病理的作用而丧失了辨认或者控制自己行为的能力。

第二,完全刑事责任能力的精神病人。《刑法》第 18 条第 2 款规定:“间歇性的精神病人在精神正常的时候犯罪,应当负刑事责任。”我国司法精神病学一般认为,刑法中所说的“间歇性精神病”,是指具有间歇发作特点的精神病,包括精神分裂症、躁狂症、抑郁症、周期精神病、分裂情感性精神病、癔症性精神病等。所谓“间歇性精神病人的精神正常时期”,即上述精神病的非发病期。对间歇性精神病人在精神正常时期的犯罪予以追诉的过程中,如果精神病发作,可中止诉讼,待精神正常后再处理,不能因为行为人犯罪后精神病发作而排除其负刑事责任的可能性。

除了在精神正常时实施刑法所禁止的危害行为的间歇性精神病人以外,大多数非精神病性精神障碍者并未因精神障碍使其辨认或控制能力减弱或者丧失,因而原则上应对其实施的犯罪行为负全部的刑事责任。

第三,限制刑事责任能力的精神病人。《刑法》第 18 条第 3 款规定:“尚未完全丧失辨认或者控制自己行为能力的精神病人犯罪的,应当负刑事责任,但是可以从轻或者减轻处罚。”尚未完全丧失辨认或者控制能力的精神病人是介于无刑事责任能力的精神病人和完全刑事责任能力的精神病人之间的一种中间状态。这里的“精神病人”一般包括两类:一是处于早期(发作前趋期)或部分缓解期的精神病(如精神分裂症等)患者;二是某些非精神病性精神障碍人,包括轻度和中度的精神发育迟滞(不全)者、脑部器质性病变(如脑炎、脑外伤)或精神病(如精神分裂症)后遗症所引起的人格变态者、神经官能症中少数严重的强迫症和癔症患者等。与正常人相比,这两类人的辨认与控制能力有一定程度的减弱,但并未完全丧失,因而刑法规定了“可以从轻或者减轻处罚”的原则。

(三) 生理功能状况

人的一些重要的生理功能对于其辨认和控制能力有一定程度的影响。为此,我国《刑法》第 19 条规定:“又聋又哑的人或者盲人犯罪,可以从轻、减轻或者免除处罚。”刑法之所以作出这样的规定,一方面是考虑到聋哑人和盲人虽然基于其生理缺陷而导致对某些行为的辨认和控制能力减弱,但并未完全丧失辨认和控制能力;另一方面是考虑到聋哑人和盲人由于生理上的缺陷而使其接受教育和参加社会活动的机会受到一定程度的限制,致使其辨认和控制能力可能低于正常人。在理解这一规定时,需要注意两点:(1)又聋又哑的人是指同时完全丧失听力和语言功能者;盲人是指双目均丧失视力者。(2)对于聋哑人和盲人犯罪是否予以从宽处罚,关键要考虑是否由于生理缺陷而致使聋哑人和盲人的辨认和控制能力受到影响。在大多数情况下,生理缺陷对具体犯罪行为的辨认和控制能力有一定影响，因而要予以从宽处罚；如果没有影响（多发生在成年后聋哑和失明的场合），也可以考虑不从宽处罚。

（四）醉酒

《刑法》第18条第4款规定："醉酒的人犯罪，应当负刑事责任。"醉酒，医学上通常称为"酒精中毒""乙醇中毒"，是指由于饮酒导致的精神障碍。根据醉酒的原因和酒精对人的精神状态的作用不同，醉酒可以分为生理性醉酒和病理性醉酒。生理性醉酒，又称普通醉酒、单纯性醉酒，简称醉酒，是指因饮酒过量而致精神过度兴奋甚至神志不清的情况。生理性醉酒是最常见的一种急性酒精中毒，多发生于一次性大量饮酒后。生理性醉酒的发生及其表现，与血液中酒精浓度及个体对酒精的耐受力关系密切。现代医学和司法精神病学认为，生理性醉酒不是精神病，其引起的精神障碍属于非精神病性精神障碍。刑法理论一般认为，在生理性醉酒状态下，行为人具有辨认和控制能力，因而对醉酒状态下所实施的犯罪行为应当承担刑事责任。事实上，在生理性醉酒的场合，也存在因醉酒而神志不清从而引起行为人的辨认或控制能力完全丧失的情况。理论上一般以原因上的自由行为来解释这种情况下所实施的危害行为的可罚性。原因上的自由行为，是指具有辨认和控制能力的人故意或过失地使自己一时陷入完全或部分丧失辨认和控制能力的状态，并在此状态下实施了符合犯罪构成的行为。由于在决定自己是否陷入完全或部分丧失辨认和控制能力的状态时，行为人具有意志自由，因而对在该状态下实施的符合犯罪构成要件的行为应当负刑事责任。换言之，在醉酒状态下，行为人由于酒精中毒而使责任能力有所减弱甚至完全丧失，但醉酒状态是在行为人意志自由的情况下导致的，具有原因行为的自由性。因而，刑法要求醉酒的人犯罪，应当负刑事责任。

病理性醉酒是一种很少见的急性酒精中毒，是指因饮酒人自身存在潜在病症，少量饮酒后便会引起醉酒人的行为紊乱、记忆缺失、意识障碍，并伴有幻觉、错觉、妄想等精神病症状，且行为具有攻击性。一般认为，病理性醉酒属于精神病，醉酒人完全丧失辨认和控制能力。因此，由行为人没有意识到的首次病理性醉酒导致损害结果发生的，不得认定为犯罪。但如果行为人曾经有病理性醉酒的体验，在能够预见自己饮酒后就会实施攻击性行为、造成危害结果发生的情况下，仍然故意或者过失饮酒造成危害结果发生的，则应当负刑事责任。

四、特殊身份

(一) 特殊身份的概念

特殊身份,是指刑法规定的影响行为人刑事责任的行为人人身方面的特定资格、地位或状态。如国家工作人员、军人、司法工作人员、辩护人、诉讼代理人、证人、依法被关押的罪犯、男女、亲属等。特殊身份不是自然人犯罪主体的一般要件,而是某些犯罪的自然人主体所必须具备的条件。

在刑法理论上,通常以主体是否要求以特定身份为要件,将自然人犯罪主体分为一般主体与特殊主体。刑法规定不要求以特殊身份作为要件的主体,称为一般主体;刑法规定以特殊身份作为要件的主体,称为特殊主体。以特殊身份作为主体构成要件或者刑罚加重、减轻根据的犯罪,称为身份犯。以身份影响定罪还是只影响量刑为标准,身份犯分为纯正身份犯(也称真正身份犯)和不纯正身份犯(也称不真正身份犯)。纯正的身份犯,是指以特殊身份为主体要件,无此特殊身份则该犯罪不能成立。因此,纯正身份犯中的身份,也可称为构成的身份。例如,贪污罪的主体是国家工作人员或者受国家机关、国有公司、企业、事业单位、人民团体委托管理、经营国有财产的人员。如果行为人不具备此种身份,其行为就不能成立贪污罪。不纯正身份犯,是指特殊身份不影响定罪只影响量刑的犯罪。因此,不纯正身份犯中的身份,也可称为加减的身份。在不纯正身份犯的场合,如果行为人不具有特殊身份,犯罪也成立;行为人具有特殊身份的,则成为刑罚加重或减轻的事由。例如,一般人可以构成诬告陷害罪,但主体为国家机关工作人员时,则应从重处罚。

理解犯罪主体的特殊身份的含义时,应当注意以下两点:其一,特殊身份必须是在行为人开始实施危害行为时就已经具有的特殊资格或者已经形成的特殊地位或状态。行为人在实施行为后才形成的特殊地位,并不属于特殊身份。例如,《刑法》第 291 条对聚众扰乱公共场所秩序、交通秩序罪,只处罚首要分子,但不能由此认为该罪的主体为特殊主体,因为首要分子在此是指在聚众犯罪中起组织、策划、指挥作用的犯罪分子,这种地位或资格是在行为人实施犯罪后形成的,并非特殊身份。实际上,任何达到刑事责任年龄、具备刑事责任能力的自然人,均可以聚集众人扰乱公共场所秩序、交通秩序而成为首要分子。如果把行为人在实施犯罪后才形成的特殊地位或状态也称为特殊身份,那么在犯罪主体中区分一般主体与特殊主体就可能失去意义。其二,作为犯罪主体要件的特殊身份,仅仅是针对该犯罪的单独直接实行犯而言的,至于教唆犯、帮助犯和间接实行犯,并不受特殊身份的限制。据此,不具备特殊身份,并非就绝对不能成为刑法规定的特殊主体犯罪的主体;刑法规定某些犯罪的成立要求主体必须具备特定的身份,是指只有具有相应身份的人参与实施,这些犯罪才能成立。例如,强奸罪的主体必须为男性,但这只是就单独直接实行犯而言,妇女可以成为强奸罪的教唆犯、帮助犯或者间接实行犯;受贿罪的主体是国家工作人员,但只要有国家工作人员参与,非国家工作人员也可以成为受贿罪的教唆犯或帮助犯。

(二) 特殊身份的分类

1. 自然身份与法定身份

这是从形成方式上对犯罪主体的特殊身份所作的分类。自然身份,是指人因自然因素所赋予而形成的身份,如基于性别形成的男女之别、基于血缘形成的亲属身份;法定身份,是指基于法律所赋予而形成的身份,如军人、国家机关工作人员、司法工作人员、在押罪犯等。

2. 定罪身份与量刑身份

这是根据犯罪主体的特殊身份影响行为人刑事责任的性质和方式进行的分类。定罪身份,即决定刑事责任存在的身份,又称为犯罪构成要件的身份。此种身份是某些犯罪主体要件中必备的要素;缺此身份,犯罪主体要件就不具备,因而无法构成该特定的犯罪。量刑身份,即影响刑事责任程度的身份,又称为影响刑罚轻重的身份。此种身份的存在与否虽然不影响刑事责任的存在,但影响刑事责任的大小,在量刑上往往成为从重、从轻、减轻或者免除处罚的根据。这两种身份分别与前述纯正身份犯和不纯正身份犯是一致的;亦即,纯正身份犯中的身份是定罪身份,不纯正身份犯中的身份是量刑身份。

(三) 特殊身份的意义

特殊身份对定罪具有重要意义,具体表现为:(1)主体特殊身份的具备与否,是区分罪与非罪的标准之一。例如,同是侵犯少数民族风俗习惯且情节严重的行为,如果是国家机关工作人员实施的,则构成犯罪;如果是不具有国家机关工作人员身份的人实施的,则不构成犯罪。(2)主体特殊身份的具备与否,是区分此罪与彼罪的重要标准之一。例如,同是窃取或者骗取公共财物的行为,具有国家工作人员或者受国家机关、国有公司、企业、人民团体委托管理、经营国有财产的人员的身份,且利用其从事公务的便利实施的,构成贪污罪;无此身份的人实施的,则构成职务侵占罪、盗窃罪或者诈骗罪等罪。(3)主体特殊身份影响无特殊身份者的定罪。这主要是无特殊身份者与有特殊身份者共同实施要求特殊主体之罪的情况。例如,普通公民可以与国家工作人员一起构成贪污罪的共同正犯。

犯罪主体特殊身份对量刑也有一定影响,具体表现在:(1)在我国刑法中,对行为相当的特殊主体的犯罪一般都较一般主体的犯罪规定相对较重的刑罚。例如,包含窃取、骗取行为的贪污罪的刑罚,重于一般主体实施的盗窃罪、诈骗罪的刑罚。(2)在我国刑法总则规范中,设有一些因犯罪主体的特殊身份而影响刑罚轻重的规定,如"审判的时候怀孕的妇女,不适用死刑"的规定、累犯从重处罚的规定等。(3)在我国刑法分则规范中,对于有些犯罪,如果行为人具有特殊身份,就要从重处罚。例如,根据《刑法》第 243 条规定,国家机关工作人员犯诬告陷害罪的,从重处罚。

第三节　单位犯罪主体

一、单位犯罪概述

(一)单位犯罪的立法沿革

在我国,单位犯罪是与自然人犯罪相对而言的一个范畴。我国 1979 年刑法没有规定单位犯罪,这与当时我国的社会结构有很大的关系。在计划经济体制之下,单位与国家在职能与利益上高度统一,单位只是贯彻国家意志的工具,因而不存在单位实施犯罪的可能性。但随着计划经济向市场经济体制的转轨,单位具有独立的经济利益。为了实现这种利益,单位就有可能超越法律的界限,实施违法犯罪行为。于是,我国 1987 年 1 月 22 日通过的《海关法》首开规定单位犯罪之先河,其第 47 条第 4 款规定:"企业事业单位、国家机关、社会团体犯走私罪的,由司法机关对其主管人员和直接责任人员依法追究刑事责任;对该单位判处罚金,判处没收走私货物、物品、走私运输工具和违法所得。"随后,我国立法机关颁布的多部单行刑法(如《关于惩治走私罪的补充规定》《关于惩治贪污罪贿赂罪的补充规定》《关于禁毒的决定》等)均涉及单位犯罪问题。1997 年刑法颁布之前,全国人大常委会已在单行刑法中规定了 60 多种单位犯罪。1997 年刑法在总结多年立法经验的基础上，在总则第二章专设第四节，用 2 个条文集中规定了单位犯罪，并在刑法分则近 100 个条文中规定了各种可以由单位实施的犯罪，从而第一次在刑法典中确立了自然人犯罪与单位犯罪并存的格局。

(二) 单位犯罪的概念与特征

单位犯罪，是指由公司、企业、事业单位、机关、团体以单位名义实施的依法应当承担刑事责任的危害社会的行为。单位犯罪具有以下特征。

第一，单位犯罪是公司、企业、事业单位、机关、团体犯罪，即单位本身的犯罪，而不是单位的各个成员的犯罪的集合，也不是单位中所有成员的共同犯罪。

第二，单位犯罪是为本单位谋取非法利益或为单位的全体成员牟取非法利益。为单位谋取合法利益的行为，不可能成立单位犯罪；盗用单位名义实施犯罪，违法所得归个人所有的，不成立单位犯罪。

第三，单位犯罪是以单位名义实施的。其具体表现为经单位集体研究决定或者由负责人员决定，并由直接责任人员具体实施。单位犯罪受单位的整体意志的支配，而单位意志的形成和实现需要通过决策程序作出决定并付诸实施。如果单位内部人员未经单位授权而擅自以单位名义实施犯罪，事后也未得到单位认可且违法所得归个人所有的，只能认定为自然人犯罪。

第四，单位犯罪的存在范围具有法定性，即并非所有的犯罪都可由单位构成，只有法律明文规定单位可以成为犯罪主体的犯罪，单位才承担刑事责任。对于刑法没有规定单位可以成为犯罪主体的犯罪，其主体只能是自然人。根据我国刑法分则关于具体犯罪的规定，除侵犯财产罪、渎职罪和军人违反职责罪三章犯罪外，其他七章都存在单位犯罪，具体罪种约 120 个。单位犯罪多数为故意犯罪，也有少数属于过失犯罪。

二、单位犯罪主体的范围

《刑法》第 30 条规定："公司、企业、事业单位、机关、团体实施的危害社会的行为，法律规定为单位犯罪的，应当负刑事责任。"据此，单位犯罪的主体包括公司、企业、事业单位、机关和团体。

公司，是指依照法律规定，以营利为目的，由股东投资设立的企业法人，包括有限责任公司和股份有限公司。有限责任公司是指全体股东以自己的出资额为限对公司债务承担清偿责任的公司；股份有限公司是指由一定人数的股东发起设立的,全部资本划分为股份,股东以所购的股份承担财产责任的公司。

企业,是指从事生产、流通、科技等活动,以获取盈利和增加积累、创造社会财富为目的的营利性社会经济组织。这里的企业,是指公司以外的企业。事业单位,是指依照法律或者行政命令设立、从事各种社会公益活动的组织,包括国家事业单位和集体事业单位。

根据1999年6月25日最高人民法院《关于审理单位犯罪案件具体应用法律有关问题的解释》,单位犯罪中的"公司、企业、事业单位",既包括国有、集体所有的公司、企业、事业单位,也包括依法设立的合资经营、合作经营企业和具有法人资格的独资、私营等公司、企业、事业单位。个人为进行违法犯罪活动而设立的公司、企业、事业单位实施犯罪的,或者公司、企业、事业单位设立后,以实施犯罪为主要活动的,不以单位犯罪论处。根据2003年10月15日最高人民法院研究室《关于外国公司、企业、事业单位在我国领域内犯罪如何适用法律问题的答复》的规定,符合我国法人资格条件的外国公司、企业、事业单位,在我国领域内实施危害社会的行为,构成犯罪的,应当依照我国刑法关于单位犯罪的规定追究刑事责任。为在我国领域内进行违法犯罪活动而设立的外国公司、企业、事业单位实施犯罪的,或者外国公司、企业、事业单位设立后在我国领域内以实施违法犯罪为主要活动的,不以单位犯罪论处。

机关,是指从事国家管理或者行使国家权力,以国家预算作为独立活动经费的各级国家机关,它包括中央和地方各级国家权力机关(全国人民代表大会及其常务委员会和地方各级人民代表大会及其常务委员会)、国家行政机关(国务院和地方各级人民政府及其工作机构)、国家审判机关和国家检察机关(各级人民法院和各级人民检察院)、国家军事机关(中央军事委员会和人民解放军各级机关及各级机构)。在司法实践中,乡(镇)以上的中国共产党机关、人民政协机关也被视为国家机关。

团体,又称社会团体,是指由我国公民自愿组成,为实现会员共同意愿,按照其章程开展活动的非营利性社会组织。团体的种类繁多,主要包括党派团体,人民群众团体(工会、共青团、妇联、学联、工商联等),文艺、体育工作团体(文联、电影家协会、足协、排协等),学术研究团体(法学会、历史学会等),社会经济团体,宗教团体(佛教协会、天主教爱国会等),红十字会等。

另外,以单位的分支机构或者内设机构、部门的名义实施犯罪,违法所得亦归分支机构或者内设机构、部门所有的，应认定为单位犯罪。不能因为单位的分支机构或者内设机构、部门没有可供执行罚金的财产，就不将其认定为单位犯罪，而按照个人犯罪处理。〔2〕不过，如果分支机构或者内设机构、部门实施的犯罪是由单位决定、授意或者批准的，则属于整个单位的犯罪，而不能仅由分支机构或者内设机构、部门承担刑事责任。

三、单位犯罪的处罚

《刑法》第 31 条规定："单位犯罪的，对单位判处罚金，并对其直接负责的主管人员和其他直接责任人员判处刑罚。本法分则和其他法律另有规定的，依照规定。"据此，对单位犯罪，原则上实行双罚制（两罚制），即同时处罚犯罪的单位和该单位的直接负责的主管人员和其他直接责任人员。但刑法分则或者其他法律（特别刑法）另有规定不采取双罚制而采取单罚制，即只处罚单位犯罪中的有关人员的，〔3〕属于例外情况。这是因为，单位犯罪的情况具有复杂性，其社会危害程度差别很大，一律采取双罚制原则，并不能准确而全面地体现罪刑均衡原则。〔4〕

单位犯罪中承担刑事责任的直接责任人员，包括直接负责的主管人员和其他直接责任人员。直接负责的主管人员，是指在单位实施的犯罪中起决定、批准、授意、纵容、指挥等作用的人员，一般是单位的主管负责人，包括法定代表人。其他直接责任人员，是指在单位犯罪中具体实施犯罪并起较大作用的人员，既可以是单位的经营管理人员，也可以是单位的职工，包括聘任、雇佣的人员。应当注意的是，在单位犯罪中，对于受单位领导指派或奉命而参与实施了一定犯罪行为的人员，一般不宜作为直接责任人员追究刑事责任。对单位犯罪中的直接负责的主管人员和其他直接责任人员，应根据其在单位犯罪中的地位、作用和犯罪情节，分别处以相应的刑罚。主管人员与直接责任人员之间不是当然的主、从犯关系。对于主管人员与直接责任人员之间的主从关系不明显的，可不分主、从犯；但不分清

---

〔2〕 参见 2001 年 1 月 21 日最高人民法院《全国法院审理金融犯罪案件工作座谈会纪要》。

〔3〕 从理论上说，单罚制既包括只处罚单位本身的情形（转嫁罚制），也包括只处罚单位犯罪中有关人员的情形（代罚制）。我国刑法对单位犯罪没有采用"转嫁罚制"，而只是采用了"代罚制"。

〔4〕 刑法分则明确规定可以由单位实施或只能由单位实施的犯罪中，只处罚直接责任人员的条文仅有 6 条，涉及 7 种犯罪，即第 107 条规定的资助危害国家安全犯罪活动罪、第 135 条规定的重大劳动安全事故罪、第 137 条规定的工程重大安全事故罪、第 161 条规定的违规披露信息罪、第 162 条规定的妨害清算罪和第 396 条规定的私分国有资产罪和私分罚没财物罪。

主、从犯而无法实现罪刑均衡的,应当分清主犯与从犯。[5] 涉嫌犯罪的单位被撤销、注销、吊销营业执照或者宣告破产的,应当根据刑法关于单位犯罪的相关规定,对实施犯罪行为的该单位直接负责的主管人员和其他直接责任人员追究刑事责任,对该单位不再追诉。[6]

本章小结

犯罪主体,是指实施危害社会的行为并且依法应当承担刑事责任的自然人和单位。自然人犯罪主体是我国刑法中最基本的、具有普遍意义的犯罪主体。单位犯罪主体在我国刑法中不具有普遍意义,以刑法分则有特殊规定为限。无论是自然人犯罪主体还是单位犯罪主体,依据是否要求具备特殊身份,可以划分为一般主体与特殊主体。研究犯罪主体对于定罪和量刑均具有重要意义。

自然人犯罪主体,是指具备刑事责任能力、实施了严重危害社会的行为且依法应负刑事责任的自然人。在自然人犯罪主体中,刑事责任能力居于核心地位;除此之外,特殊身份也是自然人犯罪主体的重要内容。刑事责任能力,是指行为人辨认和控制自己行为的能力。刑事责任能力是犯罪能力与承担刑事责任能力的统一。我国刑法根据自然人的年龄、精神状况、生理功能状况等因素,将刑事责任能力程度分为完全刑事责任能力、完全无刑事责任能力、相对无刑事责任能力、减轻刑事责任能力四种情况。决定和影响刑事责任能力的因素包括人的年龄、精神状况以及重要的生理功能状况等。在自然人犯罪主体中,特殊身份对正确定罪和量刑具有重要意义。

单位犯罪,是指由公司、企业、事业单位、机关、团体以单位名义实施的依法应当承担刑事责任的危害社会的行为。单位犯罪的主体包括公司、企业、事业单位、机关和团体。对单位犯罪,原则上实行“双罚制”。

---

〔5〕 参见 2001 年 1 月 21 日最高人民法院《全国法院审理金融犯罪案件工作座谈会纪要》。

〔6〕 参见 2002 年 7 月 9 日最高人民检察院《关于涉嫌犯罪单位被撤销、注销、吊销营业执照或者宣告破产的应如何进行追诉问题的批复》。

习　题

1. 如何理解辨认能力与控制能力之间的关系?

2. 如何理解相对负刑事责任年龄阶段的人承担刑事责任的范围?

3. 如何理解精神病人的刑事责任能力问题?

4. 如何界定聋哑人、盲人、生理醉酒人的刑事责任能力?

5. 如何理解犯罪主体特殊身份的刑法意义?

6. 如何理解直接责任人员在单位犯罪中的地位?

第八章　犯罪主观方面

【本章导读】

犯罪主观方面,是指刑法规定的、成立犯罪所必须具备的、行为人对其危害行为及其危害结果所持的心理态度。犯罪主观方面包括犯罪故意、犯罪过失、犯罪目的、犯罪动机等主观要素。犯罪故意,是指行为人明知自己的行为会发生危害社会的结果,并且希望或者放任这种危害结果发生的心理态度。犯罪过失,是指行为人应当预见自己的行为可能发生危害社会的结果,因为疏忽大意而没有预见,或者已经预见而轻信能够避免,以致发生这种结果的心理态度。犯罪目的,是指行为人希望通过实施一定的危害行为达到某种危害社会结果的心理态度,也就是危害结果在犯罪人主观上的表现。犯罪动机,是指刺激行为人实施犯罪行为以达到犯罪目的的内心冲动或者内心起因。刑法上所说的认识错误,是指行为人实施同犯罪相关的行为时,对其行为的事实情况或法律意义的认识与现实不一致。认识错误可以分为法律上认识的错误和事实上认识的错误两种。

【学习重点】

- 犯罪故意的构成要素
- 犯罪故意的法定类型
- 犯罪过失的本质
- 犯罪过失的法定类型
- 犯罪目的与犯罪动机的意义
- 事实认识错误的类型

第一节　犯罪主观方面概述

一、犯罪主观方面的概念

犯罪主观方面,也称犯罪主观要件,是指刑法规定的、成立犯罪所必须具备的、行为人对其危害行为及危害结果所持的心理态度。犯罪主观方面包括犯罪故意、犯罪过失、犯罪目的、犯罪动机等主观要素。其中，故意与过失合称为罪过，是一切犯罪构成的必备要素。从罪过形式来看，犯罪可分为故意犯罪和过失犯罪。犯罪目的是某些犯罪构成的必备要素；犯罪动机一般不是犯罪构成的必备要素，但对量刑具有一定的影响。犯罪主观方面具有以下特征。

首先，犯罪主观方面是行为人对其危害行为及其危害结果所抱的心理态度。一方面，犯罪主观方面是行为人在实施危害行为时的心理态度，而不是行为前或行为后的心理态度。犯罪主观方面必须表现在一定的危害行为之中。如果只是单纯的心理态度，而尚未通过一定的危害行为表现出来，则这种心理态度并不能成为犯罪主观方面。对罪过形式和内容都应以行为时的情况而不能以行为前或行为后的情况作为判断的基础。例如，甲欲杀乙，某日甲打猎时误将乙当作猎物射死。甲虽有杀死乙的心理，但这种心理并未表现为外在的杀人行为，因而不具有刑法上的意义。另一方面，犯罪主观方面是行为人对其行为的危害结果所持有的心理态度。心理态度是否与危害结果相联系，决定着犯罪主观方面的有无及其法律性质。我国《刑法》第 14 条第 1 款规定："明知自己的行为会发生危害社会的结果，并且希望或者放任这种结果发生，因而构成犯罪的，是故意犯罪。"第 15 条第 1 款规定："应当预见自己的行为可能发生危害社会的结果，因为疏忽大意而没有预见，或者已经预见而轻信能够避免，以致发生这种结果的，是过失犯罪。"可见，犯罪故意和犯罪过失都集中表现为行为人对自己的行为所引起的危害结果的心理态度。从司法实践来看，行为人对自己的危害行为及其结果所持的心理态度一般是一致的，但在过失犯罪尤其是过于自信的过失犯罪的场合，行为人对其行为及其结果的态度并非完全一致。例如，在由违章驾驶引起重大交通事故的场合，行为人对于违章驾驶的行为出于故意，但对结果则出于过失。在这种情况下，应当以行为人对违章驾驶行为的危害结果所持的心理态度作为判断罪过形式的标准，从而认定其行为构成过失犯罪，而如果以行为人对其违章驾驶的行为所持的心理态度作为判断罪过形式的标准，就可能认定其行为构成故意犯罪。

其次，犯罪主观方面具有法定性。任何犯罪的成立，都必须具备刑法规定的主观要件；如果行为人不具备这一要件，其行为就不能构成犯罪。《刑法》第 14 条和第 15 条所规定的"故意犯罪"和"过失犯罪"的定义分别包括犯罪故意与犯罪过失的心理内容。刑法分则通过多种方式规定了具体犯罪的主观要件，如有的条文明确规定某种犯罪由故意还是过失构成,有的条文则通过“明知”“意图”“以……为目的”“为……”这样的措辞表明某种犯罪只能由故意构成;有些条文通过对客观构成要件要素的具体描述间接表明行为人故意或过失的心理态度,如刑法分则条文中的“玩忽职守”一词虽然是对行为的描述,但同时也表明该条文所规定的犯罪属于过失犯罪;有些分则条文没有对犯罪主观方面予以明确的表述,一般是因为这些犯罪的主观方面要件是显而易见的。

再次,犯罪主观方面是说明行为人主观恶性的心理事实。主观恶性是指人对现实的破坏态度及与之相适应的行为方式上的反社会心理特征。犯罪故意表明行为人对合法权益持有敌视或蔑视态度(积极的侵犯或不予保护态度);犯罪过失则表明行为人对合法权益持有漠视或者忽视态度(消极的不保护态度)。因此,虽然犯罪故意和犯罪过失都应当受到谴责,但前者所反映出来的行为人的主观恶性远远大于后者。

最后,犯罪主观方面是一切犯罪成立必须具备的要件。一个人所实施的行为虽然在客观上造成了损害结果,但不是出于故意或者过失,或者行为人不具备正常的意识和意志,那就意味着行为人在行为当时处于丧失或缺乏意志自由的状态,行为人对自己的行为不具有选择的自由。如果法律对这样的行为进行惩罚,就会丧失公正性,或者根本不能达到刑罚的目的,会陷入客观归罪的错误境地。因此,犯罪的主观方面是犯罪构成的必要条件,也是行为人负刑事责任的主观依据。

二、犯罪主观方面的认定

犯罪主观方面是行为人对其行为及其危害结果所持的心理态度,是人的内心世界对外在事物的认识,是大脑的一种思维活动,因此具有抽象性特点。但是,这种抽象性并不意味着人们不能认识它或者不能了解它。列宁指出:“我们应该按哪些标志来判断个人的真实‘思想感情’呢?显然,这样的标志只能有一个,就是这些个人的活动。”[1]实践证明,司法工作人员完全能够根据案件的事实,采取正确的方法,判断行为人的心理态度是否符合犯罪主观方面。

首先,判断心理态度的根据,是行为人实施的行为及其造成的危害结果。人

〔1〕《列宁全集》第1卷,367页,北京,人民出版社,1984。

的行为受其主观心理支配，行为的性质（行为是否合法）由主观心理决定；人的行为是人的主观思想的外向化、客观化，因而它反映人的思想。因此，在判断行为人的主观心理态度时，必须以其实施的行为及其造成的危害结果为基础。

其次，在具体确定行为人的主观心理状态时，不能简单地运用逆推法，即不能简单地用结果逆推行为人的主观心理态度。行为人的主观心理态度与行为造成的结果有时是一致的，有时不一致。在同一心理态度支配下实施的行为，会遇到多种情况的干扰，既可能造成这样的结果，也可能造成那样的结果。例如，同是故意杀人行为，有的造成死亡结果，有的造成伤害结果，有的对被害人没有造成任何物质性的损害。在这种情况下，如果简单地从结果逆推行为人的心理态度，就会得出错误结论。当然，也不能否定结果对确定行为人主观心理的重要意义，因为结果确实是确定主观心理状态的重要根据。

最后，在判断行为人的心理态度时，还应当联系其他有关情况，如行为的时间、地点、事后的态度、行为人的一贯表现等，因为这些事实可以从某一方面证明行为人的主观心理态度。总之，在确定行为人的心理态度是否符合犯罪主观方面的过程中，应综合所有事实，经过周密的论证，排除其他可能，得出正确结论。

三、犯罪主观方面的意义

犯罪主观方面对定罪和量刑均具有十分重要的意义。

首先，犯罪主观方面是区分罪与非罪的重要标准。犯罪主观方面是成立犯罪所必须具备的要件，因而为区分罪与非罪提供了重要标准。只有客观上实施危害行为，主观上同时具备犯罪主观要件时，才可能成立犯罪；只在客观上造成了损害，而主观上不具备犯罪主观要件时，便不可能构成犯罪。

其次，犯罪主观方面是区分此罪与彼罪的重要标准。不同的犯罪，不仅客观外在表现不同，而且犯罪主观方面也有差异。犯罪主观方面的这些差异，是区分此罪与彼罪的重要根据。例如，同样是绑架妇女的行为，如果是以勒索财物为目的，则构成绑架罪；如果是以索取债务为目的，则构成非法拘禁罪；如果是以出卖妇女为目的，则构成拐卖妇女罪；如果是以奸淫为目的，则构成强奸罪；如果是以当场占有妇女身上的财物为目的，则构成抢劫罪。再如，同样是在客观上造成被害人死亡的行为，如果行为人是基于杀人故意而实施的，就应当认定为故意杀人罪；如果行为人是基于伤害故意而实施的，就应当认定为故意伤害（致死）罪；如果行为人是基于过失而实施的,就应当认定为过失致人死亡罪。因此,查明行为人实施行为当时的心理状态,对于准确区分此罪与彼罪,具有十分重要的意义。

最后,犯罪主观方面对量刑具有重要影响。行为人的罪过及犯罪目的、动机的不同,反映出不同程度的主观恶性,是衡量其行为的社会危害性程度的重要依据,因而对量刑具有重要影响。犯罪主观方面对量刑的影响主要表现为两个方面:一是主观罪过的差异(故意还是过失)导致对行为定罪的差异,从而导致适用不同的法定刑;二是不同的犯罪目的或动机,影响对行为人主观恶性的判断,从而影响量刑。

第二节 故　　意

一、故意的概念

关于故意的概念,刑法理论上有不同认识,主要存在认识主义、希望主义与容忍主义之争。认识主义,又称预见主义,认为只要行为人对构成要件事实有认识或认识到可能发生危害结果时,就成立犯罪故意。该说最根本的缺陷是片面强调了行为人对其行为的危害结果的认识,忽视了行为人心理活动的意志因素。根据该说,对于那些行为人虽然预见危害结果可能发生,但并不希望这种危害结果发生的,也认为是故意,这显然是不妥当的。希望主义,又称意志主义,主张犯罪故意的成立要求不仅行为人对构成要件事实的发生有所认识,而且行为人具有希望构成要件事实发生的决意。该说克服了认识主义的缺点,但又片面理解了意志因素,将"希望结果发生"作为犯罪意志的唯一形式,而无视其他形式之存在,从而走向了另一个极端。根据该说,对行为人已经预见到其行为可能会发生危害社会的结果,但却对这种结果采取放任态度的,只能认定为过失,不当地缩小了故意的范围。容忍主义认为,在认识到构成要件事实的基础之上,凡是危害结果的发生不违背行为人主观意志的,都属于故意。该说是在对认识主义和希望主义进行批判的基础上产生的,克服了认识主义对故意的界定过于宽泛和希望主义对故意的界定过于狭窄的弊端。该说不仅将主观恶性明显小于间接故意的过于自信的过失排除在犯罪故意之外,又将间接故意归入故意之中,因而对犯罪故意范围的界定做到了宽窄适度,具有相当的合理性。

我国刑法在对故意的界定上采取了容忍主义。《刑法》第14条第1款规定："明知自己的行为会发生危害社会的结果，并且希望或者放任这种结果发生，因而构成犯罪的，是故意犯罪。"据此，所谓故意，是指行为人明知自己的行为会发生危害社会的结果，并且希望或者放任这种危害结果发生的心理态度。可见，故意包含两项内容：一是行为人明知自己的行为会发生危害社会的结果，这种"明知"的心理即是心理学上所讲的认识因素；二是行为人希望或者放任危害结果的发生，这种"希望"或"放任"的心理即是心理学上所讲的意志因素。行为人在主观方面只有同时具备认识因素与意志因素的，才能认定为故意。

二、故意的内容

（一）认识因素

故意的认识因素，即行为人明知自己的行为会发生危害社会的结果。认识因素包括认识内容和认识程度两方面。

1. 认识内容

认识内容，也即明知的内容。从我国刑法的规定来看，认识内容是对行为结果的认识，但实际上，根据犯罪主观方面与犯罪客观方面及犯罪客体的联系，明知的内容应当包括刑法所规定的构成故意犯罪所不可缺少的危害事实，亦即作为犯罪构成要件的客观事实。其具体包括三项内容：(1)对行为本身的认识，即对刑法规定的危害行为的内容及其性质的认识。行为人只有认识到自己将要实施或正在实施的行为的性质和内容，认识到行为与结果的客观联系，才能谈得上进一步认识行为之结果的问题。(2)对行为结果的认识，即对行为产生或将要产生的危害结果的内容与性质的认识。例如，故意杀人罪的行为人须认识到自己的行为会发生致使他人死亡的结果，盗窃罪的行为人须认识到自己的行为会发生公私财物被非法占有的结果。由于具体犯罪中危害结果就是由危害行为对直接客体的侵犯而形成的，因而这种对危害结果的明确认识，也包含了对犯罪直接客体的认识。(3)对与危害行为及危害结果相联系的其他犯罪构成要件事实的认识，包括法定的犯罪对象、犯罪手段、犯罪时间、地点等。例如，窝藏、包庇罪的犯罪故意的成立，要求行为人明知自己窝藏、包庇的是犯罪的人；非法捕捞水产品罪的犯罪故意的成立要求行为人明知自己正在实施的行为发生在特定的地点(禁渔区)、时间(禁渔期)或者使用了特定的工具、方法(禁用的工具、方法)。

犯罪故意的认识内容是否包含违法性认识,即是否要求行为人认识到自己的行为不被法律所允许(刑事违法性)。对此,刑法理论上存在争议。我国刑法理论的通说认为,犯罪故意的认识因素表现为行为人"明知自己的行为会发生危害社会的结果",这显然是只要求行为人明知其行为及行为结果的危害性,而没有要求行为人明知行为及结果的刑事违法性。本书认为,就一般情况而言,故意的成立不要求行为人具有违法性认识。但是,当某种行为一向不为刑法所禁止,后来在某个特殊时期或某种特定情况下为刑法所禁止时,如果行为人确实不知法律已禁止而仍实施该行为的,则不应当认定为故意。在这种情况下,违法性认识应当属于故意的认识内容。

2. 认识程度

故意的认识程度,是指行为人对犯罪构成要件事实的认识所达到的程度。这实际上涉及"明知自己的行为会发生危害社会的结果"中的"会发生"的理解问题。所谓"会发生",包括两种情况:一是必然发生;二是可能发生。因而,当行为人认识到自己的行为会发生危害结果,并希望或者放任结果发生的,就成立故意。

(二) 意志因素

故意的意志因素,是指行为人对自己的行为所导致的危害结果的希望或者放任的心理态度。故意的意志因素包括希望危害结果发生和放任危害结果发生两种表现形式。所谓希望危害结果发生,是指行为人对危害结果持积极追求的心理态度。行为人之所以实施危害行为,就是意图使危害结果成为现实,从而满足自己主观上的需求。例如,在拐卖妇女、儿童罪中,故意的意志因素就表现为行为人希望将妇女、儿童控制在自己手中,以便再将其贩卖出去,其对非法控制妇女、儿童的状态是积极追求的。所谓放任危害结果发生,是指行为人对危害结果的发生听之任之,也即行为人虽然并不积极追求危害结果的发生,但也不反对、不设法阻止这种结果的发生。在放任的场合,危害结果发生与否均不违背行为人的意愿。

三、故意的类型

(一) 故意的法定类型

根据我国刑法的规定,犯罪故意分为直接故意和间接故意两种类型。

1. 直接故意

直接故意,是指行为人明知自己的行为会发生危害社会的结果,并且希望这种结果发生的心理态度。直接故意的认识因素是明知自己的行为会发生危害社会的结果，其中“会发生”包括必然发生和可能发生；意志因素是希望危害结果发生。从认识因素来看，直接故意存在两种情况：(1)在行为人明知危害结果必然发生的情况下，希望危害结果发生。这种情况强调的是行为人对危害结果发生“必然性”的认识。例如，甲欲杀乙，用枪顶住乙的脑门射击，此时甲明知自己的行为必然导致乙死亡结果的发生，并且积极追求乙的死亡。(2)在行为人明知危害结果可能发生的情况下，希望危害结果发生。这种情况强调的是行为人对危害结果发生“可能性”的认识。例如，丙想杀死丁，于某日晚上趁丁返家途中隔小河射击。由于光线不好，距离较远，丙的射击技术又不好，因而丙对能否射杀丁没有把握，但丙不愿放过这个机会，希望能打死丁，并在这种心理的支配下实施了射杀行为。

2. 间接故意

间接故意，是指行为人明知自己的行为可能造成危害社会的结果，并且放任这种结果发生的心理态度。间接故意的认识因素表现为明知自己的行为可能发生危害社会的结果；意志因素表现为放任危害结果的发生。如果明知行为必然发生危害结果而决意为之，就超出了间接故意认识因素的范围，属于直接故意。换言之，明知自己的行为必然发生危害社会的结果并且放任这种结果发生的情况，无论从逻辑上还是从实际上看，都是不可能存在的。因为作为间接故意意志因素的放任心理只能建立在预见到事物发展的多种可能性的基础上，否则就无所谓放任。如果预见到自己的行为必然发生危害结果，在此基础上的犯罪决意充分证明了行为人不是有意地放任危害结果的发生，而是以自己的行为向着自己确信必然会达到的目标努力，是在积极地追求危害结果的发生。这种追求危害结果的态度，正是直接故意所要求的希望心理。

在司法实践中，间接故意通常出现在三种情况中：(1)行为人追求某一犯罪目的而放任另一个危害结果的发生。例如，甲欲毒杀妻子乙，在往妻子乙的饭碗中投放毒药时就认识到孩子丙有可能与妻子乙同食一碗饭，结果导致妻子乙和孩子丙均中毒身亡。此案中，甲对孩子丙的死亡结果就持有间接故意的心理。(2)行为人追求一个非犯罪目的而在行为过程中放任某种危害结果的发生。例如，行为人甲在树林里用气枪打野兔时，发现30米开外有一只野兔，但同时发现野兔附近有一个孩子在草坪上睡觉，根据自己的枪法和离野兔的距离，甲明知若开枪则不一定能打中猎物而有可能打中小孩,但仍然向野兔开枪。结果子弹打偏,打死了在草坪上睡觉的小孩。此案中,甲对小孩的死亡结果所持的心理态度就是间接故意。(3)在突发性犯罪中,行为人不计后果,放任严重结果的发生。实践中,一些青少年临时起意,动辄行凶,不计后果,朝对方乱捅一刀两刀即扬长而去并致人死亡的案件就属于这种情况。在这种案件中,行为人对危害结果往往很少有明确的追求,而是放任其发生。

3. 直接故意与间接故意的关系

直接故意与间接故意同属于故意的范畴,因而具有某些相同之处:(1)在认识因素上,行为人都明知自己的行为会发生危害社会的结果;(2)在意志因素上,二者都不排斥危害结果的发生;(3)直接故意和间接故意的分类只是犯罪故意内部的一种理论分类,在立法上确定罪名和司法上使用罪名时,都不使用这两个概念,而统称为故意。

但是,直接故意与间接故意有严格区别:(1)从认识因素上看,直接故意既可以是明知自己的行为必然发生危害结果,也可以是明知自己的行为可能发生危害结果,而间接故意只能是明知自己的行为可能发生危害结果;(2)从意志因素上看,直接故意是希望(积极追求)危害结果的发生,而间接故意则是放任危害结果的发生;(3)由意志内容所决定,直接故意是一种有目的的故意,间接故意是无目的的故意。因此,有无犯罪目的,是区分直接故意和间接故意的显著标志。

(二) 故意的学理类型

直接故意与间接故意是我国刑法明文规定的两种类型。另外,刑法理论还将犯罪故意分为其他类型,通常称为学理类型。

1. 确定故意与不确定故意

根据行为人对故意内容的明确程度,可以把故意分为确定故意和不确定故意。确定故意是指行为人明知自己的行为一定会发生某种具体的危害结果,并且希望这种结果发生的心理态度。在确定故意的场合,行为人对其危害行为的侵害性质、侵害对象、侵害范围、发展趋向均有明确的认识。例如,甲将氰化物放入乙的水杯中,乙喝下后立即死亡。本案中,甲对其投毒杀人行为的危害结果非常确定,其故意即属于确定故意。需要指出的是,直接故意未必都是确定故意,也可以是不确定故意。

不确定故意是指行为人虽明知自己的行为会发生危害社会的结果,但对结果的具体内容及发展趋向的认识并不明确，而希望或者放任危害结果发生的心理态度。所谓对结果的具体内容的认识不明确，主要包括以下情形：第一，对侵害行为的性质认识不明确。如甲对自己用木棒殴打乙，会导致死亡结果还是伤害结果处于不确定的认识状态。第二，对侵害对象的认识不确定。如甲向小食店的面缸中投放毒鼠强，对于其投毒行为到底会导致哪些人死亡没有明确的认识。第三，对侵害范围的认识不明确。如甲向会议室的人群投掷炸弹，对于导致多少人死亡、多少人受伤、多大的财产损失没有明确的认识。所谓对结果的发展趋向的认识不明确，是指行为人对行为发展的方向不确定，导致对危害结果是否发生的认识的不明确。从这种意义上来讲，间接故意都属于不确定故意。

根据行为人的认识内容和认识尺度，刑法理论还把不确定故意细分为三种具体类型：(1)概括故意，即认识到结果会发生，但对侵害对象的范围与侵害性质的认识尚不明确的故意。如爆炸罪、决水罪、投放危险物质罪等以危险方法危害公共安全的犯罪的故意，就是概括故意的典型例子。(2)择一故意，即在数个可能遭受侵害的对象中，无论哪一对象发生一定的结果，均不违背行为人本意的故意。例如，甲的女友乙抛弃了甲转而和丙恋爱，甲怀恨在心，想杀死乙和丙。一天，乙和丙坐在一长椅上，甲认为报复的时机已到，便用猎枪朝二人开了一枪，但究竟是会打死乙还是丙，他无法肯定，但无论打死谁，都不违背其本意。甲开了枪，乙被打死。本案中，甲的杀人故意就是择一故意。(3)未必故意，即认识到结果可能发生，但并非确实发生，并且不是积极希望结果发生的故意。

2. 预谋故意与突发故意

根据故意在犯罪行为实施前形成时间的长短，可以把故意分为预谋故意与突发故意。预谋故意，是指行为人产生犯罪故意后，经过一段时间才实施犯罪行为的心理态度。预谋故意均为直接故意。突发故意，也称无预谋的故意、一时故意或偶然故意，是指行为人产生犯罪故意后立即实施犯罪行为的心理态度。通常情况下，预谋故意所反映的主观恶性要大于突发故意。

第三节　过　　失

一、过失的概念

《刑法》第 15 条规定："应当预见自己的行为可能发生危害社会的结果，因为疏忽大意而没有预见,或者已经预见而轻信能够避免,以致发生这种结果的,是过失犯罪。"据此,所谓过失,是指行为人应当预见自己的行为可能发生危害社会的结果,因为疏忽大意而没有预见,或者已经预见而轻信能够避免,以致发生这种结果的心理态度。

故意与过失都是罪过的表现形式,均属于犯罪主观方面的内容,在构成要素上,都是认识因素与意志因素的有机统一,这是两者的共性。但故意与过失毕竟是两种不同的心理态度,二者之间的区别主要表现为:(1)在认识因素上,在故意的场合,行为人明知危害结果必然或可能发生;而在过失的场合,行为人要么没有预见到危害结果可能发生,要么已经预见危害结果可能发生,但对可能性变为现实性的概率没有正确的估计。犯罪过失的认识程度表现为认识到危害结果可能发生,而不可能表现为认识到危害结果必然发生的情形。(2)在意志因素上,在故意的场合,行为人希望或者放任危害结果的发生;而在过失的场合,行为人既不希望也不放任危害结果的发生,而是否定危害结果的发生,危害结果的发生是违背其主观意愿的。

二、过失的本质

过失的本质在于行为人违反了注意义务。所谓注意义务,是指行为人所担负的,由刑法规范所认可的预见自己的行为会发生危害社会的结果,并形成避免结果发生的意思,以及采取适当的结果回避措施的责任。一般认为,注意义务在内容上包括结果预见义务和结果回避义务。结果预见义务是指对于危害结果所具有的认识、判断和预见的义务;结果回避义务是指在预见可能发生的危害结果的基础上,行为人所具有的回避、防止这种结果发生的义务。具体而言,注意义务就是在行为前考虑是否仍然实施该行为的义务,如果决定实施该行为,就要承担考虑在行为前采取措施排除危害结果发生的义务、在实施危险行为时保持小心谨慎态度的义务、在行为将造成危害结果发生之前采取措施防止危害结果发生的义务。可见,结果预见义务是注意义务的前提。违反结果预见义务,必然导致违反结果回避义务。因为行为人对结果的发生没有预见,当然也就谈不上回避的问题。而结果回避义务则是注意义务的核心。因为法律要求行为人履行注意义务的目的,就在于要求行为人避免危害结果的发生;仅履行结果预见义务而没有履行结果避免义务的,同样违反注意义务。就疏忽大意的过失而言,行为人违反了结果预见义务，自然也就违反了结果避免义务。就过于自信的过失来说，行为人已经履行了结果预见义务，但违反了结果避免义务。

对于注意义务的来源，大体上有以下几类：(1)法律法规规定的注意义务；(2)职务上、业务上的注意义务；(3)长期的社会实践中形成的社会共同生活准则要求的注意义务，包括常理、伦理等所要求的注意义务。在过失不作为的情况下，注意义务的来源与行为人作为义务的来源具有一致性。

关于注意义务的免除或减轻，常常涉及被允许的危险、信赖原则和危险分配等理论问题。(1)被允许的危险理论。被允许的危险，是指某种具有危害倾向的行为，因有益于社会而允许其实施的情况。例如，医生为挽救病人的生命或健康实施手术的行为，虽有一定的危害社会的危险，但在一定范围内必须允许存在，并不能被认为是危害社会的活动。被允许的危险理论在一定程度上免除了开办风险业务的组织者、管理者的过失责任，也在一定程度上免除了从事风险业务的业务人员的部分过失责任。(2)信赖原则。信赖原则，是指在行为人合理信赖被害人或第三者将采取适当行动时，如果由于被害人或第三者采取不适当的行动而造成了侵害结果，行为人对此不承担责任。在合理信赖被害人或第三者会采取适当行动时，就应当认为行为人不能预见被害人或第三者会采取不适当的行动，行为人缺乏预见可能性或者预见可能性很低，因而不能追究过失责任。(3)危险分配的法理。危险的分配，是指在从事危险的业务或事务时，参与者应当以相互间的信赖为基础，对于该业务或事务所发生的危险，相互间予以合理分配并分担回避危险，使危险减轻或者消除。危险分配理论通过在行为人与被害人之间合理分配注意义务，使得行为人的注意义务得以适度减轻。

注意义务的违反，除要求行为人具有注意义务以外，还要求行为人主观上有注意能力。所谓注意能力，是指行为人所具有的认识自己的行为可能发生危害结果的能力以及认识自己应采取怎样的措施才能有效地防止危害结果发生的能力。只有在行为人具有注意义务，且依据其本身的能力对于一定危害结果的发生能够预见，并可能采取适当的措施以避免这种结果发生时，才可以对行为人予以过失的非难。在行为人具有注意义务的情况下，如果行为人欠缺注意能力，则在由行为人的行为导致结果发生的场合，不得认定为违反注意义务。

三、过失的类型

(一) 过失的法定类型

根据我国刑法的规定,犯罪过失分为疏忽大意的过失与过于自信的过失两种类型。

1. 疏忽大意的过失

(1) 疏忽大意的过失的概念及特征

疏忽大意的过失,又称无认识的过失,是指行为人应当预见自己的行为可能发生危害社会的结果,因为疏忽大意而没有预见,以致发生这种结果的心理态度。疏忽大意的过失具有以下特征。

第一,应当预见自己的行为可能发生危害社会的结果。这是成立疏忽大意过失的前提。应当预见是预见义务与预见能力的统一。换言之,成立应当预见,不仅要求行为人有预见危害结果发生的义务,而且要求行为人有预见危害结果发生的能力。关于预见能力的衡量标准,理论上见解不一,主要有三种观点:①客观标准说(又称常人标准说、平均人标准说)认为,应以社会一般人的水平来衡量行为人能否预见。一般人在当时的情况下能预见其行为会造成什么后果,行为人也就应当预见;反之亦然。至于一般人的水平,则由审判人员依自己的社会经验来判断。②主观标准说(又称个人标准说、行为人标准说)认为,应当以行为人本人的认识能力和水平来衡量其能否预见。详言之,应当从具体情况出发,根据行为人的年龄、健康、发育状况、知识水平、工作经验、业务水平、技术熟练程度以及所承担的责任等主观条件,来判断行为人能否预见危害社会结果的发生。③主客观统一说认为,在衡量行为人的预见能力时,既要考虑行为人的年龄、知识、智力发育、工作经验以及所担负的职务、技术熟练程度等,也要考虑行为人当时所处的环境和条件,将这两方面的情况综合加以考虑,进行归纳分析,作出符合行为人实际情况的判断。本书坚持主客观相统一但以主观标准为主的标准,即原则上应采取主客观统一的标准,但其中具有决定意义的是主观标准。根据这一标准,在衡量行为人的预见能力时先用客观标准加以衡量,可以大致得出行为人是否具有预见能力的结论;在此基础上重点考察行为人的个人条件和当时所处的客观环境,来衡量行为人是否具有预见能力。

第二,没有预见。这是成立疏忽大意过失的事实依据。没有预见具体是指行为人在行为当时没有预见其行为可能发生危害社会的结果。没有预见，既可能是行为人认识到行为本身但未预见行为可能导致的实际结果，也可能是行为人认识到行为可能产生其他结果而不会产生危害社会的结果，还可能是行为人对行为本身以及行为可能导致的结果都没有认识。

第三，由于疏忽大意而没有预见。在疏忽大意过失的场合，行为人没有预见的原因并非行为人不能预见，而是在应当预见的前提下由于疏忽大意才没有预见。在司法实践中，不应当先考察行为人是否存在疏忽大意，而是当行为人没有预见自己的行为所造成的危害结果时，首先查明行为人是否有预见义务，是否具备预见能力。如果行为人有预见义务且具备预见能力而没有预见，就直接表明是因为疏忽大意而没有预见，从而成立疏忽大意的过失。

(2) 疏忽大意的过失与意外事件的区别

根据《刑法》第 16 条的规定，行为虽然在客观上造成了损害结果，但不是出于行为人的故意或者过失，而是由于不能预见的原因所引起的，不是犯罪。这种情况就是刑法理论中所说的意外事件。“不能预见”是指当时行为人对其行为发生损害结果不但没有预见，而且根据其实际能力和当时的具体条件，行为时也根本无法预见。疏忽大意的过失与意外事件有相似之处，即二者都是行为人对危害结果的发生没有预见，并因此发生了危害结果。二者区别的关键在于导致没有预见的原因不同。具体而言，在疏忽大意的过失中，是因为行为人疏忽大意而没有预见；而在意外事件中，是因为行为人根本无法预见而没有预见。换言之，疏忽大意的过失的构造是“应当预见＋没有预见”，而意外事件的构造则是“无法预见＋没有预见”。在司法实践中，应当根据行为人的实际能力和当时的具体条件，结合法律、职业等的要求来认真考察行为人没有预见的原因。例如，某汽车司机在雨夜行车，发现马路上有一块塑料布，以为塑料布下是附近农民的稻谷，就从塑料布上驶过，结果轧死了睡在塑料布底下的一个精神病人。在当时的情况下，司机不可能预见到有人在雨夜躺在公路的塑料布下，因而这种情形属于意外事件。

2. 过于自信的过失

(1) 过于自信的过失的概念及特征

过于自信的过失，又称有认识的过失，是指行为人已经预见到自己的行为可能发生危害社会的结果，但轻信能够避免，以致发生这种结果的心理态度。过于自信的过失具有以下特征。

第一,已经预见到自己的行为可能发生危害社会的结果。这是成立过于自信的过失的前提。如果行为人行为时根本没有预见到自己的行为可能导致损害结果的发生,则不属于过于自信的过失,而有可能属于疏忽大意的过失或意外事件;如果行为人预见到自己的行为必然发生而不是可能发生危害社会的结果,则属于直接故意,而不是过于自信的过失。

第二,轻信能够避免危害结果的发生。这是造成过于自信的过失的原因。轻信能够避免,是指行为人在预见到危害结果可能发生的前提之下,又凭借一定的主客观条件,相信自己能够避免结果的发生,但所凭借的条件并不可靠。在过于自信过失的场合,行为人能够避免危害结果发生的自信,是建立在其所认识到的一定主客观条件的基础之上的。这些条件既可能是行为人自身的主观能力,如本人知识充足、经验丰富、技术精湛、体力充沛等;也可能是行为人自身以外的其他因素,如机器设备性能良好、天气状况良好、先前的预防措施等。总之,行为人的自信是有事实根据的,而并非凭空捏造的。

第三,行为人没有避免危害结果的发生。这是成立过于自信的过失的事实依据。没有避免危害结果的发生这一事实,反过来说明行为人能够避免危害结果发生的自信没有现实根据,是一种轻信。

(2) 过于自信的过失与间接故意的区别

过于自信的过失与间接故意在认识因素上都预见到自己的行为可能发生危害社会的结果,在意志因素上都是不希望危害结果的发生,因而容易混淆。但是,二者是性质截然不同的两种罪过形式,在认识因素和意志因素上都有着重要的区别。

其一,认识因素上有所不同。过于自信的过失与间接故意虽然都预见到了发生危害结果的可能性,但对结果发生的可能性是否会转化为现实性的主观估计是不同的。在间接故意的场合,行为人对危害结果发生的可能性向现实性的转化并未产生错误估计;在危害结果发生的情况下,这一结果符合行为人的认识,主观与客观是一致的。但在过于自信过失的场合,行为人虽然也预见到危害结果发生的可能性,但凭借一定的主客观条件而误认为能够避免危害结果的发生,从而又否定了危害结果发生的可能性;在危害结果发生的情况下,这一结果违背行为人的认识,主观与客观是不一致的。此外,二者虽然都预见到了发生危害结果的可能性,但在间接故意的场合,行为人所认识到的危害结果发生的可能性比较高,而在过于自信过失的场合，行为人所认识到的危害结果发生的可能性则比较低。

其二，意志因素上有重要区别。过于自信的过失与间接故意虽然都不希望危害结果的发生，但深入考察，二者对危害结果的态度仍是不同的。间接故意的行为人虽不希望危害结果的发生，但也并不反对、不排斥危害结果的发生，而是听之任之。过于自信过失的行为人不仅不希望危害结果发生，而且希望避免危害结果的发生，即排斥、反对危害结果的发生。

在司法实践中存在这样一种情况，即表面上看起来似乎是行为人轻信能够避免危害结果的发生，但这种所谓“轻信”没有实际根据，完全是抱着侥幸、碰运气的心理态度，行为人所指望的避免结果发生的那种情况根本不会存在，或者虽然存在，但对防止结果的发生毫无意义或意义极小。在这种情况下，如果发生危害结果，其行为构成间接故意犯罪，而并非是过于自信的过失犯罪。

（二）过失的学理类型

疏忽大意的过失与过于自信的过失是我国刑法明文规定的过失的两种类型。另外，刑法理论还将犯罪过失分为其他类型，通常称为学理类型。

1. 普通过失和业务过失

根据所违反的注意义务的种类不同，可以将过失分为普通过失和业务过失。普通过失，是指在日常生活或一般社会交往中，违反一般注意义务，没有预见到可能发生的危害结果，或者虽然预见但轻信能够避免的心理态度。例如，失火罪、过失致人死亡罪等罪的过失，便属于典型的普通过失。业务过失，是指行为人在业务活动过程中，违反基于业务活动所要求的注意义务，没有预见到可能发生的危害结果，或者虽然预见但轻信能够避免的心理态度。例如，交通肇事罪、重大责任事故罪、工程重大安全事故罪、玩忽职守罪等罪的过失，便属于业务过失。一般认为，业务过失的恶性大于普通过失。因而，在造成同样危害结果的情况下，业务过失犯罪的危害程度大于普通过失犯罪，相应地，对业务过失犯罪的处罚往往重于普通过失犯罪。

在业务过失中，值得特别提及的是监督过失。监督过失有狭义和广义之分。狭义的监督过失是指在业务活动中，处于监督地位的人怠于行使或未恰当行使其对被监督者的监督义务，导致被监督者的行为引起危害结果的情形。广义的监督过失除包含狭义的监督过失之外，还包含管理过失。管理过失是指负有监督管理义务的人因没有确立安全体制或者确立的安全体制不完善而导致危害结果发生的情形。

2. 重过失与轻过失

根据对注意义务的违反程度不同,可以将过失分为重过失和轻过失。重过失是指违反注意义务的程度严重的过失,即行为人只要稍加注意就能够预见危害结果,并容易避免危害结果的发生。轻过失是指违反注意义务的程度轻微的过失。

第四节 犯罪目的与动机

一、犯罪目的与动机的概念

(一) 犯罪目的的概念

犯罪目的,是指行为人希望通过实施一定的危害行为从而达到某种危害社会结果的心理态度,也就是危害结果在犯罪人主观上的表现。在我国刑法中,犯罪目的包括两种类型,即犯罪的直接目的和犯罪的间接目的。犯罪的直接目的,也就是直接故意中的意志因素,是指行为人对自己行为直接造成的危害结果所持的希望的心理态度。直接目的的内容实际上就是实现特定的危害结果。例如,在直接故意杀人的场合,行为人明知自己的行为会发生他人死亡的危害结果,并且希望他人死亡。这种希望他人死亡的心理态度,就是行为人的犯罪目的。可见,直接故意犯罪都是包含着犯罪(直接)目的的犯罪。犯罪的间接目的,是指在故意犯罪中,行为人在自己行为直接造成的危害结果发生后,所进一步追求的某种非法结果。例如,走私淫秽物品罪中的牟利或传播目的,就属于犯罪的间接目的。犯罪的间接目的属于"超越客观要素的主观要素",即这种目的只要存在于行为人的内心即可,而不要求存在与之相对应的客观事实;而且,间接目的的实现与否,不影响犯罪的成立。例如,在以勒索财物为目的实施绑架行为的场合,行为人是否实施勒索财物的行为,不影响绑架罪的成立。

以犯罪的间接目的作为主观构成要件要素的犯罪,在刑法理论中被称为目的犯。从行为与目的之间的关系来看,目的犯的目的包括两种情形:一种情形是,行为人将符合构成要件的行为实施完毕之后就可以实现(但并非必然实现)的目的。例如,在盗窃罪的场合,行为人将盗窃行为实施完毕之后,通常就可以实现非法占有的目的。另一种情形是,行为人将符合构成要件的行为实施完毕之后还需要实施其他行为才能够实现的目的。例如，在走私淫秽物品的场合，行为人要实现牟利或传播的目的，就不仅要将走私行为实施完毕，而且还要实施其他行为。不过，行为人是否实施其他行为，不影响走私淫秽物品罪的成立。

（二）犯罪动机的概念

犯罪动机，是指刺激行为人实施犯罪行为以达到犯罪目的的内心冲动或者内心起因。行为人追求某种犯罪目的，绝不是无缘无故的，而是由一定的犯罪动机引发的。例如，对故意杀人罪来讲，非法剥夺他人生命是其犯罪目的，而促使行为人实现这种犯罪目的的内心起因即犯罪动机，可以是贪财、仇恨、奸情或者极端的嫉妒心理等原因。因此，不弄清犯罪的动机，就不能真正了解犯罪人为何去追求某种犯罪目的。

二、犯罪目的与动机的存在范围

（一）犯罪目的的存在范围

犯罪的直接目的与直接故意的意志因素是重叠的，因而，其只能存在于直接故意犯罪之中。在间接故意犯罪中，行为人不会以积极的行动去追求危害结果的发生，因而根本不可能存在以追求一定的危害结果发生为特征的犯罪目的。犯罪的直接目的更不可能存在于以排斥危害结果的发生为特征的过失犯罪之中。犯罪的间接目的通常存在于直接故意犯罪中，但也可能存在于间接故意犯罪中。与犯罪的直接目的不同的是，间接目的属于超出犯罪故意之外的主观因素，而并非包含在犯罪故意之中，即犯罪的间接目的与犯罪客观方面的危害行为并无内在的必然联系。换言之，行为人在放任某一危害结果发生的同时，极有可能追求某一犯罪目的。例如，在走私淫秽物品的场合，就存在这样的情形：行为人基于间接故意实施走私淫秽物品的行为，同时追求传播淫秽物品的目的。再如，成立违规制造枪支罪，要求行为人在主观上具有非法销售的目的。行为人对危害公共安全的危害结果既有可能出于希望的态度，也完全可能持一种放任的态度。因为行为人追求的非法销售目的所蕴含的危害结果与危害公共安全的结果并不一致，行为人的非法销售目的与其对危害公共安全的危害结果所持的放任态度并不排斥。

（二）犯罪动机的存在范围

一般认为，犯罪动机与犯罪目的是密切联系而存在的。行为人基于某种需要而形成犯罪动机，在犯罪动机的指引和推动下又确定犯罪目的。犯罪的直接目的只能存在于直接故意犯罪之中;相应地,推动此种目的产生的犯罪动机便也只能存在于直接故意犯罪之中。在间接故意犯罪和过失犯罪的场合,如果认为不存在犯罪的直接目的但却可能存在犯罪动机,则违背了犯罪目的与犯罪动机之间的事实上的密切联系。犯罪的间接目的虽然通常存在于直接故意犯罪中,但也不能排除其存在于间接故意犯罪中的可能性;相应地,推动犯罪的间接目的产生的犯罪动机通常存在于直接故意犯罪中,但也可能存在于间接故意犯罪中。

三、犯罪目的与动机的关系

犯罪目的与动机既密切联系,又相互区别。二者的密切联系表现在:(1)犯罪目的与动机都是行为人实施犯罪行为过程中存在的主观心理活动,都反映行为人的主观恶性程度,都通过一定的危害行为表现出来。(2)犯罪目的以犯罪动机为前提和基础,犯罪目的源于犯罪动机,犯罪动机能促使犯罪目的的形成。(3)犯罪目的与动机有时是重合的。例如,在赌博犯罪中,促使行为人实施赌博犯罪行为的内心起因可能是获得经济利益,行为人希望通过实施赌博犯罪行为达到的结果也是获得经济利益,此时,行为人的犯罪动机和目的显然是重合的。

犯罪目的与动机又相互区别,主要表现在:(1)二者所属心理活动的层次不同。犯罪动机产生在前,且比较抽象;而犯罪目的产生在后,且比较具体。(2)二者在犯罪活动中的地位及作用不同。犯罪动机是表明行为人为什么要犯罪的内心起因,是更为内在的发动犯罪的力量,起的是推动犯罪行为实施的作用;而犯罪目的则是实施犯罪行为所追求的客观危害结果在主观上的反映,起的是为犯罪定向、确定目标和侵害程度的引导、指挥作用。(3)二者在犯罪中的表现不同。犯罪目的反映了具体犯罪案件的共性,即刑法分则规定的某一具体犯罪中,犯罪目的只有一个;而犯罪动机则反映了具体犯罪案件的个性,即在刑法分则规定的某一具体犯罪中,犯罪目的多种多样。例如,盗窃罪的间接目的都是希望发生非法占有公私财物的结果;但从犯罪动机上看,有的犯罪人是出于想追求腐化的生活,有的是迫于一时的生活困难,有的是为了偿还赌债,有的甚至是出于报复的心理等。(4)二者在定罪量刑中的作用不同。犯罪目的的作用偏重于影响定罪,犯罪动机的作用偏重于影响量刑。

四、犯罪目的与动机的意义

（一）犯罪目的的意义

犯罪目的对定罪具有重要影响。就直接目的而言，如果行为人不具有此种目的，就说明直接故意的意志因素并不存在，行为人就不可能在直接故意这一心理态度的支配下实施危害行为，直接故意犯罪当然也就无从成立；就间接目的而言，如果行为人不具有此种目的，其行为要么不能构成犯罪，要么不能构成特定犯罪。例如，在走私淫秽物品的场合，如果行为人不具有牟利或传播的目的，就表明其行为的危害性尚未达到刑事可罚的程度，就不能作为犯罪处理。在传播淫秽物品的场合，如果行为人不具有牟利的目的，就不可能构成传播淫秽物品牟利罪，而要考虑是否以传播淫秽物品罪论处。此外，由于定罪正确是量刑适当的前提，因而犯罪目的影响定罪，也可以说它对正确量刑也具有一定的作用。

（二）犯罪动机的意义

犯罪动机对定罪具有一定的影响。首先，对于刑法分则明文规定以特定动机作为主观构成要件要素的犯罪而言，特定动机的有无影响这些犯罪的成立。例如，"徇私"型犯罪以行为人具有"徇私"动机作为构成要件要素；如果没有"徇私"动机，"徇私"型犯罪便无从成立。其次，《刑法》第 13 条的"但书"规定对分则所有犯罪都具有制约意义，因而作为犯罪情节之重要内容的犯罪动机，当然会影响到罪与非罪的区分。最后，犯罪动机对情节犯的罪与非罪的区分有重要影响。情节犯，即以情节严重、情节恶劣等情节要求作为构成要件要素的犯罪。我国刑法分则规定了一些情节犯，如侮辱罪、诽谤罪、故意毁坏财物罪、虐待罪、虐待被监管人罪等。这些犯罪的成立，要求情节严重或者情节恶劣。在这种情况下，作为情节之重要组成部分的犯罪动机，当然对罪与非罪的区分具有一定的影响。

犯罪动机直接表明犯罪人主观恶性的大小，是重要的量刑情节。在刑法依据情节轻重设置不同幅度的法定刑的犯罪中，犯罪动机可以作为一种情节影响法官选择适用不同的法定刑。例如，《刑法》第 232 条规定："故意杀人的，处死刑、无期徒刑或者十年以上有期徒刑；情节较轻的，处三年以上十年以下有期徒刑。"其中"情节较轻的"就包括犯罪动机因素。

第五节 认识错误

刑法上所说的认识错误,是指行为人实施犯罪行为时,对与其行为相关联的事实情况或法律意义的认识与现实不一致。认识错误可以分为两类:一是行为人在事实上的认识错误(简称"事实错误");二是行为人在法律上的认识错误(简称"法律错误")。认识错误可能影响罪过的有无或罪过的形式,也可能影响犯罪的形态,进而影响行为人的刑事责任。

一、事实认识错误

事实认识错误,是指行为人就自己实施的行为所认识的内容与现实发生的事实在刑法评价上有重大差别。事实认识错误包括以下类型。

(一) 客体错误

客体错误,是指行为人意图侵犯一种客体,而实际上侵犯了另一种客体。就客体错误来说,行为人主观上具有侵犯一定客体的意图,并且实施了相应的危害行为,因而其行为构成以意图侵犯客体为要件的故意犯罪(可能属于犯罪未遂)。就其行为实际侵犯的客体而言,如果行为人的犯罪意图包含了对实际侵犯的客体的认识,则对实际发生的犯罪不能认为是出于过失,而应视为故意。以意图侵犯的客体为要件的故意犯罪与实际发生的故意犯罪之间具有想象竞合关系的,应从一重处断。如果行为人的犯罪意图没有包含对实际侵犯的客体的认识,则不能成立故意,但在行为人主观上有过失且刑法有处罚过失犯规定的情况下,应负过失犯罪的刑事责任。以意图侵犯的客体为要件的故意犯罪与实际发生的过失犯罪之间具有想象竞合关系的,应从一重处断。例如,甲在公共场所侮辱妇女,被外出执行任务路过的两个身着便服的公安干警当场抓获。此时,甲的三个朋友乙、丙、丁误认为甲是与人打架,即上前用拳头、酒瓶猛击公安民警,将其打倒在地,造成轻伤,甲、乙、丙、丁四人一齐逃走。在这个案件中,乙、丙、丁三人意图侵犯的是他人的健康权利,但由于其认识错误,而实际上侵犯了国家工作人员正在执行的正常公务活动。由于乙、丙、丁三人的犯罪意图没有包含妨害公务的认识,因而应认定为故意伤害罪。

（二）对象错误

对象错误，又称目标错误，是指行为人意欲侵犯的对象与实际侵害的对象不一致。对象错误包含以下情形。

1. 误把甲对象当作乙对象加以侵害，而两者反映相同的犯罪客体

此种对象错误属于同一犯罪构成之内的事实错误，因而既不影响犯罪故意的成立，也不影响故意犯罪的形态。例如，甲想杀害乙，跟踪乙多日，但由于不知道乙有一个双胞胎弟弟丙，在乙的家门口将长相非常近似的丙用刀刺死。本案中，甲对其故意杀人行为的具体犯罪对象发生了错误认识，但这种错误认识没有超出故意杀人罪犯罪构成的范围。丙和乙都属于有生命的人，都可以成为故意杀人罪的犯罪对象。因而，甲的行为构成故意杀人罪的既遂。

2. 误把甲对象当作乙对象加以侵害，但两者反映不同的犯罪客体

在这种场合，就意欲侵害的对象而言，行为人主观上有犯罪故意，客观上实施了相应的侵害行为，但由于发生认识错误而使犯罪未完成，因而属于故意犯罪；就实际侵害的对象而言，由于行为人没有犯罪故意，因而只能认定为过失。而且，故意犯罪与过失犯罪之间属于想象竞合犯，应从一重罪论处。例如，甲本欲盗窃一般财物，实际上却把用皮包包裹的一支手枪当作一般财物盗回。由于甲没有盗窃枪支的故意，对其行为不能以盗窃枪支罪论处，又由于盗窃枪支罪不可能由过失构成，因而对甲的行为只能认定为盗窃罪。

3. 具体的犯罪对象不存在而行为人误认为存在

在这种场合，行为人主观上存在犯罪故意，并在这种故意的支配下实施了一定的危害行为，但由于行为时具体的犯罪对象不存在，致使犯罪未能完成，因而成立犯罪未遂（对象不能犯未遂）。例如，误把野兽当成人予以射杀的，构成故意杀人未遂；误把男子当作妇女实施强奸的，构成强奸未遂。

4. 具体的犯罪对象在行为时本来存在，而行为人误认为不存在

在这种场合，行为人误将犯罪对象当作非犯罪对象而实施了侵害行为。对于实际侵害的对象而言，由于行为人主观上不存在犯罪故意，因而不能认定为故意犯罪。如果行为人主观上有过失，则应当认定为过失犯罪；如果行为人主观上没有过失，则应按意外事件处理。例如，误把人当成野兽进行射杀的，不构成故意杀人罪；行为人有过失的，可以构成过失致人死亡罪；如果行为人没有过失，则应认定为意外事件。

(三) 手段错误

手段错误,也称工具错误,是指行为人主观上具有侵害意图,但行为人实际采用的犯罪手段与其预想的手段在性质或作用上不符,从而未能发生预期的危害结果。手段错误包括以下两种类型。

(1) 行为人意欲采用的手段具有造成危害结果的可能性,只是由于行为人认识上的错误,而实际上使用了不可能导致危害结果发生的手段。在这种场合,行为人主观上存在犯罪故意,并在这种故意的支配下实施了一定的危害行为,但由于行为时使用了不能导致危害结果发生的手段,致使犯罪未能完成,因而成立犯罪未遂(手段不能犯未遂)。例如,误把无毒药物当作砒霜,用来杀人的,构成故意杀人罪的未遂。

(2) 行为人所使用的手段在任何情况下都不可能导致危害结果发生,但由于行为人极端迷信或愚昧无知,而误认为这种手段可以造成危害结果的发生。在这种场合,虽然行为人主观上具有侵害意图,但其行为在客观上不可能造成危害结果,因而不能以犯罪论处。这类错误的表现形式,在刑法理论上称为迷信犯。

(四) 打击错误

打击错误,又称打击失误、行为偏差或行为误差,是指行为人对自己意欲侵害的对象实施了侵害行为,由于行为在客观上发生偏离而导致实际侵害的对象与意欲侵害的对象不相一致。打击错误与对象错误的根本区别在于:在打击错误的场合,行为人对意欲侵害的对象的辨认无误,之所以产生错误是由于行为误差;而对象错误则产生于辨认误差。通常认为,在打击错误的情况下,对预期的危害结果成立犯罪未遂;对因行为偏差而造成的实际侵害结果,行为人主观上没有犯罪故意。在行为人主观上有过失时,构成过失犯罪;没有过失的,行为人不负刑事责任。如果对预期的危害结果和实际侵害结果而言,行为都构成犯罪,就属于想象竞合,应从一重罪处断。例如,甲举枪向仇人乙射击,但因没有瞄准而击中了乙身边的丙,导致丙死亡。甲对乙成立故意杀人未遂。对于丙的死亡,如果甲具有过失,则成立过失致人死亡罪。对于甲的行为应认定为故意杀人未遂与过失致人死亡罪的想象竞合,从一重罪处断。如果甲没有过失,则其行为构成故意杀人罪的未遂。

(五) 因果关系错误

因果关系错误,是指行为人所认识到的因果关系的发展进程与因果关系的客观发展过程不相符合。因果关系的错误包括以下三种类型。

(1) 行为人对自己行为引起危害结果发生的原因产生了错误认识。例如,甲将乙从桥上推下去,意图溺死乙,但实际上乙因头撞在桥墩上而死亡。在这种情形下,结果的发生并没有超出行为人预想的范围;因而应认定为故意杀人罪的既遂。

(2) 行为人实施的第一个行为没有引起预期危害结果的发生,但误认为结果已经发生,又以其他的目的实施了第二个行为,由第二个行为产生了预定的结果。例如,甲意图杀害乙,趁乙不备用木棒猛砸乙头部数下,见乙流血昏迷,以为已经死亡。为了毁尸灭迹,甲将乙从悬崖上推下。事后经法医鉴定,头部的伤害只是表皮伤,不足以致死,真正的死亡原因是内脏被摔破导致大出血而亡。在这种场合,从主观上看,行为人有直接故意,而且实际发生的结果正是行为人所追求的;从客观上看,行为人所实施的前后两个行为不仅在时空上具有延续性,而且具有内在联系,应当视为一个整体。因而,行为人对实际发生的死亡结果,应承担故意杀人罪既遂的刑事责任。

(3) 行为人实施的第一个行为已经引起预期危害结果的发生,但误认为结果没有发生,又以结果发生为目的实施了第二个行为。例如,甲欲杀死乙,先用手扼乙的颈部,想将其扼昏之后,再抛入河中淹死,以给人造成落水身亡的假象。但实际上,甲扼乙的颈部的行为已导致乙死亡,其将乙抛入河中的行为并未起到预想的作用。在这种场合,仍然应把第一个行为与第二个行为视为在同一犯罪意图支配下实施的整体行为。第一个行为已经造成了预期的危害结果;第二个行为并未妨碍行为人继续实现其犯罪意图。因而,行为人对实际发生的死亡结果,应承担故意杀人罪既遂的刑事责任。

二、法律认识错误

法律认识错误,是指行为人在行为时对行为的事实情况有正确认识,但对其行为的性质及法律后果所作的主观评价与刑法规范的评价不相符合。这种错误是由于行为人不知法律或者误解法律造成的。法律认识错误具体包括以下四种类型。

(一) 假想的犯罪

假想的犯罪,又称法律上的积极错误、法律的幻觉错误、出于幻觉的法律错误或幻觉犯,是指依照刑法的规定,行为人的行为并不构成犯罪,但其误认为已构成犯罪的情形。不构成犯罪的行为类型很多,如正当防卫、紧急避险等正当行为,意外事件、不可抗力事件等缺乏罪过的行为,未符合犯罪主体条件的人所实施的刑法规范所禁止的行为,小偷小摸、通奸等一般违法行为,无救助义务的人见死不救等不道德行为等。根据罪刑法定原则,行为人的行为是否犯罪,取决于是否符合法定的犯罪构成,而不能以行为人自认为是犯罪为转移。因此,假想的犯罪不影响对行为作无罪的认定。

(二) 假想的不犯罪

假想的不犯罪,又称法律上的消极错误、法律的错觉错误、出于错觉的法律错误或错觉错误,是指依照刑法的规定,行为人的行为已经构成犯罪,但其误认为不构成犯罪的情形。如行为人以为自己的事前防卫或者事后防卫等防卫行为不构成犯罪,以为以引诱等非暴力手段与未满 14 周岁的幼女发生性关系不构成犯罪,以为其为民除害大义灭亲的杀人行为不构成犯罪,以为帮助他人实施安乐死的行为不构成犯罪等。假想的犯罪是否影响犯罪故意的成立,与犯罪故意的认识内容是否包含违法性认识紧密相关。一般认为,犯罪故意的认识内容不包括行为人认识到自己行为的违法性,因此,行为人对自己的行为是否违法产生错误认识原则上并不影响犯罪故意的成立。不过,在极其特殊的情况下,如果行为人对自己的行为是否违法确实存在错误的认识,而且行为人难以避免这种错误认识,并且由此导致行为人未能认识到其行为的社会危害性的,则应阻却犯罪故意的成立。例如,行为人由于全然不知政府规定的禁猎期、禁猎区而实施非法狩猎的,就不应当以非法狩猎罪追究其刑事责任。

(三) 罪名错误

罪名错误,是指行为人在其行为已经构成犯罪这一点上没有错误认识,但在对其行为触犯了刑法规定的何种具体罪名,存在错误认识。例如,国家工作人员利用职务便利,盗窃其经手、管理的公共财产,已经构成贪污罪,行为人却误认为其行为构成盗窃罪。再如,行为人以索取债务为目的而使用暴力拘禁债务人,已经构成非法拘禁罪,但行为人却误认为构成绑架罪。由于定罪量刑是以刑事法律为依据的,并不受行为人主观意志的左右,所以罪名错误既不影响定罪,也不影响量刑。

(四) 处罚错误

处罚错误,是指行为人正确地认识到了自己的行为已经构成犯罪以及构成何种犯罪，但在处罚上存在错误认识。例如，行为人以特别残忍的手段致被害人重伤造成严重残疾的，应当被判处死刑，但其却以为没有造成被害人死亡，不会被判处死刑。再如，行为人盗窃了数十辆汽车，价值近千万元，其以为盗窃数额特别巨大，应被判处死刑，但依照《刑法》第 264 条的规定不能判处死刑。与罪名错误一样，处罚错误既不影响定罪，也不影响量刑。

本章小结

犯罪主观方面，是指刑法规定的、成立犯罪所必须具备的、行为人对其危害行为及危害结果所持的心理态度。犯罪主观方面包括犯罪故意、犯罪过失、犯罪目的、犯罪动机等主观要素。

所谓故意，是指行为人明知自己的行为会发生危害社会的结果，并且希望或者放任这种危害结果发生的心理态度。故意的法定类型包括直接故意和间接故意。前者是指行为人明知自己的行为会发生危害社会的结果，并且希望这种结果发生的心理态度；后者是指行为人明知自己的行为可能造成危害社会的结果，并且放任这种结果发生的心理态度。在学理上，可以把故意分为确定故意和不确定故意、预谋故意与突发故意等。

所谓过失，是指行为人应当预见到自己的行为可能发生危害社会的结果，因为疏忽大意而没有预见，或者已经预见而轻信能够避免，以致发生这种结果的心理态度。过失的本质在于行为人违反了注意义务。过失的法定类型包括疏忽大意的过失与过于自信的过失。前者是指行为人应当预见自己的行为可能发生危害社会的结果，因为疏忽大意而没有预见，以致发生这种结果的心理态度；后者是指行为人已经预见到自己的行为可能发生危害社会的结果，但轻信能够避免，以致发生这种结果的心理态度。在学理上，还可以把过失划分为普通过失与业务过失、重过失与轻过失等。

犯罪目的，是指行为人希望通过实施一定的危害行为达到某种危害社会结果的心理态度，也就是危害结果在犯罪人主观上的表现。犯罪目的对定罪和量刑均具有重要影响。犯罪动机，是指刺激行为人实施犯罪行为以达到犯罪目的的内心冲动或者内心起因。犯罪动机对定罪具有一定的影响，但主要影响量刑。犯罪目的和动机既可能存在于直接故意犯罪中，也可能存在于间接故意犯罪中。犯罪目的与动机既密切联系,又相互区别。

刑法上的认识错误,是指行为人实施犯罪行为时,对与其行为相关联的事实情况或法律意义的认识与现实不一致。认识错误可以分为事实上的认识错误与法律上的认识错误。前者是指行为人就自己实施的行为所认识的内容与现实发生的事实在刑法评价上有重大差别,具体包括客体错误、对象错误、手段错误、打击错误、因果关系错误等;后者是指行为人在行为时对行为的事实情况有正确认识,但对其行为的性质及法律后果所作的主观评价与刑法规范的评价不相符合,具体包括假想的犯罪、假想的不犯罪、罪名错误、处罚错误等。

习　　题

1. 什么是犯罪故意?犯罪故意有哪些基本类型?
2. 什么是犯罪过失?犯罪过失有哪些基本类型?
3. 犯罪故意中认识因素的内容是否包含违法性认识?
4. 间接故意与过于自信的过失有哪些区别?
5. 如何理解疏忽大意过失中的"应当预见"义务?
6. 什么是犯罪目的和犯罪动机?如何理解二者之间的关系?
7. 法律认识错误有哪些类型?应该如何处理?
8. 事实认识错误有哪些类型?应该如何处理?

第九章　犯罪客体

【本章导读】

犯罪客体，是指刑法所保护而为犯罪行为所侵犯的合法权益。根据犯罪行为所侵犯的合法权益范围的不同，可以把犯罪客体分为一般客体、同类客体和直接客体三个层次。犯罪的一般客体，是指一切犯罪所共同侵犯的合法权益，即我国刑法所保护的权益的整体；犯罪的同类客体，是指某一类犯罪所共同侵犯的我国刑法所保护的权益的某一部分或某一方面；犯罪的直接客体，是指某一种犯罪所直接侵犯的我国刑法所保护的具体的合法权益。犯罪对象是犯罪行为所直接作用的客观存在的具体的人或物。作为犯罪对象的具体人是具体合法权益的主体或参加者，作为犯罪对象的具体物则是具体合法权益的物质表现。

【学习重点】

- 犯罪客体的概念
- 犯罪的直接客体
- 犯罪对象与犯罪客体的联系和区别

第一节　犯罪客体概述

一、犯罪客体的概念及研究意义

（一）犯罪客体的概念

我国传统刑法理论将犯罪客体表述为“刑法所保护而为犯罪行为所侵犯的社会主义社会关系”。“社会关系”原本是社会学上的概念，借用于刑法学确实难以把握。将犯罪客体概念的落脚点放在“社会关系”上，导致犯罪客体的内容过于抽象。而犯罪构成是认定犯罪成立的规格和标准，作为犯罪构成一部分内容的犯罪客体应当是具体且容易认定的。另外，难以用社会关系来概括我国刑法中的一些犯罪的客体，如对破坏环境资源保护罪的客体，用社会关系来概括就显得比较牵强。

本书认为,应采用合法权益来概括犯罪客体,这样不仅有助于实现犯罪客体内容的具体化,而且易于理解和把握犯罪客体的概念。因而,所谓犯罪客体,是指我国刑法所保护而为犯罪行为所侵犯的合法权益。犯罪客体是犯罪构成的必要条件。任何犯罪都会侵犯一定的合法权益。犯罪行为之所以有社会危害性,首先就是由其侵犯的合法权益所决定的,而且侵犯的合法权益越重要,其社会危害性就越大;某种行为如果没有或者不可能侵犯任何一种合法权益,就不可能构成犯罪。

(二) 研究犯罪客体的意义

犯罪客体是犯罪成立的重要条件,因而,开展对犯罪客体的研究对定罪和量刑具有重要意义。

首先,研究犯罪客体有助于确定犯罪的性质,区分罪与非罪、此罪与彼罪。司法机关在处理刑事案件过程中,首要任务是定性,即确定案件的性质,划清罪与非罪、此罪与彼罪的界限。犯罪客体作为犯罪构成的重要条件,对区分罪与非罪、此罪与彼罪具有重要意义。一方面,如果行为没有侵犯任何合法权益,就不可能成立犯罪;另一方面,各种犯罪所侵犯的合法权益的性质、种类不同,其犯罪性质也就不同。我国刑法分则将犯罪分为十大类加以规定,主要分类依据就是犯罪所侵犯的客体的不同种类。在司法实践中,往往通过深入分析和研究犯罪所侵犯的合法权益的种类来确定犯罪的性质,进而为区分相近犯罪提供标准。

其次,研究犯罪客体有助于客观评估犯罪的社会危害程度,做到正确量刑。同种性质的犯罪,由于其社会危害程度不同,因而量刑结果亦不同。在分析和评价某一具体犯罪的社会危害程度时,首先应当从研究具体合法权受侵犯的情况入手,即使犯罪行为所侵犯的合法权益不属于犯罪客体的内容,也能说明行为的社会危害程度,从而影响量刑。例如,妇女的性的自己决定权并非拐卖妇女罪的犯罪客体,但如果行为人在拐卖妇女过程中奸淫被拐卖的妇女的,就属于“情节特别严重”,应当加重刑罚处罚。

二、犯罪客体的立法形式

犯罪客体是犯罪构成的重要条件之一,因此,我国刑法通过各种形式规定了犯罪客体。这里所说的犯罪客体的立法形式,主要是指刑法分则对具体犯罪所侵犯的客体的规定方式。纵观我国刑法分则的规定,对犯罪的直接客体大体上采取了以下五种规定方式。

第一，分则条文明确规定了犯罪的直接客体。例如，《刑法》第252条规定：“隐匿、毁弃或者非法开拆他人信件，侵犯公民通信自由权利，情节严重的，处一年以下有期徒刑或者拘役。”该条明确指出，侵犯通信自由罪的直接客体是公民的通信自由权利。

第二，分则条文指明犯罪客体的物质表现，通过物质表现表明犯罪客体。例如，《刑法》第264条规定：“盗窃公私财物，数额较大或者多次盗窃的，处三年以下有期徒刑、拘役或者管制，并处或者单处罚金；……”其中，公私财物就是犯罪客体的物质表现，表明盗窃罪的直接客体是公私财物所有权。

第三，分则条文指出被侵犯的合法权益的主体。例如，《刑法》第254条规定：“国家机关工作人员滥用职权、假公济私，对控告人、申诉人、批评人、举报人实行报复陷害的，处二年以下有期徒刑或者拘役；情节严重的，处二年以上七年以下有期徒刑。”据此，控告人、申诉人、批评人、举报人就是报复陷害罪所侵犯的合法权益的主体，控告人、申诉人、批评人、举报人所享有的控告权、申诉权、批评权和举报权，就是报复陷害罪的直接客体。

第四，分则条文指出犯罪行为所触犯的法律法规，通过该法律法规表明犯罪客体。例如，《刑法》第322条规定：“违反国（边）境管理法规，偷越国（边）境，情节严重的，处一年以下有期徒刑、拘役或者管制，并处罚金。”该条指明了偷越国（边）境行为违反了国（边）境管理法规。由此表明，国（边）境管理法规所调整和保护的国（边）境管理制度就是偷越国（边）境罪的直接客体。

第五，分则条文通过揭示犯罪的行为特征表明犯罪客体。例如，《刑法》第238条第1款规定：“非法拘禁他人或者以其他方法非法剥夺他人人身自由的，处三年以下有期徒刑、拘役、管制或者剥夺政治权利。具有殴打、侮辱情节的，从重处罚。”该条文所揭示的犯罪行为特征是“非法拘禁他人或者以其他方法非法剥夺他人人身自由”，由此表明非法拘禁罪的直接客体是公民的人身自由权利。

第二节　犯罪客体的层次

根据犯罪行为所侵犯的合法权益的范围不同，刑法理论通常把犯罪客体分为一般客体、同类客体和直接客体三个层次。犯罪的一般客体、同类客体和直接客体三者之间不是并列关系,而是密切相关的整体与部分的层次关系。

一、犯罪的一般客体

犯罪的一般客体,是指一切犯罪所共同侵犯的合法权益,即我国刑法所保护的合法权益的整体。《刑法》第 2 条、第 13 条对于刑法所保护的各类权益的规定,是犯罪一般客体的主要内容。犯罪的一般客体说明的是所有犯罪客体共同的本质,是刑法所保护的客体的最高层次,是研究其他层次犯罪客体的基础。犯罪的一般客体与犯罪的本质属性即严重社会危害性在基本含义上是一致的。换言之,犯罪的一般客体是从犯罪构成的角度对犯罪本质属性的体现和进一步深化。

犯罪的一般客体告诉人们,任何犯罪都会侵犯我国刑法所保护的合法权益的整体。犯罪不单纯是犯罪者与被害人个人之间矛盾的表现,也不是局部性问题,而是同国家、人民利益之间的强烈冲突,是与整个现存法律秩序和社会整体利益相对抗的问题。因此,研究犯罪的一般客体,可以使我们认清犯罪的本质,充分认识与犯罪做斗争的重要性和必要性。

二、犯罪的同类客体

犯罪的同类客体,是指某一类犯罪所共同侵犯的刑法所保护的合法权益的某一部分或某一方面。同类客体的划分,是根据犯罪行为所侵犯的合法权益的不同方面进行的科学分类。同类客体揭示了同一类犯罪客体的共同本质,即各类犯罪不同于其他类型犯罪的危害性质,并在相当程度上反映出各类犯罪不同的社会危害性程度。

同类客体的原理,是刑事立法和刑法理论建立科学的刑法分则体系的重要依据。我国刑法根据犯罪所侵犯的同类客体的不同,把各种各样的犯罪区分为十大类:(1)危害国家安全罪;(2)危害公共安全罪;(3)侵犯社会主义市场经济秩序罪;(4)侵犯公民人身权利、民主权利罪;(5)侵犯财产罪;(6)妨害社会管理秩序罪;(7)危害国防利益罪;(8)贪污贿赂罪;(9)渎职罪;(10)军人违反职责罪。此外,刑法分则第三章"破坏社会主义市场经济秩序罪"以本章犯罪所侵犯的客体不同又分为八类,其中每一类犯罪所侵犯的客体均属于同类客体;刑法分则第六章"妨害社会管理秩序罪"以该章犯罪所侵犯的客体不同又分为九类,其中每一类犯罪所侵犯的客体亦都属于同类客体。

三、犯罪的直接客体

犯罪的直接客体，是指某一种犯罪所直接侵犯的我国刑法所保护的具体的合法权益。现实的犯罪都是具体的，某种具体的犯罪行为不可能使刑法保护的合法权益的各个方面都遭到同样的侵犯，而只可能侵犯作为整体的合法权益的一个或几个部分。这些被侵犯的具体的权益，就是犯罪的直接客体。因此，犯罪的直接客体能够最直接地揭示某一具体犯罪行为的性质和特征。例如，故意杀人罪的直接客体就是他人的生命权，而故意伤害罪的直接客体是他人的身体健康权，强奸罪的直接客体则是妇女的性的自由决定权等。研究犯罪的直接客体，对于划清各种具体犯罪之间的界限及正确量刑，都具有重要意义。

研究犯罪的直接客体，还应当注意两个问题：其一，有些犯罪行为所侵犯的直接客体与同类客体是一致的。例如，侵犯财产罪侵犯的同类客体是公私财产权，而其中的盗窃罪、诈骗罪、抢夺罪侵犯的直接客体也是公私财产权。因此，盗窃罪、诈骗罪、抢夺罪之间的界限就不在于它们所侵犯的直接客体，而是在于其他犯罪构成要件。其二，依据具体犯罪构成所包含的直接客体单复数的不同，刑法理论上把直接客体分为单一客体(也称简单客体)和复杂客体。单一客体，是指一种犯罪行为只侵犯了一种具体的合法权益；复杂客体，是指一种犯罪行为侵犯了两种以上具体的合法权益。如刑讯逼供罪，既侵犯了公民的人身权利，也妨害了司法机关的正常活动。在复杂客体中，各种客体之间有主次之分，不能等量齐观。“主”与“次”的划分标准，主要是看被侵犯的该种具体合法权益为刑法保护的重要程度和遭受犯罪侵犯的程度。主要客体是某一具体犯罪所侵犯的复杂客体中遭受侵犯的程度较严重的、刑法予以重点保护的合法权益。认识主要客体有助于正确认识复杂客体的犯罪的性质。次要客体(也称辅助客体)，是某一具体犯罪所侵犯的复杂客体中遭受侵犯的程度较轻的、刑法予以一般保护的合法权益。在刑事立法上，一般根据具体犯罪所侵犯的主要客体对其进行归类。

第三节　犯罪客体与犯罪对象的关系

一、犯罪对象的概念

犯罪对象，是指犯罪行为所直接作用的人或者物。如故意杀人罪的犯罪对象是人,盗窃罪的对象是公私财物。犯罪对象包括以下几层含义。

第一,犯罪对象是具体的人或物。犯罪对象包括人和物两种。人,是指有生命的人类个体,即自然人;物,是指不以人的意志为转移而客观存在的物质。其中,作为犯罪对象的物,按其归属关系可以分为国家所有物、集体所有物、个人所有物、共有物等;按其存在形态可以分为货币与实物、有形物与无形物、动产与不动产等。

第二,犯罪对象是犯罪行为直接作用的人或物。并非任何具体的人或物都可能作为犯罪对象而存在;具体的人或物在未受犯罪行为侵犯时,仅是可能的犯罪对象。只有犯罪行为直接作用于某人或某物时,该人或物才成为现实的犯罪对象。犯罪对象的这一特征使其与犯罪所得之物、犯罪所用之物有本质区别。犯罪所得之物是犯罪人通过犯罪所获得的财产或物品,犯罪所用之物是犯罪人在犯罪活动所使用的工具或物品,这些都不能认定为犯罪对象。

第三,犯罪对象能够体现犯罪客体。无论是作为犯罪对象的人,还是作为犯罪对象的物,都能体现犯罪客体。具体而言,人是具体合法权益的主体或参加者,而物则是某种合法权益的物质表现。作为犯罪对象的人所体现的犯罪客体主要是与人身密切相关的合法权益,如生命权、身体健康权、人格权、名誉权等;作为犯罪对象的物所体现的犯罪客体主要是财产权,但物根据其不同状况和特点也可能体现其他内容的犯罪客体。

第四,犯罪对象具有客观实在性和可知性。无论是作为犯罪对象的人,还是作为犯罪对象的物,都具有客观实在性。任何犯罪行为都会对犯罪对象造成某种影响,从而准确反映犯罪行为对其作用时的实际状况,并且能够为人们所感知和认识。犯罪对象的这一特征使其在刑事诉讼中可以作为证据来证明案件的事实。

二、犯罪对象与犯罪客体的关系

犯罪对象与犯罪客体是两个既有联系又有区别的概念。二者之间的联系表现在:作为犯罪对象的具体人,是具体合法权益的主体或参加者;作为犯罪对象的具体物,则是具体合法权益的物质表现。在存在犯罪对象的犯罪中,犯罪行为正是通过对犯罪对象的直接作用来使其所体现的合法权益遭受侵犯的。

然而,犯罪对象与犯罪客体之间存在明显区别,具体表现为:(1)犯罪客体决定犯罪性质,犯罪对象则未必。仅从犯罪对象分析某一案件,并不能分清犯罪性质。只有通过犯罪对象所体现的犯罪客体，才能确定某种行为的性质。例如，同样是盗窃汽车上的零部件，甲盗窃的是仓库中备用的零部件，而乙盗窃的则是正在使用中的汽车上的零部件。甲的行为可能构成盗窃罪，而乙的行为可能构成破坏交通工具罪。甲的行为与乙的行为之间的区别就在于行为对象所体现的直接客体不同：甲的犯罪行为所作用的对象体现的是公私财产权，乙的犯罪行为所作用的对象体现的是公共安全。(2)任何犯罪都有犯罪客体，但并非任何犯罪都有犯罪对象。例如，脱逃罪、偷越国(边)境罪等都侵犯了一定的客体，但很难说其犯罪对象是什么。(3)任何犯罪都会使犯罪客体受到侵犯，而犯罪对象则不一定受到侵犯。例如，盗窃犯将他人的财物盗走，侵犯了他人的财产权，但作为犯罪对象的财物本身则未必受到侵害。(4)犯罪客体是犯罪分类的基础，犯罪对象则不是。犯罪客体的性质和范围是确定的，因而可以成为犯罪分类的基础。我国刑法分则正是依据犯罪所侵犯的同类客体不同，把犯罪分为十大类。犯罪对象的性质和范围是不确定的，即不同性质的犯罪可能有相同的犯罪对象，同一性质的犯罪可能有完全不同的犯罪对象；而且，有些犯罪根本就没有具体的犯罪对象。因而，犯罪对象不可能成为犯罪分类的基础。

本章小结

所谓犯罪客体，是指我国刑法所保护而为犯罪行为所侵犯的合法权益。犯罪客体是犯罪构成的必要条件。研究犯罪客体，对于正确定罪与量刑均具有重要意义。我国刑法分则条文采用不同方式对犯罪的直接客体进行了规定。有的分则条文明确规定了犯罪的直接客体；有的分则条文指明犯罪客体的物质表现，通过物质表现表明犯罪客体；有的分则条文指出被侵犯的合法权益的主体；有的分则条文指出犯罪行为所触犯的法律法规，通过该法律法规表明犯罪客体；有的分则条文通过揭示犯罪的行为特征表明犯罪客体。

根据犯罪行为所侵犯的合法权益的范围不同，刑法理论通常把犯罪客体分为一般客体、同类客体和直接客体三个层次。犯罪的一般客体，是指一切犯罪所共同侵犯的合法权益，即我国刑法所保护的合法权益的整体；犯罪的同类客体，是指某一类犯罪所共同侵犯的我国刑法所保护的合法权益的某一部分或某一方面；犯罪的直接客体，是指某一种犯罪所直接侵犯的我国刑法所保护的具体的合法权益。犯罪的一般客体、同类客体和直接客体三者之间不是并列关系,而是密切相关的整体与部分的层次关系。

犯罪对象,是指犯罪行为所直接作用的人或者物。作为犯罪对象的具体人,是具体合法权益的主体或参加者;作为犯罪对象的具体物,则是具体合法权益的物质表现。在存在犯罪对象的犯罪中,犯罪行为正是通过对犯罪对象的直接作用来使其所体现的合法权益遭受侵犯的。

习　题

1. 犯罪客体在刑法立法上是如何体现的?
2. 如何理解犯罪客体的三个不同层次?
3. 如何理解犯罪对象与犯罪客体的联系与区别?

第十章　正当行为

【本章导读】

正当行为是外观上或形式上符合某种犯罪的构成要件，但实质上不具有社会危害性和刑事违法性，因而不构成犯罪的行为。正当行为有利于保障公民充分行使法定权利，也有利于鼓励公民与各种违法犯罪行为做斗争。我国法律明文规定的正当行为包括正当防卫和紧急避险；除此之外，在司法实践中还存在一些超法规的正当行为，如法令行为、正当业务行为、执行命令行为、权利人承诺的行为、自救行为等。

【学习重点】

- 正当防卫的成立条件
- 紧急避险的成立条件

第一节　正当行为概述

一、正当行为的概念及特征

正当行为，也有学者称为排除社会危害性的行为、排除违法性的行为、正当化事由或者排除犯罪的事由，是指在外观上或形式上符合某种犯罪的构成要件，而实质上不具备犯罪的社会危害性和刑事违法性，从而不构成犯罪的行为。在大陆法系刑法理论中，正当行为被称为违法阻却事由，在英美法系刑法理论中则被称为合法抗辩事由。

正当行为具有如下特征。

其一，正当行为在外观上符合某种犯罪的构成要件。例如，采取正当防卫而伤害不法侵害人的行为外观上符合故意伤害罪的构成要件，采取紧急避险毁坏无辜第三者的财产的行为外观上符合故意毁坏财物罪的构成要件。

其二，正当行为实质上不符合任何犯罪的犯罪构成。正当行为在实质上不仅不具有社会危害性,也不具备刑事违法性,因而不构成犯罪。例如,消防队员为防止火势蔓延而强行拆除与火源毗邻的房屋的行为、医生为防止病人全身瘫痪而对其进行高位截肢的行为,表面上似乎是犯罪行为,而实际上却是依法执行职务的行为和正当业务行为。虽然这些行为在客观上造成了一定的损害结果,但不具备犯罪的主客观要件。因此,这些行为不仅没有社会危害性,而且是对个人和社会有益的行为。

二、正当行为的种类

刑法理论一般认为,正当行为包括法定的正当行为与超法规的正当行为。法定的正当行为,即刑法明文规定的正当行为。在我国,法定的正当行为包括正当防卫和紧急避险两种。超法规的正当行为,是指刑法虽无明文规定,但事实上是排除了行为的社会危害性和刑事违法性的行为。虽然理论上对于超法规的正当行为的范围尚未取得一致意见,但一般都承认法令行为、正当业务行为、执行命令行为、权利人承诺的行为、自救行为的正当性。

第二节　正当防卫

一、正当防卫的概念

根据《刑法》第 20 条的规定,正当防卫,是指为了使国家、公共利益、本人或者他人的人身、财产和其他权利免受正在进行的不法侵害,而对不法侵害人所实施的制止不法侵害且未明显超过必要限度的行为。对正当防卫的概念,应当从以下几个方面去理解。

第一,正当防卫是一种正当且合法的行为。正当防卫行为难免对侵害人造成一定的损害,但防卫人主观上具有维护合法权益的目的,客观上具有制止不法侵害的行为,因而正当防卫不仅对社会无害,反而是一种有益于社会的行为,为我国法律所提倡和保护。

第二,正当防卫是公民的一项权利。在日常生活中,人们可能会遇到各种各样的危险,其中在遇到有他人不法侵害的情况下,如果不能及时得到国家的公力救济,就需要公民采取措施来维护国家、公共利益、本人或他人的合法权益。从这个意义上讲，正当防卫实际上是法律赋予公民同违法犯罪行为做斗争的一项权利。

第三，正当防卫受到一定的条件限制。如果正当防卫没有限制，就可能造成公民滥用防卫权，从而给社会带来极大的危害。因此，公民在行使防卫权时，必须符合法律所规定的条件，不允许任意行使。法律对正当防卫成立条件的规定，就是为了防止公民滥用防卫权。

二、正当防卫的成立条件

正当防卫是主观意图与客观行为的统一，其成立条件包括防卫意图、防卫起因、防卫时间、防卫对象、防卫限度五个方面。

（一）防卫意图

1. 防卫意图的内容

防卫意图，是指为了保护国家、公共利益、本人或他人的人身、财产或其他权利免受不法侵害而决意制止正在进行的不法侵害的心理状态。防卫意图是防卫认识和防卫目的的统一。

(1) 防卫认识。所谓防卫认识，即防卫人必须认识到不法侵害正在进行、法律所保护的合法权益已处于被侵害的危险状态、自己的行为是对正在进行的不法侵害的防卫反击等事实情况。如果没有认识到这些情况，就不能成立正当防卫。关于防卫认识的内容，刑法理论上存在争论。[1] 本书认为，正当防卫是法律赋予公民在紧急情况下所采取的一种自我保护措施，当公民受到不法侵害的时候，精神上往往处于高度惊恐的状况。在这种情况下，被侵害者不可能对防卫者的行为以及自己的反击行为有具体的认识。如果对防卫者的防卫认识的内容要求过多，无异于剥夺了其防卫权。因此，只要防卫人认识到不法侵害正在进行，就具备了防卫的认识因素。

(2) 防卫目的。正当防卫的目的包括两个层次：第一个层次是制止不法侵害；第二个层次是保护合法权益。其中，第一个层次是防卫的直接目的，即防卫行为针对不法侵害人实施，是为了制止其正在进行的不法侵害，使该不法侵害被迫停止或归于失败。这是防卫人实施防卫行为所希望达到的直接效果。第二个层

---

〔1〕 参见孙国祥：《刑法基本问题》，291 页，北京，法律出版社，2007。

次是防卫的根本目的,即通过制止不法侵害,保护国家、公共利益和公民个人合法权利。直接目的对于根本目的来说,只是一种手段,而根本目的则是直接目的所欲达到的最终效果。

2. 不具有防卫意图的几种情形

正当防卫是主观和客观的统一体,如果没有防卫意图就不能成立正当防卫。某些行为在形式上具备正当防卫的客观条件,但由于其主观上没有防卫意图,因而不能认定为正当防卫。不具有防卫意图的情形主要包括以下几种。

(1) 防卫挑拨。所谓防卫挑拨,是指行为人为了加害对方,故意挑逗他人向自己进攻,然后借口正当防卫加害对方的行为。在防卫挑拨的情况下,存在正在进行的不法侵害,行为人也对正在进行的不法侵害进行了所谓的防卫行为。但这种不法侵害行为是行为人故意挑逗起来的,其目的在于利用正当防卫来加害于对方。因而,在防卫挑拨的情况下,行为人主观上具有侵害他人的犯罪故意,不具备防卫目的的正当性,不属于正当防卫。

(2) 相互斗殴。相互斗殴,是指双方都出于侵害对方身体的意图而实施的相互攻击行为。在相互斗殴的场合,双方都有侵害对方的意图,客观上也实施了侵害对方的行为,因而双方都不具有防卫意图,不属于正当防卫。如果相互斗殴符合聚众斗殴罪或故意伤害罪的构成要件,应以相应的犯罪论处。不过,在以下两种情况下,也可能存在正当防卫:其一,一方已经停止斗殴,如宣布不再斗殴、退出斗殴现场或求饶、认输、逃走,另一方仍紧追不舍,继续实行侵害,则斗殴事实上已结束,前者可以对后者实行正当防卫。其二,在一般性的轻微斗殴中,一方突然加大侵害的强度,使另一方的人身安全面临严重威胁的,另一方也可以实行正当防卫。

(3) 偶然防卫。偶然防卫,是指行为人不知他人正在实行不法侵害,而故意对其实施侵害行为,客观上发生防卫效果,且没有超过防卫的必要限度的情形。例如,甲枪击乙时,丙出于杀害甲的意图开枪将甲打死,丙的行为客观上制止了甲的不法侵害,但由于丙对甲的行为一无所知,因而主观上不存在防卫意图。对于偶然防卫,应当认定为故意犯罪。但是,对于偶然防卫是按既遂犯还是未遂犯处罚,理论上尚有进一步讨论的必要。

(4) 为保护非法利益而实施的防卫。为了保护非法利益而实施的防卫行为明显缺乏保护合法权益的防卫意图,不成立正当防卫。例如,赌徒为保护其赌资对抢劫赌场的行为进行还击，造成抢劫犯的伤害等。在这种情况下，对侵害者和还击者应分别追究其法律责任；对构成犯罪的，应分别定罪量刑。

（二）防卫起因

正当防卫是制止正在进行的不法侵害、保护法益的行为，所以，必须以存在现实的不法侵害为前提。因而，现实的不法侵害是正当防卫的起因条件。对于正当防卫的起因条件应从以下两个方面来理解。

1. *不法侵害必须是客观真实存在的*

不法侵害是现实存在的，而不是由行为人想象出来的。如果行为人针对自己想象出来的不法侵害而实施的防卫行为，则构成假想防卫。假想防卫，是指实际上不存在正在进行的不法侵害，而行为人误认为不法侵害正在进行进而实施防卫的情形。根据假想防卫人的假想前提不同，可以把假想防卫分为三种：(1)无侵害前提的假想防卫，即客观上并不存在侵害行为，而行为人误以为侵害行为正在进行，进而采取了防卫行为，造成了他人的无辜伤害。(2)无不法侵害前提的假想防卫，即行为人把外表上似乎是正在进行的不法侵害但实际上具有正当性的行为，误认为是正在进行的不法侵害，因而采取了防卫行为。(3)对象错误的假想防卫，即客观上虽然受到了不法侵害，但防卫人对不法侵害人发生认识上的错误，弄错了对象，而对无辜第三者实施的防卫行为。〔2〕可见，假想防卫不属于正当防卫。但假想防卫是由于事实认识错误而引起的，因而可以排除故意犯罪。如果行为人主观上有过失，就以过失犯罪处理；如果行为人主观上没有过失，损害结果是由于不能预见的客观原因引起的，就属于意外事件。

2. *不法侵害行为属于违法行为*

正当防卫的前提条件是正在进行的不法侵害。其中，对不法侵害包括犯罪行为，没有争议；但不法侵害是否包括一般违法行为？存在争议。本书认为，不法侵害应包括一般违法行为。首先，法律并没有规定正当防卫的起因条件是犯罪行为。其次，很多行为在着手之时，根本无法判断是一般违法行为还是犯罪行为。如故意伤害行为，既可能造成被害人轻微伤，还可能造成被害人轻伤、重伤乃至死亡；但是在结果发生之前，很难判断故意伤害行为属于一般违法行为还是犯罪行为。不仅如此，一般违法行为与犯罪行为的界限很难区分。在很多情况下，连司

---

〔2〕 参见马克昌主编：《犯罪通论》，726页，武汉，武汉大学出版社，1990。

法人员都无法分清,要求公民在自己的生命、健康受到严重威胁的紧急情况下,判断出侵害行为属于犯罪行为后才实施正当防卫,无异于剥夺了公民的防卫权。因此,作为正当防卫前提条件的不法侵害行为,既包括犯罪行为,也包括一般违法行为。

(三) 防卫时间

正当防卫的时间条件,是指只有在不法侵害正在进行时才能实行防卫行为。所谓不法侵害正在进行,是指不法侵害已经开始且尚未结束。

在一般情况下,不法侵害已经开始是指不法侵害人已经着手直接实施不法侵害行为,已经对合法权益构成了现实的威胁。如果仅仅是为不法侵害行为的实施做准备的活动,不能认为是不法侵害的开始。应当注意的是,对于某些危险性较大的犯罪而言,在尚未着手实行,而依照当时的全部情况,已经对合法权益造成了紧迫的威胁,待其着手实行后便来不及减轻或避免危害结果发生的,应当允许实行正当防卫。如此解释不法侵害的开始,符合正当防卫的立法精神。因为不法侵害行为的性质各异,表现形式多样,侵害的剧烈程度也不相同,所以,确定不法侵害的开始不可能采用一个统一的标准,而要根据不法侵害行为的具体情况作具体分析。

不法侵害的结束,应当以不法侵害行为对合法权益所形成的现实危险是否排除为标志。只要不法侵害行为或者其导致的危险状态尚在继续中,不法侵害就尚未结束,防卫人可以用防卫手段予以制止或排除。凡是具有下列情形之一的,可以视为不法侵害已经终止:(1)不法侵害者已经自动中止不法侵害;(2)不法侵害者已被人制服;(3)不法侵害者已经丧失继续侵害的能力;(4)不法侵害者已经逃离现场;(5)不法侵害已经造成了危害结果并且不可能继续造成更严重的结果。另外,在财产性违法犯罪的场合,行为虽然已经完成,不法侵害者已取得财物,但在现场还来得及挽回损失的,应当认为不法侵害尚未结束,可以实行正当防卫。

违反正当防卫的时间条件所实施的防卫行为,构成防卫不适时。根据防卫不适时发生的时间,可将其分为两种情形:一是事前防卫,即在不法侵害尚处在预备阶段或犯意表示阶段,对于合法权益的威胁尚未达到现实状态时,就实施所谓的防卫行为。在事前防卫的场合,不法侵害人是否实施某种侵害还处于或然状态,因而不具备正当防卫的时间条件。二是事后防卫,即在不法侵害已经结束的情况下,损害不法侵害者的某种权益的行为。在事后防卫的场合,不法侵害已经结束，侵害行为或其导致的危险状态已经不能通过防卫行为来制止或排除，已经不存在正当防卫的时间条件。防卫不适时造成严重后果的，应根据行为人有无罪过以及罪过的性质作不同的处理。

实践中，有一个与防卫不适时相关的问题，即设置防卫装置。行为人为保护自己财产的安全，事先设置一些防卫装置。对于这种设置防卫装置导致他人人身伤亡的情况，能否认定为正当防卫？应当根据设置防卫装置的行为性质来判断。如果所设置的防卫装置本身是被法律所禁止的，设置行为超出了个人的权利范围的，对于由此造成的侵害后果应当承担刑事责任；如果所设置的防卫装置没有违反法律的一般规定，仍然应当认为是一种防卫行为。在这种情况下，尽管安置防卫装置时不法侵害并不存在，但当防卫装置发生效果时却存在正在进行的不法侵害，因此应认为具备正当防卫的时间条件。

（四）防卫对象

正当防卫的对象，是指防卫行为只能针对不法侵害者本人实行，不能及于第三者。在共同违法犯罪的情况下，只能针对客观上正在进行不法侵害的人进行防卫；不法侵害人为多人的，防卫行为可以针对其中的一人进行，也可以针对多人进行。

正当防卫的对象，只限于实施不法侵害的自然人，不能及于无辜公民。至于不法侵害者是否具有责任能力，并不影响正当防卫的成立。无责任能力人的侵害行为由于缺乏罪过或主观要件而不能称之为严格意义上的违法行为或犯罪行为，但这种行为显然是不合法的。如果一定要将"不法侵害"中的"不法"与违法视为同义，那么对无责任能力人的侵害行为显然不能实行正当防卫。如果这样，就等于要求防卫人在实行正当防卫时必须对侵害人的责任能力状况有所认识。但这显然不妥当。因此，对于无责任能力人的侵害行为，原则上应允许实行正当防卫。然而，在明知侵害人是无责任能力人的情况下，从人道精神出发，对于正当防卫又应当施加一定限制，即应尽量采取逃跑等其他办法避免损害，只有在不得已的情况下才可以进行正当防卫，且在防卫手段上应有所限制。

对于不法侵害人以外的第三者实行的所谓的防卫行为，不能视为正当防卫。对于防卫第三者的行为，应分别依以下情形处理：在不得已的情况下，损害了第三者的合法权益，又没有超过必要限度的，按紧急避险处理；故意损害第三者合法权益，构成犯罪的，按故意犯罪处理；误认为第三者为不法侵害人而对其造成损害的,按假想防卫处理。

(五)防卫限度

正当防卫的限度,是指防卫行为不能明显超过必要限度且对不法侵害者造成重大损害。关于正当防卫的必要限度,在我国刑法学界存在不同观点。必需说认为,所谓必要限度,就是防卫人制止不法侵害所必需的限度。只要造成的损害是制止不法侵害所必需的,即使防卫在强度、后果等方面超过对方可能造成的损害,也不能认为是超过了必要限度。基本适应说认为,正当防卫的必要限度,就是防卫行为与不法侵害行为在性质、手段、强度和后果上要基本相适应。相当说认为,必要限度原则上应以制止不法侵害所必需为标准,同时要求防卫行为与不法侵害行为在手段、强度等方面不存在过于悬殊的差异。[3]

必需说强调了防卫目的的正当性,但过分强调了必需,忽视了防卫与侵害在客观上的相当性,没有对防卫者设定必要的约束;基本适应说没有观察防卫者的主观目的,当出现防卫的强度超过侵害强度的情况时,容易出现认识偏颇。根据相当说,所谓明显超过必要限度,是指防卫行为不是非常显著地超出了制止不法侵害的需要,并且根据不法侵害发生的环境、防卫人与不法侵害人的力量对比等客观因素进行判断。相当说实际上是必需说与基本适应说的折中,既抓住了理解必要限度的本质及关键特征,有利于鼓励公民实行正当防卫,又提出了对防卫人的必要约束,有利于保障正当防卫的正确行使,因而属于合理可行的学说。

防卫行为并非一旦超过必要限度就成立防卫过当,而是只有"明显超过必要限度造成重大损害的",才构成防卫过当(当然,行为人同时对该结果具有罪过)。明显超过必要限度,是指在事后能够清楚明白、确定地看出防卫行为超过了必要限度,而且超过的程度不属于轻微。造成重大损害,是指防卫行为所造成的损害与不法侵害行为可能造成的损害之间明显失衡。重大损害具体包括不法侵害人重伤、死亡以及财产重大损失等情形。没有造成重大损害,是指防卫行为尽管对不法侵害人造成了一定的损害,但尚未达到重大损害的程度。

《刑法》第 20 条第 3 款规定:"对正在进行行凶、杀人、抢劫、强奸、绑架以及其他严重危及人身安全的暴力犯罪,采取防卫行为,造成不法侵害人伤亡的,不属于防卫过当,不负刑事责任。"据此,针对正在进行行凶、杀人、抢劫、强奸、绑架以

---

〔3〕 参见高铭暄、马克昌主编:《刑法学》,136 页,北京,北京大学出版社、高等教育出版社,2000。

及其他严重危及人身安全的暴力犯罪实施正当防卫时，没有防卫限度的要求。也正因如此，《刑法》第 20 条第 3 款被认为是对公民特殊防卫或无过当防卫的规定。当然，构成特殊防卫或无过当防卫，亦应具备相应的条件：(1)防卫人具有防卫意图，即为了使国家、公共利益、本人或者他人的人身、财产和其他权利免受正在进行的不法侵害；(2)前提条件是存在行凶、杀人、抢劫、强奸、绑架以及其他严重危及人身安全的暴力犯罪行为；(3)时间条件是严重危及人身安全的暴力犯罪正在进行；(4)对象条件是防卫行为只能针对实施严重危及人身安全的暴力犯罪的不法侵害人。

三、防卫过当及其刑事责任

(一) 防卫过当的概念

《刑法》第 20 条第 2 款规定："正当防卫明显超过必要限度造成重大损害的，应当负刑事责任，但是应当减轻或者免除处罚。"据此，防卫过当是指防卫明显超过必要限度，造成重大损害的行为。防卫过当是由于防卫行为明显超过必要限度造成重大损害，才使得防卫行为由正当变为过当，由合法转化为非法的。

关于防卫过当的罪过形式，有不同观点。全面过失说认为，防卫过当的罪过形式只能是过失(疏忽大意的过失与过于自信的过失)；疏忽大意过失说认为，防卫过当的罪过形式只能是疏忽大意的过失；过失和间接故意说认为，防卫过当的罪过形式包括疏忽大意的过失、过于自信的过失和间接故意。本书认为，防卫目的的正当性决定了防卫过当的罪过形式不可能是直接故意，因为直接故意犯罪是有犯罪目的的犯罪，表现为对危害结果的积极追求，而且犯罪目的不可能与正当防卫目的并存。疏忽大意的过失、过于自信的过失以及间接故意，都是没有犯罪目的的罪过形式，与成立防卫过当需要具备目的的正当性不矛盾，因而都可以成为防卫过当的罪过形式。

(二) 防卫过当的刑事责任

防卫过当不是独立的罪名。对于防卫过当行为，实践中应当根据具体案件中过当的犯罪事实的性质以及犯罪人的主观罪过形式，依照刑法分则的有关条款来确定罪名。如防卫人过失造成不法侵害人重伤、死亡的，则分别认定为过失致人重伤罪或过失致人死亡罪；如果防卫人基于间接故意造成不法侵害人伤害、死亡的，则分别定为故意伤害罪和故意杀人罪。

我国《刑法》第 20 条第 2 款规定,对于防卫过当构成犯罪的,“应当减轻或者免除处罚”。刑法之所以作出这样的规定,一方面是因为在防卫过当的情况下,防卫人主观上是为了保护合法权益免受不法侵害,另一方面是因为客观上所造成的损害有部分属于不法侵害人造成的应有损害,不应要求防卫人对该部分损害承当责任。可见,防卫过当的主客观因素决定了其社会危害性较通常犯罪的社会危害性要小,所以对防卫过当应当减轻或者免除处罚。

第三节 紧急避险

一、紧急避险的概念

《刑法》第 21 条第 1 款规定:“为了使国家、公共利益、本人或者他人的人身、财产和其他权利免受正在发生的危险,不得已采取的紧急避险行为,造成损害的,不负刑事责任。”据此,紧急避险,是指为了使国家、公共利益、本人或者他人的人身、财产和其他权利免受正在发生的危险,不得已损害另一较小合法权益以保全较大的合法权益的行为。从刑法的这一规定来看,紧急避险在主观上是为了使国家、公共利益、本人或他人的人身、财产和其他权利免受正在发生的危险,客观上由于不得已而损害了某一较小的合法权益,并保全了较大合法权益,因而不具有社会危害性。

二、紧急避险的成立条件

紧急避险以损失一定的合法权益为代价,因而,为了避免紧急避险的滥用,刑法对紧急避险规定了比正当防卫更加严格的条件。

(一) 主观条件

紧急避险的主观条件,即避险意图,是指行为人为了使国家、公共利益、本人或他人的人身、财产和其他权利免受正在发生的危险。避险意图是避险认识和避险目的的统一。避险认识包括以下内容:(1)认识到国家、公共利益、本人或他人的人身、财产或其他权利正在面临危险;(2)认识到只有损害另一较小的合法权益才能保护较大的合法权益;(3)认识到自己的避险行为是保护较大合法权益的正当行为。避险目的,是指实施避险行为所希望达到的结果。根据刑法规定,行为只能人出于保护国家、公共利益、本人或他人的人身、财产或其他权利免受正在发生的危险。如果为了保护本人或他人的非法利益，而对第三者的合法权益进行损害的，不能视为紧急避险。

（二）起因条件

紧急避险的起因条件，是指必须存在现实的、客观的危险。危险的主要来源包括：(1)自然灾害。如地震、风尘暴、山崩地陷、泥石流、海啸、火灾、水祸等。在自然灾害发生之际，为保护重大的合法利益免受损害，采取紧急避险行为，完全是正当的。(2)不法侵害行为。既包括有责任能力人的不法侵害行为，也包括无责任能力人的不法侵害行为。各种违法犯罪行为，都会使某种合法权益处于危险状态，在别无他法可以避免的情况下，采取紧急避险是适宜的。(3)人的生理及病理原因。例如，为了抢救重伤员，强行拦阻过往汽车送往医院的行为，就属于紧急避险。其中，重伤就属于危险来源。(4)动物的侵袭。动物的侵袭可能对人身、财产安全构成威胁时，也可以成为危险的来源。

（三）时间条件

紧急避险的时间条件，是指只能在危险正在发生之时实施避险行为。所谓危险正在发生，是指危险已经出现且尚未消除。危险已经出现，是指危险已经使特定的合法权益处于紧迫的威胁之中；如果不加以排除，合法权益势必遭受损害。危险尚未消除，是指危险出现后继续威胁着一定的合法权益，或者正在造成危害，此时若不实行紧急避险，合法权益必将遭受危害或遭受更大损害。如果在危险发生之前或消除之后进行所谓的避险，则分别属于事前避险和事后避险(二者合称为“避险不适时”)，不能以紧急避险论。对于避险不适时，应当按照处理防卫不适时的原理进行处理。

（四）对象条件

紧急避险的对象条件，是指紧急避险行为是针对第三者的合法权益实施的。紧急避险的本质特征是，为了保全较大的合法权益，而将其面临的危险转嫁给另一个较小的合法权益。如果针对危险实施一定的直接对抗行为，那么，这种行为就不属于紧急避险。对不法侵害者本人进行反击的，就属于正当防卫。

（五）限度条件

紧急避险的限度条件，是指避险行为不能超过必要限度，造成不应有的损害。换言之，紧急避险的必要限度，就是避险行为对另一合法权益所造成的损害，必须小于所要避免的损害。如果避险行为所造成的损害大于或等于所要避免的损害,则超过了必要限度。这意味着受损害的合法权益既不能等于、更不能大于所保护的权益。因此,在把握紧急避险的限度条件时,涉及两个合法权益大小的权衡问题。一般而言,权衡合法权益大小的基本标准是:(1)人身权利大于财产权利;(2)生命健康权高于其他任何权利,但不允许为保护自己的健康权而不惜牺牲他人的健康权,也不允许为保护自己的生命而牺牲他人的生命;(3)价值高的财产权益大于价值低的财产权益,不允许为保护较小的财产权益而损害较大的财产权益;(4)公共利益并非永远高于个人利益,当二者不能两全时,不允许以牺牲他人的生命为代价,来保全公共利益。但是,上述标准并非绝对。例如,为保全个人生命而损害数以亿计的国家或人民的财产,或导致数以百计的人受重伤的,便难以认定为紧急避险。

(六) 限制条件

紧急避险的限制条件,是指只有在不得已即没有其他方法可以避免危险时,才允许实行紧急避险。紧急避险的目的是保护合法权益,但其不可避免地要损害另一较小的合法权益,因而具有消极的一面。据此,刑法对紧急避险规定了特别严格的限制条件,即只能在“不得已”的情况下才能实施紧急避险。所谓“不得已”,就是指在当时的情况下,除了通过损害另一合法权益的手段外,找不到任何其他方法来避免更大的合法权益所面临的危险。如果当时尚有其他方法(如正当防卫、直接排除危险等)可以避免损害,行为人没有采取,而是通过损害第三者的合法权益的手段来避险的,则不属于紧急避险,构成犯罪的,应当追究刑事责任。

(七) 避险禁止

《刑法》第 21 条第 3 款规定:“第一款中关于避免本人危险的规定,不适用于职务上、业务上负有特定责任的人。”这一规定对紧急避险的行为主体作了限制。这类主体包括两种:(1)职务上负有特定责任的人。某些在职务上、业务上负有特定责任的人,由于职责本身的特性决定了其在危险发生之际不能为了自己的利益而逃避危险,而必须履行职责并阻止危险。职务上负有特定义务的人,主要是依法从事公务的国家工作人员、武装部队指战员等。由于其特定的职务要求,在某些危险场合负有特定义务,不能为避免自身危险而擅离职守。例如,消防队员不能借口避免烧伤而拒绝参加救火行动。再如,公安人员不得以避免罪犯的侵害而听任犯罪分子行凶。但需要注意的是，并不是说这些职务上负有特定责任的人在任何时候及任何情况下都不能实施紧急避险，而是仅限于不能借口避免本身的危险而不履行国家赋予的职责。如果在履行职务过程中，为了保护重大的公共利益或其他合法利益免受危险损害，而不得不去损害较小的第三者的利益，应当肯定其行为成立紧急避险。(2)业务上负有特定责任的人。某些人由于其所从事的业务活动的性质而负有特定的责任，因而在业务活动过程中，当面临正在发生的危险时，不能为了避免自身的危险而不履行其业务上的职责。

三、避险过当及其刑事责任

《刑法》第 21 条第 2 款规定："紧急避险超过必要限度造成不应有的损害的，应当负刑事责任，但是应当减轻或者免除处罚。"据此，避险过当，是指避险行为超过必要限度，造成不应有的损害，应负刑事责任的行为。成立避险过当，必须具备两个条件：(1)行为人在主观上对避险过当行为具有罪过。避险过当的罪过既可以是间接故意，也可以是疏忽大意的过失或过于自信的过失，但不可能是直接故意。(2)行为人在客观上实施了超过必要限度的避险行为，对合法权益造成了不应有的损害。避险行为所损害的合法权益大于或等于所保全的合法权益时，该行为就超过了必要限度，属于过当行为。

同防卫过当一样，避险过当不是一个独立的罪名，应根据避险过当所触犯的具体罪名(如故意杀人罪、故意伤害罪、过失致人死亡罪、过失致人重伤罪、故意毁坏财物罪等)，并综合考虑避险目的、罪过形式、保护权益的性质以及过当程度等因素来处理。由于避险过当是仅缺乏限度条件，而使本来正当的、对社会有利的行为转化成非正当的、对社会有害的行为。因而，刑法规定对避险过当应当减轻或者免除处罚。

四、紧急避险与正当防卫的区别

紧急避险与正当防卫都是为了保护国家、公共利益、本人或者他人的人身、财产和其他权利，而对他人的利益造成一定损害的行为，因而均属于正当行为。但是，二者之间也存在明显的区别，主要表现为：(1)危险的来源不同。在正当防卫的场合，危险只能来自人的不法侵害行为；而在紧急避险的场合，危险既可能来自人的不法侵害，也可能来自于自然灾害，还可能是动物的侵袭。(2)行为的对象不同。正当防卫行为的对象只能是不法侵害者本人,不能针对第三者;而紧急避险行为的对象则必须是第三者,是对第三人合法权益的损害。(3)行为的限制不同。正当防卫行为的实施是出于必要,换言之,在正当防卫的场合,即使能够用其他方法避免不法侵害,也允许进行正当防卫;而紧急避险行为的实施则出于迫不得已,即只有在不能使用其他方法来避免不法侵害的时候才能实施紧急避险。(4)行为的限度要求不同。正当防卫所造成的损害,既可以小于不法侵害行为所可能造成的损害,也可以大于不法侵害行为所可能造成的损害;而紧急避险对第三者合法权益所造成的损害,则只能小于危险可能造成的损害。(5)主体的限定不同。正当防卫是每个公民的法定权利,任何人面临不法侵害的时候,都可以实施正当防卫;紧急避险则不适用于职务上、业务上负有特定责任的人。

第四节　其他正当行为

我国刑法规定的正当行为只有正当防卫和紧急避险两种,但理论上对正当行为的范围并没有达成一致认识。除正当防卫和紧急避险之外,司法实践中还存在一些超法规的正当行为,如法令行为、正当业务行为、执行命令行为、权利人承诺的行为和自救行为等。

一、法令行为

法令行为,是指基于法律、法规的规定,为行使权利或者承担义务所实施的行为。有的法令行为从外在形式上看,符合某些犯罪的客观要件,但实际上不具有社会危害性。例如,普通公民依据《刑事诉讼法》第 63 条的规定对犯罪嫌疑人所实施的依法扭送的行为,便属于法令行为。法令行为是一种法律本身所允许乃至鼓励的行为,因而是一种排除犯罪性的行为。

法令行为作为正当行为必须具备以下条件:(1)必须有成文法律、法规的明文规定。行为人所实施的行为,必须在法律、法规上有根据。(2)行为人必须严格依照成文法律、法规的规定,不得滥用权利。行为人在实施行为的过程中,其行为的方法、手段必须严格依照法律、法规的规定,如果超过法律所允许的范围或程度,仍然可以构成犯罪。(3)行为人主观上具有正当目的。行为人在主观上必须认识到他所实施的是法律、法规规定的行为,如果行为人主观上具有其他不正当的目的，就不能排除行为的犯罪性。

二、正当业务行为

正当业务行为，是指虽然没有法律、法规的直接规定，但在社会生活中被认为是正当的业务上的行为。例如，医生为了挽救病人的生命为病人切除体内的某一器官。业务行为只要具有正当性，即使造成了一定的损害后果，也不具备社会危害性，因而是一种排除犯罪性的行为。

正当业务行为必须符合如下条件：(1)业务必须是法律规定范围内的业务，即必须经过主管机关许可执业的业务；从事法律规定之外的业务的行为不属于正当业务行为。(2)行为自身是业务范围内的行为，超出正当业务范围的行为不能阻却违法性。(3)在执行业务时不能违反相关法规和业务规章制度要求的限度；如果违反相关法规和业务规章制度要求的限度，就不属于正当业务行为。

三、执行命令行为

执行命令行为，是指基于法律的规定，按照上级的命令所实施的行为。例如，武警战士执行法院院长的命令而对死刑犯执行枪决的行为，便属于执行命令行为。

执行命令行为应符合如下条件：(1)所执行的命令必须是法律明确规定或者上级在其职权范围内发布的命令；如果超越法律的范围或者明知上级的命令超出了职权范围仍然执行的，不能排除犯罪性。(2)命令的形式和内容不能违反法律。上级发布的命令必须符合法律规定的形式和程序。(3)执行的命令必须是所属上级国家工作人员基于职权所发布的。

四、权利人承诺的行为

权利人承诺的行为，是指经权利人请求或者同意损害其某种合法权益的行为。权利人承诺的行为，来源于“得到承诺的行为不违法”这一罗马法上的格言。

权利人承诺的行为必须符合如下条件：(1)承诺处分的权益只能是被害人自己能够处理的个人权益，如个人的财产、秘密、自由等，对涉及国家和公共权益的内容，被害人没有处分的权利。(2)承诺人必须对所承诺的事项的意义、范围有理解能力，并且承诺是承诺人真实意思的表示。缺乏正确认识自己行为能力的人的承诺,不能排除犯罪性。(3)承诺必须不违反法律规定和公序良俗。根据承诺所作出的行为的方法和程度,承诺必须符合法律规定和公序良俗。

五、自救行为

自救行为,是指公民的合法权益受到侵害时,在不能通过公力救济的情况下,依靠私力来救济权利的行为。例如,被害人的财物受到他人诈骗之后,发现犯罪人即将逃到外地,在来不及通过司法机关挽回自己的损失时,从犯罪人手中夺回自己的财物的行为,就是自救行为。

自救行为的成立必须符合如下几个条件:(1)合法权益已经受到了不法侵害。如果不法侵害行为即将或者正在进行,可以进行正当防卫或紧急避险,不能成立自救行为。只有在合法权益已经受到侵害后,不法状态结束前,才有可能实行自救行为。(2)通过国家机关或法律程序难以及时或不能保护自己的合法权益。当被害人的权益受到侵害后,无法得到或无法及时得到国家机关的救助,如果不自力救济,权益就无法恢复。(3)行为人主观上是为了保护自己的合法权益而实施的救济行为。如果行为人是为了其他目的而实施的行为,不能成立自救行为。(4)救济行为具有适当性。自救行为所采取的手段、方法和程度应该根据自救时的时间、地点以及不法侵害者的情况等客观情况综合判断,不能违背公序良俗。

本章小结

正当行为,是指在外观上或形式上符合某种犯罪的构成要件,而实质上不具有社会危害性和刑事违法性,从而不构成犯罪的行为。刑法理论一般认为,正当行为包括法定的正当行为与超法规的正当行为。前者是指刑法明文规定的正当行为,在我国包括正当防卫和紧急避险两种;后者是指刑法虽无明文规定,但事实上是排除了行为的社会危害性和刑事违法性的行为。

正当防卫,是指为了使国家、公共利益、本人或者他人的人身、财产和其他权利免受正在进行的不法侵害,而对不法侵害人所实施的制止不法侵害且未明显超过必要限度的行为。成立正当防卫,主观上必须是为了保护国家、公共利益、本人或他人的人身、财产或其他权利免受不法侵害;客观上必须存在正在进行的不法侵害行为，只能针对不法侵害者本人实行正当防卫，且不得明显超过必要限度造成重大损害。正当防卫明显超过必要限度造成重大损害的，成立防卫过当，其责任形式既可以是疏忽大意的过失或过于自信的过失，还可以是间接故意。

紧急避险，是指为了使国家、公共利益、本人或者他人的人身、财产和其他权利免受正在发生的危险，不得已损害另一较小合法权益以保全较大的合法权益的行为。成立紧急避险，主观上必须是为了使国家、公共利益、本人或他人的人身、财产和其他权利免受正在发生的危险；客观上要求危险正在发生，只能针对第三者的合法权益实施紧急避险，不能超过必要限度造成不应有的损害，避险行为具有不得已性，而且避免本人危险的规定不适用于职务上、业务上负有特定责任的人。紧急避险超过必要限度造成不应有的损害的，成立避险过当，其责任形式既可以是疏忽大意的过失或过于自信的过失，还可以是间接故意。

除了我国刑法规定的正当防卫和紧急避险两种正当行为之外，正当行为还包括法令行为、正当业务行为、执行命令行为、权利人承诺的行为以及自救行为等。

习　　题

1. 如何理解作为正当防卫起因条件的“不法侵害”？
2. 特殊防卫的成立条件是什么？
3. 如何理解防卫过当的刑事责任？
4. 如何理解紧急避险与正当防卫的区别？

第十一章　故意犯罪的停止形态

【本章导读】

故意犯罪的停止形态,是指故意犯罪在其发展过程或阶段中因主客观原因而停止下来的各种犯罪状态,包括犯罪既遂、犯罪预备、犯罪未遂和犯罪中止。犯罪既遂,是指齐备了具体犯罪构成全部要件的情况。刑法分则对各罪的犯罪构成和法定性的设定,均是针对犯罪既遂形态而言的。犯罪预备,是指行为人为实施犯罪而开始创造条件,但由于行为人意志以外的原因而未能着手实行犯罪行为的犯罪停止形态。对于预备犯,可以比照既遂犯从轻、减轻处罚或者免除处罚。犯罪未遂,是指行为人已经着手实施具体犯罪构成的实行行为,由于意志以外的原因而未能完成犯罪的一种犯罪停止形态。对于未遂犯,可以比照既遂犯从轻或者减轻处罚。犯罪中止,是指在犯罪过程中,行为人自动放弃犯罪或者自动有效地防止犯罪结果发生,而未完成犯罪的一种犯罪停止形态。对于中止犯,没有造成损害的,应当免除处罚;造成损害的,应当减轻处罚。

【学习重点】

- 故意犯罪停止形态的概念
- 故意犯罪未完成形态负刑事责任的根据
- 犯罪既遂的概念和类型
- 犯罪预备形态的特征
- 犯罪未遂形态的特征和类型
- 犯罪中止形态的特征和类型

第一节　故意犯罪的停止形态概述

一、故意犯罪停止形态的概念

故意犯罪的停止形态,是指故意犯罪在其产生、发展和完成的过程中,因主客观原因而停止下来的各种犯罪状态。按其停止下来时犯罪是否已经完成为标准，故意犯罪可分为两种基本类型：一是犯罪的未完成形态，即犯罪在其发展过程中停止下来，未进行到终点，行为人未完成犯罪的情形；二是犯罪的完成形态，即犯罪既遂形态，是指故意犯罪在其发展过程中没有停止并进行到终点，行为人完成了犯罪的情形。根据犯罪停止的原因或停止时所处的阶段的不同，犯罪未完成形态可以再分为犯罪预备形态、未遂形态和中止形态。

无论是犯罪的完成形态还是未完成形态，都具有一个共同的特征，即它们都是犯罪的停止状态，是故意犯罪过程中停止、固定下来的相对静止的不同结局。它们之间是一种彼此独立存在的关系，不存在相互包容的关系，也不可能相互转化。例如，犯罪预备形态在预备阶段就已经停止，不可能再发展为犯罪未遂形态；犯罪未遂形态不会发展为犯罪既遂形态或中止形态；同样，犯罪既遂形态的出现，表明法定的犯罪过程已经完成，就不可能转化为犯罪预备、犯罪未遂或犯罪中止等未完成形态。明确故意犯罪的完成与未完成形态的这一重要属性，是准确把握其性质并正确理解和解决其定罪量刑问题的基础，同时也是正确阐明故意犯罪的停止形态与故意犯罪发展过程和阶段之间关系的需要。

故意犯罪的停止形态与故意犯罪的过程和阶段之间，是一种既存在密切联系又彼此区别的关系。其联系主要表现在：故意犯罪停止形态发生在故意犯罪的过程和阶段中；对故意犯罪停止形态的确定，需要借助于犯罪过程和阶段的存在及其发展情况。例如，在预备阶段不可能存在未遂形态，在实行阶段不可能存在犯罪预备形态。如果某些状态出现在犯罪过程和犯罪阶段之外，如犯意表示、犯罪后的悔罪行为等，则不属于故意犯罪的停止状态。其区别主要表现在：故意犯罪的停止形态是故意犯罪已经停止下来的各种不同的结局和形态，是一种相对静止的状态；而故意犯罪的过程和阶段是故意犯罪发生、发展和完成的进程及该进程中划分的段落，表现为一种运动发展的状态。由于这种区别，故意犯罪的预备、未遂、中止、既遂作为已经停止下来的不同的犯罪形态，就不可能具有前后相互衔接、此起彼伏的递进和发展变化的属性，因而不能将这些形态称为故意犯罪的阶段。同时，就某一具体犯罪案件而言，犯罪人可能同时经过了两个犯罪阶段，或者说经历了犯罪的全过程。但是犯罪人的犯罪形态只能呈现一种犯罪形态，不可能同时呈现两种以上的犯罪停止形态。

研究故意犯罪的停止形态，具有重要意义。首先，有助于正确定罪量刑。从定罪方面来看,故意犯罪的各种停止形态具有不同的犯罪构成,在定罪时要求对犯罪形态予以明确的认定;同时,犯罪停止形态有时涉及此罪与彼罪的区分,如故意杀人罪未遂与故意伤害罪的区分。从量刑方面来看,故意犯罪停止形态的不同,表明行为人主观恶性大小和客观危害结果的轻重,刑法在主客观相统一的基础上对危害不同的犯罪停止形态设立了轻重不同的处罚原则。其次,有助于进一步认识故意犯罪的复杂性,丰富刑法学理论研究,科学地把握故意犯罪不同停止形态的特征。

二、故意犯罪停止形态的存在范围

在哪些犯罪类型中存在故意犯罪的停止形态?这是研究故意犯罪的停止形态时不可回避的问题。

首先,应当明确的是,犯罪的停止形态不可能存在于过失犯罪中。一方面,过失犯罪的主观罪过是过失,行为人对于危害结果的发生从根本上是持否定态度的,自然谈不上对特定犯罪进行有意识的准备以及犯罪意图的实现与否的问题。另一方面,在客观上,根据我国刑法的规定,只有发生危害结果且刑法分则条文明文规定的,才构成犯罪。换言之,在不具备法定危害结果的情况下,不构成过失犯罪。因此,过失犯罪的主客观特征决定了其不可能存在犯罪的预备、未遂和中止形态。由于犯罪的完成形态是与未完成形态相对而言的,因而过失犯罪也无所谓犯罪完成形态即犯罪既遂的存在。所以,过失犯罪只有是否成立即是否构成犯罪的问题,而不存在犯罪的停止形态问题。

其次,间接故意犯罪不存在犯罪的停止形态。间接故意犯罪的行为人对自己的行为所可能造成的一定危害结果发生与否在主观上持放任态度,即无论该危害结果发生与否,都为行为人的放任心理所包含。在这种心理态度下,客观上出现的此种状态或彼种结局都是符合其放任心理的。就犯罪的预备、未遂和中止形态来说,行为人主观上都存在实施和完成特定犯罪的犯罪意志与追求心理。而放任心理由其所包含的客观结局的多样性和不固定性所决定,行为人对完成特定犯罪不具有积极追求的心理态度,自然也谈不上这种追求的实现与否。因而,对出于间接故意实施的危害行为,只能在造成了危害结果时,才能构成犯罪;在没有发生危害结果的情况下,不可能认定行为人具有间接故意。所以,间接故意犯罪也只有犯罪成立与否的问题,而不存在犯罪的未完成形态,相应地,也就失去了与之对应的完成形态即犯罪既遂存在的意义和可能。

最后,应当注意的是,并非所有的直接故意犯罪都存在犯罪的停止形态。犯罪停止形态虽然只能存在于直接故意犯罪,但并非一切直接故意犯罪都存在犯罪的停止形态。例如,我国刑法理论上所说的举动犯(行为一着手实行即告完成,如煽动分裂国家罪)和情节犯(刑法中"情节严重""情节恶劣"规定为犯罪构成要件的犯罪),都不存在犯罪未遂;某些以危害结果为构成要件的直接故意犯罪,如果没有发生危害结果,就不成立犯罪,因而也就不存在犯罪的预备、未遂和中止形态。从司法实践来看,突发性的直接故意犯罪案件大多不存在犯罪的预备阶段,而是直接着手实施犯罪的实行行为,因而往往不存在犯罪的预备形态以及犯罪预备阶段的中止形态,只可能存在犯罪未遂、犯罪实行阶段的犯罪中止及犯罪既遂形态。

三、惩罚故意犯罪未完成形态的根据

行为符合主客观相统一的犯罪构成,是行为人负刑事责任的科学根据。惩罚故意犯罪的完成形态的根据,在于其完全具备主客观相统一的犯罪构成(基本的犯罪构成)。然而,犯罪的未完成形态与完成形态的犯罪构成模式是不同的,即故意犯罪未完成形态的犯罪构成是对故意犯罪完成形态的犯罪构成的修正(修正的犯罪构成)。应当注意,修正的犯罪构成也是要件完整齐备的犯罪构成,因为犯罪构成只能是一个主客观诸要件有机统一和紧密结合的整体。无论是基本的犯罪构成还是修正的犯罪构成,都只能作为一个诸要件完备的统一体而存在;缺少其中任何要件,都不可能成立犯罪。因此,犯罪的预备、未遂、中止这些未完成形态的犯罪构成,是法律对完成形态的犯罪构成加以修正和变更而确定下来的,未完成形态的构成要件与完成形态的构成要件在具体要件的内容上有所不同。换言之,未完成形态不具备完成形态犯罪构成的全部要件,但从法律上讲,各种未完成形态都具备了法律规定与要求的各自犯罪构成的全部要件,未完成形态不可能也不需要具备完成形态犯罪构成的全部要件。不能拿完成形态的犯罪构成模式去要求和衡量未完成犯罪而停止下来的情况,而只能拿各种未完成形态本身的犯罪构成模式来衡量这些情况。

第二节 犯罪既遂

一、犯罪既遂的概念和特征

各国刑法没有从立法上对犯罪既遂下定义。在我国,关于犯罪既遂的概念,刑法理论上有不同认识。结果发生说认为,犯罪既遂是指故意实施犯罪行为并且造成了法律规定的犯罪结果的情况。该种观点指出,犯罪既遂与未遂的区别标志就在于是否发生了犯罪结果。〔1〕目的实现说认为,犯罪既遂是指行为人故意实施犯罪行为并实现了其犯罪目的的情况。这种观点主张以行为人是否达到或实现了其犯罪目的作为区分犯罪既遂与未遂的标准。〔2〕构成要件齐备说认为,犯罪既遂是指着手实行的犯罪行为具备了具体犯罪构成全部要件的情况。该观点指出,区别犯罪既遂与未遂的标志就在于实行行为是否具备了犯罪构成的全部要件,至于犯罪构成全部要件是否具备的具体标志,在各类犯罪中则可以有不同的表现。〔3〕这是我国刑法理论界较为通行的观点。

以犯罪目的实现或者以犯罪结果发生作为犯罪既遂标准的观点,虽然在确定某些犯罪的犯罪形态时具有方便可行的特点,但不能贯彻到我国刑法所规定的所有的直接故意犯罪中。例如,对于行为犯、危险犯等,结果发生说和目的实现说都难以作出合理解释。同时,目的实现说的既遂标准偏重于行为人的主观意志,过于主观化,结果发生说的既遂标准又过于依赖犯罪所造成的实际结果,过于客观化,都有一定的片面性。只有构成要件齐备说统一了各种故意犯罪的既遂标准,并且在犯罪既遂标准上坚持了主客观相统一的原则,因而较为合理。

犯罪既遂具有三个方面的特征:(1)主观方面必须是直接故意。由于故意犯罪的停止形态只存在于直接故意犯罪中,因而犯罪未遂在主观方面只能是故意。(2)必须已经着手实行犯罪。这是犯罪既遂成立的时间条件。也就是说,犯罪既遂只能存在于着手实行犯罪后的犯罪实行阶段。如果行为人尚未着手实行犯罪,而只是实施了为实施犯罪准备工具、创造条件的行为,便只可能成立犯罪预备或

〔1〕参见杨春洗等:《刑法总论》,186—187页,北京,北京大学出版社,1981。

〔2〕参见侯国云:《对传统犯罪既遂定义的异议》,载《法律科学》,1997(3)。

〔3〕参见赵秉志:《犯罪未遂的理论与实践》,95—98页,北京,中国人民大学出版社,1987。

者预备阶段的中止,而不可能成立犯罪既遂。(3)齐备了某一犯罪的全部构成要件。这是构成犯罪既遂的实质要件。这里说的齐备某一犯罪的全部构成要件,是指齐备刑法分则规定的某一犯罪的基本犯罪构成的构成要件。具体犯罪构成要件的完备,与时间长短无关,只要齐备构成要件就意味着犯罪既遂的成立。因此,不能因为行为人刚刚完备构成要件即被抓获或者行为人在犯罪后马上又归还赃物等,而否认其成立犯罪既遂。

二、犯罪既遂的类型

根据我国刑法分则对直接故意犯罪构成要件的不同规定,犯罪既遂主要有以下几种类型。

(一) 结果犯

结果犯,是指不仅要实施具体犯罪构成客观要件的行为,而且必须发生法定的犯罪结果才构成既遂的犯罪,即以法定的犯罪结果的发生与否作为犯罪既遂与未遂区别标志的犯罪。所谓法定的犯罪结果,是指犯罪行为通过对犯罪对象的作用而给犯罪客体造成的物质性的、可以具体测量确定的、有形的损害结果。这类犯罪在我国刑法中为数很多,而且多是常见、多发的犯罪,如故意杀人罪、故意伤害罪、抢劫罪、抢夺罪、盗窃罪、诈骗罪等。以故意杀人罪为例,行为人对被害人着手实施杀害行为后,只有导致被害人死亡的,才能构成犯罪既遂;如果由于行为人意志以外的原因而未造成被害人死亡的,只能成立犯罪未遂。

(二) 行为犯

行为犯,是指以法定的犯罪行为的完成作为既遂标志的犯罪。这类犯罪的既遂并不要求造成物质性的、有形的犯罪结果,而是以行为完成为标志。但是,行为犯中的行为不是一着手实行即告完成,而有一个实行过程,要达到一定程度,才能视为行为的完成。我国刑法规定的强奸罪、脱逃罪、偷越国(边)境罪、投敌叛变罪等即是行为犯。在行为犯中,行为人着手实施某一具体犯罪构成要件客观方面的行为后,只有达到一定程度才能构成犯罪既遂;如果由于行为人意志以外的原因未达到该程度的,应认定为犯罪未遂。例如,偷越国(边)境罪以行为人达到越过边境线的程度为犯罪既遂的标志。

(三) 危险犯

危险犯,是指法律规定以发生某种实害结果的危险状态为既遂标志的犯罪。

在危险犯中,行为人着手实施某一具体犯罪构成要件客观方面的行为后,只有造成了法定的危险状态才能构成犯罪既遂;如果由于行为人意志以外的原因而未导致该危险状态的出现,则成立犯罪未遂。例如,破坏交通工具罪属于危险犯,该罪以造成足以使火车、汽车、电车、船只、航空器发生倾覆、毁坏的危险作为犯罪既遂的标志;如果行为人着手实施破坏交通工具的行为之后,由于其意志以外的原因而未出现足以造成交通工具倾覆、毁坏的危险,则只能认定为犯罪未遂。

(四) 举动犯

举动犯,也称即时犯,是指法律规定的一着手犯罪实行行为即告完成犯罪,从而构成既遂的犯罪。从构成特征上看,我国刑法中的举动犯一般都是原本属于非实行行为而被刑法分则予以实行行为化的犯罪行为。举动犯大致包括两种情况:一是将原本属于预备性质的犯罪行为予以实行行为化的犯罪。例如,《刑法》第120条规定的组织、领导、参加恐怖组织罪和第294条第1款规定的组织、领导、参加黑社会性质组织罪中的组织、领导、参加行为,原本属于为具体实施恐怖活动犯罪或黑社会性质犯罪创造条件的预备行为。但由于这些预备行为所涉及的犯罪性质严重,一旦着手实行危害会很大。因而,为了有力打击和防范这类犯罪的需要,刑法把这类犯罪的预备行为规定为独立的犯罪,这些预备行为也就相应地成了该类犯罪的实行行为。二是教唆煽动性质的犯罪。如《刑法》第103条第2款的煽动分裂国家罪、第105条第2款的煽动颠覆国家政权罪等。这类教唆性、煽动性的行为通常针对多人实施,旨在激起多人产生犯罪意图进而实施犯罪,因而危害很大。考虑到这些犯罪即使实施完毕也不一定发生或不一定立即产生有形的危害结果,法律将它们规定为举动犯,即只要行为人着手实行该煽动行为,就具备了犯罪构成的全部要件而构成犯罪既遂。在举动犯的场合,由于着手实行犯罪即构成既遂,因而不存在犯罪未遂问题,但存在既遂形态与预备形态以及预备阶段的中止形态。

三、既遂犯的处罚原则

刑法分则规定的具体故意犯罪的构成要件和法定刑,均是以犯罪既遂为标准加以设定的。因而,对于既遂犯,根据其犯罪性质,在考虑刑法总则一般量刑原则的指导下,直接依据刑法分则具体犯罪条文规定的法定刑幅度处罚。

关于既遂犯的处罚原则的适用,应注意以下几个问题:(1)关于定罪和法条引用问题。对于既遂犯，应按照刑法分则具体条文的罪刑规格定罪量刑，在罪名上不需标明既遂形态，但在司法文书的叙述部分应说明行为人的既遂情况；引用刑法条文时，只需直接引用刑法分则规定具体犯罪的条文即可。(2)对同种犯罪的不同危害后果的既遂犯要予以区别对待。例如，同是盗窃犯罪的既遂，由于盗窃数额有较大、巨大、特别巨大之分，因而应根据不同档次的法定刑决定刑罚的轻重。(3)对具有法定从宽、从严处罚情节的既遂犯，要注意同时引用相关条款。在综合考虑犯罪危害程度和犯罪人的主观恶性大小的基础上，再作出适当处理。

第三节　犯罪预备

一、犯罪预备的概念和特征

(一) 犯罪预备的概念

我国《刑法》第22条第1款规定："为了犯罪，准备工具，制造条件的，是犯罪预备。"该规定揭示了犯罪预备行为的主要特征，但并非是对犯罪预备形态所下的定义。根据这一规定和有关的刑法理论，犯罪预备，是指为实施犯罪而开始创造条件，但由于行为人意志以外的原因而未能着手犯罪实行行为的犯罪停止形态。

(二) 犯罪预备的特征

1. 犯罪预备的客观特征

犯罪预备的客观特征表现为两个方面：(1)行为人已经开始实施犯罪的预备行为。所谓犯罪的预备行为，就是为犯罪的实行和完成创造便利条件的行为。例如，为实施故意杀人罪而购买匕首、配制毒药、调查了解被害人的行踪、拟定行动计划、纠集同伙等。犯罪预备不同于犯意表示。犯意表示是指以口头、文字或其他方式对犯罪意图的单纯表露。犯罪预备与犯意表示的区别在于：犯罪预备行为具有社会危害性，属于成立犯罪预备形态在客观方面所必须具备的行为；而犯意表示则只是行为人的一种思想，尚未外化为具体行为。我国刑法坚决摒弃"思想犯罪"，认为只有犯意而尚未实施犯罪行为的，不具有社会危害性，因而对犯意表示不予定罪处罚。(2)行为人尚未着手犯罪的实行行为，即犯罪活动在具体犯罪实行行为着手以前停止下来。这是区别犯罪预备形态与犯罪未遂形态的关键。其具体包括两种情况：一是预备行为没有实施完毕，由于某种原因而停止下来；

二是预备行为虽然已经实施完毕,但由于某种原因未能着手实施具体犯罪的实行行为。无论哪种情形,其行为都必须是停止在预备阶段。如果已经超出了预备阶段,着手实施了具体犯罪的实行行为,就不可能成立犯罪预备形态。

2. 犯罪预备的主观特征

犯罪预备的主观特征也表现为两个方面:(1)行为人进行犯罪预备活动的意图和目的是实行犯罪。为了实行犯罪,包括为了自己实行犯罪以及为了他人实行犯罪。为了实行犯罪,表明行为人在犯罪故意的前提下,认识到自己的预备行为是为实行行为服务的,认识到预备行为对危害结果的发生起积极促进作用。犯罪预备行为的发动、进行与完成,都是受此种目的的支配的。据此,为了实施犯罪预备行为而进行的准备活动不能认定为犯罪预备行为。(2)犯罪在实行行为尚未着手时停止下来,是由于行为人意志以外的原因所致。换言之,行为人本欲继续实施预备行为或者着手实行犯罪,但由于意志以外的原因致使行为人自认为客观上不可能继续实施预备行为,或者不可能着手实行犯罪。简言之,行为人在着手实行行为前停止犯罪,是被迫的而不是自愿的。这是区别犯罪预备与犯罪预备阶段的犯罪中止的关键。

二、犯罪预备行为的类型

根据我国《刑法》第22条规定,可以将犯罪预备行为区分为以下两种类型。

1. 为了实行犯罪而准备工具的行为

所谓犯罪工具,是指犯罪分子进行犯罪活动所用的一切器械物品。其中包括:(1)用以杀害被害人或者排除被害人反抗的器械物品,如枪弹、刀棒、毒药、麻醉剂、捆绑他人用的绳索等;(2)用以破坏、分离犯罪对象物品或者破坏、排除犯罪障碍物的器械物品,如钳剪、刀斧、锯锉、爆炸物等;(3)为达到或逃离犯罪现场或进行犯罪活动的交通工具,如汽车、摩托车等;(4)用以接近犯罪对象的物品,如翻墙用的梯子、攀越房屋或爬窗用的绳索等;(5)用以掩护犯罪实施或者湮灭罪证的物品,如犯罪分子作案时戴的面罩、作案后灭迹用的化学药品等。犯罪工具本身可以反映出犯罪预备行为不同的危害程度。例如,同是准备杀人用的犯罪工具,准备枪支、手榴弹的行为就比准备小刀的行为危险性大;准备专为犯罪使用的复杂的犯罪工具的行为,其危害性也大于把日常用品准备用作犯罪工具的行为。所谓准备犯罪工具,包括制造犯罪工具、寻求犯罪工具以及加工犯罪工具使之适合于犯罪需要。由于准备犯罪工具是创造犯罪条件的常见形式，所以《刑法》第 22 条将其明确列举出来。

2. 其他为实行犯罪创造条件的行为

这是指除准备犯罪工具以外的一切为实行犯罪创造条件的犯罪预备行为。司法实践和刑法理论把这类犯罪预备行为主要概括为以下几种：(1)为实施犯罪事先调查犯罪的场所、时机和被害人的行踪；(2)准备实施犯罪的手段，如为实施以技术手段杀人而事先进行练习，为实施扒窃而事先练习扒窃技术；(3)排除实施犯罪的障碍；(4)追踪被害人、守候被害人的到来或者进行其他接近被害人、接近犯罪对象的行为；(5)前往犯罪场所守候或者诱骗被害人赶赴犯罪预定地点；(6)勾引、集结共同犯罪人，进行犯罪预谋；(7)拟定实施犯罪和犯罪后逃避侦查追踪的计划等。

三、预备犯的处罚原则

我国《刑法》第 22 条第 2 款规定："对于预备犯，可以比照既遂犯从轻、减轻处罚或者免除处罚。"在理解和适用刑法的这一规定时，应注意以下两个问题。

其一，由于预备犯还没有着手实行犯罪，没有造成犯罪结果，其社会危害性一般轻于既遂犯。因此，对于预备犯，原则上应予以从宽处罚。但是，要注意的是，刑法对预备犯规定的处罚原则采用的是得减主义，即"可以"比照既遂犯从轻、减轻处罚或者免除处罚。这就意味着，审判人员可予以从宽处罚，也可不予从宽处罚。在特殊情况下，如行为人准备实行特别严重的犯罪、其预备行为的手段特别恶劣时，可以不予从宽。此外，对预备犯予以从轻处罚、减轻处罚，还是免除处罚，也由审判人员根据案件的具体情况来决定。主要应考虑的情况有：行为人预备所犯罪行的性质和危害程度；犯罪预备行为的进展程度、是否已经实施终了；犯罪预备行为所反映的行为人主观恶性的大小等。

其二，应注意犯罪预备与《刑法》第 13 条"但书"的关系。犯罪预备形态的成立以行为成立犯罪为前提；如果行为人的行为属于《刑法》第 13 条规定的"情节显著轻微、危害不大"的情况，应依法不作为犯罪处理。虽然我国刑法没有像大陆法系不少立法例那样，对犯罪预备行为明确地体现出原则上不予处罚的态度，而只是在总则中笼统地规定了处罚预备犯时应当遵循的规则，但考虑到《刑法》第 13 条中"但书"这一规定的存在，相当一部分犯罪预备行为的刑事可罚性便被排除了。

第四节 犯罪未遂

一、犯罪未遂的概念和特征

(一) 犯罪未遂的概念

关于犯罪未遂的概念,各国刑法的规定不尽相同,主要有两种立法例:第一种立法例认为,犯罪未遂是指行为人已经着手实行犯罪,由于其意志以外的原因或障碍而使犯罪未达既遂形态的情况。这种立法例将犯罪未遂形态与犯罪中止形态予以严格区分。第二种立法例认为,在行为人着手实行犯罪后,无论出于何种原因,只要没有达到既遂形态的,都是未遂。这种立法例将犯罪中止形态也包括在未遂形态中。

我国刑法在对犯罪未遂的规定上采取了第一种立法例。《刑法》第 23 条第 1 款规定:“已经着手实行犯罪,由于犯罪分子意志以外的原因而未得逞的,是犯罪未遂。”所谓“未得逞”,一般认为是指行为人未能完成犯罪即未能达到犯罪既遂。根据这一规定,犯罪未遂,是指行为人已经着手实施具体犯罪的实行行为,由于其意志以外的原因而未能完成犯罪的一种犯罪停止形态。

(二) 犯罪未遂的特征

根据我国刑法的规定,犯罪未遂具有如下三个特征。

1. 行为人已经着手实行犯罪

所谓已经着手实行犯罪,是指行为人已经开始实施刑法分则条文所规定的具体犯罪构成要件中的实行行为,如故意杀人罪中的杀害行为、抢劫罪中侵犯人身的行为和劫取财物的行为等。

着手实行犯罪具备主观和客观两个方面的基本特征:主观上,行为人实行具体犯罪的意志已经直接支配客观实行行为,而不同于在此之前预备犯罪的意志;客观上,行为人已开始直接实行具体犯罪构成客观方面的行为,已使刑法所保护的具体权益初步受到危害或面临实际存在的威胁。在有犯罪对象的场合,犯罪的实行行为已直接指向犯罪对象。如果不出现行为人意志以外原因的阻碍或者行为人自动中止犯罪,犯罪的实行行为就会继续进行下去,直到完成犯罪即达到既遂。着手实行犯罪是客观的犯罪实行行为与主观的实行犯罪意图相结合的产物。这两个主客观基本特征的结合，从犯罪构成的整体上反映了着手实行犯罪的社会危害性及其程度。

着手标志着预备阶段已经结束，犯罪行为进入了实行阶段。当然，着手本身就是实行行为的一部分，而不是独立于实行行为之外的一个阶段。犯罪预备行为与实行行为的主要区别在于：预备行为的本质与作用是为分则具体犯罪实行行为的实施创造条件，为其创造现实可能性；而实行行为的本质与作用是直接实行并完成犯罪，将犯罪由可能变为现实。

刑法分则所规定的具体犯罪的实行行为是对实践中形形色色的行为的高度概括。现实中，每种犯罪都有各种各样的实施方式，而每一种方式又可以分为各种不同的具体方法，几乎每一种方法的"着手"都是有所不同的。因此，很难对每种犯罪确定一个统一的标准来认定"着手"，而是应该立足于具体案件进行具体分析。实践中，对于着手实行犯罪的认定，应当从以下几个方面来把握。

(1) 根据犯罪实行行为的类型来认定着手。我国刑法规定的实行行为的类型主要有单一实行行为、复合实行行为、择一实行行为。对单一实行行为着手的认定，应以开始实施单一的行为为着手。例如，在以刀为凶器的故意杀人犯罪中，以行为人面对被害人拔刀、举刀的行为为犯罪的着手。对复合的实行行为的着手应以行为人的方法行为开始实施为标志。例如，抢劫犯罪行为人只要开始实施暴力、胁迫或其他方法，就应认定行为人已经着手实行犯罪。对于择一的实行行为，只要行为人实施了法律所列举的任何一种行为即可视为着手实行犯罪。

(2) 从与犯罪预备行为的区分来认定着手。在着手的情况下，行为已经具有造成客体损害的现实危险性。如果让行为无阻碍地发展下去，必然引起危害结果的发生。而犯罪预备行为则为侵害客体创造方便条件，行为本身不能引起犯罪结果的发生。司法实践和刑法理论上经常存在争议的途中行为(犯罪人尚在前往犯罪地点途中的情况)、尾随行为(犯罪人尾随被害人伺机侵害的情况)、守候行为(犯罪人埋伏或等候在预定地点准备实施加害行为的情况)和寻找行为(犯罪人公然或秘密寻找预定的犯罪对象欲加害的情况)，实际上都属于为具体犯罪的实行创造便利条件的行为，因而不是具体犯罪的实行行为。

(3) 以作案时间、地点的特征来判断。对于同一种犯罪，由于作案时间和地点的不同，判断着手实行犯罪的标准也应有所区别。例如，同是盗窃商店的财物，在白天商店正常营业期间,以行为人将手伸向货柜为着手实行犯罪;在商店停止营业的时间,则以行为人开始撬门撬锁的行为为着手实行犯罪。

(4) 犯罪的实行行为通常是由一系列的动作所组成的,其中最初的动作就是实行行为的着手。例如,在枪杀案件中,枪杀行为本身是通过一系列动作完成的,包括举枪、瞄准、扣动扳机等。这些动作都是枪杀行为的组成部分,构成了一个完整的枪杀行为。因此,只要行为人开始实施举枪动作,就应当认为是杀人行为的着手,而不能仅仅把扣动扳机的一刹那作为着手杀人的标志。

2. 犯罪未完成而停止下来

所谓犯罪未完成而停止下来,是指犯罪未达既遂形态而停止下来。这是区分犯罪未遂与犯罪既遂的关键。在存在既遂与未遂之分的三类直接故意犯罪中,“犯罪未完成”有不同的具体含义和表现形式:其一,就结果犯而言,以法定的犯罪结果没有发生作为犯罪未完成的标志。例如,在故意杀人罪中,未造成被害人死亡的结果即为犯罪未完成的标志。其二,就行为犯而言,以法定的犯罪行为未能完成作为犯罪未完成的标志。例如,偷越国(边)境罪,以偷越国(边)境的行为未达到越过国(边)境线的程度为犯罪未完成的标志。其三,就危险犯而言,以法定的危险状态尚未出现作为犯罪未完成的标志。例如,在破坏交通设施的案件中,行为人虽然对交通设施实施了破坏,但该破坏行为尚未造成足以使火车等交通工具发生倾覆、毁坏的危险状态的,应认定为犯罪未完成。

3. 犯罪未完成是犯罪分子意志以外的原因所致

犯罪未完成是由于行为人意志以外的原因所致,这是犯罪未遂区别于犯罪中止的重要特征。所谓行为人意志以外的原因,是指违背行为人的意志并能够阻碍行为人完成犯罪的各种主客观因素。行为人意志以外的原因是质的规定性与量的规定性的统一。

一方面,行为人意志以外的原因应当是阻碍行为人完成犯罪的原因,这是意志以外的原因的质的规定性。换言之,从性质上看,行为人意志以外的原因,应当与行为人完成犯罪的主观愿望相矛盾;从作用上看,应当与犯罪行为的发展进程相冲突。行为人意志以外的原因大致包括三种类型:(1)行为人本人以外的原因,包括被害人、第三人、自然力、物质障碍、环境时机等方面对完成犯罪具有阻碍作用的因素。例如,行为人在实施抢劫时被周围群众制服;行为人在实施盗窃时因无法撬开保险柜而空手而回等。(2)行为人自身对完成犯罪具有阻碍作用的因素，如其能力、力量、身体状况、常识技巧等的缺乏或状况不佳。例如，行为人射杀他人，但射击技术太差，数发不中，因而未能完成杀人行为；再如，行为人在实施犯罪时因精神过度紧张而突发心脏病，当场休克等。(3)行为人主观上的认识错误，如对犯罪工具的性能、犯罪对象情况以及犯罪结果是否已然发生或必然发生等存在错误的认识。例如，误把白糖当作砒霜用以毒杀他人；误把尸体当作活人予以杀害等。

另一方面，行为人意志以外的原因应当是足以阻碍行为人完成犯罪的原因，这是意志以外的原因的量的规定性。如果某种因素不足以阻碍行为人完成犯罪，而是由于行为人自动放弃而导致犯罪未完成，则不能认定为属于意志以外的原因而成立犯罪未遂，而应认定为犯罪中止。从司法实践来看，同一种不利因素，对此人来说足以抑制其犯罪意志而成立犯罪未遂；而对彼人来说则也许根本不会起到任何心理上的强制作用。因而，在判断是否属于行为人意志以外的原因时，在考虑行为人意志以外的原因的性质和作用程度的基础上，应当以行为人自己的主观感受为主要标准。具体而言，不利因素本身的性质和作用程度在客观事实上与一般人看来尚不足以阻止犯罪，但行为人主观上认为已经足以阻止其犯罪意志和犯罪活动的，应认定为“意志以外的原因”；反之，不利因素本身的性质和作用程度在客观事实上和一般人看来都足以阻止犯罪意志和犯罪活动，但行为人对此产生错误认识，自以为这些因素不足以阻止其完成犯罪，而是在一番思想斗争之后主动放弃犯罪的，则不能认定为“意志以外的原因”。

二、犯罪未遂的类型

(一) 实行终了的未遂与未实行终了的未遂

以犯罪实行行为是否实行终了为标准，可以把犯罪未遂分为实行终了的未遂与未实行终了的未遂。

如何判断实行行为是否终了？一般认为，在法定犯罪构成所要求、限定的范围内，行为是否实行终了，应以犯罪分子是否自认为实现犯罪意图所必要的全部行为都实行完毕为标准。据此，行为人虽已着手实行刑法分则所规定的特定犯罪构成客观要件的行为，但由于其意志以外的原因，使其未能将其自认为实现犯罪意图所必要的全部行为实行完毕，因而未能达到既遂状态的，属于未实行终了的未遂；行为人着手实行刑法分则规定的特定犯罪构成客观要件的行为，并自认为已经将其实现犯罪意图所必需的全部行为实行完毕,但由于其意志以外的原因,而未达到既遂状态的,属于实行终了的未遂。实行终了的未遂表现为两种情形:(1)犯罪分子误认为其实现犯罪意图所必要的行为都已实行终了,而停止了犯罪行为,但由于其意志以外的原因而未能使犯罪达到既遂状态。例如,在故意杀人者误认为被害人已死亡或必然死亡,而停止杀害行为离去,后被害人遇救幸存的情况,就是由犯罪分子错误认识导致的实行终了的未遂。(2)犯罪分子对完成犯罪所必要的犯罪行为已实行终了这一点并未发生错误认识,但行为实行终了距犯罪既遂还有一段距离;在实行终了以后,由于犯罪人意志以外的原因致使犯罪未能达到既遂状态。例如,在投毒杀人中犯罪人已将毒投下,被害人因发现食物有异味而未食,或者被害人食毒物后遇救未死,即属这种情况。

一般而言,实行终了的未遂比未实行终了的未遂具有更大的社会危害性。因而,对实行终了的未遂的处罚一般重于未实行终了的未遂。

(二)能犯未遂与不能犯未遂

以行为的实行客观上能否达到犯罪既遂为标准,可以把犯罪未遂划分为能犯未遂与不能犯未遂。

能犯未遂,是指行为人已经着手实行犯罪,并且行为有实际可能达到既遂,但由于行为人意志以外的原因未能达到既遂而停止下来的情况。例如,抢劫犯对被害人使用暴力夺取财物时,由于被害人的反抗、呼救和第三人的帮助制止,未能劫得财物的,就属于能犯未遂。不能犯未遂,是指行为人已经着手实行犯罪,但由于对有关犯罪事实的认识错误而使行为不可能达到既遂的情况。不能犯未遂又可分为工具不能犯未遂与对象不能犯未遂。所谓工具不能犯未遂,是指犯罪人由于认识错误而使用了按其客观性质不能实现行为人犯罪意图、不能构成既遂的犯罪工具,以致犯罪未遂。例如,误把白糖等无毒物当作砒霜等毒药去杀人;再如,误用空枪、坏枪、臭弹去射杀人。所谓对象不能犯未遂,是指由于行为人的错误认识,使得犯罪行为所指向的犯罪对象在行为时不在犯罪行为的有效作用范围内,或者具有某种属性,而使得犯罪不能既遂,只能未遂。例如,误认尸体为活人而开枪射杀、砍杀;再如,卧室内无人,行为人误认为被害人在卧室内而隔窗射击;又如,误将妻子当作其他妇女实施强奸。

在一般情况下,能犯未遂比不能犯未遂具有更大的社会危害性。因此,对能犯未遂的处罚一般重于不能犯未遂。

三、未遂犯的处罚范围和处罚原则

（一）未遂犯的处罚范围

我国《刑法》第 23 条第 2 款规定："对于未遂犯，可以比照既遂犯从轻或者减轻处罚。"至于哪些具体犯罪的未遂行为具有刑事可罚性（成立未遂犯），在刑法分则的条文中并未予以明示。据此，所有可以成立未遂的行为都应依照未遂犯处理；换言之，我国刑法是以处罚未遂为原则，以不处罚未遂为例外的。但是，认为所有可以成立未遂的行为均应作为未遂犯处罚，与《刑法》第 13 条中"但书"规定的基本精神是存在冲突的。《刑法》第 13 条"但书"规定的基本精神在于通过把定量因素引入犯罪概念来限制刑法的处罚范围，从而把大量仅具有轻微社会危害性的行为排除在刑法的管辖范围之外。根据刑法总则对刑法分则具有普遍的指导意义的原理，在判断刑法分则中某一具体犯罪的未遂行为是否可依照总则中关于未遂犯的规定进行处理时，显然不能排除《刑法》第 13 条"但书"规定发挥指导作用的可能性；否则，便会使"但书"的规定形同虚设。进言之，如果结合《刑法》第 13 条的"但书"规定，可以认为某一未遂行为的社会危害性尚未达到使该行为应受刑罚处罚的程度，那么，就应当将该行为排除在犯罪之外。换言之，只有某一未遂行为的社会危害性超出了"情节显著轻微，危害不大"的程度时，才能将该行为认定为犯罪而按照未遂犯的规定处理。

事实上，从我国的司法实践来看，绝大多数犯罪的未遂行为均未作为未遂犯处罚。我国有关的司法解释虽然规定要处罚某些犯罪的未遂行为，但对于其可罚性的范围，则采取了严格限制的态度。例如，依据 1998 年 3 月 10 日最高人民法院《关于审理盗窃案件具体应用法律若干问题的解释》第 1 条的规定，对于盗窃未遂，只有情节严重（如以数额巨大的财物或国家珍贵文物等为盗窃目标）的，才应当定罪处罚；依据 2001 年 4 月 9 日最高人民法院、最高人民检察院《关于办理生产、销售伪劣商品刑事案件具体应用法律若干问题的解释》第 2 条的规定，对于伪劣产品尚未销售，货值金额达到《刑法》第 140 条规定的销售金额的 3 倍以上的，以生产、销售伪劣产品罪（未遂）定罪处罚。这些规定说明，许多盗窃未遂和生产、销售伪劣产品未遂的，都没有作为犯罪处理。

（二）未遂犯的处罚原则

《刑法》第 23 条第 2 款规定："对于未遂犯，可以比照既遂犯从轻或者减轻处罚。”可见,我国刑法在未遂犯的处罚上采取了得减主义。适用该处罚原则时,应注意以下几个问题。

其一,对于未遂犯,可以比照既遂犯从轻或者减轻处罚。这里的“可以”表明的是刑法的原则性和倾向性要求,即与既遂犯相比,对未遂犯一般要从轻或者减轻处罚。但是,对于极少数危害程度并不小于既遂犯罪的未遂犯罪(如故意杀人虽未将被害人杀死,但造成了被害人高度残疾的),不一定比照既遂犯从轻或减轻处罚。这种原则性与灵活性相结合的处罚规定,使罪刑均衡原则在未遂犯的一般情况和特殊情况下都能得以有效贯彻。

其二,对未遂犯决定从轻还是减轻处罚时,应综合未遂行为距离犯罪完成的远近程度、犯罪未遂所属的类型、犯罪造成的实际危害情况等因素来综合判断。

其三,对未遂犯定罪量刑时,应同时引用《刑法》第 23 条和“刑法分则”具体犯罪条文的规定,并在罪名后加括弧标明未遂形态,如“故意杀人罪(未遂)”。

第五节　犯 罪 中 止

一、犯罪中止的概念和特征

(一) 犯罪中止的概念

《刑法》第 24 条第 1 款规定:“在犯罪过程中,自动放弃犯罪或者自动有效地防止犯罪结果发生的,是犯罪中止。”据此,犯罪中止,是指在犯罪过程中,行为人自动放弃犯罪或者自动有效地防止犯罪结果发生,而未完成犯罪的一种犯罪停止形态。

(二) 犯罪中止的特征

根据我国刑法的规定和犯罪中止成立的实际情况,犯罪中止有两种类型,即自动停止犯罪的犯罪中止和自动有效地防止犯罪结果发生的犯罪中止,二者有各自的特征。

1. 自动停止犯罪的犯罪中止的特征

自动停止犯罪的犯罪中止,是指行为人在犯罪过程中自动放弃犯罪而成立的犯罪中止形态。自动停止犯罪的犯罪中止具有以下三个特征。

(1) 时空性,即必须发生在犯罪过程中。所谓犯罪过程,是指自行为人开始为实行犯罪准备工具、创造条件的犯罪预备行为，直至犯罪行为达到既遂之前的整个过程，包括犯罪预备阶段和犯罪实行阶段。应注意的是，在行为人自动放弃犯罪之前，犯罪仍处于运动、发展之中，而尚未成立其他犯罪停止形态。

(2) 自动性，即行为人必须自动放弃犯罪。这是犯罪中止的本质特征，是犯罪中止与犯罪未遂和犯罪预备的根本区别所在。犯罪中止的自动性包含两层含义：其一，行为人自认为当时可以继续实施并能完成犯罪，这是成立自动性的前提条件。当然，行为人的这种确信，应当在行为时有一定的主客观条件为根据，而不能是没有任何根据的臆想。一方面，只要行为人自认为当时有条件将犯罪进行到底，即使客观上已经不能再继续实施和完成，也不影响自动性的成立；另一方面，虽然犯罪在客观上尚可继续实施并完成，但行为人却误认为犯罪已不可能进行从而放弃犯罪的，则不具有自动性。其二，行为人出于本人意志而停止犯罪，这是成立自动性的关键条件。换言之，行为人在停止与放弃犯罪的主观意志的支配下，在客观上停止和放弃了犯罪的继续实施。

引起行为人自动放弃犯罪的原因，包括主客观方面的诸多因素。可能是行为人真诚悔悟，不愿继续犯罪；可能是由于他人的规劝、教育或者斥责，思想起了变化；可能是对被害人产生了同情和怜悯；可能是慑于法的威严和法网难逃，惧怕日后罪行暴露受到惩罚；可能是遇到了对完成犯罪有轻微不利的客观因素，同时又有上述某种因素的影响等。正因为这些因素的影响，使得行为人的主观恶性发生了质的变化，即由犯罪转化为放弃犯罪，表明行为人的人身危险性大大减弱。引起行为人自动放弃犯罪的不同因素，反映了行为人中止犯罪的不同悔悟程度，因而在量刑时可作为影响案件危害程度的情节予以适当考虑。

(3) 彻底性，即行为人彻底放弃了原来的犯罪。这一特征意味着，行为人在主观上彻底打消了犯罪意图，在客观上彻底放弃了自认为本可能继续进行和完成的犯罪，而且从主客观的统一上行为人也不打算以后再继续实施此项犯罪。彻底性表明行为人自动停止犯罪的真诚性及其决心，也表明自动停止犯罪的坚定性、完全性，而不是暂时的中断。暂时中断犯罪，是行为人认为犯罪预备不充分或者认为时机不成熟、环境条件不利而意图等待条件适宜再继续实施该项犯罪。由于在暂时中断犯罪的情况下不具备中止犯罪彻底性的要求，因而不能认为成立犯罪中止。当然，所谓彻底停止犯罪，只是相对而言的，只是要求行为人不再继续实施已经放弃的正在进行的某个具体的犯罪，而不是指行为人在以后任何时候都不再犯同种犯罪或其他种类犯罪。

值得注意的是自动放弃重复侵害行为的定性问题。所谓自动放弃重复侵害行为,是指行为人实施了足以造成既遂危害结果的第一次侵害行为,由于其意志以外的原因而未发生既遂的危害结果,在当时有继续重复实施侵害行为的实际可能时,行为人自动放弃实施重复侵害行为,因而使既遂的危害结果没有发生的情况。最典型的例子是:甲开枪射杀乙,第一枪未能射中,当时有条件(如枪中尚有子弹)再射击,但甲出于本人意愿而自动放弃了继续射击,因而使犯罪结果没有发生。对于自动放弃重复侵害行为的定性,刑法理论上存在争议。本书认为,犯罪行为是否终了的标准,不仅要看行为人客观上是否实施了足以造成犯罪结果的犯罪行为,还要看行为人是否自认为完成犯罪所必要的行为都实行完毕。在上述案例中,行为人甲开第一枪只是其杀人行为的一个动作,其杀人行为并未结束。甲在第一枪未击中乙的情况下仍可以继续射击,直到射中乙为止,行为人主观上也认识到这一点。在整个犯罪行为尚未终了,客观上可以继续实施犯罪,而且行为人主观上对此有认识的情况下,行为人出于本人的意志放弃了本来可以继续实施的犯罪行为,体现出了其放弃犯罪的自动性。因而,对放弃重复侵害行为的,应当认定为犯罪中止。

2. 自动有效地防止犯罪结果发生的犯罪中止的特征

自动有效地防止犯罪结果发生的犯罪中止,是指行为人已经实施完毕了犯罪的实行行为,但在未造成犯罪既遂所要求的犯罪结果时,自动有效地防止了犯罪结果发生的犯罪中止形态。这种类型的犯罪中止除了应具备犯罪中止的时空性、自动性、彻底性三个特征外,还应具备有效性特征,即行为人必须有效地防止了犯罪结果的发生,使犯罪未达既遂状态而停止下来。这种情况一般发生在结果犯中。

根据犯罪中止的有效性特征,在已经实施的犯罪行为有可能产生犯罪结果的情况下,犯罪中止的成立,仅要求消极地停止犯罪的继续实施显然是不够的。除此之外,还要求行为人必须采取积极的措施来防止犯罪结果的发生,而且这种防止行为必须有效,即实际上避免了犯罪结果的发生。如果行为人虽然采取了防止犯罪结果发生的积极措施,但实际上犯罪结果发生了,或者该犯罪结果未发生是由于其他原因所致,则不能认定为犯罪中止,而应认定为犯罪既遂或犯罪未遂。对行为人防止犯罪结果发生的这种努力,可在处罚时作为从宽情节予以考虑。

二、犯罪中止的类型

依据不同的标准可将犯罪中止划分为不同的类型。

（一）预备中止、未实行终了的中止与实行终了的中止

根据犯罪中止发生的时空范围，可将犯罪中止划分为预备中止、未实行终了的中止与实行终了的中止。预备中止，是指在犯罪的预备阶段，行为人自动放弃犯罪预备行为或者没有着手犯罪实行行为的情形。其时空范围起始于犯罪预备活动的实施，终于犯罪实行行为着手前。例如，行为人预备爆炸杀人，但是在制造爆炸物的过程中，惧怕发生严重的后果而自动停止了爆炸物的制作，未着手实施爆炸杀人的行为，即属于预备中止。未实行终了的中止，是指行为人在实施犯罪实行行为的过程中，自动放弃犯罪实行行为的情形。例如，强奸犯在着手对被害人实施暴力行为的过程中，基于被害妇女的劝说而放弃了对其进一步要实施的奸淫行为，即属于未实行终了的犯罪中止。实行终了的犯罪中止，是指行为人在实行行为终了以后，出于本意而以积极的行为阻止了既遂的犯罪结果发生的情形。其时空范围始于实行行为终了之时，终于既遂的犯罪结果发生之前。例如，行为人投下毒药后，又采取积极的措施使被害人未吃下毒物，或者在被害人中毒后将其送往医院积极抢救而未使其死亡的，就属于实行终了的犯罪中止。

上述三种类型的犯罪中止的社会危害性有所不同，预备中止最小，实行终了的中止最大，而未实行终了的中止居中。

（二）消极中止与积极中止

以中止行为的行为方式不同为标准，可将犯罪中止划分为消极中止与积极中止。消极中止，是指行为人仅需自动停止犯罪行为的继续实施便可成立的犯罪中止。消极中止的行为方式表现为不作为。消极中止亦即前述的自动停止犯罪的犯罪中止。在犯罪预备阶段和犯罪实行行为尚未终了的大多数情况下所成立的犯罪中止，均属此种类型。积极中止，是指不仅需要行为人自动停止犯罪行为的继续实施，而且还要积极有效地实施一定行为以防止犯罪结果的发生才能成立的犯罪中止。实行终了的中止都是积极中止。一般而言，积极中止的社会危害性要大于消极中止。

三、中止犯的处罚原则

我国《刑法》第 24 条第 2 款规定:“对于中止犯,没有造成损害的,应当免除处罚;造成损害的,应当减轻处罚。”显然,我国刑法在中止犯的处罚上采取的是必减主义。正确理解和适用这一原则,应注意以下几个问题。

其一,对于中止犯,不论犯罪行为的性质及其所造成的现实危害,都应当从宽处理。对中止犯,既不允许与既遂犯同等处罚,也不允许比照既遂犯从轻处罚。对中止犯的处罚既轻于预备犯,也轻于未遂犯,体现了主客观相统一的刑事责任原则和罪刑均衡原则的基本要求。

其二,对中止犯,应依据结果的不同分别处理。其中,对于没有造成损害的,应当免除处罚;对于造成损害的,应当减轻处罚。至于减轻处罚的幅度,应综合考虑中止犯罪的主客观原因以及具体犯罪行为损害结果的大小等来确定。

其三,对中止犯的处罚应同时适用《刑法》第 24 条和刑法分则有关具体犯罪的条文,在罪名上应对犯罪中止形态有所体现。

其四,在适用中止犯的处罚原则时,还要注意与《刑法》第 13 条“但书”规定的关系。对中止犯的处罚,应当以行为达到应受刑罚处罚的程度为前提。如果行为人的行为属于《刑法》第 13 条“但书”规定的“情节显著轻微,危害不大的”情形,不应认为是犯罪。

本章小结

故意犯罪的停止形态,是指故意犯罪在其发展过程中因主客观原因而停止下来的各种犯罪状态。其按停止下来时犯罪是否已经完成为标准,可分为完成形态与未完成形态两种基本类型。犯罪的完成形态即犯罪既遂;犯罪的未完成形态包括犯罪预备、犯罪未遂和犯罪中止。故意犯罪的停止形态只存在于直接故意犯罪当中。惩罚犯罪完成形态的根据在于行为符合了基本的犯罪构成;惩罚犯罪未完成形态的根据在于行为符合了修正的犯罪构成。

犯罪既遂,是指着手实行的犯罪行为具备了具体犯罪构成全部要件的情况。根据我国刑法分则对直接故意犯罪构成要件的不同规定,犯罪既遂包括结果犯、行为犯、危险犯、举动犯等类型。对于既遂犯,根据其犯罪性质,在考虑刑法总则一般量刑原则的指导下,直接依据刑法分则具体犯罪条文规定的法定刑幅度处罚。

犯罪预备,是指为实施犯罪而开始创造条件,但由于行为人意志以外的原因而未能着手犯罪实行行为的犯罪停止形态。犯罪预备包括为了实行犯罪而准备工具和其他为实行犯罪创造条件两种类型。对于预备犯,可以比照既遂犯从轻、减轻处罚或者免除处罚。

犯罪未遂,是指行为人已经着手实施犯罪的实行行为,但由于其意志以外的原因而未能完成犯罪的一种犯罪停止形态。以犯罪实行行为是否实行终了为标准,可以把犯罪未遂区分为实行终了的未遂与未实行终了的未遂;以行为的实行客观上能否达到犯罪既遂为标准,可以把犯罪未遂划分为能犯未遂与不能犯未遂。对于未遂犯,可以比照既遂犯从轻或者减轻处罚。

犯罪中止,是指在犯罪过程中,行为人自动放弃犯罪或者自动有效地防止犯罪结果发生,而未完成犯罪的一种犯罪停止形态。犯罪中止包括自动停止犯罪的犯罪中止和自动有效地防止犯罪结果发生的犯罪中止。根据犯罪中止发生的时空范围,可将犯罪中止划分为预备中止、未实行终了的中止与实行终了的中止;以中止行为的行为方式不同为标准,可将犯罪中止划分为消极中止与积极中止。对于中止犯,没有造成损害的,应当免除处罚;造成损害的,应当减轻处罚。

习　　题

1. 犯罪停止形态与犯罪过程和犯罪阶段有什么联系和区别?

2. 犯罪既遂形态有哪些特征和类型?

3. 犯罪预备形态有哪些特征?

4. 犯罪预备行为与犯意表示有什么区别?

5. 犯罪未遂形态具有什么特征?

6. 犯罪未遂形态与犯罪预备形态、犯罪中止形态、犯罪既遂状态有什么区别?

7. 犯罪中止形态具有什么特征?

8. 预备犯、未遂犯、中止犯的处罚原则有什么不同?其根据何在?

第十二章　共同犯罪

【本章导读】

共同犯罪是指二人以上共同故意犯罪。二人以上共同过失犯罪,不以共同犯罪论处;应当负刑事责任的,按照他们所犯的罪分别处罚。我国刑法理论按照不同标准把共同犯罪的形式划分为任意共同犯罪与必要共同犯罪、事前通谋的共同犯罪与事前无通谋的共同犯罪、简单的共同犯罪与复杂的共同犯罪、一般共同犯罪与有组织的共同犯罪四种类型。在共同犯罪人的分类上,我国刑法按共同犯罪人在共同犯罪中的作用将其分为主犯、从犯、胁从犯的同时,又根据共同犯罪人的分工标准,划分出教唆犯。

【学习重点】

- 共同犯罪
- 简单的共同犯罪与复杂的共同犯罪
- 主犯
- 从犯
- 教唆犯
- 无身份者与有身份者共同实施犯罪的定性

第一节　共同犯罪的概念和构成要件

一、共同犯罪的概念

我国《刑法》第 25 条第 1 款规定:“共同犯罪是指二人以上共同故意犯罪。”第 2 款规定:“二人以上共同过失犯罪,不以共同犯罪论处;应当负刑事责任的,按照他们所犯的罪分别处罚。”这一定义科学地概括了共同犯罪的内在属性,体现了主观与客观相统一的原则,为有效惩治共同犯罪提供了法律依据,为理论上研究共同犯罪指明了方向。

刑法之所以要对共同犯罪作出特别规定，主要是因为共同犯罪是一种特殊、复杂的犯罪现象，具有单独犯罪所不具有的特点。(1)从形式上看，共同犯罪是二人以上共同实施的犯罪，具有两个以上的共同犯罪人；而且，各个共同犯罪人在共同犯罪中的地位、作用、分工和参与程度均可能不同，致使其各自行为的社会危害性也不同，因而刑法有必要对共同犯罪作出特别规定。(2)从实质上看，共同犯罪比单独犯罪具有更为严重的社会危害性。在共同犯罪中，各犯罪人之间可能密谋商讨，互相分工，采用更复杂、更狡猾的犯罪方法使犯罪易于实行；也可能互相包庇，采用诡诈的手段消灭罪迹，毁灭罪证，便于逃避侦查。因此，共同犯罪给国家、社会和公民造成的危害往往大于单独犯罪，刑法有必要对共同犯罪作出特别规定。(3)从法律规定上看，刑法分则除少数情况(必要共犯)外，对犯罪形态的规定都是以单独的既遂犯为标准的，因而对共同犯罪这种特殊犯罪形态就有必要在刑法总则中加以规定。

二、共同犯罪的构成要件

(一) 共同犯罪的主体要件

共同犯罪的主体必须是“二人以上”。这里的“人”，既包括自然人，也包括单位。其中，自然人必须是达到刑事责任年龄、具有刑事责任能力的人。从共同犯罪的主体结构来看，共同犯罪包括以下三种情形。

1. 两个以上的自然人构成的共同犯罪

在这种共同犯罪中，要求各犯罪人都必须达到刑事责任年龄、具有刑事责任能力。如果其中只有一个人符合犯罪主体的条件，其他人均未达到刑事责任年龄或不具有刑事责任能力，则不是共同犯罪。如果具有刑事责任能力的人教唆或帮助不具有刑事责任能力的人实施危害行为的，前者属于间接实行犯或间接正犯，不与后者构成共同犯罪；如果不具有刑事责任能力的人教唆或帮助具有刑事责任能力的人或主动与具有刑事责任能力的人合谋实施危害行为的，前者不构成犯罪，后者构成犯罪。

2. 两个以上的单位构成的共同犯罪

无论从理论上还是从实践中来看，单位共同犯罪都是存在的。例如，单位共同生产、销售伪劣商品，共同走私，共同受贿，共同行贿，共同制作、贩卖淫秽物品等，都可以构成共同犯罪。

3. 自然人与单位构成的共同犯罪

例如,公司、企业、事业单位与走私犯罪分子通谋,为其提供贷款、资金、账号、发票、证明,或者为其提供运输、保管、邮寄或者其他方便的,就构成走私犯罪的共同犯罪。

(二) 共同犯罪的主观要件

《刑法》第25条第1款明确规定,共同犯罪必须是二人以上"共同故意"犯罪。因此,共同故意是共同犯罪的主观要件。共同故意,不仅指各共同犯罪人具有犯罪的故意,而且要求各共同犯罪人之间具有意思联络,行为人通过犯意联系使犯罪故意成为有机联系的统一整体。因而,所谓共同犯罪的故意,是指各行为人通过意思的传递、反馈而形成的,明知自己是和他人配合共同实施犯罪,并且明知共同的犯罪行为会发生某种危害社会的结果,并希望或者放任这种危害结果发生的心理态度。具体而言,共同犯罪故意的内容包括:(1)各共同犯罪人认识到自己不是在单独实施犯罪,而是在与其他人相互配合共同实施犯罪(意思联络);(2)各共同犯罪人都明知自己与他人共同犯罪行为的性质和结果(共同认识);(3)各共同犯罪人对某种危害社会的结果的发生采取希望或者放任的态度(共同意志)。

(三) 共同犯罪的客观要件

共同犯罪的客观要件,是指各犯罪人必须具有共同行为。这里的"共同行为"不仅指各共犯人都实施了同一犯罪构成的行为,而且各共犯人的行为在共同故意支配下相互配合、相互协调、相互补充,形成一个整体。各共犯人的行为都是共同犯罪行为这一整体的有机组成部分;在发生了危害结果的情况下,各共犯人的行为作为一个整体与危害结果之间具有因果关系。因此,共同犯罪行为不是单独犯罪行为的简单相加,而是二人以上的犯罪行为在共同犯罪故意基础上的有机结合。

从行为方式来看,共同犯罪行为表现为三种情形:(1)共同的作为,即各共犯人的行为均为作为;(2)共同的不作为,即各共犯人的行为均为不作为,如共同遗弃;(3)作为与不作为相结合。例如,银行保安人员与盗窃犯事前通谋,届时盗窃犯入室盗窃,保安人员借故离开,即是由作为与不作为构成的共同盗窃罪。

从行为分工来看,共同犯罪行为表现为四种情形:(1)组织行为,即组织、领导、策划、指挥共同犯罪的行为;(2)实行行为,即正犯行为,是指刑法分则规定的具体犯罪的构成要件的行为；(3)教唆行为，是指引起他人犯罪意图的行为；(4)帮助行为，是指在共同犯罪中起辅助作用的行为。其中，实行行为即正犯行为，组织行为、教唆行为和帮助行为合称为共犯行为。实行行为在共同犯罪中起着决定性作用，共同犯罪的犯罪意图都是通过实行行为来实现的。实行行为由刑法分则加以规定，而组织行为、教唆行为和帮助行为一般由刑法总则加以规定。如果某种组织行为、教唆行为或帮助行为由刑法分则作出规定的话，那么该组织行为、教唆行为或帮助行为就属于实行行为。例如，《刑法》第 358 条规定的协助组织卖淫罪的协助行为，本来是组织卖淫罪的帮助行为，但刑法分则将其作为实行行为加以规定。就共犯行为与正犯行为的关系而言，组织行为与正犯行为之间具有制约关系，教唆行为与正犯行为之间具有诱发关系，帮助行为与正犯行为之间具有协同关系。

共同犯罪行为既可以是同时实施的，也可以不在同一时间实施。例如，甲、乙共同谋杀丙，既可能表现为由甲、乙二人同时实行杀人行为，也可能表现为甲率先提供凶器，由乙一人去实施杀人的实行行为。

第二节　共同犯罪的认定

一、不成立共同犯罪的情形

根据共同犯罪的构成要件，以下几种情形不成立共同犯罪。

(1) 共同过失犯罪不构成共同犯罪。所谓共同过失犯罪，是指两个或者两个以上的行为人，基于共同的过失导致危害结果发生的情形。例如，甲乙二人系某厂锅炉工。某日，甲的朋友多次打电话催甲赴约，但离交班时间还有 15 分钟。甲心想，乙一直都是提前 15 分钟左右来接班，今天也快来了。于是，在乙到来之前，甲就离开岗位。恰巧乙这天也有要事。乙心想，平时都是我去后甲才离开，今天迟去 15 分钟左右，甲不会有什么意见的。于是，乙过了正常交接班时间 15 分钟左右才赶到岗位。结果，由于无人看管，致使锅炉发生爆炸，损失惨重。甲乙主观上都认为自己的行为不会带来什么危害，相信对方在岗位上值守，以致出现岗位无人值班的情况，发生了危害结果，都存在犯罪过失。甲乙的行为属于共同过失犯罪，应按照甲乙所犯的罪分别处罚。再如，医生甲马马虎虎，将患者的处方开错,开了两种不能匹配使用的注射针剂,药剂师乙也不按规定认真审查处方,将针剂交给注射护士丙,护士丙也不认真审查,就为患者丁注射了该两种针剂,结果导致丁严重残疾。在该案中,患者丁严重残疾的结果是由甲、乙、丙严重不负责任的行为共同作用的结果,各行为人在主观上均属于过失;但作为过失犯罪,不存在共同犯罪问题,应对三人分别以医疗事故罪定罪处罚。

(2) 二人以上共同实施危害行为造成某种危害结果,但有的出于故意,有的出于过失,不构成共同犯罪。例如,甲系某公寓的管理员。某日,盗窃犯罪分子乙找到甲并告诉甲:“我来找居住于该公寓的亲戚丙,但丙碰巧不在且一时回不来,丙此前告诉我让我找公寓管理员甲给开一下门。”在乙的甜言蜜语哄骗下,甲违反有关管理规定,给乙打开了丙的宿舍门,结果导致丙价值2万元的现金等财物被乙偷走。该案中,甲虽然对乙的盗窃行为提供了帮助,但由于其主观上出于过失,因而不可能与乙构成共同犯罪。

(3) 无罪过帮助他人实施故意犯罪的,不构成共同犯罪。例如,甲找到司机乙,让乙帮他拉一车货,在将车开到一个仓库边后,甲请乙去吃饭,让几个人往车上装货。乙问装的是什么货,甲欺骗乙说做了一笔生意,现在来提货。乙信以为真,帮甲把货物拉到指定地点。事实上,甲是在该仓库盗窃货物。该案中,甲实施了盗窃犯罪行为,乙虽然客观上对甲的盗窃犯罪起到了帮助作用,但主观上没有罪过,因而不能构成犯罪,也就谈不上与甲构成共同犯罪。

(4) 同时犯不构成共同犯罪。所谓同时犯,是指二人以上同时或者先后(近乎同时)针对同一个目标实施同一犯罪,但主观上缺乏意思联络的情形。例如,甲趁某公司门卫离开之际从该公司的仓库大门进入盗窃财物,正好乙也从仓库的窗户爬入实施盗窃。实施盗窃后,甲从天窗爬出逃走,乙仍从窗户爬出逃走。甲、乙二人对对方的盗窃互不知情,不成立共同犯罪。

(5) 二人以上同时实施犯罪但故意内容不同,不构成共同犯罪。例如,甲、乙决定共同殴打丙,乙先上去用树枝抽打丙的腿部致其轻伤,然后离去。接着,甲以杀害丙为目的用木棒击打丙的头部,导致丙死亡。在该案中,甲以杀害丙为犯罪故意内容,而乙却以伤害丙为犯罪故意内容,二者的犯罪故意内容不同,不构成共同犯罪,应分别以故意杀人罪和故意伤害罪定罪处罚。

(6) 超出共同故意范围之外的实行过限行为,不构成共同犯罪。例如,甲教唆乙前去抢劫丙的财物,乙抢劫丙的财物后,还强奸了丙。乙强奸丙的行为不属于共同犯罪。在司法实践中，对于共同故意明确的犯罪，行为是否超出共同故意的范围，不难认定。但对于共同认识不明确的情形，即如何断定行为人之犯罪是否超出共同故意范围，则存在一定的困难。一般而言，共同犯罪人只要认识到危害结果的范围，即可能发生的危害结果，就可以认为具有共同故意。

（7）事前无通谋的窝藏与包庇行为总是与他人的犯罪行为相联系，但是它们与共同犯罪行为有原则的区别。换言之，事前无通谋的窝藏、包庇行为与被窝藏、包庇的犯罪之间，不构成共同犯罪。反之，事前有通谋的窝藏、包庇行为与被窝藏、包庇的犯罪之间，构成共同犯罪。

二、两个值得研究的问题

（一）所谓共谋共同正犯是否共同犯罪

共谋共同正犯，是指二人以上共谋实行某犯罪行为，但只有一部分人基于共同的意思实行了犯罪，没有直接实行犯罪的共谋人与实行了犯罪的人，共同构成所共谋之罪的共同正犯。对于共谋共同正犯是否属于共同犯罪，我国刑法学界有两种不同观点：一种观点认为，共谋而未实行，就意味着缺乏共同犯罪行为，因此，不能构成共同犯罪。例如，甲、乙共谋杀害丙，相约翌日到丙家共同下手将丙杀死。甲如期到丙家，而乙未去，甲一人将丙杀死。甲、乙虽然有共同杀丙的故意，但缺乏共同行为。甲应单独构成故意杀人罪的既遂。另一种观点则认为，共谋是共同犯罪的预备行为，参与共谋即使未实行也构成共同犯罪。在上述案例中，乙的共谋行为属于故意杀人罪的预备行为，因而与甲共同构成故意杀人罪。本书赞成第二种观点。在共谋而未实施实行行为的场合，共谋不单纯是共同犯罪意图的流露，而是为实行犯罪创造条件的行为，共谋而未实行者无疑也具备成立共同犯罪所需要的主客观要件。在上述案例中，如果认为甲的行为单独构成故意杀人既遂，乙只对预备行为负责，又否认他们成立共同犯罪，本身就是自相矛盾的。因此，甲一人杀死丙的行为与乙参与密谋杀人是密不可分的，乙同样应负故意杀人罪（既遂）刑事责任，不过在量刑上可以从宽。

（二）所谓片面共犯是否共同犯罪

片面共犯，是指参与同一犯罪的人中，一方认识到自己故意在和他人共同实施犯罪，而另一方没有认识到有他人和自己实施共同犯罪的情形。例如，甲与乙有仇，手持凶器追杀乙，适逢丙碰见，而丙对乙也有仇，于是丙在乙逃跑的路上设置障碍,致乙被甲追上并被杀死。本案中,甲并不知道丙在帮助他杀乙,与丙没有共同犯罪的故意,因而不可能与丙构成共同犯罪;但丙故意帮助甲杀乙,那么是否与甲构成共同犯罪呢?对此,在我国刑法学界存在否定说与肯定说两种观点。本书认为,片面共犯不属于共同犯罪,主要理由是:(1)承认片面共犯不符合共同犯罪成立的主观条件。成立共同犯罪以行为人具有共同的犯罪故意为主观条件。片面共犯所说的情形只存在单方面的一厢情愿的"共同"犯罪意图,没有双方的意思联络,没有形成真正的共同犯罪意思(包括共同的认识因素和共同的意志因素),因而不符合共同犯罪的主观条件。(2)不承认片面共犯不会影响对行为人的定罪。所谓的"片面共犯"行为,实质上是利用没有共同犯罪故意的他人的犯罪行为作为工具而实现自己的犯罪目的的行为,完全符合间接正犯的成立条件,直接以其所触犯的罪名定罪没有任何理论障碍。

第三节　共同犯罪的形式

共同犯罪的形式,是共同犯罪的形成、结构和共同犯罪人之间结合形式的总称。依据不同标准,可以对共同犯罪的形式进行不同的分类。研究共同犯罪的形式,是为了从不同角度认识共同犯罪的性质及其社会危害程度,以便正确定罪量刑。

一、任意共同犯罪与必要共同犯罪

以共同犯罪能否依照法律的规定任意形成为标准,可将共同犯罪划分为任意共同犯罪与必要共同犯罪。

(一) 任意共同犯罪

任意共同犯罪,是指刑法分则规定的一人能够单独实施的犯罪,当二人以上共同实施时所构成的共同犯罪的情形。这种共同犯罪的特点是:刑法对犯罪主体的人数没有限制。如果两个人共同实施,就成立共同犯罪。我国刑法分则规定的绝大多数故意犯罪,都可以形成任意的共同犯罪,即既可由单独犯罪的形式来完成,也可由共同犯罪的形式来完成。

在对任意共同犯罪案件定罪量刑时,不仅要适用刑法分则的相关规定,还要适用刑法总则中有关共同犯罪的规定。

（二）必要共同犯罪

必要共同犯罪，是指刑法分则规定的只能由二人以上的共同行为才能构成的共同犯罪。这种共同犯罪的特点是：犯罪主体必须是二人以上，而且具有共同的犯罪故意和行为，单个人不可能构成此种犯罪。根据我国刑法的规定，必要共同犯罪包括聚众性共同犯罪和集团性共同犯罪两种。

聚众性共同犯罪，是指由首要分子组织、策划、指挥众人实施的共同犯罪。但应当注意的是，聚众性共同犯罪与聚众犯罪并非是完全等同的两个概念。我国刑法中的聚众犯罪有两种：一种是属于共同犯罪的聚众犯罪，如《刑法》第 290 条规定的聚众扰乱社会秩序罪、聚众冲击国家机关罪、第 292 条规定的聚众斗殴罪、第 317 条第 2 款规定的聚众持械劫狱罪。在这些犯罪中，首要分子和积极参加者或其他参与者都具有共同犯罪故意与共同犯罪行为，都应当承担刑事责任。另一种则是不一定都构成共同犯罪的聚众犯罪，如《刑法》第 291 条规定的聚众扰乱公共场所秩序、交通秩序罪。刑法规定只处罚首要分子，即这一犯罪的构成是以首要分子为主体条件的。这种聚众犯罪当首要分子为一人时是单独犯罪，为二人以上时才是共同犯罪。

集团性共同犯罪，是指以组织、领导或参加犯罪集团为构成要件的共同犯罪。在我国刑法中，最为典型的集团性共同犯罪是《刑法》第 120 条规定的组织、领导、参加恐怖组织罪和第 294 条第 1 款规定的组织、领导、参加黑社会性质组织罪。

对于必要共同犯罪，由于刑法对犯罪分子的不同地位和作用作了专门的处罚规定，因而只需径直适用相关刑法分则的相关规定，而不必适用刑法总则关于共同犯罪的规定。

二、事前通谋的共同犯罪与事前无通谋的共同犯罪

以共同故意形成的时间为标准，可将共同犯罪划分为事前通谋的共同犯罪与事前无通谋的共同犯罪。

（一）事前通谋的共同犯罪

事前通谋的共同犯罪，是指各共同犯罪人在着手实行犯罪以前，进行了不同程度的商议和策划，从而形成共同犯罪故意的共同犯罪。此种形式的共同犯罪在司法实践中较为常见，通常表现为教唆犯与被教唆者在实行犯罪前沟通犯意，帮助犯在犯罪之前提供工具等。就大多数犯罪而言，并不以事前通谋为成立共同犯

罪的要件。但应当注意的是,刑法分则规定的有些犯罪,以事前是否有通谋作为区分该罪的共同犯罪与他罪的标准。例如,《刑法》第310条规定,明知是犯罪的人而为其提供隐藏处所、财物,帮助其逃匿或者作假证明包庇,事前通谋的,构成本犯的共同犯罪;如果事前无通谋,则构成窝藏、包庇罪。再如,《刑法》第349条规定,事前通谋,包庇走私、贩卖、运输、制造毒品的犯罪分子,为犯罪分子窝藏、转移、隐瞒毒品或者犯罪所得的财物的,以走私、贩卖、运输、制造毒品罪的共犯论处;如果事前无通谋,则构成包庇毒品犯罪分子罪。

一般而言,在事前通谋的共同犯罪中,由于各共同犯罪人在事前有谋划,犯罪更容易得逞。因而,事前通谋的共同犯罪的社会危害性比事前无通谋的共同犯罪要大。

(二) 事前无通谋的共同犯罪

事前无通谋的共同犯罪,是指各共同犯罪人在刚着手实行犯罪时或在实行犯罪过程中形成共同犯罪故意的共同犯罪。例如,甲正在殴打乙,适逢丙路过,于是,甲请丙帮忙,丙应邀与甲共同将乙打成重伤。该案中甲、乙的共同犯罪就是事前无通谋的共同犯罪。

一般而言,在事前无通谋的共同犯罪中,由于缺乏事前通谋,行为人的主观恶性较小。相应地,事前无通谋的共同犯罪的社会危害性比事前通谋的共同犯罪要小。

三、简单共同犯罪与复杂共同犯罪

以共同犯罪人之间有无分工为标准,可将共同犯罪划分为简单共同犯罪与复杂共同犯罪。

(一) 简单共同犯罪

简单共同犯罪,又称共同正犯、共同实行犯,是指各共同犯罪人都直接实行某一具体犯罪构成客观要件行为的共同犯罪。在简单共同犯罪中,每个共同犯罪人都是实行犯。例如,甲、乙共同入室盗窃的行为,就属于简单共同犯罪。简单共同犯罪的成立条件包括:(1)二人以上有共同实行的意思,即各共同犯罪人不仅都具有实施犯罪行为的意思,而且还均具有相互利用、补充对方行为的意思。(2)须有共同的实行行为,即两人以上必须实施犯罪构成要件的一部分或全部,各共犯人的行为均具有导致危害结果的现实危险性。在简单共同犯罪中,并不意味着各共犯人的行为必须完全相同；即使各共犯人的具体行为方式不完全一样，也同样可以成立简单共同犯罪。例如，甲、乙二人共同抢劫，甲持刀威胁被害人，乙动手夺取财物。此案中，甲、乙二人的具体行为方式的不同，并不影响抢劫罪的共同正犯的成立。

根据不同的标准，可以对共同正犯进行如下两种分类。

(1) 根据行为人事先是否有预谋，共同正犯可分为原始的共同正犯和继承的共同正犯。原始的共同正犯，又称预谋的共同正犯，是指行为人在共同实行犯罪以前已经就实施犯罪进行了预谋，进而共同实行该犯罪行为的情况。在原始的共同正犯中，各犯罪人各自自始至终参与了共同犯罪行为，因此，共同犯罪的形式比较单一、明确。继承的共同正犯，又称承继的共同正犯、相续的共同正犯，是指先行为者已着手实施特定的犯罪，在实行行为尚未全部终了之时，其他的人(后行为者)明知该事实而参与犯罪，通过和先行为者的意思沟通，单独将剩下的实行行为实施完毕，或者和先行为者共同完成犯罪的情况。在继承的共同正犯中，值得讨论的问题是后行为者是否对全部犯罪成立共同正犯，即是否要对全部犯罪负刑事责任。对此，应区别对待。如果先行为者的行为在后行为者加入后成为后行为者实施犯罪的前提，二者就形成一种相互利用、相互补充的关系，从而共同促成了犯罪行为的完成。在这种情况下，后行为者理应对整个犯罪成立共同正犯。相反，如果后行为者介入犯罪后，并未利用先行为者已经实施的行为，而是独立地或共同地实施了犯罪行为，此时先行为者的行为并没有对后行为者的行为产生实质性影响，故后行为者仅对介入后的行为成立共同正犯。

(2) 根据行为人之间有无分工，共同正犯可分为并进的共同正犯与分担的共同正犯。并进的共同正犯，是指各共同正犯在实施犯罪时，各自的行为均具备犯罪构成客观方面要件的情况；分担的共同正犯，是指各行为人在实施某一犯罪时，在实行行为内部有所分工的情况。

(二) 复杂共同犯罪

复杂共同犯罪，是指各共同犯罪人之间存在分工的共同犯罪。在司法实践中，复杂共同犯罪的形式主要包括：(1)不同的共同犯罪人分别实施教唆行为和实行行为；(2)不同的共同犯罪人分别实施帮助行为和实行行为；(3)不同的共同犯罪人分别实施教唆行为、帮助行为和实行行为；(4)不同的共同犯罪人分别实施组织行为、实行行为；(5)不同的共同犯罪人分别实施组织行为、帮助行为和实行行为。其中,组织行为是对整个犯罪活动的策划、指挥和领导的行为,教唆行为是唆使他人产生犯罪决意的行为,实行行为即具体犯罪构成要件的实行行为,帮助行为是为犯罪的实行提供物质和精神上帮助的行为。

在简单共同犯罪中,各共同犯罪人都是实行犯,应承担的刑事责任基本相同;而在复杂共同犯罪中,行为人之间的分工不同,所起的作用不尽相同,因而各自应承担的刑事责任亦不同。

四、一般共同犯罪与有组织的共同犯罪

以共同犯罪有无组织形式为标准,可将共同犯罪划分为一般共同犯罪与有组织的共同犯罪。

(一) 一般共同犯罪

一般共同犯罪,是指二人以上为实施特定犯罪而事前或临时结合的无特殊组织形式的共同犯罪。此种形式的共同犯罪人一旦完成特定的犯罪后,其犯罪联盟就不复存在。一般共同犯罪,可以是简单的共同犯罪,也可以是复杂的共同犯罪;可以是事前通谋的共同犯罪,也可以是事前无通谋的共同犯罪。

(二) 有组织的共同犯罪

有组织的共同犯罪,即犯罪集团所实施的共同犯罪。犯罪集团,是指 3 人以上为共同实施犯罪而组成的较为固定的犯罪组织。犯罪集团的成立,必须具备以下条件:(1)主体必须是 3 人以上。这是针对犯罪集团在主体上的量的规定性。(2)有一定的组织性。所谓组织性,主要是指成员比较固定,且内部存在领导与被领导的关系。其中,有明显的首要分子,有比较固定的骨干分子,还有一般成员。犯罪人之间通过一定的成文或不成文的组织纪律维系在一起。组织性是犯罪集团的本质特征。(3)具有实施某种犯罪或某几种犯罪的目的性。如果不是为了实施犯罪,而是基于封建迷信思想或出于追求低级趣味而纠合在一起,就不是犯罪集团。(4)具有一定的稳定性。所谓未定型,即各犯罪人是为了在较长时间内多次实施犯罪活动而结合起来的;在实施一次犯罪后,其间的相互联系和组织形式仍然存在,而不是实施一次犯罪就散伙。当然,犯罪集团可能在实施一次犯罪后即被破获,但只要能够查明各犯罪人是为了多次实施某种犯罪或某几种犯罪而结合起来的,仍可认定为犯罪集团。

实践中,犯罪集团或者作案频繁、罪行累累,或者犯罪手段凶残,乃至公然对

抗司法机关,或者常作大案,造成社会不安。因此,犯罪集团具有疯狂的破坏性和极大的危害性,历来是刑法打击的重点。对集团犯罪,刑法分则有规定的,按照刑法分则的相关规定定罪处罚;刑法分则没有规定的,应区分主犯、从犯、胁从犯,分别予以不同处罚。

另外,司法实践中还经常使用犯罪团伙这一概念。犯罪团伙,通常用于概括地指称3人以上共同实施犯罪的情况。对于犯罪团伙究竟属于何种形式的共同犯罪,理论上众说纷纭。本书认为,对犯罪团伙应根据具体情况具体认定,符合犯罪集团成立条件的,认定为犯罪集团,对其所实施的犯罪按照集团犯罪定罪处罚;不符合犯罪集团成立条件的,对其所实施的犯罪,按一般共同犯罪处理。

第四节　共同犯罪人的种类及其刑事责任

一、共同犯罪人的分类标准

在数人共同故意犯罪的情况下,各个犯罪人在犯罪中所处的地位和所起的作用可能不同,因而对共同犯罪的犯罪人应区别对待。为了正确解决各共同犯罪人的刑事责任,有必要采取一定的标准对共同犯罪人进行分类。

综观各国刑法,关于共同犯罪人的分类标准大致有两种:一是分工分类法,即以共同犯罪人在共同犯罪中的分工为标准,对共同犯罪人进行分类。分工分类法又有不同的表现:(1)二分法,即把共同犯罪人分为正犯和从犯;(2)三分法,即把共同犯罪人分为正犯、教唆犯和从犯,或分为实行犯、教唆犯和帮助犯;(3)四分法,即把共同犯罪人分为实行犯、组织犯、教唆犯和帮助犯。二是作用分类法,即以共同犯罪人在共同犯罪中所起的作用为标准,对共同犯罪人进行分类。在采用作用分类法的国家,有的将共同犯罪人分为主犯和从犯两种;有的分为主犯、从犯和胁从犯三种。

上述两种分类法各有利弊。分工分类法较为客观地反映了各共同犯罪人在共同犯罪中的实际分工和彼此间联系的形式,但无法揭示各共同犯罪人在共同犯罪中所起的作用,从而不能正确解决各自的刑事责任问题。作用分类法较为客观地反映了共同犯罪人在共同犯罪中的作用,便于对共同犯罪人的量刑,但不能全面反映各共同犯罪人在共同犯罪中的分工和彼此间的联系形式。在共同犯罪人的划分上,我国刑法兼顾了上述两种分类法,首先根据共同犯罪人在共同犯罪中所起的作用,把共同犯罪人划分为主犯、从犯和胁从犯;其次,根据共同犯罪人在共同犯罪中的不同分工,划分出教唆犯。

二、主犯及其刑事责任

(一) 主犯的概念

根据《刑法》第 26 条第 1 款的规定,主犯,是指组织、领导犯罪集团进行犯罪活动或者在共同犯罪中起主要作用的犯罪分子。我国刑法中的主犯包括以下两种。

(1) 组织、领导犯罪集团进行犯罪活动的犯罪分子,即犯罪集团的首要分子。[1] 犯罪集团的首要分子,需同时具备两个条件:首先,以犯罪集团的存在为条件。没有犯罪集团,就没有所谓犯罪集团的首要分子。其次,必须是组织、领导犯罪集团进行犯罪活动的犯罪分子。组织、领导往往具体表现为:负责组建犯罪集团,网罗犯罪集团成员,制定犯罪活动计划,召集犯罪会议,分配犯罪任务,指挥集团成员进行具体的犯罪活动等。

(2) 在共同犯罪中起主要作用的犯罪分子,即除犯罪集团的首要分子以外在共同犯罪中起主要作用的犯罪分子。此种主犯具体包括三类:①犯罪集团的骨干分子。在犯罪集团中,并非只有组织、领导犯罪集团进行犯罪活动的首要分子才可以成为主犯,犯罪集团的骨干分子也可以成为主犯。犯罪集团的骨干分子虽然不在集团犯罪中起组织、指挥作用,但积极参加犯罪集团的犯罪活动,因而也可以成为主犯。②某些聚众犯罪中的首要分子及其骨干成员。在我国刑法中,根据构成犯罪的主体范围,可以将聚众性犯罪分为以下三种类型:第一类是参与者均构成犯罪的聚众性犯罪,如《刑法》第 317 条规定的聚众持械劫狱罪,首要分子、积极参加者和其他参加者均构成犯罪。第二类是只有首要分子和积极参加者才构成犯罪的聚众性犯罪。在这类聚众性犯罪中,一般参加者不构成犯罪,如《刑法》第 290 条规定的聚众冲击国家机关罪。第三类是只有首要分子构成犯罪的聚众性犯罪。在这类聚众性犯罪中,除首要分子外,其他积极参加者和一般参加者都

---

〔1〕 应当注意的是,犯罪集团的首要分子与组织犯并非等同的概念。组织犯是指在共同犯罪中实施组织、领导、策划、指挥行为的犯罪分子。组织犯既包括犯罪集团的首要分子,也包括在一般共同犯罪中实施组织、领导、策划、指挥行为的犯罪分子。

不构成犯罪，如《刑法》第 291 条规定的聚众扰乱公共场所秩序、交通秩序罪。第一类和第二类聚众性犯罪属于必要的共同犯罪，存在主犯与从犯的区分：在第一类聚众性犯罪中，首要分子、积极参加者一般都是主犯；在第二类聚众性犯罪中，只有首要分子一般是主犯；在第三类聚众性犯罪中，因为只处罚首要分子，因而只有在首要分子为二人以上时，才存在主犯问题。③在其他一般共同犯罪中起主要作用的犯罪分子。

（二）主犯的刑事责任

我国刑法针对不同的主犯规定了不同的刑事责任。首先，根据《刑法》第 26 条第 3 款的规定，对组织、领导犯罪集团的首要分子，按照集团所犯的全部罪行处罚。“集团所犯的全部罪行”，是指首要分子组织、指挥的全部犯罪；对于集团个别成员所实施的超出首要分子组织、指挥范围的犯罪，不能由首要分子承担刑事责任。其次，根据《刑法》第 26 条第 4 款的规定，对于其他主犯，应当按照其所参与的或者组织、指挥的全部犯罪处罚。

另外，我国刑法分则对某些必要共同犯罪的主犯和其他一般共同犯罪人规定了具体的法定刑。例如，《刑法》第 290 条第 2 款规定：“聚众冲击国家机关，致使国家机关工作无法进行，造成严重损失的，对首要分子，处五年以上十年以下有期徒刑；对其他积极参加的，处五年以下有期徒刑、拘役、管制或者剥夺政治权利。”第 317 条第 2 款规定：“暴动越狱或者聚众持械劫狱的首要分子和积极参加的，处十年以上有期徒刑或者无期徒刑；情节特别严重的，处死刑；其他参加的，处三年以上十年以下有期徒刑。”可见，对于这些共同犯罪中的首要分子、积极参加者等主犯，应直接按照刑法分则的有关条文规定的法定刑处罚。

三、从犯及其刑事责任

（一）从犯的概念

根据《刑法》第 27 条第 1 款的规定，从犯，是指在共同犯罪中起次要或者辅助作用的犯罪分子。可见，我国刑法中的从犯包括以下两种。

（1）在共同犯罪中起次要作用的犯罪分子，即次要的实行犯。这是指虽然直接实行具体犯罪构成客观方面的行为，但在整个犯罪活动中其作用居于次要地位的实行犯。次要的实行犯既可以存在于犯罪集团中，也可以存在于其他一般的共同犯罪中。在犯罪集团中，次要的实行犯受首要分子或者其他主犯的指挥，罪行较轻或者情节不严重。在一般的共同犯罪中,次要的实行犯虽然直接实施了刑法分则规定的某种具体犯罪构成客观方面的行为,但一般属于不能单独、直接地引起危害结果的行为。

(2) 在共同犯罪中起辅助作用的犯罪分子,即帮助犯。这是指未直接实施具体犯罪构成客观方面的犯罪行为,而是为共同犯罪的实施创造条件、辅助实行犯罪的人。帮助犯在共同犯罪中实施的是非实行行为,如提供犯罪工具,指示犯罪对象和犯罪地点,打探和传递有关犯罪实施和完成的信息,为实行犯望风,事前有通谋的事后窝藏、销赃等帮助行为等。

(二) 从犯的刑事责任

根据《刑法》第 27 条第 2 款的规定,对于从犯,应当从轻、减轻或者免除处罚。可见,我国刑法对从犯采取必减主义,即对从犯“应当”从轻、减轻或者免除处罚,而不是“可以”从轻、减轻或者免除处罚。对从犯从轻、减轻还是免除处罚,应综合考虑共同犯罪的性质、从犯对犯罪结果作用的大小等方面,来予以确定。另外,我国刑法分则对一些必要共犯的主犯和从犯同时规定了具体的法定刑;对于刑法分则规定了具体法定刑的从犯,应当直接按照分则的相关规定处罚。

四、胁从犯及其刑事责任

(一) 胁从犯的概念

根据《刑法》第 28 条的规定,胁从犯,是指被胁迫参加犯罪的人。胁从犯具有以下特征:(1)客观上实施了犯罪行为。(2)在主观上明知自己实施的行为是犯罪行为,在可以选择不实施犯罪的情况下,虽不愿意但仍实施了犯罪行为。如果行为人因被欺骗而不知道自己实施的是犯罪行为,或者是在身体被完全强制的情况下实施犯罪行为的,因为不具备共同犯罪故意而不构成共同犯罪。(3)行为人是因为受他人胁迫而参加犯罪的。胁迫是指以对行为人或其亲友以杀害、伤害、揭发隐私、损坏财物等相威胁,对行为人施加精神强制,强迫其参加犯罪。实践中,应注意胁从犯向主犯的转化,即第一次被胁迫参加犯罪的人,在其后的共同犯罪中自愿参与犯罪,且在共同犯罪中起主要作用的,应认定为主犯。

(二) 胁从犯的刑事责任

根据《刑法》第 28 条的规定,对于胁从犯,应当按照他的犯罪情节减轻或者免除处罚。实践中,对胁从犯量刑时,应注意两点:(1)我国刑法对胁从犯采取必减主义的处罚原则，即对胁从犯“应当”减轻或者免除处罚，而不是“可以”减轻或者免除处罚。(2)对胁从犯予以减轻处罚，还是免除处罚，应按照其犯罪情节具体确定。犯罪情节包括被胁迫的程度、对危害结果的作用大小、罪后表现等因素。

五、教唆犯及其刑事责任

(一) 教唆犯的概念

根据《刑法》第 29 条的规定，教唆犯，是指故意唆使他人犯罪的人。成立教唆犯必须同时具备下列条件。

1. 对象条件

对象条件，即教唆的对象必须是本来没有犯罪意图且具有刑事责任能力的特定的人。教唆未达到法定刑事责任年龄者或者不具有责任能力的精神病人实施犯罪的，不构成共同犯罪，应对教唆行为人以间接正犯(实行犯)论处。已经有犯所教唆之罪的意图的人，不能成为被教唆的对象。如果行为人明知他人已有实施某种犯罪的意图，而为其出主意，撑腰打气，壮胆助威，坚定其犯罪意图，使其实施犯罪的，不能认定为教唆犯，而应认定为帮助犯。

2. 客观条件

客观条件，即必须有教唆他人犯罪的行为。在认定教唆行为时，应当注意以下问题：(1)教唆行为的内容必须是某种犯罪行为。如果教唆他人实施一般违法行为，则不能成立教唆犯。(2)教唆行为的方式具有多样性。既可以是口头教唆，也可以是书面教唆，还可以是通过打手势、眼神等形体语言进行教唆；既可以是以金钱、财物、女色等利益引诱他人犯罪，也可以是以嘲弄、蔑视、侮辱等手段刺激他人犯罪；既可以是以实施暴力、揭发隐私、毁坏财物等胁迫他人犯罪，也可以是利用封建迷信唆使他人犯罪等。(3)间接故意教唆和直接故意教唆对客观方面的要求有所不同。在直接故意教唆的情况下，只要求行为人实施教唆行为，不要求被教唆的人实施被教唆的犯罪。被教唆的人实施了被教唆的犯罪的，成立共同犯罪之教唆犯；如果被教唆的人没有实施所教唆的犯罪的，则教唆者构成独立的教唆犯。在间接故意教唆的情况下，不仅要求行为人实施了教唆行为，还要求被教唆的人实施了被教唆的犯罪；如果被教唆者没有实施所教唆的犯罪的，教唆者不构成犯罪。

3. 主观条件

主观条件，即必须有教唆他人犯罪的故意，具体包括以下几点：(1)从具体的罪过形式上来讲，一般是直接故意，但也不排除间接故意的可能性。(2)从认识因素上讲，行为人认识到自己的行为会使一定的人产生某种犯罪的意图，并进而实施该种犯罪。如果行为人主观上没有这种认识，不构成教唆犯。(3)从意志因素上讲，行为人对他人实施犯罪以及危害结果的发生，持希望或者放任的态度。

(二) 教唆犯的刑事责任

1. 教唆犯刑事责任的一般原则

根据《刑法》第 29 条第 1 款前段的规定，对于教唆犯，应当按照他在共同犯罪中所起的作用处罚。这是指被教唆的人已经实施了所教唆的犯罪，教唆犯与被教唆者构成共同犯罪的情况下，对教唆犯的处罚原则。被教唆的人实施了被教唆的犯罪，包括四种情况：一是实施了犯罪实行行为且达到犯罪既遂的情况；二是已经着手实施了犯罪实行行为但由于意志以外的原因而未遂的情况；三是开始实施犯罪预备行为但由于意志以外的原因而未能着手实行的情况；四是在犯罪过程中自动停止犯罪或者有效地防止犯罪结果发生的情况。所谓“在共同犯罪中所起的作用”，是指教唆犯在共同犯罪中实际所起的作用。具体而言，教唆犯在共同犯罪中起主要作用的，应按主犯的处罚原则处罚；教唆犯在共同犯罪中起次要作用的，按从犯的处罚原则处罚。教唆犯是他人犯罪意图的制造者，没有教唆犯的教唆，他人就不会实施犯罪。因而，对教唆犯一般应以主犯论处。但教唆犯也并非都起主要作用，如教唆他人帮助别人犯罪的，应当以从犯论处。

2. 教唆未成年人犯罪的刑事责任

根据《刑法》第 29 条后段的规定，教唆不满 18 周岁的人犯罪的，应当从重处罚。刑法之所以作出这样的规定，主要是因为未成年人分辨是非的能力差，容易被犯罪分子利用，因而教唆未成年人犯罪具有极大的社会危害性；同时，教唆未成年人犯罪也反映出教唆者具有较大的主观恶性。因而，对教唆未成年人犯罪的，应从重处罚。当然，教唆未达到法定刑事责任年龄的人实施刑法所禁止的危害行为的，教唆者属于间接正犯，应当对其单独按照所教唆的犯罪论处。

3. 教唆未遂的刑事责任

教唆未遂，是指被教唆者没有犯被教唆的罪而使教唆行为未遂的情况。《刑法》第 29 条第 2 款规定：“如果被教唆的人没有犯被教唆的罪，对于教唆犯，可以从轻或者减轻处罚。”其中，“被教唆的人没有犯被教唆的罪”具体包括以下情形：(1)被教唆者拒绝了教唆犯的教唆；(2)被教唆者当时接受了教唆犯的教唆，但实际上没有进行任何犯罪活动；(3)被教唆者当时答应实施教唆人所教唆的犯罪，但实际上实施了其他犯罪行为；(4)教唆犯对被教唆者进行教唆时，被教唆者已经有实施该罪的决意，即被教唆者的犯罪意图并非教唆犯引起。

第五节　共同犯罪与身份

我国刑法没有明文规定共同犯罪与身份问题，但在共同犯罪的理论与实践中，共同犯罪与身份问题是十分重要的问题。依据身份是否影响定罪，可将身份分为真正身份犯与不真正身份犯。在共同犯罪中，前者主要涉及的是无身份者能否成为有身份者的共同实行犯以及对无身份者如何定性的问题；后者主要涉及无身份者与有身份者共同犯罪后，对无身份者的量刑问题。

一、真正身份犯的共犯问题

真正身份犯，是指行为人必须具备某种特定身份才能独自实施的犯罪。真正身份犯中的身份属于定罪身份。对于真正身份犯的共同犯罪而言，各个行为人均无特定身份的，自然谈不上构成真正身份犯的共同犯罪；各个行为人均具备特定身份的，自然可以构成真正身份犯的共同犯罪。但如果在行为人中，有的具备特殊身份，有的无此特殊身份的，则值得深入研究。

(一) 无身份者能否成为真正身份犯的共同实行犯

无身份者可以成为有身份者实施的真正身份犯的教唆犯或帮助犯，这是没有争议的。一方面，纯正身份犯中的特殊身份是就实行犯而言的，而教唆犯和帮助犯的成立则不受行为人有无特殊身份的影响。另一方面，这亦为我国刑事立法和司法实践所承认。例如，根据《刑法》第 382 条第 3 款的规定，与国家工作人员或受国家机关、国有公司、企业、事业单位、人民团体委托管理、经营国有财产的人员勾结，伙同贪污的，以贪污罪的共犯论处。再如，1984 年 4 月 26 日最高人民法院、最高人民检察院、公安部《关于当前办理强奸案件中具体应用法律的若干问题的解答》指出：“妇女教唆或者帮助男子实施强奸犯罪的，是共同犯罪，应当按照她在强奸犯罪活动中所起的作用，分别定为教唆犯或从犯，根据刑法有关条款论处。”

而对于无身份者能否构成真正身份犯的共同实行犯,在理论上颇有争议。对此,大体上存在肯定说和否定说两种观点。肯定说认为,无身份者能够与有身份者构成真正身份犯的共同实行犯。否定说则认为,在真正身份犯的场合,无身份者不可能实施法律要求的特殊主体犯罪的实行行为,因此,不能与有身份者构成纯正身份犯的共同实行犯。本书认为,对此问题不可一概而论,而应结合真正身份犯的实行行为的性质予以区别对待。一方面,某些真正身份犯的实行行为,从其性质上看,不可能由其他无特定身份者与有特定身份者一起实施实行行为,而只能由具备特定身份者实施。在此种情况下,无特定身份者不可能与有特定身份者构成共同实行犯。例如,背叛国家罪的主体只能是中国人,外国人当然不能实行背叛中国的行为,所以,不能构成该罪的共同实行犯。再如,对于以真正不作为形式构成的真正身份犯而言,无特定身份者不可能实施不作为的实行行为,因而也不能构成共同实行犯。另一方面,对于少数真正身份犯而言,由于其实行行为是复合行为,虽然离开有特定身份者实行行为不可能最终完成,但从其性质上看,无特定身份者则可能实施实行行为的一部分。例如,强奸罪是一种真正身份犯,其犯罪主体为特殊主体,即男子;妇女不可能实施强奸罪实行行为中的奸淫行为,但妇女可以实施强奸罪实行行为中的暴力、胁迫等强制行为,因而可以与男子构成强奸罪的共同实行犯。

(二) 无身份者与有身份者共同实施犯罪的定性

无身份者与有身份者共同实施犯罪的,如何定质?对此存在不同主张:(1)主犯决定说认为,应由主犯犯罪的基本特征来决定。主犯是有身份者,应按有身份者所构成之罪定罪;主犯是无身份者,应按无身份者所构成之罪定罪。这一主张为1995年最高人民法院、最高人民检察院《关于当前办理今年经济犯罪案件中具体应用法律的若干问题的解答(试行)》(以下简称《解答》)所采用。该《解答》指出:“内外勾结进行贪污或者盗窃活动的共同犯罪,应按其共同犯罪的基本特征定罪。共同犯罪的基本特征一般是由主犯犯罪的基本特征决定的。如果共同犯罪中主犯犯罪的基本特征是贪污,同案犯中不具有贪污罪主体身份的人,应以贪污罪的共犯论处。”“如果共同犯罪中主犯犯罪的基本特征是盗窃,同案犯中的国家工作人员无论是否利用职务上的便利,应以盗窃罪的共犯论处。”(2)分别说认为,应根据犯罪主体的不同而区别对待,有身份者按特定犯罪论处,无身份者按普通罪论处。(3)实行犯决定说认为,应以实行犯实行何种犯罪构成要件的行为为根据来认定,而不以其他共同犯罪人在共同犯罪中所起作用的大小为转移。(4)特殊身份说认为,应依有身份者所实施的犯罪构成要件的行为来定罪,即使无身份者是主犯,也不影响上述定罪原则。(5)职务利用说认为,应把无身份者是否利用有身份者的职务之便作为标准。如果无身份者利用了有身份者的职务之便,对二者均应定有身份者的犯罪;反之,应分别定罪。

上述观点均有一定的合理性,但主犯决定说、分别说以及实行犯决定说的缺陷十分明显,采取特殊身份说与职务利用说中之任一说,也不能全面准确解决无身份者与有身份者共同实施犯罪的定性问题。本书认为,对于无身份者与有身份者共同实施犯罪的案件的定性,应当坚持以特殊身份说为基础、以职务利用说为补充的原则。具体而言,对无身份者与有身份者共同实施犯罪的案件,对各行为人一般应依有身份者所构成之罪(身份犯)定性,这主要是基于有身份者对案件整体性质发生影响的考虑;但当有身份者所构成之罪为职务犯罪时,则应以职务利用说为标准,即无身份者如果并未利用有身份者之职务便利,对各共同犯罪人应以分别定罪;反之,如果无身份者利用了有身份者的职务便利,则应以有身份者所构成之罪即职务犯罪定性。当然,如果按照上述原则,对共同犯罪人以有身份者构成之罪定性,反而比以无身份者所构成之罪定性处罚要轻,则应按较重的犯罪定罪处罚。

二、不真正身份犯的共犯问题

不真正身份犯,是指特定身份只影响刑罚的轻重而不影响定罪的犯罪。不真正身份犯中的身份是影响量刑的身份。在不真正身份犯的场合,不具有特定身份的人与具有特定身份的人可以共同实施犯罪,这是没有疑问的。有疑问的是,对于不具有特定身份的人应如何处罚?理论上一般认为,具有从重、从轻或减轻处罚身份的人与不具有该种身份的人共同实施不真正身份犯的,刑法关于从重、处罚或减轻处罚的规定只及于具有该种身份的人。

本章小结

共同犯罪是指二人以上共同故意犯罪。成立共同犯罪,主体上必须是二人以上。以下情形不成立共同犯罪:(1)共同过失犯罪;(2)二人以上共同实施危害行为造成某种危害结果,但有的出于故意,有的出于过失的;(3)无罪过帮助他人实施故意犯罪的;(4)同时犯;(5)二人以上同时实施犯罪,但故意内容不同的;(6)超出共同故意范围之外的实行过限行为;(7)事前无通谋的窝藏、包庇行为与被窝藏、包庇的犯罪之间。

以共同犯罪能否依照法律的规定任意形成为标准,可将共同犯罪划分为任意共同犯罪与必要共同犯罪;以共同故意形成的时间为标准,可将共同犯罪划分为事前通谋的共同犯罪与事前无通谋的共同犯罪;以共同犯罪人之间有无分工为标准,可将共同犯罪划分为简单共同犯罪与复杂共同犯罪;以共同犯罪有无组织形式为标准,可将共同犯罪划分为一般共同犯罪与有组织的共同犯罪。

我国刑法根据共同犯罪人在共同犯罪中所起的作用和分工不同,把共同犯罪人划分为主犯、从犯、胁从犯和教唆犯。主犯,是指组织、领导犯罪集团进行犯罪活动或者在共同犯罪中起主要作用的犯罪分子。对于组织、领导犯罪集团进行犯罪活动的犯罪分子,按照集团所犯的全部罪行处罚;对于其他主犯,应当按照其所参与的或者组织、指挥的全部犯罪处罚。从犯,是指在共同犯罪中起次要或者辅助作用的犯罪分子,包括次要的实行犯和帮助犯。对于从犯,应当从轻、减轻或者免除处罚。胁从犯,是指被胁迫参加犯罪的人。对于胁从犯,应当按照他的犯罪情节减轻或者免除处罚。对于教唆犯,应当按照他在共同犯罪中所起的作用处罚。

在共同犯罪的理论与实践中,共同犯罪与身份问题是十分重要的问题。无身份者可以成为有身份者实施的真正身份犯的教唆犯或帮助犯;对于无身份者能否构成真正身份犯的共同实行犯,应结合真正身份犯的实行行为的性质予以区别对待。对于无身份者与有身份者共同实施犯罪的案件的定性,应当坚持以特殊身份说为基础、以职务利用说为补充的原则。在不真正身份犯的场合,不具有特定身份的人与具有特定身份的人可以共同实施犯罪。

习　题

1. 共同犯罪的成立条件是什么?
2. 共同犯罪有哪些形式?

3. 什么是犯罪集团？它有哪些特征？

4. 什么是主犯？对主犯应如何追究刑事责任？

5. 什么是从犯？对从犯应如何追究刑事责任？

6. 如何理解教唆犯的概念、成立条件以及处罚原则？

7. 如何理解共同犯罪与身份的关系？

第十三章　罪数形态

【本章导读】

罪数,是指一个人所犯之罪的个数,也即行为人的危害行为所构成犯罪的单、复数。判断罪数的标准是行为所符合犯罪构成的个数。复杂一罪介于一罪与数罪之间,在罪数判断上容易引起疑问,因而属于罪数形态中讨论的重点。我国学界通说将复杂一罪分为三类,即实质的一罪、法定的一罪与处断的一罪。实质的一罪,是指形式上具有数罪特征,但实质上只是一罪,因而刑法规定为一罪或处断时作为一罪的情况,具体包括继续犯、想象竞合犯、结果加重犯和转化犯。法定的一罪,是指行为原本可以成立数罪,但由于某种原因刑法将其规定为一罪的情况,具体包括结合犯和集合犯。处断的一罪,是指行为虽然符合数个犯罪的构成要件或者几次符合同一犯罪的犯罪构成,但在处断时只认定为一罪的情况,具体包括连续犯、牵连犯和吸收犯。

【学习重点】

- 罪数的判断标准
- 想象竞合犯
- 结果加重犯
- 结合犯
- 牵连犯

第一节　罪数形态概述

一、区分罪数的意义

罪数,是指一个人所犯之罪的个数,也即行为人的危害行为所构成犯罪的单、复数。区分罪数,也就是要区分一罪与数罪。行为人的行为究竟构成一罪还是数罪,是刑法理论的基本问题之一,也是刑事司法实践中的难点和重点。

首先，研究罪数问题有利于准确定罪。准确认定犯罪，固然需要解决罪与非罪、此罪与彼罪、基本罪与派生罪、完成罪与未完成罪等问题，但对犯罪的单、复数的认定同样是不可或缺的。如果将一罪认定为数罪，或者将数罪认定为一罪，都会导致定罪上的不准确。

其次，研究罪数问题有利于正确量刑。在刑事司法活动中，正确量刑是继准确定罪后的又一关键性环节。如果不能准确认定犯罪的个数，就无法正确评价不同罪数所体现的社会危害性程度，从而无法做到正确裁量刑罚，从而导致量刑失当乃至畸轻畸重的现象发生。

再次，研究罪数问题有利于正确适用刑法中的一些重要制度。在我国刑法中，连续犯、牵连犯、继续犯等罪数形态与刑法的空间效力、时间效力以及追诉时效等制度有着密切联系。例如，根据《刑法》第 89 条第 1 款的规定，犯罪行为有连续或者继续状态的，追诉期限自犯罪行为终了之日起计算。因而，如果不能正确理解继续犯、牵连犯、连续犯等一罪形态，就会影响到追诉时效等刑法制度的正确适用。

最后，研究罪数问题有利于保证刑事诉讼程序依法进行。罪数形态影响到刑事诉讼的管辖范围，因而，如果罪数形态的特征、罪数性质及处断原则未能予以明确，刑事诉讼程序就无法顺利进行。

二、罪数的判断标准

关于罪数的判断标准，在大陆法系国家刑法理论中存在不同的学说。(1)犯意说(主观说、意思说)认为，应以行为人的主观犯意的数量作为区分一罪与数罪的标准，即具有一个犯意的就成立一罪，具有数个犯意的就成立数罪。(2)法益说(结果说)认为，以行为侵犯的法益的数量作为区分一罪与数罪的标准，即行为侵犯一个法益或发生一个结果的是一罪，行为侵犯数个法益或发生数个结果的是数罪。(3)行为说认为，应以行为的数量为标准来区分一罪与数罪。基于对行为所持的观念不同，该说又有自然行为说与法律行为说之分。前者主张对行为应从自然意义上理解，因而人的一个动作或举动就是一个行为；后者认为犯罪行为不同于自然意义上的行为，应当依照法律上的观念来认定行为。从法律上讲，数个举动可能只是一个法律意义上的行为。(4)构成要件标准说认为，以刑法分则或其他刑罚法规中规定的构成要件作为区分罪数的标准，即行为一次符合构成要件的是一罪,数次符合构成要件的为数罪。

以上判断标准都具有一定的片面性。犯意说忽视了客观危害行为及其结果,行为说忽视了主观犯意,结果说忽视了主观犯意和客观危害行为。另外,在大陆法系国家,由于构成要件符合性仅仅是犯罪的成立条件之一,行为成立犯罪还需具备违法性和有责性。因此,行为符合构成要件的个数并不等同于犯罪的个数,以构成要件为标准同样不能准确区分一罪与数罪。

在罪数判断标准问题上,我国刑法理论一般采取的是犯罪构成标准说,即以行为所符合犯罪构成的个数作为判断罪数的标准。具体而言,行为人的行为符合一个犯罪构成的是一罪;行为符合数个犯罪构成的是数罪。在一般情况下,行为人如果出于一个故意或过失,相应实施了一个危害行为,侵犯了一个直接客体的,就是一罪;行为人如果出于数个故意或过失,相应实施了数个危害行为,侵犯了数个直接客体的,即为数罪。可见,在罪数区分问题上,犯罪构成标准说所具有的科学性是显而易见的,应当得到提倡。实践中,贯彻犯罪构成标准说时,应该注意以下几点:首先,这里所说的符合犯罪构成,是指实质上的符合某一犯罪的犯罪构成。换言之,被当作评价对象的每一个行为必须是具备了相当严重的社会危害性而独立构成犯罪的行为,否则就只能当作犯罪情节来考虑。其次,对于行为的认定,应坚持以法律行为说为标准。在大多数情况下,刑法是将一行为作为一罪加以规定的,但在某些情况下,刑法往往将两个行为规定为一罪,这就是复行为犯。例如,对于抢劫罪而言,不仅要有人身强制行为,而且要有当场非法占有财物的行为。对于复行为犯中的数个行为在法律上只能认定为一个行为。最后,在区分一罪与数罪时,还应注意刑法的特殊规定。例如,尽管理论上认为牵连犯应从一重罪处罚,但我国刑法对有的牵连犯明文规定实行并罚。在这种情况下,应严格按照刑法的规定进行定罪处罚。

三、罪数的类型

罪数包括一罪和数罪两种类型。

(一)一罪的类型

一罪可以分为单纯一罪和复杂一罪。所谓单纯一罪,是指行为人出于一个故意或过失,实施了一个危害行为,侵犯一种社会关系,刑法也相应地规定了一个犯罪构成的犯罪。例如,行为人基于一个杀人故意,开枪将一个人杀死,就是单纯一罪。单纯一罪在罪数判断上不会引起争议,因而在罪数问题中不予讨论。所谓复杂一罪,是指从现象上看与数罪极为类似,但实际上并非数罪的情形。复杂一罪介于一罪与数罪之间,在罪数判断上容易引起争议,因而属于罪数问题中讨论的重点。

我国刑法理论的通说将复杂一罪分为三类:(1)实质的一罪,是指形式上具有某些数罪特征,但实质上只是一罪,因而刑法规定为一罪或处断时作为一罪的情况,包括继续犯、想象竞合犯、结果加重犯和转化犯。在实质的一罪的场合,行为人在事实上只实施了一种刑法意义上的危害行为,因而其属于绝对的一罪,但因其在犯罪形态上具有某种复杂性,因而由区别于单纯一罪。(2)法定的一罪,是指行为原本可以成立数罪,但由于某种原因刑法将其规定为一罪的情形。法定的一罪包括结合犯和集合犯。在法定的一罪的场合,行为人事实上实施了数个危害行为,并且单独地看每一行为也构成犯罪,但刑法出于简化司法定罪的考虑,专门另行规定为一罪,将数个犯罪行为包括地评价在同一个犯罪构成之中。(3)处断的一罪,是指行为虽然符合数个犯罪的构成要件或者几次符合同一犯罪的构成要件,但在处断时只认定为一罪的情况。处断的一罪包括连续犯、牵连犯和吸收犯。在处断的一罪的场合,行为人实施了数个独立构成犯罪的危害行为,并且以刑法所规定的犯罪构成衡量,每一行为也已经构成犯罪,但司法定罪中出于策略或效果的考虑,在处断时作为一罪。

法定的一罪和处断的一罪均属于事实上的数罪,只不过基于刑法的规定或司法的处断而被归入一罪之列,因而属于相对的一罪。需要注意的是,相对一罪中的处断的一罪在法律特别规定的情况下仍然存在数罪问题。例如,牵连犯在理论上尽管属于处断的一罪,但我国刑法分则把部分牵连犯规定为数罪,并要求并罚。在这种情况下,牵连犯就不属于一罪的形态,而属于数罪的范围。

(二)数罪的类型

数罪是指数个犯罪。数罪可以分为同种数罪与异种数罪,前者是指行为人以二次以上的相同性质的行为,二次以上符合相同的犯罪构成的情形;后者是指行为人以二次以上不同性质的行为,二次以上符合不同的犯罪构成的情况。对于异种数罪,必须实行并罚;对于同种数罪,既可能并罚,也可能不并罚,也不意味着仅成立一罪。

第二节　实质的一罪

一、继续犯

(一) 继续犯的概念和特征

继续犯,也称持续犯,是指作用于同一对象的一个犯罪行为从着手实行到行为终了,犯罪行为及其所引起的不法状态同时处于持续过程中的犯罪。非法拘禁罪被视为典型的继续犯。行为人从着手非法剥夺他人人身自由到恢复他人人身自由为止,其非法剥夺他人人身自由的行为由该行为所造成的他人人身自由被剥夺的不法状态一直都处于持续过程之中。此外,我国刑法中的非法持有枪支罪、非法持有毒品罪等持有型犯罪以及窝藏罪、遗弃罪等也属于继续犯。继续犯具有以下特征。

1. 行为人实施了一个故意的犯罪行为

继续犯之所以是一个犯罪行为,是由其主观要素和客观要素决定的。从主观上看,支配行为人实施犯罪的故意只有一个,而且这种犯意贯彻于实行行为的始终;从客观上看,继续犯自始至终只有一个实行行为,并不因实行行为持续时间的长短而改变,即使行为地发生变化,也仍然是一个实行行为。

2. 一个犯罪行为必须持续地作用于同一对象,侵犯同一具体的合法权益

例如,甲非法拘禁乙一月有余,在持续非法拘禁一个多月的时间内,甲非法拘禁的对象始终只是乙。这就构成一个继续犯。如果甲将乙拘禁一段时间后又将丙拘禁起来,然后释放了乙。尽管甲拘禁他人的意思和行为是连续的,但由于侵犯了数个对象的合法权益,所以构成数个非法拘禁罪,也就是说,成立数个继续犯。

3. 犯罪行为及其所造成的不法状态必须同时处于持续过程中

这是继续犯区别于其他犯罪形态的重要特征。首先,犯罪行为必须具有持续性,即犯罪行为从着手实行到实行终了有一个时间过程,而且在这个过程中实行行为始终处于不间断状态中。其次,由犯罪行为所引起的不法状态必须具有持续性。所谓不法状态,是指实行行为所引起的客体遭受侵犯的状态。在继续犯的场合,不法状态产生以后,并不是立即消失,而是在一定时间内处于持续状态。最

后，犯罪行为和不法状态必须同时处于持续的过程中，而不是犯罪行为或不法状态的单方面持续。换言之，犯罪行为与其所引起的不法状态在产生、延续以及完结方面是同步的或基本是同步的；如果只是不法状态持续，而犯罪行为一经实行即告完成，则不是继续犯。

4. 犯罪行为及其所造成的不法状态必须持续一段时间

成立继续犯所需要的时间，通常可以分解为基本构成时间和作为从重处罚或加重构成事由的时间。前者是指行为从着手实施到既遂的一定时间，是该行为构成犯罪所必需的时间；后者是指犯罪达到既遂至终了之前的一定时间，是量刑时应予以考虑的因素。作为继续犯构成特征的时间是指基本构成时间，至于作为从重处罚或加重构成事由的时间持续长短，并不影响继续犯的成立，但对继续犯的量刑有影响。基本构成时间应以多长为标准，不可一概而论，而应根据不同犯罪的性质、情节和社会危害程度来综合确定。如果持续时间过短，综合全案，情节显著轻微，危害不大的，可根据《刑法》第 13 条的“但书”规定不以犯罪论处。需要注意的是，不可片面夸大持续时间在成立继续犯中的作用，因为行为的社会危害性是否达到成立犯罪的程度是由多种因素综合决定的，持续时间仅仅是其中的一项重要因素。但可以肯定的是，如果时间过于短暂，甚至转瞬即逝，则继续犯的时间性特征便无从确认，当然不可能成立继续犯。

(二) 继续犯与相关犯罪形态的区别

1. 继续犯与状态犯的区别

所谓状态犯，是指犯罪既遂之后，实行行为即告终了，但由实行行为造成的不法状态处于持续状态的犯罪形态。例如，在抢劫罪中，行为人在将财物抢到手后，犯罪即告完成，但犯罪分子占有赃物的状态并未就此结束，财产一直处于犯罪分子的不法控制状态之下。状态犯由两部分组成，即本罪行为和不法状态。本罪行为造成了不法状态的发生，不法状态是本罪行为对客体侵害状态的延续。就不法状态处于持续之中而言，继续犯与状态犯颇为相似。两者的主要区别在于：(1)继续犯中的不法状态自犯罪行为着手实施起即已产生，并一直存在于犯罪行为实施终了以前的整个犯罪过程中；而状态犯中的不法状态则发生在本罪行为实施终了之后，而不存在于整个犯罪行为过程中。(2)在继续犯中，犯罪行为及其所引起的不法状态同时处于持续过程之中；而在状态犯中，则只有单纯的不法状态的继续，而没有犯罪行为的继续。(3)在继续犯的不法状态持续过程中，自始至终伴随的是犯罪行为的继续,中间没有其他行为的介入,如果有其他符合构成要件的行为介入的,则实行数罪并罚;而在状态犯的不法状态持续过程中,往往有事后不可罚的行为的介入,而且对事后不可罚的行为不再单独予以处罚。(4)继续犯达到既遂状态后,犯罪行为仍然处在持续之中,因而如果他人在继续犯既遂之后参与到犯罪之中,可以成立继续犯的共犯;而在状态犯达到既遂之后,犯罪行为已经实行终了,此时如果他人参与到不法状态持续的过程中来,除事前有通谋者外,不可能构成状态犯的共犯。

2. 继续犯与即成犯的区别

即成犯,是指犯罪行为实施完毕之后,犯罪即告完成的犯罪形态。如强奸罪、故意杀人罪等即属此类犯罪。在即成犯的场合,既不存在犯罪行为的继续,也不存在不法状态的继续。继续犯与即成犯的区别在于,继续犯以犯罪行为和不法状态在一定时间内处于持续状态为要件,而在即成犯中则不存在犯罪行为的持续性。

3. 继续犯与接续犯的区别

所谓接续犯,是指行为人在时间、场所非常接近的条件下,利用同一个机会,以性质相同的数个举动接连不断地完成一个犯罪行为的犯罪形态。例如,某甲入室盗窃,分别在乙、丙、丁的房间窃得彩电、冰箱、电脑。接续犯的基本特征是:具有一行为,行为由性质相同的数个举动组成,且数个举动具有在时间上先后继起、在空间上密不可分的特性。接续犯由多个危害社会的举动构成。如果单纯地看每一个危害动作,也可能构成犯罪。但行为人主观上出于一个犯罪故意,客观上每个身体动作之间具有不可分离的密接关系,合成一个危害社会的行为,而且造成一个总的危害结果,触犯一个罪名,因而不是数罪。接续犯与继续犯的主要区别在于:接续犯是数个性质相同的举动组成一个犯罪行为,但没有犯罪行为和不法状态的同时继续;而在继续犯的场合,犯罪行为和不法状态同时处于持续之中。

4. 继续犯与徐行犯的区别

徐行犯是指行为人基于一个犯罪故意,重复实施多个仅构成一个犯罪行为的危害举动,这些举动的总和仅侵害了一个确定的法益、触犯了一个罪名的犯罪形态。例如,行为人以今天损毁他人私房的一面墙体、明天砸碎他人房瓦、后天毁坏他人房门的办法来毁损他人房产,其行为属于以徐行犯的方式实施的故意毁坏财物罪。徐行犯的基本特征是:(1)主观上基于一个确定的犯罪故意;(2)客观上行为人多次重复实施危害举动,这些危害举动由于量的积累而合成为一个完整的犯罪行为。单纯地看,每一次危害举动,均不可能构成犯罪。例如,任何一次性的虐待行为均不可能成立虐待罪(可能构成故意伤害罪或其他犯罪),而只有长期性地、经常性地实施虐待行为才可能构成虐待罪。再如,国有汽车公司的售票员刘某欲侵吞 1 万元票款,为防止罪行败露,每天只侵吞 50 元票款,刘某的行为经过长期违法行为的量的积累,便成立职务侵占罪。继续犯与徐行犯区分的关键在于:继续犯的犯罪行为及其所引起的不法状态在一定时间内同时处于持续之中;而徐行犯是由多个同一性质的危害举动合成为一个完整的犯罪行为,每次举动没有独立评价的意义,多个举动之间具有一定的时间间隔。

(三) 继续犯的处罚原则

在继续犯中,由于犯罪行为是在一个犯意支配下实施的,而且针对的是同一对象,侵犯的是同一法益,因而符合一个犯罪构成。所以,对于继续犯,不论其持续时间的长短,均应以一罪论处。我国刑法分则对继续犯专条加以规定,并规定了相应的法定刑,这说明对继续犯应依刑法规定以一罪论处。此外,对继续犯的追诉期限,从犯罪行为终了之日起计算,这也说明对继续犯只能以一罪论处。不过,继续时间的长短在裁量刑罚时应当作为量刑情节予以考虑。

二、想象竞合犯

(一) 想象竞合犯的概念和特征

想象竞合犯,也称为想象的数罪、观念的竞合或想象的并合罪,是指行为人基于一个犯罪意图支配下的数个内容不同的罪过,实施一个危害行为,而同时触犯两个以上异种罪名的犯罪形态。例如,行为人扔了一颗炸弹,炸死一人,同时炸伤一人。想象竞合犯具有以下特征。

1. 行为人必须基于一个犯罪意图支配下的数个内容不同罪过而实施危害行为

这是想象竞合犯的主观特征。具体而言,首先,必须是基于一个犯罪意图。所谓一个犯罪意图,既可以是故意犯罪的意图,也可以是过失犯罪的意图;既可以是单一的犯罪意图,也可以是概括的犯罪意图。其次,一个犯罪意图支配着数个内容不同的罪过。所谓“数个内容不同的罪过”,既可以是数个内容不同的犯罪故意,也可以是数个内容不同的犯罪过失,还可以是既包括犯罪故意,又包括犯罪过失。有的教科书指出,想象竞合犯是基于一个罪过实施了一个危害行为。[1] 本书认为,想象竞合犯与单纯一罪的区别,关键在于前者是数个不同内容的罪过同时支配一个危害行为,而后者则是一个单纯的罪过支配一个危害行为。

2. 行为人只实施了一个危害行为

这是想象竞合犯的客观特征。一个危害行为,不是从构成要件上来评价的,而是基于自然的观察得出的结论,即从社会上的普遍观念上看,行为人所实施的是一个行为。但是由于这里的一个行为与触犯数个罪名相关联,因而除了要联系社会普遍观念予以理解外,还要进行一定程度的规范评价。当某一行为可以被分为两个行为时,要根据二者之间有无重合关系来判断是否是一个行为。至于达到何种程度的重合关系时才认为是一个行为,理论上存在争议。主要部分重合说认为,符合构成要件的各自然行为至少其主要部分重合时,才是一个行为;一部分重合说认为,只要各自然行为在某点上重合,就是一个行为;着手一体说认为,各自然行为在着手实行阶段一体化时,则是一个行为;不能分割说认为,实施其中一种自然行为就必须实施另一自然行为时,方为一个行为。多数学者采纳的是主要部分重合说。根据这一学说,在不法持枪者故意杀人的场合,如果行为人以持枪抢劫的目的非法取得枪支,然后实施持枪抢劫时,主要部分重合,属于一个行为,成立想象竞合犯;如果行为人取得枪支只是为了私藏,后来才产生了抢劫的故意并将枪支作为抢劫的手段,其主要部分就没有重合,因而不是一个行为 ,不成立想象竞合犯。本书认为,应当采纳主要部分重合说,同时不能分割说也应予以重视。详言之,无论是主要部分重合说还是不能分割说,都表明了这样一种立场:当某一行为又可被分成两个子行为时,这两个子行为之间必须存在密切的有前者才有后者的关系(前者是后者的必要的近因条件)时,两个子行为才能被看作一个完整的行为,才有论及想象竞合犯的问题。

3. 一个行为必须触犯数个异种罪名

一个行为必须触犯数个异种罪名,即一个行为在形式上同时符合刑法规定的数个性质不同的犯罪构成。想象竞合犯必须是一个行为触犯数个罪名。如果一行为只触犯一个罪名,那么就可能归于单纯的一罪。想象竞合犯所触犯的数个罪名不应当包括数个同种罪名。因为承认想象竞合犯的目的在于解决行为触犯数

---

〔1〕 参见陈兴良主编:《刑法学》,252页,上海,复旦大学出版社,2003。

罪名时按哪一罪名定罪量刑的问题，而不是为了说明这种犯罪不是数罪；而所谓的同种类的想象竞合犯，在确定罪名问题上不会引起任何疑问，将其作为想象竞合犯处理，对于审判工作没有实际意义。

(二) 想象竞合犯与法条竞合的区别

在理解想象竞合犯时，必须注意其与法条竞合的区别。法条竞合，是指一个行为同时符合数个法条所规定的犯罪构成，但从数个法条之间的逻辑关系来看，只能适用其中一个法条，当然排除适用其他法条的情况。例如，某甲出于盗伐林木的故意，实施了盗伐林木的行为，同时触犯了《刑法》第 264 条规定的盗窃罪和《刑法》第 345 条第 1 款规定的盗伐林木罪。由于盗伐林木罪的犯罪构成为盗窃罪的犯罪构成所包容，所以对某甲的行为应以盗伐林木罪论处。想象竞合犯与法条竞合具有以下区别。

(1) 法条竞合是法律条文的竞合，属于法条形态；想象竞合犯是一个危害行为所触犯的数个不同罪名的竞合，属于罪数形态。

(2) 在法条竞合的情况下，是一个行为在一个罪过支配下侵犯了一个法益；在想象竞合犯的情况下，是数个内容不同的罪过支配下的一个行为侵犯了数个法益。因此，在排除其他因素的情况下，想象竞合犯的法益侵害性重于法条竞合的情形。

(3) 法条竞合需要解决的是在一个行为符合数个法条所规定的构成要件的情况下，究竟应当选择哪一个法条对该行为加以评价的问题；想象竞合犯则解决的是在一行为触犯数个异种罪名的情况下，如何处罚的问题。严格地说，法条竞合时，不能认定行为触犯了数个罪名，只能认定行为触犯了所应适用的法条的罪名；而在想象竞合犯的场合，应认定为行为触犯了数个罪名，只是按照一个重罪定罪处罚而已。

(4) 在法条竞合中，行为所触犯的数个法条之间在构成要件上存在从属或者交叉关系；而在想象竞合犯中，行为所触犯的数个罪名在犯罪构成上不存在从属或者交叉关系。换言之，想象竞合犯与法条之间的关系无关，是因犯罪行为而产生，属于一种动态竞合，数个法条之间发生关联是以行为人实施的特定行为作为前提或中介的；而法条竞合所涉及的规定不同种罪名的数个法条之间的从属或者交叉关系，并不以犯罪行为的实际发生为转移。例如，盗窃数额较大的公用电信设施的行为，同时触犯盗窃罪和破坏公用电信设施罪，这两种犯罪之间不存在逻辑上的从属或交叉关系,盗窃与破坏是完全不同的行为表现。从法律规定上看,规定这两种犯罪的法条没有任何关系,只是由于犯罪人实施的一个行为同时触犯了这两个罪名,才使得法条之间发生一定的关联。

(5) 在法条竞合的情况下,根据竞合的法条之间关系的不同而解决其法律适用问题;而在想象竞合犯的情况下,则依据从一重罪处断原则来解决其法律适用问题。

(三) 想象竞合犯的处罚原则

对于想象竞合犯,应采用"从一重罪处断"原则予以处理,即依照行为人所触犯的数个罪名中法定刑较重的犯罪定罪处刑,而不实行数罪并罚。这主要是因为,想象竞合犯虽然在表面上符合了数个犯罪的构成要件,但鉴于只存在一个危害行为,认定为数罪必然使得一行为既作为此罪的构成要件又作为彼罪的构成要件,从而对一行为进行多重否定评价。从禁止重复评价的原则出发,对于想象竞合犯宜认定为想象的数罪,本质上的一罪。我国刑事立法和司法解释也对"从一重罪处断"的原则予以肯定。例如,《刑法》第 329 条第 1 款规定了抢夺、窃取国有档案罪,第 2 款规定了擅自出卖、转让国有档案罪,第 3 款规定:"有前两款行为,同时又构成本法规定的其他犯罪的,依照处罚较重的规定定罪处罚。"再如,2002 年 4 月 10 日最高人民法院《关于对采用破坏性手段盗窃正在使用的油田输油管道中油品的行为如何适用法律问题的批复》指出:"行为人采用破坏性手段盗窃正在使用的油田输油管道中的油品,构成破坏易燃易爆设备罪、盗窃罪等犯罪的,依照处罚较重的规定定罪处罚。"

在适用"从一重罪处断"原则时,涉及犯罪轻重的比较问题。我国刑法理论认为,比较犯罪轻重的标准是:首先要看主刑刑种的轻重。刑种重者为重罪;刑种相同的,法定最高刑高者为重罪;最高刑相同的,法定最低刑高者为重罪;如果法定最高刑和法定最低刑都相同,则根据刑种的排列顺序决定孰轻孰重。如果想象竞合犯所触犯的数个罪名均只有一个法定刑幅度,可依据上述标准确定罪之轻重;如果所触犯的数个罪名中其中有一个包含或均包含了多个法定刑幅度,则需要根据具体犯罪的社会危害性程度选择合理的法定刑幅度,然后再确定刑之轻重。另外,对于轻罪的法定刑也应当予以考虑。如果轻罪的法定最低刑高于重罪的法定最低刑的,则对想象竞合犯在按重罪予以处理时,不能判处低于轻罪的法定最低刑的刑罚;如果轻罪有并处附加刑的规定而重罪没有这种规定的,可以在以重罪处理的同时判处附加刑。

虽然想象竞合犯属于实质的一罪，但其毕竟侵犯了数个合法权益，因而轻于实际的数罪，重于单纯的一罪。就更好地体现罪刑均衡原则的角度而言，对于想象竞合犯应当在以法定刑较重的犯罪定罪的同时，在该罪的相应的法定刑幅度内从重处罚；换言之，对于想象竞合犯应当实行“从一重罪从重处断”的原则。传统的“从一重罪处断”原则没有把想象竞合犯与单纯一罪区别对待，这显然没有顾及其同时侵犯数个法益的特征，是不妥的。

三、结果加重犯

（一）结果加重犯的概念和特征

结果加重犯，也称为加重结果犯，是指实施基本犯罪构成要件的行为，发生基本犯罪构成要件之外的加重结果，因而刑法对其规定加重法定刑的犯罪形态。故意伤害致人死亡为结果加重犯的适例。我国刑法分则对于结果加重犯的规定比较普遍。结果加重犯具有以下特征。

1. 行为人实施了基本犯罪行为

基本犯罪行为的存在是结果加重犯成立的前提；如果行为人没有实施基本犯罪行为，结果加重犯就无从谈起。需要讨论的是，基本犯罪是否必须是故意犯罪？对此，有两种观点。一种观点认为，基本犯罪必须是故意犯罪；另一种观点认为，基本犯罪一般是故意犯罪，但并不能排除过失犯罪。从我国刑法的规定来看，过失犯罪的结果加重犯是存在的。例如，犯过失提供不合格武器装备、军事设施罪，造成特别严重后果的，处 3 年以上 7 年以下有期徒刑。这就是过失犯罪的结果加重犯的立法例。

另需讨论的问题是，基本犯罪是否必须是结果犯？对此，也有两种不同的观点。一种观点认为，基本犯罪必须是结果犯，才能成立结果加重犯，因为加重结果是相对于基本结果而言的，否则就不成其为加重结果；另一种观点则认为，即使基本犯罪不是结果犯，也可以成立结果加重犯。如有学者认为，对危险犯能否成立结果加重犯，不能脱离刑事立法实际作抽象的考察。既然一些国家的刑法中规定有危险犯的结果加重犯，那就应当予以承认。至于有的危险犯，由于没有重结果的规定或对严重后果采取其他方式规定，不可能构成结果加重犯，那是另外一回事,不能据此一概否定危险犯可能成立结果加重犯。[2] 还有学者指出,根据我国刑事立法的规定,基本犯罪无论是危险犯还是实害犯,均可成立结果加重犯。实害犯的立法例固然居多,但危险犯也不乏其例。[3]

本书认为,尽管理论上对于结果加重犯的含义还远未达成共识,但对结果加重犯的成立范围的界定应以一国现行刑事立法中关于基本犯罪引起重结果而被加重法定刑的法律规定作为基本依据。因而,对结果加重犯的成立范围的理解,就没有必要持过于严格的立场。可以说,只要两个犯罪的构成之间存在普通构成与加重构成的关系,并且加重构成之所以“加重”,就是因为发生了为基本犯的构成所不能容纳的重结果,那么就可以认为这两个犯罪之间存在基本犯与结果加重犯的关系。就危险犯与实害犯而言,实害犯的法定刑之所以被加重,是因为与危险犯相比,实害犯的结果超出了危险犯的范围。这样,就自然应当将实害犯视为危险犯的结果加重犯。不仅如此,行为犯的结果加重犯也是存在的,如非法拘禁致人重伤、死亡的情形,就属于这种情况。由此可见,加重结果是相对于基本犯罪而言的,而不限于结果犯。

2. 产生了普通犯罪构成以外的重结果

构成结果加重犯,必须发生普通犯罪构成以外的重结果,而且重结果与基本犯罪行为之间具有因果关系,否则不构成结果加重犯。例如,甲殴打乙致伤,乙住院治疗时,因病房倒塌而致乙死亡。乙的死亡结果是由介入因素引起的,与甲的行为不存在因果关系,因而甲对乙的死亡结果不承担结果加重犯的刑事责任。

普通犯罪构成以外的重结果,就是加重结果。如果某种结果能够为普通犯罪构成所要求的结果所涵盖,这种结果就不是加重结果。加重结果相对于基本犯罪所要求的结果而言,既可以是重合性的,也可以是非重合性的。前者如作为故意伤害加重结果的致人死亡包含了伤害结果,后者如作为强奸加重结果的致人死亡则可以与奸淫结果并存。加重结果虽然超出了普通犯罪构成所能够评价的范围,但这种结果的出现并没有从根本上改变基本犯罪的罪质,只是使结果加重犯与基本犯罪的罪质呈现一定的层次性。如果某种结果的出现使基本犯罪的罪质发生了根本性的变化,则不可能成立结果加重犯。

---

[2] 参见马克昌:《结果加重犯比较研究》,载《武汉大学学报(社会科学版)》,1993(6)。

[3] 参见王作富、党建军:《论我国刑法中结果加重犯的结构》,载《政法论坛》,1995(2)。

关于加重结果的性质，刑法理论上存在加重处罚条件说和构成要件要素说之争。前者将加重结果理解为“客观的加重处罚条件”，后者则将加重结果理解为构成要件要素，即基本犯罪已因加重结果的发生，产生新的构成要件要素，当然改变原有的基本犯罪。我国刑法理论的通说赞同构成要件要素说。但也有的学者支持加重处罚条件说，如有学者认为，不属于构成要件要素的结果是否发生以及轻重如何，并不影响犯罪的成立，而只是在行为构成犯罪的基础上，对反映罪行轻重起一定的作用，因而影响法定刑是否升格以及同一法定刑内的量刑轻重。例如，抢劫罪的成立不要求发生致人重伤、死亡的结果，故重伤、死亡不属于抢劫罪构成要件要素的结果；即使抢劫行为导致他人重伤、死亡，该结果也不属于构成要件要素的结果；但由于发生该结果的抢劫行为比未发生该结果的抢劫行为的危害严重，故刑法对前者规定了较重的法定刑。〔4〕

本书认为，我国刑法对结果加重犯并未另立新罪，但这并不影响其具有有别于基本犯的独立的犯罪构成。其中，加重结果就是结果加重犯的犯罪构成区别基本犯的犯罪构成的构成要件要素。换言之，影响法定刑升格的结果当然不是普通的犯罪构成所要求具备的要素，但确实是加重的犯罪构成所要求具备的要素，因而属于构成要件要素的结果。进言之，既然基本的犯罪构成必须具备的要素属于构成要件要素，那么加重的犯罪构成所要求具备的要素也同样应当是构成要件要素。例如，抢劫罪的成立不要求发生致人重伤、死亡的结果。这种看法如果只是针对抢劫罪的基本犯而言，当然是说得通的，但如果将抢劫罪的结果加重犯考虑进来，就难以立足了，因为在结果加重犯的场合，缺少了致人重伤、死亡的结果，便会影响到犯罪的成立形态。可见，既然致人重伤、死亡的结果是否发生对抢劫罪的加重形态的成立确实有影响，那么，就没有理由把致人重伤、死亡的结果排除在抢劫罪的构成要件要素之外，否则，便意味着把抢劫罪的结果加重犯排除在抢劫罪的成立范围之外了。

关于结果加重犯的罪过形式，理论上存在不同看法。一种观点认为，重结果的罪过形式只能是过失，而不包括故意；另一种观点则认为，重结果的罪过形式通常是过失，但不排除故意，即对重结果出于故意的，同样可以构成结果加重犯。如1975年《奥地利刑法典》第7条第2款规定：“犯罪行为有结果加重之规定，以行

〔4〕 参见张明楷：《刑法学》，159页，北京，法律出版社，2003。

为人至少对此结果有过失时,始予以加重处罚。"所谓至少有过失,显然包括了重结果的罪过形式是故意的情形。从我国刑法的规定来看,后一种意见是妥当的。具体而言,有的结果加重犯的罪过形式只能是过失,而不可能是故意。例如,在故意伤害致人死亡的情形中,行为人对死亡结果就只能出于过失;如果出于故意,就成立故意杀人罪,而不可能构成故意伤害罪的结果加重犯。有的结果加重犯的罪过形式既可能是过失,也可能是故意。例如,在抢劫致人重伤、死亡的情形中,行为人对于重伤、死亡结果既可能出于过失,也可能出于故意。有的结果加重犯的罪过形式则只能是故意。例如,在放火致人重伤、死亡或者使公私财产遭受重大损失的情形中,行为人对于重伤、死亡或重大损失就只能出于故意。不过,应当指出的是,在基本犯罪是过失犯罪的情形下,行为人对于加重结果不可能出于故意。由此可见,我国刑法中的结果加重犯的罪过组合形式包括四种:(1)基本犯罪故意+加重结果过失;(2)基本犯罪故意+加重结果故意;(3)基本犯罪故意+加重结果故意或过失;(4)基本犯罪过失+加重结果过失。其中,第一种形式被认为是结果加重犯的罪过组合形式的典型,也是狭义的结果加重犯概念所认同的罪过组合形式。

另外,在基本犯是结果犯的情况下,成立结果加重犯,并不要求加重结果与基本结果必须是并存的。换言之,不仅结果犯既遂的情形下可以成立结果加重犯,在结果犯未遂的情形下同样可以成立结果加重犯。例如,虽未抢到财物,但抢劫行为致人重伤、死亡的,仍然成立抢劫罪的结果加重犯。在基本犯是行为犯的情况下,行为犯无论达到既遂还是处于未遂形态,均可以成立结果加重犯。例如,强奸妇女,虽未得逞,但致人死亡的,同样成立强奸罪的结果加重犯。

3. 刑法就加重结果规定了比基本犯罪更重的法定刑,即加重法定刑

加重法定刑是结果加重犯的成立不可或缺的条件。应当注意的是:第一,如果行为人实施了基本犯罪行为并由此产生了基本犯以外的严重结果,但刑法并未就此单独规定法定刑的,不成立结果加重犯。例如,我国刑法并未对遗弃家庭成员并导致其死亡的情形规定加重法定刑。因而,遗弃家庭成员并致其死亡的,不成立遗弃罪的结果加重犯。第二,如果行为人实施了基本犯罪行为并由此产生了基本犯罪以外的严重结果,而且刑法规定按照另一重罪论处的,不属于结果加重犯。例如,根据《刑法》第247条的规定,刑讯逼供致人伤残、死亡的,依照故意伤害罪或故意杀人罪定罪从重处罚,不属于刑讯逼供罪的结果加重犯,而属于转

化犯。

（二）结果加重犯的处罚原则

根据我国的刑事立法和司法实践，结果加重犯与基本犯罪共用同一个罪名。例如，对于抢劫致人死亡的情形，仍然认定为抢劫罪。由于刑法对结果加重犯规定了比基本犯罪较重的法定刑，所以对结果加重犯只能依照刑法的规定在较重的法定刑幅度内量刑，而不能实行数罪并罚。需要注意的是，在设置加重法定刑时，已经对加重结果给予了充分考虑，因此，在对结果加重犯予以处罚时，如果刑法没有明文规定，不得因为加重结果而在加重法定刑的幅度内从重处罚。

四、转化犯

（一）转化犯的概念和特征

转化犯，是指刑法特别规定的，某一故意犯罪在一定条件下转化为另一种更为严重的故意犯罪，并且依照后一种犯罪定罪处罚的犯罪形态。转化犯实际上属于此罪转化为彼罪的犯罪形态。转化犯具有以下特征：

1. 由此罪转化为彼罪

这是转化犯的本质特征。转化犯是不同性质、相互独立的犯罪之间的转化，是罪质的转化。如果行为人实施的数个犯罪行为具有同一性质，其行为之间即使具有转化关系，也不构成转化犯。例如，甲第一次杀害乙未遂，过几天后把乙杀死，甲的行为属于吸收犯，只定故意杀人罪（既遂）即可，不成立转化犯。如果并未引起不同性质犯罪之间的转化，而仅仅是同一犯罪范围内罪质发生一定程度的变化，并由此导致法定刑轻重变化，也不成立转化犯，而可能成立结果加重犯。进言之，转化犯的发展过程表现为轻罪向重罪的转化，一种故意犯罪向另一种故意犯罪的转化。由轻罪转化为重罪，说明立法者设立转化犯的目的是严惩社会危害性严重的犯罪，从而达到罪刑均衡原则的要求。

转化犯应当是罪与罪之间的转化。据此，不得将违法行为向犯罪行为转化的情形纳入转化犯的范围。例如，《刑法》第 269 条所规定的转化型抢劫罪一般被认为是转化犯的适例。依据该条规定，犯盗窃、诈骗、抢夺罪，为窝藏赃物、抗拒抓捕或者毁灭罪证而当场使用暴力或者以暴力相威胁的，依照抢劫罪的规定定罪处罚。但根据有关司法解释，实施盗窃、诈骗、抢夺行为，即使未达到数额较大的程度,也同样可能转化为抢劫罪。[5] 这意味着,《刑法》第 269 条所规定的转化型抢劫罪既包括由此罪向彼罪转化的情形,也包括由违法行为转化为犯罪行为的情形。因此,不能认为《刑法》第 269 条所规定的转化型抢劫罪一定属于转化犯。

2. 此罪与彼罪在构成要件要素上具有重合性和延展性

这里的重合性和延展性,具体表现为此罪的构成要件要素可以被彼罪的构成要件要素覆盖,此罪的构成要件要素可以发展为彼罪的构成要件要素。构成要件要素的重合性和延展性,是此罪向彼罪转化的实质条件。如果两个犯罪的构成要件要素之间不存在任何重合,也没有延展的可能,则不可能形成转化犯形态,法律也无法将其规定为转化犯。[6] 从我国刑法分则所规定的转化犯来看,被转化之彼罪所具备的条件与该罪一般情况下所要求的犯罪构成标准并没有本质上的差异。

3. 有法律的明文规定

这是转化犯的法律条件。根据罪刑法定原则,不能任意将轻罪转化为重罪,而只有在法律明文规定的基础上,才产生犯罪的转化问题。因而,转化犯是法定的犯罪形态。

4. 此罪向彼罪的转化,必须具备法定条件

正因为具备了一定条件,才使此罪的构成要件发生了根本性变化,彼罪的构成要件得以充足。值得注意的是,根据主客观相统一的原则,此罪向彼罪的转化,不仅仅是犯罪客观方面的转化,犯罪主观方面的故意内容也必须发生转化。有观点认为,转化犯中罪名发生转化的原因就是在行为人实施前犯罪行为过程之中由于其行为方式、激烈程度等变化,致使犯罪性质发生了变化,而转化犯中的故意内容并不发生转化。[7] 这种观点显然是不妥的。在故意内容不发生转化的情况下,犯罪的性质不可能发生转化。正因为如此,2003 年 11 月 13 日最高人民法院《全国法院审理经济犯罪案件工作座谈会纪要》明确指出:“挪用公款是否转化为贪污,应当按照主客观相一致的原则,具体判断和认定行为人主观上是否具有非法占有公款的目的。”

根据以上特征,我国刑法分则中的转化犯主要包括:《刑法》第 238 条第 2 款

---

〔5〕 参见 2005 年 6 月 8 日最高人民法院《关于审理抢劫、抢夺刑事案件适用法律若干问题的意见》。

〔6〕 参见肖中华:《犯罪构成及其关系论》,443—444 页,北京,中国人民大学出版社,2000。

〔7〕 参见王彦等:《试论转化犯的概念与基本特征》,载《国家检察官学院学报》,1999(1)。

关于犯非法拘禁罪，使用暴力致人伤残、死亡的，依照故意伤害罪、故意杀人罪定罪处罚的规定；《刑法》第 247 条关于犯刑讯逼供罪、暴力取证罪致人伤残、死亡的，依照故意伤害罪、故意杀人罪定罪从重处罚的规定；《刑法》第 248 条关于犯虐待被监管人罪致人伤残、死亡的，依照故意伤害罪、故意杀人罪定罪从重处罚的规定；《刑法》第 292 条关于聚众斗殴，致人重伤、死亡的，依照故意伤害罪、故意杀人罪定罪处罚的规定。

（二）转化犯的处罚原则

转化犯在形式上至少符合两个犯罪的犯罪构成，但考虑到对行为人的整个犯罪行为完全可以用转化后犯罪的构成要件进行全面评价，因而没有必要实行数罪并罚。正因如此，我国刑法在涉及转化犯的条文中明确规定，对转化犯只能以转化之后的犯罪定罪处罚；同时，为了与单纯一罪在处罚上相区别，刑法同时规定对某些转化犯按转化后的犯罪从重处罚。

第三节　法定的一罪

一、结合犯

（一）结合犯的概念和特征

结合犯，是指数个各自独立的犯罪，根据刑法的明文规定，结合成为另一独立的新罪的犯罪形态。结合犯具有以下特征。

1. 结合犯所结合的数罪，原为刑法上数个性质各异的、独立的犯罪

这是结合犯成立的前提条件。所谓独立的犯罪，是指不依附于其他任何犯罪而符合独立的犯罪构成的行为。是否为独立的犯罪，应依据刑法的规定予以确定。例如，单纯的暴力行为在有些国家的刑法中被规定为暴行罪，因而可以与其他独立犯罪结合而成为新的犯罪。但在我国刑法中，单纯的暴力行为并非独立的犯罪行为，因而不能与其他独立犯罪结合为新的犯罪。我国刑法中的复合行为犯（如强奸罪、抢劫罪等），鉴于其各自的暴力行为并不能独立地构成犯罪，因而不属于结合犯。数个独立的犯罪，必须是数个罪名不同的犯罪。如果罪名相同，在均为故意犯罪的情况下，可以构成连续犯或集合犯，但不构成结合犯。对于数个独立犯罪的罪过形式，理论上一般限定为故意。

2. 数个原本独立的犯罪结合成为另一独立的新罪

从内容上看,新罪必须包含彼此独立的原罪的构成要件成分,二者之间是整体与部分的关系。原本独立的犯罪一旦被结合为新罪,就已经丧失了其原本独立的意义,而成为新罪的有机组成部分。

关于结合犯的形式,理论上尚有两种不同观点。三形式说认为结合犯有三种形式,用公式表示分别是:甲罪+乙罪=甲罪的严重情况;甲罪+乙罪=乙罪的严重情况;甲罪+乙罪=新罪名。二形式说认为结合犯有两种形式,用公式表示就是:甲罪+乙罪=甲乙罪,如日本刑法中的强盗与强奸结合而成的强盗强奸罪;甲罪+乙罪=丙罪,如台湾地区刑法中的暴力胁迫与夺取财物结合而成的强盗罪。〔8〕我国刑法理论一般认为,如果刑法将数个独立的犯罪结合成为其中的一个罪,则不是结合犯。例如,绑架并杀害人质的,仍然以绑架罪论处,这就不属于结合犯的情形。有学者提出,确认刑法中有无结合犯的存在,不能仅仅从形式上看(即有无"结合成一个新罪名"),而应从实质上看,即刑法条文中有无明文将数个独立的罪名规定在一个条文里。就此而言,我国刑法中的结合犯应以"刑事法律有明文规定"为成立条件,而不应受所谓"结合成一个新的罪名"所限制。据此,结合犯的基本形式有两种,用公式表示分别是:甲罪+乙罪=甲罪(或乙罪);甲罪+乙罪=丙罪(或甲乙罪)。〔9〕

本书认为,是将甲罪与乙罪结合为丙罪,还是将甲罪与乙罪结合为甲罪或乙罪的加重情形,并非没有实质差异。前一种情形是将甲罪与乙罪结合为一个新罪,这是典型的结合犯的立法模式;而在后一种情形中,甲罪(或乙罪)仍然保持独立性,另一个罪则失去独立评价的意义,而是作为甲罪(或乙罪)法定刑升格的事由,全部行为仍旧在甲罪(或乙罪)的评价范围之内。可见,两者属于不同的立法模式,具有明显的差异。而且,结合犯是从大陆法系刑法理论中借鉴过来的概念,尽管借鉴并不等于照抄照搬,但如有可能,在对一些常用的、基本的概念的理解上保持适度的一致,比使用同一概念而实际含义却相差悬殊来说,还是更可取一些。这样做,也会使中外刑法理论的"共同语言"尽量多一些,最大限度地避免法律文化交流过程中基于概念理解方面的不同而"各说自话"的现象。既然如此,我国刑

〔8〕 参见吴振兴:《罪数形态论》,183—184页,北京,中国检察出版社,1996。

〔9〕 参见刘宪权主编:《中国刑法理论前沿问题研究》,228—229页,北京,人民出版社,2005。

法理论就没有必要否定大陆法系的刑法理论对结合犯作出的、已经固定化了的理解。上述我国学者的观点实际上已改变了结合犯的传统含义,在理论上可能会造成一定的混乱。

3. 数个原本独立的犯罪结合成为另一独立的新罪,是基于刑法的明文规定

如果刑法没有明文将独立的犯罪结合为新罪,则不成立结合犯。刑法之所以设置结合犯,主要是因为被结合之罪在司法实践中具有并发关系或牵连关系,结合为新的犯罪有利于减少数罪并罚的适用频率,进而限制法官的自由裁量权,达到罪刑均衡的目的。

(二) 结合犯的处罚原则

对于结合犯,应以所结合的新罪定罪处罚,而不能实行数罪并罚。一般认为,在我国刑法中没有关于结合犯的规定。

二、集合犯

(一) 集合犯的概念和特征

集合犯,是指刑法将基于同一意思反复实施的数个性质相同的行为规定为一罪所构成的犯罪形态。[10] 集合犯具有以下特征。

1. 行为人以实施不定次数的同种犯罪行为为目的

行为人以实施不定次数的同种犯罪行为为目的,即行为人不是意图实施一次犯罪行为即行结束,而是预定实施多次同种犯罪行为,主观上具有反复实施某种特定犯罪的犯意倾向。这是成立集合犯的主观条件。例如,《刑法》第 336 条规定的非法行医罪属于集合犯,行为人有实施不定次数的非法行医行为的意图。据此,对于主观上明确以实施一次行为为目的的,不能认定为集合犯。

2. 行为人通常实施了数个法律性质相同的犯罪行为

这是成立集合犯的客观条件。集合犯不仅在主观上具有反复实施某种特定犯罪行为的意图,而且在客观上通常也实施了数个性质相同的犯罪行为。如果行为人仅仅实施了一次犯罪行为,就没有集合的必要。不过,并非任何集合犯的成立均需要实施多个性质相同的犯罪行为。例如,非法行医罪的成立通常以行为人

---

〔10〕 我国以往的刑法理论只是在论述惯犯时涉及集合犯的相关问题,因而对集合犯缺乏应有的研究。本书认为,用集合犯的概念代替惯犯的概念或者把惯犯纳入集合犯当中予以论述,不仅有利于对集合犯的研究,而且更符合我国刑事立法的实际。

多次实施非法行医行为为客观条件。但是,行为人非法行医一次且情节严重的(如因非法行医造成就诊人身体健康受到严重损害),也可以构成非法行医罪。值得注意的是,在行为人反复实施多个同种性质的行为的情况下,只要数行为中的部分行为成立犯罪即可,而并不要求每一次行为均成立犯罪。集合犯中的数个同种犯罪行为,必须触犯的是同一罪名。这里的罪名,不仅包括单一罪名,如赌博罪,还包括选择性罪名,如制作、复制、出版、贩卖、传播淫秽物品牟利罪。另外,行为人所反复实施的数个行为的形态如何(如未完成形态、共犯形态),并不影响是否触犯同一罪名的判断。

3. 刑法将可能反复实施的数个同种犯罪行为规定为一罪

正因为刑法将可能实施的数个同种犯罪行为规定为一罪,所以行为人实施了数个同种犯罪行为,仍然只能构成一罪。在集合犯的场合,行为人在主观上具有反复多次实施同种犯罪的犯意,在客观上通常实施了多次同种犯罪行为,将多次行为集合起来予以评价,有利于从整体上评价行为人的主观恶性和多次行为的客观危害。应当注意的是,集合犯不同于继续犯。集合犯在多数情况下由数个同种性质的犯罪行为组成,且行为之间存在时间上的间隔,属于数个犯罪行为而被法律规定为一罪的情形;而继续犯则是一个犯罪行为处在不间断持续的过程之中,属于一行为成立实质一罪的情形。

(二) 集合犯的种类

我国现行刑法分则所规定的集合犯包括常业犯、营业犯和职业犯。

1. 常业犯

常业犯,即常业性惯犯,是指将一定的犯罪作为业务反复实施的情形。就常业犯而言,仅实施一次犯罪行为的,不构成犯罪;只有反复实施同种犯罪行为的,才能构成犯罪。例如,《刑法》第303条所规定的以赌博为业构成的赌博罪就属于这种情况。如果偶尔赌博,不是以赌博为业的,则不构成犯罪;以赌博为业,数十次赌博,也只构成一罪。

2. 营业犯

营业犯,是指以营利为目的反复实施一定犯罪行为的情形。营业犯与常业犯的区别在于:营业犯具有营利目的,而常业犯则没有此种要求。对于常业犯来说,实施一次某种行为,不构成犯罪;必须反复实施同种行为,才构成犯罪。对于营业犯来说,实施一次某种犯罪行为,只要行为人主观上具有实施不定次数的犯罪行为的意图，也可以成立营业犯；当然，反复实施同种犯罪行为的，仍然构成营业犯。例如，就《刑法》第 363 条第 1 款规定的制作、复制、出版、贩卖、传播淫秽物品牟利罪而言，以牟利为目的，虽制作、复制、出版、贩卖、传播一次淫秽物品也可以构成该罪，但即使多次制作、复制、出版、贩卖、传播淫秽物品的，仍只构成一罪。

3. 职业犯

职业犯，是指将一定的犯罪作为职业反复实施的情形。如《刑法》第 336 条所规定的非法行医罪，就属于职业犯。成立职业犯，并不要求行为人主观上具有营利的目的，只要行为人具有将反复实施某种犯罪作为其业务内容的犯意即可。例如，行为人非法行医时，出于对无钱治病者的同情而对其进行免费治疗的，同样可能成立非法行医罪。

（三）集合犯的处罚原则

集合犯是法定的一罪，刑法分则条文对其有明文规定。因而，对于集合犯，不论行为人实施几次行为，都只能根据刑法的规定以一罪论处，而不实行数罪并罚。

第四节　处断的一罪

一、连续犯

（一）连续犯的概念和特征

连续犯，是指基于同一的或概括的犯罪故意，连续实施性质相同的独立成罪的数个行为，触犯同一罪名的犯罪形态。连续犯具有以下特征。

1. 必须实施性质相同的数个独立成罪的行为

这是连续犯成立的前提条件。只实施一次行为，不可能成立连续犯。连续犯仅限于每次行为均能独立构成犯罪的情形。如果行为人以数个举动完成行为的，而数个行为只能评价为一个行为时，就不属于连续犯，而属于接续犯；如果连续实施同一种行为，但每次都不能独立构成犯罪，只是这些行为的总和才构成犯罪，则可以成立徐行犯。数个性质相同的犯罪行为既可以针对不同对象实施，也可以针对同一对象实施。

2. 数个行为必须是基于同一的或概括的犯罪故意

这是连续犯成立的主观条件。同一的犯罪故意，是指行为人预计实施数次同种犯罪的故意,每次实施的具体犯罪均包含在行为人的故意内容之中。概括的犯罪故意,是指尽管每次实施的具体犯罪并非都明确地包含在行为人的故意内容之中,但行为人具有概括实施数次同一犯罪的故意。例如,甲与乙有仇,甲蓄意报复乙,准备对乙及其家人进行伤害,但除了明确伤害乙之外,对其家人的伤害只有概括的意思而并无明确的侵害目标。随后,甲对乙实施了伤害行为,随后又对乙的儿子实施了伤害行为。这就是出于概括故意而实施的连续犯的情形。数个同一的或概括的犯罪故意,是受连续犯的连续意图制约的。连续意图,即连续实施某种犯罪的意图,是指行为人在着手实施一系列犯罪行为之前,对于即将实行的数个性质相同的犯罪行为的连续性认识,并基于此种认识决意追求数个相对独立的犯罪行为连续发生的心理态度。

3. 性质相同、独立成罪的数个行为必须具有连续性

独立成罪的数个行为之间如果不具有连续性,则只能成立同种数罪,而不构成连续犯。数个犯罪行为的连续性表现为:数个行为的性质相同、手段类似、时间上前后具有连贯性。对于如何判断犯罪行为具有连续性,理论上存在不同的观点。主观说主张以行为人的主观意思为准,认为如其意思连续,其行为必然连续。客观说主张以犯罪行为客观上是否具有连续性为标准,认为如果犯罪事实相同,方法类似,时间连续,就可构成连续犯。折中说主张综合考虑主观与客观两个方面来确定是否具有连续性,认为连续犯的成立不仅需要行为人主观上有连续犯罪的决意和同一或概括的犯罪故意,而且需要客观上数个行为有外部的类似关系和时间上的联络。我国刑法理论的通说从主客观相统一原则出发,认为应当以主观上的连续意思和客观上的连续行为的有机统一作为判断标准。据此,如果行为人基于同一或概括的犯罪故意,实施了性质、手段相同的犯罪行为,且在犯罪的时间、地点、环境等方面具备相似条件的,就应当认定行为之间具有连续性。反之,主观上虽有同一或概括的故意,但客观上缺乏连续的犯罪行为,或者虽然客观上连续实施了数个犯罪行为,但主观上并无同一或概括的故意,均不成立连续犯。

4. 数个行为必须触犯同一罪名

对于同一罪名的确定标准,理论上具有不同认识。有的认为同一罪名是指犯罪性质相类似的犯罪;有的认为同一罪名是指犯罪性质完全相同的犯罪;有的认为同一罪名是指行为侵害的法益性质相同的犯罪;有的认为同一罪名是指同一法条中的罪名;有的认为同一罪名应以具体犯罪中基本犯的犯罪构成为标准来认

定，只要行为符合同一基本的犯罪构成的，即为触犯同一罪名。本书认为，所谓触犯同一罪名，是指数个行为符合同一性质的犯罪构成。因此，只要符合同一性质的犯罪构成，即便数个犯罪行为各自符合犯罪的不同危害程度所规定的犯罪构成（普通的犯罪构成、加重的犯罪构成和减轻的犯罪构成）或各自符合犯罪不同形态的犯罪构成（基本的犯罪构成和修正的犯罪构成），也属于触犯同一罪名。例如，行为人所实施的数个抢劫行为中第一次为既遂，第二次为预备，第三次为教唆抢劫，第四次为未抢到财物但致人重伤，第五次为由盗窃罪转化而成的抢劫罪的情形。这五次行为虽然在形态或危害程度等方面存在一定差别，但都符合抢劫罪的犯罪构成，均成立抢劫罪，因而就触犯同一罪名的角度而言，可以成立连续犯。另外，选择性罪名虽然在表述上不同，但在性质上类同。因而，连续实施选择性罪名中两个或者两个以上不同行为并均能独立成罪的，也成立连续犯。例如，甲出于同一犯罪目的，先非法制造枪支，随后又非法邮寄爆炸物的，成立非法制造、买卖、运输、邮寄、储存枪支、弹药、爆炸物罪的连续犯。

（二）连续犯与相关犯罪形态的区别

1. 连续犯与继续犯的区别

（1）从行为的个数上看，连续犯是连续实施数个性质相同的犯罪行为；而继续犯则只有一个犯罪行为。

（2）连续犯的数个犯罪行为虽然在一定时间内具有连续进行的特征，但数个犯罪之间具有一定的时间间隔性；而继续犯的一个犯罪行为则在一定时间内处在不间断存在的状态，不存在时间间隔性。

（3）连续犯的数个犯罪行为既可以针对不同的犯罪对象，也可以针对同一个犯罪对象；而继续犯的一个犯罪行为则必须持续侵害同一犯罪对象。

（4）在主观要件上，连续犯要求具有数个同一或概括的犯罪故意，每一具体的犯罪行为均是在一个具体的犯罪故意支配下实施的；而继续犯只有一个犯意。

（5）连续犯是实质的数罪，处断上的一罪；而继续犯则是实质的一罪。

2. 连续犯与集合犯的区别

（1）连续犯是数个连续实施的同种犯罪行为均独立构成犯罪，属于处断的一罪；而集合犯是数个性质相同的犯罪行为因刑法的规定而构成一罪，即法定的一罪。因此，可以成立连续犯的犯罪并不受刑法规定的限制，但可以成立集合犯的犯罪仅限于刑法分则明文规定的犯罪。

(2) 连续犯的数个犯罪行为必须受连续意图的支配;而集合犯的数个犯罪行为则并不受连续意图的支配。

(3) 连续犯的数个犯罪行为之间必须具有连续性;而集合犯的数个犯罪行为之间则无连续性要求。

(三) 连续犯的处罚原则

连续犯在事实上属于同种数罪,但理论上普遍认为,对于连续犯,应按照一罪处断,不实行数罪并罚。具体而言,对连续犯的处理,应当按照不同情况,依照刑法的有关规定分别从重处罚或者加重处罚:(1)刑法规定只有一个量刑档次,或者虽有两个量刑档次但没有加重构成的量刑档次的,按照一个罪名从重处罚。例如,《刑法》第 262 条规定的拐骗儿童罪就只有一个量刑档次;对于拐骗儿童罪的连续犯,只能在这个量刑档次内从重处罚。再如,《刑法》第 232 条规定的故意杀人罪,虽有两个量刑档次,但无加重构成的量刑档次。对于故意杀人罪的连续犯,只能在该罪的普通构成的量刑档次内从重处罚。(2)刑法对多次实施某种犯罪明文规定了重于普通构成的量刑档次的,则对于符合这种情况的连续犯,依照该加重构成的量刑档次处罚。例如,《刑法》第 263 条对"多次抢劫"的情形明文规定了远远重于抢劫罪普通构成的量刑档次,因而对于连续三次以上抢劫的,即应依照加重抢劫构成的量刑档次处罚。(3)刑法对多次实施某种犯罪虽然没有明文规定,但对"情节严重"或"情节特别严重"分别规定了不同的加重刑罚的量刑档次的,对于符合这种情况的连续犯,应依照有关的量刑档次处罚。例如,《刑法》第 267 条对抢夺罪依据基本犯罪、情节严重和情节特别严重规定了三个量刑档次。因而,对于抢夺罪的连续犯,应根据连续实施抢夺次数的多少,按照相应的量刑档次处罚。

二、牵连犯

(一) 牵连犯的概念和特征

牵连犯,是指行为人出于一个最终的犯罪目的实施了数个犯罪行为,分别触犯不同罪名的犯罪形态。例如,以伪造国家机关公文的方法(方法行为)骗取公私财物(目的行为),分别触犯了伪造国家机关公文罪和诈骗罪。这种情形就属于牵连犯。作为一种独立的罪数形态,牵连犯是从观念的竞合演变而来的,是人类法律文化发展到一定阶段的产物。牵连犯在内部构造上由本罪与他罪组成。本罪行为即目的行为或原因行为,他罪行为即手段行为或结果行为。目的行为是相对于手段行为而言的,即当数行为之间的牵连关系属于手段行为与目的行为之间的牵连时,本罪行为即目的行为,他罪行为即手段行为;原因行为是相对于结果行为而言的,即当数行为之间的牵连关系属于原因行为与结果行为之间的牵连时,本罪行为即原因行为,他罪行为即结果行为。牵连犯具有以下特征。

1. 必须出于一个最终的犯罪目的

这是牵连犯的主观构成特征。在牵连犯中,行为人所实施的数个行为,均有各自的犯罪目的,但这几个行为的犯罪目的并非是等量齐观的。其中,本罪行为的犯罪目的居于核心和主导地位,它决定着他罪行为的犯罪目的的产生;他罪行为的犯罪目的居于被支配地位,它服务于本罪行为的犯罪目的的实现。因此,尽管在牵连犯中具有数个犯罪目的,但他罪行为的目的是附属于本罪行为的犯罪目的的。

2. 必须具有两个以上独立的犯罪行为

这是成立牵连犯的前提条件,也是牵连犯与想象竞合犯的重要区别。成立牵连犯,必须有数个行为。如果只实施了一个行为,则行为之间的牵连关系就无从谈起;行为人实施了两个行为,但其中的一个行为不能评价为犯罪行为,也不能成立牵连犯。如何判断行为人实施了数个行为?理论上一般认为,应以犯罪构成要件为标准进行判断。具体而言,如果对行为人所实施的犯罪行为事实能够分割出不同的部分,且不同部分均符合各自对应的犯罪构成要件的,则认定为数罪;如果对犯罪行为事实不能分割或分割后不同部分并非均能够充足犯罪构成要件的,则只能认定为一罪。例如,对于以暴力方法抗拒缉私的行为,完全可以分割为两部分,即以暴力方法抗拒缉私的行为和走私行为。前者符合妨害公务罪的构成要件,后者符合相应的走私罪的构成要件。再如,在以暴力手段破坏选举并造成有关人员轻伤的行为中,虽然有暴力行为的存在,但暴力行为本身属于破坏选举行为的有机组成部分,一旦将暴力行为从破坏选举行为中分割出来予以评价,破坏选举的行为就缺乏实际内容,难以充足破坏选举罪的构成要件。因而,对以暴力手段破坏选举并造成有关人员轻伤的行为,只能以破坏选举罪一罪论处。

牵连犯的数个犯罪行为之间的关系表现为三种形式:一是目的行为与手段行为的牵连。在这种形式中,手段行为(他罪行为)是为实行目的行为(本罪行为)创造条件的行为,是先于目的行为而实施的。例如,甲非法侵入乙的住宅并将乙杀死的行为,就属于目的行为与手段行为牵连的牵连犯。其中,非法侵入住宅的行为是手段行为;杀死乙的行为属于目的行为。二是原因行为与结果行为的牵连。在这种形式中,结果行为(他罪行为)是原因行为(本罪行为)派生出来的行为,是后于原因而实施的。例如,盗窃财物后,为了销赃而伪造国家机关印章的,就属于原因行为与结果行为牵连的牵连犯。其中,盗窃行为是原因行为;伪造国家机关印章的行为是结果行为。三是三重牵连,即手段行为、目的行为(原因行为)与结果行为相互牵连。在这种形式中,行为人实施了三个犯罪行为,即一个本罪行为和两个他罪行为。其中,一个他罪行为先于本罪行为实施,属于手段行为,另一个他罪行为后于本罪行为实施,属于结果行为。这种形式是前两种形式的结合。

3. 两个以上的独立犯罪行为之间必须具有牵连关系

所谓牵连关系,是指行为人实施的数个犯罪行为之间具有手段与目的或者原因与结果的内在联系。关于牵连关系的认定标准,理论上存在主观说、客观说和折中说的分歧。(1)主观说认为,有无牵连关系应以行为人的主观意思为标准,即行为人在主观意思上认为其所实施的数个犯罪行为之间具有手段与目的或原因与结果的关系的,就是牵连犯。(2)客观说认为,有无牵连关系应以客观的事实是否具有牵连的性质为标准。在客观说的内部又有不同的见解:形成一部说认为,触犯其他罪名的手段行为或结果行为与本罪行为应在法律上包含在一个行为之中;包容为一说认为,只有手段行为与目的行为或原因行为与结果行为在法律上包含于同一个犯罪构成事实之中,才能成立牵连犯;直接关系说(不可分离说)认为,犯罪的目的行为和手段行为、原因行为和结果行为之间具有直接密切关系的,即为牵连犯,不能以犯罪构成事实上的包含关系为限;通常性质说认为,在通常情况下,一行为为某种犯罪之普通方法,或者一行为为某种犯罪之当然结果,即存在牵连关系。(3)折中说认为,本罪行为与手段行为或结果行为的牵连关系,应当从主客观两方面考察,即行为人在主观上具有牵连的意思,在客观上具有通常的目的与手段或原因与结果关系。

我国刑法理论一般认为,根据主客观相统一原则,主观说与客观说都只从一个方面考察牵连关系,不免失之于片面,而折中说注重从主观意思和客观事实两方面考察,克服了主观说与客观说的片面性,同时对牵连关系又作了适当限制,因而是可取的。据此,牵连关系应当是主观上的牵连意图和客观上的因果关系的有机统一。具体而言,牵连关系的主观根据是牵连意图,即行为人对数个犯罪行为之间所具有的手段与目的或原因与结果的关系的认识;牵连关系的基础是因果关系,即行为人的数个犯罪行为之间必须具有内在的因果关系(事实上的密切联系)。在认定内在的因果关系时,应当注意:只有当某种手段通常用于实施某种犯罪,或者某种原因行为通常导致某种结果行为时,数个犯罪行为之间才可能存在牵连关系。对于行为人主观上基于一个犯罪目的,但客观上数个行为完全分离,相互之间不存在手段行为与目的行为或者原因行为与结果行为的关系的,或者客观上数个行为之间存在这种关系,但主观上行为人并无牵连意图的,不得认定为牵连犯。

4. *数个行为必须分别触犯不同的罪名*

这是牵连犯的法律特征,也是牵连犯与连续犯、同种数罪的重要区别。所谓触犯不同的罪名,是指牵连犯的数个犯罪行为各自符合性质不同的犯罪构成。如果数个犯罪行为触犯的是同一个罪名,则不成立牵连犯。应当注意的是,对于因择一要件而认定罪名有别的选择性罪名,应认定为相同罪名;对于完成罪与未完成罪之间,应认定为相同罪名。

(二)牵连犯的处罚原则

对于牵连犯,我国刑法理论过去认为,对牵连犯不实行数罪并罚,而应实行“从一重罪处罚”的原则,即按照数罪中最重的犯罪定罪处刑。这主要是因为,牵连犯虽然属于实质数罪,但数个独立成罪的行为是相互依存的有机整体,而且数个犯罪均服务于一个目的。后来,有学者指出,对于牵连犯应当实行“从一重罪从重处罚”的原则,即按照数罪中最重的犯罪定罪,并从重处罚。〔11〕之所以如此,主要是因为牵连犯属于实质的数罪,与单纯一罪的处罚应当有所区别,否则不利于罪刑均衡原则的实现。但也有学者则认为,犯罪的社会危害性程度主要取决于犯罪的性质、情节以及实际损害结果等,而不是取决于数罪之间的牵连关系。〔12〕依照这种观点,无论从哪个角度来看,牵连犯均触犯了刑法规定的数个不同的罪名;既然是数罪,就应当并罚。还有观点提出,对于牵连犯不能一律采取“从一重罪处罚”的原则,也不能一概数罪并罚,而应当依据一定的标准决定究竟采用何种原则

〔11〕 参见高铭暄:《刑法问题研究》,236 页,北京,法律出版社,1994。

〔12〕 参见包健、于英君:《试论牵连犯定罪量刑的价值取向》,载《法学》,1998(4)。

予以处断。其中,又有两种观点:第一种观点认为,对于牵连犯如何处罚应首先考虑刑法的明文规定,即对刑法明文规定应实行并罚的牵连犯,就应当实行数罪并罚,而对刑法没有明文规定的牵连犯,则应当采用从一重罪处罚的原则进行处罚。第二种观点认为,应当以数行为所触犯的犯罪的轻重为标准对牵连犯进行处罚,即对社会危害程度一般的犯罪的牵连犯,应适用从一重罪处罚的原则,而对于危害程度严重的牵连犯,则应实行数罪并罚。〔13〕

我国刑法分则在对牵连犯的处罚问题上表现出不同态度。(1)有的条文对牵连犯采取了从一重罪处罚的原则。例如,根据《刑法》第 399 条第 3 款的规定,司法工作人员贪赃枉法,同时又构成受贿罪的,依照处罚较重的规定定罪处罚。(2)有的条文对牵连犯采取从一重罪从重处罚的原则。例如,根据《刑法》第 253 条规定,邮政工作人员私自开拆或者隐匿、毁弃邮件、电报并窃取财物的,依照盗窃罪从重处罚。(3)有的条文对牵连犯采用从一重罪加重处罚的原则。例如,根据《刑法》第 318 条第 1 款的规定,在组织他人偷越国(边)境过程中,以暴力、威胁方法抗拒检查的,法定刑由单纯的组织他人偷越国(边)境罪的“处 2 年以上 7 年以下有期徒刑,并处罚金”提高到“处 7 年以上有期徒刑或者无期徒刑,并处罚金或没收财产”。(4)有的条文则对牵连犯采用数罪并罚原则。例如,根据《刑法》第 198 条的规定,投保人、被保险人故意造成财产损失的保险事故,骗取保险金,投保人、受益人故意造成被保险人死亡、伤残或者疾病,骗取保险金,同时构成其他犯罪的,依照数罪并罚的规定处罚。另外,我国有些司法解释也对牵连犯的处罚原则作出了规定。例如,根据 2001 年 4 月 9 日最高人民法院、最高人民检察院《关于办理生产、销售伪劣商品刑事案件具体应用法律若干问题的解释》第 11 条的规定,实施《刑法》第 140 条至第 148 条规定的犯罪,又以暴力、威胁方法抗拒查处,构成其他犯罪的,依照数罪并罚的规定处罚。

本书认为,对于刑法分则和司法解释明确规定了处罚原则的牵连犯,应当严格按照有关条款所规定的原则处理;对于刑法分则和司法解释没有明确规定处罚原则的牵连犯,应当实行“从一重罪从重处罚”的原则。之所以采取“从一重罪从重处罚”的原则,一方面是因为牵连犯在主观上具有牵连意图;另一方面是因为牵连犯毕竟是数个犯罪行为的牵连,为了实现罪刑均衡原则,对牵连犯的处罚应当

---

〔13〕 参见高铭暄主编:《刑法专论(上编)》,409 页,北京,高等教育出版社,2002。

与单纯一罪相区别。另外，从牵连犯这一概念提出的目的来看，牵连犯本来就是数罪并罚的反面问题。换言之，既然理论上主张对牵连犯实行数罪并罚，那么讨论牵连犯问题也就没有多大实际意义。

三、吸收犯

（一）吸收犯的概念和特征

吸收犯是指行为人所实施的数个犯罪行为之间具有吸收与被吸收的关系，其中一个犯罪行为吸收了其他犯罪行为，对行为人仅以吸收之罪论处的情形。例如，甲在为杀害乙而进行准备活动过程中，由于意志以外的原因而停止，其后甲再次实施预备行为进而将乙杀死。其中，甲的杀人预备行为被后来的杀人既遂行为吸收，仅成立故意杀人罪（既遂）。吸收犯具有以下特征。

1. 吸收犯必须具有数个犯罪行为

这是吸收犯成立的前提。犯罪行为的复数性，是吸收犯与想象竞合犯的重要区别。吸收犯的吸收是罪之吸收。如果没有数个行为，就谈不上吸收被吸收的关系，从而也就无所谓吸收犯。同时，吸收犯的数个行为还必须都是犯罪行为，即每个行为都符合刑法规定的某种犯罪构成。如果数个行为中只有一个行为符合某种犯罪构成，其他行为均属于一般违法行为，则不成立吸收犯。这里所说的犯罪构成，既可以是普通的犯罪构成，也可以是派生的犯罪构成；既可以是基本的犯罪构成，也可以是修正的犯罪构成。

2. 吸收犯的数个行为之间必须具有吸收关系

这是成立吸收犯的关键。如果数个犯罪行为之间不存在一个犯罪行为吸收其他犯罪行为的关系，也就不可能成立吸收犯。所谓吸收，即一个行为包容其他行为，其他行为失去存在的意义。如果对数个行为均可以独立评价，那么就不可能成立吸收犯。数个行为之间之所以具有吸收关系，是因为这些犯罪行为通常属于实施某种犯罪的同一过程，彼此之间存在密切的联系。前一犯罪行为可能是后一犯罪行为发展的必经阶段，后一犯罪行为可能是前一犯罪行为发展的自然结果。

3. 行为人必须基于同一个犯意而实施数个犯罪行为

这是吸收犯成立的主观条件。同一个犯意与连续犯的同一犯意是有所区别的。前者要求行为人具有支配数个行为的性质和内容相同的犯罪故意；后者虽然要求行为人具有同一故意,但故意的具体内容不同,并受连续意图的支配,换言之,行为人每一次实施犯罪的故意均是为连续意图的实现服务的。

(二) 吸收犯的形式

对于何种行为之间可以发生吸收关系,刑法理论上有不同认识。同种行为吸收说认为,数个行为属于同一罪质,是吸收犯的法律特征。数个犯罪行为之所以被一个行为吸收,是因为行为人实施的数个行为在罪质上具有同一性。同一罪质,即具有同一的犯罪性质,一般表现为触犯同一罪名。〔14〕 异种行为吸收说认为,行为人实施的数个行为只有触犯不同罪名的,才能成立吸收犯。〔15〕 通行的观点则对行为的同质性或异质性未作限制,认为同质的行为和异质的行为之间均可以发生吸收关系。〔16〕

合理界定吸收关系的存在范围,关键是要划清牵连犯与吸收犯的界限。如果承认异种行为之间可以发生吸收关系,吸收犯与牵连犯之间便会交叉。如传统观点认为,非法制造枪支、弹药,事后藏于家中的,成立牵连犯。前一行为构成非法制造枪支、弹药罪,后一行为构成非法持有枪支、弹药罪。前一犯罪行为吸收后一犯罪行为,仅成立非法制造枪支、弹药罪。〔17〕 但是,这种情况完全符合牵连犯的原理,即原因行为(非法制造枪支、弹药的行为)与结果行为(非法持有枪支、弹药的行为)发生了牵连。这样,就无法把吸收犯与牵连犯严格区分开来。因而,为了使牵连犯和吸收犯各自的内涵清晰、外延固定,有必要把吸收关系限制在具有同一罪质的行为之间。当然,同一罪质的行为并不影响其各自具备独立的犯罪构成要件。据此,吸收犯的表现形式主要包括既遂形态吸收未遂形态、未遂形态吸收预备形态、实行行为吸收教唆行为或帮助行为、符合加重犯罪构成之行为吸收符合普通犯罪构成之行为、符合普通犯罪构成之行为吸收符合减轻犯罪构成之行为等。

(三) 吸收犯的处罚原则

在吸收犯中,其他行为被吸收行为所吸收,失去了独立评价的意义。因而,对于吸收犯,仅依照吸收行为定罪处罚,不实行数罪并罚。

---

〔14〕 参见姜伟:《犯罪形态通论》,358 页,北京,法律出版社 1994。

〔15〕 参见张明楷:《犯罪论原理》,422 页,武汉,武汉大学出版社,1991。

〔16〕 参见高铭暄、马克昌主编:《刑法学》,203—204 页,北京,北京大学出版社、高等教育出版社,2000。

〔17〕 参见高铭暄、马克昌主编:《刑法学》,202—203 页,北京,北京大学出版社、高等教育出版社,2000。

第五节　数罪的认定

一、数罪的概念

本节所谓的数罪，是指典型数罪，即符合数个犯罪构成，且相互之间没有牵连、吸收等关系，也没有连续、集合等状态的犯罪。成立数罪，必须符合三个条件：(1)行为的复数性，即行为人必须实施了数个行为，且数个行为在客观上均具有严重的社会危害性。(2)罪过的复数性，即行为人必须是在数个犯意的支配下分别实施数个行为。(3)行为人所实施的数个犯罪没有被法律规定为一罪或者在处断时被作为一罪。

二、数罪的类型

对于数罪，可依据不同的标准划分为不同的种类。

(一) 同种数罪与异种数罪

根据数罪的性质是否相同，可将数罪分为同种数罪与异种数罪。同种数罪，是指行为人二次以上实施的性质相同的行为，均符合刑法规定的同一性质的犯罪构成的情形。从一定意义上说，集合犯、连续犯和吸收犯也属于同种数罪，但鉴于这些犯罪形态被法律规定为一罪，或在处断时作为一罪，因而应当排除在同种数罪的范围之外。异种数罪，是指行为人二次以上实施的性质各异的行为，均符合不同性质的犯罪构成的情形。从一定意义上说，牵连犯和结合犯也触犯了不同的罪名，属于异种数罪，但由于这些犯罪形态要么在裁判时作为一罪处理，要么在法律上规定为一罪，因而应当排除在异种数罪的范围之外。

(二) 并罚的数罪与非并罚的数罪

根据数罪在处断时是否需要进行并罚，可将数罪分为并罚的数罪与非并罚的数罪。并罚的数罪，是指法律规定或处理时必须并罚的数罪；非并罚的数罪，是指法律规定或实际处断时不实行并罚的数罪。

(三) 判决宣告以前的数罪和刑罚执行期间的数罪

根据数罪发现或发生的时间，可将数罪分为判决宣告以前的数罪和刑罚执行期间的数罪。判决宣告以前的数罪，是指行为人在判决宣告以前实施并被发现的数罪;刑罚执行期间的数罪,是指在刑罚执行期间发现漏罪或再犯新罪而构成的数罪。

本章小结

罪数,是指一个人所犯之罪的个数,也即行为人的危害行为所构成犯罪的单、复数。在罪数区分上,应当坚持犯罪构成标准说。罪数包括一罪和数罪两种类型。

一罪包括实质的一罪、法定的一罪和处断的一罪。实质的一罪,是指形式上具有某些数罪特征的行为,但实质上只是一罪,因而刑法规定为一罪或处理时作为一罪的情况,包括继续犯、想象竞合犯、结果加重犯和转化犯。法定的一罪,是指行为原本可以成立数罪,但由于某种原因刑法将其规定为一罪的情形,包括结合犯和集合犯。处断的一罪,是指行为虽然符合数个犯罪的构成要件或者几次符合同一犯罪的构成要件,但在处理时只认定为一罪的情况,包括连续犯、牵连犯和吸收犯。

所谓数罪,是指符合数个犯罪构成,且相互之间没有牵连、吸收等关系,也没有连续、集合等状态的犯罪。根据数罪的性质是否相同,可将数罪分为同种数罪与异种数罪;根据数罪在处断时是否需要进行并罚,可将数罪分为并罚的数罪与非并罚的数罪;根据数罪发现或发生的时间,可将数罪分为判决宣告以前的数罪和刑罚执行期间的数罪。

习　题

1. 如何理解罪数的判断标准?

2. 什么是继续犯? 继续犯与状态犯、即成犯、接续犯、连续犯、徐行犯有什么区别?

3. 什么是想象竞合犯? 想象竞合犯与法条竞合有什么区别?

4. 结果加重犯有哪些构成特征? 结果加重犯与转化犯有什么区别?

5. 什么是集合犯? 集合犯包括哪些类型?

6. 如何理解牵连犯的牵连关系及其处断原则?

7. 如何理解吸收犯吸收关系的类型?

第十四章　定　　罪

【本章导读】

定罪，是指司法机关依照刑事诉讼程序，确定被告人的行为与法定的犯罪构成是否相符合的刑事司法活动。定罪的主体是司法机关，对象是被告人的行为。定罪的核心问题是确定被告人的行为与法定的犯罪构成是否相符合。定罪过程表现为一种主观判断过程。定罪活动必须依照刑事诉讼程序进行。正确定罪具有重要意义。定罪的内容包括认定行为是否构成犯罪、构成何种犯罪、犯罪的严重程度、是否属于停止形态、是否属于共同犯罪以及是否构成数罪等。在定罪活动中应坚持合法原则、主客观相统一原则、平等原则以及疑罪从无、从宽原则。定罪情节是指犯罪构成共同要件以外的、影响行为的社会危害性程度因而对定罪具有决定意义的事实情况，包括除罪化情节、基本情节、加重情节以及减轻情节等。

【学习重点】

- 定罪的内容
- 定罪的原则
- 定罪情节的类型

第一节　定罪概述

一、定罪的概念和特征

定罪是“认定犯罪”的简称，是指司法机关依照刑事诉讼程序，确定被告人的行为是否符合刑法规定的犯罪构成的刑事司法活动。定罪的主要特征如下。

第一，定罪的主体是人民法院。定罪是一种刑事司法活动，其主体只能是司法机关；司法机关以外的其他任何单位或个人，都不得对任何人定罪。在我国，参与刑事司法活动、代表国家进行刑事追究活动的国家机关包括侦查机关、检察机关和审判机关。其中，只有人民法院享有对被告人定罪的权力。现行《刑事诉讼法》第12条也规定:“未经人民法院依法判决,对任何人都不得确定有罪。”据此,定罪的主体只能是人民法院。

第二,定罪的对象是被告人的行为。首先,定罪的对象只能是人的行为。定罪只能针对一定的行为进行。没有人的行为,就不会产生定罪问题。即使一个人的思想极为反动,但只要他没有在这种思想的支配下实施一定的行为,就不存在定罪的可能性。其次,并不是人的一切行为都可以成为定罪的对象。能够成为定罪对象的行为只能是那些被司法机关认为有可能构成犯罪的行为。最后,定罪的对象只能是被告人的行为,犯罪嫌疑人的行为,不能成为定罪的对象。

第三,定罪的核心问题是确定被告人的行为是否符合法定的犯罪构成。在我国刑法中,犯罪构成是刑法规定的犯罪成立的规格和标准。因而,定罪活动实质上就是判断被告人的行为是否符合刑法规定的犯罪构成。符合某一犯罪构成的,就可能确定为有罪;不符合任何犯罪构成的,只能确定为无罪。因而,在定罪时,必须严格以刑法中的犯罪构成为标准来判断被告人的行为是否构成犯罪;离开了犯罪构成,可能导致任意出入人罪,造成冤假错案。

第四,定罪的过程表现为一种主观判断过程。定罪的过程是法官判断被告人的行为与法定的犯罪构成是否相符合的认识过程。这一认识过程大致包括三个步骤:第一步,从所查明的案件事实中抽象出符合犯罪构成的事实;第二步,将刑法规定的较为抽象的犯罪构成具体化,确定犯罪构成所揭示的具体内容与整体性质;第三步,判断案件事实与犯罪构成要件是否相符合,既要分析具体事实的各个方面是否符合犯罪构成的各个要件,又要判断整体事实是否符合整体犯罪构成。经过分析判断,如果行为符合法定的犯罪构成,就认定为有罪;如果不符合法定的犯罪构成,则认定为无罪。由于犯罪构成具有抽象性与概括性,而犯罪实施又具有具体性与独特性。因而,犯罪构成符合性判断是一项极为复杂的认识活动。应当强调的是,定罪不仅是一种认识活动,同时还应是一种司法实践活动;司法人员的认识不是凭空产生的,而是通过大量的实践活动得来的。

第五,定罪活动必须依照刑事诉讼程序进行。虽然定罪的内容涉及的是实体问题,但定罪活动则属于刑事诉讼活动。因此,定罪必须依据刑事诉讼程序进行。凡是违背刑事诉讼程序而进行的认定犯罪的活动,不论定罪的结论正确与否,均属于非法的定罪活动,构成犯罪的应当追究刑事责任。在具有重实体而轻程序传统的我国,强调定罪活动的程序性有着重要的现实意义。

二、定罪的意义

错误的定罪不但没有积极意义，反而会带来负面影响，不仅冤枉无辜、放纵犯罪，而且破坏了司法机关的形象，引导人们实施错误的行为。因而，这里所说的定罪的意义，是就正确定罪而言。定罪的意义，是指司法机关的正确定罪活动对社会和个人所产生的积极作用。定罪的意义主要包括以下几个方面。

首先，正确定罪能够保障无罪的人不受刑事追究，使有罪的人承担刑事责任，从而使刑法的保障机能与保护机能得以实现。当被告人的行为不构成犯罪时，正确定罪可以还其以清白，从而实现刑法的人权保障机能；当被告人的行为构成犯罪时，正确定罪可以使其受到法律上应有的否定评价，从而实现刑法的社会保护机能。

其次，正确定罪有利于维护刑法的权威性，进而伸张社会正义。定罪过程是刑法规范由应然走向实然的过程，因而正确定罪能使人们（包括犯罪人）认识到刑法规范并非抽象的法律条文，而是应当得到切实遵守的规范，这对维护刑法的权威性至关重要。同时，刑法规范承载着民众的正义观念，正确定罪会使民众的正义观念得以实现，进而对伸张社会正义意义重大。

最后，正确定罪是适当量刑的基础。定罪和量刑是刑事审判活动的两个基本环节，两者之间紧密联系。一方面，如果没有定罪，就没有量刑；同样，如果没有正确的定罪，就不可能有适当的量刑。另一方面，定罪过程实质上是一种犯罪构成符合性判断过程，而一定的犯罪构成是与一定的法定刑紧密联系在一起的。因而，正确定罪实质上就是正确选择法定刑，进而确定适当的宣告刑的前提和基础。

三、定罪论在刑法学体系中的地位

定罪的重要意义决定了定罪论在刑法学体系中应当占有一席之地。在我国现有的刑法教科书中，一般将定罪论置于犯罪论之中，但具体位置有所不同。有的教科书将定罪论置于犯罪论的最后一章；有的教科书将定罪论置于犯罪论的中间，即犯罪构成理论之后，其他内容（正当化事由、故意犯罪的停止形态、共同犯罪、一罪与数罪等）之前；还有的教科书将定罪论置于刑事责任论之后，量刑论之前。

本书认为，尽管定罪与量刑具有密切联系，正确定罪是正确量刑的前提和基础,但将定罪论从犯罪论中剥离出来,置于刑事责任论与量刑论之间,则是不合适的。一方面,犯罪论是以犯罪构成理论为中心而建构的认定犯罪的理论体系,而定罪过程实质上就是犯罪构成符合性判断过程,因而定罪问题显然属于犯罪论需要解决的问题。另一方面,定罪是刑事责任的前提,只有在认定行为构成犯罪的前提下才会涉及刑事责任问题;刑事责任是连接犯罪与刑罚的中介。因而,将定罪论置于刑事责任论之后,实属本末倒置。

相比较而言,将定罪论置于犯罪论之末、刑事责任论之前,是较为妥当的。这主要是因为:一方面,犯罪构成论研究的是定罪的法律标准,而犯罪论中的其他内容也是以犯罪构成为基础,从不同角度对定罪问题予以展开。例如,正当行为论研究形式上成立犯罪而实质上不成立犯罪的问题,故意犯罪的停止形态主要研究预备、未遂、中止等犯罪的未完成形态的认定及处罚问题,共犯论主要研究对两个以上主体共同实施的犯罪行为如何定罪与处罚问题,罪数形态论主要研究一罪与数罪的认定问题。因而,把定罪论置于犯罪论之末、刑事责任论之前,是较为合适的。另一方面,虽然定罪论不可避免地会涉及是否构成犯罪和构成何种犯罪这一核心问题,而且也涉及故意犯罪的停止形态、共同犯罪、罪数等的认定问题,但其基本内容是研究认定犯罪的一般规律,是对各种认定犯罪的具体活动的总结。因而,只有将定罪论置于犯罪论之末、刑事责任论之前,才符合认识规律。

第二节　定罪的内容和原则

一、定罪的内容

定罪活动的最终目的是确认行为是否构成犯罪以及构成什么犯罪。其中,“构成什么犯罪”不仅包括行为构成何种或哪几种犯罪,而且包括构成的是轻罪还是重罪、共同犯罪还是单个犯罪、犯罪的未完成形态还是完成形态以及一罪还是数罪等情况。

(一) 认定行为是否构成犯罪

认定行为是否构成犯罪,是定罪的主要内容,包括认定为有罪和认定为无罪两种情况。所谓认定为有罪,即根据刑法规定的犯罪构成要件确定某种行为构成犯罪;所谓认定为无罪,即根据刑法规定的犯罪构成要件确定某种行为不构成犯罪。在刑法理论上，认定为无罪是否属于定罪问题，还存在分歧。苏联学者认为，把认定为无罪也看成定罪，是不符合逻辑的，即把行为符合犯罪构成称作定罪，把行为不符合犯罪构成也叫定罪，这是明显相矛盾的。[1] 我国学者一般认为，定罪就其内容来说，可以分为确定为有罪和确定为无罪两种情况。本书认为，就逻辑上而言，有罪与无罪是相对而言的，不排除无罪，就不可能认定为有罪。因此，认定为无罪当然属于定罪的内容，否则定罪的内容就不完整。而且，一旦将非罪认定排除在定罪的范围以外，还会得出"行为构成犯罪就属于定罪活动，行为不构成犯罪则不属于定罪活动"的荒谬结论。

（二）认定行为构成何罪

在认定行为有罪的前提下，还应进一步判断行为构成何种犯罪。不同的犯罪所体现的否定评价的严厉程度不同，其法律后果也不完全一样。因此，不能混淆此罪与彼罪的界限。各种犯罪虽然都有共同的构成要件，但每一种犯罪都有自己特殊的构成要件要素。因而，只有掌握了每一种犯罪的构成要件要素，才能够正确区分此罪与彼罪。另外，由于法条规定的复杂性，同一行为可能符合数个不同的法条所规定的犯罪构成。因而，在认定行为构成何种犯罪时，应注意根据法条竞合的处理原则准确区分此罪与彼罪的界限。

（三）认定犯罪的严重程度

刑法所规定的任何一种犯罪都有其独立的犯罪性质。同一性质的犯罪，往往基于其社会危害程度的不同被分割为不同的层次，相应地，存在多个犯罪构成形式。对此，苏联学者特拉伊宁曾经指出："在对同一种犯罪的各种构成按照它们的社会危害性程度进行分类时，必须把它们的三种形式加以区别：(1)基本构成；(2)社会危害性较大的构成；(3)社会危害性较小的构成。"[2]区分这些犯罪构成的意义在于使人们了解：刑罚的轻重与犯罪行为的社会危害性大小相适应；即使同一种犯罪，社会危害大小不同，法定刑的轻重也不一样。由此，在同一犯罪内部，基于社会危害性程度的不同，往往被区分为基本罪和派生罪。相应地，在定罪活动中，除了要判断行为是否构成犯罪、构成何种犯罪之外，通常还应当根据犯罪的严重程度认定行为符合的是普通的犯罪构成，还是派生的犯罪构成，以准确选

〔1〕 参见[苏联]库德里亚夫采夫：《定罪通论》，李益前译，26页，北京，中国展望出版社，1989。

〔2〕 [苏联]特拉伊宁：《犯罪构成的一般学说》，薛秉忠等译，85页，北京，中国人民大学出版社，1958。

择适用不同的法定刑幅度。我国刑法主要是根据结果、情节以及数额来区分基本罪与派生罪的。为此,在认定犯罪的严重程度时,应注意对结果、情节以及数额进行准确分析。

(四) 认定犯罪是否属于停止形态

在实施直接故意犯罪的过程中,犯罪行为并非都能够达到既遂形态,而是有可能在犯罪未完成时停止下来,从而形成犯罪的预备、中止、未遂等犯罪停止形态。犯罪停止形态与犯罪既遂形态的社会危害性不同,处刑轻重也不一样。因而,在认定行为构成犯罪的情况下,通常还需要认定犯罪是否处于停止状态。犯罪的停止形态与既遂形态在犯罪构成上不同,为此,在认定犯罪的停止形态时,应注意分析其与既遂形态在犯罪构成上的差别。

(五) 认定犯罪是否属于共同犯罪

在犯罪现象中,既存在犯罪分子一人实施犯罪的情形,也存在两个以上犯罪分子共同实施犯罪的情形。前者属于单独犯罪,后者属于共同犯罪。一般而言,共同犯罪比单独犯罪的社会危害性更为严重,在处罚上应区别对待。因而,认定行为是单独实施还是共同所为,则属于定罪活动的重要内容。共同犯罪的犯罪构成不同于单独犯罪,即共同犯罪符合的是刑法规定的修正的犯罪构成。为此,在认定行为是否构成共同犯罪时,需要认真分析共同犯罪的成立条件。

(六) 认定行为是否构成数罪

行为人实施的犯罪行为,既可能构成一罪,也可能构成数罪。在构成数罪的情况下,既可能属于同种数罪,也可能属于异种数罪;而且,数个犯罪行为之间既可能毫无关系,也可能存在紧密联系。因而,在认定犯罪时,首先应当注意区分一罪与数罪。凡是行为符合一个犯罪构成,或者虽然符合数个犯罪构成,但数行为之间存在竞合、牵连、吸收等关系和连续、集合等状态的,就应当认定为一罪;凡是行为符合数个犯罪构成,且数行为之间不存在竞合、牵连、吸收等关系和连续、集合等状态的,就应当认定为数罪。其次,在认定为数罪的情况下,还应当注意区分同种数罪与异种数罪。因为同种数罪在实践中一般作为一罪定罪处罚,而对异种数罪只能进行并罚。

二、定罪的原则

定罪的原则,是指在定罪活动中应当遵循的、贯穿于定罪过程始终并具有普遍约束力的准则。定罪的原则是刑法和刑事诉讼法的基本原则在定罪领域的具体化。一般认为，在定罪活动中应坚持合法原则、主客观相统一原则、平等原则以及罪疑从宽原则。

(一) 合法原则

合法原则，是指人民法院的定罪活动与定罪结论应当符合法律的规定。合法原则包括两个方面的内容：(1)定罪活动合法。这是对定罪的程序性要求，即定罪活动必须依照刑事诉讼法所设定的程序进行。具体而言，人民法院在审判活动中应严格遵守刑事诉讼法的规定，依法行使法律授予的职权，保障诉讼参与人所享有的诉讼权利。(2)定罪结论合法。这是对定罪的实体性要求，即确定为无罪或确定为构成何种犯罪的结论必须符合刑法的规定。具体而言，人民法院在认定犯罪时，应当以刑法规定的犯罪构成为标准，而且不能随意增减或改变犯罪构成要件。

(二) 主客观相统一原则

主客观相统一原则，是在认定犯罪的过程中，必须坚持主观认识与客观事实相符合。主客观相统一原则包括两个方面的内容：(1)坚持犯罪构成的主客观相统一。在认定行为人的行为是否构成犯罪时，应当坚持犯罪的客观危害与主观罪过相统一。既要反对只要有客观危害而不管主观上有无罪过就定罪的客观归罪的做法，又要杜绝只要有主观罪过而不管客观上有无危害行为及结果就定罪的主观归罪的做法。(2)坚持法官的主观认识与案件事实相统一。案件事实是主观事实与客观事实的统一体。因而，所谓主观认识与案件事实相统一，实际上也就是指法官的主观认识既要与案件的主观事实相符，又要与案件事实的客观事实相符。这就要求法官在定罪过程中不能先入为主，主观臆断，偏听偏信，而应深入实际，全面调查，收集可能与定罪有关的所有事实材料，然后作出行为是否构成犯罪以及构成何罪的判断。

(三) 平等原则

平等原则是法律面前人人平等原则和适用刑法人人平等原则在定罪中的具体化。平等原则包括两个方面的内容：(1)定罪过程平等，即法官在定罪过程中对于法律赋予被告人在程序上的权利，应当平等地给予，不得因被告人在出身、民族、宗教信仰、文化程度等法律以外的原因而予以剥夺或不同对待。(2)定罪结论平等，即对于社会危害程度和主观罪过相同的行为人，所认定的犯罪应当相同，不能差距太大。定罪结论平等包括两个方面的要求:其一,就被告人方面而言,其行为是否构成犯罪,只能以刑法规定的犯罪构成为标准来认定,不能因为其性别、年龄、民族、种族、国籍、宗教信仰、文化程度、财产状况、职务地位、社会贡献等不同而采取不同标准。其二,就被害人方面而言,在被告人的行为是否构成犯罪时,也不能因被害人的性别、年龄、民族、种族、国籍、宗教信仰、文化程度、财产状况、职务地位、社会贡献等不同而对被告人区别对待。

(四)疑罪从宽原则

疑罪从宽原则,是指在定罪过程中,对于疑罪应当从宽处理的原则。疑罪,是指在被告人是否有罪以及罪轻还是罪重的问题上存在疑问的犯罪。对于疑罪,应当坚持"存疑时有利于被告人"的原则,从宽处理。具体而言,当无法证明行为人的行为是否构成犯罪,既有证据证明行为人的行为构成犯罪,又有证据证明行为人的行为不构成犯罪时,应当认定为无罪;当无法证明行为人的行为到底属于较重的犯罪还是较轻的犯罪时,应当认定为较轻的犯罪。可见,疑罪从宽原则是证据确凿、充分的定罪要求在定罪活动中的体现。

疑罪从宽原则主要包括以下内容:(1)行为人可能犯有较重的犯罪,但能够查证属实的仅系较轻的犯罪的,只能认定为较轻的犯罪;(2)行为人可能犯有较重的犯罪,但根本无法查证属实的,不能降格处理,而只能认定为无罪;(3)行为人所犯之罪可能属于牵连犯或吸收犯,但能够查证属实的只是处刑较轻的犯罪的,只能按处罚较轻的犯罪来认定;(4)行为人可能犯有数罪,有的已查证属实,而有的无法查证属实的,只能按所查证属实的犯罪来认定,不能把无法查证的行为也认定为犯罪;(5)行为人所实施的犯罪行为到底属于哪种停止形态无法查证的,只能按较轻的形态来认定;(6)在共同犯罪中,是主犯还是从犯,抑或是胁从犯,无法查证的,应当认定为从犯或胁从犯。

第三节 定罪情节

一、定罪情节的概念和特征

关于定罪情节,理论上通常有广义和狭义两种理解。广义的定罪情节,是指反映犯罪构成共同要件的事实以及其他反映行为的社会危害性程度,并对行为构成犯罪具有决定性影响的事实。狭义的定罪情节，是指犯罪构成共同要件以外的、影响行为的社会危害性程度并对行为构成犯罪具有决定意义的事实。广义的定罪情节将反映犯罪构成共同要件的事实也认为是定罪情节，使得定罪情节的范围过于宽泛。因而，刑法理论通常所称的定罪情节，是指狭义的定罪情节。定罪情节具有以下特征。

首先，定罪情节是对定罪具有决定意义的主客观事实情况。从我国刑法的规定来看，对定罪具有决定意义的主客观事实情况主要包括四种：(1)决定某一行为不构成犯罪的事实情况；(2)决定某一行为构成基本犯罪的事实情况；(3)决定某一行为成立加重犯罪的事实情况；(4)决定某一行为成立减轻犯罪的事实情况。

其次，定罪情节是犯罪构成共同要件以外的对定罪有决定意义的主客观事实情况。定罪情节与犯罪构成要件是两个既有联系又有区别的概念。犯罪构成要件存在两个层次，即犯罪构成的共同要件和具体犯罪的构成要件。前者是指刑法总则规定的成立所有的犯罪必须具备的主客观要件；后者是指刑法分则规定的成立某一具体犯罪的主客观要件。犯罪构成的共同要件不属于定罪情节。这是因为：(1)犯罪构成共同要件决定着行为的性质，即罪质，而定罪情节只影响行为的社会危害性程度，即罪量。(2)犯罪构成的共同要件是一切犯罪的成立都必须具备的条件，反映了犯罪的共性，而且定罪情节则是具体犯罪成立的要件，反映了犯罪的个性。(3)犯罪构成共同要件是一切犯罪成立的必要条件，而定罪情节则是具体犯罪成立的充分条件。〔3〕因而，能成为定罪情节的，只能是犯罪构成共同要件以外的、影响行为的社会危害性程度并对行为构成犯罪具有决定意义的事实。

最后，定罪情节是在危害行为实施过程中出现的反映行为的社会危害性程度的事实情况。定罪的法律标准是犯罪构成，即决定行为的社会危害性及其程度而为该行为成立犯罪所必须具备的一系列主客观要件的有机统一。因而，只有在危害行为实施过程中出现的决定行为的社会危害性程度的事实因素才影响定罪。反映行为人的人身危险性程度的因素，如犯罪前的一贯表现、犯罪后的认罪态度等，因为并非出现于危害行为实施过程中，所以不属于定罪情节，只对量刑产生影响。

〔3〕 参见喻伟主编：《刑法学专题研究》，309页，武汉，武汉大学出版社，1992。

二、定罪情节的类型与范围

(一) 定罪情节的类型

根据对定罪结果的具体影响,可以将定罪情节分为除罪化情节、基本情节、加重情节和减轻情节四种类型。

1. 除罪化情节

除罪化情节,是指决定某一行为不构成犯罪的情节。在我国刑法中,这类情节即《刑法》第13条的“但书”。《刑法》第13条“但书”规定:“……情节显著轻微危害不大的,不认为是犯罪。”这一规定表明,某种行为虽然在形式上符合某一犯罪的构成要件,但由于情节显著轻微危害不大,在实质上并不符合犯罪构成,因而应排除在犯罪的范围之外。

2. 基本情节

基本情节,即情节犯中的情节,是指基本犯的犯罪构成共同要件以外的对犯罪成立起决定作用的情节。《刑法》第13条“但书”的基本精神在于将一般违法行为排除于犯罪范围之外,从而对犯罪的成立提出定量要求。这一基本精神在刑法分则中也得到了体现。例如,由于一定的数额(数量)能够集中反映财产犯罪和经济犯罪的社会危害性程度,所以立法者往往把“数额较大”作为财产犯罪和经济犯罪的构成要件要素加以规定。这里的“数额较大”就属于基本情节。再如,对于有些犯罪而言,行为的社会危害性在通常情况下并未达到应当追究刑事责任的程度,但又很难通过强调犯罪构成某一方面的具体内容来实现除罪化,于是立法者就在犯罪构成的基本要件之外规定“情节严重”“情节恶劣”等综合性构成要件要素。达到情节严重或情节恶劣程度的,就表明行为的社会危害性已达到成立犯罪的要求。这里的“情节严重”“情节恶劣”就属于基本情节。

3. 加重情节

加重情节,即情节加重犯中的情节,是指加重犯的犯罪构成共同要件以外的对犯罪成立起决定作用的情节。加重情节是超出基本犯构成要件的范围并使得情节加重犯具有区别于基本犯的罪质的情节,是一种包含诸多因素、决定刑罚加重的综合指标。加重情节是情节加重犯的犯罪构成区别于基本犯的犯罪构成的标志,是存在情节加重犯与基本犯之分的犯罪的罪质呈现一定层次性变化的根据。因此,虽然加重情节不像情节犯的情节那样具有影响罪质有无的功能,但它能够影响罪质的轻重。

对于加重情节是否属于定罪情节的问题，理论上有不同看法。有观点认为，影响罪行轻重的情节是行为在构成犯罪之后考虑的因素，因而，与其说影响罪行轻重的情节是定罪情节还不如说它是量刑情节更为恰当一些。〔4〕本书认为，定罪情节，简单地说，就是影响犯罪成立的情节。加重情节是否属于定罪情节，关键取决于是对基本犯而言还是对情节加重犯而言。针对基本犯而言，加重情节当然不是定罪情节，但针对情节加重犯而言，就不能断然认为加重情节不是定罪情节。在情节加重犯的场合，缺少了加重罪质的情节，便会影响到犯罪的成立。这样一来，既然加重罪质的情节是否具备对情节加重犯形态的成立确实有影响，那么，将其排除在定罪情节之外就没有根据了。只不过加重情节起到的是区分重罪与轻罪的作用，而不是区分罪与非罪的作用。上述观点之所以将加重情节排除在定罪情节的范围之外，一个很重要的原因是其对定罪情节的功能作了狭隘的理解，即似乎只有具备区分罪与非罪意义的情节才属于定罪情节；既然加重情节不具有区分罪与非罪的意义，其当然便不属于定罪情节。然而，在某一犯罪存在基本犯与情节加重犯之分的情况下，犯罪的成立并不仅限于基本犯的成立，情节加重犯的成立同样属于犯罪的成立。既然加重情节的具备与否对于情节加重犯的成立有决定意义，那么其当然属于定罪情节；否则，便意味着将基本犯当作了存在基本犯与情节加重犯之分的犯罪的全部，这显然是不合理的。

4. 减轻情节

减轻情节，即情节减轻犯中的情节，是指减轻犯的犯罪构成共同要件以外的对犯罪成立起决定作用的情节。与加重情节不同的是，减轻情节是减轻罪质的事由。

（二）定罪情节的范围

定罪情节的范围，涉及定罪情节的识别标准问题，即定罪情节的立法表述形式是否仅限于刑法中带有“情节”字样的规定。对此，有观点指出，加重情节是一个包含诸多因素的综合指标，其范围较广，如犯罪手段、犯罪次数、犯罪时间、犯罪地点、犯罪数额、犯罪动机、犯罪对象、犯罪主体等。在刑法分则中，加重情节可能表达为“在公共场所当众奸淫妇女”“二人以上轮奸”“拐卖妇女、儿童三人以上的”

〔4〕参见王充：《定罪情节若干问题研究》，载《法学评论》，2000(6)。

等诸如此类的具体情节,也可能以情节严重、情节恶劣、其他严重情节等抽象词语来表述。[5] 本书认为,从有利于加重犯既遂形态的研究和认定出发,将情节加重犯的加重情节限定为概括性、综合性的情节,是可取的。与加重结果、加重数额、加重时间、加重地点等加重犯的加重因素相比,加重情节并非一种单一的反映罪质和罪责加重的指标,而是一种综合性指标。从广义上说,加重结果、加重数额、加重时间、加重地点等具体的加重因素,也属于加重情节。因为虽然具体的加重因素没有在加重犯的犯罪构成中明确规定,但抽象情节的具体表现当然包含了具体的加重因素。当然,在某种具体的加重因素与综合性的情节在加重犯的犯罪构成中并列规定的情况下,解释综合性情节的具体内容时,只能将该明确规定的具体加重因素排除在综合性情节的表现形式之外。

本章小结

定罪,是指司法机关依照刑事诉讼程序,确定被告人的行为是否符合刑法规定的犯罪构成的刑事司法活动。定罪的主体是人民法院,对象是被告人的行为,其核心问题是确定被告人的行为是否符合法定的犯罪构成。定罪过程表现为一种主观判断过程,必须依照刑事诉讼程序进行。正确定罪不仅有利于刑法机能的实现,而且对维护刑法的权威性意义重大,同时也是适当量刑的基础。将定罪论置于犯罪论之末、刑事责任论之前,是较为妥当的。

定罪的内容包括认定行为是否构成犯罪、构成何罪、犯罪的严重程度、是否属于犯罪的停止形态、是否属于共同犯罪以及是否属于数罪等。在定罪活动中,应当坚持合法原则、主客观相统一原则、平等原则以及罪疑从宽原则。

定罪情节,是指犯罪构成共同要件以外的、影响行为的社会危害性程度并对行为构成犯罪具有决定意义的事实。根据对定罪结果的具体影响,可以将定罪情节分为除罪化情节、基本情节、加重情节和减轻情节四种类型。从有利于加重犯既遂形态的研究和认定出发,应当将情节加重犯的加重情节限定为概括性、综合性的情节。

---

〔5〕 参见钱叶六、钱格祥:《情节加重犯基本问题探究》,载《宁夏大学学报(人文社会科学版)》,2005(6)。

习　　题

1. 如何理解定罪的主体和对象？
2. 如何理解定罪的内容？
3. 如何理解定罪中的主客观相统一原则？
4. 如何理解定罪情节的概念和类型？

第十五章　刑 事 责 任

【本章导读】

刑事责任,是指刑事法律规定的,因实施犯罪行为而产生的,由代表国家的司法机关依法确认的,犯罪人因其犯罪行为依法向国家承担的以刑事处罚、非刑罚的处理或者单纯宣告有罪为内容的法律责任。犯罪是刑事责任的前提,刑事责任是犯罪的必然法律后果,刑罚是实现刑事责任的主要方式。刑事责任是连接犯罪与刑罚的中介。刑事责任是刑事立法中的一个基本范畴。刑事责任的哲学根据是行为人实施犯罪行为时所具有的相对的意志自由。刑法所规定的犯罪构成既是决定刑事责任存在与否的唯一法律根据,又是决定刑事责任程度的主要法律根据。符合犯罪构成的事实既是决定刑事责任存在与否的唯一事实根据,又是决定刑事责任程度的主要事实根据。刑事责任的发展阶段包括产生阶段、确认阶段和实现阶段。刑事责任的解决方式包括定罪判刑方式、定罪免刑方式、消灭处理方式以及转移处理方式。

【学习重点】

- 刑事责任的概念
- 刑事责任的法律根据
- 刑事责任的解决方式

第一节　刑事责任概述

一、刑事责任的概念

(一)“刑事责任”的词义

在德、日等大陆法系国家刑法理论中,“刑事责任”一词并不多见,但“责任”一词则被广泛使用。责任的概念通常是作为犯罪成立条件之一而存在的。通说认为,犯罪论体系由构成要件符合性、违法性及责任构成。根据这一犯罪论体系,行为成立犯罪必须经过三重判断：首先，要判断行为是否符合作为犯罪的法律定型的构成要件；其次，在符合构成要件的情况下，要判断行为是否具有违法性；最后，当行为符合构成要件且违法时，要判断行为人是否具有责任。其中，责任判断属于主观判断。一般认为，刑法中的责任是就符合构成要件且违法的行为而对行为人所进行的非难。责任判断的因素包括责任能力、故意或过失、违法性认识的可能性以及期待可能性等。在英美法系刑法中，对刑事责任的研究不系统，主要限于刑事责任的构成要素。在绝大多数刑法学著作中，刑事责任名目下论述的往往是犯罪成立条件方面的内容，而刑事责任的成立条件就是犯罪的成立条件。英美刑法学者通常认为，刑事责任通常就是因触犯刑法而应受刑事处罚的责任，刑事责任的成立以犯罪行为和犯罪心态两大条件为必要。

在我国刑法及刑法理论中，“刑事责任”一词被广泛使用。例如，在我国现行刑法典中，就有 10 余个条文共 20 余处使用“刑事责任”一词，而且《刑法》总则第二章第一节的标题即为“犯罪和刑事责任”；在附属刑法条款中，也经常使用“刑事责任”这一术语。与德、日等大陆法系国家不同，在我国，“刑事责任”一词通常是在法律后果意义上使用的，即刑事责任是犯罪的法律后果，刑事责任不是指犯罪成立的条件。在我国“四要件”犯罪论体系下，刑事责任在犯罪成立条件中没有安身之地。相应地，对刑事责任的考察一般是在犯罪论之后进行的。本书对刑事责任的分析，也在此意义上展开。

（二）刑事责任的定义

关于刑事责任的定义，在刑法理论上意见不一致，归纳起来主要包括：(1)法律责任说。该说认为，刑事责任是实施刑事法律禁止的行为所必须承担的刑事法律规定的责任。〔1〕(2)法律后果说。该说认为，刑事责任是依照刑事法律规定，行为人实施刑事法律禁止的行为后所必须承担的法律后果。〔2〕(3)否定评价说(责难说、谴责说)。该说认为，刑事责任是犯罪人因其实施犯罪行为而应承担的国家司法机关依照刑事法律对其犯罪行为以及本人所作的否定性评价、责难或谴责。〔3〕(4)刑罚处罚说(制裁说)。该说认为，刑事责任是国家对犯罪人的刑罚处

---

〔1〕 参见《法学词典》，6 页，上海，上海辞书出版社，1980。

〔2〕 参见赵秉志主编：《刑法争议问题研究》(上卷)，539 页，郑州，河南人民出版社，1996。

〔3〕 参见曲新久：《刑法的精神与范畴》，254 页，北京，中国政法大学出版社，2003。

罚或制裁。[4] (5)法律义务说。该说认为,刑事责任是犯罪人因其犯罪行为而负有的承受国家依法给予的刑事处罚的义务。[5] (6)法律关系说。该说认为,刑事责任是犯罪人和以具体的国家机关为代表的国家之间所形成的一定社会关系的总和。[6]

以上各种学说从不同角度揭示了刑事责任的特征,具有一定的合理性,但存在的缺陷也是极为明显的。法律责任说把刑事责任归结为法律责任,准确反映了定义项与被定义项之间包容与被包容的关系,也在一定程度上反映了刑事责任不同于其他法律责任的特征。然而,把刑事责任笼统地归结为法律责任,还不足以揭示刑事责任的本质及特殊内容。法律后果说明确了犯罪与刑事责任之间的因果联系,但并未揭示刑事责任的法律属性,同时忽视了刑罚也是法律后果这一事实,未能把刑事责任与刑罚沿革区分开来。否定评价说充分肯定了刑事责任在政治和道德方面的意义,但把刑事责任仅仅归结为否定性评价,还不足以准确揭示刑事责任的法律特征;而且,否定评价并非刑事责任本身,而仅仅是它的内容;将刑事责任归结为一种评价,实际上把刑事责任变成了一种纯主观的东西,抹杀了刑事责任的客观实在性。刑罚处罚说看到了刑事责任与刑罚之间的紧密联系,但把刑事责任与刑罚等同起来,抹杀了刑事责任这一范畴的理论价值,使得刑事责任的其他实现方式(单纯宣告有罪、非刑罚处罚等)没有了立足之地。法律义务说揭示了刑事责任的本质是犯罪人与国家之间的权利义务关系,但将刑事责任界定为犯罪人的特殊义务,容易混淆刑法中的消极义务(禁止实施犯罪行为的义务)与积极义务(实施犯罪行为后所产生的义务),最终混淆了义务与责任的界限。法律关系说混淆了刑事法律关系与刑事责任的区别。尽管刑事法律关系发生在刑事责任实现过程中,但刑事法律关系是犯罪人在实施犯罪行为之后与国家之间所形成的一种刑法上的权利义务关系,而刑事责任则是因行为人实施犯罪行为而引起的刑法上的责任。二者之间在内涵与外延上具有严格区别。

刑事责任的定义应准确而全面地揭示刑事责任的本质和主要特征;同时,应充分考虑我国刑法理论关于刑事责任定义的学说为界定刑事责任所提供的重要

---

〔4〕 参见孙膺杰、周其华:《实用刑法读本》,53页,长春,吉林人民出版社,1985。

〔5〕 参见张京婴:《也论刑事责任》,载《法学研究》,1987(2)。

〔6〕 参见[苏联]巴格里-沙赫马托夫:《刑事责任与刑罚》,韦政强等译,18页,北京,法律出版社,1984。

参考价值。为此，本书认为，刑事责任，是指犯罪人因其犯罪行为而依法向国家承担的、由代表国家的司法机关依法确认的以刑罚、非刑罚处理方法及单纯宣告有罪为内容的法律责任。

二、刑事责任的基本特征

根据上述关于刑事责任的定义，刑事责任具有以下八个基本特征。

第一，刑事责任的内容具有特定性。刑事责任是以刑法规定的刑罚、非刑罚处理方法以及单纯宣告有罪为内容的法律责任。这是刑事责任的本质特征，也是刑事责任与其他法律责任的根本区别。刑罚是刑法规定的对犯罪人科处的以限制或者剥夺其一定权益为内容的强制性制裁措施。刑罚不仅可以限制或剥夺犯罪人的人身自由，而且可以剥夺犯罪人的财产权利和政治权利，甚至可以剥夺犯罪人的生命。非刑罚处理方法，即刑法规定的对犯罪分子适用的刑罚以外的其他处理方法。非刑罚处理方法包括训诫、责令具结悔过、赔礼道歉、赔偿损失等。单纯宣告有罪，即免于刑事处罚，是指对犯罪分子既不给予刑罚处罚，也不给予非刑罚处理的情形。

第二，刑事责任具有严厉性。作为刑事责任前提的犯罪行为，是所有违法行为中危害最严重的违法行为。因此，刑事责任是所有法律责任中最严厉的一种。刑事责任的严厉性主要体现在其实现方式上。刑事责任的实现方式有三种，即定罪判刑、定罪判处非刑罚处理方法和单纯宣告有罪。其中，定罪判刑是刑事责任的最主要的实现方式。而刑罚，轻则限制自由，重则剥夺自由，甚至剥夺生命，同时可以附加剥夺政治权利或财产权利。刑事责任的这种严厉性，是其他任何法律责任都无法达到的。

第三，刑事责任具有法定性。罪刑法定原则是法治原则在刑法领域的集中体现。罪刑法定原则要求，行为人对其行为是否应当负刑事责任、负何种程度的刑事责任以及怎样负刑事责任，均应当由刑法事先明确加以规定。因此，刑事责任是严格依法产生的。刑事责任的法定性还表现在，司法机关固然有权追究犯罪人的刑事责任，但其追究活动必须严格依据刑事法律进行。而其他法律责任的追究则不能通过刑事诉讼程序、根据刑法所确立的实体标准进行。刑事责任通常以静态形式存在于刑事法律之中；在犯罪行为发生之后才会通过国家司法机关以动态形式施加于犯罪人，由此使国家与犯罪人之间的刑事法律关系得以形成。

第四,刑事责任具有必然性。所谓刑事责任的必然性,是指刑事责任是犯罪的必然法律后果。换言之,有犯罪就必然有刑事责任,不存在行为已构成犯罪而不应当追究刑事责任的情形。因此,刑事责任与犯罪的关系,不是一种或然的关系,而是必然的关系。但应当注意的是,刑事责任的必然性并不意味着实际上必须承担刑事责任。刑事责任可能基于法定原因而消灭,也可能因犯罪行为没有被发现而得不到追究。强调刑事责任的必然性,对于预防犯罪具有重要意义。

第五,刑事责任具有强制性。刑事责任是犯罪人因其所实施的犯罪行为而向国家所负的责任。其中,国家是刑事责任的追究主体,而犯罪人是刑事责任的承担主体,国家与犯罪人之间表现为强制与被强制的关系。在刑事责任的实现过程中,集中表现为国家通过司法机关强制犯罪人承担刑事责任,与犯罪人之间没有商量的余地。而且,刑法的保障法地位决定了刑事责任的强制性程度远远高于民事法律责任和行政法律责任,这种强制性集中表现于刑事责任直接以国家强制力为其实现的保障力。

第六,刑事责任具有中介性。所谓刑事责任的中介性,是指刑事责任是犯罪与刑罚的中介。虽然刑罚是刑事责任的最主要的实现方式,而且人们往往在观念上在犯罪与刑罚之间建立了紧密联系,甚至有人认为刑法就是规定犯罪与刑罚的法律规范的总称,但犯罪并不直接产生刑罚。实际情况往往是,犯罪直接产生刑事责任,由刑事责任再产生刑法,刑事责任是犯罪与刑罚的中介,是通向犯罪与刑罚之间的一座桥梁。犯罪行为产生刑事责任,而刑事责任为确定刑罚提供根据。刑事责任是刑罚的前提,没有刑事责任就绝不能适用刑罚;刑事责任的轻重决定刑罚的轻重,刑罚的程度应当与刑事责任的程度相适应。

第七,刑事责任具有专属性。所谓刑事责任的专属性,即刑事责任只能由犯罪者本人来承担,不得转嫁给他人,也不得由他人代为承担;即使犯罪者本人无法承担刑事责任,司法机关也不得将该刑事责任强加于他人,他人也不能主动代犯罪者承担刑事责任。实行株连、殃及无辜,是奴隶制刑法和封建制刑法的重要特征。自资产阶级革命以来,个人责任原则在刑法中得以确立。据此,行为人只须对自己的罪行负责;没有实施犯罪的人,即使与犯罪人有这样或那样的关系,也不存在承担刑事责任的问题。

第八,刑事责任是回顾责任与展望责任的有机统一。回顾责任,亦称过去责任,是指犯罪人应当对已经发生的犯罪行为负责;展望责任,亦称将来责任,是指犯罪人应当对社会未来的安全负责，即不得再次实施犯罪行为危害社会。刑事责任是回顾责任与展望责任的有机统一。具体而言，首先，刑事责任要求对已经发生的犯罪行为作出否定评价，评价对象是已然的犯罪行为，评价结果是行为具有严重的社会危害性，因而是回顾性的；其次，刑事责任要求对犯罪人作出否定评价，其评价对象是实施了犯罪行为的行为人，评价的结果是犯罪人具有人身危险性，评价目的在于预防其将来犯罪，因而是展望性的。

三、刑事责任与犯罪、刑罚的关系

弄清刑事责任与犯罪、刑罚之间的关系，对于正确理解刑事责任的本质特征具有重要意义。对此问题，应当从刑事立法和刑事司法两个层面来分析。

从刑事立法层面来看，立法者往往以其刑事责任观来指导其犯罪观。立法者对那些其认为严重危害国家、社会或者个人利益且需要追究刑事责任的行为，按照确定刑事责任的要求宣布为犯罪，并规定一定的犯罪构成要件；而对于那些其认为危害性尚未达到追究刑事责任程度的危害行为，则不会规定为犯罪。与此同时，立法者也以其刑事责任观指导其刑罚观，并按照刑事责任的大小及其实现来分配刑罚，确立刑罚裁量制度和刑罚执行制度。可见，在刑事立法上刑事责任对犯罪和刑罚具有决定性。

从刑事司法层面来看，犯罪决定刑事责任和刑罚。司法实践中，行为人负刑事责任的前提是其行为符合了刑法规定的某一犯罪的犯罪构成。因而，刑事责任产生于犯罪，是犯罪所必然引起的法律后果。换言之，犯罪的成立与否决定着刑事责任的有无，刑事责任的程度取决于犯罪的危害程度。刑罚是刑事责任的基本内容和实现方式，但并非唯一的内容和实现方式。因而，只有确定刑事责任之后，才能确定是否应当判处刑罚。可见，司法实践中，犯罪的成立与否决定着是否负刑事责任，刑事责任的大小及其实现决定着是否判处刑罚、判处何种刑罚以及刑罚的执行方式。

第二节　刑事责任的根据

刑事责任的根据，从不同的角度具有不同的理解：就犯罪人的角度而言，刑事责任是承担刑事责任的根据，所要回答的是犯罪人基于何种理由承担刑事责任的问题;就国家的角度而言,刑事责任是追究刑事责任的根据,所要回答的是国家基于何种理由要求犯罪人承担刑事责任的问题。国家是追究刑事责任的主体,犯罪人是承担刑事责任的主体,二者之间存在追究与被追究的关系。因而,从国家与犯罪人的不同角度可以对刑事责任进行不同的理解,但就刑事责任本身而言,承担刑事责任的根据与追究刑事责任的根据是完全一致的。一般而言,对刑事责任的根据可以从哲学、法律和事实三个层面来予以回答,相应地,刑事责任的根据就可以分为哲学根据、法律根据和事实根据。

一、刑事责任的哲学根据

从哲学上考察刑事责任的根据时,所涉及的核心问题是意志自由问题。在大陆法系国家刑法理论中,刑法学旧派(刑事古典学派)和新派(刑事实证学派)关于刑事责任的根据问题主要是围绕意志自由问题而展开的。旧派主张道义责任论,认为人都是有理性的,是自由意志的主体。凡达到一定年龄的人,除精神不健全者外,都具有根据理性而行动的自由。绝对理性要求行为人从善避恶。如果行为人基于自由意志而决定实施违反道德义务的犯罪行为,就应该受到道义的非难并承担刑事责任。换言之,人是理性的动物,犯罪人也能够基于意志自由而选择不实施犯罪,但他却选择了犯罪,这便意味着犯罪人在选择犯罪时也自由地选择了作为犯罪之必然结果的刑事处罚。所以处罚犯罪人,正是尊敬犯罪人是理性的存在。显然,旧派受“非决定”的唯心主义哲学的影响,认为意志自由是绝对的、不受任何限制和制约的。

新派主张社会责任论,认为人的意志和行为受人的自然本性和社会环境的内外因素决定,因而人的意志并不自由。如菲利指出:“古典派犯罪学和一般公民均认为犯罪含有道德上的罪过,因为犯罪者背弃道德正规而走上犯罪歧途均为个人自由意志所选择,因此应该以相应的刑罚对其进行制裁,这是迄今为止最流行的犯罪观念。人的自由意志观念(因果关系是其中唯一一个不可思议的因素)引出一个假定,即一个人可以在善恶之间自由选择。但是,当用现代实证研究方法武装起来的近代心理学否认了意志自由的存在,并证明人的任何行为均系人格与人所处的环境相互作用的结果时,你还怎样相信自由意志的存在呢?”[7]可见,新

〔7〕[意]菲利:《实证派犯罪学》,郭建安译,183—184页,北京,中国人民公安大学出版社,2004。

派受实证主义哲学影响，认为刑事责任的根据不可能存在于所谓意志自由中，而存在于各种社会因素及个人因素中；处罚犯罪人，不是基于犯罪人自由地选择了犯罪，而是基于防卫社会的需要。

辩证唯物主义认为，物质条件制约着人的行为，但不可能决定一个人只能实施此种行为而不能实施彼种行为。换言之，在究竟实施何种行为的问题上，人在一定限度内具有选择的自由，即具有相对的意志自由。对此，恩格斯指出："自由不在于幻想中摆脱自然规律而独立，而在于认识这些规律，从而能够有计划地使自然规律为一定的目的服务……因此，意志自由只是借助于对事物的认识来作出决定的能力。"这种相对的意志自由使得国家能够要求人们按照一定的社会标准来选择和决定自己的行为，并且依据人们所选择、决定的行为是否符合该社会标准而给予肯定或否定评价。立法机关将应追究刑事责任的危害社会的行为规定为犯罪，便意味着社会成员不得选择实施犯罪行为。在行为人本应选择合法行为而选择了犯罪行为的情况下，国家就应当追究行为人的刑事责任。当然，在行为人根本无法选择合法行为而只能选择犯罪行为的情况下，国家则不能追究行为人的行为责任。因而，追究行为人刑事责任或行为人负刑事责任的哲学根据，就在于行为人实施犯罪行为时具有相对的意志自由。

二、刑事责任的法律根据

关于刑事责任的法律根据，立法实践及刑法理论上有不同看法。1958 年《苏联和各加盟共和国刑事立法纲要》第 3 条在"刑事责任的根据"这一标题下规定，只有犯罪的人，也就是故意地或过失地实施刑事法律规定的危害社会行为的人，才负刑事责任，并受到刑罚。〔8〕 一般认为，根据该条的规定，刑事责任的法律根据是犯罪构成。但也有人提出了不同意见，如有人主张罪过是刑事责任的根据；有人认为犯罪行为是刑事责任的根据。〔9〕 在我国，也有人否定犯罪构成是刑事

〔8〕《苏联和各加盟共和国立法纲要汇编》，中国人民大学苏联东欧研究所编译，277—278 页，北京，法律出版社，1982。

〔9〕 参见[苏联]皮昂特科夫斯基等：《苏联刑法科学史》，曹子丹等译，48—49 页，北京，法律出版社，1984。

责任的根据或基础,提出只有犯罪行为才是刑事责任的根据或唯一基础的观点,[10]或者提出罪过是犯罪人承担刑事责任的根据的主张。[11]

本书认为,罪过只是从主观方面影响刑事责任的因素,因而只能是刑事责任的主观根据。如果把罪过作为刑事责任的根据的全部,就会导致主观归罪。至于说犯罪行为是刑事责任的根据,这与犯罪构成是刑事责任之根据的通行观点实质上是一致的。因为犯罪构成与犯罪行为是统一、并行不悖的。说一个人实施了犯罪行为,也就是指他的行为具备了刑法所规定的某种犯罪的构成要件。换言之,犯罪构成是一定危害行为的犯罪构成,犯罪行为是符合具体犯罪构成的犯罪行为。因而,不能把犯罪构成与犯罪行为相对立,不能用其中的一个去否定另一个。既然上述两种说法实质上一样,那为什么又以犯罪构成是刑事责任根据的观点为通行主张呢?这是因为犯罪行为一词还可以理解为犯罪客观要件中的危害行为,如果采用"犯罪行为是刑事责任的根据"的表述,就容易引起误解。

那么,犯罪构成是刑事责任的唯一根据的观点是否完全正确无误?本书认为,"唯一根据"的表述有不尽准确和完善之处。我们知道,刑事责任是质与量的统一,确定刑事责任首先要解决刑事责任的质的问题,即刑事责任是否存在;其次还要解决刑事责任的量的问题,即刑事责任的大小。犯罪构成是犯罪概念的具体化,是犯罪基本属性的法律表现。立法者通过设置一个个具体的犯罪构成,使具有严重社会危害性的犯罪行为具体化、特定化,犯罪概念的三个基本属性由此在犯罪构成中得以充分体现。但刑法规定的犯罪构成只是解决了刑事责任的存否问题,而并没有完全解决刑事责任的程度问题。因为决定刑事责任程度的法律根据除了犯罪构成之外,还包括其他反映犯罪行为的社会危害性程度和人身危险性程度的法律规定。因此,准确地说,刑法所规定的犯罪构成既是决定刑事责任存在与否的唯一法律根据,又是决定刑事责任程度的主要法律根据。

三、刑事责任的事实根据

刑法规定的犯罪构成只是为追究行为人的刑事责任提供了法律根据,而要实

---

〔10〕 参见何秉松:《建立具有中国特色的犯罪构成理论新体系》,载《法学研究》,1986(1);张令杰:《论刑事责任》,载《法学研究》,1986(5);曲新久:《论刑事责任的根据》,载《河北法学》,1987(4)。

〔11〕 参见余淦才:《刑事责任理论试析》,载《法学研究》,1987(5);张智辉:《刑事责任通论》,147页,北京,警官教育出版社,1995。

际追究行为人的刑事责任，还必须存在一定的事实。而且，这种事实只能是符合犯罪构成的事实，因为只有这种事实才能够决定犯罪的成立。因而，决定刑事责任存否的唯一事实根据就是犯罪构成事实。但是，要解决刑事责任的事实根据问题，仅仅说明追究刑事责任的事实根据还不够。因为刑事责任是质与量的统一，将刑事责任的事实根据等同于追究刑事责任的事实根据，并没有为刑事责任的程度提供事实上的说明。因而，在说明决定刑事责任存否的事实根据之后，还应进一步说明决定刑事责任程度的事实根据。

关于刑事责任程度的事实根据，有学者指出，只有符合犯罪构成要件的犯罪行为以外的能说明犯罪的社会危害性的事实（如犯罪的手段、罪过的形式、犯罪人的一贯表现、被害人的情况、环境的影响等）才影响刑事责任的程度。[12] 这意味着符合犯罪构成的事实对刑事责任程度是没有影响的。本书认为，决定刑事责任大小的事实，首要的应当是符合犯罪构成的事实。立法者是以质量统一的刑事责任观为指导来确定犯罪构成要件的，因而符合犯罪构成要件的事实就包括反映犯罪构成的质与量两方面的事实。反映犯罪构成要件的事实，不但能够说明刑事责任的存在，而且能在很大程度上说明了刑事责任的程度。其次，除符合犯罪构成要件的事实以外，还存在一系列反映犯罪行为的社会危害性以及犯罪人的人身危险性因而影响刑事责任程度的事实。例如，犯罪手段、犯罪工具、时间地点、犯罪对象、犯罪所造成的损失大小等客观情况，犯罪动机、犯罪意志坚决程度等主观情况，犯罪人的一贯表现、有无犯罪前科、犯罪人的生理心理状况、犯罪人有无特定身份等主体方面的情况，以及犯罪人犯罪后是否逃跑、是否拒捕、坦白、自首、立功等情况，虽然不属于犯罪构成要件的事实，但无疑对刑事责任的程度产生着重要影响。

第三节　刑事责任的发展阶段

从行为人的行为构成犯罪之时起，行为人就应当承担刑事责任。然而，应当承担刑事责任并不等于实际上承担刑事责任。刑事责任从应然状态到实然状态，需要经历一个过程。这一过程包括三个阶段，即刑事责任的产生、确认和实现

〔12〕 参见吴宗宪：《试论我国刑法总论的完善》，载《法学与实践》，1987(3)。

阶段。

一、刑事责任的产生阶段

刑事责任的产生阶段始于行为成立犯罪之时,终于司法机关立案(开始追诉)之时。如果在法定的追诉期限内没有追诉,刑事责任就可能消灭,从而就不存在刑事责任的下一阶段。在司法机关立案之前,行为人可能出现自首或立功等情况,会影响刑事责任的程度,但这仍然属于刑事责任的产生阶段。

关于刑事责任的开始时间,在苏联学者之间大致有五种学说,即实施犯罪行为说、提起诉讼说、适用强制方法说、法院作出有罪判决说和执行刑罚说。〔13〕我国学者一般认为,刑事责任应从行为人实施犯罪行为时开始。理由是刑事责任伴随犯罪而产生,无犯罪则无刑事责任,有犯罪必有刑事责任。犯罪行为实施之后,不论是否发现这种犯罪,行为人的刑事责任即同时产生,并客观地存在着。司法机关追究刑事责任,只是使这种客观存在的刑事责任现实化的过程,并不是刑事责任产生的过程。也有学者主张把法院作出有罪判决的时间视为刑事责任的开始时间。理由是刑事责任是由犯罪引起的,没有已被依法确认的犯罪存在,就不能将行为人认定为犯罪人,也不能要求其承担刑事责任。如果认为犯罪人的刑事责任从犯罪行为实施之日就已开始,那么就等于在法院未作出审判结果之前就已经将行为人认定为犯罪人,司法机关就不需要收集证据,人民法院也无须进行审判,就可以要求犯罪人继续承担从犯罪行为实施之日时就已开始的刑事责任。〔14〕

本书认为,应当把刑事责任客观上的开始时间(应负刑事责任的开始时间)与追究行为人刑事责任的开始时间和行为人实际负刑事责任的开始时间严格区别开来。追究行为人刑事责任的开始时间,即刑事案件立案之时,实际上是对行为人实施犯罪之时就已客观存在的刑事责任加以确认的开始。在此,司法机关之所以能够对行为人追究刑事责任,就是因为刑事责任客观上已经存在;如果根本不存在刑事责任,司法机关追究行为人刑事责任的依据又是什么呢?行为人实际负刑事责任的开始时间,即人民法院的有罪判决确定之时。同理,如果认为刑事责任到这时才产生,那么,人民法院在作出有罪判决以前的根据又是什么呢?因而,

---

〔13〕 参见[苏联]巴格里-沙赫马托夫:《刑事责任与刑罚》,韦政强等译,57—67页,北京,法律出版社,1984。

〔14〕 参见刘德法:《论刑事责任的范围》,载《郑州大学学报(哲学社会科学版)》,1988(5)。

刑事责任的开始时间，只能是刑事责任客观上开始的时间。《刑法》第 17 条关于未成年人犯罪应当负刑事责任的规定、第 18 条关于间歇性精神病人精神正常时犯罪应当负刑事责任的规定以及醉酒的人犯罪应负刑事责任的规定，均表明刑事责任应从实施犯罪行为之时起开始。《刑法》第 89 条关于追诉期限从犯罪行为之日起计算的规定，从反面印证了这一点。所谓追诉时效，就是指对犯罪人追究刑事责任的有效期限，经过了一定的期限则原则上不再追诉。这说明实施犯罪后刑事责任就产生了；如果客观上不存在刑事责任，所谓的不再追诉也就无从谈起。

二、刑事责任的确认阶段

刑事责任的确认阶段从侦查机关立案时起，到审判机关的有罪判决生效时止。这一阶段的任务是：确认行为人是否实施了犯罪行为，应否负刑事责任，应负怎样的刑事责任以及如何实现刑事责任。因此，刑事责任的确认阶段是形成阶段的刑事责任转变为评价阶段的刑事责任的阶段。就公诉案件而言，这一阶段又可以分为立案、侦查、起诉、审判四个阶段；就自诉案件而言，只包括起诉和审判两个阶段。

三、刑事责任的实现阶段

刑事责任的实现阶段从人民法院作出有罪判决生效时起，到判决所确定的刑法或非刑罚处理方法执行完毕或赦免时止。刑事责任的实现阶段是刑事责任的最后阶段，也是刑事责任发展阶段的核心。刑事责任的产生和确认都是为了使刑事责任最终得以实现，因而刑事责任的实现阶段具有特别重要的意义。

在刑事责任的实现阶段，可能出现刑事责任变更的情况。所谓刑事责任的变更，是指在刑事责任的实现过程中，因出现法定事由，使原已确定的刑事责任在不改变性质的情况下所发生的变化。刑事责任的变更实质上是刑事责任程度的变更，具体表现为：(1)死刑缓期执行二年期满的减刑；(2)管制、拘役、有期徒刑、无期徒刑的减刑；(3)特赦；(4)由于遭遇不能抗拒的灾祸缴纳确实有困难时罚金的减免。

刑事责任的实现阶段与刑事责任的终结密切相关。关于刑事责任终结的含义，理论上主要存在两种不同观点。一种观点认为，刑事责任的终结包括两种情况：一是因刑事责任的实现而终结；二是因刑事责任的消灭而终结。另一种观点则认为,刑事责任的终结是指刑事责任的实现,而刑事责任的消灭是没有追究其刑事责任,二者的性质和效果完全不同,所以认为刑事责任的消灭也是刑事责任的终结,就意味着将两种不同性质、不同效果的情况混为一谈。[15] 本书认为,尽管刑事责任的消灭和刑事责任的实现在性质上并不一致,但这并不妨碍两者具有同样的效果。刑事责任既可以因其实现而终结,也可以因其消灭而终结。前者是实然刑事责任的终结,后者则是应然刑事责任的终结。换言之,犯罪在未过追诉时效期限时,犯罪人的刑事责任随时都处在可以追究的状态;而如果已过追诉时效期限,则刑事责任即归于消灭,不能再予以追究,这时犯罪人的刑事责任当然也已经终结。

刑事责任终结的时间因刑事责任实现或消灭的方式不同而有所区别。根据我国刑法的规定,应区分不同情况来分别确定刑事责任终结的时间:(1)对于伴随有刑罚的刑事责任来说,刑罚(包括主刑和附加刑)执行完毕或者赦免或者不再执行之时,就是刑事责任的终结。这是刑事责任终结最通常和最主要的情形。因为刑罚执行完毕、刑罚执行一段时期后赦免或者宣告缓刑并在缓刑考验期满后不再执行刑罚,就标志着行为人已经实际承担了刑事责任,此时应当视为刑事责任的终结。此外,对于战时被判处 3 年以下有期徒刑而宣告缓刑、允许戴罪立功的犯罪军人,如果确有立功表现,则从军事法院作出“撤销原判刑罚,不以犯罪论处”的裁定时起刑事责任即为终结。(2)对于仅有定罪而没有伴随刑罚(定罪免刑)的刑事责任而言,在人民法院免予刑事处罚的有罪判决发生法律效力之时,或者判决中的非刑罚处理方法实施完毕时,即为刑事责任的终结。(3)对于根本没有依照刑事诉讼程序追究刑事责任的犯罪(包括告诉才处理的犯罪而未告诉的,没有被发现的犯罪)和告诉才处理的犯罪告诉后又撤回告诉的,刑法所规定的追诉时效期满之时,即标志着刑事责任的终结。(4)犯罪人死亡的,不管是否已开始追究刑事责任,不管刑事责任是否已确定,也不管所判刑罚是否执行完毕,其死亡之时即为刑事责任终结之时。犯罪人的刑事责任一旦终结,除死亡者外,就重新成为享有正常权利和自由的公民。

---

〔15〕 参见赵秉志主编:《刑法争议问题研究》(上卷),586—587 页,郑州,河南人民出版社,1996。

第四节　刑事责任的解决方式

我国刑法根据刑事责任的程度不同规定了四种刑事责任的解决方式，即定罪判刑、定罪免刑、消灭处理和转移处理四种方式。司法机关在追究犯罪人的刑事责任时，应当根据法律的规定选择适宜的解决方式。

一、定罪判刑方式

定罪判刑方式，是指人民法院对犯罪人定罪并判处刑罚的刑事责任实现方式。刑事责任往往以刑罚为其法律后果和具体体现，因此对犯罪人适用刑罚也是最常见、最基本的一种刑事责任解决方式。这一方式使刑事责任通过对犯罪人适用的刑罚而得以具体化和客观化。我国刑法规定的刑罚包括主刑和附加刑。管制、拘役、有期徒刑、无期徒刑、死刑属于主刑；罚金、剥夺政治权利、没收财产以及驱逐出境属于附加刑。它们都从不同程度上表明了国家对犯罪行为的否定评价与对犯罪人的谴责。

二、定罪免刑方式

确定有罪而免除刑罚的适用，是解决行为人刑事责任的另一种方式，具体包括两种情况：一是定罪免刑，但判处非刑罚处理方法；二是单纯宣告有罪，即宣告有罪，但对犯罪人既不判处刑罚，也不判处非刑罚处理方法。《刑法》第 37 条规定：“对于犯罪情节轻微不需要判处刑罚的，可以免予刑事处罚，但是可以根据案件的不同情况，予以训诫或者责令具结悔过、赔礼道歉、赔偿损失，或者由主管部门予以行政处罚或者行政处分。”此即对非刑罚处理方法的规定。据此，对于犯罪情节轻微不需要判处刑罚的，可以作出免予刑事处罚，同时判处非刑罚处理方法的判决。《刑法》第 383 条第 1 款第 4 项规定：“个人贪污数额不满五千元，情节较重的，处二年以下有期徒刑或者拘役；情节较轻的，由所在单位或者上级主管部门酌情给予行政处分。”据此，对个人贪污数额不满 5 000 元，且情节较轻的，可以认定为贪污罪，但免予刑事处罚，同时判处给予行政处分。根据《刑法》第 10 条、第 19 条、第 20 条、第 21 条、第 22 条、第 24 条、第 28 条等条的规定，对具备某些条件或情况的犯罪人可以或应当免除处罚。据此，人民法院有权对符合法定条件的犯罪人作出单纯宣告有罪的判决。

需要指出的是,根据我国《刑事诉讼法》第 142 条的规定,对于犯罪情节轻微,依照刑法规定不需要判处刑罚或免除刑罚的,人民检察院可以作出不起诉决定。这里的不起诉决定是一种无罪处理决定,并非为了解决行为人的刑事责任。如果认为不起诉决定发生法律效力之时即为刑事责任的终结,那么就意味着不起诉决定仍然是一种有罪处理决定,这显然是不合理的。因而,不能将酌定不起诉与定罪免刑一样,也当作解决刑事责任的方式。另外,我国刑法所规定的刑罚和非刑罚处理方法之外的强制措施并不属于刑事责任的解决方式。如《刑法》第 17 条第 4 款所规定的对不予刑事处罚的不满 16 周岁的未成年人所采取的收容教养措施、第 64 条所规定的对犯罪物品的处理措施(追缴、责令退赔、没收违禁品和供犯罪所用的本人财物)均不得视为刑事责任的解决方式。

三、消灭处理方式

刑事责任的消灭处理,是指行为人的行为本来已构成犯罪,应负刑事责任,但是由于存在法律规定的实际阻却追究行为人刑事责任的事实,因而使刑事责任归于消灭。这也属于刑事责任的处理方式。根据我国刑法的规定,对于经特赦予以释放的犯罪人、已超过追诉时效期限的犯罪人、被宣告战时缓刑且确有立功表现的犯罪军人、告诉才处理的案件中被害人未提出告诉或撤回告诉的犯罪人以及已经死亡的犯罪人,其刑事责任均归于消灭。

四、转移处理方式

刑事责任的转移处理方式,只能对享有外交特权和豁免权的外国人适用。换言之,享有外交特权和豁免权的外国人,其刑事责任问题,依法不由中国司法机关解决,而通过外交途径解决。

本章小结

在我国,“刑事责任”一词通常是在法律后果意义上使用的,即刑事责任是犯罪的法律后果,刑事责任不是指犯罪成立的条件。所谓刑事责任,是指犯罪人因其犯罪行为而依法向国家承担的、由代表国家的司法机关依法确认的以刑罚、非刑罚处理方法及单纯宣告有罪为内容的法律责任。刑事责任具有内容的特定性、严厉性、法定刑、必然性、强制性、中介性、专属性、回顾责任与展望责任相统一性等特点。从刑事立法层面来看，立法者往往以其刑事责任观来指导其犯罪观；从刑事司法层面来看，犯罪决定刑事责任和刑罚。

刑事责任的根据就可以分为哲学根据、法律根据和事实根据。刑事责任的哲学根据在于行为人实施犯罪行为时具有相对的意志自由；刑事责任的法律根据在于刑法所规定的犯罪构成；刑事责任的事实根据在于犯罪构成事实。

刑事责任的发展阶段包括刑事责任的产生、确认和实现三个阶段。刑事责任的产生阶段始于行为成立犯罪之时，终于司法机关立案（开始追诉）之时；刑事责任的确认阶段从侦查机关立案时起，到审判机关的有罪判决生效时止；刑事责任的实现阶段从人民法院作出有罪判决生效时起，到判决所确定的刑法或非刑罚处埋方法执行完毕或赦免时止。

我国刑法根据刑事责任的程度不同规定了定罪判刑、定罪免刑、消灭处理和转移处理四种方式。定罪判刑方式，是指人民法院对犯罪人定罪并判处刑罚的刑事责任实现方式。定罪免刑方式包括两种情况：一种定罪免刑，但判处非刑罚处理方法；二是单纯宣告有罪，即宣告有罪，但对犯罪人既不判处刑罚，也不判处非刑罚处理方法。消灭处理方式，是指行为人的行为本来已构成犯罪，应负刑事责任，但是由于存在法律规定的实际阻却追究行为人刑事责任的事实，因而使刑事责任归于消灭。转移处理方式，是指对享有外交特权和豁免权的外国人的刑事责任通过外交途径解决。

习　题

1. 如何理解刑事责任的概念及其特征？
2. 如何理解刑事责任与犯罪、刑罚的关系？
3. 如何理解刑事责任的根据？
4. 刑事责任有哪些解决方式？

第十六章　刑罚概述

【本章导读】

刑罚是国家审判机关依照刑事法律对犯罪人科处的以限制或者剥夺其一定权益为内容的强制性制裁措施。刑罚在适用依据、适用对象、严厉程度和法律后果等方面与其他法律制裁措施都存在着明显的不同。对于刑罚的根据，存在报应主义、功利主义和折中主义三种理论。刑罚的目的包括特殊预防和一般预防两个方面。刑罚的目的不仅制约着刑罚的制定、适用和执行的全过程，而且从根本上决定着刑罚的性质、内容及功能。根据刑罚作用的对象不同，刑罚的功能分为对犯罪人的功能、对被害人的功能和对社会一般成员的功能。

【学习重点】

- 刑罚的特征
- 刑罚的根据
- 刑罚的目的
- 刑罚的功能

第一节　刑罚与刑罚权

一、刑罚的概念和特征

刑罚是国家审判机关依照刑事法律对犯罪人科处的以限制或者剥夺一定权益为内容的强制性制裁措施。刑罚同犯罪一样，也是社会发展到一定历史阶段的产物；刑罚的产生离不开一定的社会物质生活条件。统治阶级为了维护国家和社会的存在，在建立自己的政权之后都要建立起适应本阶级需要的刑罚体系。综观不同国家刑法的规定，刑罚在本质上具有以下三个基本特征。

首先，从性质和内容上看，刑罚具有痛苦性。使犯罪人承受一定的痛苦，是刑罚的惩罚性质，也是刑罚的本质属性。我国一贯遵行惩罚与教育相结合的方针，不采取那些残酷、野蛮的刑罚方法来摧残、折磨犯罪人。事实上，刑罚的宽和、人道和轻缓化是其发展趋势。但不可否认，刑罚作为国家对犯罪行为的否定评价与对犯罪人的谴责，当然地要给犯罪人带来身体的、精神的或财产的剥夺性痛苦。这种痛苦相对于其他法律制裁措施而言，其程度上更具严厉性。因为刑罚不仅可以剥夺犯罪人的政治权利和财产权利，而且可以限制或剥夺犯罪人的人身自由，甚至可以剥夺犯罪人的生命。

其次，从适用程序和依据上看，刑罚具有合法性。刑罚的适用主体只能是审判机关，其他任何机关均无权适用。审判机关也不能随心所欲地适用刑罚，必须符合法律的规定，主要是指符合刑法和刑事诉讼法的规定。换言之，审判机关适用刑罚时必须以刑法的规定为依据，并遵循刑事诉讼法规定的讼诉程序。同时，刑罚只能由法定的执行主体按照法律的规定来执行。根据我国刑法和刑事诉讼法的规定，死刑立即执行、罚金和没收财产由人民法院执行；有期徒刑、无期徒刑和死刑缓期二年执行由监狱或其他劳动改造场所执行；管制、拘役和剥夺政治权利由公安机关执行。除了以上机关之外，其他任何单位或个人都无权执行刑罚。

最后，从适用对象上看，刑罚具有特定性。没有犯罪就没有刑罚，刑罚是犯罪的法律后果，是对犯罪人的犯罪行为的否定评价和对犯罪人的道义谴责。因而，刑罚处罚的对象只能是实施了犯罪行为的犯罪人，包括自然人和单位。犯罪人既是犯罪行为的实施者，也是刑罚的物质承担者。

二、刑罚权

（一）刑罚权的概念

与刑罚的概念密切联系的是刑罚权的概念。对于刑罚权的概念，我国刑法学界主要存在国家主权说与国家统治权说两种观点。提倡国家主权说的学者指出，刑罚权是基于犯罪行为对犯罪人实行刑罚惩罚的国家权能，是国家主权的组成部分，其内容表现为国家对犯罪人实行刑罚惩罚。[1] 还有学者指出，刑罚权是说国家基于独立主权对犯罪人实行刑事制裁的权利，是国家权力的外在表现形式之一，是一种国家权力。[2] 持国家统治权说的学者认为，刑罚权是国家基于统治权

---

〔1〕 张明楷：《刑法学》，392页，北京，法律出版社，2007。

〔2〕 樊凤林主编：《刑罚通论》，31页，北京，中国政法大学出版社，1993。

依法对实施犯罪行为的人实行刑罚惩罚的权力。〔3〕还有学者认为,刑罚权是指创制和运用刑罚的权力。刑罚权是国家统治阶级垄断的统治权的重要组成部分,它包括制刑权和运用刑罚的权力。〔4〕

刑罚权作为公权力,是国家公权力的组成部分。国家公权力是国家凭借其所能控制和支配的公共资源和价值,单方面确认和改变社会关系,控制和支配公民、法人或者其他社会组织的财产或人身的能力。虽然国家公权力具有强制性和支配性,但按照现代法律观念,国家公权力显然源于人民,国家应当在民众让渡的范围内行使公权力,公权力应当受到公民权利的制约。因而,根据"主权在民"的观念,从国家主权的角度来解释刑罚权是比较合适的。本书认为,刑罚权是国家基于主权依法对实施犯罪行为的人实行刑罚制裁的权力。

(二)刑罚权的内容

刑罚权是国家对犯罪人实施刑事制裁的权力。从国家运用刑罚的一般逻辑顺序来看,刑罚权包括制刑权、求刑权、量刑权和行刑权四个方面的内容。

1. 制刑权

制刑权是指国家立法机关通过刑事立法制定或修改刑罚的权力。刑罚是非常严厉的处罚措施,为了使国民明确自己行为的后果,刑罚必须明确。因此,刑罚的体系、运用刑罚的一些基本法律制度等必须以法条的形式加以规定。然而,刑罚应当适应社会的发展,因此立法机关应当适时对刑罚的内容加以修改、补充或废除。相应地,制刑权的内容就包括刑罚的制定、修改和废除的权力。

2. 求刑权

求刑权是国家公诉机关请求对犯罪人施以刑罚处罚的权力。在现代法治国家,求刑权由检察机关来行使。在多数情况下,求刑权表现为公诉的形式,即由国家检察机关向审判机关控诉犯罪;但在少数情况下,求刑权也表现为自诉的形式,即由个人向审判机关提起诉讼。

3. 量刑权

量刑权是国家审判机关根据求刑决定是否对犯罪人判处刑罚以及判处何种刑罚的权力。量刑权是在认定有罪的基础上进行的,如果被告人的行为不构成犯

---

〔3〕 马克昌主编:《刑罚通论》,16页,武汉,武汉大学出版社,2006。

〔4〕 何秉松主编:《刑罚教科书》,453页,北京,中国法制出版社,1997。

罪，则不发生量刑权的问题。

4. 行刑权

行刑权是刑罚执行机关对犯罪人执行审判机关所判处的刑罚的权力。行刑权的依据是法院的判决，没有法院的判决，或者法院的判决没有生效，或者法院的判决没有判处刑罚，则不产生行刑权的问题。

上述制刑权、求刑权、量刑权和行刑权不是孤立存在的，而是一个有机的整体，它们共同构成国家刑罚权的完整内容。

三、刑罚与其他法律制裁方法的区别

刑罚作为惩治犯罪的手段，与民事制裁、行政制裁及经济制裁等法律制裁方法之间存在明显的差异，具体表现在以下几个方面。

首先，适用的法律依据不同。对犯罪人适用刑罚的法律依据是刑法，对民事违法者适用民事责任的依据是民事法律，对行政违法者适用行政处罚的法律依据是行政法。

其次，适用的对象不同。刑罚只能适用于实施犯罪行为的人，其他法律制裁方法则分别适用于违反民事、经济、行政等法律规范，但尚未达到犯罪程度的违法者。

再次，严厉程度不同。与其他法律制裁相比，刑罚无疑是最为严厉的。刑法不仅可以剥夺犯罪人的财产权利和政治权利，而且可以限制或剥夺犯罪人的人身自由，甚至可以剥夺犯罪人的生命。其他法律制裁则绝对排除对生命权的剥夺，一般也不涉及对自由的剥夺；即使有时候会采取剥夺自由的制裁，其期限也相对较短，与刑罚的自由刑在整体上不具有可比性。

最后，法律后果不同。从最终接受处罚的法律后果来看，受到刑罚处罚的人，在法律上和事实上被视为有前科的人。根据相关法律的规定，某些受过刑罚处罚的人，在一定期限内他的某些权利要受到一定的限制。刑罚所具有的这些法律后果，是其他法律制裁所不具有的。

第二节　刑罚的根据

刑罚的根据，即刑罚的正当性理由。刑罚的根据在刑罚理论中占有非常重要的地位，对其他刑罚问题的研究具有决定性意义。关于刑罚的根据，刑法理论上

存在报应主义、功利主义和折中主义之争。

一、报应主义刑罚根据论

报应主义,又称为绝对理论、正义理论,认为刑罚的根据就在于报应犯罪行为的恶害,给犯罪人以惩罚,以其痛苦来均衡犯罪人的罪责,从而实现正义的理念。根据报应根据的不同,可以把报应主义划分为三种理论形态,即神意报应、道义报应和法律报应。

(一) 神意报应

神意报应认为,神是正义的象征,神意就是正义,犯罪是违反神意,应当受到神的惩罚。国家是神的代理者,神授予国家以刑罚权,国家对犯罪的刑罚是根据代表正义的神意而实施的报应。西欧中世纪时,神意报应论逐渐系统化和理论化。神意报应说的代表人物是德国学者斯塔尔。

(二) 道义报应

道义报应认为,社会的道德观念是正义的所在,犯罪是违反道德的行为,刑罚是根据道德观念对犯罪的报应,所以刑罚应当与犯罪人所为的罪恶相适应。道义报应论的代表人物是德国哲学家康德,其道义报应思想中的刑罚报应是一种“等害报应”。按照康德的说法,刑罚只有与犯罪在损害形态上相等,才能体现平等原则。

(三) 法律报应

法律报应认为,正义的根据在于法律,犯罪是违反法律的行为,刑罚是对犯罪的法律报应,是理性上的当然要求。德国哲学家黑格尔是法律报应说的代表人物,其法律报应论思想中的刑罚报应是一种“等价报应”。黑格尔认为,“报复是对侵害的侵害,又按定在说,犯罪具有在质和量上的一定范围,从而犯罪的否定,作为定在,也是同样具有在质和量上的一定范围。但是,这一基于概念的同一性,不是侵害行为特种性状的等同,而是侵害行为自在地存在的情状的等同,即价值的等同。”〔5〕

〔5〕 [德]黑格尔:《法哲学原理》,范扬、张企泰译,104页,北京,商务印书馆,1961。

二、功利主义刑罚根据论

功利主义的核心在于“趋乐避苦”，或者说“最大多数人的最大幸福”。真正把功利主义与刑法联系起来的人是意大利学者贝卡利亚，后来由因果学者边沁提出了完整的功利主义刑法理论。功利主义刑罚根据论认为，刑罚本身是一种恶，同时又是一种必要的罪恶，旨在保证最大多数人的最大幸福，具有预防更大“恶害”的功能。以功利主义为基础的刑罚根据论，具体包括威慑理论、剥夺理论和矫正理论。

（一）威慑理论

威慑理论主张通过刑罚的威吓来阻止犯罪，分为一般威慑和特别威慑。贝卡利亚、边沁、费尔巴哈都阐述过刑罚的威慑功能。贝卡利亚认为，“刑罚的目的不是在肉体上摧毁罪犯，也不是消除已经犯下的罪行，刑罚的目的仅仅在于阻止罪犯重新犯罪，并规诫其他人不要重蹈覆辙。”〔6〕同时，他还认为，对其他人的威慑是刑罚的政治目的。〔7〕贝卡利亚的这些阐述明显包含一般威慑和特别威慑思想。后来，边沁通过“苦乐估算”原理，费尔巴哈通过心理强制理论，对刑罚的威慑理论做了进一步的阐释。

（二）剥夺理论

剥夺理论主张通过对犯罪人适用一定的刑罚，使之永久或在一定期间内丧失再犯能力。这一理论最早由意大利学者龙勃罗梭提出。龙勃罗梭对威慑理论进行了批评，并根据实证研究，提出了“天生犯罪人”思想。龙勃罗梭主张对不同的犯罪人采取不同的措施：对尚未犯罪但有犯罪倾向的人实行保安处分，即预先使之与社会相隔离；对于具有犯罪生理特征者予以生理矫治，即通过医疗措施来消除犯罪的动因；将危险性很大的人流放荒岛、终身监禁乃至处死。〔8〕

（三）矫正理论

矫正理论，又称为复归社会理论，强调对犯罪人再教育、再社会化，使之成为对社会无害的人。矫正的思想自古有之，但成熟的矫正理论是近代才产生的，其代表人物是意大利学者菲利和德国刑法学家李斯特。菲利认为，犯罪的原因包括

---

〔6〕［意］贝卡利亚：《论犯罪与刑罚》，黄风译，42页，北京，中国大百科全书出版社，1993。

〔7〕同上注，31页。

〔8〕参见陈兴良：《刑法的启蒙》，222页，北京，法律出版社，2007。

人类学因素、自然因素、社会因素三个方面,大部分犯罪都是可以预防和控制的,对不同的犯罪人应采取不同的矫正方法。菲利把犯罪人分成五类,主张根据其特点进行相应的矫正,直至其适应社会正常生活、回归社会。李斯特的理论与菲利的矫正理论一脉相通。李斯特指出:“刑罚的另一个目的在于改造和教育犯人,消除其危险性,使之重返一般市民生活之中。”〔9〕

三、折中主义刑罚根据论

折中主义,又称一体论、综合论,认为报应与功利都是刑罚存在的理由,刑罚的根据既在于报应也在于功利。尽管折中主义的观点表现为一种对报应与功利的折中和调和,但由于对报应与功利的关系认识的不同,折中主义也分为不同的学说。以美国学者帕克为代表的折中主义认为,对传统犯罪的处罚是出于道义报应的考虑,而对法定犯等犯罪的处罚则只能从功利角度寻求根据。以美国学者赫希为代表的折中主义认为,刑罚的痛苦性以功利为根据,而刑罚的谴责性则以报应为目标。以英国学者哈特为代表的折中主义认为,刑罚的目的应视刑事活动的阶段性而定,在立法阶段是一般预防,在审判阶段是报应,在行刑阶段则是特殊预防。以日本学者福田平为代表的折中主义认为,刑罚在刑法中的存在是出于报应的需要,对犯人执行刑罚是为了个别预防,而审判中运用刑罚是基于对报应的共同需要。〔10〕显然,折中主义可以避免单纯的报应主义或功利主义的片面性,但折中主义仍然没有彻底解决报应与功利的协调统一问题。

第三节　刑罚的目的

所谓刑罚的目的,是指国家运用刑罚所要达到的目标,它是国家制定、适用和执行刑罚的根本出发点。一般认为,刑罚的目的包括特殊预防与一般预防。

一、特殊预防

特殊预防,是指通过对犯罪人适用和执行刑罚,惩罚和改造犯罪人,预防其再

〔9〕马克昌主编:《近代西方刑法学说史略》,217页,北京,中国检察出版社,2004。

〔10〕陈兴良、周光权:《超越报应主义与功利主义:忠诚理论——对刑法正当根据的追问》,载《北大法律评论》,1998(1)。

次实施犯罪。特殊预防将实施了犯罪并已接受刑罚宣告的行为人作为刑罚预防的唯一对象，将惩罚和改造作为预防的根本措施。

首先，通过惩罚使犯罪分子不敢犯罪。在大多数情况下，行为人希望通过实施犯罪行为，满足自己物质上或者精神上的某种需要，此即犯罪欲望。一般而言，犯罪的成本越小，收益越大，犯罪欲望就越强；相反，犯罪的成本越大，收益越少，犯罪欲望就越弱。刑罚就是通过惩罚来抑制犯罪分子的犯罪欲望的，因为惩罚会给犯罪分子带来痛苦，对于犯罪分子而言，这种痛苦就是犯罪的成本之一。一般而言，当刑罚所带来的痛苦相当或大于犯罪行为给犯罪分子所带来的快乐时，犯罪分子在生理上和精神上就会产生畏惧心理，从而抑制犯罪欲望，不敢再实施犯罪。

其次，通过改造使犯罪分子不愿意犯罪。刑罚是一种剥夺性痛苦。如果仅仅通过刑罚的惩罚性来遏制犯罪，只能起到暂时的作用，而不能从根本上解决问题。而且，一味地惩罚，甚至还可能使犯罪分子产生消极抵触情绪和对抗性行为。因而，应当在惩罚威慑以造成犯罪分子痛苦体验和畏惧心理的同时，对其进行改造。针对犯罪分子的心理态度、人格特征和犯罪的具体原因，采取个别化的矫正措施，使他们从被迫接受改造转向自觉进行改造。如此，既能从功利上遏制犯罪欲望，又能从思想源头上彻底消除犯罪意识，使犯罪分子不愿意再犯罪。

最后，通过限制剥夺使犯罪分子不能犯罪。通过剥夺犯罪人的人身自由，使其终身或在一定时期内与社会隔离，因而不可能实施犯罪行为；通过限制犯罪人的人身自由，使其在一定期间内难以实施犯罪行为；通过剥夺犯罪人的财产，使其在一定时期内丧失重新犯罪的物质条件；通过剥夺犯罪分子的某种权利，使其不能利用这些权利再次犯罪；通过对罪行极其严重的犯罪人适用死刑，永远剥夺其重新犯罪的能力。

二、一般预防

一般预防是通过制定、适用和执行刑罚，预防尚未犯罪的人实施犯罪。一般预防的对象是尚未犯罪的人，具体包括：(1)危险分子，也就是具有犯罪危险的人。如尚未得到有效改造的刑满释放人员、多次实施违法行为的人员、多次受到刑罚处罚的人员等。这些人具有较大的人身危险性，是一般预防的重点。(2)不稳定分子,即容易犯罪的人。这主要是指法制观念淡薄,自制力不强,容易受到犯罪诱惑的人。(3)被害人,直接或间接受到犯罪侵害的人。一般而言,被害人对犯罪人都具有报复的情感,如果这种情感得不到及时排解和疏导,被害人就可能转化为犯罪人,从而导致新的犯罪的发生。(4)其他社会成员,即除了前三种人员之外的广大公民。

对于不同的预防对象,一般预防的方式也是不同的,主要表现为以下几种方式:(1)通过适用和执行刑罚,威慑社会上的危险分子和不稳定分子,抑制他们的犯罪欲望,使其不敢实施犯罪行为。(2)通过适用和执行刑罚,表明国家对犯罪的否定性态度,抚慰被害人受损害的情感,防止被害人对犯罪人进行报复。(3)通过适用和执行刑罚,提高广大公民的法制观念,鼓励他们与犯罪做斗争。

三、特殊预防和一般预防的关系

特殊预防和一般预防是刑罚目的的两个方面,二者之间存在对立统一关系。二者的统一性表现在:(1)二者都是为了保护合法利益和维护社会秩序而存在的。对任何一个犯罪人适用和执行刑罚,都包含着特殊预防和一般预防的内容。无论是刑罚的制定、适用还是执行,都必须兼顾特殊预防和一般预防的目的。只提倡特殊预防或者只宣扬一般预防,都会带来不良的社会效应。(2)二者的实现是同步的,在作用上是互补的。特殊预防目的的实现,有利于一般预防的实现;同样,一般预防的实现,也有助于特殊预防的实现。

二者的对立性表现为:其一,在具体个案的处理中,二者之间会出现矛盾。特殊预防的对象是犯罪人,而一般预防的对象是尚未犯罪的人。这种差异性有时会导致两种预防在具体个案处理中发生矛盾,即有时候根据特殊预防的需要无须对犯罪人予以重判,而根据一般预防的需要则有重判的必要(如激情犯、过失犯及法盲犯等情况),或者相反(如累犯、再犯及惯犯等情况)。其二,在刑罚的运行过程中,二者的侧重点有所不同。在刑罚制定、适用、执行的实际过程中,在兼顾特殊预防与一般预防的前提下,不得不对某一方面有所侧重。具体来说,在刑事立法阶段,以一般预防为主,特殊预防为辅;在刑事审判阶段,特殊预防与一般预防并重;在刑罚执行阶段,以特殊预防为主,一般预防为辅。

第四节　刑罚的功能

一、刑罚功能的概念

刑罚的功能，是指国家制定、适用、执行刑罚对社会成员所可能发生的积极作用。刑罚功能是刑罚属性在其运行过程中的外在表现，是从动态上对刑罚制度的考察。

首先，刑罚的功能是刑罚对所有社会成员产生的作用。刑罚的作用对象是整个社会的成员，不仅对犯罪人发生作用，而且对犯罪人之外的受害人及其他社会成员都要发生作用。因而，只有从整个社会的角度来考察刑罚的功能，才能对刑罚的功能有全面的认识，才能对刑罚功能作出正确的评价。

其次，刑罚的功能是刑罚对社会成员所产生的积极作用。刑罚的运行既会产生积极的社会作用，也会产生消极的社会作用。刑罚消极作用的产生，有刑罚本身的问题，也有刑罚运行条件方面的问题，不能因为刑罚具有消极作用就否定刑罚。在当今社会，刑罚对社会的积极作用仍然是其他手段无法代替的。对刑罚功能的研究，就是为了更好地发挥刑罚的积极作用。

再次，刑罚的功能是刑罚对社会成员可能产生的积极作用。刑罚功能的发挥只是一种现实可能，与刑罚的实际效果之间是有区别的。刑罚的功能并不一定完全能转化为现实。例如，刑罚虽然具有改造功能，但有的犯罪人受到刑事处罚之后因为某种原因并没有得到改造，在刑满释放之后仍然继续实施犯罪。当然，这种可能性也并不是人们的主观臆断，而是有其存在的客观依据。如果客观上不存在刑罚发生积极作用的可能性，自然就谈不上刑罚的功能。

最后，刑罚的功能是制定、适用和执行刑罚可能产生的积极作用。刑罚功能的充分发挥，依赖于刑事法律活动的完成。因此，对刑罚功能的考察不能取决于刑罚运行的某一个阶段，而应从刑罚运行的整个过程来分析判断。国家制定刑罚，对某种犯罪规定一定的法定刑，会使国民知道实施某种犯罪行为的刑罚后果，从而使国民在心理上产生影响。审判机关对犯罪人判处刑罚，执行机关对犯罪人执行刑罚，对犯罪人和其他社会成员均会产生一定的作用。在这个意义上，刑罚的功能是刑罚运行全过程的功能。

二、刑罚功能的内容

刑法理论一般认为,根据刑罚作用的对象不同,刑罚功能的内容包括对犯罪人的功能、对被害人的功能和对社会一般成员的功能。

(一) 对犯罪人的功能

刑罚对犯罪人的功能主要包括以下几个方面。

1. 威慑功能

刑罚的本质属性是惩罚,它以剥夺犯罪人一定的权益为主要内容,体现了国家对犯罪人的否定性评价。刑罚也是一种最严厉的制裁方法,对犯罪人适用刑罚,必然会使其生理上和精神上感受到相当的痛苦;犯罪人的这种痛苦经历会抑制其重新犯罪的欲望。

2. 剥夺限制功能

刑罚通过剥夺或限制犯罪人的某种权益,使犯罪人无法实施犯罪行为。不同的刑罚方法所具有的剥夺限制功能不同。死刑剥夺犯罪人的生命,使其永远不可能再危害社会;无期徒刑、有期徒刑和拘役剥夺犯罪人的人身自由,使其在一定时期内不能危害社会;管制将犯罪人置于公安机关和公众的监督之下,使其不敢轻易犯罪;罚金和没收财产剥夺犯罪人的财产,使其丧失犯罪的物质条件;剥夺政治权利使犯罪人丧失以前所享有的某种权利,防止其再次利用这些权利进行犯罪。刑罚的剥夺限制功能是实现刑罚特殊预防目的的必要前提。

3. 改造功能

改造功能,又称回归功能、矫正功能,主要是自由刑的功能。当前,我国通过两种方式来实现刑罚的改造功能:一是劳动改造,即通过使罪犯参加劳动,在劳动中矫正罪犯的恶习,逐渐使其养成劳动的习惯;而且,通过劳动,也可以使罪犯学会一定的生产技能,获得一定的谋生手段,为回归社会创造良好条件。二是教育改造,即通过对罪犯开展思想教育、文化教育和职业技术教育,使其认罪服法,悔罪自新,养成守法习惯,培养良好的世界观和人生观,从而将其改造成遵纪守法、自食其力的合格公民。

(二) 对被害人的功能

刑罚对被害人的功能主要体现为安抚功能。安抚功能,是指国家通过对犯罪人适用和执行刑罚,能够在一定程度上满足受害人及其家属要求惩罚犯罪的情绪，可以平息或缓和犯罪给被害人及其家属所造成的激愤情绪，使他们在精神上得到安抚。一般而言，犯罪行为的实施，不仅侵害了被害人的人身、财产或名誉，而且还会破坏被害人的心理平衡，使其感觉到痛苦、恐惧或仇恨，被害人会产生强烈的对犯罪人进行惩罚的情绪。如果国家不及时依法使犯罪人受到惩罚，受害人就会感到失望和沮丧，进而可能会动用私力对犯罪人进行报复；如果国家对犯罪分子进行必要的惩罚，则能使被害人感到法律在保护自己的合法权益。

(三) 对社会一般成员的功能

刑罚对社会成员的功能主要表现为威慑功能、教育功能和鼓励功能。

1. 威慑功能

威慑功能，是指刑法所具有的使潜在的犯罪人因恐惧刑罚的制裁而不敢实施犯罪的功能。刑罚是一种非常严厉的制裁方法，其严厉性使社会上的危险分子和不稳定分子感到畏惧，进而不敢实施犯罪行为。刑罚的这种威慑功能在刑罚运行的整个过程始终是存在的。在刑罚的创制阶段，立法上规定了何种犯罪应该处以何种刑罚，就是向社会告知：如果实施刑法所规定的犯罪行为，就必须承担相应的刑罚制裁。这样，就使社会上的危险分子和不稳定分子时刻认识到犯罪的必然后果就是刑罚，使其不愿为犯罪付出高昂的代价进而放弃实施犯罪行为。在刑罚的裁量和执行阶段，立法中抽象的刑罚威慑功能现实化，使社会上的危险分子和不稳定分子感受到犯罪被追究的不可避免性，从而不敢实施犯罪行为。

2. 教育功能

法律本身具有教育作用，它通过把国家或社会的价值观念和价值标准凝结为规定的行为模式和法律符号而向人民灌输占支配地位的意识形态，使之渗透于或内化于人们的心中，并借助人民的行为进一步传播。由于法律是人们在日常生产生活中反复实践的东西，人们可以不知不觉达到对法律认同，被法律同化，形成法律习惯。[11] 对犯罪人的刑事制裁，就是教育犯罪分子和其他社会成员，什么是犯罪行为，何种犯罪将受到何种刑罚处罚。这样，可以使社会成员进一步知法、懂法。同时，对犯罪行为判处刑罚，也是对合法行为的保护，对提高公民的法律意识和增强遵纪守法的自觉性具有重要意义。

---

〔11〕 张文显主编：《法理学》，202页，北京，高等教育出版社、北京大学出版社，2002。

3. 鼓励功能

鼓励功能,是指通过对犯罪人的刑罚处罚,对社会成员产生鼓励和激励作用。犯罪行为不仅侵害了公民个人的合法权益,而且破坏了社会秩序。犯罪发生后,除了被害人及其亲属之外,其他社会成员的心理平衡也会遭到破坏。通过对犯罪人适用刑罚,可以使广大社会成员认识到,犯罪分子必将受到惩罚,正义必将战胜邪恶,从而鼓舞其同犯罪分子做斗争。

本章小结

刑罚是国家审判机关依照刑事法律对犯罪人科处的以限制或者剥夺一定权益为内容的强制性制裁措施。刑罚具有性质和内容上的痛苦性、适用程序和依据上的合法性、适用对象上的特定性等特征。刑罚权是国家基于主权依法对实施犯罪行为的人实行刑罚制裁的权力。从国家运用刑罚的一般逻辑顺序来看,刑罚权包括制刑权、求刑权、量刑权和行刑权四个方面的内容。刑罚与其他法律制裁方法在适用依据、适用对象、严厉程度、法律后果等方面具有明显的不同。

刑罚的根据,即刑罚的正当性理由。关于刑罚的根据,刑法理论上存在报应主义、功利主义和折中主义之争。报应主义认为,刑罚的根据就在于报应犯罪行为的恶害,给犯罪人以惩罚,以其痛苦来均衡犯罪人的罪责,从而实现正义的理念。根据报应根据的不同,可以把报应主义划分为神意报应、道义报应和法律报应三种理论形态。功利主义刑罚根据论认为,刑罚本身是一种恶,同时又是一种必要的罪恶,旨在保证最大多数人的最大幸福,具有预防更大恶害的功能。功利主义刑罚根据论具体包括威慑理论、剥夺理论和矫正理论。折中主义认为,报应与功利都是刑罚存在的理由,刑罚的根据既在于报应也在于功利。

刑罚的目的,是指国家运用刑罚所要达到的目标。刑罚的目的包括特殊预防与一般预防。特殊预防,是指通过对犯罪人适用和执行刑罚,惩罚和改造犯罪人,预防其再次实施犯罪。特殊预防的对象是实施了犯罪并已接受刑罚宣告的行为人。一般预防,是指通过制定、适用和执行刑罚,预防尚未犯罪的人实施犯罪。一般预防的对象是尚未犯罪的人,具体包括危险分子、不稳定分子、被害人以及其他社会成员。特殊预防和一般预防是刑罚目的的两个方面,二者之间存在对立统一关系。

刑罚的功能，是指国家制定、适用、执行刑罚对社会成员所可能发生的积极作用。刑罚功能的内容包括对犯罪人的功能、对被害人的功能和对社会一般成员的功能。刑罚对犯罪人的功能主要表现为威慑功能、剥夺限制功能和改造功能；刑罚对被害人的功能主要体现为安抚功能；刑罚对社会成员的功能主要表现为威慑功能、教育功能和鼓励功能。

习　　题

1. 如何理解刑罚权的内容？
2. 刑罚与其他法律制裁方法有哪些区别？
3. 刑罚的特殊预防与一般预防的关系是什么？
4. 如何理解刑罚功能的内容？

第十七章　刑罚的体系和种类

【本章导读】

一个国家的刑罚体系，受国家性质和社会经济制度、历史传统、社会习惯和经济发展水平的影响。我国的刑罚方法包括主刑与附加刑两大类，主刑包括管制、拘役、有期徒刑、无期徒刑和死刑；附加刑包括罚金、剥夺政治权利与没收财产三种，另外，还有适用于外国人犯罪的驱逐出境。对犯罪分子可以适用刑罚，也可以适用刑罚方法以外的其他方法，即非刑罚处罚方法。非刑罚处罚方法虽然是刑法明文规定的，但就其性质而言不是刑种，不具有刑罚的性质和作用，而是刑罚的必要补充和替代措施。

【学习重点】

- 刑罚体系的特点
- 主刑
- 死刑
- 非刑罚处罚方法

第一节　刑罚的体系和种类概述

一、刑罚体系的概念

刑罚体系，是指国家为充分发挥刑罚的功能、实现刑罚的目的，基于刑法明文规定而形成的、由一定刑罚种类按其轻重程度而组成的序列。具体而言，刑罚体系包含以下内容。

首先，刑罚体系是刑法所选择的刑种按照一定的次序排列而成的。刑罚体系是立法者按照一定的标准，对具体的刑种进行排列所形成的。刑罚体系中各个刑种排列顺序和方法的不同，反映了立法者对各刑种的不同价值取向。

其次，刑罚体系是由刑法明文规定的。刑罚体系必须由刑法明文规定，这是罪刑法定原则的一项具体要求。刑法不仅明文规定了组成刑罚体系的各个刑种，而且明文规定了各个刑种的排列顺序和方法。

最后，确立刑罚体系的依据是有利于刑罚功能的发挥和刑罚目的的实现。刑罚体系以充分发挥刑罚功能和实现刑罚目的为指导，在刑罚体系中，无论是刑种的选择还是刑种的排列顺序，都是建立在这一指导思想之上的。

二、我国刑罚体系的特点

在不同历史时期，刑罚体系表现出了不同特点。在奴隶制社会，世界各国建立了以死刑为核心的刑罚体系；在封建社会，世界各国的刑罚体系以肉刑为核心；进入资本主义社会以后，在人道主义思想的影响下，各国刑罚体系经历了由以身体刑为主向以自由刑为主的历史性转变。第二次世界大战以后，限制和废除死刑、扩大财产刑的适用范围以及非刑罚处罚方法刑罚化，已经成为世界各国刑罚体系的发展方向。我国刑法在尊重我国历史传统的基础上，吸收了世界法律文化的优秀成果，建立了适合我国社会主义初级阶段的刑罚体系。这一刑罚体系具有以下三个特点。

第一，刑罚方法结构科学。在我国的刑罚体系中，既有主刑又有附加刑，主刑与附加刑既明确区分又互相配合。主刑中，既有限制自由的刑罚方法(管制)，又有剥夺自由的刑罚方法(拘役、有期徒刑和无期徒刑)，还有剥夺生命的刑罚方法(死刑)；附加刑中，有剥夺财产的刑罚方法(罚金和没收财产)，又有剥夺资格的刑罚方法(剥夺政治权利)。各种刑罚方法轻重有别，相互衔接，能够适应惩治各种犯罪的需要。

第二，体现了宽严相济的刑事政策。宽严相济的刑事政策要求该宽则宽，当严则严，宽严相济，其核心在于“相济”。我国刑罚体系由严厉程度不同的各种刑罚方法组成。从种类上看，有财产刑、自由刑、资格刑和生命刑；从严厉程度上看，既有重刑，又有轻刑。这表明，我国刑罚体系中的刑罚方法有宽有严，既能够满足遏制轻罪的需要，也能够适应严惩重罪的要求，充分体现了宽严相济的刑事政策。

第三，体现了人道主义精神。我国刑法规定的刑罚方法，从基本内容和执行方法来看，均不会造成犯罪人肉体上的伤害、人格上的侮辱和精神上的摧残，充分体现了人道主义的精神。除此之外，《刑法》第 39 条第 2 款规定，对判处管制的犯罪分子，在劳动中应当同工同酬；第 43 条第 2 款，对判处拘役的犯罪分子，在执行期间每月可以回家1～2天,参加劳动的可酌量发给劳动报酬;第46条规定,对在监狱或其他劳动改造场所服刑的被判处有期徒刑和无期徒刑的犯罪分子,凡有劳动能力的,都应当参加劳动,接受教育和改造;第49条第1款规定,犯罪的时候不满18周岁的人和审判的时候怀孕的妇女,不适用死刑;第49条第2款规定,审判的时候已满75周岁的人,不适用死刑,但以特别残忍手段致人死亡的除外。这些规定,都是刑罚人道主义的具体表现。

第二节 主 刑

主刑,是指只能独立适用的主要刑罚方法。主刑只能独立适用,不能附加适用;一个罪只能适用一个主刑,不能同时适用两个以上主刑。根据《刑法》第33条的规定,主刑包括管制、拘役、有期徒刑、无期徒刑和死刑。

一、管制

(一) 管制的概念

管制,是指对犯罪分子不实行关押,交由公安机关管束和人民群众监督,限制其一定自由的刑罚方法。管制是我国独创的一种刑罚方法,产生于民主革命时期。新中国成立后,人民法院在审判实践中继续采用这一刑罚方法。最初只适用于某些反革命分子和贪污分子,后来逐步适用于其他刑事犯罪分子。中央人民政府于1952年4月21日颁布的《中华人民共和国惩治贪污条例》和政务院于同年7月27日批准公布的《管制反革命分子暂行办法》都规将管制规定为刑罚方法之一。当时的管制,既是人民法院适用的刑罚方法,又是公安机关采用的行政强制方法,具有双重性质。1956年,全国人大常委会作出决定:“今后对于反革命分子和其他犯罪分子的管制,一律由人民法院判决,交由公安机关执行。”从此,管制只能作为刑罚方法统一由人民法院适用。1979年刑法正式将管制纳入刑罚体系,成为主刑的一种。1997年修订后的刑法继续保留了这一刑种。

(二) 管制的内容和特点

根据我国刑法的有关规定,管制具有以下内容和特点。

1. 对犯罪分子不予关押

被判处管制的犯罪分子,仍然可以留在原工作单位或居住地工作或劳动,保持正常的工作与生活。这种执行的开放性，既有利于罪犯的改造与社会的稳定，又可以避免短期自由刑的固有弊端。

2. 限制犯罪人的一定自由

根据《刑法》第 39 条的规定，被判处管制的犯罪分子，在执行期间，应当遵守下列规定：(1)遵守法律、行政法规，服从监督；(2)未经执行机关批准，不得行使言论、出版、集会、结社、游行、示威自由的权利；(3)按照执行机关规定报告自己的活动情况；(4)遵守执行机关关于会客的规定；(5)离开所居住的市、县或者迁居，应当报经执行机关批准。对于被判处管制的犯罪分子，在劳动中应当同工同酬。

3. 对犯罪分子自由的限制具有期限性

根据《刑法》第 38 条、第 40 条、第 41 条和第 69 条的规定，管制的期限为 3 个月以上 2 年以下，数罪并罚时不得超过 3 年。被判处管制的犯罪分子，管制期满，执行机关应即向本人和其所在单位或者居住地的群众宣布解除管制。管制的刑期从判决执行之日起计算；判决执行前先行羁押的，羁押 1 日折抵刑期 2 日。

4. 依法实行社区矫正

根据《刑法》第 38 条第 3 款的规定，对判处管制的犯罪分子，依法实行社区矫正。社区矫正，是指将符合法定条件的罪犯置于社区内，由专门的国家机关在相关社会团体、民间组织和社会志愿者的协助下，在判决、裁定或决定确定的限期内，矫正其犯罪心理和行为恶习，促进其顺利回归社会的非监禁刑罚执行活动。从《刑法》第 38 条第 2 款、第 3 款和第 4 款之间的关系和社区矫正的基本要求来看，第 2 款“可以根据犯罪情况对犯罪分子作出禁止令”的规定，实质上就是社区矫正的基本内容。

《刑法》第 38 条第 2 款规定：“判处管制，可以根据犯罪情况，同时禁止犯罪分子在执行期间从事特定活动，进入特定区域、场所，接触特定的人。”人民法院宣告禁止令，应当根据犯罪分子的犯罪原因、犯罪性质、犯罪手段、悔罪态度、个人一贯表现等情况，充分考虑与犯罪分子所犯罪行的关联程度，有针对性地决定禁止其在管制执行期间“从事特定活动，进入特定区域、场所，接触特定的人”中的一项或者几项内容。

人民法院可以根据犯罪情况，禁止判处管制、宣告缓刑的犯罪分子在管制执行期间、缓刑考验期限内从事以下一项或者几项活动：(1)个人为进行违法犯罪活动而设立公司、企业、事业单位或者在设立公司、企业、事业单位后以实施犯罪为主要活动的,禁止设立公司、企业、事业单位;(2)实施证券犯罪、贷款犯罪、票据犯罪、信用卡犯罪等金融犯罪的,禁止从事证券交易、申领贷款、使用票据或者申领、使用信用卡等金融活动;(3)利用从事特定生产经营活动实施犯罪的,禁止从事相关生产经营活动;(4)附带民事赔偿义务未履行完毕,违法所得未追缴、退赔到位,或者罚金尚未足额缴纳的,禁止从事高消费活动;(5)其他确有必要禁止从事的活动。

人民法院可以根据犯罪情况,禁止判处管制、宣告缓刑的犯罪分子在管制执行期间进入以下一类或者几类区域、场所:(1)禁止进入夜总会、酒吧、迪厅、网吧等娱乐场所;(2)未经执行机关批准,禁止进入举办大型群众性活动的场所;(3)禁止进入中小学校区、幼儿园园区及周边地区,确因本人就学、居住等原因,经执行机关批准的除外;(4)其他确有必要禁止进入的区域、场所。

人民法院可以根据犯罪情况,禁止判处管制、宣告缓刑的犯罪分子在管制执行期间、缓刑考验期限内接触以下一类或者几类人员:(1)未经对方同意,禁止接触被害人及其法定代理人、近亲属;(2)未经对方同意,禁止接触证人及其法定代理人、近亲属;(3)未经对方同意,禁止接触控告人、批评人、举报人及其法定代理人、近亲属;(4)禁止接触同案犯;(5)禁止接触其他可能遭受其侵害、滋扰的人或者可能诱发其再次危害社会的人。

禁止令的期限,既可以与管制执行的期限相同,也可以短于管制执行的期限,但不得少于3个月。判处管制的犯罪分子在判决执行以前先行羁押以致管制执行的期限少于3个月的,禁止令的期限不受上述最短期限的限制。禁止令的执行期限,从管制执行之日起计算。禁止令由司法行政机关指导管理的社区矫正机构负责执行。[1]

根据《刑法》第38条第4款的规定,被判处管制的犯罪分子,违反人民法院对其作出禁止令的,由负责执行禁止令的社区矫正机构所在地的公安机关依照《中华人民共和国治安管理处罚法》第60条的规定处罚,即处5日以上10日以下拘留,并处200元以上500元以下罚款。

---

〔1〕 参见2011年5月1日最高人民法院、最高人民检察院、公安部、司法部《关于对判处管制、宣告缓刑的犯罪分子适用禁止令有关问题的规定(试行)》第2、3、4、5、6、9条。

二、拘役

（一）拘役的概念

拘役，是短期剥夺犯罪人人身自由，就近实行劳动改造的刑罚方法。拘役适用于罪行较轻但仍需短期关押改造的犯罪分子。实践证明，对于罪行较轻的犯罪分子，不剥夺其短期自由就不足以惩戒，判处有期徒刑又嫌过重，而适用拘役能够收到较好的效果。

拘役是介于管制与有期徒刑之间的一种较轻的刑罚方法。虽然拘役的刑期比管制短，但由于拘役是剥夺犯罪分子人身自由的刑罚方法，因而在性质上比管制严重。但与有期徒刑和无期徒刑相比，由于拘役的刑期最短，因而是剥夺自由刑中最轻的一种刑罚方法。

拘役、刑事拘留、行政拘留、民事拘留虽然都属于短期剥夺自由的强制方法，但它们之间存在明显的区别：(1)性质不同。拘役是刑罚方法；刑事拘留是刑事诉讼中的一种强制措施；行政拘留属于治安行政处罚；民事拘留属于司法行政性质的处罚方法，是民事诉讼中的一种强制措施。(2)适用的对象不同。拘役适用于犯罪分子；刑事拘留适用于《刑事诉讼法》第 61 条规定的 7 种情形之一的现行犯或者重大嫌疑分子；行政拘留适用于违反治安管理处罚法、尚未达到犯罪程度的行为人；民事拘留适用于具有《民事诉讼法》第 102 条规定的 6 种行为之一，但又不构成犯罪的民事诉讼参与人或其他人。(3)适用的机关不同。拘役和民事拘留均由人民法院适用，而刑事拘留和行政拘留则由公安机关适用。(4)法律依据不同。拘役的适用以《刑法》为依据；刑事拘留的适用以《刑事诉讼法》为依据；行政拘留的适用以《治安管理处罚法》为依据；民事拘留的适用以《民事诉讼法》为依据。(5)期限不同。拘役的期限为 1 个月以上 6 个月以下，最高不得超过 1 年；刑事拘留的期限最多可延长至 37 日；行政拘留的期限为 1 日以上 15 日以下；民事拘留的期限为 15 日以下。

（二）拘役的特点

根据我国刑法的有关规定，拘役的特点包括：第一，拘役是剥夺自由的刑罚方法。拘役和管制不同，需要将犯罪分子关押在特定的场所进行改造，犯罪分子的自由在一定时期内被剥夺。第二，拘役是短期剥夺自由的刑罚方法。根据《刑法》第 42 条、第 44 条以及第 69 条的规定，拘役的期限为 1 个月以上 6 个月以下，数罪并罚时不得超过1年。拘役的刑期从判决执行之日起计算,判决执行以前先行羁押的,羁押1日折抵刑期1日。第三,拘役由公安机关就近执行。拘役由公安机关在就近的拘役所、看守所或者其他监管场所执行;在执行期间,受刑人每月可以回家1至2天;参加劳动的,可以酌量发给报酬。

三、有期徒刑

(一)有期徒刑的概念

有期徒刑,是剥夺犯罪分子一定期限的人身自由,并实行强制劳动改造的刑罚方法。有期徒刑是我国刑法中适用最广泛的一种刑罚方法。在刑法分则条文中,凡规定法定刑的,绝大多数都规定了有期徒刑。因此,在现阶段,有期徒刑在我国刑罚体系中仍然处于中心地位。

有期徒刑与拘役虽然都是剥夺犯罪分子人身自由的刑罚方法,但二者之间存在以下区别:(1)适用对象不同。有期徒刑既适用于罪行较重的犯罪分子,又适用于罪行较轻的犯罪分子;拘役只适用于罪行较轻的犯罪分子。(2)执行场所不同。被判处有期徒刑的犯罪分子,在监狱或其他执行场所执行;被判处拘役的犯罪分子,由公安机关就近执行,主要是在当地的拘役所执行。(3)期限不同。有期徒刑的期限长、起点高、幅度大;拘役的期限短、起点低、幅度小。(4)执行期间的待遇不同。被判处有期徒刑的犯罪分子,凡有劳动能力的,都应当参加劳动,接受教育改造,在刑罚执行期间不能享受每月回家探亲和获取报酬的待遇;被判处拘役的犯罪分子,每月可以回家1~2天,参加劳动的,可以取得适当的报酬。(5)法律后果不同。因故意犯罪而被判处有期徒刑的犯罪分子,刑罚执行完毕或者赦免以后,在5年以内再犯应当判处有期徒刑以上刑罚的故意犯罪的,构成累犯,应当从重处罚;被判处拘役的犯罪分子,在刑罚执行完毕以后,不论何时再犯新罪,只要前罪与后罪不属于危害国家安全犯罪、恐怖活动犯罪、黑社会性质的组织犯罪的,都不构成累犯。

(二)有期徒刑的特点

根据我国刑法的有关规定,有期徒刑的特点包括:第一,有期徒刑剥夺犯罪人的自由,主要表现为将犯罪人拘押于监狱或其他执行场所。这也是有期徒刑与生命刑、财产刑、资格刑以及限制自由刑(管制刑)的不同所在。第二,有期徒刑具有一定期限。根据《刑法》第45条、第47条与第69条的规定,有期徒刑的期限为

6个月以上15年以下;数罪并罚时总和刑期不满35年的,最高不能超过20年,总和刑期在35年以上的,最高不能超过25年;刑期从判决执行之日起开始计算,判决执行以前先行羁押的,羁押1日折抵刑期1日。第三,强迫犯罪人参加劳动,接受教育改造。根据《刑法》第46条的规定,被判处徒刑的人,凡有劳动能力的,都应当参加劳动,接受教育和改造。劳动改造具有强制性,除丧失劳动能力的以外,都必须参加劳动。通过劳动,可以使罪犯学会一定的生产技能,养成良好的生活习惯。另外,在强制犯罪分子参加劳动的同时,也对其进行法制、道德、技术等方面的教育。通过强制劳动和教育改造,进而把犯罪分子改造成自食其力、遵纪守法的公民。

四、无期徒刑

(一) 无期徒刑的概念

无期徒刑,是剥夺犯罪分子终身自由,并实行强制劳动改造的刑罚方法。无期徒刑是介于有期徒刑与死刑之间的一种非常严厉的刑罚方法,适用于罪行严重的犯罪。

无期徒刑和有期徒刑虽然都属于剥夺犯罪分子人身自由的刑罚方法,但二者之间存在明显的区别:(1)剥夺自由的期限不同。有期徒刑剥夺犯罪分子一定期限的自由;无期徒刑剥夺犯罪分子的终身自由。(2)严厉程度不同。在刑罚体系中,有期徒刑是介于拘役和无期徒刑之间的刑罚方法,重于拘役而轻于无期徒刑;无期徒刑是介于有期徒刑和死刑之间的刑罚方法,重于有期徒刑而轻于死刑。(3)适用对象不同。有期徒刑既可适用于罪行较重的犯罪,也适用于罪行较轻的犯罪;无期徒刑只适用于罪行较严重的犯罪。(4)在是否附加剥夺政治权利和折抵刑期方面有所不同。对判处有期徒刑的犯罪分子,不一定附加剥夺政治权利,且判决执行以前先行羁押的,羁押日期可以折抵刑期;对判处无期徒刑的犯罪分子,应当附加剥夺政治权利终身,且不存在刑期折抵问题。

(二) 无期徒刑的特征

无期徒刑是自由刑中最严厉的刑罚方法。根据刑法的有关规定,无期徒刑的特征包括:第一,剥夺犯罪分子的终身自由。无期徒刑没有刑期的限制,需要剥夺犯罪分子的终身自由。值得注意的是,无期徒刑虽然是剥夺犯罪分子的终身自由,但在执行过程中,终身关押的情况只是例外。依据我国《刑法》的有关规定,被判处无期徒刑的犯罪分子,如果符合法定条件,可以予以减刑或者假释。第二,对判处无期徒刑的犯罪分子实行劳动改造。根据《刑法》第 46 条的规定,被判处无期徒刑的犯罪分子,除无劳动能力的以外,都要在监狱或其他执行场所中参加劳动,接受教育和改造。第三,无期徒刑不能孤立适用,必须附加剥夺政治权利。根据《刑法》第 57 条的规定,对于被判处无期徒刑的犯罪分子,必须剥夺政治权利终身。

五、死刑

(一) 死刑的概念

死刑是剥夺犯罪分子生命的刑罚方法,包括死刑立即执行和死刑缓期两年执行两种情况。由于死刑的内容是剥夺罪犯的生命,故被称为生命刑。从刑法的发展历史来看,死刑曾经是古代社会最主要的刑罚方法,被广泛使用。进入近代以来,人的生命价值受到格外重视,死刑在刑罚体系中的地位就大大降低。目前,世界上已经有约 100 个国家已经在法律上废除了死刑;在保留死刑的国家中,在司法实践中也极少实际执行死刑。应该说,废除死刑是时代潮流,是社会发展的必然趋势。

(二) 死刑的限制适用

由于受社会政治、经济、文化的制约,我国仍然保留了死刑。然而,由于死刑是最严厉的刑罚方法,而且一旦错杀就无法挽回。因而,我国一直采取“少杀、慎杀”的死刑政策。我国刑法对死刑的适用范围、适用对象、适用程序和执行制度规定了严格的限制条件。

1. 死刑适用范围的限制

《刑法》第 48 条第 1 款前段规定:“死刑只适用于罪行极其严重的犯罪分子。”这是刑法总则就死刑适用范围作出的限制性规定。所谓“罪行极其严重”,即通常所说的“罪大恶极”。罪大,是指犯罪的性质和后果极其严重,给社会造成的损失特别巨大,是犯罪的客观危害;恶极,是指人身危险性特别大。判断“罪行极其严重”时,必须坚持主观罪过与客观危害相统一的原则。一方面,要看犯罪行为的客观危害是否特别严重;另一方面,要看犯罪分子的人身危险性的大小。

2. 死刑适用对象的限制

(1) 关于未成年人和怀孕的妇女不适用死刑的规定。《刑法》第 49 条第 1 款规定："犯罪的时候不满十八周岁的人和审判的时候怀孕的妇女，不适用死刑。"这表明，无论所犯罪行如何，对犯罪的时候不满18周岁的人和审判的时候怀孕的妇女均不适用死刑。犯罪时是否年满18周岁，是能否适用死刑的年龄界限。年龄的计算，一律按公历的年、月、日计算实足年龄。过了18周岁生日，从生日的次日起，才能认为已满18周岁。所谓不适用死刑，是指不能判处死刑，而不是暂不执行死刑，待年满18周岁以后再执行；不能判处死刑，既包括不能判处死刑立即执行，又包括不能判处死刑缓期两年执行。

"审判的时候"，是指从羁押到执行的整个刑事诉讼过程，而不是仅指法院审理阶段。因此，在刑事诉讼的各个阶段上怀孕的妇女都不适用死刑。此外，对怀孕的妇女无论是在羁押期间还是在受审期间，都不能为了要判死刑而对其进行人工流产；已经人工流产的，仍应视同"审判的时候怀孕的妇女"，不能适用死刑。根据1998年8月7日最高人民法院《关于对怀孕妇女在羁押期间自然流产审判时是否可以适用死刑问题的批复》，怀孕妇女因涉嫌犯罪在羁押期间自然流产后，又因同一事实被起诉、交付审判的，应当视为"审判的时候怀孕的妇女"，依法不适用死刑。"不适用死刑"，是指不能判处死刑，而不是暂不执行死刑，待分娩后再执行；不能判处死刑也包括不能判处死刑缓期两年执行。此外，根据《刑事诉讼法》第211条的规定，如果审判的时候没有发现罪犯怀孕而作出死刑判决，在执行死刑前，发现罪犯正在怀孕的，就应当停止执行，并报请最高人民法院依法改判。

(2) 关于老年人不适用死刑的规定。《刑法》第49条第2款规定："审判的时候已满七十五周岁的人，不适用死刑，但以特别残忍手段致人死亡的除外。"需要注意的是，此处所说的"审判的时候"与"审判的时候怀孕的妇女"中所指的"审判的时候"所处的刑事诉讼阶段并不一致。"审判的时候怀孕的妇女"中所指的"审判的时候"，是指从羁押到执行的整个刑事诉讼过程，而不是仅指法院审理阶段，而此处所指的"审判的时候"是指进入法院审理程序的刑事诉讼阶段。"以特别残忍的手段致人死亡"是指犯罪手段令人发指，如以肢解、残酷折磨、毁人容貌等特别残忍的手段致使被害人死亡的。

3. 死刑核准程序的限制

《刑法》第48条第2款规定："死刑除依法由最高人民法院判决的以外，都应当报请最高人民法院核准。死刑缓期执行的，可以由高级人民法院判决或者核准。"根据这一规定，死刑的核准权统一由最高人民法院行使。但是，为了适应同严重刑事犯罪做斗争的形势需要,全国人大常委会曾经将部分死刑核准权下放到高级人民法院。然而,死刑核准权的下放导致二审程序与死刑复核程序合二为一,使死刑复核程序流于形式,并且破坏了司法和法制的统一性,造成了死刑适用标准的混乱。实践证明,死刑核准权由最高人民法院统一行使,有利于在全国范围内统一掌握死刑标准,提高死刑复核的审判质量,减少死刑,防止错杀。正因如此,最高人民法院2006年12月13日《关于统一行使死刑案件核准权有关问题的规定》规定,自2007年1月1日起,最高人民法院统一行使死刑立即执行案件的复核权。

4. 死刑执行制度的限制

(1) 死缓的概念

《刑法》第48条第1款后段规定:"对于应当判处死刑的犯罪分子,如果不是必须立即执行的,可以判处死刑同时宣告缓期二年执行。"这是我国独创的死刑缓期执行制度,简称死缓。死缓不是独立的刑种,而是死刑的一种执行制度。死缓制度对于应当判处死刑的犯罪人,在是否实际执行这一环节上留了一线生机。只要不是必须立即执行的,均可以适用死刑缓期执行的规定。死缓制度大大缩小了死刑立即执行的适用范围,是贯彻"少杀、慎杀"死刑政策的重要保证,既能严惩严重的刑事犯罪分子,又给罪该处死但不是必须立即执行的罪犯留下了一线生机。

(2) 死缓的适用条件

适用死缓必须具备两个条件:其一,依法应当判处死刑。这是适用死刑缓期执行的前提条件。如果犯罪分子所犯罪行不是"罪行极其严重",依法不应当判处死刑,当然就不存在适用死缓的问题。其二,不是必须立即执行。这是适用死刑缓期执行的实质条件,是区分死刑立即执行与死刑缓期执行的标准。

(3) 死缓的适用结果

根据《刑法》第50条第1款的规定,对于被判处死缓的罪犯,有四种不同处理结果:其一,在死刑缓期执行期间,如果没有故意犯罪,2年期满以后,减为无期徒刑。据此,犯罪分子在死刑缓期执行期间,违反监规,但尚未达到犯罪程度的,或者其犯罪属于过失犯罪的,仍应依法对其减为无期徒刑。其二,在死刑缓期执行期间,如果确有重大立功表现,2年期满以后,减为25年有期徒刑。应当指出,被判处死缓的犯罪分子,只有在死刑缓期执行期间既没有故意犯罪又有重大立功表现的情况下,才能减为25年有期徒刑。至于哪些情形属于"重大立功表现",应根据《刑法》第78条的规定予以确定。在立功达到重大程度的情况下,对被判处死缓的犯罪分子才可以减为25年有期徒刑,以保持量刑上的平衡,避免死缓罪犯减刑后比判处无期徒刑者还要轻的不合理现象。其三,在死刑缓期执行期间,如果故意犯罪,情节恶劣的,报请最高人民法院核准后执行死刑。被判处死缓的犯罪分子在缓期2年执行期间故意犯罪,且情节恶劣的,应及时由最高人民法院核准执行死刑,而无须等到2年期满以后。这里的"故意犯罪"的范围没有限制,不论被判处死缓的犯罪分子实施的是何种故意犯罪,只要达到了情节恶劣的程度,都不影响死刑的核准执行。对于判处死刑缓期2年执行"期满"后,尚未裁定减刑之前又犯新罪的,不能视为在死刑缓期执行"期间"犯罪,不能按其在死刑缓期执行期间故意犯罪而执行死刑,应当先按照《刑法》第50条、《刑事诉讼法》第210条的规定予以减刑,然后对其所犯的新罪另行起诉、审判、作出判决,并按照《刑法》第71条的规定,决定执行的刑罚。只有新罪依法应当判处死刑的,才能执行死刑。其四,对于故意犯罪未执行死刑的,死刑缓期执行的期间重新计算,并报最高人民法院备案。被判处死缓的犯罪分子在缓期2年执行期间虽然故意犯罪,但未达到情节恶劣的程度,因而未执行死刑的,要对死刑缓期执行的期间重新计算,并报最高人民法院备案。

(4) 死缓减刑的限制

《刑法》第50条第2款规定:"对被判处死刑缓期执行的累犯以及因故意杀人、强奸、抢劫、绑架、放火、爆炸、投放危险物质或者有组织的暴力性犯罪被判处死刑缓期执行的犯罪分子,人民法院根据犯罪情节等情况可以同时决定对其限制减刑。"这是关于可以限制减刑的死缓的规定。需要指出的是,上述规定只是划定了一个可以限制减刑人员的范围,并不是上述被判处死刑缓期执行的九类罪犯都要被限制减刑。是否限制减刑,应当由人民法院根据案件的具体情况综合衡量。这里的"同时",是指判处死刑缓期执行的同时,不是在死刑缓期执行2年期满以后减刑的"同时"。"限制减刑",是指对犯罪分子虽然可以适用减刑,但其实际执行刑期比其他死刑缓期执行罪犯减刑后的实际执行刑期更长。换言之,限制减刑的死刑缓期执行的犯罪分子,缓期执行期满后依法减为无期徒刑的,其实际执行刑期不得少于25年;缓期执行期满后依法减为25年有期徒刑的,其实际执行刑期不得少于20年。

(5) 死刑缓期执行期间的计算

《刑法》第51条规定:"死刑缓期执行的期间,从判决确定之日起计算。死刑缓期执行减为有期徒刑的刑期,从死刑缓期执行期满之日起计算。"据此,死刑缓期执行判决确定前的羁押时间,不能计算在缓期2年的期限内,因为规定2年的考验期是为了考察犯罪人在这一段时间内的表现;如果将先行羁押的时间计算在内,就会使考察难以充分进行,缓期2年的规定也就因此而失去意义。死缓考验期满至裁定减为有期徒刑之间羁押的期限,计入有期徒刑的刑期。

第三节 附 加 刑

附加刑,是补充主刑适用的刑罚方法。附加刑既可以独立适用,也可以附加适用。在附加适用时,可以同时适用两种以上的附加刑。附加刑是我国刑罚方法的另一大类,具体包括罚金、剥夺政治权利、没收财产和驱逐出境。

一、罚金

(一) 罚金的概念

根据我国刑法的规定,罚金是法院判处犯罪分子或犯罪的单位向国家缴纳一定数额的金钱的刑罚方法。罚金以剥夺犯罪人一定数额的金钱为内容,具有广泛的适用性,既可以适用于处刑较轻的犯罪,也可以适用于处刑较重的犯罪。从我国刑法分则的规定来看,罚金刑主要适用于破坏社会主义市场经济秩序罪、侵犯财产罪、妨害社会管理秩序罪、贪污贿赂罪等。此外,罚金是能够对犯罪的单位适用的唯一刑种。

罚金与行政罚款是两种性质完全不同的处罚措施。首先,两者的性质不同。罚金是刑罚方法;行政罚款是行政处罚方法。其次,两者的适用机关不同。罚金只能由法院依照刑法的规定适用;罚款则由行政机关依照有关行政法规的规定适用。最后,两者的适用对象不同。罚金适用于实施犯罪的自然人或者单位;罚款适用于不构成犯罪的一般违法分子和实施违法行为的单位。

(二) 罚金的适用方式

根据我国刑法分则及相关司法解释的规定,罚金的适用方式有以下几种。

1. 单处罚金

单处罚金,即对犯罪分子只能判处罚金,不能判处其他刑罚方法。这种情况一般只适用于实施犯罪的单位。但在自然人犯罪案件中,犯罪情节较轻,具有下列情形之一，适用罚金不致再危害社会的也可以依法单处罚金：(1)偶犯或者初犯；(2)自首或者有立功表现的；(3)犯罪时不满18周岁的；(4)犯罪预备、中止或者未遂；(5)被胁迫参加犯罪的；(6)全部退赃并有悔罪表现的；(7)其他可以依法单处罚金的情形。〔2〕

2. 选处罚金

选处罚金，即罚金作为一种选择的法定刑，由审判机关根据犯罪的具体情况选择适用。如果适用，只能独立适用，而不能附加适用。例如，根据《刑法》第275条规定，故意毁坏公私财物，数额较大或者有其他严重情节的，处3年以下有期徒刑、拘役或者罚金。在对故意毁坏财物罪的基本犯量刑时，或者判处3年以下有期徒刑，或者判处拘役，或者判处罚金；而不能在判处3年以下有期徒刑的同时附加适用罚金，也不能在判处拘役的同时附加适用罚金。

3. 并处罚金

并处罚金，即在对犯罪分子判处主刑的同时，必须附加适用罚金。我国刑法中的并科罚金，采取的几乎都是必并制。换言之，刑法分则条文明确规定判处自由刑时，必须同时并处罚金。例如，根据《刑法》第328条的规定，犯盗掘古文化遗址、古墓葬罪，情节较轻的，处3年以下有期徒刑、拘役或者管制，并处罚金。但是，也有的并科式属于可并制，即可以并处罚金，也可以不并处罚金，但无论并处与否，都不能单独适用罚金。

4. 并处或单处罚金

并处或单处罚金，即罚金既可以附加主刑适用，也可以作为一种与有关主刑并列的刑种选择适用。例如，根据《刑法》第148条的规定，生产不符合卫生标准的化妆品，或者销售明知是不符合卫生标准的化妆品，造成严重后果的，处3年以下有期徒刑或者拘役，并处或者单处销售金额50％以上2倍以下罚金。

(三) 罚金的数额

《刑法》第52条规定：“判处罚金，应当根据犯罪情节决定罚金数额。”据此，人民法院应当根据犯罪情节(如违法所得数额、造成损失的大小等)，综合考虑犯罪分子缴纳罚金的能力，依法判处罚金。以犯罪情节为根据决定罚金数额，体现了罪责刑相适应的原则。根据司法实践，罚金的最低数额不能少于1 000元，对

---

〔2〕 参见2000年11月15日最高人民法院《关于适用财产刑若干问题的规定》。

未成年人犯罪应当从轻或者减轻判处罚金,但罚金的最低数额不能少于500元。

在决定罚金数额时,还应考虑刑法分则的规定。刑法分则有关罚金数额的规定有五种情况:(1)抽象罚金制,即刑法分则仅规定选处、单处或并处罚金,不规定罚金的具体数额限度,由人民法院根据犯罪情节自由裁量罚金的数额。例如,根据《刑法》第266条的规定,诈骗公私财物,数额较大的,处3年以下有期徒刑、拘役或者管制,并处或者单处罚金;数额巨大或者有其他严重情节的,处3年以上10年以下有期徒刑,并处罚金;数额特别巨大或者有其他特别严重情节的,处10年以上有期徒刑或者无期徒刑,并处罚金或者没收财产。(2)特定数额罚金制,即刑法分则规定了罚金数额的上限和下限,人民法院必须在规定的数额幅度内裁量罚金。例如,根据《刑法》第207条的规定,非法出售增值税专用发票的,处3年以下有期徒刑、拘役或者管制,并处2万元以上20万元以下罚金;数量较大的,处3年以上10年以下有期徒刑,并处5万元以上50万元以下罚金;数量巨大的,处10年以上有期徒刑或者无期徒刑,并处5万元以上50万元以下罚金或者没收财产。(3)比例罚金制,即以犯罪数额为标准,处以一定比例的罚金。例如,根据《刑法》第158条的规定,申请公司登记使用虚假证明文件或者采取其他欺诈手段虚报注册资本,欺骗公司登记主管部门,取得公司登记,虚报注册资本数额巨大、后果严重或者有其他严重情节的,处3年以下有期徒刑或者拘役,并处或者单处虚报注册资本金额1%以上5%以下罚金。(4)倍数罚金制,即以犯罪数额为标准,处以一定倍数的罚金。例如,根据《刑法》第225条的规定,对犯非法经营罪的,处违法所得1倍以上5倍以下罚金。(5)比例兼倍数罚金制,即以犯罪数额为标准,确定罚金数额时既使用比例又使用倍数。例如,根据《刑法》第141条的规定,对犯生产、销售假药罪的,并处或单处销售金额50%以上2倍以下罚金。

(四) 罚金的缴纳

根据《刑法》第53条规定,罚金的缴纳,有以下四种方式。

1. 一次或分期缴纳

一次或分期缴纳,即犯罪分子在指定的期限内,按照判决确定的数额一次或者分期缴纳。其中,一次缴纳,主要适用于罚金数额不大,或者虽然数额较大,但犯罪人经济状况较好,一次性缴纳困难不大的情况;分期缴纳,主要适用于罚金数额较大,犯罪人无力一次缴纳,或者尽管罚金数额不大,但犯罪人经济状况较差因而无力一次缴纳的情况。

2. 强制缴纳

强制缴纳,即在判决指定的期限届满后,犯罪分子有缴纳能力而不缴纳,法院采取查封、拍卖财产、冻结存款、扣留收入等措施,强制其缴纳。这种方式的适用条件是:第一,有能力缴纳罚金。包括两种情况:一是犯罪人拥有足以缴纳罚金的金钱,如银行存款等;二是虽然没有金钱,但拥有可以变卖以缴纳罚金的其他财产。第二,拒不缴纳罚金,即有经济能力而拒绝向法院缴纳判决所确定的罚金。第三,判决所确定的缴纳期限已过。

3. 随时追缴

随时追缴,即对于不能全部缴纳罚金的,人民法院在任何时候,发现被执行人有可以执行的财产的,应当随时追缴。这一规定增强了罚金刑执行的威慑力。这里的"不能全部缴纳",是指通过分期缴纳或强制缴纳方式,仍不能使被执行人缴纳全部罚金。

4. 延期、减少或免除缴纳

延期、减少或免除缴纳,即由于犯罪分子遭遇不能抗拒的灾祸等原因缴纳确实有困难的,经人民法院裁定,可以延期缴纳、酌情减少或者免除。"由于遭遇不能抗拒的灾祸等原因缴纳确实有困难的",主要是指因遭受火灾、水灾、地震等灾祸而丧失财产,罪犯因重病、伤残等而丧失劳动能力,或者需要罪犯抚养的近亲属患有重病,需支付巨额医药费等,确实没有财产可供执行的情形。具有《刑法》所规定的"可以延期缴纳、酌情减少或者免除"事由的,由犯罪分子本人、亲属或者犯罪单位向负责执行的人民法院提出书面申请,并提供相应的证明材料。人民法院审查以后,根据实际情况,裁定延期缴纳罚金、减少或者免除应当缴纳的罚金数额。

二、剥夺政治权利

(一) 剥夺政治权利的概念和内容

剥夺政治权利是剥夺犯罪人参加国家管理和政治活动权利的刑罚方法。剥夺政治权利是一种资格刑,剥夺的是犯罪分子参加国家管理和政治活动的资格。根据《刑法》第 54 条的规定,剥夺政治权利是指剥夺犯罪人的下列权利:(1)选举权和被选举权;(2)言论、出版、集会、结社、游行和示威自由的权利;(3)担任国家机关职务的权利;(4)担任国有公司、企业、事业单位和人民团体领导职务的权利。

(二) 剥夺政治权利的适用对象及方式

1. 剥夺政治权利的适用对象

剥夺政治权利作为一种附加刑,既可以附加适用,也可以独立适用。其适用对象比较广泛,既可以适用于严重犯罪,也可以适用于较轻的犯罪;既可以适用于危害国家安全的犯罪,也可以适用于普通刑事犯罪。

2. 剥夺政治权利的适用方式

剥夺政治权利的适用方式可以分为附加适用和独立适用两种。

根据《刑法》第 56 条、第 57 条的规定,剥夺政治权利的附加适用主要包括三种情况:(1)对于危害国家安全的犯罪分子,应当附加剥夺政治权利。这是因为犯罪分子在实施危害国家安全的犯罪行为时往往利用了其所享有的某种政治权利;对犯罪分子附加剥夺政治权利,既是对其犯罪行为的惩罚,又是预防其再次犯罪的手段。需要说明的是,如果人民法院根据刑法分则的规定对危害国家安全罪中某些情节较轻的犯罪独立适用剥夺政治权利的,则不应再另外附加剥夺政治权利。(2)对于被判处死刑、无期徒刑的犯罪分子,应当剥夺政治权利终身。法律之所以规定对被判处死刑、无期徒刑的犯罪分子应当剥夺政治权利终身,主要是因为被判处死刑、无期徒刑的罪犯所犯罪行特别严重,剥夺其政治权利终身是对其在政治上的惩罚和否定评价。剥夺政治权利终身,可以防止死刑罪犯被赦免、无期徒刑罪犯被假释后利用政治权利再去实施犯罪,还有利于处理与罪犯有关的某些民事法律关系。例如,政治权利包括出版权。假如罪犯以前有著作,其本人的生命或终身自由虽被剥夺,但其亲属还可能代理行使出版权;而如果罪犯的政治权利被终身剥夺后,就避免了亲属代行权利的情况。(3)对于故意杀人、强奸、放火、爆炸、投放危险物质、抢劫等严重破坏社会秩序的犯罪分子,可以附加剥夺政治权利。此外,对故意伤害、盗窃等其他犯罪,如果犯罪分子主观恶性较深、犯罪情节恶劣、罪行严重的,也可以依法附加剥夺政治权利。对未成年罪犯,除刑法规定应当附加剥夺政治权利外,一般不判处附加剥夺政治权利。如果对未成年罪犯判处附加剥夺政治权利的,应当依法从轻判处。

剥夺政治权利在独立适用时,是作为一种不剥夺人身自由的轻刑而适用于较轻的犯罪。剥夺政治权利的独立适用,由刑法分则加以规定;刑法分则没有规定独立适用剥夺政治权利的,不得独立适用剥夺政治权利。可以独立适用剥夺政治权利的，主要是危害国家安全罪，侵犯公民人身权利、民主权利罪，妨害社会管理秩序罪，危害国防利益罪罪。此外，对于实施犯罪的外国人和无国籍人，因其不享有我国法律所赋予的政治权利，因而不得适用剥夺政治权利。

（三）剥夺政治权利的期限

根据《刑法》第 55 条和第 57 条的规定，剥夺政治权利的期限因判处刑罚的不同而有所不同：(1)独立适用剥夺政治权利或者判处有期徒刑和拘役附加剥夺政治权利的，期限为 1 年以上 5 年以下。(2)判处管制附加剥夺政治权利的，剥夺政治权利的期限与管制的期限相等。(3)对于被判处死刑、无期徒刑的犯罪分子，应当剥夺政治权利终身。(4)死刑缓期执行减为有期徒刑或者无期徒刑减为有期徒刑的，应当把附加剥夺政治权利的期限改为 3 年以上 10 年以下。此外，有期徒刑减刑的，对附加剥夺政治权利的刑期可以酌减。酌减后剥夺政治权利的期限，最短不得少于 1 年。

根据《刑法》第 55 条第 2 款、第 58 条的规定和判决执行的一般规则，剥夺政治权利的刑期起算因判处刑罚的不同而有所不同：(1)判处管制附加剥夺政治权利的，剥夺政治权利的刑期与管制的刑期相等，同时起算，同时执行。管制期满被解除时，政治权利也同时恢复。管制的刑期由于刑期折抵而使实际执行的日期缩短的，剥夺政治权利的日期也相应缩短。(2)判处有期徒刑和拘役附加剥夺政治权利的，剥夺政治权利的期限，从主刑执行完毕之日或者从假释之日起计算；剥夺政治权利的效力当然施用于主刑执行期间。换言之，被附加剥夺政治权利的犯罪分子在主刑执行期间，当然不享有政治权利。如果被判处有期徒刑、拘役、管制而没有附加剥夺政治权利的，则在主刑执行期间仍享有政治权利。对于因判处有期徒刑或拘役宣告缓刑而附加剥夺政治权利的，剥夺政治权利的期限与缓刑考验期限同时开始计算，即从判决确定之日起计算。(3)判处死刑、无期徒刑的，附加剥夺政治权利终身，不存在执行的期限问题，但执行的起始时间应当从主刑执行之日起计算。死刑缓期执行减为有期徒刑或者无期徒刑减为有期徒刑时，附加剥夺政治权利的期限改为 3 年以上 10 年以下，其刑期应当从减刑后的有期徒刑执行完毕之日或者假释之日起算。犯罪分子在有期徒刑执行期间，当然也不享有政治权利。(4)单独判处剥夺政治权利的刑期，应当从判决执行之日起计算。对于虽已作出单独适用剥夺政治权利的生效判决，但犯罪分子尚未交付公安机关执行的，不能算作判决执行之日。

(四) 剥夺政治权利的执行

剥夺政治权利由公安机关执行。根据《刑法》第58条第2款的规定,被剥夺政治权利的犯罪分子,在执行期间,应当遵守法律、行政法规和国务院公安部门有关监督管理的规定,服从监督;不得行使《刑法》第54条规定的各项权利。剥夺政治权利执行期满,应当由执行机关通知本人,并向有关群众公开宣布恢复政治权利。被剥夺政治权利的人在恢复政治权利后,重新享有法律赋予公民的政治权利。

三、没收财产

(一) 没收财产的概念

没收财产,是指将犯罪分子个人所拥有合法财产的一部或者全部强制无偿地收归国有的刑罚方法。没收财产是我国附加刑中唯一不能单独适用的刑罚方法,因而是一种只能适用于较严重犯罪的附加刑。没收财产主要适用于危害国家安全罪、破坏社会主义市场经济秩序罪、侵犯财产罪、妨害社会管理秩序罪以及贪污贿赂罪中情节较重的犯罪。

没收财产与罚金都是财产刑,但二者之间存在明显的区别:(1)适用对象不同。罚金主要适用于情节较轻的贪利性犯罪;没收财产主要适用于情节严重的危害国家安全罪及其他严重的刑事犯罪。(2)刑罚内容不同。罚金是剥夺犯罪分子一定数额的金钱,这些金钱不一定是犯罪分子现实所有的;而没收财产是剥夺其现实所有合法财产的一部分或全部,包括金钱和其他财物。(3)执行方法不同。罚金可以分期缴纳,对符合条件的可以适当减免;而没收财产只能一次性没收犯罪人财产的一部分或全部,不存在分期执行或减免的问题。

没收财产也不同于没收违禁品和供犯罪所用的本人财物。《刑法》第64条规定:“犯罪分子违法所得的一切财物,应当予以追缴或者责令退赔;对被害人的合法财产,应当及时返还;违禁品和供犯罪所用的本人财物,应当予以没收。没收的财物和罚金,一律上缴国库,不得挪用和自行处理。”可见,没收违禁品和供犯罪所用的本人财物是对违禁品和供犯罪所用的本人的财物的处理,不属于刑罚方法;而没收财产是刑法规定的一种刑罚方法。

(二) 没收财产的适用方式

从我国刑法分则的相关规定来看,没收财产的适用方式包括以下几种:

1. 必并制

必并制，即在判处主刑的同时，必须并处没收财产。例如，根据《刑法》第 239 条的规定，犯绑架罪，致使被绑架人死亡或者杀害被绑架人的，处死刑，并处没收财产。

2. 得并制

得并制，即在判处主刑的同时，可以并处没收财产。例如，根据《刑法》第 271 条的规定，犯职务侵占罪，数额巨大的，处 5 年以上有期徒刑，可以并处没收财产。对于刑法规定“可以并处”没收财产的犯罪，人民法院应当根据案件具体情况及犯罪分子的财产状况，决定是否适用没收财产。

3. 选科式

选科式，即罚金或没收财产可以择一而处，只能附加适用，而不能单独适用。例如，根据《刑法》第 171 条的规定，犯出售、购买、运输假币罪，数额特别巨大的，处 10 年以上有期徒刑或者无期徒刑，并处 5 万元以上 50 万元以下罚金或者没收财产。

（三）没收财产的范围

根据《刑法》第 59 条的规定，没收财产是没收犯罪分子个人所有合法财产的一部或者全部。没收全部财产的，应当对犯罪分子个人及其扶养的家属保留必需的生活费用。在判处没收财产的时候，不得没收属于犯罪分子家属所有或者应有的财产。犯罪分子个人所有的财产包括两部分：一是所有权已明确归属于犯罪人的财产，如犯罪人在婚姻关系成立前的退伍转业费；二是犯罪人与其家庭成员共有财产中属于犯罪人应得的财产份额。

需要强调的是，没收财产以没收犯罪分子个人的合法财产为限；对犯罪分子违法所得的一切财物、违禁品和供犯罪所用的本人财物，不属于没收财产的范畴，而依照《刑法》第 64 条所采取的追缴、责令退赔或者没收等强制办法处理。因而，不能把犯罪分子用于犯罪的财产、犯罪所得的财物以及违禁品列入没收财产的范围。至于是没收犯罪分子个人所有财产的一部分还是全部，应由法院根据对犯罪分子所判主刑的轻重、犯罪人的人身危险性大小以及犯罪人的家庭经济状况裁量决定。这既体现了罪责自负的原则，又体现了人道主义的精神。之所以应当考虑犯罪人的家庭经济状况，是为了避免因没收全部财产而使犯罪人家庭成员的生活遭受严重困难的情况发生。所谓“家属所有财产”，是指纯属家属个人所有的财产,如家属自己穿用的衣物、个人劳动所得财产;“家属应有财产”,是指犯罪分子与其家属共有财产中应当属于家属所有的那一部分财产。

(四)没收财产的执行

没收财产由人民法院执行;在必要的时候可以会同公安机关执行。在执行没收财产时,如果发现有被犯罪分子非法占有的他人的合法财产,经原所有人请求,查证属实后,应当返还原所有人。

《刑法》第60条规定:“没收财产以前犯罪分子所负的正当债务,需要以没收的财产偿还的,经债权人请求,应当偿还。”以没收的财产偿还债务,必须同时具备以下条件:(1)必须是犯罪分子在其财产被没收以前所负的债务。(2)必须是正当债务。所谓正当债务,是指犯罪分子在判决生效前所负他人的合法债务。“合法债务”是指合法的买卖、借贷、租赁、雇佣等民事法律关系所产生的债务,不包括赌债等由于违法犯罪行为所引起的债务。(3)必须是所负的债务需要以没收的财产偿还。这往往是指犯罪人个人所有的合法财产被全部没收,没有其他财产来偿还所负债务,或者尽管其财产只是被部分没收,但如以未被没收的部分财产来偿还债务,会给其家庭成员的生活造成严重困难。至于是否需要以没收的财产偿还债务,应当由法院根据具体情况加以判定。(4)必须经债权人请求,并查证属实。

四、驱逐出境

驱逐出境是强迫犯罪的外国人离开中国国(边)境的刑罚方法。驱逐出境只适用于外国人,不具有普遍适用性。《刑法》第35条规定:“对于犯罪的外国人,可以独立适用或者附加适用驱逐出境。”这一规定表明,驱逐出境既可以独立适用,也可以附加适用。

《刑法》第35条规定的驱逐出境与《外国人入境出境管理法》规定的驱逐出境都是对在我国境内的外国人的处罚,但二者有明显的区别:(1)性质不同。前者是一种刑罚方法,适用于在我国境内犯罪的外国人;后者是一种行政处罚,适用于《违反外国人入境出境管理法》的有关规定并且情节严重的外国人。(2)适用机关和程序不同。前者由法院依照《刑事诉讼法》规定的程序进行判决;后者由地方公安机关依照有关规定的程序报告公安部,由公安部作出决定。(3)执行时间不同。前者在独立适用时从判决发生法律效力之日起执行,在附加适用时从主刑执行完毕之日起执行;后者在公安部作出决定后立即执行。

第四节　非刑罚处罚方法

一、非刑罚处罚方法的概念和种类

(一) 非刑罚处罚方法的概念

非刑罚处罚方法,是指人民法院对犯罪分子适用刑罚以外的其他处罚方法的总称。非刑罚处罚方法虽然是刑法明文规定的,但就其性质而言不是刑种,不具有刑罚的性质和作用,而是刑罚的必要补充和替代措施。非刑罚处罚方法也体现了国家对犯罪行为及行为人的否定评价,是实现刑事责任的一种辅助方式。

(二) 非刑罚处罚方法的种类

《刑法》第 37 条规定:"对于犯罪情节轻微不需要判处刑罚的,可以免予刑事处罚,但是可以根据案件的不同情况,予以训诫或者责令具结悔过、赔礼道歉、赔偿损失,或者由主管部门予以行政处罚或者行政处分。"据此,非刑罚处罚方法包括训诫、责令具结悔过、赔礼道歉、赔偿损失或者由主管部门予以行政处罚或者行政处分。

1. 训诫

训诫,即人民法院对犯罪分子当庭予以批评或者谴责,责令其改正并不再重犯的一种教育方法。关于训诫的具体方式,最高人民法院在 1964 年 1 月 18 日《关于训诫问题的批复》中指出:人民法院对于情节轻微的犯罪分子,认为不需要判处刑罚,而应予以训诫的,应当用口头的方式进行训诫。在口头训诫时,应当根据案件的具体情况,一方面,严肃地指出被告人的违法犯罪行为,分析其危害性,并责令其努力改正,今后不再重犯;另一方面,也要讲明被告人的犯罪行为尚属轻微,可不给予刑事处分。

2. 责令具结悔过

责令具结悔过,即人民法院责令犯罪分子深刻反思自己的犯罪行为,并且用书面方式保证悔改,不再犯罪。在司法实践中,对于责令具结悔过,可以在宣告有罪判决后,由犯罪分子在一定期限内写出不再犯罪的保证书,也可以由犯罪分子在判决时当庭宣读。

3. 责令赔礼道歉

责令赔礼道歉,即人民法院责令犯罪分子公开向被害人承认错误,表示歉意的一种教育方法。

4. 责令赔偿损失

责令赔偿损失,即人民法院对犯罪情节轻微不需要判处刑罚的犯罪分子,在免予其刑事处罚的同时,根据其犯罪行为对被害人造成的经济损失情况,责令其向被害人支付一定数额的金钱,以赔偿被害人的经济损失的处理方法。根据《刑法》第37条的规定,责令赔偿损失必须具备两个条件:第一,犯罪分子的犯罪行为由于情节轻微不需要判处刑罚,可以免予刑事处罚;第二,根据案件的情节又需要给予适当处罚。

5. 行政处罚与行政处分

行政处罚与行政处分,即人民法院对于情节轻微不需要判处刑罚的犯罪分子,根据案件的具体情况,向相关主管部门提出予以行政处罚或者行政处分的司法建议,由主管部门给予犯罪分子适当的行政处罚或行政处分。

二、非刑罚处罚方法的适用条件

根据《刑法》第37条的规定,适用非刑罚处罚方法应该具备以下条件。

第一,行为人的行为构成犯罪。行为人的行为已经构成了犯罪,但仅限于构成轻微犯罪。轻微犯罪,是指行为的社会危害比较小且行为人人身危险性不大的犯罪。在实践中,主要根据犯罪的事实、情节、性质、行为人的主观恶性和行为人犯罪后的表现来判断。如果犯罪行为所造成的危害后果不大,行为人是初犯,并且有自首表现,就可以认定为犯罪情节轻微。

第二,免予刑事处罚。免予刑事处罚,即不需要判处刑罚,与免除刑事责任不是同一个概念。在我国刑法中,免除刑事责任意味着行为人的行为不构成犯罪,不追究刑事责任。免予刑事处罚意味着行为人需要承担刑事责任,但又不需要对行为人判处刑罚。免予刑事处罚,只是针对犯罪人人身危险性不大、社会危害程度较小,采取非刑罚处罚方法能够起到预防作用的轻微犯罪。

第三,需要给予适当的处罚。免予刑事处罚并不意味着对犯罪行为不做任何处理,也不意味着对犯罪人放任自流。根据案情具体情况,应由审判机关决定对犯罪人适用一定的非刑罚处罚方法,以达到警戒、教育犯罪人的目的。

三、职业禁止及其适用

职业禁止是《刑法修正案(九)》新增的一种刑事制裁措施,其在性质上也是一种非刑罚性的处罚方法,但与《刑法》第37条所规定的非刑罚处罚方法又有所不同,故在此单独予以介绍。

《刑法》第37条之一第1款规定:“因利用职业便利实施犯罪,或者实施违背职业要求的特定义务的犯罪被判处刑罚的,人民法院可以根据犯罪情况和预防再犯罪的需要,禁止其自刑罚执行完毕之日或者假释之日起从事相关职业,期限为三年至五年。”据此规定,所谓“职业禁止”,是指人民法院对于因利用职业便利实施犯罪,或者实施违背职业要求的特定义务的犯罪被判处刑罚的犯罪分子,可以根据犯罪情况和预防再犯罪的需要,禁止其自刑罚执行完毕之日或者假释之日起3至5年内从事相关职业的一种非刑罚处理方法。适用职业禁止应具备两个基本条件:(1)因利用职业便利实施犯罪,或者实施违背职业要求的特定义务的犯罪被判处刑罚;(2)根据犯罪情况,在刑罚执行完毕或者假释后仍有预防其再犯的必要。

《刑法》第37条之一第2款规定:“被禁止从事相关职业的人违反人民法院依照前款规定作出的决定的,由公安机关依法给予处罚;情节严重的,依照本法第三百一十三条的规定定罪处罚。”据此规定,违反职业禁止的后果表现为:其一,违反人民法院作出的职业禁止决定的,由公安机关依法给予处罚。其二,违反人民法院作出的职业禁止规定,情节严重的,依照拒不执行判决、裁定罪定罪处罚。

《刑法》第37条之一第3款规定:“其他法律、行政法规对其从事相关职业另有禁止或者限制性规定的,从其规定。”这是关于刑法中的职业禁止与他法律、行政法规中的职业禁止的关系的规定。从字面意思来看,只要其他法律、行政法规规定了职业禁止,即使行为人的行为构成犯罪,也只能适用其他法律、行政法规规定的职业禁止。这就意味着,在构成犯罪的情况下,如果仅由其他机构宣告长期或者终身职业禁止时,行为人违反职业禁止的,就不可能构成拒不执行判决、裁定罪,这显然不合理。因此,在行为构成犯罪的情况下,应当由人民法院根据其他法律、行政法规规定的条件,作出职业禁止裁判。

本章小结

刑罚体系，是指国家为充分发挥刑罚的功能、实现刑罚的目的，基于刑法明文规定而形成的、由一定刑罚种类按其轻重程度而组成的序列。我国刑法在尊重我国历史传统的基础上，吸收了世界法律文化的优秀成果，建立了适合我国社会主义初级阶段的刑罚体系；这一刑罚体系不仅刑罚方法结构科学，而且充分体现了宽严相济刑事政策和人道主义精神。

主刑，是指只能独立适用的主要刑罚方法。主刑只能独立适用，不能附加适用；一个罪只能适用一个主刑，不能同时适用两个以上主刑。根据我国刑法规定，主刑包括管制、拘役、有期徒刑、无期徒刑和死刑。附加刑，是补充主刑适用的刑罚方法。附加刑既可以独立适用，也可以附加适用，在附加适用时，可以同时适用两种以上附加刑。根据我国刑法的规定，附加刑包括罚金、剥夺政治权利、没收财产和驱逐出境。

非刑罚处罚方法，是指人民法院对犯罪分子适用刑罚以外的其他处理方法的总称。非刑罚处罚方法包括训诫、责令具结悔过、赔礼道歉、赔偿损失或者由主管部门予以行政处罚或者行政处分。职业禁止是一种特殊的非刑罚处罚方法。

习　题

1. 有期徒刑具有哪些特点？
2. 死刑适用有哪些限制性条件？
3. 罚金刑有哪些适用方式？
4. 非刑罚处罚方法的种类和适用条件是什么？

第十八章　刑罚裁量制度

【本章导读】

刑罚裁量的内容包括确定是否判处刑罚、判处何种刑罚、判处多重刑罚以及所判刑罚是否立即执行。我国刑罚裁量的原则是以犯罪事实为依据，以刑事法律为准绳。量刑情节是量刑的过程中需要考虑的揭示犯罪行为的社会危害程度和行为人的人身危险性的各种事实情况。在刑罚裁量的过程中，依据这些不同的犯罪情节，可以对犯罪人作出从重、从轻、减轻、免除处罚的决定。

【学习重点】

- 量刑情节
- 累犯
- 自首
- 数罪并罚
- 缓刑

第一节　量刑概述

一、量刑的概念与特征

量刑，即刑罚裁量，是指人民法院在认定行为人的行为构成犯罪的基础上，依据刑事法律规定的标准，确定是否判处刑罚、判处何种刑罚、判处多重刑罚以及所判刑罚是否立即执行的司法审判活动。量刑具有以下特征。

首先，量刑的主体是审判机关。量刑权是国家刑罚权的重要内容之一，从属于刑事审判权。根据宪法及有关法律的规定，刑事审判权专属人民法院行使，故量刑的主体只能是人民法院。另外，根据刑事诉讼法的有关规定，基层人民法院不能判处无期徒刑与死刑。

其次，量刑的前提是行为人的行为已被依法确认构成犯罪。定罪和量刑是刑事审判活动的两个重要环节,量刑对定罪具有明显的依赖。如果行为人的行为没有被人民法院认定为犯罪,则不可能存在量刑问题。

最后,量刑的内容是裁量刑罚。其具体包括三个方面:(1)是否适用刑罚。构成犯罪不一定要用刑罚方法来制裁,我国刑法规定了免除刑罚处罚的情况,因而是否适用刑罚是量刑的重要内容。(2)适用何种刑罚。我国刑罚体系包括了主刑和附加刑等诸多刑种,如何对犯罪分子适用合适的刑种,是量刑在质上的要求。(3)适用何种程度的刑罚。在确定适当的刑种后,要对犯罪分子应该承担的刑罚做出具体的确定,是刑罚裁量在量上的要求。

二、量刑原则

《刑法》第61条规定:"对于犯罪分子决定刑罚的时候,应当根据犯罪的事实、犯罪的性质、情节和对于社会的危害程度,依照本法的有关规定判处。"根据这一规定,可将我国刑法中的量刑原则概括为:以犯罪事实为根据,以刑事法律为准绳。

(一) 以犯罪事实为根据的原则

犯罪事实是量刑的客观基础。犯罪事实有狭义和广义之分。狭义的犯罪事实,是指犯罪构成事实,即据以认定行为人的行为构成犯罪的事实;广义的犯罪事实,是指客观存在的犯罪的各种情况的总和,即能够说明犯罪行为的客观危害性和行为人人身危险性的一切事实。"以犯罪事实为根据"中的"犯罪事实",是指广义的犯罪事实,包括狭义的犯罪事实、犯罪的性质、犯罪情节、犯罪的社会危害程度等。

量刑中贯彻以犯罪事实为根据的原则,必须做到以下几点:首先,必须查清犯罪事实。查明案件的真实情况,核实有关证据,做到事实清楚,证据确实充分,为正确定罪量刑奠定可靠的基础。其次,要正确认定犯罪性质。犯罪性质不同,社会危害程度就不同,因而法定刑的轻重也就不同。再次,要全面分析犯罪情节。在犯罪性质相同的犯罪中,犯罪情节不尽相同,犯罪的社会危害程度也不一样。要做到量刑准确,就必须使刑罚与犯罪情节相适应。最后,要准确判断犯罪的社会危害程度。犯罪行为的社会危害程度是犯罪的本质特征,也是量刑的基本依据。因而,对犯罪人裁量刑罚时,必须通过犯罪事实、性质、情节来判断犯罪的社会危害程度。

（二）以刑事法律为准绳的原则

要达到量刑适当，除了查清犯罪事实之外，还必须以刑事法律为准绳。量刑中贯彻以刑事法律为准绳的原则，必须做到以下几点：首先，必须依照刑法总则关于量刑制度的规定量刑。刑法总则规定的累犯、自首、立功、坦白、缓刑、数罪并罚等量刑制度，在量刑时必须认真遵守。其次，必须依照刑法关于各种量刑情节的适用原则量刑。刑法总则和分则规定了各种从重、从轻、减轻与免除处罚的量刑情节。对于具备法定量刑情节的犯罪，需要根据法律的规定，判处适当的刑罚。最后，必须依照刑法分则规定来选择刑种和刑度。刑法分则一般对具体犯罪都规定了数个量刑幅度。量刑时，应当以与犯罪分子所犯罪行的社会危害性程度相适应的法定刑幅度为基础，确定合适的宣告刑。

三、量刑情节

（一）量刑情节的概念

量刑情节，是指人民法院在对犯罪分子量刑时据以决定刑罚轻重或者免除刑罚处罚的主客观事实情况。量刑情节是揭示犯罪行为的社会危害程度和行为人的人身危险性的各种事实情况，与定罪并无关系。现实生活中，犯罪的表现形式千姿百态，对于不同的行为人不可能一律判处同样的刑种和同样的刑期。因而，人民法院在定罪的基础上，针对犯罪的不同情况可以对犯罪人作出从重、从轻、减轻或者免除处罚的决定。

（二）量刑情节的分类

量刑情节有多种形式，依据不同标准，可将其分为不同类型。

1. 法定情节与酌定情节

以是否有刑法的明文规定为标准，可以将量刑情节分为法定情节与酌定情节。法定情节，是指刑法明文规定的、量刑时必须予以考虑的各种犯罪事实情况。法定量刑情节既包括刑法总则规定的对各种犯罪共同适用的情节，又包括刑法分则规定的对特定犯罪单独适用的情节，甚至还包括某些单行刑法中规定的适用于特定犯罪的情节。

酌定情节，是指刑法中虽然没有明文规定，但司法实践中可能影响量刑的与犯罪事实和犯罪人有关的情况。酌定情节大致可以分为影响犯罪行为社会危害程度的酌定情节和影响犯罪人人身危险性程度的酌定情节两大类。

影响犯罪行为社会危害程度的酌定情节包括:(1)犯罪的损害结果。当危害结果不是犯罪构成要件要素时,危害结果的轻重对说明罪行的轻重有重要作用,因而成为量刑时应斟酌考虑的重要情节。例如,同是盗窃,盗窃 1 万元与盗窃 10 万元在量刑上肯定有区别。(2)犯罪的时间、地点。尽管对于绝大多数犯罪的成立而言,时间和地点并无决定性意义,但相同的犯罪行为,如果犯罪的时间、地点不同,则社会危害程度大小也就不相同。例如,在公共场所强奸妇女的社会危害性就大于在偏僻场所犯此罪的社会性,量刑时应区别对待。(3)犯罪手段。犯罪手段一般不是犯罪构成要件,但可以揭示出犯罪行为的社会危害性程度。例如,以分尸的手段来杀人与普通方式杀人的社会危害性程度就不同,量刑时应区别对待。(4)犯罪对象。犯罪对象情况如何,也往往反映出犯罪行为的社会危害性程度。例如,盗窃一般财物和盗窃国家救险、救灾物资,就具有不同的社会危害性。盗窃救灾、救险物资的罪行就重于盗窃一般公私财物,量刑时应区别对待。(5)社会形势。社会形势,是指与人民法院适用法律有着紧密联系的政治形势、经济形势、社会治安形势与文化形势。不同社会形势下,相同犯罪行为所表现出的社会危害性程度也是不一致的,因而影响量刑。(6)公众情感。公众情感是一般公民对犯罪行为所产生的心理态度,公众情感反映着社会的正义观念,包括民愤和民怜,在一定程度上影响着犯罪的社会危害程度,进而影响量刑。

影响犯罪人人身危险性程度的酌定情节包括:(1)犯罪动机。犯罪动机如何,可以直接反映出犯罪人人身危险性的大小,进而影响量刑。例如,基于家庭经济拮据而贪污公共财物和为了吃喝玩乐而贪污公共财物,后者反映出的人身危险性就大,量刑时应予以考虑。(2)行为人犯罪前的一贯表现。一个人的品德操行是通过平日的一言一行表现出来的。一个人平时总是表现良好,因临时起意偷窃他人财物;另一个人一贯好逸恶劳,偷窃了他人同样数额的财物,后者较前者就具有更大的人身危险性,量刑时应予以考虑。(3)行为人犯罪后的表现。行为人犯罪后的态度如何,反映出不同的人身危险性,进而影响量刑。例如,甲犯罪后坦白交代自己的犯罪事实,乙犯罪后拒不供认,只是在迫不得已的情况下才承认自己的犯罪事实。甲、乙两人犯罪后的不同表现,就显示了他们轻重不同的主观恶性,量刑时应区别对待。(4)前科。前科是指依法受过刑事处罚的事实。依法受过刑事处罚后又犯罪的,说明行为人的人身危险性较为严重,理当成为酌定量刑情节。但如果构成累犯,则属于法定量刑情节。

2. 从宽情节与从严情节

以情节对犯罪人是否有利为标准，可将量刑情节分为从宽量刑情节与从严量刑情节。从宽量刑情节，是指对犯罪人处刑较轻的情节。根据我国刑法的规定，依据其具体影响量刑的幅度，从宽量刑情节可以分为从轻情节、减轻情节和免除处罚情节三个等级。我国刑法中，除了极个别条文规定的从宽量刑情节只有一个从宽等级外，大多数从宽量刑情节都包括了两个或三个从宽等级。从严量刑情节，是指对犯罪人处刑较重的情节。在我国刑法中，从严量刑情节只包括从重处罚情节。

3. 应当型量刑情节与可以型量刑情节

以刑法是否对量刑情节的功能作出硬性规定为标准，可以把量刑情节分为应当型量刑情节与可以型量刑情节。应当型量刑情节，是指法律对量刑情节作了硬性规定，司法人员必须适用，没有选择的余地；可以型量刑情节，是指在量刑时可以由司法人员酌情适用的情节。

四、量刑情节的适用

（一）量刑情节的适用规则

1. 从重处罚、从轻处罚情节的适用规则

《刑法》第 62 条规定："犯罪分子具有本法规定的从重处罚、从轻处罚情节的，应当在法定刑的限度以内判处刑罚。"这一规定为从重处罚、从轻处罚情节的正确适用提供了法律依据。所谓从重处罚，是指在法定刑幅度内，对犯罪分子适用相对较重的刑种或者处以相对较长的刑期；所谓从轻处罚，是指在法定刑的幅度内，对犯罪分子适用相对较轻的刑种或者处以相对较短的刑期。

2. 减轻处罚情节的适用规则

《刑法》第 63 条第 1 款规定："犯罪分子具有本法规定的减轻处罚情节的，应当在法定刑以下判处刑罚；本法规定有数个量刑幅度的，应当在法定量刑幅度的下一个量刑幅度内判处刑罚。"根据这一规定，减轻处罚，是指判处低于法定最低刑的刑罚。我国刑法中的减轻处罚分为法定减轻处罚和酌定减轻处罚两种。在把握减轻处罚的规则时，需要注意以下几个问题。

（1）法定最低刑的确定。对于只有单一的法定刑幅度的犯罪而言，法定最低刑也就是法定刑幅度的下限；对于具有数个法定刑幅度的犯罪而言，法定最低刑应是指与不具有该减轻处罚情节的同一犯罪的危害性程度相适应的法定刑幅度的下限。

(2) 减轻处罚的减轻幅度。减轻处罚既包括刑种的减轻(包括判处刑法分则没有规定的不同刑种的刑罚),也包括刑期的减轻。在减轻处罚的场合,只能低于法定刑幅度的最低刑处罚。〔1〕在刑法分则规定有数个量刑幅度的情况下,应当在法定量刑幅度的下一个量刑幅度内判处刑罚。具体而言,在刑法分则规定有数个量刑幅度的场合,减轻处罚只能是在法定量刑幅度紧接着的下一个量刑幅度内判处刑罚,而不能跨越下一个量刑幅度去判处刑罚。

(3) 特殊减轻处罚的适用条件。《刑法》第 63 条第 2 款规定:“犯罪分子虽然不具有本法规定的减轻处罚情节,但是根据案件的特殊情况,经最高人民法院核准,也可以在法定刑以下判处刑罚。”此即我国刑法中的特殊减轻处罚。适用特殊减轻处罚,必须符合以下几个条件:第一,行为人不具有法定的减轻处罚情节。第二,案件具有特殊情况。所谓“特殊情况”,具体包括涉及政治、外交、统战、民族、宗教等国家利益的特殊需要以及反映犯罪的社会危害程度和犯罪人的人身危险程度,应当据此给予犯罪人减轻处罚,但由于法律规定的滞后性或者立法者认知能力的有限性而没有予以规定的事实情况。在这种特殊情况下,对行为人判处法定最低刑仍显过重时,应考虑在法定最低刑以下判处刑罚。第三,必须报请最高人民法院核准,而且必须一案一报。

3. 免除处罚情节的适用规则

免除处罚,是指对犯罪分子作有罪宣告,但免除其刑罚处罚。免除刑罚处罚的行为人的行为也构成犯罪,只是因为具有免除处罚的情节,才不予以刑罚处罚。免除处罚与《刑法》第 13 条“但书”规定的“不认为是犯罪”有原则的区别:前者是有罪免刑,而后者则是根本不构成犯罪。《刑法》第 37 条对于法定免除处罚情节的适用作出了概括性规定,即“犯罪情节轻微不需要判处刑罚的,可以免予刑事处罚”。根据该条规定,在适用免除处罚情节的同时,可以根据案件的不同情况,予以训诫或者责令具结悔过、赔礼道歉、赔偿损失,或者由主管部门予以行政处罚或

---

〔1〕《刑法》第 99 条规定:“本法所称以上、以下、以内,包括本数。”第 63 条第 1 款前段规定:“犯罪分子具有本法规定的减轻处罚情节的,应当在法定刑以下判处刑罚。”据此,判处法定最低刑也属于减轻处罚的范围,但这显然是不符合减轻处罚的含义的。因而,对《刑法》第 63 条中的“以下”只能补正解释为“不包括本数”。

者行政处分。根据2010年2月8日最高人民法院《关于贯彻宽严相济刑事政策的若干意见》,“被告人的行为已经构成犯罪,但犯罪情节轻微,或者未成年人、在校学生实施的较轻犯罪,或者被告人具有犯罪预备、犯罪中止、从犯、胁从犯、防卫过当、避险过当等情节,依法不需要判处刑罚的,可以免予刑事处罚。”据此,免予刑事处罚包括法定免除刑事处罚及酌定免除刑事处罚两种情形。在刑法明确规定免除处罚的情况下,司法机关可以直接依照相应的条文对犯罪人适用免除刑事处罚;对于不具备法定免除处罚情节,但犯罪情节轻微的情形,司法机关可以依照《刑法》第37条的规定适用免除处罚。

(二)多功能情节的适用

我国刑法规定的从宽处罚情节,一般都是多功能情节,具有从轻或者减轻处罚两个功能,甚至具有从轻、减轻或者免除处罚三种功能,而在具体案件中只能适用其中的一项功能。因而,在适用多功能情节时,需要注意以下几点:第一,应根据犯罪的性质和具体危害程度决定各种功能的取舍。如果犯罪的性质和具体危害程度较轻,可以考虑较大的从宽功能,即减轻或者免除处罚;如果犯罪的性质和具体危害程度较重,可以考虑较小的从宽功能,即从轻处罚。第二,应根据量刑情节本身的轻重选择具体的功能。具体而言,情节本身较轻的,应选择较大的从宽功能或较小的从严功能;情节本身较重的,应选择较小的从宽功能或较大的从严功能。第三,法律对多功能情节所包含功能的排列顺序对于多功能情节的适用具有指导意义。刑法对多功能情节所包含的功能的排列不是任意的,而是充分反映了立法者的倾向性。因此,应当优先选择适用排列在前的功能;只有当前列功能与具体量刑情节的实际作用力明显不相匹配时,才能依次考虑适用后列功能。

(三)量刑情节的竞合

在同一个案件中往往并存数个量刑情节,这就是所谓量刑情节的竞合。同一案件中的多个量刑情节既可能都是从宽处罚情节,也可能都是从严处罚情节,还有可能是从宽处罚情节与从严处罚情节并存。其中,前两种情形属于量刑情节的同向竞合,后一种情形属于量刑情节的逆向竞合。

1. 量刑情节的同向竞合

量刑情节的同向竞合可以分为从宽处罚情节的竞合和从严处罚情节的竞合。从宽处罚情节的竞合包括从轻处罚情节竞合、减轻处罚情节竞合、免除处罚情节竞合以及从轻、减轻或者免除处罚情节交叉竞合四种情形。在发生同向竞合的多个情节中,只要有一个是免除处罚的情节,适用该情节就已经使其他量刑情节的作用力完全被包容,则其他量刑情节便无需独立适用。如果没有免除功能,而均是从轻或减轻,其适用的顺序应该是“先减轻,再从轻”,即在减轻后所可能裁量刑罚的基础上,再从轻处罚。因为若“先从轻,再减轻”,其从轻的作用就会被减轻所吸收,难以发挥作用。从严处罚情节的竞合仅存在多个从重处罚情节竞合一种情形。在这种情形下,多个从严情节不能合并升格为加重。

2. 量刑情节的逆向竞合

在同一案中同时具有数个功能相反的量刑情节的情况下,适用时应注意以下两个方面:(1)相同数量的功能相反的情节不能互相折抵。如果某犯罪有一个从宽情节与一个从严情节,不能将其折抵,进而按没有法定情节裁量刑罚。因为情节的具体内容不同,对社会危害性的影响程度不同,直接折抵,难以使每一个情节的具体情况得到充分的反映,有可能导致量刑偏颇。(2)在适用顺序上,应该坚持“先从严,再从宽”。因为先考虑从重,确定一个可能判处的最高刑,在此基础上再根据该刑罚在法定刑中的位置,酌情选择从宽情节的功能,就可以使所有的情节均能发挥应有的作用。如果“先从宽,再从严”,在有些情况下就有可能使有的情节难以充分发挥作用。例如,先考虑从宽情节选择了减轻功能,在减轻之后,再考虑从重情节,法定刑如何计算就是一个难题。如果将未减轻之前的法定刑幅度作为从重的裁量范围,就有可能使原从宽情节的作用化为乌有;若以减轻后的刑罚所处的法定刑幅度作为量刑范围,从重处罚情节的作用就难以充分发挥作用。

第二节 累　　犯

一、累犯的概念

累犯,是指因犯罪而受过一定的刑罚处罚,在刑罚执行完毕或者赦免以后,在法定的期限内又犯一定之罪的犯罪分子。“累犯”通常在两种意义上予以使用:作为量刑情节,累犯是一种特定的再次犯罪的事实;作为量刑对象,累犯是指符合法定条件的犯罪人。

累犯和再犯不是同一个概念。凡再次犯罪的,均可以称为再犯;但再次犯罪的,并不一定构成累犯。我国刑法明确规定的再犯,仅限于毒品犯罪的再犯。根据《刑法》第356条的规定，“因走私、贩卖、运输、制造、非法持有毒品罪被判过刑，又犯刑法分则第6章第7节所规定的毒品犯罪的，从重处罚。”应当注意的是，对于同时符合累犯和特别再犯构成条件的犯罪分子，不应同时适用《刑法》第65条和第356条实行双重从重处罚，而应一律适用《刑法》第356条规定的再犯条款从重处罚。

二、累犯的构成条件

根据我国刑法的相关规定，累犯分为一般累犯与特殊累犯，各自的构成条件也不相同。

（一）一般累犯的构成条件

因故意犯罪被判处有期徒刑以上刑罚，在刑罚执行完毕或者赦免以后5年以内，再犯应当判处有期徒刑以上刑罚之故意犯罪的，成立一般累犯（又称普通累犯）。根据《刑法》第65条的规定，一般累犯的构成条件包括以下四个。

1. 主观条件

就前后两个犯罪的主观方面而言，行为人均持有故意，即前罪与后罪都是故意犯罪。如果前罪与后罪都是过失犯罪，或者其中一罪是过失犯罪，则均不构成累犯。可见，我国刑法将累犯严格限制在故意犯罪的范围内。之所以如此，是因为累犯制度的设立是以消除犯罪人的再犯可能性为宗旨的，而过失犯罪所反映的主观恶性明显轻于故意犯罪，而且过失犯罪人再犯罪的可能性比较小，故没必要正对过失犯罪设立累犯制度。

2. 刑度条件

前罪被判处的刑罚与后罪应当被判处的刑罚都是有期徒刑以上刑罚。如果前罪被判处的刑罚和后罪应当被判处的刑罚均低于有期徒刑，或者其中有一个低于有期徒刑，则均不构成累犯。换言之，如果前罪被判处的是拘役、管制或者单处附加刑，则无论后罪多么严重，也不成立累犯；反之，虽然前罪被判处的是有期徒刑以上刑罚，而后罪却应当被判处拘役、管制或者单处附加刑的，也不成立累犯。之所以将构成累犯的刑度条件限定为有期徒刑以上刑罚，是为了突出打击重点。行为人实施了比较严重的犯罪并接受了有期徒刑以上刑罚的教育改造后，又犯应当被判处有期徒刑以上刑罚的比较严重的犯罪的，说明其主观恶性和人身危险性较大，因而有必要规定为累犯，并予以从重处罚。

所谓“被判处有期徒刑以上刑罚”,是指人民法院最后确定的宣告刑为有期徒刑以上刑罚,包括被判处有期徒刑、无期徒刑和死缓。被宣告无期徒刑或者死缓的犯罪分子可以通过减刑或假释回归社会,因而也可能再次实施犯罪,构成累犯。所谓“应当判处有期徒刑以上刑罚”,是指根据行为的社会危害性程度、行为人的人身危险性程度和法律规定,所犯后罪应当被判处有期徒刑以上刑罚,而不是指该罪的法定刑为有期徒刑以上刑罚。

3. 时间条件

后罪发生在前罪的刑罚执行完毕或者赦免以后5年以内。这里的“刑罚执行完毕”,是指主刑执行完毕,不包括附加刑在内。主刑执行完毕5年以内又实施犯罪的,即使附加刑未执行完毕,仍构成累犯。所谓“赦免”,是指特赦减免。5年以内的期限,应从刑罚执行完毕之日或赦免之日起计算。如果后罪发生在前罪的刑罚执行期间,应当实行数罪并罚,不构成累犯;如果后罪发生在前罪刑罚执行完毕或者赦免5年以后,也不构成累犯。

被假释的犯罪分子,如果在假释考验期限以内又犯新罪的,不构成累犯,而应撤销假释,实行数罪并罚。被假释的犯罪分子,在假释考验期满5年以内又犯新罪的,构成累犯,因为假释考验期满就认为原判刑罚已经执行完毕。5年以内的期限,从假释期满之日起计算。被假释的犯罪分子,在假释考验期满5年以后又犯罪的,则不构成累犯。

被判处有期徒刑并宣告缓刑的犯罪分子,在缓刑考验期满以后又犯罪的,不构成累犯。缓刑是附条件地不执行原判刑罚。考验期满没有撤销缓刑的,原判刑罚就不再执行,而不是原判刑罚已经执行完毕,所以不符合累犯的构成条件。

4. 主体条件

根据《刑法》第65条的规定,不满18周岁的人犯罪的,不构成累犯。因而,犯罪分子在犯前罪和后罪时必须都是年满18周岁的人。如果犯前罪时是不满18周岁的未成年人,即使犯后罪时年满18周岁,也不构成累犯。

(二)特别累犯

犯危害国家安全犯罪、恐怖活动犯罪、黑社会性质的组织犯罪的犯罪分子,在刑罚执行完毕或者赦免以后,在任何时候再犯上述任一类罪的,成立特别累犯。根据《刑法》第66条的规定,特别累犯的成立条件如下。

(1) 前罪和后罪必须是危害国家安全罪、恐怖活动犯罪、黑社会性质的组织犯罪的任何一种犯罪。如果前后两个罪或者其中一罪不属于危害国家安全犯罪、恐怖活动犯罪、黑社会性质的组织犯罪，就不构成特别累犯。

(2) 前罪被判处的刑罚和后罪应判处的刑罚的种类及其轻重不受限制。即使前后两罪或者其中之一被判处或应当被判处管制、拘役或者单处某种附加刑，也不影响特别累犯的成立。不过，如果前罪没有被判处刑罚，即使再犯危害国家安全犯罪、恐怖活动犯罪、黑社会性质的组织犯罪，也不构成特别累犯。

(3) 后罪必须发生在前罪的刑罚执行完毕或者赦免以后。在前罪的刑罚执行完毕或者赦免以后，任何时候再犯危害国家安全犯罪、恐怖活动犯罪、黑社会性质的组织犯罪的，都构成特别累犯，不受前后两罪间隔时间长短的限制。

三、累犯的处罚

根据《刑法》第 65 条的规定，对累犯，应当从重处罚。累犯比初犯具有更为严重的人身危险性和更深的主观恶性，因而对累犯的处罚更为严厉。

对累犯从重处罚时，应以不构成累犯的初犯或其他犯罪人为参照。换言之，当累犯所实施的犯罪行为与某一不构成累犯者实施的犯罪行为在性质、情节以及社会危害程度等方面基本相似时，应比照对不构成累犯者应判处的刑罚再予以从重处罚。另外，根据我国《刑法》第 74 条和第 81 条的规定，对于累犯，不适用缓刑，也不得假释。

第三节　自首和立功

一、自首

(一) 自首的概念

《刑法》第 67 条第 1 款规定："犯罪以后自动投案，如实供述自己的罪行的，是自首。对于自首的犯罪分子，可以从轻或者减轻处罚。其中，犯罪较轻的，可以免除处罚。"第 2 款规定："被采取强制措施的犯罪嫌疑人、被告人和正在服刑的罪犯，如实供述司法机关还未掌握的本人其他罪行的，以自首论。"据此，所谓自首，是指犯罪分子在犯罪以后自动投案，如实供述自己的罪行的行为，或者被采取强制措施的犯罪嫌疑人、被告人和正在服刑的罪犯，如实供述司法机关尚未掌握的本人其他罪行的行为。自首可以分为两种,即一般自首和特别自首。一般自首,是指犯罪分子犯罪以后自动投案,如实供述自己罪行的行为。特别自首,又称准自首、余罪自首或余首,是指被采取强制措施的犯罪嫌疑人、被告人和正在服刑的罪犯,如实供述司法机关尚未掌握的本人其他罪行的行为。

在刑法理论中,与自首含义相近的是坦白。“坦白”,是指犯罪分子被动归案之后,向司法机关如实供认自己被指控的犯罪事实,并接受国家司法机关审查和裁判的行为。自首与坦白有某些相同之处:其一,两者都是在犯罪人归案之后如实交代自己的犯罪事实;其二,两者的犯罪人都具有接受国家审查和裁判的行为;其三,两者都是法定从宽处罚的情节。但是,自首与坦白又存在差别。首先,自首是犯罪人自动投案之后,主动如实供述自己犯罪事实的行为,或者被动归案以后,如实供述司法机关还未掌握的本人其他罪行的行为;坦白则是犯罪人被动归案之后,如实供认自己被指控的犯罪事实的行为。其次,对于自首犯,刑法规定可以从轻或者减轻处罚,其中犯罪较轻的可以免除处罚;而对于坦白,刑法规定可以从轻处罚,因其如实供述自己罪行避免特别严重后果发生的可以减轻处罚。

(二) 自首的成立条件

1. 一般自首的成立条件

根据《刑法》第 67 条第 1 款的规定,一般自首的成立必须同时具备以下条件。

(1) 自动投案。自动投案,是指犯罪事实或者犯罪嫌疑人未被司法机关发觉,或者虽被发觉,但犯罪嫌疑人尚未受到讯问、未被采取强制措施时,主动、直接向公安机关、人民检察院或者人民法院投案。自动投案是一般自首成立的前提条件。从投案时间上看,不但犯罪被发觉前可以成立自动投案,即便是在犯罪事实或者犯罪嫌疑人已被司法机关发觉,或者犯罪事实和犯罪嫌疑人均已被司法机关发觉,或者司法机关在侦查过程中,仅根据某些线索怀疑某人可能是犯罪嫌疑人,但只要尚未对其进行讯问或者采取强制措施的情况下,均可以成立自动投案。自首一般要求直接投案,但也允许用其他方式,如委托他人投案、打电话投案等。自动投案作为行为人犯罪后实施的具有“自动性”的行为,是基于其自由意志选择的结果。至于投案的动机则因人而异。有的出于真心悔改,争取宽大处理;有的慑于法律威力,迫于走投无路等;有的潜逃后为生活所迫。无论出于何种动机,均不影响自动投案的成立。投案对象既可以是负有侦查、起诉、审判职能的公安机关、人民检察院和人民法院及其派出单位,如人民法庭等,也可以是犯罪嫌疑人所在单位、城乡基层组织和其他有关负责人。投案对象的宽泛性为犯罪人自首的实现提供了便利的条件。

根据自首制度的立法精神和相关司法解释,下列情形应当视为自动投案。

第一,犯罪分子向其所在单位、城乡基层组织或者其他有关负责人投案的。例如,犯罪分子向其所属的国家机关、国有公司、企业、事业单位、人民团体的保卫部门或乡政府、村委会及其治保组织以及会将自己的犯罪事实告知司法机关及其他机关、单位的人投案的,属于自动投案。理论上一般认为,首服是自首的一种特殊形式。所谓“首服”,是指犯罪人实施了告诉才处理的犯罪以后,向有告诉权的人告知自己的犯罪事实,并同意由其告知司法机关的行为。虽然首服在形式上有别于通常意义上的自首,但具备实质意义上的自首的特征,是犯罪人悔过自新的表现,有利于及时发现犯罪,促使犯罪人弃暗投明,节约司法运作成本,因而应当承认其属于自首。

第二,犯罪嫌疑人因病、伤或者为了减轻犯罪后果,委托他人先代为投案,或者先以信件、电话投案的。在委托他人代为投案(代首)的情况下,虽然犯罪分子没有亲赴司法机关,但由于被委托人将犯罪人的犯罪事实告知司法机关是犯罪人请求的结果,是在实现犯罪人的意图,因而符合自动投案的条件。

第三,罪行尚未被司法机关发觉,仅因形迹可疑,被有关组织或者司法机关盘问、教育后,主动交代自己的罪行的。这里的“尚未被司法机关发觉”,包括三种情形:其一,司法机关尚不知道犯罪发生;其二,司法机关虽然知道犯罪发生,但不知道犯罪人是谁;其三,司法机关知道发生了犯罪,也知道系何人所为,但不知道眼前的被盘问人就是犯罪嫌疑人。所谓“形迹可疑被有关组织盘问、教育”,是指司法机关或其他有关组织在没有掌握犯罪的基本事实,即何人在何时、何地实施了何种犯罪,或者足以断定某人实施了某种犯罪的重要证据时,仅凭工作经验或个别线索对被怀疑对象进行的询问或调查。如果司法机关已经掌握了足以合理怀疑特定人实施某种犯罪的证据或线索,或者向其出示了有关犯罪证据,或者凭借相关证据进行针对性盘问或教育,揭穿其陈述中的破绽与谎言,被怀疑人自感不能继续隐瞒而交代罪行的,不成立形迹可疑型自首。被怀疑人作如实交代前,司法机关是否掌握客观的、据此足以合理怀疑被怀疑人实施某种犯罪的证据或线索,是形迹可疑与犯罪嫌疑的本质区别。在行为人遭到盘问时,如能根据行为人身上携带的物品确定该物品是赃物或犯罪工具从而认定行为人有犯罪嫌疑,即使其"主动"交代罪行的,也不能认定其是因形迹可疑遭到盘问而主动交代因而成立自动投案。

第四,犯罪后逃跑,在被通缉、追捕过程中,主动投案的。

第五,经查实,确已准备去投案,或者正在投案途中,被公安机关捕获的。

第六,并非出于犯罪嫌疑人主动,而是经亲友规劝、陪同投案的。"送子女或亲友归案",一般并非出于犯罪分子的主动,而是经家长、亲友规劝、陪同投案的。无论是公安机关通知犯罪分子的家长后,或者家长、监护人主动报案后,犯罪分子被送去归案的(甚至可能采取将犯罪分子捆绑以后交送司法机关处理的方式),只要能如实地交代罪行的,都应按自首对待。

第七,公安机关通知犯罪嫌疑人的亲友,或者亲友主动报案后,将犯罪嫌疑人送去投案的,或约定地点,等候公安人员抓捕犯罪嫌疑人的。

第八,近亲属了解到犯罪嫌疑人的藏匿地点后,积极协助公安人员前往抓获,犯罪嫌疑人并不拒捕而予以配合的。

(2) 如实供述自己的罪行。如实供述自己的罪行,是指犯罪嫌疑人自动投案后,如实交代自己的主要犯罪事实。"主要犯罪事实",是指对犯罪行为的定罪量刑有重大影响的事实。如果犯罪嫌疑人对犯罪的个别情节有所隐瞒或遗漏,但并不足以对其定罪量刑构成实质性影响的,仍可视为如实供述。

在把握"如实供述自己的罪行"这一条件时,应当注意以下几点。

第一,犯有数罪的犯罪嫌疑人仅如实供述所犯数罪中部分犯罪的,只对如实供述部分犯罪的行为认定为自首。

第二,共同犯罪案件中的犯罪嫌疑人除如实供述自己的罪行以外,还应当供述所知的同案犯,主犯则应当供述所知其他同案犯的共同犯罪事实,才能认定为自首。共同犯罪的性质,决定了每一犯罪人的行为是共同犯罪行为整体的一部分;仅交代自己实施的部分行为,而不交代其他同案犯,也就难以讲清自己的罪行。据此,主犯中的首要分子所供述的罪行应当包括在其组织、策划、指挥作用支配下的全部罪行;其他主犯所供述的罪行应当包括在首要分子的组织、策划、指挥作用的支配下实施的共同犯罪行为,以及与其他共同犯罪人共同实施的犯罪行为;从犯中的次要实行犯所供述的罪行应当包括犯罪分子自己实施的犯罪以及与自己共同实施犯罪的主犯和胁从犯的犯罪行为;帮助犯所供述的罪行应当包括自己实施的帮助行为以及自己所帮助的实行犯的犯罪行为;胁从犯所供述的罪行应当包括自己在被胁迫情况下实施的犯罪以及所知道的胁迫自己犯罪的人所实施的犯罪行为;教唆犯供述的罪行应当包括自己的教唆行为以及所了解的被教唆人在产生犯罪意图后实施的犯罪行为。

第三,犯罪嫌疑人自动投案并如实供述自己的罪行后又翻供的,不能认定为自首;但在一审判决前又能如实供述的,应当认定为自首。犯罪嫌疑人在自动投案后,在一审阶段翻供、二审期间又作如实供述的,二审法院不能认定为自首。否则,容易助长犯罪嫌疑人在一审判决前竭力抵赖,如果在二审时赖不掉再作供述也不迟的负面心态。

第四,被告人对行为性质的辩解不影响自首的成立。在如实供述的基础上,犯罪嫌疑人对案件事实和法律性质以及刑事责任大小所进行的自我辩解,不影响自首的成立。犯罪分子自动投案并如实交代罪行后,为自己进行辩护的,或者提出上诉的,或者更正和补充某些事实的,都应当允许,不能因为有这些情况而否定自首。

2. 特别自首的成立条件

根据《刑法》第 67 条第 2 款的规定,成立特别自首必须同时具备以下条件。

(1) 主体是被采取强制措施的犯罪嫌疑人、被告人和正在服刑的罪犯。这里的“强制措施”,是指人民法院、人民检察院或者公安机关,依照法定程序而采取的拘传、取保候审、监视居住、拘留和逮捕。“犯罪嫌疑人”,是指在公诉案件中因涉嫌犯罪而正在被立案侦查和审查起诉的当事人。“被告人”,是指在公诉案件中因涉嫌犯罪而被检察机关提起公诉或者在自诉案件中被自诉人提起自诉的当事人。“正在服刑”,是指人民法院的判决已发生法律效力,对犯罪分子正在执行死缓、无期徒刑、有期徒刑、拘役、管制。对于正在被执行附加刑的罪犯,原则上也属于正在服刑的罪犯。

(2) 如实供述司法机关还未掌握的本人其他罪行。被采取强制措施的犯罪嫌疑人、被告人和正在服刑的罪犯,只有如实供述司法机关尚未掌握的罪行,与司法机关已掌握或者判决确定的罪行不属于同种罪行的,才能成立特别自首。若如实供述的司法机关尚未掌握的罪行与司法机关已掌握的或者判决确定的罪行属同种罪行的,可以酌情从轻处罚;如实供述的同种罪行较重的,一般应当从轻处罚。

(三) 自首的法律后果

《刑法》第 67 条第 1 款后段规定:“对于自首的犯罪分子,可以从轻或者减轻处罚;其中,犯罪较轻的,可以免除处罚。”具体确定从轻、减轻还是免除处罚时,应当根据犯罪轻重,并考虑自首的具体情节。这里的“犯罪较轻的”,通常认为是指法定最高刑为 3 年以下有期徒刑的犯罪。对于某些情节特别恶劣、罪行特别严重的犯罪,也可以不予从宽。

二、立功

(一) 立功的概念

根据《刑法》第 68 条的规定,立功是指犯罪分子揭发他人犯罪行为,查证属实,或者提供重要线索,从而得以侦破其他案件,以及其他有利于国家和社会的突出表现。

(二) 立功的种类及其表现形式

根据《刑法》第 68 条第 1 款的规定,立功分为一般立功和重大立功两种。

1. 一般立功的表现形式

根据刑法的相关规定和司法实践,一般立功的表现形式主要有:(1)犯罪分子到案后有检举、揭发他人犯罪行为,包括共同犯罪案件中的犯罪分子揭发同案犯共同犯罪以外的其他犯罪,经查证属实的;(2)提供侦破其他案件的重要线索,经查证属实的;(3)阻止他人犯罪活动的;(4)协助司法机关抓捕其他犯罪嫌疑人(包括同案犯)的;(5)具有其他有利于国家和社会的突出表现。

2. 重大立功的表现形式

根据刑法的相关规定和司法实践,重大立功的表现形式主要有:(1)检举、揭发他人重大犯罪行为,且查证属实的;(2)提供重要线索,使司法机关得以侦破其他重大案件的;(3)阻止他人重大犯罪活动的;(4)协助司法机关抓捕其他重大犯罪嫌疑人的;(5)其他有利于国家和社会的突出表现或重大贡献等。这里所说的“重大犯罪”“重大案件”“重大犯罪嫌疑人”,一般是指犯罪嫌疑人、被告人可能被判处无期徒刑以上刑罚,或者案件在本省、自治区、直辖市或者全国范围内有较大影响等情况。

根据 2009 年 3 月 12 日最高人民法院、最高人民检察院《关于办理职务犯罪案件认定自首、立功等量刑情节若干问题的意见》的规定,在职务犯罪案件中,据以立功的线索、材料来源有下列情形之一的，不能认定为立功：(1)本人通过非法手段或者非法途径获取的；(2)本人因原担任的查禁犯罪等职务获取的；(3)他人违反监管规定向犯罪分子提供的；(4)负有查禁犯罪活动职责的国家机关工作人员或者其他国家工作人员利用职务便利提供的。

根据相关司法解释，在毒品案件中，共同犯罪中同案犯的基本情况，包括同案犯姓名、住址、体貌特征、联络方式等信息，属于被告人应当供述的范围。公安机关根据被告人供述抓获同案犯的，不应认定其有立功表现。被告人在公安机关抓获同案犯过程中确实起到协助作用的，例如，经被告人现场指认、辨认抓获了同案犯；被告人带领公安人员抓获了同案犯；被告人提供了不为有关机关掌握或者有关机关按照正常工作程序无法掌握的同案犯藏匿的线索，有关机关据此抓获了同案犯；被告人交代了与同案犯的联系方式，又按要求与对方联络，积极协助公安机关抓获了同案犯等，属于协助司法机关抓获同案犯，应认定为立功。〔2〕

（三）立功的法律后果

根据《刑法》第 68 条的规定，对于有立功表现的犯罪分子，应区分不同情况予以从宽处罚：(1)有一般立功表现的，可以从轻或者减轻处罚；(2)有重大立功表现的，可以减轻或者免除处罚；(3)犯罪后自首又有重大立功表现的，应当减轻或者免除处罚。

第四节　数罪并罚

一、数罪并罚概述

（一）数罪并罚的概念

数罪并罚，是指人民法院对判决宣告前一人所犯数罪，或者判决宣告后，刑罚执行完毕前发现漏罪或又犯新罪的，在分别定罪量刑后，按照法定的并罚原则及刑期计算方法，决定对其应执行的刑罚的制度。简而言之，数罪并罚是对一行为人在法定期限内所犯数罪分别定罪量刑后，按照法定的并罚原则及刑期计算方法，决定其应执行的刑罚的制度。

---

〔2〕 参见最高人民法院 2008 年《全国部分法院审理毒品犯罪案件工作座谈会纪要》。

(二) 数罪并罚的特征

根据我国刑法的相关规定,数罪并罚具有以下特征。

1. 一行为人犯有数罪

这是适用数罪并罚的前提条件。此处的数罪,是指实质上的数罪或独立的数罪。一人犯一罪以及数人共同犯一罪的,不发生数罪并罚的问题;形似数罪但并非数罪以及本为数罪但刑法将其规定为一罪或者处断时作为一罪的情形,均不适用数罪并罚。

2. 数罪必须发生在法定的时间界限内

这是适用数罪并罚的时间条件。根据我国刑法的相关规定,并非在任何时候对实质或独立数罪均需要进行并罚,而是只有当刑罚执行完毕以前发现犯罪人犯有数罪的,才适用数罪并罚。它具体包括以下情形:(1)判决宣告以前一人犯有数罪;(2)刑罚执行过程中发现被判刑的犯罪分子在判决宣告以前还有其他罪没有判决的;(3)判决宣告以后,刑罚执行完毕以前,被判刑的犯罪分子又犯新罪;(4)被宣告缓刑的犯罪分子,在缓刑考验期限内再犯新罪或者发现判决宣告以前还有其他罪没有判决的;(5)被假释的犯罪分子在假释考验期限内再犯新罪或者发现判决宣告以前还有其他罪没有判决的。

3. 在对数罪分别定罪量刑的基础上,依照法定的并罚原则及刑期计算方法,决定执行的刑罚

这是数罪并罚的程序规则和实际操作规则。数罪并罚并不是对数罪所判刑罚予以简单相加,而是对犯罪分子所犯数罪依照刑法分则有关条文的规定,逐个确定罪名、裁量刑罚,然后根据刑法总则确立的数罪并罚原则及刑期计算方法,决定其应执行的刑罚。在数罪并罚过程中,对同一个人所犯数罪分别定罪量刑,并对所判数刑(包括附加刑)分别予以宣告是对数罪合并处罚的基础和前提。司法实践中,对于数罪中有一罪或数罪应当判处无期徒刑或者死刑(含死缓)的案件,同样应当对各罪分别定罪量刑,然后决定执行其中最高的刑罚。对附加刑也应当分别进行量刑,这样才能看出附加刑是针对何罪适用的。如数罪中有一罪已经被判处死刑或者无期徒刑,从而已判处了剥夺政治权利终身,而对于其他犯罪如果能够适用剥夺政治权利的,则同样可以适用。

二、数罪并罚的原则

数罪并罚的原则，是指对一人所犯数罪合并处罚所依据的准则。数罪并罚的原则所要解决的是对数罪如何实行并罚的问题。

（一）各国刑法采用的数罪并罚原则

从世界各国的刑事立法来看，所采用的数罪并罚原则，主要有并科原则、吸收原则、限制加重原则和折中原则。

1. 并科原则

并科原则，又称相加原则、合并原则或累加原则等，是指对数罪分别宣告的刑罚绝对相加、合并执行的规则。例如，甲犯盗窃罪和故意伤害罪，分别判处有期徒刑 10 年和 12 年。按照并科原则，两罪所判刑罚相加，总刑期就是有期徒刑 22 年。按照这一原则，有的犯罪分子可能被判处有期徒刑几十年甚至几百年，远远超过其生命极限，与无期徒刑的效果并无二致，实际上很难执行。如果数罪中有判处死刑、无期徒刑或有期徒刑等几个刑种的，也无法将数刑相加。

2. 吸收原则

吸收原则，是指将数罪分别定罪量刑，然后选择最重的一种刑罚作为执行的刑罚，其余较轻的刑罚都被最重的刑罚所吸收。吸收原则的依据是重刑吸收轻刑的原理。按照这一原则，可能出现一人犯数罪与一人犯一罪所受的刑罚处罚相同的不合理现象，违背罪刑均衡原则。

3. 限制加重原则

限制加重原则，又称限制并科原则，是指对犯罪分子所犯数罪分别定罪判刑以后，以其中最重的刑罚为基础，综合考虑其他犯罪所判刑罚的情况，再加重一定的刑罚作为执行的刑罚；或者在数罪分别宣告的数刑的总和刑期以下，数刑中最高刑期以上，酌情决定执行的刑期，并规定刑期最高不得超过一定的限度。限制加重原则既克服了并科原则过于严厉且不便执行的弊端，又克服了吸收原则失之过宽的缺陷，从而使数罪并罚制度既贯彻了有罪必罚和罪刑均衡的原则，又采取了较为灵活、合乎情理的合并处罚方式。但该原则也有一定的局限性，即它只适用于有期徒刑、拘役和管制这些有期限的自由刑的合并处罚；如果数刑中有被判死刑或无期徒刑的，该原则就无法适用。

4. 折中原则

折中原则,亦称混合原则,是指对一人所犯数罪的合并处罚不单纯采用并科原则、吸收原则或限制加重原则,而是根据法定的刑罚性质和特点兼采并科原则、吸收原则或限制加重原则,以分别适用于不同刑种和宣告刑结构的合并处罚规则。换言之,折中原则是以上述一种原则为主、他种原则为辅,分别适用于不同刑种或刑罚结构的数罪合并处罚方法。

(二) 我国刑法中的数罪并罚原则

《刑法》第 69 条第 1 款规定:“判决宣告以前一人犯数罪的,除判处死刑和无期徒刑的以外,应当在总和刑期以下、数刑中最高刑期以上,酌情决定执行的刑期,但是管制最高不能超过三年,拘役最高不能超过一年,有期徒刑总和刑期不满三十五年的,最高不能超过二十年,总和刑期在三十五年以上的,最高不能超过二十五年。”第 2 款规定:“数罪中有判处有期徒刑和拘役的,执行有期徒刑。数罪中有判处有期徒刑和管制,或者拘役和管制的,有期徒刑、拘役执行完毕后,管制仍需执行。”第 3 款规定:“数罪中有判处附加刑的,附加刑仍须执行,其中附加刑种类相同的,合并执行,种类不同的,分别执行。”可见,我国刑法采取的是折中主义的并罚原则,即以限制加重原则为主,以吸收原则和并科原则为补充的折中原则。具体来说,表现为以下几个方面。

第一,数罪中有判处死刑或无期徒刑的,采用吸收原则,即数罪中只要有一罪被判处死刑或无期徒刑,不论其他罪判处何种主刑,都只执行其中的一个死刑或无期徒刑,其他主刑被吸收而不予执行。例如,被告人犯两罪分别被判处 10 年有期徒刑和无期徒刑,根据吸收原则,决定执行无期徒刑即可,10 年有期徒刑被无期徒刑吸收。

第二,数罪中的各罪被判处的刑罚均为有期徒刑、拘役或管制的,区分不同情况分别采取限制加重原则、吸收原则和并科原则。(1)判决宣告的数个主刑为同一种有期自由刑的,采取限制加重原则,即在总和刑期以下、数刑中最高刑期以上,酌情决定执行的刑期,但是管制最高不能超过 3 年,拘役最高不能超过 1 年,有期徒刑总和刑期不满 35 年的最高不能超过 20 年,总和刑期在 35 年以上的最高不能超过 25 年。限制加重原则中的“限制”包括受总和刑期的限制和数罪并罚法定最高刑的限制两种情况。前者如,被告人犯了两个罪,所判处的刑罚分别为 10 年和 7 年,总和刑期为 17 年,最高刑为 10 年,故应在 10 年以上 17 年以下决定执行的刑罚。后者如，被告人犯了两个罪，所判处的刑罚分别为10年和12年，总和刑期为22年，最高刑为12年，但法律规定数罪并罚时有期徒刑总和刑期不满35年的，最高不得超过20年，故只能在12年以上20年以下决定执行的刑期。限制加重原则中的“加重”是指对犯有数罪的被告人要“加重”处罚，即决定执行的刑期必须在数刑中的最高刑期以上，但不能将同种刑合并升格为另一种更重的刑种或者无期徒刑。(2)判决宣告的数个主刑包括期徒刑和拘役的，采取吸收原则，即执行有期徒刑，不再执行拘役。(3)判决宣告的数个主刑包括有期徒刑和管制，或者包括拘役和管制的，采取并科原则，即有期徒刑、拘役执行完毕后，再执行管制。

第三，数罪中有判处附加刑的，附加刑仍须执行，采取并科原则，即数罪中主刑不论执行死刑、无期徒刑、有期徒刑、管制或拘役，如有判处附加刑的，附加刑仍须执行。附加刑种类相同的，合并执行，种类不同的，分别执行。

三、数罪并罚的适用

根据《刑法》第69条、第70条和第71条的规定，数罪并罚包括判决宣告以前犯数罪的并罚、判决宣告以后刑罚执行完毕以前发现漏罪的并罚和判决宣告以后刑罚执行完毕以前又犯新罪的并罚三种情况，并罚规则各不同。

(一) 判决宣告以前犯数罪的并罚

如果一人所犯数罪在判决宣告以前均已被发现的，应按照《刑法》第69条的规定实行数罪并罚。这里的数罪通常是指异种数罪，即罪名、性质不同的数罪。

对于判决宣告以前一人所犯的同种数罪，是否应当实行并罚，在理论上尚有争议。一种观点认为，对同种数罪不并罚，作为一罪的从重情节或者法定刑升格的情节处罚。另一种观点则认为，对同种数罪应当实行并罚，不能按一罪从重处罚。通行的观点认为，解决这一问题，应当坚持原则性和灵活性相结合，对同种数罪原则上不并罚，就在规定该种犯罪的条文所规定的法定刑范围内处罚。因为刑法分则多数条文规定了两个或两个以上法定刑幅度，在这个幅度内从重处罚，就可以体现出罪刑均衡原则。但是，如果某种犯罪只有一个法定刑幅度，不实行并罚就不足以体现对数罪从重处罚的原则，甚至会放纵罪犯的，在法律没有明文禁止并罚的情况下，可以有限制地对同种数罪实行并罚。

(二) 判决宣告以后刑罚执行完毕以前发现漏罪的并罚

《刑法》第70条规定：“判决宣告以后，刑罚执行完毕以前，发现被判刑的犯罪分子在判决宣告以前还有其他罪没有判决的,应当对新发现的罪作出判决,把前后两个判决所判处的刑罚,依照本法第六十九条的规定,决定执行的刑罚。已经执行的刑期,应当计算在新判决决定的刑期以内。”根据这一规定,在刑罚执行过程中发现漏罪的,应当把前罪所判处的刑罚与漏罪所判处的刑罚,按照相应的数罪并罚原则,决定执行的刑罚。在计算刑期时,应当把已经执行的刑期计算在新判决决定的刑期之内。换言之,前一判决已经执行的刑期应当从前后两个判决所判处的刑罚合并而决定执行的刑期中扣除。这种计算刑期的方法,简称为“先并后减”。例如,甲犯强奸罪被判处有期徒刑 10 年。在监狱服刑 7 年后,又被发现甲在入狱前还犯有抢劫罪。假如法院对其抢劫罪判处有期徒刑 15 年,那么还要将其抢劫罪的 15 年有期徒刑与强奸罪的 10 年有期徒刑合并决定执行的刑罚。根据限制加重原则,有期徒刑总和刑期不满 35 年的,最高不能超过 20 年。在总和刑期 25 年以下,数刑中最高刑期 15 年以上,决定执行有期徒刑 20 年,已经执行的 7 年有期徒刑应当从新决定的刑期里扣除。这样,对甲再执行 13 年有期徒刑即可。

(三) 判决宣告以后刑罚执行完毕以前又犯新罪的并罚

《刑法》第 71 条规定:“判决宣告以后,刑罚执行完毕以前,被判刑的犯罪分子又犯罪的,应当对新犯的罪作出判决,把前罪没有执行的刑罚和后罪所判处的刑罚,依照本法第六十九条的规定,决定执行的刑罚。”根据这一规定,在刑罚执行过程中又犯新罪的,应当先从前罪判决决定执行的刑罚中减去已经执行的刑罚,然后把前罪没有执行的刑罚和新罪所判处的刑罚,依照相应的数罪并罚原则,决定执行的刑罚。这种计算刑期的方法,简称为“先减后并”。例如,甲犯强奸罪被判有期徒刑 10 年,在服刑 7 年时,因与同监舍犯人乙斗殴造成重伤后果,构成故意伤害罪。假如法院对甲所犯的故意伤害罪判处有期徒刑 15 年。对甲进行并罚时,把前罪(强奸罪)没有执行的 3 年有期徒刑与后罪(故意伤害罪)所判处的 15 年有期徒刑进行并罚。这样,应当在 15 年有期徒刑(数刑中最高刑期)以上 18 年有期徒刑(总和刑期)以下选择一个刑期即可。

应当注意的是,《刑法》第 71 条规定的“先减后并”的计算方法,比《刑法》第 70 条规定的“先并后减”的计算方法,在一定条件下对犯罪分子给予的惩罚更为严厉。其严厉性主要表现在:(1)决定执行刑罚的最低期限较高。即在新罪所判的刑期比前罪尚未执行的刑期长的条件下,决定执行刑罚的最低期限,较之依“先并后减”的方法决定执行刑罚的最低期限有所提高。(2)实际执行的刑罚可能超过数罪并罚时法定的最高期限,即在前罪与新罪都被判处较长刑期的情况下,用“先减后并”的方法实行并罚,犯罪分子实际执行的刑期可能突破有期徒刑不得超过25年、拘役不得超过1年、管制不得超过3年的限制。(3)犯罪分子在刑罚执行期间又犯新罪,其执行刑罚的时间越长,决定执行刑罚的最低期限就越高。对在刑罚执行过程中又犯新罪的适用“先减后并”的并罚方法,是因为被判刑的犯罪分子在刑罚执行期间又犯新罪,表明其人身危险性大,难以教育改造,需要判处更长的刑期,需要更长时间的教育改造,从而达到预防犯罪的目的。

在刑事审判实践中,适用《刑法》第71条规定的数罪并罚方法,应当注意以下并罚方法。

(1) 判决宣告以后刑罚执行完毕以前,被判刑的犯罪分子又犯数个新罪的并罚方法。应先对数个新罪单独作出判决,然后将判决所宣告的数个刑罚与前罪未执行的刑罚进行并罚。

(2) 判决宣告以后刑罚执行完毕以前,被判刑的犯罪分子既犯新罪又发现漏罪的处理方法。一般认为,应采取分别判决、顺序并罚的方法,即在对漏罪和新罪分别定罪量刑的基础上,先将漏罪与原判决的罪根据《刑法》第70条规定的“先并后减”的方法进行并罚;再将新罪的刑罚与前一次并罚后的刑罚还没有执行的刑期,根据《刑法》第71条规定的“先减后并”的方法进行并罚,所得结果即为数罪并罚的结果。

(3) 在缓刑考验期限内犯新罪的并罚方法。根据《刑法》第77条的规定,被宣告缓刑的犯罪分子,在缓刑考验期限内又犯新罪的,应当撤销缓刑,对新犯的罪作出判决,把前罪和后罪所判处的刑罚,依照《刑法》第69条的规定,决定执行的刑罚。可见,在缓刑考验期限内犯新罪或发现漏罪的情况下,数罪并罚的方法是相同的。

(4) 在假释考验期限内犯新罪的处理方法。根据《刑法》第86条的规定,被假释的犯罪分子在假释考验期限内又犯新罪的,应当撤销假释,依照《刑法》第71条的规定,实行数罪并罚。这实际上是按照“先减后并”的方法进行并罚。其中,如果被判处无期徒刑的犯罪分子被假释后,在假释考验期限内又犯新罪且新罪被判处有期自由刑的,则应按吸收原则,将后罪所判处的刑罚吸收,仍决定执行原判的无期徒刑;若新罪被判处死刑(包括死缓),原判无期徒刑就被后罪所吸收,应执行死刑或宣告死缓。

(5) 对于在执行附加剥夺政治权利期间犯新罪的并罚方法。首先,对判处有期徒刑并附加剥夺政治权利的罪犯,主刑已执行完毕,在附加剥夺政治权利期间又犯新罪,如果所犯新罪无须附加剥夺政治权利的,依照刑法第 71 条的规定进行数罪并罚。其次,前罪尚未执行完毕的附加剥夺政治权利的刑期从新罪的主刑有期徒刑执行之日起停止计算,并依照刑法第 58 条的规定从新罪的主刑有期徒刑执行完毕之日或者假释之日起继续计算;附加剥夺政治权利的效力施用于新罪的主刑执行期间。最后,对判处有期徒刑的罪犯,主刑已执行完毕,在执行附加剥夺政治权利期间又犯新罪,如果所犯新罪也判处附加剥夺政治权利的,依照刑法第 55 条、第 57 条、第 71 条的规定并罚。

第五节　缓　　刑

一、缓刑的概念

缓刑是对所判刑罚附条件不执行的一种刑罚制度。缓刑的特点是既判处一定刑罚,又暂不执行,但在一定期间保留执行的可能性。缓刑分为一般缓刑与战时缓刑。根据《刑法》第 72 条的规定,一般缓刑,是指人民法院对于被判处拘役、3 年以下有期徒刑的犯罪分子,同时符合犯罪情节较轻、有悔罪表现、没有再犯罪的危险、宣告缓刑对所居住社区没有重大不良影响等条件,规定一定的考验期,暂缓其刑罚的执行,若犯罪分子在考验期内没有发生法定撤销缓刑的情形,原判刑罚就不再执行的制度。简言之,缓刑是对所判刑罚附条件不执行的一种刑罚制度。根据《刑法》第 449 条的规定,战时缓刑,是指对在战时被判处 3 年以下有期徒刑没有现实危险的犯罪军人,暂缓其刑罚执行,允许其戴罪立功,确有立功表现时,可以撤销原判刑罚,不以犯罪论处的制度。战时缓刑制度是对我国刑法中一般缓刑制度的重要补充,与一般缓刑制度共同构成了我国刑法中的缓刑制度。

缓刑不同于免除处罚。“免除处罚”,是指人民法院根据案件的具体情况,判决被告人有罪,但同时宣告免除刑罚处罚。既然已经宣告免除处罚,当然不存在再执行刑罚的问题。而缓刑则是人民法院判决被告人有罪并处以刑罚,同时宣告缓刑。原判刑罚虽然暂不执行,但却在一定期限内保留着执行的可能性,原判刑罚的不执行是以犯罪人在缓刑考验期内遵守有关规定为条件的。

缓刑不同于暂予监外执行。根据我国刑事诉讼法的规定，对于被判处有期徒刑或者拘役的罪犯，有严重疾病需要保外就医的、怀孕或者正在哺乳自己婴儿的妇女，或者生活不能自理的，适用暂予监外执行不致危害社会的罪犯，可以暂予监外执行。可见，缓刑与暂予监外执行有严格区别：监外执行实际上是基于特殊情况而变更执行场所的一种措施，而缓刑则是附条件地不执行原判刑罚的制度。具体而言：(1)缓刑适用于被判处拘役、3 年以下有期徒刑的罪犯；暂予监外执行适用于被判处有期徒刑或者拘役的罪犯，对有期徒刑没有期限的限制。(2)宣告缓刑后，事实上没有执行刑罚；暂予监外执行时，仍然在执行刑罚。(3)缓刑是有条件地不执行所判刑法，如果罪犯遵守了法定条件，原判刑罚就不再执行；而暂予监外执行的情形消失后，罪犯刑期未满的，应当及时收监执行。

缓刑不同于死刑缓期执行。二者虽然都是有条件地不执行原判刑罚，都不是独立的刑种，但在适用对象、执行方法、考验期限和法律后果等方面存在本质的区别：(1)缓刑只适用于被判处拘役或者 3 年以下有期徒刑的犯罪人，犯罪人的罪行较轻；死缓适用于应当判处死刑但不是必须立即执行的犯罪人，犯罪人的罪行较重。(2)对于宣告缓刑的犯罪人不予关押；对于宣告死缓的犯罪人必须予以监禁，并强迫劳动改造。(3)缓刑的考验期限，依所判的刑种和刑期而有不同的法定期限；死缓的考验期是 2 年。(4)缓刑的后果，或者是原判刑罚不再执行，或者是执行原判刑罚乃至是数罪并罚；死缓的后果可能是减为无期徒刑或有期徒刑，也可能是执行死刑。

二、缓刑的适用条件

（一）一般缓刑的适用条件

根据《刑法》第 72 条和第 74 条的规定，适用一般缓刑必须具备下列条件。

第一，缓刑只能适用于被判处拘役或 3 年以下有期徒刑的犯罪分子。有条件地不执行原判刑罚的特点决定了缓刑的适用对象只能是罪行较轻和人身危险性较小而被判处较轻刑罚的犯罪分子。“拘役或 3 年以下有期徒刑”是宣告刑，而非法定刑。如果犯罪分子所犯的罪的法定刑是 3 年以上有期徒刑，但因具有减轻处罚情节，只判处了 3 年以下有期徒刑或拘役的，仍可适用缓刑。对于判决宣告以前犯数罪的犯罪分子，只要判决执行的刑罚为拘役或 3 年以下有期徒刑的，也可以适用缓刑。对于被判处管制、3 年以上有期徒刑、无期徒刑的犯罪人,不能宣告缓刑。这是因为,被判处管制的犯罪人,没有被关押,因而不需要判处缓刑;被判处 3 年以上有期徒刑和无期徒刑的犯罪人,由于罪行严重,而不宜适用缓刑。

第二,同时符合犯罪情节较轻、有悔罪表现、没有再犯罪的危险、宣告缓刑对所居住社区没有重大不良影响四个条件。所谓“犯罪情节较轻”,是指犯罪人的行为性质不严重、犯罪情节不恶劣。如果犯罪情节恶劣,性质严重,则不能适用缓刑。所谓“有悔罪表现”,是指犯罪人对自己所犯罪行能够认识到错误,真诚悔悟并有悔改的意愿和行为。悔罪表现的不同,可以说明犯罪分子是否认识到自己行为的危害性,有无改正的愿望和决心。所谓“没有再犯罪的危险”,是指对犯罪人适用缓刑,其不会再次犯罪。如果犯罪人有可能再次侵害被害人,或者是由于生活条件、环境的影响而可能再次犯罪,则不能对其适用缓刑。所谓“宣告缓刑对所居住社区没有重大不良影响”,是指犯罪人适用缓刑不会对其所居住社区的安全、秩序和稳定带来重大不良影响。这种影响必须是重大的、现实的影响,具体情形由法官根据个案情况来判断。

第三,犯罪分子不是累犯和犯罪集团的首要分子。这是适用缓刑的禁止性条件。累犯和犯罪集团的首要分子的人身危险性较大,适用缓刑难以防止其再次实施犯罪。因此,即使对累犯和犯罪集团的首要分子所判处的刑罚为 3 年以下有期徒刑或者拘役,也不得适用缓刑。

(二) 战时缓刑的适用条件

根据《刑法》第 449 条的规定,适用战时缓刑应同时具备以下几个条件。

第一,适用的时间必须是在战时。在和平时期或非战时条件下,不能适用此种特殊缓刑。所谓“战时”,依据《刑法》第 451 条的规定,是指国家宣布进入战争状态、部队受领作战任务或者遭敌突然袭击时;部队执行戒严任务或者处置突发性暴力事件时,以战时论。

第二,适用的对象只能是被判处 3 年以下有期徒刑的犯罪军人。不是犯罪的军人,或者虽是犯罪的军人,但被判处的刑罚为 3 年以上有期徒刑,均不能适用战时缓刑。

第三,适用战时缓刑的基本根据是在战争条件下宣告缓刑没有现实危险。被判处 3 年以下有期徒刑的犯罪军人,若被判断为适用缓刑具有现实危险,也不能宣告缓刑。因为战时缓刑的适用,是将犯罪的军人继续留在部队,并在战时状态下执行军事任务，若宣告缓刑具有现实的危险，可能会在战时状态下危害国家的军事利益。判断宣告缓刑是否有现实危险，应根据犯罪军人所犯罪行的性质、情节、危害程度以及犯罪军人的悔罪表现和一贯表现来判断。

（三）一般缓刑与战时缓刑的区别

一般缓刑与战时缓刑的区别，主要表现为：(1)适用对象不同。一般缓刑适用于被判处拘役、3年以下有期徒刑的犯罪分子；战时缓刑只适用于被判处3年以下有期徒刑的犯罪军人。(2)适用时间不同。一般缓刑的适用没有时间方面的限制；战时缓刑则只能在战时适用。(3)适用根据不同。一般缓刑的适用根据是适用缓刑确实不致再危害社会；战时缓刑的适用根据是在战时状态下适用缓刑没有现实危险。(4)适用方法和考察内容不同。一般缓刑的适用，必须在宣告缓刑的同时依法确定缓刑考验期，考验期内的考察内容是犯罪分子是否具有《刑法》第77条规定的情形；战时缓刑没有缓刑考验期，缓刑的考验内容为犯罪军人是否有立功表现。(5)法律后果不同。一般缓刑的法律后果是无论缓刑是否被撤销，所宣告的罪刑仍然存在；而战时缓刑在犯罪军人确有立功表现的条件下，原判刑罚可予撤销，不以犯罪论处。

三、一般缓刑的考验期与考察

（一）一般缓刑的考验期

一般缓刑的考验期，又称为缓刑期间，是对被缓刑宣告的犯罪分子进行考察的一定期限。缓刑是对所判处的刑罚有条件的不执行，为了考验犯罪人是否遵守这种条件，在决定缓刑的同时，必须对犯罪人进行一定期限的考验。

根据《刑法》第73条的规定，拘役的缓刑考验期限为原判刑期以上1年以下，但最少不能少于2个月。有期徒刑的缓刑考验期限为原判刑期以上5年以下，但最少不能少于1年。缓刑的考验期，从判决确定之日起计算。从上述规定可以看出，缓刑考验期的长短，以原判刑罚为前提，既可以等于原判刑期，也可以适当长于原判刑期，但拘役不能少于2个月，有期徒刑不能少于1年。这样有利于对缓刑犯的考察和教育。“判决确定之日”，即判决发生法律效力之日，判决确定以前犯罪分子被羁押的日期不折抵缓刑考验期。

对判处拘役或者3年以下有期徒刑，宣告缓刑的犯罪分子，一般不适用减刑。如果被宣告缓刑的犯罪分子在缓刑考验期间有重大立功表现的，可以参照《刑法》

第 78 条的规定,予以减刑,同时相应地缩减其缓刑考验期限。减刑后实际执行的刑期不能少于原判刑期的二分之一,相应缩减的缓刑考验期限不能低于减刑后实际执行的刑期。

(二) 缓刑考验期限内的考察

对被宣告缓刑的犯罪分子,在缓刑考验期内,依法实行社区矫正。对被宣告缓刑的犯罪分子,人民法院根据犯罪情况,认为从促进犯罪分子教育矫正和有效维护社会秩序的需要出发,确有必要禁止其在缓刑考验期限内从事特定活动,进入特定区域、场所,接触特定人的,可以根据《刑法》第 72 条第 2 款的规定,同时宣告禁止令。人民法院宣告禁止令,应当根据犯罪分子的犯罪原因、犯罪性质、犯罪手段、犯罪后的悔罪表现、个人一贯表现等情况,充分考虑与犯罪分子所犯罪行的关联程度,有针对性地决定禁止其在管制执行期间、缓刑考验期限内“从事特定活动,进入特定区域、场所,接触特定的人”中的一项或者几项内容。禁止令的期限,既可以与缓刑考验的期限相同,也可以短于缓刑考验的期限,但不得少于 2 个月。禁止令由司法行政机关指导管理的社区矫正机构负责执行。禁止令的执行期限,从管制、缓刑执行之日起计算。[3]

根据《刑法》第 75 条的规定,被宣告缓刑的犯罪分子,在缓刑考验期内,应当遵守下列规定:(1)遵守法律、行政法规、服从监督;(2)按照考察机关的规定报告自己的活动情况;(3)遵守考察机关关于会客的规定;(4)离开所居住的市、县或者迁居,应当报经考察机关批准。

四、一般缓刑的法律后果

根据《刑法》第 76 条和第 77 条的规定,一般缓刑的法律后果包括:(1)被宣告缓刑的犯罪分子,在缓刑考验期限内犯新罪或者发现判决宣告以前还有其他罪没有判决的,应当撤销缓刑,对新犯的罪和新发现的罪作出判决,把前罪和后罪所判处的刑罚,依照《刑法》第 69 条的规定,决定执行的刑罚。(2)被宣告缓刑的犯罪分子,在缓刑考验期限内,有违反法律、行政法规或者国务院有关部门关于缓刑的监督管理规定,或者违反人民法院判决中的禁止令,情节严重的,应当依照法定

---

〔3〕 参见 2011 年 5 月 1 日最高人民法院、最高人民检察院、公安部、司法部《关于对判处管制、宣告缓刑的犯罪分子适用禁止令有关问题的规定(试行)》第 1、2、6、9 条。

程序撤销缓刑，执行原判刑罚。(3)被宣告缓刑的犯罪分子违反禁止令尚不属情节严重的，由负责执行禁止令的社区矫正机构所在地的公安机关依照《中华人民共和国治安管理处罚法》第60条的规定处罚。[4] (4)如果被宣告缓刑的犯罪分子在缓刑考验期间没有《刑法》第77条规定的情形的，缓刑考验期满，原判的刑罚就不再执行，并公开予以宣告。

本章小结

量刑，是指人民法院在认定行为人的行为构成犯罪的基础上，依据刑事法律规定的标准，确定是否判处刑罚、判处何种刑罚、判处多重刑罚以及所判刑罚是否立即执行的司法审判活动。根据我国刑法的规定，量刑活动中应当坚持“以犯罪事实为根据，以刑事法律为准绳”的原则。量刑情节，是指人民法院在对犯罪分子量刑时据以决定刑罚轻重或者免除刑罚处罚的主客观事实情况。依据不同标准，可将其分为不同类型。各种量刑情节的适用，都必须遵守一定的规则。

累犯，是指因犯罪而受过一定的刑罚处罚，在刑罚执行完毕或者赦免以后，在法定的期限内又犯一定之罪的犯罪分子。累犯分为一般累犯与特殊累犯。对累犯，应当从重处罚。自首，是指犯罪分子在犯罪以后自动投案，如实供述自己的罪行的行为。自首分为一般自首和特别自首。对于自首的犯罪分子，可以从轻或者减轻处罚；其中，犯罪较轻的，可以免除处罚。立功是指犯罪分子揭发他人犯罪行为，查证属实，或者提供重要线索，从而得以侦破其他案件，以及其他有利于国家和社会的突出表现的行为。立功分为一般立功和重大立功。对于有立功表现的犯罪分子，应区分不同情况予以从宽处罚。数罪并罚，是指人民法院对判决宣告前一人所犯数罪，或者判决宣告后，刑罚执行完毕前发现漏罪或又犯新罪的，在分别定罪量刑后，按照法定的并罚原则及刑期计算方法，决定对其应执行的刑罚的制度。数罪并罚的原则包括并科原则、吸收原则、限制加重原则和折中原则，我国采用的是折中原则。根据我国刑法的规定，数罪并罚包括三种情况，并罚规则各不相同。缓刑是对所判刑罚附条件不执行的一种刑罚制度。缓刑分为一般缓刑

[4] 参见2011年5月1日最高人民法院、最高人民检察院、公安部、司法部《关于对判处管制、宣告缓刑的犯罪分子适用禁止令有关问题的规定(试行)》第11条。

与战时缓刑。

习　题

1. 量刑情节包括哪些分类?
2. 量刑情节的适用规则是什么?
3. 一般累犯的构成条件是什么?
4. 一般自首的成立条件是什么?
5. 我国刑法中数罪并罚的适用包括哪些情形?

第十九章　刑罚执行制度

【本章导读】

刑罚执行是刑罚执行机关依法将生效的刑事裁判对犯罪分子确定的刑罚付诸实施的刑事司法活动。刑罚的执行应遵守教育性原则、个别化原则、人道主义原则、社会化原则和经济性原则。我国刑罚执行制度主要包括减刑制度和假释制度。减刑和假释是罪责刑相适应原则在刑罚执行过程中的体现。在刑罚执行过程中，如果犯罪分子积极悔改，人身危险性程度的降低比预想的快，那么就应当对原判的刑罚进行调整，适当减轻原判刑罚或者附条件地提前释放。

【学习重点】

- 刑罚执行的原则
- 减刑
- 假释

第一节　刑罚执行概述

一、刑罚执行的概念和特征

刑罚执行，简称行刑，是指法律规定的刑罚执行机关依法将生效的刑事裁判对犯罪分子确定的刑罚付诸实施的刑事司法活动。刑罚执行具有以下特征。

第一，刑罚执行的依据是人民法院生效的刑事裁判。“生效的刑事裁判”是人民法院已经发生法律效力的判决和裁定。根据《刑事诉讼法》第 208 条和有关法律的规定，生效的刑事裁判具体包括：(1)已过法定期限没有上诉、抗诉的判决和裁定；(2)终审的判决和裁定，包括中级以上人民法院第二审案件、最高人民法院第一审案件的判决和裁定；(3)最高人民法院核准的死刑判决；(4)高级人民法院核准的死刑缓期 2 年执行的判决。对于未发生法律效力的判决和裁定，一律不得交付执行。刑罚的执行不包括对无罪判决、免除刑罚处罚和非刑罚处罚方法的判决的执行。

第二,刑罚执行的主体是有行刑权的刑罚执行机关。依照我国法律的规定,有权执行刑罚的机关是公安机关、人民法院和监狱。其中,人民法院负责罚金和没收财产的执行,但没收财产在必要的时候,可以会同公安机关执行。死刑立即执行也由人民法院负责。公安机关负责管制、拘役、剥夺政治权利的执行,对被宣告缓刑的犯罪分子,在缓刑考验期内,由公安机关负责考察,由所在单位或基层组织予以配合;被假释的犯罪分子,在假释考验期限内,由公安机关予以监督。监狱负责有期徒刑、无期徒刑、死刑缓期执行的执行。

第三,刑罚执行是将刑罚付诸执行的司法活动。刑罚执行的基本内容是将生效的刑事判决、裁定所确定的刑罚付诸实施,即把刑事判决、裁定所确定的刑罚的种类及其期限、数量具体付诸实施。人民法院对犯罪分子判处的刑罚属于宣告刑,而行刑机关的付诸实施就是将宣告刑转化为执行刑的过程。例如,对于死刑立即执行的判决,刑罚执行就意味着剥夺犯罪人的生命;对于没收全部财产的判决,刑罚执行意味着将犯罪人的全部财产强制无偿地收归国有。可见,刑罚执行是人民法院刑事判决得以有效实施的保证。

二、刑罚执行的原则

刑罚执行的原则,是指刑罚执行活动中应当遵守的基本准则。根据我国刑事法律的规定和行刑实践,刑罚执行的原则有以下几个方面。

(一) 教育性原则

刑罚执行中应贯彻惩罚与教育改造相结合的原则。刑罚执行的过程就是对罪犯教育改造的过程,通过对罪犯思想和行为的教育改造,使其具备重新回归社会的能力。在行刑中,教育和劳动是改造罪犯的两个基本手段,二者互为补充,相辅相成。犯罪人并不是天生就是犯罪人,其犯罪的原因是多方面的,因而大多数犯罪人都可以通过教育得到改造。对犯罪人的教育就是教育犯罪人回归社会,并从事正常的社会生活。在我国刑罚执行中,对犯罪人的教育包括思想教育、文化教育和技术教育。

(二) 个别化原则

个别化原则,是指在刑罚执行过程中,应当根据罪犯的人身危险性程度给予个别处遇的制度。行刑个别化是刑罚个别化原则的必然要求。在执行刑罚时,应当根据罪犯的具体情况，即根据犯罪性质、情节和对社会的危害程度以及罪犯的年龄、性别、经历、性格特征、生理状况等个人情况，给予不同的待遇。

(三) 人道主义原则

人道性原则，是指在刑罚执行过程中，要把罪犯当人看待，尊重罪犯的人格尊严，不体罚虐待罪犯，保证罪犯享有各种法定权利，关心罪犯的生活并给予相应的物质保障。犯罪分子虽然实施了危害社会的行为，但他们仍然拥有人所应该享有的一些权利。尊重犯罪人的人格尊严，有利于培养他们做人的自尊心和自信心，也有利对犯罪人的改造。

(四) 社会化原则

社会化原则，是指刑罚的执行应当充分依靠和利用社会力量对罪犯进行帮助教育，培养罪犯适应社会生活的能力和社会责任感。刑罚执行的社会化，有助于依靠社会力量对犯罪人进行改造，也有助于罪犯回归社会。

(五) 经济性原则

经济性原则，是指在刑罚执行过程中，追求以最小的投入来获取改造罪犯的最大社会效益。刑法规定的减刑、假释制度，是经济性原则的重要体现。在刑罚执行中，如果执行较少的刑罚能获得执行的效果，就不应该执行较多的刑罚；如果执行较轻的刑罚能获得执行的效果，就不应该执行较重的刑罚；如果在执行一定期限的刑罚以后能获得执行的效果，就没必要继续执行剩余的刑期。刑罚的执行应当根据执行的效果而适当调整刑期甚至变更刑种，以调动犯罪人改造的积极性，从而获得刑罚执行的最大效益。

第二节 减 刑

一、减刑的概念

根据《刑法》第 78 条第 1 款的规定，减刑，是被判处管制、拘役、有期徒刑、无期徒刑的犯罪分子，在执行期间，如果认真遵守监规、接受教育改造，确有悔改表现，或者有立功表现的，可以适当减轻其原判刑罚的制度。减刑分为两种情况：一是可以减刑，即行为人在具备一定条件时，人民法院可以裁定减刑；二是应当减刑，即行为人在具有重大立功表现时，人民法院应当减刑。从减刑的方法与效果来看,减刑也分为两种情况：一是把原判较重的刑种减为较轻的刑种,如把无期徒刑减为有期徒刑;二是把原判较长的刑期减为较短的刑期,如把管制、拘役、有期徒刑的刑期减少。减刑制度是罪刑均衡原则在刑罚执行过程中的体现。在刑罚执行过程中,如果犯罪分子积极悔改,人身危险性程度的降低比预想的快,那么就应当对原判的刑罚进行调整,适当减轻原判刑罚。

减刑不同于减轻处罚。减轻处罚属于量刑情节,是人民法院在裁量刑罚过程中,对具备减轻处罚情节的犯罪分子在法定最低刑以下判处刑罚;而减刑是在原判决执行过程中,根据罪犯在服刑中的表现依法将原判刑罚予以减轻。因此,减刑发生在刑罚执行过程中,而减轻处罚发生在刑罚执行前的判决确定过程中。从适用对象上看,减刑的适用对象是已决犯,而减轻处罚的适用对象是未决犯。

减刑也不同于改判。"改判"是发现原判决在事实认定或者法律适用上确有错误时,依照诉讼程序,将原判决予以撤销,重新作出判决。所以,改判是对原判决的否定。而减刑则是罪犯在执行期间确有悔改或立功表现,人民法院按照法定的减刑条件和程序,将原判刑罚适当减轻。所以,减刑以维护原审判决为前提。

二、减刑的条件

我国《刑法》第 78 条的规定,对犯罪分子减刑,必须符合下列条件。

(一) 对象条件

减刑的对象是被判处管制、拘役、有期徒刑、无期徒刑的犯罪分子。换言之,减刑的适用,只有刑罚种类的限制,犯罪的性质和刑期的长短对减刑的适用没有影响。无论是危害国家安全的罪犯还是普通刑事犯罪,无论是故意犯还是过失犯,只要具备法定的减刑条件,都可以适用减刑。对于判处死刑缓期执行的罪犯,2 年期满后减为无期徒刑或者有期徒刑的,如果在以后的服刑期间符合减刑的实质条件的,也可以减刑。

(二) 实质条件

1. 可以减轻的实质条件

可以减刑的实质条件,是犯罪分子在刑罚执行期间认真遵守监规,接受教育改造,确有悔改表现或者有立功表现。

根据 1997 年 11 月 8 日最高人民法院《关于办理减刑、假释案件具体应用法律若干问题的规定》,所谓"确有悔改表现",是指同时具备以下四个条件：(1)认罪服法;(2)认真遵守监规,接受教育改造;(3)积极参加政治、文化、技术学习;(4)积极参加劳动,完成生产任务。需要注意的是,对于罪犯在刑罚执行期间提出申诉的,要依法保护其申诉权;对罪犯申诉应当具体情况具体分析,不应当一概认为是不认罪服法。另外,在把握减刑的实质条件时,还应注意以下三种情况:其一,对犯罪时未成年的罪犯的减刑,在掌握标准上可以比照成年罪犯依法适度放宽。未成年罪犯能认罪服法,遵守监规,积极参加学习、劳动的,即可视为确有悔改表现予以减刑,其减刑的幅度可以适当放宽,间隔的时间可以相应缩短。其二,对老年和身体有残疾(不含自伤致残)罪犯的减刑,应当注重悔罪的实际表现,而不能仅仅根据身体健康状况决定减刑。其三,对罪行严重的危害国家安全的罪犯,犯罪集团的首要分子、主犯和累犯的减刑,应当严格掌握。对确属应当减刑的,主要根据其改造的表现,同时也要考虑原判的情况,作出相应的决定。

所谓"立功表现",根据最高人民法院有关司法解释,通常是指具有下列情形之一:(1)检举、揭发监内外犯罪活动,或者提供重要的破案线索,经查证属实的;(2)阻止他人犯罪活动的;(3)在生产、科研中进行技术革新,成绩突出的;(4)在抢险救灾或排除重大事故中表现积极的;(5)有其他有利于国家和社会的突出事迹的。

确有悔改表现或立功表现的,只是"可以减刑"。实际上是否予以减刑,则要对罪犯的悔改程度或立功大小等情况进行全面考察。

2. 应当减刑的实质条件

应当减刑的实质条件,是犯罪分子在刑罚执行期间有重大立功表现。根据《刑法》第 78 条第 1 款的规定,有下列情形之一的,属于有重大立功表现:(1)阻止他人重大犯罪活动的;(2)检举监狱内外重大犯罪活动,经查证属实的;(3)有发明创造或重大技术革新的;(4)在日常生产、生活中舍己救人的;(5)在抗御自然灾害或排除重大事故中,有突出表现的;(6)对国家或社会有其他重大贡献的。

(三) 限度条件

减刑的限度,是指犯罪分子经过减刑后,应当实际执行的最低刑期。减刑是在原判刑罚的基础上适用的;只要犯罪分子在刑罚执行过程中的实际表现符合减刑的条件,就可以不止一次地对其减刑。但是,减刑的幅度必须适中,不宜过分地减轻原判刑罚,否则,不但不利于维护人民法院判决的权威性,而且不利于发挥减刑制度的积极作用。

根据《刑法》第78条第2款的规定,减刑以后实际执行的刑期,判处管制、拘役、有期徒刑的不能少于原判刑期的1/2;判处无期徒刑的经过一次或几次减刑后实际执行的刑期不得少于13年。另外,对判处死刑缓期执行的经过一次或几次减刑后,其实际执行的刑期不得少于15年(不含死刑缓期执行的2年)。在人民法院根据犯罪情节等情况决定对被判处死刑缓期执行的累犯以及因故意杀人、强奸、抢劫、绑架、放火、爆炸、投放危险物质或者有组织的暴力性犯罪被判处死刑缓期执行的犯罪分子限制减刑的情况下,缓期执行期满后依法减为无期徒刑的,其实际执行的刑期不能少于25年;缓期执行期满后依法减为25年有期徒刑的,其实际执行的刑期不能少于20年。

所谓"实际执行的刑期",是指判决执行后或死刑缓期执行减为无期徒刑、有期徒刑后,犯罪分子实际服刑的时间。对此,刑法及有关司法解释针对不同的刑种作出了规定:(1)对于原判管制、拘役、有期徒刑的,实际执行刑期从判决执行之日起计算;如果判决前先行羁押的,羁押日期应当计入实际执行的刑期之内。(2)对于原判为无期徒刑的,实际执行刑期从判决确定之日起计算;判决前先行羁押的日期不计入实际执行的刑期内。这里的"判决确定之日",即判决发生法律效力之日。其具体包括两种情况:其一,一审判决后被告人不上诉、检察院不抗诉的,法定上诉期满后的第一日即为判决确定之日;其二,一审判决后被告人提出上诉或检察院提出抗诉的,二审法院作出终审判决或裁定之日,即为判决确定之日。(3)死刑缓期执行减为无期徒刑、有期徒刑的,实际执行的刑期自死刑缓期执行2年期满的第2日起计算,死刑缓期执行前先行羁押的日期以及死刑缓期执行的2年均不计入实际执行的刑期之内。

三、减刑的程序和减刑后刑期的计算

(一)减刑的程序

为了保证减刑的合法性与正当性,维护刑事判决的权威性与严肃性,我国刑法规定了减刑的程序。《刑法》第79条规定:"对于犯罪分子的减刑,由执行机关向中级以上人民法院提出减刑建议书。人民法院应当组成合议庭进行审理,对确有悔改或者立功事实的,裁定予以减刑。非经法定程序不得减刑。"

(二)减刑后刑期的计算

减刑后刑期的计算方法,因原判刑种的不同而不同:(1)对于原判处管制、拘役和有期徒刑的，减刑后的刑期从原判决刑罚执行之日起计算。原判刑期已经执行的部分，应当计算在减刑的刑期之内。(2)对于原判处无期徒刑减为有期徒刑的刑期，从裁定减刑之日起计算，已执行的刑期，不计入减刑后的刑期之内。(3)原判决无期徒刑减为有期徒刑后，依法再次减刑的，再次减刑的刑期从有期徒刑执行之日起计算，已经执行的有期徒刑的刑期，应当计算在再次减刑后的刑期之内。(4)对于曾被依法适用减刑，后因原判决有误，按照审判监督程序再审后改判的，原来的减刑仍然有效，所减刑期应从改判后的刑期中减去。

第三节 假 释

一、假释的概念

根据《刑法》第 81 条的规定，假释，是指对被判处有期徒刑或无期徒刑的犯罪分子，在刑罚执行一定时间后，如果认真遵守监规，确有悔改表现，不致再危害社会，因而将其附条件提前释放的制度。简言之，假释就是对判处的徒刑罪犯附条件地予以提前释放。所谓“附条件”，是指被假释的犯罪人如果在考验期内遵守一定的条件，就认为原判刑罚已经执行完毕。因此，假释的基本特点是在一定的条件下将罪犯提前释放，同时在一定时期内保留着执行原判刑罚中尚未执行部分的可能性。

假释与刑满释放不同。“刑满释放”是指被判处拘役或者有期徒刑的罪犯在刑罚执行期满后依法恢复其人身自由的制度。刑满释放后恢复自由是不附加任何条件的，而假释虽然形式上也是解除监禁回归社会，但仍保留着执行原判刑罚剩余刑期的可能性，并且附有严格的条件；不遵守这些条件，假释将被撤销。

假释与缓刑的区别主要表现为：(1)假释在原判刑罚的执行过程中适用，缓刑在判决一定刑罚时同时宣告；(2)假释的根据是犯罪人在刑罚执行过程中的悔改表现，缓刑的根据是犯罪的社会危害程度与判决前罪犯的悔改表现；(3)假释适用于被判处有期徒刑与无期徒刑的犯罪人，缓刑适用于被判 3 年以下有期徒刑或者拘役的犯罪人；(4)假释是有条件地不执行余刑，缓刑是有条件地不执行原判全部刑罚；(5)在假释考验期内遵守法定条件的，认为原判刑罚已经执行完毕，在缓刑考验期内遵守法定条件的，原判刑罚就不再执行。

二、假释的条件

根据我国《刑法》第81条的规定,对犯罪分子适用假释,必须符合下列条件。

(一)对象条件

假释的对象必须是被判处有期徒刑或者无期徒刑的犯罪分子。假释是附条件地解除对犯罪分子的关押,使其提前回归到社会。因而,适用假释必须以犯罪分子被关押为前提。管制没有对犯罪分子实行关押,只是限制其一定自由,因而对于被判处管制的犯罪分子也就不存在假释的问题。拘役虽然是剥夺自由的刑罚,但是其刑期很短,最长为6个月,数罪并罚时也不超过1年,因而没有适用假释的必要。被判处死刑立即执行的,不可能被假释;被判处死刑缓期2年执行的,不能直接适用假释,只有将死缓减为无期徒刑或者有期徒刑后,符合适用假释条件的,才可以假释。

但是,根据《刑法》第81条第2款的规定,对累犯以及因故意杀人、强奸、抢劫、绑架、放火、爆炸、投放危险物质或者有组织的暴力性犯罪被判处10年以上有期徒刑、无期徒刑的犯罪分子,不得假释。累犯人身危险性大,改造难度大,必须将其关押在监狱里进行改造;因故意杀人、强奸、抢劫、绑架、放火、爆炸、投放危险物质或者有组织的暴力性犯罪被判处10年以上有期徒刑、无期徒刑的,表明犯罪人所犯罪行严重,社会危害性和人身危险性都很大,需要长期服刑,而如果假释,很难保证其不致再危害社会,因而不得假释。

(二)限制条件

适用假释的前提是对犯罪分子已经执行过一定期限的刑罚。罪犯被假释的核心条件是假释后不致再危害社会,而只有在执行一定期限的刑罚之后,才能判断出罪犯是否有悔改表现,是否不致再危害社会。根据《刑法》第81条第1款前段的规定,被判处有期徒刑的犯罪分子,执行原判刑期1/2以上,被判处无期徒刑的犯罪分子,实际执行13年以上的,可以假释。对于被判处无期徒刑、有期徒刑的罪犯,其无期徒刑减为有期徒刑或者有期徒刑减为较短刑期后适用假释的,实际执行刑期的确定应以原判刑罚为标准,而不能以减刑后的刑期为标准。对于执行原判刑期1/2以上的起始时间,应当从判决执行之日起计算,判决执行前先行羁押的,羁押1日折抵刑期1日;对于原判无期徒刑的,实际执行刑期从判决确定之日起计算,判决前先行羁押的日期不计入实际执行的刑期内。

然而，根据《刑法》第 81 条第 1 款后段的规定，如果有特殊情况，经最高人民法院核准，可以不受上述执行刑期的限制。换言之，犯罪分子在刑罚执行期间，如果具有特殊情况，被判处有期徒刑的，即使尚未执行原判刑期 1/2 以上，被判处无期徒刑的，即使尚未执行 13 年以上，也可以假释。

（三）实质条件

根据《刑法》第 81 条第 1 款和第 3 款的规定，假释的实质条件，是犯罪分子必须认真遵守监规，接受教育改造，确有悔改表现，假释后没有再犯罪的危险；同时，对犯罪分子决定假释时，应当考虑其假释后对所居住社区的影响。根据 1997 年 11 月 8 日最高人民法院《关于办理减刑、假释案件具体应用法律若干问题的规定》，所谓“确有悔改表现”，是指同时具有以下四个方面的条件：(1)认罪服法；(2)认真遵守监规，接受教育改造；(3)积极参加政治、文化、技术学习；(4)积极参加劳动，完成劳动任务。犯罪分子在假释以后，通常会回到所居住的社区。因而，人民法院在对犯罪分子决定假释时，应当考虑犯罪分子假释后对所居住社区会不会造成不利影响。

另外，在把握假释的实质条件时，还应注意以下问题：第一，对犯罪时未成年犯的假释，在掌握标准上可以比照成年罪犯依法适度放宽。未成年罪犯能认罪服法，遵守监规，积极参加学习、劳动的，即可视为确有悔改表现；如果确认其假释后没有再犯罪的危险的，可以假释。第二，对老年和身体有残疾(不含自伤致残)罪犯的假释，应当注重悔罪的实际表现，而不能仅仅根据身体健康状况决定假释。有悔罪表现，而又丧失作案能力或者生活不能自理，且假释后生活确有着落的老残犯，可以依法予以假释。第三，对罪行严重的危害国家安全的罪犯、犯罪集团的首要分子和主犯的假释，应当严格掌握。对确属应当假释的，主要根据其改造的表现，同时也要考虑原判的情况，作出相应的决定。

三、假释的考验

（一）假释的考验期

假释是附条件地提前释放犯罪分子的一种刑罚制度，其所附条件即犯罪人在一定期限以内应当遵守一定条件。《刑法》第 83 条第 1 款规定：“有期徒刑的假释考验期限，为没有执行完毕的刑期；无期徒刑的假释考验期限为 10 年。”第 2 款规定：“假释考验期限，从假释之日起计算。”假释的考验期限，无论是被判处有期徒刑的犯罪分子还是被判处无期徒刑的犯罪分子,一律从假释之日起计算。被假释的犯罪分子,除有特殊情形,一般不得减刑,其假释考验期也不能缩短。

(二) 假释期间应当遵守的规定

根据《刑法》第 84 条的规定,被宣告假释的犯罪分子,在假释考验期内,应遵守下列规定:(1)遵守法律、行政法规,服从监督;(2)按照监督机关的规定报告自己的活动情况;(3)遵守监督机关关于会客的规定;(4)离开所居住的市、县或者迁居,应当报经监督机关批准。根据《刑法》第 85 条的规定,对假释的犯罪分子,在假释考验期内,依法实行社区矫正。

四、假释的程序及法律后果

(一) 假释的程序

《刑法》第 82 条规定:“对于犯罪分子的假释,依照本法第七十九条规定的程序进行。非经法定程序不得假释。”根据该规定,对于可以假释的犯罪分子,由执行机关向中级以上人民法院提出假释建议书,由人民法院组成合议庭进行审理;对确实符合法律规定的假释条件的,裁定予以假释。

(二) 假释的法律后果

根据《刑法》第 86 条的规定,假释的法律后果包括以下几种情况:

第一,被宣告假释的犯罪分子在假释考验期内没有再犯新罪,没有发现其判决宣告前还有其他罪没有判决,并且遵守监管规定,则假释考验期满,就认为原判刑罚已经执行完毕,并且应公开予以宣告。

第二,被假释的犯罪人在假释考验期限内犯新罪的,应当撤销假释,按照《刑法》第 71 条的规定实行数罪并罚。需要说明的是,只要是在假释考验期内犯新罪,即使经过了假释考验期限后才发现新罪,只要新罪仍然处在追诉时效期限内,也应当撤销假释,按照《刑法》第 71 条的规定实行数罪并罚。

第三,在假释考验期内,发现判决宣告前被假释的犯罪人还有其他罪行未经判决且尚未超过追诉时效的,应撤销假释,依照《刑法》第 70 条的规定实行数罪并罚。但如果漏罪是在假释考验期满后才发现的,则不存在撤销假释的问题。

第四,被假释的犯罪人在假释考验期内违反法律、行政法规或者国务院有关部门关于假释的监督管理规定,尚未构成新的犯罪的,应当依照法定程序撤销假释,收监执行尚未执行完毕的刑罚。

本章小结

刑罚执行，是指法律规定的刑罚执行机关依法将生效的刑事裁判对犯罪分子确定的刑罚付诸实施的刑事司法活动。刑罚执行的原则，是指刑罚执行活动中应当遵守的基本准则。根据我国刑事法律的规定和行刑实践，刑罚执行的原则包括教育性原则、个别化原则、人道主义原则、社会化原则以及经济性原则。

减刑，是被判处管制、拘役、有期徒刑、无期徒刑的犯罪分子，在执行期间，如果认真遵守监规，接受教育改造，确有悔改表现，或者有立功表现的，可以适当减轻其原判刑罚的制度。犯罪分子经过减刑后，应当实际执行的最低刑期，因刑种的不同而不同。对于犯罪分子的减刑，由执行机关向中级以上人民法院提出减刑建议书。人民法院应当组成合议庭进行审理，对确有悔改或者立功事实的，裁定予以减刑。减刑后刑期的计算方法，因原判刑种的不同而不同。

假释，是指对被判处有期徒刑或无期徒刑的犯罪分子，在刑罚执行一定时间后，如果认真遵守监规，确有悔改表现，不致再危害社会，因而将其附条件提前释放的制度。有期徒刑的假释考验期限为没有执行完毕的刑期，无期徒刑的假释考验期限为10年；假释考验期限，从假释之日起计算。对于可以假释的犯罪分子，由执行机关向中级以上人民法院提出假释建议书，由人民法院组成合议庭进行审理；对确实符合法律规定的假释条件的，裁定予以假释。假释的法律后果因是否发现漏罪或再犯新罪而有所不同。

习　题

1. 刑罚执行应当遵循哪些原则？
2. 减刑的条件是什么？
3. 假释的条件是什么？

第二十章　刑罚消灭制度

【本章导读】

刑罚消灭,是指因法定的或事实的原因,致使司法机关不能对犯罪人行使具体的刑罚权。刑罚消灭的事由主要包括:超过追诉时效;经特赦令免除刑罚;告诉才处理的犯罪,没有告诉或者撤回告诉;犯罪嫌疑人、被告人死亡以及其他法定事由。刑法上的时效,是指经过一定的期限对刑事犯罪不能再追诉或者对所判处的刑罚不能再执行的制度。时效分为追诉时效与行刑时效,我国刑法只规定了追诉时效。赦免,是指国家对于犯罪分子宣告免除其罪或免除其刑的法律制度。赦免分为大赦与特赦。

【学习重点】

- 刑罚消灭的事由
- 时效

第一节　刑罚消灭概述

一、刑罚消灭的概念和特征

刑罚消灭,是指由于法定的或事实的原因,致使司法机关不能对犯罪人行使具体的刑罚权。刑罚消灭具有以下特征。

第一,刑罚消灭以行为人的行为构成犯罪为前提。在行为不构成犯罪的情况下,不存在刑罚消灭的问题。

第二,刑罚消灭意味着代表国家的司法机关不能对犯罪人行使具体的刑罚权。刑罚权包括制刑权、求刑权、量刑权和行刑权。制刑权由立法机关行使,求刑权和量刑权由司法机关来行使,行刑权由刑罚执行机关来行使。因而,刑罚消灭不可能导致制刑权的消灭,而只能导致求刑权、量刑权以及行刑权的消灭。

第三,刑罚消灭是由于出现了某种事由。引起刑罚消灭的原因可以分为两大类：一类是法定原因，即法律所规定的引起刑罚消灭的原因；另一类是事实上的原因，即某种特定事实的出现自然导致刑罚的消灭。

二、刑罚消灭的事由

刑罚消灭的事由主要有：(1)超过追诉时效；(2)经特赦令免除刑罚；(3)告诉才处理的犯罪，没有告诉或者撤回告诉；(4)犯罪嫌疑人、被告人死亡；(5)其他法定事由，如被判处罚金的犯罪人由于遭遇不能抗拒的灾祸确有困难的，可以酌情减少或者免除。

第二节　时　　效

一、时效概述

刑法上的时效，是指经过一定的期限对刑事犯罪不能再追诉或者对所判刑罚不能再执行的制度。

刑法上将时效分为追诉时效和行刑时效两种。追诉时效，是指依照法律规定对犯罪分子追究刑事责任的有效期限。在法定期限内，司法机关有权追究犯罪分子的刑事责任；超过法定期限，除法定最高刑为无期徒刑、死刑，经最高人民检察院核准后追诉的案件以外，都不能再追诉。行刑时效，是指刑法规定的，对判处刑罚的犯罪人执行刑罚的有效期限。在行刑时效内，刑罚执行机关有权执行刑罚；超过行刑时效，司法机关就不能再执行刑罚。因而，超过行刑时效，即使已作出罪刑宣告，司法机关也不能再行使行刑权，刑罚随之消灭。世界各国大多有行刑时效和追诉时效的规定，我国刑法只规定了追诉时效。

二、追诉时效

(一) 追诉时效的期限

根据《刑法》第 87 条的规定，犯罪经过下列期限不再追诉：(1)法定最高刑为不满 5 年有期徒刑的，经过 5 年；(2)法定最高刑为 5 年以上不满 10 年有期徒刑的，经过 10 年；(3)法定最高刑为 10 年以上有期徒刑的，经过 15 年；(4)法定最高刑为无期徒刑、死刑的，经过 20 年。如果 20 年以后认为必须追诉的，须报请最高人民检察院核准。

从以上规定可以看出,我国刑法追诉时效期限分为四个档次,对犯罪的追诉期限由短到长,以法定最高刑为标准,分别确定为 5 年、10 年、15 年、20 年;罪行越重,法定刑越高,追诉期限也就越长。法定刑重,说明犯罪的社会危害性严重,因而追诉时效期限就长;反之,法定刑轻,说明犯罪的社会危害性较轻,追诉时效的期限就短。这是罪刑均衡原则在追诉期限上的体现。

对于犯罪的法定最高刑,不能理解为犯罪人所触犯之罪名的法定最高刑,而是指相应法定刑幅度内的法定最高刑。这是因为,我国刑法对众多犯罪根据犯罪情节轻重、数额大小等因素规定了不同的量刑幅度,这些量刑幅度具有刑法上的独立意义。具体而言,如果刑法规定的某一犯罪只有一个法定刑幅度,法定最高刑就是该犯罪的法定最高刑;如果刑法规定的某一犯罪有两个以上的法定刑幅度,法定最高刑就是具体犯罪行为应当适用的法定刑幅度的最高刑。例如,《刑法》第 234 条规定,故意伤害他人身体的,处 3 年以下有期徒刑、拘役或者管制;致人重伤的,处 3 年以上 10 年以下有期徒刑;致人死亡或者以特别残忍手段致人重伤造成严重残疾的,处 10 年以上有期徒刑、无期徒刑或者死刑。根据该条规定,故意伤害罪的最高法定刑是死刑,但并非所有的故意伤害罪都按死刑来确定追诉时效,而是根据具体罪行应当适用的某一法定刑幅度内的最高刑来确定追诉时效。如果故意伤害他人造成轻伤的,法定最高刑为 3 年有期徒刑,追诉时效为 5 年;如果故意伤害他人造成重伤,法定刑最高刑为 10 年有期徒刑,追诉时效为 15 年。

(二) 追诉期限的计算

根据《刑法》第 88 条和第 89 条的规定,追诉期限的计算包括以下几种情况。

1. 一般犯罪追诉期限的计算

一般犯罪,即没有连续或继续状态的犯罪。一般犯罪的“追诉期限从犯罪之日起计算”。关于犯罪之日,应理解为犯罪成立之日,也就是行为符合犯罪构成之日。由于法律对各种犯罪的构成要件规定不同,具体犯罪的形态不同,因而认定犯罪成立的标准也不相同。对不以危害结果为区分罪与非罪的构成要件的犯罪而言,实施行为之日就是犯罪成立之日;对于以危害结果为区分罪与非罪的构成要件的犯罪(如过失犯罪)而言,危害结果的发生之日才是犯罪成立之日。

2. 连续或继续犯罪追诉期限的计算

犯罪行为有连续或继续状态的，追诉期限从犯罪行为终了之日起计算。连续犯以连续实施数个行为且每一行为均可以单独构成犯罪为其构成特征，因而，连续犯的犯罪行为"终了之日"是指最后一个独立的行为成立犯罪之日。继续犯以一个犯罪行为处于持续状态为其构成特征，因而，继续犯的行为"终了之日"是指犯罪的持续状态结束之日。

3. 追诉时效的中断

追诉时效的中断，是指在追诉时效期间，因发生法律规定的事由，而使以前所经过的时效期间归于无效，法律规定的事由终了之时，时效重新开始计算。《刑法》第 89 条第 2 款规定："在追诉期限以内又犯罪的，前罪追诉的期限从犯后罪之日起计算。"根据该条规定，在追诉期限以内又犯罪的，前罪的追诉期限中断，其追诉期限从后罪成立之日起重新计算。例如，犯罪人在 2009 年 1 月 1 日犯一般情节的抢劫罪，法定最高刑为 10 年有期徒刑，追诉时效期限为 15 年。如果不犯后罪，其追诉期限至 2024 年 1 月 2 日结束。假如犯罪人在于 2011 年 1 月 1 日又犯强奸罪，这时，抢劫罪的追诉时效发生了中断，其追诉期限应当从 2011 年 1 月 1 日重新开始计算，再经过 15 年，才不再追诉。

4. 追诉时效的延长

追诉时效的延长，是指在追诉期限内，因发生法定的事由，致使追诉期限暂时停止执行。《刑法》第 88 条规定了以下两种时效延长。

第一，在人民检察院、公安机关、国家安全机关立案侦查或者在人民法院受理案件后，逃避侦查和审判的，不受追诉期限的限制。成立该种时效延长，必须具备两个条件：首先，人民检察院、公安机关、国家安全机关已立案侦查或者人民法院受理了案件。这里的"立案侦查"，应理解为只要人民检察院、公安机关、国家安全机关已经立案、人民法院已经受理案件。其次，行为人逃避侦查或者审判。这里的"逃避侦查或者审判"，应限于积极和明显的致使侦查、审判工作无法进行的逃避行为，主要是指逃跑或藏匿。对于行为人实施毁灭证据、串供等行为的，不宜认定为"逃避侦查与审判"。

第二，被害人在追诉期限内提出控告，人民法院、人民检察院、公安机关应当立案而不予立案的，不受追诉期限的限制。被害人在追诉时效期限内向人民法院、人民检察院或公安机关提出控告，无论该机关有无管辖权，均可以引起追诉时效的延长。“应当立案而不予立案”,是指符合“有犯罪事实,需要追究刑事责任”的立案条件而人民法院、人民检察院、公安机关却不予立案的情形。

在追诉期限延长的情况下,被司法机关立案侦查或受理的案件虽然不受追诉期限的限制,但其后的犯罪行为仍然受追诉期限的限制。例如,犯罪人因盗窃罪被司法立案侦查,但行为人逃避侦查与审判,其后又犯了强奸罪。先前的盗窃罪虽然不受追诉期限的限制,但后来的强奸罪仍然受追诉期限的限制。

第三节 赦　　免

一、赦免的概念和种类

赦免,是指国家对于犯罪分子宣告免除其罪、免除其刑的法律制度。

赦免分大赦和特赦两种。大赦是国家对一定时期内犯有一定罪行的犯罪人免予追诉和免除其刑罚执行的制度。大赦的适用范围很广,其效力及于罪与刑两个方面。另外,大赦不仅针对已受罪刑宣告者,还针对未受罪刑宣告者。特赦,是指国家对特定的犯罪人免除其刑罚的部分或全部执行的制度。

大赦和特赦的区别主要是:(1)大赦的对象不特定,针对一般的犯罪与特定的犯罪均可实施;而特赦的对象是特定的,只能针对特定的犯罪来实施。(2)大赦既赦刑又赦罪,即既可以消灭刑罚,也可以消灭罪;而特赦只赦刑不赦罪,即只能免除刑罚的执行,而不能使宣告之罪归于消灭。(3)大赦对于其所赦免的犯罪,无论在判决前或判决确定后均发生效力;而特赦之效力,仅及于判决确定后的犯罪,不及于判决确定前的犯罪。(4)大赦之罪不可能成为累犯的基础;而特赦后再犯罪的,可能构成累犯。(5)大赦以全国某一地区、某事件的全体犯罪人为对象,因而通常包括很多人,并且一般不公布被赦免人的名单;而特赦以特定犯罪人为对象,既可能是多人,也可能是一人,一般需要公布被赦免人的名单。(6)大赦通常要经过立法程序,制定法律;而特赦一般无须经过这样严格的程序,往往是经过一定的机关、团体或个人提出申请,由有特赦权的国家元首、最高行政机关或政府首脑决定即可实行。

二、我国的赦免制度

我国 1954 年宪法有大赦和特赦的规定,现行宪法只规定了特赦制度。因而,我国刑法中的赦免,都是指特赦。中华人民共和国成立以来,从 1959 年到 1975 年,我国共实行过八次特赦：第一次是 1959 年 9 月 17 日对蒋介石集团和伪满洲国的战争罪犯、反革命犯和普通刑事罪犯特赦。第二次、第三次特赦分别是 1960 年 1 月 19 日和 1961 年 12 月 16 日对确实改恶从善的蒋介石集团和伪满洲国罪犯进行特赦。第四次、第五次、第六次特赦是分别于 1963 年 3 月 30 日、1964 年 12 月 12 日和 1966 年 3 月 29 日对蒋介石集团、伪满洲国和伪蒙疆自治政府的战争罪犯的特赦。第七次特赦是 1975 年 3 月 17 日对全部在押战争罪犯的特赦。现行的特赦,由全国人大常委会决定,由国家主席发布特赦令。

从我国实行的八次特赦中,可以看出我国特赦制度具有以下特点：第一,特赦的对象基本上只限于战争罪犯。第二,特赦的范围是一类或者几类犯罪人,而不是个别犯罪人。第三,特赦的前提是犯罪人在服刑过程中确实有改恶从善的表现。一方面,对尚未宣告刑罚或者没有开始执行刑罚的,不实行特赦;另一方面,也并非对执行过一定刑期的战争罪犯均予以特赦,只是对其中确有改恶从善表现的犯罪人,才予以特赦。第四,对需要特赦的犯罪人,根据其罪行轻重与悔改表现实行区别对待。即罪行轻因而所判刑罚轻的,予以释放;罪行重因而所判刑罚重的,只减轻刑罚。第五,特赦的效力只及于刑而不及于罪。换言之,特赦的效力只是免除执行剩余刑罚或者减轻原判刑罚,不是免除执行全部刑罚,更不是使宣告刑与有罪宣告无效。

本章小结

刑罚消灭,是指由于法定的或事实的原因,致使司法机关不能对犯罪人行使具体的刑罚权。刑罚消灭的事由包括超过追诉时效,经特赦令免除刑罚,告诉才处理的犯罪没有告诉或者撤回告诉,犯罪嫌疑人、被告人死亡,其他法定事由。

刑法上的时效,是指经过一定的期限对刑事犯罪不能再追诉或者对所判刑罚不能再执行的制度。刑法上将时效分为追诉时效和行刑时效两种。前者是指依照法律规定对犯罪分子追究刑事责任的有效期限;后者是指依照法律规定对判处刑罚的犯罪人执行刑罚的有效期限。我国刑法只对追诉时效以法定最高刑为标准,分四个档次对追诉时效作了规定。

赦免,是指国家对于犯罪分子宣告免除其罪、免除其刑的法律制度。赦免分大赦和特赦两种。前者是指国家对一定时期内犯有一定罪行的犯罪人免予追诉和免除其刑罚执行的制度;后者是指国家对特定的犯罪人免除其刑罚的部分或全部执行的制度。我国现行宪法只规定了特赦制度。

习　题

1. 我国刑法关于追诉时效的期限是如何规定的?
2. 追诉时效如何计算?

下编　刑 法 各 论

第二十一章　刑法各论概述

【本章导读】

刑法分则体系，是指刑法分则根据一定的标准和规则，对各类犯罪及其所包含的各种具体犯罪，按照一定次序排列而形成的有机体。刑法分则条文通常由罪状与法定刑构成。罪状是刑法分则条文对犯罪行为具体状况的规定和描述；法定刑是刑法分则条文对具体犯罪所确定刑罚的种类和幅度。在法条竞合的条件下，应该适用特殊法优于一般法的原则，重法优于轻法不能作为法条竞合的适用原则。

【学习重点】

- 刑法分则体系
- 罪状
- 法定刑
- 法条竞合

第一节　刑法分则体系

一、刑法分则体系的概念

刑法分则体系，是指刑法分则根据一定的标准和规则，对所规定的各类犯罪及其所包含的各种具体犯罪，按照一定次序排列而形成的有机体。分则以一定标准将具体犯罪分为若干类，再以一定标准对类罪进行合理排列，进而将各类罪中的具体犯罪进行排列，从而形成一个有机体系。

建立科学的刑法分则体系对刑法理论研究和刑事司法实践具有重要的作用。刑法理论研究可以根据刑法分则体系来阐释各类各种犯罪的概念、构成特征和社会危害程度。在司法实践中，刑法分则体系有利于司法人员准确认识各种犯罪的具体特征，把握各种犯罪的危害程度，正确区分具体罪之间的界限，做到对犯罪准确适用刑罚。

二、刑法分则体系的特点

我国刑法分则将犯罪分为10类,每一类为一章,即危害国家安全罪、危害公共安全罪、破坏社会主义市场经济秩序罪、侵犯公民人身权利、民主权利罪、侵犯财产罪、妨害社会管理秩序罪、危害国防利益罪、贪污贿赂罪、渎职罪、军人违反职责罪。刑法分则对犯罪进行分类的标准是犯罪的同类客体,对各类犯罪以及各种具体犯罪的排列标准主要是以各类各种犯罪的社会危害程度。[1]

(一)从分类标准看,原则上是以同类客体为标准对犯罪进行分类

犯罪的同类客体,是指某一类犯罪所共同侵犯的我国社会主义社会关系的某一方面。刑法分则以犯罪的同类客体,即犯罪所侵犯的社会关系的范围为标准进行分类,这种分类方法既反映出了每一类犯罪的社会危害性,又符合人们需要认识各类犯罪的不同危害性质的要求,也有利于理解各类犯罪的立法精神,贯彻区别对待的政策。

(二)对于复杂客体的犯罪,依据犯罪的主要客体进行归类

复杂客体的犯罪是指侵犯了两种以上的合法权益的犯罪。对于这类犯罪,刑法分则是根据该犯罪的主要客体将其归入不同的类罪中的。如抢劫罪既侵犯了公私财产的所有权,也侵犯了公民的人身权利,但它主要侵犯的是公私财物的所有权,因此,根据该种犯罪侵犯的主要客体即公私财产所有权将其归入侵犯财产罪之中。

(三)从排列顺序看,以社会危害程度为标准由重到轻排列

刑法分则中的10类犯罪的排列就是主要根据各类犯罪的社会危害性的大小,由重到轻依次排列。例如,危害国家安全罪侵犯的是国家安全,而国家安全是我国的根本利益,是最重要的社会关系,因此,这类犯罪的社会危害性最为严重,所以,将其排在各章之首。各类罪中的具体犯罪的先后排列顺序所的依据也是社会危害程度的大小,但是,这并不意味着排在前面的类罪中的每一种具体犯罪的社会危害性都大于排在后面的类罪中的所有具体罪的社会危害性。在依据社会危害性大小的同时,也适当考虑了犯罪与犯罪之间性质是否具有近似性,以此由

---

〔1〕 高铭暄、马克昌主编:《刑法学》,331页,北京,北京大学出版社、高等教育出版社,2000。

重到轻依次进行排列。

第二节　罪状和罪名

刑法分则条文通常由罪状与法定刑构成，如《刑法》第 234 条第 1 款规定："故意伤害他人身体的，处三年以下有期徒刑、拘役或管制。"其中，"故意伤害他人身体的"就是罪状，它包含了罪名；"处三年以下有期徒刑、拘役或管制"就是法定刑。

一、罪状

罪状是刑法分则条文对犯罪行为具体状况的规定和描述。它指明适用该规范的条件，某一行为只有符合某一分则规范的罪状，才能适用该分则规范。罪状是犯罪构成的规范表现形式，只有通过对各罪状的剖析，才能掌握种种犯罪的构成特征，明确如何区分罪与非罪、此罪与彼罪的界限。但是，罪状也不是对每一种罪的全部构成特征加以描述，它只是描述具体犯罪的客观要件。

在刑法理论上，根据条文对罪状描述方式的不同，将罪状可以分为叙明罪状、简单罪状、引证罪状和空白罪状；而根据条文对罪状描述方法的多寡，又可以将罪状分为单一罪状和混合罪状。

(一) 叙明罪状、简单罪状、引证罪状和空白罪状

1. 叙明罪状

叙明罪状是指对具体犯罪构成特征作出较为具体描述的罪状。例如，《刑法》第 258 条对重婚罪的规定是"有配偶而重婚的，或者明知他人有配偶而与之结婚的"，这就是叙明罪状，其中对重婚罪的主体、主观与客观要件都作了明确的规定。由于叙明罪状对犯罪的特征有详细的描述，易于被人们理解和掌握，便于实践中正确定罪，因此多数刑法条文均采用叙明罪状。

2. 简单罪状

简单罪状是指对犯罪构成的特征只作简单描述而没有超出罪名的概括的罪状。例如，《刑法》第 232 条规定的"故意杀人的"，就是简单罪状。采取这种规定方式是因为立法者认为这些罪行都为社会公众所熟知，无须在法律上再予以具体的描述。简单罪状可以使分则条文简化，避免烦琐。

3. 引证罪状

引证罪状是指引用同一法律中的其他条款来说明或确定某一具体犯罪构成的特征。例如,《刑法》第 124 条第 1 款规定:“破坏广播电视设施、公用电信设施,危害公共安全的”,构成破坏广播电视设施、公用电信设施罪。第 2 款规定:“过失犯前款罪的”,构成过失损坏广播电视设施、公用电信设施罪。此款只写明罪过形式是过失,其行为的客观表现、损坏的对象等,则要根据第 1 款的规定来确定。采用引证罪状,也是为了避免条文文字的重复,保持条文的简明性。

4. 空白罪状

空白罪状是指没有具体说明某一犯罪的构成特征,但指明了确定该罪犯罪构成必须参照的其他法律、法令。例如,根据《刑法》第 332 条第 1 款的规定,“违反国境卫生检疫规定,引起检疫传染病传播或者有传播严重危险的”,构成妨害国境卫生检疫罪。但是,妨害国境卫生检疫行为的客观表现是什么,条文没有写明,只能根据国境卫生检疫法规来确定。不了解上述法规,就不可能确定某人的行为是否构成妨害国境卫生检疫罪。采用空白罪状,往往是因为有关法律、法规的规定内容较多,而刑法条文又难以用简洁的语言对其特征作出具体表述。因而采用这种罪状,也能够简化刑法条文,只是认定该种犯罪的特征时必须与其他相关法律、法规相结合。

(二) 单一罪状和混合罪状

单一罪状是指仅采用叙明罪状、简单罪状、引证罪状、空白罪状其中一种对犯罪的基本构成特征进行描述的罪状。分则条文中的绝大多数罪状都属于单一罪状。

混合罪状是指同时采用叙明罪状、简单罪状、引证罪状、空白罪状中的两种方式对犯罪的基本构成特征进行描述的罪状。例如,《刑法》第 338 条规定:“违反国家规定,排放、倾倒或者处置有放射性的废物、含传染病病原体的废物、有毒物质或者其他有害物质,严重污染环境的,处……”在该罪状中,“违反国家规定”,属于空白罪状,指出确定污染环境罪的构成需要参照国家规定的有关法规,后半段的规定则属于叙明罪状,详细描述了构成重大环境污染事故罪的特定的环境、对象、行为方式以及后果的要件。刑法分则条文中采用混合罪状的只是少数,且主要表现为空白罪状与叙明罪状的混合。

二、罪名

(一) 罪名的概念和功能

罪名就是犯罪的名称，是对犯罪本质特征或者主要特征的高度概括。由于罪状对具体犯罪的本质或主要特征进行了描述，因而，罪名以罪状为基础，包括在罪状之中。在简单罪状的情况下，对罪状的表述就是罪名。罪名有以下功能。[2]

1. 概括作用

犯罪现象形形色色、千姿百态。罪名将千姿百态的犯罪现象进行高度的概括，使人们能够明确刑法上规定了多少种类的犯罪，能够通过罪名来把握各种具体犯罪。

2. 区分功能

罪名一方面将形形色色的犯罪行为概括成一个犯罪，同时它又使各个罪名产生独特的含义，使罪与罪之间具有严格的区别。不同的罪名所反映的犯罪行为的性质和特征不同，这就使得罪名具有了区分作用。通过罪名所传递的信息，人们可以大致地区分罪与非罪、此罪与彼罪的界限。

3. 评价功能

罪名能够表明国家对某种危害行为的否定评价以及对触犯该罪名的犯罪主体的谴责。不同罪名所反映的犯罪行为的社会危害程度是不一样的，通过罪名的评价，来影响人们的价值观念，从而达到指引人们行为的效果。

4. 威慑功能

由于罪名体现了国家对犯罪的否定评价和对行为人的谴责，因而为避免这种否定评价和谴责，就必须规范自己的行为，不触犯罪名。所以，罪名又具有威慑和预防犯罪的作用。

(二) 罪名的分类

根据不同的标准，可以对罪名作出不同种类的划分。

1. 立法罪名、司法罪名和学理罪名

根据罪名是否具有法律效力，罪名可分为立法罪名、司法罪名和学理罪名。立法罪名，是指立法机关在刑法分则条文中明确规定的罪名。如贪污罪、受贿罪、

---

〔2〕 参见陈兴良主编：《刑法各论的一般原理》，103页，呼和浩特，内蒙古大学出版社，1992。

挪用公款罪、行贿罪等都是由刑法分则条文明确规定的罪名。立法罪名具有普遍的法律效力,司法实践不能对有关犯罪使用与立法罪名不同的罪名。司法罪名,是指最高司法机关通过司法解释所确定的罪名。如最高人民法院于 1997 年 12 月 9 日发布的《关于执行〈中华人民共和国刑法〉确定罪名的规定》所规定的罪名以及 2000 年 3 月最高人民法院、最高人民检察院发布的《关于执行〈中华人民共和国刑法〉确定罪名的补充规定》所确定的罪名都是司法罪名。司法罪名对司法机关办理刑事案件具有法律约束力。学理罪名,是指理论上根据刑法分则条文规定的内容,对犯罪所概括出的罪名。学理罪名没有法律效力,但对司法实践确定罪名具有指导和参考作用。

2. *单一罪名、选择罪名和概括罪名*

根据罪名包含犯罪构成内容的数量,罪名可分为单一罪名、选择罪名和概括罪名。单一罪名,是指罪状包含的犯罪构成的具体内容单一的罪名。如故意杀人罪、故意伤害罪等。单一罪名所表示的是具体犯罪行为,不可能进行分解。我国刑法分则中的大部分罪名是单一罪名。选择罪名,是指因罪状所包含的犯罪构成的具体内容比较复杂,罪名形式上表现为并列特点的罪名。选择罪名大致分三种情况:一是行为选择,即罪名中包括了多种行为,如引诱、容留、介绍卖淫罪,包括了三种行为。二是对象选择,即罪名中包括了多种对象,如拐卖妇女、儿童罪。三是行为与对象同时选择,即罪名中包括了多种行为与多种对象,如非法制造、买卖、运输、邮寄、储存枪支、弹药、爆炸物罪,包括五种行为和三种对象。概括罪名是指其包含的犯罪构成反映出多种犯罪行为,用一个上位概念予以概括的罪名。如信用卡诈骗罪,包括了使用伪造的信用卡、使用作废的信用卡、冒用他人信用卡、恶意透支四种行为。不管行为人是实施其中一种还是数种行为,都定信用卡诈骗罪。例如,行为人只是恶意透支的,定信用卡诈骗罪,而不是定恶意透支罪;行为人实施了上述几种行为时,仍定信用卡诈骗罪,也不实行数罪并罚。概括罪名是介于单一罪名与选择罪名之间的一种罪名。

(三) 罪名的确定

罪名一般是包括在罪状之中,在确定罪名时,要对罪状所描述的具体犯罪的构成要件进行分析、概括归纳。根据刑法分则的规定概括出各种具体犯罪的罪名,是正确定罪的前提之一。根据刑法规定与司法实践,确定罪名时应遵循合法性、概括性和科学性的原则。

1. 合法性原则

所谓合法性原则，是指确定罪名时必须严格以刑法分则规定具体犯罪的条文所描述的罪状为依据。刑法条文规定的是简单罪状时，应将该罪状作为罪名使用。当叙明罪状、引证罪状、空白罪状中提示了罪名时，应该使用所提示的罪名。另外，不得将类罪名作为具体罪名予以使用，例如，侵犯人身权罪、侵犯财产罪等都是类罪名，不能将它们作为具体罪名使用。

2. 概括性原则

罪名和罪状不一样，罪名需要在办案过程中反复使用，并且引用于法律文书中，必须高度概括，简练实用。确定罪名必须用最简练的文字高度地概括具体犯罪的所有表现形式，在确定罪名的时候，只能将具体犯罪的本质特征纳入罪名，以区别于其他犯罪。

3. 科学性原则

要在刑法条文规定的构成要件上准确提炼罪名，以使罪名体现犯罪构成要件的本质和主要特征，即罪名要在合法性、概括性的基础上，明确地反映出犯罪行为最本质的特征，反映出此罪与彼罪的主要区别。需要注意的是，对刑法总则的一些共性的规定，不能作为罪名，犯罪的具体情节也不能作为罪名的内容。

第三节　法　定　刑

一、法定刑的概念

法定刑，是指刑法分则条文对具体犯罪所确定刑罚的种类和幅度。刑罚种类通常称为刑种，刑罚幅度通常称为刑度。刑法总则规定了管制、拘役、有期徒刑、无期徒刑、死刑五种主刑和罚金、剥夺政治权利、没收财产、驱逐出境四种附加刑。法定刑是依照刑法总则的规定和具体犯罪行为的危害程度来确定的。

法定刑是刑法分则条文的重要组成部分，它表明罪与罚的质的因果性联系和量的相适应关系，是审判机关对犯罪人适用刑罚的依据。对犯罪人判处刑罚时，除减轻处罚外，必须在法定刑幅度内内判处。因此，研究法定刑问题，对正确地量刑具有重要的意义。

二、法定刑的种类

根据立法实践,在刑法理论上通常根据法定刑的刑种、刑度是否确定以及确定的程度,将法定刑分为三种形式,即绝对确定的法定刑、绝对不确定的法定刑和相对确定的法定刑。

(一) 绝对确定的法定刑

绝对确定的法定刑,是指在条文中对某种犯罪或某种犯罪的某种情形只规定单一、固定的刑种和刑度的法定刑。这种法定刑缺乏灵活性,司法机关没有自由裁量的余地,难以针对案件的具体情况判处轻重适当的刑罚。在我国现行刑法中,有针对某一犯罪的某种特定情节,规定绝对确定的单一死刑的情况,如《刑法》第 239 条规定,犯绑架罪,致使被害人死亡或者杀害被绑架人的,处死刑,并处没收财产。

(二) 绝对不确定的法定刑

绝对不确定的法定刑,是指在条文中对某种犯罪不规定具体的刑种和刑度,只规定对该种罪处以刑罚,具体如何处罚完全由法官掌握。这种法定刑由于没有统一的量刑标准,罪责刑相适应原则就无从体现和贯彻。

(三) 相对确定的法定刑

相对确定的法定刑,是指分则条文对某种犯罪规定了相对具体的刑种和刑度。这种形式的法定刑既有刑罚的限度,也有一定的自由裁量余地,因而克服了前两种形式法定刑的弊端,便于法官在保证司法统一的基础上,根据具体案情和犯罪人的具体情况,选择适当的刑种和刑期,以实现罪责刑相适应原则。我国刑法分则条文的法定刑绝大多数也采用这种方式。其具体规定方式有以下几种。

第一,分则条文只规定刑罚的最高限度,刑罚的最低限度根据刑法总则的规定确定。例如,《刑法》第 424 条前半款规定“战时临阵脱逃的,处三年以下有期徒刑”,该款只规定了有期徒刑这一刑种,最高刑期为 3 年。依据刑法总则第 45 条的规定,有期徒刑的最低期限为 6 个月。因此,只能在 6 个月以上 3 年以下的幅度内裁量刑罚。

第二,分则条文只规定了法定刑的最低限度,其最高限度取决于刑法总则的规定。例如,《刑法》第 295 条规定:“传授犯罪方法……情节严重的,处五年以上有期徒刑。”这里也只规定了有期徒刑这一刑种,最低刑期为 5 年。依据刑法总则

第45条的规定，有期徒刑的最高刑期为15年。因此，只能在5年以上15年以下的幅度内裁量刑罚。

第三，分则条文同时规定法定刑的最高和最低限度。例如，《刑法》第260条第2款规定："犯前款罪，致使被害人重伤、死亡的，处二年以上七年以下有期徒刑。"在这种情况下，就无需依赖于总则规定，直接在这一幅度内裁量刑罚。

第四，分则条文规定两种以上主刑或者规定两种以上主刑并规定附加刑的法定刑。例如，《刑法》第267条前半款规定："抢夺公私财物，数额较大的，处三年以下有期徒刑、拘役和管制，并处或者单出罚金。"由于规定了两种以上的主刑，在量刑时，不仅有刑期的选择，而且有刑种的选择。在其规定的两种以上的主刑中，对有期徒刑又可分为前述三种情况。另外，许多分则条文虽然规定的刑种相同，但排列顺序有异，如有的规定"处十年以上有期徒刑、无期徒刑或者死刑"，有的规定"处死刑、无期徒刑或者十年以上有期徒刑"。这种排列顺利意味着，在裁量刑罚时，应该首先选择排在前面的刑种。当然，具体如何选择还应以案情为依据。

三、法定刑与宣告刑、执行刑

宣告刑是人民法院对具体犯罪判决宣告的应当执行的刑罚。它是法定刑的实际运用，是审判机关对具体犯罪案件中的犯罪人依法判处并宣告的应当实际执行的刑罚。法定刑不同于宣告刑：法定刑是立法机关在制定刑法时确定的，宣告刑是司法机关在处理具体案件时确定的；法定刑有可供选择的刑种与刑度，宣告刑只能是特定的刑种与刑度。

执行刑是对犯罪分子实际执行的刑罚。由于宣告刑所宣告的是犯罪分子应当执行的刑罚，所以，宣告刑是执行刑的根据。在一般情况下，二者是相等的；但在特殊情况下，执行刑要低于宣告刑。即在执行过程中，如果犯罪分子具有悔改或立功情节而依法减刑时，执行刑便少于宣告刑。

第四节　法条竞合

一、法条竞合概述

刑法中的法条竞合，是一个犯罪行为同时触犯数个刑法条文，但由于数个法条之间存在特定的逻辑关系,因而只能适用其中一个法条,而排除其他法条适用的情况。例如,盗窃枪支、弹药、爆炸物的犯罪行为,既符合《刑法》第267条规定的盗窃罪的构成要件,又符合第127条规定的盗窃枪支、弹药、爆炸物罪的构成要件。在这种情况下,行为人主观上只有一个罪过,客观上只有一个行为,只是由于刑法的规定才导致该行为从形式上看同时符合了这两个法条规定的犯罪构成,对此不能同时适用两个法条,只能适用其中一个法条。

犯罪现象的错综复杂致使刑法规定在某些情况下会存在交叉或者包容的情况,即某一个法条规定的犯罪,可能是另一个法条规定的犯罪的一部分,或者某一个法条规定的犯罪的一部分是另一个法条规定的犯罪的一部分,从而导致一个犯罪行为可能同时符合数个法条规定的犯罪构成。法条竞合具有以下特征。

第一,必须是行为人实施了一个犯罪行为,如果是数行为而触犯数法条的,则要数罪并罚。如行为人既有走私普通货物物品又有走私毒品行为的,因为是数行为触犯数法条,应当按数罪实行数罪并罚。

第二,行为人所实施的犯罪行为在形式上触犯了数个法条规定的数个罪名。即一个人的具体行为触犯一个具体的法条,同时也触犯另一个一般性的法条,形成一行为触犯数法条的现象。

第三,数个法条之间存在包容或交叉的逻辑关系。包容关系也就是一般和具体的关系。如我国《刑法》第266条规定的诈骗罪,而在这之外,还有专门的一节是关于金融诈骗的规定,其中包括金融票据诈骗、金融凭证诈骗、保险诈骗、贷款诈骗、信用证诈骗、信用卡诈骗、有价证券诈骗、集资诈骗8个金融诈骗罪。交叉关系是数个法条之间的内容存在着部分重合。如过失致人死亡罪与医疗事故罪、交通肇事罪、重大责任事故罪、失火罪等在过失致人死亡这一点上存在重合;故意伤害罪(轻伤)与妨害公务罪、聚众斗殴罪、寻衅滋事罪、刑讯逼供罪、非法拘禁罪等侵犯人身的犯罪存在某种竞合。

第四,在法条竞合的情况下,对犯罪行为只适用一个法条。假如行为人进行合同诈骗,除触犯合同诈骗罪的条款以外,还不可避免地触犯到第266条的诈骗罪条款,在这种情况下只适用一个法条。

二、法条竞合的种类

根据竞合法条之间的不同逻辑关系,国内学者对法条竞合的种类有着不同的观点，具有代表性的有以下几种。

第一种观点认为，法条竞合的一个重要特征是构成要件之间存在逻辑上的从属或者交叉关系，以此为依据将法条竞合分为从属关系的竞合和交叉关系的竞合。[3]"从属关系的竞合"指的是一个行为符合数个法条所规定的构成要件，在数个法条所规定的构成要件之间存在着逻辑上的从属关系，它包括独立竞合和包容竞合。独立竞合表现为一个法条所包含的构成要件在范围上为另一个法条的构成要件所包括，主要表现为特别法与普通法的法条竞合；包容竞合表现为一个法条所包含的构成要件在内容上为另一个法条的构成要件所包容。交叉关系分为交互竞合与偏一竞合。交互竞合表现为两个法条交叉重合，所竞合的正是法条之间交叉重合部分，竞合法条对于所竞合的内容都可评价；偏一竞合表现为两个法条交叉重合，具体竞合的内容超出法条交叉重合部分而偏向其中内涵较丰富的法条的情形，竞合法条之间是基本法与补充法的关系。

第二种观点认为，从法律上看，法条竞合表现为两种情况：(1)一个行为同时符合相异法律中的普通刑法与特别刑法。"相异法律"是指仅就形式上而言不是一个法律文件，但实质上都是刑法。(2)一个行为同时触犯同一法律的普通条款与特别条款。[4]

第三种观点认为，法条竞合包括而且仅包括包容竞合和交叉竞合两种。包容竞合即指甲法条所规定的犯罪构成要件在外延上完全大于乙法条所规定的犯罪构成要件；交叉竞合即指甲法条所规定的犯罪构成要件在外延上与乙法条所规定的犯罪构成要件部分交叉、重叠或重合。该种观点进一步指出法条竞合不包括的五种情形：危害行为完全相同的法条间不是法条竞合；同种犯罪不同要素结构的犯罪构成之间，不存在法条竞合问题；不同罪之间纯粹量刑情节的竞合，或者一罪的构成要件与另一罪纯粹量刑情节的竞合不是法条竞合；特别刑法与普通刑法之间的关系不是法条竞合关系；仅仅因为行为人实施的犯罪事实而使数个法条对行为均具符合性，而该法条之间并无必然包容或交叉关系的，不是法条竞合，而是想象竞合。[5]

本书赞同第三种观点，刑法中的法条竞合主要分为两种基本类型：包容关系

〔3〕 陈兴良：《口授刑法学》，375—381页，北京，中国人民大学出版社，2007。

〔4〕 张明楷：《刑法学》，524页，北京，法律出版社，2003。

〔5〕 赵秉志、肖中华：《法条竞合及法条适用原则》，载《华东刑事司法评论》，2002(1)，第9—12页。

的法条竞合和交叉关系的法条竞合。“包容关系的法条竞合”是指一个刑法条文所规定的犯罪构成可以包容另一个刑法条文所规定的犯罪构成而形成的竞合；“交叉关系的法条竞合”是指一个刑法条文所规定的犯罪构成是另一个刑法条文所规定的犯罪构成的一部分，即两个刑法条文之间存在部分内容的重合。

三、法条竞合的适用原则

在法条竞合的情况下，一行为触犯数法条，根据禁止重复评价的原则，行为只能构成一个犯罪。对于行为应该适用哪个法律条文，在学界也存在不同的观点。

第一种观点认为，当一个行为同时触犯同一法律的普通条款与特别条款时，在通常情况下，应依照特别法优于普通法的原则论处。在特殊情况下，应适用重法优于轻法的原则，即按照行为所触犯的法条中法定刑最重的法条定罪量刑。所谓“特殊情况”，是指以下两种情况：(1)法律明文规定按重罪定罪量刑。例如，《刑法》第 140 条规定了生产、销售伪劣产品罪，第 141 条至第 148 条又规定了生产、销售各种特殊的伪劣产品的犯罪，第 140 条是一般法，其他各条是特殊法，它们之间形成了法条竞合关系。对于实施第 141 条至第 148 条规定的犯罪行为的，如果没有刑法的特别规定，自然应该按照特别法优于普通法的原则，适用《刑法》第 141 条至第 148 条而不适用《刑法》第 141 条。但是，《刑法》第 149 条对于上述存在竞合关系的法条的适用原则作了特别规定。根据《刑法》第 149 条的规定，实施《刑法》第 141 条至第 148 条的特殊法上的行为，在下述两种情况下，可以实行重法优于轻法的原则，即可以适用第 140 条一般法：一是生产、销售第 141 条至第 148 条所列产品，不构成各该条规定的犯罪，但是销售金额在 5 万元以上的，依照第 140 条的规定定罪处罚。(2)法律虽然没有明文规定按普通条款定罪量刑，但对此也没作禁止性规定，而且按特别条款定罪不能做到罪责刑相适应时，可按照重法优于轻法的原则定罪量刑。[6]

第二种观点认为，从科学性的角度出发，在法条竞合的情况下，特别法优于普通法，复杂法优于简单法，是法条适用的原则，重法优于轻法不能作为法条竞合法条适用的主要原则或补充原则。[7]

---

〔6〕 张明楷：《刑法学》，526 页，北京，法律出版社，2003。

〔7〕 赵秉志、肖中华：《法条竞合及法条适用原则》，载《华东刑事司法评论》，2002(1)，第 9—12 页。

第三种观点认为，在法条竞合的条件下，一行为触犯数法条，其适用的原则为：(1)特殊法与一般法竞合的，一般应适用特殊法优于一般法的原则，行为人的具体行为符合特殊法的要件的，适用特殊法。(2)特殊法与一般法竞合而前者的法定刑轻于后者，在一般情况下，仍应实行特殊法优于一般法的原则，构成特殊法之罪的，应适用特殊法。但是，在法律有特别规定时，可以实行重法优于轻法的原则，即适用一般法。〔8〕

本书赞同第三种观点，在法条竞合的条件下，应该适用特殊法优于一般法的原则，重法优于轻法不能作为法条竞合的适用原则，因为立法者设置特别法的主要目的就在于特殊场合特殊处理，在法律没有明文规定的情况下，特别法优于普通法实际是立法的命令。〔9〕当然，在法律条文有明确规定时，重法优于轻法原则可以作为法条竞合适用的例外原则。

本章小结

刑法分则体系，是指刑法分则根据一定的标准和规则，对各类犯罪及其所包含的具体犯罪按照一定次序排列而形成的有机整体。我国刑法分则原则上是以同类客体为标准对犯罪进行分类，依据犯罪的主要客体进行归类，以社会危害程度为标准由重到轻排列。刑法分则条文通常由罪状与法定刑构成。

罪状是刑法分则条文对犯罪行为具体状况的描述。根据刑法分则条文对罪状描述方式的不同，可以将罪状分为叙明罪状、简单罪状、引证罪状和空白罪状；根据刑法分则条文对罪状描述方法的多寡，又可以将罪状分为单一罪状和混合罪状。罪名就是犯罪的名称，是对犯罪本质特征或者主要特征的高度概括。罪名具有概括功能、区分功能、评价和威慑功能。根据罪名是否具有法律效力，罪名可以分为立法罪名、司法罪名和学理罪名；根据罪名包含犯罪构成的内容数量，罪名可以分为单一罪名、选择罪名和概括罪名。确定罪名时应遵循合法性原则、概括性原则和科学性原则。

法定刑，是指刑法分则条文对具体犯罪所确定刑罚的种类和幅度。以法定刑

〔8〕高铭暄主编：《新编中国刑法学》，486—487页，北京，中国人民大学出版社，1998。

〔9〕孙国祥：《刑法基本问题》，436页，北京，法律出版社，2007。

的刑种、刑度是否确定以及确定的程度为标准,可以将法定刑分为绝对确定的法定刑、绝对不确定的法定刑和相对确定的法定刑。现代世界各国大都采用的是相对确定的法定刑。法定刑不同于宣告刑和执行刑。

刑法中的法条竞合,是一个犯罪行为同时触犯数个刑法条文,但由于数个法条之间存在特定的逻辑关系,因而只能适用其中一个法条,而排除其他法条适用的情况。刑法中的法条竞合分为包容关系的法条竞合和交叉关系的法条竞合两种基本类型。法条竞合的一般适用原则是特殊法优于一般法,在法律有明确规定时,可以适用重法优于轻法的原则。

习 题

1. 罪状有哪些类型?
2. 罪名具有哪些作用?
3. 如何理解法定刑的种类?
4. 法条竞合的适用原则是什么?

第二十二章　危害国家安全罪

【本章导读】

危害国家安全罪是由1979年刑法中的“反革命罪”修改而来的，它是指故意危害中华人民共和国的主权、领土完整与安全，颠覆国家政权、推翻社会主义制度的行为。我国刑法从第102条至第113条的12个条文中，规定了12种危害国家安全的具体犯罪，这些犯罪可以分为三类：危害国家政权和分裂国家方面的犯罪，叛变、叛逃方面的犯罪和间谍、资敌方面的犯罪。

【学习重点】

- 背叛国家罪
- 分裂国家罪
- 间谍罪
- 叛逃罪

第一节　危害国家安全罪概述

一、危害国家安全罪的概念和构成要件

危害国家安全罪，是指故意危害中华人民共和国国家安全的犯罪行为。本类犯罪是由1979年刑法中的“反革命罪”修改而来的。1979年《刑法》关于反革命罪的规定，对于维护国家安全、巩固人民民主专政的政权和保卫社会主义制度起了很大的作用。随着国家政治、经济和社会的发展，反革命罪的罪名适用遇到一些新情况、新问题。有些反革命罪中的“以反革命为目的”在实践中有时很难确定。对于有的犯罪行为，适用危害国家安全罪比适用反革命罪更为合适。1997年《刑法》之所以在类罪名上进行如此修改，是考虑到我们国家已经从革命时期进入集中力量进行社会主义现代化建设的历史新时期，宪法确定了中国共产党对国家事务的领导作用，从国家体制和保卫国家整体利益考虑，从法律角度来看，对危

害中华人民共和国的犯罪行为,规定适用危害国家安全罪比适用反革命罪更为合适。〔1〕

本类犯罪构成要件如下。

1. 本类犯罪的客观方面表现为危害中华人民共和国国家安全的行为。根据《国家安全法》第4条的规定,危害国家安全的行为具体包括下列行为:(1)阴谋颠覆政府,分裂国家,推翻社会主义制度的;(2)参加间谍组织或者接受间谍组织及其代理人的任务的;(3)窃取、刺探、收买、非法提供国家秘密的;(4)策动、勾引、收买国家工作人员叛变的;(5)进行危害国家安全的其他破坏活动的。从广义上讲,《刑法》分则第七章规定的危害国防利益罪、第十章规定的军人违反职责罪等也会对我国的国家安全和利益造成某种程度上的危害,但由于《刑法》对其作了专门规定,这里的危害国家安全的行为,便只包括分则第一章规定的各种行为。

由于危害国家安全罪具有极大的社会危害性,刑法对本类犯罪客观构成要件的规定就明显有别于其他刑事犯罪。一方面,将一些明显属于预备性的行为提升为实行行为加以规定,如背叛国家罪、分裂国家罪、武装叛乱、暴乱罪中的组织、策划行为便是如此。另一方面,本类犯罪均为行为犯。行为人只要实施了危害国家安全的各具体犯罪构成要件的行为即构成犯罪既遂,而不要求发生一定的结果。此外,本类犯罪中还包含一些对于国家安全具有间接危险就可以构成犯罪的行为,如煽动性犯罪、资助性的犯罪。

2. 本类犯罪的主体多数为一般主体。从法律规定来看,无论是中国公民、外国公民或无国籍人,无论有特定身份者还是无特定身份者,均可构成本罪。但从实践来看,通常并不是由普通公民实施的。如颠覆国家政权罪的主体是一般主体,但实践中主要是那些在中央和地方窃据党、政、军重要职位和具有一定社会地位、影响的人物。当然,并不能排除在特殊情况下普通公民实施这些犯罪的可能性。少数犯罪的主体是特殊主体,如背叛国家罪、投敌叛变罪的主体只限于中国公民,叛逃罪的主体限于国家机关工作人员以及掌握国家秘密的国家工作人员。另外,境内外机构、组织可以成为资助危害国家安全犯罪活动的主体。这表明单位可以成为资助危害国家安全犯罪活动的主体,只不过在单位实施本罪时,只处

---

〔1〕 参见1997年3月6日王汉斌在全国人大八届五次会议上所作的《关于〈中华人民共和国刑法〉(修订草案)的说明》。

罚直接责任人员。

3. 本类犯罪的主观方面是故意。本类犯罪的主观方面只能是故意，而且绝大多数是直接故意，即明知自己的行为会发生危害中华人民共和国国家安全的结果，并且希望这种结果发生。只有少数犯罪可以由间接故意构成，如行为人出于获利动机，为境外的机构、组织、个人窃取、刺探、收买、非法提供国家秘密或情报，而放任危害国家安全结果的发生的，其罪过形式就属于间接故意。

4. 本类犯罪的客体是国家安全。国家安全是国家赖以存在和发展的主权、政治、经济等方面的安全的总称，其主要包括国家的主权独立、国家的领土完整和安全、国家的统一和民族团结、人民民主专政政权和社会主义制度的稳固以及国家的其他基本利益的安全。国家安全是全国各族人民的根本利益所在，因而刑法把同危害国家安全犯罪做斗争放在首要地位，并予对之以严厉的制裁。

二、危害国家安全罪的种类

刑法对危害国家安全罪规定了最为严厉的刑罚，不仅大部分犯罪的最高刑为死刑，而且犯本类犯罪的犯罪分子不论判处何种主刑，一律附加剥夺政治权利，还可以并处没收财产。这些都体现了对危害国家安全的犯罪分子从严惩办的精神。《刑法》从第 102 条至第 113 条的 12 个条文中，规定了 12 种危害国家安全的具体犯罪。这些犯罪可以分为如下三类。

一是危害国家政权和分裂国家的犯罪，具体包括背叛国家罪，分裂国家罪，煽动分裂国家罪，武装叛乱、暴乱罪，颠覆国家政权罪，煽动颠覆国家政权罪，资助危害国家安全犯罪活动罪。

二是叛变、叛逃的犯罪，具体包括投敌叛变罪，叛逃罪。

三是间谍、资敌的犯罪，具体包括间谍罪，为境外窃取、刺探、收买、非法提供国家秘密、情报罪，资敌罪。

第二节　本章重点罪名

一、背叛国家罪

（一）背叛国家罪的概念和构成要件

背叛国家罪，是指中国公民勾结外国或者与境外的机构、组织、个人相勾结，危害中华人民共和国的主权、领土完整和安全的行为。

本罪的构成要件如下。

1. 本罪的客观方面表现为实施勾结外国或者与境外的机构、组织、个人相勾结,危害中华人民共和国国家主权、领土完整和安全的行为。勾结外国和危害中华人民共和国的主权、领土完整和安全,是本罪客观上密不可分的两个方面。前者是背叛国家行为的前提和手段;而后者则是背叛国家行为的特定内容。所谓"勾结",是指通过暗中接触、信电往来、网络或以其他方式进行公开或秘密的通谋、商议和策划等活动。勾结的具体行为方式如何不影响本罪的成立。勾结本属于犯罪预备性质的行为,刑法将其提升为实行行为加以规定。这里的"外国",是指外国政府、外国政党以及敌视、破坏我国社会主义制度的外国敌对势力和他们的代表人物。根据《刑法》第 102 条第 2 款的规定,与境外机构、组织、个人相勾结,危害我国主权、领土完整和安全的,也构成本罪。"境外机构、组织",是指国境以外(包括台、港、澳地区以及中华人民共和国主权以外的其他国家和地区)的机构、组织及其在我国境内设立的分支(代表)机构和分支组织。"境外个人",是指居住在国境以外(包括台、港、澳地区以及中华人民共和国主权以外的其他国家和地区)的人以及居住在我国境内、不具有我国国籍的人。"危害中华人民共和国主权、领土完整和安全"是对勾结行为性质的限定,即勾结的行为应具有危害国家安全的性质;如果行为人勾结外国、境外机构、组织、个人是为了进行走私、洗钱、贩毒等不具有危害国家安全性质的其他内容的活动,则不构成背叛国家罪。"危害中华人民共和国主权、领土完整和安全" 主要表现为: 签订卖国条约,出卖国家主权、出卖国家领土;策划对我国发动侵略战争;制造国际争端,向我国提出领土要求;组织傀儡政权。

2. 本罪的主体是特殊主体,即中国公民,且通常是在党和国家机构中具有较高地位和较大政治影响的人,而普通公民一般没有实施背叛国家行为的能力和条件,如普通公民写信给某外国国家首脑,要求其出兵侵略中国,由于这种行为一般在客观上根本不可能具有对国家安全的任何危险,故而不构成背叛国家罪。不过,法律并没有排除普通中国公民实施本罪的可能性。在以叛国为目的破坏国(边)境的界碑、界桩因而引起边界武装冲突或战争时,普通的中国公民也可能构成本罪。普通公民投靠外国,充当间谍,虽然从政治上讲是祖国的叛徒,但从刑法上讲则应定间谍罪,而不能定本罪。

3. 本罪的主观方面是直接故意，即行为人明知自己的行为会发生危害国家主权、领土完整与安全的结果，并且希望或者放任这种结果发生。

4. 本罪的客体是中华人民共和国的主权、领土完整和安全。国家主权是国家存在、发展和独立自主地处理对内对外事务的最高权力。领土是国家主权的物质基础。国家主权、领土完整和安全是国家独立的标志，是国家的根本，是保证国家安全的关键。因此，这一犯罪直接威胁着国家的生死存亡，是社会危害性极为严重的一种犯罪。本罪属于外患型的危害国家安全的犯罪，其保护的重点是国家的外部安全。

（二）背叛国家罪的认定

构成本罪的既遂，并不要求行为人实施危害中华人民共和国主权、领土完整和安全的行为，更不要求已经造成危害国家主权、领土完整和安全的实际损害后果。只要行为人实施了具有危害国家主权、领土完整和安全性质的勾结行为，其犯罪就成立既遂。

（三）背叛国家罪的处罚

根据《刑法》第 102 条、第 113 条第 1 款的规定："犯本罪的，处无期徒刑或者 10 年以上有期徒刑；对国家和人民危害特别严重的、情节特别恶劣的，可以判处死刑。"根据刑法第 56 条第 1 款、第 113 条第 2 款的规定："犯本罪的，应当附加剥夺政治权利，可以并处没收财产。"

二、分裂国家罪

（一）分裂国家罪的概念和构成要件

分裂国家罪，是指组织、策划、实施分裂国家、破坏国家统一的行为。

本罪的构成要件如下。

1. 本罪的客观方面表现为组织、策划、实施分裂国家、破坏国家统一的行为。所谓组织，是指为分裂国家而安排分散的人或物使之具有一定的系统性或整体性。在司法实践中，对组织行为应当作广义理解，既包括为分裂国家而召集人员，也包括筹集物资；既包括以和平手段招兵买马，也包括以强迫等非和平手段聚集人员；既包括为了分裂国家而临时组织人员，也包括成立较为固定的犯罪组织。所谓"策划"，是指为分裂国家而暗中密谋、筹划，如制定行动纲领、行动计划，研究各种对策，提出各种目标、任务，确定参加犯罪活动的人员和具体实施方案、实施步骤,秘密拟定伪政府人选,设定“民族迁徙”“民族回归”的非法越境路线等。所谓“实施”,是指将分裂国家、破坏国家统一的组织谋划的内容付诸行动。

在国际法意义上,国家应具备以下要素:(1)定居的人民;(2)确定的领土;(3)一定的政府组织;(4)主权。〔2〕就广义而言,行为人将国家的四个要素中的任何一个要素分离出去,都属于分裂国家的行为。但对于分裂国家政权组织、主权的行为,我国刑法已单独规定了罪名,即颠覆国家政权罪和背叛国家罪。因此,本罪中的分裂国家应是指将我国的领土或居民分离出去的行为。本罪的客体是国家的统一,而国家的统一包括两个基本要素,即国家领土的完整统一和各民族的团结。因此,从本罪客体的角度来看,也可以得出本罪中的分裂国家包括分裂领土和分裂民族两个方面内容的结论。分裂领土,就是将我国的某一区域从我国领土上分裂出去,脱离中央政府的领导,制造地方“独立”的割据局面,建立所谓“独立王国”。分裂民族,就是挑拨民族关系,制造民族矛盾和民族分裂,破坏民族团结统一。

就广义而言,分裂国家的行为就是破坏国家统一的行为,分裂国家是破坏国家统一的手段,破坏国家统一则是分裂国家的一种特殊形式或结果。在1979年刑法中并没有“破坏国家统一”的规定,1997年《刑法》增加了这一规定。该规定有其特定的含义,是指对国家实现统一的活动和进程进行阻挠、破坏,意图使国家不能实现统一的行为。

组织、策划、实施是行为人具体行为的表现形式;分裂国家、破坏国家统一是该种犯罪行为的内容和实质。两者有机联系在一起,不可分割。

组织和利用邪教组织,组织、策划、实施分裂国家、破坏国家统一的,成立本罪。〔3〕

2. 本罪的主体是一般主体。无论中国公民、外国公民或无国籍人,都可以成为本罪主体,但通常主要是一些身居要职的野心家、阴谋家以及具有一定社会影响力的地方分裂分子和民族分裂分子。

本罪属于必要共犯,主体有首要分子、罪行重大者、积极参加者以及其他参加者之分。所谓首要分子,是指在分裂国家的犯罪集团或聚众犯罪中起组织、策划、

---

〔2〕 参见周鲠生:《国际法》,74页,北京,商务印书馆,1981。

〔3〕 参见1999年10月20日最高人民法院、最高人民检察院《关于办理组织和利用邪教组织犯罪案件具体应用法律若干问题的解释》。

指挥作用的犯罪分子。所谓罪行重大者，是指除首要分子以外在犯罪活动中起重要作用的犯罪分子，也即首要分子以外的主犯。所谓积极参加者，是指首要分子、罪行重大者之外的那些直接参加犯罪活动比较多或表现比较积极主动的犯罪分子，大致相当于从犯。对积极参加者，应当结合主观意识是否积极、客观行为是否积极、参与犯罪程度的深浅以及所起作用的大小等因素进行综合考虑。所谓其他参加者，是指除首要分子、罪行重大者、积极参加者之外的一般参加者，其中包括因被胁迫而参加的人员。

3. 本罪的主观方面是故意，即明知自己的行为会发生分裂国家、破坏国家统一的危害结果，并且希望或者放任这种结果发生。

4. 本罪的客体是国家的统一，即国家领土的完整统一和各民族的团结。目前，对我国国家统一构成最大威胁的可以说主要是边疆部分地区的地方民族分裂势力以及台湾地区的"台独"势力。本罪属于内乱型的涉及国家安全的犯罪，其重在对内的保护。

（二）分裂国家罪的认定

1. 分裂国家罪与非罪的界限

在把握分裂国家罪与非罪的界限时，要注意以下两点：一是行为人主观上是否具备分裂国家、破坏国家统一的故意；二是客观上是否具有组织、策划、实施分裂国家、破坏国家统一的行为。只有二者同时具备，才能构成本罪。

虽然本罪属于极端严重的犯罪，但也并非任何故意实施的分裂国家的行为都应毫无例外地作为犯罪处理，在司法实践中仍然应当考虑一些分裂国家的行为是否属于"情节显著轻微、危害不大"的情形而不作为犯罪处理，如在参加人数众多时，一些被裹胁的群众在整个犯罪活动中所起的作用很小，对其行为就可考虑不以犯罪论处。

出于狭隘的民族主义或地方主义情绪，或者出于对党和国家某些民族政策的误解而说了一些过激的话或有一些错误的行为，或者虽有一些思想上的分裂倾向，而缺乏任何具体的组织、策划、实施分裂国家、破坏国家统一的行为的，都不应以本罪论处。

2. 分裂国家罪与背叛国家罪的界限

二者分别属于内乱型犯罪和外患型犯罪。二者均可能发生领土被分裂的结果，且分裂国家者也往往寻求一些外国的支持，甚至依附于外国。但二者还是有明显的区别,主要表现在:其一,犯罪主体不同。本罪的主体是一般主体,可以是中国公民,也可以是外国人、无国籍人,并且本罪只能由多数人构成,属于必要共犯;而后者的主体是特殊主体,即中国公民,并且可以由单个人构成。其二,犯罪故意的内容不同。本罪的行为人具有分裂国家、破坏国家统一的故意;而后者的行为人具有勾结外国,危害国家主权、领土完整和安全的直接故意。其三,犯罪客观方面不同。本罪不以勾结外国或者与境外的机构、组织、个人相勾结作为犯罪成立的必备条件;而后者则以勾结外国或者与境外的机构、组织、个人相勾结作为犯罪成立的要件。中国公民以勾结外国的方式,进行分裂国家的行为的,属于法条竞合的情形。对此,应按照特别法优于普通法的原则,以本罪定罪处罚。其四,犯罪客体不同。本罪的客体是国家的统一;而后者的客体是国家主权、领土完整和安全。国家的统一主要是对内而言的,国家主权、领土完整和安全则主要是对外而言的。国家保持统一,领土未必完整;而领土保持完整,国家未必统一。虽然二者均涉及对国家领土完整的危害,但本罪对国家领土的危害,是将我国的一部分领土分离出去,制造地方“独立”的割据局面,实质上是以破坏国家统一而危害国家安全;而后者对国家领土的危害,则是向外国出卖国家主权、出让国家领土,或者策划外国向我国发动战争,侵占我国领土,实质上是以出卖国家主权、出让国家领土或破坏国家领土安全而危害国家安全。

(三)分裂国家罪的处罚

根据《刑法》第 103 条第 1 款、第 106 条、第 113 条第 1 款的规定:“犯本罪的,对首要分子或者罪行重大的,处无期徒刑或者 10 年以上有期徒刑;对国家和人民危害特别严重、情节特别恶劣的,可以判处死刑。对积极参加的,处 3 年以上 10 年以下有期徒刑;对其他参加的,处 3 年以下有期徒刑、拘役、管制或者剥夺政治权利。与境外机构、组织、个人相勾结,实施本罪的,从重处罚。根据《刑法》第 56 条第 1 款、第 113 条第 2 款的规定,犯本罪的,应当附加剥夺政治权利,可以并处没收财产。”

三、武装叛乱、暴乱罪

(一)武装叛乱、暴乱罪的概念和构成要件

武装叛乱、暴乱罪,是指组织、策划、实施武装叛乱或者武装暴乱的行为。

本罪的构成要件如下。

1. 本罪的客观方面表现为组织、策划、实施武装叛乱或者武装暴乱的行为。武装叛乱，是指以投靠境外组织或敌对势力为背景，或者意图投靠境外组织或敌对势力，而采取武装对抗的形式，公开反叛国家和政府的行为。叛乱行为通常表现为杀人，放火，破坏道路、桥梁或重要设施，抢劫档案、军火或者其他物资等。武装暴乱，是指行为人采取武装形式，进行暴力骚乱，同国家进行对抗的行为。武装叛乱与武装暴乱虽然在表现形式上有许多相同之处，如聚众武力冲击、占领国家政府机关、军事重地等，但两者还是有所不同的。两者区别的关键在于行为人是否以投靠境外组织或敌对势力为背景。武装叛乱是投靠或意图投靠境外组织或者敌对势力，具有投敌叛变的性质；而武装暴乱只是发生在境内直接同国家和政府对抗，没有境外背景，是一种不具有叛变性质的暴力骚乱。《刑法》第 104 条第 2 款还规定，策动、胁迫、勾引、收买国家机关工作人员、武装部队人员、人民警察、民兵进行武装叛乱或者武装暴乱的，依照本罪从重处罚。策动，是指利用某种事件、某种观念鼓动、煽动他人进行武装叛乱或武装暴乱；胁迫，是指以使人产生恐惧心理的方法，迫使他人进行武装叛乱或武装暴乱；勾引，是指利用名利、地位、色情等引诱他人进行武装叛乱或武装暴乱；收买，是指利用金钱、物资等收买他人进行武装叛乱或武装暴乱。

2. 本罪的主体为一般主体，既可以是中国公民，也可以是境外人员。本罪属于必要共犯，主体有首要分子、罪行重大者、积极参加者以及其他参加者之分。

3. 本罪的主观方面是直接故意，行为人的犯罪目的是通过武装叛乱或者武装暴乱达到反抗国家和政府的结果。如果行为人是为了分裂国家而实施叛乱或者暴乱行为，那么应当以分裂国家罪定罪处罚。

4. 本罪的客体是国家安全。本罪对国家安全的危害，既可以是危害国家的内部安全，也可以是危害国家的外部安全。

（二）武装叛乱、暴乱罪的认定

1. 武装叛乱、暴乱罪与非罪的界限

在此问题上，特别应注意划清本罪与一般群众闹事的界限。在直接故意的场合，本罪的行为人通常具有破坏人民民主专政的政权和社会主义制度的目的。而一般的群众闹事的起因往往是由于对党和国家的某些政策不了解，或者提出的某些要求和愿望未能得到满足，或者有关部门对某些问题处理不当致使矛盾激化等，但都不具有危害国家安全的目的。有的群众闹事事件也会出现冲击国家机

关、殴打国家机关工作人员或者毁坏财物等过激行为,但不具备武装的性质。对此情况,要明确整个事件的实质,区别对待:对于一般群众闹事,危害不大的,应以说服教育为主;对于聚众冲击国家机关,致使国家机关工作无法进行,严重扰乱社会管理秩序构成犯罪的,应以聚众冲击国家机关罪论处;只有符合本罪构成要件的,才应以本罪论处。

2. 一罪与数罪的界限

在武装叛乱、暴乱的过程中,往往同时会发生杀人、杀害、放火、爆炸、破坏交通工具或交通设施等犯罪行为。在这种情况下,应认定为一罪即武装叛乱、暴乱罪。这是由武装对抗行为本身的性质所决定的:在实施武装叛乱、暴乱行为时,造成他人死、伤,公私财物等毁损是实行行为本身应包含的内容,因而不宜实行数罪并罚;但如果在实施武装叛乱、暴乱行为之外又实施杀人、抢劫等犯罪的,则应实行数罪并罚。

(三) 武装叛乱、暴乱罪的处罚

根据《刑法》第 104 条、第 106 条、第 113 条第 1 款的规定:“犯本罪的,对首要分子或者罪行重大的,处无期徒刑或者 10 年以上有期徒刑;对国家和人民危害特别严重、情节特别恶劣的,可以判处死刑。对积极参加的,处 3 年以上 10 年以下有期徒刑;对其他参加的,处 3 年以下有期徒刑、拘役、管制或者剥夺政治权利。策动、胁迫、勾引、收买国家机关工作人员、武装部队人员、人民警察、民兵进行武装叛乱或者武装暴乱的,依照上述规定从重处罚。与境外机构、组织、个人相勾结实施本罪的,从重处罚。”根据《刑法》第 56 条第 1 款、第 113 条第 2 款的规定:“犯本罪的,应当附加剥夺政治权利,可以并处没收财产。”

四、投敌叛变罪

(一) 投敌叛变罪的概念和构成要件

投敌叛变罪,是指中国公民背叛国家、投奔敌对营垒,或者在被捕、被俘后投降敌人,危害中华人民共和国国家安全的行为。

本罪的构成要件如下。

1. 本罪的客观方面表现为投敌叛变的行为。投敌是指主动投奔国内或者国外敌对营垒,为敌人效力;叛变是指被敌人逮捕或者俘虏后,投降敌人,变为敌方人员。投敌叛变的具体表现包括:(1)投奔到境外的敌对国家及其控制区;(2)投奔国内的敌对方；(3)通过与境外敌对国家或敌方联络，成为敌方助手；(4)在被捕、被俘后投降敌人。无论行为人采取何种形式，只要加入敌对营垒，与我国为敌，就是投敌叛变行为。至于投敌叛变行为是基于危害国家安全而主动叛变投敌，还是受他人策动、勾引、收买或被捕、被俘后经不起考验而投敌，均不影响本罪的成立。当然，如果行为人被捕、被俘而未投降敌人的，则不构成本罪。至于行为人投敌叛变后是否进行其他危害国家安全的行为，则对本罪的成立没有影响。至于未实施其他危害国家安全的行为，行为人投敌叛变的行为是否能够认定，则属于证据问题。

2. 本罪的主体是特殊主体，即中国公民。外国人和无国籍人可以成为本罪的共犯。

3. 本罪的主观方面是故意，行为人具有投靠敌人、危害国家安全的目的，即投敌的目的是进行危害国家安全的活动。如果不是为了进行危害国家安全的活动，而是羡慕资产阶级生活方式，追求资产阶级的民主、自由，或者为了投亲靠友、求学、做工、继承财产等，投奔敌方的，不构成本罪。

4. 本罪的客体是人民民主专政的政权和社会主义制度。

(二) 投敌叛变罪的认定

1. 投敌叛变罪与背叛国家罪的界限

二者都存在背叛国家的特点，而且犯罪主体都是中国公民，但二者有明显的区别，主要是：(1)犯罪客体不同。前者的客体是人民民主专政的政权和社会主义制度；后者的客体是国家的主权、领土完整和安全。(2)犯罪客观方面不同。前者的客观方面表现为投敌叛变的行为；后者的客观方面表现为勾结外国或境外机构、组织、个人，危害中华人民共和国主权、领土完整和安全的行为。(3)犯罪主观方面不同。前者的故意内容是使自己成为敌方的一员；后者的故意内容是与外国或境外机构、组织、个人勾结，危害中华人民共和国主权、领土完整和安全。

2. 投敌叛变罪与叛逃罪的界限

这两种犯罪都是故意犯罪，都具有反叛祖国的性质，但二者有所不同。其主要区别是：①犯罪主体不同。前者的主体是已满 16 周岁、具有刑事责任能力的中国公民；而后者的主体只能是履行公务期间的国家机关工作人员以及掌握国家秘密的国家工作人员。②客观方面不同。前者投奔的敌方，是敌对营垒或敌对武装力量，其既可以是境外的，也可以是境内的；而后者的叛逃行为是指背叛或背离祖国,逃往境外或者在境外逃跑的行为,行为人未必加入境外的机构或组织。

(三) 投敌叛变罪的处罚

根据《刑法》第108条、第113条第1款的规定:“犯本罪的,处3年以上10年以下有期徒刑;情节严重或者带领武装部队人员、人民警察、民兵投敌叛变的,处10年以上有期徒刑或者无期徒刑;对国家和人民危害特别严重、情节特别恶劣的,可以判处死刑。”根据《刑法》第56条第1款、第113条第2款的规定:“犯本罪的,应当附加剥夺政治权利,可以并处没收财产。”

五、间谍罪

(一) 间谍罪的概念和构成要件

间谍罪,是指参加间谍组织或者接受间谍组织及其代理人的任务,或者为敌人指示轰击目标,危害国家安全的行为。

本罪的构成要件如下。

1. 本罪的客观方面表现为三种形式:一是参加间谍组织。间谍组织,是指外国政府或者境内外敌对势力建立的以收集我国情报、进行颠覆破坏活动等方式危害我国国家安全与利益的组织。是否属于间谍组织,由国家安全机关认定。参加间谍组织,是指通过某种程序或渠道成为间谍组织成员的行为。二是接受间谍组织或者其代理人的任务。间谍组织的代理人,是指虽然本身不是间谍组织或其成员,但受间谍组织或者其成员的指使、委托、资助,实施或者授意、指使他人实施间谍组织意图的机构(如公司、研究所、论坛等)或者个人(如某些“国际学术会议”的组织者、承办者)。接受间谍组织或者其代理人的任务,是指接受间谍组织或者其代理人的命令、派遣、指使、委托、收买,为间谍组织实施除指示轰击目标以外的各种危害我国国家安全的行为,如刺探、收集我国秘密、情报,破坏我国设施,煽动抗拒国家法律的实施,离间我国公民与政府的关系等。至于是否实施了接受的任务以及接受任务之人是否是间谍组织的成员,均不影响本罪的成立。三是为敌人指示轰击目标,即为军事侵略我国的敌对势力提供有关我国国家安全的重大军事设施、建设工程、城市等目标的行为。此种行为的实施,不以参加间谍组织或者接受间谍组织及其代理人的任务为前提。这种行为一般发生在战前或者战后、交战期间。“敌人”,既包括处于军事及政治对抗状态下的敌对国或者敌方,也包括敌视我国政权和社会制度的敌对势力和敌对组织。“指示”,包括用各种手段向敌人明示所要轰击的目标，如发电报、发传真、打电话、写信、点火堆、放信号弹、直接去敌营中告知甚至通过卫星等高科技手段，以使敌人能够准确地打击我方目标。这里的“轰击目标”，可以是军事设施所在地、武装力量所在地、国家机关所在地，可以是工厂、学校、医院所在地，也可以是重要建筑物的所在地等。至于所指示的轰击目标是否准确，敌人是否实施了轰击行为，轰击是否命中目标，均不影响为敌人指示轰击目标的成立。行为人只要实施上述三种行为之一的，就可构成间谍罪。

2. 本罪的主体是一般主体，包括中国公民、外国人和无国籍人。

3. 本罪的主观方面是故意。故意的内容因行为方式不同而不完全相同：参加间谍组织的人必须明知是间谍组织而参加；接受间谍任务的人必须明知是间谍组织或者其代理人派遣的任务而接受；指示轰击目标的人必须明知对方是敌人而向其指示轰击目标。但行为人不论实施何种行为，都必须明知自己的行为会发生危害国家安全的结果，并且希望或者放任这种结果的发生。如果确实不知道是间谍组织而实施了加入行为或者帮助其做了某些事情，则行为人主观上属于过失，不构成本罪。

4. 本罪的客体是中华人民共和国的国家安全，包括对内安全和对外安全。

（二）间谍罪的认定

1. 间谍罪与非罪的界限

行为人是否具有危害中华人民共和国国家安全的故意，并实施了危害我国国家安全的具体间谍行为，是区分本罪与非罪界限的基本依据。因此，对于那些在间谍组织中从事一般性勤杂、医务、传达等单纯行政性事务工作，而未履行加入间谍组织手续，也未进行任何间谍活动的，不能以本罪论处。对于因被胁迫或受欺骗被拉进间谍组织而并未实行危害国家安全的犯罪活动的，也不能以本罪论处。对于向间谍组织写挂钩信案件中罪与非罪的界限，主要应以信中的内容为根据：行为人向间谍组织写信只是为了骗取钱财，或寻找出国门路，或发泄不满情绪的，不能认定为犯罪；只有信件的内容涉及提供国家秘密、情报等间谍活动，才能构成间谍罪。此外，还应当注意行为是否属于“情节显著轻微、危害不大”的情形。例如，对于受胁迫而从事间谍活动，在其中所起的作用不大的，就不能以本罪论处。

2. 间谍罪的既遂标准

间谍罪是行为犯，以法定行为的实施完毕作为既遂的标志。间谍罪的三种行为方式的既遂标准各不相同。对于参加间谍组织的行为，以加入间谍组织，成为间谍组织的成员为既遂;对于接受间谍组织及其代理人任务的行为,以接受为既遂;对于为敌人指示轰击目标的行为,以将轰击目标的相关信息传送到被指示者或相关人员或机构为既遂。

3. 间谍罪与背叛国家罪的界限

间谍罪中为敌人指示轰击目标的行为涉及危害国家的军事安全的问题。但这种危害国家军事安全的行为与背叛国家罪中危害军事安全的行为并不相同。其具体表现在:其一,从主体上看,本罪的主体是一般主体,中国公民、外国人和无国籍人都可以成为本罪的主体;而背叛国家罪的主体只能是中国公民,且通常是在党和国家机构中具有较高地位和较大政治影响的人,普通公民一般没有实施背叛国家行为的能力和条件。其二,本罪中的为敌人指示轰击目标一般是在战争期间或战争状态下实施的,其危害是局部性的;而背叛国家罪中的危害国家军事安全主要是勾结外国,发动对我国的侵略战争,其危害是全局性的。显然,勾结外国,发动对我国的侵略战争的危害性更大。

4. 间谍罪与投敌叛变罪的界限

二者都是危害国家安全的犯罪,都与境外有联系,但二者有明显的区别:其一,犯罪主体不同。本罪的主体既可以是中国公民,也可以是外国人或无国籍人;后者的主体是中国公民。其二,犯罪客观方面不同。前者的行为方式包括参加间谍组织、接受间谍组织及其代理人的任务以及为敌人指示轰击目标;后者则表现为投降敌人或投奔敌人。可见,前者的行为人所效力的既可以是敌对国家或势力,也可以不是敌对国家或势力;而后者的行为人所效力的只能是敌人。

5. 间谍罪与叛逃罪的界限

二者的主要区别是:其一,犯罪主体不同。本罪的主体是一般主体;后者的主体是特殊主体,即国家机关工作人员和掌握国家秘密的国家工作人员。其二,客观行为表现不同。本罪在客观上表现为参加间谍组织、接受间谍组织及其代理人的任务或者为敌人指示轰击目标;后者在客观上则表现为国家机关工作人员在履行公务期间,擅离岗位,叛逃境外或者在境外叛逃的行为或者掌握国家秘密的国家工作人员叛逃境外或者在境外叛逃的行为。如果行为人叛逃后,又参加间谍组织,或者接受间谍组织及其代理人的任务的,则应当实行数罪并罚。

6. 间谍罪的罪数问题

间谍罪的罪数问题主要表现为:行为人参加了间谍组织,作为间谍从事其他危害国家安全的行为而触犯其他罪名的，或者行为人接受间谍组织或者其代理人的任务，并进而实施该种任务，从而触犯其他罪名的，是构成一罪，还是构成数罪。对此，理论上存在不同的认识：第一种观点认为，参加间谍组织或接受间谍组织或者其代理人的任务，进而实施其他危害国家安全犯罪行为的，属于交叉关系的法条竞合，应按重法优于轻法的原则处理。〔4〕第二种观点认为，只要行为人实施了参加间谍组织或接受间谍组织及其代理人任务的行为，便具备了间谍罪的构成且既遂的要件。至于行为人参加间谍组织后是否从事间谍活动或接受任务后，是否实施派遣任务或完成程度，对其间谍罪的成立且既遂不存在影响。因此，行为人参加间谍组织后或接受任务后再实施的派遣任务中的有关危害社会的行为，应是一个独立的行为；符合有关犯罪构成要件的，便构成相应的犯罪。行为人基于两个犯罪故意，客观上实施了两个独立的行为，符合两个罪的犯罪构成，因此，行为人应依法构成数罪，实行并罚。〔5〕第三观点认为，参加间谍组织后又实施刺探、窃取、收买、非法提供国家秘密或情报的行为，或者进行其他破坏活动的，或者在接受外国间谍组织或其代理人派遣的任务后进一步实施完成任务的行为又触犯了其他罪名的，属于牵连犯，应按间谍罪一罪从重处罚。〔6〕

我们认为，成立法条竞合的前提是存在一个犯罪行为。而在参加间谍组织或接受间谍组织及其代理人的任务后实施任务的行为触犯其他罪名的场合，实施任务的行为独立于参加间谍组织、接受间谍组织或者其代理人的任务这两种间谍行为之外，不属于这两种间谍行为的表现，因而具有独立的评价意义，而不能包容在间谍行为中进行处罚。因此，上述第一种观点是不能成立的。第二种观点正确地认识到实施任务行为的独立评价意义，但忽视了这种行为与前行为之间的因果关联，因而也是不妥的。应当看到，行为人参加间谍组织或接受间谍组织及其代理人任务的目的，就是为了从事间谍活动，危害中华人民共和国的国家安全。这样，行为人在参加间谍组织或接受间谍组织及其代理人的任务后必然要实施完成任务的行为，这二者之间存在原因行为与结果行为的牵连关系。由于间谍罪的法定

---

〔4〕 参见周振想主编：《中国新刑法释论与罪案》（上），600 页，北京，中国方正出版社，1997。

〔5〕 参见郭立新、黄明儒主编：《刑法分则适用典型疑难问题新释新解》，19 页，北京，中国检察出版社，2006。

〔6〕 参见高铭暄、马克昌主编：《刑法学》（第 3 版），375 页，北京，北京大学出版社、高等教育出版社，2007。

最高刑是死刑,根据牵连犯从一重处断的原则,对此种牵连关系按间谍罪从重处罚,并不会出现罚不当罪的情况,且也符合犯罪行为的整体情况。所以,第三种观点是妥当的。

(三) 间谍罪的处罚

根据《刑法》第 110 条、第 113 条和第 56 条的规定:“犯本罪的,处 10 年以上有期徒刑或者无期徒刑;情节较轻的,处 3 年以上 10 年以下有期徒刑;对国家和人民危害特别严重、情节特别恶劣的,可以判处死刑。犯本罪的,应当剥夺政治权利,可以并处没收财产。”

六、为境外窃取、刺探、收买、非法提供国家秘密、情报罪

(一) 为境外窃取、刺探、收买、非法提供国家秘密、情报罪的概念和构成要件

为境外窃取、刺探、收买、非法提供国家秘密、情报罪,是指为境外的机构、组织、人员窃取、刺探、收买、非法提供国家秘密或情报的行为。

本罪的构成要件如下。

1. 本罪的客观方面表现为为境外的机构、组织、个人窃取、刺探、收买、非法提供国家秘密或者情报的行为。“境外机构”,是指中华人民共和国边境以外的国家或地区的官方机构,如政府、军队及其所设置的机构、分支机构或者代表机构,包括在中国境内的分支机构。“境外组织”,是指中华人民共和国边境以外的国家或地区的政党、社会团体以及其他企业事业单位及其在中国境内的分支组织。“境外个人”,是指不隶属于任何境外机构、组织的境外人员,包括外国公民、无国籍人及外籍华人等。根据《国家安全法实施细则》,境外人员也包括居住在我国境内不具有我国国籍的人。这里的“境外”包括我国港、澳、台地区。境外机构、组织、个人是否必须是我国境外的国家或地区的非间谍性质的机构、组织、人员?对此,有的教材持肯定的意见。[7] 我们认为,将境外机构、组织、个人作出非间谍性质的限制,是不妥的。这种意见实际上认为,如果行为人明知对方是间谍性质的境外机构、组织或人员而为其窃取、刺探、收买、非法提供国家秘密、情报的,就应以间谍罪论处。[8] 但这样的认定是没有法律根据的。因为这种行为并不属于

---

〔7〕 参见高铭暄、马克昌主编:《刑法学》(最新修订),394—395 页,北京,中国法制出版社,2007。

〔8〕 参见李希慧主编:《刑法各论》,37 页,北京,中国人民大学出版社,2007。

《刑法》第110条规定的间谍行为。当然，如果行为人参加境外的间谍组织或者接受间谍组织及其代理人的任务后，为执行间谍任务，而为该间谍组织窃取、刺探、收买、非法提供国家秘密、情报的，则另当别论。在这种场合，参加间谍组织或者接受间谍组织及其代理人任务的行为与为完成间谍任务而为该间谍组织窃取、刺探、收买、非法提供国家秘密、情报的行为之间具有紧密的联系，二者分别属于牵连犯中的原因行为和结果行为，分别符合间谍罪和为境外窃取、刺探、收买、非法提供国家秘密、情报罪的构成要件。根据牵连犯的从一重处断原则，最终应以间谍罪论处。有的观点认为，参加间谍组织或者接受间谍组织及其代理人任务后为完成间谍任务所实施的行为是参加间谍组织或接受任务后必然实施的行为，是参加间谍组织或接受派遣任务行为的延伸，将其作为间谍行为不是没有可能性。〔9〕但是，从法律规定来看，参加间谍组织或者接受间谍组织及其代理人任务与为完成间谍任务所实施的行为并不能混为一谈，前者属于间谍罪中的间谍行为，而后者则是间谍罪达到既遂后又实施的行为。本书认为，凡是为境外机构、组织、人员窃取、刺探、收买、非法提供国家秘密或情报的，无论对方是否属于间谍组织或人员，也不论行为人是否明知对方是间谍组织或人员，均应以本罪论处。例如，某甲为了金钱多次主动向某国驻华使馆提供情报。当该驻华使馆人员要求其加入间谍组织时，行为人才意识到其实际上是在为该间谍组织提供情报。对此，应以本罪论处，而不能以间谍罪论处。其实，即使某甲明知其是在为境外间谍组织提供情报，由于其提供情报行为是主动实施的，也不能以间谍罪论处。如果行为人参加境外间谍组织或接受境外间谍组织及其代理人的任务后，又实施了为其窃取、刺探、收买、非法提供国家秘密或情报的行为的，或者为了给敌人指示轰击目标而实施上述行为的，则应以间谍罪论处。

本罪的法定行为方式为窃取、刺探、收买或非法提供。所谓“窃取”，是指采取各种非法手段秘密取得国家秘密或者情报，如偷拍、偷录、盗窃等。所谓“刺探”，是指通过各种途径和手段非法探知国家秘密或者情报。所谓“收买”，是指行为人以给予金钱、财物或其他物质性利益的方法非法得到国家秘密或情报。所谓“非法提供”，是指掌握国家秘密或情报的人，将其非法出售、交付、告知给不应知悉该秘密或情报的人。行为人只要实施上述四种行为之一的，即成立本罪。根据《保

〔9〕 参见高铭暄、马克昌主编：《中国刑法解释（上卷）》，953页，北京，中国社会科学出版社，2005。

守国家秘密法》第21条的规定:“在对外合作中经国家有关部门审批,有限度地公开某些国家秘密,与合作方互换、交流情报、资料的,是合法的执行职务的行为,不属于非法提供。”

2. 本罪的主体是一般主体,中国公民、外国公民或无国籍人均可以构成本罪。

3. 本罪的主观方面是故意,包括直接故意和间接故意。如果行为人不是出于故意,而是由于过失泄露了国家秘密,情节严重的,应以《刑法》第398条所规定的过失泄露国家秘密罪定罪处罚。行为人知道或者应当知道没有标明密级的事项关系国家安全和利益,而为境外窃取、刺探、收买、非法提供的,依照本罪定罪处罚。[10]

4. 本罪的客体是国家安全。犯罪对象是国家秘密或情报。“国家秘密”,是指《中华人民共和国保守国家秘密法》第2条、第8条及《中华人民共和国保守国家秘密法实施办法》第4条所确定的事项,即关系国家安全和利益,依照法定程序确定,在一定时间内只限一定范围内的人员知悉的事项。国家秘密分为绝密、机密、秘密三级。“情报”,是指关系国家安全和利益,尚未公开或者依照有关规定不应公开的事项。[11]

(二) 为境外窃取、刺探、收买、非法提供国家秘密、情报罪的认定

1. 为境外窃取、刺探、收买、非法提供国家秘密、情报罪与非罪的界限

在区分本罪与非罪的界限时,应重点从以下两个方面考虑:其一,行为所针对的对象是否属于国家秘密、情报。如果资料已经公开,或者虽未被公众所知但政府并未对此采取任何预防保护措施,则个人对自己所合法掌握的资料的运用,就不构成犯罪。其二,行为人是否明知对方是境外的机构、组织、人员,是否明知行为对象是国家秘密或情报。如果行为人并不知道对方是境外机构、组织、人员,或者不知道行为对象是国家秘密或情报,或者对二者均无认识,则不能构成本罪。例如,如果行为人误将境外人员当作境内人员而向其非法提供国家秘密或情报,便不能以本罪论处。如果构成其他犯罪(如故意泄露国家秘密罪),应依照其他犯

---

〔10〕 参见2001年1月17日最高人民法院《关于审理为境外窃取、刺探、收买、非法提供国家秘密、情报案件具体应用法律若干问题的解释》第5条。

〔11〕 参见2001年1月17日最高人民法院《关于审理为境外窃取、刺探、收买、非法提供国家秘密、情报案件具体应用法律若干问题的解释》第1条第1款、第2款。

罪追究刑事责任。另外,虽然刑法对本罪的成立没有提出情节上的要求,但不能一概忽略情节在本罪定罪中的意义。如果综合全案情况,认定行为属于"情节显著轻微、危害不大"的情形,便应不以本罪论处。

2. 为境外窃取、刺探、收买、非法提供国家秘密、情报罪与间谍罪的界限

二者的区别主要表现在行为方式和故意内容上。其一,本罪的客观行为方式是为境外的机构、组织或人员窃取、刺探、收买、非法提供国家秘密或者情报;后者的行为方式是参加间谍组织或者接受间谍组织及其代理人的任务,或者为敌人指示轰击目标。其二,本罪的故意内容表现为明知是国家秘密或情报且明知对方是境外机构、组织、人员,而为其窃取、刺探、收买、非法提供国家秘密或者情报;后者的故意内容表现为明知对方是间谍组织而参加、明知是间谍组织及其代理人的任务而接受或者明知对方是敌人而为其指示轰击目标。

(三)为境外窃取、刺探、收买、非法提供国家秘密、情报罪的处罚

根据《刑法》第 111 条、第 113 条第 1 款的规定:"犯本罪的,处 5 年以上 10 年以下有期徒刑;情节特别严重的,处 10 年以上有期徒刑或者无期徒刑;情节较轻的,处 5 年以下有期徒刑、拘役、管制或者剥夺政治权利;对国家和人民危害特别严重、情节特别恶劣的,可以判处死刑。"根据《刑法》第 56 条第 1 款、第 113 条第 2 款的规定:"犯本罪的,应当附加剥夺政治权利,可以并处没收财产。"根据 2001 年 1 月 17 日最高人民法院《关于审理为境外窃取、刺探、收买、非法提供国家秘密、情报案件具体应用法律若干问题的解释》第 2 条、第 3 条的规定:"为境外窃取、刺探、收买、非法提供国家秘密或者情报,具有下列情形之一的,处 5 年以上 10 年以下有期徒刑,可以并处没收财产:(1)为境外窃取、刺探、收买、非法提供机密级国家秘密的;(2)为境外窃取、刺探、收买、非法提供 3 项以上秘密级国家秘密的;(3)为境外窃取、刺探、收买、非法提供国家秘密或者情报,对国家安全和利益造成其他严重的损害的。""情节特别严重",是指具有下列情形之一的:(1)为境外窃取、刺探、收买、非法提供绝密级国家秘密的;(2)为境外窃取、刺探、收买、非法提供 3 项以上机密级国家秘密的;(3)为境外窃取、刺探、收买、非法提供国家秘密或者情报,对国家安全和利益造成其他特别严重损害的。实施上述"情节特别严重"的行为,对国家和人民危害特别严重、情节特别恶劣的,可以判处死刑。"情节较轻",是指为境外窃取、刺探、收买、非法提供秘密级国家秘密或者情报。

第三节 本章其他罪名

一、煽动分裂国家罪

煽动分裂国家罪,是指煽动他人分裂国家、破坏国家统一的行为。

根据《刑法》第 103 条第 2 款、第 106 条的规定:“犯本罪的,处 5 年以下有期徒刑、拘役、管制或者剥夺政治权利;对首要分子或罪行重大的,处 5 年以上有期徒刑。与境外机构、组织、个人相勾结实施本罪的,从重处罚。”根据《刑法》第 56 条第 1 款、第 113 条第 2 款的规定:“犯本罪的,应当附加剥夺政治权利,可以并处没收财产。”

二、颠覆国家政权罪

颠覆国家政权罪,是指组织、策划、实施颠覆国家政权、推翻社会主义制度的行为。

根据《刑法》第 105 条第 1 款、第 106 条的规定:“犯本罪的,对首要分子或者罪行重大的,处无期徒刑或者 10 年以上有期徒刑;对积极参加的,处 3 年以上 10 年以下有期徒刑;对其他参加的,处 3 年以下有期徒刑、拘役、管制或者剥夺政治权利。与境外机构、组织、个人相勾结实施本罪的,从重处罚。”根据《刑法》第 56 条第 1 款、第 113 条第 2 款的规定:“犯本罪的,应当附加剥夺政治权利,可以并处没收财产。”

三、煽动颠覆国家政权罪

煽动颠覆国家政权罪,是指以造谣、诽谤或者其他方式煽动颠覆国家政权,推翻社会主义制度的行为。

根据《刑法》第 105 条第 2 款、第 106 条的规定:“犯本罪的,处 5 年以下有期徒刑、拘役、管制或者剥夺政治权利;首要分子或者罪行重大的,处 5 年以上有期徒刑。与境外机构、组织、个人相勾结实施本罪的,从重处罚。”根据《刑法》第 56 条第 1 款、第 113 条第 2 款的规定:“犯本罪的,应当附加剥夺政治权利,可以并处没收财产。”

四、资助危害国家安全犯罪活动罪

资助危害国家安全活动罪，是指境内外机构、组织或者个人资助实施特定的危害国家安全犯罪的行为。特定的危害国家安全犯罪包括背叛国家罪、分裂国家罪、煽动分裂国家罪、武装叛乱、暴乱罪、颠覆国家政权罪以及煽动颠覆国家政权罪。

根据《刑法》第 107 条的规定："犯本罪的，处 5 年以下有期徒刑、拘役、管制或者剥夺政治权利；情节严重的，处 5 年以上有期徒刑。"根据《刑法》第 56 条第 1 款、第 113 条第 2 款的规定："犯本罪的，应当附加剥夺政治权利，可以并处没收财产。"

五、叛逃罪

叛逃罪，是指国家机关工作人员在履行公务期间，擅离岗位，叛逃境外或者在境外叛逃，或者掌握国家秘密的国家工作人员叛逃境外或者在境外叛逃的行为。

根据《刑法》第 109 的规定："犯本罪的，处 5 年以下有期徒刑、拘役、管制或者剥夺政治权利；情节严重的，处 5 年以上 10 年以下有期徒刑；掌握国家秘密的国家工作人员犯本罪的，从重处罚。"根据《刑法》第 56 条第 1 款、第 113 条第 2 款的规定："犯本罪的，应当附加剥夺政治权利，可以并处没收财产。"

六、资敌罪

资敌罪，是指战时供给敌人武器装备、军用物资资助敌人的行为。

根据《刑法》第 112 条、第 113 条第 1 款的规定："犯本罪的，处 10 年以上有期徒刑或者无期徒刑；情节较轻的，处 3 年以上 10 年以下有期徒刑；对国家和人民危害特别严重、情节特别恶劣的，可以判处死刑。"根据《刑法》第 56 条第 1 款、第 113 条第 2 款的规定："犯本罪的，应当附加剥夺政治权利，可以并处没收财产。"

本章小结

危害国家安全罪，是指故意危害中华人民共和国国家安全的犯罪行为。危害国家安全罪的客观方面表现为危害中华人民共和国国家安全的行为；主体大多为一般主体;主观方面只能是故意,而且绝大多数是直接故意;侵犯的客体是国家安全。危害国家安全罪包括危害国家政权和分裂国家的犯罪,叛变、叛逃的犯罪和间谍、资敌的犯罪三类。其中,需要重点掌握的罪名有背叛国家罪,分裂国家罪,武装叛乱、暴乱罪,投敌叛变罪,间谍罪以及为境外窃取、刺探、收买、非法提供国家秘密、情报罪等。

习　题

1. 如何理解分裂国家罪与背叛国家罪的界限?
2. 如何理解叛逃罪与投敌叛变罪的界限?
3. 如何理解间谍罪与投敌叛变罪的界限?

第二十三章　危害公共安全罪

【本章导读】

危害公共安全罪是普通刑事犯罪中危险性最大的一类犯罪，侵犯的是公共安全，即不特定多数人的生命、健康或者重大公私财产的安全。危害公共安全的犯罪具体可以分为五类：以危险方法危害公共安全的犯罪，破坏公共设备、设施危害公共安全的犯罪，实施恐怖、危险活动危害公共安全的犯罪，违反枪支、弹药、爆炸物、危险物质管理规定的犯罪和重大责任事故的犯罪。

【学习重点】

- 危害公共安全罪的犯罪对象
- 放火罪
- 破坏交通工具罪
- 组织、领导、参加恐怖组织罪
- 非法持有、私藏枪支、弹药罪
- 交通肇事罪

第一节　危害公共安全罪概述

一、危害公共安全罪的概念和构成要件

危害公共安全罪，是指故意或者过失地实施危害或足以危害不特定多数人的生命、健康和重大公私财产安全的行为。危害公共安全罪是普通刑事犯罪中危险性最大的一类犯罪。

本类犯罪的构成要件如下。

1. 本类犯罪的客观方面表现为危害或足以危害公共安全的行为。危害公共安全的行为既可以作为的方式实施，也可以不作为的方式实施。如放火罪，既可以用直接点燃的作为方式实施，也可以是用有义务并有能力防止火灾发生而不防

止的不作为方式构成。需要指出的是,危害公共安全是指客观上已经或者足以危害公共安全,不能理解为只有已经造成实害结果的才构成犯罪。从犯罪构成的角度来看,本章中有些犯罪,只要实施法律规定的行为,即使尚未造成严重后果,但具有足以发生某种严重后果的危险性,也就是足以危害公共安全,就可构成犯罪。在刑法理论上,这类犯罪属于造成危险状态的犯罪,即危险犯,如破坏交通工具罪、破坏交通设施罪等。就本类犯罪中的过失危害公共安全的行为,如失火、过失爆炸等而言,依照法律规定必须是已经造成严重后果的,才构成犯罪。

2. 本类犯罪的主体,多数是一般主体,只有少数几种犯罪的主体是特殊主体。例如,重大飞行事故罪的主体只能是航空人员,铁路运营安全事故罪的主体只能是铁路职工,丢失枪支不报罪的主体只能是依法配备公务用枪的人员。另外,本类犯罪中一部分犯罪只能由自然人构成,如组织、领导、参加恐怖组织罪等;有的犯罪只能由单位构成,如违规制造、销售枪支罪;有的犯罪既可由自然人构成,又可由单位构成,如资助恐怖活动罪,非法制造、买卖、运输、储存危险物质罪等。

3. 本类犯罪的主观方面既有故意,也有过失。本类犯罪中一部分犯罪只能由故意构成,如组织、领导、参加恐怖组织罪,抢劫枪支、弹药、爆炸物、危险物质罪等;一部分犯罪只能由过失构成,如交通肇事罪,重大责任事故罪等;有些犯罪的危害后果既可以由故意行为造成,也可以由过失行为造成,如破坏交通工具的犯罪、破坏交通设施的犯罪等。本章犯罪的一个显著特点是:过失犯罪在这类犯罪中占有很大比重,居刑法分则规定的各种过失犯罪之首。在行为人由于过失行为引起法律所保护的某种利益处于危险状态时,基于过失的先前行为,行为人就负有排除这种危险以防止危害公共安全的结果发生的义务。在这种情况下,如果行为人能够履行作为义务而不履行的,就可能构成不作为的故意犯罪。

4. 本类犯罪的客体是公共安全。公共安全是指不特定人的生命、健康或者重大公私财产的安全。这里的"不特定",包括两个方面的内容:一是犯罪对象的不特定性,即行为究竟客观上指向多大范围的侵害对象,具有不明确性,行为人对此既无法预料也无法加以具体控制;二是危害结果的不特定性,即犯罪行为所可能造成的严重后果是犯罪分子难以明确或预料的,甚至就连犯罪分子也是难以控制的,而且危害结果的范围可能处于随时扩大的状态。在判断危害结果的不特定性时，不能以实际发生的结果为标准。实际发生的结果，往往是特定的。

确定特定与不特定的标准，不是看行为人主观上有无确定的侵犯对象，对其行为所造成或可能造成的损害有无确切的认识和估计，其行为是否产生实际的严重后果，而主要是看该行为是否具有危害公共安全的本质特征。换言之，无论行为人实施犯罪行为时主观上有无特定的侵犯对象或者目标，只要其行为造成或者可能造成难以预料和难以控制的严重后果，已经或者足以对不特定多数人的生命、健康、重大公私财产造成危害，就属于危害公共安全的犯罪行为。在司法实践中，即使行为人为追求某种特定犯罪目的，针对某一个、某几个特定的人或某项特定的财产而实施危害社会的行为，同时对损害的可能范围有一定的认识，但只要其行为客观上具有危害或足以危害公共安全的不特定性，就可以认定此行为具有危害公共安全的属性。例如，某男青年欲杀害多次拒绝其求爱的姑娘，乘该姑娘在广场看电影之机，将一枚自制炸弹安放在她坐的板凳下，点燃导火索，结果炸死了那位姑娘和周围多名看电影的观众。对于此案就应定爆炸罪，而不应定故意杀人罪。再如，行为人虽然使用了放火、爆炸、投放危险物质等通常属于危害公共安全的危险方法实施犯罪，但其侵害的对象在客观上是特定的，其实际可能造成的损害后果也被限制在一定范围之内，不危及也不可能危及公共安全，则不应定危害公共安全的犯罪，而应根据具体情况，构成什么罪就定什么罪。例如，甲欲杀乙，在乙的茶杯中放入毒药，致乙中毒身亡，对甲就应定故意杀人罪，而不应定投放危险物质罪。由此可见，行为是否具有危害公共安全的属性，是本章罪和其他类犯罪相区别的关键。

公共安全所体现的利益具有多元性。就是说，公共安全所蕴含的利益往往不是单一的，而是有数种利益交织在一起的。例如，爆炸行为在对他人的生命或健康构成威胁时，也可能同时危及重大公私财产的安全。这样，就会出现危害公共安全罪所侵犯的客体与其他犯罪侵犯的客体发生竞合的现象。

二、危害公共安全罪的种类

危害公共安全行为的表现形式是多种多样的，概括起来，就是我国《刑法》第114 条至第 139 条规定的各种犯罪行为、《刑法修正案(三)》所增加的帮助恐怖活动罪、《刑法修正案(六)》所增加的强令违章冒险作业罪、大型群众性活动重大安全事故罪和不报、谎报安全事故罪、《刑法修正案(八)》所增加的危险驾驶罪以及《刑法修正案(九)》所增加的准备实施恐怖活动罪、宣扬恐怖主义、极端主义、煽动实施恐怖活动罪、利用极端主义破坏法律实施罪、强制穿戴宣扬恐怖主义、极端主义服饰、标志罪、非法持有宣扬恐怖主义、极端主义物品罪,共有52种犯罪。这些犯罪行为根据行为特征、犯罪对象、罪过形式等不同情况,大体上可以分为以下五类:

1. 以危险方法危害公共安全的犯罪。此类犯罪包括放火罪、决水罪、爆炸罪、投放危险物质罪、以危险方法危害公共安全罪、失火罪、过失决水罪、过失投放危险物质罪、过失爆炸罪、过失以危险方法危害公共安全罪。

2. 破坏公共设备、设施危害公共安全的犯罪。此类犯罪包括破坏交通工具罪,破坏交通设施罪,破坏电力设备罪,破坏易燃易爆设备罪,破坏广播电视设施、公用电信设施罪,过失损坏交通工具罪,过失损坏交通设施罪,过失损坏电力设备罪,过失损坏易燃易爆设备罪,过失损坏广播电视设施、公用电信设施罪。

3. 实施恐怖、危险活动危害公共安全的犯罪。此类犯罪包括组织、领导、参加恐怖组织罪,帮助恐怖活动罪,准备实施恐怖活动罪,宣扬恐怖主义、极端主义、煽动实施恐怖活动罪,利用极端主义破坏法律实施罪,强制穿戴宣扬恐怖主义、极端主义服饰、标志罪,非法持有宣扬恐怖主义、极端主义物品罪,劫持航空器罪,劫持船只、汽车罪,暴力危及飞行安全罪。

4. 违反枪支、弹药、爆炸物、危险物质管理规定的犯罪。此类犯罪包括非法制造、买卖、运输、邮寄、储存枪支、弹药、爆炸物罪,非法制造、买卖、运输、储存危险物质罪,违规制造、销售枪支罪,盗窃、抢夺枪支、弹药、爆炸物、危险物质罪,抢劫枪支、弹药、爆炸物、危险物质罪,非法持有、私藏枪支、弹药罪,非法出租、出借枪支罪,丢失枪支不报罪,非法携带枪支、弹药、管制刀具、危险物品危及公共安全罪。

5. 重大责任事故的犯罪。此类犯罪包括重大飞行事故罪,铁路运营安全事故罪,交通肇事罪,危险驾驶罪,重大责任事故罪,强令违章冒险作业罪,重大劳动安全事故罪,重大群众性活动安全事故罪,危险物品肇事罪,工程重大安全事故罪,教育设施重大安全事故罪,消防责任事故罪和不报、谎报安全事故罪。

第二节　本章重点罪名

一、放火罪

(一) 放火罪的概念和构成要件

放火罪，是指故意用放火的方法侵害不特定多数人的生命、健康或者焚烧重大公私财产，危害公共安全的行为。

本罪的构成要件如下。

1. 本罪的客观方面表现为用放火的方法侵害不特定多数人的生命、健康或者焚烧重大公私财产，危害公共安全的行为。所谓“放火”，是指行为人使用引火物或其他方法直接点燃侵害对象，制造火灾的行为。本罪的行为方式既可以是作为，也可以是不作为，但是以不作为方式构成本罪的，必须以行为人负有防止火灾发生的特定义务为前提。例如，电路维修工人在发现其负责维护的电路设备已经损坏，可能引起火灾时不加维修，放任火灾的发生，这就是以不作为的方式实施的放火行为。同时，由于放火的社会危害性很大，所以只要实施了放火行为，使公共安全处于危险状态，即使没有造成实际的损害结果，也成立放火罪。如果通过对放火焚烧的对象和时间、地点、环境等全面、综合考察，确实不足以危害公共安全，不可能存在危害公共安全的危险性的，则不构成本罪。

2. 本罪的主体是一般主体，即已满 14 周岁、具有刑事责任能力的自然人。

3. 本罪的主观方面是故意，即行为人明知自己的放火行为会危害公共安全，并且希望或者放任这种结果的发生。放火的动机是多种多样的，如报复泄愤、嫁祸于人、湮灭罪迹等。动机如何不影响本罪的成立，但是可能影响量刑。

4. 本罪的客体是公共安全。本罪的犯罪对象通常是国家的、集体的或者他人的财物。对于放火烧毁自己或家庭所有的财物是否定放火罪要作具体分析。放火焚烧自己或家庭所有的财物，如果行为不足以危害公共安全，不会给公共的或者他人的财产造成严重损失的，不构成犯罪；足以危害公共安全，能够给公共的或者他人的财产造成严重损失的，构成本罪。

值得注意的是，虽然本罪的犯罪对象通常是财物，但在司法实践中并不能排除放火行为只危害不特定多数人的生命、健康而未危及重大公私财产安全的情形,如向集会中的人群投掷燃烧弹或在公共场所向人群泼洒汽油并点燃,就只会造成不特定多数人伤亡而不会造成重大公私财产的毁损。因此,在例外的场合,本罪的犯罪对象也可以是不特定多数人的人身。

(二) 放火罪的认定

1. 放火罪既遂与未遂的界限

一般而言,放火行为的目的是要把目的物烧毁。但由于放火行为的社会危害性很大,刑法将放火罪作为危险犯加以规定,因此,判断放火罪的既遂与未遂,不应以犯罪目的是否达到为标准,而应以行为是否符合刑法规定的放火罪的全部构成要件为标准。我国刑法理论关于放火罪既遂标准的通说是"独立燃烧说",即行为人只要实施了放火行为,点着了目的物,引起目的物独立燃烧,使公共安全处于危险状态,即使由于意志以外的原因,目的物未被焚毁,没有造成实际严重后果,也构成放火罪的既遂。如果在正要点火时被抓获,或者点火时因风吹、下雨没有引燃目的物,以致使对象物未能形成独立燃烧的状态,则应视为放火罪的未遂。

2. 放火罪与用放火方法实施的其他犯罪的界限

在司法实践中,有些犯罪人常常用放火的方法达到犯罪目的,如为了烧死他人而对住宅放火,为了毁坏他人财物而放火焚烧等。此时,构成放火罪还是其他犯罪,关键要看放火行为是否危及公共安全。为杀人目的而实施放火行为,危及公共安全,尚未造成严重后果的,此时故意杀人罪属于重罪,放火罪属于轻罪,因而应以故意杀人罪论处;危害公共安全,造成他人死亡的严重后果的,应以放火罪论处。为毁坏财物而实施放火行为,危害公共安全的,应定放火罪。反之,如果放火行为没有危害公共安全的危险性,则应按故意杀人罪或故意毁坏财物罪等论处。至于放火行为是否足以危害公共安全,则要综合考察犯罪对象的性质、作案的时间、地点等具体情况后作出判断。邪教组织人员以自焚、自爆或者其他危险方法危害公共安全的,依照《刑法》第 114 条、第 115 条的规定:"以放火罪、爆炸罪、以危险方法危害公共安全罪等定罪处罚。"〔1〕

3. 放火罪的罪数

一个放火行为所造成的结果往往不止一个。但是,只要该放火行为是在一个

---

〔1〕 参见 2017 年 1 月 25 日最高人民法院、最高人民检察院《关于办理组织、利用邪教组织破坏法律实施等刑事案件适用法律若干问题的解释》。

放火故意支配下实施的，即使造成多个结果，也只能认定为成立一个放火罪。实施其他犯罪后，为毁灭证据、破坏现场而放火，危害公共安全的，应当以行为人先前实施的犯罪和放火罪实行数罪并罚。但放火行为不可能危害公共安全的，可以作为量刑情节予以考虑。

（三）放火罪的处罚

根据《刑法》第 114 条、第 115 条的规定：“犯本罪，尚未造成严重后果的，处 3 年以上 10 年以下有期徒刑；致人重伤、死亡或者使公私财产遭受重大损失的，处 10 年以上有期徒刑、无期徒刑或者死刑。”所谓“尚未造成严重后果”，包括两种情况：一是放火行为没有造成任何实际损害后果；二是虽然造成一定后果但并不严重。严重后果属于本罪的结果加重犯形态的加重结果。

二、破坏交通工具罪

（一）破坏交通工具罪的概念和构成要件

破坏交通工具罪，是指故意破坏火车、汽车、电车、船只、航空器，足以使之发生倾覆、毁坏危险或者已经造成严重后果的行为。

本罪的构成要件如下。

1. 本罪的客观方面表现为破坏火车、汽车、电车、船只、航空器，足以使之发生倾覆、毁坏危险或者已经造成严重后果的行为。其具体包括以下内容：(1)行为人实施了破坏火车、汽车、电车、船只、航空器的行为。破坏行为的方式没有限制，既可以表现为作为，也可以表现为不作为。(2)足以使火车、汽车、电车、船只、航空器发生倾覆、毁坏的危险或者已经造成严重后果。所谓“倾覆”，是指汽车、电车翻车，火车脱轨，船只翻沉，飞机坠落等。所谓“毁坏”，是指烧毁、炸毁、坠毁，或者造成其他无法修复的严重破坏。它不是指局部的损害，而是指使交通工具完全毁坏，或者是严重毁坏而不能安全行驶。如果虽有破坏，但破坏的并非足以使交通工具发生倾覆、毁坏的装置、部件，如破坏交通工具的门窗、座椅、卫生、照明、供水等一般性辅助设施，交通工具仍能正常运行，不会危害交通运输安全的，则不构成本罪。构成本罪，并不要求实际上已经发生倾覆、毁坏的结果；只要对交通工具的破坏达到足以使其发生倾覆、毁坏的危险状态，即使尚未造成严重的结果，也构成本罪的既遂。在具体案件中，行为人的行为是否造成了足以发生倾覆、毁坏的危险，应根据其破坏的方法、破坏的部位等具体情况进行判断，必要时要请有关专家进行技术鉴定。如果行为已经使交通工具明显不能使用,如取走方向盘、轮舵、轮胎等,不可能使交通工具在行驶中发生危险,则不应以本罪论处,而应当考虑是否符合故意毁坏财物罪、盗窃罪的犯罪构成。在造成严重后果的情况下,本罪的犯罪性质没有改变,但其社会危害性更大,处罚上更为严厉。所谓“严重后果”,是指破坏交通工具,使火车、汽车、电车、船只、航空器倾覆、毁坏或者致人重伤、死亡,或者使公私财产遭受重大损失。

2. 本罪的主体是一般主体,即已满16周岁、具有刑事责任能力的自然人。

3. 本罪的主观方面为故意。犯罪动机可以是各种各样的,如泄愤报复、嫁祸于人、贪财图利等。动机如何不影响定罪,只可能影响量刑。

4. 本罪的客体是交通运输安全。犯罪对象仅限于正在使用中的火车、汽车、电车、船只、航空器5种特定交通工具。所谓“正在使用中”,不仅仅指车辆、船只、航空器等正在行驶、航运、飞行,而且也包括交通工具在交付使用期间停机待用,如交通工具在车库、码头上随时准备执行任务。如果破坏长期不用、报废不用、尚未出厂或待修、待售状态中的交通工具,则不能构成本罪。破坏简单的交通工具,如马车、自行车、三轮车等,一般不会造成危害公共安全的严重后果,不构成本罪。

(二) 破坏交通工具罪的认定

1. 破坏交通工具罪与爆炸罪、放火罪的界限

爆炸罪、放火罪和破坏交通工具罪一样,都是以危险方法危害公共安全的犯罪行为。其区别的关键是:爆炸罪、放火罪的犯罪对象是不特定多数人的人身和重大公私财产,而破坏交通工具罪的犯罪对象仅限于火车、汽车、电车、船只、航空器5种特定交通工具。刑法对破坏交通工具罪的犯罪对象作出了特别规定,这一规定相对于爆炸罪、放火罪的规定而言具有特别法的性质。根据特别法优于普通法的原则,行为人采用爆炸、放火等方法破坏正在使用中的交通工具,只要足以使交通工具发生倾覆、毁坏危险,危害公共安全的,就应当一律以破坏交通工具罪论处。采用爆炸、放火等方法破坏尚未交付使用的交通工具,危害公共安全的,应以爆炸罪、放火罪论处。

2. 破坏交通工具罪与盗窃罪、故意毁坏财物罪的界限

当盗窃罪、故意毁坏财物罪侵犯的对象是交通工具时,破坏交通工具罪与盗窃罪、故意毁坏财物罪的界限容易发生混淆。其区别的关键是:破坏交通工具罪

的犯罪对象是正在使用中的交通工具，而盗窃罪、故意毁坏财物罪的犯罪对象则无此限制；破坏交通工具罪的客体是交通运输安全，而盗窃罪、故意毁坏财物罪的客体则是公私财物所有权。盗窃正在使用中的交通工具的重要部件、设施，或者故意毁坏正在使用中的交通工具，足以使交通工具发生倾覆、毁坏危险，危害公共安全的，应以破坏交通工具罪论处。盗窃或毁坏的对象不是正在使用中的交通工具，或者盗窃或毁坏的仅仅是正在使用中的交通工具的附属设备，不影响交通运输安全的，则不能以破坏交通工具罪论处；符合盗窃罪或故意毁坏财物罪的构成要件的，以盗窃罪或者故意毁坏财物罪论处。

3. 破坏交通工具罪与破坏交通设施罪的界限

破坏交通设施往往会导致交通工具倾覆、毁坏的严重后果，而破坏交通工具往往也会损毁交通设施。两罪区分的关键是看破坏行为的直接指向。破坏行为直接指向正在使用中的交通工具，由于交通工具倾覆、毁坏间接造成了交通设施损毁的后果的，应当以破坏交通工具罪论处；破坏行为直接指向正在使用中的交通设施，由于交通设施毁坏而间接造成了交通工具倾覆、毁坏的后果的，应当以破坏交通设施罪论处。

（三）破坏交通工具罪的处罚

根据《刑法》第 116 条、第 119 条第 1 款的规定："犯本罪，尚未造成严重后果的，处 3 年以上 10 年以下有期徒刑；造成严重后果的，处 10 年以上有期徒刑、无期徒刑或者死刑。"

三、组织、领导、参加恐怖组织罪

（一）组织、领导、参加恐怖组织罪的概念和构成要件

组织、领导、参加恐怖组织罪，是指组织、领导或者参加恐怖活动组织的行为。

本罪的构成要件如下。

1. 本罪的客观方面表现为组织、领导、参加恐怖活动组织的行为。恐怖组织属于我国刑法分则规定的特殊的犯罪集团，具有国际恐怖活动组织和国内恐怖活动组织之分。组织、领导、参加恐怖活动组织的行为本属于犯罪的预备行为；刑法为了加大对恐怖活动犯罪的打击力度，将其上升为刑法分则中的实行行为加以规定。所谓"组织"，是指发起成立恐怖组织，或者鼓动、召集他人与自己一起成立恐怖组织。所谓"领导"，是指在恐怖组织中起策划、指挥、布置和协调作用。所谓

"参加",是指自愿加入恐怖组织。参加恐怖组织有两种情况:一是积极参加;二是非积极参加,即"其他参加"。所谓"积极参加",是指参加恐怖组织态度积极,并起主要作用。所谓"其他参加",是指在恐怖组织中起到一般成员的作用。参加的成立不以履行一定的手续、仪式为必要。根据2014年9月9日最高人民法院、最高人民检察院、公安部《关于办理暴力恐怖和宗教极端刑事案件适用法律若干问题的意见》的规定,为制造社会恐慌、危害公共安全或者胁迫国家机关、国际组织,组织、纠集他人,策划、实施下列行为之一,造成或者意图造成人员伤亡、重大财产损失、公共设施损坏、社会秩序混乱的,以组织、领导、参加恐怖组织罪定罪处罚:(1)发起、建立恐怖活动组织或者以从事恐怖活动为目的的训练营地,进行恐怖活动体能、技能训练的;(2)为组建恐怖活动组织、发展组织成员或者组织、策划、实施恐怖活动,宣扬、散布、传播宗教极端、暴力恐怖思想的;(3)在恐怖活动组织成立以后,利用宗教极端、暴力恐怖思想控制组织成员,指挥组织成员进行恐怖活动的;(4)对特定或者不特定的目标进行爆炸、放火、杀人、伤害、绑架、劫持、恐吓、投放危险物质及其他暴力活动的;(5)制造、买卖、运输、储存枪支、弹药、爆炸物的;(6)设计、制造、散发、邮寄、销售、展示含有暴力恐怖思想内容的标识、标志物、旗帜、徽章、服饰、器物、纪念品的;(7)参与制订行动计划、准备作案工具等活动的。

只要行为人实施了组织、领导、参加行为之一的,即可构成本罪;同时实施上述两种或两种以上行为的,仍然构成一罪。但如果行为人既实施了组织、领导、参加恐怖组织的行为,又实施了杀人、爆炸、绑架等恐怖犯罪活动的,则应实行数罪并罚。

2. 本罪的主体是一般主体,即年满16周岁、具有刑事责任能力的自然人。

3. 本罪的主观方面是故意,其目的是为了实施恐怖活动。动机如何不影响本罪的成立。

4. 本罪的客体是公共安全。

(二)组织、领导、参加恐怖组织罪的认定

1. 恐怖组织的认定

恐怖组织,是指人数较多,以实施恐怖活动为目的,为长期有计划地进行恐怖活动而建立的,严重危害社会公共安全的犯罪组织。恐怖组织具有以下特征:(1)人数必须是3人以上,这是对恐怖组织在人数上的最低要求。实践中,恐怖组

织的人员少则几十人，多则几百人、上千人，规模大小不等。(2)恐怖组织必须以实施恐怖活动为目的。所谓“恐怖活动”，一般认为是为发泄对社会、政府的不满或者为了达到一定的政治、经济目的或者满足其他不合理要求而实施的严重危害公共安全、制造公共恐惧或者危险，对社会公众的心理安全感造成强烈冲击的犯罪活动。(3)恐怖组织具有严密的组织性。其成员固定且内部存在领导与被领导的关系，有组织者、领导者、骨干分子以及一般成员之分，各司其职。其内部等级森严、纪律严密，有一套成文或不成文的清规戒律，组织性非常强。(4)恐怖组织具有一定的稳定性。恐怖组织自建立以后，在较长时间内反复多次进行恐怖活动，在实施完一次恐怖活动后，并不是被解散了，而是继续存在，继续实施新的恐怖活动。(5)恐怖组织具有极大的社会危害性和危险性。它既不同于盗窃、走私、贩毒等犯罪集团，也不同于某些间谍、特务组织，它是犯罪集团中危害最大的犯罪组织之一。

2. 组织、领导、参加恐怖组织罪与组织、领导、参加一般犯罪集团的界限

一般的犯罪集团，是指三人以上为共同实施非恐怖性活动而组成的较为固定的犯罪组织。组织、领导、参加一般的犯罪集团的，如果没有实施某种具体的犯罪，则应当按照某种具体犯罪的预备论处，而不构成独立的犯罪；即使实施了具体犯罪，也仍以具体犯罪论处，而不实行数罪并罚。组织、领导、参加恐怖活动组织的，如果没有实施某种具体的犯罪，则应当按照组织、领导、参加恐怖组织罪论处；如果实施了具体犯罪，则应实行数罪并罚。

（三）组织、领导、参加恐怖组织罪的处罚

根据《刑法》第 120 条的规定：“组织、领导恐怖活动组织的，处 10 年以上有期徒刑或者无期徒刑；积极参加的，处 3 年以上 10 年以下有期徒刑；其他参加的，处 3 年以下有期徒刑、拘役、管制或者剥夺政治权利，可以并处罚金。”

四、劫持航空器罪

（一）劫持航空器罪的概念和构成要件

劫持航空器罪，是指以暴力、胁迫或者其他方法强夺或控制航空器，危害航空运输安全的行为。

本罪的构成要件如下。

1. 本罪的客观方面表现为以暴力、胁迫或者其他方法劫持航空器，危害航空

运输安全的行为。所谓“暴力”,是指对航空器上的人员,尤其是驾驶人员、机组人员实施人身打击或强制,使其无法反抗的行为,如殴打、伤害、杀害、捆绑、扣押、监禁等。所谓“胁迫”,是指对航空器上的人员进行精神恐吓和强制,使其不敢反抗的行为,如以炸毁飞机、杀害人质相威胁等。所谓“其他方法”,是指暴力、胁迫以外的,但与暴力、胁迫的危害程度相当的使航空器内驾驶、操作人员不能反抗、不知反抗的各种方法,如使用药物麻醉机组人员,使其不能抗拒、不知抗拒等。所谓“劫持”,是指强迫航空器驾驶、操作人员服从自己的意志,并控制航空器的行为。

2. 本罪的主体是一般主体,即年满 16 周岁、具有刑事责任能力的自然人。

3. 本罪的主观方面是直接故意,主观上具有强行控制航空器的目的。犯罪的动机多种多样,如为“政治避难”,逃避法律制裁,追求境外生活方式等。动机如何不影响本罪的成立。

4. 本罪的客体是航空运输安全,即不特定旅客和机组人员的人身、财产安全以及航空器的安全。本罪的犯罪对象为航空器,实践中多为飞机。航空器是指空间飞行的各种器具,如人造卫星、航天飞机、宇宙飞船、运载火箭、飞机或其他航空器具。根据用途,航空器可以分为民用航空器与国家航空器。用于军事、海关、警察部门的航空器是常见的国家航空器。从《海牙公约》与《蒙特利尔公约》的规定来看,均以明确的文字表明公约中所说的航空器是指民用航空器,而不包括国家航空器。[2] 我国刑法在关于劫持航空器罪的规定中没有就航空器的范围作出明确的限定,理论上对此有不同的看法。从充分保障航空运输安全的角度考虑,将本罪中的航空器理解为包括所有的航空器,是合理的。同时,这里的航空器还必须是正在飞行或使用中的航空器。根据《海牙公约》第 3 条第 1 款的规定,所谓“正在飞行中”,正常情况下是指“航空器从装载完毕,机舱外部各门均已关闭时起,直到打开任何一扇机舱门以便卸载时为止”;航空器被迫降落时,“在主管当局接管该航空器及其所载人员和财产的责任以前,应被认为仍在飞行中。”根据《蒙特利尔公约》第 2 条第 1 款的规定,所谓“正在使用中”,是指“从地面人员或机组为某一特定飞行而对航空器进行飞行前的准备时起,直到降落后 24 小时止,该航空器应被认为是在使用中;在任何情况下,使用的期间就包括……航空器在飞行中的整个时间。”如果对处于飞行或使用两种状态之外的航空器进行破坏的,只能

〔2〕《海牙公约》第 3 条与《蒙特利尔公约》第 4 条规定:“本公约不适用于供军事、海关或警用航空器。”

构成其他犯罪，如破坏交通工具罪、故意毁坏财物罪等。

（二）劫持航空器罪的认定

1. 劫持航空器罪与破坏交通工具罪的界限

区分二者主要应从两方面着手：一是犯罪目的不同。本罪是以劫持航空器为目的，即按照自己的意志强行控制航空器；而破坏交通工具罪的目的是意图使交通工具倾覆、毁坏。二是犯罪客观方面的表现形式不同。本罪在客观方面表现为使用暴力、胁迫或者其他方法劫持航空器，航空器本身不一定遭受毁坏；而破坏交通工具罪在客观方面则表现为用一定的方法破坏交通工具。从犯罪既遂形态上看，本罪是行为犯，而破坏交通工具罪则是危险犯。

2. 劫持航空器罪的既遂与未遂的界限

劫持航空器罪是行为犯，应当以行为人着手实施的劫持行为达到实际控制航空器的程度作为本罪既遂的标准。行为人在着手劫持行为以后，由于意志以外的原因未能实际控制航空器的，属于犯罪未遂。

3. 劫持航空器罪与暴力危及飞行安全罪的界限

劫持航空器罪与暴力危及飞行安全罪侵犯的都是航空器的飞行安全，且一般都是在飞行中的航空器内实施的。两者的主要区别是：(1)客观方面表现不同。前者的行为人是对正在使用中或正在飞行中的航空器本身和机上人员使用暴力、胁迫或其他方法，犯罪手段不限于暴力；而后者的行为人是对正在飞行中的航空器上的人员使用暴力，其行为只能发生在正在飞行中的航空器内，犯罪手段仅限于暴力。(2)主观方面不同。前者的行为人对航空器上的人员使用暴力的目的在于劫持航空器；后者的行为人对正在飞行中的航空器上的人员使用暴力，只有危及民用航空器飞行安全的故意，而无劫持航空器的故意。(3)犯罪既遂的标准不同。前者是行为犯，行为人只要实施了劫持行为并达到控制航空器的程度，即构成犯罪既遂；后者是危险犯，行为人对正在飞行中的航空器上的人员使用暴力，必须危及飞行安全，才能构成犯罪既遂。如果行为人出于劫持航空器的目的，对正在飞行中的航空器上的人员如驾驶员使用暴力，危及飞行安全的，则是一行为同时触犯两个罪名，属于想象竞合犯，应从一重罪即劫持航空器罪论处。

4. 劫持航空器罪的罪数

在劫持航空器过程中故意杀害他人的，杀人行为属于暴力行为的具体表现，对此应包含在劫持航空器罪中予以评价,不能以数罪论处。在劫持航空器之后,又故意杀害他人的,应以数罪论处。

(三) 劫持航空器罪的处罚

根据《刑法》第121条的规定:“犯本罪的,处10年以上有期徒刑或者无期徒刑;致人重伤、死亡或者使航空器遭受严重破坏的,处死刑。”

五、非法制造、买卖、运输、邮寄、储存枪支、弹药、爆炸物罪

(一) 非法制造、买卖、运输、邮寄、储存枪支、弹药、爆炸物罪的概念和构成要件

非法制造、买卖、运输、邮寄、储存枪支、弹药、爆炸物罪,是指违反国家有关枪支、弹药、爆炸物管理的法律、法规,制造、买卖、运输、邮寄、储存枪支、弹药、爆炸物的行为。

本罪的构成要件如下。

1. 本罪的客观方面表现为非法制造、买卖、运输、邮寄、储存枪支、弹药、爆炸物的行为。所谓“非法制造”,是指未经国家有关部门批准,私自制造。其中既包括用机器成批生产,也包括用手工制作。制造包括制作、组装、修理、改装和拼装上述物品。不论制造是否成功,也不论是为了自用或非法出售,均可构成本罪。所谓“非法买卖”,是指未经国家有关部门批准,以金钱或者实物作价,私自购买或者销售。至于为自用而买,为出售而买,还是为其他用途而买,买谁的,卖给谁,一般不影响本罪的成立,但为走私而购买枪支、弹药、爆炸物,或明知是走私进口的枪支、弹药而直接向走私者购买,或者明知是走私者购买枪支、弹药走私出口而卖给其枪支、弹药的,应以走私枪支、弹药、爆炸物罪论处。买卖包括购买和销售两种具体行为,但只要实施其中一个行为,即可构成犯罪;实施两种行为的,在法律上仅仅是一个非法买卖行为。所谓“非法运输”,是指未经国家有关部门批准,非法转送,也就是非法地将枪支、弹药、爆炸物由一地送至他地,使其在空间上发生位移。运输的方式方法,包括陆运、水运和空运,可以是利用机动车辆运输,也可以是利用人力或非机动车辆运输,但通过邮政系统寄运的不在此内。运输的空间范围,仅限于我国(大陆)境内,而不包括将上述物品运输进出国(边)境。所谓“非法邮寄”,是指违反国家邮电部门的规定,以邮件形式夹寄的行为。在非法运输、邮寄枪支、弹药、爆炸物的同时又逃避海关监管的,则应当以走私枪支、弹药、爆炸物罪论处。所谓“非法储存”,是指明知是他人非法制造、买卖、运输、邮寄的枪支、

弹药、爆炸物而为其存放的行为。

本罪是选择性罪名，只要行为人实施了非法制造、买卖、运输、邮寄、储存五种行为中的一种，侵犯枪支、弹药、爆炸物三种对象中的一种，即可构成犯罪；同时实施上述五种行为中数个行为，侵犯上述对象中数个对象的，也只定为一罪，而不实行数罪并罚。

2. 本罪的主体是一般主体，即年满 16 周岁、具有刑事责任能力的自然人。同时，单位也可以成为本罪的主体。介绍买卖枪支、弹药、爆炸物的，以买卖枪支、弹药、爆炸物罪的共犯论处。

3. 本罪的主观方面是故意，即明知是枪支、弹药、爆炸物而非法制造、买卖、运输、邮寄、储存。如果受他人蒙骗、利用，不知是枪支、弹药、爆炸物而实施了上述行为的，不构成本罪。

4. 本罪的客体是复杂客体，即公共安全和国家对枪支、弹药、爆炸物的管理制度。犯罪对象是枪支、弹药、爆炸物。根据《枪支管理法》第 46 条的规定，枪支是指以火药或压缩气体等为动力，利用管状器具发射金属弹丸或者其他物质，足以致人伤亡或丧失知觉的各种枪支。本罪中的“枪支”，包括各种军用枪支，如手枪、步枪、机枪、冲锋枪等，也包括民用枪支，如射击运动枪、狩猎用的有膛线猎枪、火药枪、霰弹枪、自制土枪等各种能致人伤亡或丧失知觉的枪支。对于非法制造、买卖、运输、邮寄、储存成套枪支散件的，以相应数量的枪支计；非成套枪支散件以每 30 件为一成套枪支散件计。“弹药”，是指上述枪支发射专用的足以致人伤亡或者丧失知觉的金属弹丸或者其他物质。照明弹、烟幕弹、信号弹等，由于其没有杀伤力和破坏性，不宜认为是“弹药”。爆炸物，是指各种具有爆裂性和较大杀伤力、破坏性，能够对公共安全构成威胁和危害的物品。从种类上看，爆炸物大致可以分为军用爆炸物、民用爆炸物和其他利用爆裂原料配制成的炸药与爆炸装置三类。军用爆炸物既包括各种作为常规武器使用的军用爆炸物，如地雷、手榴弹、爆破筒、手雷等，也包括原子弹、氢弹、中子弹等核弹和生化炸弹；民用爆炸物主要包括《民用爆炸物品管理条例》规定管制的各类炸药、雷管、导火索、导爆索、非电导爆系统和爆破剂等，但烟花爆竹等单体不具杀伤力的民用爆炸物，不属此处的爆炸物；其他利用爆裂原料配制成的炸药与爆炸装置，主要有炸药瓶、土制炸药包以及各种土制炸弹等。

(二) 非法制造、买卖、运输、邮寄、储存枪支、弹药、爆炸物罪的认定

1. 非法制造、买卖、运输、邮寄、储存枪支、弹药、爆炸物罪与非罪的界限

虽然刑法对本罪的成立没有明文规定数量或情节标准,但是,并非一经实施了非法制造、买卖、运输、邮寄、储存枪支、弹药、爆炸物的行为,就毫无例外地构成犯罪。根据 2009 年 11 月 16 日修正后的最高人民法院《关于审理非法制造、买卖、运输枪支、弹药、爆炸物等刑事案件具体应用法律若干问题的解释》,个人或者单位非法制造、买卖、运输、邮寄、储存枪支、弹药、爆炸物,具有下列情形之一的,以本罪定罪处罚:(1)非法制造、买卖、运输、邮寄、储存军用枪支 1 支以上的;(2)非法制造、买卖、运输、邮寄、储存以火药为动力发射枪弹的非军用枪支 1 支以上或者以压缩气体等为动力的其他非军用枪支 2 支以上的;(3)非法制造、买卖、运输、邮寄、储存军用子弹 10 发以上、气枪铅弹 500 发以上或者其他非军用子弹 100 发以上的;(4)非法制造、买卖、运输、邮寄、储存手榴弹 1 枚以上的;(5)非法制造、买卖、运输、邮寄、储存爆炸装置的;(6)非法制造、买卖、运输、邮寄、储存炸药、发射药、黑火药 1 000 克以上或者烟火药 3 000 克以上、雷管 30 枚以上或者导火索、导爆索 30 米以上的;(7)具有生产爆炸物品资格的单位不按照规定的品种制造,或者具有销售、使用爆炸物品资格的单位超过限额买卖炸药、发射药、黑火药 10 千克以上或者烟火药 30 千克以上、雷管 300 枚以上或者导火索、导爆索 300 米以上的;(8)多次非法制造、买卖、运输、邮寄、储存弹药、爆炸物的;(9)虽未达到上述最低数量标准,但具有造成严重后果等其他恶劣情节的。

2. 非法制造、买卖、运输、邮寄、储存枪支、弹药、爆炸物罪与走私武器、弹药罪的界限

两罪在客观行为方式及行为对象上有相似之处,但也有明显区别:(1)犯罪客体不同。本罪的客体是公共安全和国家对枪支、弹药、爆炸物的管理制度;后者的客体是国家关于武器、弹药进出口的海关监管制度。(2)犯罪对象不尽相同。本罪的犯罪对象是枪支、弹药、爆炸物;后者的犯罪对象是武器、弹药。(3)犯罪客观方面不同。本罪的客观方面表现为非法制造、买卖、运输、邮寄、储存枪支、弹药、爆炸物的行为,其中的买卖、运输、邮寄必须是在境内实施的;后者的客观方面表现为违反海关法规,逃避海关监管,走私武器、弹药的行为。

(三) 非法制造、买卖、运输、邮寄、储存枪支、弹药、爆炸物罪的处罚

根据《刑法》第 125 条第 1 款、第 3 款的规定:“犯本罪的,处 3 年以上 10 年以下有期徒刑;情节严重的,处 10 年以上有期徒刑、无期徒刑或者死刑。单位犯本

罪的，对单位判处罚金，并对其直接负责的主管人员和其他直接负责人员，依照上述规定处罚。”

六、非法持有、私藏枪支、弹药罪

（一）非法持有、私藏枪支、弹药罪的概念和构成要件

非法持有、私藏枪支、弹药罪，是指违反国家枪支、弹药管理规定，持有、私藏枪支、弹药的行为。

本罪的构成要件如下。

1. 本罪的客观方面表现非法持有、私藏枪支的行为。根据 2009 年 11 月 16 日修正的最高人民法院《关于审理非法制造、买卖、运输枪支、弹药、爆炸物等刑事案件具体应用法律若干问题的解释》的规定，非法持有，是指不符合配备、配置枪支、弹药条件的人员，违反枪支管理法律、法规的规定，擅自持有枪支、弹药的行为。私藏，是指依法配备、配置枪支、弹药的人员，在配备、配置枪支、弹药的条件消除后，违反枪支管理法律、法规的规定，私自藏匿所配备、配置的枪支、弹药且拒不交出的行为。所谓“拒不交出”，既包括私藏枪支、弹药已被发觉，限令其交出仍抗拒交出，也包括私藏者未被发觉，但其明知应当交出而仍藏匿不交出。

本罪是一种“持有型”犯罪，认定本罪时，应根据证据排除了其所持有、私藏的枪支、弹药是通过非法制造、买卖、运输、盗窃、抢夺、抢劫等手段得来的，否则应以相应的犯罪论处，不构成本罪。也就是说，作为本罪客观方面表现的非法持有、私藏枪支、弹药的行为必须是在根据证据尚不能确认枪支、弹药是通过实施其他犯罪活动（如盗窃、抢夺、抢劫等）而获得的情况下才能予以认定的。如证据已证实是由于其他涉及枪支、弹药的犯罪而持有、私藏，应以相应犯罪论处，而不构成本罪，也不实行数罪并罚。

2. 本罪的主体是一般主体，凡年满 16 周岁、具备刑事责任能力的人均可成为本罪的主体。〔3〕

3. 本罪的主观方面是故意。不知道自己收藏的物品中有枪支、弹药，因而没有交出的，不构成犯罪。

4. 本罪的客体是公共安全和国家对枪支、弹药的管理制度。

---

〔3〕 根据司法解释的精神，私藏枪支、弹药罪的主体是特殊主体，即依法配备、配置枪支、弹药的人员。

(二) 非法持有、私藏枪支、弹药罪的认定

1. 非法持有、私藏枪支、弹药罪与非法制造、买卖、运输、邮寄、储存枪支、弹药、爆炸物罪的界限

在一般情况下,非法持有、私藏枪支、弹药罪与非法制造、买卖、运输、邮寄、储存枪支、弹药、爆炸物罪易于区分,但如果行为人非法储存枪支、弹药、爆炸物时,就很容易与非法持有、私藏枪支、弹药罪相混淆。两者的区别在于:(1)犯罪主体不同。非法储存枪支、弹药、爆炸物罪的主体既可以是自然人,也可以是单位;非法持有、私藏枪支、弹药罪的主体只能是自然人。(2)客观方面的表现不同。非法储存,是指明知是他人非法制造、买卖、运输、邮寄的枪支、弹药、爆炸物而为其存放的行为。而除此之外的私自存放、持有、藏匿枪支、弹药的行为,属于非法持有、私藏枪支、弹药。(3)犯罪对象不尽相同。非法储存枪支、弹药、爆炸物罪的犯罪对象包括枪支、弹药、爆炸物;而非法持有、私藏枪支、弹药罪的犯罪对象仅包括枪支、弹药。

2. 非法持有、私藏枪支、弹药罪与非法携带枪支、弹药、管制刀具、危险物品危及公共安全罪的界限

两罪都是危害公共安全的犯罪,在客观方面也有相似之处,但两者也有明显的区别。其主要区别是:(1)犯罪客观方面的表现不同。前者的客观方面表现为非法持有、私藏枪支、弹药的行为;后者的客观方面表现为非法携带枪支、弹药、管制刀具或者爆炸性、易燃性、放射性、毒害性、腐蚀性物品,进入公共场所或者公共交通工具,危及公共安全的行为。(2)行为实施的程度要求不同。前者没有"情节严重"的要求,而后者则有此种要求。(3)犯罪对象不尽相同。前者的犯罪对象仅限于枪支、弹药;后罪的犯罪对象包括枪支、弹药、管制刀具或者爆炸性、易燃性、放射性、毒害性、腐蚀性物品。(4)既遂标准不同。前者是行为犯,行为人只要实施非法持有、私藏枪支、弹药的行为即构成既遂;后罪是危险犯,只有出现危及公共安全的危险才构成既遂。

(三) 非法持有、私藏枪支、弹药罪的处罚

根据《刑法》第 128 条第 1 款的规定:"犯本罪的,处 3 年以下有期徒刑、拘役或者管制;情节严重的,处 3 年以上 7 年以下有期徒刑。"2009 年 11 月 16 日修正的最高人民法院《关于审理非法制造、买卖、运输枪支、弹药、爆炸物等刑事案件具体应用法律若干问题的解释》第 5 条第 1 款规定:"具有下列情形之一的,以本罪

定罪处罚：(1)非法持有、私藏军用枪支 1 支的；(2)非法持有、私藏以火药为动力发射枪弹的非军用枪支 1 支或者以压缩气体等为动力的其他非军用枪支 2 支以上的；(3)非法持有、私藏军用子弹 20 发以上的，气枪铅弹 1 000 发以上或者其他非军用子弹 200 发以上的；(4)非法持有、私藏手榴弹 1 枚以上的；(5)非法持有私藏的弹药造成人身伤亡或财产损失的。”该条第 2 款规定：“具有下列情形之一的，属于《刑法》第 128 条第 1 款规定的‘情节严重’：(1)非法持有、私藏军用枪支 2 支以上的；(2)非法持有、私藏以火药为动力发射枪弹的非军用枪支 2 支或者以压缩气体等为动力的其他非军用枪支 5 支以上的；(3)非法持有、私藏军用子弹 100 发以上的，气枪铅弹 5 000 发以上或者其他非军用子弹 1 000 发以上的；(4)非法持有、私藏手榴弹 3 枚以上的；(5)达到上述第 1 款规定的最低数量标准，并具有造成严重后果等其他恶劣情节的。”

七、交通肇事罪

(一) 交通肇事罪的概念和构成要件

交通肇事罪，是指违反交通运输管理法规，因而发生重大事故，致人重伤、死亡或者使公私财产遭受重大损失的行为。

本罪的构成要件如下。

1. 本罪的客观方面表现为在交通运输活动中，违反交通运输管理法规，因而发生重大事故，致人重伤、死亡或者使公私财产遭受重大损失的行为。本罪的客观方面由以下四项相互联系、不可分割的内容组成的。①必须有违反交通运输管理法规的行为。这是成立本罪的前提。所谓“违反交通运输管理法规”，是指违反与保证交通运输安全有直接关系的各种管理法规，如《道路交通安全法》《公路法》《城市交通管理条例》《机动车管理办法》《道路交通安全法实施条例》《内河避碰规则》《渡口守则》等。在此，汽车司机酒后开车、无证驾驶、强行超车、超载、超高、超宽、超速等均属公路运输违章行为；船只强行横越、超速、超档、偏离航道等属于水运违章行为。如果行为人没有违反交通运输管理法规，即使造成了严重后果，也不负刑事责任。违反交通运输管理法规的行为，可以是作为，也可以是不作为。②必须发生重大事故，致人重伤、死亡或者使公私财产遭受重大损失。这是构成本罪的必要条件之一。行为人虽然违反了交通运输管理法规，但未造成上述严重后果的，不构成本罪。③严重后果必须是由违反交通运输管理法规的行为引起的,二者之间存在因果关系。如果严重后果不是由行为人的违章行为所引起的,二者之间没有因果关系,则不构成本罪。④违反交通运输管理法规,致人重伤、死亡或者使公私财产遭受重大损失的行为,必须发生在公共交通管理的范围内。如果不是发生在上述空间、时间中,而是在农田、工厂、矿山、林场、建筑工地、企事业单位、院落内作业,或者进行其他非交通运输活动,如检修、冲洗车辆等活动中发生的,则不构成本罪。

1992 年 3 月 23 日最高人民检察院《关于在厂(矿)区机动车造成伤亡事故的犯罪案件如何定性处理问题的批复》指出,在厂(矿)区机动车作业期间发生的伤亡事故案件,应当根据不同情况,区别对待:在公共交通管理范围内,因违反交通运输规章制度,发生重大事故,应按交通肇事罪处理;在公共交通管理范围外发生的,违反安全生产规章制度,发生重大伤亡事故,造成严重后果的,应按重大责任事故罪处理。根据 2000 年 11 月 10 日最高人民法院《关于审理交通肇事刑事案件具体应用法律若干问题的解释》(以下简称《交通肇事刑事案件解释》),在公共交通管理的范围外,驾驶机动车辆或者使用其他交通工具致人伤亡或者致使公共财产或者他人财产遭受重大损失,构成犯罪的,分别依照重大责任事故罪、重大劳动安全事故罪、过失致人死亡罪等罪定罪处罚。

2. 本罪的主体是一般主体,即已满 16 周岁、具有刑事责任能力的自然人,包括从事交通运输的人员和非交通运输人员。司法实践中,本罪的主体主要是从事交通运输的人员,即一切直接从事交通运输业务、同保证交通运输安全有直接关系的人员,不是泛指与交通运输有关的人员。其具体包括:①直接从事交通运输的驾驶人员,如汽车司机、船舶驾驶人员等;②操纵管理交通设施,保证交通安全运行的人员,如机械师、车检员、巡道工等;③交通安全管理人员,如交通警察、交通管理人员;④直接领导、指挥交通运输的人员,如调度、信号人员,轮船上的船长、大副、轮机长等。交通运输人员中的航空人员、铁路职工因违反规章制度致使发生重大事故,构成犯罪的,以重大飞行事故罪、铁路运营安全事故罪论处。非交通运输人员,是指虽然不以从事交通运输为业务,但在进行交通运输的人员。具体包括:①无合法手续,但被借调或受委托从事交通运输的人员;②暂时没有合法手续,但为了从事交通运输工作,正准备取得合法手续的人员;③为了公共利益的需要,临时被指派或主动承担交通运输工作的人员;④为了保证主要职业的进行或维持个人以及家庭人员的正常生活而驾驶交通运输工具的人员等。非机动交通工具(如马车、自行车等)运输人员、行人可以因自己的违反交通运输管理法规行为而致成重大事故,因而理所当然地在本罪的主体中不能排除非机动车辆的驾驶人员及行人。例如,行人违章在高速公路上突然横穿,致使过往汽车紧急刹车而相撞造成重大伤亡事故的,完全符合本罪的构成要件。非交通运输人员在航空运输、铁路运营中违反有关规定,造成重大事故的,应当以本罪论处。

根据1998年3月10日最高人民法院《关于审理盗窃案件具体应用法律若干问题的解释》第12条的规定,为练习开车、游乐等目的,偷开机动车辆,在偷开过程中发生交通肇事,构成犯罪的,成立交通肇事罪。根据《交通肇事刑事案件解释》,单位主管人员、机动车辆所有人或者机动车辆承包人指使、强令他人违章驾驶造成重大交通事故,构成犯罪的,以交通肇事罪定罪处罚。

根据《交通肇事刑事案件解释》,交通肇事后,单位主管人员、机动车辆所有人、承包人或者乘车人指使肇事人逃逸,致使被害人因得不到救助而死亡的,以交通肇事罪的共犯论处。这是司法解释对刑法关于共同犯罪规定的突破,实际上确认了在基于过失的交通肇事罪的场合可以有限制地成立共同犯罪,但在刑法明文否认过失犯罪可以成立共同犯罪的情况下,这一解释实属越权解释。而且,是否构成交通肇事罪,不能以行为人对于肇事者交通肇事行为所表现出来的态度和行为来评价。行为人指使肇事者逃逸,尽管发生致人死亡的严重结果,但毕竟与肇事者先前的违章肇事行为无关,没有交通肇事罪的构成事实,怎么能以该罪定罪?因而,该规定的合理性也值得怀疑。

3. 本罪的主观方面是过失,包括疏忽大意的过失和过于自信的过失。这种过失是就行为人对自己的违章行为可能造成的严重后果的心理态度而言的,至于行为人在违反规章制度上则可能是明知故犯。

4. 本罪的客体是交通运输安全。“交通运输”,是指与一定的交通工具与交通设备相联系的铁路、公路、水上及空中交通运输。由于刑法就发生在铁路、航空运输中由特殊主体违规而发生的重大责任事故专门设立了独立的犯罪,所以,本罪发生的范围主要限于陆路和水上(包括海上和内河)交通运输。

(二) 交通肇事罪的认定

1. 交通肇事罪与非罪的界限

一方面,要注意区分交通肇事罪与意外事件、不可抗力的界限。二者区别的关键在于行为人是否违反了交通运输管理法规,主观上有无过失。如果行为人违反交通运输管理法规,对严重后果的发生应当预见而没有预见,或者已经预见而轻信能够避免,则构成交通肇事罪;如果行为人没有违反交通运输管理法规,完全是正常行驶,发生重大事故后果是由于不能抗拒或者不能预见的原因引起的,就不构成犯罪。另一方面,要注意区分交通肇事罪与一般交通事故的界限。两者区别的关键在于危害程度不同。行为人的违章行为必须造成了重大事故,发生致人重伤、死亡或者使公私财产遭受重大损失的严重后果的,才能构成本罪;而在一般交通事故的情况下,行为人违章造成的危害结果则没有达到构成犯罪的严重程度。

2. 交通肇事罪与利用交通工具实施的故意犯罪的界限

交通肇事罪往往造成人身伤亡的结果,与故意杀人、故意伤害及以驾车撞人的危险方法危害公共安全的犯罪等在结果上具有相似性,其主要区别在于主观心理态度及侵害的客体不同。交通肇事罪只能由过失构成,侵犯的客体是交通运输安全;而故意杀人罪、故意伤害罪及以驾车撞人的危险方法危害公共安全的犯罪,在主观上都是故意,即都希望或放任死伤结果的发生。如果行为人利用交通工具杀伤特定的人,侵害的是他人的生命或健康权利,不足以危害公共安全的,应以故意杀人罪或故意伤害罪论处。如果行为人利用驾驶的交通工具,在大街上或其他公共场所横冲直撞,造成或可能造成众多人重伤、死亡或者使公私财产遭受重大损失的,则应按以危险方法危害公共安全罪论处。

3. 交通肇事罪与过失致人死亡罪、过失致人重伤罪的界限

二者区别的关键在于发生的场合不同。在交通肇事罪的场合,致人重伤或死亡的结果必须发生在公共交通管理范围以内的交通运输过程中。否则,凡在公共交通管理范围以外,即在供行人、车辆、船舶来往的道路和其他交通线以外,因违反交通管理法规而发生伤亡事故的,应定为过失致人死亡罪或过失致人重伤罪。例如,行为人出于好奇或逞能而乱开停放在院中挂倒挡的汽车,不慎将车后之人撞死的,应定为过失致人死亡罪;行为人开拖拉机在田间耕作时,因不慎将他人撞成重伤的,应以过失致人重伤罪论处。

4. 交通肇事罪与过失损坏交通工具罪的界限

这两种犯罪在主观上都出于过失,在客观上会造成或必然造成公私财产遭受重大损失的严重后果,在客体方面危害了公共安全,但二者还是有明显的区别。其主要区别是:(1)前者的主体虽然是一般主体,但主要是从事交通运输的人员;

而后者的主体则为一般主体。(2)前者发生在交通运输活动过程中，严重后果是由于在交通运输活动过程中违反交通运输管理法规的行为引起的；后者的发生与交通运输活动无关，严重后果是由于行为人在交通运输活动以外的日常生产、生活中马虎草率、不细心谨慎而引起的。交通运输人员在驾驶交通工具的过程中，违反交通运输管理法规，过失引起交通工具倾覆、毁坏，造成严重后果的，不构成过失损坏交通工具罪，而构成交通肇事罪。

5. 交通肇事罪与重大飞行事故罪、铁路运营安全事故罪的界限

三者都是危害交通运输安全的犯罪，其主要区别是：(1)犯罪主体不同。交通肇事罪的主体是一般主体，包括交通运输人员和非交通运输人员；重大飞行事故的主体是特殊主体，即航空人员，包括空勤人员与地面人员；铁路运营安全事故罪的主体是特殊主体，即铁路职工。(2)直接客体的具体内容不同。交通肇事罪的客体是交通运输安全，主要是陆路、水上交通运输安全；重大飞行事故罪的客体是航空交通运输安全；铁路运营事故罪的客体是铁路交通运输安全。

(三) 交通肇事罪的处罚

根据《刑法》第 133 条的规定："犯本罪的，处 3 年以下有期徒刑或者拘役；交通运输肇事后逃逸或者有其他特别恶劣情节的，处 3 年以上 7 年以下有期徒刑；因逃逸致人死亡的，处 7 年以上有期徒刑。"

根据《交通肇事刑事案件解释》，交通肇事具有下列情形之一的，成立犯罪：(1)死亡 1 人或者重伤 3 人以上，负事故全部或者主要责任的；(2)死亡 3 人以上，负事故同等责任的；(3)造成公共财产或者他人财产直接损失，负事故全部责任或者主要责任，无能力赔偿数额在 30 万元以上的。此外，交通肇事致 1 人以上重伤，负事故全部或者主要责任，并具有下列情形之一的，也应以交通肇事罪论处：(1)酒后、吸食毒品后驾驶机动车辆的；(2)无驾驶资格驾驶机动车辆的；(3)明知是安全装置不全或者安全机件失灵的机动车辆而驾驶的；(4)明知是无牌证或者已报废的机动车辆而驾驶的；(5)严重超载驾驶的；(6)为逃避法律追究逃离事故现场的。

根据上述司法解释，"交通肇事后逃逸"，是指行为人交通肇事行为构成犯罪后为逃避法律追究而逃跑的行为。其他特别恶劣情节包括以下三种：(1)死亡 2 人以上或者重伤 5 人以上，负事故全部或者主要责任的；(2)死亡 6 人以上，负事故同等责任的；(3)造成公共财产或者他人财产直接经济损失，负事故全部或者

主要责任,无能力赔偿数额在 60 万元以上的。“因逃逸致人死亡”,是指行为人在交通肇事后为逃避法律追究而逃跑,致使被害人因得不到救助而死亡的情形。如果行为人在交通肇事后为逃避法律追究,将被害人带离事故现场后隐藏或者遗弃,致使被害人无法得到救助而死亡或者严重残疾的,则应分别以故意杀人罪或者故意伤害罪定罪处罚。

八、重大责任事故罪

(一) 重大责任事故罪的概念和构成要件

重大责任事故罪,是指在生产、作业中违反有关安全管理的规定,因而发生重大伤亡事故或者造成其他严重后果的行为。

本罪的构成要件如下。

1. 本罪的客观方面表现为在生产、作业中违反有关安全管理的规定,因而发生重大伤亡事故或者造成其他严重后果的行为。具体地说,本罪的客观方面包含下述四项互相联系、不可分割的内容:其一,必须有违反有关安全管理的规定的行为。这是造成事故的直接原因,是构成重大责任事故罪的前提条件,也是行为人负担刑事责任的客观依据之一。“违反有关安全管理的规定”,是指违反安全管理法律、行政法规、部门规章以及为保障安全生产、作业而制定的安全操作规程。这里的“有关安全管理的规定”,既包括有关安全管理的法律、法规、规章的规定,也包括本单位根据行业管理的特点而制定的制度、章程、办法以及条例等。违反有关安全管理规定的行为,可以是作为,也可以是不作为。前者如冒险蛮干、违规操作等;后者如擅离职守,遇有险情不采取相应措施等。其二,必须发生重大伤亡事故或者造成其他严重后果。这也是构成本罪的一个必要条件。如果没有造成上述严重后果,即使行为人违反有关安全管理的规定,也不构成本罪。根据 2015 年 12 月 16 日最高人民法院、最高人民检察院《关于办理危害生产安全刑事案件适用法律若干问题的解释》的规定,具有下列情形之一的,应当认定为“重大伤亡事故或者其他严重后果”:(1) 造成死亡 1 人以上,或者重伤 3 人以上的;(2)造成直接经济损失一百万元以上的;(3)造成其他严重后果的情形。其三,违反有关安全管理的规定的行为与严重后果之间存在因果关系。违反有关安全管理的规定的行为与严重后果之间没有因果联系的,则不构成本罪。其四,重大事故必须发生在生产、作业活动过程中,并同有关生产、作业人员的生产、作业活动有直接的、不可分离的联系。这是本罪客观方面的本质特征之一，是本罪区别于发生在生产部门的过失犯罪，如失火罪、过失爆炸罪等的重要标志。这里的“生产、作业”，是指人类采用一定的工具或方法作用于一定的劳动对象，使之发生性质、形态或形状的改变或位置的移动，从而适合或满足人类的某种物质需要的活动。

2. 本罪的主体是特殊主体，即生产、作业人员。根据2015年12月16日最高人民法院、最高人民检察院《关于办理危害生产安全刑事案件适用法律若干问题的解释》的规定，本罪的犯罪主体，包括对生产、作业负有组织、指挥或者管理职责的负责人、管理人员、实际控制人、投资人等人员，以及直接从事生产、作业的人员。

3. 本罪的主观方面表现为过失，包括疏忽大意的过失和过于自信的过失。这里的“过失”是就行为人对其行为所引起的重大事故的心理态度而言的，至于行为人对其违反规章制度的行为本身，则可能出于明知故犯。

4. 本罪的客体是生产、作业安全。

(二) 重大责任事故罪的认定

1. 重大责任事故罪与非罪的界限

(1) 重大责任事故罪与自然事故、技术事故及技术革新和科学实验失败的界限。所谓“自然事故”，是指暴风雨、雷电、地震、泥石流等人们不能预见或者不能抗拒的自然现象引起的事故。所谓“技术事故”，是指由于技术条件或设备条件的限制而发生的无法避免的事故。而技术革新和科学实验本身就包含着失败的可能。区分本罪与这几种情况的关键是看行为人主观上是否存在过失以及是否有违反安全管理的规定或强令他人违章冒险作业的行为。在本罪的场合，事故的发生是由于违反安全管理规定或强令他人违章冒险作业而引起的，行为人主观上具有过失；在后几种情况下，行为人主观上既无故意也无过失，事故的发生或失败的结果完全是由于不能预见、不能抗拒或不能认识的原因引起的，在当时的情况下是不可避免的，因此，后几种情况均不能作为犯罪处理。

(2) 重大责任事故罪与一般责任事故的界限。二者的相同点是行为人在生产、作业过程中都有违反安全管理的规定或强令他人违章冒险作业的行为，而且都造成了一定的损害后果。二者的根本区别在于危害的严重程度不同。造成重大伤亡事故或者其他严重后果的，构成本罪；没有造成上述严重后果的，属于一般责任事故，不构成犯罪，而应给予批评教育或行政处分。

2. 重大责任事故罪与失火罪、过失爆炸罪以及过失投放危险物质罪的界限

重大责任事故罪与后三个罪在主观上都是过失犯罪，在客观上都造成严重后果。其主要区别是：(1)犯罪主体不同。本罪的主体是特殊主体，即生产、作业人员；后三个罪的主体是一般主体，即年满 16 周岁、具有刑事责任能力的自然人。(2)犯罪客观方面不同。在本罪中，违反安全管理的规定所导致的重大伤亡事故或其他严重后果出现在生产、作业过程中，因而本罪属于业务过失犯罪；后三个罪则是在日常生活中由于未尽到注意义务而导致严重后果，属于普通过失犯罪。

(三) 重大责任事故罪的处罚

根据《刑法》第 134 条的规定："犯本罪的，处 3 年以下有期徒刑或者拘役；情节特别恶劣的，处 3 年以上 7 年以下有期徒刑。"根据上述司法解释，所谓"情节特别恶劣"，是指：(1)造成死亡 3 人以上，或者重伤 10 人以上的；(2)造成直接经济损失 300 万元以上的；(3)其他特别恶劣的情节。

第三节　本章其他罪名

一、决水罪

决水罪，是指故意破坏水利设施，制造水患，危害公共安全的行为。本罪客观方面表现为实施了危害公共安全的决水行为。

根据《刑法》第 114 条、第 115 条的规定，本罪的法定刑与放火罪的法定刑相同。

二、爆炸罪

爆炸罪，是指故意引发爆炸物，危害公共安全的行为。

根据《刑法》第 114 条、第 115 条的规定，本罪的法定刑与放火罪的法定刑相同。

三、投放危险物质罪

投放危险物质罪，是指故意投放毒害性、放射性、传染病病原体等物质，危害

公共安全的行为。

根据《刑法》第 114 条、第 115 条的规定，本罪的法定刑与放火罪的法定刑相同。

四、以危险方法危害公共安全罪

以危险方法危害公共安全罪，是指使用与放火、决水、爆炸、投放危险物质等危险性相当的其他危险方法，危害公共安全的行为。

根据《刑法》第 114 条、第 115 条的规定，本罪的法定刑与放火罪的法定刑相同。

五、失火罪

失火罪，是指由于过失引起火灾，危害公共安全，造成人身伤亡或重大财产损失的行为。

根据《刑法》第 115 条第 2 款的规定，犯本罪的，处 3 年以上 7 年以下有期徒刑；情节较轻的，处 3 年以下有期徒刑或者拘役。

六、过失决水罪

过失决水罪，是指过失损坏水利设施，引起水灾，造成严重后果，危害公共安全的行为。

根据《刑法》第 115 条第 2 款的规定，本罪的法定刑与失火罪的法定刑相同。

七、过失爆炸罪

过失爆炸罪，是指过失引起爆炸，造成严重后果，危害公共安全的行为。

根据《刑法》第 115 条第 2 款的规定，本罪的法定刑与失火罪的法定刑相同。

八、过失投放危险物质罪

过失投放危险物质罪，是指过失投放毒害性、放射性、传染病病原体等物质，造成严重后果，危害公共安全的行为。

根据《刑法》第 115 条第 2 款的规定，本罪的法定刑与失火罪的法定刑相同。

九、过失以危险方法危害公共安全罪

过失以危险方法危害公共安全罪,是指行为人过失地使用除放火、决水、爆炸、投放危险物质以外的危险性相当的其他危险方法,致人重伤、死亡或者使公私财产遭受重大损失,危害公共安全的行为。

根据《刑法》第 115 条第 2 款的规定,本罪的法定刑与失火罪的法定刑相同。

十、破坏交通设施罪

破坏交通设施罪,是指故意破坏轨道、桥梁、隧道、公路、机场、航道、灯塔、标志或者进行其他破坏活动,足以造成或者已经造成严重后果,危害公共安全的行为。

根据《刑法》第 117 条、第 119 条第 1 款的规定,本罪的法定刑与破坏交通工具罪的法定刑相同。

十一、破坏电力设备罪

破坏电力设备罪,是指故意破坏正在使用的电力设备,足以或者已经造成严重后果,危害公共安全的行为。

根据《刑法》第 118 条、第 119 条第 1 款的规定,本罪的法定刑与破坏交通工具罪的法定刑相同。

十二、破坏易燃易爆设备罪

破坏易燃易爆设备罪,是指故意破坏正在使用的燃气或者其他易燃易爆设备,已经或者足以造成严重后果,危害公共安全的行为。

根据《刑法》第 118 条、第 119 条第 1 款的规定,本罪的法定刑与破坏交通工具罪的法定刑相同。

十三、过失损坏交通工具罪

过失损坏交通工具罪,是指过失损坏火车、汽车、电车、船只、航空器,危害交通运输安全,造成严重后果的行为。

根据《刑法》第 119 条第 2 款的规定,犯本罪的,处 3 年以上 7 年以下有期徒刑;情节较轻的,处 3 年以下有期徒刑或者拘役。

十四、过失损坏交通设施罪

过失损坏交通设施罪,是指过失损坏轨道、桥梁、隧道、公路、机场、航道、灯塔标志等交通设施,危害交通运输安全,造成严重后果的行为。

根据《刑法》第 119 条第 2 款的规定,本罪的法定刑与过失损坏交通工具罪的法定刑相同。

十五、过失损坏电力设备罪

过失损坏电力设备罪,是指过失损坏正在使用的电力设备,危害公共安全,造成严重后果的行为。

根据《刑法》第 119 条第 2 款的规定,本罪的法定刑与过失损坏交通工具罪的法定刑相同。

十六、过失损坏易燃易爆设备罪

过失损坏易燃易爆设备罪,是指过失损坏正在使用的燃气或者其他易燃易爆设备,已经造成严重后果,危害公共安全的行为。

根据《刑法》第 119 条第 2 款的规定,本罪的法定刑与过失损坏交通工具罪的法定刑相同。

十七、帮助恐怖活动罪

帮助恐怖活动罪,是指资助恐怖活动组织、实施恐怖活动的个人,或者资助恐怖活动培训,以及为恐怖活动组织、实施恐怖活动或者恐怖活动培训招募、运送人员的行为。

根据《刑法》第 120 条之一的规定:“犯本罪的,处 5 年以下有期徒刑、拘役、管制或者剥夺政治权利,并处罚金;情节严重的,处 5 年以上有期徒刑,并处罚金或没收财产。单位犯本罪的,对单位判处罚金,并对其直接负责的主管人员和其他直接责任人员,依照上述规定处罚。”

十八、准备实施恐怖活动罪

准备实施恐怖活动罪，是指为实施恐怖活动准备工具或者进行联络、培训、策划等准备活动的行为。本罪的客观行为包括以下几个方面：(1)为实施恐怖活动准备凶器、危险物品或者其他工具的；(2)组织恐怖活动培训或者积极参加恐怖活动培训的；(3)为实施恐怖活动与境外恐怖活动组织或者人员联络的；(4)为实施恐怖活动进行策划或者其他准备的。

根据《刑法》第120条之二的规定："犯本罪的，处5年以下有期徒刑、拘役、管制或者剥夺政治权利，并处罚金；情节严重的，处5年以上有期徒刑，并处罚金或者没收财产。"

十九、宣扬恐怖主义、极端主义、煽动实施恐怖活动罪

宣扬恐怖主义、极端主义、煽动实施恐怖活动罪，是指故意实施宣扬恐怖主义、极端主义，或者故意煽动他人实施恐怖活动的行为。

根据《刑法》第120条之三的规定："犯本罪的，处5年以下有期徒刑、拘役、管制或者剥夺政治权利，并处罚金；情节严重的，处5年以上有期徒刑，并处罚金或者没收财产。"

二十、利用极端主义破坏法律实施罪

利用极端主义破坏法律实施罪，是指利用极端主义煽动、胁迫群众破坏国家法律确立的婚姻、司法、教育、社会管理等制度实施的行为。

根据《刑法》第120条之四的规定："犯本罪的，处3年以下有期徒刑、拘役或者管制，并处罚金；情节严重的，处3年以上7年以下有期徒刑，并处罚金；情节特别严重的，处7年以上有期徒刑，并处罚金或者没收财产。"

二十一、强制穿戴宣扬恐怖主义、极端主义服饰、标志罪

强制穿戴宣扬恐怖主义、极端主义服饰、标志罪，是指行为人实施以暴力、胁迫等方式强制他人在公共场所穿着、佩戴宣扬恐怖主义、极端主义服饰、标志的行为。

根据《刑法》第120条之五的规定："犯本罪的，处3年以下有期徒刑、拘役或

者管制，并处罚金。”

二十二、非法持有宣扬恐怖主义、极端主义物品罪

非法持有宣扬恐怖主义、极端主义物品罪，是指行为人明知是宣扬恐怖主义、极端主义的图书、音频视频资料或者其他物品而非法持有，情节严重的行为。

根据《刑法》第 120 条之五的规定：“犯本罪的，处 3 年以下有期徒刑、拘役或者管制，并处或者单处罚金。”

二十三、劫持船只、汽车罪

劫持船只、汽车罪，是指以暴力、胁迫或者其他方法劫持船只、汽车，危害公共安全的行为。

根据《刑法》第 122 条的规定：“犯本罪的，处 5 年以上 10 年以下有期徒刑；造成严重后果的，处 10 年以上有期徒刑或者无期徒刑。”

二十四、暴力危及飞行安全罪

暴力危及飞行安全罪，是指对正在飞行中的航空器上的人员使用暴力，危及飞行安全的行为。

根据《刑法》第 123 条的规定：“犯本罪的，尚未造成严重后果的，处 5 年以下有期徒刑或者拘役；造成严重后果的，处 5 年以上有期徒刑。”

二十五、破坏广播电视设施、公用电信设施罪

破坏广播电视设施、公用电信设施罪，是指故意破坏正在使用中的广播电视设施、公用电信设施，危害公共安全的行为。

根据《刑法》第 124 条第 1 款的规定：“犯本罪的，处 3 年以上 7 年以下有期徒刑；造成严重后果的，处 7 年以上有期徒刑。”

二十六、过失损坏广播电视设施、公用电信设施罪

过失损坏广播电视设施、公用电信设施罪，是指过失损坏广播电视设施、公用电信设施，造成严重后果，危害公共安全的行为。

根据《刑法》第 124 条第 2 款的规定：“犯本罪的，处 3 年以上 7 年以下有期徒

刑;情节较轻的,处 3 年以下有期徒刑或者拘役。”

二十七、非法制造、买卖、运输、储存危险物质罪

非法制造、买卖、运输、储存危险物质罪,是指违反对危险物质的管理规定,制造、买卖、运输、储存毒害性、放射性、传染病病原体等物质,危害公共安全的行为。

根据《刑法》第 125 条第 2 款以及第 3 款的规定,本罪的法定刑与非法制造、买卖、运输、邮寄、储存枪支、弹药、爆炸物罪的法定刑相同。

二十八、违规制造、销售枪支罪

违规制造、销售枪支罪,是指依法被指定、确定的枪支制造企业、销售企业,违反枪支管理规定,以非法销售为目的,超过限额或者不按规定的品种制造、配售枪支,或者制造无号、重号、假号的枪支,或者非法销售枪支,或者在境内销售为出口制造的枪支的行为。

根据《刑法》第 126 条的规定:“犯本罪的,对单位判处罚金,并对其直接负责的主管人员和其他直接责任人员,处 5 年以下有期徒刑;情节严重的,处 5 年以上 10 年以下有期徒刑;情节特别严重的,处 10 年以上有期徒刑或者无期徒刑。”

二十九、盗窃、抢夺枪支、弹药、爆炸物、危险物质罪

盗窃、抢夺枪支、弹药、爆炸物、危险物质罪,是指以非法占有为目的,秘密窃取或者公然夺取枪支、弹药、爆炸物或者毒害性、放射性、传染病病原体等物质,危害公共安全的行为。

根据《刑法》第 127 条第 1 款、第 2 款的规定:“犯本罪的,处 3 年以上 10 年以下有期徒刑;情节严重的,处 10 年以上有期徒刑、无期徒刑或者死刑。盗窃、抢夺国家机关、军警人员、民兵的枪支、弹药、爆炸物、危险物质罪的,处 10 年以上有期徒刑、无期徒刑或者死刑。”

三十、抢劫枪支、弹药、爆炸物、危险物质罪

抢劫枪支、弹药、爆炸物、危险物质罪,是指以非法占有为目的,当场以暴力、胁迫或者其他方法,劫取枪支、弹药、爆炸物或者毒害性、放射性、传染病病原体等物质,危害公共安全的行为。

根据《刑法》第127条第2款的规定："犯本罪的，处10年以上有期徒刑、无期徒刑或者死刑。"

三十一、非法出租、出借枪支罪

非法出租、出借枪支罪，是指依法配备公务用枪的人员，非法出租、出借枪支的行为或者依法配置枪支的人员，非法出租、出借枪支，造成严重后果的行为。本罪的客观方面表现为违反枪支管理规定，出租、出借枪支的行为。

根据《刑法》第128条第2款、第3款的规定："犯本罪的，处3年以下有期徒刑、拘役或者管制；情节严重的，处3年以上7年以下有期徒刑。单位犯本罪的，对单位判处罚金，并对其直接负责的主管人员和其他直接责任人员依照上述规定处罚。"

三十二、丢失枪支不报罪

丢失枪支不报罪，是指依法配备公务用枪的人员违反枪支管理规定，丢失枪支不及时报告，造成严重后果的行为。

根据《刑法》第129条的规定："犯本罪的，处3年以下有期徒刑或者拘役。"

三十三、非法携带枪支、弹药、管制刀具、危险物品危及公共安全罪

非法携带枪支、弹药、管制刀具、危险物品危及公共安全罪，是指非法携带枪支、弹药、管制刀具或者爆炸性、毒害性、易燃性、放射性、腐蚀性物品进入公共场所或者公共交通工具，危及公共安全，情节严重的行为。

根据《刑法》第130条的规定："犯本罪，情节严重的，处3年以下有期徒刑、拘役或者管制。"

三十四、重大飞行事故罪

重大飞行事故罪，是指航空人员违反规章制度，致使发生重大飞行事故，造成严重后果的行为。

根据《刑法》第131条的规定："犯本罪的，处3年以下有期徒刑或者拘役；造成飞机坠毁或者人员死亡的，处3年以上7年以下有期徒刑。"

三十五、铁路运营安全事故罪

铁路运营安全事故罪,是指铁路职工违反规章制度,致使发生铁路运营安全事故,造成严重后果的行为。

根据《刑法》第132条的规定:"犯本罪的,处3年以下有期徒刑或者拘役;造成特别严重后果的,处3年以上7年以下有期徒刑。"

三十六、危险驾驶罪

危险驾驶罪,是指在道路上驾驶机动车追逐竞驶、醉酒驾驶等特定危险驾驶情形的行为。本罪的客观行为表现为:(1)追逐竞驶,情节恶劣的;(2)醉酒驾驶机动车的;(3)从事校车业务或者旅客运输,严重超过额定乘员载客,或者严重超过规定时速行驶的;(4)违反危险化学品安全管理规定运输危险化学品,危及公共安全的。

根据《刑法》第133条的规定:"犯本罪的,处拘役,并处罚金。犯本罪,同时构成其他犯罪的,依照处罚较重的规定定罪处罚。"

三十七、强令违章冒险作业罪

强令他人违章冒险作业罪,是指强令他人违章冒险作业,因而发生重大伤亡事故或者造成其他严重后果的行为。

根据《刑法》第134条第2款的规定:"犯本罪的,处5年以下有期徒刑或者拘役;情节特别恶劣的,处5年以上有期徒刑。"

三十八、重大劳动安全事故罪

重大劳动安全事故罪,是指安全生产设施或者安全生产条件不符合国家规定,因而发生重大伤亡事故或者造成其他严重后果的行为。

根据《刑法》第135条的规定:"犯本罪的,对直接负责的主管人员和其他直接责任人员,处3年以下有期徒刑或者拘役;情节特别恶劣的,处3年以上7年以下有期徒刑。"

三十九、大型群众性活动重大安全事故罪

大型群众性活动重大安全事故罪，是指举办大型群众性活动违反安全管理规定，因而发生重大伤亡事故或者造成其他严重后果的行为。

根据《刑法》第 135 条之一的规定："犯本罪的，对直接负责的主管人员和其他直接责任人员，处 3 年以下有期徒刑或者拘役；情节特别恶劣的，处 3 年以上 7 年以下有期徒刑。"

四十、危险物品肇事罪

危险物品肇事罪，是指违反爆炸性、易燃性、放射性、毒害性、腐蚀性物品的管理规定，在生产、储存、运输、使用中发生重大事故，造成严重后果的行为。

根据《刑法》第 136 条的规定："犯本罪的，处 3 年以下有期徒刑或者拘役；后果特别严重的，处 3 年以上 7 年以下有期徒刑。"

四十一、工程重大安全事故罪

工程重大安全事故罪，是指建设单位、设计单位、施工单位、工程监理单位违反国家规定，降低工程质量标准，造成重大安全事故的行为。

根据《刑法》第 137 条的规定："犯本罪的，对直接责任人员，处 5 年以下有期徒刑或者拘役，并处罚金；后果特别严重的，处 5 年以上 10 年以下有期徒刑，并处罚金。"

四十二、教育设施重大安全事故罪

教育设施重大安全事故罪，是指明知校舍或者教育教学设施有危险，而不采取措施或者不及时报告，致使发生重大伤亡事故的行为。

根据《刑法》第 138 条的规定："犯本罪的，处 3 年以下有期徒刑或者拘役，并处罚金；后果特别严重的，处 3 年以上 10 年以下有期徒刑，并处罚金。"

四十三、消防责任事故罪

消防责任事故罪，是指违反消防管理法规，经消防监督机构通知采取改正措施而拒绝执行，造成严重后果的行为。

根据《刑法》第139条的规定:“犯本罪的,处3年以下有期徒刑或者拘役;后果特别严重的,处3年以上7年以下有期徒刑。”

四十四、不报、谎报安全事故罪

不报、谎报安全事故罪,是指负有报告职责的人员在安全事故发生后不报或者谎报事故情况,贻误事故抢救,情节严重的行为。

根据《刑法》第139条之一的规定:“犯本罪的,处3年以下有期徒刑或者拘役;情节特别严重的,处3年以上7年以下有期徒刑。”

本章小结

危害公共安全罪,是指故意或者过失地实施危害或足以危害不特定多数人的生命、健康和重大公私财产安全的行为。危害公共安全罪侵犯的客观方面表现为危害或足以危害公共安全的行为;犯罪主体多数是一般主体,只有少数几种犯罪的主体是特殊主体;主观方面既有故意,也有过失;侵犯的客体是公共安全。根据行为特征、犯罪对象、罪过形式等不同情况,可把危害公共安全罪划分为以危险方法危害公共安全的犯罪,破坏公共设备、设施危害公共安全的犯罪,实施恐怖、危险活动危害公共安全的犯罪,违反枪支、弹药、爆炸物、危险物质管理规定的犯罪以及重大责任事故犯罪。其中,需要重点掌握的罪名有放火罪,破坏交通工具罪,组织、领导、参加恐怖组织罪,劫持航空器罪,非法制造、买卖、运输、邮寄、储存枪支、弹药、爆炸物罪,非法持有、私藏枪支、弹药罪,交通肇事罪以及重大责任事故罪等。

习　题

1. 如何理解公共安全罪的犯罪对象?
2. 如何理解放火罪既遂与未遂的标准?
3. 如何理解破坏交通工具罪与故意毁坏财物罪的界限?
4. 如何理解交通肇事中的“因逃逸致人死亡”的含义?
5. 如何理解交通肇事罪与以其他方法危害公共安全罪的界限?

第二十四章　破坏社会主义市场经济秩序罪

【本章导读】

破坏社会主义市场经济秩序罪，是指违反国家市场经济管理法规，在市场经济运行或经济管理活动中进行非法活动，严重破坏社会主义市场经济秩序的行为。破坏社会主义市场经济秩序罪所包括的108个罪名，分为以下8大类：生产、销售伪劣商品罪，走私罪，妨害对公司、企业的管理秩序罪，破坏金融管理秩序罪，金融诈骗罪，危害税收征管罪，侵犯知识产权罪以及扰乱市场秩序罪。

【学习重点】

- 生产、销售伪劣产品罪
- 走私普通货物、物品罪
- 非国家工作人员受贿罪
- 妨害信用卡管理罪
- 洗钱罪
- 信用卡诈骗罪
- 保险诈骗罪
- 逃税罪
- 虚开增值税专用发票、用于骗取出口退税、抵扣税款发票罪
- 合同诈骗罪
- 非法经营罪

第一节　破坏社会主义市场经济秩序罪概述

一、破坏社会主义市场经济秩序罪的概念和构成要件

破坏社会主义市场经济秩序罪，是指违反国家市场经济管理法规，在市场经济运行或经济管理活动中进行非法活动，严重破坏社会主义市场经济秩序的

行为。

本类犯罪的构成要件如下。

1. 本类犯罪的客观方面表现为违反国家市场经济管理法规,在市场经济运行或经济管理活动中进行非法活动,严重破坏社会主义市场经济秩序的行为。其具体包括以下几个方面的内容:其一,违反国家市场经济管理法规。本类犯罪是法定犯,以违反一定的市场经济管理法规为前提。其二,在市场经济运行或经济管理活动中进行非法活动。破坏社会主义市场经济秩序的行为是在市场经济运行或经济管理活动中发生的,表现为非法的经济活动。其三,严重破坏社会主义市场经济秩序。刑法具有最后手段性,不可能将所有的破坏社会主义市场经济秩序的行为均纳入其处罚范围。是否达到严重破坏社会主义市场经济秩序的程度是区分破坏社会主义市场经济秩序的一般违法行为与破坏社会主义市场经济秩序罪的关键。从法律规定来看,本类犯罪中绝大多数犯罪都以一定的犯罪数额、犯罪后果、情节为构成要件。对于某些犯罪,虽然法律只是就行为本身作出规定,而没有在客观方面附加其他条件,但司法解释为了限制这些犯罪的处罚范围,也规定了相应的量化标准。

2. 本类犯罪的主体包括以下几种情况:一是某些犯罪只能由自然人构成,单位不能成为这些犯罪的主体,如变造货币罪等犯罪就是只能由自然人构成的犯罪;二是某些犯罪只能由单位构成,如违规披露、不披露重要信息罪只能由依法负有信息披露义务的公司、企业构成;三是某些犯罪既可以由自然人构成也可以由单位构成,如生产、销售伪劣产品罪等。本类犯罪中绝大多数犯罪的主体属于第三种情况。就自然人犯罪主体而言,大多数犯罪的主体是一般主体,如伪造货币罪等;少数犯罪的主体是特殊主体,如非法经营同类营业罪的主体仅限于国有公司、企业的董事、经理。就单位犯罪主体而言,对于大多数犯罪,法律仅仅规定主体为单位,而没有对单位予以特别限定;而对于少数犯罪,法律则明文规定主体为何种单位,如“公司”“企业”等。

3. 本类犯罪的主观方面大多是故意,即明知其行为违反国家经济管理法规,破坏社会主义市场经济秩序而仍然实施,希望或放任一定的危害结果的发生,只有极个别犯罪的主观方面表现为过失,如签订、履行合同失职被骗罪、出具证明文件重大失实罪。在故意犯罪中,行为人主观上大都具有特定的目的,但对于大多数犯罪而言,在条文中并没有将特定目的明确规定为主观方面的必备要素,少数犯罪则明确要求行为人主观上具有特定的目的，如走私淫秽物品罪的成立要求“以牟利或者传播为目的”，高利转贷罪的成立要求“以转贷牟利为目的”，合同诈骗罪的成立要求“以非法占有为目的”。对于某些犯罪而言，尽管法律没有明文规定某种目的，但在理论上应当认为这些犯罪的成立要求行为人具有特定的目的。如对于信用证诈骗罪等罪而言，虽然条文中没有规定犯罪目的，但在理论解释上仍然应具备非法占有财物的目的。

4. 本类犯罪侵犯的客体是社会主义市场经济秩序。市场经济是一种以市场机制为基础和主导的配置社会资源的经济运行形态。社会主义市场经济秩序是国家通过法律对由市场进行资源配置的经济运行过程进行调节所形成的正常、协调和有序的状态。社会主义市场经济秩序对于保障我国经济高速、健康的发展有着举足轻重的作用。从我国刑法的规定来看，社会主义市场经济秩序包括产品质量管理秩序、对外贸易管理秩序、对公司、企业的管理秩序、金融管理秩序、税收征管秩序、知识产权保护秩序以及市场秩序等。

二、破坏社会主义市场经济秩序罪的种类

根据刑法分则第三章的规定，破坏社会主义市场经济秩序罪所包括的108种具体犯罪分为以下八大类。

1. 生产、销售伪劣商品罪

此类罪包括9种具体犯罪，即生产、销售伪劣产品罪，生产、销售假药罪，生产、销售劣药罪，生产、销售不符合安全标准的食品罪，生产、销售有毒、有害食品罪，生产、销售不符合标准的医用器材罪，生产、销售不符合安全标准的产品罪，生产、销售伪劣农药、兽药、化肥、种子罪和生产、销售不符合卫生标准的化妆品罪。

2. 走私罪

此类罪包括10种具体犯罪，即走私武器、弹药罪，走私核材料罪，走私假币罪，走私文物罪，走私贵重金属罪，走私珍贵动物、珍贵动物制品罪，走私国家禁止进出口的货物、物品罪，走私淫秽物品罪，走私普通货物、物品罪和走私废物罪。

3. 妨害对公司、企业的管理秩序罪

此类罪包括17种具体犯罪，即虚报注册资本罪，虚假出资、抽逃出资罪，欺诈发行股票、债券罪，违规披露、不披露重要信息罪，妨害清算罪，虚假破产罪，隐匿、故意销毁会计凭证、会计账簿、财务会计报告罪，非国家工作人员受贿罪，对非国

家工作人员行贿罪,对外国公职人员、国际公共组织官员行贿罪,非法经营同类营业罪,为亲友非法牟利罪,签订、履行合同失职被骗罪,国有公司、企业、事业单位人员失职罪,国有公司、企业、事业单位人员滥用职权罪,徇私舞弊低价折股、出售国有资产罪和背信损害上市公司利益罪。

4. 破坏金融管理秩序罪

此类罪包括30种具体犯罪,即伪造货币罪,出售、购买、运输假币罪,金融工作人员购买假币、以假币换取货币罪,持有、使用假币罪,变造货币罪,擅自设立金融机构罪,伪造、变造、转让金融机构经营许可证、批准文件罪,高利转贷罪,骗取贷款、票据承兑、金融票证罪,非法吸收公众存款罪,伪造、变造金融票证罪,妨害信用卡管理罪,窃取、收买、非法提供信用卡信息罪,伪造、变造国家有价证券罪,伪造、变造股票、公司、企业债券罪,擅自发行股票、公司、企业债券罪,内幕交易、泄露内幕信息罪,利用未公开信息交易罪,编造并传播证券、期货交易虚假信息罪,诱骗投资者买卖证券、期货合约罪,操纵证券、期货市场罪,背信运用受托财产罪,违法运用资金罪,违法发放贷款罪,吸收客户资金不入账罪,违规出具金融票证罪,对违法票据承兑、付款、保证罪,逃汇罪,骗购外汇罪和洗钱罪。

5. 金融诈骗罪

此类罪包括8种具体犯罪,即集资诈骗罪,贷款诈骗罪,票据诈骗罪,金融凭证诈骗罪,信用证诈骗罪,信用卡诈骗罪,有价证券诈骗罪和保险诈骗罪。

6. 危害税收征管罪

此类罪包括14种具体犯罪,即逃税罪,抗税罪,逃避追缴欠税罪,骗取出口退税罪,虚开增值税专用发票、用于骗取出口退税、抵扣税款发票罪,虚开发票罪,伪造、出售伪造的增值税专用发票罪,非法出售增值税专用发票罪,非法购买增值税专用发票、购买伪造的增值税专用发票罪,非法制造、出售非法制造的用于骗取出口退税、抵扣税款发票罪,非法制造、出售非法制造的发票罪,非法出售用于骗取出口退税、抵扣税款发票罪和非法出售发票罪和持有伪造的发票罪。

7. 侵犯知识产权罪

此类罪包括7种具体犯罪,即假冒注册商标罪,销售假冒注册商标的商品罪,非法制造、销售非法制造的注册商标标识罪,假冒专利罪,侵犯著作权罪,销售侵权复制品罪和侵犯商业秘密罪。

8. 扰乱市场秩序罪

此类罪包括13种具体犯罪，即损害商业信誉、商品声誉罪，虚假广告罪，串通投标罪，合同诈骗罪，组织、领导传销活动罪，非法经营罪，强迫交易罪，伪造、倒卖伪造的有价票证罪，倒卖车票、船票罪，非法转让、倒卖土地使用权罪，提供虚假证明文件罪，出具证明文件重大失实罪和逃避商检罪。

第二节　本章重点罪名

一、生产、销售伪劣产品罪

（一）生产、销售伪劣产品罪的概念和构成要件

生产、销售伪劣产品罪，是指生产者、销售者违反产品质量管理法规，在产品中掺杂、掺假，以假充真、以次充好或者以不合格产品冒充合格产品，销售金额5万元以上的行为。

本罪的构成要件如下。

1. 本罪的客观方面表现为违反产品质量管理法规，在产品中掺杂、掺假，以假充真、以次充好或者以不合格产品冒充合格产品，销售金额5万元以上的行为。在理解本罪的客观方面时，应注意以下两点。

(1) 本罪的行为方式为在产品中掺杂、掺假，以假充真，以次充好，以不合格产品冒充合格产品。第一，在产品中掺杂、掺假。“在产品中掺杂、掺假”是指在产品中掺入杂质或异物，致使产品质量不符合国家法律、法规或者产品明示质量标准规定的质量要求，降低、失去应有使用性能的行为。第二，以假充真。“以假充真”是指以不具有某种使用性能的产品冒充具有该种使用性能的产品的行为。第三，以次充好。“以次充好”是指以低等级、低档次产品冒充高等级、高档次产品，或者以残次、废旧零配件组合、拼装后冒充正品或者新产品的行为。由于《刑法》第140条将“以不合格产品冒充合格产品”与“以次充好”相并列，这里的“以次充好”只包括以同种但品质较差的合格产品冒充品质较好的合格产品，或者以同种但品质较差的不合格产品冒充同种但品质较好的另一不合格产品。第四，以不合格产品冒充合格产品。“以不合格产品冒充合格产品”，是指以不符合《中华人民共和国产品质量法》第26条第2款规定的质量要求的产品冒充合格产品的行为。

(2) 销售金额5万元以上。销售金额5万元是本罪的既遂条件。所谓“销售金额”,是指生产者、销售者出售伪劣产品后所得和应得的全部违法收入;多次实施生产、销售伪劣产品行为,未经处理的,伪劣产品的销售金额累计计算。

2. 本罪的主体是一般主体,即从事生产、销售伪劣商品的生产者和销售者,既可以是自然人,也可以是单位。这里的“生产者”包括伪劣产品的制造者、加工者、设计者、装配者、零部件的制造者、原材料的生产者等。“销售者”不仅包括零售商,还包括批发商。

3. 本罪的主观方面是故意,即行为人明知生产、销售的是伪劣产品而仍然予以生产或销售。这里的“明知”,既包括确知,也包括明知可能性。如果行为人确实不知道其所生产、销售的产品属于伪劣产品的,不以本罪论处。认定明知,不能仅凭犯罪嫌疑人、被告人的口供,而应根据案件的前后主客观事实予以综合分析。虽然行为人拒不承认,但只要根据当时的主客观情况,可以推定行为人应当知道所售商品属于伪劣商品,则同样可以对明知予以认定。

4. 本罪的客体是国家对产品质量的监督管理制度和消费者的合法权益。犯罪对象是伪劣产品。作为本罪犯罪对象的伪劣产品,只能是《刑法》第140条规定的“掺杂、掺假,以假充真、以次充好或者以不合格产品冒充合格产品”的商品。

(二) 生产、销售伪劣产品罪的认定

1. 生产、销售特定种类的伪劣产品以本罪论处的情形

《刑法》在“生产、销售伪劣商品罪”这一节罪名之下规定本罪的同时,还在《刑法》第141—148条将生产、销售8种特定的伪劣产品的行为规定为独立的犯罪。生产、销售《刑法》第141—148条所列产品,不构成各该条规定的犯罪,但是销售金额在5万元以上的,依照《刑法》第140条的规定,以本罪定罪处罚。

2. 生产、销售伪劣产品罪与其他犯罪之间法条竞合关系的处理

本罪与《刑法》第141—148条规定的其他8种生产、销售特定种类的伪劣产品犯罪之间是一般犯罪与特殊犯罪的关系。两者之间存在着普通法与特别法的法条竞合关系。对此,在一般情况下,应按照特别法优于普通法的原则定罪处刑。但是,由于《刑法》第140条规定之罪以销售金额作为定罪处罚的标准,而第141—148条规定之罪则并非如此,而是以某种实害结果、某种危险状态或生产、销售行为作为犯罪成立的标准。因此,8种以特定产品为对象的生产、销售伪劣商品犯罪与第140条生产、销售伪劣产品罪在构成要件和量刑依据上的差别,有

可能造成这样一种局面：某些生产、销售特定伪劣产品的行为，在构成某一种生产、销售特定伪劣商品犯罪和符合第140条生产、销售伪劣产品罪构成要件的同时，如按特别法优于普通法的原则选择法条定罪量刑，反而对行为人处罚较轻，无法做到罪刑相适应。为弥补特别法优于普通法原则的不足，加大对生产、销售伪劣商品犯罪的惩处力度，《刑法》第149条规定了“重法优于轻法”这一处理此种法条竞合关系的例外原则。《刑法》第149条第2款规定：“生产、销售本节第141条至第148条所列产品，构成各该条规定的犯罪，同时又构成第140条规定之罪的，依照处罚较重的规定定罪处罚。”

3. 生产、销售伪劣产品罪的未遂形态

最高人民法院、最高人民检察院《关于办理生产、销售伪劣商品刑事案件具体应用法律若干问题的解释》第2条规定，伪劣产品尚未销售，货值金额达到《刑法》第140条规定的销售金额3倍以上的，以生产、销售伪劣产品罪(未遂)定罪处罚。根据上述规定，生产、销售伪劣产品罪存在未遂形态，但是并不是所有未达法定数额的生产、销售伪劣产品的未遂行为都作为未遂罪处罚，而是那些未达法定数额的严重未遂行为(货值金额达到《刑法》第140条规定的销售金额3倍以上)才作为未遂犯处理。

4. 生产、销售伪劣产品罪的共犯

知道或者应当知道他人实施生产、销售伪劣产品罪，而为其提供贷款、资金、账号、发票、证明、许可证件，或者提供生产、经营场所或者运输、仓储、保管、邮寄等便利条件，或者提供制假生产技术的，以生产、销售伪劣产品罪的共犯论处。这主要是针对生产、销售伪劣产品罪的帮助犯而作出的规定。

5. 生产、销售伪劣产品罪的罪数形态

实施生产、销售伪劣产品罪，同时构成侵犯知识产权、非法经营等其他犯罪的，依照处罚较重的规定定罪处罚。这是关于生产、销售伪劣产品罪与其他犯罪的想象竞合犯的规定。

实施《刑法》第140条规定的犯罪，又以暴力、威胁方法抗拒查处，构成其他犯罪(如妨害公务罪、故意伤害罪)的，依照数罪并罚的规定处罚。这是关于生产、销售伪劣产品罪与其他犯罪的牵连犯的规定。

(三) 生产、销售伪劣产品罪的处罚

根据《刑法》第140条的规定：生产、销售伪劣产品，销售金额5万元以上不满 20 万元的,处 2 年以下有期徒刑或者拘役,并处或者单处销售金额 50%以上 2 倍以下罚金;销售金额 20 万元以上不满 50 万元的,处 2 年以上 7 年以下有期徒刑,并处销售金额 50%以上 2 倍以下罚金;销售金额 50 万元以上不满 200 万元的,处 7 年以上有期徒刑,并处销售金额 50%以上 2 倍以下罚金;销售金额在 200 万元以上的,处 15 年有期徒刑或者无期徒刑,并处销售金额 50%以上 2 倍以下罚金或者没收财产。单位犯本罪的,对单位判处罚金,并对其直接负责的主管人员和其他直接责任人员,依照上述规定处罚。此外,国家工作人员参与生产、销售伪劣产品罪的,从重处罚。

二、生产、销售假药罪

(一) 生产、销售假药罪的概念和构成要件

生产、销售假药罪,是指生产、销售假药的行为。

本罪的构成要件如下。

1. 本罪的客观方面表现为违反药品管理法规,生产、销售假药的行为。行为人只要实施生产、销售假药的行为之一的,即可构成犯罪。生产行为,指的就是一切制造、加工、配制、采集、收集某种物品充当合格或特定药品的行为。根据 2014 年 12 月 1 日最高人民法院、最高人民检察院《关于办理危害药品安全刑事案件适用法律若干问题的解释》(以下简称 2014 年《药品案件解释》)第 6 条的规定,以生产、销售假药为目的,实施下列行为之一的,应当认定为“生产”:(1)合成、精制、提取、储存、加工炮制药品原料的行为;(2)将药品原料、辅料、包装材料制成成品过程中,进行配料、混合、制剂、储存、包装的行为;(3)印制包装材料、标签、说明书的行为。销售行为,指的就是一切有偿提供假药的行为。根据该解释的规定,医疗机构、医疗机构工作人员明知是假药、劣药而有偿提供给他人使用,或者为出售而购买、储存的行为,应当认定为“销售”。

2. 本罪的主体是一般主体,既可以是自然人,也可以是单位。是否取得药品生产、经营资格对本罪主体的认定没有影响。

3. 本罪的主观方面是故意,行为人须明知生产、销售的是假药。如果行为人确实不知道所生产、销售的是假药的,不构成本罪。本罪不要求以非法获利为目的,即使是低于成本价销售的,也不影响本罪的成立。

4. 本罪的客体是国家对药品的管理制度和不特定多数人的生命、健康的安

全。本罪的犯罪对象为假药。“假药不是药”，这里所称的“假药”，是指依照《药品管理法》的规定属于假药和按假药处理的药品、非药品。根据 2015 年 4 月 24 日修订后的《药品管理法》第 48 条的规定，有下列情形之一的，为假药：(1)药品所含成分与国家药品标准规定的成分不符的；(2)以非药品冒充药品或者以他种药品冒充此种药品的。有下列情形之一的药品，按假药论处：(1)国务院药品监督管理部门规定禁止使用的；(2)依照本法必须批准而未经批准生产、进口，或者依照本法必须检验而未经检验即销售的；(3)变质的；(4)被污染的；(5)使用依照本法必须取得批准文号而未取得批准文号的原料药生产的；(6)所标明的适应症或者功能主治超出规定范围的。此外，根据 2014 年《药品案件解释》第 14 条的规定，是否属于本法规定的“假药”难以确定的，司法机关可以根据地市级以上药品监督管理部门出具的认定意见等相关材料进行认定；必要时，可以委托省级以上药品监督管理部门设置或者确定的药品检验机构进行检验。

（二）生产、销售假药罪的认定

1. 生产、销售假药罪与生产、销售伪劣产品罪的界限

行为人生产、销售假药，不足以严重危害人体健康，但销售金额在 5 万元以上的，或者货值金额在 15 万元以上的，以生产、销售伪劣产品罪论处。行为人生产、销售假药的行为同时构成生产、销售假药罪和生产、销售伪劣产品罪，哪一个罪处罚重(应以所应适用的具体法定刑幅度进行比较)，就以哪一个罪定罪处罚。

2. 生产、销售假药罪与生产、销售劣药罪的界限

两罪的主要区别在于：第一，犯罪对象不同。前者的犯罪对象是假药，后者的犯罪对象是劣药。假药的危害比劣药更为严重，因此，两罪的法定刑轻重有别。第二，犯罪既遂的具体形态不同。前者是行为犯，以行为人将生产、销售假药的行为实施完毕为犯罪既遂条件；后者属于实害犯，以生产、销售劣药的行为对人体健康造成严重危害为构成要件。

3. 生产、销售假药罪与非法经营罪的界限

根据 2014 年《药品案件解释》第 7 条的规定，违反国家药品管理法律法规，未取得或者使用伪造、变造的药品经营许可证，非法经营药品，情节严重的；或者以提供给他人生产、销售药品为目的，违反国家规定，生产、销售不符合药用要求的非药品原料、辅料，情节严重的，依照《刑法》第 225 条的规定以非法经营罪定罪处罚。实施前两款行为，非法经营数额在 10 万元以上，或者违法所得数额在 5 万元

以上的,应当认定为刑法第225条规定的"情节严重";非法经营数额在50万元以上,或者违法所得数额在25万元以上的,应当认定为刑法第225条规定的"情节特别严重"。

4. 生产、销售假药罪的共犯的认定

根据2014年《药品案件解释》第8条的规定,明知他人生产、销售假药、劣药,而有下列情形之一的,以共同犯罪论处:(1)提供资金、贷款、账号、发票、证明、许可证件的;(2)提供生产、经营场所、设备或者运输、储存、保管、邮寄、网络销售渠道等便利条件的;(3)提供生产技术或者原料、辅料、包装材料、标签、说明书的;(4)提供广告宣传等帮助行为的。但本解释第9条规定,广告主、广告经营者、广告发布者违反国家规定,利用广告对药品作虚假宣传,情节严重的,依照刑法第222条的规定以虚假广告罪定罪处罚。

(三) 生产、销售假药罪的处罚

根据《刑法》第141条的规定,犯本罪的,处3年以下有期徒刑或者拘役,并处罚金;对人体健康造成严重危害或者有其他严重情节的,处3年以上10年以下有期徒刑,并处罚金;致人死亡或者有其他特别严重情节的,处10年以上有期徒刑、无期徒刑或者死刑,并处罚金或者没收财产。单位犯本罪的,对单位判处罚金,并对其直接负责的主管人员和其他直接责任人员,依照上述规定处罚。根据2014年《药品案件解释》第11条的规定,对实施本解释规定之犯罪的犯罪分子,应当依照刑法规定的条件,严格缓刑、免予刑事处罚的适用。对于适用缓刑的,应当同时宣告禁止令,禁止犯罪分子在缓刑考验期内从事药品生产、销售及相关活动。销售少量根据民间传统配方私自加工的药品,或者销售少量未经批准进口的国外、境外药品,没有造成他人伤害后果或者延误诊治,情节显著轻微危害不大的,不认为是犯罪。同时,本解释第12条规定,犯生产、销售假药罪的,一般应当依法判处生产、销售金额2倍以上的罚金。共同犯罪的,对各共同犯罪人合计判处的罚金应当在生产、销售金额的2倍以上。

另外,根据2014年《药品案件解释》第1条的规定,生产、销售假药,具有下列情形之一的,应当酌情从重处罚:(1)生产、销售的假药以孕产妇、婴幼儿、儿童或者危重病人为主要使用对象的;(2)生产、销售的假药属于麻醉药品、精神药品、医疗用毒性药品、放射性药品、避孕药品、血液制品、疫苗的;(3)生产、销售的假药属于注射剂药品、急救药品的;(4)医疗机构、医疗机构工作人员生产、销售假药的；(5)在自然灾害、事故灾难、公共卫生事件、社会安全事件等突发事件期间，生产、销售用于应对突发事件的假药的；(6)两年内曾因危害药品安全违法犯罪活动受过行政处罚或者刑事处罚的；(7)其他应当酌情从重处罚的情形。

生产、销售假药罪是抽象的危险犯。根据《刑法》规定，法定刑升格必须产生"对人体健康造成严重危害"或"致人死亡"的加重结果，或者"有其他严重情节""有其他特别严重情节"的。根据2014年《药品案件解释》第2条的规定，生产、销售假药，具有下列情形之一的，应当认定为"对人体健康造成严重危害"：(1)造成轻伤或者重伤的；(2)造成轻度残疾或者中度残疾的；(3)造成器官组织损伤导致一般功能障碍或者严重功能障碍的；(4)其他对人体健康造成严重危害的情形。本解释第3条规定，生产、销售假药，具有下列情形之一的，应当认定为"其他严重情节"：(1)造成较大突发公共卫生事件的；(2)生产、销售金额20万元以上不满50万元的；(3)生产、销售金额10万元以上不满20万元，并具有本解释第1条规定情形之一的；(4)根据生产、销售的时间、数量、假药种类等，应当认定为情节严重的。本解释第4条规定，生产、销售假药，具有下列情形之一的，应当认定为"其他特别严重情节"：(1)致人重度残疾的；(2)造成3人以上重伤、中度残疾或者器官组织损伤导致严重功能障碍的；(3)造成5人以上轻度残疾或者器官组织损伤导致一般功能障碍的；(4)造成10人以上轻伤的；(5)造成重大、特别重大突发公共卫生事件的；(6)生产、销售金额50万元以上的；(7)生产、销售金额20万元以上不满50万元，并具有本解释第1条规定情形之一的；(8)根据生产、销售的时间、数量、假药种类等，应当认定为情节特别严重的。

三、走私普通货物、物品罪

(一) 走私普通货物、物品罪的概念和构成要件

走私普通货物、物品罪，是指违反海关法规，逃避海关监管，运输、携带、邮寄普通货物、物品进出国(边)境，偷逃应缴税款数额较大或者一年内曾因走私被给予二次行政处罚后又走私的行为。

本罪的构成要件如下。

1. 本罪的客观方面表现为违反海关法规，逃避海关监管，运输、携带、邮寄普通货物、物品进出国(边)境，偷逃应缴税额数额较大或者一年内曾因走私被给予二次行政处罚后又走私的行为。"违反海关法规"，是指违反《海关法》《进出口关

税条例》等相关法律法规。

根据刑法的规定,逃避海关监管的走私行为有以下方式:(1)绕关走私。具体表现为在不经过设立海关的地点,非法运输、携带货物、物品进出境的行为。(2)通关走私。又称瞒关走私,具体表现为通过设立海关的地点,采取藏匿、伪装、伪报、冒充、顶替等欺骗手段,非法运输、携带、邮寄货物、物品进出境的行为。(3)后续走私。具体表现为《刑法》第154条所规定的两种走私行为:第一,未经海关许可并且未补缴应缴税额,擅自将批准进口的来料加工、来件装配、补偿贸易的原材料、零件、制成品、设备等保税货物,在境内销售牟利的。根据2014年9月10日最高人民法院、最高人民检察院《关于办理走私刑事案件适用法律若干问题的解释》(以下简称2014年《走私案件解释》)第19条的规定,"保税货物",是指经海关批准,未办理纳税手续进境,在境内储存、加工、装配后应予复运出境的货物,包括通过加工贸易、补偿贸易等方式进口的货物,以及在保税仓库、保税工厂、保税区或者免税商店内等储存、加工、寄售的货物。根据2002年7月8日最高人民法院、最高人民检察院、海关总署《关于办理走私刑事案件适用法律若干问题的意见》(以下简称2002年《走私案件意见》)的规定,"销售牟利",是指行为人主观上为了牟取非法利益而擅自销售海关监管的保税货物、特定减免税货物。该种行为是否构成犯罪,应当根据偷逃的应缴税额是否达到《刑法》第153条及相关司法解释规定的数额标准予以认定。实际获利与否或者获利多少并不影响其定罪。第二,未经海关许可并且未补缴应缴税额,擅自将特定减税、免税进口的货物、物品,在境内销售牟利的。(4)间接走私,又称准走私,具体表现为《刑法》第155条第1项和第2项所规定的走私行为,即直接向走私人非法收购国家非禁止进口货物、物品,数额较大的;在内海、领海、界河、界湖运输、收购、贩卖国家禁止进出口物品的,或者运输、收购、贩卖国家限制进出口货物、物品,数额较大,没有合法证明的。根据2014年《走私案件解释》第20条的规定,直接向走私人非法收购走私进口的货物、物品,在内海、领海、界河、界湖运输、收购、贩卖国家禁止进出口的物品,或者没有合法证明,在内海、领海、界河、界湖运输、收购、贩卖国家限制进出口的货物、物品,构成犯罪的,应当按照走私货物、物品的种类,分别依照《刑法》第151条、第152条、第153条、第347条、第350条的规定定罪处罚。其中,"直接向走私人非法收购国家非禁止进口货物、物品"要求行为人明知对方是走私人员而向其非法收购国家非禁止进口货物、物品。该类走私行为应当按正犯处罚,不能作为走私犯罪的帮助犯处罚。这里的“内海”，包括内河的入海口水域。“合法证明”，是指有关主管部门颁发的进出口货物、物品许可证、准运证等用以证明货物、物品来源、用途合法的证明文件。根据2002年《走私案件意见》的规定，对刑法第155条第2项规定的实施海上走私犯罪行为的运输人、收购人或者贩卖人应当追究刑事责任。对运输人，一般追究运输工具的负责人或者主要责任人的刑事责任，但对于事先通谋的、集资走私的或者使用特殊的走私运输工具从事走私犯罪活动的，可以追究其他参与人员的刑事责任。

除上述刑法规定的走私行为方式以外，2002年《走私案件意见》还规定了以下两种以本罪定罪处罚的情形：(1)利用购买的加工贸易登记手册、特定减免税批文等涉税单证进口货物。“加工贸易登记手册、特定减免税批文等涉税单证”是海关根据国家法律法规以及有关政策性规定，给予特定企业用于保税货物经营管理和减免税优惠待遇的凭证。利用购买的加工贸易登记手册、特定减免税批文等涉税单证进口货物，实质是将一般贸易货物伪报为加工贸易保税货物或者特定减免税货物进口，以达到偷逃应缴税款的目的，应当适用刑法第153条以走私普通货物、物品罪定罪处罚。如果行为人与走私分子通谋出售上述涉税单证，或者在出卖批文后又以提供印章、向海关伪报保税货物、特定减免税货物等方式帮助买方办理进口通关手续的，对卖方依照《刑法》第156条以走私罪共犯定罪处罚。买卖上述涉税单证情节严重尚未进口货物的，依照《刑法》第280条的规定定罪处罚。(2)在加工贸易活动中骗取海关核销。在加工贸易经营活动中，以假出口、假结转或者利用虚假单证等方式骗取海关核销，致使保税货物、物品脱离海关监管，造成国家税款流失，情节严重的，依照《刑法》第153条的规定，以走私普通货物、物品罪追究刑事责任。但有证据证明因不可抗力原因导致保税货物脱离海关监管，经营人无法办理正常手续而骗取海关核销的，不认定为走私犯罪。

根据《刑法》规定，成立走私普通货物、物品罪要求“偷逃应缴税款数额较大”或者“一年内曾因走私被给予二次行政处罚后又走私”。根据2014年《走私案件解释》第16条的规定，走私普通货物、物品，偷逃应缴税额在10万元以上不满50万元的，应当认定为“偷逃应缴税额较大”。本解释第18条规定，“应缴税额”，包括进出口货物、物品应当缴纳的进出口关税和进口环节海关代征税的税额。应缴税额以走私行为实施时的税则、税率、汇率和完税价格计算；多次走私的，以每次走私行为实施时的税则、税率、汇率和完税价格逐票计算；走私行为实施时间不能确定的,以案发时的税则、税率、汇率和完税价格计算。根据本解释第 17 条的规定,“一年内曾因走私被给予二次行政处罚后又走私”中的“一年内”,以因走私第一次受到行政处罚的生效之日与“又走私”行为实施之日的时间间隔计算确定;“被给予二次行政处罚”的走私行为,包括走私普通货物、物品以及其他货物、物品;“又走私”行为仅指走私普通货物、物品。“一年内曾因走私被给予二次行政处罚后又走私的”是与“偷逃应缴税款”并列的构成要件。这里的“因走私被给予二次行政处罚”属于入罪的前提条件。对于已经被给予行政处罚的走私行为,其偷逃应缴税额不得纳入刑事评价的范围。根据《刑法》第 153 条第 3 款的规定,对多次走私未经处理的,按照累计走私货物、物品的偷逃应缴税额处罚。根据相关司法解释的规定,“多次走私未经处理”,包括未经行政处理和刑事处理。

2. 本罪的主体既可以是自然人,也可以是单位。

3. 本罪的主观方面是故意。行为人明知自己的行为违反国家法律法规,逃避海关监管,偷逃进出境货物、物品的应缴税额,并且希望或者放任危害结果发生的,应认定为具有走私的主观故意。根据 2002 年《走私案件意见》的规定,走私主观故意中的“明知”是指行为人知道或者应当知道所从事的行为是走私行为。具有下列情形之一的,可以认定为“明知”,但有证据证明确属被蒙骗的除外:(1)逃避海关监管,运输、携带、邮寄国家禁止进出境的货物、物品的;(2)用特制的设备或者运输工具走私货物、物品的;(3)未经海关同意,在非设关的码头、海(河)岸、陆路边境等地点,运输(驳载)、收购或者贩卖非法进出境货物、物品的;(4)提供虚假的合同、发票、证明等商业单证委托他人办理通关手续的;(5)以明显低于货物正常进(出)口的应缴税额委托他人代理进(出)口业务的;(6)曾因同一种走私行为受过刑事处罚或者行政处罚的;(7)其他有证据证明的情形。

4. 本罪的客体是国家对外贸易管制中关于普通货物、物品进出口的监管制度和海关税收征管制度。犯罪对象是普通货物、物品,即武器、弹药、核材料、假币、珍贵动物及其制品、珍稀植物及其制品等国家禁止进出口的其他货物、物品、淫秽物品、废物、毒品以及国家禁止出口的文物、贵重金属以外的货物、物品。具体而言,普通货物、物品包括两大类:一是国家限制进出口货物、物品,即国家对其进口或出口实行配额或许可证管理的货物、物品,如烟、酒等。二是应税货物、物品,即国家并不禁止或限制进出口,但根据国民经济和社会发展的需要,又必须通过征收关税对其需求进行适当调节的货物、物品。应当注意的是,在刑法典第

151 条第 3 款增设走私国家禁止进出口的货物、物品罪之后，作为本罪犯罪对象的普通货物、物品不再包括国家禁止进出口的其他货物、物品。此外，根据 2014 年《走私案件解释》第 4 条第 2 款的规定，走私报废或者无法组装并使用的各种弹药的弹头、弹壳，构成犯罪的，以走私普通货物、物品罪定罪处罚。

（二）走私普通货物、物品罪的认定

1. 走私犯罪既遂的认定

根据 2014 年《走私案件解释》第 22 条的规定，实施走私犯罪，具有下列情形之一的，应当认定为犯罪既遂：(1)在海关监管现场被查获的；(2)以虚假申报方式走私，申报行为实施完毕的；(3)以保税货物或者特定减税、免税进口的货物、物品为对象走私，在境内销售的，或者申请核销行为实施完毕的。

2. 走私普通货物、物品罪与其他走私特定物品犯罪的界限

两者区别的关键在于犯罪对象的不同。根据 2002 年《走私案件意见》的规定，走私犯罪嫌疑人主观上具有走私犯罪故意，但对其走私的具体对象不明确的，不影响走私犯罪构成，应当根据实际的走私对象定罪处罚。但是，确有证据证明行为人因受蒙骗而对走私对象发生认识错误的，可以从轻处罚。根据 2014 年《走私案件解释》第 22 条的规定，在走私的货物、物品中藏匿《刑法》第 151 条、第 152 条、第 347 条、第 350 条规定的货物、物品，构成犯罪的，以实际走私的货物、物品定罪处罚；构成数罪的，实行数罪并罚。

3. 武装掩护走私的处理

《刑法》第 157 条第 1 款规定："武装掩护走私的，依照刑法第一百五十一条第一款的规定从重处罚。"武装掩护走私，是指携带武器、弹药押运走私货物、物品的行为。武装掩护走私既包括行为人自己携带武器掩护走私，也包括雇佣其他人携带武器掩护走私。对于后者而言，如果提供武装掩护的人对行为人的走私行为并不知情，则仅由行为人单独构成武装掩护的走私犯罪；反之，如果明知行为人的走私事实，仍为其提供武装掩护，则二者成立武装掩护走私犯罪的共同犯罪。是否使用武器不影响武装掩护走私的成立。武装掩护走私不具有独立成罪的意义，对此只能根据所掩护走私的货物、物品的种类定具体的走私罪，并在处罚时将武装掩护作为从重处罚情节对待。需要注意的是，《刑法典》第 157 条第 1 款的规定只能适用于《刑法》第 151 条第 1 款规定的走私武器、弹药罪、走私核材料罪和走私假币罪这三种犯罪。对于其他的走私犯罪，"武装掩护走私"的，可作为酌定量

刑情节予以从重处罚。

4. 抗拒缉私的处理

以暴力、威胁方法抗拒缉私的,以走私罪和妨害公务罪数罪并罚。这实际上是对牵连犯数罪并罚的规定。需要强调的是,只有在走私行为已构成犯罪,又以暴力、威胁方法抗拒缉私时,才能实行数罪并罚;如果走私行为不构成犯罪,对于以暴力、威胁方法抗拒缉私的行为,以妨害公务罪论处,而不能实行数罪并罚。

5. 走私罪共犯的认定

《刑法》第 156 条规定:"与走私罪犯通谋,为其提供贷款、资金、账号、发票、证明,或者为其提供运输、保管、邮寄或者其他方便的,以走私罪的共犯论处。"根据 2002 年《走私案件意见》的规定,这里的"与走私罪犯通谋"中的"通谋",是指犯罪行为人之间事先或者事中形成的共同的走私故意。下列情形可以认定为通谋:(1)对明知他人从事走私活动而同意为其提供贷款、资金、账号、发票、证明,提供运输、保管、邮寄或者其他方便的;(2)多次为同一走私犯罪分子的走私行为提供前项帮助的。"以走私罪的共犯论处",即依据行为人在共同犯罪中的地位和作用,按照走私犯罪人所实施的走私犯罪的具体性质和相应法定刑定罪处罚。

(三) 走私普通货物、物品罪的处罚

根据《刑法》第 153 条规定,自然人犯本罪的,根据情节轻重,分别依照下列规定处罚:(1)走私货物、物品偷逃应缴税额较大或者 1 年内曾因走私被给予 2 次行政处罚后又走私的,处 3 年以下有期徒刑或者拘役,并处偷逃应缴税额 1 倍以上 5 倍以下罚金;(2)走私货物、物品偷逃应缴税额巨大或者有其他严重情节的,处 3 年以上 10 年以下有期徒刑,并处偷逃应缴税额 1 倍以上 5 倍以下罚金;(3)偷逃应缴税额特别巨大或者有其他特别严重情节的,处 10 年以上有期徒刑或者无期徒刑,并处偷逃应缴税额 1 倍以上 5 倍以下罚金或者没收财产。根据 2014 年《走私案件解释》第 16 条的规定,走私普通货物、物品,偷逃应缴税额在 15 元以上不满 50 万元的,应当认定为刑法第 153 条第 1 款规定的"偷逃应缴税额较大";偷逃应缴税额在 50 万元以上不满 250 万元的,应当认定为"偷逃应缴税额巨大";偷逃应缴税额在 250 万元以上的,应当认定为"偷逃应缴税额特别巨大"。走私普通货物、物品,具有下列情形之一,偷逃应缴税额在 30 万元以上不满 50 万元的,应当认定为《刑法》第 153 条第 1 款规定的"其他严重情节";偷逃应缴税额在 150 万元以上不满 250 万元的,应当认定为"其他特别严重情节":(1)犯罪集团的首要分子；(2)使用特种车辆从事走私活动的；(3)为实施走私犯罪，向国家机关工作人员行贿的；(4)教唆、利用未成年人、孕妇等特殊人群走私的；(5)聚众阻挠缉私的。

单位犯本罪的，对单位判处罚金，并对其直接负责的主管人员和其他直接责任人员，处 3 年以下有期徒刑或者拘役；情节严重的，处 3 年以上 10 年以下有期徒刑；情节特别严重的，处 10 年以上有期徒刑。根据 2002 年《走私案件意见》的规定，单位和个人(不包括单位直接负责的主管人员和其他直接责任人员)共同走私的，单位和个人均应对共同走私所偷逃应缴税额负责。

根据《刑法》第 157 条第 2 款的规定，以暴力、威胁方法抗拒缉私的，以走私罪和第 277 条规定的阻碍国家机关工作人员依法执行职务罪，进行数罪并罚。

四、非国家工作人员受贿罪

(一) 非国家工作人员受贿罪的概念和构成要件

非国家工作人员受贿罪，是指公司、企业或者其他单位的工作人员利用职务上的便利，索取他人财物或者非法收受他人财物，为他人谋取利益，数额较大的行为。

本罪的构成要件如下。

1. 本罪的客观方面表现为利用职务上的便利，索取他人财物或者非法收受他人财物，为他人谋取利益，数额较大的行为。具体而言，本罪的客观方面包括以下内容。

第一，利用职务上的便利。这是指行为人利用自己主管、经手、承办某项公司、企业事务的职权，或者利用其基于上述职权有关的便利条件。

第二，索取或非法收受他人财物。“索取财物”，是指主动向有求于行为人职务行为的请托人索要财物，既包括强硬索取，也包括明示或暗示的索要。“非法收受财物”，是指违反规定接受请托人主动送予的财物。索取或非法收受的对象只能是财物，非物质性利益不能成为本罪的行为对象。对这里的“财物”应作扩张解释，即财物既包括现金以及具有经济价值的实物，也包括各种可以用金钱计算数额的财产性利益，如设定债权、免除债务、免费提供劳务、提供免费旅游等。此外，公司、企业的工作人员在经济往来中，违反国家规定，收受各种名义的回扣、手续费，归个人所有的，也属于受贿行为，理论上也称为“经济受贿”。

第三,为他人谋取利益。无论是索取他人财物还是非法收受他人财物,都必须为他人谋取利益,否则不成立本罪。为他人谋取利益包括以下几种情形:许诺为他人谋取利益而尚未实际进行;正在为他人谋取利益,但尚未获得成功;已为他人谋取了部分利益,但尚未完全实现;已经为他人谋取了利益。具备上述任何一种情形,就意味着具备了“为他人谋取利益”这一要件。因此,事实上是否已经为他人谋取到利益不影响本罪的成立。利益是物质性利益还是非物质性利益,是合法还是非法,也不影响本罪的成立。

第四,数额较大。根据2010年5月7日最高人民检察院、公安部《关于公安机关管辖的刑事案件立案追诉标准的规定(二)》,公司、企业或者其他单位的工作人员利用职务上的便利,索取他人财物或者非法收受他人财物,为他人谋取利益,或者在经济往来中,违反国家规定,收受各种名义的回扣、手续费,归个人所有,数额在5 000元以上的,应予立案追诉。

2. 本罪的主体是公司、企业或者其他单位(含国有公司、企业以及其他国有单位)中不具有国家工作人员身份的工作人员,如公司的董事、监事以及公司、企业的经理、厂长、财会人员、其他受公司、企业聘用从事管理事务的人员和其他业务人员。国有公司、企业中从事公务的人员和国有公司、企业委派到非国有公司、企业从事公务的人员实施受贿犯罪行为的,不成立本罪,而应依照《刑法》第385条、第386条规定的受贿罪定罪处罚。根据2008年11月20日最高人民法院、最高人民检察院《关于办理商业贿赂刑事案件适用法律若干问题的意见》第2条的规定,这里的“其他单位”,既包括事业单位、社会团体、村民委员会、居民委员会、村民小组等常设性的组织,也包括为组织体育赛事、文艺演出或者其他正当活动而成立的组委会、筹委会、工程承包队等非常设性的组织。

根据《关于办理商业贿赂刑事案件适用法律若干问题的意见》的相关规定,医疗机构中的非国家工作人员,在药品、医疗器械、医用卫生材料等医药产品采购活动中,利用职务上的便利,索取销售方财物,或者非法收受销售方财物,为销售方谋取利益,数额较大的,以本罪定罪处罚。医疗机构中的医务人员,利用开处方的职务便利,以各种名义非法收受药品、医疗器械、医用卫生材料等医药产品销售方财物,为医药产品销售方谋取利益,数额较大的,以本罪定罪处罚。学校及其他教育机构中的非国家工作人员,在教材、教具、校服或者其他物品的采购等活动中,利用职务上的便利,索取销售方财物,或者非法收受销售方财物,为销售方谋取利益，数额较大的，以本罪定罪处罚。学校及其他教育机构中的教师，利用教学活动的职务便利，以各种名义非法收受教材、教具、校服或者其他物品销售方财物，为销售方谋取利益，数额较大的，以本罪定罪处罚。依法组建的评标委员会、竞争性谈判采购中谈判小组、询价采购中询价小组的组成人员，在招标、政府采购等事项的评标或者采购活动中，索取他人财物或者非法收受他人财物，为他人谋取利益，数额较大的，以本罪定罪处罚。

3. 本罪的主观方面是直接故意。行为人明知索取或收受财物与为他人谋取利益之间具有交换关系，而有意索取或收受他人财物。

4. 本罪的客体是公司、企业、其他单位的正常管理制度和公司、企业或其他单位人员职务或业务行为的廉洁性。

（二）非国家工作人员受贿罪的认定

1. 经济受贿与正当业务行为的界限

《反不正当竞争法》第 8 条规定："经营者不得采用财物或者其他手段进行贿赂以销售或者购买商品。在账外暗中给予对方单位或者个人回扣的，以行贿论处；对方单位或者个人在账外暗中收受回扣的，以受贿论处。经营者销售或者购买商品，可以以明示方式给对方折扣，可以给中间人佣金。经营者给对方折扣、给中间人佣金，必须如实入账。接受折扣、佣金的经营者必须如实入账。"根据该规定，在经济往来中，公司、企业工作人员收受各种名义的折扣、佣金等，如实入了本单位账目的，不能以本罪论处。但对于违反国家规定，收受各种名义的回扣、手续费，归个人所有的，则应认定为受贿，即"经济受贿"。

2. 非国家工作人员受贿罪的既遂与未遂的区分

关于非国家工作人员受贿罪的既遂与未遂区分标准，理论上有不同主张：第一种观点认为，本罪的既遂应以受贿人的承诺为既遂标准。第二种观点认为，本罪的既遂应以受贿人是否为行贿人谋取利益为标准。第三种观点认为，本罪的既遂与未遂应当取决于受贿人是否实际取得财物。行为人只有在已经实际取得行贿人数额较大的财物的情况下，才能构成本罪的既遂；如果行为人只是承诺为他人谋取利益或者虽已为他人谋取了利益，但并未实际取得行贿人事先所答应给予财物的，构成本罪的未遂。本书认为，只有在行为人实际取得他人财物的情况下，公司、企业、其他单位的正常管理制度和公司、企业或其他单位人员职务或业务行为的廉洁性才会受到现实的侵犯，本罪既遂形态的全部要件才能具备，因而，上述第三种观点是妥当的。

(三) 非国家工作人员受贿罪的处罚

根据《刑法》第163条的规定,犯本罪的,处5年以下有期徒刑或者拘役;数额巨大的,处5年以上有期徒刑,可以并处没收财产。

五、伪造货币罪

(一) 伪造货币罪的概念和构成要件

伪造货币罪,是指仿照货币的外部特征,制造假货币,并意图使之进入流通的行为。

本罪的构成要件如下。

1. 本罪的客观方面表现为伪造货币的行为。仿照真货币的图案、形状、色彩等特征非法制造假币,冒充真币的行为,应当认定为这里的"伪造货币"。同时采用伪造和变造手段,制造真伪拼凑货币的行为,以本罪定罪处罚。伪造的方法多种多样,如手描、拓印、机器印制、影印、复印以及高科技印制等。不论采用何种方法伪造货币,只要伪造的货币在外观或形式上达到与真币基本相似的程度,足以使普通人误认为是真币,便可视为实施了伪造货币的行为。如果行为人根本没有实施仿照真币制作假币的行为,而是采用其他方法,如从画册上剪下货币的图案或以纸张夹置于真货币中,然后冒充真币骗取他人财物,则不能构成本罪。

2. 本罪的主体是一般主体,即已满16周岁并具有刑事责任能力的自然人,没有货币制作发行权的单位不能成为本罪主体。

3. 本罪的主观方面是故意,并且具有使伪造的货币进入流通的意图。如果临摹货币不是为了冒充真币进入流通领域,而是为了作为艺术品供个人和亲友欣赏,则不能认为是伪造货币。一般而言,伪造货币的目的是牟取非法利益,但行为人主观上是否具有牟利的目的,不影响本罪的成立。

4. 本罪的客体是国家的货币发行、流通管理制度。犯罪对象是货币。这里的"货币"是指可在国内市场流通或者兑换的人民币和境外货币。对这里的"人民币"应作广义的理解,即它不仅包括中国人民银行发行的纸币和硬币,也包括国务院授权中国银行发行的外汇兑换券以及中国人民银行发行的普通纪念币和贵金属纪念币。境外货币,即外币,包括外国钞票和外国铸币。需要注意的是,"外币"与"外汇"的含义是不同的,"外汇"除包括"外币"外,还包括以外币表示的可以用作国际清偿的支付手段和资产，如外币有价证券（外国政府债券、公司债券、股票等）、外币支付凭证（如外国票据、银行存款凭证、邮政储蓄凭证等）、特别提款权、欧洲货币单位和其他外汇资金。可见，“外汇”的外延大于“外币”，伪造“外币”以外的其他外汇并不构成本罪。伪造港元、澳门元、新台币的，应当以伪造货币罪定罪处罚。以使用为目的，伪造停止流通的货币，或者使用伪造的停止流通的货币的，不构成本罪；符合诈骗罪的成立条件的，以诈骗罪定罪处罚。

货币面额应当以人民币计算。假普通纪念币犯罪的数额，以面额计算；假贵金属纪念币犯罪的数额，以贵金属纪念币的初始发售价格计算。假境外货币犯罪的数额，按照案发当日中国外汇交易中心或者中国人民银行授权机构公布的人民币对该货币的中间价折合成人民币计算。中国外汇交易中心或者中国人民银行授权机构未公布汇率中间价的境外货币，按照案发当日境内银行人民币对该货币的中间价折算成人民币，或者该货币在境内银行、国际外汇市场对美元汇率，与人民币对美元汇率中间价进行套算。

（二）伪造货币罪的认定

1. 伪造货币罪与非罪的界限

《刑法》对本罪的成立没有提出数量上的要求，这并不意味着只要实施了伪造货币的行为，无论数量多少，一律构成犯罪。根据 2010 年 5 月 7 日最高人民检察院、公安部《关于公安机关管辖的刑事案件立案追诉标准的规定（二）》，伪造货币，涉嫌下列情形之一的，应予立案追诉：(1)伪造货币，总面额在 200 元以上或者币量在 200 张（枚）以上的；(2)制造货币版样或者为他人伪造货币提供版样的；(3)其他伪造货币应予追究刑事责任的情形。

2. 制造、提供用于伪造货币的版样的定性

行为人制造版样或者与他人事前通谋，为他人伪造货币提供版样的，依照伪造货币罪定罪处罚。制造、销售用于伪造货币的版样的，不认定犯罪数额，依据犯罪情节决定刑罚。

3. 伪造货币罪既遂与未遂的界限

区分本罪既遂与未遂的标准是行为人所伪造的货币是否达到足以使一般人误认其为真币的程度。伪造的货币达到足以使一般人误认其为真币程度的，为犯罪既遂；反之，由于行为人意志以外的原因未能伪造出货币或者伪造的货币尚未达到足以使一般人误认其为真币程度的，为犯罪未遂。伪造货币的，只要实施了

伪造行为,不论是否完成全部印制工序,即构成伪造货币罪;对于尚未制造出成品,无法计算伪造、销售假币面额的,不认定犯罪数额,依据犯罪情节决定刑罚。

4. 伪造货币罪一罪与数罪的界限

行为人实施伪造货币的犯罪行为后,通常还会继续实施其他相关行为,如运输、出售、持有、使用等,从而触犯其他罪名。对这种情况是按一罪处理,还是以数罪实行并罚,关键取决于运输、出售、持有、使用的假币与伪造的货币是否属于同一宗假币。行为人伪造货币后又运输、出售、持有、使用自己伪造的货币,属于牵连犯,只定伪造货币罪一罪并从重处罚,不实行数罪并罚;如果行为人既伪造了货币,又出售、运输、持有、使用了其他人伪造的货币,则应当以伪造货币罪和有关犯罪实行数罪并罚。

5. 伪造货币罪相关罪名的确定

假币犯罪案件中犯罪分子实施数个相关行为的,在确定罪名时应把握的原则:(1)对同一宗假币实施了法律规定为选择性罪名的行为,应根据行为人所实施的数个行为,按相关罪名刑法规定的排列顺序并列确定罪名,数额不累计计算,不实行数罪并罚。(2)对不同宗假币实施法律规定为选择性罪名的行为,并列确定罪名,数额按全部假币面额累计计算,不实行数罪并罚。(3)对同一宗假币实施了刑法没有规定为选择性罪名的数个犯罪行为,择一重罪从重处罚。如伪造货币或者购买假币后使用的,以伪造货币罪或购买假币罪定罪,从重处罚。(4)对不同宗假币实施了刑法没有规定为选择性罪名的数个犯罪行为,分别定罪,数罪并罚。

(三) 伪造货币罪的处罚

根据《刑法》第 170 条的规定,犯本罪的,处 3 年以上 10 年以下有期徒刑,并处罚金。有下列情形之一的,处 10 年以上有期徒刑或者无期徒刑,并处罚金或者没收财产:(1)伪造货币集团的首要分子;(2)伪造货币数额特别巨大的;(3)有其他特别严重情节的。

六、非法吸收公众存款罪

(一) 非法吸收公众存款罪的概念和构成要件

非法吸收公众存款罪,是指非法吸收或者变相吸收公众存款,扰乱金融秩序的行为。

本罪的构成要件如下。

1. 本罪的客观方面表现为非法吸收或者变相吸收公众存款，扰乱金融秩序的行为。“非法吸收公众存款”，是指未经中国人民银行批准，向社会不特定对象吸收资金，出具凭证，承诺在一定期限内还本付息的活动。“变相吸收公众存款”，是指未经中国人民银行批准，不以吸收存款的名义，向社会不特定对象吸收资金，但承诺履行的义务与吸收公众存款性质相同的活动，如以投资入股、集资办项目等名义吸收公众资金，但不按正常投资的形式分配利润、股息，而是以支付一定的利息作为回报的方式。非法吸收或者变相吸收公众存款，只有扰乱了金融秩序的，才能成立本罪。根据 2011 年 1 月 4 日最高人民法院《关于审理非法集资刑事案件具体应用法律若干问题的解释》，违反国家金融管理法律规定，向社会公众(包括单位和个人)吸收资金的行为，同时具备下列四个条件的，除刑法另有规定的以外，应当认定为这里的“非法吸收公众存款或者变相吸收公众存款”：(1)未经有关部门依法批准或者借用合法经营的形式吸收资金；(2)通过媒体、推介会、传单、手机短信等途径向社会公开宣传；(3)承诺在一定期限内以货币、实物、股权等方式还本付息或者给付回报；(4)向社会公众即社会不特定对象吸收资金。未向社会公开宣传，在亲友或者单位内部针对特定对象吸收资金的，不属于非法吸收或者变相吸收公众存款。实施下列行为之一，符合上述 4 个条件的，应当以本罪定罪处罚：(1)不具有房产销售的真实内容或者不以房产销售为主要目的，以返本销售、售后包租、约定回购、销售房产份额等方式非法吸收资金的；(2)以转让林权并代为管护等方式非法吸收资金的；(3)以代种植(养殖)、租种植(养殖)、联合种植(养殖)等方式非法吸收资金的；(4)不具有销售商品、提供服务的真实内容或者不以销售商品、提供服务为主要目的，以商品回购、寄存代售等方式非法吸收资金的；(5)不具有发行股票、债券的真实内容，以虚假转让股权、发售虚构债券等方式非法吸收资金的；(6)不具有募集基金的真实内容，以假借境外基金、发售虚构基金等方式非法吸收资金的；(7)不具有销售保险的真实内容，以假冒保险公司、伪造保险单据等方式非法吸收资金的；(8)以投资入股的方式非法吸收资金的；(9)以委托理财的方式非法吸收资金的；(10)利用民间“会”“社”等组织非法吸收资金的；(11)其他非法吸收资金的行为。

2. 本罪的主体既包括自然人，也包括单位。本罪的单位主体既可以是一般单位，也可以是银行或其他金融机构。

3. 本罪的主观方面是故意。行为人一般具有非法牟利的目的，但不具有非法占有公众存款的意图。行为人是否牟利,获利数额的大小,对本罪的成立均没有影响。

4. 本罪的客体是国家关于吸收公众存款的管理制度。犯罪对象是公众存款。“公众”是指不特定的个人和不特定的单位。仅仅针对少数个人或特定对象募集的资金不能认为是公众存款。例如,采取行政摊派、职工福利以及所谓风险抵押等方式,在本单位、本系统内部吸收职工存款入股,即使数额特别巨大,但由于不是面向社会公众吸收存款,因而不能构成本罪。

(二) 非法吸收公众存款罪的认定

1. 非法吸收公众存款罪与非罪的界限

非法吸收或者变相吸收公众存款的,要从非法吸收公众存款的数额、范围以及给存款人造成的损失等方面来判定扰乱金融秩序造成的危害程度。根据2010年5月7日最高人民检察院、公安部《关于公安机关管辖的刑事案件立案追诉标准的规定(二)》,非法吸收公众存款或者变相吸收公众存款,扰乱金融秩序,涉嫌下列情形之一的,应予立案追诉:(1)个人非法吸收或者变相吸收公众存款数额在20万元以上的,单位非法吸收或者变相吸收公众存款数额在100万元以上的;(2)个人非法吸收或者变相吸收公众存款30户以上的,单位非法吸收或者变相吸收公众存款150户以上的;(3)个人非法吸收或者变相吸收公众存款给存款人造成直接经济损失数额在10万元以上的,单位非法吸收或者变相吸收公众存款给存款人造成直接经济损失数额在50万元以上的;(4)造成恶劣社会影响的;(5)其他扰乱金融秩序情节严重的情形。

2. 非法吸收公众存款罪与正常民间借贷的界限

正常民事借贷属于民事法律行为,受国家法律保护。公民和非金融企业之间的借贷属于民间借贷,只要双方当事人意思表示真实即可有效。本罪尽管具有民间借贷的特征,但因为其借贷的对象是不特定的公众,而且扰乱了国家金融秩序,所以具有民间借贷所不具备的严重的社会危害性。如果民间借贷的对象范围具有不特定性,且借款利率高于法定利率,扰乱了金融秩序,则就演化为本罪。

(三) 非法吸收公众存款罪的处罚

根据《刑法》第176条的规定,犯本罪的,处3年以下有期徒刑或者拘役,并处或者单处2万元以上20万元以下罚金;数额巨大或者有其他严重情节的,处3年以上10年以下有期徒刑,并处5万元以上50万元以下罚金。单位犯本罪的,对单位判处罚金，并对其直接负责的主管人员和其他直接责任人员，依照上述规定处罚。

七、伪造、变造金融票证罪

（一）伪造、变造金融票证罪的概念和构成要件

伪造、变造金融票证罪，是指以行使为目的，仿照真金融票证制造假金融票证或者在真金融票证基础上进行加工改造的行为。

本罪的构成要件如下。

1. 本罪的客观方面表现为伪造、变造金融票证的行为。“伪造金融票证”，是指仿照真金融票证的式样、图案、颜色、质地等，以印刷、描绘、影印等方法，制作假金融票证的行为。“变造金融票证”，是指在真金融票证的基础上，以涂改、挖补、剪贴、拼凑等方法，对其记载事项进行变更的行为。伪造和变造金融票证的结果都产生“假金融票证”，但伪造是无中生有，是一种完全的造假行为，而变造则以真实有效的金融票证为基础，变造后的金融票证并未完全否定原来的有效成分。如果对金融票证进行变更的行为使原金融票证丧失了原有的全部有效成分，则不属于伪造，而属于变造。因此相对来说，伪造金融票证的危害性要大于变造金融票证，前者可能给被害人造成更大的损失。

本罪的具体行为方式包括：(1)伪造、变造汇票、本票、支票的；(2)伪造、变造委托收款凭证、银行存单等其他银行结算凭证的；(3)伪造、变造信用证或者附随的单据、文件的；(4)伪造信用卡的。

2. 本罪的主体既包括自然人，也包括单位。

3. 本罪的主观方面是故意，并且以行使为目的。尽管《刑法》没有明确规定构成本罪必须具备行使的目的，但考虑到只有那些以行使或使用伪造、变造的金融票证为目的而实施的伪造、变造行为才会危及金融票证的公共信用和金融机构的信誉，因而附加这一目的要素是必要的。

4. 本罪的客体是国家金融票证管理制度。犯罪对象是金融票证，具体包括：汇票、本票、支票；委托收款凭证、汇款凭证、银行存单等其他银行结算凭证；信用证或者附随的单据、文件；信用卡。所谓“汇票”，是指出票人签发的，委托付款人在见票时或者在指定日期无条件支付确定的金额给收款人或者持票人的票据。汇票分为银行汇票和商业汇票。所谓“本票”，是指由出票人签发的，承诺自己在

见票时无条件支付确定的金额给收款人或者持票人的票据。所谓"支票",是指由出票人签发的,委托办理支票存款业务的银行或者其他金融机构在见票时无条件支付确定的金额给收款人或持票人的票据。所谓"委托收款凭证",是指收款人在委托银行向付款人收取款项时所填写的凭证。所谓"汇款凭证",是指汇款人委托银行将款项汇给异地收款人时,所填写的凭证。所谓"银行存单",是指由储户向银行交存款项,办理开户,银行签发载有户名、账号、存款金额、存期、存入日、到期日、利率等内容的单据。所谓"信用证",是指开证银行根据作为进口商的开证申请人的请求,开给受益人(通常为出口商)的一种在其具备了约定的条件以后,即可保证由开证银行或支付银行支付的约定金额的保证付款的凭证。所谓"附随的单据、文件",是指使用信用证时必须附随的单据、文件,主要包括运输单据、商业发票、保险单据。所谓"信用卡",是指由商业银行或其他金融机构发行的具有消费支付、信用贷款、转账结算、存取现金等全部或者部分功能的电子支付卡。[1]

(二) 伪造、变造金融票证罪的认定

1. 伪造、变造金融票证罪与非罪的界限

《刑法》对本罪的成立没有提出数量上的要求,这并不意味着只要实施了伪造、变造金融票证的行为,无论数量多少,一律构成犯罪。根据 2010 年 5 月 7 日最高人民检察院、公安部《关于公安机关管辖的刑事案件立案追诉标准的规定(二)》,伪造、变造金融票证,涉嫌下列情形之一的,应予立案追诉:(1)伪造、变造汇票、本票、支票,或者伪造、变造委托收款凭证、汇款凭证、银行存单等其他银行结算凭证,或者伪造、变造信用证或者附随的单据、文件,总面额在 1 万元以上或者数量在 10 张以上的;(2)伪造信用卡 1 张以上,或者伪造空白信用卡 10 张以上的。

2. 伪造、变造金融票证罪既遂与未遂的界限

本罪是行为犯,行为人实施完毕伪造、变造金融票证的行为,即构成本罪的既遂。伪造、变造金融票证行为的完成应以伪造、变造的金融票证是否达到足以使一般人误以为真的程度为标志。由于行为人意志以外的原因尚未伪造、变造出金融票证,或者伪造、变造出的金融票证尚未达到足以使一般人误以为真的程度,犯罪就停止下来的,成立本罪的未遂形态。

---

〔1〕 参见 2004 年 12 月 29 日全国人大常委会《关于〈中华人民共和国刑法〉有关信用卡规定的解释》。

3. 伪造、变造金融票证罪一罪与数罪的界限

伪造、变造金融票证罪的犯罪目的是将伪造、变造的金融票证加以行使，而行使的行为则可能触犯相关的金融诈骗罪。在实践中，如果查明行为人有伪造、变造金融票证的行为，但尚未发现其还有将之用于行骗的意图和行为的，对行为人只能以伪造、变造金融票证罪一罪论处。如果查明行为人在实施诈骗时所使用的金融票证不是其自行或与其具有共犯关系的他人伪造、变造的，则对行为人只能以相关的金融诈骗罪一罪论处。行为人出于行骗的意图伪造、变造金融票证后又使用的，则成立本罪与相关金融诈骗罪的牵连犯，应按照从一重罪处断原则定罪处罚。如果伪造、变造的金融票证与诈骗时所使用的伪造、变造的金融票证不具有同一性，则无论其用于诈骗的金融票证是由自己伪造、变造的还是由他人伪造、变造后提供的，对行为人应以伪造、变造金融票证罪与相关的金融诈骗罪实行数罪并罚。

(三) 伪造、变造金融票证罪的处罚

根据《刑法》第 177 条第 1 款的规定，犯本罪的，处 5 年以下有期徒刑或者拘役，并处或者单处 2 万元以上 20 万元以下罚金；情节严重的，处 5 年以上 10 年以下有期徒刑，并处 5 万元以上 50 万元以下罚金；情节特别严重的，处 10 年以上有期徒刑或者无期徒刑，并处 5 万元以上 50 万元以下罚金或者没收财产。单位犯本罪的，对单位判处罚金，并对其直接负责的主管人员和其他直接责任人员，依照上述规定处罚。根据 2009 年 12 月 3 日最高人民法院、最高人民检察院《关于办理妨害信用卡管理刑事案件具体应用法律若干问题的解释》第 1 条的规定，伪造信用卡，有下列情形之一的，应当认定为《刑法》第 177 条规定的“情节严重”：(1)伪造信用卡 5 张以上不满 25 张的；(2)伪造的信用卡内存款余额、透支额度单独或者合计数额在 20 万元以上不满 100 万元的；(3)伪造空白信用卡 50 张以上不满 250 张的；(4)其他情节严重的情形。伪造信用卡，有下列情形之一的，应当认定为《刑法》第 177 条规定的“情节特别严重”：(1)伪造信用卡 25 张以上的；(2)伪造的信用卡内存款余额、透支额度单独或者合计数额在 100 万元以上的；(3)伪造空白信用卡 250 张以上的；(4)其他情节特别严重的情形。这里的“信用卡内存款余额、透支额度”，以信用卡被伪造后发卡行记录的最高存款余额、可透支额度计算。

八、妨害信用卡管理罪

(一) 妨害信用卡管理罪的概念和构成要件

妨害信用卡管理罪,是指持有、运输伪造的信用卡或者数量较大的空白信用卡,或者非法持有他人信用卡,数量较大的,或者使用虚假的身份证明骗领信用卡,或者出售、购买、为他人提供伪造的信用卡或者以虚假的身份证明骗领的信用卡的行为。

本罪的构成要件如下。

1. 本罪的客观方面表现为下列妨害信用卡管理的行为:(1)持有、运输伪造的信用卡的,或者持有、运输伪造的空白信用卡,数量较大的。持有要求行为人与特定物品之间存在支配与被支配、控制与被控制的状态。因此,这里的“持有”既可以表现为行为人将伪造的(空白)信用卡随身携带、藏匿或存放于特定地点,也可以表现为将伪造的(空白)信用卡委托他人保管,但仍然处于自己的支配范围内。“运输”,是指行为人基于运送的目的,使特定物品发生存放处所的位移。运输既可以表现为行为人随身携带,也可以是借助交通工具、利用他人或通过邮寄等实施。运输行为与持有行为的本质界限是:持有行为主要侧重于行为人对对象的控制性,客观上有动态或静态的控制行为;运输行为主要侧重于使对象发生位移,其客观上对物品的实际控制仅仅是运输过程中的管理,这种控制是运输的伴生现象。“伪造的信用卡”,是指假冒某商业银行或其他金融机构的名义非法制作的已经输入“个人信用卡磁条信息”的具备能够实现真实信用卡部分或全部功能的信用卡。“伪造的空白信用卡”,是指假冒某家商业银行或其他金融机构的名义非法制作的尚未输入“个人信用卡磁条信息”的不具备真实信用卡任何功能的电子卡片。从本罪的情况来看,通过压平数码、消磁等手段将作废、过期的信用卡制造成的空白信用卡同样属于假空白信用卡。因此,在本罪中,应认为伪造的空白信用卡包括变造的空白信用卡。伪造的信用卡的本质内容在于其记载有他人信用卡的个人信息资料。也正是在这一点上,伪造的信用卡与伪造的空白信用卡具有本质区别。考虑到持有、运输伪造信用卡的社会危害性比持有、运输伪造的空白信用卡更为严重,故而法律对持有、运输伪造的空白信用卡要求必须达到“数量较大”,才能成立犯罪,而对于持有、运输伪造的信用卡则没有提出这种要求。这里的“数量较大”中的“数量”,是指伪造的空白信用卡的数量。(2)非法持有他人信用卡，数量较大的。“非法持有”是指没有合法根据而持有。这里的“合法根据”主要是指基于授权而使用、持有，基于委托、无因管理而进行保管等。“他人信用卡”，是指他人申请并经过金融机构的审查发给他人的真实有效的信用卡。这里的“他人”，既包括个人，也包括单位。非法持有他人的信用卡，必须数量较大，才能构成犯罪。(3)使用虚假的身份证明骗领信用卡的。根据中国人民银行《信用卡业务管理办法》及其他有关规定，申领信用卡，应当提供公安部门规定的本人有效身份证件。中国境内居民必须提供居民身份证复印件，现役军官必须提供军官证复印件，境外居民必须提供护照复印件。只有身份证明所载的信息是真实的，才能认为提供了真实的身份证明，否则，如果行为人所提供的身份证明足以使其真实身份难以得到确认的，便属于使用虚假的身份证明。如果行为人提供的身份证明是真实的，只是在财产状况、个人收入等方面进行夸大，向发卡机构提供不实信息，以获取较高的信用卡授信额度，则不属于使用虚假的身份证明。“骗领信用卡”，是指骗取发卡机构的信任，取得信用卡。根据 2009 年 12 月 3 日最高人民法院、最高人民检察院《关于办理妨害信用卡管理刑事案件具体应用法律若干问题的解释》第 2 条的规定，违背他人意愿，使用其居民身份证、军官证、士兵证、港澳居民往来内地通行证、台湾居民来往大陆通行证、护照等身份证明申领信用卡的，或者使用伪造、变造的身份证明申领信用卡的，应当认定为“使用虚假的身份证明骗领信用卡”。(4)出售、购买、为他人提供伪造的信用卡或者以虚假的身份证明骗领的信用卡的。“出售”，是指有偿转让；“购买”，是指有偿取得；“为他人提供”，是指无偿给予他人。

根据 2010 年 5 月 7 日最高人民检察院、公安部《关于公安机关管辖的刑事案件立案追诉标准的规定(二)》，妨害信用卡管理，涉嫌下列情形之一的，应予立案追诉：(1)明知是伪造的信用卡而持有、运输的；(2)明知是伪造的空白信用卡而持有、运输，数量累计在 10 张以上的；(3)非法持有他人信用卡，数量累计在 5 张以上的；(4)使用虚假的身份证明骗领信用卡的；(5)出售、购买、为他人提供伪造的信用卡或者以虚假的身份证明骗领的信用卡的。

2. 本罪的主体是一般主体，即已满 16 周岁并具有刑事责任能力的自然人，单位不能构成本罪。

3. 本罪的主观方面是故意，过失不能构成本罪。其中，持有、运输伪造的信用卡的，行为人必须明知信用卡是伪造的；持有、运输伪造的空白信用卡的，行为人必须明知其持有、运输的是伪造的空白信用卡。所谓“明知”,是指行为人确实知道,或有证据证明他不可能不知道其所持有、运输的是伪造的信用卡、伪造的空白信用卡。

4. 本罪的客体是国家信用卡管理制度。犯罪对象是信用卡、信用卡信息资料。信用卡有广义和狭义之分。从广义上说,凡是能够为持卡人提供信用证明、持卡人可凭卡购物、消费或享受特定服务的特制卡片均可称为信用卡。广义上的信用卡包括贷记卡、准贷记卡、借记卡、储蓄卡、提款卡(ATM卡)、支票卡及赊账卡等。从狭义上说,国外的信用卡主要是指由银行或其他财务机构发行的贷记卡,即无须预先存款就可贷款消费的信用卡,是先消费后还款的信用卡;国内的信用卡主要是指贷记卡即准贷记卡,即先存款后消费,允许小额、善意透支的信用卡。2004年12月29日全国人大常委会《关于〈中华人民共和国刑法〉有关信用卡规定的解释》规定,刑法规定的“信用卡”,是指由商业银行或者其他金融机构发行的具有消费支付、信用贷款、转账结算、存取现金等全部功能或者部分功能的电子支付卡。据此,刑法中的信用卡与银行卡的范围是一致的。1999年中国人民银行公布的《银行卡业务管理办法》将由商业银行(含邮政金融机构)向社会发行的具有消费信用、转账结算、存取现金等全部或部分功能的信用支付工具统称为银行卡。“信用卡信息资料”,是指有关发卡行代码、持卡人账户、账号、密码等内容的加密电子数据。

(二) 妨害信用卡管理罪的认定

1. 妨害信用卡管理罪一罪与数罪的界限

行为人在伪造信用卡后,其所实施的后续行为如持有、运输、出售、为他人提供伪造的信用卡的行为,或者在伪造信用卡前所实施的先在行为,如持有、运输伪造的空白信用卡,还会触犯妨害信用卡管理罪这一罪名,对此,应当按照牵连犯的处罚原则择一重罪处断,即以伪造金融票证罪论处。

2. 妨害信用卡管理罪与相关犯罪的共同犯罪的关系

目前的信用卡犯罪呈现出从窃取他人信用卡资料、伪造空白信用卡(运输伪造的空白信用卡)到伪造信用卡(运输、出售、购买伪造的信用卡、骗领信用卡)再到信用卡诈骗的集团化犯罪倾向,多个犯罪人形成信用卡犯罪网。对于实践中出现的这种情况,尽管从理论上分析,实施妨害信用卡管理行为的人与实施伪造金融票证罪、信用卡诈骗罪的行为人之间存在共同犯罪关系,但既然《刑法》将妨害信用卡管理的行为特别规定为独立的犯罪，实践中就应当按照《刑法》的特别规定定罪量刑，而不宜按照共同犯罪处理，否则，《刑法》单独规定妨害信用卡管理罪就没有太大意义。

（三）妨害信用卡管理罪的处罚

根据《刑法》第 177 条第 3 款的规定，犯本罪的，处 3 年以下有期徒刑或者拘役，并处或者单处 1 万元以上 10 万元以下罚金；数量巨大或者有其他严重情节的，处 3 年以上 10 年以下有期徒刑，并处 2 万元以上 20 万元以下罚金。根据 2009 年 12 月 3 日最高人民法院、最高人民检察院《关于办理妨害信用卡管理刑事案件具体应用法律若干问题的解释》第 2 条的规定，有下列情形之一的，应当认定为《刑法》第 177 条之一第 1 款规定的“数量巨大”：(1)明知是伪造的信用卡而持有、运输 10 张以上的；(2)明知是伪造的空白信用卡而持有、运输 100 张以上的；(3)非法持有他人信用卡 50 张以上的；(4)使用虚假的身份证明骗领信用卡 10 张以上的；(5)出售、购买、为他人提供伪造的信用卡或者以虚假的身份证明骗领的信用卡 10 张以上的。

九、吸收客户资金不入账罪

（一）吸收客户资金不入账罪的概念和构成要件

吸收客户资金不入账罪，是指银行或者其他金融机构及其工作人员吸收客户资金不入账，数额巨大或者造成重大损失的行为。

本罪的构成要件如下。

1. 本罪的客观方面表现为吸收客户资金不入账，数额巨大或者造成重大损失的行为。吸收客户资金不入账是实施本罪的特定行为方式。所谓“客户资金”，是指以金融机构办理业务的名义所吸收的资金，包括个人储蓄和单位存款。所谓“吸收客户资金不入账”，是指不记入金融机构的法定存款账目，以逃避国家金融监管。至于是否记入法定账目以外设立的账目，则不影响本罪的成立。所谓“造成重大损失”，通常认为包括行为人吸收客户资金不入账后未能收回的部分，银行等金融机构向客户支付的利息，银行等金融机构为追讨未入账的资金而支出的费用等。

根据 2010 年 5 月 7 日最高人民检察院、公安部《关于公安机关管辖的刑事案件立案追诉标准的规定(二)》，银行或者其他金融机构及其工作人员吸收客户资金不入账,涉嫌下列情形之一的,应予立案追诉:(1)吸收客户资金不入账,数额在100万元以上的;(2)吸收客户资金不入账,造成直接经济损失数额在20万元以上的。

2. 本罪的主体是特殊主体,即银行或者其他金融机构及其工作人员。实践中,银行或者其他金融机构及其工作人员既可以与客户沟通,共同实施本罪,也可以不与客户沟通,背着客户单独实施本罪。

3. 本罪的主观方面是故意,且往往具有“牟利”的目的。不过,《刑法修正案(六)》删除了本罪原有的“以牟利为目的”这一构成要件。

4. 本罪的客体是国家对信贷资金的管理制度与金融机构的信誉和利益。

(二) 吸收客户资金不入账罪的认定

1. 吸收客户资金不入账罪与违法发放贷款罪的界限

由于吸收客户资金不入账后可以用于拆借、发放贷款,因而本罪与违法发放贷款罪的客观方面有相似之处。二者区别的关键是:前者吸收客户资金后未将其记入法定账户,在性质上属于逃避金融监管,将客户资金进行“体外循环”;后者系违反规定发放金融机构账户上的资金,在性质上属于未按国家规定发放贷款。

2. 吸收客户资金不入账罪与挪用公款罪或挪用资金罪的界限

本罪与挪用公款罪或挪用资金罪的主要区别在于:客户资金是否记入金融机构的法定账户。对于利用职务上的便利,挪用金融机构法定存款账户的客户资金归个人使用,构成犯罪的,应认定为挪用资金罪或挪用公款罪。而本罪则是在吸收客户资金不记入金融机构的法定账户之后,逃避金融监管,将客户资金进行“体外循环”。至于以何种方式进行“体外循环”,则不影响本罪的成立。

(三) 吸收客户资金不入账罪的处罚

根据《刑法》第187条的规定,犯本罪的,处5年以下有期徒刑或者拘役,并处2万元以上20万元以下罚金;数额特别巨大或者造成特别重大损失的,处5年以上有期徒刑,并处5万元以上50万元以下罚金。单位犯本罪的,对单位判处罚金,并对其直接负责的主管人员和其他直接责任人员,依照上述规定处罚。

十、洗钱罪

(一) 洗钱罪的概念和构成要件

洗钱罪,是指明知是毒品犯罪、黑社会性质的组织犯罪、恐怖活动犯罪、走私犯罪、贪污贿赂犯罪、破坏金融管理秩序犯罪、金融诈骗犯罪的违法所得及其产生的收益，而以各种方法掩饰、隐瞒其来源和性质的行为。

本罪的构成要件如下。

1. 本罪的客观方面表现为掩饰、隐瞒毒品犯罪、黑社会性质的组织犯罪、恐怖活动犯罪、走私犯罪、贪污贿赂犯罪、破坏金融管理秩序犯罪、金融诈骗犯罪的违法所得及其产生的收益的来源和性质的行为。掩饰与隐瞒实质上都是帮助犯罪分子洗钱，二者区分的关键在于其行为是主动的还是被动的。掩饰行为相对于隐瞒行为而言更为主动，即行为人主动采取各种方式对犯罪的违法所得或者收益的性质和来源进行遮掩和粉饰。掩饰行为可以发生在司法机关进行查询前，也可以发生在司法机关进行查询后。而隐瞒行为则是一种相对被动性的行为。只有当司法机关向行为人查询时，行为人明知真实情况而故意制造假象以干扰侦查活动的，才属于这里的“隐瞒”行为。隐瞒不是一种单纯的知情不举的行为，而是一种积极的作为。

掩饰、隐瞒的行为具体表现为以下五种方式：(1)提供资金账户，即将自己拥有的合法资金账户或本单位的账户提供给有关的犯罪分子，或为有关的犯罪分子开立新的账户。资金账户，既包括在金融机构的存款账户、储蓄账户、信用卡账户、外汇账户，也包括证券公司的股票交易账户、期货公司的期货交易账户等。(2)协助将财产转换为现金或者金融票据，即行为人通过变卖、拍卖、典当、抵押等多种方式帮助有关的犯罪人将通过特定犯罪所获得的赃物转换成现金或汇票、本票、支票、委托收款凭证、汇款凭证等金融票据。(3)通过转账或者其他结算方式协助资金转移，即行为人将犯罪所得及其收益混入合法收入，通过银行或其他金融机构的转账(从一个账户转移到另一个账户)或其他结算方式(如承兑、委托付款、电子资金划拨等)使其以合法的形式出现，掩饰、隐瞒其来源和性质，将赃款转为合法资金。(4)协助将资金汇往境外，即享有资金调往境外权利的个人或单位通过自己在银行或其他金融机构开设的账号，将犯罪人违法所得的资金汇往境外，包括我国港、澳、台地区。(5)以其他方法掩饰、隐瞒犯罪的违法所得及其收益的来源和性质，即以上述方法以外的方法进行洗钱，如行为人将犯罪分子的违法所得及其收益，以投资、购置不动产、放贷等各种方式用于合法的经营、使用，再从中获取收益或者转让、出售；帮助犯罪分子将犯罪所得携带出境等。根据 2009 年 11 月 4 日最高人民法院《关于审理洗钱等刑事案件具体应用法律若干问题的解释》,具有下列情形之一的,可以认定为《刑法》第191条第1款第(5)项规定的“以其他方法掩饰、隐瞒犯罪所得及其收益的来源和性质”:(1)通过典当、租赁、买卖、投资等方式,协助转移、转换犯罪所得及其收益的;(2)通过与商场、饭店、娱乐场所等现金密集型场所的经营收入相混合的方式,协助转移、转换犯罪所得及其收益的;(3)通过虚构交易、虚设债权债务、虚假担保、虚报收入等方式,协助将犯罪所得及其收益转换为“合法”财物的;(4)通过买卖彩票、奖券等方式,协助转换犯罪所得及其收益的;(5)通过赌博方式,协助将犯罪所得及其收益转换为赌博收益的;(6)协助将犯罪所得及其收益携带、运输或者邮寄出入境的;(7)通过前述规定以外的方式协助转移、转换犯罪所得及其收益的。

根据2010年5月7日最高人民检察院、公安部《关于公安机关管辖的刑事案件立案追诉标准的规定(二)》,涉嫌实施上述5种行为之一的,应予追诉。

2. 本罪的主体既包括自然人,也包括单位。除了金融机构及其工作人员以外,其他单位和个人也能构成本罪。

3. 本罪的主观方面是故意。行为人对其所掩饰或隐瞒的对象是毒品犯罪、黑社会性质的组织犯罪、恐怖活动犯罪、走私犯罪、贪污贿赂犯罪、破坏金融管理秩序犯罪、金融诈骗犯罪的违法所得及其产生的收益必须存在明知,而且还具有掩饰、隐瞒上述犯罪的违法所得及其收益的来源和性质的目的。

4. 本罪的客体是国家的金融管理制度和司法机关的正常活动。本罪的行为对象是毒品犯罪、黑社会性质的组织犯罪、恐怖活动犯罪、走私犯罪、贪污贿赂犯罪、破坏金融管理秩序犯罪、金融诈骗犯罪的违法所得及其产生的收益。这七类犯罪被认为是洗钱罪的上游犯罪。毒品犯罪是指刑法分则第六章第七节规定的“走私、贩卖、运输、制造毒品罪”这一类罪名,具体包括12个具体罪名。黑社会性质的组织犯罪涉及《刑法》第294条规定的组织、领导、参加黑社会性质组织罪、入境发展黑社会组织罪和包庇、纵容黑社会性质组织罪3个罪名以及成立后的黑社会性质组织实施的抢劫、绑架等具体犯罪。恐怖活动犯罪具体包括《刑法》第120条规定的组织、领导、参加恐怖组织罪、资助恐怖活动罪以及恐怖组织实施的抢劫、绑架等具体犯罪。走私犯罪是指我国刑法分则第三章第二节规定的“走私罪”这一类罪名,具体包括走私武器、弹药罪等10个具体罪名。贪污贿赂犯罪是指刑法分则第八章“贪污贿赂罪”一章规定的所有犯罪。破坏金融管理秩序犯罪、金融诈骗犯罪分别是指刑法分则第三章第四节“破坏金融管理秩序罪”和第五节“金融诈骗罪”规定的所有犯罪。这里的“违法所得及其产生的收益”并不要求是被洗钱者在已经构成上述特定犯罪的基础上所产生的违法所得及其产生的收益，即刑法所规定的特定犯罪只是着眼于客观属性上的分析，而并不是严格意义上完全符合构成要件的犯罪，是一种形式化，而非实质化的规定。有些行为(如已满 14 周岁不满 16 周岁的人实施的贩毒以外的毒品犯罪)虽然不构成刑法上的犯罪，但这些行为的违法所得及其出售的收益同样可以成为本罪的行为对象。

(二) 洗钱罪的认定

1. 上游犯罪的主体能否构成洗钱罪

从《刑法》第 191 条的规定来看，洗钱罪的前四种行为方式中所包含的“提供”“协助”等表述本身就已经排除了上游犯罪的主体实施本罪的可能性，因为对上游犯罪的主体而言是谈不上“提供”“协助”的；第五种行为方式中虽然没有出现“协助”之类的表述，但为了保持各行为方式之间相互协调，也应理解为协助上游犯罪的主体实施掩饰、隐瞒的行为。

2. 洗钱罪中的“明知”的认定

根据 2009 年 11 月 4 日最高人民法院《关于审理洗钱等刑事案件具体应用法律若干问题的解释》，《刑法》第 191 条规定的“明知”，应当结合被告人的认知能力，接触他人犯罪所得及其收益的情况，犯罪所得及其收益的种类、数额，犯罪所得及其收益的转换、转移方式以及被告人的供述等主客观因素进行认定。具有下列情形之一的，可以认定被告人明知系犯罪所得及其收益，但有证据证明确实不知道的除外：(1)知道他人从事犯罪活动，协助转换或者转移财物的；(2)没有正当理由，通过非法途径协助转换或者转移财物的；(3)没有正当理由，以明显低于市场的价格收购财物的；(4)没有正当理由，协助转换或者转移财物，收取明显高于市场的“手续费”的；(5)没有正当理由，协助他人将巨额现金散存于多个银行账户或者在不同银行账户之间频繁划转的；(6)协助近亲属或者其他关系密切的人转换或者转移与其职业或者财产状况明显不符的财物的；(7)其他可以认定行为人明知的情形。被告人将刑法第 191 条规定的某一上游犯罪的犯罪所得及其收益误认为刑法第 191 条规定的上游犯罪范围内的其他犯罪所得及其收益的，不影响刑法第 191 条规定的“明知”的认定。

3. 洗钱罪与上游犯罪的共同犯罪的界限

成立本罪，以行为人与上游犯罪的行为人之间“没有事先通谋”为条件。如果事先就事后帮助洗钱存在通谋的,对洗钱行为人以毒品犯罪、恐怖活动犯罪等上游犯罪的共同犯罪论处,洗钱行为只是上游犯罪的事后帮助行为。

(三) 洗钱罪的处罚

根据《刑法》第191条的规定,犯本罪的,没收实施犯罪的违法所得及其产生的收益,处5年以下有期徒刑或者拘役,并处或者单处洗钱数额5%以上20%以下罚金;情节严重的,处5年以上10年以下有期徒刑,并处洗钱数额5%以上20%以下罚金。单位犯本罪的,对单位判处罚金,并对其直接负责的主管人员和其他直接责任人员,处5年以下有期徒刑或者拘役;情节严重的,处5年以上10年以下有期徒刑。

十一、集资诈骗罪

(一) 集资诈骗罪的概念和构成要件

集资诈骗罪,是指以非法占有为目的,使用诈骗方法非法集资,数额较大的行为。

本罪的构成要件如下。

1. 本罪的客观方面表现为使用诈骗方法非法集资,数额较大的行为。"诈骗方法",是指行为人采取虚构集资用途,以虚假的证明文件和高回报率为诱饵,骗取集资款的手段。"非法集资",是指未经有权机关批准、骗取有权机关批准或者违反批准内容,向社会公众募集资金的行为。虽经批准但经撤销后仍然继续向社会募集资金的,也属于非法集资。根据2010年5月7日最高人民检察院、公安部《关于公安机关管辖的刑事案件立案追诉标准的规定(二)》,以非法占有为目的,使用诈骗方法非法集资,涉嫌下列情形之一的,应予追诉:个人集资诈骗,数额在10万元以上的;单位集资诈骗,数额在50万元以上的。集资诈骗的数额以行为人实际骗取的数额计算,案发前已归还的数额应予扣除。行为人为实施集资诈骗活动而支付的广告费、中介费、手续费、回扣,或者用于行贿、赠与等费用,不予扣除。行为人为实施集资诈骗活动而支付的利息,除本金未归还可予折抵本金以外,应当计入诈骗数额。

2. 本罪的主体既包括自然人,也包括单位。

3. 本罪的主观方面表现为直接故意,且具有非法占有集资款的目的。

4. 本罪的客体是国家的募集资金管理制度和公私财产所有权。

(二) 集资诈骗罪的认定

1. 集资诈骗罪中以非法占有为目的的认定。根据2010年12月13日最高人民法院《关于审理非法集资刑事案件具体应用法律若干问题的解释》,使用诈骗方法非法集资,具有下列情形之一的,可以认定为“以非法占有为目的”:(1)集资后不用于生产经营活动或者用于生产经营活动与筹集资金规模明显不成比例,致使集资款不能返还的;(2)肆意挥霍集资款,致使集资款不能返还的;(3)携带集资款逃匿的;(4)将集资款用于违法犯罪活动的;(5)抽逃、转移资金、隐匿财产,逃避返还资金的;(6)隐匿、销毁账目,或者搞假破产、假倒闭,逃避返还资金的;(7)拒不交代资金去向,逃避返还资金的;(8)其他可以认定非法占有目的的情形。集资诈骗罪中的非法占有目的,应当区分情形进行具体认定。行为人部分非法集资行为具有非法占有目的的,对该部分非法集资行为所涉集资款以集资诈骗罪定罪处罚;非法集资共同犯罪中部分行为人具有非法占有目的,其他行为人没有非法占有集资款的共同故意和行为的,对具有非法占有目的的行为人以集资诈骗罪定罪处罚。

2. 集资诈骗罪与非法吸收公众存款罪的界限。集资诈骗罪与非法吸收公众存款罪客观上都有非法募集资金的性质,这使得二者容易混淆。二者的主要区别在于:其一,主观目的不同。前者的行为人主观上具有非法占有所募集的资金的目的。以吸收存款的名义取得公众存款后,非法占为己有的,属于集资诈骗;主观上没有占有公众存款的意图,只是基于客观原因不能归还存款的,不能由此认定为构成前者。后者的行为人主观上只是为了募集公众存款用于营利或经营活动,而不具有非法占有的目的。其二,行为方式不同。前者的行为人必须使用诈骗的方法,即对集资款的去向或用途作了虚构,对非法占有集资款的意图作了隐瞒;后者的行为人为了达到顺利吸收公众存款的目的,也可能对某些事实作了虚构或隐瞒,但在承诺归还存款本息方面则不可能欺骗“存款人”,否则,就构成前者。其三,所针对的对象不同。前者所针对的对象通常是社会上不特定的自然人或单位,但在特殊情况下,也可以是特定范围内的自然人或单位;后者所针对的对象是社会上不特定的自然人或单位。其四,侵犯的客体不同。前者侵犯的客体是国家的募集资金管理制度和公私财产所有权,后者侵犯的客体是国家关于吸收公众存款的管理制度。

(三) 集资诈骗罪的处罚

根据《刑法》第192条、第200条的规定,犯本罪的,处5年以下有期徒刑或者拘役,并处2万元以上20万元以下罚金;数额巨大或者有其他严重情节的,处5年以上10年以下有期徒刑,并处5万元以上50万元以下罚金;数额特别巨大或者有其他特别严重情节的,处10年以上有期徒刑或者无期徒刑,并处5万元以上50万元以下罚金或者没收财产。单位犯本罪的,对单位判处罚金,并对其直接负责的主管人员和其他直接责任人员处5年以下有期徒刑或者拘役,可以并处罚金;数额巨大或者有其他严重情节的,处5年以上10年以下有期徒刑,并处罚金;数额特别巨大或者有其他特别严重情节的,处10年以上有期徒刑或者无期徒刑,并处罚金。

十二、贷款诈骗罪

(一) 贷款诈骗罪的概念和构成要件

贷款诈骗罪,是指以非法占有为目的,诈骗银行或者其他金融机构的贷款,数额较大的行为。

本罪的构成要件如下。

1. 本罪的客观方面表现为诈骗银行或者其他金融机构的贷款,数额较大的行为。诈骗的行为方式具体表现为:(1)编造引进资金、项目等虚假理由的。(2)使用虚假的经济合同。这里的“虚假”,应是合同主要内容的虚假,如合同当事人、标的、价款的虚假等;对于不会对取得贷款产生影响的合同要素,如合同履行方式、履行地点、违约责任等方面的记载不真实,则不能认定为这里所指的“虚假”。对这里的“经济合同”的理解应当以原《经济合同法》和《涉外经济合同法》所规定的经济合同和涉外经济合同的基本特征为实质内容对《合同法》中的合同进行划定,不能一概地认为《合同法》所规定的所有类别的合同均属于这里所说的“经济合同”,如赠与合同就不宜视为这里的“经济合同”。(3)使用虚假的证明文件。这里的“证明文件”,是指贷款申请人向银行或者其他金融机构申请贷款时应当提交的能够证明其身份、资信能力和还贷能力的书面材料,如银行的存款证明、公司和金融机构的担保函、划款证明等。(4)使用虚假的产权证明作担保或者超出抵押物价值重复担保。“产权证明”,是指能够证明行为人对房屋等不动产或者汽车、货币、可即时兑付的票据等动产具有所有权的书面文件。(5)以其他方法诈骗贷款。如伪造单位公章、印鉴骗取贷款，伪造国家机关公文骗取贷款，以贿赂等非法、不正当手段骗取贷款等。根据 2010 年 5 月 7 日最高人民检察院、公安部《关于公安机关管辖的刑事案件立案追诉标准的规定(二)》，诈骗银行或者其他金融机构的贷款，数额在 2 万元以上的，应予立案追诉。

2. 本罪的主体是已满 16 周岁、具有刑事责任能力的自然人，单位不能构成本罪。

3. 本罪的主观方面是直接故意，行为人具有非法占有银行或其他金融机构贷款的目的。

4. 本罪的客体是国家的贷款管理制度和金融机构的财产所有权。犯罪对象是银行或其他金融机构的贷款。

(二) 贷款诈骗罪的认定

1. 贷款诈骗罪与贷款纠纷的界限

贷款纠纷，是指贷款人与借款人因履行贷款合同而发生的民事纠纷。贷款诈骗罪的行为人具有非法占有的目的，而贷款纠纷中的借款人并无非法占有的目的。因此，认定行为人有无非法占有的目的，就成为区分二者的关键。对此，可以从以下几个角度综合加以考虑：一是贷款关系是否正常、合法，取得贷款的手段以及借款人实际使用贷款的用途是否正当；二是行为人获得贷款后是否将贷款用于约定的用途；三是发生到期不还的原因；四是申请贷款时贷款人有无履约能力；五是行为人贷款到期后是否作出偿还的努力。对于合法取得贷款后，没有按规定的用途使用贷款，到期没有归还贷款的，不能以贷款诈骗罪定罪处罚；对于确有证据证明行为人不具有非法占有的目的，因不具备贷款的条件而采取了欺骗手段获取贷款，案发时有能力履行还贷义务，或者案发时不能归还贷款是基于意志以外的原因，如因经营不善、被骗、市场风险等，不应以贷款诈骗罪定罪处罚。

2. 贷款诈骗罪与贷款欺诈行为的界限

贷款欺诈行为，是指行为人使用欺诈的方法获取银行或其他金融机构的贷款，并对贷款加以使用的行为。贷款诈骗罪在客观方面与贷款欺诈行为类似，即都是以虚构事实、隐瞒真相的手段骗取银行或其他金融机构的贷款，但是，二者有着实质的不同：(1)主观故意的内涵不同。前者的行为人主观上具有非法占有贷款的目的，并无履行贷款合同、归还贷款本息的诚意；而后者的行为人主观上只有骗用贷款、推迟归还贷款、不按规定用途使用贷款等牟取不当或不法经济利益的目的,并无非法占有贷款的目的,而且行为人具有履行贷款合同的诚意,希望通过履行贷款合同的方式达到牟取非法经济利益的目的。(2)采取欺诈手段的目的不同。前者的行为人实施欺诈行为的目的是诱使金融机构贷出款项或不能收回贷款,以便永久占有贷款;后者的行为人实施欺诈行为的目的是遮掩自己的不足,诱使金融机构与自己签订贷款合同,但并无不履行合同的打算。(3)客观上有无为履约作出努力行为的不同。前者的行为人骗到贷款后,根本不归还贷款或千方百计制造借口不归还贷款。而后者的行为人客观上必然会有积极的履行贷款合同、归还贷款的行为。(4)法律责任不同。对前者应依法追究刑事责任;而对于贷款欺诈行为,可以依据《合同法》的有关规定确认行为无效,或者由贷款人申请法院变更或撤销,但不可能追究刑事责任。

3. 单位贷款诈骗行为的定性

根据2011年1月21日最高人民法院《全国法院审理金融犯罪案件工作座谈会纪要》,对于单位实施的贷款诈骗行为,不能以贷款诈骗罪定罪处罚,也不能以贷款诈骗罪追究直接负责的主管人员和其他直接责任人员的刑事责任。但是,在司法实践中,对于单位十分明显地以非法占有为目的,利用签订、履行借款合同诈骗银行或其他金融机构贷款,符合合同诈骗罪构成要件的,应当以合同诈骗罪定罪处罚。当然,对单位贷款诈骗定性问题的最终合理解决有赖于立法的完善,即增设贷款诈骗罪的单位犯罪主体。

(三) 贷款诈骗罪的处罚

根据《刑法》第193条的规定,犯本罪的,处5年以下有期徒刑或者拘役,并处2万元以上20万元以下罚金;数额巨大或者有其他严重情节的,处5年以上10年以下有期徒刑,并处5万元以上50万元以下罚金;数额特别巨大或者有其他特别严重情节的,处10年以上有期徒刑或者无期徒刑,并处5万元以上50万元以下罚金或者没收财产。

十三、信用卡诈骗罪

(一) 信用卡诈骗罪的概念和构成要件

信用卡诈骗罪,是指以非法占有为目的,使用伪造的或者以虚假的身份骗领的信用卡,使用作废的信用卡,冒用他人的信用卡或者恶意透支,骗取数额较大的公私财物的行为。

本罪的构成要件是：

1. 本罪的客观方面表现为使用伪造的或者以虚假的身份骗领的信用卡，使用作废的信用卡，冒用他人的信用卡或者恶意透支，骗取数额较大的公私财物的行为。信用卡诈骗具体包括以下行为方式。

一是使用伪造的信用卡，或者使用以虚假的身份证明骗领的信用卡。这里的“使用”，是以能够实现真实有效的信用卡的功能、用途的方式予以利用的行为，即只有可以用信用卡进行交付结算的经济行为才属于这里的“使用”，包括用信用卡在特约商户购买商品、在银行或自动柜员机上取现以及接受以信用卡进行支付结算的各种服务。“伪造的信用卡”，是指仿照真实有效的信用卡，使用各种方法制作的假信用卡。“以虚假的身份证明骗领的信用卡”，是指使用以伪造的身份证等虚假的身份证明材料骗取银行或信用卡发行机构的信任而取得的信用卡。这类信用卡在形式上是真实的信用卡，就实质而言则属于违法取得的信用卡。

二是使用作废的信用卡。“作废的信用卡”是指基于法定的原因而失去效用的信用卡。根据各银行规定的信用卡章程，导致信用卡作废的法定原因主要有以下几种情况：超过有效使用期限而失效；持卡人在信用卡有效期内中途停止使用，在办理退卡手续后即归于作废的信用卡；因挂失而作废的信用卡。

三是冒用他人的信用卡。这是指非持卡人未经持卡人同意或授权，以持卡人的名义使用信用卡进行购物、消费、提取现金等骗取财物的行为。根据 2009 年 12 月 3 日最高人民法院、最高人民检察院《关于办理妨害信用卡管理刑事案件具体应用法律若干问题的解释》，“冒用他人信用卡”包括以下情形：拾得他人信用卡并使用的；骗取他人信用卡并使用的；窃取、收买、骗取或者以其他非法方式获取他人信用卡信息资料，并通过互联网、通讯终端等使用的；其他冒用他人信用卡的情形。

四是恶意透支的。“信用卡透支”，是指持卡人在其发卡银行信用卡账户上资金不足或已无资金的情况下，经银行同意，仍使用信用卡进行消费，然后在一定时间内补充资金，并支付利息。信用卡透支有善意透支和恶意透支之分。持卡人讲求信誉，在规定的时间内及时归还透支款及利息的，属于善意透支。根据《刑法》第 196 条第 2 款的规定，“恶意透支”，是指持卡人以非法占有为目的，超过规定限额或者规定期限透支，并且经发卡银行催收后仍不归还的行为。

区分恶意透支与善意透支的根本标准就是看行为人主观上是否具有非法占

有的目的,至于客观上是否超越限额、期限透支,透支后经银行催收是否归还等只是认定行为人主观意志内容的表征,而不具有决定性意义。即使持卡人实施了规定限额或规定期限的透支,如果经发卡银行催收归还的,仍应属于“善意透支”的范畴,而且,即使经发卡行催收不还,也应分清不还的原因,不能一概地推定持卡人构成恶意透支。恶意透支的主体仅限于合法持卡人,而不包括以虚假身份证明骗领信用卡的人。“超过规定限额透支”,是指超过信用卡章程和领用信用卡协议明确规定的透支限额。超过规定期限透支,是指持卡人虽然在规定限额内透支但超过允许的期限仍不予偿还的透支行为。如果透支本已超过限额,则不存在允许透支的期限,因为发卡行随时都可以要求行为人偿还透支款项。根据 2009 年 12 月 3 日最高人民法院、最高人民检察院《关于办理妨害信用卡管理刑事案件具体应用法律若干问题的解释》,有以下情形之一的,应当认定为“以非法占有为目的”:明知没有还款能力而大量透支,无法归还的;肆意挥霍透支的资金,无法归还的;透支后逃匿、改变联系方式,逃避银行催收的;抽逃、转移资金,隐匿财产,逃避还款的;使用透支的资金进行违法犯罪活动的;其他非法占有资金,拒不归还的行为。持卡人以非法占有为目的,违反国家规定,使用销售点终端机具(POS 机)等方法,以虚构交易、虚开价格、现金退货等方式直接支取现金,恶意透支,应当追究刑事责任的,以信用卡诈骗罪定罪处罚。恶意透支应当追究刑事责任,但在公安机关立案后人民法院判决宣告前已偿还全部透支款息的,可以从轻处罚,情节轻微的,可以免除处罚。恶意透支数额较大,在公安机关立案前已偿还全部透支款息,情节显著轻微的,可以依法不追究刑事责任。“恶意透支的数额”,是指持卡人拒不归还的数额或者尚未归还的数额,不包括复利、滞纳金、手续费等发卡银行收取的费用。

根据 2010 年 5 月 7 日最高人民检察院、公安部《关于公安机关管辖的刑事案件立案追诉标准的规定(二)》,进行信用卡诈骗活动,涉嫌下列情形之一的,应予立案追诉:使用伪造的信用卡、以虚假的身份证明骗领的信用卡、作废的信用卡或者冒用他人信用卡,进行诈骗活动,数额在 5 000 元以上的;恶意透支,数额在 1 万元以上的。

2. 本罪的主体是已满 16 周岁、具有刑事责任能力的自然人,单位不能构成本罪。

3. 本罪的主观方面表现为直接故意,且具有利用信用卡骗取公私财物的目的。

4. 本罪的客体是国家的信用卡管理制度和公私财产所有权。犯罪对象是公私财产。信用卡不属于本罪的犯罪对象,而属于犯罪工具。

(二) 信用卡诈骗罪的认定

1. 盗窃信用卡并使用行为的定性。盗窃信用卡并使用,是指行为人采取秘密窃取的方法获得他人的信用卡,并假冒该信用卡的持卡人以能够实现法定的信用卡功能、用途的方式加以使用并骗取财物的行为。例如,窃取信用卡后,假冒合法持卡人的名义进行购物消费、取现等。根据《刑法》第 196 条第 3 款的规定,盗窃信用卡并使用的,依照盗窃罪的规定定罪处罚。

2. 信用卡诈骗罪一罪与数罪的界限。行为人先伪造信用卡后,又使用该信用卡骗取财物,数额较大的,应当认定为伪造金融票证罪与信用卡诈骗罪的牵连犯,应按从一重处断原则,以信用卡诈骗罪一罪定罪并从重处罚。行为人既实施了使用伪造的信用卡骗取数额较大的财物的行为,同时也实施了出售其伪造的信用卡的行为,应以信用卡诈骗罪与伪造金融票证罪实行数罪并罚。

(三) 信用卡诈骗罪的处罚

根据《刑法》第 196 条的规定,犯本罪的,处 5 年以下有期徒刑或者拘役,并处 2 万元以上 20 万元以下罚金;数额巨大或者有其他严重情节的,处 5 年以上 10 年以下有期徒刑,并处 5 万元以上 50 万元以下罚金;数额特别巨大或者有其他特别严重情节的,处 10 年以上有期徒刑或者无期徒刑,并处 5 万元以上 50 万元以下罚金或者没收财产。根据 2009 年 12 月 3 日最高人民法院、最高人民检察院《关于办理妨害信用卡管理刑事案件具体应用法律若干问题的解释》,使用伪造的信用卡、以虚假的身份证明骗领的信用卡、作废的信用卡或者冒用他人信用卡,进行信用卡诈骗活动,数额在 5 万元以上不满 50 万元的,应当认定为《刑法》第 196 条规定的"数额巨大";数额在 50 万元以上的,应当认定为《刑法》第 196 条规定的"数额特别巨大"。恶意透支,数额在 10 万元以上不满 100 万元的,应当认定为《刑法》第 196 条规定的"数额巨大";数额在 100 万元以上的,应当认定为《刑法》第 196 条规定的"数额特别巨大"。

十四、保险诈骗罪

(一) 保险诈骗罪的概念和构成要件

保险诈骗罪,是指投保人、被保险人或者受益人虚构事实或者隐瞒事实真相,骗取保险金,数额较大的行为。

本罪的构成要件如下。

1. 本罪的客观方面表现为虚构事实或者隐瞒真相,骗取保险金,数额较大的行为。保险诈骗的行为具体包括以下五种行为方式。

一是投保人虚构保险标的,骗取保险金。“保险标的”,是指作为保险对象的财产及有关利益或者人的寿命或身体。虚构保险标的,是指投保人在与保险公司签订保险合同的过程中,违背《保险法》规定的如实告知义务,捏造或隐瞒与保险标的有关的情况。

二是投保人、被保险人或者受益人对发生的保险事故编造虚假的原因或者夸大损失的程度,骗取保险金。“编造虚假的原因”,是指保险标的因保险责任范围以外的原因发生事故,但隐瞒真实情况,谎称是保险责任范围内的原因所致。“夸大损失程度”,是指保险事故发生后,夸大由保险事故造成的保险标的的损失程度。

三是投保人、被保险人或者受益人编造未曾发生的保险事故,骗取保险金。

四是投保人、被保险人故意造成财产损失的保险事故,骗取保险金。

五是投保人、受益人故意造成被保险人死亡、伤残或者疾病,骗取保险金。

实施上述行为之一,骗取保险金数额较大的,就可构成保险诈骗罪。根据2010年5月7日最高人民检察院、公安部《关于公安机关管辖的刑事案件立案追诉标准的规定(二)》,进行保险诈骗活动,涉嫌下列情形之一的,应予立案追诉:个人进行保险诈骗,数额在1万元以上的;单位进行保险诈骗,数额在5万元以上的。

2. 本罪的主体是特殊主体,即投保人、被保险人、受益人。投保人,是指与保险公司订立保险合同,并根据保险合同负支付保险费义务的人。“被保险人”,是指在保险事故发生或约定的保险期限届满时,依据保险合同有权向保险人请求补偿损失或领取保险金的人。“受益人”,是指由保险合同明确指定的或依照法律规定有权取得保险金的人。此外,单位也可以成为本罪的主体。根据《刑法》第198条第4款的规定,保险事故的鉴定人、证明人、财产评估人故意提供虚假的证明文件,为他人诈骗提供条件的,以保险诈骗的共犯论处。

3. 本罪的主观方面是直接故意,且具有非法占有保险金的目的。

4. 本罪的客体是复杂客体,即国家的保险管理制度和保险公司的财产所有权。犯罪对象是保险金。

（二）保险诈骗罪的认定

1. 保险诈骗罪是否存在未遂形态

根据 1998 年 11 月 27 日最高人民检察院研究室《关于保险诈骗未遂能否按犯罪处理问题的答复》，行为人已经着手实施保险诈骗行为，但由于其意志以外的原因未能获得保险赔偿的，是诈骗未遂，情节严重的，应依法追究刑事责任。这一司法解释明确肯定了保险诈骗罪存在未遂形态。

2. 保险诈骗罪与职务侵占罪、贪污罪的界限

根据《刑法》第 183 条第 1 款、第 3 款的规定，保险公司的工作人员利用职务上的便利，故意编造未曾发生的保险事故进行虚假理赔，骗取保险金归自己所有的，依照职务侵占罪定罪处罚；国有保险公司工作人员和国有保险公司委派到非国有保险公司从事公务的人员有上述行为的，依照贪污罪定罪处罚。

3. 保险诈骗罪一罪与数罪的界限

投保人、被保险人故意造成财产损失的保险事故，骗取保险金的，除构成保险诈骗罪外，还可能构成故意毁坏财物罪、放火罪、爆炸罪、破坏交通工具罪等犯罪。如果投保人、受益人故意造成被保险人死亡、伤残或者疾病，骗取保险金的，除构成保险诈骗罪外，还可能构成故意杀人罪、故意伤害罪、非法拘禁罪、虐待罪等。这两种情形属于典型的牵连犯，但刑法典第 198 条第 2 款为加大对保险诈骗罪的打击力度，明确规定对这两种情形实行数罪并罚。

在实施保险诈骗的过程中实施上述以外的其他手段行为构成犯罪的（如为了骗取保险金而伪造国家机关公文、印章），也属于牵连犯。对这种法律没有规定明确的处断原则的牵连犯的情形，仍应当按照“择一重罪从重处罚”的原则处理。

（三）保险诈骗罪的处罚

根据《刑法》第 198 条的规定，犯本罪的，处 5 年以下有期徒刑或者拘役，并处 1 万元以上 10 万元以下罚金；数额巨大或者有其他严重情节的，处 5 年以上 10 年以下有期徒刑，并处 2 万元以上 20 万元以下罚金；数额特别巨大或者有其他特别严重情节的，处 10 年以上有期徒刑，并处 2 万元以上 20 万元以下罚金或者没收财产。单位犯本罪的，对单位判处罚金，并对其直接负责的主管人员和其他直接责任人员，处 5 年以下有期徒刑或者拘役；数额巨大或者有其他严重情节的，处 5 年以上 10 年以下有期徒刑；数额特别巨大或者有其他特别严重情节的，处 10 年

以上有期徒刑。

十五、逃税罪

(一) 逃税罪的概念和构成要件

逃税罪,是指纳税人采取欺骗、隐瞒手段进行虚假纳税申报或者不申报,逃避缴纳税款数额较大并且占应纳税额10%以上,或者扣缴义务人采取上述手段,不缴或者少缴已扣、已收税款数额较大,或者纳税人缴纳税款后,以假报出口或其他欺骗手段,骗取所缴纳的税款数额较大并且占应纳税额10%以上的行为。

本罪的构成要件如下。

1. 本罪的客观方面表现为采取欺骗、隐瞒手段,进行虚假纳税申报或者不申报,逃避缴纳税款,或者不缴、少缴已扣、已收税款,或者缴纳税款后,以假报出口或其他欺骗手段,骗取所缴纳的税款,且达到法定标准的行为。

在纳税人构成本罪的场合,手段行为包括以下两种情形:(1)采取欺骗、隐瞒手段进行虚假的纳税申报或者不申报;(2)缴纳税款后,采取假报出口或者其他欺骗手段。在扣缴义务人构成本罪的场合,手段行为仅限于上述第一种情形。欺骗、隐瞒手段可以表现为:伪造、变造、隐匿、擅自销毁账簿、记账凭证,这种行为使征收税款失去了直接依据或真实依据;在账簿上多列支出或者不列、少列收入,这种行为使税额减少乃至免除;其他欺骗、隐瞒手段。这里的“虚假的纳税申报”,是指纳税人或者扣缴义务人向税务机关报送虚假的纳税申报表、财务报表、代扣代缴、代收代缴税款报告表或者其他纳税申报资料,如提供虚假申请,编造减税、免税、抵税、先征收后退还税款等虚假资料等。“不申报”,是指行为人不按照规定向有管辖权的税务机关申报生产经营情况和计税金额、财务会计报表等资料。因不申报而成立逃税罪的,不需要采取欺骗、隐瞒手段。

逃避缴纳税款,或者不缴、少缴已扣、已收税款,或者骗取所缴纳的税款是本罪的目的行为。扣缴义务人书面承诺代纳税人支付税款的,应当认定扣缴义务人“已扣、已收税款”。

成立逃税罪,在客观方面还要求逃税行为达到法定标准。对于不同的主体而言,法定标准的内容有所不同:对于纳税人来说,法定标准是指逃避或骗取缴纳税款数额较大并且占应纳税额10%以上;对于扣缴义务人来说,法定标准是指不缴或者少缴已扣、已收税款,数额较大。

根据《刑法》第201条第3款的规定，多次实施逃税行为，未经处理的，按照累计数额计算。这里的“未经处理”，是指纳税人或者扣缴义务人在五年内多次实施逃税行为，但每次逃税数额均未达到《刑法》第201条规定的构成犯罪的数额标准，且未受行政处罚的情形。

此外，根据《刑法修正案（七）》所增加的刑法第201条第4款的规定，纳税人采取欺骗、隐瞒手段进行虚假纳税申报或者不申报，逃避缴纳税款，经税务机关依法下达追缴通知后，补缴应纳税款，缴纳滞纳金，已受行政处罚的，不予追究刑事责任。但是，5年内因逃避缴纳税款受过刑事处罚或者被税务机关给予二次以上行政处罚的除外。

根据2010年5月7日最高人民检察院、公安部《关于公安机关管辖的刑事案件立案追诉标准的规定（二）》，逃避缴纳税款，涉嫌下列情形之一的，应予立案追诉：(1)纳税人采取欺骗、隐瞒手段进行虚假纳税申报或者不申报，逃避缴纳税款，数额在5万元以上并且占各税种应纳税总额10%以上，经税务机关依法下达追缴通知后，不补缴应纳税款、不缴纳滞纳金或者不接受行政处罚的；(2)纳税人5年内因逃避缴纳税款受过刑事处罚或者被税务机关给予二次以上行政处罚，又逃避缴纳税款，数额在5万元以上并且占各税种应纳税总额10%以上的；(3)扣缴义务人采取欺骗、隐瞒手段，不缴或者少缴已扣、已收税款，数额在5万元以上的。纳税人在公安机关立案后再补缴应纳税款、缴纳滞纳金或者接受行政处罚的，不影响刑事责任的追究。

2. 本罪的主体是纳税人、扣缴义务人。纳税人，是指根据法律、行政法规的规定，负有纳税义务的单位或个人。未取得营业执照而从事经营的单位或个人，负有纳税义务的，也是纳税人。扣缴义务人，是指法律、行政法规规定负有代扣代缴、代收代缴义务的单位或个人。扣缴义务人包括代扣代缴义务人和代收代缴义务人。前者是指依照税法规定，有义务从其持有的纳税人收入中扣除其应纳税款并代为缴纳的单位或个人，如向纳税人支付收入的单位等；后者是指依照税法规定，有义务借助经济往来关系向纳税人收取应纳税款并代为缴纳的单位或个人，如商业批发单位等。税务人员与纳税人相互勾结，共同实施逃税行为，构成犯罪的，以逃税罪的共犯论处。

3. 本罪的主观方面表现为直接故意，且具有不缴或少缴税款的目的。

4. 本罪的客体是国家的税收征收管理制度和国家的税收所有权。犯罪对象是依法应当缴纳的税款。

(二)逃税罪的认定

1. 逃税数额及比例的确定

根据有关司法解释,逃税数额,是指在确定的纳税期间,不缴或者少缴各税种税款的总额。逃税数额占应纳税额的百分比,是指一个纳税年度中的各税种逃税总额与该纳税年度应纳税总额的比例。不按纳税年度确定纳税期的其他纳税人,逃税数额占应纳税额的百分比,按照行为人最后一次逃税行为发生之日前一年中各税种逃税总额与该年纳税总额的比例确定。纳税义务存续期间不足一个纳税年度的,逃税数额占应纳税额的百分比,按照各税种逃税总额与实际发生纳税义务期间应当缴纳税款总额的比例确定。逃税行为跨越若干个纳税年度,只要其中一个纳税年度的逃税数额及百分比达到《刑法》第 201 条第 1 款规定的标准,即构成逃税罪。各纳税年度的逃税数额应当累计计算,逃税百分比应当按照最高的百分比确定。

2. 逃税与漏税、欠税的界限

漏税是纳税人因过失而漏缴或者少缴应缴税款的行为,如由于不理解、不熟悉税法规定和财务制度或因工作粗心大意,错用税率、漏报应税项目,不计应税数额、销售金额和经营利润等。欠税是指在法定的纳税期限内,纳税人因无力缴纳税款而拖欠税款的行为。对漏税、欠税行为不能定逃税罪,只能根据《税收征收管理法》的有关规定作出补征等处理。逃税与漏税、欠税在客观上都表现为少缴或不缴税款,三者的主要区别在于:其一,从主观方面来看,逃税是一种故意的违法行为;漏税行为则不是故意实施的,行为人没有少缴或不缴税款的目的;欠税行为人虽然对不缴纳税款存在明知,但由于客观上无力缴纳而未缴纳。其二,从客观方面来看,逃税行为表现为采取欺骗、隐瞒手段进行虚假纳税申报或不申报,逃避缴纳税款,或者不缴、少缴已扣、已收税款,或在缴纳税款后,以假报出口或者其他欺骗手段,骗取所缴纳的税款,而漏税、欠税的行为人则没有采取这些手段。

(三)逃税罪的处罚

根据《刑法》第 201 条、第 211 条、第 212 条的规定,犯本罪的,处 3 年以下有期徒刑或者拘役,并处罚金;数额巨大并且占应纳税额 30%以上的,处 3 年以上 7 年以下有期徒刑,并处罚金。单位犯本罪的,对单位判处罚金,并对其直接负责的主管人员和其他直接责任人员,依照上述规定处罚。犯本罪而被判处罚金的,在执行前，应当先由税务机关追缴税款。根据 2002 年 11 月 5 日最高人民法院《关于审理偷税、抗税刑事案件具体应用法律若干问题的解释》，纳税人、扣缴义务人因同一逃税犯罪行为受到行政处罚，又被移送起诉的，人民法院应当依法受理。依法定罪并判处罚金的，行政罚款折抵罚金。

十六、抗税罪

（一）抗税罪的概念和构成要件

抗税罪，是指纳税人、扣缴义务人以暴力、威胁的方法拒不缴纳税款的行为。

本罪的构成要件如下。

1. 本罪的客观方面表现为以暴力、威胁方法拒不缴纳税款的行为。暴力包括两种情形：一是针对人的身体的暴力，即对税务人员实施殴打、捆绑、禁闭等身体强制；二是针对物的暴力，即对税务机关进行冲击、打砸、破坏，损毁执行征税公务的人员所使用的交通工具。威胁是指以杀害、伤害、毁坏财物、损毁名誉、揭发隐私等方式对税务人员施加精神上的强制，企图使税务人员不敢正常履行征税职责。威胁的内容不以能够当场兑现为必要，但应有付诸实施的可能性；如果行为人一时激动讲了错话、气话，并无将威胁的内容付诸实施的意图，则不能构成本罪。暴力、威胁的指向必须是依法征收税款的税务机关和税务人员；暴力、威胁的实施必须是在税务人员依法执行职务期间。拒不缴纳税款中的“税款”应当是依法应当缴纳的税款；对于错征的“税款”，行为人以暴力、威胁方法抗拒缴纳的，不构成本罪。

2. 本罪的主体是特殊主体，即只有纳税人中的个人或者扣缴义务人中的个人才能单独构成本罪。其他人与纳税人或者扣缴义务人共同实施抗税行为的，以抗税罪的共犯依法定罪处罚。单位不能成为本罪的主体。

3. 本罪的主观方面是直接故意，且行为人具有拒不缴纳税款的目的。

4. 本罪的客体是国家的税收征收管理制度、国家的税收所有权以及税务人员的人身权利。犯罪对象是依法应当缴纳的税款以及依法执行征收税款任务的税务人员。

（二）抗税罪的认定

1. 抗税罪与非罪的界限

本罪虽然属于行为犯，但也要受《刑法》第 13 条“但书”的制约，即综合全案来看属于“情节显著轻微,危害不大的”,只能以一般违法行为处理。根据2010年5月7日最高人民检察院、公安部《关于公安机关管辖的刑事案件立案追诉标准的规定(二)》,以暴力、威胁方法拒不缴纳税款,涉嫌下列情形之一的,应予立案追诉:(1)造成税务工作人员轻微伤以上的;(2)以给税务工作人员及其亲友的生命、健康、财产等造成损害为威胁,抗拒缴纳税款的;(3)聚众抗拒缴纳税款的;(4)以其他暴力、威胁方法拒不缴纳税款的。根据《税收征收管理法》第67条的规定,以暴力、威胁方法拒不缴纳税款,情节轻微,未构成犯罪的,由税务机关追缴其拒缴的税款、滞纳金,并处拒缴税款1倍以上5倍以下的罚款。对于抗税行为是否属于情节轻微,应当结合全案予以认定。

2. 暴力抗税致人伤、亡的定性

暴力抗税致人轻伤或轻微伤的,由于轻伤或轻微伤的结果可以包容在抗税罪的犯罪构成中予以评价,因此应直接以抗税罪论处(其中,故意致人轻伤的情形属于抗税罪与故意伤害罪的想象竞合犯)。实施抗税行为致人重伤、死亡的,属于抗税罪与过失致人重伤罪、过失致人死亡罪或故意伤害罪、故意杀人罪的想象竞合犯,应按照从一重处断原则予以处理。具体来说,实施抗税行为致人重伤、死亡,构成过失致人重伤罪、过失致人死亡罪的,以抗税罪论处;构成故意伤害罪、故意杀人罪的,以故意伤害罪、故意杀人罪论处。

(三)抗税罪的处罚

根据《刑法》第202条、第212条的规定,犯本罪的,处3年以下有期徒刑或者拘役,并处拒缴税款1倍以上5倍以下罚金;情节严重的,处3年以上7年以下有期徒刑,并处拒缴税款1倍以上5倍以下罚金。根据2002年11月5日最高人民法院《关于审理偷税、抗税刑事案件具体应用法律若干问题的解释》,实施抗税行为具有下列情形之一的,属于“情节严重”:(1)聚众抗税的首要分子;(2)抗税数额在10万元以上的;(3)多次抗税的;(4)故意伤害致人轻伤的;(5)具有其他严重情节。犯本罪被判处罚金的,在执行前,应当先由税务机关追缴税款。

十七、骗取出口退税罪

(一)骗取出口退税罪的概念和构成要件

骗取出口退税罪,是指以假报出口或者其他欺骗手段,骗取国家出口退税款,数额较大的行为。

本罪的构成要件如下。

1. 本罪的客观方面表现为以假报出口或者其他欺骗手段，骗取国家出口退税款，数额较大的行为。根据2002年9月17日最高人民法院《关于审理骗取出口退税刑事案件具体应用法律若干问题的解释》，“假报出口”，是指以虚构已税货物出口事实为目的，具有下列情形之一的行为：(1)伪造或者签订虚假的买卖合同；(2)以伪造、变造或者其他非法手段取得出口货物报关单、出口收汇核销单、出口货物专用缴款书等有关出口退税单据、凭证；(3)虚开、伪造、非法购买增值税专用发票或者其他可以用于出口退税的发票；(4)其他虚构已税货物出口事实的行为。具有下列情形之一的，应当认定为“其他欺骗手段”：(1)骗取出口货物退税资格的；(2)将未纳税或者免税货物作为已税货物出口的；(3)虽有货物出口，但虚构该出口货物的品名、数量、单价等要素，骗取未实际纳税部分出口退税款的；(4)以其他手段骗取出口退税款的。数额较大，是指骗取国家出口退税款5万元以上。

2. 本罪的主体既包括自然人，也包括单位。单位实施本罪时，有无进出口经营权不影响本罪的成立。根据有关司法解释，有进出口经营权的公司、企业，明知他人意欲骗取国家出口退税款，仍违反国家有关进出口经营的规定，允许他人自带客户、自带货源、自带汇票并自行报关，骗取国家出口退税款的，以本罪定罪处罚。

3. 本罪的主观方面是直接故意，且行为人具有非法占有国家出口退税款的目的。

4. 本罪的客体是复杂客体，即国家的出口退税管理制度和国家财产所有权。犯罪对象是出口退税款。出口退税，是指税务机关依法在出口环节向出口商品的生产或经营单位退还该商品在国内生产、流通环节已征收的增值税和消费税。

(二) 骗取出口退税罪的认定

1. 骗取出口退税罪未遂形态的认定

本罪是结果犯，以行为人实际取得出口退税款为既遂的标准。根据2002年9月17日最高人民法院《关于审理骗取出口退税刑事案件具体应用法律若干问题的解释》，实施骗取国家出口退税行为，没有实际取得出口退税款的，属于骗取出口退税罪的未遂，可以比照既遂犯从轻或者减轻处罚。这里的“没有实际取得出口退税款”，既包括根本未取得退税款的情形，也包括已经取得部分退税款但未达到数额较大标准的情形。

2. 骗取出口退税罪的罪数问题

骗取出口退税罪只有在没有缴纳税款的情况下才能够成立。根据《刑法》第204条第2款的规定,纳税人缴纳税款后,采取假报出口或者其他欺骗手段,骗取所缴纳的税款的,以逃税罪定罪处罚;骗取税款超过所缴纳的税款部分,以骗取出口退税罪定罪处罚。问题是,在一次骗税行为中,如果行为人骗取所缴纳的税款的行为构成逃税罪,骗取超过所纳税款部分的行为构成骗取出口退税罪的,此时应如何处理?本书认为,上述情形实质上属于一行为触犯数个罪名的想象竞合犯;如果对此实行数罪并罚,就会导致对一行为的重复评价。对上述情形,刑法只是规定按逃税罪和骗取出口退税罪处罚,而并未明示数罪并罚。因此,从一重罪处断并不违背法律的规定。

实施骗取出口退税犯罪,同时构成虚开增值税专用发票罪等其他犯罪的,依照处罚较重的规定定罪处罚。

(三) 骗取出口退税罪的处罚

根据《刑法》第204条、第211条、第212条的规定,犯本罪的,处5年以下有期徒刑或者拘役,并处骗取税款1倍以上5倍以下罚金;数额巨大或者有其他严重情节的,处5年以上10年以下有期徒刑,并处骗取税款1倍以上5倍以下罚金;数额特别巨大或者有其他特别严重情节的,处10年以上有期徒刑或者无期徒刑,并处骗取税款1倍以上5倍以下罚金或者没收财产。单位犯本罪的,对单位判处罚金,并对其直接负责的主管人员和其他直接责任人员,依照上述规定处罚。犯本罪,被判处罚金、没收财产的,在执行前,应当先由税务机关追缴所骗取的出口退税款。根据2002年9月17日最高人民法院《关于审理骗取出口退税刑事案件具体应用法律若干问题的解释》,国家工作人员参与实施骗取出口退税犯罪活动的,依照上述规定从重处罚。

十八、虚开增值税专用发票、用于骗取出口退税、抵扣税款发票罪

(一) 虚开增值税专用发票、用于骗取出口退税、抵扣税款发票罪的概念和构成要件

虚开增值税专用发票、用于骗取出口退税、抵扣税款发票罪,是指违反发票管理法规,为他人虚开、为自己虚开、让他人为自己虚开、介绍他人虚开增值税专用发票或者用于骗取出口退税、抵扣税款的其他发票的行为。

本罪的构成要件如下。

1. 本罪的客观方面表现为违反发票管理法规，虚开增值税专用发票或者用于骗取出口退税、抵扣税款的其他发票的行为。虚开包括两种类型，即无中生有型和有而不实型。前者是指在没有购销事实、提供或接受应税劳务的情况下凭空开具上述发票；后者是指在有购销事实、提供或接受应税劳务的情况下开具数额不实的上述发票。

根据《刑法》第 205 条第 3 款的规定，虚开具体包括为他人虚开、为自己虚开、让他人为自己虚开、介绍他人虚开。为他人虚开，是指在他人没有货物购销或应税劳务交易的情况下，用自己的上述发票为他人开具，或者在他人有货物购销或应税劳务交易的情况下，为他人开具数额不实的上述发票。为自己虚开，是指行为人在本身没有货物购销或应税劳务交易的情况下，为自己开具上述发票，或者在有货物购销或应税劳务交易的情况下，为自己开具数额不实的上述发票。让他人为自己虚开，是指行为人让与自己有货物购销或应税劳务交易关系的当事人为自己开具数额不实的上述发票，或者让与自己没有货物购销或应税劳务交易关系的人为自己开具上述发票。介绍他人虚开，是指行为人在发票的拥有人（开票人）和受票人之间为实施虚开增值税专用发票或者用于骗取出口退税、抵扣税款的其他发票犯罪进行斡旋、沟通的行为。介绍他人虚开包括两种情况：一是行为人介绍开票人与受票人直接见面，自己从中获取非法利益；二是行为人指使开票人将发票开给其指定的受票人，自己从中获取非法利益。

本罪是行为犯，即行为人只要实施了其中一种行为即可构成本罪的既遂，至于虚开发票后是否造成逃税或骗税的后果，并不影响本罪基本形态的既遂的成立。根据 2010 年 5 月 7 日最高人民检察院、公安部《关于公安机关管辖的刑事案件立案追诉标准的规定（二）》，虚开增值税专用发票或者虚开用于骗取出口退税、抵扣税款的其他发票，虚开的税款数额在 1 万元以上或者致使国家税款被骗数额在 5 000 元以上的，应予立案追诉。

2. 本罪的主体既包括自然人，也包括单位。

3. 本罪的主观方面是故意。行为人在为他人虚开或者介绍他人虚开时通常具有牟取非法经济利益的目的，在为自己虚开或让他人为自己虚开时通常具有骗取出口退税、抵扣税款的目的。

4. 本罪的客体是国家的发票管理制度。犯罪对象是增值税专用发票、可用于骗取出口退税和抵扣税款的发票。前者是指以商品或劳务的增值额为征税客体,并具有直接抵扣税款功能的专门用于增值税的收付款凭证。后者是指除增值税专用发票以外的,其他可用于出口退税、抵扣税款的农产品收购发票、废旧物品回收发票、运输发票等。本罪的犯罪对象,既包括从税务机关合法领购的发票,也包括从税务机关非法领购的发票以及通过其他手段(如非法制造、非法购买、盗窃、抢夺、骗取、捡拾、接受赠与、转让等)获取的发票。

(二) 虚开增值税发票、用于骗取出口退税、抵扣税款发票罪的认定

以逃税或骗取出口退税为目的而在虚开值税专用发票、用于骗取出口退税、抵扣税款发票后实施逃税或骗取出口退税行为的,如果两行为分别符合虚开增值税发票、用于骗取出口退税、抵扣税款发票罪与逃税罪、骗取出口退税罪的构成要件,则两行为之间存在手段行为与目的行为的牵连关系。对此,应按牵连犯的处断原则择一重罪论处。

(三) 虚开增值税发票、用于骗取出口退税、抵扣税款发票罪的处罚

根据《刑法》第 205 条、第 212 条的规定,犯本罪的,处 3 年以下有期徒刑或者拘役,并处 2 万元以上 20 万元以下罚金;虚开的税款数额较大或者有其他严重情节的,处 3 年以上 10 年以下有期徒刑,并处 5 万元以上 50 万元以下罚金;虚开的税款数额巨大或者有其他特别严重情节的,处 10 年以上有期徒刑或者无期徒刑,并处 5 万元以上 50 万元以下罚金或者没收财产。单位犯本罪的,对单位判处罚金,并对其直接负责的主管人员和其他直接责任人员,处 3 年以下有期徒刑或者拘役;虚开的税款数额较大或者有其他严重情节的,处 3 年以上 10 年以下有期徒刑;虚开的税款数额巨大或者有其他特别严重情节的,处 10 年以上有期徒刑或者无期徒刑。犯本罪被判处罚金、没收财产的,在执行前,应当先由税务机关追缴税款和所骗取的出口退税款。

十九、假冒注册商标罪

(一) 假冒注册商标罪的概念和构成要件

假冒注册商标罪,是指未经注册商标所有人的许可,在同一种商品上使用与其注册商标相同的商标,情节严重的行为。

本罪的构成要件如下。

1. 本罪的客观方面表现为未经注册商标所有人许可,在同一种商品上使用

与其注册商标相同的商标的行为。注册商标所有人，是指对注册商标依法享有权利并承担义务的单位或个人。未经注册商标所有人许可包括三种情形：一是没有与注册商标所有人签订商标使用许可合同；二是伪造、涂改商标使用许可合同；三是超出注册商标所有人许可使用的范围、期限或数量或私自允许他人使用注册商标。名称相同的商品以及名称不同但指同一事物的商品，可以认定为“同一种商品”。“名称”是指国家工商行政管理总局商标局在商标注册工作中对商品使用的名称，也即《商标注册用商品和服务国际分类》中规定的商品名称。“名称不同但指同一事物的商品”是指在功能、用途、主要原料、消费对象、销售渠道等方面相同或者基本相同，相关公众一般认为是同一种事物的商品。认定“同一种商品”，应当在权利人注册商标核定使用的商品和行为人实际生产销售的商品之间进行比较。这里的“使用”，是指将注册商标或者假冒的注册商标用于商品、商品包装或者容器以及产品说明书、商品交易文书，或者将注册商标或者假冒的注册商标用于广告宣传、展览以及其他商业活动等行为。“相同的商标”，是指与被假冒的注册商标完全相同，或者与被假冒的注册商标在视觉上基本无差别、足以对公众产生误导的商标。在认定商标是否相同时，应遵循以下原则：以相关公众的一般注意力为标准；既要进行对商标的整体比对，又要进行对商标主要部分的比对，比对应当在比对对象隔离的状态下分别进行。商标相同的判断应以核准注册的商标为基准，而不以商标注册人实际使用的商标为准。具有下列情形之一，可以认定为“与其注册商标相同的商标”：(1)改变注册商标的字体、字母大小写或者文字横竖排列，与注册商标之间仅有细微差别的；(2)改变注册商标的文字、字母、数字等之间的间距，不影响体现注册商标显著特征的；(3)改变注册商标颜色的；(4)其他与注册商标在视觉上基本无差别、足以对公众产生误导的商标。

假冒他人注册商标的行为只有达到情节严重的程度，才能成立本罪。根据2010年5月7日最高人民检察院、公安部《关于公安机关管辖的刑事案件立案追诉标准的规定(二)》，未经注册商标所有人的许可，在同一种商品上使用与其注册商标相同的商标，涉嫌下列情形之一的，应予立案追诉：(1)非法经营数额在5万元以上或者违法所得数额在3万元以上的；(2)假冒两种以上注册商标，非法经营数额在3万元以上或者违法所得数额在2万元以上的；(3)其他情节严重的情形。这里的“非法经营数额”，是指行为人在实施假冒注册商标行为的过程中，制造、储存、运输、销售侵权产品的价值。已销售的侵权产品的价值，按照实际销售的价格计算。制造、储存、运输和未销售的侵权产品的价值,按照标价或者已经查清的侵权产品的实际销售平均价格计算。侵权产品没有标价或者无法查清其实际销售价格的,按照被侵权产品的市场中间价格计算。多次实施假冒注册商标行为,未经行政处理或者刑事处罚的,非法经营数额、违法所得数额累计计算。单位实施假冒注册商标行为的,按照上述个人犯罪的定罪量刑标准定罪处罚。

2. 本罪的主体既包括自然人,也包括单位。明知他人实施假冒注册商标犯罪,而为其提供贷款、资金、账号、发票、证明、许可证件,或者提供生产、经营场所或者运输、储存、代理进出口等便利条件、帮助的,以本罪的共犯论处。

3. 本罪的主观方面是故意,且行为人通常具有牟取非法经济利益的目的。但是,是否具备这种目的不影响本罪的成立。

4. 本罪的客体是国家的商标管理制度和他人的注册商标专用权。犯罪对象是他人的注册商标,即经商标局依法核准注册的商标。这里的"他人",包括单位和个人。这里的"注册商标"仅包括注册商品商标,注册服务商标、未经注册的商标、已被撤销的注册商标以及超过保护期限而未在规定的续展期内提出续展的商标均不在本罪中的"注册商标"范围之列。

(二) 假冒注册商标罪的认定

1. 假冒注册商标罪与非罪的界限

擅自在同一种商品上使用与他人注册商标近似的商标的,以及在类似商品上使用与他人注册商标相同或近似的商标的,属于普通的商标侵权行为,不构成假冒注册商标罪。近似商标,是指与注册商标相比较,其文字的字形、读音、含义或者图形的构图及颜色,或者其各要素组合后的整体结构相似,或者其立体形状、颜色组合近似,易使相关公众对商品的来源产生误认或者认为其来源与注册商标的商品有特定联系的商标。类似商品,是指在功能、用途、生产部门、销售渠道、消费对象等方面相同,或者相关公众一般认为其存在特定联系、容易造成混淆的商品。

假冒他人商品上的装潢的行为也不构成假冒注册商标罪。对于假冒他人知名商品上的装潢的行为,造成与他人知名商品相混淆,使得消费者误认为是该知名商品的,构成不正当竞争,应当追究行为人的民事责任或行政责任,而不能以假冒注册商标罪追究行为人的刑事责任。当然,如果为了保护名牌产品,将实际起到商标作用的装潢作为商标注册即所谓的"全包装注册",那么,假冒这种装潢的行为就可能构成假冒注册商标罪。当然,这种情形实质上仍然属于假冒他人注册商标。

2. 假冒注册商标罪一罪与数罪的界限

根据2004年12月8日最高人民法院、最高人民检察院《关于办理侵犯知识产权刑事案件具体应用法律若干问题的解释》，实施假冒注册商标犯罪，又销售该假冒注册商标的商品，构成犯罪的，应当以假冒注册商标罪定罪处罚；实施假冒注册商标犯罪，又销售明知是他人的假冒注册商标的商品，构成犯罪的，应当实行数罪并罚。

在由不同主体实施假冒注册商标、销售假冒注册商标的商品的情况下，如果假冒注册商标的商品的生产者和销售者事先无通谋，则分别定假冒注册商标罪和销售假冒注册商标的商品罪；如果事先有通谋，生产和销售只是分工的不同，则成立假冒注册商标罪的共同犯罪，对销售者不再定销售假冒注册商标的商品罪。

（三）假冒注册商标罪的处罚

根据《刑法》第213条、第220条的规定，犯本罪的，处3年以下有期徒刑或者拘役，并处或者单处罚金；情节特别严重的，处3年以上7年以下的有期徒刑，并处罚金。单位犯本罪的，对单位判处罚金，并对其直接负责的主管人员和其他直接责任人员，依照上述规定处罚。根据2004年12月8日最高人民法院、最高人民检察院《关于办理侵犯知识产权刑事案件具体应用法律若干问题的解释》，具有下列情形之一的，属于“情节特别严重”：(1)非法经营数额在25万元以上或者违法所得数额在15万元以上的；(2)假冒两种以上注册商标，非法经营数额在15万元以上或者违法所得数额在10万元以上的；(3)其他情节特别严重的情形。

二十、侵犯著作权罪

（一）侵犯著作权罪的概念和构成要件

侵犯著作权罪，是指以营利为目的，未经著作权人许可而复制发行其作品，出版他人享有专有出版权的图书，未经录音录像制作者许可而复制发行其制作的录音录像，或者制作、出售假冒他人署名的美术作品，违法所得数额较大或者有其他严重情节的行为。

本罪的构成要件如下。

1. 本罪的客观方面表现为侵犯他人著作权的行为。《著作权法》规定了多种侵犯著作权的行为，但根据《刑法》第217条的规定，只有以下四种行为可以成立侵犯著作权罪。

一是未经著作权人许可,复制发行其文字作品、音乐、电影、电视、录像作品、计算机软件及其他作品。“未经著作权人许可”,是指没有得到著作权人授权或者伪造、涂改著作权人授权许可文件或者超出授权许可范围的情形。“复制”,是指以印刷、复印、临摹、拓印、录音、录像、翻拍等方式将作品制成一份或多份的行为。“发行”,是指为满足公众的合理需求,通过出售、出租等方式向公众提供一定数量的作品复印件。“发行”,包括总发行、批发、零售、通过信息网络传播以及出租、展销等活动。通过信息网络向公众传播他人文字作品、音乐、电影、电视、录像作品、计算机软件及其他作品的行为,应当视为“复制发行”。“复制发行”,包括复制、发行或者既复制又发行的行为。侵权产品的持有人通过广告、征订等方式推销侵权产品的,属于“发行”。非法出版、复制、发行他人作品,侵犯著作权构成犯罪的,按照本罪定罪处罚,不认定为非法经营罪等其他犯罪。文字作品,是指小说、诗词、散文、论文等以文字形式表现的作品。音乐作品,是指歌曲、交响乐等能够演唱或者演奏的带词或者不带词的作品。电影作品、电视、录像作品,是指摄制在一定介质上,由一系列有伴音或者无伴音的画面组成,并且借助适当装置放映或者以其他方式传播的作品。计算机软件,是指与计算机硬件(计算机主机外部设备)相对而言的计算机程序及其有关文档。其他作品,是指口述作品、戏剧作品、曲艺作品、舞蹈作品、杂技艺术作品、美术作品、建筑作品、摄影作品、以类似摄制电影的方法创作的作品、图形作品、模型作品、民间文学艺术作品以及法律、行政法规规定的其他作品。

二是出版他人享有专有出版权的图书。出版是指将作品编辑加工后,经过复制向公众发行。专有出版权,是指出版者根据图书专有出版合同而享有的,在合同约定的期限、地区,排除原著作权人和第三人出版该图书的权利。专有出版权属于著作邻接权,其源于著作权人的授权。不仅不享有专有出版权的单位或个人可以因实施侵犯专有出版权的行为构成本罪,而且就连著作权人也可能与不享有专有出版权的单位或个人勾结等而成为本罪的主体。出版他人享有专有出版权的图书的行为构成本罪,必须以未经专有出版权人许可为前提,至于是否经著作权人许可,则并不影响犯罪的成立。

三是未经录音录像制作者许可,复制发行其制作的录音录像。未经录音录像制作者许可,通过信息网络传播其制作的录音录像制品的行为,应当视为这里的

"复制发行"。录音录像制作者是指录音录像制品的首次制作人。录音制品，是指任何对表演的声音和其他声音的录制品。录像制品，是指电影作品和以类似摄制电影的方法创作的作品以外的任何有伴音或者无伴音的连续相关形象、图像的录制品。录音录像制品与录像作品的含义是不同的。前者仅是一种物化的载体，其中并不包含创造性劳动，是录音录像制作者为传播他人作品而制作的，其享有的是该录音录像作品的邻接权；后者是智力创作的成果，是享有著作权的作品。

四是制作、出售假冒他人署名的美术作品。这一行为不仅直接侵犯了著作权人的人身权，而且间接影响了著作权人的作品在市场上的销售活动，从而影响了著作权中的财产权。美术作品，是指绘画、书法、雕塑等以线条、色彩或者其他方式构成的有审美意义的平面或者立体的造型艺术作品。制作假冒他人署名的美术作品包括以下三种情形：一是临摹他人的美术作品，然后署上他人的姓名；二是将自己创作的美术作品署上他人的姓名；三是在他人的美术作品上署上名家的姓名。

侵犯他人著作权的行为，违法所得数额较大或有其他严重情节的，构成本罪。违法所得数额是指获利数额，即在经营活动中非法获得的利润数额。就外延而言，销售金额大于违法所得数额。根据 2004 年 12 月 8 日最高人民法院、最高人民检察院《关于办理侵犯知识产权刑事案件具体应用法律若干问题的解释》以及 2007 年 4 月 5 日最高人民法院、最高人民检察院《关于办理侵犯知识产权刑事案件具体应用法律若干问题的解释(二)》，违法所得数额在 3 万元以上的，属于"违法所得数额较大"。具有下列情形之一的，属于"有其他严重情节"：(1)非法经营数额在 5 万元以上的；(2)未经著作权人许可，复制发行其文字作品、音乐、电影、电视、录像作品、计算机软件及其他作品，复制品数量合计在 500 张(份)以上的；(3)其他严重情节的情形。单位实施侵犯著作权行为的，"违法所得数额较大"和"有其他严重情节"的标准按照上述个人犯罪的定罪量刑标准掌握。根据 2005 年 10 月 13 日最高人民法院、最高人民检察院《关于办理侵犯著作权刑事案件中涉及录音录像制品有关问题的批复》，以营利为目的，未经录音录像制作者许可，复制发行其制作的录音录像制品的，复制品的数量标准适用上述第(2)项情形。根据 2011 年 1 月 10 日最高人民法院、最高人民检察院、公安部《关于办理侵犯知识产权刑事案件适用法律若干问题的意见》，以营利为目的，未经著作权人许可，通过信息网络向公众传播他人文字作品、音乐、电影、电视、美术、摄影、录像作品、录音录像制品、计算机软件及其他作品,具有下列情形之一的,属于“有其他严重情节”:(1)非法经营数额在5万元以上的;(2)传播他人作品的数量合计在500件(部)以上的;(3)传播他人作品的实际被点击数达到5万次以上的;(4)以会员制方式传播他人作品,注册会员达到1 000人以上的;(5)数额或者数量虽未达到第(1)项至第(4)项规定标准,但分别达到其中两项以上标准一半以上的;(6)其他严重情节的情形。“非法经营数额”,是指以侵权复制品的定价数额乘以行为人经营的非法出版物数量所得的数额。侵权复制品没有定价或者以境外货币定价的,其单价数额应当按照行为人实际出售的价格认定。

2. 本罪的主体是既包括自然人,也包括单位。明知他人实施侵犯著作权犯罪,而为其提供贷款、资金、账号、发票、证明、许可证件,或者提供生产、经营场所或者运输、储存、代理进出口等便利条件、帮助的,以本罪的共犯论处。

3. 本罪的主观方面表现为直接故意,且具有营利的目的。根据2004年12月8日最高人民法院、最高人民检察院《关于办理侵犯知识产权刑事案件具体应用法律若干问题的解释》,以刊登收费广告等方式直接或者间接收取费用的情形,属于“以营利为目的”。根据2011年1月10日最高人民法院、最高人民检察院、公安部《关于办理侵犯知识产权刑事案件适用法律若干问题的意见》,除销售外,具有下列情形之一的,可以认定为“以营利为目的”:(1)以在他人作品中刊登收费广告、捆绑第三方作品等方式直接或者间接收取费用的;(2)通过信息网络传播他人作品,或者利用他人上传的侵权作品,在网站或者网页上提供刊登收费广告服务,直接或者间接收取费用的;(3)以会员制方式通过信息网络传播他人作品,收取会员注册费或者其他费用的;(4)其他利用他人作品牟利的情形。营利目的是否实现,不影响本罪的成立。

4. 本罪的客体是国家的著作权管理制度和他人的著作权、著作邻接权。著作权,是指作者或其他公民、法人、其他组织对文学、艺术、科学作品所依法享有的权利,包括著作人身权和著作财产权。著作人身权,是指作者对其作品依法享有的与其人身密不可分的权利,包括发表权、署名权、修改权、保持作品完整权。著作财产权,是指著作权人对其作品所依法享有的使用和获得报酬的权利,以及许可他人使用并由此获得报酬的权利。著作邻接权,是指传播作品的人对其赋予作品的传播形式所享有的权利。

(二) 侵犯著作权罪的认定

1. 关于侵犯著作权犯罪案件中“未经著作权人许可”的认定问题

根据 2011 年 1 月 10 日最高人民法院、最高人民检察院、公安部《关于办理侵犯知识产权刑事案件适用法律若干问题的意见》,“未经著作权人许可”一般应当依据著作权人或者其授权的代理人、著作权集体管理组织、国家著作权行政管理部门指定的著作权认证机构出具的涉案作品版权认证文书,或者证明出版者、复制发行者伪造、涂改授权许可文件或者超出授权许可范围的证据,结合其他证据综合予以认定。在涉案作品种类众多且权利人分散的案件中,上述证据确实难以一一取得,但有证据证明涉案复制品系非法出版、复制发行,且出版者、复制发行者不能提供获得著作权人许可的相关证明材料的,可以认定为“未经著作权人许可”。但是,有证据证明权利人放弃权利、涉案作品的著作权不受我国著作权法保护,或者著作权保护期限已经届满的除外。

2. 侵犯著作权罪一罪与数罪的界限

实施侵犯著作权罪,又销售该侵权复制品的,其销售侵权复制品的行为是一种不可罚的事后行为,为前行为(侵犯著作权行为)所吸收,仅以侵犯著作权罪论处。如果其销售的侵权复制品是他人制造的,则应以侵犯著作权罪与销售侵权复制品罪实行并罚。在由不同犯罪主体实施侵犯著作权、销售侵权复制品的情况下,如果侵权复制品的生产者和销售者事先无通谋,则分别定侵犯著作权罪和销售侵权复制品罪;如果事先有通谋,生产和销售只是分工的不同,则成立侵犯著作权罪的共同犯罪,对销售者不再定销售侵权复制品罪。

(三) 侵犯著作权罪的处罚

根据《刑法》第 217 条、第 220 条的规定,犯本罪的,处 3 年以下有期徒刑或者拘役,并处或者单处罚金;违法所得数额巨大或者有其他特别严重情节的,处 3 年以上 7 年以下有期徒刑,并处罚金。单位犯本罪的,对单位判处罚金,并对直接负责的主管人员和其他直接责任人员,按照上述规定处罚。根据 2004 年 12 月 8 日最高人民法院、最高人民检察院出台的《关于办理侵犯知识产权刑事案件具体应用法律若干问题的解释》以及 2007 年 4 月 5 日最高人民法院、最高人民检察院出台的《关于办理侵犯知识产权刑事案件具体应用法律若干问题的解释(二)》,违法所得数额在 15 万元以上的,属于“违法所得数额巨大”。具有下列情形之一的,属于“有其他特别严重情节”:(1)非法经营数额在 25 万元以上的;(2)未经著作权人许可,复制发行其文字作品、音乐、电影、电视、录像作品、计算机软件及其他作品,复制品数量合计在2500张(份)以上的;(3)其他特别严重情节的情形。

二十一、侵犯商业秘密罪

(一)侵犯商业秘密罪的概念和构成要件

侵犯商业秘密罪,是指采取不正当手段,获取、使用、披露或者允许他人使用权利人的商业秘密,给商业秘密的权利人造成重大损失的行为。

本罪的构成要件如下。

1. 本罪的客观方面表现为侵犯商业秘密,给商业秘密的权利人造成重大损失的行为。侵犯商业秘密具体包括以下四种行为方式。

一是非法获取商业秘密的行为,即以盗窃、利诱、胁迫或者其他不正当手段获取权利人的商业秘密。非法获取商业秘密,是其他侵犯商业秘密的行为得以成立的前提条件和基础。盗窃,是指以复印、照相、监听、模拟等手段秘密窃取权利人的商业秘密;利诱,是指以高额物质报酬、优厚的工作条件或者其他利益,引诱了解、掌握商业秘密的人泄露商业秘密;胁迫,是指对商业秘密的权利人或者其雇员、合营者、顾问以及其他了解、掌握商业秘密的人进行涉及生命、健康、荣誉、名誉、财产、业务等的威胁或要挟,以达到精神上的强制,迫使其提供商业秘密;其他不正当手段,是指除前述三种手段以外,违背商业秘密权利人的意愿,可以获取权利人的商业秘密的其他违法手段,如以所谓的洽谈业务、合作开发、参与技术鉴定会或评审会的名义或以抢夺、侵占、欺骗等方法获取权利人的商业秘密等。以正当手段获取权利人的商业秘密的,不构成本罪,如他人通过独立的研制开发或通过反向工程[2]获取相同的商业秘密的,就属于以正当手段获取权利人商业秘密的情形。

二是滥用非法获取的商业秘密的行为,即披露、使用或者允许他人使用以前述手段获取的权利人的商业秘密。此类行为属于上述第一类行为的后续行为。其针对的对象仅限于行为人自身直接获取的权利人的商业秘密;如果行为人所针对的对象是从其他知悉权利人的商业秘密者所获取的商业秘密,则不属于此类行

[2] 反向工程是指通过对市场销售的产品或其他合法渠道取得的产品进行解剖和分析,从而得出其构造成分以及制造方法或工艺的行为。

为，而可能构成下述间接侵犯商业秘密的行为。披露，是指通过口头、书面或者其他方式，将以不正当手段获取的商业秘密向他人公开，使不应该知道商业秘密的人知悉该商业秘密，从而使有关的技术信息和经营信息不再处于秘密状态。使用，是指将以不正当手段获取的商业秘密在各种有用的场合(如生产、经营、管理)加以运用，如使用技术秘密生产产品、使用客户名单秘密销售产品等。使用商业秘密的具体场合如何，不影响本罪的成立。允许他人使用，是指将以不正当手段获取的商业秘密提供给他人使用，如行为人冒充商业秘密的权利人与他人签订技术实施许可合同，从中收取使用费等。这种允许使用可以是有偿的，也可以是无偿的。

三是滥用合法获取的商业秘密的行为，即违反约定或者违反权利人有关保守商业秘密的要求，披露、使用或者允许他人使用其所掌握的商业秘密。此类行为与上述两类行为最大的区别在于行为人获取商业秘密的手段是正当的。行为人虽然享有在特定范围内使用商业秘密的权利，但由于对权利人负有明示或默示的义务，因而违反约定或违反权利人有关保守商业秘密的要求披露、使用或允许他人使用，即构成对权利人的商业秘密的侵犯。此类行为的行为人一般是通过工作关系、业务关系、合同许可关系等合法途径知悉权利人的商业秘密并负有保密义务的人；其既可以是公司、企业的内部人员，也可以是公司、企业中负有监管、检查、调查和管理等权限的人员。

四是间接侵犯商业秘密的行为，即明知或者应知前述所列行为，获取、使用或者披露他人的商业秘密的，以侵犯商业秘密论。这类行为并没有直接侵犯权利人的商业秘密，但行为人明知或者根据客观情况应当知道向其提供商业秘密的人具有上述三类直接侵犯商业秘密的行为，而仍然获取、使用或披露该商业秘密，因而属于间接侵犯商业秘密的行为。本类行为的主体是第三人。第一人是指商业秘密的权利人，第二人是指前述三种直接侵犯商业秘密的行为人，而第三人则是从直接侵犯商业秘密的行为人那里获取商业秘密的人。需要注意的是，这里的“获取”不要求采取上述第一类行为中的不正当手段，即使行为人以所谓的通过与直接侵犯商业秘密的行为人之间的“公平交易”的方式获取商业秘密的，也应以侵犯商业秘密论。

本罪的客观方面除侵犯商业秘密的行为外，还包括“给商业秘密的权利人造成重大损失”这一结果。根据 2010 年 5 月 7 日最高人民检察院、公安部《关于公安机关管辖的刑事案件立案追诉标准的规定(二)》,侵犯商业秘密,涉嫌下列情形之一的,应予立案追诉:(1)给商业秘密权利人造成损失数额在50万元以上的;(2)因侵犯商业秘密违法所得数额在50万元以上的;(3)致使商业秘密权利人破产的;(4)其他给商业秘密权利人造成重大损失的情形。

2. 本罪的主体既包括自然人,也包括单位。明知他人实施侵犯商业秘密犯罪,而为其提供贷款、资金、账号、发票、证明、许可证件,或者提供生产、经营场所或者运输、储存、代理进出口等便利条件、帮助的,以本罪的共犯论处。

3. 本罪的主观方面是故意,包括直接故意和间接故意。

4. 本罪的客体是国家对商业秘密的管理制度和商业秘密权。犯罪对象是商业秘密。根据《刑法》第219条第4款的规定,商业秘密的权利人,是指商业秘密的所有人和经商业秘密所有人许可的商业秘密使用人。据此,商业秘密的权利人既包括其所有人,也包括一切合法取得商业秘密使用权的人(包括自然人、法人或其他组织)。

(二)侵犯商业秘密罪的认定

1. 商业秘密的认定

根据《刑法》第219条第3款的规定,商业秘密,是指不为公众所知悉,能为权利人带来经济利益,具有实用性并经权利人采取保密措施的技术信息和经营信息。在认定商业秘密时,应注意把握以下构成条件:(1)商业秘密是一种技术信息和经营信息,即具有信息性。即商业秘密是指工商活动中(包括工、农业生产、销售活动在内)有关技术方面和经营方面的信息。与工商活动无关的信息不属于商业秘密。技术信息和经营信息,包括设计、程序、产品配方、制作工艺、制作方法、管理诀窍、客户名单、货源情报、产销策略、招投标中的标底及标书内容等信息。(2)商业秘密是不为公众所知悉的信息,具有秘密性。不为公众所知悉,是商业秘密的本质特征所在,也是商业秘密区别于专利以及其他知识产权的显著标志。不为公众所知悉,是指该信息是不能从公开渠道直接获取的。这里的"公众",不是指所有的他人,而是指某一行业或准备涉足某一行业的有可能从该商业秘密的利用中取得经济利益的人。因此,商业秘密的秘密性是相对的,并非指除了权利人以外在国内和国际上绝对没有其他人知悉,而是指未在本行业内众所周知。实际上,与专利权不同的是,商业秘密的权利人即使在商业秘密的秘密性未丧失之前,也无权禁止他人以独立开发和"反向工程"之类的合法手段获取该商业秘密。(3)商业秘密能为权利人带来经济利益，具有价值性。这种价值性具体表现在能给权利人带来现实的或者潜在的经济利益或者竞争优势。(4)商业秘密能够运用于生产、经营活动中，具有实用性。这里的“实用性”是指商业秘密具有确定的可应用性，是能够实际操作的信息，能够用于解决生产、经营中的现实问题。权利人无论是否实际运用其商业秘密，不影响“实用性”的成立。(5)商业秘密经权利人采取了保密措施，具有保密性。采取保密措施，包括订立保密协议、建立保密制度以及采取其他合理的保密措施。

2. 侵犯商业秘密罪与有关侵犯国家秘密犯罪的竞合问题

刑法中有关侵犯国家秘密的犯罪主要是为境外窃取、刺探、收买、非法提供国家秘密、情报罪、非法获取国家秘密罪、故意泄露国家秘密罪和过失泄露国家秘密罪。侵犯商业秘密罪与这四种侵犯国家秘密的犯罪在犯罪客体、犯罪对象、客观行为方式等方面都存在着较大的区别，其界限一般不难区分。在实践中，应当注意的是商业秘密与国家秘密存在交叉关系时的法律适用问题。具体而言，如果公司、企业的某项商业秘密涉及国家的经济利益，从而被列为国家秘密，则行为人实施侵犯这种商业秘密的行为，且同时符合侵犯商业秘密罪与某种有关国家秘密的犯罪的构成要件的，应当按照想象竞合犯的处断原则，择一重罪论处。

（三）侵犯商业秘密罪的处罚

根据《刑法》第 219 条、第 220 条的规定，犯本罪的，处 3 年以下有期徒刑或者拘役，并处或者单处罚金；造成特别严重后果的，处 3 年以上 7 年以下有期徒刑，并处罚金。单位犯本罪的，对单位判处罚金，并对其直接负责的主管人员和其他直接责任人员，依照上述规定处罚。根据 2004 年 12 月 8 日最高人民法院、最高人民检察院出台的《关于办理侵犯知识产权刑事案件具体应用法律若干问题的解释》，“造成特别严重后果”，是指给商业秘密的权利人造成的损失在 250 万元以上。

二十二、合同诈骗罪

（一）合同诈骗罪的概念和构成要件

合同诈骗罪，是指以非法占有为目的，在签订、履行合同过程中，骗取对方当事人财物，数额较大的行为。

本罪的构成要件如下。

1. 本罪的客观方面表现为在签订、履行合同中，骗取对方当事人财物，数额较大的行为。签订合同,是指缔约当事人双方就合同条款进行协商,意思表示一致而达成协议。履行合同,是指合同生效后,合同当事人按照合同规定的条款履行自己的义务。骗取对方当事人财物的方法包括以下几种情形:(1)以虚构的单位或者冒用他人名义签订合同。这里的"他人",既包括自然人,也包括单位。(2)以伪造、变造、作废的票据或者其他虚假的产权证明作担保。这里的"产权证明",是指能够证明对某项财产享有权利的证明文件,包括土地使用权证、房屋所有权证、银行存单、提货单、仓单、股权证等各种能够证明动产、不动产归属的证明文件。(3)没有实际履行能力,以先履行小额合同或者部分履行合同的方法,诱骗对方当事人继续签订和履行合同。实际履行能力,是指合同当事人据以通过自己的行为全面适当履行合同义务的能力。(4)收受对方当事人给付的货物、货款、预付款或者担保财产后逃匿。(5)以其他方法骗取对方当事人财物。这种规定是一种堵截性条款,其目的在于打击在签订、履行合同过程中利用上述四种手段以外的方法骗取对方当事人财物的行为,具有堵塞拦截犯罪人逃漏法网的功能。根据2010年5月7日最高人民检察院、公安部《关于公安机关管辖的刑事案件立案追诉标准的规定(二)》,以非法占有为目的,在签订、履行合同过程中,骗取对方当事人财物,数额在2万元以上的,应予立案追诉。

2. 本罪的主体既包括自然人,也包括单位。

3. 本罪的主观方面表现为直接故意,且具有非法占有当事人财物的目的。

4. 本罪的客体是市场交易秩序、国家的合同管理制度以及公私财产所有权。犯罪对象是合同对方当事人的财物。

(二)合同诈骗罪的认定

1. 合同诈骗罪与合同纠纷的界限

合同纠纷,是指合同的当事人在签订或履行合同时因各自的权利义务而发生的争议。根据在合同签订、履行的过程中是否采取民事欺诈手段,可以将合同纠纷分为合同民事欺诈纠纷和合同非民事欺诈纠纷。合同民事欺诈纠纷,是指因一方或双方当事人在合同的签订、履行过程中采取虚构事实、隐瞒真相的民事欺诈手段,双方当事人就合同的效力和各自的权利义务发生争议的合同纠纷;合同非民事欺诈纠纷,是指在合同的签订、履行过程中双方当事人均未采取民事欺诈手段,而是基于真实意思表示签订、履行合同,但双方当事人对各自的权利义务发生争议的合同纠纷。

合同诈骗罪与合同非民事欺诈纠纷的主要区别是：(1)从主观方面来看，前者的行为人在主观上具有非法占有对方当事人财物的目的，而后者的行为人则具有通过履行合同获得预期收益的目的。(2)从客观方面来看，前者的行为人在客观上采取了虚构事实、隐瞒真相的欺诈手段；而后者的行为人则没有采取此种手段。(3)合同未履行或未全部履行的原因不同。就合同未履行或未全部履行的原因而言，在前者中是基于行为人主观上不愿意履行；在后者中是基于当事人之间对合同履行的内容发生争议，或者是由于客观上发生了行为人无法预料的情况。

合同诈骗罪与合同民事欺诈纠纷的主要区别是：(1)主观故意的形式不同。前者的故意只能是直接故意，即行为人明知自己的行为会造成扰乱市场秩序和侵害对方当事人财产权利的结果，而希望该结果发生。后者的故意则既可以是直接故意，也可以是间接故意。直接故意是指行为人明知自己的欺诈行为会导致合同对方当事人陷入错误认识并作出错误的意思表示，而希望这种结果发生。后者是指行为人并不考虑其真假尚未确定的陈述可能会使对方当事人作出错误的意思表示，而对此采取一种无所谓的态度。(2)主观目的的内容不同。前者的行为人具有非法占有对方当事人财物的目的，而后者的行为人则不具有此种目的，而是为了用于经营，借以为履约创造条件。是否具有此种目的，是合同诈骗罪与合同民事欺诈纠纷的最关键区别。(3)客观方面的表现不同。前者的行为人没有真正的履行合同义务的行为，而后者的行为人在客观条件允许的情况下则会有履行合同义务的行为。

在司法实践中，在认定行为人是否具有非法占有的目的时，应当坚持主客观相一致的原则，既要避免单纯根据欺诈手段或损失结果实行客观归罪，也不能仅凭被告人自己的供述，而应当根据案件具体情况予以综合分析。具体而言，应当全面考察以下情况：行为人签订、履行合同的条件；行为人在签订合同时履行合同的能力；行为人在签订、履行合同过程中有无欺诈行为；行为人签订合同后有无为履行合同进行准备的行为；行为人对取得财物的处置情况；行为人在违约后有无承担责任的表现；行为人未履行合同或未全部履行合同的原因。

2. 合同诈骗罪与普通诈骗罪的界限

合同诈骗罪是从普通诈骗罪中分离出来的一种犯罪。二者之间存在特别法与普通法的法条竞合关系。二者的主要区别是：(1)前者的主体既可以是自然人，也可以是单位；而后者的主体则只能是自然人。(2)前者的行为发生在体现市场秩序和财产关系的合同签订、履行的过程中;而后者的行为既可以发生在签订、履行合同的过程中,也可以发生在这一过程之外。(3)前者侵犯的客体是市场交易秩序、国家的合同管理制度以及公私财产所有权;而后者侵犯的客体仅仅是公私财产所有权。

(三) 合同诈骗罪的处罚

根据《刑法》第 224 条、第 231 条的规定,犯本罪的,处 3 年以下有期徒刑或者拘役,并处或者单处罚金;数额巨大或者有其他严重情节的,处 3 年以上 10 年以下有期徒刑,并处罚金;数额特别巨大或者有其他特别严重情节的,处 10 年以上有期徒刑或者无期徒刑,并处罚金或者没收财产。单位犯本罪的,对单位判处罚金,并对其直接负责的主管人员和其他直接责任人员,依照上述规定处罚。

二十三、非法经营罪

(一) 非法经营罪的概念和构成要件

非法经营罪,是指违反国家规定,从事非法经营,扰乱市场秩序,情节严重的行为。

本罪的构成要件如下。

1. 本罪的客观方面表现为违反国家规定,从事非法经营,扰乱市场秩序的行为。违反国家规定,是指违反全国人民代表大会及其常务委员会制定的法律和决定、国务院制定的行政法规、规定的行政措施、发布的决定和命令关于对特定物品实行专营、专卖、限制买卖,对特定经营行为实行许可证制度、审批制度的规定。非法经营具体表现为以下几种行为:(1)未经许可经营法律、行政法规规定的专营、专卖物品或者其他限制买卖的物品。未经许可,是指未经主管部门的批准取得经营许可证和相关批准文件。专营、专卖物品,是指法律、行政法规规定只能由特定部门或者单位经营的物品,如烟草、食盐、麻醉药品、军工产品、贵重金属等。其他限制买卖的物品,是指国家法律、行政法规规定的不允许在市场上自由买卖的物品,如棉花、化肥、农药、种子等。(2)买卖进出口许可证、进出口原产地证明以及其他法律、行政法规规定的经营许可证或者批准文件。(3)未经国家有关主管部门批准,非法经营证券、期货或者保险业务的,或者非法从事资金支付结算业务的。(4)其他严重扰乱市场秩序的非法经营行为。这是一种堵截性的规定,在认定时应以法律或司法解释的规定为根据。有关法律和司法解释所确认的由其他严重扰乱市场秩序的非法经营行为所构成的非法经营罪包括以下情形。

其一，在国家规定的交易场所以外非法买卖外汇，扰乱市场秩序，情节严重的，以非法经营罪定罪处罚。

其二，违反国家规定，出版、印刷、复制、发行严重危害社会秩序和扰乱市场秩序的非法出版物，情节严重的，以非法经营罪定罪处罚。

其三，未取得药品生产、经营许可证件和批准文号，非法生产、销售盐酸克仑特罗等禁止在饲料和动物饮用水中使用的药品，扰乱药品市场秩序，情节严重的，或者在生产、销售的饲料中添加盐酸克仑特罗等禁止在饲料和动物饮用水中使用的药品，或者销售明知是添加有该类药品的饲料，情节严重的，以非法经营罪追究刑事责任。

其四，违反国家规定，采取租用国际专线、私设转接设备或者其他方法，擅自经营国际电信业务或者涉港澳台电信业务进行营利活动，扰乱电信市场管理秩序，情节严重的，以非法经营罪定罪处罚。违反国家规定，擅自设置、使用无线电台(站)，或者擅自占用频率，非法经营国际电信业务或者涉港澳台地区电信业务进行营利活动，同时构成非法经营罪和扰乱无线电通信管理秩序罪的，依照处罚较重的规定定罪处罚。采取租用电信国际专线、私设转接设备或者其他方法，擅自经营国际或者香港特别行政区、澳门特别行政区和台湾地区电信业务进行营利活动，扰乱电信市场管理秩序，情节严重的，以非法经营罪追究刑事责任。

其五，违反国家在预防、控制突发传染病疫情等灾害期间有关市场经营、价格管理等规定，哄抬物价、牟取暴利，严重扰乱市场秩序，违法所得数额较大或者有其他严重情节的，以非法经营罪定罪，依法从重处罚。

其六，对于违反国家规定，擅自设立互联网上网服务营业场所，或者擅自从事互联网上网服务经营活动，情节严重，构成犯罪的，以非法经营罪追究刑事责任。

其七，未经国家批准擅自发行、销售彩票，构成犯罪的，以非法经营罪定罪处罚。

其八，违反国家规定，使用销售点终端机具(POS 机)等方法，以虚构交易、虚开价格、现金退货等方式向信用卡持卡人直接支付现金，情节严重的，以非法经营罪定罪处罚。

非法经营行为必须达到情节严重的程度，才能构成犯罪。根据 2010 年 5 月 7 日最高人民检察院、公安部《关于公安机关管辖的刑事案件立案追诉标准的规定

(二)》,违反国家规定,进行非法经营活动,扰乱市场秩序,涉嫌下列情形之一的,应予立案追诉:(1)违反国家有关盐业管理规定,非法生产、储运、销售食盐,扰乱市场秩序,具有下列情形之一的:非法经营食盐数量在20吨以上的;曾因非法经营食盐行为受过2次以上行政处罚又非法经营食盐,数量在10吨以上的。(2)违反国家烟草专卖管理法律法规,未经烟草专卖行政主管部门许可,无烟草专卖生产企业许可证、烟草专卖批发企业许可证、特种烟草专卖经营企业许可证、烟草专卖零售许可证等许可证明,非法经营烟草专卖品,具有下列情形之一的:非法经营数额在5万元以上,或者违法所得数额在2万元以上的;非法经营卷烟20万支以上的;曾因非法经营烟草专卖品3年内受过2次以上行政处罚,又非法经营烟草专卖品且数额在3万元以上的。(3)未经国家有关主管部门批准,非法经营证券、期货、保险业务,或者非法从事资金支付结算业务,具有下列情形之一的:非法经营证券、期货、保险业务,数额在30万元以上的;非法从事资金支付结算业务,数额在200万元以上的;违反国家规定,使用销售点终端机具(POS机)等方法,以虚构交易、虚开价格、现金退货等方式向信用卡持卡人直接支付现金,数额在100万元以上的,或者造成金融机构资金20万元以上逾期未还的,或者造成金融机构经济损失10万元以上的;违法所得数额在5万元以上的。(4)非法经营外汇,具有下列情形之一的:在外汇指定银行和中国外汇交易中心及其分中心以外买卖外汇,数额在20万美元以上的,或者违法所得数额在5万元以上的;公司、企业或者其他单位违反有关外贸代理业务的规定,采用非法手段,或者明知是伪造、变造的凭证、商业单据,为他人向外汇指定银行骗购外汇,数额在500万美元以上或者违法所得数额在50万元以上的;居间介绍骗购外汇,数额在100万美元以上或者违法所得数额在10万元以上的。(5)出版、印刷、复制、发行严重危害社会秩序和扰乱市场秩序的非法出版物,具有下列情形之一的:个人非法经营数额在5万元以上的,单位非法经营数额在15万元以上的;个人违法所得数额在2万元以上的,单位违法所得数额在5万元以上的;个人非法经营报纸5 000份或者期刊5 000本或者图书2 000册或者音像制品、电子出版物500张(盒)以上的,单位非法经营报纸15 000份或者期刊15 000本或者图书5 000册或者音像制品、电子出版物1 500张(盒)以上的;虽未达到上述数额标准,但具有下列情形之一的:两年内因出版、印刷、复制、发行非法出版物受过行政处罚2次以上的,又出版、印刷、复制、发行非法出版物的;因出版、印刷、复制、发行非法出版物造成恶劣社会影响或者其他严重后果的。(6)非法从事出版物的出版、印刷、复制、发行业务，严重扰乱市场秩序，具有下列情形之一的：个人非法经营数额在15万元以上的，单位非法经营数额在50万元以上的；个人违法所得数额在5万元以上的，单位违法所得数额在15万元以上的；个人非法经营报纸15 000份或者期刊15 000本或者图书5 000册或者音像制品、电子出版物1 500张(盒)以上的，单位非法经营报纸5万份或者期刊5万本或者图书15 000册或者音像制品、电子出版物5 000张(盒)以上的；虽未达到上述数额标准，两年内因非法从事出版物的出版、印刷、复制、发行业务受过行政处罚2次以上的，又非法从事出版物的出版、印刷、复制、发行业务的。(7)采取租用国际专线、私设转接设备或者其他方法，擅自经营国际电信业务或者涉港澳台电信业务进行营利活动，扰乱电信市场管理秩序，具有下列情形之一的：经营去话业务数额在100万元以上的；经营来话业务造成电信资费损失数额在100万元以上的；虽未达到上述数额标准，但具有下列情形之一的：两年内因非法经营国际电信业务或者涉港澳台电信业务行为受过行政处罚2次以上，又非法经营国际电信业务或者涉港澳台地区电信业务的；因非法经营国际电信业务或者涉港澳台电信业务行为造成其他严重后果的。(8)从事其他非法经营活动，具有下列情形之一的：个人非法经营数额在5万元以上，或者违法所得数额在1万元以上的；单位非法经营数额在50万元以上，或者违法所得数额在10万元以上的；虽未达到上述数额标准，但两年内因同种非法经营行为受过2次以上行政处罚，又进行同种非法经营行为的；其他情节严重的情形。

2. 本罪的主体既包括自然人，也包括单位。

3. 本罪的主观方面表现为直接故意，且具有牟取非法经济利益的目的。

4. 本罪的客体是市场交易的正常秩序。

(二) 非法经营罪的认定

非法经营罪与骗购外汇罪的区别。非法经营罪中的其他非法经营行为之一是非法买卖外汇的行为。这种行为容易与骗购外汇罪中的骗购外汇的行为相混淆。这两种行为的主要区别是：(1)空间条件不同。前者发生在“黑市”，即国家规定的交易场所以外；而后者则发生在国家规定的外汇交易场所内，即外汇指定银行与购汇单位及个人之间。(2)指向的对象有所不同。前者指向的是黑市外汇；而后者则指向的是外汇指定银行的外汇。(3)侵犯的客体不同。前者侵犯的是市场交易的正常秩序；而后者则侵犯的是国家外汇管理制度。

(三)非法经营罪的处罚

根据《刑法》第225条、第231条的规定,犯本罪的,处5年以下有期徒刑或者拘役,并处或者单处违法所得1倍以上5倍以下罚金;情节特别严重的,处5年以上有期徒刑,并处违法所得1倍以上5倍以下罚金或者没收财产。单位犯本罪的,对单位判处罚金,并对其直接负责的主管人员和其他直接责任人员,依照上述规定处罚。

第三节 本章其他罪名

一、生产、销售劣药罪

生产、销售劣药罪,是指违反国家药品管理法规,生产、销售劣药,对人体健康造成严重危害的行为。根据2015年4月24日修订后的《药品管理法》第49条的规定,药品成分的含量不符合国家药品标准的,为劣药。有下列情形之一的药品,按劣药论处:(1)未标明有效期或者更改有效期的;(2)不注明或者更改生产批号的;(3)超过有效期的;(4)直接接触药品的包装材料和容器未经批准的;(5)擅自添加着色剂、防腐剂、香料、矫味剂及辅料的;(6)其他不符合药品标准规定的。生产、销售劣药需对人体造成严重危害的才成立犯罪。根据2014年《药品案件解释》第5条的规定,生产、销售劣药,具有下列情形之一的,应当认定为"对人体健康造成严重危害":(1)造成轻伤或者重伤的;(2)造成轻度残疾或者中度残疾的;(3)造成器官组织损伤导致一般功能障碍或者严重功能障碍的;(4)其他对人体健康造成严重危害的情形。生产、销售劣药,致人死亡,或者具有以下情形之一的,应当认定为"后果特别严重":(1)致人重度残疾的;(2)造成三人以上重伤、中度残疾或者器官组织损伤导致严重功能障碍的;(3)造成五人以上轻度残疾或者器官组织损伤导致一般功能障碍的;(4)造成十人以上轻伤的;(5)造成重大、特别重大突发公共卫生事件的。

根据《刑法》第142条、第150条的规定,犯本罪的,处3年以上10年以下有期徒刑,并处销售金额50%以上2倍以下罚金;后果特别严重的,处10年以上有期徒刑或者无期徒刑,并处销售金额50%以上2倍以下罚金或者没收财产。单位犯本罪的,对单位判处罚金,并对其直接负责的主管人员和其他直接责任人员,依照上述规定处罚。

二、生产、销售不符合安全标准的食品罪

生产、销售不符合安全标准的食品罪，是指违反国家食品安全管理法规，生产、销售不符合安全标准的食品，足以造成严重食物中毒事故或者其他严重食源性疾病的行为。

不符合安全标准的食品，是指不符合《食品安全法》规定的安全标准的食品(具体指的是2015年新修订的《食品安全法》第33条和第34条所规定的食品安全标准)。根据2013年5月4日最高人民法院、最高人民检察院出台《关于办理危害食品安全刑事案件适用法律若干问题的解释》(以下简称2013年《食品案件解释》)第1条至第4条的规定，生产、销售不符合食品安全标准的食品，具有下列情形之一的，应当认定为“足以造成严重食物中毒事故或者其他严重食源性疾病”：(1)含有严重超出标准限量的致病性微生物、农药残留、兽药残留、重金属、污染物质以及其他危害人体健康的物质的；(2)属于病死、死因不明或者检验检疫不合格的畜、禽、兽、水产动物及其肉类、肉类制品的；(3)属于国家为防控疾病等特殊需要明令禁止生产、销售的；(4)婴幼儿食品中生长发育所需营养成分严重不符合食品安全标准的；(5)其他足以造成严重食物中毒事故或者严重食源性疾病的情形。具有下列情形之一的，应当认定为“对人体健康造成严重危害”：(1)造成轻伤以上伤害的；(2)造成轻度残疾或者中度残疾的；(3)造成器官组织损伤导致一般功能障碍或者严重功能障碍的；(4)造成10人以上严重食物中毒或者其他严重食源性疾病的；(5)其他对人体健康造成严重危害的情形。具有下列情形之一的，应当认定为“其他严重情节”：(1)生产、销售金额20万元以上的；(2)生产、销售金额10万元以上不满20万元，不符合食品安全标准的食品数量较大或者生产、销售持续时间较长的；(3)生产、销售金额10万元以上不满20万元，属于婴幼儿食品的；(4)生产、销售金额10万元以上不满20万元，一年内曾因危害食品安全违法犯罪活动受过行政处罚或者刑事处罚的；(5)其他情节严重的情形。具有下列情形之一的，应当认定为“后果特别严重”：(1)致人死亡或者重度残疾的；(2)造成3人以上重伤、中度残疾或者器官组织损伤导致严重功能障碍的；(3)造成10人以上轻伤、5人以上轻度残疾或者器官组织损伤导致一般功能障碍的；(4)造成30人以上严重食物中毒或者其他严重食源性疾病的；

(5)其他特别严重的后果。

根据《刑法》第 143 条、第 150 条的规定,犯本罪的,处 3 年以下有期徒刑或者拘役,并处罚金;对人体健康造成严重危害或者有其他严重情节的,处 3 年以上 7 年以下有期徒刑,并处罚金;后果特别严重的,处 7 年以上有期徒刑或者无期徒刑,并处罚金或者没收财产。单位犯本罪的,对单位判处罚金,并对其直接负责的主管人员和其他直接责任人员,依照上述规定处罚。

三、生产、销售有毒、有害食品罪

生产、销售有毒、有害食品罪,是指违反食品安全管理法规,在生产、销售的食品中掺入有毒、有害的非食品原料,或者销售明知掺有有毒、有害的非食品原料的食品的行为。

在实践中,对于“有毒”食品的范围较为容易把握,而对于“有害”食品的范围则较难确定,司法认定过程中不能任意扩大“有害”食品的范围。根据 2013 年《食品案件解释》第 20 条的规定,下列物质应当认定为“有毒、有害的非食品原料”:(1)法律、法规禁止在食品生产经营活动中添加、使用的物质;(2)国务院有关部门公布的《食品中可能违法添加的非食用物质名单》《保健食品中可能非法添加的物质名单》上的物质;(3)国务院有关部门公告禁止使用的农药、兽药以及其他有毒、有害物质;(4)其他危害人体健康的物质。

生产、销售有毒、有害食品罪是抽象的危险犯。凡是实施了生产、销售有毒、有害食品的行为就构成本罪,“对人体健康造成严重危害或者有其他严重情节的”“致人死亡或者有其他特别严重情节的”是法定刑升格条件。根据 2013 年《食品案件解释》第 5 条至第 7 条的规定,生产、销售有毒、有害食品,具有本解释第 2 条规定情形之一的,应当认定为“对人体健康造成严重危害”。具有下列情形之一的,应当认定为“其他严重情节”:(1)生产、销售金额 20 万元以上不满 50 万元的;(2)生产、销售金额 10 万元以上不满 20 万元,有毒、有害食品的数量较大或者生产、销售持续时间较长的;(3)生产、销售金额 10 万元以上不满 20 万元,属于婴幼儿食品的;(4)生产、销售金额 10 万元以上不满 20 万元,一年内曾因危害食品安全违法犯罪活动受过行政处罚或者刑事处罚的;(5)有毒、有害的非食品原料毒害性强或者含量高的;(6)其他情节严重的情形。生产、销售有毒、有害食品,生产、销售金额 50 万元以上,或者具有本解释第 4 条规定的情形之一的,应当认定为“致人死亡或者有其他特别严重情节”。

根据《刑法》第 144 条、第 150 条的规定，犯本罪的，处 5 年以下有期徒刑或者拘役，并处罚金；对人体健康造成严重危害或者有其他严重情节的，处 5 年以上 10 年以下有期徒刑，并处罚金；致人死亡或者有其他特别严重情节的，依照刑法第 141 条的规定处罚，即处 10 年以上有期徒刑、无期徒刑或者死刑，并处罚金或者没收财产。单位犯本罪的，对单位判处罚金，并对其直接负责的主管人员和其他直接责任人员，依照上述规定处罚。

四、生产、销售不符合标准的医用器材罪

生产、销售不符合标准的医用器材罪，是指违反国家有关质量管理法规，生产不符合保障人体健康的国家标准、行业标准的医疗器械、医用卫生材料，或者销售明知是不符合保障人体健康的国家标准、行业标准的医疗器械、医用卫生材料，足以严重危害人体健康的行为。

根据《刑法》第 145 条、第 150 条的规定，犯本罪的，处 3 年以下有期徒刑或者拘役，并处销售金额 50%以上 2 倍以下罚金；对人体健康造成严重危害的，处 3 年以上 10 年以下有期徒刑，并处销售金额 50%以上 2 倍以下罚金；后果特别严重的，处 10 年以上有期徒刑或者无期徒刑，并处销售金额 50%以上 2 倍以下罚金或者没收财产。单位犯本罪的，对单位判处罚金，并对其直接负责的主管人员和其他直接责任人员，依照上述规定处罚。

五、生产、销售不符合安全标准的产品罪

生产、销售不符合安全标准的产品罪，是指违反国家有关质量管理法规，生产不符合保障人身、财产安全的国家标准、行业标准的电器、压力容器、易燃易爆产品或者其他不符合保障人身、财产安全的国家标准、行业标准的产品，或者销售明知是以上不符合保障人身、财产安全的国家标准、行业标准的产品，造成严重后果的行为。

根据《刑法》第 146 条、第 150 条的规定，犯本罪的，处 5 年以下有期徒刑，并处销售金额 50%以上 2 倍以下罚金；后果特别严重的，处 5 年以上有期徒刑，并处销售金额 50%以上 2 倍以下罚金。单位犯本罪的，对单位判处罚金，并对其直接负责的主管人员和其他直接责任人员，依照上述规定处罚。

六、生产、销售伪劣农药、兽药、化肥、种子罪

生产、销售伪劣农药、兽药、化肥、种子罪，是指生产假农药、假兽药、假化肥，销售明知是假的或者失去效能的农药、兽药、化肥、种子，或者生产者、销售者以不合格的农药、兽药、化肥、种子冒充合格的农药、兽药、化肥、种子，使生产遭受较大损失的行为。

根据《刑法》第 147 条、第 150 条的规定，犯本罪的，处 3 年以下有期徒刑或者拘役，并处或者单处销售金额 50%以上 2 倍以下罚金；使生产遭受重大损失的，处 3 年以上 7 年以下有期徒刑，并处销售金额 50%以上 2 倍以下罚金；使生产遭受特别重大损失的，处 7 年以上有期徒刑或者无期徒刑，并处销售金额 50%以上 2 倍以下罚金或者没收财产。单位犯本罪的，对单位判处罚金，并对其直接负责的主管人员和其他直接责任人员，依照上述规定处罚。

七、生产、销售不符合卫生标准的化妆品罪

生产、销售不符合卫生标准的化妆品罪，是指违反卫生管理法规，生产不符合卫生标准的化妆品，或者销售明知是不符合卫生标准的化妆品，造成严重后果的行为。

根据《刑法》第 148 条、第 150 条的规定，犯本罪的，处 3 年以下有期徒刑或者拘役，并处或者单处销售金额 50%以上 2 倍以下罚金。单位犯本罪的，对单位判处罚金，并对其直接负责的主管人员和其他直接责任人员，依照上述规定处罚。

八、走私武器、弹药罪

走私武器、弹药罪，是指违反海关法规，逃避海关监管，运输、携带、邮寄武器、弹药进出国(边)境的行为。

本罪的走私对象是武器、弹药。根据 2014 年《走私案件解释》的规定，“武器、弹药”的种类，参照《中华人民共和国进口税则》及《中华人民共和国禁止进出境物品表》的有关规定确定。走私枪支散件，构成犯罪的，以走私武器罪定罪处罚。成套枪支散件以相应数量的枪支计，非成套枪支散件以每 30 件为 1 套枪支散件计。走私各种弹药的弹头、弹壳，构成犯罪的，以走私弹药罪定罪处罚。

根据《刑法》第 151 条的规定，犯本罪的，处 7 年以上有期徒刑，并处罚金或者

没收财产;情节特别严重的,处无期徒刑,并处没收财产;情节较轻的,处 3 年以上 7 年以下有期徒刑,并处罚金。单位犯本罪的,对单位判处罚金,并对其直接负责的主管人员和其他直接责任人员,依照上述规定处罚。根据 2014 年《走私案件解释》第 5 条第 2 款的规定,走私的仿真枪经鉴定为枪支,构成犯罪的,以走私武器罪定罪处罚。不以牟利或者从事违法犯罪活动为目的,且无其他严重情节的,可以依法从轻处罚;情节轻微不需要判处刑罚的,可以免予刑事处罚。

九、走私核材料罪

走私核材料罪,是指违反海关法规,逃避海关监管,运输、携带、邮寄核材料进出国(边)境的行为。本罪与走私武器、弹药罪的行为表现形式相同。

根据《刑法》第 151 条的规定,本罪的法定刑与走私武器、弹药罪相同。

十、走私假币罪

走私假币罪,是指违反海关法规,逃避海关监管,运输、携带、邮寄伪造的货币进出国(边)境的行为。行为人必须明知是伪造的货币而走私,否则不成立本罪。这里的"货币",包括正在流通的人民币和境外货币。伪造的境外货币数额,折合成人民币计算。

根据《刑法》第 151 条的规定,本罪的法定刑与走私武器、弹药罪相同。

十一、走私文物罪

走私文物罪,是指违反海关法规,逃避海关监管,运输、携带、邮寄国家禁止出口的文物出国(边)境的行为。本罪的行为方式只限于出口,不包括进口。如果是从境外走私文物到境内,则可能成立走私普通货物、物品罪。

根据《刑法》第 151 条的规定, 犯本罪的,处 5 年以上 10 年以下有期徒刑,并处罚金;情节特别严重的,处 10 年以上有期徒刑或者无期徒刑,并处没收财产;情节较轻的,处 5 年以下有期徒刑,并处罚金。单位犯本罪的,对单位判处罚金,并对其直接负责的主管人员和其他直接责任人员,依照上述规定处罚。

十二、走私贵重金属罪

走私贵重金属罪,是指违反海关法规,逃避海关监管,运输、携带、邮寄国家禁止出口的黄金、白银和其他贵重金属出国(边)境的行为。本罪的行为方式仅限于将贵重金属从境内走私到境外,如果是从境外走私到境内则可能成立走私普通货物、物品罪。

根据《刑法》第 151 条的规定,本罪的法定刑与走私文物罪相同。

十三、走私珍贵动物、珍贵动物制品罪

走私珍贵动物、珍贵动物制品罪,是指违反海关法规,逃避海关监管,运输、携带、邮寄国家禁止进出口的珍贵动物及其制品进出国(边)境的行为。本罪的走私对象仅限于珍贵动物及其制品。如果是将珍贵的野生动物活体走私入境后又杀害的,应将本罪与非法杀害珍贵野生动物罪数罪并罚。

根据《刑法》第 151 条的规定,本罪的法定刑与走私文物罪相同。

十四、走私国家禁止进出口的货物、物品罪

走私国家禁止进出口的货物、物品罪,是指违反海关法规,逃避海关监管,运输、携带、邮寄珍稀植物及其制品等国家禁止进出口的其他货物、物品进出国(边)境的行为。

根据《刑法》第 151 条的规定,犯本罪的,处 5 年以下有期徒刑,并处或单处罚金;情节严重的,处 5 年以上有期徒刑,并处罚金。单位犯本罪的,对单位判处罚金,并对其直接负责的主管人员和其他直接责任人员,依照上述规定处罚。

十五、走私淫秽物品罪

走私淫秽物品罪,是指以牟利或者传播为目的,违反海关法规,逃避海关监管,运输、携带、邮寄淫秽的影片、录像带、录音带、图片、书刊或者其他淫秽物品进出国(边)境的行为。

根据《刑法》第 152 条的规定,犯本罪的,处 3 年以上 10 年以下有期徒刑,并处罚金;情节严重的,处 10 年以上有期徒刑或者无期徒刑,并处罚金或者没收财产;情节较轻的,处 3 年以下有期徒刑、拘役或者管制,并处罚金。单位犯本罪的,对单位判处罚金,并对其直接负责的主管人员和其他直接责任人员,依照上述规定处罚。

十六、走私废物罪

走私废物罪，是指违反海关法规，逃避海关监管，将境外固体废物、液态废物和气态废物运输进境，情节严重的行为。本罪的走私行为仅限于将废物运输入境的行为。

根据《刑法》第152条的规定，犯本罪的，处5年以下有期徒刑，并处或者单处罚金；情节特别严重的，处5年以上有期徒刑，并处罚金。单位犯本罪的，对单位判处罚金，并对其直接负责的主管人员和其他直接责任人员，依照上述规定处罚。

十七、虚报注册资本罪

虚报注册资本罪，是指申请公司登记的个人或单位在申请公司登记过程中使用虚假证明文件或者采取其他欺诈手段虚报注册资本，欺骗公司登记主管部门，取得公司登记，虚报注册资本数额巨大、后果严重或者有其他严重情节的行为。根据2014年4月24日全国人大常委会通过的《关于〈中华人民共和国刑法〉第一百五十八条、第一百五十九条的解释》，本罪只适用于依法实行注册资本实缴登记制的公司。

根据《刑法》第158条的规定，犯本罪的，处3年以下有期徒刑或者拘役，并处或者单处虚报注册资本金额1%以上5%以下罚金。单位犯本罪的，对单位判处罚金，并对其直接负责的主管人员和其他直接责任人员，处3年以下有期徒刑或者拘役。

十八、虚假出资、抽逃出资罪

虚假出资、抽逃出资罪，是指公司发起人、股东违反公司法的规定未交付货币、实物或者未转移财产权，虚假出资，或者在公司成立后又抽逃其出资，数额巨大、后果严重或者有其他严重情节的行为。本罪只适用于依法实行注册资本实缴登记制的公司。

根据《刑法》第159条的规定，犯本罪的，处5年以下有期徒刑或者拘役，并处或者单处虚假出资金额或者抽逃出资金额2%以上10%以下罚金。单位犯本罪的，对单位判处罚金，并对其直接负责的主管人员和其他直接责任人员，处5年以下有期徒刑或者拘役。

十九、欺诈发行股票、债券罪

欺诈发行股票、债券罪，是指违反公司法或企业法的规定，在招股说明书、认股书、公司、企业债券募集办法中隐瞒重要事实或者编造重大虚假内容，发行股票或者公司、企业债券，数额巨大、后果严重或者有其他严重情节的行为。

根据《刑法》第160条的规定，犯本罪的，处5年以下有期徒刑或者拘役，并处或者单处非法募集资金金额1%以上5%以下罚金。单位犯本罪的，对单位判处罚金，并对其直接负责的主管人员和其他直接责任人员，处5年以下有期徒刑或者拘役。

二十、违规披露、不披露重要信息罪

违规披露、不披露重要信息罪，是指依法负有信息披露义务的公司、企业向股东和社会公众提供虚假的或者隐瞒重要事实的财务会计报告，或者对依法应当披露的其他重要信息不按照规定披露，严重损害股东或者其他人利益，或者有其他严重情节的行为。

根据《刑法》第161条的规定，犯本罪的，对依法负有信息披露义务的公司、企业的直接负责的主管人员和其他直接责任人员，处3年以下有期徒刑或者拘役，并处或者单处2万元以上20万元以下罚金。

二十一、妨害清算罪

妨害清算罪，是指公司、企业进行清算时，违反关于公司、企业法律的规定，隐匿财产，对资产负债表或财产清单做虚伪记载或者在未清偿债务前分配公司、企业财产，严重损害债权人或者其他人利益的行为。本罪的主体是特殊主体，即公司、企业。

根据《刑法》第162条的规定，犯本罪的，对其直接负责的主管人员和其他直接责任人员处5年以下有期徒刑或者拘役，并处或者单处2万元以上20万元以下罚金。

二十二、隐匿、故意销毁会计凭证、会计账簿、财务会计报告罪

隐匿、故意销毁会计凭证、会计账簿、财务会计报告罪，是指隐匿或者故意销

毁依法应当保存的会计凭证、会计账簿、财务会计报告，情节严重的行为。

根据《刑法》第 162 条之一的规定，犯本罪的，处 5 年以下有期徒刑或者拘役，并处或者单处 2 万元以上 20 万元以下罚金。单位犯本罪的，对单位判处罚金，并对其直接负责的主管人员和其他直接责任人员，依照上述规定处罚。

二十三、虚假破产罪

虚假破产罪，是指公司、企业通过隐匿财产、承担虚构的债务或者以其他方法转移、处分财产，实施虚假破产，严重损害债权人或者其他人利益的行为。

根据《刑法》第 162 条之二的规定，犯本罪的，对公司、企业的直接负责的主管人员和其他直接责任人员处 5 年以下有期徒刑或者拘役，并处或者单处 2 万元以上 20 万元以下罚金。

二十四、对非国家工作人员行贿罪

对非国家工作人员行贿罪，是指为牟取不正当利益，给予公司、企业或者其他单位的工作人员以财物，数额较大的行为。

根据《刑法》第 164 条的规定，犯本罪的，处 3 年以下有期徒刑或者拘役，并处罚金；数额巨大的，处 3 年以上 10 年以下有期徒刑，并处罚金。单位犯本罪的，对单位判处罚金，并对其直接负责的主管人员和其他直接责任人员，依照上述规定处罚。行贿人在被追诉前主动交代行贿行为的，可以减轻处罚或者免除处罚。

二十五、对外国公职人员、国际公共组织官员行贿罪

对外国公职人员、国际公共组织官员行贿罪，是指为牟取不正当商业利益，给予外国公职人员或者国际公共组织官员以财物，数额较大的行为。

根据《刑法》第 164 条的规定，犯本罪的，处 3 年以下有期徒刑或者拘役，并处罚金；数额巨大的，处 3 年以上 10 年以下有期徒刑，并处罚金。单位犯本罪的，对单位判处罚金，并对其直接负责的主管人员和其他直接责任人员，依照上述规定处罚。

二十六、非法经营同类营业罪

非法经营同类营业罪，是指国有公司、企业的董事、经理利用职务便利，自己

经营或者为他人经营与其所任职公司、企业同类的营业,获取非法利益,数额巨大的行为。

根据《刑法》第165条的规定,犯本罪的,处3年以下有期徒刑或者拘役,并处或者单处罚金;数额特别巨大的,处3年以上7年以下有期徒刑,并处罚金。

二十七、为亲友非法牟利罪

为亲友非法牟利罪,是指国有公司、企业、事业单位的工作人员,利用职务便利,将本单位的盈利业务交由自己亲友进行经营,或者以明显高于市场的价格向自己的亲友经营管理的单位采购商品或者以明显低于市场的价格向自己的亲友经营管理的单位销售商品,或者向自己的亲友经营管理的单位采购不合格商品,使国家利益遭受重大损失的行为。

根据《刑法》第166条的规定,犯本罪的,处3年以下有期徒刑或者拘役,并处或者单处罚金;致使国家利益遭受特别重大损失的,处3年以上7年以下有期徒刑,并处罚金。

二十八、签订、履行合同失职被骗罪

签订、履行合同失职被骗罪,是指国有公司、企业、事业单位直接负责的主管人员,在签订、履行合同过程中,因严重不负责任被诈骗,致使国家利益遭受重大损失的行为。根据全国人大常委会《关于惩治骗购外汇、逃汇和非法买卖外汇犯罪的决定》第7条的规定,金融机构、从事对外贸易经营活动的公司、企业的工作人员严重不负责任,造成大量外汇被骗购或者逃汇,致使国家利益遭受重大损失的行为,依照《刑法》第167条的规定定罪处罚。

根据《刑法》第167条的规定,犯本罪的,处3年以下有期徒刑或者拘役;致使国家利益遭受特别重大损失的,处3年以上7年以下有期徒刑。

二十九、国有公司、企业、事业单位人员失职罪

国有公司、企业、事业单位人员失职罪,是指国有公司、企业、事业单位的工作人员,由于严重不负责任,造成国有公司、企业破产或者严重损失,或者国有事业单位严重损失,致使国家利益遭受重大损失的行为。

根据《刑法》第168条的规定,犯本罪的,处3年以下有期徒刑或者拘役;致使

国家利益遭受特别重大损失的，处 3 年以上 7 年以下有期徒刑。国有公司、企业、事业单位的工作人员徇私舞弊，犯本罪的，依照上述规定从重处罚。

三十、国有公司、企业、事业单位人员滥用职权罪

国有公司、企业、事业单位人员滥用职权罪，是指国有公司、企业、事业单位的工作人员滥用职权，造成国有公司、企业破产或者严重损失，或者国有事业单位严重损失，致使国家利益遭受重大损失的行为。

根据《刑法》第 168 条的规定，本罪的法定刑与国有公司、企业、事业单位人员失职罪相同。

三十一、徇私舞弊低价折股、出售国有资产罪

徇私舞弊低价折股、出售国有资产罪，是指国有公司、企业或者其上级主管部门直接负责的主管人员，徇私舞弊，将国有资产低价折股或者低价出售，致使国家利益遭受重大损失的行为。

根据《刑法》第 169 条的规定，犯本罪的，处 3 年以下有期徒刑或者拘役；致使国家利益遭受特别重大损失的，处 3 年以上 7 年以下有期徒刑。

三十二、背信损害上市公司利益罪

背信损害上市公司利益罪，是指上市公司的董事、监事、高级管理人员违背对公司的忠实义务，利用职务便利，操纵上市公司从事损害上市公司利益的活动，致使上市公司利益遭受重大损失的行为，以及上市公司的控股股东或者实际控制人，指使上市公司董事、监事、高级管理人员从事损害上市公司利益的活动，致使上市公司利益遭受重大损失的行为。

根据《刑法》第 169 条之一的规定，犯本罪的，处 3 年以下有期徒刑或者拘役，并处或者单处罚金；致使上市公司利益遭受特别重大损失的，处 3 年以上 7 年以下有期徒刑，并处罚金。犯本罪的上市公司的控股股东或者实际控制人是单位的，对单位判处罚金，并对其直接负责的主管人员和其他直接责任人员，依照上述规定处罚。

三十三、出售、购买、运输假币罪

出售、购买、运输假币罪,是指出售、购买伪造的货币或者明知是伪造的货币而运输,数额较大的行为。

根据《刑法》第 171 条的规定,犯本罪的,处 3 年以下有期徒刑或者拘役,并处 2 万元以上 20 万元以下罚金;数额巨大的,处 3 年以上 10 年以下有期徒刑,并处 5 万元以上 50 万元以下罚金;数额特别巨大的,处 10 年以上有期徒刑或者无期徒刑,并处 5 万元以上 50 万元以下罚金或者没收财产。

三十四、金融工作人员购买假币、以假币换取货币罪

金融工作人员购买假币、以假币换取货币罪,是指银行或者其他金融机构的工作人员购买伪造的货币或者利用职务上的便利,以伪造的货币换取货币的行为。

根据《刑法》第 171 条的规定,犯本罪的,处 3 年以上 10 年以下有期徒刑,并处 2 万元以上 20 万元以下罚金;数额巨大或者有其他严重情节的,处 10 年以上有期徒刑或者无期徒刑,并处 2 万元以上 20 万元以下罚金或者没收财产;情节较轻的,处 3 年以下有期徒刑或者拘役,并处或者单处 1 万元以上 10 万元以下罚金。

三十五、持有、使用假币罪

持有、使用假币罪,是指明知是伪造的货币而持有、使用,数额较大的行为。

根据《刑法》第 172 条的规定,犯本罪的,处 3 年以下有期徒刑或者拘役,并处或者单处 1 万元以上 10 万元以下罚金;数额巨大的,处 3 年以上 10 年以下有期徒刑,并处 2 万元以上 20 万元以下罚金;数额特别巨大的,处 10 年以上有期徒刑,并处 5 万元以上 50 万元以下罚金或者没收财产。

三十六、变造货币罪

变造货币罪,是指以进入流通领域为目的,对货币采用剪贴、挖补、揭层、涂改等方法进行加工处理,使货币改变面值、数量或含量,数额较大的行为。

根据《刑法》第 173 条的规定,犯本罪的,处 3 年以下有期徒刑或者拘役,并处

或者单处 1 万元以上 10 万元以下罚金；数额巨大的，处 3 年以上 10 年以下有期徒刑，并处 2 万元以上 20 万元以下罚金。

三十七、擅自设立金融机构罪

擅自设立金融机构罪，是指未经国家有关主管部门批准，擅自设立商业银行、证券交易所、期货交易所、证券公司、期货经纪公司、保险公司或者其他金融机构的行为。

根据《刑法》第 174 条的规定，犯本罪的，处 3 年以下有期徒刑或者拘役，并处或者单处 2 万元以上 20 万元以下罚金；情节严重的，处 3 年以上 10 年以下有期徒刑，并处 5 万元以上 50 万元以下罚金。单位犯本罪的，对单位判处罚金，并对其直接负责的主管人员和其他直接责任人员，依照上述规定处罚。

三十八、伪造、变造、转让金融机构经营许可证、批准文件罪

伪造、变造、转让金融机构经营许可证、批准文件罪，是指伪造、变造、转让商业银行、证券交易所、期货交易所、证券公司、期货经纪公司、保险公司或者其他金融机构的经营许可证或者批准文件的行为。

根据《刑法》第 174 条的规定，本罪的法定刑与擅自设立金融机构罪相同。

三十九、高利转贷罪

高利转贷罪，是指以转贷牟利为目的，套取金融机构信贷资金高利转贷他人，违法所得数额较大的行为。

根据《刑法》第 175 条的规定，犯本罪的，处 3 年以下有期徒刑或者拘役，并处违法所得 1 倍以上 5 倍以下罚金；数额巨大的，处 3 年以上 7 年以下有期徒刑，并处违法所得 1 倍以上 5 倍以下罚金。单位犯本罪的，对单位判处罚金，并对其直接负责的主管人员和其他直接责任人员，处 3 年以下有期徒刑或者拘役。

四十、骗取贷款、票据承兑、金融票证罪

骗取贷款、票据承兑、金融票证罪，是指以欺骗手段取得银行或者其他金融机构贷款、票据承兑、信用证、保函等，给银行或者其他金融机构造成重大损失或者有其他严重情节的行为。

根据《刑法》第175条之一的规定,犯本罪的,处3年以下有期徒刑或者拘役,并处或者单处罚金;给银行或者其他金融机构造成特别重大损失或者有其他特别严重情节的,处3年以上7年以下有期徒刑,并处罚金。单位犯本罪的,对单位判处罚金,并对其直接负责的主管人员和其他直接责任人员,依照上述规定处罚。

四十一、窃取、收买、非法提供信用卡信息罪

窃取、收买、非法提供信用卡信息罪,是指窃取、收买或者非法提供他人信用卡信息资料的行为。

根据《刑法》第177条之一的规定,本罪的法定刑与妨害信用卡管理罪相同。银行或者其他金融机构的工作人员利用职务上的便利,犯本罪的,从重处罚。

四十二、伪造、变造国家有价证券罪

伪造、变造国家有价证券罪,是指伪造、变造国库券或者国家发行的其他有价证券,数额较大的行为。

根据《刑法》第178条的规定,犯本罪的,处3年以下有期徒刑或者拘役,并处或者单处2万元以上20万元以下罚金;数额巨大的,处3年以上10年以下有期徒刑,并处5万元以上50万元以下罚金;数额特别巨大的,处10年以上有期徒刑或者无期徒刑,并处5万元以上50万元以下罚金或者没收财产。单位犯本罪的,对单位判处罚金,并对其直接负责的主管人员和其他直接责任人员,依照上述规定处罚。

四十三、伪造、变造股票、公司、企业债券罪

伪造、变造股票、公司、企业债券罪,是指伪造、变造股票或者公司、企业债券,数额较大的行为。

根据《刑法》第178条的规定,犯本罪的,处3年以下有期徒刑或者拘役,并处或者单处1万元以上10万元以下罚金;数额巨大的,处3年以上10年以下有期徒刑,并处2万元以上20万元以下罚金。单位犯本罪的,对单位判处罚金,并对其直接负责的主管人员和其他直接责任人员,依照上述规定处罚。

四十四、擅自发行股票、公司、企业债券罪

擅自发行股票、公司、企业债券罪，是指未经国家有关主管部门批准，擅自发行股票或者公司、企业债券，数额巨大、后果严重或者有其他严重情节的行为。

根据《刑法》第179条的规定，犯本罪的，处5年以下有期徒刑或者拘役，并处或者单处非法募集资金金额1%以上5%以下罚金。单位犯本罪的，对单位判处罚金，并对其直接负责的主管人员和其他直接责任人员，处5年以下有期徒刑或者拘役。

四十五、内幕交易、泄露内幕信息罪

内幕交易、泄露内幕信息罪，是指证券、期货交易内幕信息的知情人员、单位或者非法获取证券、期货交易内幕信息的人员、单位，在涉及证券的发行，证券、期货交易或者其他对证券、期货交易价格有重大影响的信息尚未公开前，买入或者卖出该证券，或者从事与该内幕信息有关的期货交易，或者泄露该信息，或者明示、暗示他人从事上述交易活动，情节严重的行为。

"证券、期货交易内幕信息的知情人员"，指的是《证券法》第74条与《期货交易管理条例》第85条第12项规定的人员。根据2012年6月1日最高人民法院、最高人民检察院《关于办理内幕交易、泄露内幕信息刑事案件具体应用法律若干问题的解释》(以下简称2012年《内幕案件解释》)的规定，具有下列行为的人员应当认定为"非法获取证券、期货交易内幕信息的人员"：(1)利用窃取、骗取、套取、窃听、利诱、刺探或者私下交易等手段获取内幕信息的；(2)内幕信息知情人员的近亲属或者其他与内幕信息知情人员关系密切的人员，在内幕信息敏感期内，从事或者明示、暗示他人从事，或者泄露内幕信息导致他人从事与该内幕信息有关的证券、期货交易，相关交易行为明显异常，且无正当理由或者正当信息来源的；(3)在内幕信息敏感期内，与内幕信息知情人员联络、接触，从事或者明示、暗示他人从事，或者泄露内幕信息导致他人从事与该内幕信息有关的证券、期货交易，相关交易行为明显异常，且无正当理由或者正当信息来源的。成立本罪需达到情节严重。根据2012年《内幕案件解释》的规定，在内幕信息敏感期内从事或者明示、暗示他人从事或者泄露内幕信息导致他人从事与该内幕信息有关的证券、期货交易，具有下列情形之一的，应当认定为"情节严重"：(1)证券交易成交额在50万

元以上的；(2)期货交易占用保证金数额在30万元以上的；(3)获利或者避免损失数额在15万元以上的；(4)3次以上的；(5)具有其他严重情节的。

根据《刑法》第180条的规定，犯本罪的，处5年以下有期徒刑或者拘役，并处或者单处违法所得1倍以上5倍以下罚金；情节特别严重的，处5年以上10年以下有期徒刑，并处违法所得1倍以上5倍以下罚金。单位犯本罪的，对单位判处罚金，并对其直接负责的主管人员和其他直接责任人员，处5年以下有期徒刑或者拘役。

四十六、利用未公开信息交易罪

利用未公开信息交易罪，是指证券交易所、期货交易所、证券公司、期货经纪公司、基金管理公司、商业银行、保险公司等金融机构的从业人员以及有关监管部门或者行业协会的工作人员，利用因职务便利获取的内幕信息以外的其他未公开的信息，违反规定，从事与该信息相关的证券、期货交易活动，或者明示、暗示他人从事相关交易活动，情节严重的行为。

根据《刑法》第180条的规定，本罪的法定刑与内幕交易、泄露内幕信息罪相同。

四十七、编造并传播证券、期货交易虚假信息罪

编造并传播证券、期货交易虚假信息罪，是指编造并且传播影响证券、期货交易的虚假信息，扰乱证券、期货交易市场，造成严重后果的行为。

根据《刑法》第181条的规定，犯本罪的，处5年以下有期徒刑或者拘役，并处或者单处1万元以上10万元以下罚金。单位犯本罪的，对单位判处罚金，并对其直接负责的主管人员和其他直接责任人员，处5年以下有期徒刑或者拘役。

四十八、诱骗投资者买卖证券、期货合约罪

诱骗投资者买卖证券、期货合约罪，是指证券交易所、期货交易所、证券公司、期货经纪公司及其从业人员，证券业协会、期货业协会或者证券期货监督管理部门及其工作人员，故意提供虚假信息或者伪造、变造、销毁交易记录，诱骗投资者买卖证券、期货合约，造成严重后果的行为。

根据《刑法》第181条的规定，犯本罪的，处5年以下有期徒刑或者拘役，并处

或者单处1万元以上10万元以下罚金；情节特别恶劣的，处5年以上10年以下有期徒刑，并处2万元以上20万元以下罚金。单位犯本罪的，对单位判处罚金，并对其直接负责的主管人员和其他直接责任人员，处5年以下有期徒刑或者拘役。

四十九、操纵证券、期货市场罪

操纵证券、期货市场罪，是指在证券、期货交易活动中，操纵证券、期货交易市场，情节严重的行为。

根据《刑法》第182条的规定，犯本罪的，处5年以下有期徒刑或者拘役，并处或者单处罚金；情节特别严重的，处5年以上10年以下有期徒刑，并处罚金。单位犯本罪的，对单位判处罚金，并对其直接负责的主管人员和其他直接责任人员，依照上述规定处罚。

五十、背信运用受托财产罪

背信运用受托财产罪，是指商业银行、证券交易所、期货交易所、证券公司、期货经纪公司、保险公司或者其他金融机构，违背受托义务，擅自运用客户资金或者其他委托、信托的财产，情节严重的行为。

根据《刑法》第185条之一的规定，犯本罪的，对单位判处罚金，并对其直接负责的主管人员和其他直接责任人员，处3年以下有期徒刑或者拘役，并处3万元以上30万元以下罚金；情节特别严重的，处3年以上10年以下有期徒刑，并处5万元以上50万元以下罚金。

五十一、违法运用资金罪

违法运用资金罪，是指社会保障基金管理机构、住房公积金管理机构等公众资金管理机构，以及保险公司、保险资产管理公司、证券投资基金管理公司，违反国家规定运用资金，情节严重的行为。

根据《刑法》第185条之一的规定，本罪的法定刑与背信运用受托财产罪相同。

五十二、违法发放贷款罪

违法发放贷款罪,是指银行或者其他金融机构或者其工作人员违反国家规定,发放贷款,数额巨大或者造成重大损失的行为。

根据《刑法》第186条的规定,犯本罪的,处5年以下有期徒刑或者拘役,并处1万元以上10万元以下罚金;数额特别巨大或者造成特别重大损失的,处5年以上有期徒刑,并处2万元以上20万元以下罚金。违反国家规定,向关系人发放贷款,构成本罪的,从重处罚。单位犯本罪的,对单位判处罚金,并对其直接负责的主管人员和其他直接责任人员,依照上述规定处罚。

五十三、违规出具金融票证罪

违规出具金融票证罪,是指银行或者其他金融机构及其工作人员违反规定,为他人出具信用证或者其他保函、票据、存单、资信证明,情节严重的行为。

根据《刑法》第188条的规定,犯本罪的,处5年以下有期徒刑或者拘役;情节特别严重的,处5年以上有期徒刑。单位犯本罪的,对单位判处罚金,并对其直接负责的主管人员和其他直接责任人员,依照上述规定处罚。

五十四、对违法票据承兑、付款、保证罪

对违法票据承兑、付款、保证罪,是指银行或者其他金融机构的工作人员在票据业务中,对违反票据法规定的票据予以承兑、付款或者保证,造成重大损失的行为。

根据《刑法》第189条的规定,犯本罪的,处5年以下有期徒刑或者拘役;造成特别重大损失的,处5年以上有期徒刑。单位犯本罪的,对单位判处罚金,并对其直接负责的主管人员和其他直接责任人员,依照上述规定处罚。

五十五、逃汇罪

逃汇罪,是指公司、企业或者其他单位,违反国家规定,擅自将外汇存放境外,或者将境内的外汇非法转移到境外,数额较大的行为。根据全国人大常委会《关于惩治骗购外汇、逃汇和非法买卖外汇犯罪的决定》第5条的规定,海关、外汇管理部门以及金融机构、从事对外贸易经营活动的公司、企业或者其他单位的工作

人员与逃汇的行为人通谋，为其提供购买外汇的有关凭证或者其他便利的，或者明知是伪造、变造的凭证和单据而售汇、付汇的，以共犯论，依照本罪从重处罚。

根据《刑法》第 190 条的规定，犯本罪的，对单位判处逃汇数额 5%以上 30%以下罚金，并对其直接负责的主管人员和其他直接责任人员处 5 年以下有期徒刑或者拘役；数额巨大或者有其他严重情节的，对单位判处逃汇数额 5%以上 30%以下罚金，并对其直接负责的主管人员和其他直接责任人员处 5 年以上有期徒刑。

五十六、骗购外汇罪

骗购外汇罪，是指使用伪造、变造的购买外汇所需的凭证、单据，重复使用购买外汇所需的凭证、单据或者以其他方式骗购外汇，数额较大的行为。根据全国人大常委会《关于惩治骗购外汇、逃汇和非法买卖外汇犯罪的决定》第 1 条、第 5 条的规定，明知用于骗购外汇而提供人民币资金的，以共犯论处；海关、外汇管理部门以及金融机构、从事对外贸易经营活动的公司、企业或者其他单位的工作人员与骗购外汇的行为人通谋，为其提供购买外汇的有关凭证或者其他便利的，或者明知是伪造、变造的凭证和单据而售汇、付汇的，以共犯论，依照本罪从重处罚。

根据《关于惩治骗购外汇、逃汇和非法买卖外汇犯罪的决定》第 1 条的规定，犯本罪的，处 5 年以下有期徒刑或者拘役，并处骗购外汇数额 5%以上 30%以下罚金；数额巨大或者有其他严重情节的，处 5 年以上 10 年以下有期徒刑，并处骗购外汇数额 5%以上 30%以下罚金；数额特别巨大或者有其他特别严重情节的，处 10 年以上有期徒刑或者无期徒刑，并处骗购外汇数额 5%以上 30%以下罚金或者没收财产。单位犯本罪的，对单位依照上述规定判处罚金，并对其直接负责的主管人员和其他直接责任人员，处 5 年以下有期徒刑或者拘役；数额巨大或者有其他严重情节的，处 5 年以上 10 年以下有期徒刑；数额特别巨大或者有其他特别严重情节的，处 10 年以上有期徒刑或者无期徒刑。伪造、变造海关签发的报关单、进口证明、外汇管理部门核准件等凭证和单据，并用于骗购外汇的，依照本罪从重处罚。

五十七、票据诈骗罪

票据诈骗罪，是指以非法占有为目的，利用金融票据诈骗他人财物，数额较大的行为。

根据《刑法》第194条、第200条的规定,犯本罪的,处5年以下有期徒刑或者拘役,并处2万元以上20万元以下罚金;数额巨大或者有其他严重情节的,处5年以上10年以下有期徒刑,并处5万元以上50万元以下罚金;数额特别巨大或者有其他特别严重情节的,处10年以上有期徒刑或者无期徒刑,并处5万元以上50万元以下罚金或者没收财产。单位犯本罪的,对单位判处罚金,并对其直接负责的主管人员和其他直接责任人员处5年以下有期徒刑或者拘役,可以并处罚金;数额巨大或者有其他严重情节的,处5年以上10年以下有期徒刑,并处罚金;数额特别巨大或者有其他特别严重情节的,处10年以上有期徒刑或者无期徒刑,并处罚金。

五十八、金融凭证诈骗罪

金融凭证诈骗罪,是指以非法占有为目的,使用伪造、变造的委托收款凭证、汇款凭证、银行存单或其他银行结算凭证骗取他人财物,数额较大的行为。

根据《刑法》第194条、第200条的规定,本罪的法定刑与票据诈骗罪相同。

五十九、信用证诈骗罪

信用证诈骗罪,是指以非法占有为目的,利用信用证骗取他人财物的行为。

根据《刑法》第195条、第200条的规定,犯本罪的,处5年以下有期徒刑或者拘役,并处2万元以上20万元以下罚金;数额巨大或者有其他严重情节的,处5年以上10年以下有期徒刑,并处5万元以上50万元以下罚金;数额特别巨大或者有其他特别严重情节的,处10年以上有期徒刑或者无期徒刑,并处5万元以上50万元以下罚金或者没收财产。单位犯本罪的,对单位判处罚金,并对其直接负责的主管人员和其他直接责任人员处5年以下有期徒刑或者拘役,可以并处罚金;数额巨大或者有其他严重情节的,处5年以上10年以下有期徒刑,并处罚金;数额特别巨大或者有其他特别严重情节的,处10年以上有期徒刑或者无期徒刑,并处罚金。

六十、有价证券诈骗罪

有价证券诈骗罪,是指以非法占有为目的,使用伪造、变造的国库券或者国家发行的其他有价证券骗取他人财物，数额较大的行为。

根据《刑法》第 197 条的规定，犯本罪的，处 5 年以下有期徒刑或者拘役，并处 2 万元以上 20 万元以下罚金；数额巨大或者有其他严重情节的，处 5 年以上 10 年以下有期徒刑，并处 5 万元以上 50 万元以下罚金；数额特别巨大或者有其他特别严重情节的，处 10 年以上有期徒刑或者无期徒刑，并处 5 万元以上 50 万元以下罚金或者没收财产。

六十一、逃避追缴欠税罪

逃避追缴欠税罪，是指纳税人欠缴应缴税款，采取转移或者隐匿财产的手段，致使税务机关无法追缴欠缴的税款，数额在 1 万元以上的行为。

根据《刑法》第 203 条、第 211 条、第 212 条的规定，犯本罪的，处 3 年以下有期徒刑或者拘役，并处或者单处欠缴税款 1 倍以上 5 倍以下罚金；数额在 10 万元以上的，处 3 年以上 7 年以下有期徒刑，并处欠缴税款 1 倍以上 5 倍以下罚金。单位犯本罪的，对单位判处罚金，并对其直接负责的主管人员和其他直接责任人员，依照上述规定处罚。犯本罪而被判处罚金、没收财产的，在执行前，应当先由税务机关追缴税款。

六十二、虚开发票罪

虚开发票罪，是指违反发票管理法规，为他人虚开、为自己虚开、让他人为自己虚开、介绍他人虚开增值税专用发票或者用于骗取出口退税、抵扣税款的发票以外的其他发票，情节严重的行为。

根据《刑法》第 205 条之一的规定，犯本罪的，处 2 年以下有期徒刑、拘役或者管制，并处罚金；情节特别严重的，处 2 年以上 7 年以下有期徒刑，并处罚金。单位犯本罪的，对单位判处罚金，并对其直接负责的主管人员和其他直接责任人员，依照上述规定处罚。

六十三、伪造、出售伪造的增值税专用发票罪

伪造、出售伪造的增值税专用发票罪，是指以行使为目的，非法制造假增值税专用发票或者出售非法制造的假增值税专用发票的行为。

根据《刑法》第 206 条的规定，犯本罪的，处 3 年以下有期徒刑、拘役或者管

制，并处 2 万元以上 20 万元以下罚金；数量较大或者有其他严重情节的，处 3 年以上 10 年以下有期徒刑，并处 5 万元以上 50 万元以下罚金；数量巨大或者有其他特别严重情节的，处 10 年以上有期徒刑或者无期徒刑，并处 5 万元以上 50 万元以下罚金或者没收财产。单位犯本罪的，对单位判处罚金，并对其直接负责的主管人员和其他直接责任人员，处 3 年以下有期徒刑、拘役或者管制；数量较大或者有其他严重情节的，处 3 年以上 10 年以下有期徒刑；数量巨大或者有其他特别严重情节的，处 10 年以上有期徒刑或者无期徒刑。

六十四、非法出售增值税专用发票罪

非法出售增值税专用发票罪，是指违反国家发票管理法规，出售增值税专用发票的行为。

根据《刑法》第 207 条、第 211 条的规定，犯本罪的，处 3 年以下有期徒刑、拘役或者管制，并处 2 万元以上 20 万元以下罚金；数量较大的，处 3 年以上 10 年以下有期徒刑，并处 5 万元以上 50 万元以下罚金；数量巨大的，处 10 年以上有期徒刑或者无期徒刑，并处 5 万元以上 50 万元以下罚金或者没收财产。单位犯本罪的，对单位判处罚金，并对其直接负责的主管人员和其他直接责任人员，依照上述规定处罚。

六十五、非法购买增值税专用发票、购买伪造的增值税专用发票罪

非法购买增值税专用发票、购买伪造的增值税专用发票罪，是指违反国家发票管理法规，购买增值税专用发票，或者明知是伪造的增值税专用发票而予以购买的行为。

根据《刑法》第 208 条、第 211 条的规定，犯本罪的，处 5 年以下有期徒刑或者拘役，并处或者单处 2 万元以上 20 万元以下罚金。单位犯本罪的，对单位判处罚金，并对其直接负责的主管人员和其他直接责任人员，依照上述规定处罚。

六十六、非法制造、出售非法制造的用于骗取出口退税、抵扣税款发票罪

非法制造、出售非法制造的用于骗取出口退税、抵扣税款发票罪，是指伪造、擅自制造或者出售伪造、擅自制造的可以用于办理出口退税、抵扣税款的非增值税专用发票的行为。

根据《刑法》第 209 条、第 211 条的规定，犯本罪的，处 3 年以下有期徒刑、拘役或者管制，并处 2 万元以上 20 万元以下罚金；数量巨大的，处 3 年以上 7 年以下有期徒刑，并处 5 万元以上 50 万元以下罚金；数量特别巨大的，处 7 年以上有期徒刑，并处 5 万元以上 50 万元以下罚金或者没收财产。单位犯本罪的，对单位判处罚金，并对其直接负责的主管人员和其他直接责任人员，依照上述规定处罚。

六十七、非法制造、出售非法制造的发票罪

非法制造、出售非法制造的发票罪，是指伪造、擅自制造或者出售伪造、擅自制造的可以办理出口退税、抵扣税款的非增值税专用发票以外的普通发票的行为。

根据《刑法》第 209 条、第 211 条的规定，犯本罪的，处 2 年以下有期徒刑、拘役或者管制，并处或者单处 1 万元以上 5 万元以下罚金；情节严重的，处 2 年以上 7 年以下有期徒刑，并处 5 万元以上 50 万元以下罚金。单位犯本罪的，对单位判处罚金，并对其直接负责的主管人员和其他直接责任人员，依照上述规定处罚。

六十八、非法出售用于骗取出口退税、抵扣税款发票罪

非法出售用于骗取出口退税、抵扣税款发票罪，是指违反国家发票管理法规，出售可以用于办理出口退税、抵扣税款的非增值税专用发票的行为。

根据《刑法》第 209 条、第 211 条的规定，本罪的法定刑与非法制造、出售非法制造的用于骗取出口退税、抵扣税款发票罪相同。

六十九、非法出售发票罪

非法出售发票罪，是指违反国家发票管理法规，出售可以用于办理出口退税、抵扣税款的非增值税专用发票以外的普通发票的行为。

根据《刑法》第 209 条、第 211 条的规定，本罪的法定刑与非法制造、出售非法制造的发票罪相同。

七十、持有伪造的发票罪

持有伪造的发票罪，是指明知是伪造的发票而持有，数量较大的行为。

根据《刑法》第 210 条之一的规定，犯本罪的，处 2 年以下有期徒刑、拘役或者

管制,并处罚金;数量巨大的,处 2 年以上 7 年以下有期徒刑,并处罚金。单位犯本罪的,对单位判处罚金,并对其直接负责的主管人员和其他直接责任人员,依照上述规定处罚。

七十一、销售假冒注册商标的商品罪

销售假冒注册商标的商品罪,是指销售明知是假冒注册商标的商品,销售金额数额较大的行为。

根据《刑法》第 214 条、第 220 条的规定,犯本罪的,处 3 年以下有期徒刑或者拘役,并处或者单处罚金;销售金额数额巨大的,处 3 年以上 7 年以下有期徒刑,并处罚金。单位犯本罪的,对单位判处罚金,并对其直接负责的主管人员和其他直接责任人员,依照上述规定处罚。

七十二、非法制造、销售非法制造的注册商标标识罪

非法制造、销售非法制造的注册商标标识罪,是指伪造、擅自制造他人注册商标标识或者销售伪造、擅自制造的他人注册商标标识,情节严重的行为。

根据《刑法》第 215 条、第 220 条的规定,犯本罪的,处 3 年以下有期徒刑、拘役或者管制,并处或者单处罚金;情节特别严重的,处 3 年以上 7 年以下有期徒刑,并处罚金。单位犯本罪的,对单位判处罚金,并对其直接负责的主管人员和其他直接责任人员,依照上述规定处罚。

七十三、假冒专利罪

假冒专利罪,是指违反国家专利管理法规,假冒他人专利,情节严重的行为。

根据《刑法》第 216 条、第 220 条的规定,犯本罪的,处 3 年以下有期徒刑或者拘役,并处或者单处罚金。单位犯本罪的,对单位判处罚金,并对其直接负责的主管人员和其他直接责任人员,依照上述规定处罚。

七十四、销售侵权复制品罪

销售侵权复制品罪,是指以营利为目的,销售明知是侵犯他人著作权的复制品,违法所得数额巨大的行为。

根据《刑法》第 218 条、第 220 条的规定,犯本罪的,处 3 年以下有期徒刑或者

拘役,并处或者单处罚金。单位犯本罪的,对单位判处罚金,并对其直接负责的主管人员和其他直接责任人员,依照上述规定处罚。

七十五、损害商业信誉、商品声誉罪

损害商业信誉、商品声誉罪,是指捏造并散布虚伪事实,损害他人的商业信誉、商品声誉,给他人造成重大损失或者有其他严重情节的行为。

根据《刑法》第 221 条、第 231 条的规定,犯本罪的,处 2 年以下有期徒刑或者拘役,并处或者单处罚金。单位犯本罪的,对单位判处罚金,并对其直接负责的主管人员和其他直接责任人员,依照上述规定处罚。

七十六、虚假广告罪

虚假广告罪,是指广告主、广告经营者、广告发布者违反国家规定,利用广告对商品或者服务作虚假宣传,情节严重的行为。

根据《刑法》第 222 条、第 231 条的规定,犯本罪的,处 2 年以下有期徒刑或者拘役,并处或者单处罚金。单位犯本罪的,对单位判处罚金,并对其直接负责的主管人员和其他直接责任人员,依照上述规定处罚。

七十七、串通投标罪

串通投标罪,是指投标人相互串通投标报价,损害招标人或者其他投标人利益,情节严重的行为,或者投标人与招标人串通投标,损害国家、集体、公民的合法利益的行为。

根据《刑法》第 223 条、第 231 条的规定,犯本罪的,处 3 年以下有期徒刑或者拘役,并处或者单处罚金。单位犯本罪的,对单位判处罚金,并对其直接负责的主管人员和其他直接责任人员,依照上述规定处罚。

七十八、组织、领导传销活动罪

组织、领导传销活动罪,是指组织、领导以推销商品、提供服务等经营活动为名,要求参加者以缴纳费用或者购买商品、服务等方式获得加入资格,并按照一定顺序组成层级,直接或者间接以发展人员的数量作为计酬或者返利依据,引诱、胁迫参加者继续发展他人参加,骗取财物,扰乱经济社会秩序的传销活动的行为。

根据《刑法》第 224 条之一、第 231 条的规定,犯本罪的,处 5 年以下有期徒刑或者拘役,并处罚金;情节严重的,处 5 年以上有期徒刑,并处罚金。单位犯本罪的,对单位判处罚金,并对其直接负责的主管人员和其他直接责任人员,依照上述规定处罚。

七十九、强迫交易罪

强迫交易罪,是指以暴力、威胁手段,强买强卖商品,强迫他人提供或者接受服务,强迫他人参与或者退出投标、拍卖,强迫他人转让或者收购公司、企业的股份、债券或者其他资产,或者强迫他人参与或者退出特定的经营活动,情节严重的行为。

根据《刑法》第 226 条、第 231 条的规定,犯本罪的,处 3 年以下有期徒刑或者拘役,并处或者单处罚金;情节特别严重的,处 3 年以上 7 年以下有期徒刑,并处罚金。单位犯本罪的,对单位判处罚金,并对其直接负责的主管人员和其他直接责任人员,依照上述规定处罚。

八十、伪造、倒卖伪造的有价票证罪

伪造、倒卖伪造的有价票证罪,是指以行使为目的,伪造或者倒卖伪造的车票、船票、邮票或者其他有价票证,数额较大的行为。

根据《刑法》第 227 条、第 231 条的规定,犯本罪的,处 2 年以下有期徒刑、拘役或者管制,并处或者单处票证价额 1 倍以上 5 倍以下罚金;数额巨大的,处 2 年以上 7 年以下有期徒刑,并处票证价额 1 倍以上 5 倍以下罚金。单位犯本罪的,对单位判处罚金,并对其直接负责的主管人员和其他直接责任人员,依照上述规定处罚。

八十一、倒卖车票、船票罪

倒卖车票、船票罪,是指以牟取非法经济利益为目的,倒卖车票、船票,情节严重的行为。

根据《刑法》第 227 条、第 231 条的规定,犯本罪的,处 3 年以下有期徒刑、拘役或者管制,并处或者单处票证价额 1 倍以上 5 倍以下罚金。单位犯本罪的,对单位判处罚金,并对其直接负责的主管人员和其他直接责任人员,依照上述规定处罚。

八十二、非法转让、倒卖土地使用权罪

非法转让、倒卖土地使用权罪，是指以牟利为目的，违反土地管理法规，非法转让、倒卖土地使用权，情节严重的行为。

根据《刑法》第 228 条、第 231 条的规定，犯本罪的，处 3 年以下有期徒刑或者拘役，并处或者单处非法转让、倒卖土地使用权价额 5％以上 20％以下罚金；情节特别严重的，处 3 年以上 7 年以下有期徒刑，并处非法转让、倒卖土地使用权价额 5％以上 20％以下罚金。单位犯本罪的，对单位判处罚金，并对其直接负责的主管人员和其他直接责任人员，依照上述规定处罚。

八十三、提供虚假证明文件罪

提供虚假证明文件罪，是指承担资产评估、验资、验证、会计、审计、法律服务等职责的中介组织或其人员故意提供虚假证明文件，情节严重的行为。

根据《刑法》第 229 条、第 231 条的规定，犯本罪的，处 5 年以下有期徒刑或者拘役，并处罚金；索取他人财物或者非法收受他人财物，犯本罪的，处 5 年以上 10 年以下有期徒刑，并处罚金。单位犯本罪的，对单位判处罚金，并对其直接负责的主管人员和其他直接责任人员，依照上述规定处罚。

八十四、出具证明文件重大失实罪

出具证明文件重大失实罪，是指承担资产评估、验资、验证、会计、审计、法律服务等职责的中介组织的人员或其人员，严重不负责任，出具的证明文件有重大失实，造成严重后果的行为。

根据《刑法》第 229 条、第 231 条的规定，犯本罪的，处 3 年以下有期徒刑或者拘役，并处或者单处罚金。单位犯本罪的，对单位判处罚金，并对其直接负责的主管人员和其他直接责任人员，依照上述规定处罚。

八十五、逃避商检罪

逃避商检罪，是指违反进出口商品检验法的规定，逃避商品检验，将必须经商检机构检验的进口商品未报经检验而擅自销售、使用，或者将必须经商检机构检

验的出口商品未报经检验合格而擅自出口,情节严重的行为。

根据《刑法》第 230 条、第 231 条的规定,犯本罪的,处 3 年以下有期徒刑或者拘役,并处或者单处罚金。单位犯本罪的,对单位判处罚金,并对其直接负责的主管人员和其他直接责任人员,依照上述规定处罚。

本章小结

破坏社会主义市场经济秩序罪,是指违反国家市场经济管理法规,在市场经济运行或经济管理活动中进行非法活动,严重破坏社会主义市场经济秩序的行为。破坏社会主义市场经济秩序罪的客观方面表现为违反国家市场经济管理法规,在市场经济运行或经济管理活动中进行非法活动,严重破坏社会主义市场经济秩序的行为;犯罪主体大多数为一般主体;主观方面大多是故意;侵犯的客体是社会主义市场经济秩序。刑法分则破坏社会主义市场经济秩序罪包括生产、销售伪劣商品罪,走私罪,妨害对公司、企业的管理秩序罪,破坏金融管理秩序罪,金融诈骗罪,危害税收征管罪,侵犯知识产权罪和扰乱市场秩序罪八类。其中,需要重点掌握的罪名有生产、销售伪劣产品罪,生产、销售假药罪,走私普通货物、物品罪,非国家工作人员受贿罪,伪造货币罪,非法吸收公众存款罪,伪造、变造金融票证罪,妨害信用卡管理罪,吸收客户资金不入账罪,洗钱罪,集资诈骗罪,贷款诈骗罪,信用卡诈骗罪,保险诈骗罪,逃税罪,抗税罪,骗取出口退税罪,虚开增值税专用发票、用于骗取出口退税、抵扣税款发票罪,假冒注册商标罪,侵犯著作权罪,侵犯商业秘密罪,合同诈骗罪以及非法经营罪等。

习　　题

1. 如何理解生产、销售伪劣产品罪与生产、销售特定种类的伪劣商品犯罪的关系?
2. 如何理解走私普通货物、物品罪与其他走私犯罪之间的关系?
3. 走私犯罪有哪些行为方式?
4. 非国家工作人员受贿罪与商业受贿犯罪的关系是什么?
5. 伪造货币罪的概念和构成特征是什么?

6. 如何理解吸收客户资金不入账罪与挪用公款罪、挪用资金罪的区别?

7. 如何理解洗钱罪的构成特征?

8. 如何理解贷款诈骗罪与贷款纠纷的界限?

9. 捡拾他人信用卡后并使用的行为与盗窃他人信用卡后并使用的行为定性上有无区别?

10. 如何理解假冒注册商标罪与生产、销售伪劣产品罪之间的关系?

11. 如何理解侵犯商业秘密罪的构成特征?

12. 如何理解合同诈骗罪与诈骗罪的区别?

13. 如何理解非法经营罪中的“其他严重扰乱市场秩序的非法经营行为”?

第二十五章　侵犯公民人身权利、民主权利罪

【本章导读】

侵犯公民人身权利、民主权利罪，是指故意或过失地侵犯公民的人身权利、民主权利以及其他与人身直接相关的其他权利，依法应受到刑罚处罚的行为。侵犯公民人身权利、民主权利罪包括侵犯公民生命、健康的犯罪，侵犯妇女、儿童身心健康的犯罪，侵犯人身自由的犯罪，侵犯人格、名誉的犯罪，侵犯民主权利的犯罪，妨害婚姻家庭权利的犯罪，借国家机关权力侵犯人身权利的犯罪以及以少数民族群体为对象的犯罪。

【学习重点】

- 故意杀人罪
- 故意伤害罪
- 强奸罪
- 绑架罪
- 拐卖妇女、儿童罪
- 侮辱罪
- 诽谤罪
- 重婚罪

第一节　侵犯公民人身权利、民主权利罪概述

一、侵犯公民人身权利、民主权利罪的概念和构成要件

侵犯公民人身权利、民主权利罪，是指故意或过失地侵犯公民的人身权利、民主权利以及其他与人身直接有关的其他权利，依法应受到刑罚处罚的行为。

本类犯罪的构成要件如下。

1. 本类犯罪的客观方面表现为以各种方法侵犯公民人身权利、民主权利以

及其他与人身直接有关的权利的行为。从行为方式上看，绝大多数犯罪只能以作为的方式实施，如强奸罪、绑架罪、拐卖妇女、儿童罪等；个别犯罪只能以不作为的方式构成，如遗弃罪；少数犯罪既可以作为的方式，也可以不作为的方式实施，如故意杀人罪、故意伤害罪等。从结果上看，有的行为造成法定的危害结果才构成犯罪，如过失致人死亡罪、过失致人重伤罪等过失犯罪；有的犯罪以造成特定的危害结果作为成立犯罪既遂的条件，如故意杀人罪、故意伤害罪等；还有的犯罪以行为实施到一定程度作为成立犯罪既遂的条件，如诬告陷害罪等。

2. 本类犯罪的主体大多数为一般主体，少数为特殊主体，如强奸罪、刑讯逼供罪、虐待被监管人罪、报复陷害罪、遗弃罪等。不具备特殊身份的人不能单独实施有特殊主体要求的犯罪，但可以成为该种犯罪的共犯。就刑事责任年龄而言，绝大多数为已满 16 周岁具有刑事责任能力的自然人。已满 14 周岁的人可以实施本章中的故意杀人罪、故意伤害（致人重伤或者死亡）罪、强奸罪。

3. 本类犯罪的主观方面，除过失致人死亡罪、过失致人重伤罪由过失构成外，其余各罪只能由故意构成。有的犯罪既可以由直接故意构成，也可以由间接故意构成，如故意杀人罪、故意伤害罪等；有的犯罪只能由直接故意构成，如强奸罪、侮辱罪；有的犯罪还必须具备特定的犯罪目的，如拐卖妇女、儿童罪的行为人主观上必须具有出卖的目的。

4. 本类犯罪所侵犯的同类客体是公民的人身权利、民主权利以及与人身直接有关的其他权利。人身权是指公民依法享有的与其人身不可分离且无直接经济内容的权利，包括生命权、健康权、性自由权、人身自由权、名誉权、婚姻自由权、男女平等权等。民主权利是指公民依法享有的参加国家管理和社会政治活动的权利，包括选举权和被选举权、批评权、申诉权、控告权、举报权、宗教信仰自由权等。其他直接与人身相关的权利，是指劳动权、休息权、住宅不受侵犯权、通信自由权、民族平等权、少数民族风俗习惯权等。公民的人身权利与民主权利是公民最基本的权利，是财产权等其他权利的基础。

本类犯罪侵犯的直接客体大多是简单客体，也有部分犯罪侵犯的是复杂客体，如刑讯逼供罪，既侵犯了公民的人身权利，又侵犯了司法机关的正常活动。刑法之所以将侵犯复杂客体的犯罪规定在本章，是由于这些犯罪是以侵犯公民人身权利为主要内容。

二、侵犯公民人身权利、民主权利罪的种类

刑法分则第四章对侵犯公民人身权利、民主权利罪共规定了42种具体犯罪。根据犯罪侵犯的直接客体和具体犯罪构成要件,42种具体犯罪大致可以作如下划分。

1. 侵犯公民生命、健康的犯罪,包括故意杀人罪,过失致人死亡罪,故意伤害罪,过失致人重伤罪和组织出卖人体器官罪。

2. 侵犯妇女、儿童身心健康的犯罪,包括强奸罪,强制猥亵、侮辱罪和猥亵儿童罪。

3. 侵犯人身自由的犯罪,包括非法拘禁罪,绑架罪,拐卖妇女、儿童罪,收买被拐卖的妇女、儿童罪,聚众阻碍解救被收买的妇女、儿童罪,强迫劳动罪,雇用童工从事危重劳动罪,非法搜查罪,非法侵入住宅罪,组织残疾人、儿童乞讨罪和组织未成年人进行违反治安管理活动罪。

4. 侵犯人格、名誉的犯罪,包括侮辱罪和诽谤罪。

5. 侵犯民主权利的犯罪,包括非法剥夺公民宗教信仰自由罪,侵犯少数民族风俗习惯罪,侵犯通信自由罪,私自开拆、隐匿、毁弃邮件、电报罪,侵犯公民个人信息罪,报复陷害罪,打击报复会计、统计人员罪和破坏选举罪。

6. 妨害婚姻家庭权利的犯罪,包括暴力干涉婚姻自由罪,重婚罪,破坏军婚罪,虐待罪,虐待被监护、看护人罪,遗弃罪和拐骗儿童罪。

7. 借国家机关权力侵犯人身权利的犯罪,包括诬告陷害罪,刑讯逼供罪,暴力取证罪和虐待被监管人罪。

8. 以少数民族群体为对象的犯罪,包括煽动民族仇恨、民族歧视罪和出版歧视、侮辱少数民族作品罪。

第二节 本章重点罪名

一、故意杀人罪

(一) 故意杀人罪的概念和构成要件

故意杀人罪,是指故意非法剥夺他人生命的行为。

本罪的构成要件如下。

1. 本罪的客观方面表现为非法剥夺他人生命的行为。首先，必须具有剥夺他人生命的行为。剥夺他人生命行为的具体表现是多种多样的，如刀砍斧劈、拳打脚踢、手掐绳勒、注射药物等。从行为的基本形式来看，不外乎作为和不作为两种类型。在不作为的场合，行为人必须负有防止或阻止死亡结果发生的特定义务。从杀人行为的方法来看，除了常见的物理上直接作用于被害人的有形方法以外，还包括无形的、心理的方法。例如，通过施加精神折磨给予被害人极大的精神刺激，使其休克而死的，同样可以成立本罪。从杀人行为的实施方式来看，行为人既可以直接实行，也可以通过利用无刑事责任能力人的行为间接实行。其次，剥夺他人生命的行为必须是非法的。所谓“非法”，即无法律依据、未经国家授权。如果剥夺他人生命的行为具有合法性，如符合正当防卫的条件而杀死不法侵害者、法警依法对判处死刑的罪犯执行枪决等，就不能作为本罪处理。最后，在发生死亡结果的情况下，杀人行为与死亡结果之间必须具有因果关系，否则不成立本罪的既遂。

2. 本罪的主体是一般主体，即已满 14 周岁、具有刑事责任能力的自然人。

3. 本罪的主观方面是故意，包括直接故意和间接故意。杀人的动机是多种多样的，有的出于报复，有的出于贪财，有的出于奸情，有的出于受迫害等。动机如何不影响定罪，但因其体现出不同的主观恶性，故对量刑有一定影响。

4. 本罪的客体是他人的生命权利。生命权是公民人身权利中最基本、最重要的权利，是其他权利存在的前提和基础。故意杀人罪正是基于对这种特定客体的侵犯而成为侵犯人身权利罪中最严重的犯罪。犯罪对象是有生命的除行为人自身以外的其他自然人。被害人的品行、年龄、身份、生理状态以及心理状态等均不影响本罪的成立。对于已经判处死刑并即将执行的人或者民法上被宣告死亡的人进行杀害的，同样构成本罪。人死亡后的尸体和母体中的胎儿不能成为本罪的对象。毁坏尸体的行为符合侮辱尸体罪的构成要件的，应以该罪论处。但是，误认尸体为活人而加以杀害的，属于对象不能犯未遂，应以故意杀人未遂论处。

人的生命始于出生，终于死亡。对于人的生命起始于何时，刑法理论上存在不同的认识。阵痛说认为，人的生命以孕妇产前阵痛为标志；露出说认为，人的生命以胎儿部分（一部露出说）或全部（全部露出说）露出母体之外为标志；断带说认为，人的生命以剪断胎儿脐带为标志；独立呼吸说认为，人的生命以胎儿脱离母体,并能独立呼吸为标志。我国学者一般主张独立呼吸说,但也有人指出,假如婴儿已脱离母体,尚未独立呼吸,此时助产医生立即扼住其喉咙,使其窒息而死,则既不能视为堕胎(我国刑法上未规定堕胎罪),也不能视为故意杀人,则将出现对生命权保护的法律空档。实际上,一旦胎儿头部露出,只要不是死尸,那么他与母腹中的胎儿就有质的差别,他是以人的形象出现于世。如果将其扼杀,给人的感觉就是故意杀人。由此可见,对于人的生命的始期还有进一步探讨的必要。

对于人的死亡的标准,刑法理论上也存在不同的观点。呼吸停止说、脉搏停止说分别以呼吸或脉搏不可逆转的停止为人的死亡的标志;心脏停止说以心脏停止跳动作为认定死亡的标志;脑死亡说则以脑机能不可逆转的丧失功能为死亡标准。多年来,我国医学界和司法实践采取心脏停止说或呼吸停止说作为认定死亡的标准。然而,现代医学的研究成果表明:有相当一部分人在心脏停止跳动后数分钟甚至数十分钟后,还能抢救复活;有的人甚至借助于心脏移植手术使生命得以长期延续,由此证明心脏停止跳动并非人死亡的绝对标志。目前,世界上已有包括美国、英国、法国、荷兰、丹麦、挪威等在内的 10 多个国家明确宣布采取脑死亡说,日本国会也于 1997 年 9 月通过法案,承认脑死亡是生命结束的标志。在我国,曾有人提出制定“脑死亡法”的倡议,但由于条件不成熟而未被采纳。

(二) 故意杀人罪的认定

1. 直接故意杀人与间接故意杀人的界限

直接故意杀人是指行为人明知自己的行为会发生被害人死亡的结果,并希望这种结果的发生;间接故意杀人是指行为人明知自己的行为可能造成他人死亡的结果,而放任这种结果的发生。(1)从认识因素上看,直接故意杀人既可以是行为人明知自己的行为必然导致被害人死亡的结果,也可以是明知其行为可能导致被害人死亡的结果,而在间接故意杀人中,行为人只能是明知自己的行为可能导致被害人死亡的结果。因此,如果行为人明知自己的行为必然发生他人死亡的结果而仍决意实施,则不能认定为间接故意杀人,而属于直接故意杀人。(2)从意志因素上看,直接故意杀人的行为人对于被害人死亡结果的发生持希望的态度,而间接故意杀人的行为人对于被害人死亡结果的发生则持放任的态度。意志因素的不同是直接故意杀人和间接故意杀人的关键区别所在。另外,直接故意杀人存在犯罪目的,而间接故意杀人则不存在犯罪目的;直接故意杀人存在未遂问题,而间接故意杀人则不存在未遂问题。

2. 自杀关联行为的定性问题

自杀是行为人故意剥夺自己生命的行为。在我国，自杀行为一般不具有刑事可罚性。如果以自焚、自爆方法危害公共安全的，构成以危险方法危害公共安全罪。军人在战时为逃避军事义务而自杀未遂但造成伤害的，构成战时自伤罪。但是，造成自杀的原因比较复杂，有的是相约自杀，有的是在他人的教唆、帮助或者逼迫下自杀，有的是基于他人的违法行为或正当行为而引起自杀。自杀关联行为的定性涉及行为人对于与他人自杀相关联的行为是否应承担故意杀人罪的刑事责任问题。

(1) 相约自杀的处理。相约自杀，是指二人以上相互约定自愿共同自杀的行为。成立相约自杀，必须具备以下条件：第一，相约自杀的参与者必须具有真实的自杀决意。以相约自杀为名，诱骗他人自杀，而自己不自杀的，应以故意杀人罪论处。在这种场合，假借相约自杀诱骗他人自杀的行为人与自杀者之间并无真正的共同自杀的决意，行为人为了掩盖真相，逃避对其刑事责任的追究，通过共同自杀的方式诱骗他人自杀以达到非法剥夺他人生命的目的。第二，相约自杀的参与者必须有共同自杀的谋议。如果行为人意欲自杀，并希望他人一起自杀，但未经谋议而先将他人杀害，而自己自杀未成的，也应以故意杀人罪论处。

自杀者本身不存在刑事责任问题，因而如果相约自杀者均已死亡，当然不存在承担刑事责任的问题。而对于其他的相约自杀的情形，则应视具体情况予以具体分析。①单纯相约自杀。这是指二人以上相约各自实施自杀行为，既没有受托先杀死对方的行为，也没有一方帮助或教唆另一方自杀的行为的情形。在单纯相约自杀的场合，未死者对于死亡者的死亡是否承担故意杀人罪的责任，可以分为以下三种情况进行讨论。第一，在实施共同自杀的行为后，未死者是由于他人抢救而没有死亡的，未死者对于死者的死亡不承担刑事责任。第二，在实施共同自杀的过程中，后自杀的人因看到先自杀的人死亡后的惨状而恐惧死亡，反悔而中止自杀的，未死者对于死者的死亡也不承担刑事责任。第三，在一方实施自杀行为之后，反悔而中止自杀的一方因其相约自杀的先行行为而产生救助已自杀一方的生命的义务。行为人有能力救助而不予救助甚至阻止他人救助，致使先自杀者一方死亡的，应以故意杀人罪追究刑事责任。②未死者受托先杀死他人后再自杀。这是指在相约自杀中，行为人受他人嘱托，先将他人杀死，而后自杀未逞或因反悔而未实施自杀行为的情形。这种情形实际上涉及被害人的承诺是否阻却违法性的问题。一般认为,被害人的承诺阻却行为的违法性,必须具备相应的条件,其中的条件就包括承诺者对被侵害的合法权益具有处分权限,而生命是被害人无权处分的。因此,经被害人承诺而杀死他人的行为仍然具有刑事违法性。就未死者受托先杀死他人后再自杀的情形而言,行为人主观上具有非法剥夺他人生命的故意,客观上直接实施了非法剥夺生命的行为,符合故意杀人罪的构成特征,因而应以故意杀人罪论处。当然,对于这种情形,可以考虑按照"情节较轻"的故意杀人罪的法定刑处罚。

(2) 教唆、帮助他人自杀的处理。所谓教唆他人自杀,是指行为人故意以引诱、指使、欺骗、怂恿、激将等方法,使没有自杀意图的人产生自杀决意,实施自杀行为。所谓帮助他人自杀,是指在他人已有自杀意图的情况下,行为人给予其物质上的帮助,使他人得以实现其自杀意图,或者对其在精神上加以鼓励,使其坚定自杀意图。一般认为,由于教唆者实施的是教唆自杀行为,是否自杀,自杀者仍具有意志选择自由,因此,教唆行为的社会危害性较小,虽应以故意杀人罪论处,但应按情节较轻的故意杀人处罚。但对特定情形下的教唆自杀行为,则应当按照一般的故意杀人处罚。〔1〕对于教唆无完全意志自由的人(精神病人、未成年人等)自杀的,由于被教唆者对于自杀的性质和后果缺乏正常人所具有的认识和控制能力,故其选择自杀不是完全由自己独立的意志决定的,在很大程度上是受教唆人的意志所左右的,因此,这种行为实质上属于借无完全自由意志的被教唆人之手杀死被教唆者的故意杀人行为。既然被教唆者自杀的行为不构成犯罪,则所谓借被教唆者之手杀死被教唆者的行为构成故意杀人罪的情形应属于故意杀人罪的间接正犯。

在对已有自杀意图者给予精神上鼓励的情况下,行为人的行为对自杀死亡结果的原因力较小,危害也不大,可以不追究其故意杀人的刑事责任。但在对已有自杀意图者给予物质上帮助的情况下,行为人的行为对于自杀者的死亡结果的发生具有较大的原因力,原则上应构成故意杀人罪,但由于自杀是自杀者本人意思决定的结果,可对帮助者予以从宽处罚。但对特定情形下的帮助自杀行为,则应

〔1〕 根据2017年2月1日最高人民法院、最高人民检察院《关于办理组织、利用邪教组织破坏法律实施等刑事案件适用法律若干问题的解释》的规定,组织、利用邪教组织,制造、散布迷信邪说,组织、煽动、胁迫、教唆、帮助其成员或者他人实施自杀、自伤行为的,分别依照《刑法》第232条、第234条的规定,以故意杀人罪或者故意伤害罪定罪处罚。

当按照一般的故意杀人处罚。

(3) 逼迫他人自杀的处理。这是指行为人为了非法剥夺被害人的生命，利用某种权势或者经济、亲属关系上的优势，以暴力、胁迫或者利用被害人自身思想上的愚昧等弱点，制造某种不利于被害人的恶劣环境，迫使被害人自杀的情形。这种情形实质上属于“借刀杀人”的行为，即借被害人之手达到杀害被害人的目的，应当直接以故意杀人罪论处。在实践中，对于使用威胁手段迫使他人自杀的情况应进行具体分析。对于那些主观上具有故意杀人的目的，客观上实施的威胁行为使他人在自杀与否的选择上余地很小，只能走自杀之路的，才能以故意杀人罪论处；不具有杀人的故意，或者其行为不足以引起他人自杀的，就不构成故意杀人罪。

(4) 其他引起他人自杀的行为的处理。司法实践中，除了上述自杀关联行为之外，还有其他一些致人自杀的情形。①行为人的合法正当行为、错误行为、一般违法行为引起他人自杀的处理。在这种情形下，自杀行为往往是由于自杀者的心胸狭隘所致，不应追究行为人的刑事责任。②严重违法行为引起他人自杀的处理。在这种情况下，可以将自杀结果作为判定行为的社会危害性是否达到构成犯罪程度的重要指标。如侮辱罪的成立要求侮辱行为达到“情节严重”的程度，而侮辱行为引起他人自杀的，就可以视为判定“情节严重”的因素。③犯罪行为引起他人自杀的处理。在这种情况下，行为人主观上一般没有杀人的故意，因而不能以故意杀人罪论处，可以将自杀结果作为其他犯罪从重或法定刑升格的根据。

3. 雇凶杀人案件的处理

雇凶杀人，也称买凶杀人，是指以一定的钱财雇佣或收买他人杀害特定个人的共同犯罪行为。在这类案件中，雇主既是教唆犯，又是案件的组织者、策划者甚至指挥者，而凶手是杀人行为的实行者。在司法实践中，一般称雇主为主谋，称凶手为主凶。在需要区分共犯主从关系的案件中，主谋是当然的主犯，积极实施杀人行为者也是主犯，其他作用次要的凶手可以认定为从犯；在不需要区分主从关系的案件中，主谋、主凶都应当对其组织、指挥或参与的全部犯罪承担罪责。

4. 故意杀人罪与遗弃罪的界限

在司法实践中，行为人的遗弃行为有时会导致被害人死亡结果的发生。这种情况就涉及故意杀人罪与遗弃罪的区分问题。一般认为，二者区分的关键在于查明行为人对死亡结果的主观心理态度。前者的行为人对被害人死亡的结果持希望或放任的态度;后者的行为人对被害人死亡结果的发生无明确认识,也不希望或放任被害人死亡的结果发生。如果行为人以遗弃为手段杀害被害人,如将婴儿弃置于野外,将行动艰难的老人带往悬崖边上扔下不管,应认定为不作为的故意杀人罪。

(三) 故意杀人罪的处罚

根据《刑法》第 232 条的规定,犯本罪的,处死刑、无期徒刑或者 10 年以上有期徒刑;情节较轻的,处 3 年以上 10 年以下有期徒刑。所谓"情节较轻",通常是指出于激愤或义愤杀人、防卫过当杀人、因受被害人长期迫害而杀人、受嘱托杀人、出于情有可原的动机杀害亲生婴幼儿等。

对故意杀人犯罪是否判处死刑,不仅要看是否造成了被害人死亡结果,还要综合考虑案件的全部情况。对于因婚姻家庭、邻里纠纷等民间矛盾激化引发的故意杀人犯罪,适用死刑一定要十分慎重,应当与发生在社会上的严重危害社会治安的其他故意杀人犯罪案件有所区别。对于被害人一方有明显过错或对矛盾激化负有直接责任,或者被告人有法定从轻处罚情节的,一般不应判处死刑立即执行。[2]

二、过失致人死亡罪

(一) 过失致人死亡罪的概念和构成要件

过失致人死亡罪,是指因过失造成他人死亡的行为。

本罪的构成要件如下。

1. 本罪的客观方面表现为致人死亡的行为。这里的"行为",既可以是作为也可以是不作为。构成本罪,要求有他人死亡这种危害结果的发生,而且行为人的行为与他人死亡的结果之间必须具有必然的因果关系。

本罪一般发生在个人日常生活或个人劳动等场合,对他人的生命安全缺乏应有的关注,以致其作为或不作为造成他人死亡的结果。从司法实践来看,主要有以下几种情况:与他人嬉笑打闹中,不慎失手造成他人死亡;行为人在生活中无意中违反某种安全规章,致他人死亡;在个人劳动时,不注意周围安全,造成他人死亡;在生活中使用毒品等危险物品,不妥善保管,致人死亡;为他人照看婴幼儿,

---

〔2〕 参见 1999 年 10 月 27 日最高人民法院《全国法院维护农村稳定刑事审判工作座谈会纪要》。

不注意看护，或者护理不当，致使婴幼儿死亡；在猎捕动物时，不慎开枪误中他人，或者误认他人为野兽而射击，致人死亡。〔3〕

2. 本罪的主体是一般主体，即已满16周岁并具有刑事责任能力的自然人。

3. 本罪的主观方面是过失，包括疏忽大意的过失和过于自信的过失。这里的过失是针对死亡结果而言的，至于行为是有意还是无意实施，并不影响过失的认定。

4. 本罪的客体是他人的生命权。犯罪对象可以是任何有生命的自然人。

(二) 过失致人死亡罪的认定

1. 疏忽大意的过失致人死亡与意外事件致人死亡的界限

二者在主观上都没有预见到死亡结果的发生，客观上都造成了他人死亡的结果。二者的区别在于：行为人在当时的情况下是否能够预见自己的行为可能造成他人死亡结果的发生。前者属于行为人应当预见、能够预见而没有预见，后者属于行为人不可能预见。对于行为人是否能够预见，需要根据行为人当时的认识能力、具体环境、本人的一些具体情况、行为的危险程度以及已死亡的他人本身有无过错等进行综合分析判断。

2. 过于自信的过失致人死亡与间接故意杀人的界限

二者的相同之处在于行为人客观上都实施了非法剥夺他人生命的行为，主观上都认识到自己的行为可能导致他人死亡结果的发生，并且都不希望这种结果发生。二者区别的关键在于：查明行为人对他人死亡结果发生的主观态度是轻信可以避免还是放任，即对结果的发生是排斥还是听之任之。在过于自信的过失致人死亡的场合，行为人对他人死亡结果的发生持轻信能够避免的心理态度，并且这种心理态度是以一定的主、客观条件为根据，在客观上通常会表现出一些积极避免死亡结果发生的行为。而间接故意杀人的行为人对死亡结果的发生持放任的心理态度，既没有要依据某些条件避免结果发生的意图，也没有避免发生结果的行为，无论结果发生与否都不违背行为人的本意。

3. 过失致人死亡罪与刑法另有规定的包含过失致人死亡情形的犯罪的界限

《刑法》第233条后半段规定："本法另有规定的，依照规定。"这是指除本条关于过失致人死亡的一般性规定外，对于刑法规定的其他犯罪中的过失致人死亡

---

〔3〕 参见高铭暄主编：《新编中国刑法学》(下册)，688页，北京，中国人民大学出版社，1998。

的情形,如《刑法》第 115 条第 2 款规定的过失投放危险物质、过失决水、过失爆炸致人死亡的,第 133 条规定的交通肇事致人死亡的,第 134 条规定的重大责任事故致人死亡的,第 135 条规定的重大劳动安全事故致人死亡的,第 138 条规定的教育设施重大安全事故致人死亡的,应当依照刑法分则有关条文的规定而不是本条的规定定罪处罚。这实际上是对特殊规定优于一般规定这一法律适用原则的确认。需要注意的是,虽然可能出现包含过失致人死亡情形的其他犯罪的法定刑轻于过失致人死亡罪法定刑的不合理现象,但根据上述规定,仍然应当按照特殊法的规定加以处理。

4. 因过失致人重伤而导致他人死亡的行为的定性

对于因过失致人重伤进而引起他人死亡的情形,应直接定过失致人死亡罪,而不应机械套用故意伤害致人死亡的模式,定过失重伤致人死亡罪。当然,行为人虽然过失致他人重伤,但其死亡结果是由其他因素造成的,此种情况只能对行为人以过失致人重伤罪论处。

(三) 过失致人死亡罪的处罚

根据《刑法》第 233 条的规定,犯本罪的,处 3 年以上 7 年以下有期徒刑;情节较轻的,处 3 年以下有期徒刑。

三、故意伤害罪

(一) 故意伤害罪的概念和构成要件

故意伤害罪,是指故意非法损害他人身体健康的行为。

本罪的构成要件如下。

1. 本罪的客观方面表现为非法损害他人健康的行为。首先,损害他人健康的行为必须是非法的。因合法实施的行为(如正当防卫、正当医疗行为等)而损坏他人身体健康的,不构成本罪。得到被害人承诺后实施的伤害行为是否具有非法性,应当结合具体情况进行分析:在被害人承诺伤害的情况下,对造成重伤结果的,应当认定为成立故意伤害罪,这主要是考虑到故意伤害罪侵犯的法益是他人生理机能的健全性,而对于造成轻伤结果的,原则上不成立本罪。但是,如果伤害行为严重违反法律规范或社会伦理,也可以成立本罪,如出于骗取保险金的恶劣动机,行为人与被害人经共谋后对后者实施轻伤害的,也构成本罪。其次,必须具有损害他人身体健康的行为,即具有破坏他人人体的肢体、组织的完整或者损害人体组织、肢体、器官的正常机能的行为。最后，伤害行为既可以由作为的形式实施，也可以由不作为的形式实施；既可以采用有形的方法，如使用暴力伤害他人，也可以采用无形的方法，如故意以发生性行为等方式使他人感染艾滋病。

伤害行为可能造成的结果多种多样，就其程度而言，一般包括轻微伤、轻伤、重伤、伤害致死四种情况。伤害行为仅造成轻微伤的，不构成犯罪，按照《治安管理处罚法》处理。根据最高人民法院、最高人民检察院、公安部、司法部 2014 年《人体损伤程度鉴定标准》，“轻微伤”是指各种致伤因素所致的原发性损伤，造成组织器官结构轻微损害或者轻微功能障碍；“重伤”，是指使人肢体残废、毁人容貌、丧失听觉、丧失视觉、丧失其他器官功能或者其他对于人身健康有重大伤害的损伤；“轻伤”，是指使人肢体或者容貌损害，听觉、视觉或者其他器官功能部分障碍或者其他对于人身健康有中度伤害的损伤。一般认为，对于伤害程度，应当以伤害当时的伤势为主，同时考虑审判时的治疗和恢复情况，进行综合评定。认定是否属于重伤，应当看伤害行为给被害人身体健康造成的实际损害的程度，不能因为抢救及时或医术高超而最终恢复健康，就否认致人重伤。如果伤害当时伤情不是很严重，但事后逐渐恶化，虽经过治疗，最终结果仍是重伤的，只要证明重伤是由伤害当时原发性变化自然发展的直接结果，就可以确定为重伤；伤害当时伤情较为严重，但治疗后恢复正常或者只造成轻伤害的，不能以重伤论处。另外，还应当注意伤害行为与伤害结果之间是否具有因果关系。如果由于诊疗过程中不当行为等因素的介入而造成重伤结果的，不能认定为重伤。

2. 本罪的主体是一般主体。其中，对于故意伤害致人重伤或者死亡的情形，主体为年满 14 周岁、具有刑事责任能力的自然人；对于故意伤害致人轻伤的情形，主体是年满 16 周岁并具有刑事责任能力的自然人。

3. 本罪的主观方面是故意，包括直接故意和间接故意。在故意伤害致死的情况下，行为人对伤害结果出于故意，而对死亡结果则出于过失。在司法实践中，行为人在实施伤害行为时，伤害故意的内容事前往往是不确定的，可以说无论是造成轻伤还是重伤都包含在行为人的故意内容之中。因此，凡是伤害他人身体健康的案件，只要行为人主观上具有伤害他人的故意，造成轻伤的，就按故意伤害致人轻伤处理；造成重伤的，就按故意伤害致人重伤处理，这并不违背主客观相统一原则。在突发性犯罪中，行为人不顾被害人死伤而实施暴力行为，杀人故意或伤害故意并不明确。一般认为，对于这种情形，被害人没有死亡但造成了实际伤害后果的,成立故意伤害罪;造成被害人死亡的,成立故意杀人罪。

成立本罪要求行为人主观上具有伤害的故意。如果仅具有殴打的意图,只是希望或者放任造成被害人暂时的肉体疼痛或者轻微的神经刺激,则不能认定有伤害的故意。在仅出于殴打的意图而无伤害故意的情况下,造成他人伤害的,不宜认定为故意伤害罪。同样,在殴打行为导致他人死亡的情况下,不宜认定为故意伤害致死。对于那些父母为教育子女而实施惩戒行为导致子女死亡、邻里之间由于民间纠纷一方殴打另一方造成死亡,以及其他轻微暴行致人死亡的案件,不能轻易认定为故意伤害致死。

4. 本罪的客体是他人的身体健康权利。身体健康权,是指保持肢体、器官、组织的完整性和正常机能的权利。身体,是指具有生命的整个肉体,包括体外的四肢与躯干,也包括体内的内脏器官以及口腔内的牙齿、舌头。侵犯他人的身体健康,可以分为两种情形:一是对人的肢体、器官、组织的完整性的破坏,如截断他人一根指头、割掉他人一只耳朵等;二是对人的肢体、器官、组织的正常机能的破坏,如使肢体瘫痪、神经机能失常、听力减弱、双目失明等。假肢、假牙、隐形眼镜等不属于身体的有机组成部分,因而,对其加以毁坏的,不构成本罪(如果假肢、假牙、隐形眼镜等的价值极高,毁坏行为可能构成故意毁坏财物罪)。强行剪掉他人的毛发、指甲、眉毛,谈不上对人体组织的破坏,也谈不上对人体器官正常机能的破坏,不能成立本罪。本罪的对象是除行为人自身以外的有生命的自然人。行为人对自己身体健康造成损害的,不构成本罪。但是,军人在战时自伤身体逃避军事义务的,可构成战时自伤罪。对生命尚未开始的胎儿或者人死亡后的尸体实施伤害行为的,不构成本罪。误将尸体当作有生命的人进行伤害的,可以视具体情况按照本罪的未遂处理。一般认为,为了伤害胎儿而对母体实施伤害,达到犯罪的危害程度的,或者为了伤害母体,结果使胎儿出生后伤残的,可以视为对母体实施的故意伤害罪。

(二)故意伤害罪的认定

1. 故意伤害罪与一般殴打行为的界限

殴打行为是指行为人只是给他人造成暂时性肉体疼痛,或者使他人的神经系统受到轻微刺激,而没有对他人健康构成损害的行为。在一般殴打的情况下,行为人主观上并无伤害故意,客观上不损及他人人体组织完整性和人体器官正常机能,因而不构成本罪。对于一般的殴打行为,需要给予处罚的,由公安机关按照

《治安管理处罚法》的规定处理，这从刑事政策上看，这是有利于化解矛盾、保持社会稳定的。

在区分故意伤害罪与一般殴打行为的界限时，不能唯后果论，即不能简单地认为，造成伤害他人身体甚至死亡结果的就是故意伤害罪，而没有造成伤害的就是一般殴打行为，而应结合全案情况，考察主客观各方面的因素，看行为人是否具有伤害他人的故意，是有意伤害他人，还是出于一般殴打的意图而意外致人伤害或死亡。在司法实践中，尤其应当注意的是，不能把凡是打一拳、踢一脚造成后果的行为都认定为故意伤害罪。[4] 对于行为人出于一般殴打的意图而意外致人伤害或死亡的，应当结合被害人有无身体异常状况以及行为人是否能够预见等进行综合分析，认定行为人对于他人伤害或死亡的结果是否具有过失。

2. 故意伤害罪的犯罪未遂问题

故意轻伤的，不存在犯罪未遂的问题，即行为人主观上只想造成轻伤结果，而实际上未造成轻伤结果的，不以犯罪论处。这主要是考虑到：故意轻伤的情况下所成立的故意伤害罪属于轻罪，而对于轻罪的未遂行为，按照我国《刑法》第 13 条“但书”的基本精神，不宜承认其可罚性。重伤意图非常明显，已着手实施重伤行为，由于意志以外的原因未得逞的，应按故意重伤(未遂)论处。在故意伤害致人死亡的场合，行为人对被害人的死亡结果出于过失，因而不存在犯罪未遂的问题。

3. 故意伤害致死与过失致人死亡的界限

二者客观上都造成了他人死亡的结果，主观上都无杀人故意，对死亡结果的发生都是出自过失，容易混淆。二者区别的关键在于行为人主观上有无伤害的故意。故意伤害致死的行为人虽无杀人的故意却有伤害的故意，死亡结果的发生完全是由故意伤害行为引起的；过失致人死亡的行为人不仅没有杀人的故意，也无伤害的故意，死亡结果的发生完全是由过失行为造成的。

4. 故意伤害罪与包含其他内容的其他犯罪的界限

《刑法》第 234 条第 2 款后半段规定：“本法另有规定的，依照规定。”这是指对于刑法其他条文对故意伤害他人身体健康的情况，刑法分则作了专门规定的，依照各该条定罪处罚，不再以本罪论处。如以暴力手段实施抢劫，致人重伤的，以抢劫罪论处。

---

[4] 参见肖中华、张建：《伤害犯罪的定罪与量刑》，39—40 页，北京，人民法院出版社，2001。

(三) 故意伤害罪的处罚

根据《刑法》第 234 条的规定,犯本罪的,处 3 年以下有期徒刑、拘役或者管制。犯本罪,致人重伤的,处 3 年以上 10 年以下有期徒刑;致人死亡或者以特别残忍手段致人重伤造成严重残疾的,处 10 年以上有期徒刑、无期徒刑或者死刑。

四、强奸罪

(一) 强奸罪的概念和构成要件

强奸罪,是指违背妇女意志,使用暴力、胁迫或者其他手段,强行与妇女发生性交,或者明知是不满 14 周岁的幼女而与其发生性交的行为。本罪实际上由两类犯罪构成:一类是普通强奸,即违背妇女意志,使用暴力、胁迫或其他手段强行与妇女发生性交的行为;另一类是准强奸,即明知是不满 14 周岁的幼女而与其发生性交的行为。

本罪的构成要件如下。

1. 本罪的客观方面表现为违背妇女意志,采用暴力、威胁或者其他手段,强行与妇女发生性交的行为,或者与不满 14 周岁的幼女发生性交的行为。

所谓"违背妇女意志",是指在使用强制手段与妇女发生性交时,使理智健全、能够正常表达自己意志的妇女处于违背自己意愿,但又不能反抗、不敢反抗或失去反抗能力的状态。明知被害人是不能辨别行为性质的痴呆妇女或精神病妇女,而与其发生性行为的,不论采用何种手段,也无论被害人态度如何,均应以本罪论处。与间歇性精神病患者在未发病期间发生性行为,妇女本人同意的,不构成本罪。违背妇女意志是强奸妇女型强奸罪的本质特征,也是强奸与一方或双方有配偶的男女之间的通奸以及未婚男女之间自愿发生的性行为的本质区别。

对于性行为的实施是否违背妇女意志,应当根据行为人所采取的暴力、胁迫或其他手段予以考察。判断是否违背妇女意志,既不能仅仅看行为人的行为表现,也不能仅仅看被害人有无反抗表现,而应当以行为人采取的手段为主要依据,结合妇女性交当时的心理、表现、与行为人的关系等因素综合判断。有时,从表面上看,犯罪分子并未直接使用暴力或者胁迫手段,但性交行为的发生是完全违背被害妇女意志的;相反,在行为人使用威胁或其他手段时,妇女本身也有可能是自愿的。在司法实践中,不能单纯根据妇女有无反抗来判断是否违背妇女意志。明显的反抗固然是认定违背妇女意志的重要标志,而在没有反抗或反抗不明显的情况下就应具体分析没有反抗的原因，判断在当时情况下妇女的真实心理。如果能够确认妇女是基于同意或无所谓的心态而没有反抗或没有明显反抗，便可以认定没有违背妇女意志。另外，在认定是否违背妇女意志时，不能以被害妇女作风好坏作为判断标准。对于同生活淫乱的妇女发生性交的，如果行为确实是采用暴力、胁迫等手段，违背妇女意志的，也应以本罪论处。

所谓“暴力”，是指直接作用于被害妇女的身体、可以抑制其反抗的物理性强制力量。暴力表现为直接对被害妇女实行人身强制，使其不能抗拒，如殴打、伤害、捆绑、卡脖子、按倒等。暴力不包括故意杀人；故意杀死妇女后奸尸的，构成侮辱尸体罪，而不构成本罪。暴力必须是针对被害妇女而实施的；如果行为人针对被害妇女以外的其他人实施暴力，则不构成暴力强奸。所谓“胁迫”，是指对被害妇女予以威胁、恫吓，达到精神上的强制的手段，如以扬言行凶报复、揭发隐私、加害亲属等相威胁，利用迷信进行恐吓，利用教养关系、从属关系、职权以及孤立无援的环境条件进行要挟、迫害等，迫使妇女忍辱屈从，不敢抗拒。利用教养关系、从属关系或职权与妇女发生性行为的，不能都视为强奸。行为人利用其与被害妇女之间的特定关系进行胁迫，迫使就范，如养（生）父以虐待、克扣生活费迫使养（生）女容忍其奸淫的，或者行为人利用职权，乘人之危，奸淫妇女的，都构成强奸罪。行为人利用职权，以某种物质或精神利益引诱女方，女方自愿或基于互相利用与之发生性行为的，即使行为人在此后欺骗了女方，也不定为本罪。胁迫的方式多种多样，既可以直接对被害妇女进行威胁，也可以通过加害第三者而间接进行威胁，或通过第三者转达威胁；既可以是口头威胁，也可以是书面威胁；既可以暴力进行威胁，也可以非暴力进行威胁。胁迫的作用在于使被害人不敢反抗。“其他手段”，是指暴力、胁迫以外的其他足以使被害妇女不知反抗或无法反抗的手段。其他手段主要包括五种情况：(1)利用妇女缺乏性自卫能力的状态乘机奸淫，如使用引诱、哄骗等手段奸淫精神病人、痴呆妇女等；(2)利用被害妇女不能或不知抗拒的状态而乘机奸淫，如利用妇女患重病无力抗拒、醉酒或昏睡时不知抗拒的状态奸淫妇女；[5](3)使用非暴力、胁迫手段，致使被害妇女处于不能抗拒、不知抗拒的状态而进行奸淫，如用药物、酒精或催眠术使被害妇女处于昏睡、

〔5〕在乘机奸淫的情况下，行为人并未采用强制手段，但其奸淫行为违背妇女意志。有的国家在立法上在普通强奸罪之外设立乘机奸淫罪；我国刑法并未针对该行为设立独立犯罪，对此只能以强奸罪论处。

神志不清或丧失自控能力的状态而奸淫妇女；(4)使用诈术使被害妇女陷入不知抗拒的状态而进行奸淫，如冒充妇女的丈夫、情人、假冒给被害妇女治病而奸淫妇女；(5)组织、利用会道门、邪教组织或利用迷信奸淫妇女。其他手段必须是使性交行为在违背妇女意志的状态下进行的手段。

强行与妇女发生性交是本罪的目的行为。这里的“性交”，是指自然性交，即男女生殖器之间的交媾行为，而不包括非自然的性行为，如口交、肛交、奸兽等。行为人采用暴力、胁迫等手段强行要求妇女发生非自然性行为的，可以构成强制猥亵、侮辱妇女罪，而不构成本罪。

考虑到幼女身心发育尚未成熟，缺乏是非辨别能力，对于性行为的意义、后果欠缺理解，也没有抗拒能力，刑法对以幼女为奸淫对象的强奸罪的手段没有进行限定。这意味着，行为人客观上采取何种手段以及幼女是否愿意均不影响本罪的成立。

2. 本罪的主体是特殊主体，即已满 14 周岁、具有刑事责任能力的男子。妇女不可能成为本罪的单独直接正犯，但可以成为本罪的教唆犯、帮助犯或间接正犯。妇女也可以实施本罪实行行为中的暴力、胁迫或其他手段行为。强奸罪属于复行为犯，[6]妇女可以实施实行行为中的手段行为；在共同犯罪中，妇女可以通过实施手段行为与男子分担本罪的客观方面，构成本罪的共同正犯。

3. 本罪的主观方面表现为直接故意。这种直接故意具体表现为：在强奸妇女的情况下，行为人明知自己的行为违背妇女意志而决意强行奸淫；在奸淫幼女的情况下，行为人明知是不满 14 周岁的幼女而决意加以奸淫。确实不知妇女是精神病患者或痴呆者，在得到其同意甚至受到病患者的性挑逗的情况下，与之发生了性行为的，因行为人主观上缺乏违背妇女意志强行与其发生性交的目的，不能认定为本罪。

4. 本罪的客体是妇女的性自主权和幼女的身心健康。妇女的性自主权具体表现为妇女按照自己的意志决定性行为的权利，包括自愿同意权和自愿拒绝权。女精神病患者没有同意的意志能力；对其实施的奸淫行为，不论其是否有同意性行为的意思表示，均视为侵犯了妇女的性自主权。幼女的身心健康是指幼女的身

---

〔6〕 所谓复行为犯，即犯罪实行行为包括手段行为与目的行为的情形。如在强奸罪中，实行行为包括暴力、胁迫或其他手段行为和目的行为即奸淫行为。

体和精神正常发育和健康成长的权利。本罪的犯罪对象包括妇女和幼女。妇女是指年满14周岁的女性，包括未成年妇女和成年妇女。

（二）强奸罪的认定

1. 奸淫幼女犯罪中的“明知”问题

2003年1月17日最高人民法院《关于行为人不明知是不满14周岁的幼女，双方自愿发生性关系是否构成强奸罪问题的批复》规定：“行为人明知是不满14周岁的幼女而与其发生性关系，不论幼女是否自愿，均应依照《刑法》第263条的规定，以强奸罪定罪处罚；行为人确实不知对方是不满14周岁的幼女，双方自愿发生性关系，未造成严重后果，情节显著轻微的，不认为是犯罪。”

在奸淫幼女犯罪中，行为人对危害结果的明知是与行为人对奸淫对象是幼女这一客观事实的明知紧密联系在一起的，这与在故意杀人罪中行为人对人的死亡结果的明知与行为人对侵害对象是“人”这一事实的明知密切相关是一样的道理。当然，行为人对奸淫对象是幼女这一事实的“明知”并不等于“确知”，应当对“明知”的内涵作扩大解释。即行为人明确认识到奸淫对象不满14周岁，固然属于“明知”；认识到奸淫对象可能不满14周岁的，同样应被认定为明知。幼女早熟且虚报年龄，行为人不知道也不可能知道其实际年龄的，应当否定“明知”的存在。在奸淫幼女犯罪中，要求行为人明知奸淫的对象是幼女，并没有否定对幼女的特殊保护，而是更好地体现了主客观相统一原则。

2. 强奸与通奸的界限

通奸是指一方或双方有配偶的男女，自愿发生的不正当性交行为。是否违背妇女意志是强奸与通奸的本质区别。区分强奸与通奸还需要结合具体案情，注意以下四种情况。

（1）妇女与人通奸后，关系恶化，或奸情暴露后怕丢面子，为推卸责任、嫁祸于人，把通奸说成强奸的，不能认定为强奸。

（2）第一次性行为违背妇女意志，但事后女方并未告发，后来又多次自愿与该男子发生性行为的，一般不宜以强奸罪论。这主要是考虑到：强奸行为危害性的大小与妇女意志上的对抗程度有密切的联系。第一次强奸行为后，女方又自愿多次与行为人发生性交，说明该行为对该妇女造成的危害不大。无论从行为的社会危害性本身考虑，还是从稳定现实社会关系考虑，一般都没有必要再追究行为人的刑事责任。

(3) 犯罪分子强奸妇女后，对被害妇女实施精神上的威胁，迫使其继续忍辱屈从的，应以强奸罪论。

(4) 男女双方先是通奸，后来女方不愿继续通奸，而男方纠缠不休，并以暴力或以败坏名誉等进行胁迫，强行与女方发生性行为的，以强奸罪论。

3. 正确认定“半推半就”行为的性质

在半推半就的情况下，妇女对男子要求性交的行为既有不同意的表示一推，又有同意的表示一就。也就是说，妇女处于犹豫不决的状态。对于所谓半推半就的问题，要着重分析双方平时的关系，性行为是在什么样的环境和情况下发生的，事后女方态度，在什么情况下告发的等，以判明行为人是否确系采用胁迫手段违背妇女意志。如果确实违背女方意志的，应定为强奸罪；反之，就不应定为强奸罪。如行为人主观上认为自己的行为并不违背妇女意志，把妇女“推”的意思表示视为妇女羞愧的表现，又没有明显使用暴力、胁迫等手段的，其行为就不应认定为强奸罪。

4. 与恋爱、结婚有关的强奸问题

未婚男女在恋爱过程中自愿发生性交，是一种失范行为，不能以犯罪论处。在实践中，与恋爱、结婚有关的性行为分为以下几种情况，应具体认定。(1)在恋爱过程中，女方虽然口头上不同意性交，但男方没有实施暴力或胁迫手段，女方又没有明显反抗的，即使后来感情破裂，女方告男方强奸，也不能认定男方构成强奸罪。(2)以恋爱为名骗取女方信任，在女方同意下二人发生性行为，女方知道受骗后控告男方强奸的，虽然该行为具有骗奸性质，但并没有违背性行为时女方的真实意志，不应以强奸罪论处。(3)在恋爱过程中，男方为了达到与女方结婚的目的，强行和女方发生性行为，以迫使女方与自己结婚的，构成强奸罪。(4)在恋爱过程中，男方一时冲动，要求与女方发生性关系，如果女方坚决不同意，行为人强行与女方性交的，即使女方事后表示原谅，行为人也构成强奸罪。

5. 婚内强奸行为的定性问题

所谓“婚内强奸”，是指在夫妻关系存续期间，丈夫违背妻子意志，以暴力、胁迫或者其他手段，强行与妻子发生性关系的行为。“婚内强奸”的成立，必须以有法律承认的有效婚姻的存在为前提；如果双方没有婚姻关系或者有非法的“婚姻”关系，基于双方不存在同居和过性生活的义务的问题，自然不存在“婚内强奸”一说。在婚姻法修改的过程中，有人提出应当在新婚姻法中增加惩处婚内强奸的条款，但这种建议并没有被采纳。这主要是考虑到："婚内强奸"属于刑法的范畴，不能列入专门调整婚姻家庭关系的婚姻法当中去。

婚内强奸案件的特殊性就在于行为人与被害人之间有一层特殊关系即夫妻关系。我们既不能置夫妻间的婚姻关系于不顾，认为既然我国刑法并未把丈夫排除在强奸罪的主体之外，那么丈夫在任何情况下只要违背妻子意志而强行与妻子发生性行为，就构成强奸罪，也不能过分强调夫妻关系，将其等同于性关系，甚至等同于一般的债权债务关系，遂认为在任何情况下，丈夫违背妻子意志而强行与妻子发生性行为均不构成强奸罪。夫妻之间相互承诺共同生活，有同居的义务。这虽未见诸法律的明确规定，但已深深植根于人们的伦理观念之中，不需要法律明文规定。只要夫妻正常婚姻关系存续，即足以阻却婚内强奸行为成立强奸罪，这也是司法实践中一般不将婚内强奸行为作为强奸罪处理的原因。因此，在一般情况下，丈夫不能成为强奸罪的主体。〔7〕但是，夫妻同居义务是从自愿结婚行为推定出来的伦理义务，不是法律规定的强制性义务。因此，不区别具体情况，对于所有的婚内强奸行为一概不以强奸罪论处，也是不科学的。例如，在婚姻关系非正常存续期间，如离婚诉讼期间，婚姻关系已进入法定的解除程序，虽然婚姻关系仍然存在，但已不能再推定女方对发生性行为会作出承诺，也就没有理由从婚姻关系出发否定强奸罪的成立。

6. 欺骗手段能否成为强奸妇女型强奸罪的"其他手段"

对于欺骗手段能否认定为强奸罪的"其他手段"，不能一概而论，关键取决于受骗妇女承诺的效力。一般而言，行为人采取欺骗手段与妇女发生性行为的，妇女的承诺有效。但在下列两种情况下承诺无效：一是妇女对男子身份发生错误认识，如将男子误认为是其丈夫或情人。二是对性交行为本身发生认识错误，包括对性交行为本身的性质及作用的认识错误。如受行为人欺骗，妇女完全不知其所进行的是性交行为，这就属于对行为性质的认识错误；妇女知道其在进行性交活动，但其认为这是改变嗓音、进行治疗的必经程序，这就属于对性交作用发生错误认识。〔8〕在上述两种情况下，由于被害妇女的承诺是无效的，性行为的实施便

〔7〕在夫妻关系正常存续期间，丈夫违背妻子意志，强行与妻子发生性行为，并以此为手段，长期对妻子进行性虐待，情节恶劣的，应认定为虐待罪。

〔8〕参见安翱、杨彩霞：《侵犯公民人身权利罪比较研究》，128—129页，北京，中国人民公安大学出版社，2005。

是以违背妇女真实意志为前提的。因此,在这两种情况下,欺骗手段可以成为强奸罪的“其他手段”。

但在除此以外的其他情况下,妇女因受欺骗而作出的承诺应当视为有效。因为此时妇女对性交行为主体和行为性质以及作用均未发生错误认识,且未受到身体或精神上的强制,仍有选择是否发生性交的自由。受骗妇女之所以在完全可以拒绝与行为人发生性行为的情况下没有拒绝,往往是由于自己另有所图,或者对性生活的态度不够严肃,因此性行为的实施并不违背其意志。如在以恋爱为名骗奸多名妇女的情况下,妇女并没有丧失自己的意志自由,其可以自由地表达自己的意愿,对性交行为作出同意或不同意的选择。因而,这种情况下的欺骗手段不能够成为强奸罪的“其他手段”。

7. 强奸罪的既遂标准

关于强奸罪既遂的标准,理论上主要有射精说(性欲满足说)、插入说(结合说)和接触说三种观点。一般认为,针对已满 14 周岁妇女的强奸,既遂与否以插入说为宜,而奸淫幼女的既遂与否以接触说为宜,即只要两性性器官发生接触就为既遂。

(三)强奸罪的处罚

根据《刑法》第 236 条的规定,犯本罪的,处 3 年以上 10 年以下有期徒刑。有下列情形之一的,处 10 年以上有期徒刑、无期徒刑或者死刑:(1)强奸妇女,情节恶劣的;(2)强奸妇女多人的;(3)在公共场所当众强奸妇女的;(4)二人以上轮奸的;(5)致使被害人重伤、死亡或者造成其他严重后果的。其中,“情节恶劣”通常是指强奸手段残酷,在公共场所劫持并强奸妇女,多次利用淫秽物品、跳黑灯舞等手段引诱女青年进行强奸从而造成恶劣社会影响等。“强奸妇女多人”,是指强奸妇女 3 人(含 3 人)以上。“轮奸”,是指二人以上在一较短时间内先后轮流强奸同一妇女或幼女的行为。“致使被害人重伤、死亡”,是指在强奸过程中,因使用暴力而直接导致被害人性器官严重损伤,或者造成其他严重伤害,甚至当场死亡或者经治疗无效而死亡。如果行为人出于报复、灭口、逃跑等动机,在强奸以后,又将被害妇女伤害或杀害的,则应按强奸罪与故意伤害罪或者故意杀人罪实行数罪并罚。“造成其他严重后果”,是指因强奸引起被害人自杀、精神失常以及其他严重后果。

五、强制猥亵、侮辱罪

（一）强制猥亵、侮辱罪的概念和构成要件

强制猥亵、侮辱罪，是指以暴力、胁迫或者其他方法强制猥亵他人或侮辱妇女的行为。

本罪的构成要件如下。

1. 本罪的客观方面表现为以暴力、胁迫或者其他方法，强制猥亵他人或侮辱妇女的行为。“强制”一词表明，猥亵他人或侮辱妇女的行为是在违背他人或妇女意志的状态下，在他人或妇女不能反抗、不敢反抗、不知反抗或来不及反抗的情况下实施的。

猥亵行为是指针对他人实施的一切满足自己之性欲（针对妇女实施的是除强奸以外的行为），或足以挑逗他人引起性欲的有伤风化的色欲行为。“针对他人实施”主要包括以下几种情况：一是直接对他人实施猥亵行为，或者迫使他人容忍行为人或第三人对之实施猥亵行为（如强行鸡奸妇女，强行抠摸妇女阴部，强行捏摸妇女乳房，强行脱光妇女衣裤，强行与妇女接吻、搂抱等）；二是迫使他人对行为人或第三者实施猥亵行为（如强迫妇女为行为人或第三者手淫）；三是强迫他人自行实施猥亵行为（如当场强迫妇女本人手淫，当众强迫妇女捏摸自己的乳房等）；四是强迫他人观看他人的猥亵行为（如强迫妇女观看男性的鸡奸活动，强迫妇女观看男性的阴部等）。[9] 猥亵行为通常表现为抠摸、舌舔、吸吮、亲吻、搂抱、鸡奸、兽奸、手淫、窥阳、露阴、将异物强行插入体内等。但在妇女对男性强制实施猥亵行为时，其行为内容也包括性交行为。

侮辱妇女，是指对妇女实施猥亵行为以外的，损害妇女人格尊严的淫秽下流、伤风败俗的行为。一些猥亵行为往往具有侮辱的性质，如当众剥光妇女衣服的行为就既具有猥亵的性质，也具有侮辱的性质。不过，二者的客观表现各有侧重：猥亵妇女具有更为明显的性的内容，具有直接刺激或满足他人性欲的性质，只能通过身体动作来实施；而侮辱一般不表现为性行为或不直接表现性行为（猥亵行为兼具侮辱行为性质者除外），往往通过性行为以外的其他下流淫秽动作寻求精神刺激，填补精神空虚，且既可以身体动作实施，也可以语言进行，其侧重于侵犯

〔9〕 参见张明楷：《刑法学》（第五版）（下），877页，北京，法律出版社，2016。

妇女的人格尊严。侮辱妇女行为的通常表现包括：采用下流无耻的语言或动作调戏妇女；追逐或堵截妇女；在公共场所多次偷剪妇女的裙、裤使其出丑；拍摄妇女的裸体照；向妇女身上泼洒腐蚀物、污物等。另外，猥亵、侮辱妇女的行为不以公然实施为必要；即使在非公开的场合，只有行为人与被害人在场，而没有也不可能有第三者在场，行为人对妇女实施猥亵、侮辱行为的，也成立本罪。

2. 本罪的主体是一般主体，即年满 16 周岁并具有刑事责任能力的自然人。虽然从司法实践来看，在绝大多数情况下本罪是由男子实施的，但妇女对妇女实施强制性猥亵、侮辱，或者妇女教唆未达到刑事责任年龄的人或不具有刑事责任能力的人实施强制猥亵、侮辱妇女的情况是存在的。如有同性恋倾向的妇女强行对其他妇女实施猥亵或侮辱行为的，就可以单独构成本罪。丈夫公然强制猥亵妻子的，也可构成本罪。另外，《刑法修正案(九)》将本罪中的“强制猥亵妇女”修改为“强制猥亵他人”，这也就意味着，男子对男子、妇女对男子强制实施猥亵行为的，也可以成立本罪。

3. 本罪的主观方面是直接故意，且具有刺激或满足自己或第三者性欲的目的(猥亵他人的情况下)或损害妇女人格尊严的目的(侮辱妇女的情况下)。其动机通常是为了寻求精神刺激、取乐等。

4. 本罪的客体是他人的性的自主权和人格尊严。其中，猥亵他人的行为侧重于侵犯他人的性的自主权；侮辱妇女的行为侧重于侵犯妇女的人格尊严。本罪的犯罪对象是年满 14 周岁的自然人。其中，强制猥亵罪的对象同时包括年满 14 周岁的男子和妇女；强制侮辱妇女罪的对象只包括年满 14 周岁的妇女。强制猥亵儿童的，不构成本罪。行为人在杀害他人后，针对尸体所实施的猥亵、侮辱行为不构成本罪，对此可以故意杀人罪与侮辱尸体罪实行数罪并罚。

(二) 强制猥亵、侮辱罪的认定

1. “其他方法”的性质问题

《刑法》第 236 条第 1 款关于强制猥亵、侮辱罪的规定中之所以使用“强制”一词，是为了强调猥亵、侮辱妇女的行为只有在违背妇女意志的状态下实施才构成犯罪，从而排除基于他人的有效承诺而实施的猥亵、侮辱行为的可罚性。也就是说，“强制”一词不是用于限制“其他方法”的，而是用于限定猥亵、侮辱行为的性质的。将“其他方法”解释为除暴力、胁迫以外的具有强制性质的方法，会不适当地缩小本罪的处罚范围，不利于保护法益。例如，向路人显露生殖器而并没有强迫观看的行为，显然伤害了他人的性的羞耻心。如果对该行为不能以本罪论处，则无法保护公民的性的羞耻心。

2. 强制猥亵、侮辱罪与一般猥亵、侮辱行为的界限

我国刑法虽然没有规定本罪以“情节严重”或“情节恶劣”为成立条件，但从立法精神和司法实践的需要来考虑，这应成为本罪与一般猥亵、侮辱行为界限的标志。如果没有造成恶劣的社会影响或者严重的后果，符合《刑法》第13条“情节显著轻微危害不大的”规定，属于一般违法行为，应根据《治安管理处罚法》的规定处罚。所谓“情节严重或恶劣”，通常表现为：手段恶劣、动机卑鄙的；多次实施猥亵、侮辱行为，屡教不改的；结伙、持械追逐、堵截妇女等。

3. 强制猥亵他人致人伤、亡的定性

强制猥亵他人致人伤、亡，是指行为人在实施猥亵他人行为的过程中，因使用暴力而使被害人身体或性器官受到损伤，甚至当场死亡或经抢救无效死亡。在暴力行为致被害人轻伤的情况下，由于轻伤可以包容在本罪的犯罪构成中加以评价，可对此仍以本罪论处。在暴力行为致被害人重伤的情况下，行为人实施一个强制猥亵行为，触犯强制猥亵他人罪与故意伤害罪或过失致人重伤罪两个罪名，属于想象竞合犯，根据从一重处断的原则，应当以故意伤害罪或强制猥亵罪论处。在暴力行为致被害人死亡的情况下，行为人实施一个强制猥亵行为，触犯强制猥亵罪与过失致人死亡罪两个罪名，也属于想象竞合犯，根据从一重处断的原则，应以过失致人死亡罪论处。需要注意的是，在强制猥亵的行为实施完毕后，行为人出于报复、灭口等动机，又故意伤害或杀害受害人的，构成独立的数罪，应以本罪与故意伤害罪或故意杀人罪实行数罪并罚。

4. 强制猥亵、侮辱罪的主观内容问题

强制猥亵、侮辱罪除了主观上必须具有故意外，是否还需要行为人具有刺激或满足性欲的目的或倾向？从便利于侮辱罪与本罪区分的角度而言，要求强制猥亵的行为人主观上具有刺激或满足性欲的目的，是妥当的。侮辱罪是侵犯公民名誉权的犯罪，强制猥亵罪是侵犯他人性的自主权的犯罪，且二者均是基于直接故意实施的。强调二者具有不同的目的，即前者的目的是损害他人名誉，后者的目的是刺激或满足性欲，便有助于将基于不同的目的实施的方式相同的行为区分开来。如对于强行剥光妇女衣裤的行为，借助于行为人的目的，便可以顺利地对该行为进行定性。这种行为既可能是侵犯妇女的性的自主权的行为，也可能是侵犯

特定妇女的人格尊严、名誉的行为;断然排除后者,会不适当地缩小侮辱罪的成立范围。当然,对于强制猥亵、侮辱罪中的侮辱妇女的行为而言,行为人的主观目的是损害妇女的人格尊严。

(三)强制猥亵、侮辱罪的处罚

根据《刑法》第237条的规定,犯本罪的,处5年以下有期徒刑或者拘役。聚众或者在公共场所当众强制猥亵他人或者侮辱妇女的,处5年以上有期徒刑。

六、非法拘禁罪

(一)非法拘禁罪的概念和构成要件

非法拘禁罪,是指故意以扣押、关押、绑架或者其他方法非法剥夺他人人身自由的行为。

本罪的构成要件如下。

1. 本罪的客观方面表现为以扣押、关押、绑架或者其他方法非法剥夺他人人身自由的行为。所谓"非法",是指拘禁行为没有合法实体根据或者不依照法定程序。其具体表现为没有拘禁等权力的人非法对他人实行剥夺自由的行为以及有剥夺他人自由权力的人滥用职权、违反法定条件和程序,非法实行剥夺他人自由的行为。据此,司法机关根据法律规定对于有犯罪事实或者有重大嫌疑的人采取拘留、逮捕等限制人身自由的强制措施的行为,不成立本罪。但是,在发现拘捕错误时,借故不予释放,继续羁押的,或者在依法采取拘留、逮捕等强制措施后,羁押时间超过刑事诉讼法规定的期限仍然予以羁押的,可能构成本罪。公民将正在实行犯罪或犯罪后被及时发觉、通缉在案、越狱逃跑、正在被追捕的人依法扭送司法机关的,父母依据社会习惯对子女实施正常性的禁闭性管教的,依法收容精神病患者的,卫生防疫部门对传染病人进行强制隔离的,以及将酒醉者约束至酒醒的等,不成立本罪。根据司法实践经验,阻却行为人剥夺他人自由行为的违法性的事由主要包括:实施正当行为而拘禁他人的行为;合法扭送、拘留、逮捕行为;基于被害人的承诺的行为。

非法剥夺他人人身自由的方法包括非法拘禁和其他方法。拘禁与其他方法没有本质区别,可以认为,凡是能够使他人的身体被强制性地约束在一定的空间范围之内从而使其不可能支配自己的身体脱离该空间范围的方法均属于本罪的方法,如非法逮捕、拘留、监禁、扣押、绑架、办所谓封闭式的"学习班"以及所谓"隔离审查”“监护审查”等。本罪的行为可以直接针对人的身体而剥夺其身体活动自由，如捆绑；也可以是间接地针对人的身体而剥夺其身体活动自由，如将他人监禁于某一场所，使其不能或难以离开、逃出。无论直接针对还是间接针对人的身体的行为，均应考察该行为是否具有使被害人客观上无法自由行动的可能。因此，在行为人直接针对他人的身体实施一定行为的场合，如果被害人并未因此丧失行动自由的，该行为便不构成本罪。如在将被害人双手捆绑后即离开，被害人仍然可以步行的，便不能认定为本罪。非法剥夺自由的成立，并不以被害人脱离原居住地为条件，如将被害人关押在其自己家中的，可以构成本罪。行为人是否与被害人身居一处，拘禁场所是否豪华、广阔，或者被害人是否有娱乐活动，均不影响本罪的成立。

从表现形式上看，剥夺他人人身自由的方法通常表现为有形的、物理的方法，如将被害人锁在屋内并派人看守等。不过，采用无形的、心理的方法同样可以实施本罪，如将正在洗澡的妇女的衣服拿走从而使其因害怕裸露而无法离开，当他人登上建筑物的顶端或高处时移开梯子，拿走双腿残疾人士的双拐使其难以行动，用麻醉药或催眠术使他人失去行动能力，将被害人置身于高速行驶的汽车内使其不敢跳车，用手枪对准他人使之不敢离开一定场所，或者使用骗术，利用被害人陷入错误认识以妨碍其脱离等，均可以构成本罪。

非法剥夺他人人身自由的行为大多表现为作为，但也可以不作为的方式实施，如明知基于过失有人被误锁在某一房屋内，但房屋的主人却不愿开门而置之不理；司法工作人员对于被错误拘留或逮捕的人，在发现不应当拘留或逮捕时，仍然借故不予释放等。非法剥夺他人人身自由的行为还可以间接实行的方式实施，如利用不知情的第三者的行为实施监禁，或者诬陷他人有违反《治安管理处罚法》的行为，致使该人被公安机关予以行政拘留。在这种场合，实际上成立的是非法拘禁罪的间接正犯。但是，诬陷他人有犯罪行为而致使该人被予以刑事拘留或逮捕的，应以诬告陷害罪论处，而不应以本罪论处。

2. 本罪的主体是一般主体，即年满 16 周岁并具有刑事责任能力的自然人。已满 14 周岁不满 16 周岁的人对他人实施非法拘禁行为，尚未造成或者过失造成重伤、死亡后果的，不负刑事责任。但是，在非法拘禁他人后，使用暴力致人伤残、死亡的，构成故意伤害罪、故意杀人罪。国家机关工作人员利用职权所实施的非法拘禁行为，既侵犯了公民的人身自由，也破坏了国家机关的正常活动，应予以更严厉的惩处,因而《刑法》第238条第4款规定对此类行为应从重处罚。

3. 本罪的主观方面表现为直接故意,即行为人明知自己的行为会使他人丧失人身自由而希望这种结果发生。过失行为不构成本罪。行为人过失将他人控制于特定场所的,不构成本罪,但可能构成其他犯罪。如行为人因疏忽将他人反锁在车内,48小时后再打开车门时,他人已被冻死,构成过失致人死亡罪。以出卖、勒索财物或者满足其他不法要求为目的而非法拘禁他人的,不构成本罪,而应以相关犯罪(如拐卖妇女、儿童罪、绑架罪、抢劫罪等)论处。〔10〕犯罪动机可以是多种多样的,如挟嫌报复、留置盘查、耍特权威风、逼取口供、索债等。不管行为人出于何种动机,是善意还是恶意,行为人只要具有非法剥夺他人人身自由的目的,故意实施了非法拘禁行为,就构成本罪。不过,动机可以作为量刑时考虑的情节。

4. 本罪的客体是他人的人身自由权利。从广义上说,人身自由是指与人的行动相关的广泛的自由权利,包括公民享有的行动自由、婚姻自由、通信自由、迁徙自由等内容。本罪所侵犯的人身自由权利,显然不是指与个人行动有关的一切自由权利,而是指公民在不受强制约束的情况下,按照自己的意志,在任意的时间、空间内自由支配自己的身体进行行动的权利。

对于本罪的犯罪对象,我国刑法未作任何限制。任何依法享有人身自由的公民,包括普通守法的公民和犯错误的人,以及具有一般违法行为的人员和犯罪嫌疑人,均可能成为本罪侵犯的对象。由于生理或精神的原因而不具备或丧失了自由支配自己行动能力的人有权通过获得其监护人或其他亲友的帮助,享受在一定的空间之内移动的自由。对此类人实施非法拘禁,无疑便剥夺了他们享有上述自由的可能,从而剥夺了他们的人身自由。如果否认此类人员可以成为本罪的犯罪对象,则意味着该类人员的人身自由权利处在刑法的保护范围之外,这显然是不可取的。在实践中,也经常发生为索取债务而非法扣押、拘禁与债务人具有特定亲属关系的婴幼儿或精神病患者的案件,对此当然可以按照本罪论处。需要强调的是,监护人对于不具有行动能力的人依法行使监护权的行为,属于维护其合法权益的正当行为,不得以本罪论处。

〔10〕以出卖为目的,拐卖已满14周岁的男子的行为,不符合拐卖妇女、儿童罪的构成要件,但具有侵犯被害人的身体活动自由的可能,因而可以认定为非法拘禁。

（二）非法拘禁罪的认定

1. 非法拘禁罪的时间限定

非法拘禁罪是一种典型的继续犯，其行为应一定时间内处于持续状态，从而使被害人在一定时间内失去行动自由。剥夺自由行为的危害性是否达到构成非法拘禁罪的程度，需要结合该行为的时间、手段、危害后果、动机等多方面的因素加以综合考虑，不可片面夸大该行为持续的时间在本罪成立中的作用，毕竟应受刑罚处罚程度的社会危害性的影响因素是多种多样的。但由此不能认为，时间的长短对本罪的成立没有影响，而只对量刑有意义。应当看到，对于作为典型继续犯的非法拘禁罪而言，剥夺自由的行为持续一定的时间是当然的要求；没有一定的时间作基础，犯罪行为和不法状态的持续就无从谈起。在成立本罪所需要的时间已经得到保障的前提下，剥夺自由行为的持续时间长短才属于影响量刑的重要因素。至于成立本罪所需要的时间究竟界定为多长，不可一概而论。对此，2006年7月26日最高人民检察院《关于渎职侵权犯罪案件立案标准的规定》规定，国家机关工作人员利用职权非法拘禁，涉嫌下列情形之一的，应予立案：(1)非法剥夺他人人身自由24小时以上的；(2)非法剥夺他人人身自由，并使用械具或者捆绑等恶劣手段，或者实施殴打、侮辱、虐待行为的；(3)非法拘禁，造成被拘禁人轻伤、重伤、死亡的；(4)非法拘禁，情节严重，导致被拘禁人自杀、自残造成重伤、死亡，或者精神失常的；(5)非法拘禁3人次以上的；(6)司法工作人员对明知是没有违法犯罪事实的人而非法拘禁的；(7)其他非法拘禁应予追究刑事责任的情形。上述七种情形虽然是针对国家机关工作人员利用职权所犯的非法拘禁罪而言的，但在区分一般非法拘禁行为与非法拘禁罪时可以作为参考。第一种情形确认了非法拘禁行为的持续时间对非法拘禁罪成立的影响；其他六种情形则对非法拘禁行为的持续时间没有作出明确要求，但这并不意味着持续时间对非法拘禁罪的成立毫无影响。事实上，这六种情形也是以“非法拘禁”为前提的，只不过非法拘禁行为的持续时间相对较短而已。

2. 非法拘禁罪与故意伤害罪、故意杀人罪之间的界限

依照我国《刑法》第238条的规定，非法拘禁他人，致人重伤、死亡的，仍然认定为非法拘禁罪，这实际上属于结果加重犯的情形；使用暴力犯非法拘禁罪，致人伤残、死亡的，应以故意伤害罪、故意杀人罪论处，这实际上属于转化犯的情形。在行为人使用暴力犯非法拘禁罪并致人死亡的场合，应注意查明行为人对于被害

人死亡结果的发生主观上是否具有故意。在由暴力行为造成伤残结果并由该结果进而引起死亡结果出现的场合,如果能够查明行为人对被害人的伤害结果出于故意,而对于被害人的死亡结果并无故意,则可以故意伤害(致死)罪论处。

(三) 非法拘禁罪的处罚

根据《刑法》第238条的规定,犯本罪的,处3年以下有期徒刑、拘役、管制或者剥夺政治权利。具有殴打、侮辱情节的,从重处罚。致人重伤的,处3年以上10年以下有期徒刑;致人死亡的,处10年以上有期徒刑。

七、绑架罪

(一) 绑架罪的概念和构成要件

绑架罪,是指利用他人对被绑架人安危的忧虑,以勒索财物或满足其他不法要求为目的,使用暴力、胁迫或者其他方法劫持或以实力控制他人的行为。

本罪的构成要件如下。

1. 本罪的客观方面表现为使用暴力、胁迫或者其他方法劫持或以实力控制他人的行为。绑架的实质在于违反被害人或其监护人等的意志,将被害人置于行为人或第三人的实力支配之下,使他人人身自由丧失或受到限制。至于行为人究竟采取何种方法实施绑架行为,仅仅属于行为方式问题,而且从本罪与非法拘禁罪的关系来看,绑架行为实际上是特殊的非法拘禁行为。凡是在非法拘禁罪中可以使用的方法,没有理由不可以成为绑架罪的方法。从司法实践来看,行为人实施绑架的方法多种多样,而并不仅仅局限于暴力、胁迫以及麻醉他人的行为,如利用被害人处在昏睡、醉酒、患病等不知或不能反抗的状态将其带走的,采取欺骗、引诱等方法使他人处于行为人的实力控制之下的,同样可以成立绑架罪。

在确认暴力、胁迫以及麻醉以外的其他方法可以实施本罪的前提下,还必须对这些方法的实行效果加以限定,即必须达到被害人实际被剥夺或限制人身自由的状态。以欺骗方法为例,如果行为人所采取的欺骗方法使他人的人身自由丧失或受到限制,则可以按本罪论处;而如果行为人所采取的欺骗方法并没有实际导致被害人的人身自由的丧失或受到限制,则不能以本罪论处。对于行为人制造自己被绑架的假象后向其亲属勒索数额较大的财物的行为,只能以敲诈勒索罪论处。

考虑到婴幼儿没有行动能力和自我防护能力,对其一般不需要采取暴力、胁迫以及其他制止反抗的方法即可以达到受控制的状态,《刑法》第 239 条第 3 款规定,以勒索财物为目的偷盗婴幼儿的,以绑架罪论处。这里的“婴幼儿”分别是指不满 1 周岁的婴儿和 1 周岁以上不满 6 周岁的幼儿。由于婴幼儿缺乏辨别是非的能力,无论是将其抱走、带走,还是哄骗走,都是偷盗婴幼儿的行为。事实上,刑法对绑架方法没有作特别限制,凡是以提出不法要求为目的,采取各种方法(如公然抢夺、欺骗婴幼儿的监护人、冒充幼儿的亲属从幼儿园老师手中将幼儿骗走)使婴幼儿脱离监护人的控制的,都成立绑架罪。

绑架行为的本质在于对他人的实际控制。绑架一般表现为将被害人带离原来的生活场所,但在被害人被控制在原来的生活场所的场合,不法要求所指向的对象与被害人不在同一个场所的,〔11〕同样成立绑架罪。

2. 本罪的主体是一般主体,即年满 16 周岁并具有刑事责任能力的自然人。已满 14 周岁的人实施绑架并杀害被绑架人的行为,应以故意杀人罪论处。

3. 本罪的主观方面只能是直接故意,并且具有勒索财物或者满足其他不法要求的目的。这里的“勒索财物”,是指行为人在绑架人质以后,以一定的方式将绑架人质的事实通知被绑架人的亲属或其他利害关系人,并以继续扣押人质或加以杀伤相要挟,勒令其在一定时间内交付一定数额的金钱或其他财物,以换回人质。这里的“其他不法要求”,是指除以勒索财物、出卖或者索取债务为目的〔12〕以外的获取非法利益的目的,如政治目的、释放被关押的罪犯的目的、改变司法裁判的目的等。不具有满足不法要求的目的而非法扣押他人的,不构成本罪,而成立非法拘禁罪。不法要求的得逞,是由于行为人利用了其他人对被绑架人的安危的忧虑。不过,满足不法要求的目的是本罪的主观成立要素,客观上不要求有一定的行为与之相对应;不法要求是否提出和实现,均不影响本罪的成立。也就是说,只要行为人主观上具有满足不法要求的目的,即使在客观上不法要求没有得以提出或实现,也成立绑架罪;客观上不法要求得以提出或实现的,也不另外成立其他犯罪。

在通常情况下,满足不法要求的目的产生于绑架行为之前,也即以绑架行为作为实现不法要求的手段。但是,在司法实践中存在着行为人出于其他目的、动

〔11〕 二者在同一场所且不法要求的内容是勒索财物的,成立抢劫罪。

〔12〕 在以出卖或索取债务为目的的情况下,成立拐卖妇女、儿童罪或非法拘禁罪。

机对他人进行实际控制后或因为实施其他犯罪行为(如收买被拐卖的妇女、儿童)而导致他人被实际控制后,才产生满足不法要求的目的的情形。对于上述情形,也应当以绑架罪论处。这是因为:以实力控制他人的行为具有持续性质;在行为尚未结束的情况下,行为人又产生了满足不法要求的目的,并继续非法控制被害人的,完全符合绑架罪的构成要件。

4. 本罪的客体是他人的人身自由权利。需要强调的是,尽管在表述本罪的客体时将其限定为人身自由权利这种单一客体,[13]但这并不意味着绑架行为在客观上只能侵犯人身自由权利。毕竟绑架行为必须侵犯何种犯罪客体与绑架行为实际上侵犯了何种犯罪客体不可等同。事实上,绑架行为除了侵犯人身自由权利之外,还可能同时侵犯其他合法权益。

本罪中绑架的对象与不法要求指向的对象不能是同一个人。具体说来,绑架的对象可以是任何他人,包括妇女、儿童和婴幼儿,甚至还包括行为人的近亲属等,而不法要求指向的对象则必须是被绑架者以外的其他人。这里的“其他人”,既包括有关的自然人(如被绑架人的近亲属或利害关系人),也包括单位乃至国家。例如,行为人绑架身居要职的高级领导人而向政府提出释放罪犯等不法要求的,不法要求所指向的对象就是国家。以当场直接向被绑架人索要财物为目的而实施绑架行为的,成立抢劫罪,而不构成本罪。

(二)绑架罪的认定

1. 绑架罪与非法拘禁罪的界限

绑架罪与非法拘禁罪之间实际上存在特殊与一般的关系。二者在犯罪方法方面没有质的区别,都侵犯了他人的人身自由。二者的区别主要在于:绑架罪的构成不仅要求有侵犯人身自由的行为,而且要求有勒索财物或满足行为人的其他不法要求的目的,而非法拘禁罪在主观上仅要求行为人具有剥夺他人人身自由的目的。《刑法》第238条规定,为索取债务而非法扣押、拘禁他人的,以非法拘禁罪论处。

2. 绑架罪既遂的认定

本罪的既遂应以绑架行为是否达到以实力支配、控制被害人的程度为标准。

---

〔13〕 在论及绑架罪的犯罪客体时,通常只是就该罪所必然侵犯的合法权益而言的,也即是就作为犯罪必备要件的直接客体来说的。

已经实际控制人质的，是既遂；在绑架被害人的过程中，由于行为人意志以外的原因而未能控制被害人的（如由于被害人的反抗或者他人及时救助等原因致使绑架没有得逞的，或者被害人在被绑架的途中伺机逃跑成功的），是未遂。当然，在被害人已经被实际控制后伺机脱逃成功或者被其亲属等寻获而将其救回的情形下，仍应认定行为人的行为构成既遂。

（三）绑架罪的处罚

根据《刑法》第 239 条的规定，犯本罪的，处 10 年以上有期徒刑或者无期徒刑，并处罚金或者没收财产；情节较轻的，处 5 年以上 10 年以下有期徒刑，并处罚金；犯前款罪，杀害被绑架人的或者故意伤害被绑架人，致人重伤、死亡的，处无期徒刑或者死刑，并处没收财产。“杀害被绑架人”仅限于行为人在将被绑架人置于实力控制下之后，出于各种原因故意杀死被绑架人的情形。而在通过暴力等手段控制被害人的过程中行为人故意杀死被害人的，不能认定为“杀害被绑架人”。从本质上看，后者是行为人着手实行绑架行为之后，由于出现了意志以外的原因（如被害人激烈反抗等），在无法继续实施绑架行为、不能以实力控制被害人的情况下转而实施的具有独立评价意义的故意杀人行为。因此，对于后者，应当认定为绑架罪（未遂）与故意杀人罪，实行数罪并罚。从实践来看，“杀害被绑架人”主要表现为以下几种情形：(1)在非法控制他人以后因勒索财物未成或者其他不法要求没有实现而杀害人质的（俗称“撕票”）；(2)在非法控制他人以后先故意杀害人质，然后再隐瞒人质已经死亡的事实而提出不法要求的；〔14〕(3)人质在被控制以后，通过反抗以逃跑而招致杀害或者在逃避追赶过程中被杀害的；(4)行为人绑架他人勒索财物之后，发现被勒索的财物已在自己的控制范围之内，出于灭口或防止人质向侦查机关提供破案线索而杀害人质的。“故意伤害被绑架人，致人重伤、死亡的”，是指行为人在将被绑架人置于实力控制之下后，对被绑架人故意实施伤害行为，并造成重伤或者死亡。

---

〔14〕 不过，在已经将他人杀害后才产生了勒索财物的故意，而谎称绑架了他人并向其亲属提出勒索数额较大的财物的要求的，由于实际上并不存在实力控制的情形，也就不可能以他人为人质，因而只能以故意杀人罪和敲诈勒索罪实行数罪并罚。

八、拐卖妇女、儿童罪

(一) 拐卖妇女、儿童罪的概念和构成要件

拐卖妇女、儿童罪,是指以出卖为目的,拐骗、绑架、收买、贩卖、接送、中转妇女、儿童的行为。

本罪的构成要件如下 。

1. 本罪的客观方面表现为拐骗、绑架、收买、贩卖、接送、中转妇女、儿童的行为。所谓“拐骗”,是指采取虚构事实、隐瞒真相或者以某种利益为诱饵等非强制性手段,将妇女、儿童置于自己控制之下的行为。所谓“绑架”,是指采取暴力、胁迫、麻醉或其他强制性手段劫持妇女、儿童的行为。所谓“收买”,是指以金钱或其他财物从他人处买下妇女、儿童,以期出售给他人,以赚取高额差价的行为。所谓“贩卖”,是指将受自己控制的妇女、儿童出卖给第三者以获取非法利益的行为,既包括将自己拐来的妇女、儿童出卖给他人,也包括将自己收买的妇女、儿童转手出卖给他人。父母为抵债而将其未满 14 周岁的子女送给债权人的,实质上属于贩卖儿童的行为。所谓“接送”、“中转”,是指在拐卖妇女、儿童的共同犯罪活动中,分工实施藏匿、移送、接转被拐卖的妇女、儿童或将其转手交给其他人贩子的行为,也包括为人贩子介绍买主、为犯罪嫌疑人在拐卖途中窝藏被拐骗的妇女、儿童的行为。实施接送、中转行为的人一般自己并没有直接实施拐骗、绑架、收买、贩卖被害人的行为,但其主观上具有帮助他人拐卖的故意,客观上其行为在拐卖犯罪过程中往往起着不可替代的作用,属于帮助他人拐卖的行为,实质上属于共同犯罪中的帮助行为。偷盗婴幼儿的行为也可以构成本罪。上述几种行为为选择性行为。行为人只要实施了上述行为中的一种,便符合本罪客观方面的要求;同时实施上述几种行为的,或者既拐卖妇女、又拐卖儿童的,只成立一罪,不实行数罪并罚。

2. 本罪的主体是一般主体,即年满 16 周岁并具有刑事责任能力的自然人。根据 2002 年 7 月 24 日全国人大常委会法制工作委员会《关于已满 14 周岁不满 16 周岁的人承担刑事责任的范围问题的答复意见》,已满 14 周岁不满 16 周岁的人拐卖妇女、儿童的,不成立犯罪,但是,在拐卖妇女、儿童过程中强奸被拐卖的妇女或奸淫被拐卖的幼女的,应当以强奸罪追究其刑事责任。医疗机构、社会福利机构等单位的工作人员以非法获利为目的,将所诊疗、护理、抚养的儿童出卖给他

人的，以拐卖儿童罪论处。[15]

3. 本罪的主观方面是直接故意，并且必须具有出卖的目的。以接送、中转方式实施本罪的行为人虽然本人不具有直接将被害人出卖的目的，但其具有帮助他人出卖的目的。尤其应注意的是，在以收买行为构成本罪的场合，行为人必须具有再次转手贩卖的目的，但并不要求具有营利的目的。如果收买妇女、儿童时不具有出卖的目的，收买后基于种种原因又起意出卖的，仍然属于本罪中的收买行为。行为人是否营利以及营利多少，均不影响本罪的成立。如果行为人主观上不是以出卖妇女为目的，而是出于结婚、奴役、收养或勒索财物等意图而实施拐骗、绑架、收买、贩卖、接送、中转妇女、儿童或者偷盗婴幼儿等行为的，不能以本罪定罪处罚；构成其他犯罪（收买被拐卖的妇女罪、拐骗儿童罪、非法拘禁罪、绑架罪）的，应以所构成的犯罪定罪处罚。

4. 本罪的客体是妇女、儿童的人格尊严。人格尊严是指作为一个“人”所不可或缺的，应受到社会和他人尊重的基本权利。拐卖妇女、儿童的犯罪行为将人作为商品加以出卖，严重侵犯了妇女、儿童的人格尊严。本罪的犯罪对象仅限于妇女、儿童。其中，妇女，是指已满 14 周岁的未成年妇女和成年妇女。妇女既包括具有中国国籍的妇女，也包括具有外国国籍和无国籍的妇女。被拐卖的外国妇女没有身份证明的，不影响对犯罪分子的定罪处罚。[16] 儿童，是指不满 14 周岁的男、女儿童。

（二）拐卖妇女、儿童罪的认定

1. 出卖亲属的案件的定性

对出卖亲生子女的行为是否认定为拐卖儿童罪，关键取决于行为人的目的。行为人出于营利目的的，就表明子女是被当作商品一样予以出卖，因而其行为符合拐卖儿童罪的构成要件，应以该罪论处；行为人出于营利目的以外的其他目的出卖子女，且情节恶劣的，应以遗弃罪定罪处罚；基于生活困难或重男轻女思想的影响而出卖子女，情节一般的，可不以犯罪论处。在认定行为人是否出于营利目的时，所获取财物的数量多少是一个重要的判断标准。

---

〔15〕 参见 2017 年 1 月 1 日最高人民法院《关于审理拐卖妇女儿童犯罪案件具体应用法律若干问题的解释》。

〔16〕 参见 2000 年 1 月 3 日最高人民法院《关于审理拐卖妇女案件适用法律有关问题的解释》。

2. 拐卖两性人的行为的定性

根据《现代汉语词典》的解释,两性人,是指由于胚胎的畸形发育而形成的具有男性和女性两种生殖器官的人。从犯罪构成的角度来看,刑法中拐卖妇女罪的犯罪对象必须是妇女。对于行为人明知是年满14周岁的两性人而以出卖为目的实施拐骗、绑架、收买、贩卖、接送、中转行为的,根据罪刑法定原则,不能以拐卖妇女罪定罪处罚。但对于行为人因对犯罪对象的认识错误,误将两性人视为妇女而予以拐卖的,属于对象不能犯未遂。

3. 拐卖妇女、儿童罪与非罪的界限

(1) 拐卖妇女罪与买卖婚姻的界限。二者虽然都是为了获取财物,但前者行为人主观上具有出卖妇女的目的,是通过出卖妇女获取财物,因而是犯罪行为;后者是家长借妇女出嫁之机索取高额彩礼,并非将妇女出卖,因而属违反婚姻法的一般违法行为。

(2) 拐卖妇女、儿童罪与借介绍婚姻、收养索取报酬的界限。前者行为人是以欺骗、利诱等手段将妇女、儿童当作"商品"贩卖给他人,获取财物数额较高,因而是犯罪行为;后者是行为人借充当介绍人之机从中索取财物以图报酬,其本人既没有采取欺骗、利诱等手段,也没有出卖妇女、儿童的行为,获取财物数额相对较低,因而这种行为只能是一般的违法行为。借收养名义买卖儿童的,应当以拐卖儿童罪追究刑事责任。以介绍婚姻为名,采取非法扣押身份证件、限制人身自由等方式,或者利用妇女人地生疏、语言不通、孤立无援等境况,违背妇女意志,将其出卖给他人的,应当以拐卖妇女罪追究刑事责任。以介绍婚姻为名,与被介绍妇女串通骗取他人钱财,数额较大的,应当以诈骗罪追究刑事责任。〔17〕

4. 拐卖妇女、儿童罪与其他犯罪的界限

(1) 拐卖妇女、儿童罪与绑架罪的界限。二者在客观方面有相同之处,如均可以表现为绑架妇女、儿童或者偷盗婴幼儿的行为。二者的区别主要是:①获取的利益及方式不同。本罪是将妇女、儿童出卖,从收买方获取钱财;而绑架罪是向人质的亲属或利害关系人或有关单位要挟,获取钱财或者其他利益。②主观目的不同。本罪是以出卖为目的,而绑架罪是以勒索财物或者获取其他利益为目的。

---

〔17〕 参见2017年1月1日最高人民法院《关于审理拐卖妇女儿童犯罪案件具体应用法律若干问题的解释》。

③犯罪客体不同。本罪的客体是妇女、儿童的人格尊严，而绑架罪侵犯的客体是公民的人身自由权利。④犯罪对象不同。本罪的对象仅限于妇女和儿童，而绑架罪的对象可以是任何人。

(2) 拐卖儿童罪与拐骗儿童罪的界限。两罪侵犯的都是人身权利，都以儿童为对象，也都能采用欺骗手段。二者区别的关键在于：拐卖儿童罪是以出卖为目的，而拐骗儿童罪不以出卖为目的，一般是出于供自己或他人收养、奴役、使唤的目的；拐卖儿童罪侵犯的客体是儿童的人格尊严，而拐骗儿童罪侵犯的客体是家长对未成年子女的监护权。不过，如果当初是为收养而拐骗儿童，以后又将该儿童出卖的，应当以拐卖儿童罪定罪处罚。对此，可以理解为行为人先前所犯的拐骗儿童罪被后来的拐卖儿童罪所吸收。

(3) 拐卖妇女、儿童罪与收买被拐卖的妇女、儿童罪的界限。以出卖妇女、儿童为目的买卖妇女、儿童的，应定拐卖妇女、儿童罪；以结婚、收养或其他非出卖目的而收买被拐卖、绑架的妇女、儿童的，应定收买被拐卖的妇女、儿童罪。

(4) 拐卖妇女罪与诈骗罪的界限。在实践中，有的妇女与他人合谋，编造妇女丈夫去世、家乡遭受灾害等理由，以介绍婚姻或者被“卖”的形式设置骗局，骗取买方财物后逃走(俗称“放鹰”或“放飞鸽”)，有的妇女甚至与买方生活了一段时间。对于这种以介绍妇女与他人结婚或者卖给他人为名，行诈骗之实的行为，如果数额较大的，应以诈骗罪论处。但是，对于人贩子与妇女合谋骗取他人钱财后，假装把妇女卖给他人，取得财物后又在该妇女不知情的情况下将其卖给他人的，人贩子同时构成诈骗罪和拐卖妇女罪。

(三) 拐卖妇女、儿童罪的处罚

根据《刑法》第 240 条的规定，犯本罪的，处 5 年以上 10 年以下有期徒刑，并处罚金；有下列情形之一的，处 10 年以上有期徒刑或者无期徒刑，并处罚金或者没收财产；情节特别严重的，处死刑，并处没收财产：(1)拐卖妇女、儿童集团的首要分子；(2)拐卖妇女、儿童 3 人以上的；(3)奸淫被拐卖的妇女的；(4)诱骗、强迫被拐卖的妇女卖淫或者将被拐卖的妇女卖给他人迫使其卖淫的；(5)以出卖为目的，使用暴力、胁迫或者麻醉方法绑架妇女、儿童的；(6)以出卖为目的，偷盗婴幼儿的；(7)造成被拐卖的妇女、儿童或者其亲属重伤、死亡或者其他严重后果的；(8)将妇女、儿童卖往境外的。

其中，“奸淫被拐卖的妇女”，是指拐卖妇女的犯罪分子在拐卖过程中，与被害妇女发生性关系的行为,不论行为人是否使用了暴力或者胁迫手段,也不论被害妇女是否有反抗行为。这里的奸淫行为,必须是在性质上已构成强奸罪的奸淫行为,不包括妇女自愿与行为人发生的性行为。〔18〕 尽管《刑法》第 240 条并未明确规定"奸淫"是违背妇女意志的,但考虑到"奸淫被拐卖的妇女"属于使本罪的法定刑升格的情节。如果将妇女自愿与行为人发生性交的情形也包括在"奸淫被拐卖的妇女"之中,便会破坏罪责刑相适应原则。此处的"妇女"应包括幼女在内。与奸淫妇女相比,奸淫幼女的危害程度更大。如果对拐卖过程中奸淫幼女的情形按照拐卖儿童罪和强奸罪实行数罪并罚,则最终确定执行的刑罚可能远远低于本罪加重构成的法定最高刑,不能达到罪责刑相适应原则的要求,因而应当以强奸罪定罪处罚。"诱骗、强迫被拐卖的妇女卖淫"是指在拐卖过程中,采用引诱、欺骗、强迫方法使被拐卖的妇女卖淫。这里的妇女同样应包括幼女在内。如果行为人先诱骗、强迫妇女卖淫之后又起意将该妇女出卖的,或者在拐卖妇女之后,又通过其他途径使被拐卖的妇女受引诱、强迫而使其卖淫的,应以拐卖妇女、儿童罪和引诱卖淫罪(引诱幼女卖淫罪)或强迫卖淫罪对行为人实行数罪并罚。"将被拐卖的妇女卖给他人迫使其卖淫",是指拐卖人明知收买人将迫使该妇女卖淫而仍决定将其出卖。拐卖人对收买人强迫被拐卖妇女卖淫确实不知情的,对其不应按该规定处理,否则,就违反了主客观相统一的原则。适用"诱骗、强迫被拐卖的妇女卖淫或者将被拐卖的妇女卖给他人迫使其卖淫的"这一规定并不以拐卖妇女实际卖淫为条件。只要行为人主观上具有诱骗、强迫妇女卖淫或将其转卖给他人后由他人迫使其卖淫的主观故意,行为人与他人在客观上有让妇女卖淫的行为,但由于妇女不从或其他原因而没有卖淫的,仍然适用该规定予以处罚。"造成被拐卖的妇女、儿童或者其亲属重伤、死亡或者其他严重后果的",是指由于犯罪分子拐卖妇女、儿童的行为,直接、间接造成被拐卖的妇女、儿童或者其亲属重伤、死亡或者其他严重后果的。例如,由于犯罪分子采取拘禁、捆绑、虐待等手段,致使被害人重伤、死亡或者造成其他严重后果的;由于犯罪分子的拐卖行为以及拐卖中的侮辱、殴打等行为引起的被害人或者其亲属自杀、精神失常或者其他严重后果的等。"将妇女、儿童卖往境外的",是指将妇女、儿童卖往外国以及我国的港、澳、台

〔18〕 一般说来,拐卖过程中的奸淫妇女的行为可以理解为妇女在特定状态下的忍辱从奸;性行为的发生在某些情况下从表面看是出于妇女的自愿,但从根本上说是违背妇女真实意愿的。不过,并不能完全排除妇女自愿与拐卖人发生性行为的可能性。

地区。

另外，需要注意的是，情节特别严重是适用死刑的法定标准。所谓“情节特别严重”，是指上述八种严重情节中属于特别严重的情形，不能在该八种情节之外扩大适用范围。

九、诬告陷害罪

(一) 诬告陷害罪的概念和构成要件

诬告陷害罪，是指捏造犯罪事实并予以告发，意图使他人受刑事追究，情节严重的行为。

本罪的构成要件如下。

1. 本罪的客观方面表现为捏造犯罪事实并予以告发的行为。首先，必须有捏造犯罪事实的行为。捏造犯罪事实是引起刑事追究的前提条件。捏造犯罪事实，是指无中生有，虚构某种犯罪事实。捏造的犯罪事实只要足以引起司法机关追究被害人的刑事责任即可，而不要求捏造详细情节，更不要求捏造有关证据。自以为捏造的是犯罪事实，但实际上捏造的不是犯罪事实的，不构成本罪。如果捏造的某些事实不属于犯罪事实而是损害他人人格、名誉的事实，则不构成诬告陷害罪；情节严重构成犯罪的，以诽谤罪论处。

其次，必须有将捏造的犯罪事实予以告发的行为。“告发”应当限定在主动告发的范围内；如果行为人不主动告发，这种犯罪就难以发生。从实践来看，被动告发的，主要有两种情况：一是在已经发生犯罪事实的情况下，司法机关在调查审理过程中将其作为证人询问时，行为人作虚假证明，诬告某人是犯罪人；二是在已经发生了犯罪事实的情况下，司法机关将其作为犯罪嫌疑人进行讯问或审讯时，行为人为开脱罪责，诬告某人是犯罪人。这两种情况下的被动告发与本罪中的主动告发行为具有明显区别。第一，前提是不同的。一个有犯罪事实存在，一个没有犯罪事实存在。第二，由其告发行为所引起的法律后果也不完全相同。一个引起司法机关的追诉活动和被诬陷者受到刑事追究，一个只是引起被诬陷者受到刑事追究。第三，行为的性质不同。第一种情况往往构成伪证行为；第二种情况往往是开脱罪责的表现，应当与无中生有、诬告陷害他人的行为区别开来。告发的形式，可以是口头的或书面的；甚至可以是通过现代科技手段利用网络发布；可以是直接告发，也可以是间接告发；可以署名，也可以匿名。凡是能够引起司法机关对被诬陷者进行刑事追究的行为,都可以认定为告发。因此,告发的方式不限于直接向司法机关进行控告和间接地向党政机关以及本单位的党组织、保卫部门、城乡基层组织等有关单位揭发,还包括栽赃陷害以及向公众传播虚构的某人的犯罪事实等足以引起司法机关对被诬陷者追诉的方式。

最后,诬陷行为必须指向特定的对象。没有特定对象,不能引起刑事诉讼,不会侵犯公民的人身权利。对诬陷行为指向的对象,不一定指名道姓,只要从诬告的内容中能够推断出被诬陷者是谁即可。至于被诬陷的对象是遵纪守法的公民,还是犯有罪行的人,均不影响本罪的成立。诬陷未达到刑事责任年龄或不具有刑事责任能力的人犯罪的,也可能成立本罪。鉴于我国刑法中存在单位犯罪的规定,通常又采取双罚制,自然人可以作为直接责任人员受到处罚,因此,行为人意图使特定自然人受到刑事追究而诬告某特定单位实施犯罪的,意味着间接地诬告了该自然人实施犯罪,仍然可以成立本罪。

成立本罪,还要求诬告陷害行为达到情节严重的程度。所谓"情节严重",是指捏造的事实以及告发的方式足以引起司法机关的刑事追究活动。

2. 本罪的主体是一般主体,即年满 16 周岁并具有刑事责任能力的自然人。

3. 本罪的主观方面是直接故意,并具有使他人受到不应有的刑事追究的目的,其中既包括使无辜的人受到刑事追究,也包括使罪轻的人受到重刑处分。实践中,存在出于一些并不是要使他人受到刑事追究的目的而诬告的情况,这种案件中的行为人往往为逃避罪责或出于摆脱某种困境而对他人遭受司法机关追诉的结果采取放任态度。在这种情况下,行为人并不具有使他人受到刑事追究的目的,不构成本罪。被诬告人最终是否受到刑事追究,不影响本罪的成立。不是有意诬告,而是错告或检举失实的,不构成本罪。犯罪动机可以是多种多样的,如挟嫌报复、嫉贤妒能、排除异己、嫁祸于人等。动机如何不影响本罪的成立。

4. 本罪的客体是公民的人身权利和司法机关的正常活动。作为犯罪对象的公民可以是任何人。

(二) 诬告陷害罪的认定

1. 诬告陷害罪与错告、检举失实的界限

错告,是指错误地指控他人有犯罪事实的告发行为;检举失实,是指揭发他人罪行,但揭发的情况与实际情况完全不符或部分不符的行为。二者的主要区别是:前者在客观上表现为捏造犯罪事实并予以告发,后者则并没有凭空捏造事实。在司法实践中，正确地区分二者的界限，需要综合查明行为人告发的背景、告发的原因、告发事实的来源以及告发人与被告发人的关系等。前者主观上具有使他人受到刑事追究的目的，后者的行为人根本就没有诬陷他人的意思，其之所以告发，主要是出于维护公共利益的考虑，目的是同违法犯罪行为做斗争，只是由于情况不明或认识片面而在控告、检举中发生差错。

2. 诬告陷害罪既遂的认定

本罪是行为犯，以诬告陷害行为的完成为既遂标志。具体说来，如果捏造事实向国家机关或有关组织告发，不管以口头或以书状的形式，在国家机关或有关组织接到或听到诬告材料时成立本罪的既遂；在伪造证据栽赃陷害的案件中，在国家机关或有关组织发现栽赃证据时成立既遂；在向公众传播捏造的关于某人的犯罪事实的案件中，则以司法机关知道所捏造的事实为既遂。

（三）诬告陷害罪的处罚

根据《刑法》第 243 条的规定，犯本罪的，处 3 年以下有期徒刑、拘役或者管制；造成严重后果的，处 3 年以上 10 年以下有期徒刑。国家机关工作人员犯本罪的，从重处罚。

十、侮辱罪

（一）侮辱罪的概念和构成要件

侮辱罪，是指以暴力或其他方法公然贬低他人人格，破坏他人名誉，情节严重的行为。

本罪的构成要件如下。

1. 本罪的客观方面表现为以暴力或其他方法公然贬低他人人格，破坏他人名誉的行为。具体来说，本罪的客观方面包括以下条件：第一，必须有以暴力或其他方法侮辱他人的行为。所谓“侮辱他人”，即是指行为具有贬低他人人格、破坏他人名誉的性质。侮辱的方式主要有三种：暴力侮辱、言词侮辱、文字侮辱。这里的“暴力”是指为使他人人格尊严及名誉受到损害而采取的物理性强制手段，如当众打耳光、剥光衣服、撕扯下身、强行剪掉他人头发、强迫他人当众作一些令人难堪的动作（如学狗叫、学狗爬、钻胯、与尸体接吻）或强迫吃粪便等，但不包括直接实施的损害他人身体健康的暴力。言词侮辱，是指以口头方式对他人进行谩骂、戏弄、挖苦、嘲笑等，如散布被害人的生活隐私、生理缺陷。文字侮辱，是指以大字报、小字报、图画、书刊、[19]传单或其他公开的文字贬低他人人格，损害他人名誉。言词或文字的内容既可以是笼统的并非具体的事实，也可以是真实的事实，但这种事实必须有损于他人的名誉。第二，侮辱行为必须是公然实施的。所谓“公然侮辱”，是指在第三者能够看到或听到(如让第三人通过电话接听)的场合，或者利用能够使第三者看到或听到的方法(虽然当时可能无第三者看到或听到)进行侮辱。在暴力侮辱的情况下，被害人必须在场；而在以其他方法实施侮辱的情况下，被害人可能并不在场。如果行为人是在第三者不知晓且不可能使第三者知晓的情况下对被害人进行侮辱，则不能构成本罪。如行为人在第三者不知晓的情况下向他人写信进行侮辱，就不能以侮辱罪定罪处罚。第三，侮辱行为必须针对特定的人实施。特定的个人可以是一人，也可以是数人，但必须是具体的、明确的自然人。行为人没有明确指出所侮辱的对象是谁，但根据侮辱行为的内容、方式等足以使大家明确知道针对的是谁的，也可构成本罪。不以特定的个人为目标进行的谩骂、攻击不构成本罪。

侮辱行为达到情节严重程度的，才能构成犯罪。所谓“情节严重”，是指侮辱行为手段恶劣，动机卑劣，造成后果严重，或影响很坏等。

2. 本罪的主体是一般主体，即已满 16 周岁并具有刑事责任能力的自然人。

3. 本罪的主观方面是直接故意，并具有贬低他人人格、破坏他人名誉的目的。动机如何，不影响本罪的成立。行为人出于开玩笑或恶作剧造成他人难堪，或者无意识地造成他人人格、名誉受损的，不能以本罪论处。

4. 本罪的客体是他人的人格尊严和名誉权。机关、企业、事业单位、团体等组织以及尸体、死者等均不能成为本罪的对象。

(二) 侮辱罪的认定

1. 侮辱罪与故意伤害罪的界限

侮辱罪与故意伤害罪的界限一般不难区分，但在以暴力方法实施侮辱行为的情况下，二者容易发生混淆。前已述及，侮辱罪中的暴力仅仅是行为人为使他人人格尊严及名誉受到损害而采取的强制手段，而不包括对被害人的杀伤行为。因此，区别暴力侮辱与故意伤害的界限，关键在于查明行为人实施暴力的目的是伤

[19] 根据 1998 年 12 月 17 日最高人民法院《关于审理非法出版物刑事案件具体应用法律若干问题的解释》第 6 条的规定，在出版物中公然侮辱他人，情节严重的，以侮辱罪定罪处罚。

害他人的身体，还是贬低他人的人格尊严、损害他人的名誉。以伤害他人身体健康为目的而对被害人实施暴力，造成伤害后果的，应定故意伤害罪。为了达到侮辱的目的而实施暴力，无意中造成伤害的，如在强令被害人做难堪动作的过程时无意中将他人手臂扭伤，不能定故意伤害罪。过失造成他人轻伤的，因这种情形不构成犯罪，因而只能将轻伤的结果作为对侮辱罪量刑时考虑的情节；过失造成他人重伤的，则成立过失致人重伤罪与侮辱罪的想象竞合犯，按照从一重处断的原则，对行为人应以过失致人重伤罪定罪处罚，[20]而不应实行数罪并罚。行为人在侮辱他人过程中故意伤害甚至杀害被害人的，成立故意伤害罪或故意杀人罪，其侮辱被害人的行为被吸收，不应对行为人以侮辱罪和故意伤害罪或故意杀人罪实行数罪并罚。不过，如果行为人在侮辱他人过程中，第三人予以阻止，行为人为排除阻碍而将第三人伤害或杀害的，则可以对行为人实行数罪并罚。

2. 侮辱罪与强制猥亵、侮辱罪的界限

以妇女为对象的侮辱罪容易与强制猥亵、侮辱罪（以妇女为对象）发生混淆。二者的区别在于：(1)在是否具有公然性方面有所不同。前者必须公然实施；后者既可以公然进行，也可以暗地里实施。行为人在公共场所当众实施强制猥亵、侮辱妇女行为的，法律规定了更重的法定刑。(2)行为内容有所不同。后者带有较为明显的性色彩；而前者虽可能带有性色彩，但性色彩程度一般较低，而且这些带有性色彩的行为往往只是侮辱行为的附随内容。(3)犯罪目的和犯罪动机不同。前者的目的是破坏他人名誉，贬低他人人格；后者的目的是刺激或满足性欲或损害妇女的人格尊严。前者的动机通常是出于泄愤报复、发泄不满；后者一般出于流氓动机，寻求下流无耻的精神刺激。(4)犯罪客体有所不同。前者侵犯的客体是他人的人格尊严和名誉权；后者侵犯的客体因客观行为的差异而有所不同：猥亵行为侵犯的客体是妇女的性的自主权，侮辱行为侵犯的客体是妇女的人格尊严。(5)犯罪对象不同。前者的对象具有特定性；而后者的对象一般具有不特定性、随意性，行为人往往并不认识被猥亵、侮辱的妇女。不过，后者的对象也可以是与行为人有某种关系的特定妇女。[21]

（三）侮辱罪的处罚

根据《刑法》第 246 条的规定，犯本罪的，处 3 年以下有期徒刑、拘役、管制或

---

〔20〕 过失致人重伤罪与侮辱罪的法定最高刑相同，但前者的法定最低刑重于后者。

〔21〕 在非公然的情况下对特定妇女实施的强制猥亵、侮辱行为只能以强制猥亵、侮辱罪论处。

者剥夺政治权利。犯本罪,告诉的才处理,但是严重危害社会秩序和国家利益的除外。所谓“严重危害社会秩序”,是指侮辱行为引起被害人精神失常甚至自杀等后果,被害人无法告诉或失去告诉能力的情况。所谓“危害国家利益”,是指侮辱国家领导人、外国元首、外国使节等特定对象,既损害被害人个人的名誉,又危害到国家利益的情况。通过信息网络实施侮辱行为,被害人向人民法院告诉,但提供证据确有困难的,人民法院可以要求公安机关提供协助。

十一、诽谤罪

(一) 诽谤罪的概念和构成要件

诽谤罪,是指故意捏造并散布某种事实,贬低他人人格,破坏他人名誉,情节严重的行为。

本罪的构成要件如下。

1. 本罪的客观方面表现为捏造并散布某种事实,贬低他人人格,破坏他人名誉的行为。诽谤行为必须符合以下条件:第一,必须有捏造贬低他人人格、破坏他人名誉的事实的行为。捏造即无中生有,凭空杜撰,编造谎言。至于捏造的事实在别人看来是否可信即可信的程度如何,并不影响诽谤的性质。捏造的事实在内容上没有限制,可以是关于被害人政治、社交、经济能力、职业、学术方面的,也可以是关于被害人的出身、身份、信用、身体素质、生活作风等方面的。可以认为,凡是可能引起社会对被害人的负面评价的事实,都能够成为本罪中捏造的事实。不过由于《刑法》第 221 条特别规定了损害商业信誉、商品声誉罪,有关行为涉及商业信誉、商品声誉的,不成立本罪。

第二,必须散布所捏造的事实。所谓“散布”,就是扩散所捏造的内容,使第三者或众人知道。如果散布的是某种客观存在的事实或者有夸张成分的客观事实,均不构成本罪,但如果贬低他人人格,损害他人名誉,且情节严重的,可构成侮辱罪。散布所捏造的事实的方式多种多样。可以认为,一切使他人能够感受、了解所捏造的事实的方式均能够用于实施本罪。但总的来说,散布有两种行为方式,即文字形式和口头形式。前者如利用报纸、杂志、[22]大字报、布告、广告以及著作

---

〔22〕 根据 1998 年 12 月 17 日最高人民法院《关于审理非法出版物刑事案件具体应用法律若干问题的解释》第 6 条的规定,在出版物中捏造事实诽谤他人,情节严重的,以诽谤罪定罪处罚。

等，后者如沿街叫骂，利用演讲、讲话、讲课，利用各种扩音器材进行喊骂等。

第三，必须针对特定的人进行，但不一定要指名道姓，也不一定要当着被害人的面，只要从诽谤的内容上知道被害人是谁，就可以构成本罪。特定的人可以是一人，也可以是数人。如果行为人散布的事实没有针对特定的对象，不可能贬损某人的人格、名誉，就不能以本罪论处。

成立本罪，要求捏造与散布同时具备。捏造与散布既可以发生在两个阶段，也可以出现在同一个过程。当然，这并不意味着捏造事实与散布捏造的事实必须由同一个人实施，才能构成本罪；在共同犯罪的场合，捏造事实和散布捏造的事实可以由不同的行为人分别实施。

诽谤行为达到"情节严重"程度的，才能构成本罪。所谓情节严重，是指手段恶劣、动机卑鄙、造成恶劣的社会影响、引起严重的后果(如引起被害人自杀、精神失常)等。

2. 本罪的主体是一般主体，即年满 16 周岁并具有刑事责任能力的自然人。

3. 本罪的主观方面是直接故意，并具有贬低他人人格、破坏他人名誉的目的。动机如何不影响本罪的成立。如果行为人误将虚假事实作为真实事实加以扩散，或者虽然是虚假事实但没有损害他人名誉的目的的，不构成本罪。

4. 本罪的客体是他人的人格尊严和名誉权。犯罪对象是特定的自然人，并不以我国公民为限；诽谤外国人的，亦可构成犯罪。但本罪的对象不包括国家机关、企业、事业单位、团体等组织。另外，死者也不可能成为本罪的对象。

(二) 诽谤罪的认定

1. 没有公然实施的诽谤行为是否构成诽谤罪

尽管刑法在关于本罪的规定中没有明确要求以公然实施为条件，但成立诽谤罪，必须有散布所捏造的事实的行为，而散布则意味着诽谤行为以公然实施为必要。行为人采用匿名信的方式捏造事实损害他人名誉，不足以传播开来的，便不构成本罪；行为人利用向领导打小报告等手段捏造事实以损害他人名誉的，即使给他人的某些利益造成影响，但并没有影响社会公众对其所形成的评价，因而也不能构成本罪。当然，诽谤行为的公然性并不意味着散布或捏造事实行为本身的公开性，而是指诽谤的内容会为不特定的人所知晓。例如，在行为人乘无人之机(如深夜)于闹市张贴布告对他人进行诽谤的情况下，虽然其行为并未公开实施，但这并不影响公然性的认定。

2. 诽谤罪与侮辱罪的界限

二者规定在同一个条文中,侵犯的客体都是他人的人格尊严和名誉权,而且在主体和主观方面也基本相同。二者的区别主要是:(1)实施手段不同。本罪只能用口头或文字形式进行,不可能采用暴力手段;侮辱罪则可以采用口头、文字、暴力等手段。(2)实施方式不同。本罪是捏造事实并予以散布,以损害他人的人格尊严和名誉;后者不论用以贬低他人人格和名誉的事实是否是捏造,只要公然实施即可构成。如将他人的婚外性行为公然宣扬,以损害他人名誉的,即为侮辱;而故意捏造他人有婚外性行为的事实并予以散布的,则属于诽谤。(3)对被害人进行侵犯的场合不同。诽谤可以当众或当着第三者的面进行,也可以当着被害人的面进行;侮辱则往往当着被害人的面进行。

3. 利用信息网络诽谤他人的认定

根据2013年9月6日最高人民法院、最高人民检察院《关于办理利用信息网络实施诽谤等刑事案件适用法律若干问题的解释》第1条的规定,下列情形应当认定为刑法第246条第1款规定的"捏造事实诽谤他人":(1)捏造损害他人名誉的事实,在信息网络上散布,或者组织、指使人员在信息网络上散布的;(2)将信息网络上涉及他人的原始信息内容篡改为损害他人名誉的事实,在信息网络上散布,或者组织、指使人员在信息网络上散布的。明知是捏造的损害他人名誉的事实,在信息网络上散布,情节恶劣的,以"捏造事实诽谤他人"论。

4. 诽谤罪与诬告陷害罪的界限

二者均针对特定对象采用捏造事实的手段,主观上都是故意。二者的区别是:(1)客观方面不同。前者一般捏造的是足以损害他人人格尊严、名誉的非"犯罪事实",并公然散布;后者捏造的是他人的"犯罪事实",并予以告发。如果行为人捏造了他人的犯罪事实,但并未向国家司法机关或其他有关单位告发,不可能构成诬告陷害罪,但又将该事实公然散布的,可构成诽谤罪。(2)主观目的不同。前者的目的是贬损他人人格尊严和名誉;后者的目的是意图使他人受刑事追究。(3)客体要件不同。前者侵犯的客体是他人的人格尊严和名誉权;后者侵犯的客体是他人的人身权利和司法机关的正常活动。

(三)诽谤罪的处罚

根据《刑法》第246条的规定,犯本罪的,处3年以下有期徒刑、拘役、管制或者剥夺政治权利。犯本罪,告诉的才处理,但是严重危害社会秩序和国家利益的除外。通过信息网络实施诽谤行为，被害人向人民法院告诉，但提供证据确有困难的，人民法院可以要求公安机关提供协助。

十二、刑讯逼供罪

（一）刑讯逼供罪的概念和构成要件

刑讯逼供罪，是指司法工作人员对犯罪嫌疑人、被告人使用肉刑或者变相肉刑，逼取口供的行为。

本罪的构成要件如下。

1. 本罪的客观方面表现为使用肉刑或者变相肉刑逼取犯罪嫌疑人、被告人口供的行为。所谓“肉刑”，是指直接施加于犯罪嫌疑人、被告人人身，可使其身体健康遭到损害以及肉体、精神遭受痛苦的摧残手段，如捆绑、吊打、针扎、火烫、电击、拳打、脚踢、跪钉板、夹手指、灌辣椒水、上老虎凳等。这些手段因为容易给犯罪嫌疑人或被告人造成硬伤，故被称为硬手段。所谓“变相肉刑”，是指上述肉刑以外的其他使犯罪嫌疑人、被告人的肉体、精神遭受痛苦折磨的各种手段和方法，如长时间罚站、罚晒、罚冻、罚饿、蹲姿抱树、戴手铐、单腿站立、强光照射、长时间注视立体画面、颠倒时差、不准睡眠、“车轮战”审讯、强迫吃污秽物等。这些手段因为其主要功能是造成犯罪嫌疑人、被告人过度疲劳和精神痛苦，而一般不会直接伤害其身体，故被称为软手段。软手段的刑讯逼供往往容易被司法机关忽略，但无论是硬手段还是软手段，其实质都具有刑讯性质。在审讯中采取诱供、指名问供等错误方法，但没有使用肉刑或变相肉刑的，不构成本罪。逼取口供，是指强迫犯罪嫌疑人、被告人按照司法工作人员的意图作出供述。

刑讯逼供行为必须是利用职务之便实施的。如果行为人并没有利用追究犯罪嫌疑人或被告人刑事责任的职务之便，或其行为与追究犯罪活动没有必然联系，则不构成本罪。

2. 本罪的主体是特殊主体，即司法工作人员。司法工作人员，是指具有侦查、检察、审判、监管职责的工作人员。人民陪审员在履行具体刑事案件的审判职责时，也属于司法工作人员，可以成为本罪的主体。[23] 机关、企业、事业单位内部

---

〔23〕 依此类推，司法机关聘请、借调的办案人员因被赋予了一定的司法权力，在讯问犯罪嫌疑人或被告人时，也可以成为本罪的主体。

所设立的保卫人员(保安人员)以及农村各级治保干部、城镇乡村设立的治安联防队等各种形式的治安保卫人员,不属于法定的司法工作人员。对于他们在单位内对有涉嫌违法犯罪的人员使用肉刑或变相肉刑逼取口供的行为,不能以本罪论处,但如果符合故意伤害罪或非法拘禁罪的特征的,应以故意伤害罪或非法拘禁罪论处;如果他们与司法工作人员一起对犯罪嫌疑人、被告人使用肉刑或者变相肉刑逼取口供,可以构成本罪的共犯。另外,乡、镇、村干部和武装部长、民兵连长,既不是司法工作人员,也没有合法的审讯权力,因而也不能成为本罪的主体。

3. 本罪的主观方面是直接故意,并具有逼取口供的目的。出于其他目的对犯罪嫌疑人、被告人使用肉刑或变相肉刑,构成犯罪的,以相应的犯罪论处,不构成本罪。至于行为人是否得到了刑讯对象的供述,以及供述是否符合客观案情事实,均不影响本罪的成立。逼取口供的动机多种多样,如急于破案、逞能逞威、讨好领导、挟私报复等,但动机如何不影响本罪的成立。

4. 本罪的客体是复杂客体,即公民的人身权利和司法机关的正常活动。犯罪对象是犯罪嫌疑人、被告人,即在刑事诉讼中被指控有罪而被司法机关依法追究刑事责任的人。正在接受行政违法调查的违法嫌疑人、治安案件中的违法行为人、因涉嫌违纪违法犯罪事实而被中国共产党的纪律检查机关或行政监察机关责令就案件涉及的问题作出说明的人以及被依据人民警察法留置而讯问的嫌疑人,均不能成为本罪的对象。

(二) 刑讯逼供罪的认定

1. 刑讯逼供罪与一般刑讯逼供行为的界限

《刑法》第 247 条虽然未规定情节严重的刑讯逼供行为才构成犯罪,但是在司法实践中,并不是所有的刑讯逼供行为均构成刑讯逼供罪。刑讯逼供行为是否构成犯罪,应立足于整个案情,结合行为人的主观动机、作案手段、情节、次数、人数、造成的后果和影响等多方面进行全面考察。对实际工作中由于业务素质低,政策观念不强,办案中采取一些轻微逼供手段,情节显著轻微,危害不大的,可不以犯罪论处,必要时可以给予行政处分。根据 2006 年 7 月 26 日最高人民检察院《关于渎职侵权犯罪案件立案标准的规定》,刑讯逼供涉嫌下列情形之一的,应予立案:(1)以殴打、捆绑、违法使用械具等恶劣手段逼取口供的;(2)以较长时间冻、饿、晒、烤等手段逼取口供,严重损害犯罪嫌疑人、被告人身体健康的;(3)刑讯逼供造成犯罪嫌疑人、被告人轻伤、重伤、死亡的;(4)刑讯逼供,情节严重,导致犯罪嫌疑人、被告人自杀、自残造成重伤、死亡，或者精神失常的；(5)刑讯逼供，造成错案的；(6)刑讯逼供3人次以上的；(7)纵容、授意、指使、强迫他人刑讯逼供，具有上述情形之一的；(8)其他刑讯逼供应予追究刑事责任的情形。

2. 刑讯逼供罪与故意伤害罪、故意杀人罪的界限

刑讯逼供罪与故意伤害罪、故意杀人罪都是侵犯公民人身权利的犯罪，都可能造成侵害他人健康乃至生命的结果，有一定的相似之处。但从理论上看，刑讯逼供罪与故意伤害罪、故意杀人罪的区别较为明显。容易发生争议的是本罪的法律性质转化问题。《刑法》第247条明确规定，刑讯逼供致人伤残、死亡的，分别按照故意伤害罪、故意杀人罪定罪并从重处罚。这实际上是针对刑讯逼供罪转化为故意伤害罪、故意杀人罪作出的规定。在刑讯逼供"致人伤残、死亡的"场合，行为人对被逼供人的伤残、死亡至少存在放任的态度，对其行为才能以故意伤害罪、故意杀人罪论处。另外，在刑讯逼供致人轻伤的情况下，轻伤的结果可以包容在刑讯逼供罪的犯罪构成中予以评价，[24]不会发生刑讯逼供罪向故意伤害罪的转化问题。因此，《刑法》第247条所规定的刑讯逼供"致人伤残"中的"伤残"，仅指重伤、残疾，而不包括轻伤。

（三）刑讯逼供罪的处罚

根据《刑法》第247条的规定，犯本罪的，处3年以下有期徒刑或者拘役。

十三、报复陷害罪

（一）报复陷害罪的概念和构成要件

报复陷害罪，是指国家机关工作人员滥用职权、假公济私，对控告人、申诉人、批评人、举报人实行打击报复、恶意陷害的行为。

本罪的构成要件如下。

1. 本罪的客观方面表现为滥用职权、假公济私，对控告人、申诉人、批评人、举报人实行报复陷害的行为。所谓"滥用职权"，是指国家机关工作人员在自己职权范围内非法行使权力，或者超越自己的职务权限实施越权行为。所谓"假公济私"，是指假借公务的名义，为徇私情或实现个人目的，利用自己手中的权力。所谓"报复陷害"，是指利用国家赋予的权力，使被害人在社会政治待遇、经济利益、

[24] 刑讯逼供罪与故意伤害罪（轻伤害）的法定最高刑均为3年。

人身权利、民主权利等方面遭到损害。报复陷害与滥用职权、假公济私不可分离,因而,报复陷害行为实质上属于渎职行为。行为人所实施的报复行为与其职权没有关系的,不构成本罪,如行为人对控告人直接进行暴力报复,就不属于报复陷害。报复陷害的具体手段多种多样,如扣发工资、奖金,开除公职、党籍,降低职务、薪俸,压制学术、技术职称的评定,组织非法批斗、篡改档案,制造“理由”使被害人受到行政处分甚至刑事处罚等均属此列。

本罪是行为犯,不过行为构成犯罪必须达到一定的危害程度。根据 2006 年 7 月 26 日最高人民检察院《关于渎职侵权犯罪案件立案标准的规定》,报复陷害,涉嫌下列情形之一的,应予立案:(1)报复陷害,情节严重,导致控告人、申诉人、批评人、举报人或者其近亲属自杀、自残造成重伤、死亡,或者精神失常的;(2)致使控告人、申诉人、批评人、举报人或者其近亲属的其他合法权利受到严重损害的;(3)其他报复陷害应予追究刑事责任的情形。

2. 本罪的主体是特殊主体,即国家机关工作人员。本罪的主体并不限于被控告、举报、申诉、批评的对象;虽然行为人并非控告、举报、申诉、批评的对象,但基于被害人对其亲属或利害关系人予以控告、举报、申诉、批评而报复陷害的,也应以本罪定罪处罚。

3. 本罪的主观方面为直接故意,并具有报复陷害他人的目的。动机如何不影响本罪的成立。

4. 本罪的客体是复杂客体,即公民的控告权、申诉权、批评权、举报权等民主权利和国家机关的正常活动。本罪的犯罪对象包括控告人、申诉人、批评人和举报人。

(二) 报复陷害罪的认定

报复陷害罪与诬告陷害罪的界限。二者均有陷害他人的行为,主观上均出自直接故意,但二者有重大区别:(1)客观行为表现不同。报复陷害罪在客观方面表现为滥用职权、假公济私,对控告人、申诉人、批评人、举报人实行报复陷害的行为,行为的实施以利用职权为前提条件;诬告陷害罪在客观方面表现为捏造他人犯罪事实进行告发,行为的实施不以利用职权为必要条件。虽然对国家机关工作人员犯诬告陷害罪的情形,刑法规定应从重处罚,但并未要求具备“利用职权”这一条件。国家机关工作人员捏造事实,对控告人、申诉人、批评人、举报人进行陷害的,也可以成立本罪,但这里捏造的“事实”,并不仅限于被害人犯罪的事实,还可以是被害人违纪或违法的事实，另外也不要求行为人告发被害人。国家机关工作人员滥用职权、假公济私，对控告人、申诉人、批评人、举报人捏造犯罪事实，向司法机关或其他有关单位告发，意图使这些人受到刑事追究，情节严重的，属于一个犯罪行为同时触犯报复陷害罪和诬告陷害罪的想象竞合犯，应当从一重罪论处。(2)犯罪主体不同。报复陷害罪的主体是特殊主体，即国家机关工作人员；诬告陷害罪的主体是一般主体，可以是任何达到刑事责任年龄并具有刑事责任能力的自然人。(3)犯罪目的不同。报复陷害罪的犯罪目的是报复，报复的内容不限于使被害人受到刑事追究，也包括使被害人在政治上、经济上、精神上、名誉上遭受损害；诬告陷害罪的目的是使他人受到刑事追究。(4)犯罪客体不同。报复陷害罪侵犯的客体是公民的控告权、申诉权、批评权、举报权等民主权利和国家机关的正常活动；诬告陷害罪侵犯的客体是公民的人身权利和国家司法机关的正常活动。(5)犯罪对象不同。报复陷害罪的犯罪对象是与自己有利害关系的控告人、申诉人、批评人、举报人；诬告陷害罪的犯罪对象则没有特殊身份限制，可以是任何可能受到刑事追究的自然人，包括罪犯。(6)是否要求“情节严重”有所不同。成立诬告陷害罪，要求诬告陷害行为达到“情节严重”的程度，而成立报复陷害罪则不受此限。

(三) 报复陷害罪的处罚

根据《刑法》第254条的规定，犯本罪的，处2年以下有期徒刑或者拘役；情节严重的，处2年以上7年以下有期徒刑。

十四、破坏选举罪

(一) 破坏选举罪的概念和构成要件

破坏选举罪，是指在选举各级人民代表大会代表和国家机关领导人员时，以暴力、威胁、欺骗、贿赂、伪造选举文件、虚报选举票数等手段破坏选举或者妨害选民和代表自由行使选举权和被选举权，情节严重的行为。

本罪的构成要件如下。

1. 本罪的客观方面表现为在选举各级人民代表大会代表和国家机关领导人员时，以暴力、威胁、欺骗、贿赂、伪造选举文件、虚报选举票数等手段破坏选举或者妨害选民和代表自由行使选举权和被选举权的行为。

破坏选举的行为，表现为两个方面：一是破坏选举工作的正常进行，如扰乱选举会场、强行宣布合法选举结果无效、伪造选举文件、虚报选举票数等;二是妨害选民以及代表自由行使选举权和被选举权,如诱使或强迫选民选举某人或不选举某人、阻碍他人充当被选举人、强迫代表放弃被选举权等。破坏选举的手段包括暴力、威胁、欺骗、贿赂、伪造选举文件、虚报选举票数等。暴力,是指直接针对选民、各级人民代表大会代表、候选人、选举工作人员的身体实施有形的外力,如殴打、捆绑、禁闭等,使其无法履行职责。威胁,是指以杀害、伤害、破坏名誉等手段进行精神恐吓,迫使选民和人大代表等不能正常履行组织管理职责或者行使选举权或被选举权。欺骗,是指捏造事实,颠倒是非,以虚假的事实使选民和人大代表产生错误认识,从而按行为人的意愿进行选举。贿赂,是指用金钱或者其他物质利益或非物质利益收买选民,以实现其操纵、破坏选举或者进行其他舞弊活动的目的。伪造选举文件,是指行为人采用伪造选民证、选票、选民名单,候选人名单、代表资格审查报告等选举文件的方法破坏选举的行为。虚报选举票数,是指选举工作人员对于统计出来的选票数、赞成和反对票数等进行虚假汇报的行为。

破坏选举的行为必须情节严重,才能构成本罪。根据 2006 年 7 月 26 日最高人民检察院《关于渎职侵权犯罪案件立案标准的规定》,国家机关工作人员利用职权破坏选举,涉嫌下列情形之一的,应予立案:(1)以暴力、威胁、欺骗、贿赂等手段,妨害选民、各级人民代表大会代表自由行使选举权和被选举权,致使选举无法正常进行,或者选举无效,或者选举结果不真实的;(2)以暴力破坏选举场所或者选举设备,致使选举无法正常进行的;(3)伪造选民证、选票等选举文件,虚报选举票数,产生不真实的选举结果或者强行宣布合法选举无效、非法选举有效的;(4)聚众冲击选举场所或者故意扰乱选举场所秩序,使选举工作无法进行的;(5)其他情节严重的情形。

2. 本罪的主体,多数情况下为一般主体,可以是一般公民,也可以是选举工作人员;既可以是有选举权的公民,也可以是无选举权的公民。少数情况下,某些破坏选举的行为,如虚报选举票数等,其主体是特殊主体,即监票人等选举工作人员。

3. 本罪的主观方面是故意,且行为人常常具有破坏选举活动,妨害选民和代表自由行使选举权和被选举权的目的。因工作上的失误而造成妨害选举的结果的,不构成本罪。动机如何不影响本罪的成立。

4. 本罪的客体是复杂客体,即公民的选举权、被选举权以及国家的选举制度。国家的选举制度是指各级国家权力机关和国家机关领导人员的选举制度，不包括城市社区居民委员会、农村村民委员会等群众自治组织和企事业单位、人民团体、社会团体的选举制度。犯罪对象可以是普通选民或代表，也可以是参与选举工作的工作人员（如以暴力迫使选举工作人员虚报选举票数）。

（二）破坏选举罪的认定

1. 破坏选举罪与他罪之间所发生的想象竞合问题

在实施破坏选举行为时，其所采取的手段可能触犯其他罪名，此时便会发生本罪与他罪之间的想象竞合问题。例如，暴力行为可能同时构成故意伤害罪，贿赂行为可能同时构成行贿罪，伪造行为可能同时构成伪造国家机关公文、证件、印章罪。对此，应当按照处理想象竞合犯的原则从一重罪论处。

2. 破坏选举罪与他罪之间所发生的数罪并罚问题

行为人基于破坏选举的故意，实施了数个达到"情节严重"程度的破坏选举行为，其中的一次暴力破坏选举的行为同时符合故意伤害罪或者故意杀人罪的构成要件的，应以本罪与故意伤害罪或故意杀人罪实行并罚。

（三）破坏选举罪的处罚

根据《刑法》第256条的规定，犯本罪的，处3年以下有期徒刑、拘役或者剥夺政治权利。

十五、重婚罪

（一）重婚罪的概念和构成要件

重婚罪，是指有配偶而又与他人结婚，或者明知他人有配偶而与之结婚的行为。

本罪的构成要件如下。

1. 本罪的客观方面表现为有配偶而与他人结婚或者明知他人有配偶而与之结婚的行为。其具体表现为两种情况：一是有合法的配偶而与他人结婚；二是自己虽无配偶但明知他人有配偶而与之结婚。

从逻辑上讲，对于重婚者而言，可能构成重婚罪的情形包括：有法律婚（登记婚）的人又和他人登记结婚或建立事实婚姻；有事实婚的人又和他人登记结婚或建立事实婚姻。对于相婚者而言，可能构成重婚罪的情形则包括相婚者明知他人有法律婚或事实婚而与之登记结婚或建立事实婚姻。事实婚姻是法律婚的对称，指男女未经结婚登记便以夫妻名义同居生活,群众也认为他们是夫妻的两性结合。对于事实婚姻对本罪的成立的影响,应当结合事实婚姻的效力以及本罪的立法目的予以考虑。我国对事实婚姻采取的是限制承认主义的态度,即有条件地承认事实婚姻的效力。具体来说,1986 年 3 月 15 日《婚姻登记办法》颁布以前,未办理结婚登记即以夫妻名义同居生活,如起诉时双方符合结婚条件的,认定为事实婚姻关系;如起诉时一方或双方不符合结婚条件的,则认定为非法同居关系。1986 年 3 月 15 日《婚姻登记办法》颁布以后,未办理结婚登记即以夫妻名义同居生活,一方向法院起诉"离婚",如同居时双方符合结婚条件的,可认定为事实婚姻关系;如同居时一方或双方不符合结婚条件的,则认定为非法同居关系。自 1994 年 2 月 1 日《婚姻登记管理条例》施行之日起,没有配偶的男女,未办理结婚登记即以夫妻名义同居生活,按非法同居对待。在刑法上设立本罪的目的是保护在先的合法婚姻关系。具有法律效力的事实婚姻受到法律的保护,因而可以成为本罪中的在先婚姻的表现形式;不具有法律效力的事实婚姻不具备本罪中的在先婚姻的合法性要求,因而不存在以非法的在后婚姻侵害在先的合法婚姻的可能性。因此,在 1994 年 2 月 1 日《婚姻登记管理条例》施行之日前形成的事实婚姻可以成为本罪中的在先婚姻。而本罪中的在后婚姻则可以是事实婚姻(不论是否具有法律效力)。在刑法上,不能因为事实婚姻在婚姻法上不予承认和保护而否认事实重婚是重婚罪的一种表现形式。一方面,事实重婚破坏了合法的婚姻关系;另一方面,无论是登记重婚,还是事实重婚,都至少有一个婚姻关系是非法的。承认事实重婚可以构成重婚罪,并不意味着对事实婚姻的法律承认,而是为了更好地惩治犯罪,保护一夫一妻制的婚姻关系。任何重婚罪中至少有一个婚姻关系是不受法律保护的;认为两个以上婚姻关系均有效才构成重婚罪,则是自相矛盾的。否认事实重婚可以构成重婚罪,必然使部分不法分子逃避法律制裁,不利于保护一夫一妻制的婚姻关系。从司法实践来看,有配偶的人与他人去婚姻登记部门公开登记从而形成登记重婚的情形是很少的。更多的情况是,已有配偶的人又与他人以夫妻名义长期生活在一起。这种行为对我国一夫一妻制的婚姻制度造成严重破坏,影响了家庭和社会的稳定。如果对这样的行为都不认定为重婚罪,重婚罪的规定无疑就会虚置。实际上,有关司法解释曾明确指出:"新的《婚姻登记管理条例》(1994 年 1 月 12 日国务院批准,1994 年 2 月 1 日民政部发布)发布施行后,有配偶的人与他人以夫妻名义同居生活的,或者明知他人有配偶而与之以夫妻名义同居生活的，仍应按重婚罪定罪处罚。”[25]这一规定仍可参照执行。

2. 本罪的主体包括两种人：一是重婚者，即有配偶而在其婚姻关系存续期间又与他人结婚的人。“有配偶”，是指男子有妻，女子有夫。二是相婚者，即本人无配偶但明知他人有配偶而与之结婚的人。重婚者的重婚是名副其实的重婚；而就相婚者而言，只存在一个婚姻关系，从严格意义来说无婚可重，但因其明知他人有配偶而与之结婚，就成为重婚罪的共犯。因此，相婚者同样可以成为本罪的主体。

3. 本罪的主观方面是故意，即明知自己或他人有配偶而与之结婚。这种故意具体表现为：一方面，重婚者明知自己有配偶而与他人结婚。如果行为人基于某些合理的依据，认为自己的配偶已死亡或者认为自己与他人没有配偶关系而与第三人结婚的，不构成本罪。另一方面，相婚者明知他人有配偶而与之结婚。如果无配偶的人受到有配偶的人的欺骗，误认为对方没有配偶而与之结婚的，无配偶的人不构成本罪，而有配偶的人则单独构成本罪。

4. 本罪的客体是我国一夫一妻制的婚姻关系。

（二）重婚罪的认定

1. 重婚罪与重婚行为的界限

对于因遭受自然灾害外流谋生而重婚的，因配偶外出长期下落不明，造成家庭生活严重困难，又与他人结婚的，被拐卖后再婚的，因强迫、包办婚姻或因婚后受虐待外逃而又与他人结婚的等，由于受客观条件所迫，不能期待行为人不实施重婚行为，主观恶性较小，故不宜以重婚罪论处。

2. 重婚罪与通奸行为以及非法同居行为之间的界限

通奸是指男女双方或一方有配偶，而又与他人秘密地、自愿地发生两性关系的行为。通奸的男女双方对外不以夫妻名义，对内没有同居生活。单纯的通奸行为不以结婚为目的，不构成重婚罪。非法同居的情况较为复杂。非法同居既可以发生在有配偶的人与有配偶或无配偶的他人之间，也可以发生在双方均无配偶的人之间。前者事实上是一种长期与他人的婚外性行为，属于一种不合法的行为。2001 年 12 月 27 日起施行的最高人民法院《关于适用〈中华人民共和国婚姻法〉若干问题的解释（一）》第 2 条对此的解释是：“‘有配偶者与他人同居’的情形，是

---

〔25〕 1994 年 12 月 4 日最高人民法院《关于〈婚姻登记管理条例〉施行后发生的以夫妻名义非法同居的重婚案件是否以重婚罪定罪处罚给四川省高级人民法院的批复》。

指有配偶者与婚外异性,不以夫妻名义,持续、稳定地共同居住。”因此,有配偶者与他人同居的行为,如果对外不以夫妻名义,属于一般姘居行为,不构成重婚罪;如果对外以夫妻名义,成立事实婚姻的,可构成重婚罪。后者一般不属于婚姻法的调整范围;如果以夫妻名义长期同居,成立事实婚姻的,可责令其补办结婚登记手续,不构成重婚罪。

3. 重婚罪与破坏军婚罪的界限

在重婚罪与破坏军婚罪(除同居行为以外)之间实际上存在法条竞合关系。破坏军婚罪是一种特殊形式的重婚罪。刑法为了体现对现役军人婚姻的特殊保护,保证现役军人安心于国防建设,将破坏军婚的行为从重婚罪中独立出来,予以专门规定。在司法实践中,如果某种行为同时符合重婚罪和破坏军婚罪的构成要件,应按照特别法优于普通法的原则,以破坏军婚罪论处;如果不符合破坏军婚罪的构成要件,但符合重婚罪的构成要件的,应以重婚罪论处。

(三) 重婚罪的处罚

根据《刑法》第 258 条的规定,犯本罪的,处 2 年以下有期徒刑或者拘役。在依法追究犯罪人的刑事责任的同时,对因重婚行为而形成的非法婚姻关系应当宣告予以解除。

十六、虐待罪

(一) 虐待罪的概念和构成要件

虐待罪,是指对共同生活的家庭成员,经常以打骂、冻饿、禁闭、有病不予治疗、强迫从事过度劳动、限制自由、凌辱人格等各种方法,从肉体上、精神上进行摧残折磨,情节恶劣的行为。

本罪的构成要件如下。

1. 本罪的客观方面表现为经常以打骂、冻饿、禁闭、有病不予治疗、强迫从事过度劳动、限制自由、凌辱人格等各种方法,对共同生活的家庭成员从肉体上、精神上进行摧残折磨的行为。对此,可从以下几个方面予以把握:第一,行为的持续性、一贯性。虐待是一种持续性的摧残肉体、折磨精神或二者交替的行为,必须在较长时期内对被害人实施。家庭成员之间偶尔发生的打骂等行为不属于虐待行为。第二,手段的多样性。实施虐待行为的方法是多种多样的,但概括起来不外乎两类,即肉体上的摧残和精神上的折磨。前者的表现形式包括殴打、冻饿、有病不予治疗、强迫超负荷劳动、随意禁闭等;后者的表现形式包括侮辱、谩骂、讥讽、限制人身行动自由(限制上学或工作等)、不让参加社会活动等。在实践中,行为人通常并非单纯使用肉体或精神上的虐待方法,而是经常交替使用上述方法对被害人实施虐待。从行为方式上看,虐待行为既可以由作为构成,也可以由不作为构成。但是单纯的不作为不可能构成本罪,如单纯的有病不予治疗、不提供饮食的行为,只能构成遗弃罪,特殊情况下也可以构成故意杀人罪,但不可能构成本罪。第三,行为类型的复杂性。根据司法实践,常见的虐待行为的类型包括:丈夫虐待妻子;公婆虐待儿媳、岳父母虐待女婿;父母虐待子女、子女虐待父母;儿媳虐待公婆、女婿虐待岳父母。

虐待家庭成员,情节恶劣的,才构成犯罪。对于情节是否恶劣,应当结合虐待行为持续的时间长短、频繁程度、动机、对象、手段、后果、社会影响等进行综合判断。

2. 本罪的主体是特殊主体,即与被害人具有一定的血亲关系、婚姻关系或收养关系,并在一个家庭中共同生活的家庭成员,包括祖父母、外祖父母、父母子女、兄弟姐妹等。犯罪分子通常是利用其在家庭中经济上或亲属关系上的特殊地位来实施虐待行为的。非家庭成员间的虐待行为,不能构成虐待罪。共同生活的家庭成员不以共同居住为必备条件;即使分居但仍然具有亲属或收养关系而形成共同生活关系的人,也可以实施本罪。

3. 本罪的主观方面是直接故意,即行为人明知其行为会造成共同生活的家庭成员肉体或精神上的痛苦,而希望这种结果发生。根据司法实践,本罪的动机主要有:出于封建夫权思想;喜新厌旧,企图以虐待手段逼迫对方与其离婚;因家庭成员丧失劳动能力而视为累赘;因家庭成员生女孩而不能“传宗接代”等。动机如何不影响本罪的成立。

4. 本罪的客体是复杂客体,即不仅侵犯了家庭成员间的平等权利,而且也侵犯被害人的身心健康。本罪侵犯的对象是共同生活的家庭成员,即根据婚姻法规定,在同一家庭中生活,具有血缘、姻亲或收养关系,有赡养、抚养或相互扶养、帮助义务的人。

(二) 虐待罪的认定

1. *虐待罪与故意伤害罪、故意杀人罪的界限*

虐待家庭成员,致使被害人重伤、死亡的情形,容易与故意杀人罪、故意伤害罪相混淆。作为虐待罪的结果加重犯形态,前者是指由于被害人长期受虐待而逐渐造成身体的严重损伤或导致死亡,或由于被害人不堪忍受长期虐待而自杀造成重伤或死亡。行为人对于虐待行为的实施出于故意,而对于被害人重伤、死亡的结果则出于过失;行为人的虐待行为与被害人的重伤、死亡结果之间具有刑法上的因果关系。据此,前者与后者的区别在于:(1)行为特点不同。前者中的死、伤结果,是由于长期多次虐待行为造成的;而后者的死、伤结果则往往是一次行为造成的。对于虐待过程中所发生的故意杀人、故意重伤的行为,如果虐待行为本身已经达到成立犯罪的程度,应以虐待罪与故意伤害罪、故意杀人罪实行并罚。(2)故意内容不同。前者的故意内容是使被害人在肉体上、精神上受尽摧残、折磨,而对于死、伤结果则出自过失;而后者的故意内容则是造成被害人死、伤的结果。

2. 虐待罪与遗弃罪的界限

虐待罪与遗弃罪均属于侵犯家庭成员权利的犯罪,客观上虐待行为中可以有遗弃的情节,并都以情节恶劣为要件。二者的主要区别是:(1)客观方面表现不同。虐待罪在客观方面表现为摧残、折磨家庭成员,既可以表现为作为的形式,也可以表现为不作为的形式,但单纯的不作为不构成本罪;遗弃罪在客观方面以行为人负有扶养义务能够履行而不履行为前提条件,只能表现为不作为。虐待罪中的虐待行为必须是经常实施的,而遗弃罪中的遗弃行为则没有这一限定。(2)犯罪主体不同。虐待罪的主体对被害人不一定负有扶养义务;而遗弃罪的主体对被害人则必须负有扶养义务。(3)犯罪目的不同。虐待罪的主观目的是使被害人在肉体或精神上遭受痛苦;而遗弃罪在主观上以逃避履行扶养义务为目的。(4)犯罪客体不同。虐待罪侵犯的客体是家庭成员间的平等权利和被害人的身心健康;而遗弃罪侵犯的客体是公民在家庭中受扶养的权利。(5)犯罪对象不同。虐待罪的对象是共同生活的家庭成员,至于是否年老、年幼、患病,或者没有独立生活能力,在所不问;遗弃罪的对象是年老、年幼、患病或其他没有独立生活能力的家庭成员。虐待罪的主体与被害人须在一起共同生活,在这种情况下,行为人才得以对被虐待人进行肉体、精神上的折磨;而遗弃罪的主体则与被遗弃人不一定共同生活,有时行为人故意与被遗弃者脱离共同生活关系,以达到不履行扶养义务的目的。

在司法实践中,往往发生行为人对没有独立生活能力的家庭成员既有打骂等积极的虐待行为,又有不履行扶养义务的情况。对此,应当从行为整体进行综合判断。如果行为人的主要目的在于摆脱扶养义务，行为的主要危害体现在不履行扶养义务方面，应当认定为遗弃罪；如果行为人的主要目的是虐待，行为的主要危害体现在虐待方面，应当认定为虐待罪。

（三）虐待罪的处罚

根据《刑法》第 260 条的规定，犯本罪的，处 2 年以下有期徒刑、拘役或者管制。致使被害人重伤、死亡的，处 2 年以上 7 年以下有期徒刑。除虐待“致使被害人重伤、死亡的”以外，犯本罪的，告诉的才处理，但被害人没有能力告诉，或者因受到强制、威吓无法告诉的除外。

第三节　本章其他罪名

一、组织出卖人体器官罪

组织出卖人体器官罪，是指违反国家有关规定，组织他人进行出卖人体器官的行为。

根据《刑法》第 234 条的规定，犯本罪的，处 5 年以下有期徒刑，并处罚金；情节严重的，处 5 年以上有期徒刑，并处罚金或者没收财产。

二、过失致人重伤罪

过失致人重伤罪，是指由于过失，致使他人重伤的行为。

根据《刑法》第 235 条的规定，犯本罪的，处 3 年以下有期徒刑或拘役。本法另有规定的，依照规定。这是指刑法分则规定的其他犯罪中包含过失致人重伤情形的，按照其他犯罪处理，不再以本罪论处。

三、猥亵儿童罪

猥亵儿童罪，是指猥亵不满 14 周岁儿童的行为。

根据《刑法》第 237 条的规定，犯本罪的，依照强制猥亵、侮辱妇女罪的法定刑从重处罚。

四、收买被拐卖的妇女、儿童罪

收买被拐卖的妇女、儿童罪，是指不以出卖为目的，明知是被拐卖的妇女、儿童而予以收买的行为。

根据《刑法》第 241 条的规定,犯本罪的,处 3 年以下有期徒刑、拘役或者管制。收买被拐卖的妇女、儿童,对被买儿童没有虐待行为,不阻碍对其进行解救的,可以从轻处罚;按照被买妇女的意愿,不阻碍其返回原居住地的,可以从轻或减轻处罚。收买被拐卖的妇女、儿童,并有强奸、非法剥夺、限制其人身自由或者伤害、侮辱等犯罪行为的,依照数罪并罚的规定处罚。

五、聚众阻碍解救被收买的妇女、儿童罪

聚众阻碍解救被收买的妇女、儿童罪,是指纠集多人,阻碍国家机关工作人员解救被收买的妇女、儿童的行为。

根据《刑法》第 242 条的规定,犯本罪的,对首要分子,处 5 年以下有期徒刑或者拘役;其他参与者使用暴力、威胁方法的,依照妨害公务罪的规定处罚。

六、强迫劳动罪

强迫劳动罪,是指以暴力、威胁或者限制人身自由的方法强迫他人劳动,或者明知他人以暴力、威胁或者限制人身自由的方法强迫他人劳动,而为其招募、运送人员或者以其他方式协助强迫他人劳动的行为。

根据《刑法》第 244 条的规定,犯本罪的,处 3 年以下有期徒刑或者拘役,并处罚金;情节严重的,处 3 年以上 10 年以下有期徒刑,并处罚金。单位犯本罪的,对单位判处罚金,并对其直接负责的主管人员和其他直接责任人员按照上述规定处罚。

七、雇用童工从事危重劳动罪

雇用童工从事危重劳动罪,是指违反劳动管理法规,雇用未满 16 周岁的未成年人从事超强度体力劳动,或者从事高空、井下作业,或者在爆炸性、易燃性、放射性、毒害性等危险环境下从事劳动,情节严重的行为。

根据《刑法》第 244 条的规定,犯本罪的,对直接责任人员处 3 年以下有期徒刑或者拘役,并处罚金;情节特别严重的,处 3 年以上 7 年以下有期徒刑,并处罚金。非法雇用童工,造成事故,又构成其他犯罪的,依照数罪并罚的规定处罚。

八、非法搜查罪

非法搜查罪，是指非法对他人的身体、住宅进行搜查的行为。

根据《刑法》第 245 条的规定，犯本罪的，处 3 年以下有期徒刑或者拘役。司法工作人员滥用职权犯本罪的，从重处罚。

九、非法侵入住宅罪

非法侵入住宅罪，是指非法强行进入他人住宅或者经要求其退出而无故拒不退出，影响他人正常生活和居住安宁的行为。

根据《刑法》第 245 条的规定，犯本罪的，处 3 年以下有期徒刑或者拘役。司法工作人员滥用职权犯本罪的，从重处罚。

十、暴力取证罪

暴力取证罪，是指司法工作人员使用暴力逼取证人证言的行为。

根据《刑法》第 247 条的规定，犯本罪的，处 3 年以下有期徒刑或者拘役。暴力取证，致人伤残、死亡的，依照故意伤害罪、故意杀人罪定罪从重处罚。

十一、虐待被监管人罪

虐待被监管人罪，是指监狱、拘留所、看守所、拘役所、劳教所等监管机构的监管人员对被监管人进行殴打或体罚虐待，情节严重的行为。

根据《刑法》第 248 条的规定，犯本罪的，处 3 年以下有期徒刑或者拘役；情节特别严重的，处 3 年以上 10 年以下有期徒刑。殴打、体罚虐待被监管人，致人伤残、死亡的，依照故意伤害罪、故意杀人罪的规定定罪从重处罚。

十二、煽动民族仇恨、民族歧视罪

煽动民族仇恨、民族歧视罪，是指煽动不同民族之间相互仇恨和歧视，情节严重的行为。

根据《刑法》第 249 条的规定，犯本罪的，处 3 年以下有期徒刑、拘役、管制或者剥夺政治权利；情节特别严重的，处 3 年以上 10 年以下有期徒刑。

十三、出版歧视、侮辱少数民族作品罪

出版歧视、侮辱少数民族作品罪,是指在出版物中刊载歧视、侮辱少数民族的内容,情节恶劣,造成严重后果的行为。

根据《刑法》第250条的规定,犯本罪的,对直接责任人员,处3年以下有期徒刑、拘役或者管制。

十四、非法剥夺公民宗教信仰自由罪

非法剥夺公民宗教信仰自由罪,是指国家机关工作人员非法剥夺公民的宗教信仰自由,情节严重的行为。

根据《刑法》第251条的规定,犯本罪的,处2年以下有期徒刑或者拘役。

十五、侵犯少数民族风俗习惯罪

侵犯少数民族风俗习惯罪,是指国家机关工作人员侵犯少数民族风俗习惯,情节严重的行为。

根据《刑法》第251条的规定,犯本罪的,处2年以下有期徒刑或者拘役。

十六、侵犯通信自由罪

侵犯通信自由罪,是指隐匿、毁弃或者非法开拆他人信件,侵犯公民通信自由权利,情节严重的行为。

根据《刑法》第252条的规定,犯本罪的,处1年以下有期徒刑或者拘役。

十七、私自开拆、隐匿、毁弃邮件、电报罪

私自开拆、隐匿、毁弃邮件、电报罪,是指邮政工作人员私自开拆或者隐匿、毁弃他人邮件、电报的行为。

根据《刑法》第253条的规定,犯本罪的,处2年以下有期徒刑或者拘役。犯本罪而窃取财物的,依照盗窃罪的规定定罪从重处罚。

十八、侵犯公民个人信息罪

侵犯公民个人信息罪,是指违反国家有关规定,向他人出售或者提供公民个

人信息，情节严重的行为。

根据《刑法》第 253 条之一的规定，犯本罪的，处 3 年以下有期徒刑或者拘役，并处或者单处罚金；情节特别严重的，处 3 年以上 7 年以下有期徒刑，并处罚金。违反国家有关规定，将在履行职责或者提供服务过程中获得的公民个人信息，出售或者提供给他人的，依照前款的规定从重处罚。单位犯本罪的，对单位判处罚金，并对其直接负责的主管人员和其他直接责任人员，依照上述规定处罚。

十九、虐待被监护、看护人罪

虐待被监护、看护人罪，是指对未成年人、老年人、患病的人、残疾人等负有监护、看护职责的人虐待被监护、看护的人，情节恶劣的行为。根据《刑法》第 206 条之一的规定，犯本罪的，处 3 年以下有期徒刑或者拘役。单位犯本罪的，对单位判处罚金，并对其直接负责的主管人员和其他直接责任人员，依照前款的规定处罚。

二十、打击报复会计、统计人员罪

打击报复会计、统计人员罪，是指公司、企业、事业单位、机关、团体的领导人员，对依法履行职责，抵制违反会计法、统计法行为的会计、统计人员实行打击报复，情节恶劣的行为。

根据《刑法》第 255 条的规定，犯本罪的，处 3 年以下有期徒刑或者拘役。

二十一、暴力干涉婚姻自由罪

暴力干涉婚姻自由罪，是指以暴力方法干涉他人结婚或离婚自由的行为。

根据《刑法》第 257 条的规定，犯本罪的，处 2 年以下有期徒刑或者拘役。犯本罪，致使被害人死亡的，处 2 年以上 7 年以下有期徒刑。

二十二、破坏军婚罪

破坏军婚罪，是指明知他人是现役军人的配偶而与之同居或者结婚的行为。

根据《刑法》第 259 条的规定，犯本罪的，处 3 年以下有期徒刑或者拘役。利用职权、从属关系，以胁迫手段奸淫现役军人的妻子的，以强奸罪的规定定罪处罚。

二十三、遗弃罪

遗弃罪,是指负有扶养义务的人对于年老、年幼、患病或者其他没有独立生活能力的人拒绝扶养,情节恶劣的行为。

根据《刑法》第 261 条的规定,犯本罪的,处 5 年以下有期徒刑、拘役或者管制。

二十四、拐骗儿童罪

拐骗儿童罪,是指采用蒙骗、利诱或者其他方法,使不满 14 周岁的未成年人脱离家庭或者监护人的行为。

根据《刑法》第 262 条的规定,犯本罪的,处 5 年以下有期徒刑或者拘役。

二十五、组织残疾人、儿童乞讨罪

组织乞讨罪,是指以暴力、胁迫手段组织残疾人或者不满 14 周岁的未成年人乞讨的行为。

根据《刑法》第 262 条的规定,犯本罪的,处 3 年以下有期徒刑或者拘役,并处罚金;情节严重的,处 3 年以上 7 年以下有期徒刑,并处罚金。

二十六、组织未成年人进行违反治安管理活动罪

组织未成年人进行违反治安管理活动罪,是指组织未成年人进行盗窃、诈骗、抢夺、敲诈勒索等违反治安管理活动的行为。

根据《刑法》第 262 条的规定,犯本罪的,处 3 年以下有期徒刑或者拘役,并处罚金;情节严重的,处 3 年以上 7 年以下有期徒刑,并处罚金。

本章小结

侵犯公民人身权利、民主权利罪,是指故意或过失地侵犯公民的人身权利、民主权利以及其他与人身直接有关的其他权利,依法应受到刑罚处罚的行为。侵犯公民人身权利、民主权利罪的客观方面表现为以各种方法侵犯公民人身权利、民主权利以及其他与人身直接相关的权利的行为;犯罪主体大多数为一般主体,少

数为特殊主体；除过失致人死亡罪、过失致人重伤罪由过失构成外，其余各罪只能由故意构成；侵犯的同类客体是公民的人身权利、民主权利以及与人身直接相关的其他权利。据犯罪侵犯的直接客体和具体犯罪构成要件，可把侵犯公民人身权利、民主权利罪划分为侵犯公民生命、健康的犯罪，侵犯妇女、儿童身心健康的犯罪，侵犯人身自由的犯罪，侵犯人格、名誉的犯罪，侵犯民主权利的犯罪，妨害婚姻家庭权利的犯罪，借国家机关权力侵犯人身权利的犯罪和以少数民族群体为对象的犯罪八类。其中，需要重点掌握的罪名有故意杀人罪，过失致人死亡罪，故意伤害罪，强奸罪，强制猥亵、侮辱罪，非法拘禁罪，绑架罪，拐卖妇女、儿童罪，诬告陷害罪，侮辱罪，诽谤罪，刑讯逼供罪，报复陷害罪，破坏选举罪，重婚罪以及虐待罪等。

习　题

1. 如何理解过于自信的过失致人死亡与间接故意杀人的界限?
2. 如何理解绑架罪与非法拘禁罪的区别?
3. 如何理解强奸未遂与强制猥亵、侮辱罪的界限?
4. 如何理解拐卖儿童罪与拐骗儿童罪的区别?
5. 非法拘禁罪具有什么特征?
6. 如何理解侮辱罪与强制猥亵、侮辱妇女罪的界限?

第二十六章 侵犯财产罪

【本章导读】

侵犯财产罪,是指以非法占有为目的,非法取得公私财物,或者挪用、故意毁坏公私财物、破坏生产经营以及拒不支付劳动报酬,依法应受刑罚处罚的行为。侵犯财产罪所包含的13种具体犯罪,按照犯罪手段和犯罪目的的不同,可以分为非法占有型犯罪、挪用型犯罪和毁坏、拒付型犯罪三种类型。

【学习重点】

- 抢劫罪
- 盗窃罪
- 诈骗罪
- 侵占罪
- 职务侵占罪
- 挪用资金罪
- 敲诈勒索罪

第一节 侵犯财产罪概述

一、侵犯财产罪的概念和构成要件

侵犯财产罪,是指以非法占有为目的,非法取得公私财物,或者挪用、故意毁坏公私财物、破坏生产经营以及拒不支付劳动报酬,依法应受刑罚处罚的行为。

本类犯罪的构成要件如下。

1. 本类犯罪的客观方面,表现为以暴力或非暴力、公开或者秘密的方法,攫取公私财物,或者挪用单位财物、故意毁坏公私财物、破坏生产经营以及拒不支付劳动报酬的行为。侵犯财产的行为,概括起来,主要有以下客观表现:其一,非法占有公私财物的行为,即采用各种非法手段,将他人控制下的财物,转移到行为人的控制之下，如抢劫、抢夺、盗窃、诈骗等犯罪。其二，将业已持有的他人财物，应当退还而拒不退还，非法据为己有，如侵占罪。其三，挪用公私财物的行为，即违反财经管理制度，擅自将自己经手、管理的财物转归本人、借贷他人使用或者改变其原有的特定用途，如挪用资金罪、挪用特定款物罪。其四，毁坏公私财物，使财物的价值全部或部分丧失的行为，如故意毁坏财物罪、破坏生产经营罪。大多数侵犯财产罪只能以作为的方式实施，而不可能以不作为的方式实施。但是，拒不支付劳动报酬罪表现为不作为，即应当支付而不支付劳动者的劳动报酬；毁灭型犯罪既可以由作为实施，也可以由不作为实施。本类犯罪中绝大多数犯罪要求数额较大或情节严重。如果侵犯的财产数额较小，情节显著轻微，危害不大的，则不认为是犯罪。

2. 本类犯罪的主体大多为一般主体，即年满 16 周岁、具有刑事责任能力的自然人。但是，已满 14 周岁不满 16 周岁的人犯抢劫罪的，应当负刑事责任。少数几种犯罪，如职务侵占罪、挪用资金罪、挪用特定款物罪的主体为特殊主体。

3. 本类犯罪的主观方面表现为故意。本类犯罪的犯罪目的具体表现为三种情况：第一种（占多数），是以非法占有为目的，即以将公私财物非法转为己有或者第三者（包括单位）不法所有为目的；第二种，是以非法暂时使用为目的，并非意图转归己有；第三种，是以毁坏财物为目的，即行为人不想占有该财物，而是要毁灭该财物，或者损害其价值。

4. 本类犯罪的客体是公私财产所有权。财产所有权是指所有人依法对自己的财产享有占有、使用、收益、处分的权利，包括占有、使用、收益和处分四项权能。其中，最核心的权能是处分权，即按照所有人自己的意志对财产进行自由处分的权利。一般来说，对任何一种权能的侵犯，都是对所有权不同程度的侵犯，而对处分权的侵犯，则是对所有权整体的最严重的侵犯。就侵犯财产罪而言，绝大多数犯罪表现为对公私财物的所有权能的侵害，即完全地、永久地剥夺所有人对自己的财产所享有的所有权，如抢劫罪、抢夺罪、盗窃罪，但也有少数犯罪只是对他人财物所有权的部分权能的侵害，而不是从根本上剥夺所有人的所有权，如挪用资金罪和挪用特定款物罪。少数犯罪侵犯的财产所有权的权能主要是财产使用权，当然也侵犯了财产的占有权和收益权，但不涉及财产的处分权。但不能由此认为少数犯罪没有侵犯财产所有权，而只能认为与大多数侵犯财产的犯罪相比，在侵犯所有权的程度上有所差异。

在判断财物的所有关系时,应当注意以下几点:第一,不能将应归国家所有的财物视为无主物。根据我国宪法及其他有关法律规定,矿藏、水流、森林、山岭、草原、荒地、滩涂等自然资源,都属于国家所有,其中一部分属于集体所有;中华人民共和国境内地下、内水和领海中遗存的一切文物、古文化遗址、古墓葬、石窟寺属于国家所有。第二,不能将遗忘物视为无主物。遗忘物只是暂时脱离保管人或所有人的控制;如果拾得了遗忘物,应该归还失主或者上缴有关部门,否则可能构成侵占罪。埋藏物是保管人或所有人故意暂时将其隐藏于不被他人发现的地方,不同于抛弃物。另外,所有权人不明的埋藏物、隐藏物,归国家所有。第三,他人非法占有的财物也不是无主物。他人非法占有的财物,如赌徒赢得的赌资、盗贼偷来的赃物等不是无主物,它们本来有的就是国家、集体或者公民私人所有的财产,所有权人并不因犯罪行为而丧失对这些财物的所有权,只是对这些财物不能行使所有权中的占有权。这些财物被非法占有后,应当由国家主管机关依法追缴,返还原主或收归国有。

侵犯财产罪的对象是公私财物所有权的物质表现,即公共财产和公民私人所有的财产。公共财产是指国有财产、劳动群众集体所有的财产、用于扶贫和其他公益事业的社会捐助或者专项基金的财产。另外,在国家机关、国有公司、企业、集体企业和人民团体管理、使用或者运输中的私人财产,以公共财产论。此种私人财产如果受到侵犯,将由国家或者集体承担赔偿责任,因而实际上是公共财产受到损失。理论上将这种私人财产称为“拟制的公共财产”。公民私人所有的财产,是指下列财产:公民的合法收入、储蓄、房屋和其他生活资料;依法归个人、家庭所有的生产资料;个体户和私营企业的合法财产;依法归个人所有的股份、股票、债券和其他财产。

关于财物的含义,还有以下问题值得探讨:(1)财物是否仅限于有价值之物?一般认为,侵犯财产罪的对象应该是具有价值和使用价值的财物。有些物质有价值但无使用价值,如抛弃物等;有些物质有使用价值但无价值,如阳光、空气等。这些物质均不能成为侵犯财产罪的对象。进言之,财物还必须具有经济价值。有些物品如果不具有经济价值,即使在其他方面具有重要价值,也不宜纳入侵犯财产罪对象的范围。(2)财物是否包括违禁品?所谓“违禁品”,是指法律禁止私自留存、使用的物品,如枪支、弹药、毒品、淫秽物品等。违禁品可以成为财物,这主要是考虑到侵犯违禁品的行为同样侵犯了一定的财产所有权关系。违禁品应当予以没收并上缴国库。侵犯违禁品的行为既会使这些物品流散到社会中，造成社会生活的混乱，也会为司法机关日后追缴这些物品设置障碍。(3)财物是否包括人的身体？人的身体本身不是财物，但是，从人的身体上分离出来的部分，如从人的体内抽取的血液，可能成为侵犯财产罪的对象。人工设计的人体代用品，如假牙、假肢、假发、心脏起搏器等，在尚未成为身体的组成部分时，也应当属于财物。(4)财物是否包括财产凭证？财产凭证主要包括有价证券和有价凭证，前者如国库券、股票等，后者如车票、船票、邮票、飞机票、邮寄包裹单、提货单等。财产凭证代表了一定的财产性权利，侵犯这些凭证的行为同样会使持有人的财产遭受损害。因此，财产凭证能够成为侵犯财产罪的对象。(5)动物是否属于财物？在动物处在野生状态时，国家重点保护的是其资源性；在动物处于圈养状态时，国家重点保护的是其财产性。因此，农户圈养的动物可以成为盗窃罪的对象，耕畜可以成为破坏生产经营罪的对象，动物园的国家珍贵动物可以成为故意毁坏财物罪的对象。

二、侵犯财产罪的种类

刑法分则第五章第 263 条至第 276 条之一共规定了 13 种具体的侵犯财产罪。按照犯罪手段和犯罪目的的不同，可以分为三种类型。

1. 非法占有型犯罪。其中又可以按照行为方式分为以下四种具体类型：(1)公然强取型犯罪，包括抢劫罪、抢夺罪、聚众哄抢罪、敲诈勒索罪；(2)秘密窃取型犯罪，即盗窃罪；(3)骗取型犯罪，即诈骗罪；(4)侵占型犯罪，包括侵占罪、职务侵占罪。

2. 挪用型犯罪，包括挪用资金罪、挪用特定款物罪。

3. 毁坏、拒付型犯罪，包括故意毁坏财物罪、破坏生产经营罪、拒不支付劳动报酬罪。

第二节　本章重点罪名

一、抢劫罪

(一) 抢劫罪的概念和构成要件

抢劫罪，是指以非法占有为目的，以对财物的所有人、持有人当场实施暴力或以当场实施暴力相威胁,或者以使被害人不能抗拒的方法,迫使其当场交出财物或者夺走其财物的行为。

本罪的构成要件如下。

1. 本罪的客观方面表现为以暴力、胁迫或者其他方法当场强行劫取他人财物的行为。所谓"暴力",是指对财物的所有者、占有者、管理者的身体进行打击或者强制,包括殴打、捆绑、杀害、伤害、禁闭等强暴行为。这种暴力是犯罪分子有意用来排除被害人抵抗,针对被害人身体实施,从而劫取财物的手段。如果犯罪分子在抢夺财物的过程中,无意伤害了被害人的身体,情节较轻的,可定抢夺罪,该伤害后果一般可以作为从重处罚情节予以考虑;过失造成重伤、死亡的,则应当从抢夺罪与过失致人重伤罪、过失致人死亡罪中择一重罪处罚。具体来说,对于暴力主要可以从以下四个方面加以理解:一是暴力必须是在取得财物的当场实施;二是暴力必须是针对被害人的身体而采取的打击或强制;三是暴力是针对财产所有人、占有人或管理人而实施的;四是暴力是犯罪分子有意识实施的,也就是说,犯罪分子自觉、积极地利用暴力手段为排除被害人的反抗并抢走财物创造条件。需要强调的是,暴力所指向的对象是财物的所有人、占有人、管理人。司法实践中,有时行为人当着控制着财物的所有人、占有人、管理人的面,对其在场的亲属或其他利害关系人实施暴力打击,迫使前者交出财物。在这种情况下,暴力所实际指向的对象并未控制着财物,但其毕竟与前者有着利害关系,对其施暴可以达到迫使前者当场交出财物的效果。因此,这种情况下的暴力实际上起到了对前者的胁迫作用,与直接对前者施加暴力应予以区别。

行为人使用暴力的目的是排除被害人的反抗以劫取财物,这就要求暴力必须达到一定的程度。轻微的暴力根本不足以排除被害人的反抗,因而不能视为本罪中的暴力,行为人取得财物的行为也就不具有强取的性质,即不能评价为抢劫。因此,本罪中的暴力必须达到足以抑止被害人反抗的程度。但事实上是否抑止或者排除了被害人的反抗,并不影响本罪的成立。对人身所实施的暴力,其最严重的程度是故意杀人,那么为占有他人财物而当场故意杀死被害人的,是否应以抢劫罪论处?一般认为,抢劫罪中的"致人死亡"既包括过失或间接故意造成死亡,也包括直接故意造成死亡。因此,为当场占有他人财物而将他人杀死的,应定抢劫罪一罪。主要理由是:第一,暴力等手段行为与取财行为的结合形成了抢劫罪完整的实行行为,假如说把因暴力的行使而故意造成被害人死亡行为另定一个故意杀人罪，那么剩下的取财行为就不能构成抢劫罪，因此，在这种情况下对行为人以故意杀人罪和抢劫罪实行数罪并罚，就意味着杀人行为既作为定故意杀人罪的根据，又作为定抢劫罪的根据，“一事两头沾”，违反一行为不得重复评价的原则。第二，《刑法》第263条并未规定抢劫罪中的“致人死亡”不包括故意杀人的情况。将无论是出于间接故意还是直接故意杀人的情况包括在抢劫罪的加重结果的范围内，与《刑法》第263条的规定并不相违背。“抢劫致人死亡”只是表明抢劫行为与死亡结果之间的因果联系，而并不能说明行为人对死亡结果只能出于过失。第三，刑法对抢劫罪规定的最高刑和故意杀人罪一样都是死刑，因此即便将行为人出于故意而杀死被害人的情况视为抢劫罪中的“致人死亡”，也不会产生处罚过轻而放纵犯罪的弊端。

所谓“胁迫”，是指以立即对被害人实施暴力相威胁，实施精神强制，使被害人恐惧而不敢反抗，被迫当场交出财物或者任财物被劫走的手段。对胁迫主要可从三个方面来理解：(1)胁迫必须是当面向被害人发出；(2)胁迫的内容必须是以立即实施暴力相威胁；(3)威胁的暴力是现实的；如果被害人不答应要求，就会立即付诸实施。胁迫一般针对的是财物所有者、占有者、管理者，有时也可以针对在场的被害人的亲属或其他有关人员。胁迫的表现形式多种多样，可以用语言，也可以用某种手势、动作，如拿刀作杀人的动作等。如果没有任何胁迫的表现，只是被害人自己胆小感到恐惧，眼见行为人拿走其财物而不敢制止的，则不能构成本罪。与强奸罪中的胁迫不同，作为抢劫罪的胁迫，必须是以暴力为后盾的威胁，即以当场就要对被害人或者其亲属实施暴力相威胁，不包括揭发隐私等非暴力内容的胁迫。行为人是否具有实施暴力的意思，以及是否具有实施暴力的能力，不影响胁迫的成立。胁迫的目的是排除被害人的反抗而当场劫取财物。如果采取胁迫方法的目的是为了迫使被害人答应日后交付财物，便不能构成本罪，而有可能以敲诈勒索罪论处；如果采取胁迫方法的目的不是排除被害人的反抗，而是为了制造混乱而趁机窃取财物，则同样不能构成本罪。同暴力一样，本罪中的胁迫也必须达到足以抑止被害人反抗的程度。

“其他方法”，是指暴力、胁迫以外的使被害人不知反抗或丧失反抗能力的方法，如用酒强行灌醉、用药物麻醉、装鬼吓人、使用催眠术、电击或用石灰迷眼等。对“其他方法”应当作出以下限制：(1)其他方法必须是与暴力、胁迫相类似的侵害人身的方法，而不包括欺骗等不侵害人身的方法；(2)其他方法是针对被害人实施的暴力、胁迫之外的用来排除被害人反抗的方法；(3)采用其他方法的目的是当场占有被害人的财物。行为人处于不知或不能反抗的状态,必须是行为人实施了其他方法造成的。如果不是行为人以某种行为使被害人处于不能反抗或不知反抗的状态,而是行为人利用由被害人由于自己的原因(自己喝醉、正在熟睡、因病昏迷等)或其他原因(被他人打昏、撞伤等)所致不能反抗的状态乘机掠夺其财物的,只能构成盗窃罪或其他罪,而不构成抢劫罪。如果行为人为实施其他犯罪而采用麻醉等方法,使被害人处于昏睡状态后,临时起意而拿走其财物的,则不能以本罪论处。

使用暴力、胁迫或者其他方法劫取财物,是抢劫罪构成的重要组成部分。实践中,暴力方法和胁迫方法往往交替使用或同时使用,而其他方法则单独使用。这里所说的暴力、胁迫或者其他方法,必须是当场实施,才能构成抢劫罪。因此,判断行为是否构成抢劫罪,在客观上应以犯罪分子是否当场使用暴力、胁迫或者其他方法并立即取走财物为标准。当场,一般是指暴力等手段行为与劫取财物等目的行为处在同一时间和场所,但在例外情况下,也包括手段行为与目的行为虽有一定持续时间,场所也不同,但从整体上看行为并无间断的情形。如行为人使用暴力欲劫取财物,但被害人身无分文,便令被害人立即回家中取来钱财或者跟随被害人去取财物的,也构成抢劫罪。行为人在预备阶段意图以暴力或胁迫方法抢劫财物,但到现场后由于情况发生变化或者其他原因,并没有使用暴力或胁迫就非法取得财物的,应以实施犯罪时实际取得财物的手段、方法来定罪,而不能以抢劫罪来论处。反之,如果行为人事先只是想秘密窃取或者乘人不备夺走财物,但是在实施犯罪过程中,由于被人发觉遭到阻止或反抗,而当场使用暴力或者以暴力相威胁强取财物的,其行为性质就由盗窃或抢夺行为转化为抢劫罪,应以抢劫罪论处。在通常情况下,行为人总是先采用暴力、胁迫方法,抑止被害人的反抗,而后直接夺取其财物或迫使其交出财物。不过,在实践中,也存在先夺取财物紧接着对被害人施行暴力、胁迫的情况。在这种情况下,行为人在抢劫意思支配下的方法行为与目的行为的先后顺序是颠倒的,但实质上暴力、胁迫行为是确保取得财物的方法。

2. 本罪的主体是一般主体,即已满 14 周岁、具有刑事责任能力的自然人。

3. 本罪的主观方面是故意,并且以非法占有为目的。其具体表现为明知是他人财物,而有意使用暴力、胁迫或者其他方法非法转归自己或者第三人占有。

抢回自己被他人非法占有的财物的，不构成抢劫罪。因为这种行为不具有非法占有他人财物的目的，抢回的财物不是非法财物，而是合法财物。这种抢回被他人非法占有财物的行为又分两种情况：一种是在财物被他人非法占有，如被窃、被骗等，而形势又十分紧急，来不及向有关司法机关告发，不便依靠司法机关的力量追回财物，只好自己实施抢回合法财物的行为，这种行为可称为"自救行为"，属于私力救济。这种行为在我国刑法上虽未明文规定，但从法理上讲属于排除社会危害性行为的一种。另一种是在财物被他人非法占有，经过一段时间后，又从非法占有者手里抢回相当的现金或相当价值的财物的行为，这种行为虽不能称为自救行为，但亦是一种追回合法财物的行为，主观上不具有非法占有他人合法财物的目的，因此也不构成犯罪。

4. 本罪的客体是复杂客体，即主要侵犯公私财产所有权，同时侵犯他人的人身权利。本罪的犯罪对象，是属于国家、集体、个人所有的各种财物以及他人的人身。对作为本罪对象的财物是否仅限于动产，理论上尚有争议。一般认为，本罪是以暴力、胁迫或其他强制方法，当场占有财物；不动产难以被当场劫走，所以对霸占他人不动产的行为难以按抢劫罪处理。不过，如果把不动产的一部分强行从整体上分离后当场占有的，如将门窗卸下抢走的，这部分财产就由不动产转化为动产，因而可以构成本罪。无形财产一般不可能当场占有，因而不能成为本罪的对象。不过，将无形财产置于有形载体内（如将液化气装进钢瓶里）而抢走的，则可以成立本罪。

（二）抢劫罪的认定

1. 抢劫罪与非罪的界限

抢劫罪是侵犯财产罪中危害性最大、性质最严重的犯罪。因此，在一般情况下，凡是以非法占有为目的，用暴力、胁迫或者其他方法，强行劫取公私财物的，就构成抢劫罪。在立法上没有对抢劫罪作出数额要求，这是本章罪中的一个例外。但是，根据《刑法》第 13 条规定的精神，使用暴力手段不明显，威胁轻微，抢劫的数额又极其有限的，如强索少量财物，抢吃少量食品等行为，情节显著轻微危害不大，属于一般违法行为，不构成抢劫罪。根据《未成年人犯罪解释》第 7 条的规定，已满 14 周岁不满 16 周岁的人使用轻微暴力或者威胁，强行索要其他未成年人随身携带的生活、学习用品或者钱财数量不大，且未造成被害人轻微伤以上或者不敢正常到校学习、生活等危害后果的，不认为是犯罪。已满 16 周岁不满 18 周岁的人具有上述情形的,一般也不认为是犯罪。

由于借贷或者其他财产纠纷,而强行扣留对方财物,用以抵偿债务,或者索还债款、欠物的,因婚姻、家庭纠纷,而抢回彩礼、陪嫁物的,或者强行分割并拿走家庭共有财产的,为子女离婚、出嫁、暴死等事件所激怒,纠集亲友多人抢拿部分生活用品、物资的,都因为主观上不以非法占有为目的,而不应作为抢劫罪论处,只能作为民事纠纷妥善处理。

2. 抢劫罪既遂与未遂的界限

就《刑法》第 263 条第 1 款规定的抢劫罪的基本构成而言,以被害人是否丧失对财物的控制为区分既遂与未遂的标准,即只要行为人强取财物的行为使被害人丧失了对财物的控制,就构成抢劫罪的既遂。虽然抢劫行为侵犯人身权利和财产权利,但是,刑法将它规定为侵犯财产罪,表明其主要客体是财产权利,侵犯人身只是占有财物的手段。因此,不能以人身权利是否被侵犯作为认定既遂与未遂标准。具有《刑法》第 263 条规定的 8 种加重情形之一的抢劫罪,属于结果加重犯或情节加重犯。理论上一般认为,只要抢劫行为具备其中任何一种情节,无论被害人是否丧失对财物的控制,都应视为抢劫罪的既遂。这种观点实际上认为,加重犯只有成立与否的区分,而不存在既遂与未遂的区分。但是,也有的学者提出,《刑法》第 263 条所规定的 8 种法定刑升格的情形,也存在未遂的问题(或许"抢劫数额巨大"的应除外)。例如,入户抢劫、在公共交通工具上抢劫等行为,没有使被害人丧失对财物的控制的,成立抢劫未遂。[1] 后一种观点得到了最高司法机关的认可。根据 2005 年 6 月 8 日最高人民法院《关于审理抢劫、抢夺刑事案件适用法律若干问题的意见》第 10 条的规定,《刑法》第 263 条规定的 8 种处罚情节中除"抢劫致人重伤、死亡的"这一结果加重情节之外,其余 7 种处罚情节同样存在既遂、未遂问题,其中属抢劫未遂的,应当根据刑法关于加重情节的法定刑规定,结合未遂犯的处罚原则量刑。该规定突破了我国传统的刑法学理论,在一定程度上认同了加重犯也存在既遂、未遂之分,这是值得肯定的。但是,该规定在法理上也存在值得商榷的地方:结果加重犯与其他的加重犯同属于加重犯,它们之间最大的区别仅仅是加重因素的类型有所不同,但这并不足以成为肯定其他的加重犯存在既遂与未遂之分而否定结果加重犯同样存在这种区分的理由。可以说,支持其

---

〔1〕 参见张明楷:《刑法学》,757 页,北京,法律出版社,2003。

他的加重犯存在既遂与未遂之分的论据诸如"符合刑法关于犯罪既遂、未遂的基本理论"以及符合罪刑相一致的原则也同样可以用于结果加重犯存在既遂与未遂之分的论证。[2]

3. 转化型抢劫罪的认定

根据《刑法》第 267 条第 2 款的规定，携带凶器抢夺的，以抢劫罪定罪处罚。"携带凶器抢夺"，是指行为人随身携带枪支、爆炸物、管制刀具等国家禁止个人携带的器械进行抢夺或者为了实施犯罪而携带其他器械进行抢夺的行为。行为人随身携带国家禁止个人携带的器械以外的其他器械抢夺，但有证据证明该器械确实不是为了实施犯罪准备的，不以抢劫罪定罪；行为人将随身携带凶器有意加以显示、能为被害人察觉到的，直接适用《刑法》第 263 条的规定定罪处罚；行为人携带凶器抢夺后，在逃跑过程中为窝藏赃物、抗拒抓捕或者毁灭罪证而当场使用暴力或者以暴力相威胁的，适用《刑法》第 267 条第 2 款的规定定罪处罚。在理解该规定时，需要注意把握以下几点：[3](1)该规定属于法律拟制，而非注意规定。注意规定是在刑法已作相关规定的前提下，提示司法人员注意、以免司法人员忽略的规定。注意规定的设置，并不改变相关规定的内容，只是对相关规定内容的重申；即使不存在注意规定，也存在相应的法律适用根据(按相关规定处理)。法律拟制则不同，其特点是将原本不符合某种规定的行为也按照该规定处理。即 A 行为原本并不属于 B 犯罪，但刑法仍然规定将 A 行为认定为 B 罪，适用 B 罪的法律效果。《刑法》第 267 条第 2 款的规定属于法律拟制，即只要行为人携带凶器抢夺，就以抢劫罪论处，而不要求行为人使用暴力、胁迫或者其他方法。(2)凶器的含义。所谓"凶器"，是指在性质或用法上，足以杀伤他人的器物。仅具有毁坏物品的特性而不具有杀伤他人机能的物品不属于凶器。凶器分为性质上的凶器和用法上的凶器。性质上的凶器，是指枪支、管制刀具等本身用于杀伤他人的物品。用法上的凶器，是指从使用的方法来看，可能用于杀伤他人的物品。如家庭使用的菜刀，用于切菜时不是凶器；但用于或准备用于杀伤他人时则是凶器。(3)携带的含义。所谓"携带"，是指在从事日常生活的住宅或者居室以外的场所，将某种物品带在身上或置于身体附近，将其置于现实的支配之下的行为。携带凶器是一

[2] 参见王志祥：《结果加重犯的未遂问题新论》，载《法商研究》，2007(3)。

[3] 参见张明楷：《侵犯财产罪的疑难问题》，载游伟主编：《华东刑事司法评论》(第六卷)，96—100 页，北京，法律出版社，2004。

种主客观统一的行为。在携带凶器抢夺的场合,行为人并没有使用所携带的物品[4];要认定行为人所携带的物品属于凶器,还要从主观方面加以认定,即要求行为人具有准备使用的意识。

根据《刑法》第 269 条的规定,犯盗窃、诈骗、抢夺罪,为窝藏赃物、抗拒逮捕或者毁灭罪证而当场使用暴力或者以暴力相威胁的,以抢劫罪定罪处罚。构成《刑法》第 269 条规定的转化型抢劫罪,必须具备以下三个条件。

(1) 行为人必须先实施了盗窃、诈骗、抢夺行为。对于该条规定的“盗窃、诈骗、抢夺罪”的理解,理论上有不同认识。一般认为,这里的“盗窃、诈骗、抢夺罪”,是指在盗窃、诈骗、抢夺罪的犯罪故意的支配下实施的盗窃、诈骗、抢夺行为。一方面,2005 年 6 月 8 日最高人民法院《关于审理抢劫、抢夺刑事案件适用法律若干问题的意见》第 5 条规定,行为人实施盗窃、诈骗、抢夺行为,未达到“数额较大”,为窝藏赃物、抗拒抓捕或者毁灭罪证当场使用暴力或者以暴力相威胁,情节较轻、危害不大的,一般不以犯罪论处;但具有下列情节之一的,可依照《刑法》第 269 条的规定,以抢劫罪定罪处罚:①盗窃、诈骗、抢夺接近“数额较大”标准的;②入户或在公共交通工具上盗窃、诈骗、抢夺后在户外或交通工具外实施上述行为的;③使用暴力致人轻微伤以上后果的;④使用凶器或以凶器相威胁的;⑤具有其他严重情节的。另一方面,盗窃罪、诈骗罪、抢夺罪的构成有“数额较大”的限制,而抢劫罪的成立没有数额限制。如果把此处的“盗窃、诈骗、抢夺罪”理解为成立犯罪,就意味着转化型抢劫罪的数额起点远远高于一般抢劫罪。但事实上,一般抢劫罪与转化型抢劫罪并没有实质上的差别。根据 2016 年 1 月 6 日最高人民法院《关于审理抢劫刑事案件适用法律若干问题的指导意见》(以下简称 2016 年《抢劫案件意见》)中关于转化型抢劫犯罪认定的规定,《刑法》第 269 条所规定的“犯盗窃、诈骗、抢夺罪”,主要是指行为人已经着手实施盗窃、诈骗、抢夺行为,一般不考察盗窃、诈骗、抢夺行为是否既遂。但是所涉财物数额明显低于“数额较大”的标准,又不具备《两抢意见》第 5 条所列五种情节之一的,不构成抢劫罪。另外,根据 2006 年 1 月 11 日最高人民法院《关于审理未成年人刑事案件具体应用法律若干问题的解释》第 10 条的规定,已满 14 周岁不满 16 周岁的人盗窃、诈骗、抢夺他人财物,为窝藏赃物、抗拒抓捕或者毁灭罪证,当场使用暴力,故意伤害致

---

〔4〕 否则,就应当以《刑法》第 263 条所规定的抢劫罪论处。

人重伤或者死亡，或者故意杀人的，应当分别以故意伤害罪或者故意杀人罪定罪处罚。已满16周岁不满18周岁的人犯盗窃、诈骗、抢夺罪，为窝藏赃物、抗拒抓捕或者毁灭罪证而当场使用暴力或者以暴力相威胁的，应当依照《刑法》第269条的规定定罪处罚；情节轻微的，可不以抢劫罪定罪处罚。

（2）行为人必须当场使用暴力或者以暴力相威胁。“当场”的范围，既包括犯罪分子实施盗窃、诈骗、抢夺行为的现场，也包括刚一离开现场就被人发现而追捕的过程中实施暴力或者以暴力相威胁的行为的场所。如果在实施盗窃、诈骗、抢夺行为以后，犯罪分子在其他场所行凶拘捕，与先前所实施的盗窃、诈骗、抢夺行为在时空上不具有连续性的，则不属于当场。所谓“使用暴力或者以暴力相威胁”，是指对阻止窝藏赃物、毁灭罪证或者抓捕犯罪嫌疑人的人员实行暴力打击、强制或者以将要立即实行暴力相威胁。根据2016年《抢劫案件意见》中关于转化型抢劫犯罪认定的规定，对于以摆脱的方式逃脱抓捕、暴力强度较小，未造成轻伤以上后果的，可不认定为“使用暴力”。对暴力或者以暴力相威胁的对象，应以行为人的认识为判断标准；即使对方实际上并不是抓捕人或阻止其窝藏赃物、毁灭证据的人，而行为人误认为是并使用暴力或以暴力相威胁的，也构成抢劫罪。

（3）实施暴力或以暴力相威胁的目的是为了窝藏赃物、抗拒抓捕或者毁灭罪证。窝藏赃物，是指为了保护已到手的赃物不被追回；抗拒抓捕，是指抗拒公安司法机关或任何公民的抓捕、扭送；毁灭罪证，是指消灭作案现场上遗留的痕迹、物品等可以证明犯罪的材料。

4. 关于抢劫犯罪数额的计算

2005年6月8日最高人民法院《关于审理抢劫、抢夺刑事案件适用法律若干问题的意见》规定，抢劫信用卡后使用、消费的，其实际使用、消费的数额为抢劫数额；抢劫信用卡后未实际使用、消费的，不计数额，根据情节轻重量刑。所抢信用卡数额巨大，但未实际使用、消费或者实际使用、消费的数额未达到巨大标准的，不适用“抢劫数额巨大”的法定刑。为抢劫其他财物，劫取机动车辆当作犯罪工具或者逃跑工具使用的，被劫取机动车辆的价值计入抢劫数额；为实施抢劫以外的其他犯罪劫取机动车辆的，以抢劫罪和实施的其他犯罪实行数罪并罚。抢劫存折、机动车辆的数额计算，参照执行《关于审理盗窃案件具体应用法律若干问题的解释》的相关规定。

5. 关于抢劫特定财物行为的定性

2005 年 6 月 8 日最高人民法院《关于审理抢劫、抢夺刑事案件适用法律若干问题的意见》规定,以毒品、假币、淫秽物品等违禁品为对象,实施抢劫的,以抢劫罪定罪;抢劫的违禁品数量作为量刑情节予以考虑。抢劫违禁品后又以违禁品实施其他犯罪的,应以抢劫罪与具体实施的其他犯罪实行数罪并罚。抢劫赌资、犯罪所得的赃款赃物的,以抢劫罪定罪,但行为人仅以其所输赌资或所赢赌债为抢劫对象,一般不以抢劫罪定罪处罚。构成其他犯罪的,依照刑法的相关规定处罚。为个人使用,以暴力、胁迫等手段取得家庭成员或近亲属财产的,一般不以抢劫罪定罪处罚,构成其他犯罪的,依照刑法的相关规定处理;教唆或者伙同他人采取暴力、胁迫等手段劫取家庭成员或近亲属财产的,可以抢劫罪定罪处罚。

6. 关于抢劫罪数的认定

2005 年 6 月 8 日最高人民法院《关于审理抢劫、抢夺刑事案件适用法律若干问题的意见》规定,行为人实施伤害、强奸等犯罪行为,在被害人未失去知觉,利用被害人不能反抗、不敢反抗的处境,临时起意劫取他人财物的,应以此前所实施的具体犯罪与抢劫罪实行数罪并罚;在被害人失去知觉或者没有发觉的情形下,以及实施故意杀人犯罪行为之后,临时起意拿走他人财物的,应以此前所实施的具体犯罪与盗窃罪实行数罪并罚。

7. 关于抢劫罪与相似犯罪的界限

2005 年 6 月 8 日最高人民法院《关于审理抢劫、抢夺刑事案件适用法律若干问题的意见》规定:

(1) 冒充正在执行公务的人民警察、联防人员,以抓卖淫嫖娼、赌博等违法行为为名非法占有财物的行为定性。行为人冒充正在执行公务的人民警察"抓赌"、"抓嫖",没收赌资或者罚款的行为,构成犯罪的,以招摇撞骗罪从重处罚;在实施上述行为中使用暴力或者暴力威胁的,以抢劫罪定罪处罚。行为人冒充治安联防队员"抓赌""抓嫖"、没收赌资或者罚款的行为,构成犯罪的,以敲诈勒索罪定罪处罚;在实施上述行为中使用暴力或者暴力威胁的,以抢劫罪定罪处罚。

(2) 以暴力、胁迫手段索取超出正常交易价钱、费用的钱财的行为定性。从事正常商品买卖、交易或者劳动服务的人,以暴力、胁迫手段迫使他人交出与合理价钱、费用相差不大钱物,情节严重的,以强迫交易罪定罪处罚;以非法占有为目的,以买卖、交易、服务为幌子采用暴力、胁迫手段迫使他人交出与合理价钱、费用相差悬殊的钱物的，以抢劫罪定罪处罚。在具体认定时，既要考虑超出合理价钱、费用的绝对数额，还要考虑超出合理价钱、费用的比例，加以综合判断。

(3) 抢劫罪与绑架罪的界限。绑架罪是侵害他人人身自由权利的犯罪，其与抢劫罪的区别在于：第一，行为手段不尽相同。抢劫罪表现为行为人劫取财物一般应在同一时间、同一地点，具有“当场性”；绑架罪表现为行为人以杀害、伤害等方式向被绑架人的亲属或其他人或单位发出威胁，索取赎金或提出其他非法要求，劫取财物一般不具有“当场性”。行为人使用暴力、胁迫手段非法扣押被害人或者迫使被害人离开日常生活场所后，仍然向该被害人勒索财物的，只能认定为抢劫罪，而不成立绑架罪。绑架过程中又当场劫取被害人随身携带财物的，同时触犯绑架罪和抢劫罪两罪名，应择一重罪定罪处罚。第二，主观方面不尽相同。抢劫罪中，行为人一般出于非法占有他人财物的故意实施抢劫行为；而绑架罪中，行为人既可能为勒索他人财物而实施绑架行为，也可能出于其他非经济目的实施绑架行为。

(4) 抢劫罪与故意伤害罪的界限。行为人为索取债务，使用暴力、暴力威胁等手段的，一般不以抢劫罪定罪处罚。构成故意伤害等其他犯罪的，依照《刑法》第 234 条等规定处罚。

(5) 抢劫罪与故意杀人罪的界限。在抢劫过程中，为劫取财物而预谋故意杀人，或者在劫取财物过程中，为制服被害人反抗而故意杀人的，不以故意杀人罪论处，也不以抢劫罪和故意杀人罪合并论处，应以抢劫罪定罪并按照《刑法》第 263 条所规定的加重情形处理。如果出于复仇或者其他个人目的而杀害被害人之后临时起意，非法占有财物的，因杀人行为与取财行为两者之间在犯意上缺乏手段和目的联系，因而对取财行为应单独认定为盗窃罪，与先前的故意杀人罪合并处罚。如果在抢劫财物后出于灭口、报复等原因而又起意杀害被害人的，因杀人行为已不再是抢劫的手段，属于以新的犯意支配而实施的另一犯罪，因而应另定故意杀人罪，与抢劫罪实行并罚。行为人在抢劫过程中，所使用的暴力或者其他方法致被害人死亡的，应以抢劫罪一罪论处。〔5〕为了继承财产杀害被继承人，或者为霸占被害人的钱财而先将被害人杀死的，则构成故意杀人罪。

---

〔5〕 2001 年 5 月 23 日最高人民法院《关于抢劫过程中故意杀人案件如何定罪问题的批复》指出：“行为人为劫取财物而预谋故意杀人，或者在劫取财物过程中，为制服被害人反抗而故意杀人的，以抢劫罪定罪处罚。行为人实施抢劫后，为灭口而故意杀人的，以抢劫罪和故意杀人罪定罪，实行数罪并罚。”

(三) 抢劫罪的处罚

根据《刑法》第 263 条的规定,犯本罪的,处 3 年以上 10 年以下有期徒刑,并处罚金;有下列情形之一的,处 10 年以上有期徒刑、无期徒刑或者死刑,并处罚金或者没收财产。

1. 入户抢劫的。根据 2000 年 11 月 22 日最高人民法院《关于审理抢劫案件具体应用法律若干问题的解释》,所谓“入户抢劫”,是指为实施抢劫而进入他人生活的与外界相对隔离的住所,包括封闭的院落、牧民的帐篷、渔民作为家庭生活场所的渔船、生活租用的房屋等进行抢劫的行为。对于入户盗窃,因被发现而当场使用暴力或者使用暴力相威胁的,应当认定为入户抢劫。认定“入户抢劫”时,应当注意以下三个问题:一是“户”的范围。“户”在这里是指住所,其特征表现为供他人家庭生活和与外界相对隔离两个方面,前者为功能特征,后者为场所特征。一般情况下,集体宿舍、旅店宾馆、临时搭建工棚等不应认定为“户”,但在特定情况下,如果确实具有上述两个特征的,也可以认定为“户”。二是“入户”目的的非法性。进入他人住所须以实施抢劫等犯罪为目的。在审查行为人的“入户”目的时,应当将“入户抢劫”与“在户内抢劫”区别开来。抢劫行为虽然发生在户内,但行为人不以实施抢劫等犯罪为目的进入他人住所,而是在户内临时起意实施抢劫的,不属于“入户抢劫”。此外,根据 2016 年《抢劫案件意见》的规定,对于部分时间从事经营、部分时间用于生活起居的场所,行为人在非营业时间强行入内抢劫或者以购物等为名骗开房门入内抢劫的,应认定为“入户抢劫”。对于部分用于经营、部分用于生活且之间有明确隔离的场所,行为人进入生活场所实施抢劫的,应认定为“入户抢劫”;如场所之间没有明确隔离,行为人在营业时间入内实施抢劫的,不认定为“入户抢劫”,但在非营业时间入内实施抢劫的,应认定为“入户抢劫”。三是暴力或者暴力胁迫行为必须发生在户内。入户实施盗窃被发现,行为人为窝藏赃物、抗拒抓捕或者毁灭罪证而当场使用暴力或者以暴力相威胁的,如果暴力或者暴力胁迫行为发生在户内,可以认定为“入户抢劫”;如果发生在户外,不能认定为“入户抢劫”。

2. 在公共交通工具上抢劫的。“在公共交通工具上抢劫”,既包括在从事旅客运输的各种公共汽车、大中型出租车、火车、船舶、飞机等正在运营中的机动公共交通工具上对旅客、司售、乘务人员实施的抢劫,也包括对运行途中的机动交通工具加以拦截后,对公共交通工具上的人员实施抢劫。根据 2016 年《抢劫案件意见》的规定,“公共交通工具”,包括从事旅客运输的各种公共汽车,大、中型出租车、火车、地铁、轻轨、轮船、飞机等,不含小型出租车。对于虽不具有商业营运执照,但实际从事旅客运输的大、中型交通工具,可认定为“公共交通工具”。接送职工的单位班车、接送师生的校车等大、中型交通工具,视为“公共交通工具”。根据相关司法解释,公共交通工具承载的旅客具有不特定多数人的特点。“在公共交通工具上抢劫”主要是指在从事旅客运输的各种公共汽车、大中型出租车、火车、船只、飞机等正在运营中的机动公共交通工具上对旅客、司售、乘务人员实施的抢劫。在未运营中的大中型公共交通工具上针对司售、乘务人员抢劫的,或者在小型出租车上抢劫的,不属于“在公共交通工具上抢劫”。此外,根据 2016 年《抢劫案件意见》的规定,以暴力、胁迫或者麻醉等手段对公共交通工具上的特定人员实施抢劫的,一般应认定为“在公共交通工具上抢劫”。

3. 抢劫银行或者其他金融机构的。“抢劫银行或者其他金融机构”是指抢劫银行或者其他金融机构的经营资金、有价证券和客户的资金等。抢劫正在使用中的银行或者其他金融机构的运钞车的,视为“抢劫银行或者其他金融机构”。

4. 多次抢劫或者抢劫数额巨大的。“多次抢劫”是指抢劫三次以上。对于“多次”的认定,应以行为人实施的每一次抢劫行为均已构成犯罪为前提,综合考虑犯罪故意的产生、犯罪行为实施的时间、地点等因素,客观分析认定。对于行为人基于一个犯意实施犯罪的,如在同一地点同时对在场的多人实施抢劫的;或基于同一犯意在同一地点实施连续抢劫犯罪的,如在同一地点连续地对途经此地的多人进行抢劫的;或在一次犯罪中对一栋居民楼房中的几户居民连续实施入户抢劫的,一般应认定为一次犯罪。“数额巨大”的标准参照各地确定的盗窃罪数额巨大的认定标准执行。抢劫数额以实际抢劫到的财物数额为依据。此外,根据 2016 年《抢劫案件意见》的规定,对以数额巨大的财物为明确目标,由于意志以外的原因,未能抢到财物或实际抢得的财物数额不大的,应同时认定“抢劫数额巨大”和犯罪未遂的情节,根据刑法有关规定,结合未遂犯的处理原则量刑。

5. 抢劫致人重伤、死亡的。

6. 冒充军警人员抢劫的。“军警人员”是指现役军人、武装警察、司法机关的公安警察、司法警察,但不包括其他执法人员或者司法人员。“冒充”是指通过着装、出示假证件或者口头宣称等形式以假充真的行为。只要行为人有冒充军警人员的表示,无论被害人是否信假为真,这种冒充行为就已成立。根据 2016 年《抢劫案件意见》的规定,军警人员利用自身的真实身份实施抢劫的,不认定为“冒充军警人员抢劫”,应依法从重处罚。

7. 持枪抢劫的。“持枪抢劫”是指行为人使用枪支或者向被害人显示持有、佩带的枪支进行抢劫的行为。这里的“枪支”的概念和范围,适用《枪支管理法》的规定,即以火药或者压缩气体等为动力,利用管状器具发射金属弹丸或者其他物质,足以致人伤亡或者丧失知觉的各种枪支,不包括玩具手枪,但不要求枪中有子弹。以假枪冒充真枪抢劫的,构成抢劫罪,但不能认定为“持枪抢劫”。

8. 抢劫军用物资或者抢险、救灾、救济物资的。“军用物资”是指武装部队(包括武警部队)使用的物资,不包括公安警察使用的物资。“抢险、救灾、救济物资”是指已经确定用于或者正在用于抢险、救灾、救济的物资,包括处于储备、运输或者使用当中的物资。对于抢劫具有上述特定用途物资的情形,应当查明行为人是否明知而实施。如果行为人事前或者事中并不知情,则不能适用本项规定,而仍应以一般抢劫罪或数额巨大的抢劫罪认定。

二、盗窃罪

(一) 盗窃罪的概念和构成要件

盗窃罪,是指以非法占有为目的,秘密窃取数额较大的公私财物或者多次盗窃、入户盗窃、携带凶器盗窃、扒窃的行为。

本罪的构成要件如下。

1. 本罪的客观方面表现为秘密窃取数额较大的公私财物或者多次盗窃、入户盗窃、携带凶器盗窃、扒窃的行为。秘密窃取,是指行为人采取自认为不会被财物的所有人、保管人、经手人察觉的方法,将财物非法占有的行为。秘密窃取具有主观性、相对性和一贯性的特点。“主观性”是指行为人主观上自认为是在秘密窃取,即使客观上已被他人发觉或注视,也不影响盗窃性质的认定。“相对性”是指秘密窃取是相对于财物所有人、保管人、经手人而言的。“一贯性”是指秘密窃取贯穿整个行为的始终。如果在窃取时遇到了被害人的抵抗而改用暴力,犯罪的性质就由盗窃罪转化为抢劫罪。秘密窃取,可以是被害人不在场时实施,也可以是物主在场,乘其不备时实施。秘密窃取的方式是多种多样的,常见的有撬门破锁、翻墙入院、扒窃掏包、顺手牵羊等。有时行为人施展某种骗术,借以转移被害人注意力,在被害人不知道的情况下取得财物,也属于盗窃,而不是诈骗。这些窃取方式的共同特点是，随着窃取行为的实施，被窃财物在空间上发生位置移动。较为少见的是利用电子计算机、照相器材、复印机等手段实施盗窃行为。这些窃取方式，与前述的方式不同，可以在不取走原物的情况下达到窃取财物的目的。根据2013年4月4日最高人民法院、最高人民检察院《关于办理盗窃刑事案件适用法律若干问题的解释》（以下简称2013年《盗窃案件解释》）第1条的规定，2年内盗窃3次以上的，应当认定为多次盗窃，以盗窃罪定罪处罚。应当注意的是，2年内盗窃3次以上的总和数额没有达到"数额较大"标准的，或者其中存在盗窃未遂情形的，均不影响"多次盗窃"的认定。当然，"多次盗窃"的行为，如果情节显著轻微危害不大的，也可以依照《刑法》第13条"但书"的规定，不认为是犯罪。入户盗窃，是指非法进入供他人家庭生活，与外界相对隔离的住所（包括封闭的院落、为家庭生活租用的房屋、牧民的帐篷以及渔民作为家庭生活场所的渔船等）进行盗窃的行为。携带凶器盗窃，是指携带枪支、爆炸物、管制刀具等国家禁止个人携带的器械盗窃，或者为了实施违法犯罪携带其他足以危害他人人身安全的器械盗窃。携带凶器盗窃，不要求行为人显露凶器，更不要求行为人使用凶器。针对被害人使用凶器实施暴力，或者使用凶器胁迫被害人，进而取得财物的，成立抢劫罪。扒窃，是指在公共场所或者公共交通工具上窃取他人随身携带的财物的行为。在上述盗窃罪的行为方式中，秘密窃取可谓普通盗窃，多次盗窃、入户盗窃、携带凶器盗窃和扒窃可谓特殊盗窃。

盗窃数额，是指行为人窃取的公私财物的数额。由秘密窃取构成的盗窃罪，对盗窃数额有较大的要求。由多次盗窃、入户盗窃、携带凶器盗窃和扒窃构成的盗窃罪，不以盗窃数额达到较大为前提。根据2013年《盗窃案件解释》第1条的规定，盗窃公私财物价值1千元至3千元以上、3万元至10万元以上、30万元至50万元以上的，应当分别认定为"数额较大"、"数额巨大"、"数额特别巨大"。各省、自治区、直辖市高级人民法院、人民检察院可以根据本地区经济发展状况，并考虑社会治安状况，在前款规定的数额幅度内，确定本地区执行的具体数额标准，报最高人民法院、最高人民检察院批准。根据1999年2月4日最高人民法院、最高人民检察院、公安部《关于铁路运输过程中盗窃罪数额认定标准问题的规定》，对铁路运输过程中盗窃的，个人盗窃公私财物数额较大的标准以1千元为起点。

2. 本罪的主体是一般主体，即年满16周岁、具有刑事责任能力的自然人。根据2002年8月9日最高人民检察院《关于单位有关人员组织实施盗窃行为如何适用法律问题的批复》,单位有关人员为谋取单位利益组织实施盗窃行为,情节严重的,应当依照《刑法》第 264 条的规定,以盗窃罪追究直接责任人员的刑事责任。根据 2013 年《盗窃案件解释》第 13 条的规定,单位组织、指使盗窃,符合刑法第 264 条及本解释有关规定的,以盗窃罪追究组织者、指使者、直接实施者的刑事责任。

3. 本罪的主观方面是故意,并且具有非法占有财物的目的。不具有非法占有的目的,误把公私财物当作自己的财物拿走,或者私自将他人物品拿走,用完即归还的,不构成盗窃罪。至于行为人将公私财物非法占为己有后如何处置,是据为己有,还是赠予他人,甚至是归集体非法占有,均不影响盗窃罪的成立。另外,盗接他人通信线路,复制他人电信码号,或明知是盗接、复制的电信设备、设施而使用的,必须具有"以牟利为目的",才成立盗窃罪。这里的"以牟利为目的",是指为了出售、出租、自用、转让等谋取经济利益的行为。

4. 本罪的客体是公私财产所有权。犯罪对象是公私所有的各种有价值的财物,但是,刑法另有规定的,依照规定(如盗窃商业秘密的,不以盗窃罪论处;在符合侵犯商业秘密罪的其他构成要件时,以侵犯商业秘密罪论处)。作为盗窃对象的财物,不仅包括有体物,而且包括无体物,如电力、煤气、天然气、热能等。他人通信线路、他人电信码号,是一种特殊的盗窃对象。根据《刑法》第 265 条的规定,以牟利为目的,盗接他人通信线路,复制他人电信码号,或明知是盗接、复制的电信设备、设施而使用的,以盗窃罪定罪处罚。根据《刑法》第 210 条的规定,盗窃增值税专用发票或者可以用于骗取出口退税、抵扣税款的其他发票的,依照盗窃罪的规定定罪处罚。窃取本人已被依法扣押的财物,或者偷回本人已交付他人合法持有或者保管的财物,以致因主张权利而使他人在负赔偿责任的情况下遭受财产损失的,以盗窃罪论处;但是秘密取回后即告知对方的,不构成盗窃罪。根据 2000 年 5 月 12 日最高人民法院《关于审理扰乱电信市场管理秩序案件具体应用法律若干问题的解释》,将电信卡非法充值后使用,造成电信资费损失数额较大的,以及盗用他人公共信息网络上网账号、密码上网,造成他人电信资费损失数额较大的,以盗窃罪定罪处罚。根据 2000 年 11 月 22 日最高人民法院《关于审理破坏森林资源刑事案件具体应用法律若干问题的解释》,将国家、集体、他人所有并已经伐倒的树木窃为己有,以及偷砍他人房前屋后、自留地种植的零星树木,数额较大的,以盗窃罪定罪处罚;非法实施采种、采脂、挖笋、掘根、剥树皮等行为,牟取经济利益数额较大的，以盗窃罪定罪处罚，同时构成其他犯罪的，依照处罚较重的规定定罪处罚。刑法所特殊保护的物品不能成为盗窃罪的对象，如武器弹药、古文化遗址、古墓葬等；盗窃上述物品的，应作为其他犯罪处理。

（二）盗窃罪的认定

1. 盗窃罪与非罪的界限

盗窃公私财物，数额未达到较大标准，也不属于多次盗窃、入户盗窃等特殊盗窃类型的，不认为是犯罪，属于一般违法行为，必要时可给予行政处罚。根据2013年《盗窃案件解释》第7条的规定，盗窃公私财物数额较大，行为人认罪、悔罪，退赃、退赔，且具有下列情形之一，情节轻微的，可以不起诉或者免予刑事处罚；必要时，由有关部门予以行政处罚：(1)具有法定从宽处罚情节的；(2)没有参与分赃或者获赃较少且不是主犯的；(3)被害人谅解的；(4)其他情节轻微、危害不大的。此外，根据该解释第12条的规定，盗窃未遂，具有下列情形之一的，应当依法追究刑事责任：(1)以数额巨大的财物为盗窃目标的；(2)以珍贵文物为盗窃目标的；(3)其他情节严重的情形。偷拿家庭成员或者近亲属的财物，获得谅解的，一般可不认定为犯罪；追究刑事责任的，应当酌情从宽。所谓近亲属，是指夫、妻、父、母、子、女、同胞兄弟姐妹。偷拿近亲属的财物，应包括偷拿已分居生活的近亲属的财物。偷拿家庭成员的财物，既包括偷拿共同生活的近亲属的财物，也包括偷拿共同生活的其他非近亲属（如同居者）的财物。

2. 盗窃罪数额的认定

如果犯罪分子盗窃的财物不是现金，应如何计算数额便是一个复杂而又十分重要的问题。对赃物计价的总的原则是，既不使犯罪分子在经济上占到便宜，计价又要合情合理。根据2013年《盗窃案件解释》第4条、第5条、第9条的规定，盗窃的数额，按照下列方法认定：

(1) 被盗财物有有效价格证明的，根据有效价格证明认定；无有效价格证明，或者根据价格证明认定盗窃数额明显不合理的，应当按照有关规定委托估价机构估价。

(2) 盗窃外币的，按照盗窃时中国外汇交易中心或者中国人民银行授权机构公布的人民币对该货币的中间价折合成人民币计算；中国外汇交易中心或者中国人民银行授权机构未公布汇率中间价的外币，按照盗窃时境内银行人民币对该货币的中间价折算成人民币，或者该货币在境内银行、国际外汇市场对美元汇率，与人民币对美元汇率中间价进行套算。

(3) 盗窃电力、燃气、自来水等财物,盗窃数量能够查实的,按照查实的数量计算盗窃数额;盗窃数量无法查实的,以盗窃前6个月月均正常用量减去盗窃后计量仪表显示的月均用量推算盗窃数额;盗窃前正常使用不足6个月的,按照正常使用期间的月均用量减去盗窃后计量仪表显示的月均用量推算盗窃数额。

(4) 明知是盗接他人通信线路、复制他人电信码号的电信设备、设施而使用的,按照合法用户为其支付的费用认定盗窃数额;无法直接确认的,以合法用户的电信设备、设施被盗接、复制后的月缴费额减去被盗接、复制前6个月的月均电话费推算盗窃数额;合法用户使用电信设备、设施不足6个月的,按照实际使用的月均电话费推算盗窃数额。

(5) 盗接他人通信线路、复制他人电信码号出售的,按照销赃数额认定盗窃数额。盗窃行为给失主造成的损失大于盗窃数额的,损失数额可以作为量刑情节考虑。

(6) 盗窃有价支付凭证、有价证券、有价票证的,按照下列方法认定盗窃数额:①盗窃不记名、不挂失的有价支付凭证、有价证券、有价票证的,应当按票面数额和盗窃时应得的孳息、奖金或者奖品等可得收益一并计算盗窃数额。②盗窃记名的有价支付凭证、有价证券、有价票证,已经兑现的,按照兑现部分的财物价值计算盗窃数额;没有兑现,但失主无法通过挂失、补领、补办手续等方式避免损失的,按照给失主造成的实际损失计算盗窃数额。

(7) 盗窃国有馆藏一般文物、三级文物、二级以上文物的,应当分别认定为刑法第264条规定的"数额较大""数额巨大""数额特别巨大"。盗窃多件不同等级国有馆藏文物的,三件同级文物可以视为一件高一级文物。盗窃民间收藏的文物的,根据本解释第4条第1款第1项的规定认定盗窃数额。

3. 盗窃案件情节的认定

根据2013年《盗窃案件解释》第2条、第6条的规定,盗窃公私财物,具有下列情形之一的,"数额较大"的标准可以按照前条规定标准的50%确定:(1)曾因盗窃受过刑事处罚的;(2)1年内曾因盗窃受过行政处罚的;(3)组织、控制未成年人盗窃的;(4)自然灾害、事故灾害、社会安全事件等突发事件期间,在事件发生地盗窃的;(5)盗窃残疾人、孤寡老人、丧失劳动能力人的财物的;(6)在医院盗窃病人或者其亲友财物的;(7)盗窃救灾、抢险、防汛、优抚、扶贫、移民、救济款物的；(8)因盗窃造成严重后果的。盗窃公私财物，具有本解释第2条第3项至第8项规定情形之一，或者入户盗窃、携带凶器盗窃，数额达到本解释第1条规定的“数额巨大”“数额特别巨大”50％的，可以分别认定为“其他严重情节”或者“其他特别严重情节”。

4. 盗窃罪既遂与未遂的界限

在刑法理论中，划分盗窃罪既遂与未遂界限的标准，众说纷纭，有接触说、转移说、藏匿说、失控说、控制说、失控加控制说等观点。后三种观点在我国刑法学界为某些论著所主张。失控说认为应以被害人是否失去对财物的控制为标准，失去控制的为既遂；控制说认为应以行为人是否取得对被盗财物的实际控制为标准，已实际控制的为既遂；失控加控制说认为应以被害人是否失去对财物的控制以及该财物是否已置于行为人的控制之下为标准，被害人已失去对财物的控制并且该财物已置于行为人的控制之下的为既遂。本书认为，盗窃罪是结果犯，应以盗窃行为对该罪的客体即公私财产所有权造成的损害结果的出现为既遂的标志。从客体遭受现实损害的角度来看，以被害人失去对被盗财物的控制作为既遂的标准，是妥当的。至于行为人是否最终控制了财物，并不影响既遂的成立。尽管一般来说，被害人失去对被盗财物的控制同时也就意味着行为人对被盗财物的控制，但是，被害人的失控与行为人的控制也可能存在不统一的情况。在这种情况下，虽然行为人可能最终没有控制财物，但只要被害人失去了对被盗财物的控制，就可以认定为既遂。在具体认定盗窃罪的既遂问题时，应当根据财物的形状、性质、体积大小、行为人对财物的占有状态以及盗窃手段等进行综合考虑。

5. 盗窃罪与其他犯罪的关系

(1) 盗窃广播电视设施、公用电信设施价值数额不大，但是危害公共安全的，依照《刑法》第124条的规定定罪处罚；盗窃广播电视设施、公用电信设施同时构成盗窃罪和破坏广播电视设施、公用电信设施罪的，择一重罪处罚。

(2) 盗窃使用中的电力设备，同时构成盗窃罪和破坏电力设备罪的，择一重罪处罚。

(3) 偷开机动车，导致车辆丢失的，以盗窃罪定罪处罚；在偷开机动车辆过程中发生交通肇事构成犯罪，又构成其他罪的，应当以交通肇事罪和其他罪实行数罪并罚；偷开机动车辆造成车辆损坏的，按照《刑法》第275条的规定定罪处罚。偶尔偷开机动车辆，情节轻微的，可以不认为是犯罪。

(4) 为盗窃其他财物,偷开机动车作为犯罪工具使用后非法占有车辆,或者将车辆遗弃导致丢失的,被盗车辆的价值计入盗窃数额;为实施其他犯罪,偷开机动车作为犯罪工具使用后非法占有车辆,或者将车辆遗弃导致丢失的,以盗窃罪和其他犯罪数罪并罚;将车辆送回未造成丢失的,按照其所实施的其他犯罪从重处罚。

(5) 采用破坏性手段盗窃公私财物,造成其他财物损毁的,以盗窃罪从重处罚;同时构成盗窃罪和其他犯罪的,择一重罪从重处罚。实施盗窃犯罪后,为掩盖罪行或者报复等,故意毁坏其他财物构成犯罪的,以盗窃罪和构成的其他犯罪数罪并罚。盗窃行为未构成犯罪,但损毁财物构成其他犯罪的,以其他犯罪定罪处罚。

(6) 盗窃技术成果等商业秘密的,按照《刑法》第 219 条的规定定罪处罚。

(三) 盗窃罪的处罚

根据《刑法》第 264 条的规定,犯本罪的,处 3 年以下有期徒刑、拘役或者管制,并处或单处罚金;盗窃数额巨大的或者有其他严重情节的,处 3 年以上 10 年以下有期徒刑,并处罚金;盗窃数额特别巨大或者有其他特别严重情节的,处 10 年以上有期徒刑或者无期徒刑,并处罚金或者没收财产。

三、诈骗罪

(一) 诈骗罪的概念和构成要件

诈骗罪,是指以非法占有为目的,用虚构事实或者隐瞒事实真相的方法,骗取公私财物,数额较大的行为。

本罪的构成要件如下。

1. 本罪的客观方面表现为采用虚构事实或者隐瞒事实真相的方法,骗取公私财物,数额较大的行为。本罪的基本构造是:行为人以不法所有为目的实施欺诈行为—对方产生错误认识—对方基于错误认识处分财产—行为人取得财产—被害人受到财产上的损害。诈骗行为最突出的特点就是行为人设法使他人产生认识上的错觉,以致“自愿地”将自己所有或者持有的财物交付给行为人或者放弃自己的所有权,或者免除行为人交还财物的义务。诈骗的方法多种多样,但概括起来,无非是两类。其一,虚构事实,即行为人捏造根本不存在的事实,“无中生有”地诱使他人上当受骗。例如,谎称能代被害人购买某种廉价商品;谎称能为被害人提供某种服务（如打赢官司）；谎称能为被害人治病；以假物冒充真物；假冒僧、尼，诱人奉献，骗取财物。这类诈骗，常常是利用有些人缺乏警惕，或愚昧无知，或贪财图利等不健康心理，而使之受害。虚构事实可以是无中生有地全部虚构，也可以在部分事实的基础上渲染夸张地部分虚构。其二，隐瞒真相，是指隐瞒客观上存在的事实情况，既可以是部分隐瞒事实真相，也可以是隐瞒全部事实真相。在这种情况下，行为人应当告知对方某种事实，而故意不告知，使对方在受蒙蔽的情况下"自愿地"将财物交给行为人，以实现占有对方财物的目的。这类方法一般少见，并且在一定意义上显示出不作为的特点。实际上，虚构事实和隐瞒真相往往交织在一起，都是以有掩盖无。隐瞒真相可以附之于虚构的事实，虚构事实同时会隐瞒真相。行为人通过虚构事实或者隐瞒真相的方法，使公私财物所有人、管理人、持有人陷入错误，信以为真，从而自愿地将财物交出。当然，这种自愿并非财物所有人、管理人、持有人的真实意思的反映，而是行为人所造成的假象迷惑的结果，也就是说，是他人基于认识错误所致。因此，行为人的欺骗与他人的信以为真的自愿交付财物是紧密联系的。需要注意的是，欺诈行为的对方通常情况下就是被害人，但是，也存在二者不一致的情况，即受欺骗的人与被害人并非同一人。这种情况就是所谓的三角诈骗。在三角诈骗的场合，受欺骗的人与处分财产的人必须是同一个人；受欺骗的人必须具有处分被害人财产的权限或地位。

数额较大是诈骗罪客观方面的重要内容。根据 2011 年 3 月 1 日最高人民法院、最高人民检察院《关于办理诈骗刑事案件具体应用法律若干问题的解释》，诈骗公私财物价值 3 000 元至 1 万元以上的，应当为认定"数额较大"。各省、自治区、直辖市高级人民法院可以结合本地区经济社会发展状况，在上述规定的数额幅度内，共同确定本地区执行的具体数额标准，报最高人民法院、最高人民检察院备案。

2. 本罪的主体是一般主体，即已满 16 周岁、具有刑事责任能力的自然人。明知他人实施诈骗犯罪，为其提供信用卡、手机卡、通讯工具、通讯传输通道、网络技术支持、费用结算等帮助的，以共同犯罪论处。

3. 本罪的主观方面是直接故意，并且以非法占有公私财物为目的。如果不具有非法占有的目的，如以欺骗的方法骗回他人久借不还的欠款的，不构成本罪。无论所骗财物归自己挥霍享用，还是转归他人所有，或者转归集体非法占有的，均不影响本罪的成立。

4. 本罪的客体是公私财产所有权。犯罪对象是公私财物以及财产性利益,包括动产和不动产。诈骗是通过欺诈骗取被害人信任的方式占有公私财物,这样就有可能在不动产不发生位移的情况下,转移不动产的所有权,如骗取他人信任将房屋产权证过户到自己名下。因此,房屋等不动产可以成为本罪的犯罪对象。但是,如果不是骗取财物或财产性利益,而是骗取其他非法利益,如伪造证明骗取登记而重婚的,利用封建迷信骗奸妇女的等,都不能以诈骗罪定罪,而应当根据刑法规定的其他罪名定罪。根据《刑法》第 210 条的规定,使用欺骗手段骗取增值税专用发票或者可以用于骗取出口退税、抵扣税款的其他发票的,依照诈骗罪的规定定罪处罚。根据 2000 年 5 月 12 日最高人民法院《关于审理扰乱电信市场管理秩序案件具体应用法律若干问题的解释》,以虚假、冒用的身份证件办理入网手续并使用移动电话,造成电信资费损失数额较大的,以诈骗罪定罪处罚。根据 2002 年 4 月 10 日最高人民法院《关于审理非法生产、买卖武装部队车辆号牌等刑事案件具体应用法律若干问题的解释》,使用伪造、变造、盗窃的武装部队车辆号牌,骗免养路费、通行费等各种规费,数额较大的,依照诈骗罪的规定定罪处罚。

(二) 诈骗罪的认定

1. 诈骗罪与非罪的界限

虽然实施了诈骗行为,但骗取财物数额较小,危害不大的,作一般违法处理,可给予必要的行政处罚措施。合法借贷后由于经营管理不善、自然灾害等原因导致不能归还欠款,属民事纠纷,不能以犯罪处理。如果借贷时没有虚构事实,即使夸大归还能力和淡化借贷风险,借贷后有挥霍浪费行为,但债务人承认债务并积极履行的,也不构成诈骗罪。行为人接受他人货物变卖后没有及时归还贷款,如果债务人没有携款潜逃,恶意转移财产,对债务关系始终认可的,也不以犯罪论处。认定这类行为应结合借贷双方关系、借贷理由是否真实、债务人不能归还的原因和对债务的态度等各项因素进行综合考虑,认真区分两种不同性质的案件。根据 2011 年 3 月 1 日最高人民法院、最高人民检察院《关于办理诈骗刑事案件具体应用法律若干问题的解释》,诈骗未遂,以数额巨大的财物为诈骗目标的,或者具有其他严重情节的,应当定罪处罚。诈骗近亲属的财物,近亲属谅解的,一般可不按犯罪处理。诈骗近亲属的财物,确有追究刑事责任必要的,具体处理也应酌情从宽。

2. 诈骗罪与特定诈骗犯罪的界限

为了保障市场经济的健康发展,《刑法》根据诈骗行为侵犯的客体特征、犯罪对象特征、诈骗行为的手段特征,从普通诈骗罪中分立出一些破坏市场经济秩序的具有诈骗特征的犯罪,并入了"破坏社会主义市场经济秩序罪"一章。具体是:集资诈骗罪、贷款诈骗罪、票据诈骗罪、金融凭证诈骗罪、信用证诈骗罪、信用卡诈骗罪、有价证券诈骗罪、保险诈骗罪、骗取出口退税罪、合同诈骗罪。侵犯财产罪一章以外的其他诈骗罪,是特殊诈骗罪。诈骗罪与其他各种具体诈骗犯罪是一般与特殊的关系。从本质上讲,它们是种属关系,各具体诈骗罪属于诈骗罪的范畴,只是由于其具有某些特点和立法者出于从重打击该类犯罪的需要而做了专门规定。从刑法理论上讲,它们之间形成了一种法条竞合的关系,应按照法条竞合中特别法优于普通法的原则处理。凡行为符合刑法规定的特殊诈骗犯罪构成的,按特殊诈骗犯罪定罪处罚,而不能按本罪处理;行为人实施特殊诈骗行为,但又不符合特殊诈骗罪的构成要件,而符合普通诈骗罪的构成要件的,以普通诈骗罪论处。例如,行为人实施信用卡诈骗行为,但银行未催收的,不符合信用卡诈骗罪的构成要件;如果符合《刑法》第 266 条中诈骗罪的构成要件,则应依照《刑法》第 266 条的规定定罪处罚。此外,还应注意诈骗罪与其他特殊诈骗罪在构成要件上的区别。在后者中有的以特定的诈骗对象来设立罪名,如骗取出口退税款罪,有的要求在某一特定领域内以特定的欺骗方法来进行诈骗活动,如合同诈骗罪、信用证诈骗罪等。

3. 诈骗罪与盗窃罪的界限

一般情况下,这两种犯罪的界限不难区分。但如果在同一起案件中,行为人既使用了欺骗的手段,又使用了秘密窃取的手段,则较难区分。对此,需要考察在行为人非法占有财物时起主要作用的手段是什么。如果起主要作用的手段是欺骗,就应定诈骗罪;如果起主要作用的是秘密窃取,则应定盗窃罪。例如,行为人盗窃邮局汇款通知单、提货单、存折、支票等票据的,如果权利人已经在上述票据上签字,加盖好了公章,行为人凭票即可取得票面上记载的财物,行为人支取财物的行为是先前盗窃行为的延续,是盗窃完成的必要手段,此种情形构成盗窃罪。如果行为人盗窃没有加盖公章、签名的空白支票,然后伪造公章和签名,自填金额,骗领财物,在其非法获得财物过程中起主要作用的是欺骗手段,盗窃行为只是为其冒领财物创造必要条件,故应定诈骗罪。此外,还要考察行为人是如何从财物所有人、管理人、持有人的控制下取得财物的。如果欺骗手段并没有对他人产生实际的心理影响,使他人仿佛“自愿”地交出财物,而是从他人的直接控制之下秘密地窃取财物,则应当以盗窃罪论处;反之,如果欺骗手段使他人产生错误认识,并基于这种认识而处分财物的,应以诈骗罪论处。如在商场假装成顾客,要求售货员将时装拿来试穿,然后乘人不备悄悄溜走。售货员将时装交给行为人试穿并非一种处分行为,衣服仍在售货员的控制之下。行为人是通过溜走的方式,使时装脱离售货员的控制,因此其行为属于盗窃。但是,如果行为人说,身上没有带够现金,需要回家去取,并经售货员允许将衣服穿走,则属于诈骗。因为行为人通过欺骗使售货员作出了财产处分行为。再如行为人向自动售货机投入金属片以取得售货机内的商品的,从没有处分能力的幼儿、高度精神病患者那里取得财产的,因为相对人处分财产的行为无从谈起,因而不构成诈骗罪,只可能成立盗窃罪。

(三) 诈骗罪的处罚

根据《刑法》第 266 条的规定,犯本罪,数额较大的,处 3 年以下有期徒刑、拘役或者管制,并处或者单处罚金;数额巨大或者具有其他严重情节的,处 3 年以上 10 年以下有期徒刑,并处罚金;数额特别巨大或者有其他特别严重情节的,处 10 年以上有期徒刑或者无期徒刑,并处罚金或者没收财产。根据 2011 年 3 月 1 日最高人民法院、最高人民检察院《关于办理诈骗刑事案件具体应用法律若干问题的解释》,诈骗公私财物价值 3 万元至 10 万元以上、50 万元以上的,应当分别认定为《刑法》第 266 条规定的“数额巨大”、“数额特别巨大”。诈骗公私财物虽已达到数额较大的标准,但具有下列情形之一,且行为人认罪、悔罪的,可以根据《刑法》第 37 条、《刑事诉讼法》第 142 条的规定不起诉或者免予刑事处罚:(1)具有法定从宽处罚情节的;(2)一审宣判前全部退赃、退赔的;(3)没有参与分赃或者获赃较少且不是主犯的;(4)被害人谅解的;(5)其他情节轻微、危害不大的。

四、抢夺罪

(一) 抢夺罪的概念和构成要件

抢夺罪,是指以非法占有为目的,公然夺取数额较大的公私财物,或者多次抢夺的行为。

本罪的构成要件如下。

1. 本罪的客观方面表现为公然夺取数额较大的公私财物，或者多次抢夺的行为。公然夺取是指在财物的所有人、管理人或持有人在场且能够立即发觉但来不及反抗和保护的情况下，突然夺走其财物，这是抢夺罪的本质特征。是否乘人不备，不影响抢夺罪的成立。实践中，公然夺取他人财物的情况比较复杂，但不管是乘人不备、出其不意地从他人手中、身上、身边强行夺走财物，还是当着他人的面，利用其由于患病、醉酒等而防护能力受到限制的情况，公开取走其财物，只要行为人取财的行为具备公开、强行的特点，就可以认定为抢夺行为。多次抢夺，是指行为人连续实施抢夺公私财物的行为，且每次夺得的财产价值均没有达到"数额较大"的要求。

数额较大是抢夺罪客观方面的重要内容。根据 2013 年 11 月 11 日最高人民法院、最高人民检察院《关于办理抢夺刑事案件适用法律若干问题的解释》(以下简称 2013 年《抢夺案件解释》)第 1 条、第 2 条的规定，抢夺公私财物价值 1 千元至 3 千元以上、3 万元至 8 万元以上、20 万元至 40 万元以上的，应当分别认定为刑法第 267 条规定的"数额较大""数额巨大""数额特别巨大"。各省、自治区、直辖市高级人民法院、人民检察院可以根据本地区经济发展状况，并考虑社会治安状况，在前款规定的数额幅度内确定本地区执行的具体数额标准，报最高人民法院、最高人民检察院批准。抢夺公私财物，具有下列情形之一的，"数额较大"的标准按照前条规定标准的 50%确定：(1)曾因抢劫、抢夺或者聚众哄抢受过刑事处罚的；(2)1 年内曾因抢夺或者哄抢受过行政处罚的；(3)1 年内抢夺 3 次以上的；(4)驾驶机动车、非机动车抢夺的；(5)组织、控制未成年人抢夺的；(6)抢夺老年人、未成年人、孕妇、携带婴幼儿的人、残疾人、丧失劳动能力人的财物的；(7)在医院抢夺病人或者其亲友财物的；(8)抢夺救灾、抢险、防汛、优抚、扶贫、移民、救济款物的；(9)自然灾害、事故灾害、社会安全事件等突发事件期间，在事件发生地抢夺的；(10)导致他人轻伤或者精神失常等严重后果的。

2. 本罪的主体是一般主体，即已满 16 周岁、具备刑事责任能力的自然人。

3. 本罪的主观方面是直接故意，并具有非法占有公私财物的目的。

4. 本罪的客体是公私财产的所有权。犯罪对象是动产，一般为有形物品。抢夺枪支、弹药、爆炸物、公文、印章的，依照刑法分则规定分别定罪处罚，不构成本罪。

(二) 抢夺罪的认定

1. 抢劫罪与抢夺罪的界限

抢劫罪和抢夺罪有很多相同或者相似的地方,但应当注意二者的区别。二者的区别主要有:(1)侵犯的客体不同。抢劫罪侵犯的是公私财产所有权和公民的人身权利;抢夺罪侵犯的是公私财产所有权。(2)客观方面表现不同。抢劫罪采用暴力、胁迫或者其他方法直接抢走财物或者迫使被害人交出财物;抢夺罪则是公然夺取财物。(3)对行为结果的要求不同。抢劫罪的成立对抢得财物的数额没有要求;而抢夺罪的成立则要求抢夺公私财物数额较大。在抢夺过程中造成被害人伤害的,是定抢劫罪还是定抢夺罪,关键要看伤害是否为犯罪人故意实施的。如果伤害结果是行为人在抢夺财物过程中因为用力过猛等原因无意造成的,构成抢夺罪;如果行为人是有意造成伤害,并以此作为取财手段的,则构成抢劫罪。在抢夺罪中,行为人客观上也使用了一定强力,但这种强力直接作用于财物,目的在于夺取财物,而在抢劫罪中,行为人使用暴力直接作用于被害人人身,意在排除被害人反抗。这是抢劫罪与抢夺罪区别的关键。根据 2005 年 6 月 8 日最高人民法院《关于审理抢劫、抢夺刑事案件适用法律若干问题的意见》,对于驾驶机动车、非机动车(以下简称"驾驶车辆")夺取他人财物的,一般以抢夺罪从重处罚。但具有下列情形之一,应当以抢劫罪定罪处罚:(1)驾驶车辆,逼挤、撞击或强行逼倒他人以排除他人反抗,乘机夺取财物的;(2)驾驶车辆强抢财物时,因被害人不放手而采取强拉硬拽方法劫取财物的;(3)行为人明知其驾驶车辆强行夺取他人财物的手段会造成他人伤亡的后果,仍然强行夺取并放任造成财物持有人轻伤以上后果的。根据 2013 年《抢夺案件解释》第 6 条的规定,驾驶机动车、非机动车夺取他人财物,具有下列情形之一的,应当以抢劫罪定罪处罚:(1)夺取他人财物时因被害人不放手而强行夺取的;(2)驾驶车辆逼挤、撞击或者强行逼倒他人夺取财物的;(3)明知会致人伤亡仍然强行夺取,并放任造成财物持有人轻伤以上后果的。

2. 抢夺过程中过失导致被害人重伤、死亡行为的定性

我国现行《刑法》没有规定抢夺致人重伤、死亡的结果加重犯,但是规定了情节严重和情节特别严重的情形,其中包含了致人重伤、死亡的情节。本书认为,抢夺行为是直接对物使用暴力,所以行为人在实施抢夺公私财物过程中,同时造成被害人重伤、死亡的结果,是抢夺罪与过失致人重伤罪、过失致人死亡罪的想象竞合,应当依照处罚较重的规定定罪处罚。当然,如果抢夺的财物数额较小,不构成

抢夺罪，则可以过失致人重伤罪、过失致人死亡罪定罪，抢夺行为作为量刑的一个情节考虑。需要注意的是，抢夺致人重伤、死亡的，并不要求财产权的被害人与生命、健康权的被害人同属于一人。

（三）抢夺罪的处罚

根据《刑法》第 267 条的规定，犯本罪，数额较大的，处 3 年以下有期徒刑、拘役或者管制，并处或者单处罚金；数额巨大或者有其他严重情节的，处 3 年以上 10 年以下有期徒刑，并处罚金；数额特别巨大或者有其他特别严重情节的，处 10 年以上有期徒刑或者无期徒刑，并处罚金或者没收财产。

根据 2013 年《抢夺案件解释》的规定，抢夺公私财物价值在 3 万元至 8 万元以上、20 万元至 40 万元以上的，应当分别认定为“数额巨大”“数额特别巨大”。抢夺公私财物，具有下列情形之一的，应当认定为“其他严重情节”：(1)导致他人重伤的；(2)导致他人自杀的；(3)具有本解释第 2 条第 3 项至第 10 项规定的情形之一，数额达到本解释第 1 条规定的“数额巨大”50％的。抢夺公私财物，具有下列情形之一的，应当认定为“其他特别严重情节”：(1)导致他人死亡的；(2)具有本解释第 2 条第 3 项至第 10 项规定的情形之一，数额达到本解释第 1 条规定的“数额特别巨大”50％的。根据本解释第 5 条的规定，抢夺公私财物数额较大，但未造成他人轻伤以上伤害，行为人系初犯，认罪、悔罪，退赃、退赔，且具有下列情形之一的，可以认定为犯罪情节轻微，不起诉或者免予刑事处罚；必要时，由有关部门依法予以行政处罚：(1)具有法定从宽处罚情节的；(2)没有参与分赃或者获赃较少，且不是主犯的；(3)被害人谅解的；(4)其他情节轻微、危害不大的。

五、侵占罪

（一）侵占罪的概念和构成要件

侵占罪，是指以非法占有为目的，将代为保管的他人财物或者将他人的遗忘物、埋藏物非法占为己有，数额较大，拒不退还或者拒不交出的行为。

本罪的构成要件如下。

1. 本罪的客观方面表现为将代为保管的他人财物或者他人的遗忘物、埋藏物非法占为己有，数额较大，拒不退还或者拒不交出的行为。根据《刑法》第 270 条的规定，作为侵占行为前提的“持有他人财物”，包括以下两种情况。

其一，持有代为保管的他人财物。在理解“代为保管”时，不能过于狭隘地认为“代为保管”就是接受委托而保管。事实上,侵占行为的本质在于将自己持有的财物非法占为己有。而持有他人财物的情况并不局限于因受托保管而产生,而是有着多种多样的法律上或者事实上的原因,其中包含了通过委托合同、租赁合同、借用合同、担保合同、承揽合同、运输合同、无因管理、不当得利等民事行为导致的对他人财产的持有。

需要注意的是,应当把侵占借用他人的、自己无处分权(所有权)之物,与通过借贷关系取得具有处分权的种类物(如货币、水泥、大米),事后不履行偿还义务,严格区分开来。借贷合同的特点之一,是借贷合同标的物的所有权转移。侵占的财物仅限于行为人取得占有权而没有处分权的财物,而通过借贷取得的财物,借贷人即已取得了对借贷物的处分权,只不过因此而负有向债权人偿还债务的义务而已,这与把自己持有的无处分权的他人财物,非法占为己有,是有原则区别的。

其二,持有他人的遗忘物或者埋藏物。所谓“遗忘物”,通常是指财物的所有人或者占有人有意识地将自己持有的财物放置在某处,因一时疏忽忘记拿走,而暂时失去控制的财物。而“遗失物”则是指失主丢失的财物。遗失物与遗忘物的区别是:(1)对于前者一经回忆一般都能知道财物所在位置,也较容易找回,而对于后者失主一般不知失落何处,也不容易找回;(2)前者一般尚未完全脱离物主的控制范围,而后者则完全脱离了物主的控制;(3)前者一般脱离物主时间较短,而后者一般脱离物主的时间较长;(4)前者通常是物主因疏忽大意遗置在宾馆、饭店、餐厅、银行柜台、出租车座位等特定场所而能为有关管理人员支配的财物,后者则不具有这种特性,其一经遗失,没有特定有关人员可对之形成支配关系,不特定的任何人都可以对之暂时保管。拾得遗失物的,应当归还失主。〔6〕所谓“埋藏物”,是指不归行为人所有的埋藏于地下的财物。无论其所有者是否明确(所有者不明的,归国家所有),埋藏时间多久,财物是什么性质,只要行为人不是出于盗窃的目的,在对地面挖掘时,偶然发现地下埋藏物,明知不归本人所有,应当交出而拒不交出,非法据为己有,数额较大的,就构成侵占罪。至于是在自己的宅院、自留地或者其他地方挖掘,也无论知道还是不知道谁是物主,都不影响本罪的成立。但是,如果行为人明知或推断在某处埋藏有某人的财物或应归国家所有的地下文物,而以非法占有为目的进行挖掘,并将埋藏物占为己有的,则应分别以盗窃

〔6〕 据此,可以将遗失物解释为“代为保管的他人财物”,拒不交出遗失物的行为同样可能成立侵占罪。

罪或者盗掘古文化遗址、古墓葬罪论处。

此外，侵占他人财物，必须是数额较大的，才能构成犯罪。侵占行为的具体表现，包括将代为保管的他人财物或者他人的遗忘物、埋藏物予以消费、出卖、毁灭、赠予他人等，对财物进行处分。拒不退还或交出，是指行为人客观上有能力退还或交出而不予退还或者交出。如果行为人并不拒绝退还或者交出，只是要求延期退还，因而引起纠纷的，或者虽然口头表示拒不退还，经过说服教育当即退还的，一般不应以本罪论处。拒不退还或交出的具体表现多种多样，既可以是严词拒绝或软磨硬泡，也可以是去向不明或远走他乡。

2. 本罪的主体是一般主体，即年满 16 周岁、具有刑事责任能力的自然人。

3. 本罪的主观方面是故意，并且以非法占有财物为目的。如无非法占有目的，只因某种原因一时不能退还而引起纠纷的，不构成本罪。

4. 本罪的客体是公私财产所有权。犯罪对象是代为保管的他人财物以及遗忘物、埋藏物。从法律关系上看，侵占罪的犯罪对象不同于其他侵犯财产罪（如盗窃罪、诈骗罪）的突出特点是，该财产在其被侵占之前业已为行为人持有。因此，侵占罪实际上是一种变持有为非法所有的犯罪。至于财物是公共财物还是私人财物，在所不论。在将公共财物临时委托私人保管的情况下，侵占公共财物的行为是可能发生的。将公共财物排除在侵占罪的对象之外，不利于刑法对公共财产的保护。作为侵占罪对象的财物既可以是动产，也可以是不动产，可以是有形物，也可以是电力、煤气等无形物。对于基于不法原因而受给付之物能否成为侵占罪对象的问题，理论上尚有争议。比如，他人将盗窃、抢夺、诈骗而得的赃物交予行为人保管，行为人予以非法占有的，可否构成侵占罪？又如，行贿人委托行为人前去行贿，行为人将贿赂款的全部或部分占为己有的，可否以侵占罪定罪处罚？本书认为，从侵占罪的本质和刑法保护法益的宗旨出发，肯定说的观点是合理的，值得赞同。承认取之不法或用于不法的财物可成为侵占罪的对象，并不是承认委托人对赃物具有所有权和请求返还权，而是强调设立侵占罪的目的在于全面保护“他人财物”的所有权，不因财物被委托人取之不法或用于不法，就否定财物存在所有权的归属这样一个客观事实。这正如抢劫他人赌博赃款同样构成抢劫罪，骗取他人违法所得同样构成诈骗罪一样，不能因为财物的不法性而肯定对财物的侵害行为就合法。

(二) 侵占罪的认定

1. 侵占罪与非罪的界限

根据刑法规定,对于下列行为不以本罪论处:非法占有的他人财物没有达到较大数额的;有正当理由不退还或不交出财物的;非法占有的他人财物不是代为保管的他人财物,也不是他人的遗忘物、埋藏物的。实践中应当注意把侵占罪和借用纠纷相区别。在借用后,即使借用的财物是特定物,但由于经营不善等原因造成不能及时归还,因为行为人主观上不以非法占有为目的,客观上确实不能归还,没有实施损毁、变卖等行为的,不能构成犯罪。没有任何理由而拒不退还或交出,且主观上意图非法占有借用的财物的,构成侵占罪。

2. 侵占罪与盗窃罪的界限

我国1979年《刑法》未规定侵占罪,只规定了盗窃罪。在1997年《刑法》颁布以前,对于实践中发生的侵吞代为保管的他人财物的行为,按照类推制度,曾比照盗窃罪定罪处罚。两者的共同点都是以非法占有为目的,采取的手段均可用秘密的方式,侵害的对象是自己无所有权的公私财物。二者的关键区别在于行为方式和主观故意产生的时间不同。(1)从行为方式上看,本罪以持有他人财物为前提,将持有的他人财物或者遗忘物、埋藏物非法转为己有;而盗窃罪则是将他人控制的财物秘密窃为己有。换句话说,本罪的行为人在实施侵占行为时被侵害之物已处在其实际控制之下,而盗窃罪的行为人在实施盗窃行为时财物仍然处在所有人、占有人或管理人的控制之下。(2)从主观故意产生的时间上看,盗窃罪的主观故意产生于获取财物之前,其行为人得到财物的手段是非法的;而侵占罪则不同,行为人首次获得他人财物的手段则大多是合法的,只是产生侵占故意后才将原来已经获得的财物非法占有。在实践中,对于行为人秘密窃取自己持有的他人财物的案件,首先应确定案件中的"物"是否属于脱离他人控制的代为保管物或遗忘物、埋藏物。如果行为人秘密窃取之后,有拒不退还的情节,应认定为侵占罪。在这种情况下,秘密窃取只不过是行为人侵占他人财物的手段。

在司法实践中,侵占罪与盗窃罪的混淆,一般发生于非法占有遗忘物的情形中。这里的关键仍在于如何界定行为人对物的持有支配关系,即确认犯罪行为实施前,财物的持有者是行为人还是财物所有人、占有人或管理人。对持有支配关系的界定,无法一概而论,需要就个别案件的具体情形,参酌日常社会生活的准则加以判断。但其总的原则可以归纳为:第一,行为人事实上是否对物持有是判断有无持有支配关系的基本准则。例如，客人将自己的财物遗忘在出租汽车、餐厅等场所并离开后，出租汽车司机或餐厅服务员发现该财物的，对该财物就有事实上的持有支配关系，如其将该财物非法占为己有拒不返还的，构成侵占罪。事实上的持有支配，要求持有人主观上有持有或支配的意思，客观上具有可见的事实持有状态。主观上持有支配的意思，不以特别声明为必要，也不以持续不断的支配意识为先决条件。例如，睡眠中的人对其财物也拥有支配的意思；因车祸受伤昏迷不醒的人，其财物虽然散落在地，对财物的支配权也没有中断，因而行为人若非法占有这种财物，构成盗窃罪而非侵占罪。客观上可见的事实持有状态，通常表现为人与物之间有较为接近的空间（特别就细小财物而言，随身携带、较近距离是显著的客观特征），但总体而言，只要求财物放置于持有人可以支配的空间即可，即使人与物的距离较远，也不影响持有支配关系的成立。第二，对于持有支配关系，除从上述主观和客观两方面作事实判断外，有时也应从社会日常生活的观念加以判断。比如因故障而暂时停放在路旁的汽车，依习惯而四处走动的家畜，主人全家外出旅游而在住宅内的财物等，从表面上看，主人对它们没有事实上的支配关系，但从社会日常生活观念来看，所有人或持有人对这些财物的支配关系并不因人与物的空间较远而受影响，只是支配关系较通常情况下要松弛。因此，非法占有这种财物的，成立盗窃罪，而不构成侵占罪。

3. 侵占罪与诈骗罪的界限

侵占罪与诈骗罪的主要区别在于犯罪的客观方面不同。侵占罪的本质特征是行为人将处于自身控制之下的他人财物据为己有，拒不退还或拒不交出；而诈骗罪的本质特征是行为人用虚构事实或者隐瞒真相的方法欺骗相对人，使相对人“自愿”地将财物交给行为人。区分二者的关键在于行为人在实施犯罪行为以前财物是否处在其实际控制或支配之下。行为人骗取他人的信任，受委托保管他人的财物后，找借口拒不退还的，应认定为诈骗。

4. 侵占罪既遂与未遂的界限

与其他大多数侵犯财产罪的使财物脱离所有人或持有人的控制作为既遂标准不同，侵占行为发生前，财物已经合法地由行为人占有。刑法将拒不退还或拒不交出作为侵占罪中区分罪与非罪的条件，因此，在行为人拒不退还或拒不交出财物时，既构成侵占罪，也构成侵占罪的既遂。故而，侵占罪不可能形成未遂形态。

(三) 侵占罪的处罚

根据《刑法》第 270 条的规定,犯本罪的,处 2 年以下有期徒刑、拘役或者罚金;数额巨大或者有其他严重情节的,处 2 年以上 5 年以下有期徒刑,并处罚金。犯本罪的,告诉才处理。

六、职务侵占罪

(一) 职务侵占罪的概念和构成要件

职务侵占罪,是指公司、企业或者其他单位的人员,利用职务上的便利,将本单位数额较大的财物非法占为己有的行为。

本罪的构成要件如下。

1. 本罪的客观方面表现为利用职务上的便利,将数额较大的本单位财物非法占为己有的行为。"利用职务上的便利",是指利用自己在职务上所具有的主管、管理或者经手本单位财物的方便条件。所谓"主管",是指批准、调拨、安排使用或以其他方式支配自己主管的单位的财物的职权,这主要是指单位领导层的职权;所谓"管理",是指对单位财物的保管和管理的职权,如单位的会计、出纳等都具有一定的管理单位财物的职权;所谓"经手",是指因执行职务而领取、使用、支配单位的财物等权利,如采购员在采购中经手单位的货款和物资,单位工作人员被指派出差而经手差旅费等。总之,只要因行为人的职务关系而主管、管理或者经手单位财物,都能为侵占单位财物提供便利条件。如果行为人未利用自己职务上的便利,而是利用工作上的便利条件,如因工作关系而熟悉周围环境等便利条件,不能认为属于"利用职务上的便利"。关于侵占本单位财物即非法占有财物的手段,法条上未作明确规定。但是,应当注意的是,本罪中所涉及的"侵占"一词与《刑法》第 270 条侵占罪中的"侵占"一词,具有不完全相同的含义。可以认为,后者是狭义的,仅指非法占有本人业已持有的财物,而前者是广义的,即非法占有的意思,并不以持有为前提。其侵占的手段包括侵吞、盗窃、骗取等各种手段。所谓"侵吞",是指行为人利用职务上的便利,非法占有由自己暂时合法经营或使用的财物的行为,如将自己管理的财物非法转卖、捐赠他人等。所谓"窃取",是指行为人利用职务上的便利,秘密窃取由自己经手、管理的本单位财物的行为,即通常所说的"监守自盗",如售货员偷拿自己经管的售货款等。所谓"骗取",是指行为人利用职务上的便利,使用欺骗的方法,非法占有由自己主管的本单位财物的行为,如财会人员伪造支票，骗取钱款等。所谓“其他方法”，是指除了侵吞、窃取、骗取手段以外的其他手段，如冒名借出现金，存入银行取息归己等等。司法实践中常见的方式有：为本单位购货时，将卖方购货款抽出一部分回扣占为己有；在与他人签订合同时，双方恶意串通，将抬高的差价私分；利用职权，巧立名目，私分公司、企业财物；以发奖金为名，非法占有公司、企业财物。

利用职务上的便利侵占本单位财物，必须是数额较大的，才能构成本罪的既遂。根据 2010 年 5 月 7 日最高人民检察院、公安部《关于公安机关管辖的刑事案件立案追诉标准的规定(二)》，公司、企业或者其他单位的人员，利用职务上的便利，将本单位财物非法占为己有，数额在 5 千元至 1 万元以上的，应予立案追诉。

2. 本罪的主体是特殊主体，即公司、企业或者其他单位的工作人员中不具有国家工作人员身份的人员。这里的公司，是指依照我国公司法，经过国家主管部门批准设立的各种有限责任公司和股份有限公司。企业，是指依照我国企业登记法规，经过国家主管机关批准设立的，以营利为目的的各种经济组织。当然，本条规定的企业是指没有采取有限责任公司或者股份有限公司形式的企业。从事个人或者家庭经营的个体工商户不属于企业的范围，其从业人员不具备本罪的主体资格。其他单位，是指公司、企业以外的其他组织，如农村的居民委员会、城镇的居民委员会、医院、学校、文艺单位、社团等。

根据 1999 年 6 月 25 日最高人民法院《关于村民小组组长利用职务便利非法占有公共财物行为如何定性问题的批复》，对村民小组组长利用职务上的便利，将村民小组集体财产非法占为己有，数额较大的行为，应当以职务侵占罪定罪处罚。根据 2001 年 5 月 23 日最高人民法院《关于在国有资本控股、参股的有限责任公司中从事管理工作的人员利用职务便利非法占有本公司财物如何定罪问题的批复》，在国有资本控股、参股的股份有限公司中从事管理工作的人员，除受国家机关、国有公司、企业事业单位委派从事公务的人员外，对其利用职务上的便利，将本单位财物非法占为己有，数额较大的，以职务侵占罪定罪处罚。另据 2000 年 6 月 30 日最高人民法院《关于审理贪污、职务侵占案件如何认定共同犯罪几个问题的解释》，行为人与公司、企业或其他单位的人员勾结，利用公司、企业或者其他单位人员的职务便利，共同将该单位财物非法占为己有，数额较大的，以职务侵占罪共犯论处。

3. 本罪的主观方面是故意，并且具有非法占有本单位财物的目的。

4. 本罪的客体是公司、企业或者其他单位的财产所有权。犯罪对象,是单位所有的各种财物,包括有体物与无体物、已在单位控制中的财物与应归单位收入的财物。本单位管理、使用或者运输中的私人财产应以本单位财产论,也属于本罪的对象,因为这些财产一旦遭受损失,最终也是由单位承担责任的。公司、企业或者其他单位财产的所有制性质可以是私人所有的,可以是集体所有的,还可以是国家所有的,还可能是属于混合经济组织所有的。

(二) 职务侵占罪的认定

1. 职务侵占罪与侵占罪的界限

本罪与侵占罪同属于以非法占有为目的,侵犯公私财产权利的犯罪。二者的区别表现在:其一,犯罪主体不同。本罪的主体是特殊主体,而后者的主体是一般主体。其二,行为方式不同。本罪的行为方式包括侵吞、窃取、骗取或者其他方法,而后者的行为方式主要是侵吞;本罪只能是利用职务上的便利实施,而后者的行为人则没有职务上的便利可以利用。其三,犯罪对象不同。本罪的对象是公司、企业或者其他单位的财物,而后者的对象是代为保管的他人财物、他人的遗忘物或者埋藏物。其四,本罪不以拒不退还或者拒不交出为要件,而后者则以此为要件。

2. 职务侵占罪与盗窃罪、诈骗罪的界限

本罪与盗窃罪、诈骗罪都具有非法占有的目的,都侵犯公私财产权利。二者的主要区别是:(1)本罪的主体是特殊主体,后者的主体是一般主体。(2)本罪只能是利用职务上的便利而实施,行为方式包括窃取、骗取、侵吞等多种;而后者的实施与职务无关,行为方式分别只能是窃取或骗取。(3)本罪侵犯的对象只能是公司、企业或者其他单位的财物,而后者侵犯对象的范围包括非本单位的财物。

(三) 职务侵占罪的处罚

根据《刑法》第 271 条的规定,犯本罪的,处 5 年以下有期徒刑或者拘役;数额巨大的,处 5 年以上有期徒刑,可以并处没收财产。

七、挪用资金罪

(一) 挪用资金罪的概念与构成要件

挪用资金罪,是指公司、企业或者其他单位的工作人员,利用职务上的便利,挪用本单位资金归个人使用或者借贷给他人,数额较大、超过 3 个月未还的,或者虽未超过3个月，但数额较大、进行营利活动的，或者进行非法活动的行为。

本罪的构成要件如下。

1. 本罪的客观方面表现为利用职务上的便利，挪用本单位资金归个人使用或者借贷给他人，数额较大、超过3个月未还的，或者虽未超过3个月，但数额较大、进行营利活动的，或者进行非法活动的行为。所谓“挪用”，是指利用职务上的便利，未经合法批准擅自动用公款归个人（包括他人）使用，但准备日后归还。利用职务上的便利，是指利用本人在职务上主管、经手或者管理单位资金的方便条件，例如，单位领导人利用主管财务的职务、出纳员利用保管现金的职务，以及其他工作人员利用因执行职务而经手单位资金的便利条件。不利用职务上的便利，不可能挪用单位资金，也就不可能构成本罪。根据被挪用资金的用途，挪用本单位资金分为三种情况：其一，挪用本单位资金归个人使用或者借贷给他人，数额较大超过3个月未还的。此种情况的挪用资金行为，是指行为人将挪用的资金用于个人一般性的开支，如买房、买车、治病、旅游观光、偿还私人债务等，而非用于进行非法活动或者营利活动。依照此种情况定罪，还必须符合以下两个条件：(1)挪用资金数额较大。根据2010年5月7日最高人民检察院、公安部《关于公安机关管辖的刑事案件立案追诉标准的规定(二)》，“数额较大”，是指挪用本单位资金数额在1万元至3万元以上；(2)挪用资金超过3个月未还。如果挪用时间不满3个月，则不构成犯罪。其二，挪用本单位资金虽未超过3个月，但数额较大，进行营利活动的。在这种情况下，数额较大和进行营利活动是必备要件，但没有“3个月未还”这一挪用期限的限制。也就是说，在使用挪用的资金进行营利活动时，只要挪用的数额较人，即使不到3个月即全部归还的，也要定罪。挪用资金获取的利息、收益等违法所得，应当追缴，但不计入挪用资金的数额。这里的营利活动，是指合法的营利活动，如挪用资金从事生产、经营、存入银行获息等，但不包括非法的营利活动。“数额较大”的标准，与第一种情况相同。其三，挪用本单位资金进行非法活动的。非法活动包括一般违法活动和犯罪活动，如走私、非法经营、赌博、嫖娼等。考虑到这种情况社会危害性大，法律未作数额和时间上的限制，即只要是挪用资金进行非法活动，不论数额是否较大，挪用时间是长是短，都构成挪用资金罪。尽管法律上对此种情况未作数额要求，但挪用数额的多少与挪用行为的社会危害性的大小是直接联系着的。为此，2010年5月7日最高人民检察院、公安部《关于公安机关管辖的刑事案件立案追诉标准的规定(二)》对挪用资金进行非法活动的,规定以挪用本单位资金在 5 000 元至 2 万元以上,作为追究刑事责任的起点数额。

所谓"挪用资金归个人使用或者借贷给他人使用",根据 2000 年 7 月 20 日最高人民法院《关于如何理解〈刑法〉第二百七十二条规定的"挪用本单位资金归个人使用或者借贷给他人"问题的批复》,是指公司、企业或者其他单位的非国家工作人员,利用职务上的便利,挪用本单位资金归本人或者其他自然人使用,或者挪用人以个人名义将所挪用的资金借给其他自然人和单位。

根据 2000 年 10 月 9 日最高人民检察院《关于挪用尚未注册成立公司资金的行为适用法律问题的批复》,挪用准备设立的公司在银行开设的临时账户上的资金,归个人使用或者借贷给他人,数额较大、超过 3 个月未还的,或者虽未超过 3 个月,但数额较大、进行营利活动的,或者进行非法活动的,构成挪用资金罪。

2. 本罪的主体是特殊主体,即公司、企业或者其他单位的工作人员中不具有国家工作人员身份的人员。国有公司、企业或者其他单位中从事公务的人员和国有公司、企业或者其他国有单位委派到非国有公司、企业以及其他单位从事公务的人员有挪用本单位资金行为的,以挪用公款罪定罪处罚。根据 2000 年 2 月 16 日最高人民法院《关于对受委托管理经营国有财产人员挪用国有资金行为如何定罪问题的批复》,受国家机关、国有公司、企业、事业单位、人民团体委托,管理、经营国有财产的非国家工作人员,挪用国有资金归个人使用构成犯罪的,应当依照挪用资金罪定罪处罚。

3. 本罪的主观方面是故意,目的是使用本单位的资金,但准备日后归还。携带挪用资金潜逃的,表明行为人主观上具有永久占有单位资金的意图,不能定挪用资金罪,而应按职务侵占罪定罪处罚。至于挪用的动机是多种多样的,有的是为了营利,有的是出于一时家庭生活困难,有的是为了帮助他人等。动机不同,不影响本罪的成立。

4. 本罪的客体是公司、企业或者其他单位的财物所有权,具体侵犯的只能是单位对财物的占有权、使用权和收益权,但不侵犯处分权。犯罪对象是行为人所属单位的资金。资金包括以货币形态表现的人民币、外币和以有价证券形式存在的股票、国库券、债券等,而不包括单位的物资设备和处于实物形态下的财产。

(二) 挪用资金罪的认定

1. 挪用资金罪与合法借贷行为的界限

挪用资金归个人使用,是行为人利用职务上的便利,私自将本单位资金挪作个人使用,使单位失去对资金的控制。而合法借贷则履行一定手续,债权人和债务人都有一定的权利和义务。二者的区别在于是否利用职务上的便利和是否履行了正常的借贷手续。

2. 挪用资金罪与职务侵占罪的界限

二者都是公司、企业或者其他单位的不具有国家工作人员身份的人员,利用职务上的便利,侵犯本单位财产的行为。二者的主要区别是:其一,行为方式不同。前者的行为方式是将本单位的资金挪用后归个人使用或者借贷给他人使用;而后者则表现为以侵吞、窃取、骗取等手段,非法占有本单位的财物。其二,犯罪目的不同。前者的目的是暂时占有、使用本单位资金,准备日后归还;而后者的目的是将单位财物永久非法据为己有。其三,客体不尽相同。本罪的客体是单位资金的占有权、使用权和收益权,未侵犯处分权;而后者则侵犯了包括处分权在内的财产所有权的全部权能。其四,犯罪对象不尽相同。前者侵犯的是单位的资金,而后者侵犯的是单位的资金和其他财产。

(三) 挪用资金罪的处罚

根据《刑法》第 272 条的规定,犯本罪的,处 3 年以下有期徒刑或者拘役;挪用本单位资金数额巨大的,或者数额较大不退还的,处 3 年以上 10 年以下有期徒刑。

八、敲诈勒索罪

(一) 敲诈勒索罪的概念和构成要件

敲诈勒索罪,是指以非法占有为目的,对被害人使用威胁或要挟的方法,强行索取公私财物,数额较大或者多次向被害人强行索取公私财物的行为。

本罪的构成要件如下。

1. 本罪的客观方面表现为对被害人使用威胁或要挟的方法,对其强行索取数额较大的财物或者多次向被害人强行索取公私财物的行为。威胁、要挟的内容包括暴力伤害、毁坏被害人的人格、名誉、揭发被害人的隐私、毁坏被害人的重要财物、栽赃陷害等。威胁与要挟的方法可以有多种表现,从形式上看,有口头的,有书面的,如投寄恐吓信等;有公开向被害人直接提出的,有通过第三人向被害人转达的;有公开向被害人威胁的,也有以暗示的方式要挟的。从内容上看,有对被害人或其亲属的人身实施杀害或伤害相威胁的;有以揭发、张扬被害人隐私进行要挟的;有以毁坏被害人及其亲属财产相威胁的;还有以凭借、利用某种权势损害被害人切身利益(如辞退工作、侮辱被害人妻女等)进行要挟等。不论采取何种威胁、要挟方式,涉及被害人的利益是否合法,只要足以使被害人产生恐惧而被迫交出数额较大的财物即可构成敲诈勒索罪。威胁和要挟都是能够引起他人心理上恐惧的精神强制方法,但是,被害人是否确实产生恐惧并被迫交付财物,并不影响本罪的成立。威胁和要挟的方法,都属于恐吓的方法或者胁迫的方法,二者没有本质区别。略有不同的是,威胁方法通常是以将要对被害人实施暴力、破坏其名誉或毁坏其财产相威胁;要挟方法通常是抓住被害人的某些把柄或者制造某种迫使其交付财物的借口,如以揭发贪污、盗窃等违法犯罪事实或生活作风腐败等相要挟。一般来说,威胁、要挟内容的实现不具有当场、当时性。但行为人取得财物可以是当场、当时,也可以是在限定的时间、地点。但是,如果行为人为了迫使被害人答应在日后某个时间、地点交付财物而当场对被害人使用了暴力,其暴力实际上起的是与以实施暴力相威胁一样的胁迫作用,只是因为其不是作为当场占有他人财物的手段,所以,不能认定为抢劫罪。如果其暴力尚未造成被害人严重伤残或者死亡,可以认定为敲诈勒索罪;如果造成被害人严重伤残或者死亡的,可以根据案件具体情况认定为故意伤害罪或者故意杀人罪。

根据《刑法》第 274 条的规定,敲诈勒索公私财物,数额较大或者多次敲诈勒索的,构成犯罪。根据 2013 年 4 月 27 日最高人民法院、最高人民检察院《关于办理敲诈勒索刑事案件适用法律若干问题的解释》(以下简称 2013 年《敲诈勒索案件解释》)第 1 条的规定,敲诈勒索公私财物价值 2 千元至 5 千元以上、3 万元至 10 万元以上、30 万元至 50 万元以上的,应当分别认定为刑法第 274 条规定的“数额较大”“数额巨大”“数额特别巨大”。各省、自治区、直辖市高级人民法院、人民检察院可以根据本地区经济发展状况和社会治安状况,在前款规定的数额幅度内,共同研究确定本地区执行的具体数额标准,报最高人民法院、最高人民检察院批准。敲诈勒索公私财物,具有下列情形之一的,“数额较大”的标准可以按照本解释第 1 条规定标准的 50%确定:(1)曾因敲诈勒索受过刑事处罚的;(2)一年内曾因敲诈勒索受过行政处罚的;(3)对未成年人、残疾人、老年人或者丧失劳动能力人敲诈勒索的；(4)以将要实施放火、爆炸等危害公共安全犯罪或者故意杀人、绑架等严重侵犯公民人身权利犯罪相威胁敲诈勒索的；(5)以黑恶势力名义敲诈勒索的；(6)利用或者冒充国家机关工作人员、军人、新闻工作者等特殊身份敲诈勒索的；(7)造成其他严重后果的。多次敲诈勒索构成犯罪，不以数额较大为前提。根据本解释第3条的规定，2年内敲诈勒索3次以上的，应当认定为“多次敲诈勒索”。

2. 本罪的主体是一般主体，即年满16周岁、具有刑事责任能力的自然人。

3. 本罪的主观方面是故意，并且具有非法占有财物的目的。如果行为人为了追回自己的合法债务而对债务人使用了威胁手段，由于其不具有非法占有的目的，不能构成本罪。

4. 本罪的客体是复杂客体，即既侵犯公私财产所有权，也侵犯被害人的人身权利或其他权益。这是由本罪的特定的犯罪方法所决定的。侵犯财产权的范围，不仅包括动产，还包括不动产以及其他财产性利益，如免除债务、无偿提供劳动等。侵犯人身权的范围不仅包括生命、健康权，还包括名誉权、隐私权等。但是，本罪并非以当场实施暴力或以当场实施暴力相威胁，当场占有财物。因此，本罪的社会危害性远不如抢劫罪大。本罪的犯罪对象，可以是各种公私财物，包括动产和不动产、生产资料和生活资料、有形财产和无形财产，等等。司法实践中，以勒索钱财居多。

(二) 敲诈勒索罪的认定

1. 敲诈勒索罪与非罪的界限

应划清敲诈勒索罪与敲诈勒索公私财物的一般违法行为的界限。敲诈勒索公私财物，数额较小，情节轻微，危害不大的，是一般违法行为，不构成犯罪，按《治安管理处罚法》的规定处罚。

要划清敲诈勒索与债务纠纷的界限。行为人为了讨还合法债务，使用了某种带有威胁性质的举动，因为主观上不具有非法占有的目的，不构成敲诈勒索罪，应按民事纠纷妥善处理。

2. 敲诈勒索罪与抢劫罪的界限

本罪与抢劫罪有许多相同之处，二者客观方面都可以用威胁的方法实施，侵害的客体都是复杂客体，主观方面都具有非法占有的目的。二者的区别主要表现在客观方面，具体表现在：其一，行为的方法不同。本罪行为的方法仅限于威胁和要挟,而后者的行为方法既可以是暴力,也可以是威胁,还可以是其他强制手段。其二,威胁的内容不同。本罪的威胁可以是暴力威胁,也可以是以揭发隐私相威胁,还可以是以毁坏财物相威胁,而后者的威胁只能是以暴力相威胁。其三,威胁内容可能实现的时间、地点不同。本罪威胁的内容既可以扬言当场付诸实施,也可以是扬言在将来某个时间予以实施;而抢劫罪的威胁内容则是当场、当时实现。其四,威胁的方式不同。本罪的威胁可以当着被害人的面直接发出,也可以通过第三者或者其他方式间接发出;而抢劫罪的威胁是当着被害人的面直接发出。其五,从威胁索取的财物来看,本罪索取的财物包括动产和不动产;而抢劫罪索取的财物只能是动产。其六,非法取得利益的时间不同。本罪非法取得利益的时间,既可以是当场,但更多的是在若干时日以后(一般是行为人指定或同意的时间),而抢劫罪则是当场取得财物。其七,对数额的要求不同。本罪既遂的成立要求数额较大,而后者则没有这一要求。简言之,两者的关键区别在于:敲诈勒索罪的行为人所发出的恫吓、要挟的内容的最终实施与占有财物两者中,不具备或不同时具备两个"当场",即要么对财物所有者或保管者以日后的伤害行为或揭露隐私等相威胁,当场占有钱财;要么以日后的伤害行为或揭露隐私等相威胁,日后占有财物。抢劫罪则必须具备两个"当场",即当场采取人身强制手段,当场获取财物。

3. 敲诈勒索罪与绑架罪的界限

两罪的区别在于:(1)犯罪客观方面表现不同。绑架罪是以暴力、胁迫或其他方法,劫持人质并限制其人身自由;敲诈勒索罪则仅仅使用威胁或要挟方法,对被害人进行精神强制,迫使其交出财物。(2)胁迫或威胁的内容不同。绑架罪胁迫的内容仅限于对被绑架人的人身进行暴力伤害;而敲诈勒索罪威胁的内容则不限于此,还可以是揭发、张扬被害人隐私、毁损其财产等。(3)勒索财物的对象不同。绑架罪是向被绑架人的家庭或其他亲友勒索财物;敲诈勒索罪则是直接向被害人勒索财物。

4. 敲诈勒索罪与诈骗罪的界限

二者的主要区别在于犯罪客体和犯罪客观方面有所不同。(1)在犯罪客体上,前者既侵犯了公私财物所有权,也侵犯了公民的人身权利或其他权益;而后者只侵犯了公私财物所有权。(2)在犯罪客观方面,前者是以威胁、要挟的方法,造成被害人心理上的恐惧而被迫交出财物;而后者是采用虚构事实或者隐瞒真相的欺骗方法，使他人信以为真，从而“自愿”地交出财物。

5. 敲诈勒索罪既遂与未遂的界限

实施敲诈勒索行为，已经勒索到财物的，构成犯罪既遂；反之，如果被害人并未因行为人使用了威胁、要挟方法而造成心理上的恐惧，未交出财物，或者虽产生恐惧但未交出财物，或者为了配合警察逮捕行为人而按约定时间与地点交付财物的，属于未遂。敲诈勒索未遂，情节严重的，应当定罪处罚。如果被害人未交出财物，行为人将威胁内容付诸实施，又构成其他犯罪的，应与敲诈勒索罪（未遂）合并处罚；如果因勒索遭被害人拒绝交付财物而当场使用暴力并当场抢走财物的，应认定为抢劫罪。

（三）敲诈勒索罪的处罚

根据《刑法》第 274 条的规定，犯本罪的，处 3 年以下有期徒刑、拘役或者管制，并处或者单处罚金；数额巨大或者有其他严重情节的，处 3 年以上 10 年以下有期徒刑，并处罚金；数额特别巨大或者有其他特别严重情节的，处 10 年以上有期徒刑，并处罚金。

根据 2013 年《敲诈勒索案件解释》第 5 条的规定，敲诈勒索数额较大，行为人认罪、悔罪，退赃、退赔，并具有下列情形之一的，可以认定为犯罪情节轻微，不起诉或者免予刑事处罚，由有关部门依法予以行政处罚：(1)具有法定从宽处罚情节的；(2)没有参与分赃或者获赃较少且不是主犯的；(3)被害人谅解的；(4)其他情节轻微、危害不大的。

此外，该解释第 6 条还规定了敲诈勒索特殊情形的从宽处理。其中，第 1 款规定，敲诈勒索近亲属的财物，获得谅解的，一般不认为是犯罪；认定为犯罪的，应当酌情从宽处理。第 2 款规定，被害人对敲诈勒索的发生存在过错的，根据被害人过错程度和案件其他情况，可以对行为人酌情从宽处理；情节显著轻微危害不大的，不认为是犯罪。

第三节　本章其他罪名

一、聚众哄抢罪

聚众哄抢罪，是指以非法占有为目的，聚众哄抢公私财物，数额较大或者有其他严重情节的行为。

根据《刑法》第268条的规定,犯本罪的,处3年以下有期徒刑、拘役或者管制,并处罚金;数额巨大或者有其他特别严重情节的,处3年以上10年以下有期徒刑,并处罚金。

二、挪用特定款物罪

挪用特定款物罪,是指违反财经管理制度,挪用用于救灾、抢险、防汛、优抚、扶贫、移民、救济的款物,情节严重,致使国家和人民群众利益遭受重大损害的行为。

根据《刑法》第273条的规定,犯本罪的,对直接责任人员,处3年以下有期徒刑或者拘役;情节特别严重的,处3年以上7年以下有期徒刑。

三、故意毁坏财物罪

故意毁坏财物罪,是指故意毁灭或损坏公私财物,数额较大或者有其他严重情节的行为。

根据《刑法》第275条的规定,犯本罪的,处3年以下有期徒刑、拘役或者罚金;数额巨大或者有其他特别严重情节的,处3年以上7年以下有期徒刑。

四、破坏生产经营罪

破坏生产经营罪,是指由于泄愤报复或者其他个人目的,毁坏机器设备、残害耕畜或者以其他方法破坏生产经营的行为。

根据《刑法》第276条的规定,犯本罪的,处3年以下有期徒刑、拘役或者管制;情节严重的,处3年以上7年以下有期徒刑。

五、拒不支付劳动报酬罪

拒不支付劳动报酬罪,是指以转移财产、逃匿等方法逃避支付劳动者的劳动报酬或者有能力支付而不支付劳动者的劳动报酬,数额较大,经政府有关部门责令支付仍不支付的行为。

拒不支付劳动报酬罪的行为主体是有义务向他人支付劳动报酬的自然人或单位。根据2013年1月23日最高人民法院《关于审理拒不支付劳动报酬刑事案件适用法律若干问题的解释》(以下简称 2013 年《拒不支付劳动报酬案件解释》)第 7 条、第 8 条的规定,本罪的主体也包括不具备用工主体资格的单位或者个人,以及用人单位的实际控制人。

本罪的行为表现分为两类:一类是以转移财产、逃匿等方法逃避支付劳动者的劳动报酬;另一类是有能力支付而不支付劳动者的劳动报酬。根据 2013 年《拒不支付劳动报酬案件解释》第 2 条的规定,以逃避支付劳动者的劳动报酬为目的,具有下列情形之一的,应当认定为"以转移财产、逃匿等方法逃避支付劳动者的劳动报酬":(1)隐匿财产、恶意清偿、虚构债务、虚假破产、虚假倒闭或者以其他方法转移、处分财产的;(2)逃跑、藏匿的;(3)隐匿、销毁或者篡改账目、职工名册、工资支付记录、考勤记录等与劳动报酬相关的材料的;(4)以其他方法逃避支付劳动报酬的。

本罪的成立需满足数额较大的要求。根据 2013 年《拒不支付劳动报酬案件解释》第 3 条的规定,具有下列情形之一的,应当认定为"数额较大":(1)拒不支付 1 名劳动者 3 个月以上的劳动报酬且数额在 5 千元至 2 万元以上的;(2)拒不支付 10 名以上劳动者的劳动报酬且数额累计在 3 万元至 10 万元以上的。各省、自治区、直辖市高级人民法院可以根据本地区经济社会发展状况,在前款的数额幅度内研究确定本地区执行的具体数额标准,报最高人民法院备案。

构成拒不支付劳动报酬罪的,只能是经政府有关部门责令支付而仍不支付的行为。换言之,即使行为人以转移、逃匿等方法拒不支付劳动报酬,但是经政府有关部门责令支付后支付了劳动报酬的,不成立本罪。根据 2013 年《拒不支付劳动报酬案件解释》第 4 条的规定,经人力资源社会保障部门或者政府其他有关部门依法以限期整改指令书、行政处理决定书等文书责令支付劳动者的劳动报酬后,在指定的期限内仍不支付的,应当认定为"经政府有关部门责令支付仍不支付",但有证据证明行为人有正当理由未知悉责令支付或者未及时支付劳动报酬的除外。行为人逃匿,无法将责令支付文书送交其本人、同住成年家属或者所在单位负责收件的人的,如果有关部门已通过在行为人的住所地、生产经营场所等地张贴责令支付文书等方式责令支付,并采用拍照、录像等方式记录的,应当视为"经政府有关部门责令支付"。

根据《刑法》第 276 条的规定,犯本罪的,处 3 年以下有期徒刑或者拘役,并处或者单处罚金;造成严重后果的,处 3 年以上 7 年以下有期徒刑,并处罚金。单位犯本罪的,对单位判处罚金,并对其直接负责的主管人员和其他直接责任人员,依照上述规定处罚。根据 2013 年《拒不支付劳动报酬案件解释》第 9 条的规定,单位拒不支付劳动报酬,构成犯罪的,依照本解释规定的相应个人犯罪的定罪量刑标准,对直接负责的主管人员和其他直接责任人员定罪处罚,并对单位判处罚金。有本法规定的行为,尚未造成严重后果,在提起公诉前支付劳动者的劳动报酬,并依法承担相应赔偿责任的,可以减轻或者免除处罚。根据本解释第 5 条的规定,拒不支付劳动者的劳动报酬且数额较大,并具有下列情形之一的,应当认定为“造成严重后果”:(1)造成劳动者或者其被赡养人、被扶养人、被抚养人的基本生活受到严重影响、重大疾病无法及时医治或者失学的;(2)对要求支付劳动报酬的劳动者使用暴力或者进行暴力威胁的;(3)造成其他严重后果的。其中,“在提起公诉前支付劳动者的劳动报酬”,是指在人民检察院提起公诉前,行为人支付了劳动报酬。

本章小结

侵犯财产罪,是指以非法占有为目的,非法取得公私财物,或者挪用、故意毁坏公私财物、破坏生产经营以及拒不支付劳动报酬,依法应受刑罚处罚的行为。侵犯财产罪的客观方面表现为以暴力或非暴力、公开或者秘密的方法,攫取公私财物,或者挪用单位财物、故意毁坏公私财物、破坏生产经营以及拒不支付劳动报酬的行为;犯罪的主体大多为一般主体;犯罪的主观方面表现为故意;犯罪的客体是公私财产所有权。根据犯罪手段和犯罪目的的不同,可把侵犯财产罪划分为非法占有型犯罪、挪用型犯罪和毁坏、拒付型犯罪三类。其中,需要重点掌握的罪名有抢劫罪、盗窃罪、诈骗罪、抢夺罪、侵占罪、职务侵占罪、挪用资金罪以及敲诈勒索罪等。

习　题

1. 如何理解抢劫罪与故意杀人罪、抢夺罪、绑架罪、敲诈勒索罪的界限?
2. 如何认定“入户抢劫”?
3. 如何认定“携带凶器抢夺”所构成的抢劫罪?

4. 如何理解盗窃罪与诈骗罪、侵占罪的界限?

5. 如何把握盗窃罪的既遂标准?

6. 如何理解诈骗罪犯罪构成客观方面的结构?

7. 如何理解职务侵占罪与盗窃罪、诈骗罪的区别?

8. 如何理解侵占罪中的“代为保管”? 侵占遗失物的行为应当如何处理?

第二十七章　妨害社会管理秩序罪

【本章导读】

妨害社会管理秩序罪是我国刑法中罪名最多的类罪之一,所涉及的内容包括社会生活的各个方面。本类犯罪在客观上违反社会秩序管理法规,妨害国家对公共秩序、司法、国(边)境、文物、公共卫生、环境资源保护、毒品管制、社会风化的管理秩序的一种行为。因此,本类犯罪除少数属于自然犯外,大多为法定犯。刑法分则把本类犯罪分为九类:扰乱公共秩序罪,妨害司法罪,妨害国(边)境管理罪,妨害文物管理罪,危害公共卫生罪,破坏环境资源保护罪,走私、贩卖、运输、制造毒品罪,组织、强迫、引诱、容留、介绍卖淫罪和制作、贩卖、传播淫秽物品罪。

【学习重点】

- 妨害公务罪
- 招摇撞骗罪
- 组织、领导、参加黑社会性质组织罪
- 伪证罪
- 非法行医罪
- 污染环境罪
- 组织卖淫罪

第一节　妨害社会管理秩序罪概述

一、妨害社会管理秩序罪的概念和构成要件

妨害社会管理秩序罪,是指违反社会秩序管理法规,妨害国家对公共秩序、司法、国(边)境、文物、公共卫生、环境资源保护、毒品管制、社会风化的管理秩序,达到一定严重程度,依法应受刑罚处罚的行为。

本类犯罪的构成要件如下。

1. 本类犯罪的客观方面表现为违反社会秩序管理法规，妨害国家对公共秩序、司法、国(边)境、文物、公共卫生、环境资源保护、毒品管制、社会风化的管理秩序，达到一定严重程度的行为。首先，这类犯罪都以违反国家有关社会秩序管理方面的法律法规为前提条件。其中不少条文直接指明了犯罪所违反的法规，如规定非法出售、私赠文物藏品罪、妨害传染病防治罪、非法捕捞水产品罪、非法占用农用地罪等犯罪的条文均指明以违反相应的法规为成立犯罪的前提。有些条文虽未指明犯罪所违反的法规，但实际上也以违反某一方面的管理法规为前提。因此，本类犯罪除少数属于自然犯外，大多为法定犯，即行为没有违反社会伦理道德，只是出于行政取缔的目的而根据法律被认为是犯罪。其次，由于社会管理秩序范围的广泛性和国家对社会管理活动的多样性，本类犯罪行为的具体内容与表现形式也是多种多样。这是本章犯罪的重要特点。根据立法的分类，本类犯罪的行为可以分为 9 种：(1)扰乱公共秩序的行为；(2)妨害司法的行为；(3)妨害国(边)境管理的行为；(4)妨害文物管理的行为；(5)危害公共卫生的行为；(6)破坏环境资源保护的行为；(7)走私、贩卖、运输、制造毒品的行为；(8)组织、强迫、引诱、容留、介绍卖淫的行为；(9)制作、贩卖、传播淫秽物品的行为。其中，绝大多数犯罪只能由作为构成，少数犯罪只能由不作为构成，如拒绝提供间谍犯罪证据罪、拒不执行判决、裁定罪等。最后，并非各种危害程度的妨害社会管理秩序的违法行为都可以构成犯罪，只有那些达到一定严重程度的行为才纳入刑法的惩治范围。其中，有的犯罪以“后果严重”作为区分妨害社会管理秩序的一般违法行为与妨害社会管理秩序犯罪的标志，如破坏计算机信息系统罪；有的犯罪以“情节严重”为标志，如非法生产、买卖警用装备罪；有的犯罪以“造成严重损失”为标志，如聚众冲击国家机关罪；有的犯罪以“严重破坏社会秩序”为标志，如非法集会、游行、示威罪；有的犯罪以造成法定的危险状态为标志，如妨害传染病防治罪等。

2. 本类犯罪中多数犯罪的主体仅限于自然人，非法出售、私赠文物藏品罪和采集、供应血液、制作、供应血液制品事故罪的主体只能是单位，还有一些犯罪的主体既包括自然人也包括单位。就自然人主体而言，大多数属于一般主体，即年满 16 周岁、具有刑事责任能力的人均可构成(贩卖毒品罪的主体为年满 14 周岁、具有刑事责任能力的人)；也有少数犯罪的主体是特殊主体，如包庇、纵容黑社会性质组织罪的主体是国家机关工作人员，伪证罪的主体是证人、鉴定人、记录人、翻译人，脱逃罪的主体是依法被关押的罪犯、被告人、犯罪嫌疑人，医疗事故罪的主体是医务人员等。就单位主体而言,大多对单位没有特殊的要求,只要是刑法意义的单位就可以成为犯罪的主体,也有个别犯罪对单位有特殊的要求,只有符合某些特定条件的单位才可以成为犯罪的主体,如非法出售、私赠文物藏品罪的主体只能是国有博物馆、图书馆等特定单位。

3. 本类犯罪中多数犯罪的主观方面为故意,少数故意犯罪的成立还要求行为人出于特定的犯罪目的,如赌博罪的成立要求“以营利为目的”,倒卖文物罪和制作、复制、出版、贩卖、传播淫秽物品牟利罪的成立要求“以牟利为目的”等。也有少数犯罪属于过失犯罪,如医疗事故罪、重大环境污染事故罪等。

4. 本类犯罪的客体是社会管理秩序。广义的社会管理秩序是一个外延非常宽泛的概念,包括政治秩序、经济秩序、公共安全秩序、生产秩序、经营秩序、教学科研秩序、社会生活秩序等,涉及人们社会活动的各个领域和方方面面,甚至可以说,刑法所保护的社会关系都可以统称为社会管理秩序。从本质上讲,刑法规定的任何犯罪都从不同角度、不同程度地侵害了社会管理秩序,但是,由于刑法将侵害或者破坏国家安全、社会公共安全、市场经济、公民权利、财产关系、职务行为的廉洁性、国防利益、国家机关正常活动、军事利益等社会秩序的犯罪列入刑法分则的其他章节,故本类犯罪所侵犯的客体是刑法分则其他各章节规定之罪的客体以外的其他社会管理秩序,即只包括社会公共秩序、司法秩序、国(边)境管理秩序、文物管理秩序、公共卫生管理秩序、环境资源保护管理秩序、毒品管制秩序、社会风化管理秩序。

二、妨害社会管理秩序罪的种类

1997 年刑法典分则第六章包括 136 种具体犯罪。这 136 种犯罪具体又可分为 9 大类,依次如下。

1. 扰乱公共秩序罪。其包括 50 种具体犯罪,即妨害公务罪,煽动暴力抗拒法律实施罪,招摇撞骗罪,伪造、变造、买卖国家机关公文、证件、印章罪,盗窃、抢夺、毁灭国家机关公文、证件、印章罪,伪造公司、企业、事业单位、人民团体印章罪,伪造、变造、买卖身份证件罪,使用虚假身份证件、盗用身份证件罪,非法生产、买卖警用装备罪,非法获取国家秘密罪,非法持有国家绝密、机密文件、资料、物品罪,非法生产、销售间谍专用器材罪,非法使用窃听、窃照专用器材罪,组织考试作弊罪,非法出售、提供试题、答案罪,代替考试罪,非法侵入计算机信息系统罪,非法获取计算机信息系统数据、非法控制计算机信息系统罪，提供侵入、非法控制计算机信息系统程序、工具罪，破坏计算机信息系统罪，拒不履行信息网络安全管理义务罪，非法利用信息网络罪，帮助信息网络犯罪活动罪，扰乱无线电通讯管理秩序罪，聚众扰乱社会秩序罪，聚众冲击国家机关罪，扰乱国家机关工作秩序罪，组织、资助非法聚集罪，聚众扰乱公共场所秩序、交通秩序罪，投放虚假危险物质罪，编造、故意传播虚假恐怖信息罪，编造、故意传播虚假信息罪，聚众斗殴罪，寻衅滋事罪，组织、领导、参加黑社会性质组织罪，入境发展黑社会组织罪，包庇、纵容黑社会性质组织罪，传授犯罪方法罪，非法集会、游行、示威罪，非法携带武器、管制刀具、爆炸物参加集会、游行、示威罪，破坏集会、游行、示威罪，侮辱国旗、国徽罪，组织、利用会道门、邪教组织、利用迷信破坏法律实施罪，组织、利用会道门、邪教组织、利用迷信致人死亡罪，聚众淫乱罪，引诱未成年人聚众淫乱罪，盗窃、侮辱尸体罪，赌博罪，开设赌场罪，故意延误投递邮件罪。

2. 妨害司法罪。其包括 20 种具体犯罪，即伪证罪，辩护人、诉讼代理人毁灭证据、伪造证据、妨害作证罪，妨害作证罪，帮助毁灭、伪造证据罪，虚假诉讼罪，打击报复证人罪，泄露不应公开的案件信息罪，披露、报道不应该公开的案件信息罪，扰乱法庭秩序罪，窝藏、包庇罪，拒绝提供间谍犯罪、恐怖主义犯罪、极端主义犯罪证据罪，掩饰、隐瞒犯罪所得、犯罪所得收益罪，拒不执行判决、裁定罪，非法处置查封、扣押、冻结的财产罪，破坏监管秩序罪，脱逃罪，劫夺被押解人员罪，组织越狱罪，暴动越狱罪，聚众持械劫狱罪。

3. 妨害国(边)境管理罪。其包括 8 种具体犯罪，即组织他人偷越国(边)境罪，骗取出境证件罪，提供伪造、变造的出入境证件罪，出售出入境证件罪，运送他人偷越国(边)境罪，偷越国(边)境罪，破坏界碑、界桩罪，破坏永久性测量标志罪。

4. 妨害文物管理罪。其包括 10 种具体犯罪，即故意损毁文物罪，故意损毁名胜古迹罪，过失损毁文物罪，非法向外国人出售、赠送珍贵文物罪，倒卖文物罪，非法出售、私赠文物藏品罪，盗掘古文化遗址、古墓葬罪，盗掘古人类化石、古脊椎动物化石罪，抢夺、窃取国有档案罪，擅自出卖、转让国有档案罪。

5. 危害公共卫生罪。其包括 11 种具体犯罪，即妨害传染病防治罪，传染病菌种、毒种扩散罪，妨害国境卫生检疫罪，非法组织卖血罪，强迫卖血罪，非法采集、供应血液、制作、供应血液制品罪，采集、供应血液、制作、供应血液制品事故罪，医疗事故罪，非法行医罪，非法进行节育手术罪，妨害动植物防疫、检疫罪。

6. 破坏环境资源保护罪。其包括15种具体犯罪,即污染环境罪,非法处置进口的固体废物罪,擅自进口固体废物罪,非法捕捞水产品罪,非法捕猎、杀害珍贵、濒危野生动物罪,非法收购、运输、出售珍贵、濒危野生动物、珍贵、濒危野生动物制品罪,非法狩猎罪,非法占用农用地罪,非法采矿罪,破坏性采矿罪,非法采伐、毁坏国家重点保护植物罪,非法收购、运输、加工、出售国家重点保护植物、国家重点保护植物制品罪,盗伐林木罪,滥伐林木罪,非法收购、运输盗伐、滥伐的林木罪。

7. 走私、贩卖、运输、制造毒品罪。其包括12种具体犯罪,即走私、贩卖、运输、制造毒品罪,非法持有毒品罪,包庇毒品犯罪分子罪,窝藏、转移、隐瞒毒品、毒赃罪,走私制毒物品罪,非法买卖制毒物品罪,非法种植毒品原植物罪,非法买卖、运输、携带、持有毒品原植物种子、幼苗罪,引诱、教唆、欺骗他人吸毒罪,强迫他人吸毒罪,容留他人吸毒罪,非法提供麻醉药品、精神药品罪。

8. 组织、强迫、引诱、容留、介绍卖淫罪。其包括6种具体犯罪,即组织卖淫罪,强迫卖淫罪,协助组织卖淫罪,引诱、容留、介绍卖淫罪,引诱幼女卖淫罪,传播性病罪。

9. 制作、贩卖、传播淫秽物品罪。其包括5种具体犯罪,即制作、复制、出版、贩卖、传播淫秽物品牟利罪,为他人提供书号出版淫秽书刊罪,传播淫秽物品罪,组织播放淫秽音像制品罪,组织淫秽表演罪。

第二节　本章重点罪名

一、妨害公务罪

(一) 妨害公务罪的概念和构成要件

妨害公务罪,是指以暴力、威胁方法阻碍国家机关工作人员、各级人大代表、红十字会工作人员依法执行职务或履行职责,或者故意阻碍国家安全机关、公安机关依法执行国家安全工作任务,虽未使用暴力、威胁方法,但造成严重后果的行为。

本罪的构成要件如下。

1. 本罪的客观方面表现为以下四种情况:一是以暴力、威胁方法阻碍国家机关工作人员依法执行职务；二是以暴力、威胁方法阻碍各级人大代表依法执行代表职务；三是在自然灾害和突发事件中以暴力、威胁方法阻碍红十字会工作人员依法履行职责；四是虽未使用暴力、威胁方法，但阻碍国家安全机关、公安机关依法执行国家安全工作任务且造成严重后果。对此，应把握以下几点。

其一，除阻碍国家安全机关、公安机关依法执行国家安全工作任务的情形外，使用暴力、威胁的方法是构成本罪的必要条件。这里的暴力方法，是指对依法执行职务或者履行职责的国家机关工作人员、各级人大代表、红十字会工作人员行使有形力。这种有形力既可以表现为直接针对人身实施打击或者其他人身强制行为，如捆绑、非法拘禁、非法限制人身自由等，也可以表现为针对与上述人员执行职务或履行职责有关的办公处所或设施、设备、有关物品等实施破坏行为，从而给国家机关工作人员、人大代表、红十字会工作人员的身体以物理影响。需要注意的是，从本罪配置的法定刑（3 年以下有期徒刑、拘役、管制或者罚金）来看，行为人采用直接针对人身的暴力方法构成本罪的，以造成被害人轻伤为上限符合罪责刑相适应原则；如果故意造成被害人重伤或死亡的，应以故意伤害罪、故意杀人罪定罪处罚。这里的威胁方法，是指以使国家机关工作人员、各级人大代表、红十字会工作人员产生畏惧心理、不敢依法执行职务或履行职责为目的，以当场或将对其实施加害相通告。通告的内容没有严格限制，既可以表现为对其本人或其亲属的人身侵害，也可以表现为对其本人或其亲属的财产、名誉的侵害。暴力、威胁方法只要足以阻碍执行职务或者履行职责即可，至于客观上是否已经阻碍了执行职务或者履行职责，则并不影响犯罪的成立。

其二，在阻碍国家安全机关、公安机关依法执行国家安全工作任务的情况下，成立本罪虽不以使用暴力、威胁方法为必要条件，但要求造成严重后果。这里的严重后果，一般是指国家安全机关、公安机关执行国家安全工作任务受到严重妨害，如犯罪嫌疑人逃跑、侦查线索中断、犯罪证据灭失、赃款赃物转移或者造成严重的政治影响等。

其三，成立本罪的时间、空间范围应被限定在国家机关工作人员、各级人大代表、红十字会工作人员、国家安全机关和公安机关工作人员依法执行职务或者履行职责的现场。以暴力、威胁方法阻碍红十字会工作人员依法履行职责的，必须是发生在自然灾害和突发事件中。自然灾害，是指由于自然力的破坏而发生的致使人的生命、财产遭受重大损害或危险的情况。突发事件，是指基于人为的原因所发生的严重危及不特定多数人生命、健康的紧急状态。

根据2003年5月14日最高人民法院、最高人民检察院《关于办理妨害预防、控制突发传染病疫情等灾害的刑事案件具体应用法律若干问题的解释》第8条,以暴力、威胁方法阻碍国家机关工作人员、红十字会工作人员依法履行为防治突发传染病疫情等灾害而采取的防疫、检疫、强制隔离、隔离治疗等预防、控制措施的,以本罪定罪处罚。根据2002年9月4日最高人民检察院《关于办理非法经营食盐刑事案件具体应用法律若干问题的解释》第5条,以暴力、威胁方法阻碍行政执法人员依法行使盐业管理职务的,以本罪定罪处罚。

2. 本罪的主体是一般主体,即年满16周岁、具有刑事责任能力的自然人。

3. 本罪的主观方面是故意,包括直接故意和间接故意,即行为人明知自己妨害国家机关工作人员、人大代表、红十字会工作人员依法执行职务、履行职责,以及国家安全机关、公安机关执行国家安全工作任务的行为会发生公务活动不能正常进行的危害结果,仍希望或放任这一结果的发生。如果行为人对正在依法执行职务、履行职责、执行国家安全工作任务的上述人员的身份发生错误认识或者对上述人员执行公务的合法性发生错误认识而实施了阻碍行为的,不以本罪论处。

4. 本罪的客体是国家机关工作人员、各级人大代表、红十字会工作人员依法进行的公务活动。公务是指具有公共管理性质的职务或职责,区别于私人事务。具体就本罪而言,公务是指以下四个方面的事务:国家机关工作人员依法执行职务的活动;各级人大代表依法执行代表职责的活动;红十字会工作人员在自然灾害或突发事件中依法履行职责的活动;国家安全机关、公安机关依法执行国家安全工作任务的活动。具有上述身份的人员的非公务活动,不在本罪的调整范围之内。合法性是进行公务活动必须遵循的首要原则。刑法规定本罪的目的在于保障合法的公务活动的顺利进行,公务人员违法的职务活动不受保护。合法性包括实体合法和程序合法两重含义。

本罪的犯罪对象是上述正在依法执行职务、履行职责、执行国家安全工作任务的工作人员,包括国家机关工作人员、各级人大代表和红十字会工作人员。2000年4月24日最高人民检察院《关于以暴力、威胁方法阻碍事业编制人员依法执行行政执法职务是否可对侵害人以妨害公务罪论处的批复》规定:“对于以暴力、威胁方法阻碍国有事业单位人员依照法律、行政法规的规定执行行政执法职务的,或者以暴力、威胁方法阻碍国家机关中受委托从事行政执法活动的事业编制人员执行行政执法职务的,可以对侵害人以妨害公务罪追究刑事责任。”这一批复实际上对《刑法》第 277 条第 1 款中的“国家机关工作人员”作了扩张解释,将以下两类人员也视为国家机关工作人员:第一,依照法律、行政法规的规定执行行政执法职务的国有事业单位人员;第二,国家机关中受委托从事行政执法活动的事业编制人员。

(二) 妨害公务罪的认定

1. 妨害公务罪与非罪的界限

对于人民群众基于社会公正立场与国家机关工作人员违法乱纪活动做斗争的行为,不仅不能认定为犯罪,还要予以保护和鼓励。对于人民群众因要求得不到满足、问题得不到解决或对公务活动不理解而产生抵触情绪,以致言行过激,与正在执行职务、履行职责、执行国家安全工作任务的上述人员发生冲突的,应当正确疏导,不能以妨害公务罪论处。对于没有使用暴力、威胁的方法,没有造成严重后果,或者虽有轻微的暴力、威胁行为,但情节显著轻微的,可以批评教育或以一般违法行为处理,不宜认定为妨害公务罪。对于被依法执行公务的一方所实施的摆脱、挣脱行为,更不能认定为妨害公务罪。

2. 妨害公务罪与其他相关犯罪的界限

妨害公务罪与其他扰乱社会管理秩序的犯罪,如扰乱法庭秩序罪、破坏选举罪、聚众阻碍解救被收买的妇女、儿童罪等存在着法条竞合的关系。但后者是针对某些特定的职务活动所作的特别规定。对此,应按照特别法优于普通法的原则处理。

3. 妨害公务罪的罪数形态问题

如果妨害公务的暴力行为触犯了其他的罪名,如非法拘禁罪、故意伤害罪、故意杀人罪、故意毁坏财物罪等,应视为想象竞合犯,从一重罪处断。此外,由于妨害公务罪通常表现为行为人以暴力、威胁的方法实施犯罪,因此妨害公务的行为可能成为其他犯罪的手段行为。在这种情况下,原则上应视为牵连犯,按照从一重罪处断的原则处理。但当刑法或司法解释另有规定时,应当依照刑法或司法解释的特别规定处理。例如,根据《刑法》第 157 条第 2 款的规定,“以暴力、威胁方法抗拒缉私的”,应以具体的走私犯罪和妨害公务罪进行数罪并罚;根据《刑法》第 347 条第 2 款第 4 项的规定,走私、贩卖、运输、制造毒品,又以暴力抗拒检查、拘留、逮捕,情节严重的,以走私、贩卖、运输、制造毒品罪的加重情形处罚;根据《刑法》第318条第1款第5项的规定,“以暴力、威胁方法抗拒检查的”,应以组织他人偷越国(边)境罪的加重情形进行处罚;根据2001年4月9日最高人民法院、最高人民检察院《关于办理生产、销售伪劣商品刑事案件具体应用法律若干问题的解释》第11条,实施生产、销售伪劣商品犯罪,又以暴力、威胁方法抗拒查处,构成犯罪的,依照数罪并罚的规定处罚。

(三)妨害公务罪的处罚

根据《刑法》第277条第1款的规定,犯本罪的,处3年以下有期徒刑、拘役、管制或者罚金。暴力袭击正在依法执行职务的人民警察的,依照上述规定从重处罚。需要注意的是,将该行为规定在妨害公务罪之内,表明行为人暴力袭击人民警察的行为是为了阻碍其执法活动,并非单纯对执法警察实施暴力的情形。

二、招摇撞骗罪

(一)招摇撞骗罪的概念和构成要件

招摇撞骗罪,是指冒充国家机关工作人员招摇撞骗的行为。

本罪的构成要件如下。

1. 本罪的客观方面表现为冒充国家机关工作人员招摇撞骗的行为。具体而言,本罪的客观方面包括两项基本内容:其一,必须具有冒充国家机关工作人员的身份或职务的行为。冒充国家机关工作人员表现为三种情况:一是非国家机关工作人员冒充国家机关工作人员;二是此种国家机关工作人员冒充彼种国家机关工作人员;三是职级较低的国家机关工作人员冒充职级较高的国家机关工作人员,或者同种类的下级国家机关工作人员冒充上级国家机关工作人员的身份或职务以及同种类同级的国家机关工作人员冒充其他地区国家机关工作人员的身份或职务。其二,必须具有招摇撞骗的行为。所谓“招摇撞骗”,是指利用冒充的国家机关工作人员的身份或职务进行炫耀、欺骗,谋取非法利益。这种非法利益既可以是财产性利益,也可以是职位、政治待遇、荣誉称号、女色等非财产性利益。招摇撞骗往往具有多次性和连续性的特点。进行招摇撞骗一般都是在多处多次进行的活动。冒充国家机关工作人员与进行招摇撞骗这两种行为必须同时具备并且存在有机联系。如果行为人仅冒充了国家机关工作人员的身份或职务而没有以此来招摇撞骗,或者仅实施了招摇撞骗的行为但没有假冒国家机关工作人员的身份或职务，均不得以本罪论处。

2. 本罪的主体是一般主体，即年满 16 周岁、具有刑事责任能力的自然人。

3. 本罪的主观方面是直接故意，且具有谋取某种非法利益的目的。如果行为人不具有谋取非法利益的目的，如只是出于虚荣心的需要或者为了谋取合法利益而冒充国家机关工作人员身份或职务的，不构成本罪。

4. 本罪的客体是国家机关的威信及其正常活动。犯罪对象是包括物质性利益、非物质性利益在内的各种利益。

（二）招摇撞骗罪的认定

1. 招摇撞骗罪与非罪的界限

（1）本罪与一般违法行为的界限。从罪状上看，似乎只要行为人具有冒充国家机关工作人员招摇撞骗的行为，就可以构成犯罪，但实际上，在判断这种行为是否构成犯罪时，同样要受到《刑法》第 13 条但书的制约。考察这种行为是否属于情节显著轻微、危害不大的情形，应综合考虑以下因素：行为人的主观动机，行为的方法、时间、地点，冒充的国家机关工作人员的种类、地位等情况，行为的次数，行为造成的影响和后果，等等。

（2）本罪与冒充国家机关工作人员的虚荣作风行为的界限。行为人虽然客观上实施了冒充国家机关工作人员的行为，但主观上没有谋取非法利益的意图的，仅仅是为了抬高自己，满足个人虚荣心的表现。如行为人为了达到与对方恋爱或结婚的目的而向对方声称是国家机关工作人员的，就不宜认定为犯罪，毕竟骗取爱情或婚姻难以认定为骗取非法利益。

（3）本罪与其他招摇撞骗行为的界限。构成本罪，要求行为人实施冒充国家机关工作人员的行为。冒充非国家机关工作人员，如冒充战斗英雄、高干子弟、烈士子弟、工青妇或民主党派干部、普通党员、先进工作者、影视明星、华侨招摇撞骗的，不构成本罪。冒充军人招摇撞骗的，依照《刑法》第 372 条规定的冒充军人招摇撞骗罪定罪处罚。

2. 招摇撞骗罪与诈骗罪的界限

本罪包含有骗取他人财物的行为，在这一点上与诈骗罪有共同之处。但二者也存在着明显的区别：（1）犯罪客观方面不同。本罪的客观方面表现为冒充国家机关工作人员招摇撞骗；而诈骗罪的客观方面表现为利用虚构事实、隐瞒真相的方法骗取公私财物。另外，诈骗罪既遂的成立要求诈骗公私财物数额较大；而本罪既遂的成立对骗取财物的数额没有要求,只要行为人实施了冒充国家机关工作人员招摇撞骗的行为,原则上就成立犯罪既遂。(2)犯罪主观方面的内容不同。本罪的犯罪目的是谋取非法利益,其中的非法利益既包括财产性利益,也包括非财产性利益;而诈骗罪的犯罪目的则是非法占有公私财物。(3)犯罪客体不同。本罪的客体是国家机关的威信及其正常活动;而诈骗罪的客体则是公私财产所有权。(4)犯罪对象不同。前者的犯罪对象既包括财物,也包括财物以外的其他物质性利益以及非物质性利益;而诈骗罪的犯罪对象只能是财物。

在行为人冒充国家机关工作人员骗取数额较大的公私财物的情况下,招摇撞骗罪与诈骗罪之间存在着交叉竞合的法条竞合关系。对此,应按照交叉竞合的法条竞合的处罚原则,即重法优于轻法的原则进行处罚。对此,2011 年 3 月 1 日最高人民法院、最高人民检察院《关于办理诈骗刑事案件具体应用法律若干问题的解释》第 8 条规定:"冒充国家机关工作人员进行诈骗,同时构成诈骗罪和招摇撞骗罪的,依照处罚较重的规定定罪处罚。"具体而言,冒充国家机关工作人员骗取公私财物,数额较大的,以诈骗罪论处,法定最高刑为 3 年有期徒刑,而以招摇撞骗罪论处,法定最高刑为 10 年有期徒刑,因而应以招摇撞骗罪论处;冒充国家机关工作人员骗取公私财物,数额巨大或者情节严重的,诈骗罪与招摇撞骗罪的法定最高刑均为 10 年有期徒刑,但以诈骗罪论处,还应并处罚金,因而应以诈骗罪论处;冒充国家机关工作人员骗取公私财物,数额特别巨大或者有其他特别严重情节的,以诈骗罪论处,法定最高刑为无期徒刑,而以招摇撞骗罪论处,法定最高刑为 10 年有期徒刑,因而应以诈骗罪论处。

3. 招摇撞骗罪的罪数形态问题

行为人在实施招摇撞骗的过程中,往往会牵连触犯其他罪名,如为了冒充国家机关工作人员而实施伪造、变造国家机关公文、证件、印章的行为。对此,应视具体案情,按照牵连犯从一重罪处断的原则处理。

(三) 招摇撞骗罪的处罚

根据《刑法》第 279 条第 1 款的规定,犯本罪的,处 3 年以下有期徒刑、拘役、管制或者剥夺政治权利;情节严重的,处 3 年以上 10 年以下有期徒刑。该条第 2 款规定,冒充人民警察招摇撞骗的,依照上述规定从重处罚。

三、伪造、变造、买卖国家机关公文、证件、印章罪

(一) 伪造、变造、买卖国家机关公文、证件、印章罪的概念和构成要件

伪造、变造、买卖国家机关公文、证件、印章罪，是指伪造、变造、买卖国家机关公文、证件、印章的行为。

本罪的构成要件如下。

1. 本罪的客观方面表现为伪造、变造、买卖国家机关公文、证件、印章的行为。这里的"伪造"，是指没有制作权限的人冒用国家机关的名义非法制作公文、证件、印章的行为(有形伪造)，或者具有制作权限的人超越其职权范围擅自制作国家机关公文、证件、印章的行为(无形伪造)。只要非法制作或擅自制作的公文、证件、印章足以使一般人认为系某国家机关的公文、证件、印章，就可以构成伪造。这里的"变造"，是指无权更改公文、证件、印章者采用涂改、涂抹、拼接、填充等方法，对真实的公文、证件、印章进行加工改制，变更其内容的行为，如涂改证件的有效日期、姓名等。这里的"买卖"，是指以金钱为对价，非法购买或者出售国家机关制作的公文、证件、印章的行为。买卖的目的是为了使用抑或营利，并不影响本罪的成立。

伪造、变造、买卖机动车牌证及机动车入户、过户、验证的有关证明文件的，依照本罪的规定处罚。[1] 买卖伪造、变造的海关签发的报关单、进口证明、外汇管理部门核准件等凭证和单据或者国家机关的其他公文、证件、印章的，依照本罪的规定处罚。[2] 对于伪造、变造、买卖林木采伐许可证、木材运输证件、森林、林木、林地权属证书、占用或者征用林地审核同意书、育林基金等缴费收据以及其他国家机关批准的林业证件构成犯罪的，依照本罪定罪处罚。对于买卖允许进出口证明书等经营许可证明，同时触犯《刑法》第 225 条、第 280 条规定之罪的，依照处罚较重的规定定罪处罚。[3] 伪造、变造、买卖国家机关颁发的野生动物允许进出口

---

〔1〕 参见 1998 年 5 月 8 日最高人民法院、最高人民检察院、公安部、国家工商行政管理局《关于依法查处盗窃、抢劫机动车案件的规定》第 7 条。

〔2〕 参见 1998 年 12 月 29 日全国人大常委会《关于惩治骗购外汇、逃汇和非法买卖外汇犯罪的决定》第 2 条。

〔3〕 参见 2000 年 11 月 22 日最高人民法院《关于审理破坏森林资源刑事案件具体应用法律若干问题的解释》第 13 条。

证明书、特许猎捕证、狩猎证、驯养繁殖许可证等公文、证件构成犯罪的,依照本罪定罪处罚。实施上述行为构成犯罪,同时构成《刑法》第225条第2项规定的非法经营罪的,依照处罚较重的规定定罪处罚。〔4〕伪造、变造、买卖各级人民政府设立的行使行政管理权的临时性机构的公文、证件、印章行为,构成犯罪的,应当依照本罪追究刑事责任。〔5〕行为人通过伪造国家机关公文、证件担任国家工作人员职务以后,又利用职务上的便利实施侵占本单位财物、收受贿赂、挪用本单位资金等行为,构成犯罪的,应当分别依照伪造国家机关公文、证件罪和相应的贪污罪、受贿罪、挪用公款罪等追究刑事责任,实行数罪并罚。〔6〕伪造、变造、买卖机动车行驶证、登记证书,累计3本以上的,依照伪造、变造、买卖国家机关证件罪定罪。〔7〕为信用卡申请人制作、提供虚假的财产状况、收入、职务等资信证明材料,涉及伪造、变造、买卖国家机关公文、证件、印章,应当追究刑事责任的,以伪造、变造、买卖国家机关公文、证件、印章罪定罪处罚。〔8〕

2. 本罪的主体是一般主体,即已满16周岁、具有刑事责任能力的自然人。

3. 本罪的主观方面是故意。

4. 本罪的客体是国家机关的信誉及其正常活动。犯罪对象是国家机关的公文、证件、印章。公文,是指国家机关在其职权范围内以国家机关名义制作的,用以处理公务,如指导工作、处理问题、联系事务等的各种书面文件。〔9〕证件,是指国家机关制作并颁发的用以证明身份、职务、权利义务关系或者其他有关事项的凭证,如身份证、结婚证、护照、营业执照等。印章,是指刻有国家机关组织名称的

---

〔4〕参见2000年11月17日最高人民法院《关于审理破坏野生动物资源刑事案件具体应用法律若干问题的解释》第9条。

〔5〕参见2003年6月13日最高人民检察院法律政策研究室《关于伪造、变造、买卖政府设立的临时性机构的公文、证件、印章行为如何适用法律问题的答复》。

〔6〕参见2004年3月30日最高人民法院研究室《关于对行为人通过伪造国家机关公文、证件担任国家工作人员职务并利用职务上的便利侵占本单位财物、收受贿赂、挪用本单位资金等行为如何适用法律问题的答复》。

〔7〕参见2007年5月9日最高人民法院、最高人民检察院《关于办理与盗窃、抢劫、诈骗、抢夺机动车相关刑事案件具体应用法律若干问题的解释》第2条。

〔8〕参见2009年12月3日最高人民法院、最高人民检察院《关于办理妨害信用卡管理刑事案件具体应用法律若干问题的解释》第4条。

〔9〕国务院办公厅1987年2月28日发布、1993年11月21日修订的《国家行政机关公文处理办法》第9条规定,行政机关的公文种类包括:命令(令)、议案决定、指示、公告、通告、通知、通报、报告、请示、批复、函、会议纪要十二类。

公章或者国家机关用以表示某种特殊用途的专用章，包括印形和印影。用于国家机关业务活动、起机关证明作用的国家机关负责人员或主管人员的私人印鉴、图章，由于其功能、作用与带有国家机关字样的印章相同，应视为国家机关的印章。

（二）伪造、变造、买卖国家机关公文、证件、印章罪的认定

1. 伪造、变造、买卖国家机关公文、证件、印章罪与非罪的界限

刑法对于本罪虽然没有规定情节的限制，但这并不是说任何伪造、变造、买卖国家机关公文、证件、印章的行为都构成本罪。对于情节显著轻微，危害不大的，应当适用《刑法》第 13 条的“但书”规定，不认为是犯罪。

2. 伪造、变造、买卖国家机关公文、证件的空白格式、公用表格、证件外皮、未加盖印章的证件文本的行为的认定

对此，2002 年 9 月 25 日最高人民检察院法律政策研究室《关于买卖尚未加盖印章的空白〈边境证〉行为如何适用法律问题的答复》指出：对买卖尚未加盖发证机关的行政印章或者通行专用章印鉴的空白《中华人民共和国边境管理区通行证》的行为，不宜以买卖国家机关证件罪追究刑事责任。国家机关工作人员实施上述行为，构成犯罪的，可以按滥用职权罪等相关犯罪依法追究刑事责任。以此类推，国家机关公文、证件的空白格式等虽具有公文、证件的形式，但不具有公文、证件的实质内容，而且未加盖国家机关的印章，因此并不能发生法律效力，与国家机关公文、证件有着本质的区别，不属于国家机关公文、证件的范围。因此，伪造、变造、买卖国家机关公文、证件的空白格式、公用表格、证件外皮、未加盖印章的证件文本的，不能以本罪论处。

3. 构成本罪，是否要求所伪造、买卖的公文、证件、印章是真实存在的

具体分为两种情况：(1)所属的国家机关是否必须是现实存在的？对此，本书认为，刑法设立本罪的目的，是为了保护国家机关的信誉及其正常活动。由于我国国家机关的数量和种类繁多，无论在理论上还是实践中都还没有清楚明确地界定其范围，因此，就一般社会公众而言，他们对于国家机关的认同与信赖是概括性的，许多人并不能具体了解这一概念的确切含义，也无法要求其对某一国家机关是否真实存在有非常清楚的认识。而且，国家机关是一个整体概念。伪造、买卖虚构的国家机关的公文、证件、印章的行为虽然确实不会对虚假的信誉及其正常活动造成影响，但却会对真实的国家机关的信誉及其正常活动造成侵害，使代表国家行使管理职能的国家机关的信誉降低，甚至有可能造成国家机关的正常活

动由于社会成员怀疑其真伪而受到影响的后果。因此,如果行为人伪造、买卖了现实中并不存在的国家机关的公文、证件、印章,达到足以使一般社会公众认为是真实存在的国家机关的公文、证件、印章的程度,就已经侵犯了社会公众对国家机关信誉的合理信赖,应当以本罪追究其刑事责任。(2)所针对的国家机关是否必须存在真实的此类公文、证件、印章?在实践中也存在这样的案件,即所属的国家机关是真实的,但所伪造、买卖的具体的公文、证件、印章并不存在,如伪造了某国家机关并不存在的合同专用章。对此,本书认为,只要所伪造、买卖的具体的公文、证件、印章达到使一般社会公众误认为是国家机关真实存在的公文、证件、印章的程度,就应以本罪论处,反之,则不应以本罪论处。

4. 买卖伪造、变造的国家机关公文、证件、印章的行为能否构成本罪

买卖伪造、变造的国家机关公文、证件、印章也会影响社会公众对国家机关的整体信赖,从而侵害国家机关的信誉和正常活动,故应以本罪论处。全国人大常委会《关于惩治骗购外汇、逃汇和非法买卖外汇犯罪的决定》关于“买卖伪造、变造的海关签发的报关单、进口证明、外汇管理部门核准件等凭证和单据或者国家机关的其他公文、证件、印章的,依照《刑法》第 280 条的规定定罪处罚”的规定便体现了上述观点。另外,1999 年 6 月 21 日最高人民检察院研究室《关于买卖伪造的国家机关证件行为是否构成犯罪的问题的答复》也指出,对于买卖伪造的国家机关证件的行为,依法应当追究刑事责任的,可以买卖国家机关证件罪追究刑事责任。

(三) 伪造、变造、买卖国家机关公文、证件、印章罪的处罚

根据《刑法》第 280 条第 1 款的规定,犯本罪的,处 3 年以下有期徒刑、拘役、管制或者剥夺政治权利,并处罚金;情节严重的,处 3 年以上 10 年以下有期徒刑,并处罚金。

四、聚众扰乱社会秩序罪

(一) 聚众扰乱社会秩序罪的概念和构成要件

聚众扰乱社会秩序罪,是指聚众扰乱社会秩序,情节严重,致使工作、生产、营业、教学、科研、医疗无法进行,造成严重损失的行为。

本罪的构成要件如下。

1. 本罪的客观方面表现为聚众扰乱社会秩序,致使工作、生产、营业和教学、

科研无法进行，造成严重损失的行为。所谓“聚众”，是指首要分子发动、纠集特定或不特定的多数人在一定时间聚集于同一地点。所谓“扰乱”，是指对党政机关、企事业单位、人民团体的正常工作、生产、营业、教学、科研、医疗秩序进行干扰、破坏。扰乱的方式没有限制，可以是暴力性的，如冲击有关工作场所，殴打、威胁有关工作场所的工作人员，肆意砸毁用于工作、生产、营业、教学、科研、医疗的设施、设备或其他财物，强行扣留有关人员等，也可以是非暴力性的，如占据工作场所，封堵出入通道，在工作场所纠缠、哄闹、辱骂，强行切断工作场所的水源、电源、煤气等。聚众是方法行为，扰乱是目的行为，两者之间存在着内在的联系。构成本罪，要求聚众扰乱行为致使工作、生产、营业、教学、科研、医疗无法进行，造成严重损失。这里的“致使工作、生产、营业、教学、科研、医疗无法进行”与“造成严重损失”之间存在引起与被引起的关系。“致使工作、生产、营业和教学、科研、医疗无法进行”既包括工作、生产、营业和教学、科研、医疗完全停止下来，也包括工作、生产、营业和教学、科研、医疗无法按正常的程序、速度、效率进行。所谓“严重损失”，既包括有形的损失，也包括无形的损失，但均是指由于相关工作无法进行而导致的损失，而非泛指扰乱秩序行为造成的一切损失。如捣毁、焚烧设备、产品和其他财物的，致使停工、停产、停学、停业的，造成严重经济损失，严重影响被害单位的社会形象和声誉等。

聚众扰乱社会秩序的行为必须达到情节严重的程度，才能构成本罪。这里的情节严重中的“情节”，是指除致使工作、生产、营业和教学、科研无法进行，造成严重损失以外的其他与犯罪构成各个要件相联系的环节及其情况。“情节严重”的主要表现是：扰乱时间较长，纠集人数较多，具有人身侵害，多次聚众扰乱社会秩序，聚众扰乱重要单位的正常活动，经劝阻和制止而拒不解散，犯罪动机卑劣等。

2. 本罪的主体是一般主体，但仅限于聚众扰乱社会秩序的首要分子和其他积极参加者。聚众扰乱社会秩序活动中的一般参加者不能成为本罪的主体。这里的“首要分子”，是指在聚众扰乱社会秩序活动中起组织、策划、指挥作用的人；这里的“积极参加者”，是指主动参加聚众扰乱社会秩序的活动并在其中起主要作用的人。

3. 本罪的主观方面是故意，包括直接故意和间接故意。

4. 本罪的客体是社会秩序，具体是指党政机关、企业、事业单位、人民团体的正常工作、生产、营业和教学、科研、医疗秩序。1997 年刑法将聚众冲击国家机关的行为单独规定为聚众冲击国家机关罪,但由于“冲击”与“扰乱”在内涵和外延上并不等同,以冲击以外的其他方式扰乱国家机关正常工作秩序的行为无法涵盖在聚众冲击国家机关罪之中,而属于本罪客观方面的行为,因而,本罪的客体仍然包括国家机关的正常工作秩序。

(二) 聚众扰乱社会秩序罪的认定

1. 聚众扰乱社会秩序罪与非罪的界限

(1) 聚众扰乱社会秩序罪与一般扰乱社会秩序的界限。成立本罪,不仅要求“聚众扰乱社会秩序,情节严重”,而且同时要求“致使工作、生产、营业和教学、科研无法进行,造成严重损失”。聚众扰乱社会秩序尚未达到情节严重的程度或者尚未造成严重损失的,都只能视为一般扰乱社会秩序的行为,可以给予批评教育和行政处罚,但不能以犯罪论处。

(2) 应将聚众扰乱社会秩序的围观者、一般参与者与积极参与者、首要分子区分开来。对聚众扰乱社会秩序的首要分子和积极参与者才能以本罪论处,对于一般参与者视具体情况给予批评教育或者行政处罚。

(3) 聚众扰乱社会秩序罪与人民群众的抗议、请愿活动的界限。对于人民群众因合理要求没有得到满足或因不满官僚主义、贪污腐败、领导处理问题不当或单位工作上失误等而聚集到有关部门抗议、请愿的,不能简单地以本罪论处,而应通过说服、引导,特别是通过克服官僚主义、减少工作上的失误以及惩治腐败等方法来解决。

2. 聚众扰乱社会秩序罪与聚众冲击国家机关罪的界限

聚众冲击国家机关属于聚众扰乱社会秩序的特殊表现形式,因而本罪与聚众冲击国家机关罪容易混淆。但二者也有着明显的区别:(1)本罪的成立,要求聚众扰乱社会秩序的行为必须达到情节严重的程度;聚众冲击国家机关罪的成立则没有这方面的要求,即只要聚众冲击国家机关的行为不属于情节显著轻微、危害不大的情况,就可以构成犯罪。(2)本罪所指向的对象包括党政机关、企业、事业单位、人民团体,而聚众冲击国家机关罪所指向的对象则只能是国家机关。(3)本罪的成立对行为方式没有特殊的要求,即无论采取暴力性还是非暴力性的方式,均可成立本罪;聚众冲击国家机关罪的成立对行为方式有特殊的限制,即只有采用暴力性的方式,才可成立该罪。据此,在实践中,如果行为人针对国家机关采取的是冲击之外的其他手段,如静坐等扰乱国家机关工作秩序的,应以本罪论处。

3. 聚众扰乱社会秩序罪与聚众扰乱公共场所秩序、交通秩序罪的界限

本罪与聚众扰乱公共场所秩序、交通秩序罪都是聚众犯罪，在客观方面和主观方面有相似之处。但二者也有明显的区别：(1)犯罪行为发生的地点不同。本罪发生在工作、生产、营业和教学、科研活动所在地；聚众扰乱公共场所秩序、交通秩序罪发生在车站、码头、公园、影剧院、商场等公共场所或者交通要道等人员集结、车辆拥挤的区域。(2)对行为成立犯罪的限制不同。成立本罪，不仅要求聚众扰乱社会秩序的行为达到情节严重的程度，而且还要求致使工作、生产、营业和教学、科研无法进行，并造成严重损失；成立聚众扰乱公共场所秩序、交通秩序罪，要求聚众扰乱公共场所秩序、聚众堵塞交通或者破坏交通秩序、聚众抗拒、阻碍国家治安管理人员依法执行职务的行为达到情节严重的程度。(3)主体不同。本罪的主体包括首要分子和其他积极参加者；聚众扰乱公共场所秩序、交通秩序罪的主体仅限于首要分子。(4)直接客体不同。本罪侵犯的客体是正常的工作、生产、营业、教学、科研秩序；聚众扰乱公共场所秩序、交通秩序罪侵犯的客体是公共场所秩序、交通秩序。

4. 聚众扰乱社会秩序罪的罪数问题

行为人在聚众扰乱社会秩序时，又实施盗窃、抢劫、抢夺、故意杀人等其他行为，构成犯罪的，应实行数罪并罚。但如果其他行为与本罪之间具有手段行为与目的行为或者方法行为与结果行为的牵连关系，则按照牵连犯的从一重罪处断的原则处理。本罪的行为在实施过程中往往同时致人伤亡、毁坏财物等结果，对此应以一行为触犯数罪名的想象竞合犯处理。

(三) 聚众扰乱社会秩序罪的处罚

根据《刑法》第 290 条第 1 款的规定，犯本罪的，对首要分子，处 3 年以上 7 年以下有期徒刑；对其他积极参加的，处 3 年以下有期徒刑、拘役、管制或者剥夺政治权利。

五、聚众斗殴罪

(一) 聚众斗殴罪的概念和构成要件

聚众斗殴罪，是指聚集多人相互以暴力攻击对方身体的行为。

本罪的构成要件如下。

1. 本罪的客观方面表现为纠集多人相互以暴力攻击对方身体的行为，即聚

众斗殴行为。本罪是聚众犯罪,其在客观方面的一个重要特征是聚众行为与斗殴行为的结合。所谓“聚众”,是指在首要分子的组织、策划、指挥下,3人以上纠集在一起。两人之间的殴斗行为不成立本罪。聚众既可以是事先纠集,也可以是临时纠集。成立聚众,要求在殴斗的双方或多方中,至少有一方的人数在三人以上。因此,一方聚集3人以上与他人进行殴斗的,即使另一方仅有2人甚至1人,也是聚众斗殴行为;但对人数在3人以下的殴斗的一方不能以本罪论处。如果造成了伤害、死亡结果的,以故意伤害罪、故意杀人罪定罪处罚;没有造成伤亡结果的,视具体情况给予批评教育或者行政处罚。所谓“斗殴”,是指相互以暴力攻击对方身体的行为。如果行为人只是以言语互相辱骂、威胁,则不构成本罪。与聚众不同的是,斗殴具有相互性,即参与斗殴的各方均是非法以暴力攻击对方的身体,不存在一方非法、另一方合法的情况。如果聚众的一方对另一方实施不法侵害,另一方实行合法反击,则只能认为聚众的一方的不法侵害行为属于一般的共同违法或犯罪行为,而不能认为构成本罪。〔10〕虽然斗殴行为往往造成人身伤亡等危害结果,但成立本罪,仅仅要求行为人实施聚众斗殴行为即可,而不要求发生这样的结果。

2. 本罪的主体是一般主体,但仅限于聚众斗殴的首要分子和其他积极参加者。首要分子是指在聚众斗殴中起组织、策划、指挥作用的人;其他积极参加者,是指首要分子以外的积极参加聚众斗殴并在其中起主要作用的人。

3. 本罪的主观方面是直接故意,且一般是出于称王称霸、寻求精神刺激的动机。

4. 本罪的客体是社会公共秩序。社会公共秩序是在社会生活中长期形成并受法律保护的、人们应当共同遵守的行为规范及其所维系的正常生活状态。

(二)聚众斗殴罪的认定

1. 聚众斗殴罪与因水利、山林、土地等民事纠纷引起的聚众械斗的界限

二者区别的关键在于聚众械斗的动机。前者系出于称王称霸、寻求精神刺激的特殊动机,而后者虽然在客观上存在聚众械斗的行为,但这只是矛盾激化时所采取的一种解决问题的办法,而并不是基于上述犯罪动机。因民事纠纷而聚众械

---

〔10〕对此,有论者持不同意见,认为斗殴是指多人攻击对方身体,或者相互攻击身体。即聚众斗殴罪的成立,并不要求双方均有斗殴的故意,其中仅一方有斗殴的故意,在满足人数条件时,也应对其以本罪论处。参见高铭暄、马克昌主编:《刑法学》(第八版),北京大学出版社、高等教育出版社2018年版,第543页。

斗，造成伤亡后果或者损毁大量公私财物的，应以故意伤害罪、故意杀人罪或者故意毁坏财物罪论处，不认定为本罪。

2. 聚众斗殴罪与聚众扰乱社会秩序罪的界限

二者有许多相似之处，如都是以聚众的方式实施的犯罪，都侵犯了社会公共秩序等，但二者也存在着明显的区别：(1)客观方面的要求不同。本罪的客观方面表现为聚众斗殴的行为，对聚众斗殴的地点以及结果均不作限定；而聚众扰乱社会秩序罪的客观方面表现为聚众扰乱社会秩序的行为，对聚众扰乱社会秩序的地点以及结果均有特殊限定。(2)情节严重的要求不同。本罪的成立并不要求聚众斗殴的行为达到情节严重的程度；而聚众扰乱社会秩序罪的成立则要求聚众扰乱社会秩序的行为达到情节严重的程度。(3)主观动机的要求不同。本罪系出于称王称霸、寻求精神刺激的特殊动机；而聚众扰乱社会秩序罪的成立对犯罪动机不作特殊要求。(4)直接客体的具体内容有所不同。本罪侵犯的客体是包括社会生产、经营、管理、生活等方面在内的整个社会公共秩序；聚众扰乱社会秩序罪侵犯的客体是工作、生产、营业和教学、科研秩序。

3. 聚众斗殴罪与故意杀人罪、故意伤害罪的界限

根据《刑法》第 292 条第 2 款的规定，在聚众斗殴过程中，造成他人(包括对方成员、本方成员或无辜群众)重伤、死亡的，不再认定为聚众斗殴罪，而以故意伤害罪、故意杀人罪定罪处罚。这是本罪的转化犯的情形。聚众斗殴致人轻伤的，仍应认定为聚众斗殴罪，因为聚众斗殴本身包含致人轻伤程度的伤害。需要注意的是，虽然聚众斗殴罪是必要的共同犯罪，但鉴于聚众斗殴的特殊性，在聚众斗殴致人重伤、死亡的情况下，只宜对造成重伤、死亡结果的直接责任人和对重伤、死亡结果负有组织、策划、指挥作用的首要分子以故意伤害罪、故意杀人罪论处，对于其行为与重伤、死亡结果没有直接因果关系的其他积极参加者不宜以故意伤害罪、故意杀人罪论处。在无法查明直接致死原因的情况下，只宜对聚众斗殴的首要分子以故意伤害罪、故意杀人罪论处。需要注意的是，在聚众斗殴致人重伤、死亡的情况下是究竟认定为故意杀人罪还是故意伤害罪，取决于行为人故意的内容(杀人的故意抑或伤害的故意)，而不宜认为凡是造成死亡结果的，就一律定故意杀人罪。只有在行为人不仅具有斗殴的故意，而且对被害人的死亡持希望或者放任心理态度的情况下，聚众斗殴罪才转化为故意杀人罪；如果对被害人的死亡是出于过失，则聚众斗殴罪转化为故意伤害(致死)罪。

(三) 聚众斗殴罪的处罚

根据《刑法》第 292 条第 1 款的规定,犯本罪的,对首要分子和其他积极参加的,处 3 年以下有期徒刑、拘役或者管制。有下列情形之一的,对首要分子和其他积极参加的,处 3 年以上 10 年以下有期徒刑:(1)多次聚众斗殴的;(2)聚众斗殴人数多,规模大,社会影响恶劣的;(3)在公共场所或者交通要道聚众斗殴,造成社会秩序严重混乱的;(4)持械聚众斗殴的。其中,多次聚众斗殴,是指 1 年内聚众斗殴 3 次以上;持械聚众斗殴,是指携带刀具、枪支、棍棒等凶器进行殴斗。

六、寻衅滋事罪

(一) 寻衅滋事罪的概念和构成要件

寻衅滋事罪,是指肆意挑衅,无事生非,起哄闹事,进行骚扰破坏,情节恶劣或后果严重的行为。

本罪的构成要件如下。

1. 本罪的客观方面表现为寻衅滋事,情节恶劣或后果严重的行为。《刑法》第 293 条列举了寻衅滋事的四种行为表现。

(1) 随意殴打他人,情节恶劣的。所谓“随意殴打他人”,是指无故、无理地殴打相识或素不相识的人。事出有因的殴打,如因邻里口角、债务纠纷引起的撕打,不属于随意殴打。根据 2013 年 7 月 15 日最高人民法院、最高人民检察院《关于办理寻衅滋事刑事案件适用法律若干问题的解释》(以下简称 2013 年《寻衅滋事刑事案件的解释》)第 2 条的规定,随意殴打他人,破坏社会秩序,具有下列情形之一的,应当认定为“情节恶劣”:①致 1 人以上轻伤或者 2 人以上轻微伤的;②引起他人精神失常、自杀等严重后果的;③多次随意殴打他人的;④持凶器随意殴打他人的;⑤随意殴打精神病人、残疾人、流浪乞讨人员、老年人、孕妇、未成年人,造成恶劣社会影响的;⑥在公共场所随意殴打他人,造成公共场所秩序严重混乱的;⑦其他情节恶劣的情形。

(2) 追逐、拦截、辱骂、恐吓他人,情节恶劣的。“情节恶劣”,是指多次追逐、拦截、辱骂、恐吓他人的,结伙、持械追逐、拦截、辱骂、恐吓他人的,造成恶劣影响或其他严重后果的等。根据 2013 年《寻衅滋事刑事案件的解释》第 3 条的规定,追逐、拦截、辱骂、恐吓他人,破坏社会秩序,具有下列情形之一的,应当认定为“情节恶劣”:①多次追逐、拦截、辱骂、恐吓他人,造成恶劣社会影响的;②持凶器追逐、拦截、辱骂、恐吓他人的；③追逐、拦截、辱骂、恐吓精神病人、残疾人、流浪乞讨人员、老年人、孕妇、未成年人，造成恶劣社会影响的；④引起他人精神失常、自杀等严重后果的；⑤严重影响他人的工作、生活、生产、经营的；⑥其他情节恶劣的情形。此外，根据 2013 年 9 月 6 日最高人民法院、最高人民检察院《关于办理利用信息网络实施诽谤等刑事案件适用法律若干问题的解释》(以下简称 2013 年《利用信息网络刑事案件的解释》)第 5 条的规定，利用信息网络辱骂、恐吓他人，情节恶劣，破坏社会秩序的，依照以寻衅滋事罪定罪处罚。

(3) 强拿硬要或者任意损毁、占用公私财物，情节严重的。强拿硬要或者任意损毁、占用公私财物，是指以蛮不讲理的手段，强行索要市场上、商店里或者他人的财物，或者随心所欲地损毁、占用公私财物。根据 2013 年《寻衅滋事刑事案件的解释》第 4 条的规定，强拿硬要或者任意损毁、占用公私财物，破坏社会秩序，具有下列情形之一的，应当认定为“情节严重”：①强拿硬要公私财物价值 1 000 元以上，或者任意损毁、占用公私财物价值 2 000 元以上的；②多次强拿硬要或者任意损毁、占用公私财物，造成恶劣社会影响的；③强拿硬要或者任意损毁、占用精神病人、残疾人、流浪乞讨人员、老年人、孕妇、未成年人的财物，造成恶劣社会影响的；④引起他人精神失常、自杀等严重后果的；⑤严重影响他人的工作、生活、生产、经营的；⑥其他情节严重的情形。

(4) 在公共场所起哄闹事，造成公共场所秩序严重混乱的。公共场所，是指车站、码头、影剧院、公园、商场、游乐场等面向社会公众开放，供其满足各种物质或文化需要、具有公益或商业性质的场所。起哄闹事，是指无事生非，制造事端，或以小事为借口，寻机闹事，扩大事态，扰乱公共场所秩序的行为。造成公共场所秩序严重混乱，是指引起群众恐慌、逃离等严重混乱局面，因秩序失控发生人员踩踏、伤亡或财产严重损毁等严重后果的等。根据 2013 年《寻衅滋事刑事案件的解释》第 5 条的规定，在车站、码头、机场、医院、商场、公园、影剧院、展览会、运动场或者其他公共场所起哄闹事，应当根据公共场所的性质、公共活动的重要程度、公共场所的人数、起哄闹事的时间、公共场所受影响的范围与程度等因素，综合判断是否“造成公共场所秩序严重混乱”。此外，根据 2013 年《利用信息网络刑事案件的解释》第 5 条第 2 款的规定，编造虚假信息，或者明知是编造的虚假信息，在信息网络上散布，或者组织、指使人员在信息网络上散布，起哄闹事，造成公共秩序严重混乱的，以寻衅滋事罪定罪处罚。

在预防、控制突发传染病疫情等灾害期间,强拿硬要或者任意损毁、占用公私财物,情节严重,或者在公共场所起哄闹事,造成公共场所秩序严重混乱的,以寻衅滋事罪定罪,依法从重处罚。〔11〕已满16周岁不满18周岁的人出于以大欺小、以强凌弱或者寻求精神刺激,随意殴打其他未成年人,多次对其他未成年人强拿硬要或者任意损毁公私财物,扰乱学校及其他公共场所秩序,情节严重的,以寻衅滋事罪定罪处罚。〔12〕

2. 本罪的主体是一般主体,即年满16周岁、具有刑事责任能力的自然人。

3. 本罪的主观方面是故意,并且具有寻求精神刺激、发泄不良情绪、耍威风、取乐等不良动机。

4. 本罪的客体是社会公共秩序。

(二)寻衅滋事罪的认定

1. 寻衅滋事罪与非罪的界限

根据《刑法》第293条的规定,寻衅滋事行为必须达到情节恶劣、情节严重或者造成公共场所秩序严重混乱的程度,才构成犯罪。对于情节显著轻微、危害不大的寻衅滋事行为,不以犯罪论处,可视具体情况给予批评教育或者行政处罚。对于《刑法》第293条明确列举的四种情形以外的寻衅滋事行为,不能以本罪论处。此外,根据2013年《寻衅滋事刑事案件的解释》第1条第2款、第3款的规定,行为人因日常生活中的偶发矛盾纠纷,借故生非,实施刑法第293条规定的行为的,应当认定为"寻衅滋事",但矛盾系由被害人故意引发或者被害人对矛盾激化负有主要责任的除外。行为人因婚恋、家庭、邻里、债务等纠纷,实施殴打、辱骂、恐吓他人或者损毁、占用他人财物等行为的,一般不认定为"寻衅滋事",但经有关部门批评制止或者处理处罚后,继续实施前列行为,破坏社会秩序的除外。

根据2014年9月9日最高人民法院、最高人民检察院、公安部《关于办理暴力恐怖和宗教极端刑事案件适用法律若干问题的意见》的规定,以"异教徒"、"宗教叛徒"等为由,随意殴打、追逐、拦截、辱骂他人,扰乱社会秩序,情节恶劣的,以寻衅滋事罪定罪处罚。实施前款行为,同时又构成故意伤害罪、妨害公务罪等其

〔11〕 参见2003年5月14日最高人民法院、最高人民检察院《关于办理妨害预防、控制突发传染病疫情等灾害的刑事案件具体应用法律若干问题的解释》第11条。

〔12〕 参见2006年1月11日最高人民法院《关于审理未成年人刑事案件具体应用法律若干问题的解释》第8条。

他犯罪的，依照处罚较重的规定定罪处罚。

2. 寻衅滋事罪与聚众扰乱社会秩序罪的界限

二者都是故意扰乱社会秩序的犯罪，但存在明显的区别：(1)犯罪客观方面不同。本罪的客观方面表现为寻衅滋事，情节恶劣或后果严重的行为；聚众扰乱社会秩序罪的客观方面表现为聚众扰乱社会秩序，致使工作、生产、营业和教学、科研、医疗无法进行，造成严重损失的行为。(2)犯罪主体不同。本罪可以由单个自然人实施，在二人以上共同实施时构成一般共同犯罪；聚众扰乱社会秩序罪是以聚众形式实施的犯罪，属于必要共同犯罪，其犯罪主体仅限于首要分子和其他积极参加者。(3)犯罪动机不同。本罪系出于寻求精神刺激、发泄不良情绪、耍威风、取乐等不良动机；而聚众扰乱社会秩序罪的成立对犯罪动机不作特殊要求。(4)直接客体的具体内容不同。本罪侵犯的客体是社会公共秩序；聚众扰乱社会秩序罪侵犯的客体是特定的社会秩序，即党政机关、企业、事业单位、人民团体的正常的工作、生产、营业和教学、科研秩序。

3. 寻衅滋事罪与故意伤害罪、故意杀人罪的界限

根据《刑法》第293条的规定，“随意殴打他人”是本罪的行为方式之一，这与故意伤害罪、故意杀人罪中对他人人身实施暴力打击的行为方式有相似之处。但以“随意殴打他人”这一行为方式构成的本罪与故意伤害罪、故意杀人罪有着明显的区别：(1)犯罪客观方面有差异。本罪的行为人是为了寻求精神刺激而无事生非，因此，“殴打他人”在起因、对象以及手段上都具有一定的随意性，但后者则没有这种限制。(2)犯罪动机不同。本罪系出于寻求精神刺激、发泄不良情绪、耍威风、取乐等不良动机；而故意伤害罪、故意杀人罪的成立对犯罪动机不作特殊要求。(3)犯罪对象不同。受犯罪动机的制约，随意殴打行为所指向的对象往往是不特定的人；而故意伤害罪、故意杀人罪的犯罪对象则不具有这种特点。(4)犯罪客体不同。随意殴打他人的行为虽然也侵犯了一定的人身权利，但更主要的是侵犯了社会公共秩序；而故意伤害罪、故意杀人罪只侵犯了人身权利。

在司法实践中，随意殴打他人的行为可能造成被害人伤亡的后果。从本罪与故意伤害罪、故意杀人罪的法定刑设置情况来看，本罪仅可以包容故意造成被害人轻伤、过失造成被害人重伤的情形，而对于故意造成被害人重伤、死亡和过失造成被害人死亡的情形则无法包容。根据2013年《寻衅滋事刑事案件的解释》第7条的规定，实施寻衅滋事行为，同时符合寻衅滋事罪和故意杀人罪、故意伤害罪、

故意毁坏财物罪、敲诈勒索罪、抢夺罪、抢劫罪等罪的构成要件的,依照处罚较重的犯罪定罪处罚。因此,在随意殴打他人并故意造成被害人轻伤或过失造成被害人重伤的情况下,仍以寻衅滋事罪定罪处罚;而在随意殴打他人并故意造成被害人重伤、死亡或过失造成被害人死亡的情况下,应根据想象竞合犯的从一重罪处断的处罚原则,以故意伤害罪、故意杀人罪论处。

4. 寻衅滋事罪与抢劫罪的界限

根据《刑法》第 293 条的规定,强拿硬要公私财物是本罪的行为方式之一,这与抢劫罪中的以暴力、胁迫的方法抢劫公私财物的行为有相似之处。2005 年 6 月 8 日最高人民法院《关于审理抢劫、抢夺刑事案件适用法律若干问题的意见》指出,这种强拿硬要的行为与抢劫罪的区别在于:前者行为人主观上还具有逞强好胜和通过强拿硬要来填补其精神空虚等目的,后者行为人一般只具有非法占有他人财物的目的;前者行为人客观上一般不以严重侵犯他人人身权利的方法强拿硬要财物,而后者行为人则以暴力、胁迫等方式作为劫取他人财物的手段。司法实践中,对于未成年人使用或威胁使用轻微暴力强抢少量财物的行为,一般不宜以抢劫罪定罪处罚。其行为符合寻衅滋事罪特征的,可以寻衅滋事罪定罪处罚。

(三) 寻衅滋事罪的处罚

根据《刑法》第 293 条的规定,犯本罪的,处 5 年以下有期徒刑、拘役或者管制;纠集他人多次实施寻衅滋事行为,严重破坏社会秩序的,处 5 年以上 10 年以下有期徒刑,可以并处罚金。

七、组织、领导、参加黑社会性质组织罪

(一) 组织、领导、参加黑社会性质组织罪的概念和构成要件

组织、领导、参加黑社会性质组织罪,是指组织、领导或者参加黑社会性质的组织的行为。

本罪的构成要件如下。

1. 本罪的客观方面表现为组织、领导、参加黑社会性质组织的行为。根据《刑法》第 294 条的规定,黑社会性质的组织应当同时具备以下特征:(1)形成较稳定的犯罪组织,人数较多,有明确的组织者、领导者,骨干成员基本固定;(2)有组织地通过违法犯罪活动或者其他手段获取经济利益,具有一定的经济实力,以支持该组织的活动;(3)以暴力、威胁或者其他手段,有组织地多次进行违法犯罪

活动，为非作恶，欺压、残害群众；(4)通过实施违法犯罪活动，或者利用国家工作人员的包庇或者纵容，称霸一方，在一定区域或者行业内，形成非法控制或者重大影响，严重破坏经济、社会生活秩序。黑社会性质组织是犯罪集团的高级形式，是一般犯罪集团向黑社会组织发展的一种过渡形态。根据上述规定，黑社会性质组织是否有国家工作人员充当"保护伞"，即是否有国家工作人员参与犯罪或者为犯罪活动提供非法保护，不影响黑社会性质组织的认定；对于同时具备《刑法》规定的黑社会性质组织 4 个特征的案件，应依法予以严惩，以体现"打早打小"的立法精神。[13] 所谓"组织"，是指倡导、发起、组建黑社会性质组织的行为以及在黑社会性质组织成立后，为了实现组织的内部控制而实施的强化组织的系统性或整体性的行为。组织行为的具体手段多种多样，如劝说、引诱、介绍、拉拢他人参加黑社会性质组织；为他人进行引见、联络、撮合，以便其能顺利加入黑社会性质组织；以威胁、恐吓、要挟等方式，违背他人意愿，强迫他人参加黑社会性质组织。所谓"领导"，是指在黑社会性质组织中居于统率、支配地位，对该组织的外部活动进行策划、决策、指挥、协调的行为。所谓"参加"，是指参与、加入黑社会性质组织的行为。参加有积极参加与其他参加之分。所谓"积极参加"，是指参与黑社会性质组织的违法犯罪活动并在活动中起主要作用。所谓"其他参加"，是指参与黑社会性质组织但没有实施其他任何违法犯罪活动，或者虽然实施了违法犯罪活动，但仅起到了次要或辅助作用。对于"参加"的具体形式，不能以单纯是否已履行"入会""入帮"等手续为标准加以认定。具体言之，对于下列情况都应认定为已实施了参加黑社会性质组织的行为：已履行黑社会性质组织的加入手续的；以口头或书面形式明确表示加入黑社会性质组织的；与黑社会性质组织的正式成员(已履行加入手续或明确表示参加者)共同以该组织的名义实行或准备实行违法犯罪活动的。另外，"参加"有形式上的参加和实质上的参加之分。前者指依照黑社会性质组织的规章制度履行一定手续，如填写成员表格、举行仪式等即获得该组织成员的资格，无须为组织从事任何活动。后者指担任一定的实际职务或者为组织从事活动，如为组织捐钱、提供犯罪工具、参与违法犯罪活动或其他活动。相对于组织行为、领导行为而言，参加行为的危害性程度是最低的。需要说明的是，根据

---

〔13〕 参见 2002 年 5 月 13 日最高人民检察院《关于认真贯彻执行全国人民代表大会常务委员会〈关于《刑法》第 294 条第 1 款的解释〉和〈关于《刑法》第 384 条第 1 款的解释〉的通知》。

2015 年 10 月 13 日最高人民法院《全国部分法院审理黑社会性质组织犯罪案件工作座谈会纪要》(以下简称 2015 年《座谈会纪要》)的规定,以下人员不属于黑社会性质组织的成员：(1)主观上没有加入黑社会性质组织的意愿,受雇到黑社会性质组织开办的公司、企业、社团工作,未参与或者仅参与少量黑社会性质组织的违法犯罪活动的人员;(2)因临时被纠集、雇佣或受蒙蔽为黑社会性质组织实施违法犯罪活动或者提供帮助、支持、服务的人员;(3)为维护或扩大自身利益而临时雇佣、收买、利用黑社会性质组织实施违法犯罪活动的人员。上述人员构成其他犯罪的,按照具体犯罪处理。

组织、领导、参加这几种行为方式相互之间是可以转化的。本罪是一个选择性罪名,只要行为人实施了组织、领导、参加黑社会性质组织的行为之一,便成立本罪,但在确定罪名时,可以根据行为人具体实施的行为来确定;对于黑社会性质组织的组织者、领导者,应当按照其所组织、领导的黑社会性质组织所犯的全部罪行处罚;对于黑社会性质组织的参加者,应当按照其所参与的犯罪处罚。对于参加黑社会性质的组织,没有实施其他违法犯罪活动的,或者受蒙蔽、胁迫参加黑社会性质的组织,情节轻微的,可以不作为犯罪处罚。[14]

2. 本罪的主体是一般主体,即已满 16 周岁、具有刑事责任能力的自然人。无论是组织者、领导者、积极参加者还是其他参加者,均可以成为本罪的主体。国家机关工作人员组织、领导、参加黑社会性质组织的,从重处罚。[15]

3. 本罪的主观方面是直接故意,且具有从事违法犯罪活动的目的。如果行为人事先不知道是黑社会性质组织而参加,而知道后退出的,不构成本罪;若知道后不退出甚至组织、领导该组织的,构成本罪。

4. 本罪的客体是社会治安管理秩序。

(二) 组织、领导、参加黑社会性质组织罪的认定

1. 黑社会性质组织与普通犯罪集团的界限

根据《刑法》第 26 条第 3 款的规定,3 人以上为共同实施犯罪而组成的较为固定的犯罪组织是犯罪集团。从组织形式上看,黑社会性质组织具有犯罪集团的

---

〔14〕 参见 2000 年 12 月 4 日最高人民法院《关于审理黑社会性质组织犯罪的案件具体应用法律若干问题的解释》第 3 条。

〔15〕 参见 2000 年 12 月 4 日最高人民法院《关于审理黑社会性质组织犯罪的案件具体应用法律若干问题的解释》第 4 条。

一般特征，是一种特殊的危害更为严重的犯罪集团。黑社会性质组织与普通的犯罪集团的共性在于：其一，二者的成立均要求其成员达到 3 人以上。其二，组织结构的严密性。它具体表现在：犯罪成员有明显的首要分子、骨干分子和一般成员之分；首要分子与其他成员之间存在明显的领导与被领导的关系；重要成员固定或基本固定，具有一定的组织纪律约束内部成员。其三，相当的稳固性。二者的组织机构和活动计划都是出于长远考虑，不是为了进行一次犯罪活动而临时结伙，而是准备长期存在。从我国黑社会性质组织的发展演变轨迹看，普通犯罪集团发展到一定程度，往往朝着黑社会性质组织方向发展，黑社会性质组织大多是由普通犯罪集团发展而来的。但是，黑社会性质组织和普通的犯罪集团有着明显的区别。具体说来，有以下七个方面的不同。

(1) 人员要求上有所不同。普通的犯罪集团的成员有多有少，按法律的规定只要 3 人以上就能成立。根据 2015 年《座谈会纪要》的规定，黑社会性质组织应当具有一定规模，人数较多，组织成员一般在 10 人以上。不过，根据 2018 年 1 月 16 日最高人民法院、最高人民检察院、公安部、司法部《关于办理黑恶势力犯罪案件若干问题的指导意见》(以下简称 2018 年《指导意见》)的规定，黑社会性质组织一般在短时间内难以形成，而且成员人数较多，但鉴于“恶势力”团伙和犯罪集团向黑社会性质组织发展是一个渐进的过程，没有明显的性质转变的节点，故对黑社会性质组织存在时间、成员人数问题不宜作出“一刀切”的规定。虽然 2018 年《指导意见》对 2015 年《座谈会纪要》中作出的人数规定进行了修正，不再强制要求组织人数达到 10 人以上，但是一般而言，3 至 5 人是不可能组成黑社会性质的组织的。

(2) 组织程度不同。黑社会性质组织作为建立在普通犯罪集团基础之上，向更高、更成熟形态的黑社会组织过渡的中间形态，在组织程度上要求更高。它具体表现在：形成长期的以违法犯罪为职业的组织，有组织名称和稳定众多的成员；不仅有明确的组织者、领导者，骨干成员基本稳定，而且有严密的帮规戒律，成员之间依靠严密的组织规范维系为一有机整体，凡违反组织规范者严厉处罚。根据 2015 年《座谈会纪要》的规定，黑社会性质组织一般有三种类型的组织成员，即：组织者、领导者与积极参加者、一般参加者(也即“其他参加者”)。所谓骨干成员，是指直接听命于组织者、领导者，并多次指挥或积极参与实施有组织的违法犯罪活动或者其他长时间在犯罪组织中起重要作用的犯罪分子，属于积极参加者的一部分。可见,黑社会性质组织较之普通犯罪集团有着更大的规模、更高的犯罪效率、更大的影响范围和更强的反侦查能力。

(3) 犯罪目的不同。普通犯罪集团的犯罪目的比较明确、具体,除了追求经济利益外,还可能是为了满足精神上的某种需要;而黑社会性质组织则以追求对某一行业或区域的非法控制或重大影响,从而获取非法的经济利益为目的。

(4) 行为方式不同。普通的犯罪集团围绕一种或几种犯罪目的而相对固定地实施一种或几种犯罪活动,且犯罪指向的多为具体的物或人,通常是秘密进行,而不敢公开或半公开地进行;而黑社会性质组织为达到攫取非法经济利益的目的,往往采用暴力、威胁、滋扰、拉拢、腐蚀等各种各样的手段,大肆进行敲诈勒索、欺行霸市、聚众斗殴、寻衅滋事、故意伤害等违法犯罪活动,严重破坏经济、社会生活秩序。为了逃避专政机关的打击,黑社会性质组织往往以公司、企业等经济组织为依托,以合法的工商活动,如集市贸易、投资办厂、承揽工程等作掩护,通过获取非法的经济利益来掩饰其违法犯罪活动,或从事一些没有直接被害人的违法犯罪活动,如卖淫、赌博、贩卖毒品等。

需要强调的是,尽管黑社会性质组织属于犯罪集团,但出于其极其严重的危害性和将其扼杀在萌芽状态的考虑,立法者降低了对其所实施的行为的要求,即其实施的不仅有犯罪行为,还可包括一般违法行为。而普通的犯罪集团所实施的都必须是构成犯罪的行为。

(5) 活动范围不同。黑社会性质组织都有自己较为固定的势力范围,以暴力、威胁或其他手段在一定的区域或行业形成一定的权威,具有一定的支配力或威慑力,在一定时期、一定程度上能公然与正常社会分庭抗礼。《刑法》第 244 条中的"称霸一方"即是对黑社会性质组织的活动范围这一特征的描述。而普通的犯罪集团则不要求形成自己较为固定的势力范围。

(6) 经济实力不同。经济实力是黑社会性质组织赖以生存和发展的基础。对经济利益的强烈追求是黑社会性质组织的最终目的。黑社会性质组织尽管违法犯罪活动范围较广,但基于以追求经济利益为基本目标,因而各种违法犯罪活动都是围绕着疯狂聚敛社会财富而进行的。因此,黑社会性质组织具有一定或相当的经济实力。而普通犯罪集团是否具有经济实力则取决于其实施的犯罪的性质:以获取非法经济利益为目标而实施犯罪的犯罪集团,具有一定的经济实力,如盗窃、抢劫犯罪集团;不以非法占有或牟利为目的的犯罪集团则不具有一定的经济实力。

(7) 对政治的渗透性有所不同。黑社会性质组织为了逃避专政机关的打击，为给其违法犯罪活动寻求保护伞，往往通过暴力、威胁、物质引诱、金钱收买、美色勾引等手段渗透到党、政、司法机关等各行各业，通过腐蚀官员，参与政治，寻找庇护和靠山，建立强大的保护网，或者直接向国家机关安插人员；而普通的犯罪集团尚不可能也无必要寻找政治“保护伞”。

2. 黑社会性质组织与恶势力的关系

2018 年《指导意见》对恶势力进行了明确的界定：恶势力犯罪集团是符合犯罪集团法定条件的恶势力犯罪组织，其特征表现为：有三名以上的组织成员，有明显的首要分子，重要成员较为固定，组织成员经常纠集在一起，共同故意实施三次以上恶势力惯常实施的犯罪活动或者其他犯罪活动〔16〕。该《指导意见》要求在办理恶势力犯罪案件时，要区别于普通刑事案件，充分运用刑法总则关于共同犯罪和犯罪集团的规定，依法从严惩处。

在实践中，由于犯罪组织或者犯罪团伙在其成立到发展的过程中，其性质也并非都是一成不变的，既有自始即为黑社会性质组织的，也有由恶势力团伙发展成为黑社会性质组织的，因而在司法实践中，区别黑社会性质组织和恶势力的关键，在于正确把握黑社会性质组织的概念和构成特征。对于符合前述全国人大常委会的立法解释所规定的黑社会性质组织的 4 个特征的恶势力，应当认定为黑社会性质组织；对于不符合黑社会性质组织 4 个特征的恶势力，应当依法认定为普通的犯罪集团或者按一般共同犯罪处理，而不能上升为黑社会性质组织。

3. 组织、领导、参加黑社会性质组织罪的罪数形态问题

《刑法》第 294 条第 4 款规定：“犯本罪又有其他犯罪行为的，依照数罪并罚的规定处罚。”据此，如果行为人组织、领导、参加黑社会性质组织后，又实施其他犯罪行为，如故意杀人、抢劫、贩卖毒品的，应以组织、领导、参加黑社会性质组织罪与故意杀人罪、抢劫罪、贩卖毒品罪数罪并罚。

---

〔16〕 2018 年《指导意见》第 14 条第 1 款对此作出了明确规定，即认为恶势力的违法犯罪活动主要为强迫交易、故意伤害、非法拘禁、敲诈勒索、故意毁坏财物、聚众斗殴、寻衅滋事等，同时还可能伴随实施开设赌场、组织卖淫、强迫卖淫、贩卖毒品、运输毒品、制造毒品、抢劫、抢夺、聚众扰乱社会秩序、聚众扰乱公共场所秩序、交通秩序以及聚众“打砸抢”等。

(三) 组织、领导、参加黑社会性质组织罪的处罚

根据《刑法》第 294 条第 1 款的规定，组织、领导黑社会性质的组织的，处 7 年以上有期徒刑，并处没收财产；积极参加的，处 3 年以上 7 年以下有期徒刑，可以并处罚金或者没收财产；其他参加的，处 3 年以下有期徒刑、拘役、管制或者剥夺政治权利，可以并处罚金。

八、伪证罪

(一) 伪证罪的概念和构成要件

伪证罪，是指在刑事诉讼中，证人、鉴定人、记录人、翻译人对与案件有重要关系的情节，故意作虚假证明、鉴定、记录、翻译，意图陷害他人或者隐匿罪证的行为。

本罪的构成要件如下。

1. 本罪的客观方面表现为在刑事诉讼中，对与案件有重要关系的情节，作虚假的证明、鉴定、记录、翻译的行为。具体而言，本罪的客观方面包括以下三个方面的内容：第一，实施了法定的伪证行为，即作了虚假的证明、鉴定、记录、翻译。虚假的证明中的“虚假”，一般包括两种情况：一是无中生有，捏造或者夸大事实以陷人入罪；二是将有说无，掩盖或者缩小事实以开脱罪责。关于虚假的证明中的“虚假”的判断依据，在刑法理论上存在客观说和主观说的争论。客观说以陈述的内容是否符合客观真实性为标准，认为本罪的设立旨在保障司法活动的正确性。如果陈述的内容与客观事实有出入，那么陈述就是虚假的。即使陈述人主观上故意作虚假陈述，但只要不违反客观真实性，没有实际危害结果，陈述就是真实的。主观说则认为，判断陈述内容是否虚假，并不取决于陈述内容是否符合客观事实，而决定于陈述者主观上是否将他所认识和经历的事实作准确无误的陈述。如果陈述是符合其所认识和经历的事实的，即使陈述的内容与客观事实不符，也是真实的；反之，如果陈述是违反其所认识和经历的事实的，即使陈述的内容符合客观事实，也是虚假的。一般认为，将客观真实性作为“虚假”的唯一判断依据，不符合犯罪主观要件的要求。当陈述人的陈述与客观真实并不一致，但是确属其所经历、了解的情况与本身理解的真实反映时，陈述人没有作虚假陈述的故意，是不可能构成伪证罪的。以主观说作为判断标准所带来的问题是，在陈述人意图违反其经历和认识的事实进行陈述，其陈述内容客观上却与事实相一致时，其陈述虽

然主观上也是虚假的，其行为在客观上却不可能妨害正常的司法秩序，不具有社会危害性，也就不具有可惩罚性。因此，在判断证明是否虚假时，应该坚持主客观相统一的立场，即既要考虑行为人的主观因素，又要看内容是否与客观事实相符。只有当证人违反记忆和实际体验进行陈述，并且其所证明的内容与客观事实不相符合时，其证明才能是"虚假"的。证人虽然违背自己的记忆，但由于陈述内容与客观事实相符，因此，证明不可能妨害司法活动，作这种证明的行为也就不能构成本罪；反之，证人虽然没有违背自己的记忆但作出了与客观事实不符的陈述，则由于证人主观上没有作伪证的故意，因此也不构成本罪。虚假鉴定，是指鉴定人作出的鉴定结论，与根据鉴定材料所应当作出的鉴定结论不相一致甚至相互矛盾。虚假记录，是指对调查、搜查、询问证人、被害人、审讯犯罪嫌疑人、开庭笔录等刑事诉讼环节的情况不作真实记录，而作与事实真相严重不符的甚至完全无中生有的记录。虚假翻译，是指在对不通晓当地通用语言的外国人、少数民族人员或聋哑人等进行翻译时，作与陈述人真实意思相反的翻译，或者对重要的情况不译、漏译等。第二，伪证行为必须发生在刑事诉讼中，即刑事案件立案以后、审判终结之前的刑事诉讼过程中。第三，必须是"对与案件有重要关系的情节"作伪证。所谓"与案件有重要关系的情节"，是指对于行为人的行为是否构成犯罪、犯罪性质以及罪行轻重、刑罚轻重等有重大影响的情节。换言之，就是能够直接影响案件结论的情节。

本罪是行为犯，只要行为人实施了上述行为之一，就构成本罪，至于案件的处理结果是否受到伪证行为的影响，则不影响犯罪的成立。

2. 本罪的主体是特殊主体，即刑事诉讼中的证人、鉴定人、记录人、翻译人。证人，是指向司法机关提供自己所知道的案件事实情况的人。不满 16 周岁的未成年人虽然可以成为刑事诉讼中的证人，但不能成为本罪的主体。鉴定人，是指受司法机关指派或者聘请就案件中的某些专门性问题进行鉴别判定，并提供鉴定意见的人。记录人，是指在刑事诉讼中，为司法机关的调查、取证、搜查、询问证人、被害人或者审讯被告、开庭审理等活动担任记录的人。翻译人，是指在刑事诉讼中，由司法机关指派或聘请担任外国语、民族语言、哑语等的翻译的人员，包括口译人员和书面翻译人员。

3. 本罪的主观方面是直接故意，并且具有陷害他人或者隐匿罪证的目的。

4. 本罪的客体是司法机关在刑事诉讼中的正常活动。

(二) 伪证罪的认定

1. 伪证罪与非罪的界限

行为人在刑事案件立案之前或在审判终结之后作虚假证明的，或在民事、经济、行政诉讼或者仲裁、公证等非诉讼活动中作虚假证明的，不构成本罪。伪证行为虽然发生在刑事诉讼中，但情节显著轻微、危害不大的，同样不构成本罪。行为人只是就与案件的定罪量刑这一实体处理结果关系不大的情节作虚假的证明、鉴定、记录、翻译的，不构成本罪。证人因记忆不清、认识不准确或对案情了解不全面而作了与事实不符的证明，鉴定人因技术不高或鉴定材料、鉴定设备的原因而作出错误鉴定，记录人因粗心大意或业务能力差、理解有误而漏记错记，或翻译人因翻译水平有限而错译漏译的，由于行为人在主观上并没有陷害他人或为他人开脱罪责的目的，亦不构成本罪。

2. 伪证罪与诬告陷害罪的界限

二者在意图陷害他人这一点上有共同之处。二者的主要区别是：(1)犯罪客观方面不同。本罪的客观方面表现为在刑事诉讼中对与案件有重要关系的情节作虚假的证明、鉴定、记录、翻译；后者的客观方面表现为捏造他人的犯罪事实并予以告发。据此，本罪中的伪证行为只能发生在刑事案件立案以后、审判终结之前的刑事诉讼过程中；而后者中的诬告陷害行为则发生在刑事案件立案之前。(2)犯罪主体不同。本罪的主体是特殊主体，即证人、鉴定人、记录人和翻译人；而后者的主体则是一般主体。(3)犯罪目的不同。本罪的犯罪目的可以是陷害他人，也可以是为他人开脱罪责；而后者的犯罪目的则仅限于意图使他人受到刑事追究。(4)犯罪客体有所不同。本罪的客体是司法机关在刑事诉讼中的正常活动；后者的客体主要是公民的人身权利，司法机关的正常活动只是次要客体。

(三) 伪证罪的处罚

根据《刑法》第 305 条的规定，犯本罪的，处 3 年以下有期徒刑或者拘役；情节严重的，处 3 年以上 7 年以下有期徒刑。

九、窝藏、包庇罪

(一) 窝藏、包庇罪的概念和构成要件

窝藏、包庇罪，是指明知是犯罪的人而为其提供隐藏处所、财物，帮助其逃匿或者作假证明予以包庇的行为。

本罪的构成要件如下。

1. 本罪的客观方面表现为窝藏或者包庇犯罪的人的行为。从刑事实体的角度看,“犯罪的人”是指经过人民法院审理依法被判决有罪且刑罚尚未执行完毕的人。但从保护司法活动的角度看,这里的“犯罪的人”还应该包括下列人员:犯罪后尚未被司法机关发现的;已被司法机关发现但尚未列入侦查、起诉对象的;已被司法机关依法列为犯罪嫌疑人、刑事被告人的。因此,“犯罪的人”既可以是判决后的犯罪分子(已决犯),也可以是判决前的犯罪分子(未决犯)。对于窝藏、包庇判决前的犯罪分子的,无论被窝藏、包庇者以后被判什么罪,也不论是否给予刑罚处罚或给予何种刑罚处罚,窝藏、包庇者都可构成窝藏、包庇罪。根据案件事实,取保候审的被告人确系犯罪分子,如保证人与被告人串通,协助被告人逃匿,视其情节,已构成犯罪的,可以窝藏罪追究保证人的刑事责任。[17] 但已过追诉时效的犯罪分子就不能成为窝藏、包庇罪的对象。作为窝藏、包庇罪对象的判决后的犯罪分子应是指判决后应被执行刑罚的犯罪分子。据此,虽然经过判决,但不应被执行刑罚的人不是窝藏、包庇罪的对象。据此,下列几种人就不能成为窝藏、包庇罪的对象:被判处免于刑事处罚的人;刑罚已被执行完毕的人;刑罚被赦免的人;被宣告缓刑、被适用假释后不存在撤销缓刑、假释事由的人。需要注意的是,当刑法对包庇特定种类的犯罪分子另有特别规定时,应依照特别规定处理,如包庇走私、贩卖、运输、制造毒品的犯罪分子的,以《刑法》第 349 条规定的包庇毒品犯罪分子罪定罪处罚。

本罪的客观行为具体表现为窝藏行为和包庇行为。所谓“窝藏”,是指为犯罪的人提供隐藏处所、财物以及其他帮助其逃匿的行为。窝藏行为的特征是使司法机关不能或难以发现犯罪的人,因此,除为犯罪的人提供隐藏处所或者财物以外,还存在多种帮助犯罪分子逃匿的方法行为,如向犯罪的人通报侦查或追捕动静,提供用于化装逃跑的服装或逃跑用的交通工具,帮助犯罪的人化装整容以掩盖身份,为犯罪的人逃跑指引方向或路线,伪造通行证明或身份证明,对欲告发、告诉犯罪的第三人施加压力等。在司法实践中,在犯罪的人面临司法追究时,为使犯罪人逃匿,而自己冒充犯罪的人向司法机关投案或者实施其他使司法机关误认为

---

〔17〕 参见 1989 年 7 月 3 日最高人民法院《关于取保候审的被告人逃匿如何追究保证人责任问题的批复》。

自己为原犯罪人的行为的,也应认定为构成本罪。所谓“包庇”,是指为犯罪的人向司法机关作虚假证明以帮助其掩盖犯罪事实的行为。基于 1997 年刑法把帮助犯罪人湮灭罪迹、隐匿、毁灭罪证的行为单独规定为帮助毁灭、伪造证据罪,因此,这里的“包庇”仅指作虚假证明包庇的行为。

本罪是选择性罪名,只要行为人实施窝藏或包庇行为之一,即构成本罪;同时实施窝藏、包庇行为的,也只认定为一罪,具体罪名根据行为人实施的具体行为来确定。

2. 本罪的主体是一般主体,即年满 16 周岁、具有刑事责任能力的自然人。

3. 本罪的主观方面是故意,包括直接故意和间接故意,即行为人明知是犯罪的人而予以窝藏、包庇。成立明知,并不要求行为人明确知道对方是犯罪分子,而只要根据实际情况推定他可能知道,就可认定存在明知。在窝藏罪的场合,明知既可以在行为开始时形成,也可以在行为发展的过程中形成。因而,实施窝藏行为的当时并不知道对方是犯罪分子,但在知道对方的身份后仍然进行窝藏的,同样构成窝藏罪。在包庇罪的场合,一般要求行为人在实施包庇行为时就明知对方是犯罪分子。

4. 本罪的客体是司法机关对犯罪分子的刑事追诉和刑罚执行的正常活动。本罪侵犯的不是司法机关的一切活动,而只限于给司法机关对犯罪分子的侦查、起诉、审判、执行活动造成障碍,其中司法机关对犯罪分子的侦查、起诉、审判活动属于对犯罪的刑事追诉活动,执行则是对犯罪分子的刑罚执行活动。

此外,根据《刑法》第 362 条的规定,旅馆业、饮食服务业、文化娱乐业、出租汽车业等单位的人员,在公安机关查处卖淫、嫖娼活动时,为违法犯罪分子通风报信,情节严重的,以包庇罪定罪处罚。该规定属于法律拟制规定。其中的包庇行为所针对的对象包括尚未构成犯罪的卖淫嫖娼者。

(二) 窝藏、包庇罪的认定

1. 窝藏、包庇罪与非罪的界限

构成本罪,要求行为人主观上必须存在“明知”。如果行为人不知是犯罪的人而为其提供住所、财物或其他帮助其逃匿的行为的,或者因不了解情况而作了客观上有利于犯罪人的证词的,不构成本罪。构成本罪,要求行为人客观上实施了窝藏、包庇行为。因而,如果行为人只是知情不举的,不构成本罪。但这也并非绝对,根据《刑法》第 311 条的规定,明知他人有间谍犯罪行为,在国家安全机关向其调查有关情况、收集有关证据时拒绝提供，情节严重的，构成拒绝提供间谍犯罪证据罪。根据《人民警察法》第 9 条、第 19 条的规定，人民警察明知是逃匿的犯罪分子而不履行职责的，可能构成玩忽职守罪。行为人实施了窝藏、包庇行为，但情节显著轻微、危害不大的，不应以本罪论处。

2. 窝藏、包庇罪与共同犯罪中的窝藏、包庇行为的界限

行为人在与犯罪的人没有事前通谋的情况下实施窝藏、包庇行为的，才成立本罪。如果行为人事前与犯罪人通谋，商定待犯罪人实行犯罪后予以窝藏、包庇的，则成立共同犯罪。根据《刑法》第 310 条第 2 款的规定，实施窝藏、包庇行为，事前通谋的，以共同犯罪论处。这里的“事前通谋”，是指窝藏、包庇犯与被窝藏、包庇的犯罪的人，在犯罪活动之前，就谋划或合谋，答应犯罪分子作案后给以窝藏或者包庇。如果只是知道作案人员要去实施犯罪，事后予以窝藏、包庇或者事先知道作案人员要去实施犯罪，未去报案，犯罪发生后又窝藏、包庇犯罪分子的，都不应以共同犯罪论处，而是单独构成窝藏、包庇罪。〔18〕

3. 包庇罪与伪证罪的界限

包庇罪与伪证罪有共同之处，两罪在主观上都是故意，客观上都表现为或可以表现为向司法机关作虚假证明的行为，都侵犯了司法机关的正常活动。但二者也有明显区别：(1)犯罪客观方面的表现不同。本罪的客观方面表现为犯罪的人向司法机关作虚假证明以帮助其掩盖犯罪事实的行为，在此所掩盖的既可以是犯罪分子的全部犯罪事实，也可以是犯罪分子的主要罪行；伪证罪的客观方面表现为在刑事诉讼中，对与案件有重要关系的情节，作虚假的证明、鉴定、记录、翻译的行为。就犯罪时间而言，本罪既可以发生在犯罪分子被判决以前，也可以发生在犯罪分子服刑之后；伪证罪则只能发生在判决以前的侦查、起诉、审判过程中。(2)犯罪主体不同。本罪的主体是一般主体；伪证罪的主体则是特殊主体，仅限于刑事诉讼中的证人、鉴定人、记录人、翻译人。(3)犯罪目的的内容不同。本罪的犯罪目的只能是意图使他人减轻或逃脱法律制裁；伪证罪的犯罪目的既可以是意图陷害他人，也可以是意图使其逃避或减轻法律制裁。(4)犯罪的直接客体有所不同。本罪侵犯的直接客体是司法机关对犯罪分子的刑事追诉和刑罚执行的正

---

〔18〕 参见 1985 年 12 月 28 日最高人民法院《关于窝藏、包庇罪中“事前通谋的，以共同犯罪论处”如何理解的电话答复》。

常活动;伪证罪侵犯的直接客体是司法机关在刑事诉讼中的正常活动。(5)犯罪对象不同。本罪的犯罪对象是犯罪的人,既包括未决犯,也包括已决犯;后者的犯罪对象是犯罪嫌疑人、被告人,即只能是未决犯。

(三) 窝藏、包庇罪的处罚

根据《刑法》第 310 条的规定,犯本罪的,处 3 年以下有期徒刑、拘役或者管制;情节严重的,处 3 年以上 10 年以下有期徒刑。

十、掩饰、隐瞒犯罪所得、犯罪所得收益罪

(一) 掩饰、隐瞒犯罪所得、犯罪所得收益罪的概念和构成要件

掩饰、隐瞒犯罪所得、犯罪所得收益罪,是指明知是犯罪所得及其产生的收益而予以窝藏、转移、收购、代为销售或者以其他方法掩饰、隐瞒的行为。

本罪的构成要件如下。

1. 本罪的客观方面表现为窝藏、转移、收购、代为销售或以其他方法掩饰、隐瞒犯罪所得及其产生的收益的行为。窝藏,是指帮助他人藏匿赃物,以使司法机关不能或难以发现的行为。窝藏除了提供藏匿赃物的场所之外,还应包括寄藏赃物、加工赃物和收受赃物这三种行为方式。寄藏赃物,是指接受委托而保管赃物,无论是有偿的还是无偿的。加工赃物,是指通过改变赃物的外观而使赃物便于藏匿的行为。收受赃物,是指通过接受赠与而无偿领得赃物。转移,是指以各种方式改变赃物存放地点的行为。转移的形式多种多样,既包括传统物理意义上的位移,如搬运、工具运输、邮寄等,也包括通过转账或其他结算方式协助转移资金等非传统意义上的转移。收购,是指有偿地取得赃物后加以出卖的行为,一般是低价买进,高价卖出。代为销售,是指受本犯的委托,为本犯销售赃物的行为。与收购不同的是,在代为销售的场合,并不涉及对价的支付。以其他方法掩饰、隐瞒,泛指上述四种行为方式之外的所有掩饰、隐瞒赃物的行为,如介绍买卖赃物,买赃自用等。

根据有关的司法解释,对明知是他人非法复制的移动电话号码而倒卖的,应当以本罪追究刑事责任。[19] 对明知是盗窃、抢劫所得的机动车而予以拆解、改

---

〔19〕 参见 1995 年 9 月 13 日最高人民法院《关于对非法复制移动电话号码案件如何定性问题的批复》第 2 条。

装、拼装、典当、倒卖的，视为窝藏、转移、收购或者代为销售，依照本罪的规定处罚。国家指定的车辆交易市场、机动车经营企业（含典当、拍卖行）以及从事机动车修理、零部件销售企业的主管人员或者其他直接责任人员，明知是盗窃、抢劫的机动车而予以窝藏、转移、拆解、改装、拼装、收购或者代为销售的，依照本罪的规定处罚。明知是赃车而购买的，以收购赃物罪定罪处罚；明知是赃车而介绍买卖的，以本罪定罪处罚。[20] 明知是盗窃、抢劫、诈骗、抢夺的机动车，实施下列行为之一的，以本罪定罪：(1)买卖、介绍买卖、典当、拍卖、抵押或者用其抵债的；(2)拆解、拼装或者组装的；(3)修改发动机号、车辆识别代号的；(4)更改车身颜色或者车辆外形的；(5)提供或者出售机动车来历凭证、整车合格证、号牌以及有关机动车的其他证明和凭证的；(6)提供或者出售伪造、变造的机动车来历凭证、整车合格证、号牌以及有关机动车的其他证明和凭证的。[21]

2. 本罪的主体是一般主体，自然人和单位均可成为本罪的主体。

3. 本罪的主观方面是故意，即明知是犯罪所得及其产生的收益，而予以窝藏、转移、收购、代为销售或者以其他方法掩饰、隐瞒。这里的“明知”，是指知道或者应当知道。这里的“应当知道”，实际上是一种推定明知。对行为人主观上是否存在“明知”，应结合具体案件的实际情况进行综合判断。一般来说，应根据行为人窝藏、转移、收购、代为销售或以其他方法掩饰、隐瞒的时间、地点、数量、价格、品种、行为人与本犯的关系以及了解程度等方面来判断是否明知。如 1998 年 5 月 8 日最高人民法院、最高人民检察院、公安部、国家工商行政管理局《关于依法查处盗窃、抢劫机动车案件的规定》第 17 条规定，有下列情形之一的，可以视为应当知道，但有证据证明确属被蒙骗的除外：(1)在非法的机动车交易场所和销售单位购买的；(2)机动车证件手续不全或者明显违反规定的；(3)机动车发动机号或者车架号有更改痕迹，没有合法证明的；(4)以明显低于市场价格购买机动车的。2007 年 5 月 9 日最高人民法院、最高人民检察院《关于办理与盗窃、抢劫、诈骗、抢夺机动车相关刑事案件具体应用法律若干问题的解释》第 6 条规定，行为所涉及的机动车有下列情形之一的，应当认定行为人主观上具有明知：(1)没有合

---

[20] 参见 1998 年 5 月 8 日最高人民法院、最高人民检察院、公安部、国家工商行政管理局《关于依法查处盗窃、抢劫机动车案件的规定》第 2 条、第 3 条、第 5 条的规定。

[21] 参见 2007 年 5 月 9 日最高人民法院、最高人民检察院《关于办理与盗窃、抢劫、诈骗、抢夺机动车相关刑事案件具体应用法律若干问题的解释》第 1 条。

法有效的来历凭证;(2)发动机号、车辆识别号、车辆识别代号有明显更改痕迹,没有合法证明的。

此外,根据 2009 年 11 月 4 日最高人民法院《关于审理洗钱等刑事案件具体应用法律若干问题的解释》第 1 条的规定,对本罪中“明知”的认定,应当结合被告人的认知能力,接触他人犯罪所得及其收益的情况,犯罪所得及其收益的种类、数额,犯罪所得及其收益的转换、转移方式以及被告人的供述等主、客观因素进行认定。具有下列情形之一的,可以认定被告人明知系犯罪所得及其收益,但有证据证明确实不知道的除外:(1)知道他人从事犯罪活动,协助转换或者转移财物的;(2)没有正当理由,通过非法途径协助转换或者转移财物的;(3)没有正当理由,以明显低于市场的价格收购财物的;(4)没有正当理由,协助转换或者转移财物,收取明显高于市场的“手续费”的;(5)没有正当理由,协助他人将巨额现金散存于多个银行账户或者在不同银行账户之间频繁划转的;(6)协助近亲属或者其他关系密切的人转换或者转移与其职业或者财产状况明显不符的财物的;(7)其他可以认定行为人明知的情形。

4. 本罪的客体是司法机关追缴犯罪所得及其产生的收益和追诉犯罪的正常活动。犯罪对象是犯罪所得及其产生的收益。犯罪所得及其产生的收益均属于赃物的范畴。犯罪所得,是指通过犯罪行为直接获得的赃款赃物;犯罪所得产生的收益,是指通过利用犯罪所得所产生的财物。犯罪所得,是指通过犯罪行为直接获得的赃款赃物;犯罪所得产生的收益,是指通过利用犯罪所得所产生的财物,包括上游犯罪的行为人对犯罪所得进行处理后得到的孳息、租金等。犯罪所得及其产生的收益还必须是他人的犯罪所得及其产生的收益。犯罪所得及其产生的收益不同于用于犯罪的财物(犯罪工具),如运送走私物品的交通工具、杀人或伤人所用的凶器、撬门扭锁的钳子等便不属于“赃物”的范围,也不同于因犯罪而产生的物品(如伪造货币罪中的假币)。掩饰、隐瞒后两类物品的,不构成本罪,可以视具体情况认定为包庇罪等。另外需要注意的是,当刑法针对特定赃物另有特别规定时,应依照特别规定处理,而不再认定为本罪。例如,明知是毒品犯罪、黑社会性质的组织犯罪、恐怖活动犯罪、走私犯罪、贪污贿赂犯罪、破坏金融管理秩序犯罪、金融诈骗犯罪的所得及其产生的收益,为掩饰、隐瞒其来源和性质而实施《刑法》第 191 条规定之行为的,以洗钱罪定罪处罚;明知是毒品或毒品犯罪所得的财物而加以窝藏、转移、隐瞒的,以《刑法》第 349 条规定的窝藏、转移、隐瞒毒品、毒赃罪定罪处罚。

（二）掩饰、隐瞒犯罪所得、犯罪所得收益罪的认定

1. 掩饰、隐瞒犯罪所得、犯罪所得收益罪与非罪的界限

构成本罪，要求行为人明知是赃物而实施掩饰、隐瞒行为。如果行为人确实对赃物不存在明知，则不成立本罪。掩饰、隐瞒本人犯罪所得及其产生的收益的行为属于犯罪后处理赃物的后续行为，为此前的犯罪实行行为所吸收，不另行认定为本罪。明知是犯罪所得及其产生的收益而实施掩饰、隐瞒行为，情节显著轻微、危害不大的，不以本罪论处。根据 2015 年 5 月 29 日最高人民法院《关于审理掩饰、隐瞒犯罪所得、犯罪所得收益刑事案件适用法律若干问题的解释》（以下简称 2015 年《掩饰、隐瞒犯罪所得刑事案件解释》）第 1 条的规定，具有下列情形之一的，应当依照《刑法》第 312 条第 1 款的规定，以掩饰、隐瞒犯罪所得、犯罪所得收益罪定罪处罚：(1)掩饰、隐瞒犯罪所得及其产生的收益价值 3 000 元至 1 万元以上的；(2)1 年内曾因掩饰、隐瞒犯罪所得及其产生的收益行为受过行政处罚，又实施掩饰、隐瞒犯罪所得及其产生的收益行为的；(3)掩饰、隐瞒的犯罪所得系电力设备、交通设施、广播电视设施、公用电信设施、军事设施或者救灾、抢险、防汛、优抚、扶贫、移民、救济款物的；(4)掩饰、隐瞒行为致使上游犯罪无法及时查处，并造成公私财物损失无法挽回的；(5)实施其他掩饰、隐瞒犯罪所得及其产生的收益行为，妨害司法机关对上游犯罪进行追究的。各省、自治区、直辖市高级人民法院可以根据本地区经济社会发展状况，并考虑社会治安状况，在本条第 1 款第(1)项规定的数额幅度内，确定本地执行的具体数额标准，报最高人民法院备案。

本罪的成立是否需要以上游犯罪的成立为前提？根据 2015 年《掩饰、隐瞒犯罪所得刑事案件解释》第 8 条第 1 款、第 2 款的规定，认定掩饰、隐瞒犯罪所得、犯罪所得收益罪，以上游犯罪事实成立为前提。上游犯罪尚未依法裁判，但查证属实的，不影响掩饰、隐瞒犯罪所得、犯罪所得收益罪的认定。上游犯罪事实经查证属实，但因行为人未达到刑事责任年龄等原因依法不予追究刑事责任的，不影响掩饰、隐瞒犯罪所得、犯罪所得收益罪的认定。

2. 掩饰、隐瞒犯罪所得、犯罪所得收益罪与共同犯罪中的窝藏、转移、收购、销售赃物行为的界限

与盗窃、诈骗、抢劫、抢夺、贪污、敲诈勒索等其他犯罪分子事前通谋，事后对

犯罪分子所得的赃物及其产生的收益予以掩饰或者隐瞒的,应按犯罪分子所犯之罪的共犯追究刑事责任。事前未通谋的,事后明知是犯罪所得及其收益而予以掩饰、隐瞒的,应按本罪追究刑事责任。[22]

在司法实践中,掩饰、隐瞒犯罪所得、犯罪所得收益罪中的掩饰、隐瞒须发生在本犯既遂之后。如果在本犯犯罪既遂之前,行为人实施了掩饰、隐瞒的行为,则这种行为必然属于本犯所实施的共同犯罪的一部分,而不可能成立本罪。

3. 掩饰、隐瞒犯罪所得、犯罪所得收益罪与洗钱罪的界限

从广义上说,洗钱行为也是一种掩饰、隐瞒犯罪所得及其收益的行为。二者的主要区别是:(1)犯罪客观方面有所不同。二者的核心行为均表现为掩饰、隐瞒行为,但前者不仅掩饰、隐瞒犯罪所得及其收益的来源和性质,而且还包括掩饰、隐瞒犯罪所得及其收益的处所、数量等其他情况;而后者仅限于掩饰、隐瞒犯罪所得及其收益的来源和性质。因此,即使本犯行为是洗钱罪的上游犯罪,如果行为人不是掩饰、隐瞒犯罪所得及其收益的来源和性质,而是掩饰、隐瞒犯罪所得及其收益的其他情况,也仍然应以前者定罪处罚,而不能以后者定罪处罚。(2)犯罪主观方面有所不同。本罪的主观方面要求行为人明知是犯罪所得及其产生的收益,并具有妨碍司法机关追缴赃物的目的;后者的主观方面要求行为人必须明知是7类特定犯罪的所得及其产生的收益,而且具有掩饰、隐瞒违法所得及其产生的收益的来源和非法性质的目的。(3)犯罪客体不同。本罪的客体是司法机关追缴犯罪所得及其收益和追诉犯罪的正常活动;洗钱罪的客体是国家的金融管理制度和司法机关的正常活动。(4)犯罪对象不同。本罪的犯罪对象是他人的犯罪所得及其产生的收益,至于他人所犯之罪的性质则在所不问;洗钱罪的犯罪对象则仅限于毒品犯罪、黑社会性质的组织犯罪、恐怖活动犯罪、走私犯罪、贪污贿赂犯罪、破坏金融管理秩序犯罪、金融诈骗犯罪的所得及其产生的收益。

4. 本罪中"情节严重"的认定

根据2015年《掩饰、隐瞒犯罪所得刑事案件解释》第3条的规定,具有下列情形之一的,应当认定为"情节严重":(1)掩饰、隐瞒犯罪所得及其产生的收益价值总额达到10万元以上的;(2)掩饰、隐瞒犯罪所得及其产生的收益10次以上,或

---

〔22〕 参见1995年2月13日最高人民检察院《关于事先与犯罪分子有通谋,事后对赃物予以窝藏、代为销售或者收买的,应如何适用法律的问题的批复》。

者 3 次以上且价值总额达到 5 万元以上的；(3)掩饰、隐瞒的犯罪所得系电力设备、交通设施、广播电视设施、公用电信设施、军事设施或者救灾、抢险、防汛、优抚、扶贫、移民、救济款物，价值总额达到 5 万元以上的；(4)掩饰、隐瞒行为致使上游犯罪无法及时查处，并造成公私财物重大损失无法挽回或其他严重后果的；(5)实施其他掩饰、隐瞒犯罪所得及其产生的收益行为，严重妨害司法机关对上游犯罪予以追究的。司法解释对掩饰、隐瞒涉及机动车、计算机信息系统数据、计算机信息系统控制权的犯罪所得及其产生的收益行为认定“情节严重”已有规定的，审理此类案件依照该规定。

5. 本罪中犯罪数额的计算

根据 2015 年《掩饰、隐瞒犯罪所得刑事案件解释》第 4 条第 1 款、第 2 款的规定，掩饰、隐瞒犯罪所得及其产生的收益的数额，应当以实施掩饰、隐瞒行为时为准。收购或者代为销售财物的价格高于其实际价值的，以收购或者代为销售的价格计算。多次实施掩饰、隐瞒犯罪所得及其产生的收益行为，未经行政处罚，依法应当追诉的，犯罪所得、犯罪所得收益的数额应当累计计算。

(三) 掩饰、隐瞒犯罪所得、犯罪所得收益罪的处罚

根据《刑法》第 312 条的规定，犯本罪的，处 3 年以下有期徒刑、拘役或者管制，并处或者单处罚金；情节严重的，处 3 年以上 7 年以下有期徒刑，并处罚金。单位犯本罪的，对单位判处罚金，并对其直接负责的主管人员和其他直接责任人员，依照上述规定处罚。

十一、拒不执行判决、裁定罪

(一) 拒不执行判决、裁定罪的概念和构成要件

拒不执行判决、裁定罪，是指对人民法院已经发生法律效力的判决、裁定有能力执行而拒不执行，情节严重的行为。

本罪的构成要件如下。

1. 本罪的客观方面表现为对人民法院已经发生法律效力的判决、裁定有能力执行而拒不执行的行为。有能力执行是成立本罪的前提条件。根据 1998 年 4 月 17 日最高人民法院《关于审理拒不执行判决、裁定案件具体应用法律若干问题的解释》，这里的“有能力执行”，是指根据查实的证据证明，负有执行人民法院判决、裁定义务的人有可供执行的财产或者具有履行特定行为义务的能力。但如果

行为人在人民法院的判决、裁定生效后,为逃避义务,采取隐藏、转移、变卖、赠送、毁损自己财物而造成判决、裁定无法执行的,仍应属于有能力执行。倘若负有执行人民法院判决、裁定义务的人没有可供执行的财产或履行判决、裁定所确定的义务的能力,则属于不能执行,成立本罪的前提条件也就不具备。拒不执行,是指行为人采取各种手段,抗拒执行人民法院的判决、裁定。因此,本罪的行为方式是不作为。拒不执行的手段既可以表现为使用暴力、威胁方法妨碍法院执行或抗拒执行,积极转移、隐藏可供执行的财产等,也可以表现为对人民法院的执行通知置之不理或者躲藏、逃避法院执行等。

有能力执行而拒不执行的行为必须达到情节严重的程度,才能构成犯罪。根据相关立法、司法解释,下列情形属于"有能力执行而拒不执行,情节严重"的情形:(1)被执行人隐藏、转移、故意毁损财产或者无偿转让财产、以明显不合理的低价转让财产,致使判决、裁定无法执行的;(2)担保人或者被执行人隐藏、转移、故意毁损或者转让已向人民法院提供担保的财产,致使判决、裁定无法执行的;(3)协助执行义务人接到人民法院协助执行通知书后,拒不协助执行,致使判决、裁定无法执行的;(4)被执行人、担保人、协助执行义务人与国家机关工作人员通谋,利用国家机关工作人员的职权妨害执行,致使判决、裁定无法执行的;(5)其他有能力执行而拒不执行,情节严重的情形。

2. 本罪的主体是特殊主体,即负有执行人民法院判决、裁定义务的自然人与单位。就自然人犯罪而言,具体包括三类主体:一是被执行人;二是判决、裁定所确定的有协助执行义务的人;三是担保人,其隐藏、转移、故意毁损或者转让已向人民法院提供担保的财产的,也可以构成本罪。就单位犯罪而言,负有执行人民法院判决、裁定义务的单位直接负责的主管人员和其他直接责任人员,为了本单位利益实施拒不执行判决、裁定的行为,情节严重或者情节特别严重的,对该单位判处罚金,同时对该主管人员和其他直接责任人员以本罪定罪处罚。

3. 本罪的主观方面是直接故意,即明知自己有义务、有能力执行人民法院的判决、裁定,而有意拒不执行,并希望判决、裁定得不到执行的结果发生。

4. 本罪的客体是人民法院执行判决、裁定的正常活动。本罪的犯罪对象是人民法院的判决、裁定。根据2002年8月29日全国人大常委会《关于〈中华人民共和国刑法〉第三百一十三条的解释》,本罪中的"人民法院的判决、裁定",是指人民法院依法作出的具有执行内容并已发生法律效力的判决、裁定。人民法院为依法执行支付令、生效的调解书、仲裁裁决、公证债权文书等所作的裁定属于该条规定的裁定。

(二) 拒不执行判决、裁定罪的认定

1. 拒不执行判决、裁定罪与非罪的界限

首先,成立本罪,须以行为人"有能力执行"为前提,因此,如果行为人由于客观原因确实没有能力履行判决、裁定所确定的义务,则不构成本罪。其次,成立本罪,要求行为人拒不执行的行为达到情节严重的程度。因此,有能力执行而拒不执行的行为尚未达到情节严重的程度的,亦不构成犯罪。执行人民法院的判决、裁定必须依法进行。如果执行人员在执行过程中存在违反法定的执行程序或者缺乏必要的法律手续以及其他执行错误的情形,被执行人及相关人员为维护自己的合法权益而抗拒执行的,实际上是一种自救行为,不能认定为犯罪。

根据 2015 年 7 月 20 日最高人民法院《关于审理拒不执行判决、裁定刑事案件适用法律若干问题的解释》(以下简称 2015 年《拒不执行判决刑事案件解释》)第 2 条的规定,负有执行义务的人有能力执行而实施下列行为之一的,应当认定为前述立法解释中"其他有能力执行而拒不执行,情节严重的情形":(1)具有拒绝报告或者虚假报告财产情况、违反人民法院限制高消费及有关消费令等拒不执行行为,经采取罚款或者拘留等强制措施后仍拒不执行的;(2)伪造、毁灭有关被执行人履行能力的重要证据,以暴力、威胁、贿买方法阻止他人作证或者指使、贿买、胁迫他人作伪证,妨碍人民法院查明被执行人财产情况,致使判决、裁定无法执行的;(3)拒不交付法律文书指定交付的财物、票证或者拒不迁出房屋、退出土地,致使判决、裁定无法执行的;(4)与他人串通,通过虚假诉讼、虚假仲裁、虚假和解等方式妨害执行,致使判决、裁定无法执行的;(5)以暴力、威胁方法阻碍执行人员进入执行现场或者聚众哄闹、冲击执行现场,致使执行工作无法进行的;(6)对执行人员进行侮辱、围攻、扣押、殴打,致使执行工作无法进行的;(7)毁损、抢夺执行案件材料、执行公务车辆和其他执行器械、执行人员服装以及执行公务证件,致使执行工作无法进行的;(8)拒不执行法院判决、裁定,致使债权人遭受重大损失的。

2. 拒不执行判决、裁定罪与妨害公务罪的界限

从广义上说,拒不执行判决、裁定的行为属于妨害公务的行为。但是,二者有着明显的区别:(1)行为方式不同。本罪的成立,对于行为方式没有特别的要求;

妨害公务罪的成立,除故意阻碍依法执行国家安全工作任务的情形以外,要求必须以暴力、威胁的方法实施。以暴力、威胁方法阻碍人民法院工作人员依法执行判决、裁定,同时触犯两个罪名的,属于法条竞合的情况,应按照特别法优于一般法的原则,以本罪论处。但是,如果行为人以暴力、威胁的方法故意阻碍人民法院工作人员依法执行其他职务活动,如调查、取证、法庭审理的,则以后者论处,而不能认定为本罪。(2)犯罪主体不同。本罪的主体为特殊主体,只能是负有执行人民法院判决、裁定义务的自然人;而后者的主体则是一般主体。(3)犯罪客体不同。本罪的客体是人民法院执行判决、裁定的正常活动;妨害公务罪的客体是国家机关工作人员、各级人大代表、红十字会工作人员依法进行的公务活动。

3. 拒不执行判决、裁定罪的共同犯罪和罪数问题

根据相关立法解释和司法解释的规定,其他人与被执行人共同实施下列抗拒执行判决、裁定行为,情节严重的,以拒不执行判决、裁定罪的共犯依法追究刑事责任:(1)以暴力、威胁方法妨害或者抗拒执行,致使执行工作无法进行的;(2)聚众哄闹、冲击执行现场,围困、扣押、殴打执行人员,致使执行工作无法进行的;(3)毁损、抢夺执行案件材料、执行公务车辆和其他执行器械、执行人员服装以及执行公务证件,造成严重后果的;(4)其他妨害或者抗拒执行造成严重后果的。国家机关工作人员收受贿赂或者滥用职权,与被执行人、担保人、协助执行义务人通谋,利用职权妨害执行,致使判决、裁定无法执行的,以拒不执行判决、裁定罪的共犯追究刑事责任,同时又构成受贿罪、滥用职权罪的,依照处罚较重的规定定罪处罚。行为人暴力抗拒人民法院执行判决、裁定,杀害、重伤执行人员的,依照故意杀人罪、故意伤害罪定罪处罚。

(三) 拒不执行判决、裁定罪的处罚

根据《刑法》第 313 条的规定,犯本罪,情节严重的,处 3 年以下有期徒刑、拘役或者罚金;情节特别严重的,处 3 年以上 7 年以下有期徒刑,并处罚金。单位犯前款罪的,对单位判处罚金,并对其直接负责的主管人员与其他直接责任人员,依照前款的规定处罚。此外,根据 2015 年《拒不执行判决刑事案件解释》第 6 条、第 7 条的规定,拒不执行判决、裁定的被告人在一审宣告判决前,履行全部或部分执行义务的,可以酌情从宽处罚。拒不执行支付赡养费、扶养费、抚育费、抚恤金、医疗费用、劳动报酬等判决、裁定的,可以酌情从重处罚。

十二、脱逃罪

（一）脱逃罪的概念和构成要件

脱逃罪，是指依法被关押的罪犯、被告人、犯罪嫌疑人逃脱司法机关的羁押和监管的行为。

本罪的构成要件如下。

1. 本罪的客观方面表现为脱逃行为，即从羁押场所或押解途中逃跑。脱逃行为的实质是脱离监管机关的实力支配。脱逃行为的方式和手段是多种多样的：可以是秘密的，也可以是公开的；可以使用暴力、威胁手段，如对监管人员使用暴力、威胁手段，使之失去监管能力而逃离关押场所，打破门窗或毁损械具后逃离关押场所等，也可以使用非暴力性的手段，如乘监管人员疏忽而逃离关押场所，采取蒙骗手段逃离关押场所，乘外出劳动等机会逃离关押场所，以及因保外就医等事由经监狱等监管机构许可临时离开监管单位后，故意不在规定时间返回监狱，采取逃往外地等方式逃避入狱等；可以是一人逃走，也可以是几人合伙逃走，还可以是数人经组织和共同策划而集体逃走。

2. 本罪的主体是特殊主体，即依法被关押的罪犯、被告人、犯罪嫌疑人，包括被依法拘留、逮捕而尚未判决的犯罪嫌疑人、被告人（未决犯）以及已被判处拘役以上剥夺自由的刑罚并正在服刑改造的罪犯（已决犯）。就因错捕、错判而被关押的无辜者而言，只要司法机关在关押时符合法定的条件和程序，就应当认为是依法关押，因而可以成为本罪的主体。被超期羁押的未决犯在人民法院尚未对其作出最终判决之前，仍有义务接受国家的审判，而不能通过脱逃行为来逃避法律的制裁，因而也可以成为本罪的主体。至于超期羁押问题，则应依法通过其他途径解决。需要说明的是，对于事实上无罪但被错判死刑立即执行的人，在已无合法渠道对自己生命权益进行救济的情况下，其于刑罚执行之前脱逃的行为不宜成立脱逃罪，如果其脱逃行为造成其他严重后果的，可根据具体情况认定为其他罪名。

3. 本罪的主观方面是直接故意，犯罪目的是逃避羁押和监管。

4. 本罪的客体是司法机关依法对罪犯、被告人、犯罪嫌疑人进行的羁押和监管活动。

(二)脱逃罪的认定

1. 脱逃罪与非罪的界限

本罪的主体仅限于依法被关押的罪犯、被告人、犯罪嫌疑人,因此,下列人员不能成为本罪的主体:(1)被行政拘留和劳动教养的人员。这些人虽然也在一定期限内被关押,但他们不是罪犯、被告人、犯罪嫌疑人;(2)被司法机关采用拘传、取保候审、监视居住等强制措施的被告人、犯罪嫌疑人以及被判处管制、宣告缓刑的罪犯或者已被假释的罪犯。由于他们没有处在被关押的状态,不能成为本罪的主体。成立脱逃罪,要求行为人主观上具有逃避羁押和监管的目的。因此,依法被关押的罪犯、被告人、犯罪嫌疑人因事私自脱离监管,但事后主动回归的,或者经批准回家后,逾期返回监所的,因其缺乏逃避羁押和监管的目的,不应认定为本罪。另外,脱逃罪的客观方面表现为脱离监管的行为,但并非在实践中一旦形成客观上的脱管状态即构成脱逃罪。也就是说,脱逃罪中的脱管状态必须是被关押的罪犯、犯罪嫌疑人、被告人自己的故意行为所导致的,而不包括看守人员玩忽职守或其他客观原因而造成的临时脱管。所谓“脱管”,在司法实践中是指被关押的罪犯、犯罪嫌疑人和被告人客观上处于看守人员监管之外的状态。如果因看守人员玩忽职守或其他客观原因而造成脱管,只有被关押的罪犯、犯罪嫌疑人和被告人借机故意逃逸,使监管部门无法恢复监管的,才应当构成本罪。

2. 脱逃罪的既遂与未遂

我国刑法理论一般认为,本罪属于行为犯,存在犯罪的既遂和未遂形态。但是,对于本罪既遂与未遂的区分标准,观点并不一致。有的观点认为,应以行为人是否摆脱监管机关和监管人员的控制范围为标准;也有的观点认为,应以行为人是否达到脱离羁押、监管的程度为标准;还有的观点认为,应以行为人是否逃离监管场所这一特定的地理范围为标准。

本书认为,应当根据行为人脱逃时所处的具体环境来确定既遂与未遂的标准,不能一概而论:(1)当行为人被关押在设置有隔离物、警戒线的监狱、看守所、劳改场所等特定的监管场所时,行为人实际上是处在包括监管场所和监管人员控制的两重监管之下。只有行为人既逃离了监管场所,又摆脱了监管人员控制,才算得上成立既遂。如果行为人仅仅脱离监管场所,而并没有脱离监管人员的实际控制,便不能构成既遂。如果仅仅是暂时摆脱监管人员的控制,但没有逃离监管场所,如藏匿于监管场所内某隐蔽处,也不能构成既遂。(2)行为人在押解途中脱逃的，如果押解时采用的是汽车、火车等具有空间的器具的，则行为人逃离了该特定押解空间，就构成既遂。而在单纯处在押解人员的监视之中的情况下，行为人摆脱押解人员的控制，便成立既遂。

3. 脱逃罪的罪数形态问题

行为人以对监管人员使用故意伤害、故意杀人等暴力方法实现脱逃目的的，属于一行为触犯数罪名的想象竞合犯，应当从一重罪处断。具体说来，如果暴力手段造成监管人员轻伤的，以脱逃罪论处；如果暴力手段造成监管人员重伤或死亡的，以故意伤害罪、故意杀人罪论处。

（三）脱逃罪的处罚

根据《刑法》第 316 条第 1 款的规定，犯本罪的，处 5 年以下有期徒刑或者拘役。

十三、组织他人偷越国（边）境罪

（一）组织他人偷越国（边）境罪的概念和构成要件

组织他人偷越国（边）境罪，是指违反国（边）境管理法规，组织他人偷越国（边）境的行为。

本罪的构成要件如下。

1. 本罪的客观方面表现为违反国（边）境管理法规，组织他人偷越国（边）境的行为。违反国（边）境管理法规，是指违反《中华人民共和国公民出入境管理法》和《中华人民共和国外国人出入境管理法》等法律法规的有关规定。组织他人偷越国（边）境，是指领导、策划、指挥他人偷越国（边）境或者在首要分子指挥下，实施拉拢、引诱、介绍他人偷越国（边）境等的行为。[23] 组织者既可以单纯组织他人偷越国（边）境而自己并不偷越，也可以是组织他人和自己一起偷越。这里的“他人”，是指被组织偷越国（边）境的人，包括自愿偷越者、被诱骗偷越者和被胁迫偷越者。这里的“偷越”，是指不具备合法出入国（边）境的条件而擅自出入国（边）境，包括使用伪造、变造的出入境证件、骗取的出入境证件或其他蒙骗手段在边境口岸越境，也包括在未设立边防检查站的陆地、海上秘密越境。根据 2012 年 12

---

〔23〕 参见 2002 年 1 月 30 日最高人民法院《关于审理组织、运送他人偷越国（边）境等刑事案件适用法律若干问题的解释》第 1 条。

月12日最高人民法院、最高人民检察院《关于办理妨害国(边)境管理刑事案件应用法律若干问题的解释》(以下简称2012年《妨害国(边)境管理刑事案件解释》)第1条第2款的规定,组织他人偷越国(边)境人数在10人以上的,应当认定为“人数众多”;违法所得数额在20万元以上的,应当认定为“违法所得数额巨大”。

2. 本罪的主体是一般主体,即年满16周岁、具有刑事责任能力的自然人。不论是中国公民(包括港澳台地区居民),还是外国人、无国籍人,均可成为本罪的主体。被组织者一般不成立本罪的共犯,但可以构成偷越国(边)境罪。

3. 本罪的主观方面是直接故意,通常具有营利的目的,但也不排除不以营利为目的而实施组织他人偷越国(边)境行为的情形,如以走私、拐卖人口、诈骗等犯罪活动为目的组织他人偷越国(边)境的行为便是如此。

4. 本罪的客体是国家对国(边)境的出入管理制度。国境,是指我国与邻国划定的疆界;边境,一般是指我国大陆与香港、澳门、台湾地区在行政区划上的交界,有时也指我国与邻国尚未划定而实际控制的边界线。

(二) 组织他人偷越国(边)境罪的认定

1. 组织他人偷越国(边)境罪与运送他人偷越国(边)境罪的界限

二者在犯罪主体、主观方面和犯罪客体方面具有相似之处,区别主要在于客观方面的表现形式不同。前者的客观方面表现为组织行为;后者的客观方面表现为运送行为。当行为人既实施了组织他人偷越国(边)境的行为又实施了运送他人偷越国(边)境的行为时,应分两种情况予以认定:(1)如果运送他人偷越国(边)境的行为只是组织他人偷越国(边)境行为的继续,如行为人既组织又运送同一批人偷越国(边)境的,属于牵连犯,应根据从一重罪处断的原则,以组织他人偷越国(边)境罪论处;(2)如果组织、运送是两个相互独立的犯罪行为,如行为人组织了一批人偷越国(边)境后,又运送另一批人偷越国(边)境的,则具备了两个犯罪的构成要件,应实行数罪并罚。

2. 组织他人偷越国(边)境罪与偷越国(边)境罪的共同犯罪的界限

偷越国(边)境罪,是指违反国(边)境管理法规,偷越国(边)境,情节严重的行为。我国刑法将组织他人偷越国(边)境罪这种原本是偷越国(边)境罪的组织犯的行为独立规定为一种犯罪。因此,如果数个行为人共谋集体偷越国(边)境,或者在他人决定偷越国(边)境后,为其提供各种物质条件予以帮助的,只能按偷越国(边)境罪的共同犯罪处理。但是,如果他人原本没有偷越国(边)境的意图,而行为人通过领导、策划、指挥等手段使他人偷越国(边)境的,应以组织他人偷越国(边)境罪论处。

3. 组织他人偷越国(边)境罪与骗取出境证件罪的界限

组织他人偷越国(边)境罪的犯罪方法是多种多样的,骗取出境证件只是其中的一种犯罪方法;而在骗取出境证件罪的场合,行为人所骗取的出境证件只能是为组织他人偷越国(边)境使用。因此,骗取出境证件的行为实际上是组织他人偷越国(边)境罪的预备行为;鉴于这种行为容易使组织他人偷越国(边)境罪得逞,所以我国刑法将其作为一种独立的犯罪加以规定。组织他人偷越国(边)境罪与骗取出境证件罪有以下区别:(1)犯罪客观方面不同。本罪的客观方面表现为组织他人偷越国(边)境的行为;后者的客观方面表现为以劳务输出、经贸往来或者其他名义,弄虚作假,骗取护照、签证等出境证件。(2)犯罪主体有所不同。本罪的主体只能是自然人;后者的主体既包括自然人,也包括单位。(3)犯罪主观方面不同。本罪的行为人除具有组织他人偷越国(边)境的目的外,通常还具有营利的目的;后者的行为人实施骗取出境证件行为的目的仅限于为组织他人偷越国(边)境使用。(4)犯罪客体有所不同。本罪的客体是国家对国(边)境的出入管理制度;后者的客体是国家对出境证件的管理制度。

在司法实践中,行为人实施骗取出境证件行为,只要是为组织他人偷越国(边)境使用,无论是自己使用还是他人使用,无论行为人是否是组织他人偷越国(边)境的组织者,只要组织他人偷越国(边)境的行为尚未实行,都应以骗取出境证件罪定罪,而不能以本罪的预备行为处罚。行为人为组织他人偷越国(边)境使用而骗取出境证件,而后又以使用所骗取的出境证件的方法组织他人偷越国(边)境,应按照牵连犯的从一重罪处断的原则,以本罪论处。但如果单位为组织他人偷越国(边)境使用而实施骗取出境证件行为,而后又以使用所骗取的出境证件的方法组织他人偷越国(边)境的,则应定骗取出境证件罪,因为单位并非本罪的主体。

4. 组织他人偷越国(边)境罪的罪数形态问题

在组织他人偷越国(边)境的过程中,由于过失造成被组织人重伤、死亡的,如偷渡时因条件恶劣导致被组织者患病、伤亡的,构成本罪的结果加重犯,依然认定为本罪;剥夺或者限制被组织人人身自由以及以暴力、威胁方法抗拒检查的,属于本罪的加重事由,不实行数罪并罚,而应按照本罪的加重情形处理。对被组织人有杀害、伤害、强奸、拐卖等犯罪行为,或者对检查人员有杀害、伤害等犯罪行为的,依照数罪并罚的规定处罚。

5. 组织他人偷越国(边)境罪的停止形态认定问题

根据2012年《妨害国(边)境管理刑事案件解释》第1条第3款的规定,以组织他人偷越国(边)境为目的,招募、拉拢、引诱、介绍、培训偷越国(边)境人员,策划、安排偷越国(边)境行为,在他人偷越国(边)境之前或者偷越国(边)境过程中被查获的,应当以组织他人偷越国(边)境罪(未遂)论处。

(三) 组织他人偷越国(边)境罪的处罚

根据《刑法》第318条的规定,犯本罪的,处2年以上7年以下有期徒刑,并处罚金;有下列情形之一的,处7年以上有期徒刑或者无期徒刑,并处罚金或者没收财产:(1)组织他人偷越国(边)境集团的首要分子;(2)多次组织他人偷越国(边)境或者组织他人偷越国(边)境人数众多的;(3)造成被组织人重伤、死亡的;(4)剥夺或者限制被组织人人身自由的;(5)以暴力、威胁方法抗拒检查的;(6)违法所得数额巨大的;(7)有其他特别严重情节的。

十四、盗掘古文化遗址、古墓葬罪

(一) 盗掘古文化遗址、古墓葬罪的概念和构成要件

盗掘古文化遗址、古墓葬罪,是指盗掘具有历史、艺术、科学价值的古文化遗址、古墓葬的行为。

本罪的构成要件如下。

1. 本罪的客观方面表现为盗掘具有历史、艺术、科学价值的古文化遗址、古墓葬的行为。盗掘,是指未经国家有关主管部门批准而私自挖掘。盗掘的行为方式既可以是秘密的,也可以是公开的;既可以是采取人工挖掘方式,也可以是动用现代化的挖掘工具进行;既可以由个人实施,也可以由多人合伙甚至聚众实施。

从刑法条文的规定来看,本罪是行为犯,只要行为人实施了盗掘行为,无论是否挖到文物,都构成本罪且成立犯罪既遂。不过,需要说明的是,根据2015年12月30日最高人民法院、最高人民检察院《关于办理妨害文物管理等刑事案件适用法律若干问题的解释》(以下简称2015年《妨害文物管理刑事案件解释》)第8条第2款的规定,实施盗掘行为,已损害古文化遗址、古墓葬的历史、艺术、科学价值的,应当认定为盗掘古文化遗址、古墓葬罪的既遂。

2. 本罪的主体是一般主体,即年满16周岁、具有刑事责任能力的自然人。

3. 本罪的主观方面是故意,并通常具有非法占有古文化遗址、古墓葬中文物的目的。但是否具有这种目的,并不影响本罪的成立。不知是古文化遗址、古墓葬而予以挖掘的,不构成本罪。

4. 本罪的客体是国家对古文化遗址、古墓葬的管理制度和国家对古文化遗址、古墓葬的所有权。犯罪对象是具有历史、艺术、科学价值的古文化遗址、古墓葬。这里的"古文化遗址、古墓葬",是指清代和清代以前的古文化遗址、古墓葬。辛亥革命以后,与著名历史事件有关的名人墓葬、遗址和纪念地,也视同古墓葬、古文化遗址。[24] 其中,古文化遗址包括石窟、地下城、古建筑等,古墓葬包括皇帝陵墓、革命烈士墓等。此外,根据2015年《妨害文物管理刑事案件解释》第8条第1款的规定,"古文化遗址、古墓葬"包括水下古文化遗址、古墓葬。"古文化遗址、古墓葬"不以公布为不可移动文物的古文化遗址、古墓葬为限。

(二) 盗掘古文化遗址、古墓葬罪的认定

1. *盗掘古文化遗址、古墓葬罪与故意损毁文物罪、故意损毁名胜古迹罪的界限*

本罪与故意损毁文物罪、故意损毁名胜古迹罪有许多相似的地方:(1)古文化遗址、古墓葬与文物、名胜古迹密切相关。如果古文化遗址、古墓葬处在国家保护的名胜古迹范围内,则盗掘行为就会给名胜古迹造成事实上的破坏;(2)行为方式比较接近,盗掘行为就可能是一种损毁行为:(3)在主观上都是故意,并且都属于妨害文物管理罪。但它们也有区别,主要表现在:(1)犯罪客观方面不同。本罪的客观方面表现为盗掘行为,主要采取挖掘、撬刨等手段掘取地下物品;后者的客观方面表现为损毁行为,如拆除、砸毁、涂污、焚烧、刻画等。(2)犯罪主观方面不同。本罪主观上是直接故意,并通常具有非法占有古文化遗址、古墓葬中文物的目的;而后者可以是直接故意,也可以是间接故意,并不要求行为人有特定的目的。(3)犯罪客体不同。本罪的客体是国家对古文化遗址、古墓葬的管理制度和国家对古文化遗址、古墓葬的所有权,故意损毁文物罪的客体是国家对文物的管理制度;故意损毁名胜古迹罪的客体是国家对名胜古迹的管理制度。(4)犯罪对象有区别。本罪的对象是具有历史、艺术、科学价值的古文化遗址、古墓葬;故

---

〔24〕 参见1987年11月27日最高人民法院、最高人民检察院《关于办理盗窃、盗掘、非法经营和走私文物的案件具体应用法律的若干问题的解释》。

意损毁文物罪的对象是国家保护的珍贵文物或者被确定为全国重点文物保护单位、省级文物保护单位的文物,故意损毁名胜古迹罪的对象是国家保护的名胜古迹。

2. 盗掘古文化遗址、古墓葬罪与盗窃罪的界限

在盗掘古文化遗址、古墓葬的过程中,发现有文物并据为己有的,不再定盗窃罪,而是以盗掘古文化遗址、古墓葬罪定罪,但在较重的法定刑幅度内处罚。

3. 盗掘古文化遗址、古墓葬罪的罪数形态问题

行为人在盗掘古文化遗址、古墓葬的过程中,造成古文化遗址、古墓葬中的珍贵文物严重破坏的,属于本罪的结果加重犯的情形。行为人在盗掘古文化遗址、古墓葬后,故意毁坏其中的珍贵文物或者名胜古迹,构成犯罪的,根据数罪并罚的规定处罚。行为人盗掘古文化遗址、古墓葬并窃取其中的文物后,将文物出售牟利或者私自赠送给外国人的,根据数罪并罚的规定处罚。

(三) 盗掘古文化遗址、古墓葬罪的处罚

根据《刑法》第 328 条第 1 款的规定,犯本罪的,处 3 年以上 10 年以下有期徒刑,并处罚金;情节较轻的,处 3 年以下有期徒刑,拘役或者管制,并处罚金。有下列情形之一的,处 10 年以上有期徒刑或者无期徒刑,并处罚金或者没收财产:(1)盗掘确定为全国重点文物保护单位和省级文物保护单位的古文化遗址、古墓葬的;(2)盗掘古文化遗址、古墓葬集团的首要分子;(3)多次盗掘古文化遗址、古墓葬的;(4)盗掘古文化遗址、古墓葬,并盗窃珍贵文物或者造成珍贵文物被严重破坏的。

十五、医疗事故罪

(一) 医疗事故罪的概念和构成要件

医疗事故罪,是指医务人员在诊疗护理工作中严重不负责任,造成就诊人死亡或者严重损害就诊人身体健康的行为。

本罪的构成要件如下。

1. 本罪的客观方面表现为在诊疗护理工作中严重不负责任,造成就诊人死亡或者严重损害就诊人身体健康的行为。严重不负责任,是指在诊疗护理工作中,违反规章制度和诊疗护理常规,不履行或不正确履行诊疗护理职责。规章制度是指与保障病人的生命、健康有关的诊疗、护理方面的规章制度,包括诊断、处

方、麻醉、手术、输血、护理、化验、消毒、医嘱、查房等各个环节的规程、规则、守则、制度等。诊疗护理常规，是指长期以来在诊疗、护理实践中被公认的行之有效的操作习惯与惯例。违反规章制度和诊疗护理常规是造成医疗事故的原因。本罪的行为方式既可以是作为，如误切正常器官、错开药方、错配药物等，也可以是不作为，如擅离岗位、怠于治疗或看护、抢救不及时等。严重损害就诊人身体健康，一般是指直接造成就诊人伤残、组织器官严重损伤、丧失劳动能力等严重结果。根据2008年6月25日最高人民检察院、公安部《关于公安机关管辖的刑事案件立案追诉标准的规定(一)》(以下简称2008年《立案追诉标准(一)》)第56条第3款的规定，"严重损害就诊人身体健康"，是指造成就诊人严重残疾、重伤、感染艾滋病、病毒性肝炎等难以治愈的疾病或者其他严重损害就诊人身体健康的后果。构成本罪，要求就诊人死亡或身体健康严重损害的后果必须是由医务人员在诊疗护理工作中的严重不负责任的行为所导致的，即两者之间具有因果关系，否则，不构成本罪。根据2008年《立案追诉标准(一)》第56条第2款的规定，具有下列情形之一的，属于"严重不负责任"：(1)擅离职守的；(2)无正当理由拒绝对危急就诊人实行必要的医疗救治的；(3)未经批准擅自开展试验性治疗的；(4)严重违反查对、复核制度的；(5)使用未经批准使用的药品、消毒药剂、医疗器械的；(6)严重违反国家法律法规及有明确规定的诊疗技术规范、常规的；(7)其他严重不负责任的情形。

2. 本罪的主体是特殊主体，即医务人员，即经过考核和卫生行政机关批准或承认，取得相应资格的各级各类卫生技术人员，包括在国有、集体医疗机构中从事诊疗、救治、护理工作的医疗防疫人员、药剂人员、护理人员、其他专业技术人员以及国家主管部门批准开业的个体诊所的行医人员。医疗单位的其他工作人员没有诊疗护理职责，即便因其行为直接造成就诊人受损或死亡等严重后果的，如医疗单位的电工在就诊人手术过程中错误断电导致就诊人因抢救延误而死亡的，也谈不上医疗事故，不能以本罪论处。刑法对本罪的处罚轻于其他过失犯罪，其原因就在于该种犯罪具有特殊性，即发生在诊疗护理工作中，而医疗单位的其他人员，如医疗管理、后勤服务、财会人员等的工作与其他非医疗单位相比并无任何特殊性，故因其过失行为构成犯罪的，应与其他非医疗单位人员同等处理，不能认定为本罪。

3. 本罪的主观方面是过失。

4. 本罪的客体是复杂客体，即国家对医疗工作的管理秩序以及就诊人的生命、健康权。犯罪对象是接受诊疗护理服务的就诊人。

(二) 医疗事故罪的认定

1. 医疗事故罪与非罪的界限

(1) 医疗事故罪与医疗意外的界限。医疗意外,是指在医疗护理过程中,由于医务人员不能预测或者不能抗拒的原因而使就诊人死亡或者严重损害就诊人的身体健康的情况。在医疗意外中,客观上虽然造成了就诊人死亡或者严重损害就诊人身体健康的结果,但医务人员主观上不存在过失,不良后果的发生是无法预见和避免的,所以不能认定为医疗事故罪。《医疗事故处理条例》第 33 条规定,有下列情形之一的,不属于医疗事故:在紧急情况下为抢救垂危患者生命而采取紧急医学措施造成不良后果的;在医疗活动中由于患者病情异常或者患者体质特殊而发生医疗意外的;在现有医学科学技术条件下,发生无法预料或者不能防范的不良后果的;无过错输血感染造成不良后果的;因患方原因延误诊疗导致不良后果的;因不可抗力造成不良后果的。

(2) 医疗事故罪与医疗技术事故的界限。医疗技术事故是指医务人员在诊疗护理工作过程中,由于专业技术水平不高、缺乏经验、单位的技术和设备条件的限制等原因而造成的就诊人器官功能障碍、残疾或死亡等后果的诊疗护理事故。医疗技术事故并非由于医务人员责任心不强、违反规章制度造成的,因而不能以犯罪论处。

(3) 医疗事故罪与一般医疗责任事故的界限。二者的主体都是医务人员,并在诊疗护理工作中都存在过失,都有不负责任的行为,也都造成了一定的危害结果。区分二者的关键在于造成结果的危害程度。如果没有造成就诊人死亡或者严重损害就诊人身体健康的,应以一般医疗责任事故处理,不能认定为医疗事故罪。《医疗事故处理条例》第 4 条根据对患者人身造成的损害程度,将医疗事故分为四级:一级医疗事故,是指造成患者死亡、重度残疾的;二级医疗事故,是指造成患者中度残疾、器官组织损伤导致严重功能障碍的;三级医疗事故,是指造成患者轻度残疾、器官组织损伤导致一般功能障碍的;四级医疗事故,是指造成患者明显人身损害的其他后果的。刑法规定构成本罪必须发生"造成就诊人死亡或者严重损害就诊人身体健康"的后果。这实际上意味着只有造成一级医疗事故和二级医疗事故的,才以犯罪论处。

2. 医疗事故罪与重大责任事故罪的界限

二者的相似之处在于主观上都是过失，客观上都包含人员伤亡的后果。二者的区别在于：(1)过失行为发生的场合不同。前者发生于诊疗护理过程中；后者发生于生产、作业过程中。(2)造成的结果不同。前者的结果仅限于就诊人死亡或者严重损害就诊人的身体健康；后者的结果不仅包括造成人员的重大伤亡，还包括造成其他严重后果。(3)主体不同。前者的主体是医务人员；而后者的主体是直接从事生产、作业的人员或者负责指挥、领导生产、作业活动的管理人员。(4)犯罪客体不同。前者的客体是国家对医疗工作的管理秩序以及就诊人的生命、健康权；后者的客体是生产、作业安全。

(三) 医疗事故罪的处罚

根据《刑法》第 335 条的规定，犯本罪的，处 3 年以下有期徒刑或者拘役。

十六、非法行医罪

(一) 非法行医罪的概念和构成要件

非法行医罪，是指未取得医生执业资格的人非法行医，情节严重的行为。

本罪的构成要件如下。

1. 本罪的客观方面表现为非法行医的行为。“非法行医”实际上是一个非常宽泛的概念，包括一切违法的医疗行为，在此应作狭义的理解，即仅限于未取得医生执业资格的人擅自接诊患者、非法开展诊疗活动。非法行医的具体方式是多种多样的，如未取得医生执业资格的人擅自开办医疗机构、挂靠合法的医疗机构坐堂问诊、巡游行医以及非医疗机构超越营业范围进行医疗活动等。2016 年 12 月 12 日，最高人民法院审判委员会通过了《最高人民法院关于修改〈关于审理非法行医刑事案件具体应用法律若干问题的解释〉的决定》，对 2008 年 4 月 29 日最高人民法院《关于审理非法行医刑事案件具体应用法律若干问题的解释》进行了修正，根据修正后的《关于审理非法行医刑事案件具体应用法律若干问题的解释》(以下简称 2016 年《非法行医刑事案件解释》)第 6 条的规定，“医疗活动”“医疗行为”，参照《医疗机构管理条例实施细则》中的“诊疗活动”“医疗美容”认定。

构成本罪，要求非法行医的行为达到情节严重的程度。根据 2016 年《非法行医刑事案件解释》第 2 条的规定，所谓“情节严重”，是指具有下列情形之一的：(1)造成就诊人轻度残疾、器官组织损伤导致一般功能障碍的；(2)造成甲类传染病传播、流行或者有传播、流行危险的;(3)使用假药、劣药或不符合国家规定标准的卫生材料、医疗器械,足以严重危害人体健康的;(4)非法行医被卫生行政部门行政处罚两次以后,再次非法行医的;(5)其他情节严重的情形。根据上述司法解释第3条的规定,具有下列情形之一的,应认定为“严重损害就诊人身体健康”:(1)造成就诊人中度以上残疾、器官组织损伤导致严重功能障碍的;(2)造成三名以上就诊人轻度残疾、器官组织损伤导致一般功能障碍的。

未取得医师执业资格非法行医,具有造成突发性传染病病人、病原携带者、疑似突发传染病病人贻误诊治或者造成交叉感染等严重情节的,以本罪定罪,依法从重处罚。[25]

2. 本罪的主体是未取得医生执业资格的人。根据《执业医师法》以及相关法规的规定,只有通过了医师资格考试,取得了医师资格,并且经医师注册取得执业证书后,方可从事医师执业活动。从法条的表述上看,“医生执业资格”显然并不等同于“医师资格”或“执业医师资格”,而是“医师资格”与“执业医师资格”的统一,即只有同时具有医师资格和取得执业证书,才属于取得了“医生执业资格”。因此,所谓“未取得医生执业资格”,既包括未取得医师资格,也包括取得医师资格但尚未取得执业证书。根据上述解释,有下列情形之一的,应认定为《刑法》第336条第1款规定的“未取得医生执业资格的人非法行医”:(1)未取得或者以非法手段取得医师资格从事医疗活动的;(2)被依法吊销医师执业证书期间从事医疗活动的;(3)未取得乡村医生执业证书,从事乡村医疗活动的;(4)家庭接生员实施家庭接生以外的医疗行为的。具有医生执业资格的人实施的违反医疗管理法规的行为不能构成本罪。

3. 本罪的主观方面是故意,包括直接故意和间接故意。

4. 本罪的客体是国家的医生从业资格管理制度。

(二)非法行医罪的认定

1. 非法行医罪与非罪的界限

(1) 本罪属于职业犯,只有作为业务开展的非法诊疗活动才属于非法行医行为。因此,未取得医生执业资格的人偶然为特定的人医治疾病的,即便造成严重

---

〔25〕 参见2003年5月14日最高人民法院、最高人民检察院《关于办理妨害预防、控制突发传染病疫情等灾害的刑事案件具体应用法律若干问题的解释》第12条。

后果或有其他严重情节的，也不能认定为本罪，可以根据具体案情以过失致人重伤罪、过失致人死亡罪等罪论处。

(2) 本罪是情节犯，需要非法行医的行为达到情节严重的程度才追究刑事责任。非法行医行为尚未达到情节严重程度的，不构成本罪。根据2016年《非法行医刑事案件解释》第4条的规定，非法行医行为系造成就诊人死亡的直接、主要原因的，应认定为"造成就诊人死亡"。非法行医行为并非造成就诊人死亡的直接、主要原因的，可不认定为"造成就诊人死亡"。但是，根据案件情况，可以认定为《刑法》第336条第1款规定的"情节严重"。

(3) 本罪的主体是未取得医生执业资格的人。已经取得医生执业资格的人违法行医的，如在国有、集体医疗机构中注册执业的人员，擅自从事个体行医的，或者超出执业地点、执业类别、执业范围行医的，不能认定为本罪。

2. 非法行医罪与医疗事故罪的界限

二者的相似之处在于都属于医事犯罪，在客观方面都可能或必然包含就诊人死亡或严重损害就诊人身体健康的后果。二者的区别主要在于：(1)犯罪主观方面不同。本罪主观上系出于故意；而后者主观上系出于过失。(2)成立犯罪的具体要求不同。本罪是情节犯，非法行医必须达到情节严重的程度才能构成犯罪；而在后者的场合，只有造成就诊人死亡或严重损害身体健康的后果才能构成犯罪。行为人在非法行医过程中造成就诊人死亡或严重损害就诊人身体健康的，构成非法行医罪的结果加重犯，不能认定为医疗事故罪。(3)犯罪主体不同。本罪的主体是未取得医生执业资格的人；而后者的主体是具有合法医疗资格的医务人员。(4)犯罪客体有所不同。本罪的客体是国家的医生从业资格管理制度；后者的客体是国家对医疗工作的管理秩序以及就诊人的生命、健康权。

3. 非法行医罪的罪数形态问题

根据2016年《非法行医刑事案件解释》第5条的规定，实施非法行医犯罪，同时构成生产、销售假药罪、生产、销售劣药罪、诈骗罪等其他犯罪的，依照处罚较重的规定定罪处罚。

（三）非法行医罪的处罚

根据《刑法》第336条第1款的规定，犯本罪的，处3年以下有期徒刑、拘役或者管制，并处或者单处罚金；严重损害就诊人身体健康的，处3年以上10年以下有期徒刑，并处罚金；造成就诊人死亡的，处10年以上有期徒刑，并处罚金。

十七、污染环境罪

(一) 污染环境罪的概念和构成要件

污染环境罪,是指违反国家规定,排放、倾倒或者处置有放射性的废物、含传染病病原体的废物、有毒物质或者其他有害物质,严重污染环境的行为。

本罪的构成要件如下。

1. 本罪的客观方面表现为违反国家规定,排放、倾倒或者处置有放射性的废物、含传染病病原体的废物、有毒物质或者其他有害物质,严重污染环境的行为。违反国家规定,是构成本罪的前提条件。所谓“违反国家规定”,是指违反最高国家权力机关制定的有关环境资源保护的法律和最高行政机关制定的有关环境资源保护的法律法规,如《环境保护法》《大气污染防治法》《固体废物污染环境防治法》《水污染防治法》《海洋环境保护法》等关于向土地、水体、大气排放、倾倒或者处置危险废物的规定。如果没有违反国家的有关规定,即使造成了重大污染事故,也不构成本罪。如有些符合国家排放标准的排污行为,在污染源集中的地区或在特定的气候条件以及其他因素的综合作用下,造成环境污染的,不构成本罪。所谓“排放”,是指将各种危险废物排入土地、水体、大气的行为,包括丢弃、投放、注入、泵出、溢出、泄出、喷出、倒出。所谓“倾倒”,是指通过船舶、航空器、平台或其他载运工具,向土地、水体、大气倾倒危险废物的行为。所谓“处置”,是指以改变危险废物的物理、化学、生物特性的方法减少其数量、缩小其体积、消除其危险成分,或者将其置于特定场所或设施并不再取回。严重污染环境,既包括发生了造成财产损失或者人身伤亡的环境事故,也包括虽然还未造成环境污染事故,但是已使环境受到严重污染或者破坏的情形。

2. 本罪的主体既包括自然人,也包括单位。

3. 本罪的主观方面是过失。这里的“过失”是就行为人对发生重大环境污染事故这一危害结果的心理态度而言的。

4. 本罪的客体是国家对危险废物污染的防治管理制度。犯罪对象是有放射性的废物、含传染病病原体的废物、有毒物质或者其他有害物质。所谓有毒物质,根据 2016 年 12 月 23 日最高人民法院、最高人民检察院《关于办理环境污染刑事案件适用法律若干问题的解释》(以下简称 2016 年《环境污染刑事案件解释》)第 15 条的规定,下列物质应当认定为本罪中的“有毒物质”:(1)危险废物,是指列入国家危险废物名录,或者根据国家规定的危险废物鉴别标准和鉴别方法认定的,具有危险特性的废物;(2)《关于持久性有机污染物的斯德哥尔摩公约》附件所列物质;(3)含重金属的污染物;(4)其他具有毒性,可能污染环境的物质。所谓"其他有害物质",是指除放射性的废物、含传染病病原体的废物、有毒物质以外的对环境、人的身体有害的物质,包括其他列入国家危险废物名录或者根据国家规定的危险废物鉴别标准和鉴别方法认定为具有爆炸性、自燃性、易燃性、毒性、腐蚀性、传染性等危险特性之一的固体废物、液态废物和气态废物。

(二) 污染环境罪的认定

1. 污染环境罪与非罪的界限

成立本罪,不要求造成重大环境污染事故,致使公私财产遭受重大损失或者人身伤亡的严重后果。行为人只要实施了违反国家规定,擅自或者超标准排放、倾倒、处置危险废物的行为,造成严重环境污染,即可构成本罪。如果行为人的行为虽然造成了环境污染的后果,但污染程度不重,对公私财产和公民的人身危害不大,则属于一般违法行为,不成立本罪。对于自然事故和技术事故,即使造成了公私财产的重大损失或人身伤亡的严重后果,也不能以犯罪论处。

根据2016年《环境污染刑事案件解释》第1条的规定,具有下列情形之一的,应当认定为"严重污染环境":(1)在饮用水水源一级保护区、自然保护区核心区排放、倾倒、处置有放射性的废物、含传染病病原体的废物、有毒物质的;(2)非法排放、倾倒、处置危险废物3吨以上的;(3)排放、倾倒、处置含铅、汞、镉、铬、砷、铊、锑的污染物,超过国家或者地方污染物排放标准3倍以上的;(4)排放、倾倒、处置含镍、铜、锌、银、钒、锰、钴的污染物,超过国家或者地方污染物排放标准10倍以上的;(5)通过暗管、渗井、渗坑、裂隙、溶洞、灌注等逃避监管的方式排放、倾倒、处置有放射性的废物、含传染病病原体的废物、有毒物质的;(6)2年内曾因违反国家规定,排放、倾倒、处置有放射性的废物、含传染病病原体的废物、有毒物质受过2次以上行政处罚,又实施上列行为的;(7)重点排污单位篡改、伪造自动监测数据或者干扰自动监测设施,排放化学需氧量、氨氮、二氧化硫、氮氧化物等污染物的;(8)违法减少防治污染设施运行支出100万元以上的;(9)违法所得或者致使公私财产损失30万元以上的;(10)造成生态环境严重损害的;(11)致使乡镇以上集中式饮用水水源取水中断12小时以上的;(12)致使基本农田、防护林地、特种用途林地5亩以上,其他农用地10亩以上,其他土地20亩以上基本功能丧失或者遭受永久性破坏的;(13)致使森林或者其他林木死亡50立方米以上,或者幼树死亡2 500株以上的;(14)致使疏散、转移群众5 000人以上的;(15)致使30人以上中毒的;(16)致使3人以上轻伤、轻度残疾或者器官组织损伤导致一般功能障碍的;(17)致使1人以上重伤、中度残疾或者器官组织损伤导致严重功能障碍的;(18)其他严重污染环境的情形。

2. 污染环境罪与危险物品肇事罪的界限

二者均涉及危险性物品,都可能造成对环境的污染。其主要区别是:(1)犯罪客观方面不同。本罪在客观上表现为违反国家规定,排放、倾倒、处置危险废物,严重污染环境的行为;而后者在客观上表现为违反危险物品管理规定,在生产、储存、运输、使用中发生重大事故,造成严重后果的行为。(2)犯罪主体不同。本罪的主体可以是自然人,也可以是单位;而后者的主体只能是自然人,一般是生产、运输、储存、使用危险物品的人。(3)犯罪客体不同。本罪的客体是国家对危险废物污染的防治管理制度;而后者的客体是公共安全及国家对危险物品的管理制度。(4)犯罪对象不尽相同。前者的对象是有害物质,即放射性的废物、含传染病病原体的废物、有毒物质或者其他有害物质;而后者的对象则是爆炸性、易燃性、放射性、毒害性、腐蚀性物品。

3. 污染环境罪与非法处置进口的固体废物罪的界限

二者在犯罪主体、犯罪客体上有相似之处,但也有明显的区别:(1)行为方式不同。本罪客观上表现为非法排放、倾倒或者处置危险废物的行为;而后者则表现为非法将境外的固体废物进境倾倒、堆放、处置的行为。(2)犯罪对象不同。本罪的对象是境内的危险废物;而后者的对象是进口的固体废物。(3)对危害结果的要求不同。本罪的成立,要求造成严重环境污染;而后者的成立对危害结果没有要求。(4)犯罪主观方面不同。本罪的主观方面是过失;后者的主观方面是故意。

4. 污染环境罪的罪数形态问题

根据2016年《环境污染刑事案件解释》第6条、第8条的规定,无危险废物经营许可证从事收集、贮存、利用、处置危险废物经营活动,严重污染环境的,按照污染环境罪定罪处罚;同时构成非法经营罪的,依照处罚较重的规定定罪处罚。违反国家规定,排放、倾倒、处置含有毒害性、放射性、传染病病原体等物质的污染物,同时构成污染环境罪、非法处置进口的固体废物罪、投放危险物质罪等犯罪的，依照处罚较重的规定定罪处罚。

（三）污染环境罪的处罚

根据《刑法》第 338 条、第 346 条的规定，犯本罪的，处 3 年以下有期徒刑或者拘役，并处或者单处罚金；后果特别严重的，处 3 年以上 7 年以下有期徒刑，并处罚金。单位犯本罪的，对单位判处罚金，并对其直接负责的主管人员和其他直接责任人员，依照上述规定处罚。具有下列情形之一的，属于这里的"后果特别严重"：(1)致使县级以上城区集中式饮用水水源取水中断 12 小时以上的；(2)非法排放、倾倒、处置危险废物 100 吨以上的；(3)致使基本农田、防护林地、特种用途林地 15 亩以上，其他农用地 30 亩以上，其他土地 60 亩以上基本功能丧失或者遭受永久性破坏的；(4)致使森林或者其他林木死亡 150 立方米以上，或者幼树死亡 7 500 株以上的；(5)致使公私财产损失 100 万元以上的；(6)造成生态环境特别严重损害的；(7)致使疏散、转移群众 15 000 人以上的；(8)致使 100 人以上中毒的；(9)致使 10 人以上轻伤、轻度残疾或者器官组织损伤导致一般功能障碍的；(10)致使 3 人以上重伤、中度残疾或者器官组织损伤导致严重功能障碍的；(11)致使 1 人以上重伤、中度残疾或者器官组织损伤导致严重功能障碍，并致使 5 人以上轻伤、轻度残疾或者器官组织损伤导致一般功能障碍的；(12)致使 1 人以上死亡或者重度残疾的；(13)其他后果特别严重的情形。〔26〕

此外，根据 2016 年《环境污染刑事案件解释》第 5 条的规定，实施《刑法》第 338 条、第 339 条规定的行为，刚达到应当追究刑事责任的标准，但行为人及时采取措施，防止损失扩大、消除污染，全部赔偿损失，积极修复生态环境，且系初犯，确有悔罪表现的，可以认定为情节轻微，不起诉或者免予刑事处罚；确有必要判处刑罚的，应当从宽处罚。

十八、非法猎捕、杀害珍贵、濒危野生动物罪

（一）非法猎捕、杀害珍贵、濒危野生动物罪的概念和构成要件

非法猎捕、杀害珍贵、濒危野生动物罪，是指违反国家有关野生动物保护法规，猎捕、杀害国家重点保护的珍贵、濒危野生动物的行为。

本罪的构成要件如下。

---

〔26〕 参见 2016 年《环境污染刑事案件解释》第 3 条。

1. 本罪的客观方面表现为违反国家有关野生动物保护法规,猎捕、杀害国家重点保护的珍贵、濒危野生动物的行为。违反国家有关野生动物保护法规是构成本罪的前提。根据相关法律规定,因科学研究、驯养繁殖、展览或者其他特殊情况,需要捕捉、捕捞国家一级保护野生动物的,必须向国务院野生动物行政主管部门申请特许猎捕证;猎捕国家二级保护野生动物的,必须向省、自治区、直辖市政府野生动物行政主管部门申请特许猎捕证。凡是没有特许猎捕证或虽有特许猎捕证但未能按照猎捕证所规定的种类、数量、地点、期限或方式捕杀的,均属于非法猎捕、杀害行为。本罪行为的具体方式是猎捕、杀害。猎捕包括狩猎、捕捉、捕捞等。具有非法猎捕和杀害两种行为方式之一的,即可构成本罪。

2. 本罪的主体是一般主体,自然人和单位均可构成本罪。

3. 本罪的主观方面是故意。根据2014年4月24日全国人民代表大会常务委员会《关于〈中华人民共和国刑法〉第三百四十一条、第三百一十二条的解释》的规定,知道或者应当知道是国家重点保护的珍贵、濒危野生动物及其制品,为食用或者其他目的而非法购买的,属于《刑法》第341条第1款规定的非法收购国家重点保护的珍贵、濒危野生动物及其制品的行为。

4. 本罪的客体是国家对珍贵、濒危野生动物的保护制度。本罪的犯罪对象是国家重点保护的珍贵、濒危野生动物。这里的“珍贵野生动物”,是指在生态、科学研究、经济、文化等方面具有重要价值的野生动物;“濒危野生动物”,是指濒于灭绝的野生动物。我国目前重点保护的野生动物分为二级,即一级保护野生动物和二级保护野生动物。前者指我国特产的或者濒于绝种的野生动物;后者则是数量较少的或者有濒于灭绝危险的野生动物。根据1988年12月10日国务院批准公布施行的《国家重点保护野生动物名录》,国家重点保护的珍贵、濒危野生动物共计12纲、55目、106科、222属、389种,如大熊猫、金丝猴、白鳍豚、扬子鳄、中华鲟、丹顶鹤、马鹿、长臂猿、雪豹、野骆驼等。根据2000年11月27日最高人民法院《关于审理破坏野生动物资源刑事案件具体应用法律若干问题的解释》第1条的规定,“珍贵、濒危野生动物”,包括列入国家重点保护野生动物名录的国家一、二级保护野生动物、列入《濒危野生动植物种国际贸易公约》附录一、附录二的野生动物以及驯养繁殖的上述物种。

(二) 非法猎捕、杀害珍贵、濒危野生动物罪的认定

1. 非法猎捕、杀害珍贵、濒危野生动物罪与非罪的界限

非法猎捕、杀害珍贵、濒危野生动物罪的犯罪对象是国家重点保护的珍贵、濒危野生动物,因此,猎捕、杀害上述珍贵、濒危野生动物之外的其他野生动物的,不构成本罪。如果行为人在禁猎区、禁猎期或者使用禁用的工具、方法猎杀其他野生动物,情节严重的,以非法狩猎罪论处。本罪的成立要求行为人主观上存在“明知”;行为人不知道是珍贵、濒危野生动物而实施猎捕、杀害的,不构成本罪,但如果符合非法狩猎罪的构成要件的,以非法狩猎罪论处。

2. 非法猎捕、杀害珍贵、濒危野生动物罪的罪数形态问题

根据相关司法解释,使用爆炸、投毒、设置电网等危险方法破坏野生动物资源,构成非法猎捕、杀害珍贵、濒危野生动物罪或者非法狩猎罪,同时又构成《刑法》第 114 条或者第 115 条规定的爆炸罪等犯罪的,依照处罚较重的规定定罪处罚。实施非法猎捕、杀害珍贵、濒危野生动物的行为,又以暴力、威胁方法抗拒查处,构成其他犯罪的,依照数罪并罚的规定处罚。

(三) 非法猎捕、杀害珍贵、濒危野生动物罪的处罚

根据《刑法》第 341 条第 1 款、第 346 条的规定,犯本罪的,处 5 年以下有期徒刑或者拘役,并处罚金;情节严重的,处 5 年以上 10 年以下有期徒刑,并处罚金;情节特别严重的,处 10 年以上有期徒刑,并处罚金或者没收财产。单位犯本罪的,对单位判处罚金,并对其直接负责的主管人员和其他直接责任人员,依照上述规定处罚。

十九、盗伐林木罪

(一) 盗伐林木罪的概念和构成要件

盗伐林木罪,是指以非法占有为目的,盗伐森林或者其他林木,数量较大的行为。

本罪的构成要件如下。

1. 本罪的客观方面表现为盗伐森林或者其他林木,数量较大的行为。所谓“盗伐”,是指未经国家林业行政管理部门批准,擅自砍伐不属于本人或本单位所有的森林或其他林木的行为。盗伐行为既可以是秘密进行的,也可以是公然进行的,具体包括以下三种情形:(1)擅自砍伐国家、集体、他人所有或者他人承包经

营管理的森林或者其他林木的;(2)擅自砍伐本单位或者本人承包经营管理的森林或者其他林木的;(3)在林木采伐许可证规定的地点以外采伐国家、集体、他人所有或者他人承包经营管理的森林或者其他林木的。根据2000年11月12日最高人民法院《关于审理破坏森林资源刑事案件具体应用法律若干问题的解释》,数量较大,以2至5立方米或者幼树(胸径5厘米以下的树木)100至200株为起点。对于1年内多次盗伐少量林木未经处理的,累计其盗伐的数量,构成犯罪的,依法追究刑事责任。

2. 本罪的主体是一般主体,自然人和单位均可构成本罪。

3. 本罪的主观方面是直接故意,并且具有非法占有他人林木的目的。

4. 本罪的客体是国家对林木的保护管理制度和国家、集体或他人对林木的所有权。犯罪对象是国家、集体或他人的森林或其他林木。这里的"森林",是指大面积的原始森林和人造林,包括防护林、用材林、经济林、薪炭林和特定用途林等;"其他林木",是指小面积的树林和零星树木,但不包括农村农民房前屋后个人所有的零星树木。

(二) 盗伐林木罪的认定

1. 盗伐林木罪与盗窃罪的界限

二者在主观上都具有非法占有的目的,在客观上都采用秘密手段。但是,二者有着明显的不同:(1)客观行为手段不同。受本罪的犯罪对象处于生长过程中的影响,本罪的行为手段不一定是秘密的,公然采伐林木的行为同样可以成立犯罪;而后者的行为手段则是秘密的,即行为人使用自认为不会被财物的所有人、占有人或管理人发现的方法将财物取走。(2)犯罪主体不同。本罪的主体既包括自然人,也包括单位;后者的主体则只能是自然人。(3)犯罪客体不同。本罪的客体是国家对林业资源的管理制度和国家、集体或他人对林木的所有权;后者的客体是公私财产的所有权。(4)犯罪对象不同。本罪的犯罪对象限于地面上正处于生长过程中的、未砍伐的森林或者其他林木;而后者的对象是公私财物。就盗窃林木所构成的盗窃罪而言,其犯罪对象是已伐倒的林木或他人房前屋后、自留地种植的零星树木,盗窃此类林木的行为只侵犯公私财物所有权而不涉及对林业资源的破坏。根据相关司法解释,将国家、集体、他人所有并已经伐倒的树木窃为己有,以及偷砍他人房前屋后、自留地种植的零星树木,数额较大的,以盗窃罪定罪处罚,不认定为本罪。

2. 盗伐林木罪与滥伐林木罪的界限

二者的犯罪对象都是森林或其他林木。但是，二者具有明显的区别：(1)犯罪客观方面不同。本罪的客观方面表现为无权采伐林木者的盗伐行为；后者的客观方面则表现为有权采伐林木者未取得许可证而擅自采伐或不按采伐许可证而任意采伐。(2)犯罪主观方面不同。本罪在主观上包含非法占有他人林木的犯罪目的；后者则不包含此种犯罪目的。(3)犯罪客体不完全相同。本罪的客体是国家对林业资源的管理制度和国家、集体或他人对林木的所有权；后者的客体是国家对林业资源的管理制度。(4)犯罪对象的具体内容不同。本罪的犯罪对象是行为人既无所有权也无采伐权的森林或其他林木；而后者采伐的是行为人具有所有权或者采伐权的森林或其他林木。根据相关司法解释，如果行为人擅自砍伐属于国家、集体或他人所有的林木的，数量较大的，应以盗伐林木罪论处；如果行为人擅自砍伐自有林木，数量较大的，以滥伐林木罪论处；林木权属争议一方在林木权属确权之前，擅自砍伐森林或者其他林木，数量较大的，以滥伐林木罪论处。

3. 盗伐林木罪的共同犯罪问题

在雇用他人盗伐林木构成犯罪的案件中，如果被雇者不知是盗伐他人林木的，应由雇主承担刑事责任；如果被雇者明知是盗伐他人林木的，应按盗伐林木罪的共犯论处。

4. 盗伐林木罪的罪数形态问题

盗伐珍贵树木，同时触犯非法采伐国家重点保护植物罪和盗伐林木罪的，依照处罚较重的规定定罪处罚。在盗伐林木的过程中，非法拘禁或者伤害护林人员或者有关人员，又构成其他犯罪的，应当实行数罪并罚。

(三) 盗伐林木罪的处罚

根据《刑法》第 345 条第 1 款、第 4 款的规定，犯本罪的，处 3 年以下有期徒刑、拘役或者管制，并处或者单处罚金；数量巨大的，处 3 年以上 7 年以下有期徒刑，并处罚金；数量特别巨大的，处 7 年以上有期徒刑，并处罚金。盗伐国家级自然保护区内的森林或者其他林木的，从重处罚。

二十、走私、贩卖、运输、制造毒品罪

(一) 走私、贩卖、运输、制造毒品罪的概念和构成要件

走私、贩卖、运输、制造毒品罪，是指违反国家毒品管制法规，走私、贩卖、运

输、制造毒品的行为。

本罪的构成要件如下。

1. 本罪的客观方面表现为违反毒品管制法规,走私、贩卖、运输、制造毒品的行为。走私毒品,是指非法将毒品运输、携带、邮寄进出国(边)境的行为。直接向走私人非法收购走私进口的毒品,或者在内海、领海、界河、界湖运输、收购、贩卖毒品的,以走私毒品论处。贩卖毒品,是指非法销售毒品或者以贩卖为目的而非法收购毒品的行为。运输毒品,是指在我国领域内采用携带、邮寄、利用他人或者使用交通工具等方法非法转移毒品的行为。运输毒品的行为应与走私、贩卖、制造毒品的行为具有关联性。为了供自己吸食、注射而将毒品从此地带至彼地的,不宜认定为运输毒品。制造毒品,是指非法用毒品原植物提炼或用毒品原料配制毒品,或者将一种毒品加工成另一种毒品,但不包括种植毒品原植物,因为该种行为已为《刑法》第 351 条规定为独立的犯罪。根据 2008 年 12 月 1 日最高人民法院《全国部分法院审理毒品犯罪案件工作座谈会纪要》,制造毒品不仅包括非法用毒品原植物直接提炼和用化学方法加工、配制毒品的行为,也包括以改变毒品成分和效用为目的,用混合等物理方法加工、配制毒品的行为,如将甲基苯丙胺或者其他苯丙胺类毒品与其他毒品混合成麻古或者摇头丸。为便于隐蔽运输、销售、使用、欺骗购买者,或者为了增重,对毒品掺杂使假,添加或者去除其他非毒品物质,不属于制造毒品的行为。另外,根据《刑法》第 355 条第 1 款的规定,向走私、贩卖毒品的犯罪分子或者以牟利为目的,向吸食、注射毒品的人提供国家管制的能够使人形成瘾癖的麻醉药品、精神药品的,依照走私、贩卖毒品罪的规定定罪处罚。

2. 本罪的主体是一般主体,自然人和单位均可构成本罪。根据《刑法》第 17 条第 2 款的规定,贩卖毒品行为的最低刑事责任年龄为年满 14 周岁,而走私、运输、制造毒品行为的最低刑事责任年龄为年满 16 周岁。

3. 本罪的主观方面是故意,即明知是毒品而进行走私、贩卖、运输、制造。这里的"明知",是指行为人知道或者应当知道所实施的行为是走私、贩卖、运输、制造毒品的行为。在走私、贩卖、运输毒品的情况下,具有下列情形之一,结合行为人的供述和其他证据综合审查判断,可以认定其"应当知道",但有证据证明确属被蒙骗的除外:(1)执法人员在口岸、机场、车站、港口、邮局和其他检查站点检查时,要求行为人申报携带、运输、寄递的物品和其他疑似毒品物,并告知其法律责任，而行为人未如实申报，在其携带、运输、寄递的物品中查获毒品的；(2)以伪报、藏匿、伪装等蒙蔽手段逃避海关、边防等检查，在其携带、运输、寄递的物品中查获毒品的；(3)执法人员检查时，有逃跑、丢弃携带物品或者逃避、抗拒检查等行为，在其携带、藏匿或者丢弃的物品中查获毒品的；(4)体内或者贴身隐秘处藏匿毒品的；(5)为获取不同寻常的高额或者不等值的报酬为他人携带、运输、寄递、收取物品，从中查获毒品的；(6)采用高度隐蔽的方式携带、运输物品，从中查获毒品的；(7)采用高度隐蔽的方式交接物品，明显违背合法物品惯常交接方式，从中查获毒品的；(8)行程路线故意绕开检查站点，在其携带、运输的物品中查获毒品的；(9)以虚假身份、地址或者其他虚假方式办理托运、寄递手续，在托运、寄递的物品中查获毒品的；(10)有其他证据足以证明行为人应当知道的。在制造毒品的情况下，结合行为人的供述和其他证据综合审查判断，可以认定其"应当知道"，但有证据证明确属被蒙骗的除外：(1)购置了专门用于制造毒品的设备、工具、制毒物品或者配制方案的；(2)为获取不同寻常的高额或者不等值的报酬为他人制造物品，经检验是毒品的；(3)在偏远、隐蔽场所制造，或者采取对制造设备进行伪装等方式制造物品，经检验是毒品的；(4)制造人员在执法人员检查时，有逃跑、抗拒检查等行为，在现场查获制造出的物品，经检验是毒品的；(5)有其他证据足以证明行为人应当知道的。〔27〕 行为人在不知情的情况下实施运输毒品等行为的，不构成本罪。如不知道是毒品，受人委托，认为是其他物品帮助其携带，则携带人无罪，而物主构成本罪。

4. 本罪的客体是国家对毒品的管制制度。本罪的犯罪对象是毒品。《刑法》第 357 条规定，毒品，是指鸦片、海洛因、甲基苯丙胺(冰毒)、吗啡、大麻、可卡因以及国家规定管制的其他能够使人形成瘾癖的麻醉药品和精神药品。毒品具体包括两种：一是麻醉药品。《麻醉药品管理办法》规定，麻醉药品，是指连续使用后易产生生理依赖性、能成瘾癖的药品。麻醉药品包括阿片类、可卡因类、大麻类、合成麻醉药类及卫生部指定的其他易成瘾癖的药品、药用原植物及其制剂。国家严格管制麻醉药品原植物的种植和麻醉药品的生产、供应、进出口，非医疗、教学、科研需要一律不得使用麻醉药品。二是精神药品。《精神药品管理办法》规定，精

---

〔27〕 参见 2012 年 5 月 16 日最高人民检察院、公安部《关于公安机关管辖的刑事案件立案追诉标准的规定(三)》第 1 条。

神药品,是指直接作用于中枢神经系统,使之兴奋或抑制,连续使用能产生依赖性的药品。依据精神药品使人体产生的依赖性和危害人体健康的程度,精神药品分为第一类和第二类,各类精神药品的品种由卫生部确定。国家对精神药品的生产、供应、运输、使用、进出口都规定了严格的管理制度。国家药品监督管理局发布了《麻醉药品管制品种目录》和《精神药品管制品种目录》。但由于新的种类不断出现,作为本罪犯罪对象的毒品的具体范围也在不断地调整。

(二) 走私、贩卖、运输、制造毒品罪的认定

1. 走私、贩卖、运输、制造毒品罪与非罪的界限

(1) 根据《刑法》第 347 条的规定,走私、贩卖、运输、制造毒品,无论数量多少,都应当追究刑事责任,予以刑事处罚。当然,如果确实属于情节显著轻微,危害不大的,则不能以犯罪论处。

(2) 根据医疗、教学、科研等的需要,经政府有关部门特许从事买卖、运输、制造麻醉药品和精神药品的行为是合法行为。

(3) 安定注射液属于《刑法》第 335 条第 1 款规定的“国家规定管制的能够使人形成瘾癖的”精神药品。鉴于安定注射液属于《精神药品管理办法》规定的第二类精神药品,医疗实践中使用较多,在处理此类案件时,应当慎重掌握罪与非罪的界限。对于明知他人是吸毒人员而多次向其出售安定注射液,或者贩卖安定注射液数量较大的,可以依法追究行为人的刑事责任。[28]

(4) 贩毒人员被抓获后,对于从其住所、车辆等处查获的毒品,一般均应认定为其贩卖的毒品。确有证据证明查获的毒品并非贩毒人员用于贩卖,其行为另构成非法持有毒品罪、窝藏毒品罪等其他犯罪的,依法定罪处罚。

2. 走私、贩卖、运输、制造毒品罪中“情节严重”的认定

根据 2016 年 4 月 6 日最高人民法院《关于审理毒品犯罪案件适用法律若干问题的解释》第 3 条第 2 款的规定,在实施走私、贩卖、运输、制造毒品犯罪的过程中,以暴力抗拒检查、拘留、逮捕,造成执法人员死亡、重伤、多人轻伤或者具有其他严重情节的,应当认定为《刑法》第 347 条第 2 款第 4 项规定的“以暴力抗拒检查、拘留、逮捕,情节严重”。

---

〔28〕 参见 2002 年 10 月 24 日最高人民检察院法律政策研究室《关于安定注射液是否属于〈刑法〉第 355 条规定的精神药品问题的答复》。

根据上述司法解释第4条的规定，具有下列情形之一的，应当认定为《刑法》第347条第4款规定的“情节严重”：向多人贩卖毒品或者多次走私、贩卖、运输、制造毒品的；在戒毒场所、监管场所贩卖毒品的；向在校学生贩卖毒品的；组织、利用残疾人、严重疾病患者、怀孕或者正在哺乳自己婴儿的妇女走私、贩卖、运输、制造毒品的；国家工作人员走私、贩卖、运输、制造毒品的；其他情节严重的情形。

3. 走私、贩卖、运输、窝藏假毒品的行为定性

对于走私、贩卖假毒品的行为，应当根据行为的具体情况予以认定：(1)明知是假毒品而冒充毒品贩卖的，以诈骗罪定罪处罚。明知自己贩卖的毒品是假的而仍然予以贩卖，说明行为人主观上并不存在贩卖毒品的故意，而是出于骗取钱财的故意。(2)不知道是假毒品而当作毒品走私、贩卖、运输、窝藏的，应当以走私、贩卖、运输毒品罪（未遂）或窝藏毒品罪（未遂）定罪处罚。误认为是真毒品而予以走私、贩卖、运输、窝藏，说明行为人主观上具有实施毒品犯罪的故意，而且客观上也实施了走私、贩卖、运输、窝藏行为，只是对于行为对象发生了错误认识，以致没有完成毒品犯罪行为。考虑到走私、贩卖、运输、窝藏的对象是假毒品，可以根据案件的实际情况从轻或者减轻处罚。

4. 毒品数量的计算

(1)《刑法》第357条规定，毒品的数量以查证属实的走私、贩卖、运输、制造、非法持有毒品的数量计算，不以纯度折算。但对于查获的毒品有证据证明大量掺假，经鉴定查明毒品含量极少的，在处刑时应酌情考虑。特别是掺假之后毒品的数量才达到判处死刑的标准的，对被告人可不判处死刑立即执行。为掩护运输而将毒品融入其他物品中，不应将其他物品计入毒品的数量。

(2) 如果行为人将精制毒品稀释后贩卖，或者是土法加工毒品因提炼不纯而含有较多杂质的，不论其中有多少其他成分，只要含有毒品，就应当以毒品犯罪认定。

(3) 对多次走私、贩卖、运输、制造毒品，未经处理的，毒品数量累计计算。

(4) 运输、贩卖同一宗毒品的，毒品数量不重复计算；不是同一宗毒品的，毒品数量累计计算。

(5) 对于以贩养吸的被告人，其被查获的毒品数量应认定为其犯罪的数量，但量刑时应考虑被告人吸食毒品的情节，酌情处理；被告人购买了一定数量的毒品后，部分已被其吸食的，应当按能够证明的贩卖数量及查获的毒品数量认定其

贩毒的数量,已被吸食部分不计入在内。

(6) 要正确认定共同犯罪案件中主犯和从犯的毒品犯罪数量。对于毒品犯罪集团的首要分子,应按集团毒品犯罪的总数量处罚;对一般共同犯罪的主犯,应当按其组织、指挥的毒品犯罪数量处罚;对于从犯,应当按其个人直接参与实施的毒品犯罪数量处罚。

毒品犯罪数量对毒品犯罪的定罪,特别是量刑具有重要作用。但毒品数量只是依法惩处毒品犯罪的一个重要情节而不是全部情节。因此,执行量刑的数量标准不能简单化。特别是对被告人可能判处死刑的案件,确定刑罚必须综合考虑被告人的犯罪情节、危害后果、主观恶性等多种因素。对于毒品数量刚刚达到实际掌握判处死刑的标准,但综观全案,危害后果不是特别严重,或者被告人的主观恶性不是特别大,或者具有可酌情从轻处罚等情节的,可不判处死刑立即执行。对于被告人被公安机关查获的毒品数量不够判处死刑的标准,但加上坦白交代的毒品数量,超过了判处死刑的数量标准的,一般应予从轻处罚,可不判处死刑立即执行。

根据 2015 年 5 月 18 日《全国法院毒品犯罪审判工作座谈会纪要》(以下简称 2015 年《毒品犯罪座谈会纪要》)的规定,制造毒品案件中,毒品成品、半成品的数量应当全部认定为制造毒品的数量,对于无法再加工出成品、半成品的废液、废料则不应计入制造毒品的数量。对于废液、废料的认定,可以根据其毒品成分的含量、外观形态,结合被告人对制毒过程的供述等证据进行分析判断,必要时可以听取鉴定机构的意见。

5. 走私、贩卖、运输、制造毒品罪的共同犯罪问题

(1) 居间介绍买卖毒品的行为如何认定?根据 2015 年《毒品犯罪座谈会纪要》的规定,居间介绍者在毒品交易中处于中间人地位,发挥介绍联络作用,通常与交易一方构成共同犯罪,但不以牟利为要件;居中倒卖者属于毒品交易主体,与前后环节的交易对象是上下家关系,直接参与毒品交易并从中获利。居间介绍者受贩毒者委托,为其介绍联络购毒者的,与贩毒者构成贩卖毒品罪的共同犯罪;明知购毒者以贩卖为目的购买毒品,受委托为其介绍联络贩毒者的,与购毒者构成贩卖毒品罪的共同犯罪;受以吸食为目的的购毒者委托,为其介绍联络贩毒者,毒品数量达到《刑法》第 348 条规定的最低数量标准的,一般与购毒者构成非法持有毒品罪的共同犯罪;同时与贩毒者、购毒者共谋,联络促成双方交易的,通常认定

为与贩毒者构成贩卖毒品罪的共同犯罪。居间介绍者实施为毒品交易主体提供交易信息、介绍交易对象等帮助行为,对促成交易起次要、辅助作用的,应当认定为从犯;对于以居间介绍者的身份介入毒品交易,但在交易中超出居间介绍者的地位,对交易的发起和达成起重要作用的被告人,可以认定为主犯。

(2) 根据《刑法》第 349 条第 2 款、第 3 款的规定,实施包庇走私、贩卖、运输、制造毒品的犯罪分子的行为或者为犯罪分子窝藏、转移、隐瞒毒品或者犯罪所得的财物的行为,并且事先通谋的,以本罪的共犯论处。缉毒人员或者其他国家机关工作人员掩护、包庇走私、贩卖、运输、制造毒品的犯罪分子且事先通谋的,依照本罪从重处罚。这里的"事先通谋",是指事先与毒品犯罪分子共同策划,允诺事后帮助毒品犯罪分子逃避法律制裁。

(3) 根据《刑法》第 350 条第 2 款的规定,明知他人制造毒品而为其提供用于制造毒品的原料或配剂等制毒物品的,以制造毒品罪的共犯论处。

6. 走私、贩卖、运输、制造毒品罪的罪数形态问题

(1) 本罪是选择性罪名。凡实施走私、贩卖、运输、制造毒品行为之一的,即以该行为确定罪名。凡实施其中两种以上行为的,如运输、贩卖海洛因,则定为运输、贩卖毒品罪,不实行并罚。

(2) 对同一宗毒品,行为人实施两种以上犯罪行为的,应当按照所实施的犯罪行为的性质并列确定罪名。罪名不以行为实施的先后、危害结果的大小排列,一律以刑法条文规定的顺序表述。例如,对同一宗毒品,既制造又走私的,则以"走私、制造毒品罪"定罪,但不实行并罚。对不同宗毒品分别实施了不同种犯罪行为的,应对不同行为并列确定罪名,累计计算毒品数量,也不实行数罪并罚。

(3) 对行为人一人走私、贩卖、运输、制造或者非法持有两种以上毒品并已构成犯罪的,不应实行数罪并罚,可综合考虑毒品的种类、数量及危害,依法处理。

(4) 走私毒品,又走私其他物品构成犯罪的,按走私毒品罪和构成的其他走私罪分别定罪,实行并罚。

(5) 行为人盗窃、抢劫、诈骗、抢夺毒品的,应当对行为人按照抢劫、盗窃、诈骗、抢夺犯罪定罪处罚;如果行为人将盗窃、抢劫、诈骗、抢夺的毒品又予以运输、贩卖的,对行为人以盗窃罪、抢劫罪、诈骗罪或抢夺罪和运输、贩卖毒品罪进行并罚。

7. 毒品案件中特情引诱犯罪问题

运用特情侦破案件是有效打击毒品犯罪的手段。在审判实践中,有时存在被使用的特情未严格遵守有关规定,在介入侦破案件中有对他人实施毒品犯罪的犯意引诱和数量引诱的情况。所谓“犯意引诱”,是指行为人本没有实施毒品犯罪的主观意图,而是在特情诱惑和促成下形成犯意,进而实施毒品犯罪。对具有这种情况的被告人,应当从轻处罚,无论毒品犯罪数量多大,都不应判处死刑立即执行。行为人在特情既为其安排上线,又提供下线的双重引诱(“双套引诱”)下实施毒品犯罪的,处刑时可予以更大幅度的从宽处罚或者依法免予刑事处罚。所谓“数量引诱”,是指行为人本来只有实施数量较小的毒品犯罪的故意,在特情引诱下实施了数量较大甚至达到可判处死刑数量的毒品犯罪。对具有此种情况的被告人,应当从轻处罚,即使超过判处死刑的毒品数量标准,一般也不应判处死刑立即执行。对于特情在使用中是否严格遵守有关规定情况不明的案件,应主动和公安机关缉毒部门联系,了解有关情况。对无法查清是否存在犯意引诱和数量引诱的案件,在考虑是否对被告人判处死刑立即执行时,要留有余地。被告人受特情间接引诱而实施毒品犯罪的,参照上述规定处理。[29] 因特情介入,其犯罪行为一般都在公安机关的控制之下,毒品一般也不易流入社会,其社会危害程度大大减轻,这在量刑时,应当加以考虑。[30]

(三) 走私、贩卖、运输、制造毒品罪的处罚

根据《刑法》第 347 条第 2 款的规定,犯本罪,有下列情形之一的,处 15 年有期徒刑、无期徒刑或者死刑,并处没收财产:(1)走私、贩卖、运输、制造鸦片 1 000 克以上、海洛因或者甲基苯丙胺 50 克以上或者其他毒品数量大的;(2)走私、贩卖、运输、制造毒品集团的首要分子;(3)武装掩护走私、贩卖、运输、制造毒品的;(4)以暴力抗拒检查、拘留、逮捕,情节严重的;(5)参与有组织的国际贩毒活动的。该条第 3 款规定,走私、贩卖、运输、制造鸦片 200 克以上不满 1 000 克、海洛因或者甲基苯丙胺 10 克以上不满 50 克或者其他毒品数量较大的,处 7 年以上有期徒刑,并处罚金。该条第 4 款规定,走私、贩卖、运输、制造鸦片不满 200 克、海洛因或者甲基苯丙胺不满 10 克或者其他少量毒品的,处 3 年以下有期徒刑、拘役

〔29〕 参见 2008 年 12 月 1 日最高人民法院《全国部分法院审理毒品犯罪案件工作座谈会纪要》。

〔30〕 参见 2000 年 4 月 4 日最高人民法院《全国法院审理毒品犯罪案件工作座谈会纪要》。

或者管制，并处罚金；情节严重的，处 3 年以上 7 年以下有期徒刑，并处罚金。该条第 5 款规定，单位犯本罪的，对单位判处罚金，并对其直接负责的主管人员和其他直接责任人员，依照自然人犯本罪时的规定处罚。该条第 6 款规定，利用、教唆未成年人走私、贩卖、运输、制造毒品，或者向未成年人出售毒品的，从重处罚。此外，根据《刑法》第 356 条的规定，因走私、贩卖、运输、制造、非法持有毒品罪被判过刑又犯该节规定之罪的，从重处罚。这是关于毒品犯罪再犯的特别规定。2008 年 12 月 1 日最高人民法院《全国部分法院审理毒品犯罪案件工作座谈会纪要》指出：对同时构成毒品犯罪再犯和累犯的被告人，应当同时引用《刑法》关于累犯和毒品犯罪的条款从重处罚。但 2015 年《毒品犯罪座谈会纪要》对此进行了修正：对于因同一毒品犯罪前科同时构成累犯和毒品再犯的被告人，在裁判文书中应当同时引用《刑法》关于累犯和毒品再犯的条款，但在量刑时不得重复予以从重处罚。对于因不同犯罪前科同时构成累犯和毒品再犯的被告人，量刑时的从重处罚幅度一般应大于前述情形。

二十一、非法持有毒品罪

（一）非法持有毒品罪的概念和构成要件

非法持有毒品罪，是指明知是鸦片、海洛因、甲基苯丙胺或者其他毒品而非法持有且数量较大的行为。

本罪的构成要件如下。

1. 本罪的客观方面表现为非法持有毒品且数量较大的行为。非法，是指违反《药品管理法》《麻醉药品管理办法》《精神药品管理办法》等国家毒品管制法规中有关禁止个人持有毒品的规定。持有，是事实上或法律上的控制、支配。事实上持有，是指物品处在行为人的直接控制、支配之下。法律上持有，是指虽然物品没有处在行为人的直接控制、支配之下，但其拥有控制、支配的权利。持有的具体行为方式多种多样，并不限于随身携带、握有等情况，还包括保存在自己可以控制的地方、委托他人代为保管等情况。也就是说，只要行为人能够对毒品进行相对他人而言的排他性的支配、控制，就是持有毒品。持有毒品是一种持续行为，即只有当毒品在一定时间内由行为人支配、控制时，才构成持有毒品；至于时间的长短，则并不影响持有的成立，只是一种量刑情节，但如果时间过短，不足以说明行为人事实上支配着毒品时，则不能认为是持有毒品。持有可以是共同持有，也可以是单独持有。对于毒品的来源并无特殊要求,即无论是由行为人自己所购买、捡拾,还是由祖辈遗留、接受赠与,均不影响持有的成立。数量较大,是指非法持有鸦片 200 克以上、海洛因或者甲基苯丙胺 10 克以上或者其他毒品数量大的情况。

2. 本罪的主体是一般主体,即年满 16 周岁、具有刑事责任能力的自然人。

3. 本罪的主观方面是故意,即明知是毒品而非法持有。如果确实不知是毒品而持有的,不构成本罪。

4. 本罪的客体是国家对毒品的管制制度。

(二) 非法持有毒品罪的认定

1. 非法持有毒品罪与非罪的界限

行为人依照国家有关规定运输、管理、使用、持有毒品的,如医生因医疗的需要而持有毒品的,经过有关机关批准制造毒品后持有毒品、运输毒品或从事毒品管理的,不构成犯罪。持有毒品没有达到数量较大标准的,不构成本罪,以一般违法行为论处。

2. 非法持有毒品罪与窝藏毒品罪的界限

窝藏毒品必然意味着持有毒品,窝藏毒品的过程本身就是对毒品的持有过程,因此,非法持有毒品罪与窝藏毒品罪的客观方面是极为相似的。但二者也有明显的区别:(1)主观内容不同。本罪的目的一般不明显,要么是为了吸食而持有,要么是为了一种难以查明的目的而持有;而后者的目的非常明确,即为犯有走私、贩卖、运输、制造毒品罪的犯罪分子窝藏毒品,使其逃避司法机关的追查与惩处。(2)犯罪对象的具体内容不同。二者的犯罪对象均为毒品,但前者对毒品的来源并无特殊要求;而后者则要求毒品只能来自于犯有走私、贩卖、运输、制造毒品罪的犯罪分子。(3)犯罪客体有所差异。本罪的客体是国家对毒品的管制制度;而后者的客体除国家对毒品的管制制度外,还包括国家司法机关惩治毒品犯罪的正常司法活动。

在司法实践中,在行为人为非法持有毒品的犯罪分子窝藏毒品的情况下,如果二者事先有通谋,构成非法持有毒品罪的共犯;如果二者没有事先通谋,则应单独以非法持有毒品罪追究刑事责任。

3. 非法持有毒品罪与走私、贩卖、运输、制造毒品罪的界限

走私、贩卖、运输、制造毒品的行为人都必然要非法持有毒品,因此,二者容易

混淆。非法持有毒品罪是一种补漏之罪。非法持有毒品达到《刑法》第 348 条规定的构成犯罪的数量标准，没有证据证明实施了走私、贩卖、运输、制造毒品犯罪行为的，以非法持有毒品罪定罪。如果有证据能够证明非法持有毒品是为了进行走私、贩卖、运输毒品犯罪或者属于走私、贩卖、运输毒品犯罪的结果状态的，则应当定走私、贩卖、运输毒品罪。

4. 非法持有毒品罪的罪数形态问题

盗窃、抢夺、抢劫毒品的，应当分别以盗窃罪、抢夺罪或者抢劫罪定罪，但不计犯罪数额，根据情节轻重予以定罪量刑。盗窃、抢夺、抢劫毒品后又实施其他毒品犯罪的，对盗窃罪、抢夺罪、抢劫罪和所犯的具体毒品犯罪分别定罪，依法数罪并罚。走私毒品，又走私其他物品构成犯罪的，以走私毒品罪和其所犯的其他走私罪分别定罪，依法数罪并罚。

5. 吸毒者行为的定性

根据 2015 年《毒品犯罪座谈会纪要》的规定，吸毒者在购买、存储毒品过程中被查获，没有证据证明其是为了实施贩卖毒品等其他犯罪，毒品数量达到《刑法》第 348 条规定的最低数量标准的，以非法持有毒品罪定罪处罚。吸毒者在运输毒品过程中被查获，没有证据证明其是为了实施贩卖毒品等其他犯罪，毒品数量达到较大以上的，以运输毒品罪定罪处罚。行为人为吸毒者代购毒品，在运输过程中被查获，没有证据证明托购者、代购者是为了实施贩卖毒品等其他犯罪，毒品数量达到较大以上的，对托购者、代购者以运输毒品罪的共犯论处。行为人为他人代购仅用于吸食的毒品，在交通、食宿等必要开销之外收取“介绍费”“劳务费”，或者以贩卖为目的收取部分毒品作为酬劳的，应视为从中牟利，属于变相加价贩卖毒品，以贩卖毒品罪定罪处罚。对于有吸毒情节的贩毒人员，一般应当按照其购买的毒品数量认定其贩卖毒品的数量，量刑时酌情考虑其吸食毒品的情节；购买的毒品数量无法查明的，按照能够证明的贩卖数量及查获的毒品数量认定其贩毒数量；确有证据证明其购买的部分毒品并非用于贩卖的，不应计入其贩毒数量。

6. 本罪中“情节严重”的认定标准

根据 2016 年 4 月 6 日最高人民法院《关于审理毒品犯罪案件适用法律若干问题的解释》第 5 条的规定，非法持有毒品达到《刑法》第 348 条或者本解释第 2 条规定的“数量较大”标准，且具有下列情形之一的，应当认定为《刑法》第 348 条规定的“情节严重”：(1)在戒毒场所、监管场所非法持有毒品的；(2)利用、教唆未成年人非法持有毒品的；(3)国家工作人员非法持有毒品的；(4)其他情节严重的情形。

(三) 非法持有毒品罪的处罚

根据《刑法》第 348 条的规定，犯本罪的，非法持有鸦片 1 000 克以上、海洛因或者甲基苯丙胺 50 克以上或者其他毒品数量大的，处 7 年以上有期徒刑或者无期徒刑，并处罚金；非法持有鸦片 200 克以上不满 1 000 克、海洛因或者甲基苯丙胺 10 克以上不满 50 克或者其他毒品数量较大的，处 3 年以下有期徒刑、拘役或者管制，并处罚金；情节严重的，处 3 年以上 7 年以下有期徒刑，并处罚金。

二十二、组织卖淫罪

(一) 组织卖淫罪的概念和构成要件

组织卖淫罪，是指以招募、雇佣、强迫、引诱、容留等手段，控制或支配多人从事卖淫的行为。

本罪的构成要件如下。

1. 本罪的客观方面表现为组织他人卖淫的行为。所谓组织他人卖淫，是指以招募、雇用、强迫、引诱、容留等手段，控制或支配多人从事卖淫活动。招募，是指在社会上物色、网罗、招收、募集他人进行卖淫活动；雇佣，是指以出资为代价收买他人从事卖淫活动；强迫，是指用暴力、胁迫或者其他方法，对他人实施人身或精神强制，迫使他人从事卖淫活动；引诱，是指以金钱、财物或者其他利益等为诱饵，欺骗、拉拢、勾引、唆使他人参加卖淫活动；容留，是指为他人卖淫提供场所。上述组织他人卖淫的具体手段，可以只使用其中的一种或数种，也可以同时交叉使用。卖淫，是指以金钱、财物等为媒介，向不特定对象提供性交或者其他与性器官接触的色情活动，以满足对方性欲的行为。被组织卖淫的对象为多人，即 3 人以上(含本数)，主要是女性，也包括男性。组织卖淫行为一般表现为两种形式：一是建立和设置相对固定的卖淫场所或者变相的卖淫场所从事卖淫活动，如以出租房、娱乐城、发廊、浴室、旅馆等作为卖淫的窝点，纠集或控制他人卖淫；二是没有固定的卖淫场所，但能够通过控制卖淫人员有效地组织他人从事卖淫活动。

2. 本罪的主体是一般主体，即年满 16 周岁、具有刑事责任能力的自然人，单位不能成为本罪的主体。主体必须是卖淫的组织者，可以是几个人，也可以是一个人，关键要看其在卖淫活动中是否起组织者的作用，被组织的卖淫者不能构成本罪。

3. 本罪的主观方面是故意，一般出于牟利的目的。但行为人是否以牟利为目的，不影响本罪的成立。

4. 本罪的客体是社会治安管理秩序和社会风尚。

（二）组织卖淫罪的认定

1. 组织卖淫罪与非罪的界限

本罪只处罚组织者，对于一般参与卖淫者不以犯罪论处，而应根据《治安管理处罚法》的相关规定处理。数个卖淫者为了赚取更多钱财，自动结伙卖淫，相互传递信息，互相提供方便，共同从事卖淫活动的，因为各行为人都是卖淫者，没有主从之分，也没有较为固定的组织、策划者，因此一般不以犯罪论处。但如果行为人既自己参与卖淫又组织他人卖淫的，则构成本罪。

2. 卖淫的含义

卖淫通常是指女性以支付金钱为条件与非特定的男性进行自然性交。但这一传统的定义面临着一些挑战：一是男性为女性提供有偿的性服务的定性；二是同性之间提供的有偿性服务的定性；三是性行为是否限于自然性交，是否包括口交、鸡奸等非自然的性交方式。2000 年 2 月 29 日最高人民法院《关于如何适用〈治安管理处罚条例〉第 30 条规定的答复》指出：《治安管理处罚条例》第 30 条规定的"卖淫嫖娼"，一般是指异性之间通过金钱交易，一方向另一方提供性服务以满足对方性欲的行为。至于具体性行为采用什么方式，不影响对卖淫嫖娼行为的认定。2001 年 2 月 28 日公安部《关于对同性之间以钱财为媒介的性行为定性处理问题的批复》指出：不特定的异性之间或者同性之间以金钱、财物为媒介发生不正当性关系的行为，包括口淫、手淫、鸡奸等行为，都属于卖淫嫖娼行为。可见，目前我国已经将男性的卖淫行为、同性之间的卖淫行为都纳入了惩治的范围。

3. 旅馆业、饮食服务业、文化娱乐业、出租汽车业等单位的人员，利用本单位的条件，组织他人卖淫行为的定性

根据《刑法》第 361 条第 1 款的规定，旅馆业、饮食服务业、文化娱乐业、出租汽车业等单位的人员，利用本单位的条件，组织他人卖淫的，依照组织卖淫罪定罪处罚。该条第 2 款规定，前款所列单位的主要负责人，犯前款罪的，从重处罚。由于本罪的犯罪主体是自然人，不包括单位，这一规定实际上对这种"带有单位性质"的犯罪行为应当如何定性作出了规定，以免找不到定罪处罚的根据。这是对

本罪犯罪主体的特别规定。

4. 组织卖淫罪与协助组织卖淫罪的界限

协助组织卖淫行为是在组织他人卖淫的共同犯罪中起帮助作用的行为,《刑法》第 358 条第 3 款将其专门规定为“协助组织卖淫罪”。根据 2017 年 7 月 21 日最高人民法院、最高人民检察院《关于办理组织、强迫、引诱、容留、介绍卖淫刑事案件适用法律若干问题的解释》(以下简称 2017 年《卖淫刑事案件解释》)第 4 条的规定,明知他人实施组织卖淫犯罪活动而为其招募、运送人员或者充当保镖、打手、管账人等的,依照《刑法》第 358 条第 4 款的规定,以协助组织卖淫罪定罪处罚,不以组织卖淫罪的从犯论处。

5. 组织卖淫罪的罪数形态问题

本罪的行为人在组织他人卖淫的过程中通常采用招募、雇佣、强迫、引诱、容留等手段,因此在触犯组织卖淫罪的同时,又可能触犯强迫卖淫罪和引诱、容留、介绍卖淫罪。根据 2017 年《卖淫刑事案件解释》第 3 条的规定,在组织卖淫犯罪活动中,对被组织卖淫的人有引诱、容留、介绍卖淫行为的,依照处罚较重的规定定罪处罚。但是,对被组织卖淫的人以外的其他人有引诱、容留、介绍卖淫行为的,应当分别定罪,实行数罪并罚。根据《刑法》第 358 条第 3 款的规定,犯本罪并有杀害、伤害、强奸、绑架等犯罪行为的,依照数罪并罚的规定处罚。

6. 本罪中“情节严重”的认定标准

根据 2017 年《卖淫刑事案件解释》第 2 条的规定,组织他人卖淫,具有下列情形之一的,应当认定为《刑法》第 358 条第 1 款规定的“情节严重”:(1)卖淫人员累计达 10 人以上的;(2)卖淫人员中未成年人、孕妇、智障人员、患有严重性病的人累计达 5 人以上的;(3)组织境外人员在境内卖淫或者组织境内人员出境卖淫的;(4)非法获利人民币 100 万元以上的;(5)造成被组织卖淫的人自残、自杀或者其他严重后果的;(6)其他情节严重的情形。

(三) 组织卖淫罪的处罚

根据《刑法》第 358 条的规定,犯本罪的,处 5 年以上 10 年以下有期徒刑,并处罚金;情节严重的,处 10 年以上有期徒刑或者无期徒刑,并处罚金或者没收财产。组织未成年人卖淫的,依照前款的规定从重处罚。犯前两款罪,并有杀害、伤害、强奸、绑架等犯罪行为的,依照数罪并罚的规定处罚。

二十三、引诱、容留、介绍卖淫罪

(一) 引诱、容留、介绍卖淫罪的概念和构成要件

引诱、容留、介绍卖淫罪，是指以金钱、物质或者其他利益为手段，诱使他人卖淫，或者为他人卖淫提供场所，或者为卖淫进行介绍的行为。

本罪的构成要件如下。

1. 本罪的客观方面表现为引诱、容留、介绍他人卖淫的行为。引诱他人卖淫，是指以金钱、物质或者其他利益为手段，诱使他人卖淫。容留他人卖淫，是指为他人提供卖淫的场所。所提供的场所既可以是固定的，也可以是汽车等流动的场所；既可以是自己所有的场所，也可以是其没有所有权的归其管理、使用的场所。行为人既可能是主动提供，也可能是应卖淫者的要求提供。介绍，俗称“拉皮条”，是指与卖淫者(或者卖淫组织者)通谋，受其委托或唆使，在卖淫者与嫖娼者之间进行引见、撮合，使得卖淫者的意愿得以实现的行为。对这里的“他人”，即被引诱者、被容留者、被介绍者，刑法并没有作出任何限制。因此，“他人”既可以是女性，也可以是男性；既包括作风正派的人，也包括本就以卖淫为业者。被引诱者应是没有卖淫习性或在被引诱的当时没有卖淫意思的人，且不能是幼女；而被容留者、被介绍者则应当是自愿实施卖淫行为的人。

2. 本罪的主体是一般主体，即年满 16 周岁、具有刑事责任能力的自然人。

3. 本罪的主观方面是故意。至于引诱者、容留者、介绍者是否具有营利的目的，不影响本罪的成立。

(二) 引诱、容留、介绍卖淫罪的认定

1. 引诱、容留、介绍卖淫罪与非罪以及情节严重的认定标准

根据 2017 年《卖淫刑事案件解释》第 8 条的规定，引诱、容留、介绍他人卖淫，具有下列情形之一的，应当依照刑法第 359 条第 1 款的规定定罪处罚：(1)引诱他人卖淫的；(2)容留、介绍 2 人以上卖淫的；(3)容留、介绍未成年人、孕妇、智障人员、患有严重性病的人卖淫的；(4)1 年内曾因引诱、容留、介绍卖淫行为被行政处罚，又实施容留、介绍卖淫行为的；(5)非法获利人民币 1 万元以上的。

引诱、容留、介绍他人卖淫，具有下列情形之一的，应当认定为刑法第 359 条第 1 款规定的“情节严重”：(1)引诱 5 人以上或者引诱、容留、介绍 10 人以上卖淫的；(2)引诱 3 人以上的未成年人、孕妇、智障人员、患有严重性病的人卖淫，或者

引诱、容留、介绍5人以上该类人员卖淫的;(3)非法获利人民币5万元以上的;(4)其他情节严重的情形。

2."引诱不满14周岁的幼女卖淫的"行为的定性

根据《刑法》第359条第2款的规定,引诱不满14周岁的幼女卖淫的,以引诱幼女卖淫罪单独定罪处罚,其前提是行为人明知被引诱者是不满14周岁的幼女。如果行为人确实不知对方是幼女而引诱其卖淫的,则应以引诱卖淫罪定罪。

3.介绍他人嫖娼的行为的定性

介绍卖淫是卖淫行为的帮助行为。介绍他人卖淫与介绍他人嫖娼是两种既密切联系又存在区别的行为。在行为人事先和卖淫者(或者卖淫组织者)就介绍嫖客一事有通谋的场合,二者可能出现竞合,介绍他人嫖娼的行为同时也属于介绍他人卖淫的行为。但如果事前没有通谋的,向嫖娼者提供嫖娼信息介绍其嫖娼的,由于和卖淫者(或者卖淫组织者)之间就介绍卖淫一事没有任何意思联络,就仅仅是单纯介绍嫖娼的行为,而不属于介绍卖淫行为。由于刑法上没有规定介绍嫖娼罪,因而不能以介绍卖淫罪论处。那种认为介绍嫖娼的行为在客观上起到了帮助卖淫者介绍嫖客的作用因此就应以介绍卖淫罪论处的看法是客观归罪的错误主张。

4.引诱、容留、介绍卖淫罪与组织卖淫罪的界限

二者在犯罪客观方面有相似之处,如都涉及引诱、容留、介绍的行为方式,但二者也有明显区别。组织卖淫罪的基本特征在于对他人的卖淫活动实施控制与管理,可以采用招募、雇佣、强迫、引诱、容留等多种手段,而本罪的行为人仅是单纯地引诱、容留、介绍他人卖淫,并未形成对他人卖淫活动的控制。

(三)引诱、容留、介绍卖淫罪的处罚

根据《刑法》第359条第1款的规定,犯本罪的,处5年以下有期徒刑、拘役或者管制,并处罚金;情节严重的,处5年以上有期徒刑,并处罚金。根据《刑法》第361条的规定,旅馆业、饮食服务业、文化娱乐业、出租汽车业等单位的人员,利用本单位的条件,引诱、容留、介绍他人卖淫的,依照本罪的规定定罪处罚。上述单位的主要负责人犯本罪的,从重处罚。

二十四、制作、复制、出版、贩卖、传播淫秽物品牟利罪

(一)制作、复制、出版、贩卖、传播淫秽物品牟利罪的概念和构成要件

制作、复制、出版、贩卖、传播淫秽物品牟利罪,是指以牟利为目的,制作、复

制、出版、贩卖、传播淫秽物品的行为。

本罪的构成要件如下。

1. 本罪的客观方面表现为制作、复制、出版、贩卖、传播淫秽物品的行为。制作，是指通过生产、录制、摄制、编写、绘画、印刷、刻印、洗印等手段以某种有形形式创制、产生淫秽物品的行为；复制，是指通过拓印、翻印、复印、复录、翻拍、复写等方法对已有的淫秽物品进行仿造或重复制作的行为；出版，是指将淫秽物品编辑加工后，经过复制向公众发行的行为；贩卖，通常是指为了牟利以低价购进再以高价卖出的行为，但也应包括单纯有偿转让淫秽物品的行为；传播，是指通过互联网或者播放、展示、邮寄、出租、出借等方式使淫秽物品在社会上散布、流传的行为。

2. 本罪的主体是一般主体，自然人和单位均可构成本罪。

3. 本罪的主观方面是故意，且具有牟利的目的。不以牟利为目的而制作、复制、出版、贩卖、传播淫秽物品的，不构成本罪。行为人是否实际获利不影响本罪的成立。

4. 本罪的客体是国家对文化市场的管理秩序和良好的社会风化。犯罪对象是淫秽物品。根据《刑法》第 367 条的规定，淫秽物品，是指具体描绘性行为或者露骨宣扬色情的诲淫性的书刊、影片、录像带、录音带、图片及其他淫秽物品。这里的“其他淫秽物品”，包括具体描绘性行为或者露骨宣扬色情的诲淫性的视频文件、音频文件、电子刊物、图片、文章、短信息等互联网、移动通讯终端电子信息和声讯台语音信息。有关人体生理、医学知识的科学著作、电子信息和声讯台语音信息不是淫秽物品。包含有色情内容的有艺术价值的文学、艺术作品（包括电子文学、艺术作品）不视为淫秽物品。〔31〕

（二）制作、复制、出版、贩卖、传播淫秽物品牟利罪的认定

1. 以牟利为目的，利用互联网、移动通讯终端制作、复制、出版、贩卖、传播淫秽电子信息行为的定性

2004 年 9 月 3 日最高人民法院、最高人民检察院《关于办理利用互联网、移动通讯终端、声讯台制作、复制、出版、贩卖、传播淫秽电子信息刑事案件具体应用

〔31〕 参见 2004 年 9 月 3 日最高人民法院、最高人民检察院《关于办理利用互联网、移动通讯终端、声讯台制作、复制、出版、贩卖、传播淫秽电子信息刑事案件具体应用法律若干问题的解释》第 9 条。

法律若干问题的解释》第 1 条规定,以牟利为目的,利用互联网、移动通讯终端制作、复制、出版、贩卖、传播淫秽电子信息,具有下列情形之一的,依照《刑法》第 363 条第 1 款的规定,以制作、复制、出版、贩卖、传播淫秽物品牟利罪定罪处罚:(1)制作、复制、出版、贩卖、传播淫秽电影、表演、动画等视频文件 20 个以上的;(2)制作、复制、出版、贩卖、传播淫秽音频文件 100 个以上的;(3)制作、复制、出版、贩卖、传播淫秽电子刊物、图片、文章、短信息等 200 件以上的;(4)制作、复制、出版、贩卖、传播的淫秽电子信息,实际被点击数达到 1 万次以上的;(5)以会员制方式出版、贩卖、传播淫秽电子信息,注册会员达 200 人以上的;(6)利用淫秽电子信息收取广告费、会员注册费或者其他费用,违法所得 1 万元以上的;(7)数量或者数额虽未达到第(1)项至第(6)项规定标准,但分别达到其中两项以上标准一半以上的;(8)造成严重后果的。利用聊天室、论坛、即时通信软件、电子邮件等方式,实施前述行为的,依照《刑法》第 363 条第 1 款的规定,以制作、复制、出版、贩卖、传播淫秽物品牟利罪定罪处罚。该项司法解释第 4 条规定,明知是淫秽电子信息而在自己所有、管理或者使用的网站或者网页上提供直接链接的,其数量标准根据所链接的淫秽电子信息的种类计算。

2. 以牟利为目的,通过声讯台传播淫秽语音信息行为的定性

《关于办理利用互联网、移动通讯终端、声讯台制作、复制、出版、贩卖、传播淫秽电子信息刑事案件具体应用法律若干问题的解释》第 5 条规定,以牟利为目的,通过声讯台传播淫秽语音信息,具有下列情形之一的,依照《刑法》第 363 条第 1 款的规定,对直接负责的主管人员和其他直接责任人员以传播淫秽物品牟利罪定罪处罚:(1)向 100 人次以上传播的;(2)违法所得 1 万元以上的;(3)造成严重后果的。

3. 淫秽物品的认定

对于淫秽物品的认定,主要是以其是否具有无端挑起人们的性欲和损害普通人的正常的性行为观念的实质属性进行判断。具体而言,淫秽物品应该具有以下七种内容之一:(1)淫亵性地具体描写性行为、性交及其心理感受;(2)公然宣扬色情淫荡形象;(3)淫亵性地描述或传授性技巧;(4)具体描写乱伦、强奸或者其他性犯罪的手段、过程或者细节,足以诱发犯罪的;(5)具体描写少年儿童的性行为;(6)淫亵性地具体描写同性恋的性行为或者其他性变态行为,或者具体描写与性变态有关的暴力、虐待、侮辱行为;(7)其他令普通人不能容忍的对性行为的

淫亵性描写。〔32〕虽然存在性的描绘但缺乏淫秽物品的上述内容，因而不具有淫秽物品实质属性的作品不是制作、复制、出版、贩卖、传播淫秽物品牟利罪的犯罪对象。

4. 传播淫秽物品牟利罪与传播淫秽物品罪的界限

两罪在客观方面都表现为传播淫秽物品的行为，因此容易混淆。区别的关键在于二者的主观方面不同。前者要求行为人必须以牟利为目的，后者的行为人不以牟利为目的。另外，后者以“情节严重”为犯罪构成要件，而前者对于犯罪情节没有作出要求。

5. 共犯的认定

(1) 出版单位与他人事前通谋，向其出售、出租或者以其他形式转让该出版单位的名称、书号、刊号、版号，他人实施制作、复制、出版、贩卖、传播淫秽物品牟利的行为，构成犯罪的，对该出版单位应当以制作、复制、出版、贩卖、传播淫秽物品牟利罪的共犯论处。

(2) 明知他人以牟利为目的实施制作、复制、出版、贩卖、传播淫秽电子信息犯罪，为其提供互联网接入、服务器托管、网络存储空间、通讯传输通道、费用结算等帮助的，对直接负责的主管人员和其他直接责任人员，以制作、复制、出版、贩卖、传播淫秽物品牟利罪的共同犯罪论处。

(三) 制作、复制、出版、贩卖、传播淫秽物品牟利罪的处罚

根据《刑法》第 363 条第 1 款、第 366 条的规定，犯本罪的，处 3 年以下有期徒刑、拘役或者管制，并处罚金；情节严重的，处 3 年以上 10 年以下有期徒刑，并处罚金；情节特别严重的，处 10 年以上有期徒刑或者无期徒刑，并处罚金或者没收财产。单位犯本罪的，对单位判处罚金，并对其直接负责的主管人员和其他直接责任人员，依照上述规定处罚。

根据上述司法解释，实施本罪，具有下列情形之一的，依照《刑法》第 363 条第 1 款的规定从重处罚：(1)制作、复制、出版、贩卖、传播具体描绘不满 18 周岁未成年人性行为的淫秽电子信息的；(2)明知是具体描绘不满 18 周岁的未成年人性行为的淫秽电子信息而在自己所有、管理或者使用的网站或者网页上提供直接链接的；(3)向不满 18 周岁的未成年人贩卖、传播淫秽电子信息和语音信息的；

〔32〕 参见 1988 年 12 月 27 日国家新闻出版署《关于认定淫秽及色情出版物的暂行规定》。

(4)通过使用破坏性程序、恶意代码修改用户计算机设置等方法,强制用户访问、下载淫秽电子信息的。

第三节　本章其他罪名

一、煽动暴力抗拒法律实施罪

煽动暴力抗拒法律实施罪,是指煽动群众使用暴力抗拒国家法律、行政法规实施的行为。

根据《刑法》第278条的规定,犯本罪的,处3年以下有期徒刑、拘役、管制或者剥夺政治权利;造成严重后果的,处3年以上7年以下有期徒刑。

二、盗窃、抢夺、毁灭国家机关公文、证件、印章罪

盗窃、抢夺、毁灭国家机关公文、证件、印章罪,是指盗窃、抢夺、毁灭国家机关公文、证件、印章的行为。

根据《刑法》第280条第1款的规定,犯本罪的,处3年以下有期徒刑、拘役、管制或者剥夺政治权利;情节严重的,处3年以上10年以下有期徒刑。

三、伪造公司、企业、事业单位、人民团体印章罪

伪造公司、企业、事业单位、人民团体印章罪,是指伪造公司、企业、事业单位、人民团体印章的行为。

对于伪造高等院校印章制作学历、学位证明的行为,以伪造事业单位印章罪定罪处罚。明知是伪造高等院校印章制作的学历、学位证明而贩卖的,以伪造事业单位印章罪的共犯论处。[33] 为信用卡申请人制作、提供虚假的财产状况、收入、职务等资信证明材料,涉及伪造公司、企业、事业单位、人民团体印章,应当追究刑事责任的,以伪造公司、企业、事业单位、人民团体印章罪定罪处罚。[34]

---

〔33〕 参见2001年7月3日最高人民法院、最高人民检察院公布的《关于办理伪造、贩卖伪造的高等院校学历、学位证明刑事案件如何适用法律问题的解释》。

〔34〕 参见2009年12月3日最高人民法院、最高人民检察院《关于办理妨害信用卡管理刑事案件具体应用法律若干问题的解释》第4条。

根据《刑法》第 280 条第 2 款的规定，犯本罪的，处 3 年以下有期徒刑、拘役、管制或者剥夺政治权利。

四、伪造、变造、买卖身份证件罪

伪造、变造、买卖身份证件罪，是指伪造、变造、买卖居民身份证、护照、社会保障卡、驾驶证等依法可以用于证明身份的证件的行为。

根据《刑法》第 280 条第 3 款的规定，犯本罪的，处 3 年以下有期徒刑、拘役、管制或者剥夺政治权利，并处罚金；情节严重的，处 3 年以上 7 年以下有期徒刑，并处罚金。

五、使用虚假身份证件、盗用身份证件罪

使用虚假身份证件、盗用身份证件罪，是指在依照国家规定应当提供身份证明的活动中，使用伪造、变造的或者盗用他人的居民身份证、护照、社会保障卡、驾驶证等依法可以用于证明身份的证件，情节严重的行为。其中，使用伪造、变造的身份证件，是指将伪造、变造的身份证件作为真实的身份证件而使用；盗用他人身份证件，是指将他人的身份证件当作证明自己身份的证件而使用。

根据《刑法》第 280 条之一的规定，犯本罪的，处拘役或者管制，并处或者单处罚金。有前款行为，同时构成其他犯罪的，依照处罚较重的规定定罪处罚。

六、非法生产、买卖警用装备罪

非法生产、买卖警用装备罪，是指非法生产、买卖人民警察制式服装、车辆号牌等专用标志、警械，情节严重的行为。

根据《刑法》第 281 条的规定，犯本罪的，处 3 年以下有期徒刑、拘役或者管制，并处或者单处罚金。单位犯本罪的，对单位判处罚金，并对其直接负责的主管人员和其他直接责任人员，依照上述规定处罚。

七、非法获取国家秘密罪

非法获取国家秘密罪，是指以窃取、刺探、收买方法，非法获取国家秘密的行为。

根据《刑法》第 282 条第 1 款的规定，犯本罪的，处 3 年以下有期徒刑、拘役、

管制或者剥夺政治权利;情节严重的,处 3 年以上 7 年以下有期徒刑。

八、非法持有国家绝密、机密文件、资料、物品罪

非法持有国家绝密、机密文件、资料、物品罪,是指非法持有属于国家绝密、机密的文件、资料或者其他物品,拒不说明来源与用途的行为。

根据《刑法》第 282 条第 2 款的规定,犯本罪的,处 3 年以下有期徒刑、拘役或者管制。

九、非法生产、销售专用间谍器材、窃听、窃照专用器材罪

非法生产、销售专用间谍器材、窃听、窃照专用器材罪,是指非法生产、销售专用间谍器材或者窃听、窃照专用器材的行为。根据 2014 年 3 月 14 日最高人民法院、最高人民检察院、公安部、国家安全部《关于依法办理非法生产销售使用"伪基站"设备案件的意见》的规定,非法生产、销售"伪基站"设备,经鉴定为专用间谍器材的,依照《刑法》第 283 条的规定,以非法生产、销售专用间谍器材罪追究刑事责任;同时构成非法经营罪的,以非法经营罪追究刑事责任。

根据《刑法》第 283 条的规定,犯本罪的,处 3 年以下有期徒刑、拘役或者管制,并处或者单处罚金;情节严重的,处 3 年以上 7 年以下有期徒刑,并处罚金。

十、非法使用窃听、窃照专用器材罪

非法使用窃听、窃照专用器材罪,是指非法使用窃听、窃照专用器材,造成严重后果的行为。

根据《刑法》第 284 条的规定,犯本罪的,处 2 年以下有期徒刑、拘役或者管制。

十一、组织考试作弊罪

组织考试作弊罪,是指在法律规定的国家考试中组织作弊的行为。"法律规定的国家考试",是指依照法律的明文规定所组织的考试,不限于由国家统一组织的考试。组织作弊,是指组织、策划、指挥多人进行考试作弊,或者从事考试作弊的经营行为。此外,《刑法》第 284 条之一第 2 款规定,为他人实施前款犯罪提供作弊器材或者其他帮助的,依照前款的规定处罚。

根据《刑法》第 284 条之一第 1 款的规定，犯本罪的，处 3 年以下有期徒刑或者拘役，并处或者单处罚金；情节严重的，处 3 年以上 7 年以下有期徒刑，并处罚金。

十二、非法出售、提供试题、答案罪

非法出售、提供试题、答案罪，是指为实施考试作弊行为，向他人非法出售或者提供法律规定的国家考试的试题、答案的行为。

犯本罪的，依照《刑法》第 284 条之一第 1 款的规定处罚。

十三、代替考试罪

代替考试罪，是指代替他人或者让他人代替自己参加法律规定的国家考试的行为。

根据《刑法》第 284 条之一第 4 款的规定，犯本罪的，处拘役或者管制，并处或者单处罚金。

十四、非法侵入计算机信息系统罪

非法侵入计算机信息系统罪，是指违反国家规定，侵入国家事务、国防建设、尖端科学技术领域的计算机信息系统的行为。根据 2011 年 8 月 1 日最高人民法院、最高人民检察院《关于办理危害计算机信息系统安全刑事案件应用法律若干问题的解释》(以下简称 2011 年《危害计算机刑事案件解释》)第 11 条第 1 款的规定，“计算机信息系统”和“计算机系统”，是指具备自动处理数据功能的系统，包括计算机、网络设备、通信设备、自动化控制设备等。

根据《刑法》第 285 条第 1 款的规定，犯本罪的，处 3 年以下有期徒刑或者拘役。根据《刑法》第 285 条第 4 款的规定，单位犯前款罪的，对单位判处罚金，并对其直接负责的主管人员和其他直接责任人员，依照前款的规定处罚。

十五、非法获取计算机信息系统数据、非法控制计算机信息系统罪

非法获取计算机信息系统数据、非法控制计算机信息系统罪，是指违反国家规定，侵入国家事务、国防建设、尖端科学技术领域的计算机信息系统以外的计算机信息系统或者采用其他技术手段，获取该计算机信息系统中存储、处理或者传

输的数据,或者对该计算机信息系统实施非法控制,情节严重的行为。

根据《刑法》第 285 条第 2 款的规定,犯本罪的,处 3 年以下有期徒刑或者拘役,并处或者单处罚金;情节特别严重的,处 3 年以上 7 年以下有期徒刑,并处罚金。根据《刑法》第 285 条第 4 款的规定,单位犯前款罪的,对单位判处罚金,并对其直接负责的主管人员和其他直接责任人员,依照前款的规定处罚。

十六、提供侵入、非法控制计算机信息系统程序、工具罪

提供侵入、非法控制计算机信息系统程序、工具罪,是指提供专门用于侵入、非法控制计算机信息系统的程序、工具,或者明知他人实施侵入、非法控制计算机信息系统的违法犯罪行为而为其提供程序、工具,情节严重的行为。

根据《刑法》第 285 条第 3 款的规定,犯本罪的,处 3 年以下有期徒刑或者拘役,并处或者单处罚金;情节特别严重的,处 3 年以上 7 年以下有期徒刑,并处罚金。根据《刑法》第 285 条第 4 款的规定,单位犯前款罪的,对单位判处罚金,并对其直接负责的主管人员和其他直接责任人员,依照前款的规定处罚。

十七、破坏计算机信息系统罪

破坏计算机信息系统罪,是指违反国家规定,对计算机信息系统功能进行删除、修改、增加、干扰,造成计算机信息系统不能正常运行,或者对信息系统中存储、处理、传输的数据和应用程序进行删除、修改、增加的操作,或者故意制作、传播计算机病毒等破坏性程序,影响计算机系统正常运行,后果严重的行为。

故意制作、传播计算机病毒等破坏性程序,攻击计算机系统及通信网络,致使计算机系统及通信网络遭受损害,或者违反国家规定,擅自中断计算机网络或者通信服务,造成计算机网络或者通信系统不能正常运行,构成犯罪的,依照本罪的规定追究刑事责任。[35] 根据 2011 年《危害计算机刑事案件解释》第 5 条的规定,具有下列情形之一的程序,应当认定为“计算机病毒等破坏性程序”:(1)能够通过网络、存储介质、文件等媒介,将自身的部分、全部或者变种进行复制、传播,并破坏计算机系统功能、数据或者应用程序的;(2)能够在预先设定条件下自动触发,并破坏计算机系统功能、数据或者应用程序的;(3)其他专门设计用于破坏计

〔35〕 参见 2000 年 12 月 28 日全国人大常委会《关于维护互联网安全的决定》第 1 条。

算机系统功能、数据或者应用程序的程序。此外,根据 2016 年《环境污染刑事案件解释》第 10 条的规定,针对环境质量监测系统实施下列行为,或者强令、指使、授意他人实施下列行为的,应当以破坏计算机信息系统罪论处:(1)修改参数或者监测数据的;(2)干扰采样,致使监测数据严重失真的;(3)其他破坏环境质量监测系统的行为。重点排污单位篡改、伪造自动监测数据或者干扰自动监测设施,排放化学需氧量、氨氮、二氧化硫、氮氧化物等污染物,同时构成污染环境罪和破坏计算机信息系统罪的,依照处罚较重的规定定罪处罚。

从事环境监测设施维护、运营的人员实施或者参与实施篡改、伪造自动监测数据、干扰自动监测设施、破坏环境质量监测系统等行为的,应当从重处罚。

根据《刑法》第 286 条的规定,犯本罪的,处 5 年以下有期徒刑或者拘役;后果特别严重的,处 5 年以上有期徒刑。根据《刑法》第 286 条第 4 款的规定,单位犯前款罪的,对单位判处罚金,并对其直接负责的主管人员和其他直接责任人员,依照前款的规定处罚。

十八、拒不履行信息网络安全管理义务罪

拒不履行信息网络安全管理义务罪,是指网络服务提供者不履行法律、行政法规规定的信息网络安全管理义务,经监管部门责令采取改正措施而拒不改正,情节严重的行为。信息网络安全管理义务,仅限于法律、行政法规明文规定的义务。成立本罪还需要满足以下条件:(1)致使违法信息大量传播的;(2)致使用户信息泄露,造成严重后果的;(3)致使刑事案件证据灭失,情节严重的;(4)有其他严重情节的。

根据《刑法》第 286 条之一第 1 款的规定,犯本罪的,处 3 年以下有期徒刑、拘役或者管制,并处或者单处罚金。单位犯前款罪的,对单位判处罚金,并对其直接负责的主管人员和其他直接责任人员,依照前款的规定处罚。行为人有前款规定的行为,同时构成其他犯罪的,依照处罚较重的规定定罪处罚。

十九、非法利用信息网络罪

非法利用信息网络罪主要包括三种行为类型:(1)设立用于实施诈骗、传授犯罪方法、制作或者销售违禁物品、管制物品等违法犯罪活动的网站、通讯群组的;(2)发布有关制作或者销售毒品、枪支、淫秽物品等违禁物品、管制物品或者

其他违法犯罪信息的;(3)为实施诈骗等违法犯罪活动发布信息的。根据《刑法》第 287 条之一的规定,上述行为应当达到情节严重的程度,因此,如果只是非法利用网络实施一般违法行为的,不宜认定为本罪。

根据《刑法》第 287 条之一的规定,犯本罪的,处 3 年以下有期徒刑或者拘役,并处或者单处罚金;单位犯前款罪的,对单位判处罚金,并对其直接负责的主管人员和其他直接责任人员,依照第一款的规定处罚。行为人有前款规定的行为,同时构成其他犯罪的,依照处罚较重的规定定罪处罚。

二十、帮助信息网络犯罪活动罪

帮助信息网络犯罪活动罪,是指自然人或单位明知他人利用信息网络实施犯罪,为其犯罪活动提供互联网接入、服务器托管、网络存储、通信传输等技术支持,或者提供广告推广、支付结算等帮助,情节严重的行为。

根据《刑法》第 287 条之二的规定,犯本罪的,处 3 年以下有期徒刑或者拘役,并处或者单处罚金。单位犯前款罪的,对单位判处罚金,并对其直接负责的主管人员和其他直接责任人员,依照第一款的规定处罚。有前两款行为,同时构成其他犯罪的,依照处罚较重的规定定罪处罚。

二十一、扰乱无线电通信管理秩序罪

扰乱无线电通信管理秩序罪,是指违反国家规定,擅自设置、使用无线电台(站),或者擅自使用无线电频率,干扰无线电通信秩序,情节严重的行为。

违反国家规定,擅自设置、使用无线电台(站),或者擅自占用频率,非法经营国际电信业务或者涉港澳台电信业务进行营利活动,同时构成非法经营罪和本罪的,依照处罚较重的规定定罪处罚。[36] 根据 2007 年 6 月 26 日最高人民法院《关于审理危害军事通信刑事案件具体应用法律若干问题的解释》的规定,实施本罪规定的行为,造成军事通信中断或者严重障碍,同时构成刑法第 288 条、第 369 条第 1 款规定的犯罪的,依照处罚较重的规定定罪处罚。2017 年 6 月 27 日最高人民法院、最高人民检察院《关于办理扰乱无线电通信管理秩序等刑事案件适用法

〔36〕 2000 年 5 月 12 日最高人民法院《关于审理扰乱电信市场管理秩序案件具体应用法律若干问题的解释》第 5 条。

律若干问题的解释》第 6 条第 1 款对本罪与其他犯罪竞合时的处理原则作出了一般性规定：擅自设置、使用无线电台(站)，或者擅自使用无线电频率，同时构成其他犯罪的，按照处罚较重的规定定罪处罚。

根据《刑法》第 288 条的规定，犯本罪的，处 3 年以下有期徒刑、拘役或者管制，并处或者单处罚金；情节特别严重的，处 3 年以上 7 年以下有期徒刑，并处罚金。单位犯本罪的，对单位判处罚金，并对其直接负责的主管人员或者直接责任人员，依照上述规定处罚。

二十二、聚众冲击国家机关罪

聚众冲击国家机关罪，是指聚众冲击国家机关，致使国家机关工作无法进行，造成严重损失的行为。

根据《刑法》第 290 条第 2 款的规定，犯本罪的，对首要分子，处 5 年以上 10 年以下有期徒刑；对其他积极参加的，处 5 年以下有期徒刑、拘役、管制或者剥夺政治权利。

二十三、扰乱国家机关工作秩序罪

扰乱国家机关工作秩序罪，是指多次扰乱国家机关工作秩序，经行政处罚后仍不改正，造成严重后果的行为。所谓严重后果，主要是指行为人的扰乱行为造成国家机关的工作无法进行。

根据《刑法》第 290 条第 3 款的规定，犯本罪的，处 3 年以下有期徒刑、拘役或者管制。

二十四、组织、资助非法聚集罪

组织、资助非法聚集罪，是指多次组织、资助他人非法聚集，扰乱社会秩序，情节严重的行为。所谓多次，是指 3 次以上，行为人既可以实施其中一种行为达 3 次以上，也可以实施两种行为合计 3 次以上。

根据《刑法》第 290 条第 4 款的规定，犯本罪的，处 3 年以下有期徒刑、拘役或者管制。

二十五、聚众扰乱公共场所秩序、交通秩序罪

聚众扰乱公共场所秩序、交通秩序罪，是指聚众扰乱车站、码头、民用航空站、商场、公园、影剧院、展览会、运动场或者其他公共场所秩序，聚众堵塞交通或者破坏交通秩序，抗拒、阻碍国家治安管理工作人员依法执行职务，情节严重的行为。

根据《刑法》第 291 条的规定，犯本罪的，对首要分子处 5 年以下有期徒刑、拘役或者管制。

二十六、投放虚假危险物质罪

投放虚假危险物质罪，是指投放虚假的爆炸性、毒害性、放射性、传染病病原体等物质，严重扰乱社会秩序的行为。

根据《刑法》第 291 条之一的规定，犯本罪的，处 5 年以下有期徒刑、拘役或者管制；造成严重后果的，处 5 年以上有期徒刑。

二十七、编造、故意传播虚假恐怖信息罪

编造、故意传播虚假恐怖信息罪，是指编造爆炸威胁、生化威胁、放射威胁等恐怖信息，或者明知是编造的恐怖信息而故意传播，严重扰乱社会秩序的行为。根据 2013 年 9 月 18 日最高人民法院《关于审理编造、故意传播虚假恐怖信息刑事案件适用法律若干问题的解释》第 6 条的规定，“虚假恐怖信息”是指以发生爆炸威胁、生化威胁、放射威胁、劫持航空器威胁、重大灾情、重大疫情等严重威胁公共安全的事件为内容，可能引起社会恐慌或者公共安全危机的不真实信息。

根据上述司法解释第 2 条的规定，具有下列情形之一的，应当认定为“严重扰乱社会秩序”：(1)致使机场、车站、码头、商场、影剧院、运动场馆等人员密集场所秩序混乱，或者采取紧急疏散措施的；(2)影响航空器、列车、船舶等大型客运交通工具正常运行的；(3)致使国家机关、学校、医院、厂矿企业等单位的工作、生产、经营、教学、科研等活动中断的；(4)造成行政村或者社区居民生活秩序严重混乱的；(5)致使公安、武警、消防、卫生检疫等职能部门采取紧急应对措施的；(6)其他严重扰乱社会秩序的。

根据《刑法》第 191 条之一的规定，犯本罪的，处 5 年以下有期徒刑、拘役或者管制；造成严重后果的，处 5 年以上有期徒刑。根据上述司法解释第 5 条的规定，

编造、故意传播虚假恐怖信息，严重扰乱社会秩序，同时又构成其他犯罪的，择一重罪处罚。

二十八、编造、故意传播虚假信息罪

编造、故意传播虚假信息罪，是指编造虚假的险情、疫情、灾情、警情，在信息网络或者其他媒体上传播，或者明知是上述虚假信息，故意在信息网络或者其他媒体上传播，严重扰乱社会秩序的行为。“险情”是指可能造成重大人员伤亡或者重大财产损失的危险情况；“疫情”是指传染病与重大疾病的发生、蔓延等情况；“灾情”是指火灾、水灾、地质灾害等灾害情况；“警情”是指引起警察采取重大措施的情况。

根据《刑法》第 291 条之一第 2 款的规定，犯本罪的，处 3 年以下有期徒刑、拘役或者管制；造成严重后果的，处 3 年以上 7 年以下有期徒刑。

二十九、入境发展黑社会组织罪

入境发展黑社会组织罪，是指境外的黑社会组织的人员到中华人民共和国境内发展组织成员的行为。

根据《刑法》第 294 条第 2 款、第 4 款的规定，犯本罪的，处 3 年以上 10 年以下有期徒刑。犯本罪又有其他犯罪行为的，依照数罪并罚的规定处罚。

三十、包庇、纵容黑社会性质组织罪

包庇、纵容黑社会性质组织罪，是指国家机关工作人员包庇黑社会性质的组织，或者纵容黑社会性质的组织进行违法犯罪活动的行为。

根据《刑法》第 294 条第 3 款的规定，犯本罪的，处 5 年以下有期徒刑；情节严重的，处 5 年以上有期徒刑。

三十一、传授犯罪方法罪

传授犯罪方法罪，是指使用各种手段，故意将犯罪方法传授给他人的行为。根据 2014 年 9 月 9 日最高人民法院、最高人民检察院、公安部《关于办理暴力恐怖和宗教极端刑事案件适用法律若干问题的意见》的规定，传授暴力恐怖或者其他犯罪技能、经验，依法不能认定为组织、领导、参加恐怖组织罪的，以传授犯罪方法罪定罪处罚。为实现所教唆的犯罪,教唆者又传授犯罪方法的,择一重罪定罪处罚。

根据《刑法》第 295 条的规定,犯本罪的,处 5 年以下有期徒刑、拘役或者管制;情节严重的,处 5 年以上 10 年以下有期徒刑;情节特别严重的,处 10 年以上有期徒刑或者无期徒刑。

三十二、非法集会、游行、示威罪

非法集会、游行、示威罪,是指举行集会、游行、示威,未依照法律规定申请或者申请未获许可,或者未按照主管机关许可的起止时间、地点、路线进行,又拒不服从解散命令,严重破坏社会秩序的行为。

根据《刑法》第 296 条的规定,犯本罪的,对集会、游行、示威的负责人和直接责任人员,处 5 年以下有期徒刑、拘役、管制或者剥夺政治权利。

三十三、非法携带武器、管制刀具、爆炸物参加集会、游行、示威罪

非法携带武器、管制刀具、爆炸物参加集会、游行、示威罪,是指违反法律规定,携带武器、管制刀具或者爆炸物参加集会、游行、示威的行为。

根据《刑法》第 297 条的规定,犯本罪的,处 3 年以下有期徒刑、拘役、管制或者剥夺政治权利。

三十四、破坏集会、游行、示威罪

破坏集会、游行、示威罪,是指扰乱、冲击或者以其他方法破坏依法举行的集会、游行、示威,造成公共秩序混乱的行为。

根据《刑法》第 298 条的规定,犯本罪的,处 5 年以下有期徒刑、拘役、管制或者剥夺政治权利。

三十五、侮辱国旗、国徽罪

侮辱国旗、国徽罪,是指在公共场合故意以焚烧、毁损、涂划、玷污、践踏等方式,侮辱中华人民共和国国旗、国徽的行为。

根据《刑法》第 299 条的规定,犯本罪的,处 3 年以下有期徒刑、拘役、管制或者剥夺政治权利。

三十六、侮辱国歌罪

侮辱国歌罪，是指在公共场合，故意篡改中华人民共和国国歌歌词、曲谱，以歪曲、贬损方式奏唱国歌，或者以其他方式侮辱国歌，情节严重的行为。

根据《刑法》第 299 条第 2 款的规定，犯本罪的，处 3 年以下有期徒刑、拘役、管制或者剥夺政治权利。

三十七、组织、利用会道门、邪教组织、利用迷信破坏法律实施罪

组织、利用会道门、邪教组织、利用迷信破坏法律实施罪，是指组织、利用会道门、邪教组织或者利用迷信活动破坏国家法律、行政法规实施的行为。

组织、利用邪教组织并具有下列情形之一的，以组织、利用邪教组织破坏法律实施罪定罪处罚：(1)建立邪教组织，或者邪教组织被取缔后又恢复、另行建立邪教组织的；(2)聚众包围、冲击、强占、哄闹国家机关、企业事业单位或者公共场所、宗教活动场所，扰乱社会秩序的；(3)非法举行集会、游行、示威，扰乱社会秩序的；(4)使用暴力、胁迫或者以其他方法强迫他人加入或者阻止他人退出邪教组织的；(5)组织、煽动、蒙骗成员或者他人不履行法定义务的；(6)使用“伪基站”“黑广播”等无线电台(站)或者无线电频率宣扬邪教的；(7)曾因从事邪教活动被追究刑事责任或者 2 年内受过行政处罚，又从事邪教活动的；(8)发展邪教组织成员 50 人以上的；(9)敛取钱财或者造成经济损失 100 万元以上的；(10)以货币为载体宣扬邪教，数量在 500 张(枚)以上的。制作、传播邪教宣传品，宣扬邪教，破坏法律、行政法规实施，具有下列情形之一的，以组织、利用邪教组织破坏法律实施罪定罪处罚：(1)传单、喷图、图片、标语、报纸 1 000 份(张)以上的；(2)书籍、刊物 250 册以上的；(3)录音带、录像带等音像制品 250 盒(张)以上的；(4)标识、标志物 250 件以上的；(5)光盘、U 盘、储存卡、移动硬盘等移动存储介质 100 个以上的；(6)横幅、条幅 50 条(个)以上的。利用通讯信息网络宣扬邪教，具有下列情形之一的，以组织、利用邪教组织破坏法律实施罪定罪处罚：(1)制作、传播宣扬邪教的电子图片、文章 200 张(篇)以上，电子书籍、刊物、音视频 50 册(个)以上，或者电子文档 500 万字符以上、电子音视频 250 分钟以上的；(2)编发信息、拨打电话 1 000 条(次)以上的；(3)利用在线人数累计达到 1 000 以上的聊天室，或者利用群组成员、关注人员等账号数累计 1 000 以上的通信群组、微信、微

博等社交网络宣扬邪教的；(4)邪教信息实际被点击、浏览数达到 5 000 次以上的。[37]

组织、利用邪教组织破坏国家法律、行政法规实施过程中，又有煽动分裂国家、煽动颠覆国家政权或者侮辱、诽谤他人等犯罪行为的，依照数罪并罚的规定定罪处罚。[38]

根据《刑法》第 300 条第 1 款的规定，犯本罪的，处 3 年以上 7 年以下有期徒刑，并处罚金；情节特别严重的，处 7 年以上有期徒刑或者无期徒刑，并处罚金或者没收财产；情节较轻的，处 3 年以下有期徒刑、拘役、管制或者剥夺政治权利，并处或者单处罚金。犯本罪又有奸淫妇女、诈骗财物等犯罪行为的，依照数罪并罚的规定处罚。

三十八、组织、利用会道门、邪教组织、利用迷信致人重伤、死亡罪

组织、利用会道门、邪教组织、利用迷信致人死亡罪，是指组织、利用会道门、邪教组织或者利用迷信蒙骗他人，致人重伤、死亡的行为。根据 2017 年 1 月 25 日最高人民法院、最高人民检察院《关于办理组织、利用邪教组织破坏法律实施等刑事案件适用法律若干问题的解释》第 11 条、第 12 条的规定，组织、利用邪教组织，制造、散布迷信邪说，组织、策划、煽动、胁迫、教唆、帮助其成员或者他人实施自杀、自伤的，依照刑法第 232 条、第 234 条的规定，以故意杀人罪或者故意伤害罪定罪处罚。邪教组织人员以自焚、自爆或者其他危险方法危害公共安全的，依照刑法第 114 条、第 115 条的规定，以放火罪、爆炸罪、以危险方法危害公共安全罪等定罪处罚。

根据《刑法》第 300 条第 2 款的规定，犯本罪的，处 3 年以上 7 年以下有期徒刑，并处罚金；情节特别严重的，处 7 年以上有期徒刑或者无期徒刑，并处罚金或者没收财产；情节较轻的，处 3 年以下有期徒刑、拘役、管制或者剥夺政治权利，并处或者单处罚金。

---

〔37〕 参见 2017 年 1 月 25 日最高人民法院、最高人民检察院《关于办理组织、利用邪教组织破坏法律实施等刑事案件适用法律若干问题的解释》第 2 条。

〔38〕 参见 2017 年 1 月 25 日最高人民法院、最高人民检察院《关于办理组织、利用邪教组织破坏法律实施等刑事案件适用法律若干问题的解释》第 10 条。

三十九、聚众淫乱罪

聚众淫乱罪，是指聚集多人进行集体淫乱活动的行为。

根据《刑法》第 301 条第 1 款的规定，犯本罪的，对首要分子或者多次参加的，处 5 年以下有期徒刑、拘役或者管制。

四十、引诱未成年人聚众淫乱罪

引诱未成年人聚众淫乱罪，是指引诱未成年人参加聚众淫乱活动的行为。

根据《刑法》第 301 条第 2 款的规定，犯本罪的，处 5 年以下有期徒刑、拘役或者管制，并从重处罚。

四十一、盗窃、侮辱、故意毁坏尸体、尸骨、骨灰罪

盗窃、侮辱、故意毁坏尸体、尸骨、骨灰罪，是指秘密窃取、侮辱或者故意毁坏尸体、尸骨、骨灰的行为。

根据《刑法》第 302 条的规定，犯本罪的，处 3 年以下有期徒刑、拘役或者管制。

四十二、赌博罪

赌博罪，是指以营利为目的，聚众赌博或者以赌博为业的行为。

行为人设置圈套诱骗他人参赌获取钱财，属赌博行为，构成犯罪的，应当以赌博罪定罪处罚。参赌者识破骗局要求退还所输钱财，设赌者又使用暴力或者以暴力相威胁，拒绝退还的，应以赌博罪从重处罚；致参赌者伤害或者死亡的，应以赌博罪和故意伤害罪或者故意杀人罪，依法实行数罪并罚。〔39〕

根据《刑法》第 303 条的规定，犯本罪的，处 3 年以下有期徒刑、拘役或者管制，并处罚金。有下列情形之一的，从重处罚：(1)具有国家工作人员身份的；(2)组织国家工作人员赴境外赌博的；(3)组织未成年人参与赌博，或者开设赌场

---

〔39〕 参见 1995 年 11 月 6 日最高人民法院《关于对设置圈套诱骗他人参赌又向索要钱财的受骗者以暴力或暴力相威胁的行为应如何定罪问题的批复》。

吸引未成年人参与赌博的。[40]

四十三、开设赌场罪

开设赌场罪,是指以营利为目的开设赌场,为赌徒提供赌博服务的行为。

除传统的营业性地为赌博者提供场所,设定赌博方式,提供赌具、筹码,接受赌客投注,以供他人赌博的情形以外,以营利为目的,在计算机网络上建立赌博网站,或者为赌博网站担任代理,接受投注的,也属于"开设赌场"。中华人民共和国公民在我国领域外周边地区开设赌场,以吸引中华人民共和国公民为主要客源,构成开设赌场罪的,可以依照刑法规定追究刑事责任。但不以营利为目的,提供棋牌室等娱乐场所,只收取正常的场所和服务费用的经营行为等,不以赌博论处。[41] 根据 2014 年 3 月 26 日最高人民法院、最高人民检察院、公安部《关于办理利用赌博机开设赌场案件适用法律若干问题的意见》的规定,设置具有退币、退分、退钢珠等赌博功能的电子游戏设施设备,并以现金、有价证券等贵重款物作为奖品,或者以回购奖品方式给予他人现金、有价证券等贵重款物组织赌博活动的,应当认定为刑法第 303 条第 2 款规定的"开设赌场"行为。

根据《刑法》第 303 条的规定,犯本罪的,处 3 年以下有期徒刑、拘役或者管制,并处罚金;情节严重的,处 3 年以上 10 年以下有期徒刑,并处罚金。

四十四、故意延误投递邮件罪

故意延误投递邮件罪,是指邮政工作人员严重不负责任,故意延误投递邮件,致使公共财产、国家和人民利益遭受重大损失的行为。

根据《刑法》第 304 条的规定,犯本罪的,处 2 年以下有期徒刑或者拘役。

四十五、辩护人、诉讼代理人毁灭证据、伪造证据、妨害作证罪

辩护人、诉讼代理人毁灭证据、伪造证据、妨害作证罪,是指在刑事诉讼中,辩护人、诉讼代理人毁灭、伪造证据,帮助当事人毁灭、伪造证据,威胁、引诱证人违

---

〔40〕 参见 2005 年 5 月 11 日最高人民法院、最高人民检察院《关于办理赌博刑事案件具体应用法律若干问题的解释》第 5 条。

〔41〕 参见 2005 年 5 月 11 日最高人民法院、最高人民检察院《关于办理赌博刑事案件具体应用法律若干问题的解释》第 2 条、第 3 条、第 9 条。

背事实改变证言或者作伪证的行为。

根据《刑法》第 306 条第 1 款的规定，犯本罪的，处 3 年以下有期徒刑或者拘役；情节严重的，处 3 年以上 7 年以下有期徒刑。

四十六、妨害作证罪

妨害作证罪，是指以暴力、威胁、贿买等方法阻止证人作证或者指使他人作伪证的行为。

根据《刑法》第 307 条第 1 款和第 3 款的规定，犯本罪的，处 3 年以下有期徒刑或者拘役；情节严重的，处 3 年以上 7 年以下有期徒刑。司法工作人员犯本罪的，从重处罚。

四十七、帮助毁灭、伪造证据罪

帮助毁灭、伪造证据罪，是指帮助当事人毁灭、伪造证据，情节严重的行为。

根据《刑法》第 307 条第 2 款、第 3 款的规定，犯本罪的，处 3 年以下有期徒刑或者拘役。司法工作人员犯本罪的，从重处罚。

四十八、虚假诉讼罪

虚假诉讼罪，是指自然人或者单位以捏造的事实提起民事诉讼，妨害司法秩序或者严重侵害他人合法权益的行为。以捏造的事实提起民事诉讼，是指故意以虚假事实为根据，依据民事诉讼法律向法院提起诉讼。

根据《刑法》第 307 条之一的规定，犯本罪的，处 3 年以下有期徒刑、拘役或者管制，并处或者单处罚金；情节严重的，处 3 年以上 7 年以下有期徒刑，并处罚金。单位犯前款罪的，对单位判处罚金，并对其直接负责的主管人员和其他直接责任人员，依照前款的规定处罚。实施本罪规定的行为，非法占有他人财产或者逃避合法债务，又构成其他犯罪的，依照处罚较重的规定定罪从重处罚。司法工作人员利用职权，与他人共同实施本罪规定的行为的，从重处罚；同时构成其他犯罪的，依照处罚较重的规定定罪，并从重处罚。

四十九、打击报复证人罪

打击报复证人罪，是指对证人进行打击报复的行为。

根据《刑法》第 308 条的规定,犯本罪的,处 3 年以下有期徒刑或者拘役;情节严重的,处 3 年以上 7 年以下有期徒刑。

五十、泄露不应公开的案件信息罪

泄露不应公开的案件信息罪,是指司法工作人员、辩护人、诉讼代理人或者其他诉讼参与人,泄露依法不公开审理的案件中不应当公开的信息,造成信息公开传播或者其他严重后果的行为。本罪为身份犯,不属于具有上述身份的人员不可能构成本罪。

根据《刑法》第 308 条之一的规定,犯本罪的,处 3 年以下有期徒刑、拘役或者管制,并处或者单处罚金。有前款行为,泄露国家秘密的,依照本法第 398 条的规定定罪处罚。

五十一、披露、报道不应公开的案件信息罪

披露、报道不应公开的案件信息罪,是指自然人或者单位公开披露、报道依法不公开审理的案件中不应当公开的信息,情节严重的行为。

根据《刑法》第 308 条之一的规定,犯本罪的,处 3 年以下有期徒刑、拘役或者管制,并处或者单处罚金。

五十二、扰乱法庭秩序罪

扰乱法庭秩序罪,主要包括四种行为类型:(1)聚众哄闹、冲击法庭;(2)殴打司法工作人员或者诉讼参与人;(3)侮辱、诽谤、威胁司法工作人员或者诉讼参与人,不听法庭制止,严重扰乱法庭秩序的;(4)有毁坏法庭设施,抢夺、损毁诉讼文书、证据等扰乱法庭秩序行为,情节严重的。

根据《刑法》第 309 条的规定,犯本罪的,处 3 年以下有期徒刑、拘役、管制或者罚金。

五十三、拒绝提供间谍犯罪、恐怖主义犯罪、极端主义犯罪证据罪

拒绝提供间谍犯罪、恐怖主义犯罪、极端主义犯罪证据罪,是指明知他人有间谍犯罪或者恐怖主义、极端主义犯罪行为,在司法机关向其调查有关情况、收集有关证据时,拒绝提供,情节严重的行为。

根据《刑法》第311条的规定，犯本罪的，处3年以下有期徒刑、拘役或者管制。

五十四、非法处置查封、扣押、冻结的财产罪

非法处置查封、扣押、冻结的财产罪，是指隐藏、转移、变卖、故意毁损已被司法机关查封、扣押、冻结的财产，情节严重的行为。

根据《刑法》第314条的规定，犯本罪的，处3年以下有期徒刑、拘役或者罚金。

五十五、破坏监管秩序罪

破坏监管秩序罪，是指依法被关押的罪犯，故意破坏监管秩序，情节严重的行为。

根据《刑法》第315条的规定，犯本罪的，处3年以下有期徒刑。

五十六、劫夺被押解人员罪

劫夺被押解人员罪，是指劫夺押解途中的罪犯、被告人、犯罪嫌疑人的行为。

根据《刑法》第316条第2款的规定，犯本罪的，处3年以上7年以下有期徒刑；情节严重的，处7年以上有期徒刑。

五十七、组织越狱罪

组织越狱罪，是指依法被关押的罪犯、被告人、犯罪嫌疑人在首要分子的组织、策划、指挥下，有组织、有计划地从羁押场所或者押解途中逃跑的行为。

根据《刑法》第317条第1款的规定，犯本罪的，对首要分子和积极参加的，处5年以上有期徒刑；其他参加的，处5年以下有期徒刑或者拘役。

五十八、暴动越狱罪

暴动越狱罪，是指依法被关押的罪犯、被告人、犯罪嫌疑人在首要分子的组织、策划、指挥下，以有组织或聚众的形式使用暴动手段从羁押场所或者押解途中逃跑的行为。

根据《刑法》第317条第2款的规定，犯本罪的，对首要分子和积极参加的，处

10 年以上有期徒刑或者无期徒刑;情节特别严重的,处死刑;其他参加的,处 3 年以上 10 年以下有期徒刑。

五十九、聚众持械劫狱罪

聚众持械劫狱罪,是指狱外人员聚集多人,在首要分子的组织、策划、指挥下持械劫夺被依法关押的罪犯、被告人、犯罪嫌疑人的行为。

根据《刑法》第 317 条第 2 款的规定,犯本罪的,对首要分子和积极参加的,处 10 年以上有期徒刑或者无期徒刑;情节特别严重的,处死刑;其他参加的,处 3 年以上 10 年以下有期徒刑。

六十、骗取出境证件罪

骗取出境证件罪,是指以劳务输出、经贸往来或者其他名义,弄虚作假,为组织他人偷越国(边)境使用而骗取护照、签证等出境证件的行为。

根据《刑法》第 319 条的规定,犯本罪的,处 3 年以下有期徒刑,并处罚金;情节严重的,处 3 年以上 10 年以下有期徒刑,并处罚金。单位犯本罪的,对单位判处罚金,并对直接负责的主管人员和其他直接责任人员,依照上述规定处罚。所谓“情节严重”,是指:(1)骗取出境证件 5 份以上的;(2)非法收取费用 30 万元以上的;(3)明知是国家规定的不准出境的人员而为其骗取出境证件的;(4)其他情节严重的情形。[42]

六十一、提供伪造、变造的出入境证件罪

提供伪造、变造的出入境证件罪,是指明知是伪造、变造的护照、签证等出入境证件而提供给他人的行为。

根据《刑法》第 320 条的规定,犯本罪的,处 5 年以下有期徒刑,并处罚金;情节严重的,处 5 年以上有期徒刑,并处罚金。这里的“情节严重”,是指具有下列情形之一的:(1)为他人提供伪造、变造的出入境证件或者出售出入境证件 5 份以上的;(2)非法收取费用 30 万元以上的;(3)明知是国家规定的不准出入境的人

---

〔42〕 参见 2012 年 12 月 12 日最高人民法院、最高人民检察院《关于办理妨害国(边)境管理刑事案件应用法律若干问题的解释》第 2 条。

员而为其提供伪造、变造的出入境证件或者向其出售出入境证件的；(4)其他情节严重的情形。[43]

六十二、出售出入境证件罪

出售出入境证件罪，是指向他人出售护照、签证等出入境证件的行为。本罪的客观方面表现为向他人出售出入境证件的行为。

根据《刑法》第320条的规定，犯本罪的，处5年以下有期徒刑，并处罚金；情节严重的，处5年以上有期徒刑，并处罚金。本罪中“情节严重”的认定标准与提供伪造、变造的出入境证件罪中“情节严重”的标准相同。

六十三、运送他人偷越国(边)境罪

运送他人偷越国(边)境罪，是指违反国(边)境管理法规，将偷越国(边)境者送出或接入国(边)境的行为。

犯本罪，对被运送人有杀害、伤害、强奸、拐卖等犯罪行为，或者对检查人员有杀害、伤害等犯罪行为的，依照数罪并罚的规定处罚。

根据《刑法》第321条的规定，犯本罪的，处5年以下有期徒刑、拘役或者管制，并处罚金；有下列情形之一的，处5年以上10年以下有期徒刑，并处罚金：(1)多次实施运送行为或者运送人数众多的；(2)所使用的船只、车辆等交通工具不具备必要的安全条件，足以造成严重后果的；(3)违法所得数额巨大的；(4)有其他特别严重情节的。在运送他人偷越国(边)境中造成被运送人重伤、死亡，或者以暴力、威胁方法抗拒检查的，处7年以上有期徒刑，并处罚金。

根据2012年12月12日最高人民法院、最高人民检察院《关于办理妨害国(边)境管理刑事案件应用法律若干问题的解释》第4条的规定，运送他人偷越国(边)境人数在10人以上的，应当认定为《刑法》第321条第1款第(一)项规定的“人数众多”；违法所得数额在20万元以上的，应当认定为《刑法》第321条第1款第(三)项规定的“违法所得数额巨大”。

---

〔43〕 参见2012年12月12日最高人民法院、最高人民检察院《关于办理妨害国(边)境管理刑事案件应用法律若干问题的解释》第3条。

六十四、偷越国(边)境罪

偷越国(边)境罪,是指违反国(边)境管理法规,偷越国(边)境,情节严重的行为。

具有下列情形之一的,属于偷越国(边)境情节严重:(1)在境外实施损害国家利益行为的;(2)偷越国(边)境3次以上或者3人以上结伙偷越国(边)境的;(3)拉拢、引诱他人一起偷越国(边)境的;(4)勾结境外组织、人员偷越国(边)境的;(5)因偷越国(边)境被行政处罚后1年内又偷越国(边)境的;(6)其他情节严重的情形。[44] 根据2016年8月1日最高人民法院《关于审理发生在我国管辖海域相关案件若干问题的规定(二)》第3条的规定,违反我国国(边)境管理法规,非法进入我国领海,具有下列情形之一的,应当认定为“情节严重”:(1)经驱赶拒不离开的;(2)被驱离后又非法进入我国领海的;(3)因非法进入我国领海被行政处罚或者被刑事处罚后,一年内又非法进入我国领海的;(4)非法进入我国领海从事捕捞水产品等活动,尚不构成非法捕捞水产品等犯罪的;(5)其他情节严重的情形。

根据《刑法》第322条的规定,犯本罪的,处1年以下有期徒刑、拘役或者管制,并处罚金;为参加恐怖活动组织、接受恐怖活动培训或者实施恐怖活动,偷越国(边)境的,处1年以上3年以下有期徒刑,并处罚金。

六十五、破坏界碑、界桩罪

破坏界碑、界桩罪,是指故意破坏国家边境的界碑、界桩的行为。

根据《刑法》第323条的规定,犯本罪的,处3年以下有期徒刑或者拘役。

六十六、破坏永久性测量标志罪

破坏永久性测量标志罪,是指故意破坏国家设立的永久性测量标志的行为。

根据《刑法》第323条的规定,犯本罪的,处3年以下有期徒刑或者拘役。

---

[44] 参见2012年12月12日最高人民法院、最高人民检察院《关于办理妨害国(边)境管理刑事案件应用法律若干问题的解释》第5条。

六十七、故意损毁文物罪

故意损毁文物罪，是指违反国家文物管理法规，故意损毁国家保护的珍贵文物或者被确定为全国重点文物保护单位、省级文物保护单位的文物的行为。根据2015年《妨害文物管理刑事案件解释》第3条的规定，全国重点文物保护单位、省级文物保护单位的本体，应当认定为《刑法》第324条第1款规定的“被确定为全国重点文物保护单位、省级文物保护单位的文物”。具有下列情形之一的，应当认定为“情节严重”：(1)造成5件以上三级文物损毁的；(2)造成二级以上文物损毁的；(3)致使全国重点文物保护单位、省级文物保护单位的本体严重损毁或者灭失的；(4)多次损毁或者损毁多处全国重点文物保护单位、省级文物保护单位的本体的；(5)其他情节严重的情形。

根据《刑法》第324条第1款的规定，犯本罪的，处3年以下有期徒刑或者拘役，并处或者单处罚金；情节严重的，处3年以上10年以下有期徒刑，并处罚金。

六十八、故意损毁名胜古迹罪

故意损毁名胜古迹罪，是指故意损毁国家保护的名胜古迹，情节严重的行为。本罪的客观方面表现为损毁国家保护的名胜古迹的行为。根据2015年《妨害文物管理刑事案件解释》第4条的规定，风景名胜区的核心景区以及未被确定为全国重点文物保护单位、省级文物保护单位的古文化遗址、古墓葬、古建筑、石窟寺、石刻、壁画、近代现代重要史迹和代表性建筑等不可移动文物的本体，应当认定为“国家保护的名胜古迹”。具有下列情形之一的，应当认定为“情节严重”：(1)致使名胜古迹严重损毁或者灭失的；(2)多次损毁或者损毁多处名胜古迹的；(3)其他情节严重的情形。

根据《刑法》第324条第2款的规定，犯本罪的，处5年以下有期徒刑或者拘役，并处或者单处罚金。

六十九、过失损毁文物罪

过失损毁文物罪，是指过失损毁国家保护的珍贵文物或者被确定为全国重点文物保护单位、省级文物保护单位的文物，造成严重后果的行为。根据2015年《妨害文物管理刑事案件解释》第5条的规定，具有下列情形之一的，应当认定为

“造成严重后果”:(1)造成5件以上三级文物损毁的;(2)造成二级以上文物损毁的;(3)致使全国重点文物保护单位、省级文物保护单位的本体严重损毁或者灭失的。

根据《刑法》第324条第3款的规定,犯本罪的,处3年以下有期徒刑或者拘役。

七十、非法向外国人出售、赠送珍贵文物罪

非法向外国人出售、赠送珍贵文物罪,是指违反文物保护法规,将收藏的国家禁止出口的珍贵文物私自出售或者私自赠送给外国人的行为。

根据《刑法》第325条的规定,犯本罪的,处5年以下有期徒刑或者拘役,可以并处罚金。单位犯本罪的,对单位判处罚金,并对其直接负责的主管人员和其他直接责任人员,依照上述规定处罚。

七十一、倒卖文物罪

倒卖文物罪,是指以牟利为目的,倒卖国家禁止经营的文物,情节严重的行为。本罪的客观方面表现为倒卖国家禁止经营的文物的行为。根据2015年《妨害文物管理刑事案件解释》第6条的规定,出售或者为出售而收购、运输、储存《中华人民共和国文物保护法》规定的“国家禁止买卖的文物”的,应当认定为“倒卖国家禁止经营的文物”。具有下列情形之一的,应当认定为“情节严重”:(1)倒卖三级文物的;(2)交易数额在5万元以上的;(3)其他情节严重的情形。具有下列情形之一的,应当认定为“情节特别严重”:(1)倒卖二级以上文物的;(2)倒卖三级文物5件以上的;(3)交易数额在25万元以上的;(4)其他情节特别严重的情形。

根据《刑法》第326条的规定,犯本罪的,处5年以下有期徒刑或者拘役,并处罚金;情节特别严重的,处5年以上10年以下有期徒刑,并处罚金。单位犯本罪的,对单位判处罚金,并对其直接负责的主管人员和其他直接责任人员,依照上述规定处罚。

七十二、非法出售、私赠文物藏品罪

非法出售、私赠文物藏品罪,是指国有博物馆、图书馆等单位,违反文物保护法规,将国家保护的文物藏品出售或者私自送给非国有单位或者个人的行为。根

据 2015 年《妨害文物管理刑事案件解释》第 7 条的规定，国有博物馆、图书馆以及其他国有单位，违反文物保护法规，将收藏或者管理的国家保护的文物藏品出售或者私自送给非国有单位或者个人的，以非法出售、私赠文物藏品罪追究刑事责任。

根据《刑法》第 327 条的规定，犯本罪的，对单位判处罚金，并对其直接负责的主管人员和其他直接责任人员，处 3 年以下有期徒刑或者拘役。

七十三、盗掘古人类化石、古脊椎动物化石罪

盗掘古人类化石、古脊椎动物化石罪，是指盗掘国家保护的具有科学价值的古人类化石和古脊椎动物化石的行为。

根据《刑法》第 328 条第 2 款的规定，犯本罪的，依照盗掘古文化遗址、古墓葬罪的法定刑处罚。

七十四、抢夺、窃取国有档案罪

抢夺、窃取国有档案罪，是指抢夺、窃取国家所有的档案的行为。

根据《刑法》第 329 条第 1 款的规定，犯本罪的，处 5 年以下有期徒刑或者拘役。犯本罪，同时又构成其他犯罪的，依照处罚较重的规定定罪处罚。

七十五、擅自出卖、转让国有档案罪

擅自出卖、转让国有档案罪，是指违反档案法的规定，擅自出卖、转让国家所有的档案，情节严重的行为。

根据《刑法》第 329 条第 2 款的规定，犯本罪的，处 3 年以下有期徒刑或者拘役。犯本罪，同时又构成其他犯罪的，依照处罚较重的规定定罪处罚。

七十六、妨害传染病防治罪

妨害传染病防治罪，是指违反传染病防治法的规定，引起甲类传染病传播或者有传播严重危险的行为。根据《中华人民共和国传染病防治法》第 3 条的规定，甲类传染病指鼠疫与霍乱。2008 年 6 月 25 日最高人民检察院、公安部《关于公安机关管辖的刑事案件立案追诉标准的规定(一)》第 49 条将本罪的行为对象扩充为甲类传染病与按照甲类管理的传染病。“按照甲类管理的传染病”，是指乙类

传染病中传染性非典型肺炎、炭疽中的肺炭疽、人感染高致病性禽流感以及国务院卫生行政部门根据需要报经国务院批准公布实施的其他需要按甲类管理的乙类传染病和突发原因不明的传染病。

根据《刑法》第330条的规定,犯本罪的,处3年以下有期徒刑或者拘役;后果特别严重的,处3年以上7年以下有期徒刑。单位犯本罪的,对单位判处罚金,并对其直接负责的主管人员和其他直接责任人员,依照上述规定处罚。

七十七、传染病菌种、毒种扩散罪

传染病菌种、毒种扩散罪,是指从事实验、保藏、携带、运输传染病菌种、毒种的人员,违反国务院卫生行政部门的有关规定,造成传染病菌种、毒种扩散,后果严重的行为。

根据《刑法》第331条的规定,犯本罪的,处3年以下有期徒刑或者拘役;后果特别严重的,处3年以上7年以下有期徒刑。

七十八、妨害国境卫生检疫罪

妨害国境卫生检疫罪,是指违反国境卫生检疫规定,引起检疫传染病传播或者有传播严重危险的行为。

根据《刑法》第332条第1款的规定,犯本罪的,处3年以下有期徒刑或者拘役,并处或者单处罚金。单位犯本罪的,对单位判处罚金,并对其直接负责的主管人员和其他直接责任人员,依照上述规定处罚。

七十九、非法组织卖血罪

非法组织卖血罪,是指违反国家有关规定,组织他人出卖血液的行为。

根据《刑法》第333条第1款的规定,犯本罪的,处5年以下有期徒刑,并处罚金。犯本罪,对他人造成伤害的,以故意伤害罪定罪处罚。

八十、强迫卖血罪

强迫卖血罪,是指以暴力、威胁方法强迫他人出卖血液的行为。

根据《刑法》第333条第1款的规定,犯本罪的,处5年以上10年以下有期徒刑,并处罚金。实施本罪行为,对他人造成伤害的,以故意伤害罪定罪处罚。这里的“伤害”也应仅限于重伤害。

八十一、非法采集、供应血液、制作、供应血液制品罪

非法采集、供应血液、制作、供应血液制品罪，是指非法采集、供应血液或者制作、供应血液制品，不符合国家规定的标准，足以危害人体健康的行为。

根据《刑法》第 334 条第 1 款的规定，犯本罪的，处 5 年以下有期徒刑或者拘役，并处罚金；对人体健康造成严重危害的，处 5 年以上 10 年以下有期徒刑，并处罚金；造成特别严重后果的，处 10 年以上有期徒刑或者无期徒刑，并处罚金或者没收财产。

八十二、采集、供应血液、制作、供应血液制品事故罪

采集、供应血液、制作、供应血液制品事故罪，是指经国家主管部门批准采集、供应血液或者制作、供应血液制品的部门，不依照规定进行检测或者违背其他操作规定，造成危害他人身体健康后果的行为。

根据《刑法》第 334 条第 2 款的规定，犯本罪的，对单位判处罚金，并对其直接负责的主管人员和其他直接责任人员，处 5 年以下有期徒刑或者拘役。

八十三、非法进行节育手术罪

非法进行节育手术罪，是指未取得医生执业资格的人擅自为他人进行节育复通手术、假节育手术、中止妊娠手术或者摘取宫内节育器，情节严重的行为。

根据《刑法》第 336 条第 2 款的规定，犯本罪的，处 3 年以下有期徒刑、拘役或者管制，并处或者单处罚金；严重损害就诊人身体健康的，处 3 年以上 10 年以下有期徒刑，并处罚金；造成就诊人死亡的，处 10 年以上有期徒刑，并处罚金。

八十四、妨害动植物防疫、检疫罪

妨害动植物防疫、检疫罪，是指违反有关动植物防疫、检疫的国家规定，引起重大动植物疫情的行为，或者有引起重大动植物疫情危险，情节严重的行为。

根据《刑法》第 337 条的规定，犯本罪的，处 3 年以下有期徒刑或者拘役，并处或者单处罚金。单位犯本罪的，对单位判处罚金，并对其直接负责的主管人员和其他直接责任人员，依照上述规定处罚。

八十五、非法处置进口的固体废物罪

非法处置进口的固体废物罪,是指违反国家规定,将境外的固体废物进境倾倒、堆放、处置的行为。

根据《刑法》第 339 条第 1 款和第 346 条的规定,犯本罪的,处 5 年以下有期徒刑或者拘役,并处罚金;造成重大环境污染事故,致使公私财产遭受重大损失或者严重危害人体健康的,处 5 年以上 10 年以下有期徒刑,并处罚金;后果特别严重的,处 10 年以上有期徒刑,并处罚金。单位犯本罪的,对单位判处罚金,并对其直接负责的主管人员和其他直接责任人员,依照上述规定处罚。

八十六、擅自进口固体废物罪

擅自进口固体废物罪,是指未经国务院有关主管部门许可,擅自进口固体废物用作原料,造成重大环境污染事故,致使公私财产遭受重大损失或者严重危害人体健康的行为。

根据《刑法》第 339 条第 2 款、第 346 条的规定,犯本罪的,处 5 年以下有期徒刑或者拘役,并处罚金;后果特别严重的,处 5 年以上 10 年以下有期徒刑,并处罚金。单位犯本罪的,对单位判处罚金,并对其直接负责的主管人员和其他直接责任人员,依照上述规定处罚。

八十七、非法捕捞水产品罪

非法捕捞水产品罪,是指违反保护水产资源法规,在禁渔区、禁渔期或者使用禁用的工具、方法捕捞水产品,情节严重的行为。根据 2016 年 8 月 1 日最高人民法院《关于审理发生在我国管辖海域相关案件若干问题的规定(二)》第 4 条的规定,具有下列情形之一的,应当认定为《刑法》第 340 条规定的“情节严重”:(1)非法捕捞水产品 1 万公斤以上或者价值 10 万元以上的;(2)非法捕捞有重要经济价值的水生动物苗种、怀卵亲体 2 000 公斤以上或者价值 2 万元以上的;(3)在水产种质资源保护区内捕捞水产品 2 000 公斤以上或者价值 2 万元以上的;(4)在禁渔区内使用禁用的工具或者方法捕捞的;(5)在禁渔期内使用禁用的工具或者方法捕捞的;(6)在公海使用禁用渔具从事捕捞作业,造成严重影响的;(7)其他情节严重的情形。根据上述规定第 8 条第 1 款、第 2 款的规定,实施破坏海洋资源犯罪行为，同时构成非法捕捞水产品罪、非法猎捕、杀害珍贵、濒危野生动物罪、组织他人偷越国（边）境罪、偷越国（边）境罪等犯罪的，依照处罚较重的规定定罪处罚。有破坏海洋资源犯罪行为，又实施走私、妨害公务等犯罪的，依照数罪并罚的规定处理。

根据《刑法》第 340 条、第 346 条的规定，犯本罪的，处 3 年以下有期徒刑、拘役、管制或者罚金。单位犯本罪的，对单位判处罚金，并对其直接负责的主管人员和其他直接责任人员，依照上述规定处罚。

八十八、非法收购、运输、出售珍贵、濒危野生动物、珍贵、濒危野生动物制品罪

非法收购、运输、出售珍贵、濒危野生动物、珍贵、濒危野生动物制品罪，是指违反国家有关野生动物保护法规，收购、运输、出售国家重点保护的珍贵、濒危野生动物及其制品的行为。根据 2014 年 4 月 24 日全国人大常委会《关于〈中华人民共和国刑法〉第三百四十一条、第三百一十二条的解释》，知道或者应当知道是国家重点保护的珍贵、濒危野生动物及其制品，为食用或者其他目的而非法购买的，属于非法收购国家重点保护的珍贵、濒危野生动物及其制品的行为。

根据《刑法》第 341 条第 1 款、第 346 条的规定，犯本罪的，处 5 年以下有期徒刑或者拘役，并处罚金；情节严重的，处 5 年以上 10 年以下有期徒刑，并处罚金；情节特别严重的，处 10 年以上有期徒刑，并处罚金或者没收财产。单位犯本罪的，对单位判处罚金，并对其直接主管的责任人员和其他直接人员，依照上述规定处罚。

八十九、非法狩猎罪

非法狩猎罪，是指违反狩猎法规，在禁猎区、禁猎期或者使用禁用的工具、方法进行狩猎，破坏野生动物资源，情节严重的行为。

所谓“情节严重”，是指具有下列情形之一的：(1)非法狩猎野生动物 20 只以上的；(2)违反狩猎法规，在禁猎区或者禁猎期使用禁用的工具、方法狩猎的；(3)具有其他严重情节的。[45]

---

〔45〕 参见 2000 年 11 月 27 日最高人民法院《关于审理破坏野生动物资源刑事案件具体应用法律若干问题的解释》第 6 条。

根据《刑法》第341条第2款、第346条的规定,犯本罪的,处3年以下有期徒刑、拘役、管制或者罚金。单位犯本罪的,对单位判处罚金,并对其直接负责的主管人员和其他直接责任人员,依照上述规定处罚。

九十、非法占用农用地罪

非法占用农用地罪,是指违反土地管理法规,非法占用耕地、林地等农用地,改变被占用土地用途,数量较大,造成耕地、林地等农用地大量毁坏的行为。

根据《刑法》第342条和第346条的规定,犯本罪的,处5年以下有期徒刑或者拘役,并处或者单处罚金。单位犯本罪的,对单位判处罚金,并对其直接负责的主管人员和其他直接责任人员,依照上述规定处罚。

九十一、非法采矿罪

非法采矿罪,是指违反矿产资源法的规定,未取得采矿许可证而擅自采矿,擅自进入国家规划矿区、对国民经济具有重要价值的矿区和他人矿区范围采矿,或者擅自开采国家规定实行保护性开采的特定矿种,情节严重的行为。本罪的客观方面表现为违反矿产资源法的规定,未取得采矿许可证而擅自采矿,擅自进入国家规划矿区、对国民经济具有重要价值的矿区和他人矿区范围采矿,或者擅自开采国家规定实行保护性开采的特定矿种,情节严重的行为。根据2016年11月28日最高人民法院、最高人民检察院《关于办理非法采矿、破坏性采矿刑事案件适用法律若干问题的解释》第3条的规定,具有下列情形之一的,应当认定为"情节严重":(1)开采的矿产品价值或者造成矿产资源破坏的价值在10万元至30万元以上的;(2)在国家规划矿区、对国民经济具有重要价值的矿区采矿,开采国家规定实行保护性开采的特定矿种,或者在禁采区、禁采期内采矿,开采的矿产品价值或者造成矿产资源破坏的价值在5万元至15万元以上的;(3)2年内曾因非法采矿受过2次以上行政处罚,又实施非法采矿行为的;(4)造成生态环境严重损害的;(5)其他情节严重的情形。具有下列情形之一的,应当认定为"情节特别严重":(1)数额达到前款第一项、第二项规定标准5倍以上的;(2)造成生态环境特别严重损害的;(3)其他情节特别严重的情形。

根据《刑法》第343条第1款、第346条的规定,犯本罪的,处3年以下有期徒刑、拘役或者管制,并处或者单处罚金;情节特别严重的,处3年以上7年以下有期徒刑，并处罚金。单位犯本罪的，对单位判处罚金，并对其直接负责的主管人员和其他直接责任人员，依照上述规定处罚。

九十二、破坏性采矿罪

破坏性采矿罪，是指违反矿产资源法的规定，采取破坏性的开采方法开采矿产资源，造成矿产资源严重破坏的行为。根据2016年11月28日最高人民法院、最高人民检察院《关于办理非法采矿、破坏性采矿刑事案件适用法律若干问题的解释》第6条的规定，造成矿产资源破坏的价值在50万元至100万元以上，或者造成国家规划矿区、对国民经济具有重要价值的矿区和国家规定实行保护性开采的特定矿种资源破坏的价值在25万元至50万元以上的，应当认定为《刑法》第343条第2款规定的“造成矿产资源严重破坏”。

根据《刑法》第343条第2款和第346条的规定，犯本罪的，处5年以下有期徒刑或者拘役，并处罚金。单位犯本罪的，对单位判处罚金，并对其直接负责的主管人员和其他直接责任人员，依照上述规定处罚。

九十三、非法采伐、毁坏国家重点保护植物罪

非法采伐、毁坏国家重点保护植物罪，是指违反国家规定，非法采伐、毁坏珍贵树木或者国家重点保护的其他植物的行为。

根据《刑法》第344条、第346条的规定，犯本罪的，处3年以下有期徒刑、拘役或者管制，并处罚金；情节严重的，处3年以上7年以下有期徒刑，并处罚金。单位犯本罪的，对单位判处罚金，并对其直接负责的主管人员和其他直接责任人员，依照上述规定处罚。

九十四、非法收购、运输、加工、出售国家重点保护植物、国家重点保护植物制品罪

非法收购、运输、加工、出售国家重点保护植物、国家重点保护植物制品罪，是指违反国家规定，非法收购、运输、加工、出售珍贵树木、国家重点保护的其他植物及其制品的行为。

根据《刑法》第344条、第346条的规定，犯本罪的，处3年以下有期徒刑、拘役或者管制，并处罚金；情节严重的，处3年以上7年以下有期徒刑，并处罚金。

单位犯本罪的,对单位判处罚金,并对其直接负责的主管人员和其他直接责任人员,依照上述规定处罚。

九十五、滥伐林木罪

滥伐林木罪,是指违反森林法的规定,滥伐森林或者其他林木,数量较大的行为。

根据《刑法》第345条第2款、第346条的规定,犯本罪的,处3年以下有期徒刑、拘役或者管制,并处或者单处罚金;数量巨大的,处3年以上7年以下有期徒刑,并处罚金。滥伐国家级自然保护区内的森林或者其他林木的,从重处罚。单位犯本罪的,对单位判处罚金,并对其直接负责的主管人员和其他直接负责人员,依照上述规定处罚。

九十六、非法收购、运输盗伐、滥伐的林木罪

非法收购、运输盗伐、滥伐的林木罪,是指非法收购、运输明知是盗伐、滥伐的林木,情节严重的行为。

根据《刑法》第345条第3款、第346条的规定,犯本罪的,处3年以下有期徒刑、拘役或者管制,并处或者单处罚金;情节特别严重的,处3年以上7年以下有期徒刑,并处罚金。单位犯本罪的,对单位判处罚金,并对其直接负责的主管人员和其他直接人员,依照上述规定处罚。

九十七、包庇毒品犯罪分子罪

包庇毒品犯罪分子罪,是指明知是走私、贩卖、运输、制造毒品的犯罪分子而予以包庇的行为。根据2016年4月6日最高人民法院《关于审理毒品犯罪案件适用法律若干问题的解释》(以下简称2016年《毒品犯罪案件解释》)第6条的规定,具有下列情形之一的,应当认定为“情节严重”:(1)被包庇的犯罪分子依法应当判处15年有期徒刑以上刑罚的;(2)包庇多名或者多次包庇走私、贩卖、运输、制造毒品的犯罪分子的;(3)严重妨害司法机关对被包庇的犯罪分子实施的毒品犯罪进行追究的;(4)其他情节严重的情形。

根据《刑法》第349条的规定,犯本罪的,处3年以下有期徒刑、拘役或者管制;情节严重的,处3年以上10年以下有期徒刑。缉毒人员或者其他国家机关工

作人员掩护、包庇走私、贩卖、运输、制造毒品的犯罪分子的，以本罪的规定从重处罚。根据《刑法》第 356 条的规定，因走私、贩卖、运输、制造、非法持有毒品罪被判过刑，又犯本罪的，从重处罚。包庇走私、贩卖、运输、制造毒品的近亲属，不具有"情节严重"情形，归案后认罪、悔罪、积极退赃，且系初犯、偶犯，犯罪情节轻微不需要判处刑罚的，可以免予刑事处罚。

九十八、窝藏、转移、隐瞒毒品、毒赃罪

窝藏、转移、隐瞒毒品、毒赃罪，是指为走私、贩卖、运输、制造毒品的犯罪分子窝藏、转移、隐瞒毒品或犯罪所得的财物的行为。根据 2016 年《毒品犯罪案件解释》第 6 条的规定，具有下列情形之一的，应当认定为"情节严重"：(1)为犯罪分子窝藏、转移、隐瞒毒品达到《刑法》第 347 条第 2 款第 1 项或者本解释第 1 条第 1 款规定的"数量大"标准的；(2)为犯罪分子窝藏、转移、隐瞒毒品犯罪所得的财物价值达到 5 万元以上的；(3)为多人或者多次为他人窝藏、转移、隐瞒毒品或者毒品犯罪所得的财物的；(4)严重妨害司法机关对该犯罪分子实施的毒品犯罪进行追究的；(5)其他情节严重的情形。

根据《刑法》第 349 条第 1 款的规定，犯本罪的，处 3 年以下有期徒刑、拘役或者管制；情节严重的，处 3 年以上 10 年以下有期徒刑。根据《刑法》第 356 条的规定，因走私、贩卖、运输、制造、非法持有毒品罪被判过刑，又犯本罪的，从重处罚。为近亲属窝藏、转移、隐瞒毒品或者毒品犯罪所得的财物，不具有"情节严重"情形，归案后认罪、悔罪、积极退赃，且系初犯、偶犯，犯罪情节轻微不需要判处刑罚的，可以免予刑事处罚。

九十九、走私制毒物品罪

走私制毒物品罪，是指违反国家规定，非法运输、携带醋酸酐、乙醚、三氯甲烷或者其他用于制造毒品的原料或者配剂进出境的行为。

根据《刑法》第 350 条的规定，犯本罪的，处 3 年以下有期徒刑、拘役或者管制，并处罚金；数量大的，处 3 年以上 10 年以下有期徒刑，并处罚金。单位犯本罪的，对单位判处罚金，并对其直接负责的主管人员和其他直接责任人员，依照上述规定处罚。根据《刑法》第 356 条的规定，因走私、贩卖、运输、制造、非法持有毒品罪被判过刑，又犯本罪的，从重处罚。

一百、非法生产、买卖、运输制毒物品、走私制毒物品罪

非法买卖制毒物品罪,是指违反国家规定,在境内非法生产、买卖、运输醋酸酐、乙醚、三氯甲烷或者其他用于制造毒品的原料或者配剂,或者携带上述物品进出境,情节严重的行为。

根据《刑法》第 350 条的规定,犯本罪,情节较重的,处 3 年以下有期徒刑、拘役或者管制,并处罚金;情节严重的,处 3 年以上 7 年以下有期徒刑,并处罚金;情节特别严重的,处 7 年以上有期徒刑,并处罚金或者没收财产。明知他人制造毒品而为其生产、买卖、运输本罪规定的物品的,以制造毒品罪的共犯论处。单位犯本罪的,对单位判处罚金,并对其直接负责的主管人员和其他直接责任人员,依照上述规定处罚。根据《刑法》第 356 条的规定,因走私、贩卖、运输、制造、非法持有毒品罪被判过刑,又犯本罪的,从重处罚。

一百〇一、非法种植毒品原植物罪

非法种植毒品原植物罪,是指明知是罂粟、大麻等毒品原植物而非法种植,且数量较大,或者经公安机关处理后又种植,或者抗拒铲除的行为。根据 2016 年《毒品犯罪案件解释》第 9 条的规定,具有下列情形之一的,应当认定为“数量较大”:(1)非法种植大麻 5 000 株以上不满 3 万株的;(2)非法种植罂粟 200 平方米以上不满 1 200 平方米、大麻 2 000 平方米以上不满 12 000 平方米,尚未出苗的;(3)非法种植其他毒品原植物数量较大的。

根据《刑法》第 351 条的规定,犯本罪的,处 5 年以下有期徒刑、拘役或者管制,并处罚金。非法种植罂粟 3 000 株以上或者其他毒品原植物数量大的,处 5 年以上有期徒刑,并处罚金或者没收财产。非法种植罂粟或者其他毒品原植物,在收获前自动铲除的,可以免除处罚。根据《刑法》第 356 条的规定,因走私、贩卖、运输、制造、非法持有毒品罪被判过刑,又犯本罪的,从重处罚。

一百〇二、非法买卖、运输、携带、持有毒品原植物种子、幼苗罪

非法买卖、运输、携带、持有毒品原植物种子、幼苗罪,是指违反国家规定,非法买卖、运输、携带、持有未经灭活的罂粟等毒品原植物种子或者幼苗,数量较大的行为。根据 2016 年《毒品犯罪案件解释》第 10 条的规定,具有下列情形之一

的，应当认定为“数量较大”：(1)罂粟种子 50 克以上、罂粟幼苗 5 000 株以上的；(2)大麻种子 50 千克以上、大麻幼苗 5 万株以上的；(3)其他毒品原植物种子或者幼苗数量较大的。

根据《刑法》第 352 条的规定，犯本罪的，处 3 年以下有期徒刑、拘役或者管制，并处或者单处罚金。根据《刑法》第 356 条的规定，因走私、贩卖、运输、制造、非法持有毒品罪被判过刑，又犯本罪的，从重处罚。

一百〇三、引诱、教唆、欺骗他人吸毒罪

引诱、教唆、欺骗他人吸毒罪，是指以引诱、教唆、欺骗的方法，使他人吸食、注射毒品的行为。根据 2016 年《毒品犯罪案件解释》第 11 条的规定，具有下列情形之一的，应当认定为“情节严重”：(1)引诱、教唆、欺骗多人或者多次引诱、教唆、欺骗他人吸食、注射毒品的；(2)对他人身体健康造成严重危害的；(3)导致他人实施故意杀人、故意伤害、交通肇事等犯罪行为的；(4)国家工作人员引诱、教唆、欺骗他人吸食、注射毒品的；(5)其他情节严重的情形。

根据《刑法》第 353 条的规定，犯本罪的，处 3 年以下有期徒刑、拘役或者管制，并处罚金；情节严重的，处 3 年以上 7 年以下有期徒刑，并处罚金。引诱、教唆、欺骗未成年人吸食、注射毒品的，从重处罚。根据《刑法》第 356 条的规定，因走私、贩卖、运输、制造、非法持有毒品罪被判过刑，又犯本罪的，从重处罚。

一百〇四、强迫他人吸毒罪

强迫他人吸毒罪，是指违背他人意志，以暴力、威胁或者其他方法，迫使他人吸食、注射毒品的行为。

根据《刑法》第 353 条的规定，犯本罪的，处 3 年以上 10 年以下有期徒刑，并处罚金。强迫未成年人吸食、注射毒品的，从重处罚。根据《刑法》第 356 条的规定，因走私、贩卖、运输、制造、非法持有毒品罪被判过刑，又犯本罪的，从重处罚。

一百〇五、容留他人吸毒罪

容留他人吸毒罪，是指为他人吸食、注射毒品提供场所的行为。本罪的客观方面表现为容留他人吸食、注射毒品的行为。根据 2016 年《毒品犯罪案件解释》第 12 条第 1 款的规定，具有下列情形之一的，应当以容留他人吸毒罪定罪处罚：

(1)一次容留多人吸食、注射毒品的;(2)2年内多次容留他人吸食、注射毒品的;(3)2年内曾因容留他人吸食、注射毒品受过行政处罚的;(4)容留未成年人吸食、注射毒品的;(5)以牟利为目的容留他人吸食、注射毒品的;(6)容留他人吸食、注射毒品造成严重后果的;(7)其他应当追究刑事责任的情形。

根据《刑法》第354条的规定,犯本罪的,处3年以下有期徒刑、拘役或者管制,并处罚金。根据《刑法》第356条的规定,因走私、贩卖、运输、制造、非法持有毒品罪被判过刑,又犯本罪的,从重处罚。根据2016年《毒品犯罪案件解释》第12条第2款、第3款的规定,向他人贩卖毒品后又容留其吸食、注射毒品,或者容留他人吸食、注射毒品并向其贩卖毒品,符合前款规定的容留他人吸毒罪的定罪条件的,以贩卖毒品罪和容留他人吸毒罪数罪并罚。容留近亲属吸食、注射毒品,情节显著轻微危害不大的,不作为犯罪处理;需要追究刑事责任的,可以酌情从宽处罚。

一百〇六、非法提供麻醉药品、精神药品罪

非法提供麻醉药品、精神药品罪,是指依法从事生产、运输、管理、使用国家管制的麻醉药品、精神药品的人员或者单位,违反国家规定,向吸食、注射毒品的人提供国家规定管制的能够使人形成瘾癖的麻醉药品、精神药品的行为。根据2016年《毒品犯罪案件解释》第13条的规定,具有下列情形之一的,应当以非法提供麻醉药品、精神药品罪定罪处罚:(1)非法提供麻醉药品、精神药品达到《刑法》第347条第3款或者本解释第2条规定的"数量较大"标准最低值的百分之五十,不满"数量较大"标准的;(2)2年内曾因非法提供麻醉药品、精神药品受过行政处罚的;(3)向多人或者多次非法提供麻醉药品、精神药品的;(4)向吸食、注射毒品的未成年人非法提供麻醉药品、精神药品的;(5)非法提供麻醉药品、精神药品造成严重后果的;(6)其他应当追究刑事责任的情形。

根据《刑法》第355条的规定,犯本罪的,处3年以下有期徒刑或者拘役,并处罚金;情节严重的,处3年以上7年以下有期徒刑,并处罚金。单位犯本罪的,对单位判处罚金,并对其直接负责的主管人员和其他直接责任人员,依照上述规定处罚。根据《刑法》第356条的规定,因走私、贩卖、运输、制造、非法持有毒品罪被判过刑,又犯本罪的,从重处罚。

一百〇七、强迫卖淫罪

强迫卖淫罪，是指以暴力、胁迫或者其他方法，迫使他人卖淫的行为。本罪的客观方面表现为以暴力、胁迫或者其他方法，迫使他人卖淫的行为。根据2017年《卖淫刑事案件解释》第6条的规定，具有下列情形之一的，应当认定为"情节严重"：(1)卖淫人员累计达5人以上的；(2)卖淫人员中未成年人、孕妇、智障人员、患有严重性病的人累计达3人以上的；(3)强迫不满14周岁的幼女卖淫的；(4)造成被强迫卖淫的人自残、自杀或者其他严重后果的；(5)其他情节严重的情形。

根据《刑法》第358条第1款、第2款、第361条的规定，犯本罪的，处5年以上10年以下有期徒刑，并处罚金；情节严重的，处10年以上有期徒刑或者无期徒刑，并处罚金或者没收财产。旅馆业、饮食服务业、文化娱乐业、出租汽车业等单位的人员，利用本单位的条件，强迫他人卖淫的，依照本罪定罪处罚。上述单位的主要负责人犯本罪的，从重处罚。

一百〇八、协助组织卖淫罪

协助组织卖淫罪，是指为组织卖淫的人招募、运送人员或者有其他协助组织他人卖淫的行为。根据2017年《卖淫刑事案件解释》第5条的规定，具有下列情形之一的，应当认定为"情节严重"：(1)招募、运送卖淫人员累计达10人以上的；(2)招募、运送的卖淫人员中未成年人、孕妇、智障人员、患有严重性病的人累计达5人以上的；(3)协助组织境外人员在境内卖淫或者协助组织境内人员出境卖淫的；(4)非法获利人民币50万元以上的；(5)造成被招募、运送或者被组织卖淫的人自残、自杀或者其他严重后果的；(6)其他情节严重的情形。

根据《刑法》第358条第3款的规定，犯本罪的，处5年以下有期徒刑，并处罚金；情节严重的，处5年以上10年以下有期徒刑，并处罚金。

一百〇九、引诱幼女卖淫罪

引诱幼女卖淫罪，是指以金钱、物质或者其他利益为诱饵，勾引、诱使不满14周岁的幼女卖淫的行为。

根据《刑法》第359条第2款的规定，犯本罪的，处5年以上有期徒刑，并处罚金。

一百一十、传播性病罪

传播性病罪,是指明知自己患有梅毒、淋病等严重性病而进行卖淫、嫖娼的行为。

根据《刑法》第 360 条第 1 款的规定,犯本罪的,处 5 年以下有期徒刑、拘役或者管制,并处罚金。

一百一十一、为他人提供书号出版淫秽书刊罪

为他人提供书号出版淫秽书刊罪,是指违反国家书刊出版管理法规,为他人提供书号,致使淫秽书刊出版的行为。

根据《刑法》第 363 条第 2 款、第 366 条的规定,犯本罪的,处 3 年以下有期徒刑、拘役或者管制,并处或者单处罚金。单位犯本罪的,对单位判处罚金,并对其直接负责的主管人员和其他直接责任人员,依照上述规定处罚。

一百一十二、传播淫秽物品罪

传播淫秽物品罪,是指不以牟利为目的,传播淫秽的书刊、影片、音像、图片或者其他淫秽物品,情节严重的行为。

根据《刑法》第 364 条第 1 款、第 4 款和第 366 条的规定,犯本罪的,处 2 年以下有期徒刑、拘役或者管制。向不满 18 周岁的未成年人传播淫秽物品的,从重处罚。单位犯本罪的,对单位判处罚金,并对其直接负责的主管人员和其他直接责任人员,依照上述规定处罚。

一百一十三、组织播放淫秽音像制品罪

组织播放淫秽音像制品罪,是指不以牟利为目的,组织播放淫秽的电影、录像等音像制品的行为。

根据《刑法》第 364 条第 2 款、第 3 款、第 366 条的规定,犯本罪的,处 3 年以下有期徒刑、拘役或者管制,并处罚金;情节严重的,处 3 年以上 10 年以下有期徒刑,并处罚金。制作、复制淫秽的电影、录像等音像制品组织播放的,依照本罪的规定从重处罚。单位犯本罪的,对单位判处罚金,并对其直接负责的主管人员和

其他直接责任人员，依照上述规定处罚。

一百一十四、组织淫秽表演罪

组织淫秽表演罪，是指组织进行淫秽表演的行为。本罪的客观方面表现为组织淫秽表演的行为。

根据《刑法》第 365 条、第 366 条的规定，犯本罪的，处 3 年以下有期徒刑、拘役或者管制，并处罚金；情节严重的，处 3 年以上 10 年以下有期徒刑，并处罚金。单位犯本罪的，对单位判处罚金，并对其直接负责的主管人员和其他直接责任人员，依照上述规定处罚。

本章小结

妨害社会管理秩序罪，是指违反社会秩序管理法规，妨害国家对公共秩序、司法、国(边)境、文物、公共卫生、环境资源保护、毒品管制、社会风化的管理秩序，达到一定严重程度，依法应受刑罚处罚的行为。妨害社会管理秩序罪的客观方面表现为违反社会秩序管理法规，妨害国家对公共秩序、司法、国(边)境、文物、公共卫生、环境资源保护、毒品管制、社会风化的管理秩序，达到一定严重程度的行为；多数犯罪的主体仅限于自然人，少数犯罪的主体只能是单位，还有一些犯罪的主体既包括自然人也包括单位，自然人犯罪主体中大多数属于一般主体；多数犯罪的主观方面为故意，少数故意犯罪的成立还要求行为人出于特定的犯罪目的；侵犯的客体是社会管理秩序。刑法分则把妨害社会管理秩序罪分为扰乱公共秩序罪，妨害司法罪，妨害国(边)境管理罪，妨害文物管理罪，危害公共卫生罪，破坏环境资源保护罪，走私、贩卖、运输、制造毒品罪，组织、强迫、引诱、容留、介绍卖淫罪和制作、贩卖、传播淫秽物品罪九类。其中，需要重点掌握的罪名有妨害公务罪，招摇撞骗罪，伪造、变造、买卖国家机关公文、证件、印章罪，聚众扰乱社会秩序罪，聚众斗殴罪，寻衅滋事罪，组织、领导、参加黑社会性质组织罪，伪证罪，窝藏、包庇罪，掩饰、隐瞒犯罪所得、犯罪所得收益罪，拒不执行判决、裁定罪，脱逃罪，组织他人偷越国(边)境罪，盗掘古文化遗址、古墓葬罪，医疗事故罪，非法行医罪，污染环境罪，非法猎捕、杀害珍贵、濒危野生动物罪，盗伐林木罪，走私、贩卖、运输、制造毒品罪，非法持有毒品罪，组织卖淫罪，引诱、容留、介绍卖淫罪以及制作、复制、出版、贩卖、传播淫秽物品牟利罪等。

习　题

1. 如何理解妨害公务罪的客观方面?
2. 如何理解招摇撞骗罪与诈骗罪的区别?
3. 如何理解聚众斗殴中"斗殴"行为的认定?
4. 如何理解伪证罪与窝藏、包庇罪的界限?
5. 如何理解医疗事故罪与非法行医罪的主观罪过?
6. 如何理解走私、贩卖、运输、制造毒品罪的客观方面?

第二十八章　危害国防利益罪

【本章导读】

危害国防利益罪，是指违反国防法律、法规，危害国家的国防利益，依法应受刑罚处罚的行为。该类犯罪包括23个具体犯罪。根据成立犯罪是否需要在战时，可将危害国防利益罪分为平时危害国防利益的犯罪和战时危害国防利益的犯罪两大类。

【学习重点】

- 阻碍军人执行职务罪
- 破坏武器装备、军事设施、军事通信罪

第一节　危害国防利益罪概述

一、危害国防利益罪的概念和构成要件

危害国防利益罪，是指违反国防法律、法规，危害国家的国防利益，依法应受刑罚处罚的行为。危害国防利益罪是1997年刑法新增加的内容。

本类犯罪的构成要件如下。

1. 本类犯罪的客观方面表现为违反国防法律、法规，危害国防利益的行为。危害国防利益罪的行为以破坏装备与军事设施、阻碍军人执行职务、妨害部队管理、扰乱军事区域秩序、逃避军事义务等为内容。从行为方式看，有的犯罪只能是作为，有的犯罪则只能是不作为，有的犯罪既可以是作为也可以是不作为。从犯罪时间上说，有的行为只有在战时实施才成立犯罪，有的行为不管是战时实施还是平时实施都成立犯罪。

2. 本类犯罪的主体多为一般主体，即达到刑事责任年龄、具备刑事责任能力的自然人。少数犯罪要求犯罪主体具有特定的身份，如接送不合格兵员罪只能由征兵工作人员构成。此外，单位也可成为本类犯罪的主体，如故意提供不合格武器装备、军事设施罪，战时拒绝、故意延误军事订货罪等。

3. 本类犯罪的主观方面多为故意,但个别犯罪由过失构成,如过失提供不合格武器装备、军事设施罪。

4. 本类犯罪的客体是国防利益。所谓“国防利益”,是指国家为提高国防物质基础建设水平,加强国防管理,防备和抵御侵略与颠覆,捍卫国家主权、领土完整和安全,维护部队声誉,而享有的进行军事与军事有关的建设和斗争等活动的排他性的权利。

二、危害国防利益罪的种类

危害国防利益罪作为一个类罪名,包括23种具体犯罪。根据危害国防利益行为构成犯罪的时间是否限于战时,可将危害国防利益罪分为以下两大类。

1. 平时危害国防利益的犯罪

这类犯罪不以战时实施为条件,但是如果战时实施这类犯罪,则属法定或酌定从重处罚情节。这类犯罪包括:阻碍军人执行职务罪,阻碍军事行动罪,破坏武器装备、军事设施、军事通信罪,过失损坏武器装备、军事设施、军事通信罪,故意提供不合格武器装备、军事设施罪,过失提供不合格武器装备、军事设施罪,聚众冲击军事禁区罪,聚众扰乱军事管理区秩序罪,冒充军人招摇撞骗罪,煽动军人逃离部队罪,雇用逃离部队军人罪,接送不合格兵员罪,伪造、变造、买卖武装部队公文、证件、印章罪,盗窃、抢夺武装部队公文、证件、印章罪,非法生产、买卖武装部队制式服装罪,伪造、盗窃、买卖、非法提供、使用武装部队专用标志罪。

2. 战时危害国防利益的犯罪

这类犯罪以战时实施为条件,在平时实施这类行为的,不构成犯罪。这类犯罪包括:战时拒绝、逃避征召、军事训练罪,战时拒绝、逃避服役罪,战时故意提供虚假敌情罪,战时造谣扰乱军心罪,战时窝藏逃离部队军人罪,战时拒绝、故意延误军事订货罪,战时拒绝军用征用罪。

第二节 本章重点罪名

一、阻碍军人执行职务罪

(一) 阻碍军人执行职务罪的概念和构成要件

阻碍军人执行职务罪,是指非军职人员以暴力、威胁方法,妨碍、阻挠军人依法执行职务的行为。

本罪的构成要件如下。

1. 本罪的客观方面表现为采用暴力或者威胁方法，阻碍军人依法执行职务的行为。所谓“暴力”，是指对依法执行职务的军人的身体实施打击或强制，如拳打脚踢、对行为人以棍棒殴打、以皮带捆绑等。所谓“威胁”，是指行为人用伤害身体、毁坏财物、破坏名誉、揭穿隐私等手段相威胁，实行精神强制、心理压制，使军人产生恐惧心理，不能或无法履行职责，执行任务。至于威胁是直接还是间接的，不影响本罪的成立。所谓“阻碍军人依法执行职务”，是指对军人依法执行职务造成障碍，使其不能顺利地执行职务。值得注意的是，军人的职务行为是否合法，是本罪成立的一个重要前提。若行为人以暴力、威胁方法阻碍军人执行不合法的军事职务，则不能论之以本罪。

2. 本罪的主体是一般主体，即年满 16 周岁、具备刑事责任能力的自然人。

3. 本罪的主观方面是故意。

4. 本罪侵害的客体是军人依法执行职务的活动。所谓“依法执行职务”，是指军人依照上级合法军事命令而执行职务。

（二）阻碍军人执行职务罪的认定

1. 阻碍军人执行职务罪与非罪的界限

虽然阻碍了军人依法执行职务，但没采用暴力、威胁方法的，或者对军人执行职务中的违法行为予以抵制的，均不能认定为犯罪。

2. 阻碍军人执行职务罪与妨害公务罪的界限

两罪在以暴力、威胁方法阻碍依法执行职务、犯罪主体、犯罪主观方面均相同，其区别的关键在于侵犯的客体与对象不同。(1)本罪侵犯的同类客体是国防利益，直接客体是军人依法执行职务的活动；后罪侵犯的同类客体是社会管理秩序，直接客体是国家工作人员依法执行职务的活动。(2)本罪侵犯的对象是正在依法执行职务的军人；后罪侵犯的对象是正在依法执行职务或履行职责的国家工作人员。此外，本罪只能以暴力、威胁的方法实施；后罪一般表现为使用暴力、威胁的方法实施，但在故意阻碍国家安全机关、公安机关依法执行国家安全任务的情况下，不要求使用暴力、威胁方法。

（三）阻碍军人执行职务罪的处罚

根据《刑法》第 368 条第 1 款的规定，犯本罪的，处 3 年以下有期徒刑、拘役、管制或者罚金。

二、破坏武器装备、军事设施、军事通信罪

(一) 破坏武器装备、军事设施、军事通信罪的概念和构成要件

破坏武器装备、军事设施、军事通信罪,是指故意破坏武器装备、军事设施、军事通信的行为。

本罪的构成要件如下。

1. 本罪的客观方面表现为破坏武器装备、军事设施、军事通信的行为。破坏,是指故意使武器装备、军事设施毁损,以及使军事信息传送不能正常进行。破坏的手段可以是公开的或秘密的、作为的或不作为的,具体包括以下几种:危险手段,如放火、爆炸、决水、投毒等;技术手段,如摧毁、砸压、撞击、挖掘等。

根据2007年6月26日最高人民法院《关于审理危害军事通信刑事案件具体应用法律若干问题的解释》的规定,故意实施损毁军事通信线路、设备,破坏军事通信计算机信息系统,干扰、侵占军事通信电磁频谱等行为的,以破坏军事通信罪定罪处罚。

2. 本罪的主体是一般主体。凡年满16周岁、具备刑事责任能力的自然人均可成为本罪的主体。根据相关司法解释,建设、施工单位直接负责的主管人员、施工管理人员,明知是军事通信线路、设备而指使、强令、纵容他人予以损毁的,或者不听管护人员劝阻,指使、强令、纵容他人违章作业,造成军事通信线路、设备损毁的,以破坏军事通信罪定罪处罚。

3. 本罪的主观方面是故意,即明知自己的行为会造成破坏武器装备、军事设施、军事通信的危害结果,并且希望或者放任这种结果发生。犯罪动机则多种多样,如泄愤报复等。动机如何不影响定罪。

4. 本罪的客体是军队战斗力的物质保障。犯罪对象是武器装备、军事设施、军事通信。武器装备,是指直接用于武装部队实施和保障作战行动的武器、武器系统和军事技术器材,如各种军用武器、仪器、船舰、飞机等。军事设施,是指国家直接用于军事目的的建筑、场地和设备,如军需仓库、射击场、教练飞机、军事禁区的围墙等。军事通信,是指军队运用各种通信手段,为实施指挥和武器控制而进行的信息传送。

(二) 破坏武器装备、军事设施、军事通信罪的认定

1. 破坏武器装备、军事设施、军事通信罪与破坏交通设施罪、破坏易燃易爆设备罪及破坏广播电视、公用电信设施罪的界限

本罪同后三罪在犯罪的主体、主观方面以及客观方面相同。其主要区别在于：本罪属于危害军事利益的犯罪，而后三罪是危害公共安全的犯罪；本罪破坏的对象限于武器装备、军事设施、军事通信，而后三罪破坏的对象是非武器装备、非军事设施、非军事通信。故意破坏军事设施，即使客观上也危害公共安全的，仍以破坏军事设施罪论处。

2. 破坏武器装备、军事设施、军事通信罪与故意毁坏财物罪的界限

本罪是一种比故意毁坏公私财物罪的危害大得多的犯罪。它的严重性不仅仅在于被破坏的武器装备、军事设施、军事通信的财产价值，更在于这种破坏行为能够使武器装备丧失其应有的效能，从而严重影响我军的战备和战斗能力。其主要区别是：本罪侵犯的客体是军队战斗力的物质保障，而后者侵犯的客体是公私财物的所有权；本罪破坏的是特定对象，即武器装备、军事设施、军事通信，后者破坏的对象是各种公私财物。据此，非军职人员破坏武器装备、军事设施、军事通信以外的一般财物，如生活用品、办公设备等，或者破坏武器装备、军事设施、军事通信的局部，并不影响其使用的，应以故意毁坏财物论处。

3. 破坏军事通信罪的罪数问题

《关于审理危害军事通信案件解释》就破坏军事通信罪的罪数问题作出了如下规定：破坏军事通信，并造成公用电信设施损毁，危害公共安全，同时构成破坏公用电信设施罪和破坏军事通信罪的，依照处罚较重的规定定罪处罚。盗窃军事通信线路、设备，不构成盗窃罪，但破坏军事通信的，依照破坏军事通信罪定罪处罚；同时构成破坏公用电信设施罪、盗窃罪和破坏军事通信罪的，依照处罚较重的规定定罪处罚。违反国家规定，侵入国防建设、尖端科学技术领域的军事通信计算机信息系统，尚未对军事通信造成破坏的，依照非法侵入计算机信息系统罪定罪处罚；对军事通信造成破坏，同时构成非法侵入计算机信息系统罪、破坏计算机信息系统罪、破坏军事通信罪的，依照处罚较重的规定定罪处罚。违反国家规定，擅自设置、使用无线电台(站)，或者擅自占用频率，经责令停止使用后拒不停止使用，干扰无线电通讯正常进行，构成犯罪的，依照扰乱无线电通讯管理秩序罪定罪处罚；造成军事通信中断或者严重障碍，同时构成扰乱无线电通讯管理秩序罪、破

坏军事通信罪的,依照处罚较重的规定定罪处罚。

(三)破坏武器装备、军事设施、军事通信罪的处罚

根据《刑法》第369条的规定,犯本罪的,处3年以下有期徒刑、拘役或者管制;破坏重要武器装备、军事设施、军事通信的,处3年以上10年以下有期徒刑;情节特别严重的,处10年以上有期徒刑、无期徒刑或者死刑。战时犯本罪的,从重处罚。

第三节　本章其他罪名

一、阻碍军事行动罪

阻碍军事行动罪,是指故意阻碍武装部队的军事行动,造成严重后果的行为。

根据《刑法》第368条第2款的规定,犯本罪的,处5年以下有期徒刑或者拘役。

二、过失损坏武器装备、军事设施、军事通信罪

过失损坏武器装备、军事设施、军事通信罪,是指由于过失致使武器装备、军事设施、军事通信受到损坏,并造成严重后果的行为。

根据《刑法》第369条第2款的规定,犯本罪的,处3年以下有期徒刑或者拘役;造成特别严重后果的,处3年以上7年以下有期徒刑。战时犯本罪的,从重处罚。

三、故意提供不合格武器装备、军事设施罪

故意提供不合格武器装备、军事设施罪,是指明知是不合格的武器装备、军事设施而提供给武装部队的行为。

根据《刑法》第370条第1款和第3款的规定,犯本罪的,处5年以下有期徒刑或者拘役;情节严重的,处5年以上10年以下有期徒刑;情节特别严重的,处10年以上有期徒刑、无期徒刑或者死刑。单位犯本罪的,对单位判处罚金,并对其直接负责的主管人员和其他直接责任人员,依照上述规定处罚。

四、过失提供不合格武器装备、军事设施罪

过失提供不合格武器装备、军事设施罪，是指由于过失而向武装部队提供了不合格的武器装备、军事设施，并且造成严重后果的行为。

根据《刑法》第 370 条第 2 款的规定，犯本罪的，处 3 年以下有期徒刑或者拘役；造成特别严重后果的，处 3 年以上 7 年以下有期徒刑。

五、聚众冲击军事禁区罪

聚众冲击军事禁区罪，是指聚众冲击军事禁区，严重扰乱军事禁区秩序的行为。

根据《刑法》第 371 条第 1 款的规定，犯本罪的，对首要分子，处 5 年以上 10 年以下有期徒刑；对其他积极参加的，处 5 年以下有期徒刑、拘役、管制或者剥夺政治权利。

六、聚众扰乱军事管理区秩序罪

聚众扰乱军事管理区秩序罪，是指聚众扰乱军事管理区秩序，情节严重，致使军事管理区工作无法正常进行，造成严重损失的行为。

根据《刑法》第 371 条第 2 款的规定，犯本罪的，对首要分子，处 3 年以上 7 年以下有期徒刑；对其他积极参加的，处 3 年以下有期徒刑、拘役、管制或者剥夺政治权利。

七、冒充军人招摇撞骗罪

冒充军人招摇撞骗罪，是指为谋取非法利益，冒充军人身份招摇撞骗的行为。冒充军人适用伪造、变造、盗窃的武装部队车辆号牌，造成恶劣影响的，构成本罪。〔1〕

根据《刑法》第 372 条的规定，犯本罪的，处 3 年以下有期徒刑、拘役、管制或者剥夺政治权利；情节严重的，处 3 年以上 10 年以下有期徒刑。

---

〔1〕 参见 2002 年 4 月 10 日最高人民法院《关于审理非法生产、买卖武装部队车辆号牌等刑事案件具体应用法律若干问题的解释》。

八、煽动军人逃离部队罪

煽动军人逃离部队罪,是指以口头、书面等形式唆使、鼓动现役军人逃离部队,情节严重的行为。

根据《刑法》第373条的规定,犯本罪的,处3年以下有期徒刑、拘役或者管制。

九、雇用逃离部队军人罪

雇用逃离部队军人罪,是指明知是逃离部队的军人而雇用,情节严重的行为。

根据《刑法》第373条的规定,犯本罪的,处3年以下有期徒刑、拘役或者管制。

十、接送不合格兵员罪

接送不合格兵员罪,是指征兵工作人员在征兵工作中徇私舞弊,接送不符合条件的应征公民入伍,情节严重的行为。

根据《刑法》第374条的规定,犯本罪的,处3年以下有期徒刑、拘役或者管制;造成特别严重后果的,处3年以上7年以下有期徒刑。

十一、伪造、变造、买卖武装部队公文、证件、印章罪

伪造、变造、买卖武装部队公文、证件、印章罪,是指伪造、变造、买卖武装部队公文、证件、印章的行为。

根据《刑法》第375条第1款的规定,犯本罪的,处3年以下有期徒刑、拘役、管制或者剥夺政治权利;情节严重的,处3年以上10年以下有期徒刑。

十二、盗窃、抢夺武装部队公文、证件、印章罪

盗窃、抢夺武装部队公文、证件、印章罪,是指盗窃、抢夺武装部队公文、证件、印章的行为。盗窃、抢夺武装部队车辆监理印章的,盗窃、抢夺武装部队车辆行驶证、车辆驾驶证3本以上的,以本罪定罪处罚。〔2〕

---

〔2〕 参见2002年4月10日最高人民法院《关于审理非法生产、买卖武装部队车辆号牌等刑事案件具体应用法律若干问题的解释》第1条。

根据《刑法》第 375 条第 1 款的规定，本罪的法定刑与伪造、变造、买卖武装部队公文、证件、印章罪的法定刑相同。

十三、非法生产、买卖武装部队制式服装罪

非法生产、买卖武装部队制式服装罪，是指非法生产、买卖武装部队制式服装，情节严重的行为。

根据《刑法》第 375 条第 2 款和第 3 款的规定，犯本罪的，处 3 年以下有期徒刑、拘役或者管制，并处或者单处罚金。单位犯本罪的，对单位判处罚金，并对直接负责的主管人员和其他直接责任人员，依照上述规定处罚。

十四、伪造、盗窃、买卖、非法提供、非法使用武装部队专用标志罪

伪造、盗窃、买卖、非法提供、非法使用武装部队专用标志罪，是指伪造、盗窃、买卖、非法提供、非法使用武装部队的车辆号牌等专用标志，情节严重的行为。

根据《刑法》第 375 条的规定，犯本罪的，处 3 年以下有期徒刑、拘役或者管制，并处罚金；情节特别严重的，处 3 年以上 7 年以下有期徒刑，并处或单处罚金。单位犯本罪的，对单位判处罚金，并对直接负责的主管人员和其他直接责任人员，依照上述规定处罚。

十五、战时拒绝、逃避征召、军事训练罪

战时拒绝、逃避征召、军事训练罪，是指预备役人员在战时拒绝、逃避征召或者军事训练，情节严重的行为。

根据《刑法》第 376 条第 1 款的规定，犯本罪的，处 3 年以下有期徒刑或者拘役。

十六、战时拒绝、逃避服役罪

战时拒绝、逃避服役罪，是指公民战时拒绝、逃避服役，情节严重的行为。

根据《刑法》第 376 条第 2 款的规定，犯本罪的，处 2 年以下有期徒刑或者拘役。

十七、战时故意提供虚假敌情罪

战时故意提供虚假敌情罪，是指战时故意向武装部队提供虚假敌情，造成严

重后果的行为。

根据《刑法》第377条的规定,犯本罪的,处3年以上10年以下有期徒刑;造成特别严重后果的,处10年以上有期徒刑或者无期徒刑。

十八、战时造谣扰乱军心罪

战时造谣扰乱军心罪,是指战时造谣惑众,扰乱军心的行为。

根据《刑法》第378条的规定,犯本罪的,处3年以下有期徒刑、拘役或者管制;情节严重的,处3年以上10年以下有期徒刑。

十九、战时窝藏逃离部队军人罪

战时窝藏逃离部队军人罪,是指战时明知是逃离部队的军人而为其提供隐蔽处所、财物,情节严重的行为。

根据《刑法》第379条的规定,犯本罪的,处3年以下有期徒刑或者拘役。

二十、战时拒绝、故意延误军事订货罪

战时拒绝、故意延误军事订货罪,是指战时有关生产、销售单位无正当理由拒绝、故意延误军事订货,情节严重的行为。

根据《刑法》第380条的规定,犯本罪的,对单位判处罚金,并对其直接负责的主管人员和其他直接责任人员,处5年以下有期徒刑或者拘役;造成严重后果的,处5年以上有期徒刑。

二十一、战时拒绝军事征用罪

战时拒绝军事征用罪,是指在战时,对国家、政府和武装力量征用其所属的房屋、车辆、场地等作战所需的物资,能够提供而拒绝提供,情节严重的行为。

根据《刑法》第381条的规定,犯本罪的,处3年以下有期徒刑或者拘役。

本章小结

危害国防利益罪,是指违反国防法律、法规,危害国家的国防利益,依法应受刑罚处罚的行为。危害国防利益罪的客观方面表现为违反国防法律、法规,危害

国防利益的行为;犯罪主体多为一般主体,少数犯罪要求犯罪主体具有特定的身份;犯罪主观方面多为故意,但个别犯罪由过失构成;侵犯的客体是国防利益。根据行为构成犯罪的时间是否限于战时,可将危害国防利益罪分为平时危害国防利益的犯罪和战时危害国防利益的犯罪。其中,需要重点掌握的罪名有阻碍军人执行职务罪,破坏武器装备、军事设施、军事通信罪等。

习　题

1. 如何理解阻碍军人执行职务罪与妨害公务罪的界限?
2. 如何理解破坏武器装备、军事设施、军事通信罪的成立要件?

第二十九章　贪污贿赂罪

【本章导读】

贪污贿赂犯罪是国家工作人员利用职务行为所实施的一类犯罪,包括两类:一类是贪污型犯罪,即国家工作人员及国有单位以非权钱交易的方式实施的侵犯国家廉政建设制度,并与贪污罪具有某种内在联系的犯罪,具体包括贪污罪、挪用公款罪、巨额财产来源不明罪、隐瞒境外存款罪、私分国有资产罪和私分罚没财物罪。另一类是贿赂犯罪,即由国家工作人员或国有单位实施或以国家工作人员或国有单位为对象实施的权钱交易型犯罪,具体包括受贿罪、利用影响力受贿罪、单位受贿罪、行贿罪、对有影响力的人行贿罪、对单位行贿罪、介绍贿赂罪、单位行贿罪。

【学习重点】

- 贪污罪
- 挪用公款罪
- 受贿罪
- 巨额财产来源不明罪

第一节　贪污贿赂罪概述

一、贪污贿赂罪的概念和构成要件

贪污贿赂罪,是指国家工作人员或国有单位实施的贪污、挪用、受贿等侵犯国家廉政建设制度,以及其他人员或单位实施的与受贿具有对向性或撮合性的情节严重的行为。

本类犯罪的构成要件如下。

1. 本类犯罪的客观方面一般表现为行为人利用职务上的便利,实施贪污、挪用、私分国有资产,收受或者索取贿赂,牟取非法利益,亵渎公务的行为。少数犯罪如行贿罪、介绍贿赂罪，虽然并非国家工作人员利用职务之便实施，但是以国家工作人员的公务行为为收买对象，与国家工作人员实施的受贿罪具有对向性或者关联性。本类犯罪在行为形态上多数由作为构成，个别犯罪如隐瞒境外存款罪则由不作为构成，另有个别犯罪如巨额财产来源不明罪则属于持有型犯罪。

2. 本类犯罪的主体大多是特殊主体，如受贿罪、挪用公款罪、巨额财产来源不明罪、隐瞒境外存款罪的主体是国家工作人员。少数与受贿罪具有对向性或者撮合性的犯罪的主体则是一般主体，如行贿罪、对单位行贿罪和介绍贿赂罪。大多数犯罪只能由自然人实施，但少数犯罪则只能由单位实施，而对单位行贿罪则既可以由自然人实施，也可以由单位实施。就单位犯罪而言，既有纯正的单位犯罪，如私分国有资产罪、私分罚没财物罪、单位行贿罪、单位受贿罪，又有不纯正的单位犯罪，如对单位行贿罪。

3. 本类犯罪的主观方面只能表现为直接故意，其中有些犯罪的主观方面还包括了特定的目的，如贪污罪的行为人在主观上具有非法占有的目的，挪用公款罪的行为人具有非法使用的目的，行贿罪的行为人具有谋取不正当利益的目的。

4. 本类犯罪的客体是以恪尽职守、廉洁奉公、吏治清明、反对腐败为主要内容的国家廉政建设制度。

二、贪污贿赂罪的种类

刑法分则第八章对贪污贿赂罪规定了 14 种具体犯罪。这些犯罪可以分为以下两类。一类是贪污型犯罪，即国家工作人员及国有单位以非权钱交易的方式实施的侵犯国家廉政建设制度，并与贪污罪具有某种内在联系的犯罪，具体包括贪污罪、挪用公款罪、巨额财产来源不明罪、隐瞒境外存款罪、私分国有资产罪和私分罚没财物罪。在这些犯罪中，挪用公款的行为常常会因为种种原因而转化为贪污罪；由贪污所得到的财产往往是巨额财产来源不明罪和隐瞒境外存款罪中财产的真实来源之一；私分国有资产罪和私分罚没财物罪则实际上就是从贪污罪中分化出来的犯罪。另一类是贿赂犯罪，即由国家工作人员或国有单位实施或以国家工作人员或国有单位为对象实施的权钱交易型犯罪，具体包括受贿罪、利用影响力受贿罪、单位受贿罪、行贿罪、对有影响力的人行贿罪、对单位行贿罪、介绍贿赂罪、单位行贿罪。

第二节 本章重点罪名

一、贪污罪

(一) 贪污罪的概念和构成要件

贪污罪,是指国家工作人员利用职务上的便利,侵吞、窃取、骗取或者以其他手段非法占有所在单位的财物,或者受国家机关、国有公司、企业、事业单位、人民团体委托管理、经营国有财产的人员利用职务上的便利,侵吞、窃取、骗取或者以其他手段非法占有国有财产的行为。

本罪的构成要件如下。

1. 本罪的客观方面表现为利用职务上的便利,以侵吞、窃取、骗取或者以其他手段非法占有相关单位财物的行为。所谓"利用职务上的便利",是指利用职务上主管、管理、经手财物的权力及方便条件,而不是指利用与其职务无关的仅因工作关系对作案环境比较熟悉、凭其身份便于进出某些单位、易于接近作案目标的方便条件。例如,会计利用管账这一职务上的便利,做假账骗取公共财物,出纳利用管钱所形成的便利条件非法占有公款等,均属于贪污行为。如果会计利用与出纳一起工作的便利条件,趁机配制了出纳所掌管的保险柜的钥匙,将保险柜中的现金盗走,这就不属于利用职务上的便利贪污公款的行为,而是属于盗窃行为。所谓"侵吞",是指将暂时由自己合法管理、支配、使用或者经手的财物非法据为己有。如将自己合法管理或使用的公共财物加以扣留,应交而隐匿不交,应支付而不支付,应入账而不入账。根据《刑法》第 394 条的规定,国家工作人员在国内公务活动或者对外交往中接受礼物,依照国家规定应当交公而不交公,数额较大的,也应当以本罪论处。所谓"窃取",是指秘密窃取由本人暂时合法管理、支配、使用或者经手的财物,即通常所说的监守自盗,如保管员将自己管理的公共财物秘密拿回家中。所谓"骗取",是指采用虚构事实、隐瞒真相的方法,非法占有财物,如采购人员谎报差旅费或者多报出差费骗取公款。"其他手段",是指使用侵吞、窃取、骗取以外的其他方法占有相关单位的财物,如利用职权,巧立名目,私分大量公款、公物。

贪污公款后至案发前,被贪污的公款所生利息,不应作为贪污公款的犯罪数额计算。但该利息是贪污公款行为给被害单位造成实际经济损失的一部分，应作为被告人的非法所得，连同其贪污的公款一并依法追缴。[1]

2. 本罪的主体是特殊主体，具体包括国家工作人员和受国家机关、国有公司、企业、事业单位、人民团体委托管理、经营国有财产的人员。国家工作人员，是指国家机关中从事公务的人员。国有公司、企业、事业单位、人民团体中从事公务的人员和国家机关、国有公司、企业、事业单位委派到非国有公司、企业、事业单位、社会团体从事公务的人员，以及其他依照法律从事公务的人员，以国家工作人员论。依法从事公务是国家工作人员的本质特征。根据2003年11月13日最高人民法院《全国法院审理经济犯罪案件工作座谈会纪要》，从事公务，是指代表国家机关、国有公司、企业、事业单位、人民团体等履行组织、领导、监督、管理等职责。公务主要表现为与职权相联系的公共事务以及监督、管理国有财产的职务活动，如国家机关工作人员依法履行职责，国有公司的董事、经理、监事、会计、出纳人员等管理、监督国有财产等活动。那些不具备职权内容的劳务活动、技术服务工作，如售货员、售票员等所从事的工作，一般不认为是公务。

国家工作人员具体包括四类人员：(1)国家机关工作人员，即在国家机关中从事公务的人员。这类人员也是渎职罪的主体。(2)国有公司、企业、事业单位、人民团体中从事公务的人员。“国有”是指财产完全归属于国家所有，国家控股、参股的单位不能认为是国有单位。国有公司，是指公司财产完全属于国家所有的公司；国有企业，是指财产完全属于国家所有的从事生产、经营活动的经济组织；国有事业单位，是指国家投资兴办管理的科研、教育、文化、卫生、体育、新闻、广播、出版等单位；人民团体是指各级民主党派的常设机构、各级工会、共青团、妇联等群众性组织。(3)国家机关、国有公司、企业、事业单位委派到非国有公司、企业、事业单位、社会团体从事公务的人员。这是指受国家机关、国有公司、企业、事业单位委任、派遣，在非国有公司、企业、事业单位、社会团体中从事公务的人员。不论行为人原来是否具备国家工作人员的身份，也不论行为人是委派单位还是接受委派单位的原有职工，还是为了委派而临时从社会上招聘的人员(如农民)，都能成为国有单位的委派人员。所谓“委派”，即委任、派遣，其形式多种多样，如任

---

〔1〕 参见1993年12月15日最高人民法院《关于贪污、挪用公款所生利息应否计入贪污、挪用公款犯罪数额的问题的批复》。

命、指派、提名、批准等。不论被委派的人身份如何,只要是接受国家机关、国有公司、企业、事业单位委任、派遣,代表国家机关、国有公司、企业、事业单位在非国有公司、企业、事业单位、社会团体中从事组织、领导、监督、管理等工作,都可以认定为国家机关、国有公司、企业、事业单位委派到非国有公司、企业、事业单位、社会团体从事公务的人员。如国家机关、国有公司、企业、事业单位委派在国有控股或者参股的股份有限公司从事组织、领导、监督、管理等工作的人员,应当以国家工作人员论。国有公司、企业改制为股份有限公司后,原国有公司、企业的工作人员和股份有限公司新任命的人员中,除代表国有投资主体行使监督、管理职权的人外,不以国家工作人员论。(4)其他依照法律从事公务的人员,即依照法律规定选举或者任命产生,从事某项公共事务管理的人员。根据 2003 年 11 月 13 日最高人民法院《全国法院审理经济犯罪案件工作座谈会纪要》,这类人员应当具有两个特征:一是在特定条件下行使国家管理职能;二是依照法律规定从事公务。具体包括:依法履行职责的各级人民代表大会代表;依法履行审判职责的人民陪审员;协助乡镇人民政府、街道办事处从事行政管理工作的村民委员会、居民委员会等农村和城市基层组织人员;其他由法律授权从事公务的人员。根据 2000 年 4 月 29 日全国人大常委会《关于〈中华人民共和国刑法〉第九十三条第二款的解释》,村民委员会等村基层组织的人员协助人民政府从事下列行政管理工作,属于《刑法》第 93 条第 2 款规定的“其他依照法律从事公务的人员”:(1)救灾、抢险、防汛、优抚、扶贫、移民、救济款物的管理;(2)社会捐助公益事业款物的管理;(3)国有土地的经营和管理;(4)土地征用补偿费用的管理;(5)代征、代缴税款;(6)有关计划生育、户籍、征兵工作;(7)协助人民政府从事的其他行政管理工作。据此,村民委员会等村基层组织的人员协助人民政府从事行政管理工作时,利用职务上的便利,非法占有公共财物,构成犯罪的,应以贪污罪论处。但是,村民委员会等村基层组织的人员在从事属于村民自治范围的经营、管理活动时,不应当视为“其他依照法律从事公务的人员”。

受国家机关、国有公司、企业、事业单位、人民团体委托管理、经营国有财产的人员,是指受国家机关、国有公司、企业、事业单位、人民团体委托因承包、租赁、聘用等管理、经营国有财产。管理、经营国有财产,是一种具有公共事务性质的活动,与以国有资产为对象或生产资料的纯粹劳动有着严格区别。受委托人员不属于国家工作人员,也不能以国家工作人员论。为了更为广泛地保护国有财产,《刑法》将该类人专门作为贪污罪的主体予以规定。该类人与前述第(3)类国家工作人员的区别是：前者是基于平等民事主体的委托合同而成立的，受托人与委托单位之间不存在行政上的隶属关系，后者则是基于委派者与受委派者的行政隶属关系而成立的；前者管理、经营的是国有财产，后者则不一定是国有财产；前者是受国家机关、国有公司、企业、事业单位、人民团体委托，后者是受国家机关、国有公司、企业、事业单位委派，不包括受人民团体委派。国有单位中非从事公务的人员，即使是合同工，一旦在国有单位内部承担管理、经营国有财产的职责，则应当直接认定为国有单位中从事公务的人员，而不是受委托管理、经营国有财产的人员；如其被国有单位聘用后指派到非国有单位管理、经营国有财产，则属于受委派从事公务的人员，也不是受委托管理、经营国有财产的人员。

根据《刑法》第 183 条第 2 款的规定，国有保险公司的工作人员和国有保险公司委派到非国有保险公司从事公务的人员利用职务上的便利，故意编造未曾发生的保险事故进行虚假理赔，骗取保险金归自己所有，构成犯罪的，应当以贪污罪论处。这里的“国有保险公司的工作人员”，应当理解为“国有保险公司从事公务的人员”。

根据《刑法》第 382 条第 3 款的规定，不具有特殊身份的一般公民与国家工作人员或者受国家机关、国有公司、企业、事业单位、人民团体委托管理、经营国有财产的人员勾结，伙同贪污的，以贪污罪的共犯论处。根据 2003 年 11 月 13 日最高人民法院《全国法院审理经济犯罪案件工作座谈会纪要》，对于在公司、企业或者其他单位中，非国家工作人员与国家工作人员勾结，分别利用各自的职务便利，共同将本单位财物非法占有的，应当尽量区分主从犯，按照主犯的犯罪性质定罪。司法实践中，如果根据案件的实际情况，各共同犯罪人在共同犯罪中的地位、作用相当，难以区分主从犯的，可以贪污罪定罪处罚。

3. 本罪的主观方面是直接故意，并且具有非法占有财产的目的。

4. 本罪的客体是复杂客体，即同时侵犯了公务行为的廉洁性和相关单位的财产所有权。其中，公务行为的廉洁性是本罪的主要客体。

本罪的犯罪对象是相关单位的财产。至于财产的性质，则随着行为人主体身份的不同而有所不同。具体而言，国家工作人员犯本罪的，一般侵犯的是公共财产。所谓“公共财产”，是指国有财产、劳动群众集体所有的财产以及用于扶贫和其他公益事业的社会捐助或专项基金的财产。在国家机关、国有公司、企业、集体企业和人民团体管理、使用或者运输中的私人财产，以公共财产论。受国家机关、国有公司、企业、事业单位、人民团体委托管理、经营国有财产的人员实施本罪的，犯罪对象仅限于公共财产中的国有财产，即所有权完全归属于国家的财产。此外，在国内公务活动或者对外交往中接受的应交公的礼物也可以成为本罪的对象。这类对象实质上属于一种特殊的国有财产。国有公司、企业或者其他国有单位委派到非国有公司、企业以及其他单位从事公务的人员利用职务便利非法占有本单位财产构成犯罪的，以贪污罪论处，其犯罪对象则可能既不是国有财物，也不是纯粹的公共财物，而可能是由公共财物和私人所有的财物共同组成的混合所有制组织的财物，如中外合资经营企业的财物。

(二) 贪污罪的认定

1. 贪污罪的认定

根据 2016 年 4 月 18 日最高人民法院、最高人民检察院《关于办理贪污贿赂刑事案件适用法律若干问题的解释》(以下简称 2016 年《贪污贿赂刑事案件解释》)第 1 条的规定，构成贪污罪的数额起点原则上为 3 万元。贪污数额在 1 万元以上不满 3 万元，具有下列情形之一的，应当认定为具有“其他较重情节”，依法判处 3 年以下有期徒刑或者拘役，并处罚金：(1)贪污救灾、抢险、防汛、优抚、扶贫、移民、救济、防疫、社会捐助等特定款物的；(2)曾因贪污、受贿、挪用公款受过党纪、行政处分的；(3)曾因故意犯罪受过刑事追究的；(4)赃款赃物用于非法活动的；(5)拒不交代赃款赃物去向或者拒不配合追缴工作，致使无法追缴的；(6)造成恶劣影响或者其他严重后果的。

根据 2016 年《贪污贿赂刑事案件解释》第 2 条的规定，贪污数额在 20 万元以上不满 300 万元的，应当认定为“数额巨大”，依法判处 3 年以上 10 年以下有期徒刑，并处罚金或者没收财产。如果行为人贪污数额在 10 万元以上不满 20 万元，但具有上述 6 种“较重情节”之一的，应当认定为具有“其他严重情节”，依法判处 3 年以上 10 年以下有期徒刑，并处罚金或者没收财产。

根据 2016 年《贪污贿赂刑事案件解释》第 3 条的规定，贪污数额在 300 万元以上的，应当认定为“数额特别巨大”，依法判处 10 年以上有期徒刑、无期徒刑或者死刑，并处罚金或者没收财产。贪污数额在 150 万元以上不满 300 万元，具有上述 6 种“较重情节”之一的，应当认定为具有“其他特别严重情节”，依法判处 10 年以上有期徒刑、无期徒刑或者死刑，并处罚金或者没收财产。

2. 贪污罪既遂与未遂的认定

根据 2003 年 11 月 13 日最高人民法院《全国法院审理经济犯罪案件工作座谈会纪要》，贪污罪是一种以非法占有为目的的财产性职务犯罪，应当以行为人是否实际控制财物作为区分贪污罪既遂与未遂的标准。对于行为人利用职务上的便利，实施了虚假平账等贪污行为，但公共财物尚未实际转移，或者尚未被行为人控制就被查获的，应当认定为贪污未遂。行为人控制公共财物后，是否将财物据为己有，不影响贪污既遂的认定。

3. 贪污罪与盗窃罪、诈骗罪、侵占罪的界限

贪污罪与盗窃罪、诈骗罪、侵占罪的主要区别是：一是犯罪客观方面不同。是否利用职务上的便利，侵吞、盗窃、骗取相关单位的财物，是区分贪污罪与盗窃罪、诈骗罪、侵占罪的关键。二是犯罪主体不同。前者的主体是特殊主体，而后者的主体是一般主体。三是犯罪客体不同。前者侵犯的是复杂客体，即公务行为的连接性和相关单位的财产所有权，而后者则仅侵犯了公私财产所有权。

4. 贪污罪与职务侵占罪的界限

贪污罪与职务侵占罪在主观上都是直接故意，并且都以非法占有为目的；在客观上都以利用职务上的便利为必备要件。二者的主要区别是：一是犯罪主体不同。前者的主体是国家工作人员以及受国家机关、国有公司、企业、事业单位、人民团体委托管理、经营国有财产的人员，后者的主体是公司、企业或者其他单位中除国家工作人员以外的其他工作人员。二是犯罪客体不同。前者侵犯的是复杂客体，即公务行为的廉洁性和相关单位的财产所有权，而后者仅侵犯了公司、企业或者其他单位的财产所有权。

5. 贪污罪与私分国有资产罪的界限

在司法实践中，贪污罪的共犯形态与私分国有资产罪容易混淆，对此应当从两个方面予以区分。一方面，从财物的流向上看，在贪污罪共犯形态的场合，财物的分配流向是限缩的，即一般限于参与决策、具体实施贪污行为以及为贪污行为提供帮助等的小范围人员，单位中的大部分成员均没有分得财物；而在私分国有资产罪中，单位的每一个成员或者大多数成员都会有份，尽管最后每个人实际所分的数量可能存在一定差别。另一方面，从行为方式看，贪污的共同犯罪往往是秘密实施的，除了参与分配的人员以外，单位的其他人员并不清楚分配财物的情况，因而具有相当的隐蔽性；而在私分国有资产罪中，行为实施的方式是公开的，

这种公开的范围至少是在本单位范围之内,并且单位的人员在分得财物时都知晓是单位以合法的名义进行分配的。

(三) 贪污罪的处罚

根据《刑法》第383条的规定,对犯本罪的,应当根据贪污数额的大小和其他情节轻重,分别处罚:(1)贪污数额较大或者有其他较重情节的,处3年以下有期徒刑或者拘役,并处罚金。(2)贪污数额巨大或者有其他严重情节的,处3年以上10年以下有期徒刑,并处罚金或者没收财产。(3)贪污数额特别巨大或者有其他特别严重情节的,处10年以上有期徒刑或者无期徒刑,并处罚金或者没收财产;数额特别巨大,并使国家和人民利益遭受特别重大损失的,处无期徒刑或者死刑,并处没收财产。对多次贪污未经处理的,按照累计贪污数额处罚。犯本罪,在提起公诉前如实供述自己罪行、真诚悔罪、积极退赃,避免、减少损害结果的发生,有第(1)项规定情形的,可以从轻、减轻或者免除处罚;有第(2)项、第(3)项规定情形的,可以从轻处罚。犯本罪,有第(3)项规定情形被判处死刑缓期执行的,人民法院根据犯罪情节等情况可以同时决定在其死刑缓期执行2年期满依法减为无期徒刑后,终身监禁,不得减刑、假释。

这里的"个人贪污数额",在单独犯罪中是指个人实际贪污的数额;在共同贪污犯罪案件中应理解为个人所参与或者组织、指挥共同贪污的数额,不能只按个人实际分得的赃款数额来认定。对共同贪污犯罪中的从犯,应当按照其所参与的共同贪污的数额确定量刑幅度,从轻、减轻处罚或者免除处罚。

二、挪用公款罪

(一) 挪用公款罪的概念和构成要件

挪用公款罪,是指国家工作人员利用职务上的便利,挪用公款归个人使用,进行非法活动,或者挪用公款数额较大、进行营利活动,或者挪用公款数额较大、超过3个月未还的行为。

本罪的构成要件是:

1. 本罪的客观方面表现为利用职务上的便利,挪用公款归个人使用,进行非法活动,或者挪用公款数额较大、进行营利活动,或者挪用公款数额较大、超过3个月未还的行为。具体而言,本罪的客观方面包括以下三方面的内容。

(1) 利用职务上的便利。所谓"利用职务上的便利",是指利用主管、管理、经手的便利条件。其中既包括行为人直接管理、经手公款的便利条件，也包括行为人因其职务关系而具有的调拨、支配、使用公款的便利条件。

（2）挪用公款归个人使用。根据2002年4月28日全国人大常委会《关于〈中华人民共和国刑法〉第三百八十四条第一款的解释》，有下列情形之一的，属于挪用公款"归个人使用"：将公款供本人、亲友或者其他自然人使用的；以个人名义将公款供其他单位使用的；个人决定以单位名义将公款供其他单位使用，谋取个人利益的。根据2003年11月13日最高人民法院《全国法院审理经济犯罪案件工作座谈会纪要》，在司法实践中，对于将公款供其他单位使用的，认定是否属于"以个人名义"，不能只看形式，要从实质上把握。对于行为人逃避财务监管，或者与使用人约定以个人名义进行，或者借款、还款都以个人名义进行，将公款给其他单位使用的，应认定为"以个人名义"。"个人决定"既包括行为人在职权范围内决定，也包括超越职权范围决定。"谋取个人利益"，既包括行为人与使用人事先约定谋取个人利益实际尚未获取的情况，也包括虽未事先约定但实际已获取了个人利益的情况。其中的"个人利益"，既包括不正当利益，也包括正当利益；既包括财产性利益，也包括非财产性利益，但这种非财产性利益应当是具体的实际利益，如升学、就业等。

（3）挪用公款行为的具体表现形式分为以下三种情形：其一，挪用公款进行非法活动的。所谓"进行非法活动"，即挪用公款进行国家法律、法规明令禁止的违法犯罪活动，包括犯罪活动和一般违法活动。这种挪用公款行为构成犯罪，既不要求达到数额较大的标准，也不要求挪用时间超过3个月。根据1998年4月29日最高人民法院《关于审理挪用公款案件具体应用法律若干问题的解释》，挪用公款给他人使用，不知道使用人将公款用于非法活动，数额较大，超过3个月未还的，构成挪用公款罪；明知使用人将公款用于非法活动的，应当认定为挪用人挪用公款进行非法活动。尽管根据刑法的规定，这种情形构成挪用公款罪不受数额和挪用时间的限制，但不可以认为司法实践中根本没有数额的要求。根据2016年《贪污贿赂刑事案件解释》第5条的规定，挪用公款进行非法活动的，以挪用公款3万元为追究刑事责任的起点数额，以挪用公款300万元为"数额巨大"的起点数额。挪用公款进行非法活动构成其他犯罪的，依照数罪并罚的规定处罚。其二，挪用公款数额较大，进行营利活动的。营利活动，是指国家法律、法规允许的牟利活动，如挪用公款存入银行，用于集资，购买股票、国债，开商店、办工厂等。

由此所获取的利息、收益等违法所得,应当追缴,但不计入挪用公款的数额。这种挪用行为构成犯罪,要求挪用数额较大,但不受挪用时间和是否归还的限制。根据上述司法解释,挪用公款给他人使用,不知道使用人将公款用于营利活动,数额较大、超过3个月未还的,构成挪用公款罪;明知使用人将公款用于营利活动的,应当认定为挪用人挪用公款进行营利活动。其三,挪用公款、特定款物或者其他资金数额较大、超过3个月未还的。这种挪用行为是指挪用公款用于非法活动、营利活动以外的用途,如建私人住宅、还债、支付医药费、购置家具等。根据2016年《贪污贿赂刑事案件解释》第6条的规定,后两种情形中的"数额较大"以挪用数额5万元为起点,以挪用公款500万元为"数额巨大"的起点。挪用正在生息或者需要支付利息的公款归个人使用,数额较大,超过3个月但在案发前全部归还本金的,可以从轻或者减轻处罚,给国家、集体造成的利息损失应予追缴;挪用公款数额巨大,超过3个月,案发前全部归还的,可以酌情从轻处罚。由此看来,在第三种情形中,只要挪用时间超过3个月,不管案发前是否归还,都构成挪用公款罪,但案发前已归还的情况可以作为从宽处罚的情节。挪用公款后至案发前,被挪用的公款所生利息,不应作为挪用公款的犯罪数额计算。但该利息是挪用公款行为给被害单位造成实际经济损失的一部分,应作为被告人的非法所得,连同其挪用的公款一并依法追缴。

2. 本罪的主体是特殊主体,即国家工作人员。根据2003年11月13日最高人民法院《全国法院审理经济犯罪案件工作座谈会纪要》,国有单位领导利用职务上的便利指令具有法人资格的下级单位将公款供个人使用的,属于挪用公款行为,构成犯罪的,应以挪用公款罪定罪处罚。经单位领导集体研究决定将公款给个人使用,或者单位负责人为了单位的利益,决定将公款给个人使用的,不能以挪用公款罪定罪处罚。上述行为致使单位遭受重大损失,构成其他犯罪的,依照刑法的有关规定对责任人员定罪处罚。根据相关司法解释,挪用公款给他人使用,使用人与挪用人共谋,指使或者参与策划取得挪用款的,以挪用公款罪的共犯定罪处罚。

根据《刑法》第185条第2款的规定,国有金融机构工作人员和国有金融机构委派到非国有金融机构从事公务的人员利用职务上的便利,挪用本单位或者客户资金的,依照挪用公款罪的规定定罪处罚。这里的"国有金融机构委派到非国有金融机构从事公务的人员",依照《刑法》总则第93条关于国有单位委派到非国有单位从事公务的人员"以国家工作人员论"的规定，属于国家工作人员；这里的"国有金融机构工作人员"，从字面意义上讲，就是"国有金融机构的职工"，但考虑到挪用公款罪毕竟属于国家工作人员职务犯罪，因而，只能将"国有金融机构的工作人员"理解为"国有金融机构从事公务的人员"。

3. 本罪的主观方面是直接故意，并且具有将公款归个人使用的目的。行为人不具有非法占有公款的目的，这是挪用公款罪与贪污罪在主观方面的根本区别。至于挪用的动机是多种多样的，有的是为了进行非法活动，有的是为了进行营利活动，有的则是出于生活上的某种需要。不同动机对挪用公款罪的成立是没有影响的。

4. 本罪的客体是复杂客体，即同时侵犯了国家工作人员职务行为的廉洁性和公款的部分所有权。本罪作为贪污贿赂罪的一种，必有侵犯国家廉政建设制度的一面。而且，它是国家工作人员利用职务上的便利实施的，直接侵犯了国家廉政建设制度中公职人员职务行为的廉洁性。此外，本罪只是暂时侵犯了公款所有权中的占有权、使用权和收益权，而没有侵犯公款所有权的全部权能。

本罪的犯罪对象除公款外，还包括特定款物和其他资金。公款，是指国家、集体所有的货币资金及客户置放于金融机构的资金、用于扶贫和其他公益事业的社会捐助或者专项基金的货币资金以及由国家机关、国有公司、企业、集体企业和人民团体管理、使用或者运输中的货币。据 1997 年 10 月 13 日最高人民检察院《关于挪用国库券如何定性问题的批复》和 2003 年 1 月 28 日最高人民检察院《关于挪用失业保险基金和下岗职工基本生活保障资金的行为适用法律问题的批复》，国家工作人员利用职务上的便利，挪用公有或者本单位的国库券或者挪用失业保险金和下岗职工基本生活保障资金的行为以挪用公款论。这就意味着挪用公款罪的犯罪对象还可以是非货币形态的国库券。特定款物，是指救灾、抢险、防汛、优抚、扶贫、移民、救济的现款或者物资。除上述特定公物以外的一般公物不属于本罪的犯罪对象。因此，挪用非特定公物归个人使用的，不构成挪用公款罪；如构成其他犯罪的，依照刑法的相关规定定罪处罚。〔2〕《刑法》第 272 条第 2 款规定的挪用公款罪的犯罪对象是非国有公司、企业或者其他单位的资金。这类资金可

〔2〕 参见 2000 年 3 月 15 日最高人民检察院《关于国家工作人员挪用非特定公物能否定罪的请示的批复》。

能不是纯粹的公款,而可能是由公款和私人所有的资金共同组成的混合所有制组织的资金,如中外合资经营企业的资金。

(二) 挪用公款罪的认定

1. 挪用公款罪与合法借贷的界限

二者区分的关键在于行为人是否利用职务上的便利,未履行必要的借款手续即占有公款。挪用公款,是指国家工作人员利用主管、管理或经手公款的职务便利,未经合法批准擅自动用公款归个人使用,准备用毕归还的行为。如果行为人根据财务制度,经过领导批准,履行了必要的借款手续后借用公款的,则属于合法借贷。

2. 特殊挪用公款行为的认定

(1) 挪用有价证券、金融凭证用于质押行为性质的认定。挪用金融凭证、有价证券用于质押,使公款处于风险之中,与挪用公款为他人提供担保没有实质的区别,符合《刑法》关于挪用公款罪规定的,以挪用公款罪定罪处罚,挪用公款数额以实际或者可能承担的风险数额认定。不过,以公款为他人提供保证担保的,不属于挪用行为,因为保证担保属于信用担保,在保证担保期间,公款仍处在本单位控制、支配之下,公款的占有权、使用权和收益权并未因担保行为而发生改变。

(2) 挪用公款归还个人欠款行为性质的认定。挪用公款归还个人欠款的,应当根据产生欠款的原因,分别认定属于挪用公款的何种情形。归还个人进行非法活动或者进行营利活动产生的欠款,应当认定为挪用公款进行非法活动或者进行营利活动。

(3) 挪用公款用于注册公司、企业行为性质的认定。申报注册资本是为进行生产经营活动做准备,属于成立公司、企业进行营利活动的组成部分。因此,挪用公款归个人用于公司、企业注册资本验资证明的,应当认定为挪用公款进行营利活动。

(4) 挪用公款后尚未投入实际使用的行为性质的认定。挪用公款后尚未投入实际使用的,只要同时具备"数额较大"和"超过三个月未还"的构成要件,应当认定为挪用公款罪,但可以酌情从轻处罚。[3]

---

〔3〕 参见 2003 年 11 月 13 日最高人民法院《全国法院审理经济犯罪案件工作座谈会纪要》。

3. 挪用公款犯罪追诉期限的计算

根据 2003 年 9 月 22 日最高人民法院《关于挪用公款犯罪如何计算追诉时效问题的批复》，挪用公款归个人使用，进行非法活动的，或者挪用公款数额较大、进行营利活动的，犯罪的追诉期限从挪用行为实施完毕之日起计算；挪用公款数额较大、超过 3 个月未还的，犯罪的追诉期限从挪用公款罪成立之日起计算。挪用公款行为有连续状态的，犯罪的追诉期限应当从最后一次挪用行为实施完毕之日或者犯罪成立之日起计算。

4. 挪用公款罪与贪污罪的界限

挪用公款罪与贪污罪在构成特征上有一定的共同之处：两罪的主体是或包括国家工作人员；主观方面都出于直接故意；犯罪对象都包括公款；客观方面都利用了职务上的便利。两者的主要区别有以下几点：一是客观方面的表现不同。挪用公款罪的客观方面表现为利用职务上的便利，挪用公款、特定款物或其他资金归个人使用，进行非法活动，或者挪用公款、特定款物或其他资金数额较大、进行营利活动，或者挪用公款、特定款物或其他资金数额较大、超过 3 个月未还；贪污罪的客观方面则表现为利用职务上的便利，以侵吞、窃取、骗取或者以其他手段非法占有相关单位财物的行为，贪污财物的用途对定罪没有影响。在具体行为方式上，挪用公款罪一般不存在做假账、虚报账目等行为，而贪污罪则往往需要做假账、虚报账目。二是主体的范围不完全相同。挪用公款罪的主体仅限于国家工作人员；而贪污罪的主体除国家工作人员外，还包括受国家机关、国有公司、企业、事业单位、人民团体委托管理、经营国有财产的人员。三是犯罪目的不同。挪用公款罪的犯罪目的是暂时挪用公款、特定款物或其他资金归个人使用，具有归还的意图；而贪污罪的犯罪目的则是永久地非法占有相关单位的财物。四是侵犯的客体不完全相同。挪用公款罪只是暂时侵犯公款、特定款物或其他资金的部分所有权；而贪污罪则是永久地侵犯相关单位财物的全部所有权。五是犯罪对象不完全相同。挪用公款罪的犯罪对象除了 7 种特定款物外，不包括一般公物，而是限于公款或其他资金；而贪污罪的犯罪对象则既可以是公款，也可以是公物。

挪用公款罪在一定条件下也可以向贪污罪转化。如果行为人先行实施了挪用公款的行为，案发前有能力归还，出于非法占有的目的而拒不归还的，其行为则由挪用公款罪转化为贪污罪。根据 2003 年 11 月 13 日最高人民法院《全国法院审理经济犯罪案件工作座谈会纪要》，挪用公款罪与贪污罪的主要区别在于行为人主观上是否具有非法占有公款的目的。挪用公款是否转化为贪污,应当按照主客观相一致的原则,具体判断和认定行为人主观上是否具有非法占有公款的目的。在司法实践中,具有以下情形之一的,可以认定行为人具有非法占有公款的目的:(1)行为人"携带挪用的公款潜逃的",对其携带挪用的公款部分,以贪污罪定罪处罚。但是,如果行为人在挪用公款后因丧失还款能力而无力归还的,则仍应以挪用公款罪论处。(2)行为人挪用公款后采取虚假发票平账、销毁有关账目等手段,使所挪用的公款已难以在单位财务账目上反映出来,且没有归还行为的,应当以贪污罪定罪处罚。(3)行为人截取单位收入不入账,非法占有,使所占有的公款难以在单位财务账目上反映出来,且没有归还行为的,应当以贪污罪定罪处罚。(4)有证据证明行为人有能力归还所挪用的公款而拒不归还,并隐瞒挪用的公款去向的,应当以贪污罪定罪处罚。

5. 挪用公款罪与挪用资金罪的界限

挪用公款罪与挪用资金罪在主观方面均为直接故意犯罪,客观行为方式均为挪用。其区别主要在于:一是犯罪主体不同。挪用公款罪的主体是国家工作人员,而挪用资金罪的主体是公司、企业或者其他单位中除国家工作人员以外的其他工作人员。受国家机关、国有公司、企业、事业单位、人民团体委托管理、经营国有财产的人员,利用职务上的便利,挪用国有资金归个人使用构成犯罪的,应当依照挪用资金罪的规定定罪处罚,而不构成挪用公款罪。二是犯罪客体和犯罪对象不同。挪用公款罪的犯罪客体是复杂客体,而挪用资金罪则侵犯了公司、企业或者其他单位的资金的部分所有权。挪用公款罪的犯罪对象包括 7 种特定款物,而挪用资金罪的犯罪对象则不包括公物。

6. 本罪中"情节严重"的认定

根据 2016 年《贪污贿赂刑事案件解释》第 5 条的规定,挪用公款归个人使用,进行非法活动,具有下列情形之一的,应当认定为"情节严重":(1)挪用公款数额在 100 万元以上的;(2)挪用救灾、抢险、防汛、优抚、扶贫、移民、救济特定款物,数额在 50 万元以上不满 100 万元的;(3)挪用公款不退还,数额在 50 万元以上不满 100 万元的;(4)其他严重的情节。

根据 2016 年《贪污贿赂刑事案件解释》第 6 条的规定,挪用公款归个人使用,进行营利活动或者超过 3 个月未还,具有下列情形之一的,应当认定为"情节严重":(1)挪用公款数额在 200 万元以上的;(2)挪用救灾、抢险、防汛、优抚、扶贫、移民、救济特定款物，数额在 100 万元以上不满 200 万元的；(3)挪用公款不退还，数额在 100 万元以上不满 200 万元的；(4)其他严重的情节。

(三) 挪用公款罪的处罚

根据《刑法》第 384 条的规定，犯本罪的，处 5 年以下有期徒刑或者拘役；情节严重的，处 5 年以上有期徒刑。挪用公款数额巨大不退还的，处 10 年以上有期徒刑或者无期徒刑。挪用用于救灾、抢险、防汛、优抚、扶贫、移民、救济款物归个人使用的，从重处罚。

三、受贿罪

(一) 受贿罪的概念和构成要件

受贿罪，是指国家工作人员利用职务上的便利，索取他人财物的，或者非法收受他人财物为他人谋取利益的行为。

本罪的构成要件如下：

1. 本罪的客观方面表现为利用职务上的便利，索取他人财物，或者非法收受他人财物，为他人谋取利益的行为。"利用职务上的便利"，是指利用本人现有职务范围内的权力，即利用本人职务上主管、负责或者承办某项公共事务的权力所形成的便利条件。它包括两种形式：第一，直接利用本人职权、职务范围内的权力，即行为人直接利用本人职务范围内主管、管理、经办钱、物或者人事等各种权力，强调的是权钱交易的直接性。在这种情况下，行为人有独立的处理问题并做出一定行为的资格，无须他人的配合，就可以利用自己的职权，以实施或不实施自己的职务行为为请托人谋取利益。第二，利用与职务有关的便利条件，即不是直接利用职权，而是利用职务上有隶属、制约关系的其他国家工作人员的职权。根据 2003 年 11 月 13 日最高人民法院《全国法院审理经济犯罪案件工作座谈会纪要》，担任单位领导职务的国家工作人员通过不属自己主管的下级部门的国家工作人员的职务为他人谋取利益的，应当认定为"利用职务上的便利"为他人谋取利益。

"索取他人财物"，即索贿，是指行为人在公务活动中主动向他人索要财物，包括向他人勒索财物。不论行为人在索取他人财物后是否为他人谋取利益，均应以受贿罪论处。索贿行为的基本特征是行为人索要行为的主动性和他人交付财物的被动性。索贿行为可以是明示的，即明确地向他人表达索取的要求，也可以是暗示的,即拐弯抹角地使他人领会其索取的意向;可以是本人直接索取,也可以是通过他人间接索取。

"非法收受他人财物为他人谋取利益",是指在行贿人主动向行为人提供财物时,行为人不予拒绝,而予以非法接受,并许诺、着手或者已经在公务活动中为行贿人谋取利益的行为。其中,许诺的方式可以是多种多样的。至于为他人谋取的利益是否正当,是物质性利益还是非物质性利益,为他人谋取的利益是否兑现,为他人谋取利益是在收受贿赂之前、当时还是之后,均不影响受贿罪的成立。被动的收受贿赂行为构成受贿罪必须同时具备"非法收受他人财物"和"为他人谋取利益"两个条件。只收受他人财物而没有为他人谋取利益的,不能构成犯罪。

根据 2007 年 7 月 8 日最高人民法院、最高人民检察院《关于办理受贿刑事案件适用法律若干问题的意见》(以下简称《受贿刑事案件意见》),国家工作人员利用职务上的便利为请托人谋取利益,收受请托人房屋、汽车等物品,未变更权属登记或者借用他人名义办理权属变更登记的,不影响受贿的认定。认定以房屋、汽车等物品为对象的受贿,应注意与借用的区分。具体认定时,除双方交代或者书面协议之外,主要应当结合以下因素进行判断:(1)有无借用的合理事由;(2)是否实际使用;(3)借用时间的长短;(4)有无归还的条件;(5)有无归还的意思表示及行为。国家工作人员收受请托人财物后及时退还或者上交的,不是受贿。国家工作人员受贿后,因自身或者与其受贿有关联的人、事被查处,为掩饰犯罪而退还或者上交的,不影响认定受贿罪。

在理解"为他人谋取利益"时,不能简单地理解为已经为他人谋取了利益。一般而言,为他人谋取利益包括四种情况:其一,已经许诺为他人谋取利益,但尚未实际进行;其二,已经着手为他人谋取利益,但尚未谋取到任何利益;其三,已经着手为他人谋取利益,但仅仅是局部利益,行为人意图谋取的利益尚未完全实现;其四,为他人谋取利益,已经完全实现。许诺包括明示和默许。根据 2016 年《贪污贿赂刑事案件解释》第 13 条的规定,具有下列情形之一的,应当认定为"为他人谋取利益":(1)实际或者承诺为他人谋取利益的;(2)明知他人有具体请托事项的;(3)履职时未被请托,但事后基于该履职事由收受他人财物的。对于司法实践中有的人主动向国家工作人员给付财物,但并没有提出要求,国家工作人员收受了财物的行为,不能按受贿罪处理。但根据上述条文的规定,国家工作人员索取、收受具有上下级关系的下属或者具有行政管理关系的被管理人员的财物价值 3 万元以上,可能影响职权行使的,视为承诺为他人谋取利益。

此外,受贿罪的客观方面还有两种表现形式:一是收受回扣、手续费。《刑法》第 385 条第 2 款规定,国家工作人员在经济往来中,违反国家规定,收受各种名义的回扣、手续费,归个人所有的,应当以受贿论处。所谓“违反国家规定”,是指违反全国人大及其常委会制定的法律、国务院制定的行政法规和行政措施、发布的决定和命令。《反不正当竞争法》等法律和国务院制定的有关决定对回扣、手续费的性质都有规定。确定行为的法律性质,应参照上述有关法律法规。所谓“回扣”,是指在商品交易中,卖方在收取的价款中扣出一部分返还给买方或者买方经办人的现金。所谓“手续费”,是指多种费用的统称,如好处费、辛苦费、介绍费、酬劳费、活动费、信息费等。二是斡旋受贿。所谓“斡旋受贿”,也称间接受贿,是指国家工作人员利用本人职权或者地位形成的便利条件,通过其他国家工作人员职务上的行为,为请托人谋取不正当利益,索取请托人财物或者收受请托人财物的行为。斡旋受贿,符合受贿罪的数额和情节要求的,按受贿罪定罪处罚。构成斡旋受贿,需要具备以下条件:其一,行为人利用的是其他国家工作人员的职务行为。如果行为人利用的是不具有国家工作人员身份的其他人员职务上的行为,便不能构成斡旋受贿。其二,行为人利用了本人职权或者地位所形成的便利条件。根据 2003 年 11 月 13 日最高人民法院《全国法院审理经济犯罪案件工作座谈会纪要》,“利用本人职权或者地位形成的便利条件”,是指行为人与被其利用的国家工作人员之间在职务上虽然没有隶属、制约关系,但是行为人利用了本人职权或者地位产生的影响和一定的工作联系,如单位内不同部门的国家工作人员之间、上下级单位没有职务上隶属、制约关系的国家工作人员之间、有工作联系的不同单位的国家工作人员之间等。其他国家工作人员如果不按照行为人的要求为请托人谋利益,便可能招致不利后果。其他国家工作人员之所以接受行为人的斡旋而实施职务行为为请托人谋取不正当利益,是因为行为人的职务对他来说也具有可利用性,否则,该国家工作人员在未接受请托人财物的情况下还实施职务行为,就得不到合理的解释。这里所说的“本人职权”,是指在行为人职务范围内,并能对其他国家工作人员施加影响的权力,其中不包括直接利用本人的职权。所谓“地位”,是指行为人所在的能对其他国家工作人员施加影响的领导岗位,或者在领导身边工作或负有特定职责并从事公务活动的工作岗位。这种地位是因职务产生的,不是因声望、名誉等所形成的一般社会地位。无论是利用本人职权还是利用本人地位形成的便利条件,都是源于本人的职务。如果行为人利用自己与其他国家工作人员之间的亲友关系,则不属于斡旋受贿。其三,行为人通过其他国家工作人员职务上的行为为请托人谋取的是不正当利益。根据 2003 年 11 月 13 日最高人民法院《全国法院审理经济犯罪案件工作座谈会纪要》,“谋取不正当利益”,是指谋取违反法律、法规、国家政策和国务院各部门规章规定的利益,以及要求国家工作人员或者有关单位提供违反法律、法规、国家政策和国务院各部门规章规定的帮助或方便条件。据此,斡旋贿赂中的不正当利益既包括非法利益,也包括不确定的合法利益。所谓“不确定的合法利益”,是指虽然符合法律、法规、国家政策和国务院各部门规章的规定,但是在能否取得、取得多少等方面处于不确定的状态的利益。如果行为人通过其他国家工作人员职务上的行为为请托人谋取的是正当利益,从中索取或者收受了请托人的财物,则不能构成斡旋受贿。

如何理解作为受贿罪行为对象的“财物”?根据 2016 年《贪污贿赂刑事案件解释》第 12 条的规定,贿赂犯罪中的“财物”,包括货币、物品和财产性利益。财产性利益包括可以折算为货币的物质利益如房屋装修、债务免除等,以及需要支付货币的其他利益如会员服务、旅游等。后者的犯罪数额,以实际支付或者应当支付的数额计算。

2. 本罪的主体是特殊主体,即国家工作人员。已经离退休的国家工作人员,利用本人原有职权或者地位所形成的便利条件,通过在职的国家工作人员职务上的行为,为请托人谋取利益,而本人从中向请托人收取财物的,不能构成本罪。但是,根据 2000 年 7 月 13 日最高人民法院《关于国家工作人员利用职务上的便利为他人谋取利益离退休后收受财物行为如何处理问题的批复》,国家工作人员利用职务上的便利为请托人谋取利益,并与请托人事先约定,在其离退休后收受请托人财物,构成犯罪的,以受贿罪定罪处罚。根据《受贿刑事案件意见》的规定,国家工作人员利用职务上的便利为请托人谋取利益之前或者之后,约定在其离职后收受请托人财物,并在离职后收受的,以受贿论处。国家工作人员利用职务上的便利为请托人谋取利益,离职前后连续收受请托人财物的,离职前后收受部分均应计入受贿数额。

根据 2003 年 4 月 2 日最高人民检察院研究室《关于集体性质的乡镇卫生院院长利用职务之便收受他人财物的行为如何适用法律问题的答复》,经过乡镇政府或者主管行政机关任命的乡镇卫生院院长,在依法从事本区域卫生工作的管理与业务技术指导，承担医疗预防保健服务工作等公务活动时，属于《刑法》第93条第2款规定的“其他依照法律从事公务的人员”。对其利用职务上的便利，索取他人财物的，或者非法收受他人财物，为他人谋取利益的，应当依照《刑法》第385条、第386条的规定，以受贿罪追究刑事责任。

根据2008年11月20日最高人民法院、最高人民检察院《关于办理商业贿赂刑事案件适用法律若干问题的意见》，医疗机构中的国家工作人员，在药品、医疗器械、医用卫生材料等医药产品采购活动中，利用职务上的便利，索取销售方财物，或者非法收受销售方财物，为销售方谋取利益，构成犯罪的，依照《刑法》第385条的规定，以受贿罪定罪处罚。学校及其他教育机构中的国家工作人员，在教材、教具、校服或者其他物品的采购等活动中，利用职务上的便利，索取销售方财物，或者非法收受销售方财物，为销售方谋取利益，构成犯罪的，依照《刑法》第385条的规定，以受贿罪定罪处罚。依法组建的评标委员会、竞争性谈判采购中谈判小组、询价采购中询价小组中国家机关或者其他国有单位的代表，在招标、政府采购等事项的评标或者采购活动中，索取他人财物或者非法收受他人财物，为他人谋取利益的，依照《刑法》第385条的规定，以受贿罪定罪处罚。〔4〕

3. 本罪的主观方面是故意。

4. 本罪的客体是国家工作人员职务行为的廉洁性。

（二）受贿罪的认定

1. 受贿罪与接受正当馈赠、取得合法报酬的界限

在区分受贿与接受馈赠的界限时，应当注意从以下几个方面进行综合分析：第一，给予方与接受方是否存在亲友关系；第二，给予方是否要求接受方为其谋取利益，接受方是否许诺、着手或者已经为其谋取利益；第三，接受方是否利用了职务上的便利；第四，给予与接受的方式是否具有隐蔽性；第五，接受财物的数额与价值。国家工作人员在其本职工作以外，在法律、政策允许的范围内，利用业余时间为他人提供智力或者体力劳动，获得报酬的，是合法行为，不能成立受贿罪。但是，如果国家工作人员在业余时间，利用职务上的便利为他人谋取利益，获得报酬的，则应以受贿论处。

---

〔4〕参见2008年11月2日最高人民法院、最高人民检察院《关于办理商业贿赂刑事案件适用法律若干问题的意见》第4条第1款、第5条第1款、第6条第2款。

2. 受贿罪与非罪的界限

根据2016年《贪污贿赂刑事案件解释》第1条的规定,受贿数额为3万元以上不满20万元的,应认定为“数额较大”。受贿数额在1万元以上不满3万元,具有下列情形之一的,应当认定为具有“其他较重情节”,依法判处3年以下有期徒刑或者拘役,并处罚金:(1)曾因贪污、受贿、挪用公款受过党纪、行政处分的;(2)曾因故意犯罪受过刑事追究的;(3)赃款赃物用于非法活动的;(4)拒不交代赃款赃物去向或者拒不配合追缴工作,致使无法追缴的;(5)造成恶劣影响或者其他严重后果的;(6)多次索贿的;(7)为他人谋取不正当利益,致使公共财产、国家和人民利益遭受损失的;(8)为他人谋取职务提拔、调整的。

3. 共同受贿犯罪的认定

根据2003年11月13日最高人民法院《全国法院审理经济犯罪案件工作座谈会纪要》,非国家工作人员与国家工作人员勾结,伙同受贿的,应当以受贿罪的共犯追究刑事责任。非国家工作人员是否构成受贿罪共犯,取决于双方有无共同受贿的故意和行为。国家工作人员的近亲属向国家工作人员代为转达请托事项,收受请托人财物并告知该国家工作人员,或者国家工作人员明知其近亲属收受了他人财物,仍按照近亲属的要求利用职权为他人谋取利益的,对该国家工作人员应认定为受贿罪,对其近亲属以受贿罪共犯论处。近亲属以外的其他人与国家工作人员通谋,由国家工作人员利用职务上的便利为请托人谋取利益,收受请托人财物后双方共同占有的,构成受贿罪共犯。国家工作人员利用职务上的便利为他人谋取利益,并指定他人将财物送给其他人,构成犯罪的,应以受贿罪定罪处罚。

根据2008年11月20日最高人民法院、最高人民检察院《关于办理商业贿赂刑事案件适用法律若干问题的意见》,非国家工作人员与国家工作人员通谋,共同收受他人财物,构成共同犯罪的,根据双方利用职务便利的具体情形分别定罪追究刑事责任:(1)利用国家工作人员的职务便利为他人谋取利益的,以受贿罪追究刑事责任;(2)利用非国家工作人员的职务便利为他人谋取利益的,以非国家工作人员受贿罪追究刑事责任;(3)分别利用各自的职务便利为他人谋取利益的,按照主犯的犯罪性质追究刑事责任,不能分清主从犯的,可以受贿罪追究刑事责任。

4. 以借款为名索取或者非法收受财物行为的认定

根据2003年11月13日最高人民法院《全国法院审理经济犯罪案件工作座

谈会纪要》,国家工作人员利用职务上的便利,以借款为名向他人索取财物,或者非法收受财物为他人谋取利益的,应当认定为受贿。具体认定时,不能仅仅看是否有书面借款手续,应当根据以下因素综合判定:(1)有无正当、合理的借款事由;(2)款项的去向;(3)双方平时关系如何、有无经济往来;(4)出借方是否要求国家工作人员利用职务上的便利为其谋取利益;(5)借款后是否有归还的意思表示及行为;(6)是否有归还的能力;(7)未归还的原因。

5. 涉及股票受贿案件的认定

根据2003年11月13日最高人民法院《全国法院审理经济犯罪案件工作座谈会纪要》,在办理涉及股票的受贿案件时,应当注意:(1)国家工作人员利用职务上的便利,索取或非法收受股票,没有支付股本金,为他人谋取利益,构成受贿罪的,其受贿数额按照收受股票时的实际价格计算。(2)行为人支付股本金而购买较有可能升值的股票,由于不是无偿收受请托人财物,不以受贿罪论处。(3)股票已上市且已升值,行为人仅支付股本金,其"购买"股票时的实际价格与股本金的差价部分应认定为受贿。

6. 新型受贿案件的认定

《受贿刑事案件意见》就新型受贿刑事案件具体适用法律的问题作出了规定。

(1) 交易型受贿。国家工作人员利用职务上的便利为请托人谋取利益,以下列交易形式收受请托人财物的,以受贿论处:以明显低于市场的价格向请托人购买房屋、汽车等物品的;以明显高于市场的价格向请托人出售房屋、汽车等物品的;以其他交易形式非法收受请托人财物的。受贿数额按照交易时当地市场价格与实际支付价格的差额计算。市场价格包括商品经营者事先设定的不针对特定人的最低优惠价格。根据商品经营者事先设定的各种优惠交易条件,以优惠价格购买商品的,不属于受贿。

(2) 干股分红型受贿。干股是指未出资而获得的股份。国家工作人员利用职务上的便利为请托人谋取利益,收受请托人提供的干股的,以受贿论处。进行了股权转让登记,或者相关证据证明股份发生了实际转让的,受贿数额按转让行为时股份价值计算,所分红利按受贿孳息处理。股份未实际转让,以股份分红名义获取利益的,实际获利数额应当认定为受贿数额。

(3) 合作投资型受贿。国家工作人员利用职务上的便利为请托人谋取利益,由请托人出资,"合作"开办公司或者进行其他"合作"投资的,以受贿论处。受贿数额为请托人给国家工作人员的出资额。

(4) 委托理财型受贿。国家工作人员利用职务上的便利为请托人谋取利益,以委托请托人投资证券、期货或者其他委托理财的名义,未实际出资而获取“收益”,或者虽然实际出资,但获取“收益”明显高于出资应得收益的,以受贿论处。受贿数额,前一情形,以“收益”额计算;后一情形,以“收益”额与出资应得收益额的差额计算。

(5) 赌博型受贿。根据最高人民法院、最高人民检察院《关于办理赌博刑事案件具体应用法律若干问题的解释》第 7 条的规定,国家工作人员利用职务上的便利为请托人谋取利益,通过赌博方式收受请托人财物的,构成受贿。实践中应注意区分贿赂与赌博活动、娱乐活动的界限。具体认定时,主要应当结合以下因素进行判断:①赌博的背景、场合、时间、次数;②赌资来源;③其他赌博参与者有无事先通谋;④输赢钱物的具体情况和金额大小。

(6)“挂名”领薪型受贿。国家工作人员利用职务上的便利为请托人谋取利益,要求或者接受请托人以给特定关系人〔5〕安排工作为名,使特定关系人不实际工作却获取所谓薪酬的,以受贿论处。

(7) 特定关系人收受型受贿。国家工作人员利用职务上的便利为请托人谋取利益,授意请托人以前述形式将有关财物给予特定关系人的,以受贿论处。特定关系人与国家工作人员通谋,共同实施前款行为的,对特定关系人以受贿罪的共犯论处。特定关系人以外的其他人与国家工作人员通谋,由国家工作人员利用职务上的便利为请托人谋取利益,收受请托人财物后双方共同占有的,以受贿罪的共犯论处。根据 2016 年《贪污贿赂刑事案件解释》第 16 条第 2 款的规定,特定关系人索取、收受他人财物,国家工作人员知道后未退还或者上交的,应当认定国家工作人员具有受贿故意。

7. *以索贿方式构成的受贿罪与敲诈勒索罪的界限*

二者的界限一般不难区分,容易混淆的是表现为索贿形式的受贿罪与敲诈勒索罪的界限。其主要区别是:(1)犯罪主体不同。受贿罪的主体是特殊主体;而敲诈勒索罪的主体则是一般主体。(2)犯罪客观方面不同。是否利用职务上便利索要他人的财物,是区分受贿罪与敲诈勒索罪的关键。索贿型的受贿罪表现为行

---

〔5〕“特定关系人”,是指与国家工作人员有近亲属、情妇(夫)以及其他共同利益关系的人。

为人利用职务上的便利，主动向请托人索要或者勒索财物；而敲诈勒索罪则表现为行为人单纯使用威胁或者要挟的手段，迫使被害人交付财物。(3)犯罪客体不同。以索贿方式构成的受贿罪侵犯的客体是国家工作人员职务行为的廉洁性；而敲诈勒索罪的客体则主要是公私财产所有权，同时侵犯了他人的人身权利或者其他利益。

8. 受贿罪与非国家工作人员受贿罪的界限

受贿罪与非国家工作人员受贿罪在主观方面都表现为故意，在客观方面均有利用职务上的便利索取或者非法收受他人财物的行为。二者的主要区别是：(1)犯罪主体不同。这是二者区别的关键。前者的主体是国家工作人员；而后者的主体是公司、企业或者其他单位中不具有国家工作人员身份的工作人员。(2)客观方面有所不同。前者在索取贿赂的情况下，不要求为他人谋取利益；后者无论在索取还是收受贿赂的情况下，均以为他人谋取利益为成立犯罪的条件。(3)犯罪客体不同。前者的客体是国家工作人员职务行为的廉洁性；而后者的客体是公司、企业、其他单位的正常管理制度和公司、企业或其他单位人员职务或业务行为的廉洁性。

9. 受贿罪中“情节严重”认定

根据2016年《贪污贿赂刑事案件解释》第2条的规定，受贿数额在20万元以上不满300万元的，应当认定为“数额巨大”，依法判处3年以上10年以下有期徒刑，并处罚金或者没收财产。如果行为人受贿数额在10万元以上不满20万元，但具有上述6种“较重情节”之一的，应当认定为具有“其他严重情节”，依法判处3年以上10年以下有期徒刑，并处罚金或者没收财产。

根据2016年《贪污贿赂刑事案件解释》第3条的规定，受贿数额在300万元以上的，应当认定为“数额特别巨大”，依法判处10年以上有期徒刑、无期徒刑或者死刑，并处罚金或者没收财产。受贿数额在150万元以上不满300万元，具有上述6种“较重情节”之一的，应当认定为具有“其他特别严重情节”，依法判处10年以上有期徒刑、无期徒刑或者死刑，并处罚金或者没收财产。

(三) 受贿罪的处罚

根据《刑法》第386条的规定，犯本罪的，根据受贿所得数额及情节，依照贪污罪的规定处罚。索贿的从重处罚。

四、行贿罪

(一) 行贿罪的概念和构成要件

行贿罪,是指为谋取不正当利益,给予国家工作人员以财物的行为。

本罪的构成要件如下。

1. 本罪的客观方面表现为给予国家工作人员以财物的行为。与受贿的形式相对应,行贿也分为两种情形:一是行为人主动给予受贿人以财物。在这种情况下,无论行为人意图谋取的不正当利益是否实现,均不影响行贿罪的成立;二是行为人因国家工作人员索要而被动给予其财物。在这种情况下,如果行为人是因被国家工作人员勒索而被迫交付财物,只有在行为人获得不正当利益的情况下,才能构成行贿罪。〔6〕如果没有获得不正当利益的,不是行贿。此外,在经济往来中,违反国家规定,给予国家工作人员以财物,数额较大的,或者违反国家规定,给予国家工作人员以各种名义的回扣、手续费的,也应以行贿论处。这种特殊行贿行为,理论上也称为"经济行贿"。

2. 本罪的主体是一般主体,即年满16周岁、具有刑事责任能力的自然人。

3. 本罪的主观方面表现为故意,并且具有谋取不正当利益的目的。根据2012年12月16日最高人民法院、最高人民检察院《关于办理行贿刑事案件具体应用法律若干问题的解释》第12条的规定,"谋取不正当利益",是指行贿人谋取的利益违反法律、法规、规章、政策的规定,或者要求国家工作人员违反法律、法规、规章、政策、行业规范的规定,为自己提供帮助或方便条件。在招标投标、政府采购等商业活动中,违背公平原则,给予相关人员财物以谋取竞争优势的,属于"谋取不正当利益"。〔7〕本罪的成立只要求行为人主观上有获取不正当利益的意图即可。至于行为人实际上是否获取了不正当利益,对于本罪的成立没有影响。

4. 本罪的客体是国家工作人员职务行为的廉洁性。

---

〔6〕 参见2000年12月22日最高人民检察院《关于行贿罪立案标准的规定》。

〔7〕 参见1999年3月4日最高人民法院、最高人民检察院《关于在办理受贿犯罪大要案的同时要严肃查处严重行贿犯罪分子的通知》、2008年11月20日最高人民法院、最高人民检察院《关于办理商业贿赂刑事案件适用法律若干问题的意见》第9条。

（二）行贿罪的认定

1. 行贿罪与馈赠礼物的界限

赠与是一种合法的民事行为，与行贿具有截然不同的性质。区分二者的关键在于行为人的主观目的不同。行贿是行为人为了使对方利用职务之便为自己谋取不正当利益，具有权钱交易的性质；赠与则是当事人为了增加亲友情谊，具有礼尚往来的性质。在司法实践中，要划清二者的界限，应当综合考虑以下因素：涉及财物的数额、价值；交付财物的方式是公开还是秘密；行为人与相对人的身份、地位是否相称；给付财物者与收受财物者的日常交往情况；给付财物是否附带条件；给付财物是否纯粹出于自愿。

2. 行贿罪与一般行贿行为的界限

根据法律的规定，构成行贿罪没有行贿数额方面的要求，但根据2016年《贪污贿赂刑事案件解释》第7条的规定，谋取不正当利益，向国家工作人员行贿，数额在3万元以上的，应当以行贿罪追究刑事责任。行贿数额在1万元以上不满3万元，但具有下列情形之一的，应当以行贿罪追究刑事责任：(1)向3人以上行贿的；(2)将违法所得用于行贿的；(3)通过行贿谋取职务提拔、调整的；(4)向负有食品、药品、安全生产、环境保护等监督管理职责的国家工作人员行贿，实施非法活动的；(5)向司法工作人员行贿，影响司法公正的；(6)造成经济损失数额在50万元以上不满100万元的。

3. 行贿罪与对非国家工作人员行贿罪的界限

二者的区别主要在于犯罪主体、犯罪客体和行为所指向的对象不同。(1)前者只能由自然人实施，而后者则既可以由自然人实施，也可以由单位实施。(2)前者的客体是国家工作人员职务行为的廉洁性，行为所指向的对象只限于国家工作人员；而后者的客体是公司、企业、其他单位的正常管理制度和公司、企业或其他单位人员职务或业务行为的廉洁性，行为所指向的对象只能是公司、企业、其他单位中除国家工作人员以外的工作人员。

4. 本罪中“情节严重”的认定

根据2016年《贪污贿赂刑事案件解释》第8条的规定，具有下列情形之一的，应当认定为“情节严重”：(1)行贿数额在100万元以上不满500万元的。(2)行贿数额在50万元以上不满100万元，并具有下列情形之一的：①向3人以上行贿的；②将违法所得用于行贿的；③通过行贿谋取职务提拔、调整的；④向负有食品、药品、安全生产、环境保护等监督管理职责的国家工作人员行贿,实施非法活动的;⑤向司法工作人员行贿,影响司法公正的。(3)其他严重的情节。为谋取不正当利益,向国家工作人员行贿,造成经济损失数额在100万元以上不满500万元的,应当认定为"使国家利益遭受重大损失"。

根据2016年《贪污贿赂刑事案件解释》第9条的规定,具有下列情形之一的,应当认定为"情节特别严重":(1)行贿数额在500万元以上的。(2)行贿数额在250万元以上不满500万元,并具有下列情形之一的:①向3人以上行贿的;②将违法所得用于行贿的;③通过行贿谋取职务提拔、调整的;④向负有食品、药品、安全生产、环境保护等监督管理职责的国家工作人员行贿,实施非法活动的;⑤向司法工作人员行贿,影响司法公正的。(3)其他特别严重的情节。为谋取不正当利益,向国家工作人员行贿,造成经济损失数额在500万元以上的,应当认定为"使国家利益遭受特别重大损失"。

(三)行贿罪的处罚

根据《刑法》第390条的规定,犯本罪的,处5年以下有期徒刑或者拘役,并处罚金;因行贿谋取不正当利益,情节严重的,或者使国家利益遭受重大损失的,处5年以上10年以下有期徒刑,并处罚金;情节特别严重的,或者使国家利益遭受特别重大损失的,处10年以上有期徒刑或者无期徒刑,并处罚金或者没收财产。

行贿人在被追诉前主动交代行贿行为的,可以从轻或者减轻处罚。其中,犯罪较轻的,对侦破重大案件起关键作用的,或者有重大立功表现的,可以减轻或者免除处罚。

五、巨额财产来源不明罪

(一)巨额财产来源不明罪的概念和构成要件

巨额财产来源不明罪,是指国家工作人员的财产或者支出明显超过合法收入,且差额巨大,经责令说明来源,而本人不能说明其来源的行为。本罪是一个补充性罪名,只有在没有证据证明行为人拥有的巨额财产是其他犯罪(如贪污罪、受贿罪等)的犯罪所得时,才能以本罪论处。

本罪的构成要件如下。

1. 本罪的客观方面表现为行为人的财产或支出明显超过合法收入,且差额巨大,经责令说明来源,而本人又不能说明其来源的行为。其具体包括两个方面的内容：一是行为人的财产或者支出明显超过合法收入，且差额巨大。根据《直接受理案件立案标准》的规定，涉嫌巨额财产来源不明，数额在30万元以上的，应予以立案。二是在被有关机关责令说明其来源时，不能说明明显超过其合法收入并且差额巨大的财产或支出的来源。行为人能够说明其财产的合法来源的，不能构成犯罪；行为人能够说明其巨额财产的非法来源的，不成立本罪，只能根据其所说明的非法来源的内容认定其行为的性质。

2. 本罪的主体是特殊主体，即国家工作人员。

3. 本罪的主观方面是直接故意。

4. 本罪的客体是国家工作人员职务行为的廉洁性。

(二) 巨额财产来源不明罪的认定

1. 行为人不能说明巨额财产来源的认定

根据2003年11月13日最高人民法院《全国法院审理经济犯罪案件工作座谈会纪要》，“不能说明”包括以下情况：(1)行为人拒不说明财产来源；(2)行为人无法说明财产的具体来源；(3)行为人所说的财产来源经司法机关查证并不属实；(4)行为人所说的财产来源因线索不具体等原因，司法机关无法查实，但能排除存在来源合法的可能性和合理性的。

2. “非法所得”的数额计算

根据2003年11月13日最高人民法院《全国法院审理经济犯罪案件工作座谈会纪要》，《刑法》第395条规定的“非法所得”，一般是指行为人的全部财产与能够认定的所有支出的总和减去能够证实的有真实来源的所得。在具体计算时，应注意以下问题：(1)应把国家工作人员个人财产和与其共同生活的家庭成员的财产、支出等一并计算，而且一并减去他们所有的合法收入以及确属与其共同生活的家庭成员个人的非法收入。(2)行为人所有的财产包括房产、家具、生活用品、学习用品及股票、债券、存款等动产和不动产；行为人的支出包括合法支出和不合法的支出，包括日常生活、工作、学习费用、罚款及向他人行贿的财物等；行为人的合法收入包括工资、奖金、稿酬、继承等法律和政策允许的各种收入。(3)为了便于计算犯罪数额，对于行为人的财产和合法收入，一般可以从行为人有比较确定的收入和财产时开始计算。

(三) 巨额财产来源不明罪的处罚

根据《刑法》第395条的规定，犯本罪的，处5年以下有期徒刑或者拘役；差额特别巨大的,处 5 年以上 10 年以下有期徒刑。财产的差额部分以非法所得论,予以追缴。

第三节　本章其他罪名

一、利用影响力受贿罪

利用影响力受贿罪,是指国家工作人员的近亲属或者其他与该国家工作人员关系密切的人,通过该国家工作人员职务上的行为,或者利用该国家工作人员职权或者地位形成的便利条件,以及离职的国家工作人员或者其近亲属以及其他与其关系密切的人,利用该离职的国家工作人员原职权或者地位形成的便利条件,通过其他国家工作人员职务上的行为,为请托人谋取不正当利益,索取请托人财物或者收受请托人财物,数额较大或者有其他较重情节的行为。

根据《刑法》第 388 条之一的规定,犯本罪,数额较大或者有其他较重情节的,处 3 年以下有期徒刑或者拘役,并处罚金;数额巨大或者有其他严重情节的,处 3 年以上 7 年以下有期徒刑,并处罚金;数额特别巨大或者有其他特别严重情节的,处 7 年以上有期徒刑,并处罚金或者没收财产。

根据 2016 年《贪污贿赂刑事案件解释》第 10 条第 1 款的规定,利用影响力受贿罪的定罪量刑适用标准,参照受贿罪的规定执行。

二、单位受贿罪

单位受贿罪,是指国家机关、国有公司、企业、事业单位、人民团体,索取、非法收受他人财物,为他人谋取利益,情节严重的行为。

根据《刑法》第 387 条的规定,犯本罪的,对单位判处罚金,并对其直接负责的主管人员和其他直接责任人员,处 5 年以下有期徒刑或者拘役。

三、对有影响力的人行贿罪

对有影响力的人行贿罪,是指为谋取不正当利益,向国家工作人员的近亲属或者其他与该国家工作人员关系密切的人,或者向离职的国家工作人员或者其近亲属以及其他与其关系密切的人行贿的行为。

根据《刑法》第390条之一的规定，犯本罪的，处3年以下有期徒刑或者拘役，并处罚金；情节严重的，或者使国家利益遭受重大损失的，处3年以上7年以下有期徒刑，并处罚金；情节特别严重的，或者使国家利益遭受特别重大损失的，处7年以上10年以下有期徒刑，并处罚金。单位犯前款罪的，对单位判处罚金，并对其直接负责的主管人员和其他直接责任人员，处3年以下有期徒刑或者拘役，并处罚金。

根据2016年《贪污贿赂刑事案件解释》第10条第2款、第3款的规定，对有影响力的人行贿罪的定罪量刑适用标准，参照行贿罪的规定执行。单位对有影响力的人行贿数额在20万元以上的，应当以对有影响力的人行贿罪追究刑事责任。

四、对单位行贿罪

对单位行贿罪，是指为谋取不正当利益，给予国家机关、国有公司、企业、事业单位、人民团体以财物，或者在经济往来中，违反国家规定，给予前述单位各种名义的回扣、手续费的行为。

根据《刑法》第391条的规定，犯本罪的，处3年以下有期徒刑或者拘役，并处罚金。单位犯本罪的，对单位判处罚金，并对其直接负责的主管人员和其他直接责任人员，依照上述规定处罚。

五、介绍贿赂罪

介绍贿赂罪，是指在行贿人与作为受贿人的国家工作人员之间进行沟通、撮合，使行贿与受贿得以实现，情节严重的行为。

根据《刑法》第392条的规定，犯本罪的，处3年以下有期徒刑或者拘役，并处罚金。介绍贿赂人在被追诉前主动交代介绍贿赂行为的，可以减轻处罚或者免除处罚。

六、单位行贿罪

单位行贿罪，是指单位为谋取不正当利益，给予国家工作人员以财物，或者违反国家规定，给予国家工作人员以回扣、手续费，情节严重的行为。

根据《刑法》第393条的规定，犯本罪的，对单位判处罚金，并对其直接负责的主管人员和其他直接责任人员，处5年以下有期徒刑或者拘役，并处罚金。因行贿取得的违法所得归个人所有的,依照行贿罪的规定定罪处罚。

七、隐瞒境外存款罪

隐瞒境外存款罪,是指国家工作人员违反国家规定,故意隐瞒不报在境外的存款,数额较大的行为。

根据《刑法》第 395 条的规定,犯本罪的,处 2 年以下有期徒刑或者拘役;情节较轻的,由其所在单位或者上级主管机关酌情给予行政处分。

八、私分国有资产罪

私分国有资产罪,是指国家机关、国有公司、企业、事业单位、人民团体,违反国家规定,以单位名义将国有资产私分给个人,数额较大的行为。

根据《刑法》第 396 条的规定,犯本罪的,对单位直接负责的主管人员和其他直接责任人员处 3 年以下有期徒刑或者拘役,并处或者单处罚金;数额巨大的,处 3 年以上 7 年以下有期徒刑,并处罚金。

九、私分罚没财物罪

私分罚没财物罪,是指司法机关、行政执法机关违反国家规定,将应当上缴国家的罚没财物,以单位名义集体私分给个人的行为。

根据《刑法》第 396 条的规定,本罪的法定刑与私分国有资产罪的法定刑相同。

本章小结

贪污贿赂罪,是指国家工作人员或国有单位实施的贪污、挪用、受贿等侵犯国家廉政建设制度以及其他人员或单位实施的与受贿具有对向性或撮合性的情节严重的行为。贪污贿赂罪的客观方面一般表现为行为人利用职务上的便利,实施贪污、挪用、私分国有资产,收受或者索取贿赂,牟取非法利益,亵渎公务的行为;犯罪的主体大多是特殊主体,少数与受贿罪具有对向性或者撮合性的犯罪的主体则是一般主体,大多数犯罪只能由自然人实施,但少数犯罪则只能由单位实施;犯罪主观方面只能是直接故意;侵犯的客体是以恪尽职守、廉洁奉公、吏治清明、反对腐败为主要内容的国家廉政建设制度。贪污贿赂罪包括贪污型犯罪和贿赂型犯罪两大类。前者是指国家工作人员及国有单位以非权钱交易的方式实施的侵犯国家廉政建设制度，并与贪污罪具有某种内在联系的犯罪；后者是指由国家工作人员或国有单位实施或以国家工作人员或国有单位为对象实施的权钱交易型犯罪。其中，需要重点掌握的罪名有贪污罪、挪用公款罪、受贿罪、行贿罪以及巨额财产来源不明罪等。

习　题

1. 如何理解“利用职务上的便利”？
2. 如何理解贪污罪与受贿罪犯罪主体的区别？
3. 如何理解挪用公款“归个人使用”？
4. 如何理解挪用公款罪与贪污罪的界限？
5. 如何理解“为他人谋取利益”？
6. 如何理解私分国有资产罪与贪污罪的界限？

第三十章　渎　职　罪

【本章导读】

渎职罪,是国家机关工作人员在履行职责或者行使职权过程中,滥用职权、玩忽职守或者徇私舞弊,妨害国家机关的正常活动,致使公共财产或者国家和人民利益遭受重大损失的行为。依据犯罪主体的不同身份,渎职罪大致可以分为一般国家机关工作人员渎职罪,司法工作人员、仲裁人员渎职罪和特定国家机关工作人员渎职罪三类。

【学习重点】

- 滥用职权罪
- 玩忽职守罪

第一节　渎职罪概述

一、渎职罪的概念和构成要件

渎职罪,是指国家机关工作人员在履行职责或者行使职权过程中,滥用职权、玩忽职守或者徇私舞弊,妨害国家机关的正常活动,致使公共财产或者国家和人民利益遭受重大损失的行为。

1997 年《刑法》对 1979 年《刑法》中的渎职罪一章进行了以下重大修改：将受贿罪、行贿罪、介绍贿赂罪归入"贪污贿赂罪"一章;将虐待被监管人罪和私自开拆、隐匿、毁弃邮件、电报罪纳入"侵犯公民人身权利、民主权利罪"一章中;将渎职罪的主体基本上限定为国家机关工作人员,而将国有公司、企业、事业单位人员的渎职性犯罪行为归入其他类罪;〔1〕在立法的细密化方面有了很大的进展,

〔1〕 如在"破坏社会主义市场经济秩序罪"一章的"妨害公司、企业管理秩序罪"一节中具体规定了非法经营同类营业罪、为亲友非法牟利罪、签订履行合同失职被骗罪、国有公司、企业、事业单位人员失职罪、国有公司、企业、事业单位人员滥用职权罪和徇私舞弊低价折股、出售国有资产罪等罪名。

这具体表现在将1979年刑法实施十几年来附属刑法规范中“依照”“比照”玩忽职守罪、徇私舞弊罪追究刑事责任的条文改为刑法的具体条款，并针对现实经济生活中出现的国家机关工作人员滥用职权、严重不负责任，给国家和人民利益造成重大损失的新情况，增加规定了一些具体的渎职犯罪行为。

本类犯罪的构成要件如下。

1. 本类犯罪的客观方面通常包括两个不可或缺的部分：一是渎职行为，即滥用职权、玩忽职守、徇私舞弊行为；二是公共财产、国家和人民利益遭受重大损失。滥用职权、玩忽职守、徇私舞弊是本类犯罪客观方面行为最基本的表现形式。也就是说，本类犯罪中的各种具体犯罪行为，或者表现为滥用职权，或者表现为玩忽职守，或者表现为徇私舞弊。从立法规定看，有的条文直接使用了“滥用职权”“玩忽职守”的措辞，有的条文虽然没有明确使用这样的措辞，但其所描述的行为则可以归入上述两种行为中的一种。如《刑法》第400条第1款虽然没有使用“滥用职权”的用语，但其所规定的司法工作人员私放在押人员的行为实际上就是司法工作人员滥用职权的行为；该条第2款虽然没有使用“玩忽职守”的用语，但其所规定的“司法工作人员由于严重不负责任，致使在押的犯罪嫌疑人、被告人或者罪犯脱逃”的行为实际上就是司法工作人员玩忽职守的行为。渎职行为既可以表现为作为，也可以表现为不作为。

构成本类犯罪，除渎职行为外，还通常要求渎职行为造成公共财产、国家和人民利益遭受重大损失。“重大损失”是指给国家和人民造成的重大物质损失和非物质损失。物质损失一般是指重大经济损失和严重人身伤亡；非物质损失是指严重损害国家机关的正常活动，或严重损害国家声誉，或造成恶劣社会影响等情形。公共财产的重大损失，通常是指渎职行为已经造成的重大经济损失。这里的“经济损失”，既包括直接经济损失，也包括间接经济损失。直接经济损失，是指与行为有直接因果关系而造成的财产损毁、减少的实际价值；间接经济损失，是指由直接经济损失引起和牵连的其他损失，包括失去的在正常情况下可以获得的利益和为恢复正常的管理活动或者挽回所造成的损失所支付的各种开支、费用等。直接经济损失和间接经济损失，是立案时确已造成的经济损失。移送审查起诉前，犯罪嫌疑人及其亲友自行挽回的经济损失，以及由司法机关或者犯罪嫌疑人所在单位及其上级主管部门挽回的经济损失，不予扣减，但可作为对犯罪嫌疑人从轻处理的情节考虑。在司法实践中，有以下情形之一的，虽然公共财产作为债权存在，但已无法实现债权的,可以认定为行为人的渎职行为造成了经济损失:(1)债务人已经法定程序被宣告破产;(2)债务人潜逃,去向不明;(3)因行为人责任,致使超过诉讼时效;(4)有证据证明债权无法实现的其他情况。〔2〕

2. 本类犯罪的主体,除《刑法》第 398 条所规定的故意泄露国家秘密罪和过失泄露国家秘密罪可以由非国家机关工作人员构成、《刑法修正案(六)》所增设的《刑法》第 399 条之一所规定的枉法仲裁罪由依法承担仲裁职责的人员构成外,均被限定为国家机关工作人员,即国家机关中依法从事公务的人员。之所以对本类犯罪的主体作出这种限制,主要是考虑国家机关工作人员行使着公权力,这些人员的渎职行为的社会危害性较大;为使这些人员正确行使权力,有必要对其实施的渎职行为单独作出规定。对于国家机关工作人员以外的国家工作人员的渎职犯罪,则规定在刑法其他有关章节中。

对于这里的"国家机关工作人员"的具体范围,理论上有不同的认识。从严格意义上说,界定国家机关工作人员的范围,必须基于现有法律的明确规定,即必须具有法律根据。依照我国宪法第三章关于国家机构的规定,严格而言,我国的国家机关应当包括各级国家权力机关、行政机关、审判机关、检察机关以及军事机关,相应地,国家机关工作人员即为在这些机关中从事公务的人员。

不过,应当指出,这样严格地对国家机关工作人员的范围予以限定,与司法实践中惩治渎职犯罪的需要之间存在一定程度的背离。近年来,在实践中出现了一些新情况:一是法律授权某些非国家机关的组织,在某些领域行使国家管理职权、监督职权;二是在机构改革中,有的地方将原来的一些国家机关调整为事业单位,但仍然保留其行使某些行政管理的职能;三是有些国家机关将自己行使的职权依法委托给一些组织行使;四是有的国家机关根据工作需要聘用了一部分国家机关以外的人员从事公务。上述这些情况中所涉及的工作人员虽然在形式上未被列入国家机关编制,严格地说,不属于国家机关工作人员,但实际上都在行使着国家机关工作人员的权力。按照上述对国家机关工作人员所作的严格理解,这些工作人员的渎职行为将在任何情况下也不可能以渎职罪定罪处罚。

与此同时,在渎职罪主体的认定问题上,理论界和司法实务界一直存在着"身

---

〔2〕 参见 2003 年 11 月 13 日最高人民法院《全国法院审理经济犯罪案件工作座谈会纪要》和 2006 年 7 月 26 日最高人民检察院《关于渎职侵权犯罪案件立案标准的规定》。

份论”(血统论)与“职能论”(公务论)的分歧。前者认为国家机关工作人员必须具有人事制度上的干部身份,后者则主张以行为人具体行使的职能活动是否属于公共管理活动(是否从事公务)作为认定国家机关工作人员的依据。这种分歧导致对上述司法实践中出现的新问题难以解决,加之《刑法》第 93 条第 1 款的规定又颇有歧义,[3]因此,迫切需要有权机关完善立法或者作出相关解释。最高司法机关和立法机关显然选择了后者。

关于渎职罪主体的司法解释,大致上可分为三类:一是对具有行政职能或管理职权的事业单位的工作人员依法从事公务时,以国家机关工作人员论的解释,如 2000 年 4 月 30 日最高人民检察院《对〈关于中国证监会主体认定的请示〉的答复函》、2000 年 5 月 4 日最高人民检察院《关于镇财政所所长是否适用国家机关工作人员的批复》以及 2000 年 10 月 31 日最高人民检察院《关于属于工人编制的乡(镇)工商所所长能否依照〈刑法〉第 397 条的规定追究刑事责任问题的批复》。二是将经合法授权或受国家机关委托从事公务的人员视为国家机关工作人员的解释,如 2000 年 9 月 19 日最高人民法院《关于未被公安机关正式录用的人员、狱医能否构成失职致使在押人员脱逃罪主体问题的批复》、2000 年 10 月 9 日最高人民检察院《关于合同制民警能否成为玩忽职守罪主体问题的批复》和 2001 年 3 月 2 日最高人民检察院《关于工人等非监管机关在编监管人员私放在押人员行为和失职致使在押人员脱逃行为适用法律问题的解释》。三是关于在非国家机关内部设立的具有国家机关性质的机构中从事公务的人员如何定性的解释,如 2002 年 4 月 29 日最高人民检察院《关于企业事业单位的公安机构在机构改革过程中其工作人员能否构成渎职侵权犯罪主体问题的批复》。上述司法解释一定程度上解决了司法实践中渎职罪主体认定困难的问题,保证了运用刑法打击渎职犯罪的法律适用效果。但这些解释都是针对具体案件适用法律问题所作出的,因而不具有普遍适用的效力。

上述司法解释虽然从一定程度上满足了实践中惩治渎职罪的需要,但并未从根本上使渎职主体因素制约渎职罪查处力度的状况有所改观。为了便利于司法

[3] 《刑法》第 93 条第 1 款规定:“本法所称国家工作人员,是指国家机关中从事公务的人员。”从条文文字的逻辑性上分析,国家工作人员是指国家机关中从事公务的人员,而在国家机关中从事公务的人员就是国家机关工作人员,因此国家工作人员和国家机关工作人员似乎是同一概念。参见谢望远主编:《国家工作人员犯罪认定中疑点难点问题研究》,6—7 页,北京,中国方正出版社,2000。

操作,针对司法解释"头痛医头、脚痛医脚"的弊端,2002 年 12 月 28 日九届全国人大常委会第三十一次会议通过了《关于〈中华人民共和国刑法〉第九章渎职罪主体适用问题的解释》。该解释规定:"在依照法律、法规规定行使国家行政管理职权的组织中从事公务的人员,或者在受国家机关委托代表国家机关行使职权的组织中从事公务的人员,或者虽未列入国家机关人员编制但在国家机关中从事公务的人员,在代表国家机关行使职权时,有渎职行为,构成犯罪的,依照刑法关于渎职罪的规定追究刑事责任。"显然,该解释将行为人是否履行国家机关的管理职能作为评判其渎职行为能否构成渎职罪的决定性因素,从而在一定程度上解决了在渎职罪主体的认定问题上所存在的"身份论"与"职责论"之争。

对于在中国共产党各级机关和中国人民政治协商会议中从事公务的人员是否属于国家机关工作人员,争议较大。2003 年 11 月 13 日最高人民法院《全国法院审理经济犯罪案件工作座谈会纪要》指出:"在乡(镇)以上中国共产党机关、人民政协机关中从事公务的人员,司法实践中也应当视为国家机关工作人员。"这主要是考虑到:中国共产党在我国处于执政党的地位,政协机关具有参政议政的地位,担负着政治协商和民主监督的职能。在乡(镇)以上中国共产党机关、人民政协机关中从事公务的人员实际上履行着国家机关的管理职能;将这些人员视为国家机关工作人员,符合我国国情。而基层党组织,如车间、班组、村党支部等,仅是党的一级组织,其所从事的工作同国家管理没有直接联系,因而,其工作人员不能视为国家机关工作人员。

3. 本类犯罪的主观方面,多数出于故意,少数出于过失。在由《刑法修正案(六)》修订后的《刑法》第九章规定的 36 个罪名中,有 26 种犯罪只能由故意构成,有 10 种犯罪只能由过失构成。如滥用职权罪、故意泄露国家秘密罪、徇私枉法罪等,只能由故意构成。而玩忽职守罪、过失泄露国家秘密罪、失职致使在押人员脱逃罪、商检失职罪等只能由过失构成。有些犯罪还以徇私动机作为犯罪主观方面的必备内容。"凡是规定了徇私要件的渎职罪,其职责内容都是需要国家机关工作人员具有较高的法律素质、政策水平、技术能力的裁量事务,刑法之所以将徇私规定为主观的构成要件要素,显然是为了将国家机关工作人员因为法律素质、政策水平、技术能力不高而出现差错的情形排除在渎职罪之外。"〔4〕

〔4〕 张明楷:《渎职罪中"徇私"、"舞弊"的性质与认定》,载《人民检察》,2005(23)。

4. 本类犯罪的客体是国家机关的正常管理活动，即国家机关依法行使国家管理职权、履行国家职能的活动。对国家机关正常管理活动的危害是本类犯罪的本质特点，也是本类犯罪区别于其他类别犯罪的主要标志。尽管在其他类别的犯罪中也存在一些国家机关工作人员的渎职性犯罪，如报复陷害罪等，但这些犯罪同时又侵犯了其他客体，而且这些客体与国家机关的正常管理活动相比，更为重要，因而，立法者依据主要客体归类的原理，将这些犯罪规定在其他类别的犯罪中。

二、渎职罪的种类

根据刑法分则第九章的规定，依据犯罪主体的不同具体身份，本章中的37种犯罪大致可以分为以下几种类型。

1. 一般国家机关工作人员渎职罪

这是指所有的国家机关工作人员都可以实施的渎职罪。具体包括以下犯罪：滥用职权罪，玩忽职守罪，故意泄露国家秘密罪，过失泄露国家秘密罪。

2. 司法工作人员、仲裁人员渎职罪

这是指负有侦查、检察、审判、监管职责的工作人员、依法承担仲裁职责的人员实施的渎职罪。其具体包括以下犯罪：徇私枉法罪，民事、行政枉法裁判罪，执行判决、裁定失职罪，执行判决、裁定滥用职权罪，私放在押人员罪，失职致使在押人员脱逃罪，徇私舞弊减刑、假释、暂予监外执行罪，枉法仲裁罪。

3. 特定国家机关工作人员渎职罪

这是指只有在特定部门、负有特定职责的国家机关工作人员才能实施的渎职罪。其具体包括以下犯罪：徇私舞弊不移交刑事案件罪，滥用管理公司、证券职权罪，徇私舞弊不征、少征税款罪，徇私舞弊发售发票、抵扣税款、出口退税罪，非法提供出口退税凭证罪，国家机关工作人员签订、履行合同失职被骗罪，违法发放林木采伐许可证罪，环境监管失职罪，食品监管渎职罪，传染病防治失职罪，非法批准征用、占用土地罪，非法低价出让国有土地使用权罪，放纵走私罪，商检徇私舞弊罪，商检失职罪，动植物检疫徇私舞弊罪，动植物检疫失职罪，放纵制售伪劣商品犯罪行为罪，办理偷越国(边)境人员出入境证件罪，放行偷越国(边)境人员罪，不解救被拐卖、绑架妇女、儿童罪，阻碍解救被拐卖、绑架妇女、儿童罪，帮助犯罪分子逃避处罚罪，招收公务员、学生徇私舞弊罪，失职造成珍贵文物损毁、流失罪。

第二节　本章重点罪名

一、滥用职权罪

(一) 滥用职权罪的概念和构成要件

滥用职权罪,是指国家机关工作人员超越职权,违法决定、处理其无权决定、处理的事项,或者违反规定处理公务,致使公共财产、国家和人民利益遭受重大损失的行为。

本罪的构成要件如下。

1. 本罪的客观方面表现为滥用职权,致使公共财产、国家和人民利益遭受重大损失的行为。滥用职权,是指超越职权,违法决定、处理其无权决定、处理的事项,或者违反规定处理公务。也就是说,滥用职权在客观上有两种具体的表现形式:一是超越职权,违法决定、处理其无权决定、处理的事项,即越权行为。司法实践中,越权行为主要包括以下三种类型:(1)横向越权,即行为人行使了属于其他国家机关的专有职权,或者说是不同性质的国家机关之间的越权。(2)纵向越权,即具有上下级隶属关系的同一性质但不同级别国家机关之间的越权。这既包括上级对下级职责范围内的工作滥用指令,也包括下级对上级职权范围的侵犯。(3)内部越权,即依照有关规定,某类问题应由该单位或机关通过内部民主讨论后形成决策,而行为人却独断专行,不倾听或不采纳别人的意见。[5] 二是违反规定处理公务,即滥权行为。在滥权行为的场合,虽然行为未逾越行为人所享有的职权的范围,但行为人以不正当目的或非法的方法行使自己的职权,对有关事项作出不符合法律、法规规定的处理或决定。如果行为人根本不享有实施某一公务行为的相应职权或者虽有相应职权但其行为客观上超越了职权范围,则属于逾越职权。

对于滥用职权行为是否只能以作为的形式实施的问题,理论上尚有争议。对此,一种观点认为,滥用职权只能是积极的作为,故意放弃职守的行为不属于滥用

---

〔5〕 参见储槐植、杨书文:《滥用职权罪的行为结构》,载《法学杂志》,1999(3)。

职权。其理由是：其一，滥用职权与放弃职守具有不同的含义，前者是已经行使了职权，即作为；而后者则是未履行职责，即不作为。既然有职不守，有权不用，何来滥用之说？其二，从行政诉讼的角度看，在滥用职权案件中，双方当事人争议的焦点是被诉具体行政行为是否合法或适当；在行政不作为（含放弃职守）案件中，双方当事人争议的焦点是被告是否具有相应的法定职责和是否存在不履行或拖延履行法定职责的事实。对于滥用职权的行为，人民法院应当判决撤销或者部分撤销，并可以判决被告重新作出具体行政行为，对于行政不作为人民法院应当判决被告在一定期限内履行。根据我国行政诉讼法的有关规定，将故意放弃职守的行为确认为滥用职权既不合法，也不科学。其三，从犯罪特征看，故意放弃职守与过失放弃职守同属于玩忽职守的行为，不应将犯罪客观方面特征迥异的滥用职权行为与故意放弃职守的行为合二为一，硬性结合为一个罪名。我们认为，行使职权与履行职责是统一的。不履行应当履行的职责，同样属于行使职权的一种表现。如果将不作为的形式排除出滥用职权的范围以外，就会不适当地缩小滥用职权罪的成立范围。从实践来看，滥用职权大多表现为行为人利用其职权积极实施其在职务上能够实施而不应当实施的行为，或者实施超越其职权的行为。但是，不可否认的是，行为人完全可能利用其职务对其他人或单位利益的制约，故意不履行职务，从而达到与以积极的方式实施滥用职权行为时同样的效果。行为人拒不履行正当职责所要求的义务，造成严重后果，符合犯罪构成要件时，便成立以不作为形式构成的滥用职权罪。如果在理论上不承认滥用职权可以不作为的方式构成，便会导致在实践中一些国家工作人员以拒不履行法律规定的正当义务的方式胡作非为、损害国家和人民利益的行为受不到法律的制裁。而且，刑法分则第九章的其他条款所规定的特殊的滥用职权犯罪明显可以不作为的方式构成。如放纵走私罪，既可以表现为海关工作人员对走私犯罪“以罚代刑”，也可以表现为对一般的走私违法行为不予以查缉而放任不管。这就进一步说明，作为一般犯罪的滥用职权罪当然也可以由不作为构成。另外，从 1997 年刑法增设滥用职权罪的背景来看，也应当承认故意放弃职守的不作为属于滥用职权的表现。为了使罪名和罪状更加协调一致，更加恰当、直接地反映犯罪的性质和特点，在系统修订 1979 年刑法时，一些部门和专家建议根据行为人的主观特征和行为的客观表现，将玩忽职守罪分解为玩忽职守罪、滥用职权罪和放弃职守罪。玩忽职守严格限于过失,滥用职权和放弃职守限于故意。[6] 而在修订后的1997年刑法中,并未增设放弃职守罪。这样,对故意放弃职守的行为便只能纳入滥用职权罪之中进行处罚,否则,就会形成无法处罚该行为的局面。[7]

根据刑法规定,滥用职权行为,只有在造成公共财产、国家和人民利益的重大损失时,才能成立本罪。这里的"重大损失"既包括有形的损失,也包括无形的损失。根据2013年1月9日最高人民法院、最高人民检察院《关于办理渎职刑事案件适用法律若干问题的解释(一)》第1条的规定,国家机关工作人员滥用职权,具有下列情形之一的,应当认定为刑法第397规定的"致使公共财产、国家和人民利益遭受重大损失":(1)造成死亡1人以上,或者重伤3人以上,或者轻伤9人以上,或者重伤2人、轻伤3人以上,或者重伤1人、轻伤6人以上的;(2)造成经济损失30万元以上的;(3)造成恶劣社会影响的;(4)其他致使公共财产、国家和人民利益遭受重大损失的情形。

徇私舞弊而犯本罪的,[8]应成立本罪的情节加重犯。"徇私舞弊",是指国家机关工作人员为徇私情、私利,故意违背事实和法律,伪造材料,隐瞒情况,弄虚作假的行为。

2. 本罪的主体是特殊主体,即国家机关工作人员。非国家机关工作人员滥用职权,致使公共财产、国家和人民利益遭受重大损失,构成其他犯罪的,按其他犯罪处理,而不成立本罪。

3. 本罪的主观方面是故意。从理论上讲,本罪的主观方面既可以是直接故意,也可以是间接故意。但从司法实践情况来看,行为人对危害结果出于间接故意的情况比较常见。至于行为人滥用职权是为了自己利益还是为了他人利益,或者为其他目的,均在所不问。对于本罪的罪过形式,理论上有很大的分歧。本书认为,在1997年以前,由于1979年刑法没有规定滥用职权罪,而仅仅规定了玩忽职守罪,该罪的罪过形式是过失。为了惩治日趋严重的滥用职权行为,立法机关

---

〔6〕 参见敬大力主编:《刑法修订要论》,214页,北京,法律出版社,1997。

〔7〕 参见李永鑫、吴步钦:《滥用职权罪散论》,载《人民检察》,1998(3)。

〔8〕 对于国家机关工作人员徇私舞弊而滥用职权、玩忽职守的情形,1997年12月25日最高人民检察院《关于适用刑法分则规定的犯罪的罪名的意见》为其确立了独立的罪名,即国家机关工作人员徇私舞弊罪。但2002年3月15日最高人民法院、最高人民检察院《关于执行〈中华人民共和国刑法〉确定罪名的补充规定》取消了该罪名。

在一些附属刑法中规定对滥用职权行为依照或比照玩忽职守罪进行处罚。但由于滥用职权与玩忽职守有明显区别，这种依照或比照的做法毕竟缺乏合理性。在修订刑法的建议中，主张增设滥用职权罪便成为颇有影响力的观点，增设的理由就在于滥用职权与玩忽职守在客观方面和主观方面都有明显不同。[9] 1997 年修订刑法时，立法机关之所以将滥用职权罪从玩忽职守罪中分离出来，目的之一就在于还玩忽职守罪以过失犯罪的本来面目，使滥用职权罪和玩忽职守罪能够从主观方面得以区分。将滥用职权罪的罪过形式解释为过失或包括过失的观点，单从刑法增设滥用职权罪的立法背景的角度看，就不能成立。而将滥用职权罪的罪过形式解释为只能是直接故意或间接故意，则与实际情况有所不符。因此，本罪的主观方面表现为故意，这种故意既可以是直接故意，也可以是间接故意。其故意的具体内容是行为人明知自己滥用职权的行为会发生破坏国家机关的正常管理活动的危害结果，而希望或者放任这种结果发生。

4. 本罪的客体是国家机关的正常管理活动。

（二）滥用职权罪的认定

1. 滥用职权罪与非罪的界限

在把握本罪与非罪的界限时，应注意将本罪与一般的滥用职权行为区分开来。二者的区别就在于滥用职权行为是否给公共财产、国家和人民利益造成重大损失。虽然存在滥用职权行为，但该行为并未造成公共财产、国家和人民利益重大损失的结果，则对行为人便不得以本罪论处。在此，尤其应注意将本罪与官僚主义区分开来。官僚主义是指脱离实际、脱离群众，只知发号施令而不进行调查研究的领导作风和工作作风。官僚主义的通常表现是：遇事推诿、互相扯皮；敷衍塞责、草率从事；主观臆断、盲目决策。官僚主义与滥用职权罪存在着十分紧密的关系。一般而言，官僚主义是滥用职权罪的温床，滥用职权罪是官僚主义发展的结果。尽管二者密切相关，但其性质毕竟有所不同。官僚主义一般是工作作风问题，属于党纪政纪的范畴；滥用职权罪是犯罪行为。二者的主要区别就在于危害后果的程度不同。从官僚主义到滥用职权犯罪行为，是一个由量变到质变的过程。官僚主义行为给公共财产、国家和人民利益造成重大损失，由此达到了构成犯罪的程度，原来的官僚主义就可能演变成滥用职权罪。

---

〔9〕 参见赵秉志主编：《刑法修改研究综述》，405—408 页，北京，中国人民公安大学出版社，1990。

2. 滥用职权罪与其他滥用职权型犯罪的界限

规定本罪的法条属于普通法条,在刑法分则第九章以及其他章还有一些条文规定了特殊的滥用职权的犯罪,这些条文属于特别法条。国家机关工作人员滥用职权的行为在触犯特别法条时,也可能同时触犯普通法条。按照特别法优于普通法的原则,当行为人之行为同时触犯规定本罪的法条和其他法条时,应按照特别法优于普通法的原则,以其他法条即特别法条所规定的犯罪论处。例如,监狱、拘留所、看守所等监管机构的监管人员对被监管人进行殴打或体罚虐待,情节严重的行为,实际上也属于滥用职权的行为,但由于刑法对此作了特别规定,故对这种行为只能认定为虐待被监管人罪。

(三) 滥用职权罪的处罚

根据《刑法》第 397 条的规定,犯本罪的,处 3 年以下有期徒刑或者拘役;情节特别严重的,处 3 年以上 7 年以下有期徒刑。徇私舞弊犯本罪的,处 5 年以下有期徒刑或者拘役;情节特别严重的,处 5 年以上 10 年以下有期徒刑。

二、玩忽职守罪

(一) 玩忽职守罪的概念和构成要件

玩忽职守罪,是指国家机关工作人员严重不负责任,不履行或者不认真履行职责,致使公共财产、国家和人民利益遭受重大损失的行为。

本罪的构成要件如下。

1. 本罪的客观方面表现为玩忽职守,致使公共财产、国家和人民利益遭受重大损失的行为。玩忽职守,是指行为人在工作中严重不负责任,不履行或不认真履行自己的职责。严重不负责任是成立玩忽职守的前提,其反映的是国家机关工作人员对其职责的一种消极态度。责任是国家机关工作人员从其职权中产生的某种法律义务,主要表现为依据其职务应为一定的行为或不为一定的行为。不履行职责,即行为人有能力且有条件履行自己应尽的职责,而违背职责,完全没有履行。其包括两种基本的类型,即擅离职守和在岗不履行职责。擅离职守,是指行为人不遵守法律、法规、规章制度对职守的要求,在执行职务过程中擅自脱离工作岗位,因而未尽职责。在岗不履行职责,是指行为人虽未脱离岗位,但未履行法律和职务所规定的职责范围内的特定义务。在岗不履行职责表现为以下三种情况:拒绝履行职责;放弃职责;未尽职责。不认真履行职责,是指行为人虽然形式上具有履行职责的行为，但并未完全按职责要求履行。不正确履行职责在实践中表现为以下几种情况：在职务活动中出现差错；在职务活动中决策失误；在职务活动中采取措施不及时、不得力。由此可见，玩忽职守既可以表现为不作为的方式，也可以表现为作为的方式。具体说来，不履行职责的行为属于不作为，不正确履行职责的行为属于作为。在不正确履行职责的场合，就行为人没有完全履行职责而言，可以说具有不作为的因素，但是，毕竟与完全不履行职责的情形有所不同。

玩忽职守行为只有在致使公共财产、国家和人民利益遭受重大损失的危害结果发生时才能成立本罪。这里的"重大损失"既包括有形的损失，也包括无形的损失。根据2013年1月9日最高人民法院、最高人民检察院《关于办理渎职刑事案件适用法律若干问题的解释(一)》第1条的规定，国家机关工作人员玩忽职守，具有下列情形之一的，应当认定为刑法第397条规定的"致使公共财产、国家和人民利益遭受重大损失"：(1)造成死亡1人以上，或者重伤3人以上，或者轻伤9人以上，或者重伤2人、轻伤3人以上，或者重伤1人、轻伤6人以上的；(2)造成经济损失30万元以上的；(3)造成恶劣社会影响的；(4)其他致使公共财产、国家和人民利益遭受重大损失的情形。

在将玩忽职守罪的罪过形式限定为过失这一前提下，徇私舞弊不可能是玩忽职守的前置性的行为：一方面，徇私属于犯罪动机，而犯罪动机显然不可能存在于基于过失而实施的玩忽职守行为之中；另一方面，舞弊明显是基于故意而实施的行为，这与因严重不负责任而懈怠职守的行为也难以共存。因此，徇私舞弊行为不可能成为玩忽职守的动因。这一点也可以从《刑法》第九章关于特殊渎职罪的规定中得到印证。在《刑法》第九章关于特殊渎职罪的规定中，没有任何一个条文将徇私舞弊作为特殊玩忽职守犯罪的前置性行为加以规定。相反，一些关于特殊滥用职权犯罪的条文则将徇私舞弊规定为特殊滥用职权行为的前置性行为。而《刑法》第412条、第413条则将商检徇私舞弊罪与商检失职罪、动植物检疫徇私舞弊罪与动植物检疫失职罪分别在同一个条文中分两款单列。由此说明，徇私舞弊与滥用职权具有较强的兼容性，可以共存于同一犯罪行为之中；而徇私舞弊与玩忽职守则具有明显的互斥性，徇私舞弊不可能成为玩忽职守的前提性行为。

基于此，本书赞同以下结论：《刑法》第397条第2款中"徇私舞弊，犯前款罪的"规定，主要是指因徇私舞弊而滥用职权构成犯罪的情形。对于玩忽职守罪中是否存在徇私舞弊的情况，则应作限制性理解，即主要是指"不履行或不认真履行职责以后,已经认识到自己玩忽职守行为可能致使公共财产、国家和人民利益遭受重大损失,但由于害怕承担责任而弄虚作假,掩盖自己的玩忽职守行为”的情况。至于“徇私舞弊、故意不履行职责”的情况,也就是出于徇私的动机、故意不履行职责,本质上就是对职权的滥用,其行为特征完全符合不作为形式的滥用职权罪。如果造成重大损失的,应当以因徇私舞弊而犯滥用职权罪的情形处罚。〔10〕

2. 本罪的主体是特殊主体,即国家机关工作人员。海关、外汇管理部门的工作人员严重不负责任,造成大量外汇被骗购或者逃汇,致使国家利益遭受重大损失的,以本罪论处。

3. 本罪的主观方面是过失。这里的过失,是针对造成严重后果而言的。在司法实践中,本罪的过失在不少场合表现为监督过失,即行为人有义务监督直接责任人却没有实施监督行为,或者应当确立安全的管理体制而没有确立,以致结果发生。

4. 本罪的客体是国家机关的正常管理活动。

(二)玩忽职守罪的认定

1. 玩忽职守罪与非罪的界限

在把握本罪与非罪的界限时,应注意将本罪与一般的玩忽职守行为区分开来。二者的区别就在于玩忽职守行为是否给公共财产、国家和人民利益造成重大损失。对于一般玩忽职守的行为人,不能以本罪追究刑事责任,而应作违反党纪、政纪处理。在此,还应特别注意区分本罪与工作失误的界限。工作失误,是指由于行为人业务水平和工作能力不足,从而决策失当,导致公共财产、国家和人民利益受到损失。二者区分的关键在于结合职责要求判断行为人主观上有无罪过、客观上有无玩忽职守的行为。其中的关键因素是看行为人是否遵从有关法律、法规、规章制度以及国家政策的规定认真履行相应的职责。对于行为人明知有关法律、法规、规章制度以及国家政策而在工作中严重不负责任而导致公共财产、国家和人民利益遭受重大损失的,不能错误地认定为工作失误;反过来说,虽然具有不正确履行职责的行为,但这并非是由于行为人严重不负责任而是基于其认识和处理问题上出现差错,则不能错误地认定为玩忽职守。

---

〔10〕 参见陈斌等:《渎职犯罪的法律适用》,67页,法律出版社,2006。

2. 玩忽职守罪与特殊的玩忽职守犯罪的界限

特殊的玩忽职守犯罪是相对于一般的玩忽职守犯罪即本罪而言的。特殊玩忽职守犯罪的特别之处主要体现在两点：一是主体身份特别。相对于本罪中的一般国家机关工作人员而言，特殊玩忽职守犯罪的主体是各个具体国家机关中的工作人员。二是职权特别。特殊玩忽职守犯罪的主体都承担具体特定的职责。从立法演进的角度看，特殊玩忽职守犯罪的规定都是从本罪中分离出来的。本罪与特殊玩忽职守犯罪之间存在着普通法条与特别法条的竞合关系。按照特别法优于普通法的原则，当某一行为同时触犯规定本罪的法条和规定特殊玩忽职守犯罪的其他法条时，应以其他法条所规定的特殊玩忽职守犯罪论处。只有在某一行为未触犯规定特殊玩忽职守犯罪的其他法条而只触犯规定本罪的法条时，对该行为才能以本罪论处。由此可见，本罪具有一定的"兜底"功能。

3. 玩忽职守罪与滥用职权罪的界限

二者规定在同一条文中，且主体要件、客体要件均是相同的，因而容易混淆。二者的区别在于：一是客观方面的行为表现不一样。本罪客观方面的行为表现是在工作中严重不负责任，不履行或不认真履行自己的职责；而后者客观方面的行为表现是超越职权，违法决定、处理其无权决定、处理的事项，或者违反规定处理公务。此外，虽然二者在客观方面均要求"致使公共财产、国家和人民利益遭受重大损失"，但二者的重大损失的具体标准并不一致，本罪中重大损失的具体标准要比后者严格。二是主观方面不同。本罪的主观方面是过失，而后者的主观方面是故意。本罪存在过失不履行职责与过失逾越职责两种情形，而后者存在故意逾越职权与故意不履行职责两种情形。因此，二者区分的关键在于主观方面不同：故意实施的违背职责的行为，可以构成滥用职权罪；过失实施的违背职责的行为，则可以构成玩忽职守罪。单纯以行为方式属于作为还是不作为来区分本罪与滥用职权罪，并不妥当。

4. 玩忽职守罪与重大责任事故罪以及国有公司、企业、事业单位人员失职罪的区别

本罪与重大责任事故罪以及国有公司、企业、事业单位人员失职罪在主观方面都是过失，在客观上都有失职行为，且都要求造成重大损失，因而容易混淆。其区别在于：一是行为发生的场合不同。本罪发生在国家机关工作人员管理国家事务的职务活动中；重大责任事故罪发生在生产、作业过程中；国有公司、企业、事业单位人员失职罪发生在国有公司、企业、事业单位业务管理活动过程中。后两

种场合具有明显的专业性、行业性。二是主体不同。本罪的主体是国家机关工作人员;重大责任事故罪的主体是生产、作业人员;国有公司、企业、事业单位人员失职罪的主体是国有公司、企业、事业单位的工作人员。三是客体不同。本罪的客体是国家机关的正常管理活动;重大责任事故罪的客体是生产、作业的安全;国有公司、企业、事业单位人员失职罪的客体是国有公司、企业、事业单位的正常管理活动。从所归属的类罪来看,本罪属于渎职罪;国有公司、企业、事业单位人员失职罪属于破坏社会主义市场经济秩序罪;重大责任事故罪属于危害公共安全罪。

需要注意的是,在有关重大责任事故犯罪案件中,既可能存在生产、作业人员的玩忽职守行为,也可能存在国家机关工作人员的玩忽职守行为。如果根据案件情况对生产、作业人员和国家机关工作人员都需要追究刑事责任,那么,对二者就应当按照重大责任事故罪和本罪分别定罪处罚。

(三) 玩忽职守罪的处罚

根据《刑法》第 397 条的规定,本罪的法定刑与滥用职权罪的法定刑相同。

三、故意泄露国家秘密罪

(一) 故意泄露国家秘密罪的概念和构成要件

故意泄露国家秘密罪,是指国家机关工作人员或者非国家机关工作人员违反保守国家秘密法,故意使国家秘密被不应知悉者知悉,或者故意使国家秘密超出了限定的接触范围,情节严重的行为。

本罪的构成要件如下。

1. 本罪的客观方面表现为违反保守国家秘密法的规定,泄露国家秘密的行为。违反保守国家秘密法的规定,是指违反我国现行的《中华人民共和国保守国家秘密法》《中华人民共和国保守国家秘密法实施办法》《国家秘密技术出口审查暂行规定》《科学技术保密规定》等含有保守国家秘密内容的法律、法规的规定。泄露国家秘密,是指使国家秘密被不应该知悉的人知悉,或者使国家秘密超出了限定的接触范围,不能证明是否被不应知悉者知悉。泄露行为可以是作为,也可以是不作为。泄露国家秘密的具体行为方式是多种多样的,如以口头或者书面形式向他人告知国家秘密的内容、向他人直接提供国家秘密的原件或者原件的复制品、向他人提供属于国家秘密的设备或产品、为他人提供阅览、复制、摘抄原件的机会、在报刊、书籍、音像制品等大众传媒中披露国家秘密、将国家秘密通过互联网、局域网等渠道予以发布的等,都属于泄露国家秘密的行为。

成立本罪,还要求泄露国家秘密的行为达到情节严重的程度。根据2006年7月26日最高人民检察院《关于渎职侵权犯罪案件立案标准的规定》,"情节严重",是指具有下列情形之一:(1)泄露绝密级国家秘密1项(件)以上的;(2)泄露机密级国家秘密2项(件)以上的;(3)泄露秘密级国家秘密3项(件)以上的;(4)向非境外机构、组织、人员泄露国家秘密,造成或者可能造成危害社会稳定、经济发展、国防安全或者其他严重危害后果的;(5)通过口头、书面或者网络等方式向公众散布、传播国家秘密的;(6)利用职权指使或者强迫他人违反国家保守秘密法的规定泄露国家秘密的;(7)以谋取私利为目的泄露国家秘密的;(8)其他情节严重的情形。

2. 本罪的主体主要是国家机关工作人员,但由于非国家机关工作人员也可能由于某种原因了解和掌握国家秘密,因而也可能泄露国家秘密,因此,非国家机关工作人员泄露国家秘密,情节严重的,也要按照本罪酌情处罚。

3. 本罪的主观方面是故意,即行为人明知自己泄露国家秘密的行为会发生破坏国家保密制度的结果,并且希望或者放任这种结果发生。但行为人不得以将国家秘密提供给境外机构、组织、人员为目的。如果行为人仅仅认识到其行为的对象是国家秘密,但对自己的行为造成国家秘密被泄露的后果没有预见或者已经预见到而轻信能够避免,则可能构成过失泄露国家秘密罪。

4. 本罪的客体是国家的保密制度。

(二) 故意泄露国家秘密罪的认定

1. 故意泄露国家秘密罪与非罪的界限

在把握本罪与非罪的界限时,一是要看行为人主观上是否具有泄露国家秘密的故意。本罪的成立,要求行为人在主观方面必须是出于故意,如果行为人泄露国家秘密不是出于故意,不能构成本罪。二是要看行为的情节是否达到严重的程度。根据《刑法》第398条的规定,只有情节严重的才构成犯罪。所以,对于并非情节严重的故意泄露国家秘密的行为,不能以犯罪论处。

2. 故意泄露国家秘密罪与相关犯罪的区别

(1) 故意泄露国家秘密罪与为境外窃取、刺探、非法提供国家秘密、情报罪的界限。二者具有一定联系,主要区别表现在:前者是渎职罪,后者是危害国家安全的犯罪;前者的对象只能是国家秘密,后者的对象包括国家秘密与情报;前者的主体主要是国家机关工作人员,后者的主体没有特别限制;前者的行为是泄露国家秘密,后者的行为是为境外的机构、组织、人员窃取、刺探、收买、非法提供国家秘密或者情报;前者要求情节严重,后者不要求情节严重。行为人将国家秘密泄露给境外的机构、组织、人员的,应认定为为境外非法提供国家秘密罪。

(2) 故意泄露国家秘密罪与侵犯商业秘密罪的界限。侵犯商业秘密罪中的披露商业秘密的行为,与本罪有相似之处,但二者在行为对象、行为主体、行为方式、行为性质、行为结果等方面存在重要区别。如果国家机关工作人员披露属于国家秘密的商业秘密,则从一重罪论处,不实行数罪并罚。

(3) 故意泄露国家秘密罪与非法获取国家秘密罪的界限。二者在某些情况下也有相似之处,关键区别在于:前者是将知悉的国家秘密泄露于不应知悉者的行为;后者是以窃取、刺探、收买的方法获取国家秘密的行为。非法获取国家秘密的人又故意泄露该国家秘密的,虽然也符合故意泄露国家秘密罪的构成要件,但宜从一重罪论处。

(三) 故意泄露国家秘密罪的处罚

根据《刑法》第 398 条的规定,犯本罪的,处 3 年以下有期徒刑或者拘役;情节严重的,处 3 年以上 7 年以下有期徒刑。非国家机关工作人员犯本罪的,依照上述法定刑酌情处罚。

四、徇私枉法罪

(一) 徇私枉法罪的概念与构成要件

徇私枉法罪,是指司法工作人员徇私枉法、徇情枉法,对明知是无罪的人而使他受追诉,对明知是有罪的人而故意包庇不使他受追诉,或者在刑事审判活动中故意违背事实和法律作枉法裁判的行为。

本罪的构成要件如下。

1. 本罪客观方面表现为行为人徇私枉法、徇情枉法,对明知是无罪的人而使他受追诉,对明知是有罪的人而故意包庇不使他受追诉,或者在刑事审判活动中故意违背事实和法律进行枉法裁判。所谓“徇私枉法”,是指为了谋取个人利益、小集体利益而枉法;所谓“徇情枉法”,是指出于私情而枉法,主要表现为出于照顾私人关系或感情、袒护亲友或者泄愤报复而枉法。刑法要求“徇私枉法、徇情枉法”,旨在将司法工作人员因法律水平不高、事实掌握不全而过失造成的错判排除在本罪之外；因此，只要排除了因法律水平不高、事实掌握不全而过失造成错判，一般便可认定为“徇私枉法、徇情枉法”。

徇私枉法行为包括三种：(1)对明知是无罪的人而使他受追诉。这是指对没有实施危害社会的行为，或者根据刑法第13条规定，情节显著轻微危害不大，不认为是犯罪以及其他依照刑法规定不负刑事责任的人，采取伪造、隐匿、毁灭证据或者其他隐瞒事实、违背法律的手段，以追究刑事责任为目的进行侦查(含采取强制性措施)、起诉、审判等追诉活动。这里的“追诉”，不要求法律形式上属于追诉，只要实质上属于追诉即可；不要求程序上合法，只要事实上追诉即可；不要求追诉的全部过程，只要进入追诉阶段即可；不要求采取法定的强制措施，只要属于通常的追诉行为即可。对于明知是无罪的人，采取不立案、不报捕，但予以关押的手段，待被害人“交代”后再立案、采取强制措施的，应当认定为本罪。如果不符合本罪构成要件，则应认定为非法拘禁罪。行为人明知他人无罪，而将其作为“逃犯”在网上通缉的，成立本罪。(2)明知是有罪的人而故意包庇不使他受追诉。这里的“追诉”应是指法定的全部追诉过程与追诉结果。不使有罪的人受追诉，是指对明知有犯罪事实需要追究刑事责任的人，采取伪造、隐匿、毁灭证据或者其他隐瞒事实、违背法律的手段，故意包庇使其不受立案、侦查(含采取强制措施)、起诉、审判；或者在立案后，故意违背事实和法律，应该采取强制措施而不采取强制措施，或者虽然采取强制措施，但无正当理由中断侦查或者超过法定期限不采取任何措施，实际放任不管，以及违法撤销、变更强制措施，致使犯罪嫌疑人、被告人实际脱离司法机关侦控。对于明知是有罪的人，而故意不收集有罪证据，导致有罪证据消失，因“证据不足”不能认定有罪的，应当认定为本罪。(3)在刑事审判活动中故意违背事实和法律作枉法裁判。这是指故意枉法进行判决、裁定，使有罪判无罪、使无罪判有罪、使此罪判彼罪或者重罪轻判、轻罪重判。

2. 本罪主体是司法工作人员。根据刑法第94条的规定，司法工作人员，是指有侦查、检察、审判、监管职责的工作人员。根据司法实践，司法机关专业技术人员，也可以成为本罪主体。司法机关为了谋取某种利益，集体研究共同犯本罪的，应当依法追究直接负责的主管人员和其他直接责任人员的刑事责任。

3. 本罪主观方面只能出于故意，包括直接故意与间接故意。刑法条文两处规定了“明知”，两处规定了“故意”，旨在明确将过失排除在外。因此，过失导致追诉无罪的人、包庇有罪的人或者错误判决、裁定的，不成立本罪。

4. 本罪的客体是司法机关刑事诉讼的正常活动和司法威信。

(二) 徇私枉法罪的认定

1. 徇私枉法罪与非罪的界限

在把握本罪与非罪的界限时,应注意两点:其一,看行为人徇私枉法的情节。如果虽有徇私枉法行为,但情节显著轻微,危害不大的,不应认为构成犯罪。其二,看行为人主观上是否具有徇私枉法的故意。如果行为人具有枉法的故意,但并非出于徇私的动机,则不构成本罪,不过不排除构成滥用职权罪的可能性。如果行为人不具有犯罪故意,而是因玩忽职守造成错捕、错判,同样不构成本罪,但不排除构成玩忽职守罪的可能性。

2. 徇私枉法罪与民事、行政枉法裁判罪的界限

二者都有故意违背事实和法律作枉法裁判的行为。二者的主要区别在于:其一,行为方式不同。本罪的行为方式包括枉法追诉、枉法不追诉和枉法裁判;而后者的行为方式则仅限于枉法裁判。其二,情节要求不同。情节严重是构成后罪的法定条件,而本罪不要求情节严重作为犯罪构成的必备内容。其三,犯罪发生的场合不同。本罪发生在刑事诉讼的追诉、审判活动中;而后者发生在民事案件、行政案件的审判活动中。其四,犯罪主体的范围不一致。本罪的主体除刑事审判人员外,还包括具有侦查、检察职责的人员;后者的主体仅限于民事、行政审判人员。其五,犯罪动机对犯罪成立的意义不同。是否出于徇私、徇情的犯罪动机,影响本罪的成立;而犯罪动机对后者的成立则没有影响。

3. 徇私枉法罪与徇私舞弊不移交刑事案件罪的界限

二者都属于徇私舞弊型的渎职犯罪,都包含利用职权对涉嫌犯罪的人故意予以包庇的行为,因而容易混淆。二者区别的关键在于行为人的身份属于行政执法人员还是刑事司法人员以及行为是发生在行政管理活动中还是在刑事司法活动中。

4. 徇私枉法罪与报复陷害罪的界限

二者的主要区别在于:一是犯罪客观方面不同。本罪的客观方面表现为在刑事案件的追诉、审判过程中实施枉法行为,其中有陷害、报复,也有包庇、偏袒;而后者的客观方面则表现为采用各种打击报复手段进行陷害。本罪发生在刑事案件的侦查、起诉、审判等刑事诉讼活动中,与行为人自己承办或主管案件的职务上的便利有关;后者则无上述时间上的限制,且行为的实施虽以利用职权为前提

条件，但并不要求利用承办或主管案件的职务上的便利。二是犯罪主体不同。本罪的主体是司法工作人员；而后者的主体是国家机关工作人员。三是犯罪目的不尽相同。本罪的目的既可以是陷害他人，也可以是包庇他人，陷害的内容是使无罪的人受到刑事追究或使罪轻者受到重判；后者的目的是报复，报复的内容不限于使被害人受到刑事追究，也包括使被害人在政治上、经济上、精神上、名誉上遭受损害。四是犯罪动机对犯罪成立的意义不同。本罪的成立要求行为人主观上必须具备徇私的动机；而后者的犯罪动机则不影响犯罪的成立。五是犯罪客体不同。本罪的客体是司法机关刑事诉讼的正常活动和司法威信；而后者的客体则是公民的控告权、申诉权、批评权、举报权等民主权利和国家机关的正常活动。六是所针对的对象不同。本罪所针对的对象可以是无罪的人，也可以是有罪的人，比较宽泛；后者所针对的对象则是特定的人，即控告人、申诉人、批评人、举报人。

在司法实践中，对于司法工作人员滥用职权、假公济私，对控告人、申诉人、批评人、举报人报复陷害的行为，应予以具体分析：如果这种报复陷害行为系行为人利用隶属关系所实施的有关政治、经济、肉体、精神上的迫害，则构成报复陷害罪；如果行为人为泄私愤，利用自己行使的司法职权对控告人、申诉人、批评人、举报人进行枉法追诉或裁判，则应以徇私枉法罪论处。

5. 徇私枉法罪与伪证罪的界限

二者的主要区别在于：一是犯罪客观方面不同。本罪的客观方面表现为使无罪的人受追诉，使有罪的人而加以包庇不使其受追诉，或者在刑事审判活动中违背事实和法律作枉法裁判；后者的客观方面则表现为作虚假证明、鉴定、记录、翻译的行为。本罪与行为人的侦查、检控或者审判职责有关；后者则与此无关。二是犯罪主体不同。本罪的主体是司法工作人员，后者的主体是刑事诉讼中的证人、鉴定人、记录人和翻译人。三是犯罪动机对犯罪成立的意义不同。本罪的成立要求行为人主观上必须具备徇私的动机；而后者的犯罪动机则不影响犯罪的成立。四是犯罪客体不同。本罪的犯罪客体是司法机关刑事诉讼的正常活动和司法威信；后者的犯罪客体仅仅是司法机关刑事诉讼的正常活动。

6. 徇私枉法罪与包庇罪的界限

本罪和包庇罪均包含包庇有罪的人使其不受追诉的行为。二者的主要区别是：一是犯罪客观方面不同。本罪的客观方面表现为使无罪的人受追诉，使有罪的人而加以包庇不使其受追诉，或者在刑事审判活动中违背事实和法律作枉法裁判;而后者的客观方面则表现为作虚假证明,帮助犯罪的人逃避法律制裁。因此,本罪发生在刑事案件的追诉、审判等刑事诉讼活动中,系利用自己承办或主管案件的职务上的便利条件实施的;后者则无上述时间上的限制,且并非利用职务上的便利实施的。二是犯罪主体不同。本罪的主体是特殊主体,即司法工作人员;而后者的主体是一般主体。三是犯罪目的不同。本罪的目的是出入人罪,既可以是为了使他人受到不应有的刑事追诉或者受到冤判、错判,也可以是为了放纵犯罪分子;而后者的目的仅限于放纵犯罪分子。四是犯罪动机对犯罪成立的意义不同。本罪的成立要求行为人主观上必须具备徇私的动机;而后者的犯罪动机则不影响犯罪的成立。五是犯罪客体不同。本罪的犯罪客体是司法机关刑事诉讼的正常活动和司法威信;后者的犯罪客体仅仅是司法机关刑事诉讼的正常活动。六是所针对的对象不同。本罪所针对的对象可以是无罪的人,也可以是有罪的人,在包庇有罪的人使其不受追诉时,被包庇的应是未决犯;后者所针对的对象只能是犯罪的人,既可以是未决犯,也可以是已决犯。

(三) 徇私枉法罪的处罚

根据《刑法》第 399 条第 1 款、第 4 款的规定,犯本罪的,处 5 年以下有期徒刑或者拘役;情节严重的,处 5 年以上 10 年以下有期徒刑;情节特别严重的,处 10 年以上有期徒刑。司法工作人员犯本罪而又收受贿赂因而构成受贿罪的,依照处罚较重的规定定罪处罚。在此,对在徇私枉法罪与受贿罪之间成立的牵连犯采取了从一重罪处断的原则。

五、民事、行政枉法裁判罪

(一) 民事、行政枉法裁判罪的概念和构成要件

民事、行政枉法裁判罪,是指在民事、行政审判活动中,故意违背事实和法律作枉法裁判,情节严重的行为。

本罪的构成要件如下。

1. 本罪的客观方面表现为在民事、行政审判活动中违背事实和法律作枉法裁判的行为。民事、行政审判活动,也就是在民事诉讼、行政诉讼中的审判活动。这里的“民事审判活动”,是指适用民事诉讼法审判案件的活动,具体说来,不仅包括民事案件的审判活动,还包括经济案件、海事案件的审判活动。违背事实,是指违背案件的客观真实,既可以是行为人亲自篡改客观事实,也可以是对案件当事

人和代理人捏造的与客观事实相违背的虚假事实予以采信。违背法律，表现为适用不应该适用的法律或者故意错误地解释处理案件应适用的法律的规定。枉法裁判，是指作出颠倒、歪曲事实或者曲解法律的判决或裁定，如该胜诉的判败诉，该败诉的判胜诉，或者随意减轻或加重当事人的民事、行政责任等。

成立本罪，在客观方面还要求达到情节严重的程度。根据 2006 年 7 月 26 日最高人民检察院《关于渎职侵权犯罪案件立案标准的规定》，涉嫌下列情形之一的，应予立案：(1)枉法裁判，致使当事人或者其近亲属自杀、自残造成重伤、死亡，或者精神失常的；(2)枉法裁判，造成个人财产直接经济损失 10 万元以上，或者直接经济损失不满 10 万元，但间接经济损失 50 万元以上的；(3)枉法裁判，造成法人或者其他组织财产直接经济损失 20 万元以上，或者直接经济损失不满 20 万元，但间接经济损失 100 万元以上的；(4)伪造、变造有关材料、证据，制造假案枉法裁判的；(5)串通当事人制造伪证，毁灭证据或者篡改庭审笔录而枉法裁判的；(6)徇私情、私利，明知是伪造、变造的证据予以采信，或者故意对应当采信的证据不予采信，或者故意违反法定程序，或者故意错误适用法律而枉法裁判的；(7)其他情节严重的情形。

2. 本罪的主体是特殊主体，即司法工作人员，且仅限于人民法院具体从事民事、行政审判工作的人员及其主管人员。司法机关的其他工作人员利用自己与民事、行政审判人员的关系，致使民事、行政审判人员实施枉法裁判行为的，可以按照本罪的共犯处理，但不能单独成为本罪的主体。

3. 本罪的主观方面是故意。如果行为人过失地作出不公正裁判，或者因为业务水平低而做出错误判决，均不能以本罪论处。

4. 本罪的客体是司法机关民事、行政审判的正常活动。

(二) 民事、行政枉法裁判罪的处罚

根据《刑法》第 399 条第 2 款和第 4 款的规定，犯本罪的，处 5 年以下有期徒刑或者拘役;情节特别严重的，处 5 年以上 10 年以下有期徒刑。司法工作人员犯本罪而又收受贿赂因而构成受贿罪的，依照处罚较重的规定定罪处罚。

六、私放在押人员罪

(一) 私放在押人员罪的概念和构成要件

私放在押人员罪，是指司法工作人员私放在押的犯罪嫌疑人、被告人或者罪

犯的行为。

本罪的构成要件如下。

1. 本罪的客观方面表现为私放在押的犯罪嫌疑人、被告人或者罪犯的行为。私放的对象只能是被关押的犯罪嫌疑人、被告人或者罪犯;私放被予以治安行政拘留、司法拘留、劳动教养的人员的,不构成本罪。犯罪嫌疑人,是指在人民检察院向人民法院提起公诉以前处在侦查、起诉阶段的涉嫌犯罪的人。被告人,是指被人民检察院提起公诉或者自诉人提出自诉,要求人民法院通过审判追究刑事责任的人。只要行为人私放的是在押的犯罪嫌疑人、被告人,就可能构成本罪,而不要求其所私放的犯罪嫌疑人或者被告人经审判后依法被判决有罪。即使被私放的犯罪嫌疑人或被告人经审判后依法被判决无罪,行为人私放在押的犯罪嫌疑人、被告人的行为仍然可以构成本罪。罪犯,是指由人民法院生效裁判宣告为有罪的人。在押,包括在羁押场所和押解的途中以及行刑场所。羁押场所,包括监狱、看守所、拘留所以及狱外作业场所等。私放,是指不经正当法律手续将在押的犯罪嫌疑人、被告人或者罪犯予以非法释放。非法释放既可以表现为直接将在押人员放走,也可以是为在押人员提供脱逃条件,使在押人员脱离羁押。因此,凡是可以使在押的犯罪嫌疑人、被告人或者罪犯脱离羁押的行为,都可以构成私放。私放的行为方式既可以表现为作为,也可以表现为不作为。前者如伪造裁判文书、篡改刑期将罪犯放走;后者如明知犯罪嫌疑人脱逃而故意不予阻拦、追捕、报告。根据2006年7月26日最高人民检察院《关于渎职侵权犯罪案件立案标准的规定》,涉嫌下列情形之一的,应予立案:(1)私自将在押的犯罪嫌疑人、被告人、罪犯放走,或者授意、指使、强迫他人将在押的犯罪嫌疑人、被告人、罪犯放走的;(2)伪造、变造有关法律文书、证明材料,以使在押的犯罪嫌疑人、被告人、罪犯逃跑或者被释放的;(3)为私放在押的犯罪嫌疑人、被告人、罪犯,故意向其通风报信、提供条件,致使该在押的犯罪嫌疑人、被告人、罪犯脱逃的;(4)其他私放在押的犯罪嫌疑人、被告人、罪犯应予追究刑事责任的情形。

2. 本罪的主体是特殊主体,即司法工作人员,而且仅限于负有监管在押人员职责的工作人员。非司法工作人员帮助在押人员脱逃的,应以脱逃罪的共犯论处;司法工作人员私放在押人员的,被私放的在押人员构成脱逃罪,而不构成本罪的共犯。

3. 本罪的主观方面是故意。行为人基于过失而造成在押的犯罪嫌疑人、被告人或者罪犯脱逃的，不构成本罪，可视具体情况，按失职致使在押人员脱逃罪论处。行为人是否有徇私、徇情的动机，不影响本罪的成立。

4. 本罪的客体是司法机关对犯罪嫌疑人、被告人或者罪犯的正常监管活动。

（二）私放在押人员罪的认定

1. 私放在押人员罪与脱逃罪共犯的界限

私放在押人员罪是渎职犯罪。成立本罪，要求私放行为必须是利用职务上的便利实施的。行为人虽帮助在押人员脱逃，但只是利用了自己熟悉监管场所地理环境等条件，而没有利用职务上的便利的，应以脱逃罪的共犯论处，而不构成本罪。

2. 私放在押人员罪既遂与未遂的界限

本罪的既遂应以被私放的在押人员脱离司法机关的有效监管为标准。如果在押人员脱离了司法机关的有效监管，即使之后很快又被抓获，也属于既遂；如果在押人员由于意志以外的原因而未能脱离司法机关的有效监管，则属于未遂。

（三）私放在押人员罪的处罚

根据《刑法》第 400 条第 1 款的规定，犯本罪的，处 5 年以下有期徒刑或者拘役；情节严重的，处 5 年以上 10 年以下有期徒刑；情节特别严重的，处 10 年以上有期徒刑。

第三节　本章其他罪名

一、过失泄露国家秘密罪

过失泄露国家秘密罪，是指国家机关工作人员或者非国家机关工作人员违反保守国家秘密法，过失泄露国家秘密，或者遗失国家秘密载体，致使国家秘密被不应知悉者知悉或者超出了限定的接触范围，情节严重的行为。

根据《刑法》第 398 条的规定，本罪的法定刑与故意泄露国家秘密罪的法定刑相同。

二、执行判决、裁定失职罪

执行判决、裁定失职罪，是指司法工作人员在执行判决、裁定活动中，严重不负责任,不依法采取诉讼保全措施、不履行法定执行职责,或者违法采取保全措施、强制执行措施,致使当事人或者其他人的利益遭受重大损失的行为。

根据《刑法》第399条第3款和第4款的规定,犯本罪的,处5年以下有期徒刑或者拘役;致使当事人或者其他人的利益遭受特别重大损失的,处5年以上10年以下有期徒刑。司法工作人员犯本罪而又收受贿赂因而构成受贿罪的,依照处罚较重的规定定罪处罚。

三、执行判决、裁定滥用职权罪

执行判决、裁定滥用职权罪,是指司法工作人员在执行判决、裁定活动中,滥用职权,违法采取诉讼保全措施、强制执行措施,致使当事人或者其他人的利益遭受重大损失的行为。

根据《刑法》第399条第3款和第4款的规定,本罪的法定刑与执行判决、裁定失职罪的法定刑相同。司法工作人员犯本罪而又收受贿赂因而构成受贿罪的,依照处罚较重的规定定罪处罚。

四、枉法仲裁罪

枉法仲裁罪,是指依法承担仲裁职责的人员,在仲裁活动中故意违背事实和法律作枉法裁决,情节严重的行为。

根据《刑法》第399条之一的规定,犯本罪的,处3年以下有期徒刑或者拘役;情节特别严重的,处3年以上7年以下有期徒刑。

五、失职致使在押人员脱逃罪

失职致使在押人员脱逃罪,是指司法工作人员由于严重不负责任,不履行或者不认真履行职责,致使在押(包括在羁押场所和押解途中)的犯罪嫌疑人、被告人、罪犯脱逃,造成严重后果的行为。

根据《刑法》第400条第2款的规定,犯本罪的,处3年以下有期徒刑或者拘役;造成特别严重后果的,处3年以上10年以下有期徒刑。

六、徇私舞弊减刑、假释、暂予监外执行罪

徇私舞弊减刑、假释、暂予监外执行罪,是指司法工作人员徇私舞弊,对不符

合减刑、假释、暂予监外执行条件的罪犯，予以减刑、假释、暂予监外执行的行为。

根据《刑法》第 401 条的规定，犯本罪的，处 3 年以下有期徒刑或者拘役；情节严重的，处 3 年以上 7 年以下有期徒刑。

七、徇私舞弊不移交刑事案件罪

徇私舞弊不移交刑事案件罪，是指工商行政管理、税务、监察等行政执法人员，徇私舞弊，对依法应当移交司法机关追究刑事责任的案件不移交，情节严重的行为。

根据《刑法》第 402 条的规定，犯本罪的，处 3 年以下有期徒刑或者拘役；造成严重后果的，处 3 年以上 7 年以下有期徒刑。

八、滥用管理公司、证券职权罪

滥用管理公司、证券职权罪，是指工商行政管理、证券管理等国家有关主管部门的工作人员徇私舞弊，滥用职权，对不符合法律规定条件的公司设立、登记申请或者股票、债券发行、上市申请予以批准或者登记，致使公共财产、国家和人民利益遭受重大损失的行为，以及上级部门、当地政府强令登记机关及其工作人员实施上述行为的行为。

根据《刑法》第 403 条的规定，犯本罪的，处 5 年以下有期徒刑或者拘役。上级主管部门强令登记机关及其工作人员实施本罪的，对其直接负责的主管人员依照上述规定处罚。

九、徇私舞弊不征、少征税款罪

徇私舞弊不征、少征税款罪，是指税务机关的工作人员徇私舞弊，不征或者少征应征税款，致使国家税收遭受重大损失的行为。

根据《刑法》第 404 条的规定，犯本罪的，处 5 年以下有期徒刑或者拘役；造成特别重大损失的，处 5 年以上有期徒刑。

十、徇私舞弊发售发票、抵扣税款、出口退税罪

徇私舞弊发售发票、抵扣税款、出口退税罪，是指税务机关的工作人员违反法律、行政法规的规定，在办理发售发票、抵扣税款、出口退税的工作中，徇私舞弊，

致使国家利益遭受重大损失的行为。

根据《刑法》第 405 条第 1 款的规定,犯本罪的,处 5 年以下有期徒刑或者拘役;致使国家利益遭受特别重大损失的,处 5 年以上有期徒刑。

十一、违法提供出口退税凭证罪

违法提供出口退税凭证罪,是指海关、外汇管理等国家机关工作人员违反国家规定,在提供出口货物报关单、出口收汇核销单等出口退税凭证的工作中徇私舞弊,致使国家利益遭受重大损失的行为。

根据《刑法》第 405 条第 2 款的规定,犯本罪的,处 5 年以下有期徒刑或者拘役;致使国家利益遭受特别重大损失的,处 5 年以上有期徒刑。

十二、国家机关工作人员签订、履行合同失职被骗罪

国家机关工作人员签订、履行合同失职被骗罪,是指国家机关工作人员在签订、履行合同过程中,因严重不负责任,不履行或者不认真履行职责被诈骗,致使国家利益遭受重大损失的行为。

根据《刑法》第 406 条的规定,犯本罪的,处 3 年以下有期徒刑或者拘役;致使国家利益遭受特别重大损失的,处 3 年以上 7 年以下有期徒刑。

十三、违法发放林木采伐许可证罪

违法发放林木采伐许可证罪,是指林业主管部门的工作人员违反森林法的规定,超过批准的年采伐限额发放林木采伐许可证或者违反规定滥发林木采伐许可证,情节严重,致使森林遭受严重破坏的行为。

根据《刑法》第 407 条的规定,犯本罪的,处 3 年以下有期徒刑或者拘役。

十四、环境监管失职罪

环境监管失职罪,是指负有环境保护监督管理职责的国家机关工作人员严重不负责任,不履行或者不认真履行环境保护监管职责导致发生重大环境污染事故,致使公私财产遭受重大损失或者造成人身伤亡的严重后果的行为。

根据《刑法》第 408 条的规定,犯本罪的,处 3 年以下有期徒刑或者拘役。

十五、食品监管渎职罪

食品监管渎职罪，是指负有食品安全监督管理职责的国家机关工作人员，滥用职权或者玩忽职守，导致发生重大食品安全事故或者造成其他严重后果的行为。

根据《刑法》第 408 条之一的规定，犯本罪的，处 5 年以下有期徒刑或者拘役；造成特别严重后果的，处 5 年以上 10 年以下有期徒刑。徇私舞弊犯本罪的，从重处罚。

十六、传染病防治失职罪

传染病防治失职罪，是指从事传染病防治的政府卫生行政部门的工作人员严重不负责任，不履行或者不认真履行传染病防治监管职责，导致传染病传播或者流行，情节严重的行为。

根据《刑法》第 409 条的规定，犯本罪的，处 3 年以下有期徒刑或者拘役。

十七、非法批准征用、占用土地罪

非法批准征用、占用土地罪，是指国家机关工作人员徇私舞弊，违反土地管理法、森林法、草原法等法律以及有关行政法规中关于土地管理的规定，滥用职权，非法批准征用、占用耕地、林地等农用地以及其他土地，情节严重的行为。

根据《刑法》第 410 条的规定，犯本罪的，处 3 年以下有期徒刑或者拘役；致使国家或者集体利益遭受特别重大损失的，处 3 年以上 7 年以下有期徒刑。

十八、非法低价出让国有土地使用权罪

非法低价出让国有土地使用权罪，是指国家机关工作人员徇私舞弊，违反土地管理法、森林法、草原法等法律以及有关行政法规中关于土地管理的规定，滥用职权，非法低价出让国有土地使用权，情节严重的行为。

根据《刑法》第 410 条的规定，本罪的法定刑与非法批准征用、占用土地罪的法定刑相同。

十九、放纵走私罪

放纵走私罪，是指海关工作人员徇私舞弊，放纵走私，情节严重的行为。

根据《刑法》第 411 条的规定,犯本罪的,处 5 年以下有期徒刑或者拘役;情节特别严重的,处 5 年以上有期徒刑。

二十、商检徇私舞弊罪

商检徇私舞弊罪,是指出入境检验检疫机关、检验检疫机构工作人员徇私舞弊,伪造检验结果的行为。

根据《刑法》第 412 条第 1 款的规定,犯本罪的,处 5 年以下有期徒刑或者拘役;造成严重后果的,处 5 年以上 10 年以下有期徒刑。

二十一、商检失职罪

商检失职罪,是指出入境检验检疫机关、检验检疫机构工作人员严重不负责任,对应当检验的物品不检验,或者延误检验出证、错误出证,致使国家利益遭受重大损失的行为。

根据《刑法》第 412 条第 2 款的规定,犯本罪的,处 3 年以下有期徒刑或者拘役。

二十二、动植物检疫徇私舞弊罪

动植物检疫徇私舞弊罪,是指动植物检疫机关的检疫人员徇私舞弊,伪造检疫结果的行为。

根据《刑法》第 413 条第 1 款的规定,犯本罪的,处 5 年以下有期徒刑或者拘役;造成严重后果的,处 5 年以上 10 年以下有期徒刑。

二十三、动植物检疫失职罪

动植物检疫失职罪,是指动植物检疫机关的检疫人员严重不负责任,对应当检疫的检疫物不检疫,或者延误检疫出证、错误出证,致使国家利益遭受重大损失的行为。

根据《刑法》第 413 条第 2 款的规定,犯本罪的,处 3 年以下有期徒刑或者拘役。

二十四、放纵制售伪劣商品犯罪行为罪

放纵制售伪劣商品犯罪行为罪，是指对生产、销售伪劣商品犯罪行为负有追究责任的国家机关工作人员，徇私舞弊，不履行法律规定的追究职责，情节严重的行为。

根据《刑法》第414条的规定，犯本罪的，处5年以下有期徒刑或者拘役。

二十五、办理偷越国(边)境人员出入境证件罪

办理偷越国(边)境人员出入境证件罪，是指负责办理护照、签证以及其他出入境证件的国家机关工作人员对明知是企图偷越国(边)境的人员，予以办理出入境证件的行为。

根据《刑法》第415条的规定，犯本罪的，处3年以下有期徒刑或者拘役；情节严重的，处3年以上7年以下有期徒刑。

二十六、放行偷越国(边)境人员罪

放行偷越国(边)境人员罪，是指边防、海关等国家机关工作人员，对明知是偷越国(边)境的人员，予以放行的行为。

根据《刑法》第415条的规定，本罪的法定刑与办理偷越国(边)境人员出入境证件罪的法定刑相同。

二十七、不解救被拐卖、绑架妇女、儿童罪

不解救被拐卖、绑架妇女、儿童罪，是指对被拐卖、绑架的妇女、儿童负有解救职责的公安、司法等国家机关工作人员接到被拐卖、绑架的妇女、儿童及其家属的解救要求或者接到其他人的举报，而对被拐卖、绑架的妇女、儿童不进行解救，造成严重后果的行为。

根据《刑法》第416条第1款的规定，犯本罪的，处5年以下有期徒刑或者拘役。

二十八、阻碍解救被拐卖、绑架妇女、儿童罪

阻碍解救被拐卖、绑架妇女、儿童罪，是指对被拐卖、绑架的妇女、儿童负有解

救职责的公安、司法等国家机关工作人员利用职务阻碍解救被拐卖、绑架的妇女、儿童的行为。

根据《刑法》第 416 条第 2 款的规定,犯本罪的,处 2 年以上 7 年以下有期徒刑;情节较轻的,处 2 年以下有期徒刑或者拘役。

二十九、帮助犯罪分子逃避处罚罪

帮助犯罪分子逃避处罚罪,是指有查禁犯罪活动职责的司法及公安、国家安全、海关、税务等国家机关工作人员,向犯罪分子通风报信、提供便利,帮助犯罪分子逃避处罚的行为。

根据《刑法》第 417 条的规定,犯本罪的,处 3 年以下有期徒刑或者拘役;情节严重的,处 3 年以上 10 年以下有期徒刑。

三十、招收公务员、学生徇私舞弊罪

招收公务员、学生徇私舞弊罪,是指国家机关工作人员在招收公务员、省级以上教育行政部门组织招收的学生工作中徇私舞弊,情节严重的行为。

根据《刑法》第 418 条的规定,犯本罪的,处 3 年以下有期徒刑或者拘役。

三十一、失职造成珍贵文物损毁、流失罪

失职造成珍贵文物损毁、流失罪,是指文物行政部门、公安机关、工商行政管理部门、海关、城乡建设规划部门等国家机关工作人员严重不负责任,造成珍贵文物损毁或者流失,后果严重的行为。

根据《刑法》第 419 条的规定,犯本罪的,处 3 年以下有期徒刑或者拘役。

本章小结

渎职罪,是指国家机关工作人员在履行职责或者行使职权过程中,滥用职权、玩忽职守或者徇私舞弊,妨害国家机关的正常活动,致使公共财产或者国家和人民利益遭受重大损失的行为。渎职罪的客观方面表现为在履行职责或者行使职权过程中,滥用职权、玩忽职守或者徇私舞弊,妨害国家机关的正常活动,致使公共财产或者国家和人民利益遭受重大损失的行为;除少数犯罪可以由非国家机关

工作人员构成外，大多数犯罪的主体是国家机关工作人员；犯罪主观方面多数出于故意，少数出于过失；侵犯的客体是国家机关的正常管理活动。依据犯罪主体的具体身份不同，渎职罪可以划分为一般国家机关工作人员渎职罪，司法工作人员、仲裁人员渎职罪和特定国家机关工作人员渎职罪三类。其中，需要重点掌握的罪名有滥用职权罪，玩忽职守罪，故意泄露国家秘密罪，民事、行政枉法裁判罪以及私放在押人员罪等。

习　题

1. 滥用职权罪有哪些行为方式？
2. 如何理解玩忽职守罪与滥用职权罪的界限？

第三十一章　军人违反职责罪

【本章导读】

军人违反职责罪，是指军人违反职责，危害国家军事利益，依照法律应当受刑罚处罚的行为。依据行为特征的不同，军人违反职责罪可以分为危害作战的犯罪、破坏部队物质保障的犯罪和侵犯军人、平民、战俘和其他权利的犯罪三类。

【学习重点】

- 战时违抗命令罪
- 战时临阵脱逃罪

第一节　军人违反职责罪概述

一、军人违反职责罪的概念和构成要件

军人违反职责罪，是指军人违反职责，危害国家军事利益，依照法律应当受刑罚处罚的行为。

本类犯罪的构成要件如下。

1. 本类犯罪的客观方面表现为违反军人职责，危害国家军事利益的行为。军人职责是军人依法、依军令和自己的职务所必须负担的责任和应当履行的义务。它包括一般职责和具体职责。军人的一般职责是指每一个军人都应该尽的职责，这些职责主要规定在《中国人民解放军内务条令》中。军人的具体职责，是指军队中士兵、军官、首长和主管人员在执行军务中的职责，其规定在中央军委、解放军各总部和各军兵种发布的各种条例和条令中，如《战斗条令》《舰艇条令》《飞行条令》《保守国家军事机密条例》。军人违反职责的行为既包括作为，也包括不作为，其中可以由不作为构成的犯罪较多。行为的时间、地点，对军人违反职责罪的定罪与量刑具有重要意义。一方面，许多犯罪行为要求在“战时”“临阵”“在战场上”“在军事行为地区”等时间与地点实施；另一方面，“战时”等特定时间往往

是法定刑升格的条件或从重处罚的法定情节。

2. 本类犯罪的犯罪主体必须具有军人身份。这是因为，只有具有军人身份的人才具有军人职责，才可能违反军人职责。具体而言，军人违反职责罪的主体是中国人民解放军的现役军官、文职干部、士兵及具有军籍的学员，中国人民武装警察部队的现役警官、文职干部、士兵及具有军籍的学员，以及执行军事任务的预备役人员和其他人员。

3. 本类犯罪的主观方面大多是故意，只有少数犯罪由过失构成。

4. 本类犯罪的客体是国家的军事利益。国家的军事利益，是指国家在国防建设、作战行动、军队物质保障、军事机密、军事科学研究等方面的利益。军事利益直接关系着国家的安全与利益，理应受到特殊保护。危害国家的军事利益，是本类犯罪区别于其他犯罪的本质特征。具体说来，危害国家的军事利益，就是指破坏陆、海、空军的军威、军机、军械、军供、军纪等在平时和战时的正常状态。这种危害既可以表现为已造成了一定的损害结果，如作战失利、武器装备毁损、人员伤亡等，也可以表现为足以造成这些损害结果，如违抗命令、谎报军情、临阵脱逃、泄露军事秘密等都可能导致作战失利的结果。

二、军人违反职责罪的类型

在刑法分则第十章的 32 个条文中，28 个分则性条文共规定了 31 种犯罪。这些犯罪依据行为特征的不同，可以分为以下三类。

1. 危害作战的犯罪，包括战时违抗命令罪，隐瞒、谎报军情罪，拒传、假传军令罪，投降罪，战时临阵脱逃罪，擅离、玩忽军事职守罪，阻碍执行军事职务罪，指使部属违反职责罪，违令作战消极罪，拒不救援友邻部队罪，军人叛逃罪，非法获取军事秘密罪，为境外窃取、刺探、收买、非法提供军事秘密罪，故意泄露军事秘密罪，过失泄露军事秘密罪，战时造谣惑众罪，战时自伤罪和逃离部队罪。

2. 破坏部队物质保障的犯罪，包括武器装备肇事罪，擅自改变武器装备编配用途罪，盗窃、抢夺武器装备、军用物资罪，非法出卖、转让武器装备罪，遗弃武器装备罪，遗失武器装备罪和擅自出卖、转让军队房地产罪。

3. 侵犯军人、平民、战俘和其他权利的犯罪，包括虐待部属罪，遗弃伤病军人罪，战时拒不救治伤病军人罪，战时残害居民、掠夺居民财物罪，私放俘虏罪和虐待俘虏罪。

第二节　本章重点罪名

一、战时违抗命令罪

(一) 战时违抗命令罪的概念和构成要件

战时违抗命令罪,是指军人在战时违抗命令,对作战造成危害的行为。

本罪的构成要件如下。

1. 本罪的客观方面表现为战时实施违抗命令,对作战造成危害的行为。本罪只能发生在“战时”。根据《刑法》第 451 条的规定,所谓“战时”,是指国家宣布进入战争状态、部队受领作战任务或者遭敌突然袭击时。部队执行戒严任务或者处置突发性暴力事件时,以战时论。违抗作战命令,既可以是作为,也可以是不作为。其主要表现为三种情况:拒不执行作战命令;拖延或迟缓执行作战命令;实施不符合命令的行为。这里的“命令”,不应仅理解为作战命令,还包括配合战斗方面的命令,如救护伤员的命令、武器弹药供应运送的命令等。对作战造成危害,是指由于行为人违抗命令而扰乱作战部署,贻误战机,影响作战任务的完成,或使部队遭受较大损失等。仅违抗命令而未对作战造成危害的,不能以犯罪论处,可作违反军纪处理。根据 2013 年 3 月 28 日最高人民检察院、解放军总政治部《军人违反职责罪案件立案标准的规定》,战时涉嫌下列情形之一的,应予立案:(1)扰乱作战部署或者贻误战机的;(2)造成作战任务不能完成或者迟缓完成的;(3)造成我方人员死亡一人以上,或者重伤二人以上,或者轻伤三人以上的;(4)造成武器装备、军事设施、军用物资损毁,直接影响作战任务完成的;(5)对作战造成其他危害的。

2. 本罪的主体是应接受命令或指示的部属人员,不仅包括参加战斗的战斗人员,也包括为战斗服务的救护人员、勤务人员等。

3. 本罪的主观方面只能出于故意,即明知是上级的作战命令而故意违抗,过失行为不成立本罪。

4. 本罪的客体是作战指挥秩序。所谓“作战指挥秩序”,是指在战时,部队在上级指挥下有条不紊地各司其职,各就各位,相互配合,顺利完成战斗任务的状况。

（二）战时违抗命令罪的认定

战时违抗命令罪与擅离、玩忽军事职守罪的界限。两罪在行为的客观表现上有时很相似，侵犯的直接客体也有相同之处，在定罪上可能发生混淆。其主要区别有以下几点：第一，前者的客观行为以违背并抗拒执行上级命令为特征，而且这种行为只能发生在战时，但并不要求必须造成严重后果才能成立犯罪，只要求对作战造成危害；后者的客观行为则以擅自离开正在履行职责的岗位，或者在履行职责的岗位上不履行职责以及不正确履行职责为特征，这种行为并不一定发生在战时，但必须造成严重后果。第二，前者的主体是军职人员，而后者的主体是指挥人员和值班、值勤人员。第三，前者的主观方面是故意，而后者的主观方面是过失。第四，前者所侵犯的客体是作战指挥秩序，而后者侵犯的客体是指挥和值班、值勤秩序。

（三）战时违抗命令罪的处罚

根据《刑法》第 421 条的规定，犯本罪的，处 3 年以上 10 年以下有期徒刑；致使战斗、战役遭受重大损失的，处 10 年以上有期徒刑、无期徒刑或者死刑。

二、战时临阵脱逃罪

（一）战时临阵脱逃罪的概念和构成要件

战时临阵脱逃罪，是指军人在战场上或在战斗状态下脱离战斗岗位，逃避参加战斗的行为。

本罪的构成要件如下。

1. 本罪的客观方面表现为战时实施临阵脱逃的行为，即在战场上或者在战斗状态下，行为人实施了擅自脱离战斗岗位而逃避参加战斗的行为。“在战斗状态下”，不仅是指在进行战斗的过程中，也指尚未参加战斗、战役，但已接受了作战任务的情况。根据 2013 年 3 月 28 日最高人民检察院、解放军总政治部《军人违反职责罪案件立案标准的规定》，凡战时涉嫌临阵脱逃的，应予立案。

2. 本罪的主体是参战的军职人员。参战的军职人员，不仅限于参加战斗、战役或接受参加作战指示或命令的直接战斗人员，也包括非直接战斗人员，如参战的后勤、医疗人员、通信人员等，只要是在临战状态下逃跑的，都可以构成本罪。

3. 本罪的主观方面是故意。犯罪动机大多是出于贪生怕死、畏惧战斗。如果是由于过失而在临战状态下脱离部队，或因受伤、敌人阻截而脱离部队的，不是临阵脱逃,不构成本罪。

4. 本罪的客体是军人的作战义务。

(二) 战时临阵脱逃罪的认定

战时临阵脱逃罪与投敌叛变罪的界限。二者的主要区别在于:第一,行为表现不同。前者的行为人在战场上或在战斗状态下脱离战斗岗位,并非向敌方投奔;后者的行为人则投奔敌方或在被捕、被俘后投降敌人。第二,主体有所不同。前者的主体是参战的军职人员;后者的主体是一般主体。第三,主观目的有所不同。前者的主观目的是逃避履行战斗义务;后者的主观目的是危害国家安全。

(三) 战时临阵脱逃罪的处罚

根据《刑法》第 424 条的规定,犯本罪的,处 3 年以下有期徒刑;情节严重的,处 3 年以上 10 年以下有期徒刑;致使战斗、战役遭受重大损失的,处 10 年以上有期徒刑、无期徒刑或者死刑。

第三节　本章其他罪名

一、隐瞒、谎报军情罪

隐瞒、谎报军情罪,是指故意隐瞒、谎报军情,对作战造成危害的行为。

根据《刑法》第 422 条的规定,犯本罪的,处 3 年以上 10 年以下有期徒刑;致使战斗、战役遭受重大损失的,处 10 年以上有期徒刑、无期徒刑或者死刑。

二、拒传、假传军令罪

拒传、假传军令罪,是指拒不传递军令,或者伪造、篡改上级军事机关命令,并加以传递,对作战造成危害的行为。

根据《刑法》第 422 条的规定,本罪的法定刑与隐瞒、谎报军情罪的法定刑相同。

三、投降罪

投降罪,是指在战场上贪生怕死,自动放下武器投降敌人的行为。本罪的客观方面表现为在战场上实施自动放下武器、投降敌人的行为。

根据《刑法》第 423 条的规定，犯本罪的，处 3 年以上 10 年以下有期徒刑；情节严重的，处 10 年以上有期徒刑或者无期徒刑；投降后为敌人效劳的，处 10 年以上有期徒刑、无期徒刑或者死刑。

四、擅离、玩忽军事职守罪

擅离、玩忽军事职守罪，是指指挥人员和值班、值勤人员擅离职守或者玩忽职守，造成严重后果的行为。

根据《刑法》第 425 条第 1 款、第 2 款的规定，犯本罪的，处 3 年以下有期徒刑或者拘役；造成特别严重后果的，处 3 年以上 7 年以下有期徒刑。战时犯本罪的，处 5 年以上有期徒刑。

五、阻碍执行军事职务罪

阻碍执行军事职务罪，是指军人以暴力、威胁方法阻碍指挥人员或者值班、值勤人员执行职务的行为。

根据《刑法》第 426 条的规定，犯本罪的，处 5 年以下有期徒刑或者拘役；情节严重的，处 5 年以上 10 年以下有期徒刑；情节特别严重的，处 10 年以上有期徒刑或者无期徒刑。战时从重处罚。

六、指使部属违反职责罪

指使部属违反职责罪，是指部队中的指挥人员滥用职权，指使部属进行违反职责的活动，并造成严重后果的行为。

根据《刑法》第 427 条的规定，犯本罪的，处 5 年以下有期徒刑或者拘役；情节特别严重的，处 5 年以上 10 年以下有期徒刑。

七、违令作战消极罪

违令作战消极罪，是指军事指挥人员违抗命令，临阵退缩，作战消极，造成严重后果的行为。

根据《刑法》第 428 条的规定，犯本罪的，处 5 年以下有期徒刑；致使战斗、战役遭受重大损失或者有其他特别严重情节的，处 5 年以上有期徒刑。

八、拒不救援友邻部队罪

拒不救援友邻部队罪,是指在战场上明知友邻部队处境危急请求救援,能救援而不救援,致使友邻部队遭受重大损失的行为。

根据《刑法》第 429 条的规定,犯本罪的,处 5 年以下有期徒刑。

九、军人叛逃罪

军人叛逃罪,是指军人在履行公务期间,擅离岗位,叛逃境外或者在境外叛逃,危害国家军事利益的行为。

根据《刑法》第 430 条第 1 款、第 2 款的规定,犯本罪的,处 5 年以下有期徒刑或者拘役;情节严重的,处 5 年以上有期徒刑。驾驶航空器、舰船叛逃的,或者有其他特别严重情节的,处 10 年以上有期徒刑、无期徒刑或者死刑。

十、非法获取军事秘密罪

非法获取军事秘密罪,是指军职人员违反保守国家军事秘密法规,以窃取、刺探、收买方法,非法获取军事秘密的行为。

根据《刑法》第 431 条第 1 款的规定,犯本罪的,处 5 年以下有期徒刑;情节严重的,处 5 年以上 10 年以下有期徒刑;情节特别严重的,处 10 年以上有期徒刑。

十一、为境外窃取、刺探、收买、非法提供军事秘密罪

为境外窃取、刺探、收买、非法提供军事秘密罪,是指军职人员为境外的机构、组织、人员窃取、刺探、收买、非法提供军事秘密的行为。

根据《刑法》第 431 条第 2 款的规定,犯本罪的,处 10 年以上有期徒刑、无期徒刑或者死刑。

十二、故意泄露军事秘密罪

故意泄露军事秘密罪,是指军职人员违反保守国家秘密的法规,故意泄露军事秘密,情节严重的行为。

根据《刑法》第 432 条第 1 款、第 2 款的规定,犯本罪的,处 5 年以下有期徒刑或者拘役;情节特别严重的,处 5 年以上 10 年以下有期徒刑。战时犯本罪的,处 5

年以上 10 年以下有期徒刑；情节特别严重的，处 10 年以上有期徒刑或者无期徒刑。

十三、过失泄露军事秘密罪

过失泄露军事秘密罪，是指军职人员违反保守国家秘密的法规，过失泄露军事秘密，情节严重的行为。

根据《刑法》第 432 条第 1 款、第 2 款的规定，本罪的法定刑与故意泄露军事秘密罪的法定刑相同。

十四、战时造谣惑众罪

战时造谣惑众罪，是指军职人员在战时造谣惑众、动摇军心的行为。

根据《刑法》第 433 条第 1 款、第 2 款的规定，犯本罪的，处 3 年以下有期徒刑；情节严重的，处 3 年以上 10 年以下有期徒刑；情节特别严重的，处 10 年以上有期徒刑或者无期徒刑。

十五、战时自伤罪

战时自伤罪，是指在战时自伤身体，逃避军事义务的行为。

根据《刑法》第 434 条的规定，犯本罪的，处 3 年以下有期徒刑；情节严重的，处 3 年以上 7 年以下有期徒刑。

十六、逃离部队罪

逃离部队罪，是指违反兵役法规，逃离部队，情节严重的行为。

根据《刑法》第 435 条第 1 款、第 2 款的规定，犯本罪的，处 3 年以下有期徒刑或者拘役。战时犯本罪的，处 3 年以上 7 年以下有期徒刑。

十七、武器装备肇事罪

武器装备肇事罪，是指违反武器装备使用规定，情节严重，因而发生责任事故，致人重伤、死亡或者造成其他严重后果的行为。

根据《刑法》第 436 条的规定，犯本罪的，处 3 年以下有期徒刑或者拘役；后果特别严重的，处 3 年以上 7 年以下有期徒刑。

十八、擅自改变武器装备编配用途罪

擅自改变武器装备编配用途罪,是指违反武器装备管理规定,擅自改变武器装备的编配用途,造成严重后果的行为。

根据《刑法》第437条的规定,犯本罪的,处3年以下有期徒刑或者拘役;造成特别严重后果的,处3年以上7年以下有期徒刑。

十九、盗窃、抢夺武器装备、军用物资罪

盗窃、抢夺武器装备、军用物资罪,是指军职人员以非法占有为目的,秘密窃取或者公然夺取部队的武器装备或者军用物资的行为。

根据《刑法》第438条第1款的规定,犯本罪的,处5年以下有期徒刑或者拘役;情节严重的,处5年以上10年以下行期徒刑;情节特别严重的,处10年以上有期徒刑、无期徒刑或者死刑。

二十、非法出卖、转让武器装备罪

非法出卖、转让武器装备罪,是指违反军队武器装备管理规定,出卖、转让军队武器装备的行为。

根据《刑法》第439条的规定,犯本罪的,处3年以上10年以下有期徒刑;出卖、转让大量武器装备或者有其他特别严重情节的,处10年以上有期徒刑、无期徒刑或者死刑。

二十一、遗弃武器装备罪

遗弃武器装备罪,是指违抗命令,遗弃武器装备的行为。

根据《刑法》第440条的规定,犯本罪的,处5年以下有期徒刑或者拘役;遗弃重要或者大量武器装备的,或者有其他严重情节的,处5年以上有期徒刑。

二十二、遗失武器装备罪

遗失武器装备罪,是指遗失武器装备,并且不及时报告或者有其他严重情节的行为。

根据《刑法》第441条的规定,犯本罪的,处3年以下有期徒刑或者拘役。

二十三、擅自出卖、转让军队房地产罪

擅自出卖、转让军队房地产罪，是指违反军队房地产管理规定，擅自出卖、转让军队房地产，情节严重的行为。

根据《刑法》第 443 条的规定，犯本罪的，对直接责任人员，处 3 年以下有期徒刑或者拘役；情节特别严重的，处 3 年以上 10 年以下有期徒刑。

二十四、虐待部属罪

虐待部属罪，是指滥用职权，虐待部属，情节恶劣，致人重伤或者造成其他严重后果的行为。

根据《刑法》第 442 条的规定，犯本罪的，处 5 年以下有期徒刑或者拘役；致人死亡的，处 5 年以上有期徒刑。

二十五、遗弃伤病军人罪

遗弃伤病军人罪，是指在战场上故意遗弃伤病军人，情节恶劣的行为。

根据《刑法》第 444 条的规定，犯本罪的，对直接责任人员，处 5 年以下有期徒刑。

二十六、战时拒不救治伤病军人罪

战时拒不救治伤病军人罪，是指战时在救护治疗职位上的军职人员，有条件救治而拒不救治危重伤病军人的行为。

根据《刑法》第 445 条的规定，犯本罪的，处 5 年以下有期徒刑或者拘役；造成伤病军人重残、死亡或者有其他严重情节的，处 5 年以上 10 年以下有期徒刑。

二十七、战时残害居民、掠夺居民财物罪

战时残害居民、掠夺居民财物罪，是指战时在军事行动地区，残害无辜居民或者掠夺无辜居民财物的行为。

根据《刑法》第 446 条的规定，犯本罪的，处 5 年以下有期徒刑；情节严重的，处 5 年以上 10 年以下有期徒刑；情节特别严重的，处 10 年以上有期徒刑、无期徒刑或者死刑。

二十八、私放俘虏罪

私放俘虏罪,是指违反军事纪律,私自释放俘虏的行为。

根据《刑法》第 447 条的规定,犯本罪的,处 5 年以下有期徒刑;私放重要俘虏、私放俘虏多人或者有其他严重情节的,处 5 年以上有期徒刑。

二十九、虐待俘虏罪

虐待俘虏罪,是指虐待俘虏,情节恶劣的行为。

根据《刑法》第 448 条的规定,犯本罪的,处 3 年以下有期徒刑。

本章小结

军人违反职责罪,是指军人违反职责,危害国家军事利益,依照法律应当受刑罚处罚的行为。军人违反职责罪的客观方面表现为违反军人职责,危害国家军事利益的行为;犯罪主体必须具有军人身份;犯罪主观方面大多是故意,只有少数犯罪由过失构成;侵犯的客体是国家的军事利益。依据行为特征的不同,军人违反职责罪可以划分为危害作战的犯罪、破坏部队物质保障的犯罪和侵犯军人、平民、战俘和其他权利的犯罪三类。其中,需要重点掌握的罪名有战时违抗命令罪、战时临阵脱逃罪等。

习　　题

1. 如何理解军人违反职责罪中的“战时”?
2. 如何理解战时临阵脱逃罪与投敌叛变罪的界限?

参考文献

1. 陈兴良:《规范刑法学(第二版)》,北京,中国人民大学出版社,2008。
2. 陈兴良:《本体刑法学(第二版)》,北京,中国人民大学出版社,2011。
3. 高铭暄,马克昌:《刑法学(第五版)》,北京,北京大学出版社,高等教育出版社,2011。
4. 高铭暄:《中华人民共和国刑法的孕育诞生和发展完善》,北京,北京大学出版社,2012。
5. 黎宏:《刑法学》,北京,法律出版社,2012。
6. 刘宪权:《刑法学(第三版)》,上海:上海人民出版社,2012。
7. 李希慧:《刑法各论(第二版)》,北京,中国人民大学出版社,2012。
8. 马克昌:《外国刑法总论(大陆法系)》,北京,中国人民大学出版社,2009。
9. 马克昌:《刑法学(第三版)》,北京,高等教育出版社,2012。
10. 齐文远:《刑法学(第二版)》,北京,北京大学出版社,2011。
11. 曲新久:《刑法学(第三版)》,北京,中国政法大学出版社,2012。
12. 全国人大常委会法制工作委员会刑法室,中华人民共和国刑法条文说明、立法理由及相关规定,北京,北京大学出版社,2009。
13. 苏惠渔:《刑法学(第二版)》,北京,中国政法大学出版社,2012。
14. 孙国祥:《刑法学(第二版)》,北京,科学出版社,2012。
15. 张明楷:《外国刑法纲要(第二版)》,北京,清华大学出版社,2007。
16. 张明楷:《刑法分则的解释原理(第二版)》,北京,中国法制出版社,2011。
17. 张明楷:《刑法学(第五版)》,北京,法律出版社,2016。
18. 张明楷:《刑法学教程(第三版)》,北京,北京大学出版社,2011。
19. 赵秉志:《犯罪未遂形态研究(第二版)》,北京,中国人民大学出版社,2007。
20. 赵秉志:《刑法总论(第二版)》,北京,中国人民大学出版社,2012。
21. 赵秉志:《罪刑各论问题研究(第二版)》,北京,北京大学出版社,2010。
22. 赵秉志:《英美刑法学(第二版)》,北京,科学出版社,2010。
23. 赵秉志:《刑法修正案(八)理解与适用》,北京,中国法制出版社,2011。
24. 周光权:《刑法总论(第二版)》,北京,中国人民大学出版社,2011。